WTO 통상분쟁 판례해설(1)

김 승 호 저

법 영 사

이 책을 장모님 영전에 바칩니다.

머 리 말

외교부에 들어 온지 벌써 20년, 그 기간 중 상당 부분을 經濟通商 분야에서 일해 오면서 가장 듣기 싫었던 소리는 외교관은 경제와 통상에 관한 전문 지식이 부족하다는 근거 없는 단정이었다. 사실 외교관은 주기적으로 임지를 바꾸고 그에 따라 맡은 업무도 변하기 마련이니 평생을 한 자리에서 같은 업무만을 해 온 사람에 비해서는 특정 분야에 국한된 전문성이 떨어질 것이라고 생각하는 것을 크게 나무랄 것은 아니다. 맡은 업무 분야에서 국익을 수호해야 할 최전선에 있는 사람이 바로 나 자신이라는 부담감을 느껴 보지 못한 사람이 하는 말이라면 더욱 욕할 일은 아니다. 남 보기에는 쉽고 멋있어 보이는 외교관 생활이 사실은 새 업무 넘겨받으면 수개월 내에 전문가 소리를 들을 수 있도록 쉼 없이 수련해야 하는 절차탁마의 과정의 연속이라는 것을 아는 사람은 드물다. 업무에 대해서는 그 일을 평생 해온 사람보다 더 많이 알아야 한다는 부담감을 극복하려면 열심히 공부해서 더 많이 아는 수밖에 없었다. 선배들이 그렇게 가르쳤고 동료들이 그렇게 하고 있었다. 더욱이 손익이 금세 드러나는 경제통상 문제는 수개월의 유예 기간을 허락하지도 않았다. 묻고 토론하고 생각하고 읽는 것은 경제통상 문제를 다루는 외교관에게는 무미건조하게 반복되는 일상과도 같았다. 통상법을 공부하는 일상을 모아 보니 이렇게 적지 않은 분량의 책이 되었다.

복잡한 통상 문제가 지리한 외교 교섭을 통해서도 해결되지 못하면 WTO에서 법적으로 정리되기 시작한 이후, 통상법이 본격적으로 통상 외교관의 일상 업무 속으로 들어오기 시작하였다. UR 협정문을 아무리 들여다보아도 딱딱한 단어가 쉼표도 없이 연결된 긴 조문은 좀처럼 곁을 허락하지 않았다. WTO에서 해결되는 분쟁의 수가 늘어 갈수록 각종 판례 또한 통상의 교섭에서 언급되는 경우가 늘어 갔다. 그러나 판결문을 읽자니 그 엄청난 분량에 기가 질렸고 우리말로 된 해설서를 찾아보니 아무 것도 없었다. 허울만 알고 대충 넘어가자니 비웃기라도 하듯 판례가 인용되는 빈도는 모든 통상 분야 서적에서 보편적으로 늘어 갔다. 그럴 때마다 손쉽게 들추어 볼 수 있는 책이 참으로 아쉬웠고 이러한 아쉬움은 결국 없으면 내가 해보자는 傲氣로 발전했다.

만 2년 반이 필요했다. 2004년 8월 주 EC 대표부 참사관 시절, 여름휴가를 마치고 잠시 숨을 돌리고 있을 때 무지개를 잡으러 무작정 집을 나선 소년처럼 뚜렷한 계획도 없이 영문 사건 해설서와 패널과 상소기구 보고서를 반복해서 읽고 이해하고 요약하기 시작하였다. 외교 교섭으로 해결이 안되어 결국 재판까지 간 사건들이다 보니 복잡하기가 이를 데 없었다. 精緻한 논리로 전개되는 딱딱한 보고서는 한 두 번 읽어서는 도무지 이해가 되지 않았고 정신을 집중해서 읽다 보면 지친 머리는 수시로 휴식을 요구하여 왔다. 정식의 업무 외로 하는 일이라 퇴근 후의 시간과 주말의 게으름을 상당 부분 포기하지 않을 수 없었다. 그래도 한 사건 한 사건 쟁점과 논리를 새롭게 알아 가는 재미와 조금씩 쌓여 가는 원고가 이따금씩 안겨 주는 성취감은 주저앉으려는 나를 일으켜 세우고 어깨를 떠밀었다. 아무도 시도한 적이 없는 일이라 밤중에 맨 발로 눈길을 가는 것처럼 답답하고 어려웠으나 오늘 내가 하는 일이 뒷 날 다른 사람에게 길이 될 것이라는 믿음 속에 무사히 끝마칠 수 있었다. 경제 통상 분야에 종사하는 분들에게 조금이나마 도움이 되었으면 한다.

구슬이 서 말이라도 꿰어야 보배라고 했던가. 세상에 내놓기가 부끄러운 졸작을 흔쾌히 받아들여 주신 법영사의 高晙英 사장님이 아니었다면 이 책은 빛을 볼 수가 없었을 것이다. 정정희 편집팀장의 손길이 닿지 않았다면 투박하고 조악한 상태를 면할 수도 없었을 것이다. 자료를 읽고 이해하고 원고로 다듬어 내는 시간을 가족과 함께 하는데 썼더라면 훨씬 가정적이고 多感한 남편과 아버지가 될 수 있었을 것이다. 그래서 아내 全恩卿과 아들 澤相이에게 미안하다.

2007년 1월 10일
제네바 사무실에서
저자 김 승 호

일러두기

이 책은 2007년 1월 현재 패널 및 상소기구 보고서가 채택되었거나 회람되어 완전 종결될 사건 117건 모두를 해설한 것이다. 이 책에 수록된 판례 해설은 WorldTradeLaw.net에서 작성한 Dispute Settlement Commentaries를 주로 참고하여 작성하였다. 그러나 보다 자세한 해설이 필요하거나 판결의 정확한 내용을 밝힐 필요가 있는 부분은 판결 원문을 참고하였다. WTO 통상 분쟁의 판결 원문 및 각 사건 관련 문서는 WTO가 운영하고 있는 dispute gateway site www.wto.org/english/tratop_e/ dispu_e/dispu_e.htm에서 사건 번호별, 제소국가별 등으로 찾아 볼 수 있다.

각 사건은 쟁점이 된 대상 협정별로 분류하였으나 여러 협정에 걸쳐 시비가 제기될 수 있으므로 이러한 분류는 절대적인 것은 아니다. 보는 시각에 따라서는 예컨대 보조금 사건으로 필자가 분류한 것이 GATT 사건으로 분류될 수도 있을 것이다.

제목에 처음 기재된 국명은 제소국이며 뒤의 국명은 피제소국, 즉 분쟁의 대상이 되었던 조치를 시행하고 있는 국가를 말한다. DS로 시작되는 번호는 사건 일련번호로서 제소국이 분쟁해결절차상의 양자협의를 요청하면 사무국에서 부여하는 번호이다. 동일한 사건에 대해 복수의 제소국이 있을 수 있으므로 동일 사건에 복수의 번호가 부여될 수 있다. 사건 번호 뒤의 일자는 패널 보고서와 상소기구 보고서가 분쟁해결기구에서 정식으로 채택된 일자를 말한다. 사건이 상소되지 않았을 경우 동 일자 뒤에 패널이라고 기재하였고 상소된 사건은 상소기구라고 부기하였다. 상소된 사건은 기재된 일자에 상소기구 보고서와 패널 보고서가 동시에 채택된다. 사건명은 WTO에서 사용하는 약칭을 사용하였다. 사건 정식 명칭은 색인에 수록된 사건 번호순과 피제소국별 목차에 기재하였다.

각 판례 해설에 언급된 관련 협정 조문은 각주를 통해 국문 번역본을 기재하였다. 국문 번역본은 1994년 4월 15일 우리나라 국회에서 비준된 세계무역기구 설립을 위한 마라케쉬 협정 국문 번역본을 사용하였다. 1947년 GATT 협정문 역시 1967년 3월 10일 우리나라 국회에서 비준된 국문 번역본을 사용하였으나 그 용어가 지금 통상 쓰이는 것과 다른 것은 본문 해설에서는 현재 통용되는 표현이나 용어를 사용하였다. 해설상의 편의상 해당 조문의 영어 원문 표현을 사용해야 할 경우에는 각주에 영어 원문을 병기하였다. 가급적 국문 용어가 표현을 사용하였으나 해당 조문이나 판결 원문에 사용된 영어 표현이나 용어의 정확한 의미를 국문 용어로 전달하기 어려울 경우에는 국문 용어 뒤에 영어 용어를 병기하였다.

이 책에 수록된 판례 해설은 거의 저자가 직접 작성한 것이나 일부 해설은 기존에 발표된 자료를 일부 정리하여 게재한 것도 있다. 이러한 해설은 말미에 출처를 명기하였으며 구체적으로 어느 부분을 인용한 것인지, 저자가 어느 정도를 첨삭한 것인지 밝혀 두었다.

제1권 차 례

제 1 장 GATT 관련 사건

제 2 장 농업협정 관련 사건

제 3 장 SPS협정 관련 사건

제 4 장 반덤핑협정 관련 사건

제2권 차 례

제 1 장 섬유의류협정 관련 사건

제 2 장 보조금협정 관련 사건

제 3 장 긴급수입제한조치협정 관련 사건

제 4 장 서비스협정 관련 사건

제 5 장 TRIPs협정 관련 사건

제 6 장 DSU 관련 사건

제 7 장 기타 사건

제 1 장

GATT 관련 사건

1. Brazil, Venezuela vs. US – Gasoline 사건

(DS2, 1996. 5. 20. – 상소기구)

가. 사건 개요

1990년 수정된 미 대기청정법(Clean Air Act(CCA))은 ozone 오염이 심했던 일부 지역에는 오염 물질을 덜 배출하는 소위 개질유(reformulated gasoline) 만을 판매토록 하였고 여타 지역에서는 기존 휘발유(conventional gasoline)도 계속 판매할 수 있도록 하였다. 동 법은 改質油와 전통유의 혼합 및 연료 효율 규격 (specification)을 특정 기준치(baseline)를 기준으로 설정하였고 미 환경 보호국으로 하여금 1990년 휘발유의 품질을 결정하도록 하였다. 장차 개질유와 전통유의 규격을 비교할 기준치로 삼기 위함이었다. 미 환경 보호국은 국내 정유업자, 혼합입자, 수입업자 별로 각 회사의 과거 자료를 근거로 한 기준을 회사별로 설정하였다(individual historic baseline이라고 한다). 1990년에 생산한 휘발유 품질에 대해 적절하고 신뢰할 만한 자료를 구비하지 못한 회사에 대해서는 1990년 미국 휘발유 평균 품질을 일괄적으로 그러한 회사들의 공통 기준으로 설정하였다(statutory baseline 이라고 한다). 미 환경 보호국의 이러한 'Gasoline 규정'이 이 사건의 시비 대상이 되었다.

미 환경 보호국의 Gasoline 규정은 국내 정유업자의 경우 1990년 6개월 이상 가동하였으면 각 사별 기준을 설정토록 요구하였고 이러한 개별 historic baseline을 결정하기 위해 3개 방법을 사용할 수 있도록 하였다. 방법 1은 1990년도에 생산되거나 선적된 휘발유의 품질에 관한 자료를 이용하는 것이었고 방법 2는 동 자료가 완전하지 않을 경우 1990년도에 생산된 혼합 원료(blendstock)의 품질에 관한 자료를 사용하는 것이었다. 위 두 가지 방법 모두가 충분치 않을 경우 정유업자는 1990년 이후의 혼합 원료 혹은 휘발유의 품질에 관한 자료를 사용할 수 있었다(방법 3). 국내 정유업자는 법정 기준(statutory baseline)을 사용하는 것이 허락되지 않았다. 이러한 기준을 설정하는 이유는 향후 생산, 수입, 판매하는 휘발유의 품질이 이 기준치보다 더 악화되어서는 안된다는 의무를 부과하기 위함이었다.

Gasoline 규정은 법정 기준을 사용할 수 있는 회사 요건을 특정하였다. 국내 정유업자의 경우 1990년 이후에 휘발유를 생산하였거나 1990년 중 가동기간이 6개월 미만인 경우 법정 기준을 사용할 수 있었다. 수입업자나 혼합업자는 방법 1을 사용할 수 없는 경우에는 법정 기준을 사용해야 했다(방법 2, 3 사용 불가). 미국 내 정유시설을 가동하고 있는 외국 정유회사는 외국에 소재한 유관(affiliated) 정유소에서 1990년도에 생산된 휘발유의 75% 이상을 동 년도에 수입한 경우에 한해 방법 1, 2, 3을 이용하여 개별기준을 정할 수 있었다(75% rule)

브라질과 베네주엘라는 미국의 Gasoline 규정은 미국산 휘발유와 수입 휘발유를 부당하게 차별하는 것으로서 GATT I조1항, III조4항, XX조 등에 위반된다고 주장하고 1995년 5월 패널 설치를 요청하였다.

나. 주요 쟁점별 당사자 주장 및 판결 요지

1) 내국민 대우 위반 여부(GATT III조4항[1])

패널은 Gasoline 규정이 외국 상품을 국내 동종 상품보다 덜 유리하게 대우(less favorable treatment) 하는지 여부가 쟁점이며 우선 외국 휘발유와 국내 휘발유는 동일한 물리적 특성, 최종 소비자, 완전한 대체 관계에 있으므로 동종 상품임이 분명하다고 판단하였다.

패널은 Gasoline 규정은 국내 정유업자에게는 개별 기준을 사용토록 한 반면 외국 정유업자에게는 보다 엄격한 법정 기준을 적용한 것은 덜 유리한 대우에 해

1) III:4. 체약국 영역의 산품으로서 다른 체약국의 영역에 수입된 산품은 동 국내에서의 판매, 판매를 위한 제공, 구입, 수송, 분배 또는 사용에 관한 모든 법률, 규칙 및 요건에 관하여 국내 원산의 동종 산품에 부여하고 있는 대우보다 불리하지 아니한 대우를 부여하여야 한다. 본 항의 규정은 교통수단의 경제적 운영에 전적으로 입각하였으며 산품의 원산국을 기초로 하지 아니한 차별적 국내 운송요금의 적용을 방해하지 아니한다.

당한다고 보았다. 패널은 미국이 제출한 자료를 보더라도 1995년 8월 기준 미국 정유업자 중 97%가 법정 기준을 충족하지 못하고 그 기준에 충족하도록 요구받지도 않지만 외국 정유업자는 법정 기준을 충족해야 하므로 덜 유리하게 대우받은 것이 분명하다고 보고 Gasoline 규정은 GATT III조4항 위반이라고 판시하였다. 패널은 III조4항 위반을 확인한 만큼 동 조항보다 일반적인 내용을 규정하고 있는 III조1항[2] 위반 여부는 구태여 검토할 필요가 없다고 판단하였다.

2) 일반적 예외 해당 여부(GATT XX조)

미국은 Gasoline 규정이 III조4항에 위반된다 할지라도 이는 GATT XX조 (b), (d), (g) 에 의해 예외로 인정된다고 주장하였다.

GATT XX조(b)[3]는 인간, 동식물의 생명이나 건강을 보호하기 위한 조치에 대해서는 GATT 규정의 예외를 인정하고 있다. 패널은 미국이 동 조항을 인용하기 위해서는 i) 문제가 된 조치에 관한 정책이 인간, 동식물의 생명과 건강 보호를 위한 정책 범주에 속한다는 점, ii) 해당 조치가 그 정책 목적 수행을 위해 필요하다는 점, iii) 해당 조치가 GATT XX조 전문의 요건에도 부합된다는 점을 입증해야 한다고 전제하였다.

i)에 대해 패널은 대기오염은 인간 및 동식물의 생존 환경에 지대한 영향을 미치며 대기 오염의 절반은 자동차 배출 가스에 의해 초래된다는 미국의 주장을 인정, 휘발유 품질 규제를 통해 대기 오염을 감축하려는 정책은 i)의 요건에 해당한다고 보았다. ii)의 경우 패널은 '필요하다(necessary)'는 의미에 대해 특정 조항에 위배된다고 문제가 된 조치 외에 위배 정도가 덜하거나 위배되지 않는 다른 정책 수단이 가용할 경우에는 인용할 수 없다는 이전의 판례를 환기하였다. 패널은 Gasoline 규정의 baseline 설정 방법을 면밀히 분석하여 보면 휘발유 수입업자에 대한 차별적인 기준을 설정하는 것 외에 GATT 규정에 덜 위배되거나 위배되지 않는 방안을 모색할 여지가 있었다고 판단되며 따라서 Gasoline 규정은 XX조 (b)상의 필요하다는 것에 해당되지 않는다고 판시했다. iii)에 대해서는 이미 (b)에

2) III:1. 체약국은 내국세, 기타 내국과징금과 산품의 국내 판매, 판매를 위한 제공, 구매, 수송, 분배 또는 사용에 영향을 주는 법률, 규칙 및 요건, 그리고 특정한 수량 또는 비율의 산품의 혼합, 가공 또는 사용을 요구하는 내국의 수량적 규칙은 국내생산을 보호하기 위하여 수입산품 또는 국내산품에 대하여 적용하여서는 아니된다는 것을 인정한다.

3) (b) 인간, 동물 또는 식물의 생명 또는 건강을 보호하기 위하여 필요한 조치,

합치되지 않는다고 판시했으므로 살펴 볼 필요가 없다고 하였다.

GATT XX조(d)[4]는 GATT 규정에 합치되는 법률이나 규정의 준수를 위해 필요한 조치에 대해서는 예외를 인정하고 있다. 패널은 수입 휘발유와 국내 휘발유를 차별한다 하여 시비가 된 기준치 설정 방식은 기준치 제도의 준수를 확보하기 위한 것이 아니라고 보았다. 기준치 설정 방식은 개별 기준치를 설정하는 방식에 불과하며 强行機制(enforcement mechanism)가 아니므로 XX조(d)에 해당하지 않는다고 판시하였다.

GATT XX조(g)[5]는 천연 자원 보존과 관련되고(related to) 국내 생산 및 소비 제한과 결부된(in conjunction with) 조치에 대해 예외를 인정하고 있다. XX조(g)를 인용하기 위해서 패널은 미국이 i) 문제가 된 조치에 관한 정책이 고갈될 수 있는 천연 자원 보존을 위한 정책 범주에 속한다는 점, ii) 해당 조치가 그 보존에 관련된다는 점, iii) 국내 생산 소비 제한과 결부되어 있다는 점, iv) 해당 조치가 GATT XX조 전문의 요건에도 부합된다는 점을 입증해야 한다고 전제하였다.

패널은 우선 Gasoline 규정이 보호하려는 대기가 고갈될 수 있는 천연 자원에 해당하는지를 살펴보았다. 제소국은 대기 오염은 청정 대기가 고갈되어가는 것이 아니라 대기의 상태를 나타내는 것뿐이라고 주장하였으나 패널은 대기는 자원이고 천연적이며 고갈될 수 있다고 판단하였다. 패널은 어느 자원이 재생 가능하다고 해서 무한하다는 것을 의미하는 것은 아니라고 언급하였다.

관련된다(related to)는 의미에 대해 패널은 주목적으로 한다(primarily aimed at)는 것이라고 해석한 이전 판례를 인용하면서 Gasoline 규정 가운데 문제가 된 기준치 설정 방식의 차별은 미국 대기 오염 개선과 직접적인 관계가 없다고 판단하였다. 패널은 이러한 차별은 고갈 가능한 천연 자원 보존을 주목적으로 하는 것이라고 볼 수 없으며 따라서 자원 보존과 결부된 것이라고 볼 수 없다고 판시하였다.

미국은 패널의 판정에 상소하였다. 상소기구는 패널이 문제가 된 조치 전체(as a whole)를 검토하지 않고 동 조치의 차별적 측면, 즉 내외국산 휘발유에 적용되는 기준치 설정 방식의 차별만을 검토한 것은 적절하지 못하다고 지적하였다.

---

4) (d) 관세의 실시, 제2조 제4항 및 제17조에 따라 운영되는 독점의 실시, 특허권, 상표권 및 저작권의 호 그리고 사기적인 관습의 방지에 관한 법률과 규칙을 포함하여 본 협정의 규정에 반하지 아니하는 법률 또는 규칙의 준수를 확보하기 위하여 필요한 조치,

5) (g) 유한 천연 자원의 보존에 관한 조치, 다만 동 조치가 국내의 생산 또는 소비에 대한 제한과 관련하여 유효한 경우에 한한다.

자원 보존을 주목적으로 하는지에 대해서도 상소기구는 패널의 판정을 기각하였다. 상소기구는 기준치 설정 방식은 전체적으로 볼 때 정유업자, 수입업자 등의 대기 오염방지 의무 준수 여부를 관찰하고 검사하기 위해 고안된 것이며 이러한 기준치 없이는 동 검사가 불가능하고 결국 대기 오염을 방지하려는 Gasoline 규정 전체의 목적이 심각하게 손상된다고 판단하였다.

이를 토대로 상소기구는 기준치 설정 방식은 淸淨 대기 보존을 주목적으로 하는 것이라고 판시하였다. 패널은 ii) 관련 여부 기준이 충족되지 못한다고 판단한 이후 iii), iv)에 대해서는 검토할 필요가 없다고 보았다. 상소기구는 ii) 요건에 대한 패널의 판정을 기각한 만큼 iii), iv) 요건 충족 여부를 검토하였다. iii) 요건에 대해 상소기구는 해당 자원의 국내 소비와 생산을 제한하는 조치와 함께 운영되어야 한다는 것이며 국내외 자원(상품)이 공평하게 제한 받아야 하는 공평성(even-handedness) 요건이라고 해석하였다. 그러나 당연히 동 제한이 반드시 동일할 필요는 없다고 부연하였다. 동일한 조치가 국내외 상품에 부과되어 있다면 내국민 대우 위반 시비가 아예 제기되지도 않았을 것이기 때문이다. 상소기구는 휘발유 기준치 설정 규칙은 국내외 휘발유에 (그 내용은 상이하지만) 다 같이 적용되는 것이므로 이러한 공평성 요건에 부합한다고 판단하였다.

iv)의 XX조 전문[6] 합치 여부에 관해 상소기구는 동 전문이 자의적인 차별, 부당한 차별, 위장된 제한을 금지하고 있다고 정리하였다. 상소기구는 미국의 Gasoline 규정과 母法인 대기청정법 등을 면밀히 검토한 결과 미국이 국내외 휘발유에 동등한 법정 기준을 적용하거나 외국 정유업자에게도 개별 기준을 적용할 수 있었던 것으로 보인다고 결론지었다. 미국은 수입 휘발유는 미 환경 보호국이 국내 휘발유와 달리 검증과 시행상 어려움이 있어 법정 기준을 적용하는 것이 불가피했다고 항변하였다. 상소기구는 그러나 수입 휘발유 품질 자료의 검증, 평가, 수집이 기술상 가능하였으며 해당 외국 정유회사 및 정부와의 협력 약정 등을 통해 이러한 기술을 적용할 수 있었을 것이나 미국이 해당 회사 및 정부와 적절한 협력 약정을 체결하려는 방안을 도모하지도 않았다고 지적하였다. 미국은 국내 정유업자가 법정 기준을 준수하는 것은 비용 측면에서 볼 때 불가능했다고도 항변하였으나 상소기구는 그렇다면 이러한 비용상의 어려움을 외국 정유업자

---

6) XX. 본 협정의 어떠한 규정도 체약국이 다음의 조치를 채택하거나 실시하는 것을 방해하는 것으로 해석되어서는 아니된다. 다만, 그러한 조치를 동일한 조건하에 있는 국가간에 임의적이며 불공평한 차별의 수단 또는 국제 무역에 있어서의 위장된 제한을 과하는 방법으로 적용하지 아니할 것을 조건으로 한다.

에 대해서도 고려했어야 하나 그러지 아니하였다고 지적하였다. 이상을 토대로 상소기구는 기준치 설정 규칙은 부당한 차별과 국제 무역에 대한 위장된 제한에 해당한다고 판단하였으며 따라서 XX조에 의해 정당화되지 않는다고 판시하였다.

3) 최혜국 대우 원칙 위반 여부(GATT I조1항)

제소국 주장에 따르면 외국 정유업자 중 카나다만이 소위 75% rule을 충족할 수 있었다. 제소국은 i) 75% rule은 특정 제 3국가산 휘발유에 대해 편의를 제공하고 ii) 차등취급 기준이 해당 상품과는 무관한 것이므로 최혜국 대우 위반이라고 주장하였다. 패널은 그러나 패널의 심리 범위(terms of reference) 제정 당시 이미 75% rule은 폐지되었음을 확인하고 이 rule은 패널의 심리 범위 밖에 있다고 결정하고 판정을 사양하였다.

다. 해설 및 평가

XX조에 의한 용인 여부를 살핌에 있어 패널은 Gasoline 규정의 차별적 측면, 즉 기준치 설정 방식을 내외국산 휘발유에 다르게 적용한 점을 기준으로 심리, XX조(g)에 의한 예외로 인정될 수 있는 요건을 충족하지 못했다고 판시하였으나 상소기구는 패널이 해당 조치 전체가 아니라 특정 측면을 부각하여 검토한 것은 부적절하다고 지적하였다. 상소기구의 이러한 판정은 이후 유사 사건에서도 견지되었다. *EC-Asbestos* 사건 패널과 *Argentina-Bovine Hides* 사건 패널은 역시 XX조 적용 여부가 문제가 된 해당 조치에 대해 그 조치의 차별적 측면만이 아니라 조치 전체를 검토하여 판정하였다.

XX조(g)항에 관한 패널과 상소기구의 판정 결과는 달랐으나 결국 Gasoline 규정의 차별적 부분이 최종 판정의 핵심기반이 된 것은 동일하다. 즉 패널은 기준치 설정 방식의 차별이 천연 자원 보존과 관련되지 않으므로 XX조(g) 위반이라는 것이고 상소기구는 동 부분이 XX조 전문상의 부당한 차별 등에 해당한다고 본 것이므로 결국 판정의 핵심에는 기준치 설정 방식의 차별이 존재했다.

천연 자원의 보존과 '관련된다(related to)'는 정도에 대해서는 밀접한 관련성을 요구하는 것이라고 해석하는 것이 보편적 판례이다. 이번 사건 패널이 인용하였듯이 이전 GATT panel(*Canada-Herring and Salmon*)은 primarily aimed at이라고 보았고 상소기구도 이를 추인하면서 substantial relationship이 있어야 한다는 견해를 추가하였고 *US-Shrimp* 사건 상소기구는 reasonably related로 해석하였다.

상소기구는 GATT XX조 전문 위반 여부를 심리하면서 동 前文상의 차별 discrimination은 III조4항의 discrimination과 일부 다른 의미라고 보았다. 만약 XX조의 discrimination을 III조4항의 discrimination 요건과 동일한 것으로 해석한다면 III조4항 discrimination 위반에 해당되는 모든 조치는 당연히 XX조 전문 위반이 될 것이다. XX조는 GATT 다른 조항에 위반이 되는 조치에 대해 특별한 예외를 허락하는 것임에도 불구하고 III조4항의 위반을 구성하는 조치는 XX조의 적용 대상에서 배제되는 결과가 초래될 것이다. 상소기구는 이러한 문제 발생을 회피하기 위해 discrimination이 XX조 전문 위반에 해당하기 위해서는 III조4항 위반 시 보다 훨씬 더 차별 정도가 심해야 한다고 설명했고 미국의 조치의 차별성은 III조4항 위반을 구성하기에 필요한 수준을 훨씬 초과했다고 판단했다. XX조가 요구하는 추가적인 차별이 무엇을 의미하는지 즉 XX조의 차별은 III조4항 차별과 어떻게 차별되는지를 일괄적으로 정하기는 어려울 것이다. 힌가지 참고가 될 만한 것은 III조4항 차별은 수입품의 국내 판매, 사용 등에 영향을 주는 법률 등에 관하여 차별을 금지하는 것이므로 그 초점이 영향에 있는 반면 XX조는 자의적인, 부당한, 의도된 차별을 금지하고 있으므로 차별의 영향뿐만 아니라 그 의도까지 대상으로 하고 있다는 점이다.

2. Canada, EC, US vs. Japan - Alcohol 사건

(DS8, 10, 11, 1996. 11. 1. - 상소기구)

가. 사건 개요

일본 주세법(Liquor Tax Law)은 다양한 형태의 주류를 소주(A그룹: 증류주, B그룹: A그룹 외의 기타 소주), 맥주, 와인, 위스키/브랜드 등을 포함하여 10개의 범주로 나누어 분류하고 각 범주별로, 그리고 동일한 범주에 속하더라도 알코올 함유량 별로 각각 다른 세율을 적용하였다.

EC, 캐나다, 미국은 일본 주세법이 일본산 주류와 외국산 주류 차별 대우하고 있으며 GATT 3조 내국민 대우 위반이라고 1995. 9. 14. WTO에 각각 제소하였다.

나. 주요 쟁점별 당사자 주장 및 판결 요지

1) GATT III조 2항 첫 문장 위반 여부

제소국은 보드카, 진, (백색) 럼, genievre(진의 일종) 등과 소주가 동종 상품이라는 것과 이 4가지 상품에 대해 소주보다 세금을 초과하여 부과하는 것은 GATT Ⅲ조2항[1] 첫 문장 위반이라고 주장했다. 이러한 상품들이 동종 상품이 아

---

1) Ⅲ:2. 다른 체약국의 영역내에 수입된 체약국 영역의 산품에 대하여는 동종의 내국산품에 직접 또는 간접으로 부과되는 내국세 또는 기타 모든 종류의 내국과징금을 초과하는 내국세 또는 기타 모든 종류의 내국과징금을 직접 또는 간접으로 부과하여서는 아니된다. 또한, 체약국은 본조 제1항에 규정된 원칙에 위배되는 방법으로 내국세 또는 기타 내국과징금을 수입산품 또는 국내산품에 부과하여서는 아니된다.

니라면 이들이 직접적으로 경쟁 관계에 있고 대체 가능한 상품들이며 일본이 보드카, 진, (백색) 럼 및 genievre에 대해 소주보다 더 높은 세금을 부과하는 것은 GATT III조2항 두 번째 문장에 위반된다고 주장했다.

이에 일본은 주세법상 조세를 차별하는 것은 국내 상품을 보호하려는 것이 아니며 그러한 효과가 발생하지도 않는다고 주장했다. 더 나아가 화주, 위스키/브랜드, 리큐르는 GATT III조2항 첫 문장상 소주와 같은 범주에 드는 '동종 상품'도 아니며, GATT III조 2항 두 번째 문장상의 소주와 '직접적인 경쟁 관계에 있거나 대체 가능한 상품'도 아니라고 주장했다

패널은 III조2항을 해석함에 있어 III조1항[2)]과의 관계부터 검토하여 보았다. 우선 패널은 III조2항이 두 가지 다른 상황, 즉 첫 문장은 동종 상품의 취급과, 두 번째 문장은 직접적인 경쟁 관계에 있거나 대체 가능한 상품에 관련된 것이라고 보았다. 패널은 III조 2항 두 번째 문장에는 '제1항에 규정된 원칙에'라는 표현이 있는 반면에, 첫 문장에는 동 내용이 명시되지 않은 점에 비추어 III조1항은 법적으로 구속력 있는 의무라기보다는 일반적인 원칙을 표현한 것이며 적절하고 필요한 범위 내에서 문맥으로서 고려될 수 있는 것이라고 보았다. 결국 III조2항을 해석함에 있어서 그 시발점은 2항 그 자체이지 1항이 아니라는 것이다. 상소기구 역시 패널의 이와 같은 접근법이 타당하다고 지지하였다.

패널은 III조2항 첫 문장상 세 가지 요건이 필요하다고 했는데, i) 당해 상품에

The products of the territory of any contracting party imported into the territory of any other contracting party shall not be subject, directly or indirectly, to internal taxes or other internal charges of any kind in excess of those applied, directly or indirectly, to like domestic products. Moreover, no contracting party shall otherwise apply internal taxes or other internal charges to imported or domestic products in a manner contrary to the principles set forth in paragraph

<참고> III조2항에는 부속서 1에 의거, ad article이 부과되어 있다.

제2항

제2항의 최초의 문장의 요건에 합치하는 조세는 과세된 산품을 일방으로, 유사한 방법으로 과세되지 아니한 직접적 경쟁산품 또는 대체산품을 타방으로 하여 양자간에 경쟁이 있는 경우에 한하여 제2의 문장의 규정에 모순되는 것으로 간주한다.

A tax conforming to the requirements of the first sentence of paragraph 2 would be considered to be inconsistent with the provisions of the second sentence only in cases where competition was involved between, on the one hand, the taxed product and, on the other hand, a directly competitive or substitutable product which was not similarly taxed.

2) III:1. 체약국은 내국세, 기타 내국과징금과 산품의 국내 판매, 판매를 위한 제공, 구매, 수송, 분배 또는 사용에 영향을 주는 법률, 규칙 및 요건, 그리고 특정한 수량 또는 비율의 산품의 혼합, 가공 또는 사용을 요구하는 내국의 수량적 규칙은 국내생산을 보호하기 위하여 수입산품 또는 국내산품에 대하여 적용하여서는 아니된다는 것을 인정한다.

동종성이 있는지 여부 ii) 다툼의 대상이 된 조치가 '내국세' 이거나 '기타 국내 요금'인지 여부(이 사건에서는 이슈가 되지 않는다) iii) 만일 그러하다면 외국 상품에 부과된 조세가 국내 동종 상품에 부과된 조세를 초과하고 있는지 여부에 대한 판단이다. 이 세 가지 요건에 해당하면 그러한 과세는 III조2항 첫 문장상의 의무를 위반한 것이 된다.

패널은 '동종 상품'이라는 용어는 GATT 규정 속에서 다양한 형태로 나타나고 또한 그 의미도 일률적으로 해석되어야 할 필요는 없다고 했다. '동종 상품'의 개념이 사례별로(case by case) 해석되어야 한다는 것이다. 동종 상품은 직접적으로 경쟁 가능하거나 대체 가능한 상품의 일부분(subset)으로 보아야 한다는 것이 패널의 입장이다. 모든 동종 상품은 정의상, 직접적으로 경쟁 가능하거나 대체 가능한 상품이지만 반면에 모든 직접적으로 경쟁 가능 하거나 대체 가능한 상품은 필연적으로 동종 상품이 되는 것은 아니라고 보았다.

패널은 이 사건에서 문제된 상품이 동종 상품인지 여부에 대해 검토를 했다. 먼저 보드카와 소주에 대한 검토가 있었다. 패널은 보드카와 소주가 상당히 많은 물리적 특성을 공유하고 있다고 했다. 일본은 두 상품이 동종성이 없는 것은 아니나 일본의 주세법은 소주를 보호하기 위한 목적이나 효과가 없으므로 보드카와 소주는 동종 상품이 아니라고 주장하였으나 패널은 일본의 주장을 받아들이지 않고 보드카와 소주는 동종 상품이라고 결론지었다. 보드카 이외의 주류에 대해서는 이들 상품이 소주와 III조2항 두 번째 문장상의 직접적으로 경쟁 관계에 있거나 대체 가능한 상품인지 여부에 대해 검토했다.

상소기구 역시 소주와 보드카가 동종 상품이라는 패널의 판정을 지지하였다. 상소기구는 동종 상품 여부는 각 사안에 따라(case-by-case) 상품의 특질, 성질 및 품질뿐만 아니라 최종 소비자, 소비자의 기호 및 취향 등을 고려해야 하며 이러한 기호, 취향, 최종 소비자 등은 나라마다 시장마다 달라질 수 있다는 점 역시 고려해야 한다고 보았다.

패널은 일본 주세법 하에서 국내 소주에 대해 부과되는 세금을 초과하여 수입 보드카에 대해서 세금을 부과하고 있는지 여부를 검토했다. 일본의 입법은 다양한 주류에 대해 특별세를 부과하는 형식을 취하고 있다. 알코올 함량 38도 이하의 보드카에 대해서는 킬로 리터당 377,230엔을 과세하고 알코올 함량 25도에서 26도 사이의 소주 A에 대해서는 킬로 리터당 155,700엔의 조세를 부과했다.

패널은 '국내 동종 상품에 … 적용되는 것을 초과하지 않도록' 이라는 의미는 과세에 있어서 최소한 동등한 또는 좀 더 나은 취급을 의미하는 것으로 해석하여야 한다고 보았다. 따라서 度數별 과세액을 비교할 때 일본이 소주에 대해 부과된 세금을 초과하여 보드카에 세금을 부과한 것이 명백하다고 패널은 판정했다. 일본은 조세/가격 비율이 '대략적으로 일정하게' 유지되고 있으므로 거래 중립적이고 따라서 국내 산업을 보호하려는 것이 아니라고 항변하였으나 패널은 보호 목적의 존재 여부는 III조 2항 첫 문장을 분석함에 있어서 중요한 것이 아니라고 환기하였다.

이상을 토대로 패널은 결국 소주와 보드카는 동종 상품이며, 소주에 대한 세율보다 높은 세율로 보드카에 과세함으로써 일본은 GATT III조 2항 첫 문장상의 의무를 위반했다고 판시했다.

상소기구 역시 패널의 법적인 추론과 결론이 타당하다고 밝히고 보드카가 소주보다 과하게 과세되었다는 점을 확인하였다.

2) III조2항 두 번째 문장 위반 여부

보드카 외의 다른 주류(위스키, 진, (백색) 럼, genievre)들이 소주와 직접적으로 경쟁 관계에 있고 대체 가능한 상품이었는지에 여부에 대해 패널은 당해 상품들 사이의 대체 탄력성 등 설득력 있는 증거가 포함되어 있는 제소국측의 연구자료, 내국세에 의해 발생된 가격 왜곡을 고려하지 않기는 했지만 하여튼 당해 상품 사이의 대체 탄력성을 측정한 일본측의 조사 자료, 마지막으로 위스키와 소주가 동일한 시장에서 경쟁 관계에 있다는 것을 입증한 1989년 일본의 세제 개혁 관련 자료 등을 종합적으로 검토할 때 소주와 이들 상품간에는 직접적인 경쟁과 대체 가능한 관계가 있다고 판단하였다.

III조 2항의 주석(각주 1 참고)은 어떻게 국가의 법이 '국내 상품을 보호하기 위한 방향으로' 운용되고 있고 그럼으로써 III조1항에서 표명하고 있는 원칙들을 위반하고 있는가를 설명하고 있다. 즉 직접적으로 경쟁적이거나 대체적인 상품이 유사한 정도의 세를 부담하고 있지 않고 그 이유가 국내 상품을 위한 것이면 III조 제2항 두 번째 문장을 위반한 것이다.

패널은 일본의 주세법이 국내 상품을 보호하기 위한 방법으로 유사하지 않게 과세하였는지 여부를 검토하기 위해 특히 상품에 대한 리터당 세금, 알코올 1도당 세금, 종가세 및 조세/가격 비율 등을 살펴보았다. 상품에 대한 킬로 리터당 과세와 관련하여 소주A(25°)에 대해서는 155,700엔을 소주 B(25°)는 102,100엔을 위스키(40°)는 982,300엔을 브랜드(40°) 역시 982, 300엔을 진, 럼, 보드카와 같은 화주(38°)는 377,230엔을 리큐르(40°)는 328,760엔을 각각 부과했다. 패널은 이러한 과세는 유사성이 없는 것이고 이와 같은 차이는 미미(*de minimis*)하다고 할 수 없다고 판정했다.

알코올 함유량에 따른 과세에 대해서는 1도당 소주A(25°)에 대해서는 6,228엔을 소주B(25°)는 4,084엔을 위스키(40°)는 24,558엔을 진, 럼, 보드카와 같은 火酒(38°)는 927엔을 리큐르(liqueurs; 40°)는 82,119엔을 각각 부과했다. 패널은 이러한 과세에 대해서도 유사성이 없으며 이와 같은 차이 역시 미미하다고는 할 수 없다고 판시했다. 또한 패널은 당해 상품들이 유사한 정도로 과세되고 있지 않으며 소주에 대한 과세가 문제가 된 그 밖의 상품에 대한 그것보다 더 낮고 소주를 보호하는 경향이 있다고 결론지었다.

이상의 판단을 토대로 패널은 소주, 위스키, 브랜드, 진, genievre 및 리큐르는 '직접적인 경쟁 관계에 있고 대체 가능한 상품'이며 이러한 주류들에 대해 유사한 정도로 세금을 부과하지 않고 차별적으로 과세하였기 때문에 일본은 GATT III조2항 두 번째 문장을 위반했다고 판시했다.

상소기구는 특정 내국세 조치가 III조2항 두 번째 문장과 합치되는지 여부를 판단하기 위해서는 III조 및 III조2항 그리고 III조2항 주해 등을 종합적으로 고려할 때 i) 수입 상품과 국내 상품이 상호 경쟁 관계에 있는 직접적인 경쟁 또는 대체 상품인지 여부, ii) 양자간 유사하게 과세되었는지 여부 iii) 과세상의 차이가 국내 상품을 보호하기 위해 적용되었는지 여부를 살펴야 된다고 보았다. 상소기구는 직접적으로 경쟁 또는 대체 상품은 동종 상품보다 포괄적인 개념이나 그 구체적인 범위는 각 사안에 따라 결정되어야 하며 패널이 옳게 판단한대로 물리적 특성이나 관세 분류, 최종 소비자뿐만 아니라 상품간의 대체 탄력성과 같이 그 시장에서 동태적으로 나타나는 요소 역시 고려해야 한다고 보았다. 유사과세 여부에 대해 상소기구는 패널의 판정을 지지하기는 하였으나 not similarly taxed 요소는 so as to afford protection 요소와는 다른 것이나 패널이 양자간의 차별을 분명히 하지 않은 것은 오류라고 지적하였다.

국내 상품을 보호하기 위한 방향으로 과세되었는지 여부에 대해 패널은 보호의 의도를 확인하기 위해 입법 이유, 입법자의 의도를 검토해야 할 필요는 없으며 조치의 양태, 구조, 짜임새 등을 통해 보호주의적으로 적용되고 있음을 알 수 있다고 지적하였다. 이 문제는 의도의 확인이 아니라 적용되고 있는 방식에 관한 문제라는 것이다. 상소기구는 일본 주세법이 국내 상품을 보호하기 위한 방식으로 적용되고 있다는 패널의 판정을 지지하였다.

다. 해설 및 평가

어떤 조치가 GATT III조 내국민 대우 원칙 위반인지 여부를 판단하기 위해서는 수입품과 국내 상품이 동종 상품인지를 판단하는 것이 선결 과제며 대부분 이것이 III조 위반 여부를 좌우한다. 따라서GATT III조2항상의 동종 상품 여부를 판정하는 기준이 매우 중요하며 이에는 2단계 분석법, 통합 분석법, 목적효과 분석법 등 여러 주장이 있다.

2단계 분석법이란 우선 제품의 물리적 특성, 최종 사용 용도, 구성 성분, 소비자의 기호 및 습관, 그리고 일반적으로 통일된 관세 품목 분류 기준 등을 고려하여 수입품과 국내 상품이 동종 상품인지를 판단하고 만일 그렇다면 2차적으로 수입품에 차별적인 불리한 조세가 부과되었는지 결정하는 방법이다. 2단계 분석법에서는 수입품과 국내 상품이 동종 상품인 것으로 결정되면 거의 GATT III조2항 첫 문장 위반으로 결론 내려진다. 제품의 물리적 특성, 최종 사용 용도 등 판정기준을 처음 제시한 것은 1970년 GATT 국경과세조정 working party가 제출한 보고서(the Border Tax Adjustment Report)이다.[3] 이를 따서 이 분석법을 BTA 방식이라고도 한다. *EC-Asbestos* 사건에서도 이러한 방식을 토대로 동종 상품 여부를 분석하였으며 지금까지 GATT/WTO 패널에서 광범위하게 사용된 방식이기도 하다.

통합 분석법(unitary approach)이란 다른 취급을 받는 두 가지 상품이 III조2항 또는 4항의 동종 상품인지를 결정함에 있어서 그 제품간의 차별이 III조1항에 명시된 대로 '국내 생산을 보호하기 위한' 것인지를 통합하여 고려하는 방법이다. III조2항 두 번째 문장의 위반 여부에 대해서는 III조1항의 원칙을 검토하도록 명시적으로 규정되어 있으므로 통합분석법이 의미가 있으나 III조4항의 경우 III조1

---

3) With regard to the interpretation of the term like orsimilar products, which occurs some sixteen times throughout the General Agreement, it was recalled that considerable discussion had taken place ⋯ .but that no further improvement of the term had been achieved. The Working Party concluded that problems arising from the interpretation of the terms should be examined on a case-by-case basis. This would allow a fair assessment in each case of the different elements that constitutes similar product. Some criteria were suggested for determining, on a case-by-case basis, whether a product is similar: the product's end-uses in a given market; consumers' tastes and habits, which change from country to country; the products properties, nature and quality. Report of Working Party on Border Tax Adjustments, BISD 18S/97, papra. 18).

항이 명시적으로 지칭되어 있지 않으므로 III조1항의 위반이 확인되어야 III조4항 위반을 판정할 수 있다는 주장은 다른 사건에서 부정된 바 있다(*Argentina-Bovine Hide* 사건). '국내 생산의 보호'에 관한 판단을 하려면, 어떤 형태로든 수입 상품과 국내 상품이 다른 취급을 받고 있다는 사실이 전제되기 때문에 동종 상품의 판단단계에서 내국세가 국내 상품보다 수입품에 대하여 더 높게 부과되고 있는지 또는 III조2항, 4항의 불리한 대우가 행해지고 있는지에 대한 판단은 '국내 생산 보호'의 판단 단계에서 이미 함께 행해지게 된다.

목적-효과 분석법은 상이한 취급을 받는 두 가지 상품이 동종 상품인지 여부를 결정함에 있어서 그러한 차별 취급을 하는 목적과 효과를 고려한다. 그런데 이 목적과 효과를 판단함에 있어서 이들이 국내 생산을 보호하기 위한 목적이나 효과가 있는지를 고려하므로 근본적으로는 통합 분석법과 큰 차이는 없어 보인다.

이번 사건에서 GATT III조2항 위반인지를 판단하기 위해 EC는 문제된 상품의 물리적 특성, 사용 목적과 소비자의 기호 등을 참작하여 동종인지를 먼저 판단하고 동종이라면 외국 상품에 부과된 세금이 동종인 국내 상품에 대해 부과된 세금을 초과하였는지 여부를 판단하여야 한다고 주장했다. 즉 2단계 분석법을 적용한 것이다. 미국은 동종 상품인지 여부를 판단함에 있어서 상품간의 물리적 특성, 사용 목적, 소비자의 취향과 기호, 상품에 대한 관세 분류 외에 문제된 과세 차별이 '국내 생산을 보호하기 위한 방향으로 적용' 되었는 지와 그러한 차별의 목적과 효과가 전체적으로 보아 국내 상품을 보호하기 위한 것이었는지를 검토해 보아야 한다고 함으로써 통합 분석법을 적용할 것을 주장한 것으로 볼 수 있다. 한편 일본은 자국의 주세법이GATT III조2항을 위반하지 않았다고 주장하며 문제된 법률의 목적과 효과에 비추어 위반 여부를 판단해야 한다고 해서 목적-효과 분석법을 주장했음을 알 수 있다.

그러나 패널은 목적-효과 분석법이 i) GATT III조2항 첫 문장에서는 근거가 없고 동 조 1항에 근거를 두고 있으며 ii) 상대국 법의 목적이나 효과를 파악하기가 어려울뿐더러 이를 입증하기는 더욱 어렵다는 입증상의 문제를 들어 목적-효과 분석법의 적용을 거부했다.

※ 이 판례 해설 중 패널 판정 부분은 「통상법률」(법무부, 1996. 10.)에 게재된 차성민님의 "일본 – 주세사건"을 축약한 것이다.

3. US vs. Canada – Periodicals 사건

(DS31, 1997. 7. 30. – 상소기구)

가. 사건 개요

이 사건은 특정 정기 간행물의 수입을 금지하는 캐나다의 조치 즉 i) 관세 코드 9958과, ii) 분리 발행 정기 간행물에 조세를 부과하는 국내 소비세법 (Excise Tax Act) V.1장, iii) 캐나다 우편 회사가 특정 캐나다 정기 간행물에 대하여 수입 정기 간행물보다 유리한 우편 요율을 적용하는 세 가지 조치에 대해 미국이 GATT XI조(수량제한 금지), III조(내국민 대우) 위반이라고 시비한 것이다.

캐나다 관세 코드 9958은 일정한 정기 간행물 발행본 issue 의 수입을 금지하고 있다. 즉 캐나다로 수입되는 정기 간행물의 발행본이 캐나다내의 시장을 주된 목표로 한 광고를 포함하고 있고 원산지에서 배포되는 발행본과 동일하지 않은 특별 인쇄판인 경우, 캐나다 시장을 목표로 하는 광고 내용이 전체 광고의 5%를 넘으면 수입이 금지된다.

캐나다 국내 소비세법 V.1장은 캐나다에서 배포되는 분리 발행 정기 간행물 (split-run periodical)[1]의 광고가치(value of advertisements)[2]의 80%에 해당하는 국내 소비세를 발행부수에(per issue) 따라서 부과하고 있다. 미국은 이 조치가 외국 간행물에만 적용되는 것이므로 내국민 대우 위반이라고 주장하였다.

캐나다 우편회사(Canada Post Corporation)는 캐나다에서 발행되는 특정 정기

---

1) i) 캐나다 내에서 배포되고 ii) 하나 또는 그 이상의 정기간행물의 하나 또는 그 이상의 제외된 인쇄판에서 나타나는 편집 내용과 동일하거나 실질적으로 동일한 내용을 20%이상 가지고 있으며 iii) 모든 제외된 인쇄판에서 동일한 형태가 아닌 광고를 포함하고 있는 것을 말한다.

2) 발행판에 포함된 모든 광고에 대해여 지불된 광고료의 총액

간행물에 대하여 캐나다 정부의 출판물 배포지원 프로그램에 의한 기금 지원을 받아 '기금 요율(funded rates)'라는 감액된 우편 요율을 적용한다. 또한, 일반적으로 수입정기 간행물에는 적용되지 않는 추가적인 할인 선택권을 캐나다 정기 간행물에 부여하고 있다. 캐나다는 지리적으로 광대한 국토를 가지고 있고 인구가 각 지방에 분산되어 있기 때문에 유통에 있어서 우편 요율이 차지하는 비중이 크다.

나. 주요 쟁점별 당사자 주장 및 판결 요지

1) 관세 코드 9958

관세 코드 9958은 특정 종류의 정기 간행물에 대한 수입을 금지하고 있으므로 이러한 캐나다의 조치가 GATT XI조1항[3] 의 수량 제한을 금지에 해당한다는 것에 대하여는 당사국간의 이견이 없었다. 문제는 XX조(d)[4]에 의하여 정당화될 수 있는가에 있었다. 패널은 동 조항에 의하여 정당화되기 위한 요건으로서 세 가지가 필요하다고 판단하였다. 동 조항에 의하여 예외를 주장하는 당사국은 첫째 GATT에 위반되지 아니하는 법률 또는 규칙의 준수를 확보하기 위한(secure compliance) 것일 것, 둘째 그 법률 또는 규칙의 준수를 확보하기 위하여 필요한 (necessary) 조치일 것, 셋째, 20조 전문의 요건에 합치할 것의 세 가지를 입증하여야 한다는 것이다.

'법률 또는 규칙의 준수의 확보(secure compliance with laws and regulation)'에 대해 캐나다는 관세 코드9958이 소득세법 제19장[5]의 목적을 달성하기 위한 조치

3) XI:1. 체약국은 다른 체약국 영역의 산품의 수입에 대하여 또는 다른 체약국 영역으로 향하는 산품의 수출 또는 수출을 위한 판매에 대하여, 할당제나 수입 허가 또는 수출허가 또는 기타 조치에 의거하거나를 불문하고 관세, 조세 또는 기타 과징금을 제외한 금지 또는 제한을 설정하거나 유지하여서는 아니된다.

4) 본 협정의 어떠한 규정도 체약국이 다음의 조치를 채택하거나 실시하는 것을 방해하는 것으로 해석되어서는 아니된다. 다만, 그러한 조치를 동일한 조건하에 있는 국가간에 임의적이며 불공평한 차별의 수단 또는 국제 무역에 있어서의 위장된 제한을 과하는 방법으로 적용하지 아니할 것을 조건으로 한다.

(a), (b), (c) … 생략

(d) 관세의 실시, 제2조 제4항 및 제17조에 따라 운영되는 독점의 실시, 특허권, 상표권 및 저작권의 보호 그리고 사기적인 관습의 방지에 관한 법률과 규칙을 포함하여 본 협정의 규정에 반하지 아니하는 법률 또는 규칙의 준수를 확보하기 위하여 필요한 조치,

이며, 또한 동 코드는 소득세법 제19장과 함께 동일한 목적을 가지고, 그것을 시행하기 위한 하나의 일괄적인 조치의 구성 부분이라고 주장하였다. 이에 대하여 미국은 법률 또는 규칙의 준수의 확보란 '법률 또는 규칙의 목적 달성을 확보(to ensure the attainment of the objectives of the laws and regulations)' 하기 위한 것이 아니라 '법률 또는 규칙 하의 의무를 시행하기 위한 것(to enforce obligations under laws and regulations)'이라고 반박하였다. 캐나다는 관세 코드가 소득세법의 시행을 위한 것이라고 주장하지 않았고 다만 동일한 목적을 진척시키기 위한 것이라고만 주장하였을 뿐이라고 지적, 관세 코드 9958은 소득세법 제19장의 준수를 확보하기 위한 조치가 아니라고 주장하였다.

패널은 GATT XX조(d)항의 '법률과 규칙의 준수의 확보'가 무엇을 뜻하는가에 대하여 미국이 인용한 *EEC-Parts and components* 사건(GATT시의 사건) 패널 결정을 수용하였다. 동 패널에 의하면 법률과 규칙의 준수의 확보는 '법률과 규칙의 목적 달성을 보장하는 것'이 아닌 '법률과 규칙하의 의무를 시행하는 것'을 의미한다고 본다. 그리고 패널은 이와 같은 판시를 인용하면서 만약 캐나다의 주장대로 법률과 규칙의 목적 달성을 보장하기 위한 것이라는 해석론을 받아들인다면 법률과 규칙의 목적이 GATT에 반하지 않고, 법률과 규칙의 의무를 시행하는 것만으로는 법률의 목적을 달성할 수 없기만 한다면 GATT에 위반되는 조치가 항상 XX조(d)항에 의하여 정당화 되는 상황이 초래될 수 있다고 하면서 캐나다의 주장을 배척하였다. 나머지 요건인 필요성과 XX조 전문의 해당 여부 등의 문제는 판단한 필요가 없다고 보았다.

2) 국내 소비세법 V.1

(가) GATT 적용 가능성 여부

캐나다 국내 소비세법은 광고 가치에 대하여 조세를 부과하는 것이다. 따라서 정기 간행물이 포함하고 있는 광고라는 서비스에 대한 조세로 볼 가능성도 있고, 정기 간행물이라는 상품에 대한 조세일 수도 있다. 따라서 상품 교역에 관한 GATT가 적용될 것인가 아니면 서비스 교역에 관한 GATS가 적용될 것인가의 문제가 발생한다. 이에 대하여 미국은 국내 소비세법은 정기 간행물이라는 상품에

---

5) 소득세법 제19장의 내용은 캐나다 정기간행물의 캐나다 발행판에 광고가 실린다면, 그 광고에 대한 비용의 공제를 인정하는 것이다. 이러한 소득세법의 규정 자체가 GATT에 합치하는가 여부는 미국측에서 주장하지 않았으므로 본 사건에서는 문제되지 않았다.

대한 조세로서 GATT III조2항[6]의 내국민 대우 의무에 위반된다는 주장을 하였다.

캐나다는 국내 소비세법 V.1에 의한 국내 소비세는 잡지 출판업자에 의한 광고서비스의 제공을 통하여 얻어진 수입에 대하여 부과되는 세금이기 때문에 광고라는 서비스에 관한 것이고 서비스 무역에 관한 일반 협정(GATS)의 적용을 받으며 나아가 GATS의 관점으로 국내 소비세법 V.1을 심사하는 것은 패널의 심리범위에 해당하지 아니한다고 주장하였다. 캐나다는 GATS에서 광고 서비스에 대하여 어떠한 양허도 하지 아니하였으며 따라서 GATS와 GATT의 중첩이 있는 경우에는 GATT가 적용되어서는 아니 된다고 주장하였다.

미국은 GATS의 취지 중 어느 것도 GATT상의 의무를 감소시키거나 제거하는 것이 아니며, 상품 무역에 영향을 미치는 조치에 대하여 GATS가 GATT에 우선한다고 볼 수 없고, 캐나다는 GATS의 조항과 모순되지 않게 GATT의 의무를 준수할 수 있다고 주장하였다. 미국은 GATT III조4항[7] 은 '유통(distribution)'과 '운송(transportation)'과 같이 상품에 영향을 미치는 서비스에도 적용되며 서비스 무역에 관한 일반 협정(GATS), WTO, GATT1994 어디에도 양자간의 충돌에 대하여 언급하고 있지 않기 때문에 GATS만 적용된다고 볼 수 없다고 반박하였다.

패널은 먼저 GATT와 GATS간의 관계에 대하여서는, GATT와 GATS 그리고 WTO설립협정 2조2항[8] 모두를 종합하여 일반적인 조약의 해석 방법에 의한 통상적인 의미를 보았을 때에 GATT와 GATS하의 의무는 서로 양립할 수 있으며 어느 하나가 다른 하나를 무효화하지는 않는다고 결정하였고, GATT와 GATS가 중첩되는 부분에 있어서도 어느 일방의 적용이 배척되지는 않는다고 판시하였다. 그 이유로는 WTO설립협정 16조3항[9] 또는 부속서 1A와 같이 GATT와 GATS간

---

6) III:2. 다른 체약국의 영역내에 수입된 체약국 영역의 산품에 대하여는 동종의 내국산품에 직접 또는 간접으로 부과되는 내국세 또는 기타 모든 종류의 내국과징금을 초과하는 내국세 또는 기타 모든 종류의 내국과징금을 직접 또는 간접으로 부과하여서는 아니된다. 또한, 체약국은 본조 제1항에 규정된 원칙에 위배되는 방법으로 내국세 또는 기타 내국과징금을 수입산품 또는 국내산품에 부과하여서는 아니된다.

7) III:4. 체약국 영역의 산품으로서 다른 체약국의 영역에 수입된 산품은 동 국내에서의 판매, 판매를 위한 제공, 구입, 수송, 분배 또는 사용에 관한 모든 법률, 규칙 및 요건에 관하여 국내 원산의 동종 산품에 부여하고 있는 대우보다 불리하지 아니한 대우를 부여하여야 한다. 본 항의 규정은 교통수단의 경제적 운영에 전적으로 입각하였으며 산품의 원산국을 기초로 하지 아니한 차별적 국내 운송요금의 적용을 방해하지 아니한다.

8) 2.2. 부속서 1, 2 및 3에 포함된 협정 및 관련 법적 문서(이하 '다자간무역협정' 이라 한다)는 이 협정의 불가분의 일부를 구성하며, 모든 회원국에 대하여 구속력을 갖는다.

의 상하 질서를 나타내기 위한 규정이 존재하지 않는다는 것은 양자는 동일한 계층에 있으며, 양자간에는 계층적 질서가 존재하지 않는다는 것을 들었다.

다음으로 국내 소비세법이 광고라는 서비스에 관한 것인지 정기 간행물이라는 상품에 관한 것인가에 대하여는 패널은 다른 미디어에 대하여는 국내 소비세법에 비교할 만한 규제가 존재하지 않는다는 점, 국내 소비세가 발행 부수별로(per issue) 부과된다는 점 등을 고려하여 광고라는 서비스에 대한 것이 아니라 정기 간행물이라는 상품에 관한 조치라고 판시하였다.

상소기구도 패널의 결정을 받아들여서 GATT와 GATS 그리고 WTO 설립협정 2조를 종합하여 보았을 때 GATT상의 의무와 GATS상의 의무는 서로 공존할 수 있으며 어느 한 의무가 다른 의무를 침해하는 것이 아니라고 판시하였다.

상소기구는 또한 관세 코드와 국내 소비세법은 동일한 목적을 가진 하나의 짝이 되는 조치이므로 동일하게 분석되어야 하며, 국내 소비세가 발행부수를 기준으로 부과되고 국내 소비세의 납부의무자가 출판업자이고 캐나다에 상주하는 출판업자가 없을 경우에는 유통업자, 인쇄업자 또는 도매상이 되고 광고업자가 아닌 점을 들어서 국내 소비세법은 정기 간행물이라는 상품에 대하여 적용되는 조치라고 결론 내렸다.

(나) 동종 상품 여부(GATT III조2항)

국내 소비세법이 상품에 관한 조치라고 결정되었다면 다음으로 문제되는 것은 내국민 대우 의무 위반인지 여부이다. 이 점에 대하여는 GATT 3조2항의 위반이 있었는가 여부가 검토되어야 한다. 내국민 대우 의무 위반 여부의 판단을 위해서는 동종 상품 여부가 가장 중요한 쟁점이 되었다. 輸入 분리 발행 정기 간행물과 국내 비분리 발행 정기 간행물이 동종 상품인가 판단함에 있어서의 문제점으로는 관세 코드에 의하여 수입 분리 발행 정기 간행물의 수입이 금지되고 있었기 때문에 실제로 비교의 대상이 존재하지 않는다는 점이 있었다.

미국은 캐나다 국내 소비세법 V.1이 동종 상품인 분리 발행 잡지와 비분리 발행 잡지를 동일하거나 또는 거의 유사한 상품의 버전이 외국에서 판매되는 정도에 따라 인위적으로 차별하고 있다고 주장하였다. 캐나다 국내 소비세법은 분리 발행 잡지를 전적으로 캐나다 외에서 판매되는 다른 잡지와의 관계에 의하여서

9) 16.3. 이 협정의 규정과 다자간무역협정의 규정이 상충하는 경우 상충의 범위 내에서 이 협정의 규정이 우선한다.

만 정의하고 있고 외국에서 판매되는 잡지가 존재하느냐 하는 외부적인 요인은 분리 발행 그 자체와는 아무런 관련성이 없으므로 양자는 동종 상품이라고 주장하였다.

이에 대하여 캐나다는 모든 잡지의 본질적인 부분은 그 잡지의 내용이므로 캐나다 시장을 위하여 개발된 내용을 가지는 것과 단순히 외국의 편집 내용을 재생산하였을 뿐인 것은 동종 상품이 아니라고 주장하였다.

패널은 III조2항 전문의 동종 상품은 *Japan-Alcohol* 사건에서와 마찬가지로 좁게 해석되어야 하며 개개의 구체적인 사안에 따라서 상품의 시장에서의 사용 용도, 소비자의 기호와 관습, 상품의 속성, 특성과 품질 등을 종합적으로 고려하여 결정되어야 한다는 입장을 기본 전제로 하고 있다. 이 사건에 있어서 분리 발행 정기 간행물의 캐나다로의 수입이 금지되어 있어 비교 대상이 되는 분리 발행 정기 간행물이 없다고 볼 수 있다. 이 점에 대해 패널은 III조의 내국민 대우의 이론적인 근거가 회원국과 다른 회원국 상품의 경쟁 관계에 관한 회원국의 期待에 두고 있기 때문에 실제 비교 대상은 존재하지 않으나 수입된 것으로 가정하고 양자를 비교하였다. 패널은 수입된 분리 발행 정기 간행물과 국내의 비분리 발행 정기 간행물을 비교하여 보았을 때에 양자는 동일한 사용용도와 매우 유사한 물질적 특성, 속성과 품질을 가지고 있으며, 편집 내용은 상품 자체에 대한 것이 아니라 외부적인 요인에 불과하므로 동종 상품에 해당하며, 따라서 국내의 분리 발행 정기 간행물에 적용되는 것을 초과하는 내국세가 수입 분리 발행 간행물에 부과되는가의 문제를 검토하여야 한다고 판단하였다. 이 때 패널이 비교의 대상으로 삼은 것은 Harrowsmith Country Life라는 정기 간행물이었다. 위 정기 간행물은 캐나다인의 소유로서 국내 소비세법이 제정되기 전에는 두 가지 발행판 즉 캐나다 발행판과 미국 발행판을 가지고 있었다. 편집 내용은 동일하였으나 광고는 달랐다. 편집 내용의 20%이상이 동일하였으므로 국내 소비세가 부과되었어야 하는 것이지만 국내 소비세법이 제정되고 난 후에 위 정기 간행물은 미국 발행판의 출판을 중지하였다.

상소기구는 패널이 III조2항 첫 문장의 위반 여부의 판단 방법에는 동의하였다. 동종 상품이고 초과되는 내국세가 부과된다면 내국민 대우 의무 위반이라는 접근법에는 동의하였으나 수입 분리 발행 정기 간행물과 국내 비분리 발행 정기 간행물이 동종 상품이라는 패널의 판시를 두 가지 이유를 들어 기각하였다. 첫째는 패널이 現出된 증거를 바탕으로 하여 결정한 것이 아니라고 보았다. 패널에 증거로 제출된 것으로는 캐나다가 제출한 Time과 Time Canada, Macleans magazines 그리고 미국이 제출한 Pulp & Paper과 Pulp & Paper Canada가 있었다. 그러나 패널은 위와 같이 제출된 증거에 의하지 아니하고 판단한 잘못이 있다고 보았고, 다음으로는 패널이 근거로 내세운 정기 간행물의 미국판과 캐나다판은 동시에 동일 시장에 있을 수 없다는 점을 이유로 들어 동종 상품이라는 패널의 판시를 뒤집었다. 그리고 상소기구는 동종 상품인지 여부에 대하여 패널의 사실 분석이 불충분하므로 이 부분을 판단할 수 없고 따라서 III조2항 첫 문장의 위반 여부를 상소기구가 판단할 수 없다고 판시하였다.

(다) 직접 경쟁 및 대체 상품 여부

상소기구에서는 동종 상품인지 여부에 대하여 패널과 결론을 달리하였기 때문에 패널이 판단하지 않은 두 번째 문장 위반 여부를 상소기구가 판단할 수 있는가의 문제와 그 구체적인 기준이 문제되었다. 캐나다는 이 부분에 대하여 당사국이 항소하지 않았으므로 상소기구는 이를 판단할 권한이 없다고 주장하였으나 상소기구는 DSU 3조3항에 기술된 WTO의 목적에 비추어 보았을 때에 상소기구는 패널의 보고서에 충분한 근거가 있다면 상소기구는 이를 심사할 수 있고, 하여야만 한다고 판단하고 두 번째 문장의 위반이 있는가 판단하였다.

이에 대한 판단 방법으로는 *Japan-Alcohol* 사건에서의 접근 방법과 마찬가지로 i) 수입 상품과 국내 상품이 직접 경쟁적이거나 대체 가능한 관계인가, ii) 수입 상품과 국내 상품이 유사하지 아니하게 과세되는가, iii) 유사하지 않은 조세가 국내 생산을 보호하기 위한 것인가를 판단하여야 한다고 보았다.

직접 경쟁적이거나 대체 가능한 상품인가에 있어서는 상품간의 교차 탄력성이 중요한 의미를 가진다. 상소기구는 패널 보고서에서 인용된 캐나다의 task force 보고서, 캐나다 Heritage의 定款 등 명시적인 캐나다 정부의 정책 목적 등에 비추어 볼 때 광고전달매체로서 캐나다 비분리 발행 정기 간행물과 수입 정기 간행물 사이에 경쟁 관계가 있으며 광고수입에 있어서 캐나다 출판업자들이 심한 경쟁 관계에 있게 될 것이라는 점을 들어 직접 경쟁적이거나 대체 가능한 상품이라고 보았다.

상소기구는 전체 광고가치의 80%에 해당하는 고율의 조세는 유사하게 과세되지 않은 것이고 국내 소비세법의 구조나 형태 등에 비추어 보았을 때 보호하기 위한 목적에 해당한다고 보았다. 따라서 국내 소비세법 규정은 GATT III조2항 두 번째 문장에 위반된다고 판시하였다.

3) 특혜 우편 요율

(가) GATT III조4항 위반 여부

우편 요율의 문제에 대하여는 수입정기 간행물과 국내정기 간행물이 동종 상품이라는 점, 외국의 정기 간행물에 대하여 국내의 정기 간행물보다 고율의 우편 요율을 적용하였다는 점에 대하여는 다툼이 없었으며 Canada Post가 정부의 기관인가에 대해서 당사국간에 서로 다른 주장이 있었다.

미국은 Canada Post가 전적으로 정부의 소유이며, 정부에 의하여 창설된 특허체이고 정부에 의하여 임명된 이사진에 의하여 운영되기 때문에 캐나다 정부의 지동에 전적으로 종속되는 정부 기관이라고 주장하였다. 이에 대하여 캐나다는 Canada Post가 정부로부터 독립된 법인격을 가지고 있는 사유화된 기관이며, 또한 Canada Post가 부과하는 'commercial rates' 또는 'international rates'의 경우 정부의 통제로부터 벗어나 있는 것이므로 III조4항의 규칙 또는 규제에 해당하지 않는다고 주장하였다.

패널은 캐나다 우편 회사의 비상업적인 활동에 대한 정부의 통제에 비추어 보았을 때에 캐나다 우편 회사가 현행 가격 정책을 계속 유지할 충분한 인센티브가 존재한다고 합리적으로 추측할 수 있으며 Canada Post의 가격 정책이 정부 활동에 대체로 종속되어 있다는 점[10]에 따라 정기 간행물에 대한 Canada Post의 가격 정책은 III조4항이 의미하는 정부의 규칙 또는 규제에 해당한다고 보았다. 수입정기 간행물보다 더 낮은 우편 요율을 적용하는 것은 국내 상품을 보호하기 위한 것으로 볼 수 있으므로 국제 우편 요율보다 낮은 상업 요율 또는 기금 요율을 적용하는 것은 GATT III조4항에 위반된다고 판시하였다.

(나) III조8항(b) 예외 해당 여부

funded 요율이 III조4항에 위반되므로 이것이 III조8항(b)[11]의 허용되는 국내

---

10) Canada Post의 가격 정책이 적당하지 아니하다고 인정될 때에는 정부는 지도력을 행사하여 그것을 변경하도록 지시할 수 있다.: 캐나다 우편법 제22장

11) III:8.(b) 본조의 규정은 본조의 규정에 합치하여 부과하는 내국세, 내국과징금에 의한 수입과 국내 상품의 정부구매에 의하여 생기는 보조를 포함하여 국내 생산자에 한하여(exclusively) 보조금을 지불함을 방해하지 아니한다.

보조금으로서 정당화될 수 있는가의 문제가 발생하였다. 미국은 이 사건에 동 조항이 적용되지 않는다고 주장하였다. 그 근거는 Canada Heritage에 의하여 캐나다 출판업자에게 직접 전달되는 것이 아니라 Canada Post에 전달되는 것이므로 동 조항이 허용하는 보조금이 아니라고 주장하였다. 이를 뒷받침하기 위하여 *EEC-Oilseed* 사건의 패널의 판정을 인용하였다. 동 패널의 결정은 '한하여'의 의미에 관한 것으로 "보조금의 지급이 생산자에게 직접적으로 이루어지지 아니하였다면 그들에 한하여 지급된 것이 아니라고 합리적으로 추정될 수 있다"는 것이다. 즉 미국은 출판업자에게 직접적으로 지급된 것이 아니기 때문에 '한하여'라고 볼 수 없고, 따라서 허용되는 보조금이 아니라고 주장하였다.

이에 대하여 캐나다는 미국의 주장과 같이 Canada Post가 정부의 기관이라면 Canada Heritage로부터 Canada Post가 기금의 지원을 받는 것은 두 기관간의 자금의 이동일 뿐이므로 직접적으로 이동하는 것이라고 볼 수 있으며, Canada Post는 funded 요율로부터 어떠한 이득도 향유하지 못하므로 출판업자에 한하여 지급되는 것이라고 보아야 한다고 주장하였다.

패널은 Canada Post가 funded 요율로부터 어떠한 이익도 받지 않는다는 점이 직접적으로 보조금이 생산자에게 지급되지 아니하면 '한하여(exclusively)'의 요건에 해당하지 않는다는 추정에 대한 반증으로 인정하고 funded 요율은 III조의 내국민 대우 원칙에 반하지 않고 같은 조 8(b)항에 의하여 정당화 되는 조치라고 판시하였다.

상소기구는 세율을 감소시켜주는 것과 운송 또는 우편 요율을 감소시키는 것을 구별할 이유가 없으며, 8(b)항의 문언, 문맥, 목적과 의도를 종합하였을 때 정부에 의한 수입의 지출과 관련된 보조금의 지급만이 III조의 의무를 면제한다고 보아 패널의 허용 보조금이라는 판시를 취소하였다. 이때 상소기구는 *US-Malt Beverages* 사건(GATT시 사건)의 패널 보고서를 인용하였다. 동 패널의 내용을 보면 "III조8(b)항은 허용되는 생산자 보조금을 세금이 부과되고 난 후의 지급에 한정하고 있다. 조세와 보조금을 구별하는 것은 경제적으로나 정치적으로 의미가 있다. 비차별적인 생산 세금으로부터의 수익이 다음에 보조금으로 사용될 수 있다고 하더라도, 국내 생산자는 외국 경쟁자들과 같이 당연히 생산 세금을 납부하여야만 한다. 조세와 보조금을 구별하는 것은 투명성에 기여하고, 보호주의적 목적의 조세 정책의 남용을 어렵게 한다"는 것이다.

다. 해설 및 평가

국내 법원에서는 상급심이 하급심의 판정을 기각할 경우에는 이를 하급심으로 파기, 환송하여 하급심으로 하여금 다시 심리토록 하는 것이 보통이나 WTO 분쟁 해결 제도에는 이러한 제도가 마련되어 있지 않다. 따라서 상소기구가 패널의 판정을 일부 기각할 경우 동 사안은 상소기구가 스스로 심리하여 분석을 끝마치거나 complete analysis 미결인 채로 남을 수밖에 없다. 이번 사건에서 상소기구는 정기 간행물의 미국판과 캐나다판이 동종 상품이라는 패널의 판정을 기각하고 동종 상품이 아니라면 직접 경쟁 및 대체 관계에 있는 상품인지 여부에 대해 분석을 계속하였다. 이번 사건의 경우 이러한 분석의 종료가 가능했던 것은 분석의 토대가 되는 사실 관계가 충분하다고 보았기 때문이다. 통상 상소기구는 패널의 판정을 기각하고 자신의 분석을 계속할지 여부를 결정할 때 패널 보고서 상의 확인된 사실 및 당사자간 다툼이 없는 사실이 분석을 계속할 수 있을 정도로 충분한지를 살펴본다. 이러한 사실 관계가 충분하지 않을 경우 상소기구는 사실 관계의 부족으로 인해 분석을 계속할 수 없다고 밝히고 동 사안에 대해서는 가부간의 판정을 내리지 않는다.

우리나라가 관련된 사건 중 대표적인 예가 *US-DRAM CVD* 사건이다. 이 사건에서 상소기구는 한국 금융 기관이 정부의 지시와 위임에 의해 Hynix사에 금융 지원을 제공하였다는 미국 상무부의 판단이 잘못되었다는 패널의 판정을 번복하였으나 미 상무부의 보조금 판정이 보조금협정상의 보조금 정의에 합치하는지 여부는 사실 관계가 부족하여 더 이상 분석할 수 없다고 판단을 유보하였다. 이 외에도 상소기구가 사실 관계 부족을 이유로 판단을 유보한 경우는 *Canada-Dairy* 사건, *Australia-Salmon* 사건, *US-Hot-Rolled Steel* 사건, *US-Lumber CVDs Final* 사건 등이 있다.

이 사건에서 패널과 상소기구는 수량 제한의 예외에 관하여 엄격하게 해석, 수량 제한에 의한 보호무역 조치의 범위가 좁아지게 하였다. 이는 기존에 있었던 유사한 사건에서의 패널과 상소기구와 같은 견해를 취한 것이다.

GATS협상 당시에도 우려되었던 것이지만 서비스에 대한 정의가 없고, 상품과 서비스의 정확한 定義 규정이 없어서 GATT와 GATS의 관계의 문제가 본 사건의 판시로 어느 정도 기준이 확립되어가고 있다. 즉 양자간에는 어느 한쪽이

다른 쪽의 의무나 권리에 영향을 미치지 않는다는 것이다. 그러나 서비스와 관련되어 있는 상품의 종류가 늘어나고, 교역되는 서비스의 범위가 확장되어 감으로써 양자간의 충돌 문제는 앞으로 더 발생할 가능성이 높다고 본다.

상소기구는 직접적이거나 대체 가능한 상품 여부를 분석함에 있어서 *Japan-Alcohol* 사건과는 달리 조치의 적용 양태가 아니라 목적과 의도를 분석의 대상으로 포함시켰다. 이는 새로운 상소기구의 해석 방법이라기보다는 이 사건의 패널 과정과 상소기구의 청문회 과정에서 피제소국인 캐나다가 입법 목적 등에 대하여 적극적으로 언급을 하였고, 자료가 제출되었다는 특별한 사정이 있었던 것이기 때문으로 보인다.

※ 이 판례 해설 중 해설 및 평가를 제외한 부분은 사법연수원 제28기 하형인님이 작성, 한국통상법연구회 website에 게재한 것을 요약한 것이다.

4. Ecuador etc. vs. EC - Bananas 사건

(DS27, 1997. 9. 25. - 상소기구)

가. 사건 개요

이 사건은 EC의 바나나 수입, 판매 및 분배 제도가 주요 바나나 수출국인 라틴 아메리카의 국가들에 비하여 ACP 국가[1] 및 BFA 국가[2] 들에 대하여 특혜를 주고 있다는 이유로 에콰도르, 과테말라, 온두라스, 멕시코 및 미국이 EC를 상대로 WTO에 제소한 사건이다.

이 사건의 소송물에 해당하는 것은 EC 이사회 규정 404/93과 후속 법령 및 행정 조치들에 의해 설립된 EC의 바나나 수입, 판매 및 분배에 관한 제도(이하 EC의 바나나 제도)이다. 제소국들은 EC의 바나나 제도가 관세 문제와 관련해서는 GATT II조1항, 분배 문제와 관련해서는 GATT XIII조, 수입 허가 제도와 관련해서는 GATT I조, III조, X조, XI조, XIII조, 수입허가절차협정 1조3항, 3조2항, 5항, TRIMs협정 2조, GATS 2조, 17조에 위배된다고 주장하였다. 이에 대해 EC는 바나나 제도가 GATT와 GATS에 위배되지 않으며, 패널이 위배된다고 판정할지라도 이 제도는 Lomé waiver[3]에 의해 면책된다고 주장하였다.

---

1) Lomé 협정에 의해 EC로부터 특별대우를 약속받은 70개 아프리카, 카리브해 연안 및 태평양 지역의 국가들(African, Caribbean and Pacific countries). 대부분 서유럽 국가들의 구식민지 국가들이다.

2) EC와 바나나 협정(Framework Agreement on Bananas)을 체결한 국가. BFA는 1994년 EC와 콜롬비아, 코스타리카, 베네주엘라, 니카라과와 사이에 체결된 협정으로서, 여기에는 관세율쿼터, 이의 적용을 받는 물량의 크기, 국별 쿼터와 이전가능성, 비전통 ACP국산 바나나에 대한 90,000톤 배정, 수출 증명서 등에 관련된 규정을 담고 있다.

3) Lomé 협정은 EC가 ACP 국가의 교역증진을 통한 경제개발을 지원하기 위해 이들 국가에게 특

이에 대해 패널과 상소기구는 EC 바나나 제도 중 관세 문제에 대해서는 GATT I조1항에 위배되지만 Lomé waiver에 의하여 면책된다고 판단하였고, 분배 문제(관세 쿼터)에 대해서는 GATT XIII조에 위배되고 이는 로메 waiver에 의해 면책되지 않는다고 판단하였다. 그리고 EC의 수입 허가 제도와 관련해서는 GATT I조1항의 최혜국 대우 원칙과 III조4항의 내국민 대우 원칙을 위배하고 나아가 GATS 2조의 최혜국 대우 원칙과 17조의 내국민 대우 원칙을 위배하였다고 판단하였다.

나. 주요 쟁점별 당사자 주장 및 판결 요지

1) EC 바나나 제도의 GATT XIII조 위반 여부

(가) 바나나 제도 골자 및 제소국 주장 요지

이사회 규정 404/93에 의한 EC 바나나 제도는 EC 회원국 내에 존재하던 다양한 개별국 법령을 대체하였으며, 후속 법령들이 동 규정을 보완, 수정하였다. 규정 404/93 제4장은 바나나 수입 유형을 i) ACP 12국으로부터의 전통적인 수입, ii) 전통적인 ACP 국가로부터 공급되는 전통 물량을 초과하는 물량과 EC의 전통적인 공급국이 아닌 ACP 국가로부터의 비전통적 수입, iii) 제 3국(비ACP 국가)로부터의 수입 세 가지로 분류하고 각 유형별로 다음의 관세를 적용하였다.

혜 관세를 부여하는 것을 골자로 한 협정으로서 1989년 12월 15일 제4차 협정이 EC체결되었다. 이 협정은 바나나 의정서를 포함하고 있다. 이전 협정들처럼 제4차 협정도 WTO에 통보되어 작업반에 의해 검토되었다. 1994년 10월 10일 EC는 ACP 국가들과 함께GATT 1947 I조1항에 따른 EC의 의무를 면제해 줄 것을 요청하였다. 1994년 12월 9일에 체약국단은 의무면제를 승인했는데 이를 로메 waiver라고 한다. 이 의무면제결정 제1항은 다음과 같이 기술되어 있다.

'동일 특혜를 다른 체약국산 동종 상품에 연장시킬 것이 요구되지 않으면서, 2000년 2월 29일까지 EC가 제4차 Lomé 협정상의 관련 규정에 의해 요구되는 특혜 대우를 ACP 국가들의 제품에 부여하기 위한 한도 내에서 GATT I조1항상의 의무로부터 면제된다.'

1996년 10월 14일에 1994년 12월 회의에서 체약국단의 결정으로 부여된 로메 waiver는 의무면제에 관한 양해 제1항과 WTO설립협정 제9조에 근거해 2000년 2월 29일까지 연장되었다.

수입유형	정 의	적용관계
전통 ACP 바나나	12개 ACP 국가들에게 총량 857,700톤 범위 내에서 개별국 쿼터	무관세
비전통 ACP 바나나	전통 ACP 국가로부터 전통물량을 초과하는 수입과 비전통 ACP 공급국으로부터의 수입	90,000톤까지 무관세이며, 국별 쿼터 적용. 쿼터를 초과한 물량에 대해서는 96년과 97년에 톤당 693 ECU
제 3국산 바나나	제 3국으로부터의 수입	EC 양허표상의 210만톤까지는 톤당 75 ECU. 95년과 96년에 353,000톤 추가. BFA 체약국들에 국별 쿼터 배분 및 기타 유형 96년, 97년에 쿼터 초과 물량에 대해서는 톤당 793 ECU

<표-1> 수입 유형에 따른 관세 적용

즉 관세 쿼터 tariff quota 방식에 의하여 12개 전통 ACP 국가[4]로부터의 수입은 개별국의 쿼터 한도 내에서 무관세로 수입되며, 총량은 857,000톤이고, 비전통 ACP 국가 및 제 3국산 바나나 수입은 일정 쿼터까지는 무관세 내지는 낮은 관세로 수입되고 그 이상은 그 보다 높은 관세로 수입할 수 있게 하였는데, 비전통 ACP 국가 및 제 3국으로부터 수입되는 물량은 원래 2,000,000만톤이었으나, 1994년에 2,100,000톤, 1995년에 2,200,000톤으로 증가하였다. 그런데 이러한 비전통 ACP 국가 및 제 3국으로부터 수입되는 물량은 아래와 같이 배분하였다.

국 가	배 분
코스타리카	23.40%
콜롬비아	21.00%
니카라과	3.00%
베네주엘라	2.00%
기타	(94년) 46.32% (95년) 46.51%
도미니카 공화국 기타 비전통 ACP 국가	90,000톤

<표-2> 제 3국 및 비전통 ACP 국가에 대한 할당 관세 물량 분배

4) Belize, Cameroon, Cape Verde, Ivory Coast, Dominica, Grenada, Jamaica, Madagascar, Somalia, St. Lucia, St. Vincent and the Grenadines, Surinam

즉, EC는 코스타리카, 콜롬비아, 니카라과, 베네주엘라 등의 중남미의 대규모 바나나 수출국과는 BFA 협정을 체결하여 이에 근거해 위 표와 같은 비율의 쿼터를 배분하였고, 전통 및 비전통 ACP국산 바나나에 대해서는 관세 쿼터에 의한 방식으로 물량을 배정하였으며 제 3국에 대해서는 다른 물량을 배정하였다.

제소국은 수출국에 대한 EC의 국별 할당 관세 제도와 ACP 국가와 BFA국가들에 적용되는 EC의 할당 관세 제도가GATT XIII조에 위반된다고 주장하였다. 이러한 EC의 바나나 제도가 GATT XIII조와 합치되는가의 여부를 판단하기 위해서 패널은 i) EC의 바나나 수입 시장이 XIII조의 목적상 하나 또는 두 개의 제도로 구분되는지의 여부, ii) EC 규정의 효력 발생 시 어느 국가가 바나나 공급에서 실질적 이해관계를 가진 것으로 고려되었는 지와 EC가 이들을 어떻게 다루었는지의 여부, iii) 실질적 이해관계가 없는 국가들이 어떻게 다루어졌는지의 여부, 그리고 iv) 신규 시장 진입자의 지위 등에 대한 검토를 하였다.

(나) 별개의 제도 여부

EC는 전통적인 ACP 국가들로부터의 바나나 수입 제도와 비전통 ACP 국가, BFA 국가, 기타 제 3국가들로부터의 바나나 수입 제도는 각각 별도의 법적 근거로부터 만들어진 별개의 제도이므로 각각의 제도들이 GATT XIII조와 합치하는지 별도로 검토할 것을 주장했다. 이에 반해 제소국들은 XIII조의 문맥상 이에 대한 구분은 없으며 그 취지에 합치하지 않으므로 단일한 제도로서 검토해야 한다고 주장했다.

패널은 동종 상품은 원산지에 관계없이 동등하게 수입 제한을 받아야 한다는 XIII조1항[5]과 양적 제한을 하더라도 최대한 덜 무역 왜곡적으로 이루어져야 한다는 2항[6]을 고려할 때, EC의 바나나 수입 제도를 별개의 두 제도로 보아야 할 근

---

5) XIII:1. 체약국은 다른 체약국 영역 산품의 수입 또는 다른 체약국영역에로의 산품의 수출에 대하여 모든 제 3국의 동종 산품의 수입 또는 모든 제 3국에 대한 동종산품의 수출이 다 같이 금지되거나 또는 제한된 경우를 제외하고는 어떠한 금지나 제한을 과할 수 없다.

6) XIII:2. 체약국은 산품에 대한 수입 제한을 과함에 있어서 이러한 제한이 없는 경우에 각 체약국이 차지할 수 있을 것으로 기대하는 몫이 가능한 한 근사하도록 동 산품의 무역량을 분배할 것을 목표로 하여야 하며 또한 이를 위하여 다음의 제규정을 준수하여야 한다.

(a) 실행이 가능할 경우에는, 수입 허가품의 총량을 표시하는 할당량(공급국간에 할당여부를 불문하고)을 규정하고 동 총량을 본 조 제3항(b)에 따라 공고하여야 한다.

(b) 할당량의 결정이 실행 불가능한 경우에는, 할당량을 정하지 않고 수입 면허 또는 허가에 의하여 제한을 과할 수 있다.

(c) 체약국은, 본 항(d)에 따라 배정하는 할당량을 실시하는 경우를 제외하고는, 해당산품을 특

거가 없고, 만약 그것을 인정한다면 XIII조1항의 MFN원칙이 무의미해질 수 있다는 판단 하에서 한 상품에 대해 단순히 복수의 관세율이 존재한다는 이유만으로 그것을 별개의 제도로 볼 수 없다고 판시하였다.

상소기구 역시 EC 바나나 수입 제도가 각각 별개의 제도인지 하나의 제도인지는 차별 여부 판단과 관련성이 없으며 중요한 것은 대상 상품간의 동종 여부인데 본 건에서 문제가 된 바나나가 원산지에 상관없이 동종 상품이라는 데에는 이견이 없으므로 GATT의 비차별 의무는 EC 제도가 별개의 제도인지 하나의 제도인지와 관계없이 EC 제도 자체에 적용된다고 판시, 패널의 판정을 지지하였다.

(다) 실질적 이해 관계국

EC는 BFA가 체결되던 당시에 GATT 회원국으로서 EC 내 시장 점유율이 10% 이상이었던 코스타리카(19.7%)와 콜롬비아(15.7%)만을 실질적 이해 관계국으로 보고, 이들하고만 BFA협정을 체결한 것은 XIII조2항(d) 첫 문장에 합치한다고 주장하였다. 패널은 실질적 이해 관계국의 기준은 시장 구조에 따라 결정할 문제로서 EC의 판단이 불합리하지는 않다고 하였다. 그러나 패널은 XIII조2항(d) 첫 문장상의 합의도 XIII조 2항의 적용을 받는 것으로 보고 실질적 이해관계가 없는 국가들도 이러한 합의가 XIII조2항의 일반 원칙에 일치하는지의 문제를 제기할 수 있음을 지적하였다. 그러나 실질적 이해관계가 없는 회원국들에게 대한 분배 문제 등에 관한 패널 판결이 이루어질 경우 실질적 이해 관계국에 대한 관세 쿼터 배분도 재검토되어야 하므로 EC가 콜롬비아와 코스타리카와만 관세 쿼터에 대하여 별도의 합의를 한 것이 XIII조2항의 일반 원칙에 합치하는가를 별도로 검토할 필요는 없다고 보았다.

정국가 또는 공급원으로부터 수입하기 위하여 수입 면허 또는 허가를 이용할 것을 요구할 수 없다.

(d) 공급국간에 할당량이 배정된 경우에는 제한을 과하고 있는 체약국은 할당량의 배정에 관하여 해당산품의 공급에 실질적인 이해관계를 가진 모든 다른 체약국과 협약할 수 있다. 동 방법을 합리적으로 실행할 수 없는 경우에는 관계체약국은 동 산품의 공급에 실질적인 이해관계를 가진 체약국에 대하여 동 산품의 무역에 영향을 주었거나 또는 주고 있는 특수요인에 대하여 타당한 고려를 하고 과거의 대표적인 기간 동안에 동 체약국이 공급한 산품수입의 총량 또는 총액에 대한 비율에 입각하여 할당하여야 한다. 어느 체약국이 전기의 총수량 또는 총가액중 자국에 배정된 할당량의 전부를 사용하는 것을 방해하는 조건 또는 절차를 과하여서는 아니된다. 다만, 해당 할당량이 관계되는 소정기간 내에 수입이 행하여질 것을 조건으로 한다.

(라) 실질적 이해관계가 없는 국가

패널은 실질적 이해관계가 없는 일부 국가들(전통 또는 비전통 ACP 국가들 및 니카라과, 베네주엘라)에게는 합의와 일방배정에 의해 관세 쿼터 물량을 분배하면서, 다른 국가들에게는 다른 물량을 분배한 것과 BFA 국가들의 쿼터 미충족분이 다른 BFA 국가들에게 재할당되도록 한 BFA의 규정은 GATT XIII조1항에 위배된다고 판단했다.

상소기구 역시 자국에 바나나를 수출하는 실질적 이해관계를 갖지 않는 몇몇 나라에는 관세 쿼터를 할당하고 실질적 이해관계를 갖지 않는 기타의 나라에 대해서는 관세 쿼터를 할당하지 않은 EC의 조치는 동종 상품에 있어서는 회원국간에 유사한 제한을 가하여야 한다는 GATT XIII조1항에 위반된다는 점을 확인하였다. 또한 BFA 국가의 미사용 쿼터를 다른 BFA 국가에게 재할당하는 것은 비차별 원칙을 내용으로 하는 XIII조1항 및 수량 제한에 있어서 가능한 한 수량 제한이 없을 경우에 기대되는 양과 유사하게 분배하라는 XIII조2항 전문에 위반되는 조치라고 판시하였다.

(마) 신규 가입국

패널은 WTO의 신규 가입국이 실질적 이해관계를 가진 경우에 XIII조4항에 의거하여 협의를 요청한 경우 EC는 이를 수락하여야 하며 이미 BFA가 체결되었다는 이유로 이를 거부할 수 없다고 보았다. 따라서 에콰도르가 WTO에 가입한 이후에는 EC에 대해 XIII조2항이나 4항[7]에 근거한 협의를 요청할 수 있으며 이를 EC가 거부한 경우 이에 위배된다고 판단하였다.

2) Lomé 협정에 의한 의무 면제 여부

패널은 ACP산 바나나에 대해 국별 관세 쿼터를 부여하는 것이 GATT XIII조

---

7) XIII:4. 본 조 제2항(d)에 따라 또는 제11조 제2항(c)에 근거하여 과하여지는 제한에 관하여, 어느 산품에 대한 대표적기간의 선정 및 산품의 무역에 영향을 주는 특수요인의 평가는 당해 제한을 과하는 체약국이 최초로 행하여야 한다. 다만, 동 체약국은 동 산품의 공급에 실질적인 이해관계를 가진 다른 체약국 또는 체약국단의 요청이 있을 때에는 결정한 비율 또는 선정한 기준 기간의 조정의 필요성 또는 관계 특별요인의 재평가의 필요성 또는 적절한 할당량의 배정 또는 동 배정량의 무제한 사용에 관하여 일방적으로 설정한 조건, 절차 또는 기타 규정의 폐지의 필요성에 관하여 다른 체약국 또는 체약국단과 즉시 협의하여야 한다.

에 불합치되지만 이 불합치가 Lomé waiver에 의해 면책되는지를 검토하였다. Lomé waiver는 1994년에 GATT 체약국단에 의해 채택되었고, 1996년에 WTO 회원국들이 이를 연장시켰는데, ACP국산 바나나에 대한 특혜 대우와 관련하여 GATT I조1항의 의무로부터의 면제를 규정하고 있다.

이에는 두 가지 문제가 제기되었는데 i) Lomé 협정에서 특혜 대우로서 요구되는 것이 무엇인지와, ii) Lomé waiver가 GATT I조1항[8)]뿐 아니라 XIII조상의 의무면제까지 포함하고 있는가 여부였다. i) 에 있어 먼저 EC와 ACP 국가들은 패널이 Lomé 협정의 해석 권한이 없다고 주장하였으나, 패널은 WTO에서 Lomé waiver가 채택된 이상, 그 해석에 필요한 범위 내에서는 패널이 Lomé 협정을 해석할 수 있다고 판단하였다.

패널은 Lomé 협정 제168조 제2항 (a)(2)와 의정서 5 제1항이 EC에 대하여, ACP 국가들을 제 3국보다 더 특별히 대우하고 그 이전에 누렸던 시장에 대한 접근이나 특혜를 박탈할 수 없도록 요구하고 있다는 점을 인정했다. 그런데 EC는 그 이전에 누렸던 시장에 대한 접근을 보장하기 위한 방법으로 1991년 이전의 최고 수출량을 기준으로 특정국가에게 관세 쿼터를 할당하였는데, 이것이 Lomé 협정에 근거한 것이냐가 쟁점이 되었다. 패널은 국가 지정 관세 쿼터가 할당되지 않거나 1991년 이전의 최고 수출량보다 적은 쿼터가 할당될 경우, 1991년 이전의 최고 수출량을 수출할 수 있는 능력을 가진 국가가 그만큼 수출하지 못할 수 있기 때문에 EC가 이 같은 방법을 택한 것은 불합리하다고는 볼 수 없다고 판단하였다.

상소기구도 모든 전통적 ACP국산 바나나에 대해서 무관세의 시장 접근을 허용한 것, 비전통적 ACP국산 바나나에 대하여 9만톤까지 무관세의 시장 접근을 허용하고, 그 이외의 비전통적 ACP국산 바나나에 대해서는 1톤당 100ECU만큼의 관세 우대 조치를 취한 것, 1991년 이전에 EC에 바나나를 수출했던 전통적 ACP 국가에 대해서는 1991년 이전 최고의 수출량만큼 관세 쿼터를 부과한 것에 대해서는 Lomé waiver에 의해 허용되는 조치라고 판단하였다. 반면, 어떤 전통적 ACP

8) I:1. 수입 또는 수출에 대하여 그리고 수입 또는 수출과 관련하여 부과되거나 또는 수입 또는 수출에 대한 지불의 국제적 이전에 대하여 부과되는 관세 및 모든 종류의 과징금에 관하여, 그리고 이러한 관세 및 과징금의 부과 방법에 관하여, 그리고 수입과 수출에 관련한 모든 규칙 및 절차에 관하여, 그리고 제3조 제2항과 제4항에 기재된 모든 사항에 관하여, 체약국이 타국의 원산품 또는 타국에 적송되는 산품에 대하여 허여하는 이익, 특전, 특권 또는 면제는 모든 다른 체약국 영역의 동종 원산품 또는 이러한 영역에 적송되는 동종 산품에 대하여 즉시 그리고 무조건 부여되어야 한다.

국가에 대하여는1991년 이전 최고의 수출량 이상으로 관세 쿼터를 할당한 것과 비전통적 ACP국산 바나나를 수출하는 ACP 국가 사이에 관세 쿼터를 할당한 것, 그리고 이러한 조치에 의하며 제 3국으로부터의 수입과 비전통적 ACP국산 바나나에 적용되는 수입 허가 절차를 유지하는 것은 모두 Lomé waiver에 의해 면책되지 않는 조치라고 판시하였다.

ii) GATT I조1항에 대한 유보였던 Lomé waiver가 GATT XIII조에까지 확대 적용될 수 있는지의 여부에 대해 패널은 Lomé waiver에 실질적 효과를 부여하기 위해서는 ACP 국가들이 1991년 이전 최고 수출량에 근거해 국별 관세 쿼터의 부과를 허용하는 한도 내에서 GATT XIII조의 의무로부터 면제된다는 것이 합리적이라고 판단했다. 즉 패널은 EC가 ACP 국가들에 대하여 준 특혜가 GATT XIII조1항을 위반하기는 했지만, 이것은 Lomé waiver에 의하여 허용된 것이라고 결론지었다.

그러나 상소기구는 waiver의 문언은 '필요한 범위 내'에서의 'I조1항'의 면제만을 규정하고 있을 뿐 다른 어떤 규정의 면제도 언급하고 있지 않는 점, I조와 XIII조는 모두 비차별 규정이기는 하지만 그 관계가 I조의 면제를 XIII조의 면제까지 포함하는 것으로 해석하여야 할 정도로 긴밀하지는 않다는 점, waiver의 해석에 대한 엄격한 관행과 waiver에 대한 엄격한 규율, 로메 waiver의 협상과정, XIII조의 의무의 면제와 관련된 GATT의 제한된 관행 등을 고려하여 로메 waiver가 관세 쿼터의 할당과 관련된 GATT XIII조의 의무에 대한 waiver라고 해석하기 힘들다고 판단, 패널의 판정을 번복하였다.

3) BFA 국가들에 대한 관세 쿼터 배분

패널은 GATT XIII조 위배 여부의 검토시 실질적 이해관계를 가진 BFA 국가 및 비전통 ACP국산 바나나에 대한 관세 쿼터 배분이 동 조에 위배된다고 판정한데 이어 패널의 판정을 정당화시킬 수 있는 다른 요소가 있는지를 검토하였다. 패널이 검토한 정당화 요소는 i) BFA 국가 및 비전통 ACP국산 바나나에 대한 관세 쿼터 배분을 EC 양허표에 포함시킨 점과, ii) 농업협정상의 우선 조항[9]으로 인해 면책되는 것이 아닌지가 문제된다.

9) 농업협정 제21조 제1항. 동 조항은 'GATT와 WTO협정 후속서 1A의 다른 다자 협정들의 규정들은 본 협정의 규정에 종속되어 적용된다.'고 규정하고 있다.

i) 양허표 포함 문제에 대해 EC는 BFA 국가 및 비전통 ACP국산 바나나에 대한 관세 쿼터 배분이 GATT XIII조에 위배된다 할지라도 이를 UR 양허표에 포함시켰기 때문에 허용된다고 주장하였다. 그러나 패널은 GATT II조의 용어와 목적, 문맥, 입법 배경에 비추어 볼 때 양허표의 기재로 인해 다른 GATT 규정상의 의무로부터 면책되지 않는다고 판단한 과거 GATT 사례(Sugar Headnote case)를 인용하여 양허표상의 관세 양허가 GATT 규정의 위배를 면책하지 않는다고 판시하였다. ii) 농업협정 우선에 관해 EC는 농업협정이 GATT 규정들에 우선하고 있으며 분쟁의 대상이 된 바나나는 BFA 할당 관세의 양허표에 포함되어 있는 농산물로서 XIII조에 우선되어 적용된다고 주장하였다.

그러나 패널은 농업협정 21조1항은 GATT 협정의 조항과 상치되는 조항이 농업협정문에 있을 경우에 한해 농업협정이 우선한다는 의미이지 GATT협정의 조항들의 적용 자체를 배제하는 것은 아니라고 해석하였다. 따라서 농업협정에는 농산물에 대한 관세 양허를 농업협정에 포함시키는 규정이 없으므로 농산물 양허를 포함한 UR 양허표는 GATT상의 양허표가 되는 것으로 보아야 하며 농업협정이 할당 관세의 국별 분배를 허용하기 위해서는 XIII조2항(d)의 적용을 제한하는 특별 규정이 있어야 하나 그러한 규정은 없으므로 농협협정이 GATT XIII조의 적용을 배제하지 않는다고 판정하였다.

상소기구 역시 농업협정이 EC가 GATT XIII조를 따르지 않도록 허용한 것이 아니라는 패널의 결론을 지지했다. 상소기구는 만약 협상자들이 이를 허용하려고 하였다면 특별 긴급 수입 제한과 같이 농업협정의 다른 곳에 별도로 규정했을 것이므로 농업협정의 어디에도 농산품에 대한 관세 쿼터를 특별히 다루고 있지 않는 이상 GATT XIII조를 위반할 수 없다고 판시하였다.

4) 비전통 ACP 바나나에 대한 특혜 관세의 GATT I조1항 위반 여부

1995년 기준으로 EC는 비전통 ACP 국가로부터 수입되는 할당 관세 내인 9만톤까지는 무관세를 부과하였고 쿼터를 초과한 물량에 대하여는 톤당 722ECU를 부과하였다. 반면 제 3국으로부터 수입되는 물량에 대하여는 할당 관세 내에서는 (EC 양허표상 210만톤) 톤당 75ECU를 부과하였고 쿼터를 초과하는 물량에 대해서는 톤당 822ECU를 부과하였다. 제소국들은 EC의 이러한 관세 차이가 GATT I조1항 위배라고 주장했으며, EC는 이에 대해 로메 waiver에 의해 면책된다고 반박했다.

패널은 EC의 제도가 I조1항에 위반된다고는 보았으나 EC가 주장한 것처럼 로메협정 제168조 제2항 (a)(2)는 모든 ACP 국가들에게 제 3국에 비해 특별한 대우를 해줄 것을 요구하고 있으므로 비전통적 ACP 국가들에 대한 특혜 관세 부여도 로메 waiver의 적용 범위에 해당되어 면책된다고 판정하였다.

5) EC의 바나나 수입 허가 절차

(가) 일반적 문제

EC는 전통 ACP 국가 또는 비전통 ACP 국가든 제 3국이든 바나나를 수입할 때는 허가 절차를 거치도록 하였는데, i) 특히 비전통 ACP 국가 및 제 3국으로부터의 수입의 경우에 중개업자의 유형을 세 가지로 분리하여 각각 그에 따른 쿼터를 지정해주거나, ii) 특정 중개업자들의 경우에는 활동 영역을 또다시 구분하여 그에 따른 수입권을 갖게 한다든지, iii) 특정 국가에 대해서는 수출 증명서를 발급할 수 있게 하여 중개업자가 수입 허가를 받기 위해 동 증명서를 제출하도록 해야 하고, iv) 허리케인 수입 허가라 하여 허리케인으로 인하여 EC 시장에 바나나를 공급할 수 없게 된 특정 업자들에게 부여하는 등의 여러 가지 제도를 둠으로써 EC 또는 전통 ACP국산 바나나와는 달리 취급하고 있었다.

제소국은 단독 또는 공동으로 이러한 수입 허가 절차가 GATT, 수입허가절차협정, TRIMs 협정에 저촉된다는 사항을 40여개 이상 제기하였는데 주요 쟁점은 i) 수입허가절차협정이 관세 쿼터와 연관된 허가를 포함하는지의 여부, ii) GATT와 WTO 설립협정 부속서 1A의 일반 주해에 비추어 부속서 1A상의 대상 협정들과의 관계, iii) EC의 허가 절차가 하나 또는 두 개의 제도로 분류될 수 있는지의 여부 등이었다.

i) 수입허가절차협정의 범위에 대해 제소국들은 관세 쿼터의 집행이 수입허가절차협정의 규율 범위에 포함되므로 위 협정에 위배된다고 주장한 반면, EC는 관세 쿼터가 수입 제한을 구성하지는 않으므로 수입 제한에 적용되는 수입허가절차협정의 규율 범위가 아니라고 주장했다.

이에 대해 패널은 수입허가절차협정의 1조1항[10]은 수입 허가를 수입의 전제조건으로 신청서나 기타 서류의 제출을 요구하는 행정 절차로 정의하고 있는데,

---

10) 1.1. 이 협정의 목적을 위하여 수입 허가를 수입회원국의 관세영역으로의 수입을 위한 선행조건으로서 관련 행정기관에게 신청서나 그 밖의 문서(단 관세목적으로 요구되는 문서는 제외)의 제출을 요구하는 수입 허가제도의 운영에 사용되는 행정 절차로 정의한다

이는 '허가'라는 용어의 사용 여부와 상관없이 행정 절차가 허가와 유사한 목적을 수행하는 경우 수입허가절차협정의 대상 범위에 포함된다는 점, EC의 관세 쿼터 집행을 위한 절차도 신청서와 자료 제출을 요청하는 점, 이러한 절차가 수량 규제나 관세 쿼터에 적용되는지의 여부는 관계가 없다는 점, 수입허가절차협정 3조2항[11]의 '제한'이 수량 규제만을 의미하는 좁은 의미가 아니라 3조3항[12]과 연계하여 해석할 때 수량 규제 이외의 조치에도 적용된다고 보는 것이 타당한 점을 고려하여 EC의 바나나 수입 절차는 수입허가절차협정 3조1항[13]의 비자동 수입 허가 절차에 해당한다고 판단하였다. 패널은 서로 다른 국가로부터 수입되는 동종 상품에 대해 상이한 수입 허가 제도를 적용하는 것은 수입허가절차협정 1조3항[14]에 위반된다고 판시하였다.

상소기구는 관세 쿼터도 수입허가절차협정의 규율 범위라는 패널의 판정을 지지하였다. 그러나 패널이 수입허가절차협정 1조3항을 동종 상품에 상이한 수입 허가 제도를 적용할 수 없는 것으로 해석한 것은 오류라고 지적하였다. 상소기구는 동 조항은 수입 허가 절차의 적용과 운영이 중립적이고 공정하고 공평하라는 것이지 수입 허가 규범(rules) 자체가 그러할 것을 요구하는 것은 아니며 수입허가절차협정의 序文도 이 협정의 대상 범위는 수입 허가 절차와 그 집행에 관한 것으로 명시하고 있고 동 협정 1조1항도 적용 범위를 수입 허가 제도의 운영에 사용되는 행정 절차로 명시하고 있음을 그 근거로 들었다.

ii) 부속서 1A상의 대상 협정들과의 관계에 대해 패널은 GATT의 규정과 WTO설립협정 부속서 1A상의 대상 협정 규정들간에 충돌이 있는 경우, 대상 협정상의 규정들이 충돌의 범위 내에서 우선한다는 WTO 설립협정 부속서 1 A의 일반 주해[15] 규정 중 '상충(conflict)'의 개념을 첫째 GATT의 의무와 대상 협정들

---

11) 3.2. 비자동수입 허가는 요건부과에 의한 부담 이외에 무역 제한, 왜곡효과를 초래하여서는 아니된다. 또한 비자동수입 허가는 달성하고자 하는 행정목적의 범위와 존속기간에 상응하는 것이어야 하며 절대적으로 필요한 이상이어서는 아니된다

12) 3.3. 수량 규제 이외의 목적으로 허가의 요건을 규정하는 경우 각 회원국은 다른 회원국이나 무역업자가 허가를 인정 또는 배분하는 근거를 알 수 있도록 충분한 정보를 공표해야 한다

13) 3.1. 다음 규정은 제1조제1항부터 제11항까지의 규정에 추가하여 비자동수입 허가 절차에 적용된다. 비자동수입 허가 절차는 제2조제1항에 포함된 정의에 해당되지 아니하는 수입 허가 절차로 정의된다.

<참고> 2.1.은 자동수입 허가를 모든 경우에 신청에 대한 승인이 부여되고 제2항가호의 요건에 일치하는 수입 허가로 정의하고 있음.

14) 1.3. 수입 허가 절차에 관한 규칙은 적용에 있어서 중립적이며 공정하고 공평한 방법으로 시행된다.

간의 의무 사이의 갈등으로 회원국들이 양 의무를 동시에 충족할 수 없는 상호 배타적인 관계에 있고, 둘째 한 협정하의 규정이 명백히 허용하고 있는 것을 다른 협정이 금지하고 있는 상황으로 해석했다. 패널은 동 주해상의 '갈등'이 대상 협정이 GATT의 의무들을 보완하거나 이와는 다른 의무를 규정하는 경우를 의미하지 않는다고 보았으며, 이 경우 양 의무를 동시에 충족해야 한다고 하였다. 즉 패널은 수입허가절차협정의 관련 규정들 및 TRIMs협정 2조[16].가 GATT의 의무들과 충돌한다고 보지는 않으며 동시에 EC의 수입 허가 절차에 적용되어야 한다고 판단했다.

iii) 별개의 제도 여부에 있어 EC는 전통적인 ACP국산의 바나나에 대한 수입 허가 절차와 비전통 ACP 및 제 3국산 바나나에 대한 절차가 별개의 제도로 GATT I조1항과 기타 무차별 규정에 따라 검토할 때 별개로 다루어져야 한다고 주장했으나, 패널은 양 절차가 규정1442/93에 함께 규정되어 있고, 무차별 조항이 원산지를 기준으로 수입에 대한 차별적 제도를 허용하지 않는다고 보아 위 절차는 단일한 제도라고 판단했다.

(나) 중개업자 유형 분류

EC는 직전 3년간의 판매 활동을 기초로 중개업자 유형을 세 가지 유형으로 대별하고 비전통 ACP국 및 제 3국산 바나나에 대한 수입 허가를 이들 업자들에게 아래의 <표-3>과 같이 배분하였다. 제소국들은 이러한 중개업자 유형과 관련하여 GATT I조, III조, X조, XIII조와 TRIMs협정 2조 위반이라고 주장했다.

---

15) 1994년도 관세및무역에관한일반협정의 규정과 세계무역기구설립을위한협정(부속서 1가의 협정에서는 '세계무역기구협정'이라 한다)의 부속서 1 가의 그 밖의 협정의 규정이 상충하는 경우 상충범위 내에서 그 밖의 협정 규정이 우선한다.

16) 2.1. 회원국은 1994년도 GATT에 따른 그 밖의 권리와 의무를 저해함이 없이, 1994년도 GATT 제3조 또는 제11조의 규정에 합치하지 아니하는 무역관련투자 조치를 적용하지 아니한다.
2.2. 1994년도 GATT 제3조제4항에 규정된 내국민 대우 의무와 1994년도 GATT 제11조제1항에 규정된 수량 제한의 일반적인 철폐의무에 합치하지 아니하는 무역관련투자 조치의 예시 목록이 이 협정의 부속서에 포함된다

유형	정 의	수입 허가배정
A	제 3국 및 비전통 ACP국산 바나나를 거래하는 중개업자	66.5%
B	EC 또는 전통 ACP국산 바나나를 거래하는 중개업자	30%
C	1992년 이후부터 EC 또는 전통 ACP국산 이외의 바나나를 거래하기 시작한 중개업자	3.5%

<표-3> 중개업자의 유형

i) 제소국들은 제 3국산 또는 비전통 ACP국산 바나나를 수입하기 위한 허가의 30%를 B 유형의 중개업자가에게 배정하는 것은 제소국들산 바나나를 수입하기 위해 EC산 바나나를 구입하도록 한 인센티브로서 GATT III조4항에 위배된다고 주장했다. 이에 대해 EC는 이 조치가 EC산 바나나 구매를 강제하지 않으며 수입 허가의 30%를 B유형의 중개업자에 배정함은 EC의 경제적 목적에 따른 것으로 비전통적인ACP국산 바나나와 제 3국 바나나의 수입 물량에 영향을 미치지 않으며, 동 허가는 수입 시에 부과되므로 III조의 규율 대상이 아니라고 반박했다.

패널은 우선 수입 허가가 관세 쿼터 하의 바나나 수입을 위한 수입 허가 배분 절차나 중개업자의 자격 기준 등은 EC의 역내 제도로서 GATT III조4항[17]의 '국내에서의 판매, 판매를 위한 제공, 구입, 수송, 분배 또는 사용에 관한 법률, 규칙 및 요건'에 해당한다고 보았다. 그리고 관세 쿼터의 30%를 B유형의 중개업자에게 배분하는 것과 관련해서는 향후 시장 점유율을 높이고자 하는 업자들로 하여금 EC나 ACP국산 바나나를 구매하도록 유도하는 효과가 있으므로 이는 구매에 영향을 미치는 요구 조건에 해당한다고 판단하였다. 그리하여 패널은 인센티브가 주어지는 경우에도 GATT III조4항이 적용된다는 과거 패널[18]을 인용하여 EC가 30%의 수입 허가를 B유형의 중개업자에게만 배분하는 것은 이에 위반된다고 판결했다.

상소기구도 중개업자 유형 분류나 활동 영역 지정은 관세 쿼터 운영에 필요

17) III:4. 체약국 영역의 산품으로서 다른 체약국의 영역에 수입된 산품은 동 국내에서의 판매, 판매를 위한 제공, 구입, 수송, 분배 또는 사용에 관한 모든 법률, 규칙 및 요건에 관하여 국내 원산의 동종 산품에 부여하고 있는 대우보다 불리하지 아니한 대우를 부여하여야 한다. 본 항의 규정은 교통수단의 경제적 운영에 전적으로 입각하였으며 산품의 원산국을 기초로 하지 아니한 차별적 국내 운송요금의 적용을 방해하지 아니한다.

18) United States - Section 337 of the Tariff Act of 1930, adopted on 17 June 1987

한 수입 허가요건이라기 보다는 EC와 ACP 바나나 구매를 유도하는 것이므로 III조4항의 적용 대상이라고 확인하였다. 패널은 중개업자 유형 분류가[19]에 규정된 대로 국내 생산을 보호하기 위하여 적용된 것인지도 검토하였는데 상소기구는 이 검토는 III조1항을 특별히 언급하고 있는 III조2항[20]에 해당하는 조치의 검토에 필요한 것이지 III조4항은 특별히 1항을 언급하고 있지 않으므로 4항 위반 여부를 판단하기 위해서 어떠한 조치가 국내 생산을 보호하기 위한 방향으로 적용되었는가를 별도로 고려할 필요는 없다고 부연하였다.

ii)의 TRIMs협정 2조 위반 여부에 대해 패널은 GATT III조4항에 위배된다고 확인된 경우 별도로 TRIMs협정 위배 여부를 판단할 필요는 없다고 보았다.

iii)의 GATT I조1항 위반 여부에 대해 제소국들은 i) ACP국산 바나나 거래 실적에 근거한 B유형의 자격 요건, ii) 전통 ACP국산 수입에 대해서는 중개업자 유형 규정의 적용을 면제한 점, iii) B유형 중개업자에게 30%의 수입 허가를 배분한 것은 GATT I조1항에 위배된다는 주장을 폈고, EC는 i) B유형의 존재가 특정 제품 구매를 위한 인센티브를 형성하지 못하며, ii) 특정 중개업자에게 배분된 허가는 거래 가능하므로 특정 국산 제품의 수입을 강요하지 않는데다, iii) 전통 ACP국산에 특혜를 유지하기 위해 로메협정상 B유형의 허가가 요청되므로 로메 waiver가 I조1항의 위반을 면책한다고 주장하였다.

패널은 우선 중개업자 유형 분류를 포함한 수입 허가 절차가 GATT I조1항의 '수입과 관련된 법령과 형식'에 해당한다고 전제하고, 패널이 확인한 바에 따르면 제 3국 및 비전통 ACP국산 바나나 수입 허가를 위해 요청되는 자료들은 전통 ACP국산 바나나 수입 허가시 요청되는 것보다 더 많음을 인정했다. 그러므로 패널은 전통 ACP국산 바나나 수입 허가 절차는 비전통 ACP국 및 제 3국산 바나나 수입 허가 절차에 비해 전통 ACP국산 바나나 수입에 대해 절차상 이익을 부여하므로 I조1항 위배라고 판단하였다. 또한 30%의 수입 허가를 B유형의 중개업자에

---

19) III조1항 III:1. 체약국은 내국세, 기타 내국과징금과 산품의 국내 판매, 판매를 위한 제공, 구매, 수송, 분배 또는 사용에 영향을 주는 법률, 규칙 및 요건, 그리고 특정한 수량 또는 비율의 산품의 혼합, 가공 또는 사용을 요구하는 내국의 수량적 규칙은 국내생산을 보호하기 위하여 수입산품 또는 국내산품에 대하여 적용하여서는 아니된다는 것을 인정한다.

20) III:2. 다른 체약국의 영역내에 수입된 체약국 영역의 산품에 대하여는 동종의 내국산품에 직접 또는 간접으로 부과되는 내국세 또는 기타 모든 종류의 내국과징금을 초과하는 내국세 또는 기타 모든 종류의 내국과징금을 직접 또는 간접으로 부과하여서는 아니된다. 또한, 체약국은 본조 제1항에 규정된 원칙에 위배되는 방법으로 내국세 또는 기타 내국과징금을 수입산품 또는 국내산품에 부과하여서는 아니된다.

게 부과함으로써 중개업자들은 허가를 좀 더 받기 위해서는 EC 및 전통 ACP국산 바나나의 구매 및 판매를 증가시켜야 함을 의미하며, 이는 I조1항의 '제품 구매에 영향을 미치는 행위'에 해당하고, 결국 이는 EC 및 전통 ACP국산 바나나 수입에 '이익'을 부여하는 것으로 비전통ACP국 및 제 3국산 바나나에는 동일한 이익이 부여되지 않으므로 역시 I조1항에 위배된다고 판결했다.

상소기구도 패널의 위와 같은 판정을 지지하였다.

iv)의 GATT I1조 위배에 대한 로메 waiver의 적용 여부에 대해 패널은 EC의 업자 유형 분류는 로메협정에서 요구된 사항이 아니고 ACP 국가들에 대한 특별한 혜택을 위해 필요한 조치도 아니라고 하면서, 로메협정 제168조 및 제5의정서는 ACP 국가들이 이전에 누렸던 전통적인 시장 접근이나 혜택을 박탈해서는 안된다고 규정하고 있으나 EC 바나나 제도의 출범 이전에 ACP 국가들의 주요 수출국이었던 영국과 프랑스에서는 그에 상응하는 조치가 없었으므로 업자 유형 분류를 전통적인 혜택이라고 할 수 없다고 논설하고 따라서 로메 waiver의 대상이 아니라고 판단하였다.

v) GATT X조3항(a)[21]는 각종 법규는 일관되고, 공평하고, 합리적인 방법으로 집행해야 한다고 규정하고 있다. EC의 바나나 수입 허가 절차가 이러한 GATT의 규정에 위배되는 것이라는 제소국들의 주장에 대해 EC는 이 조항은 국내 조치에만 적용되어 본 사안과 관련이 없으며 로메 waiver에 의해 최혜국 대우와 유사한 대우는 모두 면제된다고 반박하였다. 패널은 국경 조치를 규제하는 내국 법령도 X조항 상의 '수입에 대한 요건'에 해당한다고 보고, 전통 ACP국산 바나나 수입 허가 절차와 비전통 ACP국 및 제 3국산 바나나 수입 허가 절차간의 차이는 사소한 차이라고 볼 수 없어서 X조3항(a)의 '일률적(uniform)' 대우에 위배된다고 판단했다. 즉 패널은 상이한 국가로부터 수입되는 바나나에 상이한 수입 허가 절차를 적용하는 것은 X조3항(a)의 일관된 법규 적용 의무에 배치된다는 것이다.

그러나 상소기구는 GATT X조3항(a)의 규정은 법률 자체에 적용되는 것이 아니라 그러한 법률 등의 집행에 국한되는 것이므로 바나나 수출국별로 상이한 법이나 수입 허가 제도를 운영하는 것은 X조3항(a) 위반이라는 패널의 판정을 번복하였다. 상소기구는 EC의 수입 허가 절차에 관한 규범 내용 자체가 차별적인가의 문제는 관련 GATT 규정과의 합치 여부를 따로 따져봐야 할 것이지 X조3항(a)

21) X:3. (a) 각 체약국은 본 조 제1항에 열거한 종류의 자국의 모든 법률, 규칙, 판결 및 결정을 일률적이고 공평하고 합리적인 방법으로 실시하여야 한다.

로 처리할 것은 아니라고 지적했다.

상소기구는 또한 패널이 GATT X조3항(a)와 수입허가절차협정이 둘 다 EC의 수입 허가 절차에 적용된다는 점은 의견을 같이 했으나 수입허가절차협정이 보다 더 특별하고 자세히 수입 허가 절차의 집행을 다루고 있으므로 수입허가절차협정 1조3항을 GATT X조3항(a)보다 먼저 적용했어야 한다고 부연하였다.

(다) 활동 영역(activity function)

EC는 바나나 수입업자를 그 활동 영역에 따라 1차 수입업자, 2차 수입업자, 숙성업자로 구분하고, 비전통 ACP국 및 제 3국으로부터의 특혜 관세수입분에 대해서 A, B유형의 중개업자에 상관없이 각각 57%, 15%, 28%에 대한 수입권을 갖도록 하였다. EC는 이 조치가 특정 공급업자가 과도한 협상력을 갖는 것을 막고, 수입의 全과정에서 위험을 부담하는 여러 업자들에게 골고루 혜택을 분배하기 위한 것으로 설명했다.

과테말라와 온두라스는 숙성업자에게 제 3국산 바나나 수입 허가의 28%를 배당하는 것은 경제 활동의 패턴을 변화시키는 효과가 있으므로 GATT III조4항에 위배된다고 주장했다. 이에 대해 패널은 활동 영역에 따른 업자분류가 B유형뿐만 아니라 A유형에도 적용되고, 취급하는 바나나의 원산지에 따른 차별이 없는 만큼 III조4항 위반이라고 보기에는 어렵다고 판단하였다.

제소국들은 비전통 ACP국 및 제 3국산 바나나에 대한 관세 쿼터를 활동 영역에 따라 1차 수입업자, 2차 수입업자, 숙성업자에게 각각 배분하면서 전통적인 ACP국산의 바나나에 대해서는 같은 조치를 취하지 않은 것은 I조1항 위반이라고 주장하였다. EC는 시장 지배를 막기 위해 활동 영역이 활용되었으며, 활동 영역은 바나나의 수입에 직접적인 영향을 미치지 않으며 로메 waiver에 면책된다고 주장하였다.

패널은 활동 영역에 따른 수입 쿼터의 배분은 I조1항에서 말하는 수입과 관련된 규칙이나 절차에 해당하고, 비전통 ACP국 및 제 3국산 바나나의 수입 면허를 획득하기 위해서는 전통적인 ACP국산 바나나의 수입 면허의 획득에 비해 더 많은 서류를 제출해야 한다는 것은 전통적인 ACP국산 바나나 수입을 보다 간편하게 만들어 더 유리한 대우를 제공하므로 I조1항 위배라고 판단하였다. 한편 수입면허 절차에 대해서는 앞서 본 바와 같이 로메 waiver는 적용되지 아니한다고 확인하였다.

상소기구도 패널의 판정을 지지하였다.

제소국은 중개업자의 유형 분류에서와 동일하게 활동 영역에 따라 비전통 ACP국 및 제 3국산 바나나에 대한 수입 허가를 배분하는 것은 GATT X조3항(a)에 위반된다고 주장하였으며 패널은 이를 수용하였고 수입 허가 배분은 로메 waiver에 의해 면책되지 않는다고 판단했다.

(라) BFA 수출 확인서

A유형 및 C유형의 중개업자는 콜롬비아, 코스타리카, 니카라과로부터의 수입을 위해 해당국들로부터 발간된 수출 확인서를 제출해야 하며 B유형의 중개업자는 이러한 요건에서 면제되었다. 제소국들은 BFA 수출 확인서 요건이 GATT I조1항, III조4항, X조3항 및 수입허가절차협정 1조2항, 3항, 3조2항에 위배된다고 주장했다. EC는 수출 확인서가 EC에 의해 발급되는 것이 아니므로 EC 바나나 규정의 일부분이 아니므로 패널의 심리 범위(terms of reference) 밖이라고 반박했다.

패널은 이와 관련하여 수출 확인서 자체는 패널의 심리 범위 밖이지만 EC 규정 478/95가 바나나 수입 시 동 확인서 제출을 요구하는 범위 내에서는 패널의 심리 범위에 속한다고 보았다.

패널은 수출 확인서의 요건이 EC의 수입 허가권자에게 주어지는 쿼터 렌트의 일부를 BFA산 바나나의 수출 확인서 소지자인 공급업자에게 이전되는 효과를 낳는데, 이것이 다른 국가에게는 제공되지 않고 BFA 국가들에게만 제공되었으므로 이는 BFA 국가들에 대한 특혜라 할 수 있다고 보았다. 이것이 I조1항의 위배되는가의 여부에 대해 패널은 수출 확인 요구로 인하여 얼마나 많은 이익이 BFA 국가의 생산자들에게 돌아갔는지를 계산하는 것은 불가능하지만 이익이 돌아갔을 가능성은 있으므로 BFA 국가산과 non-BFA 국가산 간의 경쟁 관계에 영향을 미친다고 할 수 있어서 동 조항에 위배된다고 판정했다.

상소기구 역시 BFA 수출 확인서가 BFA 바나나 공급자에게 유리한 대우를 제공하는 것이므로 I조1항 위반이라고 판시하였다.

(마) 허리케인 수입 허가[22)]

제소국들은 허리케인 수입 허가를 EC 생산업자들에게만 허용하는 것은 차별

22) EC나 ACP 국가들의 생산업자인 중개업자나 생산자조합이 열대성 폭풍우로 해당지역 내의 바나나를 공급할 수 없게 된 경우에 이에 대한 보상으로 비전통 ACP국 및 제 3국산 바나나를 수입하도록 허가한 것

이며 III조4항 위반이라고 주장했으나, EC는 동 허가가 비전통 ACP국 및 제 3국산 바나나의 수입에 사용되므로 차별이 아니라고 반박했다. 패널은 허리케인 수입 허가는 비록 비전통 ACP국 및 제 3국산 바나나의 수입하는 데 사용된다 할지라도 제 3국의 바나나의 생산자들에게 동등한 기회를 부과하지 않으므로 EC 생산자들을 제 3국 생산자들에 비해 유리하게 대우하고 있고 따라서 III조4항에 위배된다고 판단하였다.

상소기구도 패널과 같은 논지로 허리케인 수입 허가는 III조4항에 위배된다고 판시하였다.

제소국들은 허리케인 수입 허가가 ACP 국가의 생산업자들에게만 특혜를 주므로 제 3국에 대해 차별적이어서 GATT I조1항 위배라고 주장했으나, EC는 동 허가가 비전통 ACP국 및 제 3국산 바나나의 수입에 사용되므로 동 조항의 위배가 아니고 위배되더라도 로메 waiver에 의해 면책된다고 주장하였다. 패널은 GATT III조4항의 판단과 같은 논지로 ACP 국가의 생산업자들에게만 허리케인 수입 허가를 부여하는 것은 I조1항 위배라고 판단했다.

제소국들은 허리케인 수입 허가가 특정 중개업자에게만 발급되는 것은 수입 허가 절차를 중립적이고 공정하고 형평성에 맞게 집행해야 하는 1조3항의 규정에 위배된다고 주장하였다. 이에 대해 패널은 동 조항에서 말하는 '중립성'은 원산지가 다른 동종 상품에 대해 서로 다른 수입 면허 발급체계가 적용되어서는 아니 된다는 의미로 해석하여 EC의 허리케인 수입 허가가 이에 해당한다고 판단하였다. 또 로메 waiver도 그것이 GATT에서 승인되기는 했지만 면허협정에 대해서는 구속력이 없고 면허협정이 일체의 유보를 허용하지 않았음을 고려할 때 로메 waiver가 이 경우에는 적용되지 않는다고 판단하였다.

여러 회원국의 동일한 상품에 대하여 그 회원국에 따라 서로 다른 수입 허가 절차를 적용하는 것은 동 조에 위반된다는 패널 판정에 대해 상소기구는 동 조는 수입 허가 규칙 자체가 중립적일 것을 요구하는 것이 아니라 수입 허가 절차와 집행에 관련하여 규정하고 있으므로 이는 패널의 오류라고 판정하였다.

(바) EC의 수입 허가 절차와 GATS 위배 여부

GATS는 모든 서비스에 대해 적용되는 것이 아니라 회원국이 양허한 서비스의 종류와 유형(mode)에 대해서만 적용되는데 EC의 바나나 수입 허가 절차가 GATS의 적용 대상인지에 대해 EC와 제소국간에 입장 차이가 있었다. 제소국은 바나나의 유통은 EC가 양허한 도매 무역 서비스에 해당하고 그 유형도 역시 EC가 준수를 약속한 mode 3 상업적 주재에 해당하므로 GATS 적용 대상이라고 주장하였다. 제소국은 따라서 EC의 수입 허가 절차와 관련한 제도(업자 분류, 활동 영역 규정, BFA 수출 확인, 허리케인 수입 허가)가 EC와 전통적 ACP 국가산 바나나의 유통업자들에 비해 남미 및 비전통적 ACP 국가산 바나나 유통업자들을 차별 대우하고 있으므로 GATS II조(최혜국 대우), XVII조(내국민 대우)에 위반된다고 주장하였다.

이에 대해 EC는 바나나 수입 허가 절차가 상품의 무역에 관계된 제도이지 서비스의 무역에 관계된 제도가 아니며 GATT와 GATS는 상호 배타적이므로 GATS는 이 경우에 적용될 수 없고, '도매 무역 서비스'는 숙성된 바나나의 유통에 해당되지만 EC의 수입 허가 절차는 미숙성 바나나에 관련된 제도이므로 '도매 무역 서비스'에는 해당되지 않는다고 주장하였다.

패널은 GATT와 GATS가 중복될 수 없다는 EC의 주장은 두 협정 어디에도 근거가 없는 것으로 패널은 GATS의 규정들이 직접적이든 간접적이든 서비스 교역에 영향을 미치는 모든 조치를 포괄하는 것으로 해석했다. 패널은 GATS I조3항나호[23]는 '서비스'가 어떤 분야의 서비스도 포함하는 개념이라고 정의하고 있고, '도매 무역 서비스'는 이 조항의 예외 사유(정부가 제공하는 서비스, 운송권에 직접 관련된 서비스)에도 해당되지 않는다고 판단하였으며 또한 EC는 우루과이 라운드 양허 과정에서 CPC(Central Product Classification)에 기초한 서비스 품목 분류표에 따라 양허표를 작성하였는바, CPC 622에 의하면 도매 서비스는 '상품의 재판매'로 정의되면서 다양한 부가 서비스가 이에 첨부될 수 있는 것으로 규정되고 있다는 점을 지적하였다. 또한 패널은 CPC는 숙성 전 바나나와 숙성 후 바나나를 구별하고 있지 않다는 점도 지적하고 바나나 유통은 CPC 622에 의해 '바나나 도매 서비스'로 구별된다고 판단하였다.

상소기구는 서비스에 영향을 미치는 조치에는 적용된다는 GATS I조1항[24]의 '영향을 미친다(affecting)'는 의미는 GATS가 광범위한 적용 범위를 갖는다는 것을 의미한다고 보았으며 EC의 수입 허가 제도를 GATS의 적용 대상에서 처음부터(*a priori*) 배제한다는 아무런 법적 근거도 없다고 지적하고 패널의 판정을 지지

23) I.3.나. '서비스'는 정부의 권한을 행사함에 있어서 공급되는 서비스를 제외하고는 모든 분야에서의 모든 서비스를 포함한다.

24) I.1. 이 협정은 서비스 무역에 영향을 미치는 회원국의 조치에 대하여 적용된다.

하였다. 상소기구는 바나나 유통은 도매 서비스라는 패널의 판정도 패널과 같은 논지로 지지하였다.

패널은 '상업적 주재'는 외국 국적의 서비스 공급자가 공급 지역 내에 물리적으로 실재하는 경우에 해당하는 분류이고 EC의 바나나 수입 제도가 mode 3 상업적 주재를 통한 서비스의 공급이라고는 볼 수 없다고 판시하였다.

EC는 GATS XVII조3항[25]에는 경쟁 조건에 대한 언급이 있는 데 반해 II조1항[26]에는 경쟁 조건에 대한 언급이 없으므로 GATS의 최혜국 조항은 외국 서비스와 서비스 공급에 대해 법적인 (*de jure*) 차별 대우가 있을 경우에만 적용되는 조항이라고 주장하였고, 제소국들은 II조1항상의 '동등 대우(treatment no less favorable)'이라는 용어가 XVII조 2, 3항과 연계되어 해석되어야 한다고 주장하였다. 이에 대해 패널은 XVII조1항[27]의 'no less favorable'은 이미 그 자체로 공식적인 차별 조치의 유무와 관계없이 경쟁 조건에서 불리하지 않은 대우를 해야 한다는 의미이고 XVII조2항[28]과 3항이 1항에 없는 새로운 의무를 부과하는 것은 아니라고 보고, II조1항과 XVII조1항의 'no less favorable'을 좁게 해석할 경우 이는 II조의 목적 달성을 어렵게 할 수 있다고 지적하고 EC의 주장을 수용하지 않았다.

상소기구 역시 GATS II조1항의 의무는 제한될 수 없으며 동 조항 용어의 통상적인 의미로 볼 때에도 *de jure* 및 *de facto* 차별에 모두 적용된다고 설명하고 패널의 판정을 지지하였다.

---

25) XVII.3. 형식적으로 동일하거나 상이한 대우라도 그것이 그 밖의 회원국의 동종 서비스 또는 서비스 공급자와 비교하여 회원국의 서비스 또는 서비스 공급자에게 유리하도록 경쟁 조건을 변경하는 경우에는 불리한 대우로 간주된다.

26) II.1. 이 협정의 대상이 되는 모든 조치에 관하여, 각 회원국은 그 밖의 회원국의 서비스와 서비스 공급자에게 그 밖의 국가의 동종 서비스와 서비스공급자에 대하여 부여하는 대우보다 불리하지 아니한 대우를 즉시 그리고 무조건적으로 부여한다.

27) XVII.1. 자기나라의 양허표에 기재된 분야에 있어서 양허표에 명시된 조건 및 제한을 조건으로, 각 회원국은 그 밖의 회원국의 서비스 및 서비스 공급자에게 서비스의 공급에 영향을 미치는 모든 조치와 관련하여 자기나라의 동종 서비스와 서비스 공급자들에게 부여하는 대우보다 불리하지 아니한 대우를 부여한다(Re.10).

(Remark 10) 이 조에 상정된 구체적 약속은 어떤 회원국으로 하여금 관련 서비스 또는 서비스 공급자가 외국산이라는 성격으로부터 기인하는 내재적인 경쟁상의 불리함을 보상하도록 요구하는 것으로 해석되지 아니한다.

28) XVII.2. 회원국은 자기나라의 동종 서비스와 서비스 공급자에게 부여하는 대우와 형식적으로 동일한 대우 또는 형식적으로 상이한 대우를 그 밖의 회원국의 서비스와 서비스 공급자에게 부여함으로써 제1항의 요건을 충족시킬 수 있다.

XVII조 약속의 범위에 대해패널은 GATS는 회원국들이 약속한 서비스의 영역 안에서만 그 효력을 가지는데, EC는 도매 무역 서비스에 대해 완전한 이행 약속을 하였으므로 이 분야에 있어서 GATS의 완전한 적용을 받는다고 판정하였다.

다. 해설 및 평가

EC의 바나나 수입 제도가 GATT/WTO에 제소된 것은 이번이 처음이 아니라 세 번째였다. 이미 GATT 당시 중남미 국가들은 EC의 바나나 수입 제도에 대해 시비하였으나 패널 보고서가 채택되지는 않았다. 이 사건의 핵심은 EC 회원국의 과거 식민지였던 ACP 국가에 대해 시장 접근상의 특혜를 부여하는 Lomé 협정이다. EC의 일관된 통상 정책 중의 하나는 과거 식민지였던 ACP 국가들의 교역을 통한 경제 발전을 지원하기 위하여 각종 특혜를 제공하는 것이다. 바나나 분쟁도 이러한 특혜 대우를 받는 ACP 국가産 바나나로 인해 중남미 바나나의 대 EC 시장진출이 제한 받았기 때문이다. EC가 제공하는 특혜 대우는 비단 바나나에 국한된 것이 아니며 모든 상품을 대상으로 하고 있어 현재 진행 중인 DDA에서도 중요한 이슈로 다루어지고 있다. 즉 DDA 협상에 따라 상품의 관세를 인하할 경우 지금까지 ACP 국가가 누려오던 특혜의 폭, 다시 말해 통상의 관세와 ACP 국가에 적용되는 관세간의 차이가 잠식되는 결과가 되며 이는 이들 국가에게 매우 불리한 결과를 초래한다.

바나나 분쟁은 이번 사건으로 종결된 것은 아니며 현재도 계속 진행 중이다. 오히려 많은 문제가 이 사건을 통해 부각되거나 이 사건 이후 EC의 이행 조치가 적정한지 여부를 두고 새로운 분쟁이 제기되었다. 패널과 상소기구 보고서가 채택된 이후 EC는 분쟁 해결 기구(Dispute Settlement Body(DSB))의 권고 및 판정을 이행하기 위한 조치를 시행하였으나 미국과 에쿠아도르는 EC의 조치가 DSB의 권고 및 판정을 이행한 것으로 볼 수 없다고 반발하고 DSU에 명시된 이행 확보 조치에 들어갔다. DSU는 이행 조치가 시행되지 않거나 불충분할 경우 21조5항[29)]

29) 21.5. 권고 및 판정의 준수를 위한 조치가 취해지고 있는 지 여부 또는 동 조치가 대상 협정에 합치하는 지 여부에 대하여 의견이 일치하지 아니하는 경우, 이러한 분쟁은 가능한한 원 패널에 회부하는 것을 포함하여 이러한 분쟁 해결 절차의 이용을 통하여 결정된다. 패널은 사안이 회부된 날로부터 90일이내에 보고서를 배포한다. 패널이 동 시한내에 보고서를 제출할 수 없다고 판단하는 경우, 지연사유를 패널 보고서 제출에 필요하다고 예상되는 기간과 함께 서면으로

에 의거, 이행 패널을 요청하거나 22조2항[30]에 의거, 보상을 요청하도록 규정하고 있다. 그런데 어느 방안을 먼저 시행해야 하는지, 즉 곧바로 보상을 요청하고 만족할 만한 보상수준에 대해 합의가 이루어지지 않을 경우 양허 정지 승인을 요청해야 하는 것인지, 21조5항에 따른 이행 패널 절차가 종료된 후에 양허 정지 승인을 요청할 수 있는지 것인지 두 조항의 적용 순서(sequencing)에 대해 아무런 언급이 없다.

따라서 이행 조치 확보 방안의 적용 순서에 대해 회원국간 큰 논란이 있었다. 결국 에쿠아도르는 21조5항에 따라 이행 패널 설치를 요청하였고 미국은 EC에 대한 양허 정지 승인을 요청하였으나 미국이 양허 정지 수준에 대해 이의를 제기하자 DSU 22조6항[31]에 따른 중재 절차에 들어갔다.

이 사건으로 WTO 회원국은 권고 이행 여부에 대한 이견 발생시의 처리 절차에 대해 DSU의 흠결이 크게 노정되었으며 이 문제는 현재 진행 중인 DSU 개정 협상의 중요 항목으로 다루어지고 있다. 현재 이 문제는 분쟁 당사자간 합의를 통해 해결하고 있다. 분쟁 당사국은 이행 조치의 적절성 여부에 대해 이견이 있어 그 후속 조치를 발동해야 할 상황에 처할 경우 그 적용 절차에 대한 양해각서를 체결한다. 그 합의 절차의 내용은 우선 제소국이 22조2항에 의거, 양허 정지 승인을 DSB에 요청하면 피제소국이 양허 정지 수준에 대해 이의를 제기하여 22조6항에 따라 중재에 회부시킨나. 양 당사국은 중재인이 선임되는 대로 중재 절

분쟁 해결 기구에 통보한다.

30) 22.2. 관련 회원국이 제21조제3항에 의거하여 확정된 합리적인 기간 내에 대상 협정 위반으로 판정이 난 조치를 동 협정에 합치시키지 아니하거나 달리 권고 및 판정을 이행하지 아니하는 경우, 동 회원국은 요청을 받는 경우 합리적인 기간이 종료되기 전에 분쟁 해결 절차에 호소한 분쟁 당사자와 상호 수락할 수 있는 보상의 마련을 위하여 협상을 개시한다. 합리적인 기간이 종료된 날로부터 20일 이내에 만족할 만한 보상에 대하여 합의가 이루어지지 아니하는 경우, 분쟁 해결 절차에 호소한 분쟁 당사자는 대상 협정에 따른 양허 또는 그 밖의 의무를 관련 회원국에 대해 적용을 정지하기 위한 승인을 분쟁 해결 기구에 요청할 수 있다.

31) 22.6. 제2항에 규정된 상황이 발생할 때에 분쟁 해결 기구는 요청이 있는 경우, 분쟁 해결 기구가 콘센서스로 동 요청을 거부하기로 결정하지 아니하는 한, 합리적 기간의 종료로부터 30일 이내에 양허 또는 그 밖의 의무의 정지를 승인한다. 그러나 관련 당사국이 제안된 정지의 수준에 대하여 이의를 제기하거나, 제소국이 제3항나호 또는 다호에 따라 양허 또는 그 밖의 의무의 정지에 대한 승인을 요청했을 때 제3항에 명시된 원칙 및 절차가 준수되지 아니하였다고 주장하는 경우, 동 사안은 중재에 회부된다. 이러한 중재는 원 패널 위원의 소집이 가능한 경우 원 패널, 또는 사무총장이 임명하는 중재인(Re.15)에 의하여 수행되며 합리적인 기간의 만료일로부터 60일 이내에 완결된다. 양허 또는 그 밖의 의무는 중재의 진행 중에는 정지되지 아니한다.
(Remark 15) '중재인'이라는 표현은 개인 또는 집단을 지칭하는 것으로 해석된다.

차를 잠정적으로 중단하여 줄 것을 요청하고 제소국은 21조5항에 따른 이행 패널 설치를 요청한다. 피제소국은 이행 패널 설치에 반대하지 않는다. 이행 패널 또는 상소기구가 피제소국의 이행 정도가 DSB의 권고 및 판정에 합치된다고 볼 수 없다고 판정하면 피제소국은 22조6항 중재인에게 중재 절차를 재개하여 줄 것을 요청한다는 것이다. 이 사건은 21조와 22조 적용 순서에 관한 문제점을 노정시켜 회원국간의 양자 합의를 통해 해결하게 하는 계기가 되었다.

이 사건은 EC가 DSB의 권고 및 판정을 이행하였는지 여부를 둘러싸고 여러 개의 새로운 분쟁이 발생하는 원천이 되었으며 2006년 10월 현재 아직 완전히 해결되지 않은 채 계속 현재 진행형으로 남아 있다. 1997년 9월 25일 상소기구와 패널 보고서가 DSB에서 채택된 후 EC는 일련의 이행 조치를 시행하였으며 1998년 12월 EC는 자신의 이행 조치가 WTO 협정에 합치되는 것임을 판정하여 달라고 21조5항 이행 패널 설치를 요청하였다. 한편 에쿠아도르는 EC의 이행 조치가 WTO에 합치되지 않는다고 주장하고 역시 이행 패널 설치를 요청하여 1999년 4월 12일 이행 패널이 설치되었다. EC가 요청한 이행 패널은 EC 이행 조치가 DSB 권고에 합치한다는 EC의 주장에 대해 이미 동일한 조치에 대해 에쿠아도르가 반대 주장을 제기하여 별도 패널이 설치되었으므로 EC 주장을 수용할 수 없다고 판정하였으나 이 보고서는 회원국에 회람된 이후 분쟁 당사국이 채택을 요청하지 않아 DSB에서 정식으로 채택되지는 않았다. 에쿠아도르가 요청한 이행 패널은 EC의 이행 조치가 불충분하다고 판정하였다(*EC-Bananas article 21.5.* 사건). 이에 따라 에쿠아도르는 양허 정지 승인을 요청하였고 그 수준에 대해 EC가 이의를 제기함에 따라 22조6항 중재에 회부되어 양허 정지 규모는 년간 201.6백만불이라는 대한 판정이 2000년 3월 내려졌고 5월 DSB에서 승인되었다.

앞서 말한대로 미국은 21조5항 이행 패널 설치를 요청하지 않고 곧바로 양허 정지 승인을 요청하였다. EC가 양허 정지 수준에 대해 이의를 제기함에 따라 22조6항에 의한 중재에 회부되었고 중재인은 양허 정지 수준이 년간 191.4백만불이라고 판정하였다. 1999년 4월 DSB는 이 액수에 해당하는 미국의 대 EC 양허 정지를 승인하였다.

EC는 2001년 1월 29일 문제가 된 이사회 규정 404/93을 수정하는 새로운 규정 216/2001을 채택하였다. 이 새 규정은 2006년 1월 1일 전까지 바나나 수입을 전면 관세화하되 그 전까지는 잠정적으로 바나나 관세 쿼터를 3 종류로 나누어 과거 수입 허가 전례를 토대로 배분하기로 하였다. EC는 에쿠아도르와 미국과

2001년 4월과 6월 각각 양해각서를 체결, 과거 수입 허가 전례를 토대로 바나나 수입 허가를 배분하되 그 적용 단계를 2분하여 1단계는 2001년 7월부터 시행하고 2단계는 EC가 Lomé 협정을 대신하는 Conotou 협정에 관해 I조1항 최혜국 대우 의무 및 XIII조 적용 의무를 면제 waiver 받은 후 적용하기로 하였으며 미국과 에쿠아도르는 동 면제 획득에 협조하기로 하였다. 2001년 11월 14일 도하 각료회의에서는 European Communities – The ACP-EC partnership agreement Decision을 채택하여 Lomé 협정처럼 Conotou협정(The ACP-EC partnership agreement)에도 WTO의 일정 의무를 면제하여 주었다(Doha waiver). 한편 2006년 1월 1일부터 바나나 수입을 전면 관세화하기 위해서는 바나나에 대한EC의 UR 양허 관세를 수정하여야 하고 따라서EC는 관련국과 GATT XXVIII조[32)]에 의거한 양허표 수정 협상을 진행하여야 했다. 그런데 Doha waiver는 바나나 양허 관세를 수정하기 위한 협상의 결과는 MFN banana 공급국이 향유해오던 시장 접근 전체(total market access)를 유지하여야 한다고 단서를 달았으며 만일 새로 수정된 양허 관세가 시장 접근 전체를 유지하지 못한다고 판단할 경우 MFN 공급국은 2차례의 중재를 요청할 수 있다는 것을 별도 부속서에 명시하였다. EC는 2006년 1월 1일부로 tariff only system으로 전환하였으나 2 차례의 중재에도 불구하고 MFN 공급국과 신규 양허 관세 수준에 대해 합의를 보지 못하였다. 온두라스, 니카라구아 등 MFN 공급국은 이에 따라 2007년 1월 현재 EC에게 동 문제 해결을 요구하고 있으나 아직 만족할만한 합의에 이르지 못하고 있으며 향후 정식 분쟁으로 비화될 소지가 농후하다. 한편 에쿠아도르는 EC의 위와 같은 tariff only system이 이번 사건에 대한 DSB의 판정과 권고를 충실히 이행하지 못한 것이라고 주장하고 2006년 11월 21조5항 패널 절차 시작을 위한 양자 협의를 EC에 요청하였다. 바나나 이행 패널은 에쿠아드로의 요청에 의해 이미 1998년에도 한 차례 설치된 바 있다. 양자 협의는 통상 패널 설치에 앞선 요식 행위로 진행되는 경우가 많으므로 이번 사건의 이행 패널이 조만간 구성되어 EC의 신규 바나나 수입 제도가 이번 사건의 판정을 제대로 이행한 것인지 심리할 것이다.

---

32) XXVIII:1. 체약국(이하 본조에서는 '신청체약국'이라 칭한다)은 본 협정에 부속된 해당 양허표에 포함된 양허에 대하여 최초로 교섭한 체약국, 주요 공급국으로서의 이해관계가 있다고 체약국단이 결정한 타체약국(이러한 두 종류의 체약국은 상기 신청 체약국과 함께 이하 본조에서는 '주요 관계 체약국'이라 칭한다)과 교섭하여 합의함으로써, 그리고 동 양허에 의하여 실질적인 이해관계가 있다고 체약국단이 결정한 기타 체약국과 협의하는 것을 조건으로, 1958년 1월 1일부터 시작하는 각기 3년기간의 최초일(또는 전체 체약국의 3분의 2 다수로 가결한 기타 기간의 최초일)에 수정하거나 철회할 수 있다.

상소기구는 심리 대상이 된 一定 사항에 대해서는 그것이 사실 관계에 대한 판단이지 법률문제 및 법률해석이 아니라는 이유로 판정을 내리기를 거부하였다. DSU XVII조6항[33]은 상소의 대상을 패널 보고서에서 다루어진 법률문제 및 패널의 법률해석에 국한한다고 명시하고 있고 XVII조13항[34]은 상소기구가 확인하거나 수정, 기각할 수 있는 대상을 패널의 법률적인 조사 결과와 결론으로 규정하고 있다. 상소기구는 이를 근거로 사실 관계 판단에 해당하는 문제에 대해서는 판단을 내리지 않은 것이다. DSU는 사실 관계 판단은 패널, 법률 판단은 상소기구로 구분하고 있으나 사실 순수한 법률문제와 사실 문제의 구별은 그리 간단한 문제가 아니다. 특정 법률이 특정 사건에 적용된 양태의 경우 이것이 법률문제인지 사실 문제인지 논란의 소지가 많다. *EC-Hormones* 사건 상소기구는 이와 유사한 문제, 즉 일련의 사실이 어떤 법적인 요건에 합치하는지 여부는 법률문제로서 상소기구의 심리 대상이라고 판단하기도 하였다. 법률문제와 사실 관계의 정확한 구별이 논란의 소지가 있음에도 불구하고 동 문제가 상소기구에서 쟁점으로 다루어진 예는 의외로 많지 않다. 이 사건에서처럼 상소기구가 특정 문제에 대해 사실 관계에 해당한다는 이유로 판단을 거부한 사례도 흔하지 않다. 사실 문제에 대해서는 상소기구가 판단권이 없음을 의식한 분쟁 당사국이 사실 문제로 해석될 소지가 있는 사항에 대해서는 상소를 자제하고 있는 것이 원인인 것으로 생각된다.

※ 이 판례 해설 가운데 패널 판정 부분은 「통상법률」 1998년 6월호에 게재된 외교통상부 김경한 과장의 "EC 바나나 수입 제도에 대한 패널 판결 검토" 논문을 주로 요약한 것이다.

---

33) 17.6. 상소는 패널 보고서에서 다루어진 법률문제 및 패널이 행한 법률해석에만 국한된다.

34) 13. 상소기구는 패널의 법률적인 조사 결과와 결론을 확정, 변경 또는 파기할 수 있다.

5. Ecuador vs. EC - Bananas Article 21.5. 사건

(DS27, 1999. 5. 6. - 패널)

가. 사건 개요

EC-Bananas 원 사건 판결을 이행하기 위해 EC는 1998년 7월 및 10월 이사회 규정(Council Regulation: CR) 1637/98호와 2362/98호를 각각 채택하여 당초 원 사건에서 문제가 되었던 바나나 수입 관련 규정 404/93호를 수정하였다.

이사회 규정(CR) 1637호는 EC의 바나나 수입을 전통적 ACP 수입, 비전통적 ACP 수입, 제 3국 수입으로 3분하고 전통적 ACP 수입 category에서는 전통적으로 EC에 바나나를 수출하여 왔던 12개 ACP 국가에 총 857,700톤의 무관세 쿼터를 배당하되 이전 제도와 달리 각국별 쿼터는 폐지하였다. 비전통적 ACP 수입은 857,700톤을 초과하는 전통적 국가로부터의 수입 또는 비전통적 ACP 국가로부터 수입되는 바나나 일체를 말하는 것으로 240,748톤까지는 무관세 혜택을 부여하고 초과분에 대해서는 일정 관세를 부과하였다. 제 3국(non ACP) 수입 category에서는 총 255.3만톤의 tariff quota를 1994년~96년간의 수입 실적을 토대로 아래 표와 같이 국별로 할당하였다.

국 가	비중(%)	할당량(천톤)
콜롬비아	23.03	588.0
코스타리카	25.61	653.8
에쿠아도르	26.17	668.1
파나마	15.76	402.4
기타	9.43	240.7
총계	100.00	2,553.0

<표-1> 바나나 tariff quota 국별 할당량

CR 1637호와 2362호에 의해 수정된 EC의 바나나 수입 제도 개관은 <표-2>와 같다. 한편 EC는 종전의 A, B, C 3 유형의 중개업자(operator)와 활동 영역 구분(1, 2차 수입업자, 숙성업자)을 폐지하고 전통적 중개업자와 신규 중개업자로 2분하고 이들에게 tariff quota내 바나나 수입권을 각각 92%와 8% 배분하였다. 전통적 중개업자가 되기 위해서는 특정 기준 년도에 바나나 수입 실적이 있어야 했으며 신규 중개업자에 대해서는 등록일 현재 사업장이 설치되어 있고 이전 3년내 EC 역내로 果菜를 수입한 실적이 있어야 했다. 수입 면허는 전통적 ACP 국가분, 비전통적 ACP 국가분, 제 3국분을 따로 구분하지 않고 전체 총량에 대해 발급하였다(single pot).

Category of banana imports	Access volume	Source/definition	Tariffs applied	Modifications of the EC tariff quota regime under Regulations 1637 and 2362
Traditional ACP bananas	857,700 tons	Imports without country-specific quantitative limits from 12 traditional ACP countries.	Duty-free	- elimination of country-specific allocations
Non-traditional ACP bananas		Imports of traditional ACP quantities above the 857,700 tons or any quantities supplied by ACP countries which are non-traditional suppliers.	Duty-free up to 240,748 tons For additional imports the bound out-of-quota duty (currently 737 Euro per ton minus 200 Euro per ton) applies.	- elimination of cuontry-specific allocations and "other" category totalling 90,000 tons. - increase in duty-free access opportunities from 90,000 tons to 240,748 tons under the "other" category of the 2,553 million tons tariff quota. - increase of the margin of preference for out-of-quota imports from 100 to 200 Euro per ton
Third-country bananas	2,553,000 tons	Imports from any non-ACP source.	75 Euro per ton up to 2,553 million tons. There are 4 country-specific allocations plus an "other" category. For additional imports the bound out-of-quota tariff applies(currently 737 Euro per ton)	- modified country-specific allocation allocated to four Members and an "others" category - transferability of unfilled portions of country-specific allocations eliminated - increase in access opportunities by 90,000 tons to 2,553 million tons as the result of the elimination of country-specific allocations to non-traditional ACP suppliers.

<표-2> EC 신규 바나나 수입 제도 요지

에쿠아도르는 1998년 12월 EC의 신규 바나나 수입 제도가 관련 WTO 규정, 특히 GATT I조, XIII조, GATS II조, XVII조에 합치되는 것이 아니며 따라서 원사건 DSB의 권고를 충분히 이행하지 않은 것이라고 주장하고 이행 패널 설치를 요청하였다.

나. 주요 쟁점별 당사자 주장 및 판결 요지

1) GATT XIII조 위반 여부

(가) 전통적 ACP 국가 쿼터

에쿠아도르는 전통적 ACP 12개국에 대해 857,700톤 무관세 tariff quota를 배정한 것은 GATT XIII조 수량 제한의 무차별 시행 원칙 위반이라고 주장하였다.

패널은 우선 GATT XIII조5항[1] 규정상 tariff quota는 XIII조 적용 대상임을 확인하였고 수입 제한 적용 시 모든 제 3국의 수입 역시 유사하게 금지되거나 제한되어야 한다는 XIII조1항[2] 위반 여부부터 우선 살펴보았다. 패널은 비전통적 ACP 국가나 제 3국의 tariff quota는 94년~96년간의 수출 실적을 토대로 획정된 반면 전통적 ACP 국가의 857,700톤은 91년 이전 최고 수출 기준을 토대로 결정된 점, 전통적 ACP 국가 수출자는 857,700톤을 소진한 이후에는 제 3국 수입 category의 기타 부분을 이용할 수 있는 반면 비전통적 ACP 국가나 제 3국은 기타 부분을 소진하더라도 857,700톤 무관세 쿼터를 이용할 수 없는 점 등을 들어 전통적 ACP 국가와 비전통적 ACP 국가 및 제 3국은 유사하게 제한된 것이 아니라고 보았으며 이러한 불균형적인 대우는 GATT XIII조1항과 합치되지 않는다고 판정하였다.

패널은 857,700톤 tariff quota는 XIII조2항[3]에도 합치되지 않는다고 보았다.

---

1) XIII:5. 본 조의 규정은 체약국이 설정하거나 유지하는 모든 관세 할당에 적용되며 본 조의 원칙은 적용 가능한 한, 수출 제한에도 적용되어야 한다.

2) XIII:1. 체약국은 다른 체약국 영역 산품의 수입 또는 다른 체약국영역에로의 산품의 수출에 대하여 모든 제 3국의 동종 산품의 수입 또는 모든 제 3국에 대한 동종산품의 수출이 유사하게 금지되거나 또는 제한된 경우를 제외하고는 어떠한 금지나 제한을 과할 수 없다.

3) XIII:2. 체약국은 산품에 대한 수입 제한을 과함에 있어서 이러한 제한이 없는 경우에 각 체약국이 차지할 수 있을 것으로 기대하는 몫이 가능한 한 근사하도록 동 산품의 무역량을 분배할 것을 목표로 하여야 하며 또한 이를 위하여 다음의 제규정을 준수하여야 한다.

XIII조2항은 상품에 대하여 수입 제한을 적용할 경우 이러한 제한이 없을 시 회원국이 얻을 것으로 기대되는 몫에 가능한 근접하도록 해당 상품의 교역량을 분배하도록 규정하고 있다. 패널은 전통적 ACP 국가의 경우 94년~96년간 연 수출 총액이 약 685,000톤 정도임에도 불구하고 857,000톤의 무관세 쿼터를 배정한 반면 비전통(非傳統) ACP 국가 및 제 3국의 동 기간 중 수출 실적은 신규로 부여된 MFN tariff quota 255.3만톤에 육박하였음에도 불구하고 255.3만톤만을 배정한 점을 주목하였다. 따라서 패널은 857,700톤의 tariff quota는 수입 제한 제도가 없을 경우 회원국이 기대할 수 있는 몫에 근접한 것이 아니므로 XIII조2항에도 합치되지 않는다고 판정하였다.

(나) 에쿠아도르 국별 쿼터

에쿠아도르는 자국에 대한 국별 쿼터는 과거의 대표적인 기간으로 선정한 94년~96년이 정당성이 없다는 이유로 XIII조2항(d)[4] 위반이라고 주장하였다.

패널은 기준 설정에 이용한 기간의 자료가 오래된 것이거나 동 기간 중 해당 시장의 접근이 제한되어 수입이 왜곡되었다면 동 기간을 대표적 기간으로 사용할 수 없고 XIII조2항(d)의 대표적 기간이란 수입 제한에 의해 왜곡되지 않은 가장 최근의 기간을 사용해야 할 것이라고 판단하였다. 이 사건의 경우 패널은 EC가 대표적 기간으로 사용한 94년~96년의 EC 바나나 시장은 이미 원 사건에서 WTO에 합치되지 않는 것으로 판정된 구 바나나 수입 제도에 의해 왜곡된 상태이므로 동 기간 자료를 근거로 산정된 에쿠아도르 국별 쿼터는 XIII조2항(d)에 합치되지 않는다고 판정하였다.

(a), (b), (c), (d) … 생략

4) XIII:2.(d) 공급국간에 할당량이 배정된 경우에는 제한을 과하고 있는 체약국은 할당량의 배정에 관하여 해당산품의 공급에 실질적인 이해관계를 가진 모든 다른 체약국과 협약할 수 있다. 동 방법을 합리적으로 실행할 수 없는 경우에는 관계체약국은 동 산품의 공급에 실질적인 이해관계를 가진 체약국에 대하여 동 산품의 무역에 영향을 주었거나 또는 주고 있는 특수요인에 대하여 타당한 고려를 하고 과거의 대표적인 기간 동안에 동 체약국이 공급한 산품수입의 총량 또는 총액에 대한 비율에 입각하여 할당하여야 한다. 어느 체약국이 전기의 총수량 또는 총가액중 자국에 배정된 할당량의 전부를 사용하는 것을 방해하는 조건 또는 절차를 과하여서는 아니된다. 다만, 해당 할당량이 관계되는 소정기간 내에 수입이 행하여질 것을 조건으로 한다.

2) GATT I조1항 위반 여부

에쿠아도르는 전통적 ACP 국가에 무관세 쿼터를 857,000톤이나 배정한 것은 Lomé 협정의 범위를 넘어서는 것이며 초과분에 대해서는 로메 waiver가 적용되지 않는다고 주장하였다. 또한 857,700톤을 전통적 ACP 국가에 국별 쿼터가 아닌 총량 쿼터로 배정한 것도 로메 waiver 대상이 아니라고 주장하였다.

패널은 EC가 제출한 자료를 볼 때 857,700톤의 무관세 쿼터가 로메 협정에 의해 요구되는 수준이라고 EC가 판단한 것이 비합리적이라고 볼 수 없다고 판정하였다. 국별 쿼터 문제에 대해서는 원 사건 상소기구가 tariff quota shares, volumes, ACP states 등의 복수를 사용한 것으로 볼 때 상소기구는 로메협정이 개개 ACP 국가에 국별 쿼터를 배정하라는 것이라고 해석하였다고 판단하였다. 아울러 총량 쿼터로 할 경우 특정 국가가 과거 최고 수출 수준보다 더 많은 양을 수출할 수도 있으므로 총량 쿼터는 로메 waiver에 의해 정당화되지 않으며 따라서 GATT I조1항 위반이라고 판시하였다.

에쿠아도르는 MFN 쿼터 중 기타 부분에 대해 전통적 ACP 국가도 제한 없이 접근할 수 있는 점, 쿼터를 초과하는 ACP산 바나나에 대해 톤당 200 유로의 특혜 관세를 부여하는 것에 대해서도 시비하였다.

패널은 로메협정 168조는 ACP 국가에 더 나은 대우(more favorable treatment)를 부여하라고 규정되어 있으나 이를 위한 특정 조치에 대해서는 언급치 않고 있다고 원 사건 상소기구가 확인하였으므로 EC는 특혜 대우를 부여하는 방식에 대해서는 일정 재량권이 있다고 판단하였다. 따라서 EC가 비전통적 ACP 국가에 대해 MFN tariff quota의 기타 부분에 접근권을 허용한 것은 로메협정이 요구하는 것이라고 볼 수 있으며 GATT I조1항[5]에 불합치되는 점도 로메 waiver에 의해 정당화된다고 판시하였다. 200유로의 특혜 관세도 로메협정 168조에서 요구하는 더 나은 대우의 범위에 속한다고 판시하였다.

---

5) I:1. 수입 또는 수출에 대하여 그리고 수입 또는 수출과 관련하여 부과되거나 또는 수입 또는 수출에 대한 지불의 국제적 이전에 대하여 부과되는 관세 및 모든 종류의 과징금에 관하여, 그리고 이러한 관세 및 과징금의 부과 방법에 관하여, 그리고 수입과 수출에 관련한 모든 규칙 및 절차에 관하여, 그리고 제3조 제2항과 제4항에 기재된 모든 사항에 관하여, 체약국이 타국의 원산품 또는 타국에 적송되는 산품에 대하여 허여하는 이익, 특전, 특권 또는 면제는 모든 다른 체약국 영역의 동종 원산품 또는 이러한 영역에 적송되는 동종 산품에 대하여 즉시 그리고 무조건 부여되어야 한다.

3) GATS II조, XVII조 위반 여부

에쿠아도르는 EC의 신규 바나나 수입 허가 제도는 원 사건 판결에서 GATS II조(최혜국 대우), XVII조(내국민 대우) 위반이라고 지적된 차별 문제를 해결하지 못했다고 시비하였다. 전통적 중개업자 자격을 과거 관세 납부 실적을 기준으로 한 것이나 수입 허가 배당을 위한 기준 물량 계산을 위해 94년~96년을 기준년도로 사용한 것은 에쿠아도르를 ACP 국가나 EC 수입업자에 비해 차별하는 것이라고 주장하였다.

패널은 쿼터 배정이 EC 및 ACP 국가에 유리하게 왜곡된 과거 수입에 근거하고 있으므로 과거 에쿠아도르가 감수했던 부당한 경쟁 조건이 신규 수입 허가 제도에도 이월되었으며 이는 사실상의 차별이라고 판단하였다. 또한 신규 수입 허가 제도의 design, architecture, structure 전반을 고려할 때 94년~96년을 기준년도로 선정한 것은 사실상의 차별 구조를 시현하고 있다고 판단하였다. 이에 패널은 신규 수입 허가 제도는 에쿠아도르 중개업자에게 ACP 및 EC 중개업자에 비해 사실상(*de facto*) 덜 유리한 대우(less favorable treatment)를 부여하는 것이므로 GATS II조[6] XVII조[7]위반이라고 판시하였다.

CR 1637호에 의해 도입된 신규 수입 허가 제도는 MFN tariff quota 255.3만톤과 전통적 ACP quota 857,700톤을 분리하여 수입 허가를 발행하지 않고 이를 통합하여 운영하였다. 따라서 전통적 중개업자(operator)는 과거 전통적 ACP 국가산

---

6) II.1. 이 협정의 대상이 되는 모든 조치에 관하여, 각 회원국은 그 밖의 회원국의 서비스와 서비스 공급자에게 그 밖의 국가의 동종 서비스와 서비스공급자에 대하여 부여하는 대우보다 불리하지 아니한 대우를 즉시 그리고 무조건적으로 부여한다.

7) XVII.1. 자기나라의 양허표에 기재된 분야에 있어서 양허표에 명시된 조건 및 제한을 조건으로, 각 회원국은 그 밖의 회원국의 서비스 및 서비스 공급자에게 서비스의 공급에 영향을 미치는 모든 조치와 관련하여 자기나라의 동종 서비스와 서비스 공급자들에게 부여하는 대우보다 불리하지 아니한 대우를 부여한다. (Re.10)

(Remark 10) 이 조에 상정된 구체적 약속은 어떤 회원국으로 하여금 관련 서비스 또는 서비스 공급자가 외국산이라는 성격으로부터 기인하는 내재적인 경쟁상의 불리함을 보상하도록 요구하는 것으로 해석되지 아니한다.

2. 회원국은 자기나라의 동종 서비스와 서비스 공급자에게 부여하는 대우와 형식적으로 동일한 대우 또는 형식적으로 상이한 대우를 그 밖의 회원국의 서비스와 서비스 공급자에게 부여함으로써 제1항의 요건을 충족시킬 수 있다.

3. 형식적으로 동일하거나 상이한 대우라도 그것이 그 밖의 회원국의 동종 서비스 또는 서비스 공급자와 비교하여 회원국의 서비스 또는 서비스 공급자에게 유리하도록 경쟁 조건을 변경하는 경우에는 불리한 대우로 간주된다.

바나나 수입량을 토대로 MFN 바나나 수입 허가를 신청하거나 그 반대로 할 수 있었다. 에쿠아도르는 이 역시 사실상의 차별을 더욱 악화시키는 것이라고 주장하였고 패널도 과거 제도의 차별을 연장하는 효과가 있다고 판단, 에쿠아도르의 주장을 수용하였다.

EC의 신규 수입 허가 제도는 신규 중개업자로 등록되기 위해서는 등록 신청 기준 3년전 기간 중 EC 내로 과채 수입 실적이 있어야 한다는 조건을 부과하고 있었다(타국과의 과채 교역 실적은 불인정). 에쿠아도르는 이 조건 역시 ACP 및 EC 중개업자에 비해 자국민을 차별하는 것이라고 주장하였으며 패널은 이러한 전제 조건은 덜 유리한 경쟁 조건을 부여하는 결과가 된다는 점을 인정, GATS XVII조 위반이라고 판시하였다.

4) 이행 조치 권고

에쿠아도르는 DSU 19조1항을 근거로 패널에게 권고 이행 방법을 제시하여 줄 것을 요청하였으며 패널은 EC가 바나나 수입 제도를 WTO에 합치시키기 위해서는 i) 쿼터 폐지, tariff only system 도입(ACP 바나나에는 특혜 관세 부여), ii) ACP 바나나에 대한 tariff quota를 포함한 tariff only system 도입, iii) 현행 MFN tariff quota 유지하되 국별 쿼터 전면 폐지 또는 주요 수출국과의 합의된 쿼터 유지 방식 등을 선택할 수 있을 것이라고 제시하였다. 수입 허가 제도에 대해서는 특별한 이행 방식을 제시하지 않았으며 다만 tariff only system을 도입할 경우 수입 허가 제도 자체가 불필요할 것이라는 점을 언급하였다.

다. 해설 및 평가

DSU 19조1항[8)]은 패널과 상소기구에게 판결을 이행할 수 있는 구체적인 방안을 제시할 수 있는 권한을 부여하였으나 패널과 상소기구는 이행 문제에 대해서는 각국의 재량을 폭넓게 인정, 이 권한을 별로 사용하지 않고 있다. 이번 사건처럼 패널이 구체적인 이행 방법을 제시한 것은 흔하지는 않은 일이다.

---

8) 19.1. 패널 또는 상소기구는 조치가 대상 협정에 일치하지 않는다고 결론짓는 경우, 관련 회원국(Re.9 생략)에게 동 조치를 동 대상 협정에 합치시키도록 권고한다.(Re.10 생략) 자신의 권고에 추가하여 패널 또는 상소기구는 관련 회원국이 권고를 이행할 수 있는 방법을 제시할 수 있다.

패널의 본안 심리에 앞서 EC는 이행 패널은 원 사건 판결 준수를 위해 채택된 조치에 국한하여 DSB 권고와의 합치 여부만을 살펴야 하며 새로운 조치 전반에 대해 WTO 규정과의 합치 여부를 살필 권한은 없다고 주장하였으나 패널은 받아들이지 않았다. 패널은 DSU 7조의 심리 범위(terms of reference)규정이 이행패널에도 적용되며 21조5항의 규정이나 문맥, 실효성 있는 분쟁 해결이라는 DSU의 목적에 비추어 볼 때도 패널이 이행 조치 전반의 합치성 여부를 심리하는 것이 타당하다고 밝혔다. 패널의 이러한 견해는 *Canada-Aircraft 21.5.* 사건 상소기구 판정에서도 확인되었다. 이 사건에서 상소기구는 이행 패널의 심리 범위는 개정된 조치, 즉 심리 당시 존재하는 조치가 WTO 규범에 합치하는지 여부를 판단하는 것이라고 언급하였다.

6. US vs. Japan - Film 사건

(DS44, 1998. 4. 22. - 패널)

가. 사건 개요

이 사건은 미국의 Kodak사가 소비자 사진용 필름과 인화지의 일본 지역에서의 판매가 다른 나라에서의 평균 판매량에 비하여 현저하게 적은 것은 Fuji사 등이 일본 시장 안에서 반경쟁적 행위를 조장한 탓이라고 주장하면서 미 무역대표부(USTR)에 대하여 통상법 제301조 (Section 301 of Trade Act of 1974) 상의 무역장벽 조사 및 시정 조치의 발동을 요청하면서 시작된 사건이다. 미국은 일본의 필름 및 인화지 시장의 유통 구조가 폐쇄적이기 때문에 Kennedy, Tokyo, Uruguay Rounds에서 관세 양허를 받았음에도 불구하고 수입품과 국산품간의 경쟁 관계 또는 경쟁적 지위를 침해당하였다고 주장하였다. 즉, 일본에서는 후지사와 같은 필름 및 인화지의 생산업자가 대형 도매상들과 배타적으로 판매계약을 맺기 때문에 유통 구조가 수직적으로 폐쇄되어 있고 코닥사와 같은 외국생산업자는 그러한 배타적인 유통 구조 안으로 침투할 수가 없어 결국 소비자에게 접근하기 어렵다는 것이다. 이러한 일본의 폐쇄적인 시장 관행인 소위 'keiretsu(系列)'는 결국 '일본 정부의 각종 조치[1])로 인한 것'이라고 미국은 주장하였다.

---

1) (1) 유통 구조 저해 조치 (Distribution 'Countermeasures')
   - 1967 기업에 대한 프레미엄을 규율하는 JFTC의 고시17호
   - 1967 외국인직접 투자의 자율화에 대한 내각 결정
   - 1968 산업구조이사회의 6번째 중간보고서, '유통 구조의 현대화에 대한 전망과 쟁점'
   - 1969 산업구조이사회의 7번째 중간보고서, '유통활동의 체계화'
   - 1969 계약조건에 대한 조사 보고서
   - 1970 사진용 필름의 거래 조건의 합리화에 대한 지침
   - 1971 유통 구조의 체계화를 위한 기본 계획

이에 대하여 일본 정부는 자국 안에서의 반경쟁행위는 일본 公正取引위원회(Japan Fair Trade Commission: JFTC)의 소관 사항이므로 미국 정부와의 협의 대상이 될 수 없다는 이유로 미 무역대표부의 협의 요청을 거부하였고 이에 미국이 일본을 WTO에 제소하였다. 이 사건에는 EC와 멕시코가 제 3자로 참여하였다.

나. 주요 쟁점별 당사자 주장 및 판결 요지

1) GATT XXIII조1항 위반 여부

미국이 시비한 일본의 조치는 크게 유통 구조 저해 조치[2], 대형상점법 및 이와 관련되는 조치[3], 선전(promotion)에 대한 제한 조치[4] 등 3부류로 나뉘며 미국

- 1975 카메라 및 필름 산업의 유통 구조의 체계화에 대한 편람

(2) 대형상점에 대한 제한 조치(Restrictions on large retail stores)

- 1974 대형상점법
- 1979 대형상점법의 개정법

(3) 선전, 광고에 대한 제한조치 (Promotion 'Countermeasures')

- 1967 기업에 대한 프레미엄을 규율하는 JFTC의 고시17호
- 1967 외국인직접 투자의 자율화에 대한 내각 결정
- 1977 소비자에 대한 프레미엄을 규율하는 JFTC의 고시5호
- 1981 파견된 직원에 대한JFTC의 지침
- 1982 기업간 공정거래에 대한 자기규율 규정
- 1982 공정거래촉진이사회의 설립
- 1984 칼라필름의 현상비 전시에 대한 자기규율 기준
- 1987 소매상의 공정거래규칙과 소매상 공정거래이사회에 대한 JFTC의 승인

2) 미국은 일본 정부의 조치가 수입된 필름과 인화지가 전통적인 유통 구조내에서 유통될 수 없도록 시장구조를 형성하고 조장하였다고 주장하였다.

3) 필름과 인화지의 또 다른 유통망의 형성을 저해하는 일본의 법 및 기타 조치 즉, 일본의 유통구조는 수직적으로 폐쇄적이기 때문에 소비자에게 접근하는 또 다른 방법으로 대형상점을 이용하는 것이 가장 효과적이라고 미국은 주장한다. 대형상점이 보다 더 수입품을 많이 취급하는 경향이 있기 때문이다. 그러나 일본은 대형상점법과 그 개정법에 의하여 일정규모(바닥면적 기준) 이상의 대형상점을 개점하거나 확장하는 경우에는 정부에 미리 고지를 하도록 하고 있고, 고지를 하기 전에 미리 그 지역의 소매상들과 협의를 거치도록 하는 '선 설명의무'절차를 두고 있다. '선 설명의무'는 1992년에 폐지되었다.

4) 프레미엄법(Premiums Law-마케팅 차원에서 주어지는 각종 프레미엄 규제법)이 주대상이다. 즉, 프레미엄법은 생산업자가 도매상에게 줄 수 있는 연간 프레미엄의 액수를 제한하고 있는데 미국생산업자(eg. 코닥사)는 일본생산업자들보다 더 많은 프레미엄과 혜택을 제공하여야만 대도매상들과 독점적인 계약을 체결할 수 있고 일본시장에 진입할 수 있는 바, 프레미엄법의 프레

은 각 조치 및 각 조치들이 결합하여 GATT XXIII조[5] 1항b호의 이익을 무효화하거나 침해한다고 주장하였다. 미국은 문제되는 '조치'들은 모두 GATT XXIII조1항b호가 규율하는 체약 당사자에 의한 조치이고 현재까지도 효력을 유지하고 있으며 이로 인해 자신에게 발생되는 이익이 무효화되거나 침해되고 있다고 주장하였다.

구체적으로 정부 조치 여부에 대해 미국은 i) 1967 외국인 직접 투자의 자율화에 대한 내각 결정은 정부의 조치이며 위 결정이 1980. 12. 26.에 폐지되었다 하여도 유통 구조에 대한 정책 및 반자율화 조치에 관한 결정 부분은 현재까지도 효력이 있고, 1970 사진용 필름의 거래 조건의 합리화에 대한 지침은 행정 지도로서 유효한 정부의 조치이며, 1971 기본 계획 및 1975 카메라 및 필름 산업의 유통 구조의 체계화에 대한 편람은 일본 통상산업성(MITI) 산하에 있는 유통 구조 개발 센터(DistributionSystem Development Centre)에서 발간한 것이므로 정부의 조치에 해당된다고 보았다. ii) 1974의 대형상점법과 1979의 개정법이 GATT XXIII조1항b호에서 말하는 정부의 조치임에는 당사국들 사이에 이견이 없는 점을 지적하였고 iii) 선전에 대한 조치들은 디스카운트, 선물, 쿠폰, 기타 다른 광고 방법을 사용하는 것을 제한하여 수입 필름과 인화지에 대하여 불리하게 경쟁 관계를 침해하였는 바, 1982 기업간 공정거래에 대한 자기규율 규정의 제정과 공정거래촉진이사회의 설립은 JFTC의 승인에 의하여 그 효력을 갖게 되므로 정부의 조치라고 주장하였다. 나머지 조치들도 모두 정부의 조치에 해당한다고 보았다.

미국에 발생하는 이익에 관하여 미국은 Kennedy Round 종료일 이전에 이루어진 1967 외국인 직접 투자의 자율화에 대한 각료 결정(1967. 6. 21. 공표)과 1967 기업에 대한 프레미엄을 규율하는 JFTC의 고시 17호(1967. 5. 10. 공표)는 Kennedy Round 협상 과정에서 합리적으로 예측할 수 없었고 따라서 이에 대하여는 흑백 필름 및 인화지에 대하여 Kennedy Round에 의하여 발생하는 시장 진입

미엄의 제한은 미국생산업자에게 불리하게 일본국내생산업자와의 경쟁 관계를 침해한다는 것이다.

5) XXIII:1. 체약국은 (a) 다른 체약국이 본 협정에 따른 의무의 이행을 태만히 한 결과, (b) 다른 체약국이, 본 협정의 조항에 저촉여부를 불문하고, 어떤 조치를 적용한 결과 또는 (c) 기타 다른 어떤 사태가 존재하는 결과로서, 본 협정에 따라, 직접 또는 간접으로 자국에 부여된 모든 이익이 무효 또는 침해되거나, 본 협정의 목적 달성이 저해되고 있다고 인정할 때에는, 동 문제의 만족한 조정을 위하여 관계가 있다고 동 체약국이 인정하는 다른 체약국 또는 체약국들에 대하여 서면으로 사정의 설명 또는 제안을 할 수 있다. 동 사정의 설명 또는 제안을 받은 체약국은 사정의 설명 또는 제안에 대하여 호의적인 고려를 하여야 한다.

환경의 개선에 대한 합법적인 기대가 있었다고 주장하였으며 Kennedy Round 종료일 이후에 발동된 조치들을 당연히 합리적으로 예측할 수 없었으며 Tokyo Round, Uruguay Round 이전에 발동된 조치라 하더라도 이들 조치의 실질적인 영향력에 대하여는 위 협상이 종료될 때까지도 합리적으로 예측할 수 없었다고 주장하였다.

미국은 위의 조치들로 인하여 미국에게 관세 양허 협상들로부터 발생하는 이익, 즉 시장 진입환경의 개선에 대한 합법적인 기대가 무효화되거나 침해되었으며 위의 조치들은 표면적으로는 수입품과 국산품을 차별하지 아니하는 것처럼 보이나 실질적으로는 수입품만을 불리하게 취급하여 경쟁 관계를 침해하였다고 주장하였다.

일본은 미국이 주장하는 조치들은 일본 정부의 조치가 아니거나, 조치라고 인정할 수 있더라도 현재는 모두 효력이 없는 조치들이라고 반박하였다. 또한 위 조치들은 수입품에 불리하게 경쟁 관계를 침해하는 데 그 취지가 있는 것이 아니라 일본의 낙후된 유통 구조를 현대화하고 효율적으로 개선하여, 개방된 새로운 사업 환경에서 일본 기업들이 외국 기업들과 효과적으로 경쟁할 수 있도록 하는 데 그 목적이 있다고 주장하였다.

관세 양허 협상에 의하여 미국에 발생하는 이익이라는 주장에 대해서도 일본은 Kennedy Round 종료일 이전에 발동된 유통 구조에 대한 조치들과 관련하여 미국은 협상 과정에서 이에 대하여 알 수 있었을 것이며, 그 이후에 발동된 조치들에 대하여도 합리적으로 예측할 수 있었다고 지적하였고 정부의 조치가 아닌 私人의 조치에 대하여는 미국이 합리적으로 이를 예측할 수 있었느냐는 문제되지 않는다고 주장하였다. 1987 소매상의 공정거래규칙과 그 집행 기관인 소매상 공정거래이사회에 대한 JFTC의 승인은 카메라와 관련된 사진 기구에 관한 것이므로 필름과 인화지와는 관계가 없고, 기존에 존재한 프레미엄법을 적용한 것에 불과하므로 미국에게 새로이 발생하는 이익이 없다고 반박하였다.

이익이 무효화 또는 침해되었다는 주장에 대하여 일본은 미국이 문제 삼는 조치들은 수입품과 국산품에 대하여 법적으로나 사실적으로 비차별적이고 원산지를 불문하고 적용되므로 미국이 주장하는 이익은 무효화 또는 침해되지 않았다고 반박하였고 구체적으로 어떠한 이익이 어떻게 침해되었는지에 대하여는 미국이 주장만 할 뿐 입증하지 못했다고 주장하였다.

또한 미국이 일련의 조치들이 결합하여 GATT XXIII조1항b호의 요건을 충족시킨다는 주장한데 대하여 일본은 미국이 문제 삼은 일련이 조치들은 거의 20년의 세월 동안 발동된 조치들로서 이들을 결합하여 이익의 무효화 또는 침해를 고려할 수는 없으며, 설사 고려한다고 하더라도 각 조치는 개별적으로 수입품에 불리하게 경쟁 관계를 침해하지 않으므로 이들을 결합한다고 하여 다른 결과가 발생할 수는 없다(nothing combined with nothing is still nothing)고 반박하였다.

패널은 미국이 자국의 이익이 무효화 또는 침해되었다는 점에 대하여 충분한 입증을 하지 못하였고, 근본적으로 일본의 수직적이고 폐쇄적인 유통 구조와 시장 구조는 그러한 조치들이 시행되기 이전부터 형성되어 있었다는 일본의 주장을 받아들였다. 패널은 문제가 된 조치 각각에 대해 아래와 같이 판단하였다.

(유통 구조에 대한 조치)

1967 기업에 대한 프레미엄을 규율하는 JFTC의 고시 17호는 GATT XXIII조1항b호에서 요구하는 정부의 조치이지만 현재는 그 효력이 없고, 미국은 흑백 필름 및 인화지와 관련하여 Kennedy Round 종료 이전에 위 조치를 합리적으로 예측할 수 있었으며, 이익을 무효화 또는 침해하였다고 인정할 만한 증거가 없다. 칼라 필름과 인화지에 대하여는 정부의 조치라는 요건만 만족시켰다.

1967 외국인 직접 투자의 자율화에 대한 내각 결정은 정부의 조치로 볼 수 있고, 미국이 흑백 필름과 인화지와 관련하여 Kennedy Round 종료일 전에 그러한 조치를 합리적으로 예측하였다고 볼 수 없으나 Tokyo, Uruguay Rounds 종료 전에는 예측이 가능하였으며, 이익이 무효화 또는 침해되었다는 점에 대한 입증이 없다.

1968 산업구조이사회의 6번째 중간 보고서, '유통 구조의 현대화에 대한 전망과 쟁점'에 대하여 미국이 흑백 필름과 인화지와 관련하여 Kennedy Round 종료 이전에 위 조치를 예측을 할 수 없었던 점은 인정되나 위 조치는 정부의 조치라고 볼 수 없고 또 미국의 이익을 무효화 또는 침해하였다고 볼 수 없다. 칼라 필름과 인화지에 대하여는 어느 요건도 충족시키지 못하였다.

1969 산업구조이사회의 7번째 중간 보고서, '유통활동의 체계화'도 위의 6번째 보고서와 같다.

1969 계약조건에 대한 조사 보고서에 대하여 미국이 흑백 필름과 인화지와 관련하여 Kennedy Round 종료 이전에 위 조치를 예측을 할 수 없었던 점은 인정되나 위 조치는 정부의 조치라고 볼 수 없고 또 미국의 이익을 무효화 또는 침해

하였다고 볼 수 없다. 칼라 필름과 인화지에 대하여는 어느 요건도 충족시키지 못하였다.

1970 사진용 필름의 거래 조건의 합리화에 대한 지침은 정부의 조치로 볼 수 있고 미국은 흑백 필름과 인화지와 관련하여 Kennedy Round 종료 이전에 위 조치를 예측할 수 없었으나, 그에 대한 이익을 무효화 또는 침해하였다고 인정할 수 없으며, 칼라 필름과 인화지에 대하여는 위 지침이 정부의 조치라는 점만 입증하였다.

1971 유통 구조의 체계화를 위한 기본 계획도 위와 같다.

1975 카메라 및 필름 산업의 유통 구조의 체계화에 대한 편람에 대하여 미국이 흑백 필름과 인화지와 관련하여 Kennedy Round 종료 이전에 위 조치를 예측을 할 수 없었던 점은 인정되나, 위 조치는 정부의 조치라고 볼 수 없고 또 미국의 이익을 무효화 또는 침해하였다고 볼 수 없다. 칼라 필름과 인화지에 대하여는 어느 요건도 충족시키지 못하였다.

(대형상점에 대한 제한 조치)

1974의 대형상점법과 1979의 대형상점법의 개정법은 정부의 조치이고, 법이 제정되기 전인 Kennedy, Tokyo Rounds 종료 이전에는 미국이 위 법의 제정 및 개정에 대하여 합리적으로 예측할 수 없었으나 Uruguay Round 종료 시에는 그의 존재에 대하여 알았다고 인정할 수 있고, 미국의 이익을 무효화 또는 침해하였다고 볼 수 없다.

(선전에 대한 제한 조치)

1967 기업에 대한 프레미엄을 규율하는 JFTC의 고시 17호와 1967 외국인 직접 투자의 자율화에 대한 각료 결정은 앞에서 본 바와 같이 GATT XXIII조1항b호의 요건을 충족시키지 못한다.

1977 소비자에 대한 프레미엄을 규율하는 JFTC의 고시 5호는 정부의 조치로 볼 수 있으며, 미국은 Kennedy Round 종료 시에는 흑백 필름과 인화지에 대하여 위 조치를 예측할 수 없었으나, 그에 대한 이익이 무효화 또는 침해당하였다고 볼 수 없다. 칼라 필름과 인화지에 대하여는 정부의 조치라는 하나의 요건만 충족시켰다.

1981 파견된 직원에 대한 JFTC의 지침은 정부의 조치로서 미국은 Kennedy

Round 종료 이전에는 흑백 필름과 인화지와 관련하여, Tokyo Round 종료 이전에는 칼라 및 흑백 필름, 인화지에 대하여 각 위 조치를 예측할 수 없었으나, 위 조치로 인하여 미국의 이익이 무효화되거나 침해당하였다고 볼 수 없다.

1982 기업간 공정 거래에 대한 자기 규율 규정의 제정과 공정거래촉진이사회의 설립은 정부의 조치로 볼 수 있고, 미국은 Kennedy Round 종료 이전에는 흑백 필름과 인화지와 관련하여, Tokyo Round 종료 이전에는 칼라 및 흑백 필름, 인화지에 대하여 각 위 조치를 예측할 수 없었으나, 위 조치로 인하여 미국의 이익이 무효화되거나 침해당하였다고 볼 수 없다.

1984 칼라필름의 현상비 전시에 대한 자기 규율 기준은 정부의 조치로 볼 수 있고, 미국은 Tokyo Round 종료 이전에는 칼라 필름, 인화지에 대하여 위 조치를 예측할 수 없었으나 Uruguay Round와 관련하여서는 예측할 수 있었으며, 나아가 위 조치가 미국의 이익을 무효화하거나 침해하였다고 볼 수 없다.

1987 소매상의 공정거래규칙과 그 집행기관인 소매상 공정거래이사회에 대한 JFTC의 승인은 정부의 조치이고, 미국은 Kennedy Round 종료 이전에는 흑백 필름과 인화지와 관련하여, Tokyo Round 종료 이전에는 칼라 및 흑백 필름, 인화지에 대하여 각 위 조치를 예측할 수 없었으나, Uruguay Round 종료 시에는 칼라 및 흑백 필름과 인화지에 대하여 위 조치를 예측할 수 있었고, 나아가 미국의 이익을 무효화하거나 침해하였다고 볼 수 없다

(결합 효과)

유통 구조에 대한 조치들, 대형 상점에 대한 제한 조치들, 선전에 대한 제한 조치들이 결합하여 개별 조치와는 별도로 미국의 시장 진입 환경의 개선에 대한 합법적인 기대를 침해할 가능성은 있으나 미국은 이에 대하여 입증을 하지 못하였으며 결국 미국의 이익을 무효화하거나 침해하였다고 볼 수 없다.

2) GATT III조4항 위반 여부

미국은 유통 구조에 관한 8가지의 조치들로 인하여 수입품은 국내 산업의 동종 상품에 허용하고 있는 대우보다 불리한 대우를 받고 있으며 이는 GATT III조 4항[6] 위반이라고 주장하였다. 즉, 위 조치들에 의하여 미국은 일본의 '유통 구조

---

6) III:4. 체약국 영역의 산품으로서 다른 체약국의 영역에 수입된 산품은 동 국내에서의 판매, 판매를 위한 제공, 구입, 수송, 분배 또는 사용에 관한 모든 법률, 규칙 및 요건에 관하여 국내 원

에 대한 조치들'이 일본의 자본 시장 개방에 대비하여 외국 산업과의 경쟁으로부터 국내 산업을 보호하는 것이 그 주목적이라고 주장하였다.

III조4항의 대상이 법률, 규칙 또는 요건이므로 개인 또는 기업이 준수해야 할 법적 의무가 있거나 문제되는 정부의 조치에 위반하는 경우에는 그에 상응하는 제재 조치나 이익의 보류가 뒤따라야 할 것이나 일본의 조치는 그러하지 아니하고 미국은 일본의 '조치들'이 미국 상품에 대하여 불리한 대우를 하였다는 점에 대하여 입증을 전혀 하지 못하였다고 반박하였다.

패널은 일본의 조치들이 '법률, 규칙 또는 요건'에 해당한다고 하더라도 미국은 그로 인하여 수입품에 대하여 불리하게 경쟁적 기회의 균등을 침해하였다는 점에 대하여 입증을 하지 못하였다고 판단하였다. 따라서 미국이 주장한 위 조치들은 GATT III조4항에 위반되지 아니한다고 판시하였다.

3) GATT X조1항 위반 여부

미국은 일본의 관련 조치가 사전에 이해 당사자에게 공표되지 않았으며 이는 GATT X조1항[7]의 공표 의무 위반이라고 주장하였다. 미국은 구체적으로 i) 프레미엄법과 기타 관련되는 공정거래규정과 관계하여 일본 정부가 향후 사안에 적용 가능한 기준을 형성하거나 수정하는 JFTC와 공정거래이사회의 집행 례들을 공표하지 아니한 점, ii) 대형상점법 및 기타 관련되는 지방자치단체의 규칙들과 관계하여 일본 정부가 통상산업부 지부, 지방자치단체로 하여금 대형상점법에 따라 대형 상점을 새로 개업하거나 확장하려는 신청자가 정부의 검토에 회부하기 위하여 고지를 하기 전에 그 지역의 경쟁자들과 미리 협의하게 하는 '선 설명의

산의 동종 산품에 부여하고 있는 대우보다 불리하지 아니한 대우를 부여하여야 한다. 본 항의 규정은 교통수단의 경제적 운영에 전적으로 입각하였으며 산품의 원산국을 기초로 하지 아니한 차별적 국내 운송요금의 적용을 방해하지 아니한다.

7) X:1. 체약국이 실시하고 있는 일반적으로 적용되는 법률, 규칙, 사법상의 판결 및 행정상의 결정으로서 산품의 관세상의 목적을 위한 분류 또는 평가에 관한 것, 관세, 조세 또는 기타 과징금의 율에 관한 것, 수입, 수출 또는 이를 위한 지불 이전에 관한 요건, 제한 또는 금지에 관한 것 또는 산품의 판매, 분배, 수송, 보험, 창고보관, 검사, 진열, 가공, 혼합 또는 기타 사용에 영향을 주는 것은 각 정부 및 무역업자가 지득할 수 있는 방법으로 신속히 공표하여야 한다. 국제무역 정책에 영향을 주는 협정으로서 체약국정부 또는 정부 기관과 다른 체약국 정부 또는 정부 기관간에 효력을 가지는 것도 공표하여야 한다. 본 항의 규정은 체약국에 대하여 법률의 시행을 저해하며 기타 방법으로 공익에 반하거나, 공적 또는 사적인 특정기업의 정당한 상업상의 이익을 침해하게 되는 비밀 정보의 발표를 요구하는 것은 아니다.

무(prior explanation)'를 요구하는 점에 대한 지침을 공표하지 않은 점, iii) JFTC 및 공정거래이사회는 많은 경우 비공식적으로 행정지도를 통하여 향후 사안에 영향력을 미칠 수 있는 조치를 취해왔고 그러한 조치들은 공표되지 않은 점 등을 지적하였다.

일본은 프레미엄법과 대형상점법과 관련되는 모든 법률, 규칙, 판결, 행정 규칙을 제때에 공표하여 정부들과 무역업자들에게 그에 대한 정보를 제공하였으며 일본 통상산업부는 1992년 1월에 공식적으로 '선 설명의무'를 폐지하는 명령을 발령하였고 새로운 상점을 개점하기 위하여 필요한 고지 절차는 1992년과 1994년에 공표되었다고 주장하였다. 중앙정부는 지방 정부가 이미 공표된 정책에 위반되는 조치를 취하는 경우 시정하거나 시정을 명하기 때문에 그러한 지방 정부의 조치들은 X조1항에서 규율하는 '체약국에 의하여 효력이 부여된 것'에 해당되지 아니한다고 반박하였다.

패널은 미국은 일본 정부가 미래 사안에서 적용될 가능성이 있는 기준을 형성하거나 수정하는 행정 지침을 공표하지 않았다는 점에 대하여 입증을 다하지 못하였다고 판단하였다. 또한, 일본 정부가 공식적으로 '선 설명의무'를 폐지한 사실은 인정되는 바, 미국은 지방 정부차원에서 이루어진 공표되지 않은 조치들이 미래 사안에 적용될 수 있는 기준을 형성하거나 수정한다는 점 및 그러한 행정 지침이 성질상 일반적으로 적용된다는 점에 대하여 충분한 입증을 하지 못하였다고 보았다. 패널은 결국 미국의 주장은 이유 없고 문제되는 일본의 조치는 GATT X조1항에 위배되지 아니한다고 판시하였다.

다. 해설 및 평가

미국은 이에 대하여 상소하지 아니하였다. 그 이유는 양 당사국 사이에 주로 문제된 사항들이 상소기구의 심판대상인 법적인 쟁점에 대한 것이 아니라 사실관계에 관한 것이었기 때문인 것으로 보인다.

이 사건은 사적인 무역 제한, 즉 정부의 관여의 정도와 관계없이 실질적으로 사기업의 반경쟁적 행위를 대상으로 한 WTO 사건이라는 점에서 그 의의가 있다. 물론 WTO 분쟁 해결 절차의 대상이 되기 위하여는 협정 위반 제소/비위반 제소를 불문하고 '정부 조치(government measure)'의 적용이 있을 것이 요구되기 때문에 미국은 Fuji사의 반경쟁적 행위가 일본 정부에 의하여 비롯되거나 최소한 정부의 관여가 있다는 주장을 하였다. WTO 패널은 어떠한 경우에 경쟁 관련 조치가 '정부 조치'가 될 수 있는지에 관한 기준을 제시하려고 노력하였다. 분명한 것은 반경쟁적 관행도 일정한 정도의 정부의 관여가 있는 경우에는 그것이 WTO 분쟁 해결 절차에 회부될 수 있다는 가능성을 열었다는 점이다.

이 사건이 무역과 경쟁 정책이 만나는 대표적인 사건이라는 점에서 WTO 분쟁 해결 절차에 이르게 된 역사적 배경이 매우 흥미롭다. 일본 필름시장내의 수직적인 거래제한에 대하여 미국은 애초에 자국의 독점 금지법을 역외 적용하는 방법으로 이 문제를 해결하려고 하였다. 그러나 독점 금지법이 미국 수출 기업의 이익 보호라는 관점에서 외국 시장내 시장 접근 효과를 갖는 반경쟁적 관행을 규제하기 위하여 역외 적용될 때에는 많은 이론적, 실무적 문제점이 드러난다. 우선 이론적으로는 이러한 경우 반경쟁적 효과는 외국 시장내에서 발생하는 것이지 소비자에게는 아무런 영향이 없기 때문에 전통적인 미국 독점 금지법의 법리상 동 법을 적용하는 데에는 한계가 있다. 또한 실무적으로도 단지 수출이익이 침해되었다는 이유만으로 독점 금지법을 역외 적용하려는 경우에 당해 외국이 미국의 독점 금지법 역외 적용에 협조할 리가 없다. 독점 금지법의 역외 적용은 사실상 역외 적용 대상 기업이 위치한 국가의 협조 없이는 효과를 기대하기가 어렵기 때문이다. 이러한 독점 금지법 역외 적용의 한계를 입법적으로 극복하기 위하여 미국은 1988년 통상법 제301조의 발동요건인 외국정부의 '불합리한 관행'에 외국정부가 자국내의 사기업들이 조직적으로 행하는 반경쟁적인 관행을 묵인함으로써 미국 수출기업의 시장 접근에 장애를 초래하는 경우를 포함시켰다. 미국은 본 사건 이전에는 한 번도 이 규정을 본격적으로 발동해보지 못하였다. 그러나 일본 정부는 경쟁 정책과 관련된 사항은 WTO 협정 범위에 속하지 않는 국내 정책상의 문제일 뿐만 아니라 WTO 체제가 출범한 이상 통상법 제301조 절차상의 양자간 협상에는 응하지 않겠다는 입장을 완강히 유지하였다. 더욱이 통상법 제301조 경쟁 관련 규정은 외국정부가 자국 경쟁법을 발동하지 않고 묵인하는 경우에만 적용이 되므로 일본 정부는 즉시 JFTC에서 자체 조사를 개시한 후에 최종적으로 자국 경쟁법을 위반한 것이 없다는 결론을 내렸다. 이에 따라 통상법 제301조는 더 이상 힘을 발휘할 수 없게 되었고, 미국은 위와 같은 연혁적 이유 때문에 본질적으로는 사적인 반경쟁적 관행을 대상으로 하는 이 사건을 WTO 분쟁 해결 절차에 회부하게 된 것이다. 미국은 패널 설치 이전에는 GATT와 GATS 뿐만 아니라 'RBP에 관한 1960년 결정[8)]'에 따라 일본 기업의 경쟁제한 관행에 대한 협의를 요청하였으나 일본의 불응으로 절차는 개시되지 못하였다. 또한 본 사건에서 중요한 쟁점은 경쟁 관련 이슈를 GATT XXIII조1항b호상의 비위반 제소 대상으로 삼을 수 있는 것인가였는데 이론적으로는 이것이 가능하다는 점을 WTO 패널은 분명히 했다. 다만, 일본이 전부 승소한 점에서도 드러나듯이 비위반 제소를 통하여 승소하기는 매우 까다로운 일이다.

※ 이 판례 해설은 사법연수원 제28기 정교화님이 작성, 한꿈통상법연구회 website 에 게재한 것을 요약한 것이다.

8) Decision on Restrictive Business Practices: Arrangement for Consultation

7. US vs. Argentina - Textiles 사건

(DS56, 1998. 4. 22. - 상소기구)

가. 사건 개요

아르헨티나는 UR 협상 결과 섬유, 의류, 신발류에 대해 35% 종가세를 부과한다고 양허하였으나 실제로는 최소특정수입세(minimum specific import duties)라는 제도를 병행, 35% 양허 세율과 최소특정수입세 중 높은 관세를 부과하였다. 최소특정수입세란 섬유, 의류, 신발류가 생산국의 원가 또는 국제 가격보다 낮은 가격으로 아르헨티나로 수입될 경우 국내 산업의 피해를 상쇄하기 위해 부과한다는 것으로 품목별로 미리 지정하여 놓은 기준 가격(representative price)과 세율을 적용하여 관세를 징수하는 것이다. 즉 특정 섬유제품이 100$로 수입되었을 경우 UR 양허 세율에 따른 관세액은 35$이 될 것이나 이 제품의 기준 가격과 세율이 각각 150$과 25%로 지정되어 있었다면 최소특정수입세는 37.5$(150$×25%)이 될 것이므로 이 경우에는 양허 관세보다 더 높은 최소특정세를 징수하는 것이다. 만일 이 제품의 기준 가격이 100$이라면 최소특정수입세는 25$이 될 것이므로 이 경우에는 양허 관세 35$을 징수한다. 아르헨티나는 또한 수출입자 등에게 통계 서비스 제공 비용이라는 명목으로 수입에 대해 3%의 종가세를 부과하였다.

미국은 아르헨티나의 이러한 최소특정수입세와 통계세가 GATT II조, VIII조 위반이라고 1997년 1월 WTO에 패널 설치를 요청하였다.

나. 주요 쟁점별 당사자 주장 및 판결 요지

1) GATT II조 위반 여부

미국은 아르헨티나는 UR 양허표상 섬유 등에는 종가세를 적용할 의무가 있고 최소특정수입세는 이를 준수하지 않은 것이며 GATT II조1항(a) 위반에 해당한다고 주장하였다.

패널은 GATT II조1항(a) 문안상 특정 형태의 관세를 부과할 의무가 명기되어 있지는 않으나 지금까지의 관행상 회원국이 기존의 관세형태를 변경할 경우 그에 관한 협의를 해왔고 종가세로 양허되었음에도 불구하고 별도의 특정 관세를 부과한 것은 GATT II조 위반이라고 판시한 판례(*EEC-Bananas*)를 주목하였다. 동 사건 패널은 국제교역 체제의 예측 가능성을 유지하기 위해 양허한 형태의 관세를 부과해야 하는 것이 GATT의 관행이라고 판단하였었다. 패널은 이상을 근거로 아르헨티나는 GATT II조에 위반되게 행동하였다고 판시하였다.

양허표에 기재된 것과 다른 형태의 관세를 부과하는 것이 GATT II조 위반이라는 패널 판정에 대해 상소기구는 판정 자체는 확인하였으나 그 논리는 다르게 전개하였다. 상소기구는 패널의 판정이 GATT II조1항(a), (b)의 문언을 분석(textual analysis) 하지 않고 GATT 관행에 지나치게 의존하였으며 그러한 관행도 현저하게 명백하다고 볼 수 없고 패널이 인용한 패널 보고서도 정식으로 채택된 것이 아님을 주목하였다.

상소기구는 해당 조문 및 문맥, 협정의 대상과 목적에 따라 분석하겠다고 전제하고 우선 일반적인 원칙을 규정하고 있는 GATT II조1항(a)는 보다 구체적인 1항(b)의 문맥(context)이 된다고 보았다. 1항(b)는 양허 관세를 초과하는 관세 부과를 금지하고 있으며 이는 1항(a) 원칙 위반에 해당하는 구체적인 예라고 보았다. 아울러 GATT II조에 나타난 GATT의 대상과 목적(objective and purpose)은 회원국간에 합의되고 구속되는 관세 양허의 가치를 보존하는 것이라고 판단하였다. 이러한 견지에서 아르헨티나의 최소특정수입세는 그 구조와 고안(structure and design)상 기준 세율을 어떻게 정하든 양허된 35% 종가세 이상으로 최소특정수입세를 부과할 개연성을 내포하고 있다고 지적하였다. 상소기구는 최소특정수입세가 어떠한 경우에도 양허 세율 이하로 징수되도록 고안되었다면 II조 위반이 아닐 수도 있겠으나 아르헨티나의 제도는 이에 해당되지 않는다고 지적하였다. 이상을 토대로 상소기구는 양허된 것과 다른 형태의 관세를 부과하는 것은 그 부과된 관세가 양허 세율을 초과하는 범위만큼은 GATT II조1항(b) 첫 문장에 위반되는 것이며 따라서 아르헨티나의 최소특정수입세는 이에 해당한다고 판시하였다.

미국은 최소특정수입세 기준세율이 35%일 경우 기준 가격보다 낮게 거래된 수입품에는 35% 종가세를 초과한 최소특정수입세가 적용되고 최소특정수입세 기준세율이 35% 이하라 하여도 기준 가격이 높게 책정되어 35% 종가세를 초과한 최소특정수입세가 부과되는 것이 보통이라고 주장하였으며 실제로 이를 입증하기 위한 자료로서 최소특정수입세세 평균이 UR 양허 세율인 35% 종가세를 초과했다는 일람표와 각 개별 거래 자료 등을 제출하였다.

아르헨티나는 동 자료의 정확성에 대해서는 시비를 제기하지 않았다. 다만 아르헨티나는 자국의 국내법 체계상 조약은 국내법에 우선하므로 국내 법원은 WTO에 합치되지 않는 국내 조치를 위헌이라고 선언할 수 있음에도 불구하고 최소특정수입세를 시비하는 자가 이러한 국내 구제 절차를 이용하지도 않았음을 주장하였다.

패널은 미국의 주장을 받아들여 아르헨티나의 최소특정수입세는 GATT II조 위반임을 다시 확인하였고 국내 구제 절차 미사용에 관한 아르헨티나의 반론에 대해서는 i) 아르헨티나 세관은 최소특정수입세를 반드시 부과해야지 어떠한 재량을 행사할 수도 없다는 점, ii) GATT II조의 treatment no less favorable 의무는 무조건적이며 동 의무 위반에 관한 국내 구제 절차에 의해 치유되는 것이 아니라고 지적하고 수용하지 않았다.

상소기구 역시 패널의 판정을 지지하였다. 상소기구는 미국이 신뢰할 수 있고 충분한 증거를 제출하였으며 아르헨티나가 이를 번복할 반대 증거를 제출하지도 못했다고 지적하였으며 모든 거래에서 최소특정수입세가 양허 세율을 초과하는 것은 아니지만 최소특정수입세의 구조와 고안이 아르헨티나의 관세 양허 의무와 배치되는 결과에 이르게 한다고 결론지을 만한 충분한 이유가 있다고 판시하였다.

2) GATT VIII조 위반 여부

미국은 아르헨티나가 모든 수입품에 3% 종가세를 일괄적으로 부과하는 통계세는 GATT VIII조1항[1)](a) 규정과 달리 제공된 용역의 대략적 비용에 그 액수가

---

1) VIII:1. (a) 성질여하를 불문하고, 체약국이 수입, 수출 또는 이에 관련하여 부과하는 모든 수수

한정되는 것이 아니므로 동 조항 위반이라고 주장하였다. 아르헨티나는 통계세는 IMF와의 약속 이행을 위해 재정적인 목적에서 부과되는 것이고 자국의 양허표에도 기재되어 있으므로 용인되는 것이라고 반박하였다.

패널은 통계세는 통계 용역을 제공하는 대가로 부과되는 수수료라고 아르헨티나가 설명하고 있고 이는 GATT VIII조4항[2]에 의거, VIII조 적용 대상 범위에 속함이 분명하다고 보았다. 패널은 종가세의 속성상 제공된 용역의 대략적 비용에 한정될 수 없으며 이미 GATT의 작업반에서도 종가세 형태의 통계 수수료는 GATT VIII조1항(a) 위반이라고 확인된 바 있음을 환기하였다. 아르헨티나의 반론에 대해서 패널은 i) 재정 목적상의 수수료, 과징금의 징수는 GATT VIII조1항(a)에 명문으로 금지되어 있으며 ii) GATT 1994 II:1(b)의 해석에 관한 양해 5조[3]에 관세 또는 과징금의 양허표상의 기재는 GATT 상의 권리 및 의무와 합치하는지 여부에 대하여 아무런 영향을 미치지 않는다고 명기되어 있으므로 GATT 규정 위반이라는 시비 대상으로부터 면제되는 것이 아니라고 설명하고 이를 수용하지 않았다. 이상을 고려하여 패널은 아르헨티나의 통계세는 GATT VIII조1항(a)에 위반된다고 판시하였다.

상소기구 역시 패널의 판정을 지지하였다. 아르헨티나는 통계세는 IMF와의 양해각서에 의한 것이라는 주장을 반복하였으나 상소기구는 동 양해각서상 문제가 된 통계세를 부과해야 할 법적인 의무를 명기한 구절도 없으며 동 양해각서와 GATT VIII조간에 조화될 수 없는 상충 관계가 있음을 아르헨티나가 입증하지도 못했으며 어느 회원국의 IMF과의 약속이 GATT VIII조 준수 의무에 우선하는 것도 아니라고 지적하였다.

료 및 과징금(수입세, 수출세 및 제3조에 규정된 조세를 제외)은 제공된 용역에 대한 개산비용에 그 액수를 한정시켜야 하며, 또한 국내 산품에 대한 간접적인 보호나 수입 또는 수출에 대한 재정상의 목적을 위한 과세가 되어서는 아니된다.

2) VIII:4. 본 조의 규정은 다음 사항에 관한 것을 포함하여 수입 및 수출에 관련하여 정부 기관이 과하는 수수료, 과징금, 절차 및 요건에도 적용된다.
   (a) 영사송장 및 영사증명서 등의 영사사무, (b) 수량 제한, (c) 허가, (d) 외환관리,
   (e) 통계사무,
   (f) 서류작성 및 증명, (g) 분석 및 검사, 그리고 (h) 검역, 위생검사 및 소독

3) "그 밖의 관세 또는 과징금"의 양허표상의 기재는 동 기타 관세 또는 과징금이 제4항에 의하여 영향을 받는 권리와 의무 의회의 1994년도 GATT상의 권리 및 의무와 합치하는지 여부에 대하여 아무런 영향을 미치지 아니한다. 모든 회원국은 "그 밖의 관세 또는 과징금"이 이러한 의무화 합치하는지 여부에 대하여 언제라도 이의를 제기할 수 있는 권리를 보유한다.

다. 해설 및 평가

당초 미국은 섬유류, 의류, 신발류에 적용되는 최소특정수입세에 대해 위반 여부를 가려줄 것을 요청하였으나 패널이 구성되기 전에 신발류에 적용되는 최소특정수입세가 철회된 관계로 패널은 동 사안에 대해서는 심리하지 않았다. 아르헨티나는 그러나 얼마 후 신발류에 대해 긴급 수입 제한 조치를 부과하여 사실상 최소특정수입세 부과와 같은 수입 제한 효과를 도모하였다. 이 조치에 대해서는 EC가 WTO에 제소하였다(*Argentina-Footwear Safeguards* 사건).

8. US vs. EC - Computer Equipment 사건

(DS62,67,68, 1998. 6. 22. - 상소기구)

가. 사건 개요

이 사건은 LAN 장비와 Multimedia PC에 대한 EC의 관세 분류에 관한 것이다. UR 협상기간 동안과 종료 직후 EC는 LAN 장비와 multimedia PC를 자동정보처리(Automatic Data Processing: ADP)기기 또는 그 부품 및 주변 장치로 분류하고 있었다. UR 협상 결과 EC는 ADP 장치와 주변기기를 수년 내 2.5%~0%까지 인하하기로 양허하였다. 그런데 1995년 5월 EC는 LAN adapter card를 전기통신기기로 분류한다는 이사회 규정(CR) 1165/95를 채택하였으며 영국, 아일랜드 세관은 곧 이를 적용하기 시작하였다. 전기통신기기의 양허 관세율은 4.6%~7.5%로서 자동정보처리기기 보다 상당히 높았다.

1996년 4월 영국 법원은 일부 PC를 TV 수신기로 분류한 영국 세관의 결정을 승인하였다. TV 수신기의 관세율은 14%로서 PC가 자동정보처리기기로 분류될 때 보다 월등히 높은 관세를 부과해야 했다. 1997년 7월 EC는 PC는 정보처리기기로 분류하되 TV 수신이 가능한 multimedia PC는 TV 수신기로 분류하는 결정을 채택하였다.

HS 분류 번호	상품설명	현관세율(%) (base rate)	양허 관세율(%) (bound rate)
8471	자동정보처리기기 및 부품	4.9	2.5 or 0
8473	8471 기기의 주변부품	4	2

8517	전신/전화선을 위한 전기통신기기	7.5 or 4.6	3.6 or 0 3.8 or 3
8528	TV 수신기	14 or 8 14	14 or 8 2

<표-1> EC의 정보처리기기 등의 UR 양허 세율

미국은 이들 상품의 관세율 변경은 EC의 UR 관세 양허표 LXXX의 대우보다 불리한 대우를 초래하므로 GATT II조(양허표) 위반이라고 주장, 1997년 2월~3월에 걸쳐 EC와 영국, 아일랜드를 각각 WTO에 제소하였다.

나. 주요 쟁점별 당사자 주장 및 판결 요지

1) LAN 장비

(가) 패널 판정

패널이 판단해야 할 사항은 LAN 장비[1)]를 정보통신기기로 분류하는 것이 EC 양허표 LXXX에 의해 정당화되는지, 따라서 GATT II조에 합치되는지 여부였다. 패널은 LXXX의 문안은 LAN 장비를 특정하여 언급하고 있지 않고 자동정보처리기기라는 넓은 category를 적시하고 있음을 주목하였다. 패널은 LAN 장비는 자동정보처리 기능상 이 category에 속할 수도 있다고 보았으나 한편 LAN 장비가 computer간의 통신에 주로 사용된다는 점에서 보면 전기통신기기라고도 볼 수 있다고 판단하였다. 이런 점에서 패널은 EC 양허표에 적혀 있는 용어의 通常的 의미만으로는 LAN 장비가 자동정보처리기기인지 전기통신기기인지 판단하기가 불가능하다고 보았다.

---

1) LAN은 근거리의 다수 컴퓨터 및 프린터 등 그 주변기기를 상호 연결한 구내정보통신망을 말한다. LAN을 구성하는 각 컴퓨터는 상호 연결을 위하여 adapter card나 network card를 PC에 장착한다. LAN의 규모가 커지면 추가 장비가 요구되는데 hub, ridge, router, LAN switch, repeater 등이다. 또한 광섬유, 동축케이블, 銅線과 같은 각종 회선을 한 LAN에 연결하기 위하여 매체접속모듈(media interface modules), 다매체접속기가 이용된다. LAN 장비라고 할 때 이중 어느 부분을 포함하느냐가 불명확한 점이 분쟁의 한 요인이 되었다. 예를 들어 매체접속모듈은 동선과 같은 회선을 연결하기 위한 장비로 본다면 전기통신기기일 것이나 타 컴퓨터와의 연결을 위한 컴퓨터 장비로 본다면 자동정보처리기기의 부품이 될 것이다.

미국은 영국과 아일랜드가 LAN 장비를 이전부터 자동정보처리기기로 분류하여 왔으므로 그리 분류된다는 정당한 기대(legitimate expectation)를 할 수 있다고 주장하였으나 EC는 EC 회원국의 LAN 장비 관세 분류 관행은 통일적이지 않았다고 반박하고 미국이 LAN 장비가 자동정보처리기기라고 분류된다는 정당한 기대를 할 수는 없다고 주장하였다. 패널은 EC 회원국의 BTI[2] 통보, 미국 수출자와 세관 당국간의 서한, 관련 통계 등을 볼 때 미국은 EC가 LAN 장비를 자동정보처리기기로 분류한다고 간주할 수 있을 충분한 증거를 제출하였다고 보았다. 반면 EC가 제출한 자료는 대부분 UR 협상 종료 후 EC 회원국이 LAN 장비를 전기통신기기로 분류한 것이므로 패널은 EC가 미국의 주장을 반박하지 못하였다고 보았다. 패널은 회원국은 현재의 관세 분류 관행이 계속되리라는 가정하에 협상하는 것이 통례라고 판단, UR 협상기간 중 LAN 장비를 자동정보처리기기로 분류한 EC의 관행이 계속되리라고 미국이 기대한 것은 합리적이라고 보았다.

EC는 미국이 EC의 관세 분류에 의문이 있었다면 이의 석명(釋名)을 요구했어야 했는데 이를 해태(懈怠)함으로써 발생된 결과는 미국 스스로의 책임이며 미국 자신도 1992년에 LAN 장비의 관세 분류를 전기통신기기에서 자동정보처리기기로 바꾸었음을 지적, 미국이 관세 분류 관행을 근거로 정당한 기대를 주장할 수 없다고 강변하였다.

패널은 특별히 수입국의 관행에 일관성이 없거나 불명확하지 않은 상황인데도 수출국에게 관세 분류에 대해 정확한 석명을 요구할 의무를 부여하는 것은 GATT II조, WTO 협정 전문 등에 기재된 실질적 관세 인하를 위한 호혜적 협정이란 관세 양허의 대상과 목적을 침해한다고 보았다. 패널은 *EEC-Oilseed* 사건(GATT 사건) 등 이전 판례를 보면 오히려 관세 양허의 범위를 분명하게 설명할 의무는 수입국에게 있으며 불명확한 양허는 수출국에게 유리하게 해석된다고 판시하였다. 관세 양허는 수입국의 시장보호 목적에 공여하는 것이므로 관세 분류를 명확히 해야 하는 부담은 수입국에 있는 것이지 수출국에 있는 것이 아니라는 것이다. 패널의 이 판단은 후에 상소기구에서 번복되었다.

---

2) Binding Tariff Information. 수출입업자의 요청에 의해 EC 회원국 세관이 발행하는 수출입예정물품의 관세율 정보. EC는 관세관련 규정, 법규는 EC 차원에서 결정되나 구체적인 이행은 각 회원국 세관 당국 소관이다. 따라서 동일 물품에 대한 관세율 해석이 각국 세관에 따라 다를 수 있으므로 수출입업자는 의문이 있을 경우 수출입예정물품에 대한 관세율 유권해석을 아무 회원국 세관 당국에 사전에 요청할 수 있다. 이 유권해석은 의무적인 것으로서 수출입업자가 동 물품을 타국 세관에서 통관할 경우 이를 제시하면 동 세관은 그 수출입업자에게는 유권해석된 세율을 적용해야 한다.

패널은 특정 회원국의 양허표는 수출국의 정당한 기대 측면에서 결정될 수도 있다는 판단의 근거로 WTO협정과 GATT 협정의 대상과 목적을 들기도 하였다. 두 협정 서문 중의 명기된 '무역 장벽을 실질적으로 감축하고 국제상거래에 있어서의 차별적 대우를 철폐할 것을 지향하는 상호적이고 호혜적인 약정'[3])의 안정성과 예측 가능성은 정당한 기대를 보호하지 않고서는 유지될 수 없다는 것이며 이러한 해석은 조약법에 관한 비엔나 협약 31조상의 신의성실에 의한 해석 원칙에도 부합한다고 보았다.

이상을 토대로 패널은 EC는 미국산 LAN 장비에 대해 양허표 LXXX에 규정되어 있는 대우를 제공하지 못하였으며 따라서 GATT II조1항[4])을 위반하였다고 판시하였다.

(나) 상소기구 판정

상소기구는 패널의 판정을 번복하여 EC가 GATT II조1항을 위반한 바 없다고 판시하였다. 상소기구는 패널이 양허표 해석에 있어 수출국의 정당한 기대가 고려되어야 한다는 근거로 든 판례인 *EEC-Oilseed* 사건은 GATT XXIII조1항[5])b)의 비위반 제소에 관한 것으로서 협정 위반에 관한 본 사건에 직접 적용할 수는 없는 것이라고 지적하였다.

상소기구는 패널이 인용한 GATT II조5항[6])도 정당한 기대의 근거가 될 수 없

---

3) GATT와 WTO 협정 서문에는 아래 내용이 공통적으로 포함되어 있다.
Being desirous of contributing to these objectives by entering into reciprocal and mutually advantageous arrangements directed to the substantial reduction of tariffs and other barriers to trade and to the elimination of discriminatory treatment in international trade relations,

4) II:1 (a) 각 체약국은 다른 체약국의 통상에 대하여 본 협정에 부속된 해당 양허표의 해당부에 규정된 것보다 불리하지 아니한 대우를 부여하여야 한다.

5) XXIII:1. 체약국은 (a) 다른 체약국이 본 협정에 따른 의무의 이행을 태만히 한 결과, (b) 다른 체약국이, 본 협정의 조항에 저촉여부를 불문하고, 어떤 조치를 적용한 결과 또는 (c) 기타 다른 어떤 사태가 존재하는 결과로서, 본 협정에 따라, 직접 또는 간접으로 자국에 부여된 모든 이익이 무효 또는 침해되거나, 본 협정의 목적 달성이 저해되고 있다고 인정할 때에는, 동 문제의 만족한 조정을 위하여 관계가 있다고 동 체약국이 인정하는 다른 체약국 또는 체약국들에 대하여 서면으로 사정의 설명 또는 제안을 할 수 있다. 동 사정의 설명 또는 제안을 받은 체약국은 사정의 설명 또는 제안에 대하여 호의적인 고려를 하여야 한다.

6) II:5. If any contracting party considers that a product is not receiving from another contracting party the treatment which the first contracting party believes to have been contemplated by a concession provided for in the appropriate Schedule annexed to this Agreement, it shall bring the matter directly to the attention of the other contracting party. If the latter agrees that the treatment contemplated was that claimed by the first contracting party, but declares that such treatment cannot be accorded

다고 보았다. 동 조항이 비록 특정 양허에 있어 의도되었다고 믿는 대우(contemplated treatment)와 실제 부여된 대우(accorded treatment) 간의 차이가 있을 수 있음을 상정하고 있고 그 차이를 보상에 관해 규정하고 있기는 하나 동 조항 어디에도 어느 회원국이 GATT II조에 합치되게 행동하였는가를 판정하기 위하여 그 국가의 양허표를 해석함에 있어 수출국의 기대(expectation) 만이 그 해석의 근거가 될 수 있다고 규정하고 있지는 않다는 점을 강조하였다.

상소기구는 WTO 협정과 GATT 협정 서문상의 구절을 근거로 한 패널의 판정에 대해서도 동의하지 않았다. 상소기구는 상호적이고 호혜적인 약정의 안정성과 예측 가능성이 두 협정의 대상과 목적이라는 데에는 동의하였으나 결국 수출국의 주관적인 견해에 불과한 정당한 기대에 근거하여 양허표를 해석한다면 오히려 안정성과 예측 가능성이 심각하게 손상될 것이라고 지적하였다.

상소기구는 조약법에 관한 비엔나 협약 31조상의 해석의 목적은 조약 당사자 간의 공통적인 인식을 확인하는 것이라고 지적하고 따라서 일방 당사자의 주관적인 견해인 정당한 기대에 근거하여 조약을 해석하는 것은 성실하게 해석한 것이라고 볼 수 없다고 판단하였다. 상소기구는 양허표는 GATT의 불가분의 부분을 구성하는 것이므로 양허표의 해석은 비엔나 협약 31조에 규정된 해석의 일반 규칙이 적용되어야 할 것임에도 불구하고 패널이 31조상의 문안(text) 분석을 성급하게 포기한 것은 올바르지 못하다고 지적하였다. 상소기구는 패널이 31조상의 문맥 분석을 하면서 HS 표준 분류표와 그 주해서를 고려하지 않은 것은 이해할 수 없다고 비난하였다. 미국과 EC는 모두 HS 표준분류표의 당사자였으며 실제로 UR 관세 양허 협상은 이 분류표에 의거하여 이루어졌으므로 EC 양허표를 정확하게 해석하기 위해서는 표준 분류표와 주해서의 검토가 있어야 했다고 지적하였다. 아울러 상소기구는 올바른 해석을 위해서는 회원국의 후속 관행(subsequent practice)도 마땅히 고려되었어야 한다고 언급하고 그런 의미에서 WCO의 표준 분류표 위원회가 1997년 4월 일부 LAN장비를 정보기기로 분류한 점을 환기하였다. 상소기구는 또한 패널이 EC가 Tokyo Round시 LAN 장비를 어떻게 분류하였는지 살펴보지 않은 점, UR 협상 당시 EC의 관세 분류 규정을 검토하지 않은 점, 패널

because a court or other proper authority has ruled to the effect that the product involved cannot be classified under the tariff laws of such contracting party so as to permit the treatment contemplated in this Agreement, the two contracting parties, together with any other contracting parties substantially interested, shall enter promptly into further negotiations with a view to a compensatory adjustment of the matter.

이 12개 EC 회원국 중 5개국의 관행만 보았고 그 중 영국과 아일랜드의 관행을 지나치게 비중을 두어 검토한 점 등을 문제점으로 지적하였다.

이상을 근거로 상소기구는 패널의 법적 추론에 오류가 있으며 일부 증거만을 선택적으로 고려하였다고 지적하고 LAN 장비가 자동정보처리기기로 분류될 것이라는 정당한 기대를 미국이 갖는 것은 타당하다는 패널의 판정, 따라서 EC가 GATT II조1항을 위반하였다는 패널의 판정은 정당화 될 수 없다고 결론지었다.

관세 분류를 명확히 해야 하는 부담이 수입국에 있다는 패널의 판정에 대해서도 상소기구는 동의하지 않았다. 상소기구는 관세 양허 협상은 본질적으로 give and take이므로 수출국 역시 그들의 상응한 권리와 수출이익이 정당하게 반영되는지를 확인해야 한다고 강조하였으며 회원국의 양허표는 GATT의 불가분의 일부분이므로 모든 회원국의 공통적인 동의를 나타내는 것이라고 지적하였다. 따라서 상소기구는 미국은 EC의 관세 양허를 명확히 할 것을 요구받지 않는다는 패널의 판정을 오류라고 결론지었으며 관세 양허 범위를 명확히 하는 것은 모든 이해 당사자의 책무라고 확인하였다.

2) Multimedia PC

패널은 LAN 장비와 마찬가지로 양허표 LXXX의 문리적 해석으로는 multimedia PC가 자동정보처리기기인지 TV 수신기인지 불분명하다고 판단하였다. 패널은 PC를 TV 수신기로 분류한 영국 세관의 판정을 영국 법원이 지지한 것이나 1997년 EC가 multimedia PC를 TV로 분류한 결정만으로는 UR 협상 기간 중 EC가 PC를 자동정보처리기기로 분류했다고 간주할 수 있을 만한 증거가 되기에는 불충분하다고 보았다. 따라서 패널은 multimedia PC 관세 분류에 있어 EC가 GATT II조1항을 위반한 바 없다고 판시하였다.

다. 해설 및 평가

이 사건은 회원국의 양허표 해석에 관해 흔히 인용되는 사건 중의 하나이다. 특정 국가의 양허표의 해석이 문제가 되는 경우는 흔히 있는 분쟁 중의 하나이다. 우리나라가 관련된 것만 해도 *Korea-Government Procurement* 사건, *Korea-Beef*

사건이 있으며 이외에도 *Canada-Milk/Dairy* 사건, *EC-Sugar* 사건, *US-Gambling* 사건 등이 있다.

이 판결은 WTO 분쟁 해결 절차상 정당한 기대는 비위반 제소의 경우에만 원용될 수 있다는 점, 양허표를 해석하고 그 범위를 확정하는 경우에는 수입국 관행뿐만 아니라 수출국 관행을 포함한 양허 전후의 모든 관련 사항이 고려되어야 한다는 점, 관세 분류 범위를 명확히 할 책임은 수출입국 모두에게 있다는 점 등을 분명하게 하였다.

정보통신 기술의 발달로 인해 정보통신기기는 여러 가지 다른 기능을 한꺼번에 수행할 수도 있고 이전에 존재하지 않았던 새로운 개념의 제품이 나오고 있다. 한번 정해지면 상당기간 사용할 수밖에 정태적인 관세 분류로는 이러한 제품의 발달을 정확하게 반영할 수 없으며 문제가 되는 제품의 특성이나 기능이 복수로 해석되는 경우 이번 사건과 같은 논란은 필연적이다. 특히 적용관세가 상이할 경우 수출자와 세관 당국간의 논란이 발생할 가능성은 매우 높다. 왜냐하면 ITA 협정에 따라 현재 대부분 정보통신 제품은 무관세인 반면 家電 등의 관세는 아직 상당하기 때문이다. 이러한 문제가 실제 분쟁으로 비화된 것이 *EC-Customs Matters* 사건이다. 이 사건 쟁점중의 하나는 TV 수신기로도 사용할 수 있는 컴퓨터 LCD monitor를 TV로 볼 것인지, 컴퓨터 모니터로 볼 것인 지였다. 네덜란드 등 일부 EC 회원국은 이를 TV로 분류하여 14%의 관세를 부과한 반면, 다른 회원국은 컴퓨터 모니터로 분류, 정보통신협정에 따라 관세를 부과하지 않았다.

9. EC, Japan, US vs. Indonesia - Autos 사건

(DS54, 55, 59, 64, 1998. 7. 23. - 패널)

가. 사건 개요

이 사건은 EC, 일본, 미국이 인도네시아가 자국 자동차 산업 육성을 위해 시행한 일련의 조치가 최혜국 대우, 내국민 대우 원칙 위반이며 보조금협정 등과도 부합되지 않는다고 시비한 사건이다.

인도네시아는 소위 1993년 program을 통해 인도네시아산 부품을 일정 비율 이상 사용하는 자동차 제작에 소용되는 수입 부품에 대해서는 그 자동차의 국산화율(local content)에 비례하여 수입 관세를 경감하거나 면제하여 주었으며 지정된 local content 비율을 초과하는 자동차에 대해서는 사치세(luxury tax)를 경감하여 주었다.

또한 1996년 National Car Program을 통해 i) 인도네시아 자동차 회사가 인도네시아 기업이 소유하는 생산시설에서 자동차를 국내 생산하고, 인도네시아 국민이 소유한 브랜드를 부착할 경우 그 자동차 회사에 국민차 회사라는 지위를 부여하고 동 자동차 제작에 소요되는 외국산 부품에 대해서는 수입 관세를, 자동차에 대해서는 사치세를 면제하여 주었다. 국민차 회사 지위를 유지하기 위해서는 3개년간에 걸쳐 국산화율을 증가시켜 나가야 했다(1996년 2월 program). ii) 1996년 program은 또한 인도네시아 국민이 외국에서 제작하였고 국산화율을 충족한 차량은 국내에서 제작된 것과 동일하게 취급하였다. 단 해외 생산자가 동 자동차 가격의 25%에 해당하는 인도네시아산 부품을 구매할 경우 20%의 국산화율을 충족한 것으로 간주하였다(1996년 6월 program). iii) 인도네시아 정부는 아울러 국민차 회사 지정 요건을 충족하는 유일한 인도네시아 자동차 회사 PT Timor Putra Nasional사(TPN)에게 6.9억불의 여신을 제공하여 주었다.

EC, 일본, 미국은 이러한 조치가 GATT I조1항, III조2항, TRIMs 협정 2조1항, 보조금협정 5조, 6조, 28조 및 TRIPs 협정 3조 등에 위반된다고 주장하고 1997년4월에서 6월 중 각각 WTO에 패널 설치를 요청하였고 1997년 7월 구성된 단일 패널이 각 사건을 병합 심리하였다. 인도네시아 TPN사가 생산하는 자동차가 우리나라 기아자동차 Sephia를 기본 모델로 하였던 관계로 우리나라가 인도와 함께 제 3자로 참여하였다.

나. 주요 쟁점별 당사자 주장 및 판결 요지

1) TRIMs 협정 2조1항 위반 여부

EC와 미국은 1993년 Program은 TRIMs 2조1항[1])과 GATT III조4항[2])위반이라고 주장하였다. 1996년 Program에 대해서는 세 제소국 모두 동일한 주장을 제기하였다.

패널은 TRIMs 협정 2조1항을 적용하기 위해서는 i) 무역과 관련된 특정 투자 조치가 있어야 하고, ii) 그 조치가 GATT III조 또는 XI조에 위반되어야 한다고 정리하였다. i)에 대하여 패널은 투자 조치란 반드시 외국인 투자에 국한된 것이 아니라 국내투자도 포함하는 것이며 문제가 된 조치의 목적은 인도네시아 완성차 및 부품산업 발전을 촉진하기 위한 것으로 이들 조치는 관련 산업 투자에 상당한 영향을 미칠 수밖에 없으므로 투자 조치에 해당한다고 판단하였다. 이들 조치가 무역과 관련되었는지 여부에 대해 패널은 국산화율 요건은 수입 상품에 대해 국내 상품의 사용을 요구하는 것이므로 당연히 무역에 관련된 것이라고 단정하였으며 인도네시아의 조치가 TRIMs 협정 부속서 1조[3])에 해당하는지를 살폈다.

---

1) 2.1. 회원국은 1994년도 GATT에 따른 그 밖의 권리와 의무를 저해함이 없이, 1994년도 GATT 제3조 또는 제11조의 규정에 합치하지 아니하는 무역관련 투자조치를 적용하지 아니한다.

2) II:4. 체약국 영역의 산품으로서 다른 체약국의 영역에 수입된 산품은 동 국내에서의 판매, 판매를 위한 제공, 구입, 수송, 분배 또는 사용에 관한 모든 법률, 규칙 및 요건에 관하여 국내 원산의 동종 산품에 부여하고 있는 대우보다 불리하지 아니한 대우를 부여하여야 한다. 본 항의 규정은 교통수단의 경제적 운영에 전적으로 입각하였으며 산품의 원산국을 기초로 하지 아니한 차별적 국내 운송요금의 적용을 방해하지 아니한다.

3) 1. 1994년도 GATT 제3조제4항에 규정된 내국민 대우 의무와 합치하지 아니하는 무역관련 투자

패널은 인도네시아의 조치상 조세 및 관세혜택을 얻기 위해서는 국산화율을 충족한 완성차나 국내 부품을 사용할 수밖에 없으며 조세 및 관세혜택은 부속서 1항에 규정된 특혜(advantage)에 해당한다고 판단하였으며 부속서에 예시된 조치는 TRIMs 2조1항 위반에 해당한다고 보았다. 패널은 GATT III조4항 위반 여부에 대해서는 TRIMs 위반이 확인된 만큼 더 심리할 실익이 없다고 보고 사법 경제(judicial economy)를 적용, 심리하지 않았다.

2) GATT III조2항 위반 여부

사치세 면제는 GATT III조2항[4] 위반이라는 제소국의 주장에 대해 인도네시아는 III조2항과 보조금협정간에 상충되는 점이 있으므로 보조금협정을 적용해야 한다고 반박하였으나 패널은 두 협정상의 의무가 상호 배타적인 것은 아니며 각 협정은 문제가 되는 조치의 다른 측면을 다루는 것이라고 설명하고 인도네시아의 주장을 받아들이지 않았다. 인도네시아는 자국 조치에 의한 조세, 관세 혜택은 GATT III조8항(b)[5]에 의거, 용인되는 것이라고도 주장하였으나 동 조항은 생산자에게 직접 제공되는 보조금에만 국한되는 것이며 조세 혜택은 이에 해당하지 않는다고 밝혔다.

패널은 외국산 자동차, 부품이 국내 상품에 초과하여 과세되는 데에는 당사자간 이견이 없으므로 상품의 동종성을 판단하여야 할 것으로 보았으며 적어도 몇 가지의 모델은 동종에 해당한다고 보았다. 패널은 나아가 단지 원산지 또는 국산

조치는 국내법 또는 행정적인 판정에 의하여 의무적이거나 집행가능한 조치 또는 특혜를 얻기 위하여 준수할 필요가 있는 조치로서,

가. 기업으로 하여금 국산품 또는 국내공급제품을, 특정 제품을 기준으로 하거나 제품의 수량 또는 금액을 기준으로 하거나 또는 자신의 국내생산량 또는 금액에 대한 비율을 기준으로 하여 구매 또는 사용하도록 하거나,

나. 기업의 수입품의 구매 또는 사용을 자신이 수출하는 국산품의 수량이나 금액과 관련된 수량으로 제한하도록 하는 조치를 포함한다.

4) III: 2. 다른 체약국의 영역내에 수입된 체약국 영역의 산품에 대하여는 동종의 내국산품에 직접 또는 간접으로 부과되는 내국세 또는 기타 모든 종류의 내국과징금을 초과하는 내국세 또는 기타 모든 종류의 내국과징금을 직접 또는 간접으로 부과하여서는 아니된다. 또한, 체약국은 본 조 제1항에 규정된 원칙에 위배되는 방법으로 내국세 또는 기타 내국과징금을 수입산품 또는 국내산품에 부과하여서는 아니된다.

5) III:8.(b) 본 조의 규정은 본 조의 규정에 합치하여 부과하는 내국세 또는 내국과징금에 의한 수입과 국내 상품의 정부구매에 의하여 생기는 보조를 포함하여 국내 생산업자에 한하여 보조금을 지불함을 방해하지 아니한다.

화율을 토대로 조세 차별을 하는 것은 실제적으로 거래되는 동종 상품의 존재를 입증할 것도 없이 그 자체로 III조2항 위반에 해당한다고 판단하였다. GATT III조2항 두 번째 문장 위반 여부에 대해서 패널은 수입차는 국내차와 직접 경쟁 또는 대체 관계에 있고 인도네시아 국민차나 국산화율 충족 차량과 유사하게 과세되지도 않으며 그 차별이 국내 생산을 보호하기 위하여 고안된 것이 분명하다고 보았다.

패널은 이상을 토대로 인도네시아의 조치는 GATT III조2항 첫 문장, 두 번째 문장 모두에 위반된 것이라고 판시하였다.

3) GATT I조1항 위반 여부

제소국은 1996년 2월과 6월 program상의 사치세 및 관세 면제는 GATT I조1항6) 의 최혜국 대우 의무 위반이라고 주장하였다.

패널은 동 조항 위반을 구성하기 i) 특혜가 있어야 하고, ii) 동종 상품에 대해, iii) 무조건적으로 부여되지 않았어야 한다고 보았다. 패널은 조세 및 관세 면제는 특혜에 해당하는 것이 분명하고 다른 WTO 회원국가 생산한 자동차와 부품은 특혜 대우를 받는 한국 기아자동차 및 부품과 동종이며 조세 특혜가 한국 기아자동차에만 한정되므로 무조건적으로 부여되지 않는 점 역시 자명하다고 보고 인도네시아의 조치는 GATT 1조1항 위반이라고 판시하였다.

4) GATT X조 위반 여부

일본은 인도네시아가 1996년 National Car Program을 외국정부 및 무역업자가 알 수 있도록 즉시 공표하지 않았으므로 GATT X조1항7) 위반이라고 주장하였다.

---

6) I:1. 수입 또는 수출에 대하여 그리고 수입 또는 수출과 관련하여 부과되거나 또는 수입 또는 수출에 대한 지불의 국제적 이전에 대하여 부과되는 관세 및 모든 종류의 과징금에 관하여, 그리고 이러한 관세 및 과징금의 부과 방법에 관하여, 그리고 수입과 수출에 관련한 모든 규칙 및 절차에 관하여, 그리고 제3조 제2항과 제4항에 기재된 모든 사항에 관하여, 체약국이 타국의 원산품 또는 타국에 적송되는 산품에 대하여 허여하는 이익, 특전, 특권 또는 면제는 모든 다른 체약국 영역의 동종 원산품 또는 이러한 영역에 적송되는 동종 산품에 대하여 즉시 그리고 무조건 부여되어야 한다.

7) X:1. 체약국이 실시하고 있는 일반적으로 적용되는 법률, 규칙, 사법상의 판결 및 행정상의 결정으로서 산품의 관세상의 목적을 위한 분류 또는 평가에 관한 것, 관세, 조세 또는 기타 과징금의 율에 관한 것, 수입, 수출 또는 이를 위한 지불 이전에 관한 요건, 제한 또는 금지에 관한

일본은 아울러 TPN사가 25% 매수 의무를 준수하지 못하였는데에도 자동차를 무관세로 수입하도록 1996년 6월 인가한 사례를 적시하고 이는 일률적이고 공평하며 합리적으로 법규를 운영한 것이 아니므로 GATT X조3항(a)[8] 위반이라고 주장하였다.

패널은 이미 GATT I조, III조 위반을 확인하였으므로 X조 위반은 살펴볼 실익이 없다고 설명하고 사법 경제를 적용, 일본의 주장을 심리하지 않았다.

5) 보조금협정 위반 여부

EC와 미국은 1996년 National Car Program상의 사치세 및 관세 면제는 특정성 있는 보조금이며 보조금협정 5조[9] 다호상의 심각한 손상을 초래하였다고 주장하였다.

동 조치에 의한 조세, 관세 면제가 보조금협정 1조1항가호(1)(나)[10] 상의 세입의 포기나 不징수에 해당하고 3조1항나호[11] 상의 수입품 사용 조건을 충족하므로 2조3항상 특정성 있는 보조금이라는 데 대해서는 당사자간 이견이 없었다.

문제는 보조금협정 27조9항[12]이 개도국 인도네시아에 대해 심각한 손상 주장

것 또는 산품의 판매, 분배, 수송, 보험, 창고보관, 검사, 진열, 가공, 혼합 또는 기타 사용에 영향을 주는 것은 각 정부 및 무역업자가 알 수 있는 방법으로 신속히 공표하여야 한다. 국제 무역 정책에 영향을 주는 협정으로 서 체약국정부 또는 정부 기관과 다른 체약국 정부 또는 정부 기관간에 효력을 가지는 것도 공표하여야 한다. 본 항의 규정은 체약국에 대하여 법률의 시행을 저해하며 기타 방법으로 공익에 반하거나, 공적 또는 사적인 특정기업의 정당한 상업상의 이익을 침해하게 되는 비밀 정보의 발표를 요구하는 것은 아니다.

8) X:3.(a) 각 체약국은 본 조 제1항에 열거한 종류의 자국의 모든 법률, 규칙, 판결 및 결정을 일률적이고 공평하고 합리적인 방법으로 실시하여야 한다.

9) 5. 어떤 회원국도 제1조제1항 및 제2항에 언급된 보조금의 사용을 통하여 다른 회원국의 이익에 아래와 같은 부정적 효과를 초래해서는 아니된다. 즉,
가. 다른 회원국의 국내 산업에 대한 피해,(각주 생략)
나. 1994년도 GATT에 따라 다른 회원국이 직접적 또는 간접적으로 향유하는 혜택, 특히 동 협정 제2조에 따른 양허 혜택의 무효화 또는 침해,(각주 생략)
다. 다른 회원국의 이익에 대한 심각한 손상
이 조는 농업에관한협정 제13조에 규정된 바에 따라 농산물에 대하여 유지되는 보조금에는 적용되지 아니한다.

10) (나) 정부가 받아야 할 세입을 포기하거나 징수하지 아니하는 경우(예를 들어, 세액공제와 같은 재정적 유인)

11) 나. 유일한 조건으로서 또는 다른 여러 조건중의 하나로서, 수입품 대신 국내 상품의 사용을 조건으로 지급되는 보조금

12) 27.9 제6조제1항에 언급된 보조금 외에 개발도상회원국이 지급 또는 유지하는 상계 가능 보조

을 배제하는지 여부였다. 패널은 동 조항 문언상 보조금협정 6조1항[13] 보조금 요건이 충족되면 27조9항을 적용할 수 있는 것이 분명하며 이 사건에서 문제가 된 조세, 관세 혜택은 6조1항에 명시된 종가기준 5%를 초과하므로 27조9항이 심각한 손상 시비(claim)를 제기하지 못하도록 하지 않는다고 판단하였다.

<그림-1> TPN사의 Timor S 모델

동종 상품 여부에 대해 패널은 보조금협정 각주 46[14] 상의 정의를 토대로 동종 상품 여부를 판단하였으나 문제가 된 TPN사의 중형 자동차 Timor가 제소국 자동차와 동일(identical)하다는 주장은 제기되지 않았으므로 밀접하게 유사한(closely resemble)지를 살폈다. 패널은 이는 자동차의 시장 분할(market segment)과 밀접하게 관련이 있다고 보고 권위를 인정받는 자동차산업계의 시장 분할 보고서 등을 참작하여 제소국이 주장하는 차량 중 3종(Ford Escort, Peugeot 306, Opel Optima)은 문제가 되는 인도네시아의 차량과 유사(like)하다고 보았으며 문제가 된 차량들의 외관 및 물리적 특성을 패널이 비교하여 보아도 동종 상품에 해당한

금과 관련, 이러한 보조금의 결과로서 1994년도 GATT에 의한 관세 양허나 다른 의무의 무효화 또는 침해가 보조금을 지급하는 개발도상국회원국의 시장에서 다른 회원국의 동종 상품의 수입을 배제 또는 저해하는 방법으로 존재하는 것으로 판정되거나, 수입회원국의 시장에서 국내 산업에 대한 피해가 발생하지 아니하는 한, 제7조에 따른 조치가 승인되거나 취해질 수 없다.

13) 6.1 아래와 같은 경우 제5조다항의 의미의 심각한 손상이 있는 것으로 간주된다.
가. 상품에 대한 종가기준 총 보조금 지급이(각주 생략) 5%를 초과하는 경우(각주 생략)
나. 특정 산업이 입은 영업손실을 보전하기 위한 보조금
다. 특정 기업이 입은 영업손실을 보전하기 위한 보조금. 다만, 비반복적이며 당해기업에 대해 되풀이될 수 없으며, 단지 장기적인 해결책 강구를 위한 시간을 제공하고 심각한 사회적 문제를 피하기 위하여 부여되는 일회적인 조치는 제외된다.
라. 직접적인 채무감면, 즉 정부보유채무의 면제 및 채무상환을 위한 교부금(각주 생략)

14) 이 협정 전체에 걸쳐 “동종 상품”은 동일한, 즉, 모든 면에서 고려 대상 상품과 유사한 상품, 또는 이러한 상품이 없을 경우, 모든 면에서 유사하지는 않으나, 고려 대상 상품의 특징과 밀접하게 유사한 특징을 갖는 다른 상품을 의미한다.

다고 판단하였다.

미국이 심각한 손상을 주장하는 Ford Escort는 유럽 공장에서 조립, 인도네시아에 수출된 것이었다. 패널은 GATT XVI조1항[15]과 보조금협정 III부는 회원국의 무역이익에 관한 것이므로 심각한 손상을 반드시 제소국의 영토 내에서 제작된 상품에만 적용되는 것이며 한 회원국이 다른 회원국이 심각한 손상을 입고 있다고 대신하여 주장할 수도 없다고 판단, 미국의 주장은 받아들이지 않았다.

인도네시아의 조세 특혜가 보조금협정 6조3항[16] 가호상 다른 회원국 동종 상품의 수입을 배제 또는 방해하였는지 여부에 대해 패널은 유럽산 자동차의 시장 점유율이 감소하기는 하였으나 판매량은 변동이 없었음에 비추어 심각한 손상이 있었다고 보기는 어렵다고 판단하였다. 보조금으로 인해 새로운 모델의 수입이 이루어 지지 못했다는 주장에 대해서는 이를 입증할 증거가 충분치 않다고 기각하였다.

보조금협정 6조3항다호상의 가격 인하(price undercutting)가 발생하였는지 여부에 대해 패널은 가격 인하는 현저한 수준으로 발생했을 경우만 심각한 손상이 인정된다고 전제하고 미국의 경우 보조금을 지급받은 Timor S 모델과 동종 상품

---

15) XVI:1. 체약국이, 어떠한 형식에 의한 소득 또는 가격지원을 포함하는 보조금으로서, 직접 또는 간접으로 자국의 영역으로부터의 산품의 수출을 증가시키거나 또는 자국의 영역으로의 산품의 수입을 감소시키는 것을 허여하고 또는 유지할 경우에는 동 체약국은 동 보조금의 범위와 성격, 자국의 영역으로 수입되거나 또는 자국의 영역으로부터 수출되는 산품의 수량에 동 보조금이 미칠 것으로 추정되는 효과와 동 보조금을 필요로 하는 사정에 대하여 서면으로 체약국단에 통보하여야 한다. 이러한 보조금이 다른 체약국의 이익에 중대한 손실을 주거나 손해를 줄 우려가 있다고 결정될 때에는 보조금의 허여하고 있는 체약국은, 요청이 있는 경우, 동 보조금을 제한하는 가능성에 대하여 다른 관계체약국 또는 체약국단과 협의하여야 한다.

16) 6.3 아래 사항중 하나 또는 그 이상이 적용되는 경우, 제5조다항의 의미의 심각한 손상이 발생할 수 있다.

가. 보조금으로 인하여 보조금지급회원국 시장으로의 다른 회원국 동종 상품의 수입을 배제 또는 방해하는 효과가 발생하는 경우

나. 보조금으로 인하여 제 3국시장으로부터 다른 회원국 동종 상품의 수출을 배제 또는 방해하는 효과가 발생하는 경우

다. 보조금으로 인하여 동일시장에서 다른 회원국의 동종 상품의 가격에 비해 보조금 혜택을 받은 상품의 현저한 가격 인하, 또는 동일시장에서의 현저한 가격 인상 억제, 가격 하락 또는 판매감소를 초래하는 효과가 발생하는 경우

라. 보조금으로 인하여 보조금을 받는 특정 일차상품 또는 산품(Re.17)에 있어서 보조금지급 회원국의 세계 시장 점유율이 이전 3년간의 평균 점유율과 비교하여 증가하고, 이같은 증가가 보조금이 지급된 기간에 걸쳐 일관성있는 추세로 나타나는 효과가 발생하는 경우

(Remark 17) 다른 다자간 합의된 특정의 규칙이 당해 상품 또는 산품의 무역에 적용되는 경우는 예외로 한다.

에 해당하는 자동차의 판매가 없었으므로 가격 인하가 있을 수 없고 EC의 경우 여러 자료를 종합 분석한 결과 Opel Optima와 Peugeot 306의 가격이 현저하게 인하된 점이 인정된다고 결론 내렸다.

이상을 토대로 패널은 보조금협정 5조다항상의 심각한 손상이 존재한다고 판시하였다.

미국은 인도네시아가 국산화율에 기초한 보조금의 범위를 확대하였으며 이는 보조금협정 28조2항[17] 위반이라고 주장하였으나 인도네시아는 28조1항[18] 상 동조 2항은 보조금협정에 합치되지 않는 보조금에만 적용되는 것이나 자국의 보조금은 보조금협정 27조3항[19]의 규정에 의해 보조금협정에 합치되는 것이며 따라서 28조 적용 대상이 아니라고 반박하였다. 패널도 인도네시아의 주장을 수용하였다.

6) TRIPs 협정 위반 여부

미국은 인도네시아 국민차에는 인도네시아 국민(회사)가 취득한 상표(trademark)만을 부착할 수 있으므로 상표 취득 측면에서 외국인을 차별한 것이며 이는 TRIPs 3조[20] 내국민 대우 위반이라고 주장하였다.

---

17) 28.2 어떠한 회원국도 이러한 계획의 범위를 확대하여서는 아니되며 이러한 계획은 만료시 갱신되지 아니한다.

18) 28.1 특정 회원국이 세계무역기구협정에 서명하는 일자 이전에 동 회원국 영토내에서 수립되었으며 이 협정의 규정에 일치되지 아니하는 보조계획은,
가. 이러한 회원국에 대한 세계무역기구협정의 발효일 이후 90일이내에 위원회에 통보되며, 그리고
나. 이러한 회원국에 대하여 세계무역기구협정이 발효한 날로부터 3년이내에 이 협정의 규정에 합치 되며, 그때까지는 제2부의 대상이 되지 아니한다.

19) 27.3 제3조제1항나호의 금지는 세계무역기구협정의 발효일로부터 개발도상회원국은 5년의 기간동안, 최빈 개도국은 8년의 기간동안 적용되지 아니한다.

20) 3.1. 각 회원국은 파리협약(1967년), 베른협약(1971년), 로마협약 또는 집적회로에관한지적재산권조약이 각각 이미 규정하고 있는 예외의 조건에 따라, 지적 재산권 보호(Re.3)에 관하여 자기나라 국민보다 불리한 대우를 다른 회원국의 국민에게 부여하여서는 아니된다. 실연자, 음반제작자, 방송기관에 관하여는, 이러한 의무는 이 협정에 규정되어 있는 권리에 관해서만 적용된다. 베른협약(1971)의 제6조 또는 로마협약의 제16조제1항나호에 규정된 가능성을 원용하고자 하는 회원국은 동 조항에 규정된 바에 따라 무역관련 지적재산권위원회에 통보한다.
(Remark 3) 제3조 및 제4조의 목적상 "보호"는 이 협정에서 구체적으로 언급된 지적 재산권의 사용에 영향을 미치는 사항 뿐 아니라 지적 재산권의 취득가능성, 취득, 범위, 유지 및 시행에 영향을 미치는 사항을 포함한다.

패널은 미국인이 소유한 상표는 인도네시아 국민차에 부착할 수 없으므로 미국인 소유 상표의 사용 범위에 대해서는 이의가 있을 수 있으나 이는 인도네시아가 상표 취득에 관하여 내외국인을 차별하고 있다는 것과는 다른 사실이라고 지적하였다. TRIPs 3조 위반을 구성하기 위해서는 인도네시아가 자국법을 통해 상표를 취득함에 있어 외국인을 차별하고 있어야 하나 미국은 이에 관한 증거를 제시하지 못하였고 특정 상표를 부착하게 하고 다른 상표 사용은 제한한다고 해서 그 다른 상표에 관한 상표권을 비차별적인 방법으로 취득할 수 없게 하는 것을 의미하는 것은 아니라고 설명하였다. 이에 따라 패널은 미국의 주장을 기각하였다.

미국은 미국회사가 인도네시아 국민차 회사로 지정된 업체와 합작을 한다 해도(즉 자사의 차를 인도네시아와 합작하여 생산해도) 동일 차종에 상이한 상표를 부착할 경우의 혼동을 우려하여 국제적으로 이미 알려진 상표(global mark)를 인도네시아 국민차에 사용하지 못한다고 주장하였다. 이 경우 global mark는 TRIPs 19조[21]에 의거, 불사용으로 인해 인도네시아 내 상표 등록이 취소될 수 있다고 주장하였다.

패널은 그러나 미국의 주장은 i) 국민차에 부착될 새로운 등록 상표를 요구하기는 하여도 내외국인이 소유하고 있는 기존 등록 상표에도 동등하게 적용된다는 인도네시아의 주장을 논박하지 못하며 ii) 외국 회사가 인도네시아 국민차 지정 회사와 합작할 때에는 관련 규정상의 예상 결과를 인지하고 자발적으로 행동하는 것 아니냐고 판단하였다.

미국은 인도네시아 국민차에 부여되는 각종 혜택으로 인해 인도네시아 회사는 외국 회사에 비해 경쟁상의 혜택(competitive advantage)을 누릴 수 있고 따라서 인도네시아 등록 상표의 외국인 소유자는 국민차 요건을 충족하는 등록 상표의 인도네시아 소유주에 비해 사용 요건(use requirements)에서 사실상(*de facto*) 불리한 처지에 놓이게 된다고 주장하기도 하였다.

패널은 *de facto*를 확대 해석하는 데에는 신중을 기하여야 한다고 지적하였다. 상표권 유지에 관한 TRIPs 상의 내국민 대우 의무가 내국 회사에 관세, 보조금,

---

21) 19.1. 등록을 유지하기 위해 상표의 사용이 요구되는 경우, 상표권자에 의해 상표를 사용하는 데 대한 장애의 존재에 기초한 정당한 사유가 제시되지 아니하는 한, 등록은 적어도 3년간의 계속적인 불사용 이후에만 취소될 수 있다. 상표에 의해 보호되는 상품 또는 서비스에 대한 수입 제한 조치 또는 그 밖의 정부의 요건과 같이 상표권자의 의사와 무관하게 발생하는 상표의 사용에 장애가 되는 상황은 불사용에 대한 정당한 사유로 인정된다.

그리고 기타 지원 조치 자체를 제공하는 것을 금지하는 것으로 해석하는 것은 무리라고 판단하였다. 이러한 각종 지원 조치가 수혜자(업체)에게 *de facto* 특혜를 주는 것은 사실이나 그 시장에 수출코자 하는 외국 회사로 하여금 상표권 유지를 보다 어렵게 한다고 확대 해석하기는 곤란하며 따라서 내국민 대우 위반으로 보는 것은 지나치다는 점을 강조했다.

미국은 TRIPs 3조 각주[22] 상 지재권 보호는 TRIPs 협정에서 구체적으로 언급된 지재권 사용에 영향을 미치는 사항을 포함한다고 환기하고 인도네시아의 조치는 TRIPs 20조[23]에 명시된 다른 상표의 사용을 부당하게 방해한 것이므로 TRIPs 3조 위반이라고 주장하기도 하였다.

패널은 우선 인도네시아의 (National car program상 상표사용에 관한) 법규와 제도가 다른 WTO 회원국민의 상표사용을 방해하는 TRIPs 20조상의 특별한 요건에 해당하는지 여부에 대해 첫째 미국은 앞서 제기한 global mark 불사용과 같은 논리를 전개하나 앞서 밝힌 대로 합작 결정을 하였을 때에는 상표 사용에 관한 결과를 인지했었을 것이므로 이유 없고, 둘째 미국은 관세 등의 특혜를 받는 인도네시아 국민차 회사에 비해 자사 상표를 사용하는 외국 회사가 불리한 경쟁석인 위치에 놓이게 된다고 주장하나 국민차에 부여되는 혜택을 받지 못하는 것이 외국 상표 소유자에게 부과되는 TRIPs 상 20조의 요건에 해당하는지 충분한 설명이 되지 못한다고 밝히고 미국의 주장을 기각하였다.

다. 해설 및 평가

WTO 패널 및 상소기구의 심리 절차에 당사국이 고용한 민간 변호사의 참석할 수 있는지 논란이 있었다. 현재는 거의 모든 패널 절차에 민간 변호사가 참가하고 특히 소송 경험과 능력이 부족한 개도국의 경우 미국이나 유럽의 전문 law

22) 제3조 및 제4조의 목적상 "보호"는 이 협정에서 구체적으로 언급된 지적 재산권의 사용에 영향을 미치는 사항뿐 아니라 지적 재산권의 취득가능성, 취득, 범위, 유지 및 시행에 영향을 미치는 사항을 포함한다.

23) 거래과정에 있어서 상표의 사용은 다른 상표 동시사용, 특별한 형태로의 사용, 또는 사업자의 상품 또는 서비스를 다른 사업자의 상품 또는 서비스와 구별할 수 있는 식별력을 저해하는 방법으로의 사용 등 특별한 요건에 의하여 부당하게 방해되지 아니한다. 이 규정은 상품이나 서비스를 생산하는 사업체를 나타내는 상표를 그 업체의 당해 상품 및 서비스를 구별해 주는 상표와 함께, 그러나 그에 연계하지 아니하고, 사용하도록 하는 요건을 금지하지 아니한다.

firm에 전적으로 의존하는 경우가 많으나 WTO 분쟁 해결 절차 개시 초기에는 민간 변호사의 참석 가능 여부가 불분명하였다. 이 사건 패널은 각국의 대표단 구성은 각국 소관이며 민간 변호사를 대표단에 포함시킬 수 없다는 명문의 규정이 없다는 이유로 인도네시아 대표단에 민간 변호사가 포함되었다고 시비한 미국의 주장을 기각하였다. 이 사건 이전에 있었던 *EC-Banana* 사건 패널은 민간 변호사는 패널 절차에 참석할 수 없다고 상반되게 판정한 바 있다. 그러나 *EC-Bananas* 사건 상소기구는 이를 번복, 민간 변호사의 참석을 허용하였다. 이 사건 패널 결정은 상소기구의 판정에 영향을 받은 것으로 보이며 이 사건 이후 *Korea-Alcohol* 사건 패널도 민간 변호사 참석을 허용하였다.

외국인, 상품에 대한 차별 대우를 규정하는 국내법은 대개 차별 효과(discriminatory effect) 아니면 차별 의도(discriminatory intent)를 포함하기 마련이다. GATT I조1항은 비차별 대우 금지를 규정하고 있으나 차별이라는 용어를 명시적으로 사용하지는 않고 각종 혜택은 동종 상품에 즉시 무조건적으로 부여되어야 한다고 서술하고 있는 관계로 차별의 존재를 판정하는 방법론에 대해서는 차별 효과를 기초로 해야 할 것인가 차별 의도를 토대로 해야 할 것인가 논란이 있다. 이 사건 패널은 이에 대해 명료한 입장을 밝히지는 않았으나 1996년 program은 외국 동종 상품에 대해 국민차나 부품보다 더 높은 관세와 사치세를 부과한다고 서술한 점에 비추어 차별 효과를 염두에 둔 것으로 보인다. 차별의 판단 방법은 역시 자동차에 관한 특정 조치를 심리한 *Canada-Autos* 사건에서도 다루어졌다.

10. Brazil vs. EC - Poultry 사건

(DS69, 1998. 7. 23. - 상소기구)

가. 사건 개요

이 사건은 EC의 냉동 가금육 관세 할당(tariff quota: TRQ)제도에 관한 분쟁이다. 1992년 6월 19일 *EC-Oilseeds* 사건[1])에서의 패널 판정을 이행하기 위해 EC는 자신의 GATT 양허표를 수정하기로 하고 GATT XXVIII조 양허표 수정 조항에 근거하여 브라질을 포함한 10개국과 협의를 개시하였다. EC는 1994년 1월 31일 브라질과 냉동 가금육 15,500톤에 대하여 global TRQ를 운영하기로 합의하였으며 동 TRQ는 UR 협상 종료 시 EC 양허표(Schedule LXXX)에 포함되었다.

1994년 6월 22일 EC는 이사회 규정 1431/94에 따라 TRQ 냉동 가금육 수입업자에 대한 상세한 수입 허가 요건을 제정하였다. 신청인은 자연인 또는 법인으로서 신청 당시 직전의 회계년도 2년간 각각 쿼터 내외에 관계없이 최소한 100톤의 관련 제품을 수입한 실적이 있어야 했다. 또한 신청인은 담보를 제공해야 하고 신청서에 수입품의 원산지를 기재해야 했으며 발급받은 수입 허가는 양도할 수 없었다.

1997년 브라질이 동 사건의 소를 제기하였을 당시, EC의 양허표는 15,500톤까

1) 미국은 1988년 EEC가 수입유지종자가 아닌 역내 생산된 油脂種子의 가공에 대하여 역내 가공업자에게 보조금을 지급하는 것은 내국민 대우에 관한 GATT 4조4항 위반이라고 제소하였다. 또한 가공에 대한 보조금은 EEC의 유지종자의 생산자에 대한 간접적인 생산보조금을 구성하여 유지종자에 대한 관세 양허이익의 비위반의 무효화 또는 침해에 관한 GATT 23조 b호의 위반이라고 제소하였다. 1989년 패널은 역내생산 유지종자와 수입유지종자 사이의 가격차를 상회하는 보조금의 지급은 내국민 대우에 관한 제3조4항의 위반이며 또한 비위반의 무효화 또는 침해에 관한 23조1항b호의 위반이라고 판정하였다.

지 무관세를 보장하고 쿼터 외(out-of-quota) 수입 물량에 대해서는 양허 세율을 적용했다. 또한 EC의 양허표는 농업협정 5조의 요건을 충족할 경우 특별 세이프가드조치를 추가 관세의 형태로 부과할 권리를 유보하고 있었으며 세이프가드조치 부과를 위한 EC 이사회 규정 1484/95는 수입이 EC 역내시장을 교란시키지 않을 것이라고 이사회가 결정하지 않는 한 수입 가격이 발동 가격(trigger price)을 넘기만 하면 추가 관세를 부과할 수 있도록 하였다. 발동 가격은 제 3국의 시장 가격, EC 역내의 다양한 유통 단계에서의 가격 등을 참조하여 결정되는 대표 가격(representative prices)에 근거한다. 동 규정은 적용 가능한 대표 가격보다 높기만 하면 CIF 가격을 수입자들이 선택할 수 있게 하고 있다.

브라질은 EC가 GATT XXVIII조에 근거한 EC와 브라질간의 합의와 다르게 TRQ를 운영하였다고 주장하였다. 브라질은 TRQ 중 15,500톤의 무관세 부분은 자국만이 수혜를 누릴 수 있으며 GATT I조와 XIII조는 GATT XXVIII조에 의한 보상으로서 협의된 동 TRQ에 적용되지 않는다고 주장하였다. 또한 브라질은 GATT XIII조2항(d)호에 의해 TRQ 할당량에 대한 배타적 권리를 인정하는 협정을 EC와 체결했으며, 동 TRQ는 GATT X조, II조, III조 및 수입허가절차협정 1조, 3조에 위반된다고 주장했다. 또한 EC의 특별 세이프가드조치는 농업협정 4조, 5조에 위반된다고 주장하였다.

나. 주요 쟁점별 당사자 주장 및 판결 요지

1) 가금육 TRQ에 대한 최혜국 할당

브라질은 EC가 TRQ의 무관세 부문 전체를 모든 나라가 아니라 브라질에게만 부여했다는 주장을 뒷받침하는 근거로 1994년 EC-미국간의 Oilseeds 협정을 인용했다. 브라질은 이 협정이 냉동 가금육에 대한 EC TRQ의 기초를 이루며 이 협정은 TRQ를 국별 쿼터(country specific quota)로 할 것임을 명시하고 있으므로 TRQ 무관세 부문은 브라질에 할당돼야 한다고 주장했다. 이에 EC는 동 TRQ가 최혜국 대우 원칙에 기초하여 이행되어야 한다고 항변하였다.

조약법에 관한 비엔나 협약 31조1항의 해석지침에 따라 패널은 Oilseeds 협정상의 용어들의 통상적 의미에 대해서 먼저 살펴보았는데, 그 결과 TRQ의 무관세 부문 전체가 브라질의 권리라는 주장을 기각하였다. 그럼에도 불구하고 브라질은 global이라는 단어는 단지 TRQ의 대상 범위가 관세율표의 다양성(variety of tariff lines)을 의미한다고 항변하면서 관련 증거 자료를 제출하였다. 그러나 패널은 Oilseeds 협정의 목적에 비추어 global의 의미는 완만하게 정의된 비법률 용어(loosely defined, non-legal term)라고 판정하였다.

TRQ 전체가 자국에 부여되어야 한다는 주장을 뒷받침하기 위해 브라질은 GATT XXVIII조2항[2]상의 보상적 조정(compensatory adjustment)으로서 Oilseeds협정의 목적을 근거로 들면서, 브라질이 배타적 혜택을 부여받았기 때문에 GATT I조 및 XIII조상의 최혜국 대우 원칙이 적용될 여지가 없다고 주장하였다.

그러나 패널은 TRQ를 최혜국 대우 원칙에서 분리하는 WTO 협정의 어떠한 규정도 발견할 수 없고 그러한 취지의 GATT 결정과 WTO 패널 및 상소보고서도 발견할 수 없다고 하였다. 심지어 패널은 "상호적이고 호혜적인 양허의 일반적 수준을 이전의 관세 양허표에 규정된 수준보다 무역에 불리하지 않도록 유지할" XXVIII조2항상의 EC의 의무를 더욱 중요하게 고려하였다. 이러한 관점에서 보상적 조정으로서 특혜를 부여하는 것은 다자간 무역 체제에 심각한 훼손을 야기한다고 판정하였다.

패널은 양허표 수정이 최혜국 대우 조항의 운영에 개입할 의도가 없다는 점이 GATT 창설 당시 XXVIII조 관련 위원회에서 확인된 바 있음을 들어 냉동 가금육에 대한 양허를 EC가 최혜국 대우에 입각하여 실행하여야 한다고 확인하였다.

상소기구 또한 냉동 가금육 TRQ는 최혜국 대우에 입각하여 배분되어야 한다는 패널의 판정을 지지하였다.

2) 정당한 기대

브라질은 EC의 가금육 관세 대우에 관한 자국의 정당한 기대(legitimate expectations)를 보충적 청구로 제기하였다. 그러나 패널은 첫째, 브라질은 WTO 협정의 구체적인 관련 조항을 제시하지 못했으며 둘째, 위반 사건에서 경쟁 관계의 기대에 관한 것인지 아니면, 비위반 제소에서 시장 접근의 조건에 관한 정당

---

2) XXVIII:2. 기타 산품에 관한 보상적 조정의 규정을 포함할 수 있는 상기의 교섭과 합의에 있어서 관계체약국은 동 교섭전에 본 협정에 규정된 수준보다 무역에 불리하지 아니한 상호적이며 호혜적인 일반적 수준을 유지하도록 노력하여야 한다.

한 기대에 관한 것인지를 분명히 하지 못했다는 이유로 브라질의 청구를 기각하였다.

3) GATT XIII조2항(d)호 해당 여부

브라질은 1993년 EC가 GATT XIII조2항(d)호[3]의 규정에 입각하여 TRQ의 무관세 할당량을 브라질에만 배타적으로 부여하기로 약속하였다고 주장하였다.

패널은 XIII조는 일반적으로 수량 제한의 비차별적 운영을 요구하며, XIII조5항[4]은 이 원칙이 TRQ에도 또한 적용된다는 것을 분명히 하고 있다고 판정했다. 그리고 패널은 브라질에만 TRQ를 배타적으로 할당하는 협정의 존재 여부를 판정하기 위하여 브라질에 의해 제출된 증거 문서를 살펴보았는데, 특히 브뤼셀 주재 브라질 대사가 제출한 문서에는 단지 Oilseeds 협정의 의도와 정신에 위반된다고만 언급하고 있을 뿐 배타적 협정의 존재를 증명하지 못했다고 판정하였다.

상소기구도 패널의 판정을 지지하였다.

4) 비회원국 및 지역무역협정 당사국에 대한 할당 : GATT XIII조

브라질은 EC가 WTO 비회원국인 중국과, 자유무역협정에 의해 EC 역내 시장접근에 이미 특권을 가지고 있는 WTO 회원국인 동유럽국가들에 대해 TRQ하의 수입 허가를 할당한 것에 대해 이의를 제기하였다.

패널은 비회원국의 수입량까지 포함된 총 수입량에 입각해서 TRQ를 산정한

---

3) XIII:2. 체약국은 산품에 대한 수입 제한을 과함에 있어서 이러한 제한이 없는 경우에 각 체약국이 차지할 수 있을 것으로 기대하는 몫이 가능한 한 근사하도록 동 산품의 무역량을 분배할 것을 목표로 하여야 하며 또한 이를 위하여 다음의 제규정을 준수하여야 한다.

(a), (b), (c) 생략

(d) 공급국간에 할당량이 배정된 경우에는 제한을 과하고 있는 체약국은 할당량의 배정에 관하여 해당산품의 공급에 실질적인 이해관계를 가진 모든 다른 체약국과 협약할 수 있다. 동 방법을 합리적으로 실행할 수 없는 경우에는 관계체약국은 동 산품의 공급에 실질적인 이해관계를 가진 체약국에 대하여 동 산품의 무역에 영향을 주었거나 또는 주고 있는 특수요인에 대하여 타당한 고려를 하고 과거의 대표적인 기간 동안에 동 체약국이 공급한 산품수입의 총량 또는 총액에 대한 비율에 입각하여 할당하여야 한다. 어느 체약국이 전기의 총수량 또는 총가액중 자국에 배정된 할당량의 전부를 사용하는 것을 방해하는 조건 또는 절차를 과하여서는 아니된다. 다만, 해당 할당량이 관계되는 소정기간 내에 수입이 행하여질 것을 조건으로 한다.

4) XIII:5. 본 조의 규정은 체약국이 설정하거나 유지하는 모든 관세 할당에 적용되며 본 조의 원칙은 적용 가능한 한, 수출 제한에도 적용되어야 한다.

것이 부당하다는 브라질의 주장을 받아들이지 않았다. GATT XIII조는 회원국(members)과 공급국(supplying countries)또는 공급원(source)을 구분하는데, 어떠한 조항도 회원국에만 쿼터를 할당하도록 요구하는 조항은 없다고 밝히고 XIII조2항(d)에도 '상품 수입의 총량 또는 및 총액'을 언급하고 있음을 지적하였다. 게다가 XIII조의 비차별원칙은 원산지에 관계없이 모든 TRQ에 적용되므로 동 사건의 TRQ가 XXVIII조의 보상적 조정에 의해 설정되었다는 사실만으로 원칙에 변경을 가할 수 없다고 밝혔다. 이러한 근거로 패널은 EC가 무관세 쿼터 할당의 계산에 WTO 비회원국으로부터의 수입을 포함시킨 것은 GATT XIII조에 위반되지 아니 한다고 판정하였으며, 상소기구도 패널의 판정을 지지하였다.

브라질은 동유럽 국가들에 대해 EC가 TRQ 수입 허가를 발급하는 것에 대해서도 이의를 제기하였다. 동유럽국가들은 EC와의 자유무역지대의 설립을 위한 잠정 협정상 이미 냉동 가금육의 수입에 있어 무관세 대우를 받아왔으므로 TRQ 무관세 수입 허가를 주는 것은 부당하다는 것이다. 브라질은 이 주장을 뒷받침하기 위해 *EC-Newsprint* 사건의 GATT 패널 보고서를 근거로 들었다. 이 사건에서 패널은 특혜협정에 의해 이미 무관세인 수입은 그 성질상 최혜국 대우 무관세 쿼터에 포함시킬 수 없다고 판정하였다.

그러나 패널은 가금육에 대한 브라질의 상황과 *EC-Newsprint* 사건에서의 상황은 다르다고 판단하였다. 특히, 패널은 다음의 세 가지를 지적하였다. 첫째, *EC-Newsprint* 사건에서는 EC 시장에 제한 없는 무관세 접근이 가능하였으나 이 사건의 경우 잠정 협정이 체결되었어도 동유럽국가로부터의 냉동 가금육의 수입에 여전히 관세가 부과될 수 있으며 둘째 *EC-Newsprint* 사건에서 EC는 유럽자유무역연합(European Free Trade Association: EFTA) 공급자들이 EC 시장에 자유롭게 접근할 수 있도록 MFN 무관세 쿼터를 감축하였으나, 냉동 가금육의 TRQ에 있어서는 그런 유사한 감축이 없었다. 셋째, 본 사건에서 브라질과 EC간의 잠정 협정은 가금육에 대한 TRQ 개설 이전에 체결되었으나, *EC-Newsprint* 사건에서 EFTA 협정은 MFN 쿼터가 개설된 이후에 체결되었다. 상기와 같은 근거로 패널은 동유럽에 있는 WTO 회원국들로부터의 수입에 대해 EC가 TRQ를 배분한 것은 GATT XIII조에 위반되지 않는다고 판정하였다.

5) 수입허가절차협정 관련 쟁점

(가) 통고 요건 : 수입허가절차협정 1조4항(a)호[5)]

브라질은 EC가 가금육 TRQ를 수입허가절차협정상의 수입 허가위원회에 통보하지 않았다고 주장하였다. EC는 동 조항의 통보 요건이 TRQ에도 적용되는지 여부가 명확하지 않았다는 사실을 근거로 미통보를 항변하였으나 패널은 이를 기각하고 EC가 수입 허가위원회에 TRQ를 통고하지 않은 것은 수입허가절차협정 1조4항(a)호를 위반이라고 판시하였다.

(나) 수입 허가 규칙의 변경 : 수입허가절차협정 1조, 3조

브라질은 수입 허가 규칙의 잦은 변경은 정부와 무역업자가 이를 숙지하는데 곤란하게 하는 것이며 수입허가절차협정1조, 3조에 위반된다고 주장했다. 그러나 패널은 동 조에 규정된 투명성 요건은 단지 공표할 것을 요구하는 것이지 규칙의 잦은 변동을 자제할 것까지 요구하지는 않는다고 판정하였다.

(다) 무역의 왜곡 : 수입허가절차협정 1조2항, 3조2항

브라질은 EC가 TRQ의 운영을 통하여 브라질의 가금육 시장 점유율을 감소시킴으로써 무역 왜곡을 초래하였고 따라서 수입허가절차협정1조2항[6)] 및 3조2항[7)]

---

5) 1.4.(a) 수입 허가신청을 하는 개인, 회사 및 기관의 자격요건, 접촉하여야 할 행정기관, 그리고 허가요건의 대상이 되는 상품의 목록을 포함한 신청서 제출절차에 관한 규칙과 모든 정보는 정부(Re.3)와 무역업자가 이를 인지할 수 있도록 하는 방법으로, 제4조에 규정된 수입 허가위원회(이 협정에서는 "위원회"라 한다)에 통보된 출처에 공표된다. 이러한 공표는 가능한 때에는 언제나 요건의 발효일 21일 이전에 그러나 어떠한 경우에도 발효일 보다 늦지 아니하게 이루어진다. 수입 허가 절차나 수입 허가대상 상품목록에 관한 규칙으로부터의 모든 예외, 일탈 또는 변경도 위에 명시된 바와 같은 방법 및 기간 내 공표된다. 이러한 발간물의 사본은 또한 사무국이 이용 가능하도록 한다.

(Remark 3) 이 협정의 목적상 "정부"는 구주공동체의 권한있는 당국을 포함하는 곳으로 간주된다.

6) 1.2. 회원국은 수입 허가 절차의 부적절한 운영으로부터 야기될 수 있는 무역 왜곡을 방지하기 위한 목적으로, 그리고 또한 개발도상회원국의 경제개발 목적과 재정 및 무역상의 필요를 고려하면서 수입 허가제도를 시행하기 위하여 사용되는 행정 절차가 이 협정에 의하여 해석되는, 그 부속서와 의정서를 포함한 1994년도 GATT의 관련 규정에 일치하도록 보장한다. (Re.2)

(Remark 2) 이 협정의 어떠한 내용도 수입 허가 절차에 의하여 시행되고 있는 특정 조치의 근거, 범위 또는 존속기간이 이 협정에서 문제의 대상이 된다는 것을 시사하는 것으로 해석되지 아니한다.

을 위반하였다고 주장하였다.

패널은 첫째, 브라질에 의해 제시된 시장 점유율의 수치는 브라질의 쿼터 외의 가금육 수출까지를 합산한 전부를 포함하는데 수입허가협정은 단지 '쿼터 내 무역'에만 적용된다는 점, 둘째, 브라질은 할당된 쿼터를 모두 소진하였으며 이는 브라질 수출업자가 모든 무역 왜곡 효과를 극복했다는 반증이라는 점, 셋째 브라질의 가금육 수출 총량은 일반적으로 증가해 왔다는 점 등을 들어 EC가 수입허가협정 1조2항, 3조2항을 위반하지 않았다고 판정하였다.

상소기구도 수입허가절차협정은 '쿼터 내 무역'에만 적용된다는 패널의 판정을 지지하였다.

(라) 수출 실적에 따른 배분 : 수입허가절차협정 1조3항, 3조5항(j)호

브라질은 EC가 수출 실적에 기초해 수입 허가를 할당함으로써 수입허가절차협정 1조3항[8], 3조5항(j)호[9]를 위반하였다고 주장하였다. 이에 EC는 수출 실적을 기준으로 사용하는 것을 금지하는 어떠한 조항도 없다고 항변하면서, 또한 이 방법은 1995년 6월 1일까지만 사용되었고 더 이상 사용되지 않았다고 반박하였다.

패널은 수입허가협정 1조3항은 수입 허가 절차규칙 자체에는 적용되지 아니하며, 그러한 규칙을 적용 행태에만 적용된다고 판정한 *EC-Bananas* 사건의 상소기구 보고서를 언급하면서 수출 실적이 수입 허가 할당 기준으로 적절한지 여부는 허가 절차 자체에 관한 것으로 1조3항이 적용될 것이 아니며 3조5항 (j)호는 본질상 권고적이라 수입 실적 외의 다른 요소를 고려하는 것을 강제적으로 금지할 수 없다고 판정하였다. 따라서 패널은 EC가 상기 규정을 위반하지 않았다고

---

7) 3.2. 비자동허가는 제한의 부과로 야기되는 효과에 추가하여 수입에 대한 무역 제한 또는 왜곡 효과를 갖지 아니한다. 비자동허가 절차는 이러한 절차의 이용을 통해 이행하는 조치와 범위 및 존속 기간에 있어 상응하며, 그러한 조치를 시행하는 데 절대적으로 필요한 이상으로 행정적 부담이 되지 아니한다.

8) 1.3. 수입 허가 절차에 관한 규칙은 적용에 있어서 중립적이며 공정하고 공평한 방법으로 시행된다.

9) 3.5(j). 허가를 배분함에 있어서 회원국은 신청자의 수입 실적을 고려하여야 한다. 이와 관련, 과거에 신청자에게 발급된 허가가 최근의 대표적 기간동안에 충분히 활용되었는지의 여부가 고려되어야 한다. 허가가 충분히 활용되지 아니한 경우 회원국은 이에 대한 이유를 검토하고 새로운 허가 배분시 이를 고려한다. 경제적인 물량으로 상품에 대한 허가를 발급하는 것이 바람직하다는 점을 염두에 두고 신규 수입자에 대해 합리적인 허가 배분이 이루어지도록 하는 것이 고려된다. 이와 관련 개발도상회원국, 특히 최빈 개도국 상품을 수입하는 수입자는 특별히 고려되어야 한다.

판정하였으며, 브라질의 청구를 기각하였다.

(마) 수입 허가의 심사 : 수입허가절차협정 3조5항(h), (j)호

브라질은 EC의 냉동 가금육에 대한 TRQ 체제가 수입 허가에 있어 심사(speculation)를 허용함으로써 TRQ의 완전 소진을 방해하고 있는데, 이는 수입허가절차협정 3조5항(h)호[10] 및 (j)호에 위반된다고 주장하였다.

패널은 심사가 TRQ의 완전 소진을 방해한다는 주장을 반박하면서 브라질에 할당된 수입 허가는 완전히 소진되었다는 것을 강조하였다. 따라서 패널은 수입허가절차협정 3조5항(h)호 및 (j)호에 대한 위반 사실을 판정하지 않았다.

(바) 경제적 물량 및 신규 수입자 : 수입허가절차협정 3조5항(i), (j)호

브라질은 EC가 5톤의 소량 물량에 대해서도 수입 허가를 발급한 사실을 지적하고 이는 경제적 물량으로 수입 허가를 발급하도록 규정한 수입허가절차협정 3조5항(i)호[11]에 위반되고 신규 수입자에 대한 합리적 배분을 규정한 (j)호에 위반된다고 주장하였다. 이에 EC는 수입 허가가 사실상 신규 수입자에게 허가되었으며 소량의 수입 허가도 이루어져 수입자의 수가 점차 증가하고 있다고 항변하였다.

패널은 브라질의 주장을 기각하면서, 수입 허가 건당 평균 수입 물량이 감소했음에도 불구하고 TRQ는 완전히 소진되었다는 점을 강조하였다. 이러한 완전 소진이 의미하는 것은 수입 허가가 여전히 경제적 물량을 구성하며, 특히 쿼터 외 무역의 상당량과 결합해 있다고 판정하였다. 따라서 패널은 수입허가절차협정 3조5항(i), (j)호 위반 사실을 판정하지 않았다.

(사) 투명성 요건 : 수입 허가절치협정 3조5항(a)호

브라질은 EC 수입 허가 제도로는 특정 선적분(consignment)이 TRQ의 쿼터 내에 포함될지 여부를 무역업자들이 알 수 없으며 이는 수입허가절차협정 3조5항(a)호[12]에 위반된다고 주장했다. 이에 EC는 요청이 있을 경우 관련 정보를 제공

---

10) 3.5(h). 쿼터 시행시, 회원국은 발급된 허가에 따라 수입이 이루어지는 것을 방해하여서는 아니되며 또한 쿼터의 충분한 사용을 억제하지 아니한다.

11) 3.5(i). 허가 발급시 회원국은 경제적인 물량으로 상품에 대한 허가를 발급하는 것이 바람직하다는 점을 고려한다.

12) 3.5(a). 회원국은 관련 품목의 무역에 이해관계가 있는 회원국의 요청시 다음 사항에 관한 모

해 왔다고 항변하였다. 브라질은 일률적이고 공평하고 합리적인 방법으로 무역규칙을 실시할 것을 규정한 GATT X조3항(a)[13]도 원용하였다. EC는 *EC-Bananas* 사건을 언급하면서 수입허가절차협정이 GATT에 우선적으로 적용된다고 반박하였다.

패널은 *EC-Bananas* 사건에서는 쿼터 외 무역이 없었으므로(즉 쿼터가 완전히 소진되지 않았음) 수입허가절차협정이 모든 바나나 수입에 적용된 반면, 이 사건에서는 상당한 쿼터 외 무역이 있다(즉 무관세 쿼터가 소진되었음)는 점에서 두 사건은 다르다고 보았다. 패널은 쿼터 외 무역량에 대해서는 GATT상의 요건이 적용되므로 GATT X조가 적용된다고 보았다. 그러나 X조는 일반적으로 적용되는(of general application) 법규를 그 대상으로 하는 것이므로 특정 회사에 발급되거나 특정 선적에 적용되는 수입 허가는 GATT X조3항이 적용되지 않는다고 판정하였다. 특히 패널은 브라질이 주장하는 정보는 특정 선적분(specific shipment)에 관한 것이기 때문에 X조의 범위 밖에 있다고 판정하였다.

상소기구 또한 패널의 판정을 지지하였다. 상소기구는 GATT X조상의 투명성 의무는 특정 거래를 대상으로 하는 것이 아니라 일반적으로 적용되는 규칙만을 대상으로 한다고 지적하였으며, 동 조항은 조치의 '실체적 내용' 보다는 일반적으로 적용되는 규칙의 '공표와 시행'에 관한 것이라고 강조하였다.

7) 농업협정 관련 쟁점

(가) 특별 세이프가드조치의 발동 가격 : 농업협정 5조1항

브라질은 농업협정 5조1항에 입각하여 몇 가지 청구를 제기했다. 브라질의 첫 번째 주장은 동 조항은 특정 제품의 수입 가격이 정해진 발동 가격(trigger price) 이하로 떨어지면 특별 세이프 가드조치(SSG)의 발동을 허용하고 있으며 EC가 CIF(운임·보험료 포함) 가격을 수입 가격으로 설정하여 부적절한 조치를 취하였

든 관련 정보를 제공한다.
(1) 제한의 시행,
(2) 최근기간동안 부여된 수입 허가,
(3) 그러한 허가의 공급국간 배분,
(4) 실행 가능한 경우, 수입 허가대상품목에 관한 수입 통계(즉, 금액 및/또는 물량). 개발도상회원국은 이로 인하여 추가적인 행정 또는 재정상의 부담을 질 것으로 기대되지 아니한다.

13) X:3. (a) 각 체약국은 본 조 제1항에 열거한 종류의 자국의 모든 법률, 규칙, 판결 및 결정을 일률적이고 공평하고 합리적인 방법으로 실시하여야 한다.

다는 것인데, 브라질은 5조1항 (b)호에서 규정한 정확한 수입 가격은 CIF 가격에 모든 관세를 포함한 시장 진입 가격(market entry price)이라고 주장하였다.

패널의 다수 의견은 5조1항에 대한 브라질의 해석에 동의하면서 관련 수입 가격을 i) 관세 영역(customs territory)에 진입하는 수입 가격과, ii) CIF 수입 가격이라는 상이한 두 가지 방식으로 언급하였다. 패널의 다수 의견에 따르면, 첫 번째는 브라질이 주장한 것처럼 분명히 시장 진입 가격을 가리키며, 두 번째는 'determined on the basis of'라는 구절에 의해 결정될 수 있는데 시장 진입 가격은 관련 요소 중 하나로서 CIF 가격을 사용하여 산출하여야 한다는 것이다. 게다가, 패널의 다수 의견은 동 규정의 문맥과 농업협정의 대상 및 목적에 비추어 이러한 해석에 대한 근거를 밝혔는데, 첫째 5조1항[14](b)호는 농업협정 4조2항[15]에 규정된 일반 원칙으로부터 이탈을 규정하기 때문에 狹義로 해석되어야 하고, 둘째, 5조1항의 SSG 규정은 4조2항에 의해 제품이 관세화된 이후에 적용되어야 하며, 이는 CIF 가격만을 사용하는 것은 관세화로부터 야기되는 고관세에 의한 보호의 효과를 무시하는 것을 의미한다고 밝혔다. 따라서 패널의 다수 의견은 EC의 SSG 규정은 농업협정 5조1항 (b)호에 위반된다고 판정하였다.

상소기구는 패널의 다수 의견을 번복하였다. 상소기구는 패널의 다수 의견에

---

14) 1. 1994년도 GATT 제2조제1항(b)의 규정에도 불구하고, 회원국은 이 협정 제4조제2항에 언급된 조치가 일반 관세로 전환한 농산물로서 자기나라의 양허표에 "SSG"라는 기호로 이 조의 규정을 원용할 수 있는 양허의 대상으로 명시한 농산물의 수입과 관련하여 아래 제4항과 제5항의 규정을 다음의 경우에 원용할 수 있다.

(a) 양허를 한 회원국의 관세영역으로 들어오는 동 품목의 수입 물량이 특정년도에 제4항에 명시된 기존의 시장 접근 기회와 관련되는 발동수준을 초과하는 경우, 또는, 그러나 비동시적으로

(b) 양허를 한 회원국의 관세영역으로 들어오는 동 품목의 수입가격이 운임보험료 포함 수입가격을 기준으로 하여 자기나라 통화로 환산시 동 품목의 1986-1988년 평균참조가격(Re.2)인 발동가격 이하로 하락하는 경우

(Remark 2) 이 호의 규정의 원용을 위해 사용되는 참조가격은 일반적으로 관련품목의 단위당 평균운임보험료 포함 수입 가격 또는 해당품목의 품질 및 가공단계 등을 적절히 감안한 가격을 말한다. 참조가격은 처음 사용된 후 공개적으로 명시되어야 하며, 다른 회원국이 부과될 추가적인 관세를 산정할 수 있도록 필요한 범위내에서 제공되어야 한다.

15) 4.2. 회원국은 제5조와 부속서 5에 달리 규정된 경우를 제외하고는 일반 관세로 전환하도록 요구된 어떠한 종류의 조치(Re.1)도 유지 또는 이용하거나 동 조치로 복귀하지 아니한다.

(Remark 1) 이러한 조치는 1947년도 GATT의 규정으로부터의 국별의무 일탈에 따라 유지되는지 여부에 관계없이 수입 물량 제한, 가변수입부과금, 최소수입가격, 임의적인 수입 허가, 국영무역을 통하여 유지되는 비관세 조치, 수출 자율 규제, 일반 관세 이외의 유사한 국경 조치를 포함한다. 단, 1994년도 GATT나 세계무역기구 부속서 1가의 국제수지규정 또는 다른 일반적, 비농업특정적 규정에 따라 유지되는 조치는 포함하지 않는다.

의해 사용된 시장 진입 가격이라는 용어가 농업협정 5조1항 (b)호에 나타나지 않는다는 사실에 주목하였다. 또한 상소기구는 농업협정 초안자들이 국내 시장(domestic market) 대신 관세 영역(customs territory)으로 진입할 때의 가격을 언급한 것을 중요시하고 이는 초안자들이 관세 영역 진입 직전의 시기를 염두에 두었고 국내 시장 자체로의 진입보다 당연히 앞선 시점을 의미한다고 보았다. 게다가 상소기구는 패널이 as determined on the basis of the c.i.f. import price라는 문구의 해석에서 CIF 가격을 시장 진입 가격의 하나의 관련 요소로 본 것에 대해 반대하면서, on the basis of에 초점을 맞추어 CIF 가격 자체로 해석하였다. 따라서 상소기구는 EC가 CIF수입 가격이 발동 가격 이하로 떨어질 때 특별 세이프가드조치를 발동한 것은 농업협정 5조1항(b)호를 위반한 것이 아니라고 판정하였다.

브라질의 두 번째 주장은 EC의 SSG 규정에 EC 시장에 대한 피해 조사를 규정하지 않았기 때문에 농업협정 5조1항(b)호에 위반된다고 하였다. 그러나 EC는 5조1항 (b)호는 피해의 조사를 요구하지 않는다고 하면서 브라질의 주장을 기각하였다.

마지막으로 브라질은 농업협정 5조와 GATT X조3항에 입각하여 대표 가격을 결정하는 EC 제도의 투명성에 대해 이의를 제기하였다. 패널은 EC가 동 조항을 어떻게 위반했는지를 브라질이 정확히 적시하지 못했기 때문에 위반 사실을 확인할 수 없다고 판정하였다.

(나) 대표 가격 사용의 합치성 : 농업협정 5조5항

패널 다수 의견이 농업협정 5조1항(b)호 위반 사실을 확인하였기 때문에 패널은 사법 경제(judicial economy) 원칙상 농업협정 5조5항[16]에 대한 브라질의 청구

16) 5.5. 제1항나호에 따라 부과되는 추가적인 관세는 다음의 표에 따라 설정된다.

가. 국내통화로 환산한 운임보험료포함 수입가격(이하 "수입가격"이라 한다)과 제1항나호에 따라 규정된 발동가격과의 차이가 발동가격의 10% 이하인 경우, 추가적인 관세는 부과되지 아니한다.

나. 수입가격과 발동가격과의 차이(이하 "가격차"라 한다)가 발동가격의 10%보다 크고 40%이하인 경우, 추가적인 관세는 가격차가 10%를 초과하는 부분의 30%가 된다.

다. 가격차가 발동가격의 40%보다 크고 60%이하인 경우, 추가적인 관세는 가격차가 40%를 초과하는 부분의 50%에 나호에 따라 허용된 추가적인 관세를 더한 수치가 된다.

라. 가격차가 60%보다 크고 75%이하인 경우, 추가적인 관세는 가격차가 발동가격의 60%를 초과하는 부분의 70%에 나호와 다호에 따라 허용된 추가적인 관세를 더한 수치가 된다.

마. 가격차가 발동가격의 75%보다 큰 경우, 가격차가 75%를 초과하는 부분의 90%에 나호, 다호 및 라호에 따라 허용된 추가적인 관세를 더한 수치가 된다.

를 심리하지 않았다. 브라질은 상소기구가 5조1항(b)호 위반에 대한 패널 판정을 번복한다면 5조5항에 관한 브라질의 청구를 심리하여 줄 것을 주장하였다.

상소기구는 EC 규정 1484/95가 농업협정 5조5항에 위반된다고 판정하였다. 동 EC 규정은 추가적 관세를 확정함에 있어 CIF 가격과 대표 가격이라는 두 가지 방법을 규정하고 있다. EC는 제 3국 시장 가격과 EC 역내의 다양한 유통 단계에서의 가격 등을 고려하여 정기적으로 대표 가격을 산정한다. EC는 수입업자가 CIF 가격의 사용을 구체적으로 요청하고, CIF 가격의 증거에 관한 다양한 서류를 제출하고, 대표 가격이 사용될 경우 부과될 추가적 관세에 상응하는 담보를 제출하는 경우에만 대표 가격 대신에 CIF 가격을 사용할 수 있다.

상소기구는 추가적 관세의 부과 방법에 관한 농업협정 5조5항의 문언이 shall로 표기되어 있고 CIF 수입 가격의 사용을 명백히 규정하고 있으며, CIF 수입 가격을 대체하는 가격을 사용하는 것을 인정하지 않는다고 판시하였다. 게다가 상소기구는 발동 가격이 CIF 가격에 근거한 것이라면 추가적 관세를 결정하는 데 사용되는 가격 또한 CIF 가격에 근거해야 하는 것이 논리적이라고 해석하였다.

상기와 같은 사실 확인에 따라 상소기구는 CIF 가격의 한정된 사용은 CIF 가격의 가능한 사용을 제한한 범위 내에서 농업협정 5조5항에 위반되며, 대표 가격의 선택은 CIF 가격에 근거하지 않았기 때문에 농업협정 5조5항에 위반된다고 판정하였다.

다. 해설 및 평가

이 사건에서 EC는 냉동 가금육에 대해 TRQ가 개설된 당시 수입허가절차협정 1조4항(a)에 따라 냉동 가금육에 대한 TRQ의 공포 내역을 수입 허가위원회에 통보했어야 했어야 했다는 것을 알지 못했다고 항변하였다. 나아가 EC는 *EC-Bananas* 사건에서 상소기구가 이러한 통보 요건이 사실상 수량할당과 TRQ에도 적용된다는 점을 명확히 하기까지는 이러한 요건을 알지 못했다고 주장하였다. 그러나 패널은 '법의 무지(ignorance of the law)'에 입각한 EC의 항변을 기각하였다. 이는 국제 규범의 존재에 대한 무지가 국제 협정상의 의무불이행에 대한 항변사유로 원용될 수 없음을 여실히 보여준 것이라고 하겠다.

이 사건은 WTO 분쟁 역사상 최초로 한 패널 위원이 다수 의견과 상이한 소수 의견을 제시한 사건이다. 본 사건에서 소수 의견은 다수 의견과 달리 CIF 가격만이 농업협정 5조1항(b)호의 요건에 부합된다고 판정하였다. 동 사건에서 상소기구는 패널 판정을 번복하고 소수 의견을 지지하였다.

※ 이 판례 해설은 「WTO 농산물 무역분쟁 사례연구」(2003년 8월, 법무부) pp. 163~191에 게재된 EC–가금육사건 해설을 요약 보완한 것이다.

11. India, Malaysia, Pakistan, Thailand vs. US - Shrimp 사건

(DS58, 1998. 11. 6. - 상소기구)

가. 사건 개요

미국은 멸종위기동물보호법(Endangered Species Act)에 의거, 1987년 미국 새우 트롤 어선의 바다 거북 탈출 장치 사용을 의무화하였다. 새우 어획 과정 중 우연히 포획되어 죽는 바다 거북은 멸종 위기에 처한 종으로서 국제적으로는 1973년 위험 동식물의 국제 무역 협약(CITES 협약)에 의해 보호되어 왔다. 바다 거북 탈출 장치(Turtle Excluder Device: TED)란 새우 토롤 어망에 포획된 바다 거북이 빠져나갈 수 있도록 어망에 개폐 장치를 부착한 것을 말한다.

1989년 미국 의회는 Public Law 101-102 Section 609를 제정하여 미 국무성으로 하여금 바다 거북 보호를 위한 양자 및 다자 협상을 개시하도록 하였고 바다 거북에 영향을 미치는 기술로 포획된 새우는 일정한 예외를 제외하고는 수입을 금지시켰다. 일정한 예외란 새우 포획국의 바다 거북 우발적 포획율이 미국과 유사하거나 포획국의 어획 환경상 바다 거북에 대해 특별한 위협을 가하지 않는 경우를 말한다. 미국은 section 609를 이행하기 위해 일련의 지침을 시행하였다.

1991년 채택된 최초의 지침은 TED 사용 지역을 처음에는 카리브·서대서양지역으로 국한하였으나 이러한 지리적 제한이 위법이며 section 609는 전 세계적으로 적용되어야 한다는 미 무역재판소(Court of International Trade) 판결에 따라 1996년 지침을 마련하였다. 이 지침의 골자는 바다 거북에 부정적 영향을 미치는 외국의 새우 및 새우 제품의 수입을 금지한 것이다. 즉 미국 내로 새우 및 새우 제품을 수출할 시에는 그 새우가 바다 거북에 부정적 영향을 미치지 않는 방법으로 포획되었다거나 section 609에 의해 인가받은 국가 관할 수역 내에서 포획되었다는 신고서를 제출토록 한 것이다. section 609에 의한 인가란 미국의 TED와 사실상 동등한 조치를 취하고 있는 국가에게 부여되는 것이며 동 조치 도입을 위한 준비 기간(phase-in period)으로 이전부터 유사한 제한을 받아왔던 카리브海 등지의 국가에는 3년을 부여한 반면 제소국과 같은 인도양 연안 국가에는 4개월을 부여하였다.

인도, 말레이시아, 파키스탄, 태국은 이러한 미국의 section 609 및 시행규칙은 GATT XI조 위반이라고 주장하고 1997년 1월 패널 설치를 요청하였다.

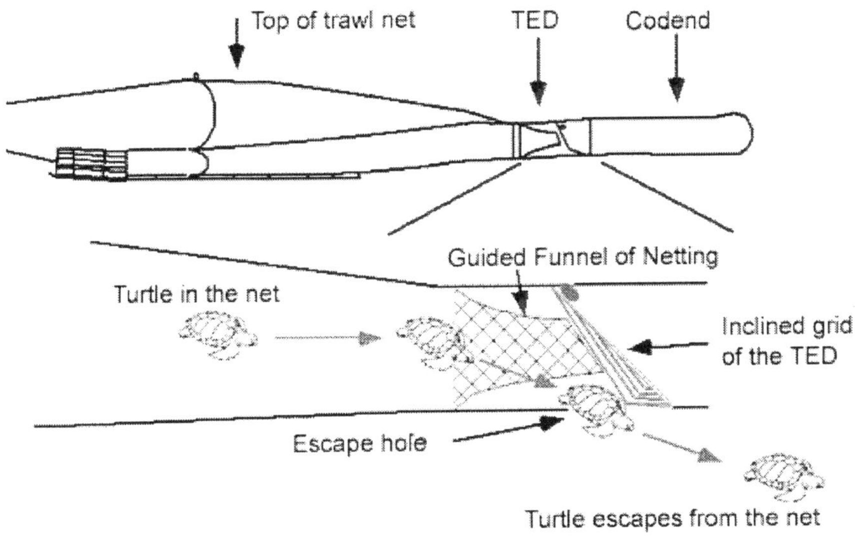

<그림-1> 바다 거북 탈출 장치(TED)

나. 주요 쟁점별 당사자 주장 및 판결 요지

1) GATT XX조 전문 해당 여부

(가) 분석 순서

미국의 조치가 GATT XI조 수량 제한에 해당한다는 제소국의 주장에 대해서는 미국도 인정하였고 그러나 GATT XX조에 의거, 예외적으로 인정된다고 주장하였으므로 패널과 상소기구의 심리는 XX조 해당 여부를 중심으로 이루어졌다. 미국은 자국의 조치는 GATT XX조(b)[1] 및 (g)[2]에 의해 정당화된다고 주장하였으나 제소국들은 동 조항은 조치 시행국 관할 지역 내의 동물에 적용되는 것만을 용인하는 것이지 section 609처럼 외국내의 동물에게까지 확대 적용되는 것은 아니라고 반박하였고 인류 공동의 자원에 대해 미국이 일방적인 조치를 취하는 것은 국제법상의 주권 원칙에도 배치된다고 주장하였다. 제소국은 미국의 조치는 GATT XX조 전문에 명시된 자의적이고 부당한 차별이며 국제 무역을 제한하기 위한 위장 수단이라고 주장하였다.

패널은 미국의 조치가 우선 GATT XX조 전문[3]에 위반하는지 여부를 살피고 위반이 아닐 경우 XX조(b) 및 (g)에 해당하는지 살피는 순서로 심리하였다. 후에 상소기구는 패널이 전문 부합 여부부터 심리하느라 (b), (g) 해당 여부는 심리하지 않은 것은 잘못이라고 지적하였다.

(나) 정당화 될 수 없는 차별

패널은 GATT XX조는 회원국이 타 국가를 차별할 수는 있으나(may discriminate), 자의적이며 정당화 될 수 없는 방법으로는(in an arbitrary or unjustifiable manner)할 수 없다고 규정한 것을 주목하였다. 아울러 동일 조건에 있는 국가간에 차별을 할 수는 없다는 점도 주목하였다. 패널은 '정당화될 수 없다(unjustifiable)'는 용어는 광의와 협의의 양 방향으로 해석될 수 있는 단어이므로 조항이 속한 협정의 문맥과 대상 및 목적에 따라 사안별로 해석해야 한다고 보았다.

패널은 WTO 협정이 본질적으로 WTO 협정 서문에서 지적하는 바처럼 "다자간 무역 체제의 기초가 되는 기본원칙을 보존하고 목적을 증진"하는 것이라고 설명하였다. 그러므로 GATT XX조의 前文 해석은 WTO 다자무역 체제를 해하지 않는 범위 내에서만 허용되며 GATT 협정은 현재의 무역뿐만 아니라 미래 무역

1) (b) 인간, 동물 또는 식물의 생명 또는 건강을 보호하기 위하여 필요한 조치,

2) (g) 유한 천연 자원의 보존에 관한 조치, 다만 동 조치가 국내의 생산 또는 소비에 대한 제한과 관련하여 유효한 경우에 한한다.

3) 본 협정의 어떠한 규정도 체약국이 다음의 조치를 채택하거나 실시하는 것을 방해하는 것으로 해석되어서는 아니된다. 다만, 그러한 조치를 동일한 조건하에 있는 국가간에 임의적이며 불공평한 차별의 수단 또는 국제 무역에 있어서의 위장된 제한을 과하는 방법으로 적용하지 아니할 것을 조건으로 한다.

에 대한 예측 가능성도 보호한다는 것이 이전의 판례를 통해 확립되어 왔다고 지적하였다. 패널은 한 국가뿐만 아니라 타 국가들도 모두 XX조상의 조치를 취하면 다자 무역 체제의 안정과 예측 가능성이 위협받는다고 설명하며 특히 한 국가의 조치 채택은 타 국가의 상응한 조치 채택을 유도하고 이 경우 조치간의 상충도 발생할 수 있어 결국 수출국 입장에서는 모든 수입국의 정책 변경 요구를 동시에 수용하는 것이 불가능해져 결국 다자무역 체제는 붕괴된다고 설명하였다.

패널은 또한 미국의 조치가 미인가국에게는 미국의 조치와 상응하는 수준의 TED 사용에 관한 포괄 요건을 충족하거나 바다 거북이 없는 어장에서만 전적으로 새우 어획을 한다는 조건 하에서만 수입 허용되는 것이고 이외에는 수입 금지되는 것이므로 동일한 조건 하에 있는 국가간에 정당화될 수 없는 차별로서 GATT XX조의 범주에 속하지 않는다고 결론지었다.

(다) GATT XX조의 잠재적 관할권 범위

미국은 많은 국제 협정이 동식물의 소재지 여부를 불문하고 보호하고 있다고 지적하고 GATT XX조상의 조치를 조치 국가 영역 내로 국한된다고 해석해서는 안된다고 주장하였다.

이를 검토한 패널은 미국이 주장하는 국제 협정들은 일방적 조치가 아닌 다자간 협정을 통해 환경을 보호하는 방법을 협의하여 적용하여 왔다고 지적하면서 미국의 주장을 배척하였다. 패널은 특정 상품을 수입 금지하는 것은 당연히(*per se*) 타국의 정책 변경을 요구하게 되는 것은 아니라면서 위험성에 기초하여 동종 상품 중 위험 상품에 대한 수입이 금지되는 경우도 있다고 설명하고, 미승인국가의 경우에는 TED를 사용하여도 수입 금지되므로 승인 받기 위하여는 정책을 변경하여야만 하는 것이 문제라고 지적하였다. 시장 접근에 대한 조건으로 타국에 정책 변경을 요구하는 것은 다자무역 체제를 위협하는 것으로 *US-Gasoline* 사건에서 확인된 것처럼 회원국의 자주권(autonomy)을 침해하는 것으로 인정될 수 없다고 판시하였다.

(라) GATT XX조에 의한 규제권한 보유

미국은 GATT XX조에 의한 조치를 취할 회원국의 권리는 WTO 협정문 서문에 의해 재확인되고 있다고 주장하였다. 이에 대해 패널은 다시 WTO 협정의 주목적은 무역을 통한 경제 발전으로 각국이 처한 특수 환경이 고려되어야 하며,

패널에 제출된 전문가들의 의견에서도 환경 이슈는 각국이 처한 경제적, 사회적 여건이 고려되어야 한다고 한 점을 지적하였다. 이런 면에서 환경과 개발 여건의 다양성은 국제적인 협력을 통해서 해결하라는 것이 WTO 협정 서문의 정신이며 이는 특히 개도국이 관련되었을 때는 더욱 그러하다고 하여 미국이 주장한 GATT XX조에 의해 조치를 취할 권리를 보유하였다는 주장을 배척하였다.

(마) 공통의 자원

미국은 바다 거북이 전세계 공통 자원이므로 미국은 조치를 취할 이해 관계와 권한을 가지고 있다고 주장하였다. 미국은 바다 거북이 각국의 영해를 통과하는 높은 이동성 동물(highly migratory creatures)이라는 것과, 생물학적 다양성(biological diversity) 을 보존하기 위해 미국은 정당한 이해 관계를 가진다고 주장하였다.

이에 대해 패널은 거북의 이동성으로 인해 각국이 공통 이해를 가진다 하더라도 한 국가의 일방적인 조치보다는 국제 협정을 통해 해결하는 것이 문제를 더 잘 해결할 수 있다고 보았다. 일차적으로 국제 협력을 통해 문제를 해결하기 위해 미국은 제소국들을 포함한 국제 사회에서 수락 가능한 보존 방법을 개발하는 국제적인 협력 방안 논의를 먼저 했었어야만 했다고 지적하였다.

(바) 국제 협력의 사전 추진 의무

미국은 GATT XX조는 회원국이 일방적인 조치를 위하는 대신, 또는 취하기 이전에 국제 협정을 위한 협상을 개시하여야 한다는 것을 규정하지 않고 있다고 주장하였다. 실제로도 미국은 제소국들에게 다자간 협상을 제안하였으나 제소국들이 응하지 않았다고 주장하였다.

패널은 회원국이 협상을 개시할 의무가 있는지를 검토하였다. 일방적 조치를 취하는 것은 이로써 다자 무역 체제가 위협받는다는 것을 패널은 다시 지적하며, 국제 협상이 가장 바람직한 형태라고 환기하였다. 미국은 관련국과 사전 협의를 실시하였다고 주장하였으나 패널은 미국이 실제적으로 협상을 개시하였다는 증거를 발견하지 못하였다고 하였다. 오히려 수입 금지 조치 실시시한 이후에 개시되었으며 이것도 단순한 정보 교환의 수준을 넘지 못하여 선의로(in good faith) 협상을 개시하였다고 보기 어렵다고 판단하였다.

(사) 국제 환경 협약과 TED

미국은 TED의 사용은 이미 다자간 환경 기준으로 인정되어 왔다고 주장하였다. 그 근거로서 첫째, 국제 사회는 바다 거북 같은 멸종 위기의 종들을 보호할 필요성을 인정하여 CITES에 포함시켜 바다 거북의 국제 무역은 사실상 금지되어 왔고, 둘째, 국제 협정, 특히 1982년 UN해양법협약과 1992년 Agenda 21[4]은 자원 보존을 위해 어로 과정에서 의도하지 않은 생물의 포획을 막기 위한 노력을 각국이 기울일 것을 규정하고 있으며, 셋째로 범미주협약(Inter-American Conven- tion)의 결과 실제로 19개 국가가 TED 사용을 의무화하고 있다고 지적하였다.

패널은 먼저 바다 거북의 보존에 관한 국제 의무가 있는가를 검토하면서 미국과 제소국들이 모두 CITES의 당사국이며 바다 거북도 부속서 1에 있는 멸종 위기 동물이라는 사실을 확인하였다. 그렇지만 패널은 CITES가 위험 상태의 종인 바다 거북에 관한 무역을 규제하는 것인데 비해, 미국은 수입 금지 조치 대상은 거북이 아닌 새우로서 위험 상태에 처한 종이 아니라는 것을 지적하면서 CITES로는 각국에 TED 사용을 요구하는 것을 정당화할 수 없다고 결론지었다. TED의 사용은 단지 지역 협정에 기초하거나 미국의 자발적 채택에 의한 것으로서 국제적으로 인정된 관행이라 할 수 없고, 비록 1982년 UN 해양법협약과 Agenda 21이 자원 보존을 위해 어로 과정 중 우발적으로 포획되는 희귀 어종들을 보호하기 위한 노력을 기울일 것을 규정하지만 방법에 있어서 TED를 강요하지 않는다고 보았다. 또한 19개국이라는 다수 국가들이 TED를 채택하고 있어도 제소국과 제 3자 참가국들이 반대하는 현 상황에 비추어 TED 사용이 다자간 환경기준으로 관습적인 인정을 받고 있다고는 볼 수 없다고 보았다.

결국 패널은 일방적 조치는 WTO 협정과 국제 환경법의 관점에서 선호하는 다자무역 체제를 위협하므로 받아들일 수 없다고 보았다. 다만 패널은 GATT XX조가 진지한 협상 노력을 기울인 이후 등 특수한 경우에는 일방적인 조치를 불허하는 것은 아니라고 하면서도, 본건의 경우 미국의 조치는 GATT XX조 前文에서 허용하는 조치 범위 내에 있지 않다고 결론지었다. 패널은 전문에 합치되지 않는

---

4) 1992년 유엔 환경개발회의에서 채택된 리우 선언상의 환경보존 명제를 실천하기 위한 각 국가의 행동강령. 의제 21은 법적 구속력은 없지만 각 국가에 대해 환경과 개발을 조화시킬 수 있는 기본방향을 제시하고 있다. 이는 성장 위주의 개발 정책을 계속하여 환경을 파괴하는 경우 지구의 존립 자체가 위협받게 되므로 이를 막기 위해 환경을 보호하는 범위 내에서 개발을 추진하도록 하자는 데 그 의미가 있다.

다고 판시한 이상 GATT XX조(b)항과 GATT XX조(g)항에 해당 여부는 검토할 필요가 없다고 결론지었다.

2) XX조 (b), (g)항 해당 여부

(가) 분석 순서

상소기구는 패널이 GATT XX조 전문 위반 여부를 먼저 검토하고 XX조(b), (g) 해당 여부는 검토조차 하지 않은 것은 잘못이라고 지적하였다. 상소기구는 패널이 동일 조건 하에 있는 국가에 정책 변경을 조건으로 수입을 금지하는 것은 GATT XX조 前文의 요건을 충족하지 않는다고 결론 내린 것은 선험적으로 *a priori* 합리적 검토 없이 성급히 판단한 것이라고 비난하고 Section 609가 우선 GATT XX조(b), (g)에 의해 정당화되는지부터 검토를 하는 것이 순서라고 지적하였다.

(나) GATT XX조(g)에 의한 분석

상소기구는 미국이 GATT XX조(g)호[5] 및 (b)호를 정당한 근거로 주장하였으나 (g)호를 검토한 후 이에 해당하지 않으면 차선책으로 (b)호를 검토할 수 있다고 하여 (g)호의 요건에 해당하는지를 우선 검토하였다. 바다 거북이 유한한 천연자원에 해당하는지에 대해 상소기구는 천연 자원은 비생물자원으로 한정되는 것이 아니라 생물도 포함된다고 보았다. 천연 자원의 단어 자체도 진화적인 과정을 거친 것으로 타 국제기구에서는 생물과 비생물을 포함하는 것으로 사용되고 있다고 지적하였다. 또한 이전의 두 GATT 패널에서도 어류를 자원으로 보고 GATT XX조(g)를 검토하였음을 환기하고 생물도 천연 자원에 포함된다고 결론지었다.

고갈하는 유한한 exhaustible 자원인지에 대해 상소기구는 모든 바다 거북이 CITES 부속서 1에 포함되는 것을 볼 때 유한성을 부인하기는 곤란하다고 하였다. 미국과의 관련성을 볼 때 회유성 동물인 바다 거북이 모두라고는 할 수 없어도 대부분이 미국의 관할권내에 있는 경우가 많으므로 GATT XX조(g)는 미국이 바다 거북에 적용하기에 충분한 연계가 있다고 결론지었다.

---

5) (g) relating to the conservation of exhaustible natural resources if such measures are made effective in conjunction with restrictions on domestic production or consumption

보존에 관한 조치 여부인지에 대해 패널은 Section 609의 일반 체계 및 구조와 그것이 추구하는 정책 목적상 바다 거북 보호와 연관되어 있다고 판단하였다. 상소기구는 Section 609는 광범위한 대상을 규제하는 것이 아니며 백지 위임의 무조건적인 금지도 아니고 합리적으로 바다 거북 보전 이라는 목적에 따라 규정되어 있다고 결론지었다.

국내의 생산 또는 소비에 대한 제한과 관련하여 실시되는 경우에 한하는지에 대해 상소기구는 *US-Gasoline* 사건에서 동 구절은 "수입 상품과 국내 상품에 동등성 even-handedness을 요구"한다는 것을 인용하며 본건에서도 Section 609의 미국내 부과 의무를 검토하여 미 국내적으로 의무화된 TED 사용 위반시에 금전 제재와 민사 처벌을 하고 있는 점에서 동 조항은 내외 상품에 동등하게 적용된다고 결론지었다.

(다) GATT XX조 전문 해당 여부

상소기구는 미국의 조치가 GATT XX조(g)의 범위 내에 해당하므로 GATT XX조(b)에 해당하는지는 더 이상 검토할 필요가 없다고 보고 GATT XX조 前文에 해당하는지를 검토하였다. 상소기구는 UR 협상 과정 중 GATT 서문[6]중 "세계자원의 완전한 이용(full use of the resources of the World)"이라는 표현은 이제 적절치 않다는 것을 협상가들이 인지하고 이것을 대체하여 WTO 설립협정 서문[7] 중에 "상이한 경제 발전 단계에서의 각각의 필요와 관심에 일치하는 방법으로 환경을 보호하고 보존하며 이를 위한 수단의 강화를 모색하면서, 지속 가능한 개발이라는 목적에 일치하는 세계 자원의 최적 이용을 고려" 한다고 기재한 것은 자

---

6) 호주연방, … 생략 … 미합중국 정부는,
무역과 경제적인 노력의 분야에서의 상호관계가 생활수준을 향상시키고 완전 고용 및 고도의 그리고 착실히 증가하는 실질소득액과 유효수요 증가를 확보하고 세계자원의 완전한 이용을 발전시키며 또한 물품의 생산 및 교환을 확대할 것을 목적으로 이끌어져야 한다는 것을 인식하고, 관세 및 기타의 무역장애의 실질적인 경감과 국제통상에 있어서의 차별 대우의 폐지를 목적으로 호혜적이며 상호적인 약정을 체결함으로써 이들 제 목표에 기여할 것을 희망하여, 그들의 대표를 통하여 아래와 같이 합의하였다.

7) 이 협정의 당사자들은,
상이한 경제 발전 단계에서의 각각의 필요와 관심에 일치하는 방법으로 환경을 보호하고 보존하며 이를 위한 수단의 강화를 모색하면서, 지속가능한 개발이라는 목적에 일치하는 세계자원의 최적이용을 고려하는 한편, 생활수준의 향상, 완전고용의 달성, 높은 수준의 실질소득과 유효수요의 지속적인 양적 증대 및 상품과 서비스의 생산 및 무역의 증대를 목적으로 무역 및 경제활동 분야에서의 상호관계가 이루어져야 한다는 점을 인식하고, … 이하 생략.

원의 최적 이용이 지속 가능한 발전이라는 목적과 조화를 이루어야 한다는 증거로 제시하였다.

GATT XX조 각 항이 제한적이고 조건적인 예외라는 것은 영국이 1946년 '해당 조문의 예외 남용을 방지하기 위해(in order to prevent abuse of the exceptions)' 제안을 한다고 한 협상史가 뒷받침한다고 상소기구는 지적하였다. GATT XX조 前文은 법의 일반 원리인 선의의 원칙(principle of good faith)이며 권한과 의무가 균형을 이루어야 하며 어느 국가의 권리 남용은 명백한 조약 위반이라고 하였다. 따라서 상소기구는 본 건에 있어서의 구체적인 적용 양태에 대해 검토하였다.

상소기구는 Section 609의 가장 현저한 흠결은 의도적이고 실제적인 강제 효과라고 지적하였다. Section 609 는 다소의 재량과 신축성을 인정하고 있으나 이를 집행하는 1996년 지침은 사실상 미국의 TED와 동일한(essentially the same) 조치를 시행하도록 매우 경직적으로 운용되었다고 판단하였다. 즉 지침은 'shall be made'라는 의무 규정으로 되어 있고 실제 적용에서도 미국과 동일한 제도를 택하는 경우에만 인가를 해 주었다. 미인가국가에 대하여는 TED를 사용하여 어획하더라도 수입을 금지하는 부당한 차별을 하였다고 지적했다.

상소기구는 더 나아가 미국이 진지한 다자간의 협상노력을 기울이지 않았다는 점을 문제로 지적하였다. 첫째, 미 의회는 Section 609를 통해 명백히 국제 협정의 중요성을 인식하고 협상을 개시할 것을 지시하고 있는데도 미 정부는 凡美洲협약 체결 이전에는 진지한 협상 노력을 기울이지 않았다고 지적하였고 둘째, 강한 회귀 성향의 바다 거북 종에 대하여는 더욱 많은 국제적 노력이 요구된다는 것이 다수 국제 협정에서 요구된 점도 지적되었다. 셋째, 미국이 체결한 지역 협정인 범미주협약에서도 일방적 조치 이외의 적절하고 필요한 다른 조치를 우선 강구할 것을 요구하고 있으나, 미국은 가장 심한 수입 금지를 부과하였고 국제 협상을 위한 진지한 노력을 기울이지 않았다고 판단하였다.

협상 노력의 부족과 더불어 준비 기간을 이전 대상국에는 3년을 부여한 것에 비해 제소국들에는 4개월을 부여한 것은 단기간에 적응 조치를 채택하는 데 따른 부담을 증가시킨 것으로서 차별에 해당한다고 상소기구는 결정하였다. 이와 같은 효과의 누적으로 미국의 조치는 부당한 차별이라고 상소기구는 결론지었다.

3) 자의적 차별(arbitrary discrimination)

상소기구는 미국이 section 609를 1996년 지침을 통해 집행하는 방식도 매우 자의적이었다고 판단하였다. 상소기구는 미국이 적용과정 중 상대국에 상황을 질의하지도 않았고 유일의 경직적이고 비탄력적인 요건(single, rigid and unbending requirement)을 부과하는 제도를 운용하였다고 지적하였다. 승인을 받기 위한 절차의 투명성과 예측 가능성이 전혀 없이 일방적인 *ex parte* 질문, 심리 및 반론 기회의 미제공, 개별적 서면 통보 절차 미비, 재심 및 상소의 부정 등으로 자의적 차별을 이루었다고 비난하였다.

다. 해설 및 평가

상소기구의 판정에 대해 미국과 제소국은 각자 자신의 승리라고 주장하였다. 즉 상소기구는 각국은 환경 보호를 이유로 자국의 시장 접근을 제한할 권리를 보유한다고 하여 미국의 주장을 인정한 반면에, 미국의 법집행은 결함을 가지고 있다고 하여 아시아국들의 입장을 지지하였기 때문이다. 이 사건 패널은 자유무역론자들이 주창하는 다자 무역 체제 유지 강화에 힘을 실어준 것에 비해, 상소기구는 개별 국가가 환경 보호를 이유로 무역을 제한할 권리를 어느 정도 인정하였다는 점이 주목된다. 결과적으로는 미국이 바다 거북 보존 조치가 부당하다고 판정된 것이므로 환경론자들은 WTO가 무역이익을 위해 환경을 등한시하며 무역과 관련된 환경 문제를 적절히 처리하지 못한다는 근거로 이 사건을 자주 인용한다.

이 사건은 GATT 사건인 *US-Tuna/Dolphin* 사건과 매우 유사하다. 미국은 참치 어획 시 부수적으로 포획되는 돌고래 보호를 위해 돌고래 탈출 장치 사용을 의무화하고 이를 준수하지 않는 멕시코산 참치 수입을 금지하였다. 멕시코는 동 조치의 부당성을 주장하였는데 이 사건에서는 이번 사건과 달리 GATT XI조와 III조 간의 관계가 쟁점으로 등장하였다. GATT XI조는 외국 상품의 수입 제한, 즉 수입국 국경 내로의 반입을 제한하는 전형적인 국경 조치인 반면 III조는 수입된 상품에 대한 국내 조치를 다루고 있어 일견 양자간에는 별 관계가 없어 보인다. 그러나 각종 교역 관련 조치는 실상 국경 조치와 국내 조치 요소를 모두 포함하고 있는 경우가 많다. 무기류의 국내 판매를 금지하는 국내 조치가 실효를 거두기 위해서는 수입을 금지하는 국경 조치도 아울러 부과해야 하는 것과 같다. 이렇듯 국경 조치와 국내 조치가 포함된 hybrid 조치에 대한 GATT 규범 적용 문제에 대해서는 GATT 부속서 I의 ad Article III[8]가 명확한 지침을 주고 있다. 명백히 수입품을 대상으로 한 국경 조치는 동등한 조치가 국내 상품에 부과되고 있으면 국경 조치라 하더라도 III조의 범주에 속한다는 것이다.

US-Tuna/Dolphin 사건 패널은 미국의 조치(돌고래탈출 장치 사용 의무 및 불사용 참치의 수입 금지)는 참치라고 하는 상품에 적용되는 것이 아니라 돌고래 보호를 위해 부차적인 조치이므로 ad article III조의 internal regulation이라고 볼 수 없다고 하였다. 패널은 설사 참치 어획 방법 규제를 상품으로서의 참치 판매에 관한 것이라고 본다 하더라도 III조4항상 미국은 수입 참치에 내국 상품과 동등한 대우를 부여하여야 할 것이므로 특정 어획 방법을 강요하는 것은 III조4항 위반에 해당한다고 보았다. 이 사건 패널은 상품과 그 상품이 만들어지는 과정을 구별한 것이다.

상소기구의 판정으로 인해 GATT XX조 적용 순서에 대한 관행이 굳어진 것으로 보인다. 상소기구는 GATT XX조를 인용하기 위해서는 우선 문제가 되는 조치가 XX조 (a)~(j)에 해당하는지를 살피고 그에 해당할 경우 XX조 전문에 부합하는지를 보아야 한다고 하였다.

※ 이 판례 해설 가운데 나. 주요 쟁점별 당사자 주장 및 판결 요지는 「통상법률」(법무부, 1999년 4월호)에 게재된 安完基님의 논문 미국-새우 수입 제한 조치를 주로 참고하여 작성하였다.

---

8) 내국세, 내국과징금 또는 제1항에 열거한 종류의 법률, 규정 또는 요건으로서 수입산품 및 동종의 국내산품에 적용되고 또한 수입산품인 경우에는 수입시 또는 수입지점에서 징수 또는 실시되는 것은 내국세 및 내국과징금 또는 제1항에 열거한 종류의 법률, 규칙 또는 요건으로 간주하며 따라서 제3조의 규정을 적용한다.

12. Malaysia vs. US - Shrimp Article 21.5 사건

(DS58, 2001. 11. 21.- 상소기구)

가. 사건 개요

원 사건 패소 이후 미국은 판정 이행을 위해 1999년 7월 section 609 시행 규칙을 개정하였다. 개정된 시행 규칙은 section 609에 의한 새우수입 제한 조치는 양식 새우, TED 사용 토롤 어선이 포획한 새우, 기계식 어망 등을 사용하지 않는 방식으로 포획된 새우, 기타 미 국무부가 바다 거북 포획 위협을 제기하지 않는다고 판정한 기타 방법으로 포획된 새우에는 적용되지 않는다고 밝혔다. 아울러 개정 규칙은 미국向 새우 및 새우 제품 선적 시 section 609에 의해 승인된 국가의 관할 수역에서 바다 거북에 불리한 영향을 주지 않는 방법으로 포획되었다는 수출자/수입자의 신고서를 첨부하도록 규정하였다. 개정 규칙은 새우 포획국 정부가 TED는 아니나 미국 제도와 실효성을 비견할 만한 바다 거북 보호 조치를 집행 중임을 입증할 경우 section 609에 따른 승인을 받을 수 있도록 하였다.

말레이시아는 미국이 여전히 일방적인 새우 수입 제한 조치를 적용하는 것은 GATT 의무 및 DSB 권고를 준수하지 못한 것이라고 주장하며 2000년 10월 DSU 21조5항상의 이행 패널 설치를 요청하였다.

나. 주요 쟁점별 당사자 주장 및 판결 요지

1) GATT XX조(g) 합치 여부

개정 규칙에 의한 새우 수입 제한 조치가 GATT XI조1항[1]상의 수입 제한 조치에 해당하며 동 조항 위반이라는 데에는 이견이 없었으나 미국은 자국의 조치는 GATT XX조(g)에 의거, 예외로 인정된다는 원 사건에서의 주장을 반복하였다. 패널은 원 사건 상소기구의 판정을 고려하여 우선 미국의 조치가 XX조(g)[2]에 합치되는지를 살피고 합치될 경우 XX조 전문[3]과의 합치 여부를 판단하는 순서로 심리하겠다고 하였다.

패널은 원 사건 상소기구가 이미 section 609가 GATT XX조(g)에 해당한다고 판시하였고 section 609 자체는 변동이 없이 시행 규칙만 개정되었으며 개정 규칙은 GATT XX조(g)와 관련된 section 609의 내용을 변경하지 않았으므로 동 개정 규칙은 XX조(g)에 해당한다고 판시하였다.

2) GATT XX조 전문 합치 여부

(가) 자의적이거나 정당화 될 수 없는 차별 해당 여부

(1) 진지한 선의의 노력(serious good faith efforts)

패널은 원 사건 상소기구가 바다 거북 보호를 위한 다자간 협상이 수입 금지

---

1) XI:1. 체약국은 다른 체약국 영역의 산품의 수입에 대하여 또는 다른 체약국 영역으로 향하는 산품의 수출 또는 수출을 위한 판매에 대하여, 할당제나 수입 허가 또는 수출허가 또는 기타 조치에 의거하거나를 불문하고 관세, 조세 또는 기타 과징금을 제외한 금지 또는 제한을 설정하거나 유지하여서는 아니된다.

2) XX:(g) 유한 천연 자원의 보존에 관한 조치, 다만 동 조치가 국내의 생산 또는 소비에 대한 제한과 관련하여 유효한 경우에 한한다.

3) XX. 본 협정의 어떠한 규정도 체약국이 다음의 조치를 채택하거나 실시하는 것을 방해하는 것으로 해석되어서는 아니된다. 다만, 그러한 조치를 동일한 조건하에 있는 국가간에 임의적이며 불공평한 차별의 수단 또는 국제 무역에 있어서의 위장된 제한을 과하는 방법으로 적용하지 아니할 것을 조건으로 한다.
Subject to the requirement that such measures are not applied in a manner which would constitute a means of arbitrary or unjustifiable discrimination between countries where the same conditions prevail, or a disguised restriction on international trade, nothing in this Agreement shall be construed to prevent the adoption or enforcement by any contracting party of measures

에 앞서 시행되었어야 한다고 판정한 점을 들어 개정 규칙이 자의적이거나 정당화 될 수 없는 차별에 해당하는지 여부를 가리기 위해서는 우선 미국이 다자간 합의를 이루기 위한 진지한 협상 노력을 시도했는지를 살펴야 한다고 보았다. 그리고 미국의 수입 제한이 다자간 협정 협상을 위한 진지한 노력 없이 이루어졌다면 이는 GATT XX조의 남용, 오용에 해당한다고 판단하였다. 패널은 그러나 원 사건 상소기구가 부여한 의무는 다자간 협정을 교섭하라는 것이지 체결하라는 것은 아니라고 보았다. 미국이 진지한 노력을 선의로 시도하였는지를 살피기 위해 패널은 다음 몇 가지가 중요한 guidepost가 될 수 있다고 보았다. 즉 i) 바다 거북은 고도 회유성(回游性) 어족이고 멸종 위기에 있다는 점, ii) 바다 거북의 보존의 당위성은 명백하고 이의가 없다는 점, iii) 이를 달성하기 위한 방법은 과학자들에 의해 강구(identified), 토의되었고 각종 협상 문서에도 포함되어 있다는 점, iv) 미국은 이러한 보호 체계 마련의 주창자(demandeur)이며 그 과학적, 재정적 여력에 비추어 진지한 선의의 노력 정도를 미국에게 더 기대하는 것이 합리적이라는 점이었다.

패널은 또한 원 사건의 합리적 이행 기간 종료 전에 미국이 i) 인도양 내 바다 거북 보존을 위한 지역 협정에 포함될 요소에 관한 문건을 인도양 연안국 및 원 사건 4개 제소국에게 발송한 점, ii) 바다 거북 보존을 위한 지역 협정 체결 결의안을 채택한 국제세미나 개최를 지원한 점, iii) 1999년 개최된 국제회의에서 참가국들이 바다 거북 보존을 위한 국제 협정을 체결키로 서약한 점 등을 주목하였다. 또한 합리적 이행 기간 종료 및 이행 패널 설치 이전 기간 중 미국이 바다 거북 보존을 위한 지역 협정 체결 교섭 회의가 미국도 참가한 가운데 개최되었으며 24개 참가국이 바다 거북 보존에 관한 양해각서를 채택하였음도 고려하였다.

이에 비추어 패널은 미국은 바다 거북 보존을 위한 국제 협정 체결을 위해 선의의 진지한 노력을 다했음을 입증하였으며 따라서 미국은 원 사건 상소기구가 설정한 협상 기준은 충족한 것이라고 일단 결론지었다.

말레이시아는 패널의 판정에 대해 상소하였다. 말레이시아는 원 사건 상소기구가 부과한 의무가 다자간 협정 체결이 아니라 단지 교섭하라는 것이었다는 패널의 해석대로라면 형식적으로 협정 교섭 제안을 한 후 일방적인 수입 제한 조치를 계속 부과할 수 있을 것이므로 다자간 협정을 체결하라는 의무로 해석하는 것이 타당하다고 주장하였다.

상소기구는 원 사건 상소기구가 미국이 모든 수출국에게 국제 협정을 교섭할 유사한 기회를 부여했어야 한다고 언급한 점, 바다 거북 보존을 위해서는 다자간 방식이 훨씬 더 선호된다고 언급한 점 등을 들어 원 사건 상소기구가 미국에게 바다 거북 보존을 위한 국제 협정을 체결하라는 의무를 부여한 것은 아니라고 지적하고 패널의 판정을 지지하였다. 상소기구는 그러나 진지한 선의의 노력 정도를 미국에게 더 기대하는 것이 합리적이라는 패널의 판단에 대해서는 동 의무는 모든 WTO 회원국에게 동등하게 적용되는 것이라고 정정하였다.

(2) 정당화될 수 없는 차별

정당화될 수 없는 차별에 해당하는지를 판별하기 위해 패널은 원 사건 상소기구가 section 609는 정당화될 수 없는 차별에 해당한다고 판정할 때 검토한 요소들이 새 조치에서는 어떻게 시정되었는지 살펴보았다. 첫째 원 조치가 수출국에 미국의 바다 거북 보존 조치와 본질적으로 동일한 조치를 요구하고 수출국에 있을 수 있는 사정상의 차이를 고려하지 않아 유연성이 부족하였다는 점과 달리 개정 규칙은 수출국의 보존 조치가 미국의 것과 실효성에서 견줄만한 정도(comparable in effectiveness)면 된다고 유연성을 부여하였으므로 경직성 문제는 해결된 것이라고 보았다. 둘째 원 조치가 TED를 사용하여 포획한 새우라도 미인가국産이면 수입을 금지한 것과 달리 개정 규칙은 수입을 허용하므로 상소기구 판정을 준수한 것이라고 보았다. 셋째 말레이시아는 경과 기간에 대해 시비하였으나 패널은 경과 기간으로 인해 말레이시아에게 추가적인 비용 부담을 초래한다는 증거가 없다고 하였으며 넷째 미국이 TED 기술을 해외에 이전하는데 말레이시아를 차별한다는 증거가 없다고 판단하였다. 이를 토대로 패널은 미국의 개정 규칙에는 정당화될 수 없는 차별 요소가 존재하지 않는다고 판시하였다.

(3) 자의적인 차별

미국의 이행 조치가 여전히 자의적인 차별에 해당하는지에 대해 패널은 원 사건 상소기구가 인가 과정상의 유연성 부족과 인가 과정의 투명성 및 예측 가능성 부족을 이유로 자의적 차별이라고 판단하였음을 환기하고 이행 조치가 이러한 우려를 해소하였는지를 살폈다. 유연성 부족과 관련하여 패널은 이행 조치의 유연성에 대해서는 이미 긍정적으로 판정하였고 투명성 및 예측 가능성에 대해서는 이행 조치가 원 사건 상소기구가 지적한 문제점을 시정하였다고 판단하였다. 이상의 판단을 종합하여 패널은 미국의 개정 규칙은 GATT XX조상의 자의적이고 정당화할 수 없는 차별의 수단을 구성하는 방식으로 적용되지 않는다고 판시하였다.

말레이시아는 이에 대해 상소하였으나 상소기구는 comparable in effectiveness 기준은 충분한 유연성(sufficient flexibility)에 해당하며 개정 규칙은 미 정부로 하여금 각국의 상이한 조건을 충분히 고려하도록 규정하고 있고 말레이시아의 특별한 사정에 대해 명시적으로 언급되어 있지는 않다는 점을 지적하였다. 상소기구는 따라서 충분한 유연성을 보장하지 못한 것이라는 말레이시아의 주장을 기각하고 패널의 판정을 지지하였다.

(나) 국제 무역에 대한 위장된 제한 해당 여부

패널은 *EC-Asbestos* 사건 패널의 판정을 인용하여 국제 무역에 대한 위장된 제한은 특정 조치가 교역을 제한하기 위한 목적을 추구하고 있음을 감추기 위한 위장에 불과할 경우에만 인정되는 것이라고 전제하였다. 패널은 section 609와 그 개정 규칙의 의도와 구조 등을 종합적으로 검토할 때 교역제한을 의도한 것이라고 볼 수 없고 수출국이 TED 이외의 보존조치를 적용할 수 있도록 용인하고 TED 기술도 이전하여 주는 점 등을 고려할 때 section 609가 국제 무역에 대한 위장된 제한에 해당한다고 볼 수 없다고 판단하였다.

다. 해설 및 평가

패널은 미국의 이행 조치, 즉 개정 규칙으로 이행되는 section 609와 그 적용 양태는 GATT XX조에 정당화된다고 판시하기는 하였으나 패널 보고서에 적시된 각종 조건이 충족되는 한에서만 정당화되는 것이라고 제한을 두었다. 패널은 이 조건 중의 일부가 더 이상 충족되지 않을 경우 DSB의 권고는 이행되지 않은 것이라고 지적하였으며 특히 다자간 협정 체결을 위한 진지한 선의의 노력이 계속되어야 할 것임을 특히 강조하였다. 패널은 다자 협정에 이르기 위한 노력 여부를 정당화될 수 없는 차별 여부를 판단하는 요소 중 특히 중요한 것으로 여긴 것이다. 상소기구 역시 다자 협정 교섭을 위한 진지하고 선의의 노력 등이 충족된 상태로 있는 것을 조건으로 미국의 이행 조치가 GATT XX조에 의해 정당화된다고 판정하였으나 패널이나 상소기구 모두 선의의 교섭을 구성하는 요건에 대해서는 이렇다 할 기준을 제시하지는 않았다.

13. EC, US vs. Korea - Alcohol 사건

(DS75, 84, 1999. 2. 17. - 상소기구)

가. 사건 개요

한국은 주류를 일정 유형으로 분류하고 동 유형에 따라 주세를 종가세 *ad valorem* taxes로 부과해 왔으며 주세율의 일정 비율을 교육세로 추가로 부과해 왔다.[1] EC와 미국은 위와 같은 한국의 주세법과 교육세법이 소주에 과세상의 특혜를 부여함으로써 GATT III조2항[2]에 위반된다며 각각 1997년 4월 2일과 5월 23일

---

1)

문제가 된 주류 상품		주세율(%)	교육세율(주세에 대한 %)	총 세율
희석식 소주		35	10	38.5
증류식 소주		50	10	55
위스키류		100	30	130
브랜디 류		100	30	130
일반증류주(보드카, 진, 럼)		80	30	104
위스키 또는 브랜디가 함유된 일반증류수		100	30	130
리큐르		50	10	55
기타	알콜분 25° 이상인 기타 주류	80	30	104
	알콜분 25° 미만인 기타 주류	70	10	77
	위스키류 또는 브랜디류가 알콜분 총량으로 20%이상 함유된 기타 주류 (혼합주)	100	30	130

2) III:2. 다른 체약국의 영역내에 수입된 체약국 영역의 산품에 대하여는 동종의 내국산품에 직접 또는 간접으로 부과되는 내국세 또는 기타 모든 종류의 내국과징금을 초과하는 내국세 또는 기타 모든 종류의 내국과징금을 직접 또는 간접으로 부과하여서는 아니된다. 또한, 체약국은 본조 제1항에 규정된 원칙에 위배되는 방법으로 내국세 또는 기타 내국과징금을 수입산품 또는 국내산품에 부과하여서는 아니된다.

한국을 WTO에 제소하였다.

나. 주요 쟁점별 당사자 주장 및 판결 요지

1) GATT III조2항 위반 여부

EC와 미국의 주장 요지는 한국이 소주에 적용하는 내국세보다 더 많은 세금을 보드카에 적용함으로써 GATT III조2항 첫 문장에 따른 의무를 위반하였고, 동 내국세를 국내 산업을 보호하기 위하여 기타 수입 증류주에 상이한 방식으로 적용함으로써 같은 조항 두 번째 문장에 따른 의무를 위반하였다는 것이다.

이에 대하여 한국은 희석식 소주[3]와 증류식 소주 모두 수입 주류와 동종 상품이 아니고 또한 국내 주류와 수입 주류가 직접적으로 경쟁적이거나 대체 가능하지 않다고 반박하였다. 또한 한국은 제소국들이 문제가 된 상품들이 한국의 시장 내에서 동종 또는 직접적으로 경쟁적이거나 대체 가능한 상품이라는 점을 입증하지 못하였다고 주장하였다.

제소국들은 한국의 주세와 교육세가 GATT III조2항에 적시된 내국세임은 분명하며 보드카와 소주는 같은 물리적 특성을 가지고 있고 최종 용도가 동일하기 때문에 동종 상품이라고 주장하였다.

The products of the territory of any contracting party imported into the territory of any other contracting party shall not be subject, directly or indirectly, to internal taxes or other internal charges of any kind in excess of those applied, directly or indirectly, to like domestic products. Moreover, no contracting party shall otherwise apply internal taxes or other internal charges to imported or domestic products in a manner contrary to the principles set forth in paragraph 1.

3) 소주 제조법은 증류식과 희석식으로 구분되는데, 증류식은 백미를 제외한 녹말을 함유하는 물료(物料)나 과실을 제외한 당분을 함유하는 물료, 주박(酒粕) 누룩과 물을 원료로 하여 발효시켜 증류하는 방법이다. 그리고 희석식은 백미를 제외한 녹말을 함유하는 잡곡류나 감자류, 당밀, 또는 과실을 제외한 당분을 함유하는 사탕수수 등을 원료로 하여, 발효법·국법·액체국법 및 아밀로 법 등으로 발효하여 알코올을 85℃ 이상으로 증류한 것에 물을 부어 농도를 낮춘 후 설탕·포도당·사카린·아미노산·무기염류 등을 섞어 만든 것이다. 이전에 집에서 빚던 것은 모두 증류식이고, 현재 대규모 공장에서 제조되는 것은 모두 희석식이다. 종류는 증류식의 경우 사용하는 원료에 따라 찹쌀소주·멥쌀소주·수수소주·보리소주·옥수수소주·밀소주 등으로 나뉘고, 첨가하는 약재에 따라 감홍로·이강고·죽력고·구기주·매실주·우담소주 등으로 나뉜다. 향토소주로는 안동소주·개성소주·진도홍주·제주민속주 등이 유명하다. 반면 희석식은 어느 원료든지 증류정제하기 때문에 주정의 함량만 다를 뿐 종류별 차이는 없다.

제소국들은 또한 소주와 모든 기타 증류식 spirits와 liqueurs는 동일한 물리적 특성을 가지고 있고 최종 용도가 같으며, 동일한 경로로 판매되고 유사한 방법으로 광고되는 점, 소비자의 수요는 위스키의 가격의 변화에 반응한다는 점, 그리고 소주와 모든 기타 증류식 spirits와 liqueurs 사이에는 상당한 정도의 교차 가격 탄력성이 존재한다는 점 등을 예로 들며 양 상품은 경쟁적이고 대체 가능한 상품이라고 주장하였다. 아울러 소주와 모든 기타 증류식 spirits와 liqueurs는 유사하게 과세되지 않았고, 이러한 과세상의 차별은 국내 소주 생산에 보호를 제공하기 위하여 적용되었다고 주장하였다.

이에 대해 한국은 수입 주류와 소주에 차등적인 세율을 부과하였다는 것을 인정하지만 모든 세율의 차이가 GATT III조2항의 위반이 되는 것은 아니라고 주장하였다. 즉 어떤 국가도 모든 상품에 단일 세율을 부과하지는 않으며 또한 GATT III조2항의 근본적인 목적은 보호주의를 금지하려는 것이지 각 국가의 조세 체계를 조화시키도록 요구하는 것이 아니라고 주장하였고, 특히 동 조항의 금지 규정은 반보호주의 목적상 엄격하게 해석해야 한다고 주장하였다.

즉 한국의 입장은 III조2항에 따르면 수입 주류는 경쟁적인 국내 상품에 비해 덜 호의적인 방법으로 과세되어서는 안된다는 것으로, 어떤 상품이 완벽하게 대체품이거나 동종인 경우 조세에 있어 차별적이어서는 안 되지만, 만약 상품들이 동종은 아니지만 여전히 직접적으로 경쟁적이거나 대체 가능한 경우에는 보호주의의 효과가 없는 한 어느 정도 차등 과세할 수 있는 여지가 있다는 것이다.

패널은 이 사건에서 패널이 결정해야 할 문제는 한국에서 소주와 수입 주류가 직접적으로 경쟁적이거나 대체 가능한지 여부를 판정하는 것이며 이는 관련 상품들의 물리적 특성, 최종 용도, 유통 채널과 가격 등을 포함한 상품간 직접 경쟁 관계의 증거를 종합적으로 검토하여 판정할 수밖에 없다고 보았다. 따라서 이후 쟁점은 경쟁적이거나 대체 가능한 증거 개개에 대한 심리 위주로 진행되었다.

2) 패널 판결 요지

(가) 증거에 관한 쟁점

한국은 제소국이 관련 상품간 정확한 교차 탄력성을 제시하지도 못하였고 일본시장을 대상으로 한 조사 결과로 한국 시장을 추단하는 오류를 범했다고 주장하였다.

이에 대해 패널은 i) 교차 탄력성은 중요한 증거이기는 하나 정부의 조치가 소비자 수효에 영향을 주었을 가능성을 고려한다면 교차 탄력성이 낮다는 것이 경쟁 관계가 없다는 결정적인 증거는 되지 못하고, ii) 한국 이외의 시장에 관한 데이터의 증거력은 한국 시장에 관한 데이터보다 증거력이 떨어지는 것이 사실이기는 하나 분쟁 당사국 정부 조치로 인해 수입국 시장에 관한 데이터가 왜곡되어 나타나는 경우에는 유사한 환경의 외국 시장에 관한 데이터는 적지 않은 관련성을 갖는다고 보아야 할 것이며, iii) 잠재적 경쟁은 문제가 된 정부 조치(차별적 조세)가 없었더라면 현재 직접 경쟁 혹은 대체 가능한 상품간에 있을 뿐만 아니라 가까운 장래에 그러한 관계에 있을 것으로 예상되는 상품간에도 존재한다고 보는 것이 타당하다고 판단, 한국의 주장을 받아들이지 않았다.

(나) 쟁점이 된 상품

한국은 소주에는 희석식 소주와 증류식 소주가 있으며 이는 III조2항의 적용에 있어서 서로 별개의 범주에 속하는 제품이므로 제소국은 단순히 소주와 HS2208하의 모든 수입주를 비교할 것이 아니라 두 가지 종류의 소주 상품과 각 수입 주류간의 경쟁 관계를 개별적으로 제시하여야 한다고 주장했다.

패널은 우선 희석식 소주와 증류식 소주가 동일한 물품인지에 대해 두 가지 소주간의 차이가 있다 하더라도 증류식 소주는 희석식 소주에 비하여 더 비싸고 알코올 도수도 더 높으며 종종 선물용으로 이용된다는 점 등에 비추어 볼 때 증류식 소주는 희석식 소주에 비하여 수입 주류와 더 비슷하다고 보았다. 따라서 패널은 주로 희석식 소주가 수입 주류와 직접 경쟁적이거나 대체 가능한 관계에 있는지 여부를 중점적으로 분석하였다. 만일 희석식 소주와 수입 주류가 경쟁적이거나 대체 가능한 관계에 있다면 증류식 소주는 당연히 수입 주류와 같은 관계에 있게 될 것이기 때문이다.

제소국은 모든 증류주들이 직접 경쟁적이거나 대체 가능물품이므로 HS 2208 내 주류 중 대표적인 주류에 관한 증거만으로 그 주류가 소주(희석식, 증류식)와 직접 경쟁 관계에 있다고 판정되면 HS2208 내 모든 주류도 소주와 동일한 관계에 있다고 판단해야 한다고 주장하였다.

그러나 패널은 제소국들이 그 물품의 물리적 특성이나 최종 용도 등에 관한 증거를 제출하지 아니한 물품들에 대하여는 어떤 결정을 내릴 수 없다고 하였다. 패널은 제소국들이 HS 2208 항목에 해당하는 모든 물품에 대한 증거를 제출한 것이 아니고, 심지어 제소국들이 증거를 제출한 물품들이 2208 항목을 대표하기에 적절할 것인지에 대한 증거조차도 제출하지 아니하였다고 보았다. 결국 패널은 증거가 있는 물품으로 보드카, 위스키, 럼, 진, 브랜디, 코냑, 리큐르, 데킬라, 기타 첨가주만을 인정하고 이들 상품과 한국 소주와의 관계를 분석하였다.

패널은 두 형태의 소주와 각 수입 물품간에 개별적인 비교를 하여야 한다는 한국의 주장을 배척하고, 모든 수입 물품이 공통된 특성, 최종 용도, 판로 및 가격을 가지고 있는 것으로 보아 하나의 범주에 해당하는 것으로 보았다. 수입 양주간에 물리적 특성이나 가격에 있어서 약간의 차이는 있으나 이를 한 묶음으로 보지 못할 정도는 아니라는 것이다.

(다) 쟁점 상품간의 비교 방법

(1) 물리적 특성

한국은 두 비교 대상의 물리적 특성이 거의 같아서 '직접 경쟁 혹은 대체 가능' 물품으로 볼 것이냐 여부는 '물리학자'의 입장에서가 아닌 '소비자'의 입장에서 보아야 하며, 소주와 수입 양주 간의 색깔 및 향에 있어서의 차이가 소비자들에게는 큰 차이로 느껴질 수 있음을 지적하였다. 그러나 패널은 물리적 특성이 유사하다면 소비자들이 정부의 조치나 기업의 마케팅 전략에 따른 왜곡이 없다면 이들을 잠재적 경쟁 관계로 보는 것이 통례임을 지적했다. 나아가 소주와 양주간에는 숙성과 여과상의 차이를 무력하게 하는 근본적인 물리적 유사성이 있다고 판시했다.

(2) 최종 소비 형태

한국은 소주와 양주는 다른 장소에서 다른 목적으로 소비되므로 서로 경쟁 관계가 없다고 주장했다. 소주는 대중 음식점에서 飯酒로 소비되지만 양주는 주점이나 Bar에서 안주와 함께 마신다는 것이다. 제소국들은 주류가 경험재로서 소비자의 기호가 바뀌는 데에는 시간이 걸리며, 한국의 주류시장이 최근에야 개방된 것을 감안한다면 한국인들도 차츰 양주를 마시기 시작하는 약간의 경향 증거는 소주와 양주가 대체 관계에 있음을 보여주기에 충분한 것이라고 주장했다.

한국은 GATT III조2항의 적용을 위한 시장을 정의함에 있어 경쟁법상 시장의 정의를 원용할 것을 주장하였으나, 제소국들은 기업간의 경쟁 관계를 다루며 국산품과 수입품을 구별하지 않는 경쟁법에 비하여 무역법, 특히 III조는 국산품을 보호하는 차별적 정부 조치를 금지하는 서로 다른 목적을 갖는다고 지적했다. 패널은 경쟁법은 현재의 경쟁 관계를 다룸에 비하여 무역법은 미래의 경쟁 가능성을 다르므로 더 넓은 시장개념을 갖는 것이 자연스럽다고 인정했다.

패널은 소주와 양주간에 직접 경쟁 혹은 대체 가능성을 지탱하는데 충분할 정도로 양 제품의 최종 이용에 있어서 현재적/잠재적 중복이 발견된다고 판시했다.

(3) 판매/유통 방식

슈퍼 등 소매상을 통한 off-premise 판매/유통에는 소주와 양주간의 차이가 없었다. 다만 음식점, 주점을 통한 on-premise 유통과 관련하여 한국은 대부분의 경우 소주는 한국 음식점, 일식 및 중식당, 포장마차에서 소비되고 양주는 양식당, 바, 카페에서 소비된다고 차이를 두었다. 하지만 패널은 60곳의 카페와 양식당이 물량으로는 소주를 양주보다 2배 가량 많이 팔고 있다는 조사 결과에 주목하고 유통 방식에 따른 차이를 부인하였다. 또한 고급 음식점과 대중 음식점을 구별하려는 한국의 시도도 너무나 가변적인 기준이라고 배척되었다. 결국 패널은 소주와 양주의 판매/유통 방식이 상당 부분 중첩되며 이러한 증거는 두 주류간의 직접 경쟁 혹은 대체 가능성을 지지한다고 판시했다.

(4) 가 격

제소국측은 소주의 가격을 20% 정도 올리고 수입 양주의 가격을 최대한도로 낮출 경우 10% 정도의 소비자가 소주에서 양주로 선택을 바꾼다는 예측 조사 보고서를 패널에 제출하였다. 패널은 이 보고서가 정확한 가격의 교차 탄력성을 산출하려는 것이 아니고, 그 동안 정부 규제 하에서 왜곡된 소비자 선호가 있던 주류 시장에서도 교차 탄력성이 있다는 증거를 보임으로써 거명된 주류간의 경쟁 관계를 입증한다고 인정하였다. 패널은 현재 소주와 양주간에 상당한 가격 차이가 있지만 그 차이가 경쟁 관계를 부인할 만큼 결정적인 요인은 아니며 소비 행태 변화를 보여주는 다른 증거를 압도하지는 못한다고 판단했다. 패널은 가격 정보와 가격 변화에 대한 잠재적 소비자 행태 변화를 종합적으로 평가할 때 거명된 수입 양주와 소주간의 직접 경쟁 혹은 대체 가능성을 보강하고 있다고 인정했다.

(5) 경쟁 관계

패널은 소주와 수입 양주간에는 현재에도 약간의 경쟁 관계가 있고 양주의 소비는 증가 추세에 있는 점을 확인하였다. 패널은 한국 양조업자의 생산 및 판매 전략에도 이러한 경향이 반영되고 있는 것으로 이해된다고 보았다. 패널은 이미 상당한 경쟁 관계를 입증하는 상당한 증거가 있는 제품간의 판매 기법이 다르다는 이유로 경쟁 관계를 부인할 수는 없지만, 반대로 상당히 차별적인 두 제품이 비슷한 방법으로 판매되기 시작했다면 잠재적 경쟁의 강한 증거가 될 것으로 인정했다. 한국은 주류 시장을 지나치게 세분화하고 있으며 패널이 보기에는 주류 유통과 관련하여 유일하게 유의미한 구분은 on premise consumption와 off premise consumption의 구별인데 소주와 양주는 모두 양 유통망을 이용하고 있다고 지적했다.

패널은 양 제품간의 현시점에서의 직접 경쟁성에 관한 증거 중 한국에 의해 반박되지 않은 것이 많다는 것과 잠재적 경쟁 관계의 존재를 인정하고, 물리적 특성, 최종 소비 행태, 유통 채널, 가격 등의 증거를 종합해 볼 때 소주와 양주는 직접 경쟁 혹은 대체 가능 상품이라고 결론 내렸다.

(라) 유사하지 않은 과세

희석식 소주에는 35%, 증류식 소주에는 50%의 주세가 붙고 양자 공히 10%의 교육세가 부가되는 반면에, 위스키와 브랜디에는 50-100%의 주세가 붙고 리큐르를 제외한 모든 양주에 30%의 교육세가 부가된다. 모든 세금을 총합하여 보면 희석식 소주에는 38.5%, 증류식 소주와 리큐르에는 55%, 보드카, 진, 럼, 데킬라와 그 혼합주에는 104%, 위스키, 브랜디, 꼬냑에는 130%의 세금이 부과된다. 패널은 결국 희석식 소주에 비하여 위스키 등에는 3배 이상의 세금이 붙으며 이 차이는 명백히 미미한(*de minimis*) 수준을 넘는다고 판시했다.

(마) 국내 생산 보호의 목적

패널은 주세 제도의 세율, 구조, 집행 양태 같은 객관적 사실에 기초하여야 하며 부과되는 세액의 큰 차이 자체가 국내 생산 보호의 목적을 뒷받침한다고 인정했다. 세액의 큰 차이와 함께 패널은 한국 주세 관련법의 구조가 주류를 분류함에 있어서 소주를 비롯한 국산품을 한편으로 분류하고 이와 거의 유사한 수입주를 따로 분류해서 고율의 과세를 하는 것은 국내 생산을 보호하려는 것이라고 인정했다. 따라서 DSU 3조8항[4]이 말하는 GATT 하에서 제소국이 누려야 할 이

4) 3.8. 대상 협정에 따라 부담해야 하는 의무에 대한 위반이 있는 경우, 이러한 행위는 일견 명백한 무효화 또는 침해 사례를 구성하는 것으로 간주된다. 이는 일반적으로 규칙위반이 동 대상 협정의 당사국인 다른 회원국에 대하여 부정적인 영향을 미친다고 추정됨을 의미하며, 이 경우 피소국이 제

익의 침해 내지 무효화가 있었다고 결론지었다.

(바) 동종 상품

보드카와 소주와 동종 상품이라는 제소국의 주장에 대하여 패널은 GATT III조 2항 첫 문장의 동종성은 좁게 해석되어야 한다는 *Japan-Alcohol* 사건에서의 상소기구 판정을 상기하며 소주와 보드카가 동종 상품이라고 결정할 만한 충분한 증거가 제시되지 않았다고 판시했다. 하지만 패널은 수입주와 양주가 직접 경쟁 혹은 대체 가능하므로 이 결정이 본건의 최종 결론에는 실질적 영향을 미치지 않음을 지적했다.

3) 상소기구의 판결 요지

(가) 직접 경쟁 혹은 대체 가능 물품

한국은 패널이 국산품과 수입품을 비교함에 있어 현재 직접적으로 경쟁 관계에 있는 상품간의 비교에 그치지 않고 잠재적 경쟁 관계에 있는 상품까지 고려하고 이들 잠재적 경쟁상품에까지 평등한 경쟁 관계에 대한 期待가 보호되어야 한다고 한 것은 법문장을 지나치게 확대 해석한 것이라고 주장하였다.

상소기구는 패널이 현재에 직접적 경쟁 관계가 없는 것을 극복하기 위해서 잠재적 경쟁의 개념을 이용한 것이 아니고 이미 충분히 입증된 현재의 경쟁 관계에 대하여 보충적으로 잠재적 경쟁 관계를 원용하였으며 이는 '직접 경쟁 혹은 대체 가능 물품'의 범위가 '동종 상품'의 범위보다 넓다는 점과 보호주의의 억제, 평등한 경쟁 조건 달성, 평등한 경쟁 관계에 대한 기대 보호라는 III조의 목적에 비추어 보았을 때 적절한 것이며 이에 오류가 있다고 할 수 없다고 판시했다.

결론적으로 상소기구는 '직접적으로 경쟁적이거나 대체 가능한'이라는 용어는 패널이 GATT III조2항 두 번째 문장에 따라 수입 상품과 국내 상품 사이의 경쟁적 관계를 평가할 때 고려되어야 할 요소들 중 하나로서 잠재적 소비자의 수요에 대한 증거를 설명하지 못하게 하는 것은 아니라고 결정하였다. 본 사건에서 상소기구는 패널이 '강력한 잠재적인 직접적인 경쟁 관계'를 언급함으로써 '현재의 직접 경쟁'에 관한 판결을 내리는 데 있어 법적 오류가 없었다고 결론지었다.

상소기구는 패널이 III조 침해 여부를 분석함에 있어서 경쟁의 성질보다는 수

소국의 협정의무 위반주장에 대하여 반박하여야 한다.

량화에 치중한다면 이는 당해 조세 정책의 구체적 무역 효과에 대한 증거를 요구하는 것과 마찬가지가 될 것이라고 우려한 데에 동의했다. 패널이 사용한 '경쟁의 성질'이라는 용어가 모호하고 주관적이라는 한국의 항변에 대해서 상소기구는 패널이 이것을 경쟁의 '양'에 대비하여 '질'에 해당하는 용어로 사용했다고 이해했다.

한국 주류 시장에 관한 자료가 충분한데 패널이 일본 주류 시장에 관한 자료를 고려한 것이 부당하다는 한국의 주장에 대해서, 상소기구는 경쟁과 무역에 관한 규제 환경이 비슷한 다른 나라의 소비자 행태 자료를 고려하는 것에 오류가 없다고 판시했다.

상소기구는 '직접적으로 경쟁적이거나 대체 가능한' 관계는 쟁점이 된 시장, 특히 본 사건에서는 한국 시장에서 보여져야 한다는 것이 사실이라고 보았다. 또한 상품에 대한 소비자의 반응이 각 나라마다 다를 수 있다는 사실에도 동의하였다. 그러나 상소기구는 이것이 쟁점이 된 시장 이외의 다른 국가에서의 소비자 행동을 고려하지 못하도록 하는 것은 아니라고 보았다. 즉 상소기구는 다른 시장에서의 증거가 쟁점이 된 시장의, 특히 무역 또는 경쟁에 규제 장벽에 의하여 시장이 영향을 받을 경우, 검토에 적절할 수 있다고 본 것이다. 만약 다른 시장이 쟁점이 된 시장과 유사한 특징을 보인다면, 그러한 다른 시장에서 소비자 수요에 관한 증거는 쟁점이 된 시장에 어느 정도 적절성을 가질 수 있다고 판단하고 상소기구는 본 사건에서 패널이 그 논증을 하는 데 있어 일본시장을 언급한 것에는 오류가 없다고 결정하였다

한국은 패널이 소주와 각 수입 주류를 개별적으로 비교하여 경쟁 관계를 평가하지 않고 수입 주류를 하나의 그룹으로 묶어서 비교함으로써 수입 주류간의 중요한 차이를 간과하였다고도 상소하였다. 상소기구는 희석식 소주와 증류식 소주에 관하여 패널이 이러한 상품들을 '그룹화' 하지 않았다고 판단하였다. 오히려 패널은 국내 상품과 수입 상품 간의 경쟁 관계를 평가하는 데 있어 희석식 소주에 집중하였다고 지적하였다. 패널은 증류식 소주는 물리적 특성이나 최종 용도 및 가격이라는 관점에서 희석식 소주와 수입 상품 간의 '중간단계의' 상품이라고 생각하였다는 것이나 이러한 추정에 기초하여 패널은 만약 희석식 소주가 수입 주류와 경쟁적이라는 것을 보인다면 그 중간 상품인 증류식 소주는 수입 상품과 반드시 '직접적으로 경쟁적이거나 대체 가능한' 상품이 된다는 견해를 취하는 논증을 하였으며, 상소기구는 패널의 이러한 논증이 반대할 만한 것이 되지는 않는

다고 판시하였다.

(나) 국내 생산의 보호 여부

한국은 소주와 양주간에는 稅前 가격차가 워낙 크기 때문에 주세 부과에 있어 약간의 차이가 소비자의 수요에 전혀 영향을 미치지 않으며 따라서 국내 생산 보호의 방향으로 적용되었다고 할 수 없다고 주장했다.

제소국은 '보호를 제공하기 위하여'란 문구의 요구 조건은 얼마나 많은 보호가 제공되었는가에 관련된 것이 아니라 문제가 된 조치가 국내 산업을 보호하는지 여부와 전적으로 관련되는 것이라고 반박하였다. 만약 두 상품이 직접적으로 경쟁적이거나 대체 가능하다면 최소 기준을 초과하는 어떠한 과세 차이도 상품들간의 경쟁적인 관계에 영향을 미칠 수 있고, 그 결과보다 덜 과세된 상품을 '보호'하게 된다고 주장하였다. 따라서 단지 남아있는 문제는 보다 덜 과세된 상품이 '국내 상품'인지 여부라고 주장하였다.

Japan-Alcohol 사건에서 상소기구는 조세 체제가 국내 생산에 보호를 제공하는지 여부에 대한 검토는 '문제가 된 조치가 어떻게 적용되는가에 관한 문제'이고, 그와 같은 검토는 '포괄적이고 객관적인 분석을 요구한다'라고 하였다. 상소기구는 본 사건에서 패널이 이러한 접근을 따랐다고 파악하였다. 상소기구는 한국의 조치가 국내 생산에 보호를 제공하였다는 판결에서 패널은 우선 '한국의 주세법은 … 과세 수준에서 매우 큰 차이를 갖는다'라는 사실에 의존하였다고 보았다. 그리고 비록 패널이 과세 차이의 방대함이 문제가 된 조치가 국내 생산에 보호를 제공한다는 판결을 뒷받침하기 위해 충분히 크다고 고려하였을지라도, 패널은 또한 동 조치의 구조 및 의도를 고려하였다고 상소기구는 보았다.

세금을 포함한 가격의 큰 차이는 사실상 소비자로 하여금 이러한 제품들을 대체 가능한 것으로 간주하지 않을 것이고, 따라서 수입 주류를 구매할 것인지에 관한 소비자의 결정은 이러한 수입품에 부과된 높은 세금 부담에 의해 영향을 받지 않을 것이며, 증류식 소주와 수입 주류 사이에 수요의 가격 탄력성이 없다는 한국의 주장에 대하여, 상소기구는 한국이 두 상품이 이미 직접적으로 경쟁적이거나 대체 가능하다는 것이 판명되었다는 사실을 간과하고 있다고 지적하였다. 따라서 이러한 주장들은 분석 단계에 있어 잘못 놓인 것이고, 문제가 된 조치가 국내 생산에 보호를 제공한다는 패널의 판결에 어떤 이의도 제기하지 못한다고 보았다.

따라서 상소기구는 패널이 III조2항 두 번째 문장에 적시된 '보호를 제공하기 위하여'라는 어구를 적용하는 데 오류를 범하지 않았다고 판시하였다.

다. 해설 및 평가

GATT III조2항의 적용 방법에 있어 패널은 통합 분석법을 배척하고 2단계 분석법을 채택한 *Japan-Alcohol* 사건의 견해를 재확인하였다. 2단계 분석법은 수입품과 국산품의 경쟁 관계(동종 상품, 직접 경쟁 혹은 대체 가능 물품 여부)를 먼저 판단한 후에 2차적으로 수입품에 차별적인 과세가 있었는지를 결정하는 방법이고, 통합 분석법은 경쟁 관계를 결정함에 있어서 양 제품간의 차별이 국내 생산을 보호하기 위한 것인지를 함께 고려하는 것이다. 다만 2단계 분석의 경우에 종래에는 동종 상품인지 여부를 먼저 확인한 후에 직접 경쟁 혹은 대체 가능 물품인지를 확인하였으나 이 사건에서는 직접 경쟁 혹은 대체 가능 물품인지를 먼저 분석한 것이 이채롭다.

국내 생산 보호 목적 여부를 판명하기 위해 상소기구는 문제가 된 조치의 고안, 구조 및 체계(design, structure, architecture) 전반을 포괄적으로 검토해야 한다고 강조하였다. 이러한 분석 방법은 *Japan-Alcohol* 사건에서 이미 언급되었으며 *Chile-Alcohol* 사건에서 보다 자세하게 제시되었다.

※ 이 판례 해설 가운데 패널 판결 요지는 「통상법률」 99년 8월호에 게재된 정찬모 님의 WTO 한국 주세 사건 연구를, 상소기구 판결 요지는 「주요 WTO 분쟁 패널. 상소기구 보고서 요약집」(외교통상부 업무 참고 자료 2000년 2월)에 게재된 한국-주류에 대한 세금 연구를 요약한 것이다.

14. US vs. India – Quantitative Restrictions 사건

(DS90, 1999. 9. 22.– 상소기구)

가. 사건 개요

GATT XII조 및 XVIII조 규정에 의거, 각국은 국제수지 보호를 위하여 일정한 조건하에 수입 제한 조치를 취할 수 있다. 이러한 조치를 취한 국가는 이를 국제수지 위원회에 통보하고 협의해야 한다. 인도는 이 규정에 의거, 2,714개 품목(HS 8자리 기준)에 대해 수입 제한 조치를 취하고 있었으며 1997년 5월 이를 국제수지 위원회에 통보하고 동 조치 철폐 시한에 대해 관련 국가와 협의를 진행하였다. 인도는 동 조치 存置 기한으로 7년을 제시하였으나 국제수지 위원회에서 합의에 이르지는 못하였다. 이에 미국을 비롯한 일부 국가는 인도에게 양자 협의를 요청하여 수입 제한 조치 폐지 시한에 대해 협의하였으며 미국을 제외하고 합의에 이르렀다.

문제가 된 인도의 수량 제한 조치는 negative list 형태로 운영되었는데 동 리스트는 기재된 상품을 금지 품목, 제한 품목, canalized 품목으로 3분하여 제한 품목의 경우 인도 상무성의 수입 면허가 있어야 수입할 수 있었으며 canalized 품목은 지정된 정부 기관만이 독점적으로 수입할 수 있었다. 했다. 수입 면허는 또한 수입 상품 실제 사용자(actual user)에게만 발급되었다. 통상의 수입 면허 외에 인도 정부는 수출 실적과 외화 가득액에 비례하여 특별히 수입 면허를 발급하여 주는 특별면허(Special Import Licenses)제도도 운영하였다.

미국은 인도와의 양자 협의가 무산되자 인도의 수입 제한 조치는 GATT XI조 1항, XVIII조11항, 농업협정 4조2항 등에 위반된다며 1997년 10월 패널 설치를 요청하였다.

나. 주요 쟁점별 당사자 주장 및 판결 요지

1) GATT XI조1항 위반 여부

미국은 인도의 수입(수량)제한 조치는 GATT XI조1항[1]에 위배된다고 주장하였으나 인도는 동 조치는 XI조1항 예외조치라고 이미 국제수지 위원회에 통보되었으므로 패널이 심리할 필요가 없는 사항이라고 반박하였다. 패널은 그러나 동 조치가 합법적으로 정당화되는지 여부를 살피기 위해서는 그 내용에 대해 당연히 심리할 수 있다면서 인도의 주장을 기각하고 미국의 주장 하나하나를 살펴보았다.

미국은 인도의 제한 품목은 상무성 수입 면허가 있어야만 수입할 수 있고 이는 실사용자에게만 발급되므로 수입 면허 제도가 자의적이고 불투명하고 임의적으로 운영되는 것이라고 주장하였다.

패널은 GATT XI조1항은 수량 제한을 포괄적으로 금지하는 것이어서 그 적용범위가 광범위하며 *EEC-Quantitative Restriction* 사건 패널이 동 조항을 수입 면허 제도와 결부시켜 해석함에 있어 수입 면허가 자동적으로 부여되는 것이 아니면 동 조항 위반에 해당한다고 판시한 바 있음을 환기하였다. 패널은 재량에 따라(discretionary) 부여되거나 자동적이(automatic) 아닌 수입 면허 제도는 GATT XI조1항에 의거, 금지되는 제한이라고 결론짓고 인도의 수입 면허 제도는 재량에 따른 제도이므로 XI조1항 위반에 해당한다고 판단하였다.

특정 상품 수입의 canalization에 대해 패널은 XI조1항 위반은 국가가 교역을 운영하는 방식으로부터도 起因할 수 있으며 제출된 증거로 볼 때 특정 상품의 수입은 지정된 국가 기관만이 독점적으로 수행할 수 있는 점이 분명하므로 XI조1항 위반에 해당한다고 판단하였다.

Special Import License(SIL) 제도에 대해 패널은 신청자의 수출 실적이나 외화 가득액에 비례하여 배정되는 것이므로 재량적이고 비자동적인 수입 면허 제도에 해당하는 것이며 따라서 XI조1항에 위반된다고 판단하였다.

---

1) XI:1. 체약국은 다른 체약국 영역의 산품의 수입에 대하여 또는 다른 체약국 영역으로 향하는 산품의 수출 또는 수출을 위한 판매에 대하여, 할당제나 수입 허가 또는 수출허가 또는 기타 조치에 의거하거나를 불문하고 관세, 조세 또는 기타 과징금을 제외한 금지 또는 제한을 설정하거나 유지하여서는 아니된다.

Actual User 요건에 대해서도 패널은 XI조1항의 금지는 포괄적인 것인데 최종 사용자에 대해서만 예외적으로 수입을 허락하는 것은 동 조항의 취지에 맞지 않으며 동 조항 위반에 해당한다고 판단하였다.

2) GATT XVIII조 위반 여부

(가) XVIII조 9항 요건 충족 여부

미국은 인도의 조치는 XVIII조9항[2]의 요건을 충족하지 못하는 것이므로 XVIII조11항[3]에 위반된다고 주장하였다. 패널은 인도의 조치가 XVIII조9항 조건을 충족하면 정당화되는 것이므로 더 심리할 필요가 없을 것이며 불충족하는 것이면 XVIII조11항과 ad article XVIII조11항과의 합치 여부를 살펴야 할 것으로 보았다. 패널은 나아가 XVIII조B절은 개도국에 대한 특별 대우(S&D)를 인정하고 있고 DSU 12조11항[4]도 S&D에 관한 조항을 고려할 것을 주문하고 있으므로 XVIII조에 대해 분석을 행함에 있어 S&D에 대해서 특별히 고려하겠다고 밝혔다.

XVIII조9항은 수입 제한 조치가 a) 통화 준비의 심각한 감소 위협 예방 또는

---

2) XVIII:9. 본조 제4항 (a)의 범주에 속하는 체약국은, 자국에 대외 자금사정의 보호와 경제개발계획의 실시에 충분한 수준의 통화 준비금을 확보하기 위하여 제10항에서 12항까지의 규정에 따라 수입 허가상품의 수량 또는 가액을 제한함으로서 전반적인 수입 수준을 통제할 수 있다. 다만, 이와 같이 설정, 유지 또는 강화된 수입 제한은 다음의 목적을 위하여 필요한 한도를 초과하여서는 아니된다.
(a) 자국의 통화 준비의 현저한 감소의 위협에 대한 예방 또는 이러한 감소의 저지
(b) 충분한 통화 준비를 보유하지 아니한 체약국의 경우에는 통화 준비의 합리적인 율에 의한 증가.
전기의 어느 경우에 있어서도, 해외특별신용 또는 기타 자금을 이용할 수 있는 경우에는 동 신용 또는 자금을 적절히 사용하기 위한 준비의 필요성을 포함하여 체약국의 통화 준비의 필요성에 영향을 줄 수 있는 특별요인에 대하여 적절한 배려를 하여야 한다.

3) XVIII:11. 체약국은, 국내정책을 수행함에 있어서, 건전하고 영속적인 기반위에 자국의 국제수지의 균형을 회복할 필요성과 생산자원의 경제적 이용을 확보할 필요성에 대하여 적절한 배려를 하여야 한다. 체약국은 본절의 규정에 따라, 실시하는 제한을 본조 제9항의 조건에 따라 필요로 하는 범위내에서만 유지하고, 사정이 개선됨에 따라 점차 완화하여야 하며, 또한 동 제한의 계속 유지를 더 이상 정당화하지 아니하는 상태가 된 경우에는, 동 조치를 폐지하여야 한다. 다만, 체약국은 자국의 개발 정책의 변경이 본 B절의 규정에 따라 실시하고 있는 제한을 불필요하게 할 것이라는 이유로서 제한을 철회 또는 수정하도록 요구되지 아니한다.

4) 12.11. 하나 또는 둘 이상의 당사자가 개발도상회원국인 경우, 패널 보고서는 분쟁 해결 절차의 과정에서 개발도상회원국이 제기한 대상 협정의 일부를 구성하는 개발도상회원국을 위한 차등적이고 보다 유리한 대우에 관한 관련 규정을 어떤 형태로 고려하였는지를 명시적으로 적시한다.

중지, b) 통화 준비가 불충분한 회원국이 통화 준비의 합리적인 증가율 달성에 필요한 범위 내에서만 시행될 수 있다고 제한하고 있다. XVIII조9항(a)의 충족 여부를 심리함에 있어 패널은 IMF는 1997년 11월 21일 현재 인도의 대외 지불 준비금은 251억불이었으며 당시의 적정 대외 지불 준비금은 160억불 정도라고 보았음을 유념하였다. 아울러 인도 중앙은행의 연구 결과나 인도가 제출한 4개의 적정 지불 준비금 계산 방식 중 3개가 당시의 인도 준비금이 적정한 수준이라고 판단했으며 인도의 지불 준비금이 당시 감소 중에 있지도 않았고 급격한 감소가 예견되지도 않았으며 IMF도 같은 의견이었음을 주목하였다. 이상의 자료를 토대로 패널은 패널 설치일 현재 XVIII조9항(a)에 명시된 통화 준비의 심각한 감소나 위협이 존재하지 않았다고 판단하였다. XVIII조9항(b) 충족 여부에 대해서도 패널은 같은 이유로 당시 인도의 준비금이 불충분하다고 볼 수 없다고 판단하였다.

이상을 토대로 패널은 인도의 수입 제한 조치는 XVIII조9항(a),(b)를 위하여 필요한 범위를 초과한 것이며 따라서 국제수지를 이유로 한 수입 제한 조치는 XVIII조9항의 조건하에서 필요한 범위 내에서만 유지해야 한다는 XVIII조11항을 위반한 것으로 보인다고 판단하였다.

(나) ad article XVIII조11항 충족 여부

패널은 수입 제한 조치의 철폐가 동 조치를 다시 필요로 하는 상황을 초래할 경우 이를 철폐 또는 완화하지 않아도 된다는 ad article XVIII조11항[5]에 의거하여 인도의 수입 제한 조치가 정당화되지는 않는지 계속해서 살펴보았다. 패널은 ad article XVIII조11항을 충족하기 위해서는 i) XVIII조9항의 (a) (b) 두 개 조건 중 적어도 하나가 존재해야 하고, ii) 동 조건이 수입 제한 조치의 철폐나 완화로 인해 초래되어야 하며(인과 관계), iii) 조치의 철폐나 완화가 그로부터(thereupon) 동 조건을 발생시켜야 한다, 즉 (a), (b) 두 조건이 조치의 철폐나 완화로 인해 즉시(immediately) 발생해야 한다고 정리하였다. 요는 두 조건 중 적어도 하나가 문제가 된 조치의 폐지나 완화로 인해 즉시 발생하여야 한다는 것이다. 패널은 즉

---

5) 제11항 둘째 문장의 규정은 이러한 제한의 완화 또는 제거가 제18조 제9항의 규정에 따른 제한의 강화 또는 설정을 정당화하는 상태를 그로부터 발생시킬 때에는, 체약국에게 동 제한의 완화 또는 제거를 요구하는 것으로 해석되어서는 아니된다.
The second sentence in paragraph 11 shall not be interpreted to mean that a contracting party is required to relax or remove restrictions if such relaxation or removal would thereupon produce conditions justifying the intensification or institution, respectively, of restrictions under paragraph 9 of Article XVIII.

시가 수일 또는 수주내를 의미하는 것은 아니라고 부연하였다. 패널은 제출된 증거를 종합하여 판단할 때 조치의 폐지나 완화가 준비금의 잠재적인 감소 가능성을 초래할 수는 있겠으나 그 잠재적인 감소의 규모나 심도가 수입 제한 조치 부과를 위해 XVIII조9항이 요구하는 요건을 충족하는 정도라고는 볼 수 없다고 판단하였다. 즉 패널은 문제가 된 조치를 폐지한다고 해서 수입 제한 조치의 再부과를 정당화하는 조건이 즉시 발생된다고 볼 수 없고 따라서 문제가 된 인도의 조치는 ad article XVIII조11항에 의해 정당화되지 않는다고 판시하였다.

인도는 패널이 thereupon을 immediately라고 해석한 것에 대해 상소하였다. 상소기구는 XVIII조9항의 통화 준비의 심각한 감소 위협의 경우 thereupon을 immediately로 해석하는 것은 타당하며 통화 준비의 심각한 감소 또는 불충분한 통화 준비의 경우 thereupon은 soon after 정도로 해석하는 것이 타당하다고 보았다. 상소기구는 패널이 비록 immediately라는 용어를 사용하기는 했으나 수주 내를 의미하는 것은 아니라고 부연한 만큼 soon after에 해당한다고 볼 수 있고 따라서 thereupon에 대한 패널의 해석은 타당하다고 지지하였다.

(다) XVIII조11항 단서 충족 여부

GATT XVIII조11항은 개발 정책을 변경하면 BOP 수입 제한이 불필요해질 수도 있다는 이유로 동 수입 제한을 철회하거나 수정하도록 요구받지 않는다는 단서를 두고 있다. 인도는 이 단서를 인용하여 자신의 BOP 조치가 정당화 된다고도 주장하였다. 인도의 BOP 조치가 정당화되지 않는다는 IMF의 견해는 인도가 자신의 개발 정책을 변경해야 한다는 가정에 근거한 것이라고도 주장하였다. 패널은 그러나 인도가 무엇을 동 단서상의 개발 정책으로 보는지에 대해 일언반구 언급도 없었고 인도가 자신의 개발 정책을 수정하도록 요구받은 사실도 없으므로 인도는 XVIII조11항 단서를 근거로 BOP 수입 제한 조치를 유지할 권한이 없다고 판단하였다.

인도는 패널이 BOP 조치 철폐가 XVIII조9항 상황의 재발로 이어지지 않도록 하기 위해 거시경제 정책이나 개발 정책 수단을 사용하도록 요구하였으며 이는 개발 정책의 변경에 해당하는 것이므로 XVIII조11항 단서에 합치되지 않는 것이라고 상소하였다. 상소기구는 인도의 주장을 기각하였다. 상소기구는 패널은 인도가 루피화 방어를 위해 거시경제 정책을 사용한 적이 있음을 언급하였을 뿐이고 거시경제 정책은 모든 나라가 통상적으로 사용하는 정책으로서 반드시 개발 정책과 연계되는 것은 아니며 인도가 BOP 상황을 거시경제 정책 수단이나 구조 조정 정책을 이용하여 관리할 수 있을 것이라는 IMF의 견해는 그 자체가 개발 정책의 변화를 암시하는 것도 아니라고 설명하였다.

인도는 '1994년 GATT 국제수지 규정에 관한 양해' 1조[6]와 13조[7]는 BOP 조치를 철폐하기 위한 일정을 마련토록 하고 있으며 미국을 제외한 모든 국제수지 위원회 회원국은 인도가 제시한 일정에 동의하였다고 강조하고 따라서 인도는 이 일정에 따라 수입 제한 조치를 철폐할 권리가 있다고 주장하였다. 그러나 패널은 철폐 일정을 제출하고 승인받는 절차가 회원국에게 철폐시한에 관한 권리를 부여하는 것은 아니며 그러한 권리를 인정하자면 사전에 철폐일정에 대해 이사회의 사전 결정이 있어야 할 것이나 이 경우에는 그러하지 않다고 지적하고 인도의 주장을 받아들이지 않았다.

이상의 판단을 종합하여 패널은 인도의 국제수지를 이유로 한 수입 제한 조치는 XVIII조에 의해 정당화되지 않는다고 판시하였다.

3) 농업협정 4조2항 위반 여부

미국은 인도가 수입 제한 조치를 취하고 있는 2,714개 품목 중 710개는 농업협정 대상품목이며 동 품목들은 농업협정 4조2항[8]에 의해 관세화되어야 하므로 인도의 조치는 동 조항 위반이라고 주장하였다.

인도는 농업협정 4조2항 각주 1[9]에 BOP 조치는 제외된다고 명기되어 있으므

---

6) 1. 회원국은 국제수지 목적으로 취해진 수입 제한 조치의 철폐를 위한 일정을 가능한 빨리 공표한다는 약속을 확인한다. 이러한 일정은 국제수지 상황의 변화를 고려하여 적절히 수정될 수 있는 것으로 양해된다. 회원국이 일정을 공표하지 아니하는 때에는 언제나 동 회원국은 그 이유에 대한 정당성을 제시한다.

7) 13. 위원회는 협의에 관하여 일반 이사회에 보고한다. 정식 협의절차가 이용된 경우, 보고서는 협의계획의 상이한 요소에 관한 결론과 동 결론이 기초한 사실 및 사유를 명시한다. 위원회는 보고서 결론에 제12조, 제18조 B, 1979년도 선언 및 이 양해의 이행을 촉진시킬 목적의 권고안을 포함하도록 노력한다. 국제수지 목적으로 취해진 제한 조치를 철폐하기 위한 일정이 제시된 경우 일반 이사회는 이러한 일정을 준수하는 회원국이 1994년도 GATT상의 의무를 이행하고 있는 것으로 간주된다고 권고할 수 있다. … 이하 생략 ….

8) 4.2. 회원국은 제5조와 부속서 5에 달리 규정된 경우를 제외하고는 일반 관세로 전환하도록 요구된 어떠한 종류의 조치도 유지 또는 이용하거나 동 조치로 복귀하지 아니한다.

9) 이러한 조치는 1947년도 GATT의 규정으로부터의 국별의무 일탈에 따라 유지되는지 여부에 관계없이 수입 물량 제한, 가변수입부과금, 최소수입가격, 임의적인 수입 허가, 국영무역을 통하여 유지되는 비관세 조치, 수출 자율 규제, 일반 관세 이외의 유사한 국경 조치를 포함한다. 단,

로 관세화 대상이 아니라고 주장하였으나 패널은 인도의 조치가 GATT XI조1항 위반이고 XVIII조에 의해 정당화되지 않는다고 이미 판시하였으므로 문제가 된 인도의 조치는 각주 1이 의미하는 BOP 조항에 의해 유지되는 조치가 아니며 따라서 동 조치는 농업협정 4조2항 위반에 해당한다고 결론지었다.

4) 이행 방법의 권고

패널은 패널이 이행 방법을 권고할 수 있다는 DSU 19조1항[10]에 주목하여 이행 방법에 대한 자신의 견해를 밝혔다. 패널은 무역 자유화는 자주 훼손될 수 있는 과정이며 문제가 된 국제수지 목적의 수입 제한 조치는 즉시 폐지되어야만 하는 것이 아닌 점을 주목하였다. 개도국에 있어 국제수지 문제가 갖는 중요성에 비추어 이 사건의 경우 합리적인 이행 기간은 DSU 21조3항다호[11]에 명시된 15개월보다 길어질 수도 있음을 지적하였고 아울러 패널은 인도가 이미 다수 국가와 수입 제한 조치 점진적 철폐 시한에 합의한 점, XVIII조12항(c)(ii)[12] 또는 (d)[13]

1994년도 GATT나 세계무역기구 부속서 1가의 국제수지규정 또는 다른 일반적, 비농업특정적 규정에 따라 유지되는 조치는 포함하지 않는다.

10) 19.1. 패널 또는 상소기구는 조치가 대상 협정에 일치하지 않는다고 결론짓는 경우, 관련 회원국(각주9 생략)에게 동 조치를 동 대상 협정에 합치시키도록 권고한다(Re.10). 자신의 권고에 추가하여 패널 또는 상소기구는 관련 회원국이 권고를 이행할 수 있는 방법을 제시할 수 있다.

11) 21.3.다. 권고 및 판정이 채택된 날로부터 90일이내에 기속적인 중재를 통하여 확정되는 기간.(각주12 생략) 이러한 중재에 있어서 중재인(각주13 생략)을 위한 지침은 패널 또는 상소기구권고 이행을 위한 합리적인 기간이 패널 또는 상소기구 보고서가 채택된 날로부터 15월을 초과하지 아니하여야 한다는 것이다. 그러나 특별한 사정에 따라 동 기간은 단축 되거나 연장될 수 있다.

12) XVIII:12. (ii) 그러나 체약국단은, 협의의 결과, 전기 제한이 본 절 또는 제13조의 규정(제14조 규정을 조건으로)에 현저히 위배되는 방법으로 적용되고 있으며 동 제한이 다른 체약국의 무역에 손해를 주거나 손해를 줄 우려가 있다고 결정하는 경우에는, 동 제한을 적용하고 있는 체약국에 대하여 그 취지를 통고하고 또한 특정 기간 내에 전기의 규정에 따르게 하기 위한 적절한 권고를 하여야 한다. 동 체약국이 특정기간 내에 전기 권고에 불응하는 경우에는, 체약국단은 전기 제한에 따라 무역에 악영향을 받는 체약국에 대하여, 동 제한을 과하고 있는 체약국에 대한 본 협정상의 의무로서 체약국단이 상황에 따라 적당하다고 결정하는 의무를 면제할 수 있다.

13) (d) 체약국단은 본절의 규정에 따라 제한을 과하고 있는 체약국에 대하여 동 제한이 본절의 규정 또는 제13조(제14조의 규정을 조건으로)의 규정에 반하며, 또한 이로 인하여 자국의 무역이 악영향을 받았다는 것을 일견하여 명백히 입증할 수 있는 다른 체약국의 요청이 있는 경우에는, 체약국단과 협의하도록 초청하여야 한다. 다만, 이러한 초청은 관계 체약국간의 직접적인 토의가 성공하지 못하였다고 체약국단이 확인한 경우를 제외하고는 행할 수 없다. 만약, 체약국단과의 협의결과 합의에 도달하지 못하였으며, 또한 동 제한이 전기 규정에 반하여 과하여지고 있으며 또한 이로 인하여 절차를 시작한 체약국의 무역에 손해를 주었거나 또는 줄 우려가 있는 것을 체약국단이 결정한 경우에는, 체약국단은 동 제한의 철회 또는 수정을 권고하여야 한

상 설사 BOP 조치가 XVIII조에 합치하지 않는다 하더라도 즉시 철폐가 요구되는 것이 아니라 규정과의 합치가 요구된다는 점, IMF도 즉시 철폐가 아니라 점진적인 폐지를 권고한 점, DSU 21조2항상 개도국의 이해 관계에 영향을 미치는 점에 대해서 특별히 주의해야 한다는 점을 들어 분쟁 당사자인 미국과 인도에게 위와 같은 사항을 감안하여 이행 기간, 즉 점진적 철폐 시한을 협의하라고 권고하였다.

5) 사실의 객관적 평가 의무 해태 여부(DSU 11조)

인도는 패널이 인도의 국제수지 상황에 대한 IMF의 견해에 전적으로 의존한 것은 자신의 법적인 권한을 IMF에 위양한 것이고 DSU 11조[14]에 적시된 분쟁의 사실 부분에 대한 객관적인 평가 의무를 다하지 못한 것이라고 상소하기도 하였다.

패널은 인도의 국제수지 상황에 대한 정확한 이해를 위해 IMF에 질의한 바 있으며 IMF의 회신에 대해 상당한 무게를 두고 검토하였다. 패널이 필요한 경우 개인이나 기관으로부터 자문을 구하는 것은 DSU 13조[15]에 의거, 용인되는 것이며 특히 국제수지 문제에 관해 IMF와 협의하는 것은 GATT XV조2항[16]에도 명시

다. 체약국단이 정하는 기간 내에 동 제한이 철회 또는 수정되지 아니하는 경우에는, 체약국단은 동 절차를 시작한 체약국에 대하여 동 제한을 과하고 있는 체약국에 대하여 동 제한을 과하고 있는 체약국에 대한 본 협정상의 의문로서 체약국단이 상황에 따라 적당하다고 결정하는 의무를 면제할 수 있다.

14) 패널의 기능은 분쟁 해결 기구가 이 양해 및 대상 협정에 따른 책임을 수행하는 것을 지원하는 것이다. 따라서 패널은 분쟁의 사실 부분에 대한 객관적인 평가, 관련 대상 협정의 적용가능성 및 그 협정과의 합치성을 포함하여 자신에게 회부된 사안에 대하여 객관적인 평가를 내려야 하며, 분쟁 해결 기구가 대상 협정에 규정되어 있는 권고를 행하거나 판정을 내리는 데 도움이 되는 그 밖의 조사 결과를 작성한다. 패널은 분쟁 당사자와 정기적으로 협의하고 분쟁 당사자에게 상호 만족할 만한 해결책을 찾기 위한 적절한 기회를 제공하여야 한다.

15) 13.1. 각 패널은 자신이 적절하다고 판단하는 모든 개인 또는 기관으로부터 정보 및 기술적 자문을 구할 권리를 갖는다. 그러나 패널은 회원국의 관할권 아래에 있는 개인이나 기관으로부터 이러한 정보나 자문을 구하기 전에 동 회원국의 당국에 통보한다. 패널이 필요하고 적절하다고 간주하는 정보를 요청하는 경우, 회원국은 언제나 신속히 그리고 충실하게 이에 응하여야 한다. 비밀 정보가 제공되는 경우, 동 정보는 이를 제공하는 회원국의 개인, 기관 또는 당국으로부터의 공식적인 승인 없이는 공개되지 아니한다.

16) 2. 체약국단이 통화 준비, 국제수지 또는 외환약정에 관한 문제를 고려하거나 처리하도록 요구된 경우에는 그들은 국제통화기금과 충분히 협의하여야 한다. 동 협의에 있어서 체약국단은 외환, 통화 준비 및 국제수지에 관하여, 동 기금이 제시하는 통계 및 기타의 사실에 관한 모든 판정을 수락하여야 하며 또한 외환문제에 관한 체약국의 조치가 국제통화기금 협정 또는 해당체약국과 체약국단간의 특별 외환약정의 조항에 합치되는지의 여부에 관한 동 기금의 결정을 수

되어 있다. 상소기구는 패널이 IMF의 견해를 전적으로 받아들인 것은(simply accept) 아니며 진지하게 평가(critically assessed) 하였고 다른 증거도 고려한 점이 인정된다고 판단하였다. 따라서 상소기구는 인도의 주장을 기각하고 패널이 사실에 대한 객관적인 평가를 하였다고 판시하였다.

다. 해설 및 평가

인도는 패널 및 상소기구 심리에서 공히 BOP 조치가 XVIII조B절에 의해 정당화되는지 여부는 국제수지 위원회나 일반 이사회에서 결정될 문제이지 분쟁 해결 절차의 대상이 될 수 있는 문제가 아니라고 주장, 동 건은 패널이나 상소기구의 심리 대상 자체가 될 수 없다고 주장하기도 하였다. 패널과 상소기구는 모두 인도의 주장을 기각하였다. 패널은 XVIII조12항이 BOP 조치와 관련된 협의나 분쟁 해결 절차에 대해 별도로 규정하고 있기는 하나 GATT XXIII조는 모든 분쟁에 적용되는 일반적인 규정이며 WTO 출범 이전 GATT의 관행을 보아도 BOP 문제가 XVIII조12항의 절차 또는 XXIII조 일반 절차 중에서 선택적으로 적용되어 왔다고 확인하였다. 패널은 1994년 BOP 양해 각주 17)도 일반적인 분쟁 해결 절차가 BOP 문제에 관한 어떤 사항에 적용된다고 적시하고 있고 WTO 협정의 대상과 목적에 입각하여 해석하여도 WTO 분쟁 해결 절차가 BOP 문제를 다룰 수 없다고 볼 수는 없다고 판단하였다. 인도는 상소 시 WTO 기구간의 균형상 정치적인 기구인 국제수지 위원회나 일반 이사회의 소관 사항을 법률 기구인 분쟁 해결 절차가 다룰 수는 없다는 주장을 새로 추가하였으나 상소기구는 받아들이지 않았다. 상소기구는 GATT/WTO내에 기구간 균형(institutional balance)원칙이 있다는 주장을 뒷받침하기 위해 인도가 인용한 판례는 자세히 분석하여 보면 인도의

락하여야 한다. 체약국단은, 제12조 제2항(a) 또는 제18조 제9항에서 정한 기준에 관한 경우 최종적인 결정에 도달함에 있어서, 체약국의 통화 준비의 격심한 감소, 통화 준비의 극히 낮은 수준 또는 그 통화 준비의 합리적인 증가율을 발생시키는 요인이 무엇인가에 관하여, 그리고 이러한 경우에 있어서 협의의 대상이 되는 기타 사항의 금융면에 관하여 동 기금의 결정을 수락하여야 한다.

17) 이 양해의 어느 부분도1994년도 GATT 제12조 또는 제18조 B에 따른 회원국의 권리와 의무를 변경하기 위함이 아니다. 국제수지 목적으로 취한 수입 제한 조치의 적용으로 발생하는 모든 문제에 대하여 분쟁 해결양해에 의하여 발전되고 적용되는 1994년도 GATT 제22조와 제23조의 조항을 원용할 수 있다.

주장을 뒷받침한다고 볼 수 없고 오히려 패널이 정확한 판단을 위해 국제수지 위원회의 심리나 결정을 충분히 고려한 사실이 인정된다고 지적하였다. 상소기구는 결론적으로 인도가 institutional balance 원칙상 국제수지 위원회 소관사항은 분쟁해결 기구 관할 범위가 아니라는 이론을 입증하지 못했다고 판시하였다.

분쟁 해결 절차의 관할범위 여부에 관한 문제는 *Turkey-Textile* 사건에서도 재론되었다. 이 사건에서는 regional trade agreement에 의한 조치가 GATT XXIV조에 의해 정당화되는지 여부를 판단할 수 있는 주체가 분쟁 해결 절차인지 지역무역협정 위원회인지가 논란이 되었다. 동 사건 상소기구는 이번 사건에서와 마찬가지로 패널의 심리 대상이 된다고 판단하였다.

이 사건은 수량 제한의 일반적 금지에 대한 예외 상황을 다룬 것이다. GATT XI조는 수량 제한을 원칙적으로 금지하고 있으나 다수의 예외를 동 조항 내에서 인정하고 있으며 이외에도 별도의 예외 규정[18]을 통해 추가적인 예외가 인정되고 있다. 이 사건에서 쟁점이 된 것은 국제수지 방어상 인정되는 수입 제한인데 이에 관련된 조항은 GATT XII조와 XVIII조 두 개 가 있어 추가적인 설명이 요구된다.

XII조는 국제수지방어를 위한 일반적인 예외 규정으로서 GATT 가맹국은 국제수지의 악화로 인해 외환 보유고가 현저하게 감소된 경우, 그 합리적인 증가를 위해 필요한 최소한도에서 수입 물량을 제한할 수 있다. 동 조항에 의한 수입 제한을 행하는 국가는 매년 국제수지 위원회와 협의하여 필요한 최소한도의 제한에 해당하는지의 여부에 대하여 심사를 받고 국제수지 상황이 개선됨에 따라 그 제한을 완화하며 그 필요가 없는 경우에 이를 폐지하여야 한다.

이 사건에서 인도가 자신의 조치가 예외적으로 정당화된다고 주장한 근거는 GATT XVIII조B절이다. XVIII조는 4항(a)[19]에 의거, 개도국에 한해 관세 양허 수정, 국제수지상 수입(수량)제한, 특정 산업 지원 등의 조치를 예외적으로 행할 수 있도록 규정하고 있으며 특히 section B(8항~12항)에서는 국제수지 방어를 위한 수입 제한 요건을 제시하고 있다. 그 내용은 XII조 규정과 유사하다.

이 XVIII조 B절은 우리나라도 경제 개발 기간 중 수입을 제한하는 근거로 폭

---

18) 12조(국제수지방어 예외), 18조(개도국 예외), 제19조(긴급 수입 제한 조치), 제20조(일반예외), 제21조(안전보장을 위한 예외), 제23조(대응조치로서의 수입 제한)

19) 4. (a) 따라서, 그 경제가 단지 저생활수준을 유지할 수 있을 뿐이고 또한 개발의 초기단계에 있는 체약국은 본조 A절, B절 및 C절에 규정된 바에 따라 본 협정의 다른 조항의 규정으로부터 일시적으로 이탈할 수 있다.

넓게 사용하여 왔다. 1967년 GATT에 가입한 우리나라는 국제수지가 계속 적자였기 때문에 이 조항을 근거로 수입 제한을 해왔다. 그러나 86년 이후 국제수지가 흑자를 보이면서 우리나라는 GATT 가입국들로부터 XVIII조B절의 적용 대상에서 제외되므로 시장을 개방해야 한다는 압력을 받아왔으며 1989년 10월 GATT BOP위원회는 90년 1월 1일자로 한국을 수입 제한국에서 제외시킨다고 결정하였다. 한편 1984년부터 쇠고기 수입을 전면적으로 금지한 한국에 대하여 미국이 이의 철폐를 요구하며 GATT에 제소한바 있는데 GATT 분쟁 해결 패널은 이에 대하여 한국은 더 이상 국제수지를 이유로 한 개도국의 수량 제한 조치가 필요치 않다는 GATT 국제수지 위원회의 보고서에 근거하여 한국은 더 이상 국제수지를 이유로 수량 제한을 유지해서는 아니 되며 단계적 철폐를 위한 일정표를 마련하여야 한다고 판시한 바도 있다.

15. India vs. Turkey - Textile 사건

(DS34, 1999. 11. 19. - 상소기구)

가. 사건 개요

터키는 EC와 관세 동맹을 체결하기 위한 점진적인 조치로서 1996년 1월 1일 자국의 관세를 EC의 관세와 동일하게 만들었다. 당시 EC는 역내 섬유, 의류 산업 보호를 위해 수입 물량 제한 조치를 적용하고 있었으므로 터키도 동일한 수량 제한 조치를 실시하였다. 터키는 섬유류 수량 제한 조치를 원만하게 도입하기 위해 1995년 중 섬유수출국과 쿼터 배분 및 관리 등에 관한 협의를 진행하였으나 인도를 포함한 일부 국가와는 합의에 이르지 못한 채 1996년 1월 동 수입 물량 제한 조치를 일방적으로 적용하게 되었다.

이에 인도는 터키의 수입 물량 제한 조치는 GATT XI조, XIII조, 섬유협정 2조 4항에 위배된다고 1998년 2월 WTO에 패널 설치를 요청하였으며 터키는 GATT XXIV조에 의해 용인되는 조치라고 맞섰다.

나. 주요 쟁점별 당사자 주장 및 판결 요지

1) 수량 제한 해당 여부(GATT XI, XIII조 위반 여부)

인도는 터키의 수입 물량 제한 조치는 수량 제한을 원칙적으로 금지하는 GATT XI조[1]와 무차별적인 적용을 규정하는 XIII조[2] 위반이라고 주장하였다. 패

---

1) XI:1. 체약국은 다른 체약국 영역의 산품의 수입에 대하여 또는 다른 체약국 영역으로 향하는

널은 문제가 된 조치는 수량 제한임이 분명하고 인도에 대해 배타적으로 적용된 것이므로 두 조항 위반에 해당한다고 판시하였다.

2) 섬유협정 2조4항 위반 여부

인도는 터키의 수량 제한 조치는 새로운 수량 제한 조치 도입을 금지한 섬유 및 의류에 관한 협정 ATC 2조4항[3)]에도 위반된다고 주장했다. 섬유협정 2조4항은 2조1항에 의거, 세계무역협정 발효 전일 시행 중인 섬유 및 의류에 관한 수량 제한은 섬유감시기구(Textile Monitoring Body)에 통보된 것 외에 새로운 수량 제한을 도입하는 것을 원칙적으로 금지하고 있다. 터키는 자신의 조치는 EC가 시행 중인 수량 제한의 변경에 해당하는 것으로서 EC가 이미 관련 절차에 따라 섬유감시기구에 통보하였다고 반박하였다.

패널은 섬유협정 2조4항은 새로운 수량 제한 도입을 금지하는 것뿐 아니라 통보된 기존 조치의 수량 제한 범위를 증가하는 것도 금지되는 것으로 해석해야 한다고 보았으며 터키는 섬유협정 발효 당시 수량 제한을 시행하고 있지 않았음이 분명하므로 문제가 된 터키의 조치는 새로운 수량 제한 조치에 해당한다고 판단하였다. EC가 이미 유사한 수량 제한 조치를 시행 중에 있었고 터키의 조치는 EC 수량 제한의 변경에 해당하는 것으로서 새로운 조치가 아니라는 터키의 반론에 대해 패널은 동 조치는 터키에 의해 도입되었고 터키에 의해 시행 중에 있는 조치이므로 기존 EC 조치의 변경에 해당한다고 볼 수 없다고 확인하였다. 따라서 패널은 동 조치는 새로운 수입 물량 제한 조치며 섬유협정 2조4항 위반에 해당한다고 판시하였다.

산품의 수출 또는 수출을 위한 판매에 대하여, 할당제나 수입 허가 또는 수출허가 또는 기타 조치에 의거하거나를 불문하고 관세, 조세 또는 기타 과징금을 제외한 금지 또는 제한을 설정하거나 유지하여서는 아니된다.

2) XIII:1. 체약국은 다른 체약국 영역 산품의 수입 또는 다른 체약국영역에로의 산품의 수출에 대하여 모든 제 3국의 동종 산품의 수입 또는 모든 제 3국에 대한 동종산품의 수출이 다 같이 금지되거나 또는 제한된 경우를 제외하고는 어떠한 금지나 제한을 과할 수 없다.

3) 2.4. 제1항에 따라 통보된 제한은 세계무역기구협정 발효 전일 개별 회원국에 의하여 적용되는 이러한 제한의 전체를 구성하는 것으로 간주된다. 이 협정의 규정 또는 1994년도 GATT의 관련 규정(Re.3)에 의하지 아니하고는 품목 또는 회원국 기준으로 어떠한 새로운 제한도 도입될 수 없다. 세계무역기구협정 발효일로부터 60일 이내에 통보되지 아니한 제한은 즉시 종료된다. (Remark 3) 1994년도 GATT의 관련 규정은 부속서 제3항에 특별히 규정되어있는 것을 제외하고는. 1994년도 GATT에 아직 통합되지 아니한 품목과 관련하여 제19조는 포함하지 아니한다.

3) GATT XXIV조에 의한 정당화 여부

터키는 문제가 된 수량 제한 조치는 EC와의 관세 동맹을 체결하기 위해 도입된 것이며 관세 동맹은 GATT XXIV조에 의해 용인되는 것이므로 동 조항, 특히 동 조 5항(a) 및 8항(a)(ii)에 의해 정당화되는 것이라고 주장하였다. 터키는 GATT XXIV조5항(a)[4]에 의해 관세 및 기타 상거래 규정은 지역무역협정 체결 이전보다 더 높거나 제한적이지만 않으면 용인되는 것이라고 주장하고 따라서 자신의 수량 제한 조치가 동 조항에 의해 정당화된다고 주장하였다. 아울러 XXIV조8항(a)[5](ii)에 의거, 터키는 EC가 시행 중인 관세 및 여타 상거래 규정과 실질적으로 동일한 관세와 규정을 적용해야 하므로 EC가 시행하는 대로 섬유류 수량 제한을 도입하는 것이 문제가 될 수 없다고 주장하였다.

패널은 우선 GATT XXIV조상 회원국은 동 조항에 규정된 요건을 충족하는 조건으로 관세 동맹과 같은 지역무역협정을 체결할 수 있는 권리가 있음은 확인하였다. XXIV조5항(a)에 관한 터키의 주장에 대해 패널은 동 조항은 지역 협정의 전체적인 효과에 관한 규정일 뿐 지역 협정 체결 시에 채택된 특정 조치의 GATT/WTO 합치 여부 문제는 다루지 않고 있다고 확인하였다. 이 조항은 새로운 지역 협정의 통상 정책과 조치의 효과가, 총체적으로, 체약국의 이전 정책이나 조치보다 더 무역 제한적이어서는 안된다는 것이지 개개 조치에 관한 것은 아니라는 것이다. 패널은 이러한 결론은 XXIV조5항 전체의 문맥으로 볼 때도 타당하다고 언급하고 XXIV조5항(a)가 GATT/WTO에 합치되지 않았을 조치를 정당화하는 법적인 근거가 될 수 없다고 판시하였다.

---

4) XXIV:5.(a) 관세 동맹 또는 관세 동맹의 협정을 위한 잠정 협정에 관하여는, 동 동맹이나 협정의 당사자가 아닌 체약국과의 무역에 대하여 동 동맹의 창립 또는 동 잠정 협정의 체결시 부과되는 관세와 기타 통상규칙이 전체적으로 동 관세 동맹의 협정이나 동 잠정 협정의 채택이전에 동 구성 영역내에서 적용하여온 관세의 전반적 수준과 통상규칙보다 각각 높거나 제한적인 것이어서는 아니된다.

5) XXIV:8. 본 협정의 적용상:

(a) 관세 동맹은 다음의 결과가 발생할 수 있도록 2개 이상의 관세영역을 단일 관세영역으로 대체한 것이라고 양해한다.

(i) 관세 및 기타 제한적 통상 규칙(필요한 경우에는 제11조, 제12조, 제13조, 제14조, 제15조 및 제20조에 의하여 허용되는 경우를 제외하고)은 관세 동맹의 구성영역간의 실질상 모든 무역에, 또는 최소한 영역의 원산품의 실질상 모든 무역에 관하여 폐지된다.

(ii) 제9항의 규정에 따를 것을 조건으로 하여 관세 동맹의 구성국은 동 동맹에 포함되지 아니한 영역에 대한 무역에 실질적으로 동일한 관세와 기타 통상규칙이 적용된다.

XXIV조8항(a)(ii)와 관련된 터키의 반론에 대해서도 패널은 동 조항이 WTO와 합치되지 않는 조치를 지역 협정 체결을 이유로 정당하게 도입할 수 있는지 여부를 다루지는 않고 있다고 해석하였다. 패널은 동 조항이 GATT 규정을 위반하기 위하여 지역 협정을 체결하는 것을 허락하는 것은 아니라고 못 박았다. 패널은 관련된 조항의 문맥, 협정의 대상과 목적, 회원국의 관행 등 조약법에 관한 비엔나 협약이 인정하는 모든 조약 해석 기준에 비추어 보더라도 터키의 수입 물량 제한 도입이 XXIV조에 의해 정당화된다고 해석할 수는 없다고 결론지었다.

상소기구는 패널의 판정은 지지하였으나 그 논리는 다르게 전개하였다. 우선 상소기구는 XXIV조5항[6]은 관세 동맹(또는 자유무역지역)의 형성을 '방해해서는 안된다(shall not prevent)'는 그 문안상 GATT의 조항이 관세 동맹의 형성을 '불가능하게 해서는 안된다(shall not make impossible)'는 의미로 해석해야 한다고 보았다. 따라서 상소기구는 패널과 달리 XXIV조는, 특정 조건하에서, GATT나 WTO 규정에 합치되는 않는 조치의 채택을 정당화하기 위한 방어 근거로 인용될 수 있다고 판단했다.

상소기구는 XXIV조5항과 8항의 내용에 비추어 XXIV조를 위와 같이 GATT 비합치 조치의 정당화 근거로 인용하기 위해서는 두 가지 조건이 충족되어야 한다고 판단하였다. 첫째는 문제가 되는 조치가 XXIV조5항과 8항에 규정된 요건을 충족하는 관세 동맹 형성 시에 도입된 것임을 증명해야 한다는 것이었다. 둘째는 문제가 된 조치를 도입하지 않고는 관세 동맹을 형성할 수 없었을 것(prevented)이라는 점을 입증해야 한다는 것이다.

상소기구는 EC-터키간 관세 동맹이 규정된 요건을 정히 충족했는지는 시비가 되지 않았고 패널도 동 관세 동맹이 존재하는 것으로 간주하였으며 관세 동맹의 정당한 형성 여부는 상소 대상도 아니므로 첫 번째 요건 충족 여부는 살펴보지 않았다. 두 번째 요건에 대해 터키는 섬유류 수입 물량 제한 조치를 도입하지 않았을 경우 EC의 수량 규제를 받는 섬유류가 터키를 통해 EC로 우회 수입될 것이 자명하므로 EC는 섬유교역을 EC-터키간 관세 동맹 대상 품목에서 제외했을 것이며, 섬유류는 터키의 대 EC 수출의 40%를 차지하므로 섬유교역이 제외된다면 실질적으로 모든 교역(substantially all the trade)을 포함하라는 XXIV조8항(a)(i)의 요

6) XXIV:5. 따라서 본 협정의 규정은 체약국 영역간에 관세 동맹 또는 자유무역지역을 형성하거나 또는 관세 동맹 또는 자유무역지역의 형성에 필요한 잠정 협정의 체결을 방해하지 아니한다. 다만, 이는 다음의 제 규정을 조건으로 한다.

건을 충족할 수 없고 따라서 관세 동맹 형성이 가능하지 않았을 것이라고 주장하였다. 그러나 상소기구는 수량 제한 도입 없이도 EC-터키간 관세 동맹 형성이 가능했다고 판단하였다. 예를 들어 터키는 원산지 규정을 강화하여 EC가 터키산 섬유와 터키 경유 제 3국산 섬유를 구별할 수 있게 할 수도 있었을 것이라고 지적하였다.

이상을 토대로 상소기구는 섬유류 수량 제한은 EC-터키간 관세 동맹 형성의 필요 조건이 아니었으며 따라서 XXIV조가 터키의 동 조치 도입을 정당화하지 않는다고 판시하였다.

4) 이익의 무효화 및 침해 발생 여부(DSU 3조8항)

터키는 설사 문제가 된 조치가 GATT나 섬유협정에 위반된다 하더라도 터키-EC 관세 동맹 체결 이후 터키의 인도산 섬유 수입은 오히려 증가했으므로 DSU 3조8항[7]에 규정된 인도의 이익이 무효화되었거나 침해된 것은 아니라고 주장하였다.

패널은 인도의 대 터키 섬유 수출이 증가했다는 사실로는 협정 위반은 이익의 무효화 및 침해를 초래한다는 추정을 번복하기에 불충분하다고 지적하였다. 만일 수량 제한이 없었을 경우 인도의 수출은 더 증가했을 수도 있으며 이에 대해 터키는 답변하지 못했음도 지적하였다.

다. 해설 및 평가

GATT XXIV조는 관세 동맹, 자유무역지대, 잠정 협정 3가지 형태의 지역무역협정을 인정하고 있고 이들에 대해서는 원칙적으로 GATT 의무에 대한 면제를 허용한다. XXIV조는 이러한 3가지 형태의 지역무역협정에 대해 각기 그 정의와 일정한 기준 및 조건을 규정하여 두고 있는데 어느 지역무역협정이 이러한 세 가지 지역무역협정 중 하나의 법적 요건 및 기준에 합치하는 경우 GATT의 별도 조

---

7) 3.8. 대상 협정에 따라 부담해야 하는 의무에 대한 위반이 있는 경우, 이러한 행위는 일견 명백한 무효화 또는 침해 사례를 구성하는 것으로 간주된다. 이는 일반적으로 규칙위반이 동 대상 협정의 당사국인 다른 회원국에 대하여 부정적인 영향을 미친다고 추정됨을 의미하며, 이 경우 피소국이 제소국의 협정의무 위반주장에 대하여 반박하여야 한다.

치 없이 자동적으로 GATT 의무로부터 이탈이 허용된다. 이러한 이탈의 범위가 최혜국 대우 의무에 대해서만 인정되는 것인지, 기타 GATT 조항에 대한 일반적인 예외도 용인하는 것인지 패널과 상소기구는 약간 이해를 달리하고 있는 것으로 보인다. 패널은 일반적 예외 여부에 대해서는 명백한 입장을 밝히지는 않았으나 관세 동맹을 체결한 회원국은 XXIV조 요건 충족을 조건으로 최혜국 대우로부터 일탈할 수 있다고 언급한 점에 비추어 예외 인정 범위를 최혜국 대우로 좁게 보고 있는 듯하다. 상소기구는 이와 달리 일반적인 예외를 인정하였다. 상소기구는 특정 조치가 지역무역협정 체결에 필요한 것이면, 즉 그 조치 없이는 지역무역협정 체결이 곤란하다면 비록 GATT 조항에 합치되지 않는다 해도 GATT XXIV조에 의해 정당화된다고 보았다.

관세 동맹이 GATT 의무로부터의 예외를 인정받기 위해서는 3가지 요건을 충족해야 한다. GATT XXIV조8항(a)에 따라 i) 관세 동맹의 구성 영역간에 있어 실질적으로 모든 무역(substantially all the trade)이나 적어도 그러한 영역을 원산지로 하는 제품의 실질적으로 모든 무역에 대해 관세 및 그 밖의 제한적인 통상 규제(duties and other restrictive regulations of commerce)를 철폐할 것과, ii) 관세 동맹의 각 회원국은 당해 동맹에 속하지 않은 영역으로부터의 무역에 대해 실질적으로 동일한 관세 및 그 밖의 통상 규제를 적용할 것, iii) GATT XXIV조5항(a)에 따라 관세 동맹 창설 시 당해 동맹 당사자가 아닌 당사국과의 무역에 대해 부과되는 관세 및 그 밖의 통상 규제는 전체적으로(on the whole) 당해 관세 동맹 설립 이전에 당해 구성 영역에서 적용되어온 관세 또는 통상 규제의 전반적인 수준보다 높거나 제한적이어서는 안된다는 요건이 그것이다. i)은 관세 동맹 체결국간 거의 모든 무역에서 관세나 기타 규제를 철폐하라는 내부적 요건이며, ii)는 대외적으로 동일한 관세나 규제를 적용하라는 외부적 요건이고, iii)은 제 3국에 대해 관세 동맹 전보다 더 높거나 제한적인 관세, 규제를 부과해서는 안된다는 것이다.

i)에서 요구하는 substantially all the trade가 무엇을 의미하는지는 아직 명쾌한 수량적 기준이 없다. 이것이 전체를 가리키지 않음은 분명하나 어느 선까지를 의미하는지는 모호하여 객관적이지 못하다. 이는 단지 교역량의 90%, 95% 등 일정 수치에 합의한다 해서 해결될 문제가 아니다. 이러한 최저기준을 모든 무역 부문에 대해 일률적으로 적용해야 할 것인지 아니면 중요한 무역 부문에 대해서는 이러한 최저 기준의 적용을 제외시킬 수 있을 것인지의 문제도 남는다. substantially all the trade의 명확한 기준을 설정하기 위한 협의가 DDA협상의 일환으로 진행되

고 있어 DDA 협상이 종결되면 한층 명료한 수치적 기준을 갖게 될 것으로 기대한다.

지역무역협정을 체결한 당사자는 이를 WTO 지역무역협정위원회(CRTA) 에 보고하여 제반 요건을 충족하였는지 심사를 받도록 되어 있다. 이번 사건에서 패널은 EC-터키 관세 동맹이 제반 요건을 충족하였는지 여부에 대해서는 심리의 편의상(for the sake of argument) 충족한 것으로 간주하였다. 패널은 이러한 조건 충족 여부의 판단은 패널보다 원래 그 기능을 수행토록 되어 있는 지역무역협정위원회에서 담당하는 것이 바람직하다는 견해도 밝혔다. 상소기구는 EC-터키 관세 동맹 정당성 여부가 상소 대상이 되지 않았으므로 이에 대해 별도로 심리하지는 않았으나 문제가 되었을 경우 이를 패널이 심리하는 것이 타당하다고 보았다. *India-Quantitative Restrictions* 사건 상소기구도 인도의 수량 제한 조치가 국제수지 방어 차원에서 정당화되는지 여부는 비록 국제수지 위원회가 일반적으로 그 기능을 담당토록 되어있기는 하나 분쟁의 대상이 된 것인 만큼 분쟁 해결 기구(패널, 상소기구)에서 판단해야 한다고 결정한 바 있다.

16. EC vs. Chile - Alcohol 사건

(DS87, 110, 2000. 1. 12. - 상소기구)

가. 사건 개요

이 사건은 칠레의 주류추가세(Additional Tax on Alcoholic Beverage)제도(법령 19,534, 1997. 11. 13)의 GATT III조2항 위반 여부를 다룬 것이다. 주세 문제가 분쟁의 대상이 된 것은 *Japan-Alcohol* 사건, *Korea-Alcohol* 사건 이래 세 번째이다.

칠레는 주류추가세 제도를 통해 2000년 12월 1부로 알코올 함량에 따라 주세를 차등 부과하기로 하였다. 이를 New system[1]이라고 한다. 그 이전까지는 주류를 위스키, Pisco[2], 기타 주류로 3분하고 기간별로 차등 과세하기로 하였다. 이를 Traditional system[3]이라고 한다.

EC는 칠레의 주류추가세 제도가 Pisco를 여타 주류에 대해 과세상의 혜택을 주는 것이며 이는 GATT III조2항 위반이라고 WTO에 제소하였다. 칠레는 동 제

---

1)

Alcohol content	ad valorem tax rate
Less than or equal to 35°	27%
Less than or equal to 36°	31%
Less than or equal to 37°	35%
Less than or equal to 38°	39%
Less than or equal to 39°	43%
Over 39°	47%

2) 칠레, 페루 등지에서 특히 보편적으로 소비되는 와인의 일종이다. 칠레는 Pisco를 지리적 표시로 보호하고 있고 자국 법령을 통해 30° 이상의 알코올 함량을 유지하도록 규제하고 있다. 가장 많이 팔리는 Pisco의 알코올 도수는 30°였다.

3)

도 이전부터 주류 특별세(Special sales tax on spirits)제도를 통해 Pisco에 대해 수입 주류에 비해 낮은 주세를 부과하고 있었으며(각주 2 old Chilean system 참조) 당초 EC는 이 제도를 시비하기 위해 1997년 10월 WTO 패널 설치를 요청하였으나(DS87) 동년 11월 원 주류 특별세 제도를 포함하여 새로 주류추가세 제도가 공표되자 이 제도에 대해서도 역시 1998년 3월 제소하여(DS110) 1998년 7월 단일 패널이 구성되었다.

나. 주요 쟁점별 당사자 주장 및 판결 요지

1) GATT III조2항 두 번째 문장 위반 여부 : 직접 경쟁 또는 대체 가능 관계

패널은 III조2항[4] 두 번째 문장 위반 여부를 가리기 위해서는 *Japan-Alcohol* 사건 상소기구가 행한 대로 i) 수입 상품과 국내 상품이 직접 경쟁 및 대체 가능 관계에 있는지, ii) 그러한 관계가 있는 양 상품이 유사하지 않게 과세되었는지(not similarly taxed), iii) 유사하지 않은 과세가 국내 생산을 보호하기 위해 적용된 것인지를 살펴야 한다고 보았다.

직접 경쟁 또는 대체 가능 관계를 살피기 위해 패널은 최종 소비자(용도), 물리적 특성, 유통 경로, 교차 가격 탄력성, 잠재적 경쟁 관계를 종합적으로 검토해야 할 것이라고 보았으며 제출된 증거를 통해 수입 증류주(distilled spirits)와 Pisco가 비슷한 환경(setting)과 목적으로 소비되며 양자가 상당히 대체적임을 확인하였

	Whisky	Pisco	Other Spirits
Until Nov. 30, 1997*	70%	25%	30%
After Dec. 1, 1997	65%	25%	30%
After Dec. 12, 1998	59%	25%	30%
After Dec. 12, 1999/Until Dec. 1, 2000	53%	25%	30%

* Old Chilean System

4) III:2. 다른 체약국의 영역 내에 수입된 체약국 영역의 산품에 대하여는 동종의 내국산품에 직접 또는 간접으로 부과되는 내국세 또는 기타 모든 종류의 내국과징금을 초과하는 내국세 또는 기타 모든 종류의 내국과징금을 직접 또는 간접으로 부과하여서는 아니된다. 또한, 체약국은 본 조 제1항에 규정된 원칙에 위배되는 방법으로 내국세 또는 기타 내국과징금을 수입산품 또는 국내산품에 부과하여서는 아니된다.

다. 아울러 Pisco 판매회사 자체가 수입 증류주와 競爭財인 것으로 광고하는 등 Pisco와 수입 주류간의 최종 소비자가 상당 부분 중첩된다는 점이 인정된다고 보았다. 패널은 이러한 최종 용도를 대체 가능성 결정의 중요한 요소라고 중시하였다. 최종 용도에서의 대체 가능성의 증거로 볼 수 있는 것으로 패널은 i) 특별한 기호를 충족시키기 위해 소비자가 대체 사용할 수 있는 것으로 인식하는 경향, ii) 생산자의 marketing 전략의 내용과 성질, iii) 유통 경로 등을 특히 중시하였다.

물리적 특성의 유사성 여부에 대해 패널은 양 상품이 공히 알코올 함유도가 높은 증류 음용주라는 결정적인 특성을 공유하고 있고 여과, 채색, 숙성 과정상의 차이는 비교적 경미하며 대체 가능하지 못하게 만들 정도로 중요하다고 볼 수 없다고 판단하였다. 패널은 두 상품의 유통 경로 역시 유사하며 동일한 진열대에 배치되는 등 판매 장소(point of sales) 역시 동일하고 두 상품을 동일 또는 인접 판매대에 배치하는 오랜 관행은 두 상품의 대체성을 증명하는 것이라고 보았다.

패널은 양 상품간의 가격 관계, 즉 교차 가격 탄력성이 문제가 되는 양 상품간의 경쟁 또는 대체 관계에 관한 결정적인 기준은 될 수 없으나 동 관계 여부를 판단하는 데 고려할 수 있는 관련 요소는 될 수 있다고 보았다. 패널은 탄력 계수가 높으면 두 상품이 직접 경쟁 또는 대체 관계에 있다고 볼 수 있으나 탄력 계수가 낮은 것이 곧 그러한 관계를 부인하는 것은 아니라고 부연하였다. 정부의 차별조치에 의해 경쟁 관계가 왜곡될 수도 있기 때문이다. 패널은 제출된 자료를 볼 때 양 상품간의 교차 가격 탄력성은 상당한 수준이라고 판단하였다.

이상의 판단을 토대로 패널은 Pisco와 수입 증류주는 칠레 시장에서 직접 경쟁 관계에 있거나 대체 가능한 관계에 있다고 판시하였다.

2) GATT III조2항 두 번째 문장 위반 여부 : 유사하지 않은 과세

패널은 우선 Transitional system의 경우 위스키, Pisco, 기타 주류로 분류되어 있으나 Pisco는 그 정의상 국내 상품일 수밖에 없고 위스키와 기타 주류의 주세가 Pisco 주세에 비해 *de minimis* 범위를 초과하여 유사하지 않게 과세된 점은 자명하다고 지적하였다. 패널은 수입 위스키나 칠레産 위스키, 수입 기타 주류나 칠레산 기타 주류의 세율이 동일하다는 것이 유사하지 않게 과세되었다는 판단에 영향을 미치지 못한다고 부연하였다. 즉 일정 수입 상품이 국내 대체 가능 상품에 비해 유사하지 않게 과세된 것으로 충분하며 모든 수입 상품이 모든 국내 상품과 유사하지 않게 과세되었다는 것을 증명할 필요는 없다는 것이다.

New Chilean system의 경우 패널은 최고 세율(47%)과 최저 세율(27%)간의 차이가 *de minimis* 이상이고 알코올 도수가 1도 증가할 때마다 증가되는 세율 4% 역시 *de minimis* 이상이며 알코올 도수당 세율도 50% 이상의 차이가 나는 점을 주목했다(35°주류는 도당 세율이 0.771%인 반면 40° 주류는 1.175%(47%÷40°)). 따라서 Pisco와 수입 주류는 도수가 동일할 경우에는 동일하게 과세되기는 하지만 도수가 다를 경우 *de minimis* 범위 이상으로 유사하지 않게 과세될 수 있다. 패널은 일부 수입 상품이 일부 국내 상품과 유사하지 않게 과세되고 그 차이가 *de minimis* 범위를 초과하므로 New system 하에서도 문제가 되는 상품이 유사하게 과세되지 않는다고 결론지었다.

New system에 대한 패널의 판정에 대해 칠레는 상소하였다. 칠레의 주장은 알코올 도수가 같으면 동일한 세율이 적용되므로 유사하지 않게 과세된 것이 아니라는 것이다. 예컨대 수입 주류나 국내 주류나 알코올 도수가 35° 이면 27% 동일 세율이 적용된다는 것이다.

상소기구는 칠레의 주장을 기각하였다. 상소기구는 과세 차등을 확인하기 위해서는 전체 범주의 모든 수입 상품과 국내 상품 과세 현황을 비교해지 각 범주(category)내의 국내외 상품 비교에 국한할 것은 아니라고 보았다. 상소기구는 유사하지 않게 과세되기 위해서는 *Japan-Alcohol* 사건 상소기구가 판단한 대로 수입 상품이 국내 상품보다 더 무거운 과세 부담을 지어야 하며 그 차이가 어느 경우든 *de minimis* 범위를 초과해야 한다는 점을 환기하였다. 상소기구는 이어 패널이 확인한 대로 칠레산 Pisco의 75%가 최저 세율을 적용 받는 반면 수입 주류의 95%가 최고 세율을 적용 받는 실제 상황에 비추어 알코올 도수가 동일한 경우에 국한하지 않고 수입 상품과 국내 상품 전체를 종합적으로 검토해보면 수입 주류가 국내 주류에 비해 더 무거운 과세 부담을 지는 것이 확실하다고 판단, 패널의 판정을 지지하였다.

3) GATT III조2항 두 번째 문장 위반 여부 : 국내 생산 보호 목적

패널은 *Japan-Alcohol* 사건 상소기구가 확인한대로 국내 생산 보호를 위해 적용되었는지 여부는 그러한 의도의 문제가 아니라 적용 방식으로 판단해야 한다고 보았다. 반드시 국내 산업 보호 의도가 없더라도 그 적용된 방식이 국내 생산을 보호하는 결과를 초래하면 국내 생산 보호 목적을 인정할 수 있다는 것이다.

Traditional system의 경우 패널은 주류 종류별로 차등 세율을 적용하면서 법령상 국내 상품 Pisco에 대해서 최저 세율을 적용한 점, Pisco와 물리적 특성이 동일한 수입 주류에 대해서는 최소 5%의 과세 차이가 날 수 밖에 없는 점, 수입 주류의 태반을 차지하는 위스키에 대해 53%의 높은 세율을 부과한 점(Pisco는 25%), Pisco는 칠레 증류주 시장의 75%를 점유하고 있는 점 등을 고려할 때 이 system의 design, structure, architecture는 국내 생산을 보호하기 위한 방식으로 차등 과세를 부과하려는 것이 분명하다고 판단하였다.

New system의 경우 패널은 국내 생산 보호 목적이 인정된다고 판단하였다. 패널은 그 근거로 i) 가장 많이 생산되는 Pisco 알코올 도수에 최저 세율을 맞춘 점, ii) 경미한 알코올 도수 차이(35°~39°)에 상당한 과세 차이(27%~47%)를 둔 점, iii) 칠레 국내법이 酒種別로 최저 알코올 도수를 부과한 점[5](상품명에 Whisky를 사용하기 위해서는 알코올 도수 최저 40° 초과, 동 도수에 최고 세율 부과), iv) 수입 주류에 대한 기존 또는 이전의 de jure 차별제도와 논리적으로 연결되는 점, v) 칠레산 Pisco 75%가 최저세율을 적용 받는 반면 수입 주류의 95%가 최고 세율을 적용 받는 실제 상황을 제시하였다.

상소기구는 iii), iv)에 대해서는 합당한 근거가 되지 못한다고 기각하였다. 상소기구는 iii)의 경우 칠레의 기준은 다른 시장에서 사용되는 기준과 유사하며 iv)의 경우 특별한 근거 없이 이전의 보호주의적 행동을 새로운 조치를 통해 계속할 것이라고 예단하는 것은 옳지 못하다고 지적하였다. 상소기구는 나머지 3개 요소에 대해서는 패널의 판단이 합당하다고 보았으며 new system이 국내 생산을 보호하기 위한 것이며 GATT III조2항 위반이라는 패널의 판정을 지지하였다.

다. 해설 및 평가

GATT III조는 I조와 함께 국내외 상품 차별을 금지하는 대표적인 조항이다.

5) 칠레는 별도의 국내 법규로 주종별 최저 알코올 도수를 아래와 같이 규정하고 있었다.

Whisky, rum, tequila, gin	40°
Brandy, cognac, armagnac	38°
Aguardiente, fruit aguardiente, grappa	30°
Fruit liqueurs	25-34°
Anisettes	25-40°
Bitters	25-30°
Cocktails	12-16°
Other liqueurs	25-28°

III조의 경우 특히 III조2항 위반 여부가 이번 사건을 포함하여 *Japan-Alcohol* 사건, *Korea-Alcohol* 사건, *Canada-Periodicals* 사건 등 여러 사건에서 다루어 졌다. 차별이 국내법에 명시되어 있는 경우 그 심리는 쉬울 것이나 이번 사건을 포함하여 위의 여러 사건에서 문제가 되었듯이 대부분의 차별은 표면적인 법규정에 의해서가 아니라 실질적이고 내면적인 조치와 그 집행방법에 의해 이루어지는 것이 태반이다. 이러한 사실상(*de facto*)의 차별은 그 존재 여부와 위반 여부를 가리기가 녹녹치 않다.

사실상의 차별을 확인하는 방법으로 우선 생각할 수 있는 것은 첫째 차별의 의도가 있었는지 여부와, 둘째 차별의 효과가 있는지 여부를 살피는 것이다. 두 요소 중 하나 또는 둘 다 있을 경우 차별이 있다고 볼 수 있을 것이다. GATT 패널에서는 차별의 효과는 물론 차별하려는 의도가 있어야 한다고 판시한 바 있다(*US-Malt Beverage* 사건, *US-Taxes on Automobiles* 사건). 이러한 intent-and-effects 접근 방법(의도(목적)-효과 분석법)은 그러나 *Japan-Alcohol* 사건에서 부인된 이래 일련의 유사한 사건에서도 계속 존중되고 있다. 여기서 말하는 의도는 입법자의 주관적인 의도를 의미하는 것이지 객관적으로 밝혀진 또는 문제가 되는 법규 자체에 기재된 목적 등도 고려하지 말라는 것으로 이해해서는 곤란하다. *Canada-Periodicals* 사건에서는 제한된 범위이기는 하지만 정부 관리의 발언을 입법 의도 차원에서 고려하기도 하였다.

이번 사건에서 상소기구는 입법 의도, 목적에 관해 주관적인 의도는 조사대상이 될 수 없을 것이나 법규상의 밝혀진 목표와 목적(statutory purposes and objectives)은 차별 여부 검토에 매우 타당한 요소라고 지적하였다. 상소기구는 조치의 적용 양태를 그 조치(법규)에 표방된 목적과 연계하여 심사하는 것은 불가피하며 양자간에 합리적인 관계 존재 여부 검토는 그 조치의 객관적인 의도를 검토하는 데 있어 중요한 요소라고 판단하였다. 즉 주관적인 의도는 고려 대상이 될 수 없겠으나 그렇다고 객관적으로 확인할 수 있는 의도까지 고려 대상에서 배제할 수는 없다는 것이다.

17. Japan, EC vs. Canada - Autos 사건

(DS139, 142, 2000. 6. 19. - 상소기구)

가. 사건 개요

이 사건은 일본과 EC가 캐나다의 자동차 무관세 수입 특혜 제도에 관해 GATT, 보조금협정, GATS 의무 위반이라고 시비한 것이다.

캐나다는 1998년에 제정된 Motor Vehicle Tariff Order(MVTO)를 통해 일정 조건을 충족하는 자동차 제작사(manufacturers) 에게 외국 자동차를 무관세로 수입할 수 있는 수입 관세 면제 혜택을 부여하였다. 동 혜택 대상사로 선정되기 위해서는 i) 지정된 기준년도(base year) 중, 수입 자동차와 동급의 차량을 캐나다 국내에서 생산한 실적이 있고, ii) 캐나다內 생산된 자동차의 판매 총액(net sales value)과 캐나다 내 판매된 동급 차량 판매 총액간의 비율이 기준년도의 그것보다 같거나 높아야 하며(ratio requirement), iii) 캐나다 내 자동차 제작에 투여된 캐나다의 부가 가치가 기준년도의 그것보다 같거나 높아야 했다(Canadian Value Added requirement: CVA). 1998 MVTO는 ii) ratio 요건이 일정한 경우 기준년도보다 낮을 수도 있다고 허락하기는 하였으나 그 비율이 반드시 75:100은 초과하여야 했다. 또한 MVTO는 각 자동차 제작사별로 CVA 요건 충족 비율을 지정하여 주었는데 이 비율은 캐나다 국내 상품 사용, 국내 노동자 고용, 캐나다 내 수송 비용 및 캐나다 내에 발생한 경상비(overhead expense) 등을 통해 달성할 수 있었다.

MVTO외에도 캐나다는 Special Remission Order(SRO)라는 규정을 통해 자동차 제작사가 수입 관세 면제 혜택 대상 기업으로 선정될 수 있도록 하였는데 SRO는 각 제작사가 충족해야 할 생산 대 판매 비율과 CVA 요건을 각 회사별로 설정하여 두었다. 이외에 캐나다는 자동차 제작사에 부차적인 CVA 요건을 충족하겠다는 서약서(Letter of Undertaking)를 제출토록 요구하였다. SRO, MVTO에 의거, 수입 관세 면제 대상 기업으로 선정된 기업은 1989년 대상 기업으로 동결, 신규 기업이 더 이상 추가되지 않았다.

일본과 EC는 캐나다의 이러한 조치가 GATT의 최혜국 대우, 내국민 대우 위반이며 보조금협정상 금지된 보조금에 해당하고 GATS 최혜국 대우, 내국민 대우에도 합치되지 않는다고 주장하고 1998년 11월 및 1999년 1월 각각 패널 설치를 요청하였다.

나. 주요 쟁점별 당사자 주장 및 판결 요지

1) GATT 관련 쟁점

가) 수입 관세 면제의 GATT I조1항(최혜국 대우) 위반 여부

일본과 EC는 i) 수입 관세 면제 대상 자격을 일부 생산자로 제한한 것은 사실상(*de facto*)의 차별로서 GATT I조1항[6]에 위반된다고 주장하였으며, ii) 일본은 수입 관세 면제를 수입품 자체와 관련이 없는 기준 충족을 조건부로 함으로써 면제는 동종 상품에 무조건적으로(unconditionally) 부여해야 한다는 I조1항 규정에 합치하지 않는다는 점을 추가하였다.

패널은 ii)의 일본의 주장에 대해 혜택(advantage) 부여에 관한 조건의 존재 자체가 I조1항 unconditionally에 관한 위반을 구성하는 것은 아니며 특정 혜택을 모든 회원국의 동종 상품에 대해 무조건적으로 부여하지 않았을 경우에 위반에 해당하는 것이라고 설명하고 일본의 주장을 수용하지 않았다. 패널은 I조1항의 무조건의 의미는 특정 혜택 자체에 관계된 것이 아니라 여러 회원국의 동종 상품을 차별하는지 여부에 관련된 것이라고 본 것이다.

i)과 관련, 일본과 EC는 수입 관세 면제 혜택을 보는 캐나다 자동차 생산업체

6) I:1. 수입 또는 수출에 대하여 그리고 수입 또는 수출과 관련하여 부과되거나 또는 수입 또는 수출에 대한 지불의 국제적 이전에 대하여 부과되는 관세 및 모든 종류의 과징금에 관하여, 그리고 이러한 관세 및 과징금의 부과 방법에 관하여, 그리고 수입과 수출에 관련한 모든 규칙 및 절차에 관하여, 그리고 제3조 제2항과 제4항에 기재된 모든 사항에 관하여, 체약국이 타국의 원산품 또는 타국에 적송되는 산품에 대하여 허여하는 이익, 특전, 특권 또는 면제는 모든 다른 체약국 영역의 동종 원산품 또는 이러한 영역에 적송되는 동종 산품에 대하여 즉시 그리고 무조건 부여되어야 한다.

는 규정상으로는 어느 국가의 자동차를 수입할 수 있으나 특정 국가(미국)산 자동차만을 수입하여 왔고 앞으로도 그러할 것이 확실시 된다고 주장하였고 수입 관세 면제 혜택 수혜 기업이 동결되었으므로 이러한 차별은 더욱 강화될 것이라고 강조하였다. 수입 관세 면제 혜택을 보는 캐나다 자동차 생산기업은 GM Canada, Ford Canada와 같이 대개 미국 자동차 기업의 산하 또는 투자 기업이었으며 이들은 대부분 미국 본사의 차량을 무관세로 수입하였다. 반면 캐나다 내의 Honda, BMW, Toyota사는 역시 본사 차량을 수입하고 있었으나 수입 관세 면제 혜택을 받지 못하고 있었다.

패널은 위와 같은 캐나다 자동차 산업 실정상 수입 관세 면제 혜택을 보는 기업의 자동차 수입은 사실상 내부 거래와 마찬가지이고 다른 회사의 자동차를 수입할 유인이 없으며 일본과 EC가 제출한 통계 자료상 수입 관세 면제 혜택을 받는 자동차는 대부분 미국산임이 분명하다고 확인하였다. 이상을 근거로 패널은 캐나다는 수입 관세 면제 혜택을 일부 기업에 국한함으로써 특정 국가산 상품(자동차)에 혜택을 부여하였고 이러한 혜택이 모든 회원국의 동종 상품에 즉각적이고 무조건적으로 부여되지 않았으므로 GATT I조1항을 위반한 것이라고 결론지었다.

상소기구는 패널의 판정을 지지하였으나 도출 논리는 약간 달리 하였다. 상소기구는 GATT I조1항은 사실상(*de facto*), 법률상(*de jure*) 차별을 모두 관장하며 상품의 원산지와는 무관한 조치에도 적용될 수 있다고 설명하였다. 상소기구는 동 조항은 any advantage, any product, all other member 등을 대상으로 하는 매우 포괄적인 범위를 갖고 있으나 캐나다가 해당 조치를 실제로 운용한 양태는 an advantage를 some member로부터의 some product에 공여한 것으로서 모든 회원국의 동종 상품에 대해 즉시 그리고 무조건적으로 같은 혜택을 부여해야 한다는 I조1항 의무를 준수하지 않은 것이라고 판정하였다. 상소기구는 GATT 모든 조항에 최혜국 대우의 비차별 원칙이 貫流하는 I조의 목적 및 대상에 비추어 해석하여도 이러한 판정이 타당하다고 보았다.

(나) GATT XXIV조에 의한 정당화 여부

캐나다는 수입 관세 면제 혜택을 받는 자동차의 태반은 캐나다와 함께 NAFTA를 구성하고 있는 미국과 멕시코산으로서 이들 국가의 자동차에 대한 무관세는 지역 협정에 관한 GATT XXIV조에 의해 허락되는 것이라고 주장하였다.

패널은 이 사건에서 문제가 된 무관세 대우는 미국과 멕시코 외의 나라에도 무조건적으로 제공되었는지 여부로서 XXIV조는 WTO와 합치되지 않는 무관세 대우를 지역 협정 체약국이 아닌 제 3국산 상품에 부여하는 조치를 정당화할 수 없다고 설명하였다. 또한 문제가 된 수입 관세 면제 조치가 미국과 멕시코의 모든 생산자에 적용된 것이 아니라 선정된 일부 생산자에 국한된 점도 지적하고 캐나다의 수입 관세 면제 조치는 지역 협정 체결국산 상품에 적용되는 무관세 대우가 아니므로 XXIV조에 의해 정당화되지 못한다고 판정하였다.

(다) CVA 요건의 GATT III조4항 위반 여부

일본과 EC는 MVTO 1988과 SRO에 포함된 CVA 요건이 캐나다산 자동차 부품, 資材, 非耐久財를 사용하는 것은 Canadian Value Added로 인정하지만 외국산 부품, 자재 등은 인정하지 않으므로 외국산 부품 등에 비해 캐나다산 부품 등을 사용하게 하는 유인을 제공한다고 주장하고 이는 수입품에 대해 덜 유리한 대우(less favorable treatment)를 부여한 것이므로 GATT III조4항[7] 위반이라고 주장하였다.

패널은 캐나다산 부품 사용은 수입 관세 면제 기업 선정 요건인 CVA를 충족시키는 반면 외국산 부품 사용은 그러하지 못하므로 이는 수입품과 국산품간의 경쟁 조건을 수입품에 불리하게 영향을 미친 것이라고 판단하고 결과적으로 수입품에 대해 덜 유리한 대우를 부여한 것이므로 GATT III조4항 위반이라고 판정하였다.

일본과 EC는 캐나다 자동차 업체가 캐나다 정부에 제출한 Letter of Undertaking에 포함된 CVA 요건 역시 III조4항 위반이라고 주장하였다. III조4항의 대상이 되는 것은 (정부의) 법률, 규정, 요건(laws regulations and requirement)으로서 사기업의 서약서가 이에, 특히 요건에 해당하는지가 쟁점이었다.

패널은 私人의 행위가 III조4항의 요건이 될 수 있는지를 판정하기 위해서는 그 행위와 정부 행위간의 관계를 검토하는 것이 중요하다고 보고 캐나다 정부의 개입 정도, 서약의 구속력 여부 및 이행 강제 여부, 캐나다 정부의 감시 여부 등

---

7) III:4. 체약국 영역의 산품으로서 다른 체약국의 영역에 수입된 산품은 동 국내에서의 판매, 판매를 위한 제공, 구입, 수송, 분배 또는 사용에 관한 모든 법률, 규칙 및 요건에 관하여 국내 원산의 동종 산품에 부여하고 있는 대우보다 불리하지 아니한 대우를 부여하여야 한다. 본 항의 규정은 교통수단의 경제적 운영에 전적으로 입각하였으며 산품의 원산국을 기초로 하지 아니한 차별적 국내 운송요금의 적용을 방해하지 아니한다.

을 심도 있게 조사하였다. 패널은 그 결과 관련 기업의 서약 행위에 대한 캐나다 정부의 개입 정도는 그 서약의 내용이 III조4항의 요건에 해당한다고 볼 수 있을 정도로 충분한 수준이었다고 판단하였다. 또한 그 서약서에 기재된 요건은 외국 상품을 사용하는 것 보다 캐나다 국내 상품을 사용할 때 훨씬 충족하기가 수월하다는 점도 확인하고 따라서 서약서는 수입 상품의 경쟁 관계를 부당하게 수정한 것이라고 결론짓고 III조4항에 합치되지 않는다고 판시하였다.

2) 보조금협정 관련 쟁점

(가) 보조금 및 수출 보조금 해당 여부

일본과 EC는 수입 관세 면제 조치는 정부의 수입인 관세의 징수를 포기한 것이므로 보조금협정 1조1항가호(1)(나)[8]상의 재정적 기여에 해당하고 해당 기업은 내야 할 관세를 내지 않은 것이므로 혜택을 본 것이므로 보조금에 해당한다고 주장하였다. 패널은 동 주장이 타당하다고 인정하여 수입 관세 면제 조치는 보조금이라고 판시하였다. 상소기구도 패널 판정을 확인하였다.

일본과 EC는 Ratio requirement으로 인하여 수입 관세 면제 조치는 보조금협정 3조1항가호[9]에 의해 금지된 수출 보조금에 해당한다고 주장하였다. Ratio requirement는 캐나다 내 생산된 자동차의 판매 총액(net sales value) 對 캐나다 내 판매된 동급 차량의 판매 총액의 비율이 기준년도 (1963/64년 12개월)의 그것보다 같거나 높을 것을 규정하고 있고 낮더라도 최소한 75:100 이상은 되어야 한다고 규정하고 있다. 일본과 EC에 따르면 수입 관세 면제 혜택을 받는 기업이 지정된 ratio 요건을 준수하기 위해서는 무관세로 수입하는 자동차 판매액에 해당하는 만큼의 캐나다 내 생산 자동차를 수출할 수밖에 없으므로 이는 수출 실적에 따라 지급되는 보조금에 해당한다는 것이다.

---

8) 1.1.가.(1)(나) 정부가 받아야 할 세입을 포기하거나 징수하지 아니하는 경우(예를 들어, 세액공제와 같은 재정적 유인(Re.1)),
(Remark 1) 1994년도 GATT 제16조(제16조 주석)의 규정 및 이 협정의 부속서 1부터 3까지의 규정에 따라 국내 소비년도의 동종 상품에 부과되는 관세 또는 조세를 수출품에 대하여 면제하거나 발생한 금액을 초과하지 아니하는 금액만큼 그러한 관세 또는 조세를 경감하는 것은 보조금으로 간주되지 아니한다.

9) 3.1.가. 부속서 1(Re.4)에 예시된 보조금을 포함하여 유일한 조건으로서 또는 다른 여러 조건중의 하나로서, 법률상 또는 사실상(Re.5) 수출 실적에 따라 지급되는 보조금,
(Remark 4) 부속서 1에서 수8출 보조금에 해당되지 아니한다고 언급된 조치는 이 규정 및 이 협정의 그 밖의 규정에 의하여 금지되지 아니한다.

패널은 요구되는 비율이 같거나(100:100) 그 이상일 경우에는 국내 생산 자동차를 수출하지 않고서는 외국차를 무관세로 수입할 수 없으므로 수입 관세 면제 조치는 명백히 수출을 조건으로 하거나 수출에 의존하고 있다고 보았으며 요구되는 비율이 100:100 이하라면 국내 생산 자동차를 수출하지 않고도 무관세로 수입할 수 있는 여유가 있을 것이나 그 여유분을 초과하는 무관세 수입분은 동 가액만큼의 국산차를 수출해야 가능할 것이므로 역시 수출을 조건으로 하고 있다고 판단하였다. 따라서 패널은 요구 비율이 같거나 높은 경우 및 낮은 경우를 불문하고 수입 관세 면제 조치는 법적(in law)으로 수출에 부수된(contingent) 보조금이라고 판시하였다.

상소기구도 패널의 판정을 확인하였다. 상소기구는 *de jure* export contingency는 수출 조건성(conditionality on export)이 해당 조치의 근거 규정, 법령상에 기재된 명문 표현을 근거로 입증되어야 한다고 환기하고 다만 그 조건은 명시적 또는 암시적으로 표현될 수 있고 실제 기재된 어문이 암시하는 바로부터 도출할 수도 있다고 보았다. 즉 비록 수입 관세 면제 조치 규정이 수출을 조건으로 하고 있다고 기재되어 있지는 않지만 동 규정이 요구하는 비율 충족 요건은 수출을 조건으로 하는 것으로 보아야 한다는 것이다. 상소기구는 보조금협정 각주 4[10](국문각주 5)의 결부된다(tied to)는 의미는 사실상의 수출 부수성(contingency)에 관한 기준이기는 하나 그 실질은 법적인 수출 부수성과 동일한 것으로 보아야 하며 보조금 제공과 실제 또는 예견되는 수출 실적간의 결부 관계(tie)는 수출 실적을 조건으로 하는 것(contingency)과 같은 것이므로 캐나다의 해당 조치는 보조금협정 3조1항가호상의 법률상 수출 실적으로 조건으로 하는 보조금이라고 확인하였다.

(나) 수입 대체 보조금 해당 여부

일본과 EC는 수입 관세 면제 조치에 포함(in conjunction with)된 CVA 요건은 수입 상품에 비해 국내 상품의 사용을 유인하므로 보조금협정 3조1항나호[11]의 수입 대체 보조금에 해당한다고 주장하였다. 캐나다는 CVA는 국내 상품이 아니

---

10) 이 기준은 보조금 지급이 법률적으로는 수출 실적을 조건으로 이루어지지 아니하나, 실제로는 실제 또는 예상되는 수출이나 수출수입과 결부된다는 것이 사실에 의해 증명되는 경우 충족된다. 수출하는 기업에게 보조금이 지급된다는 단순한 사실만으로는 이러한 보조금이 이 규정의 의미내의 수출 보조금으로 간주되지 아니한다.

11) 3.1.나. 유일한 조건으로서 또는 다른 여러 조건중의 하나로서, 수입품 대신 국내 상품의 사용을 조건으로 지급되는 보조금

라 내국민 고용을 통해서도 달성될 수 있으므로 수입 대체 보조금이 아니라고 반박하였다.

패널은 CVA 요건은 법적으로 국내 상품 사용을 조건으로 하고 있지 않으며 국내 상품을 전연 사용하지 않고서도 달성될 수 있으므로 수입 관세 면제 조치는 법적으로 국내 상품 사용을 조건으로(contingent) 지급되는 보조금이 아니라고 판단하였다. 패널은 보조금협정 3조1항나호가 사실상(in fact) 국내 상품 사용을 조건으로 하는 보조금도 금지하고 있는지에 대해서도 검토하였으나 3조1항나호는 3조1항가호와 달리 '법률상 또는 사실상(in law or in fact)'라는 문구가 생략되어 있으며 생략된 데에는 반드시 의미가 있을 것이라는 이유로 3조1항나호는 사실상 국내 상품 사용을 조건으로 하는 보조금은 금지하고 있지 않다고 판단하였다. 따라서 패널은 수입면제 조치가 CVA 요건으로 인해 사실상 국내 상품 사용을 조건으로 하는 보조금인지 여부에 대해서는 심리를 사양하였다.

상소기구는 패널의 판정을 번복하였다. 상소기구는 국내 상품을 사용하지 않고도 CVA 요건을 충족할 수 있다는 패널의 분석은 이론적인 것이며 패널은 CVA 요건을 실제 국내 상품을 사용하지 않고도 달성할 수 있을 것인지에 대해 실증적인 분석을 하지 않았다고 비난하였다. CVA 요건이 낮다면 국내 상품을 사용하지 않고 예컨대 국내 노동만으로도 그 요건을 충족할 수는 있을 것이나 만일 CVA 요건이 국내 상품을 사용하지 않고서는 도저히 달성할 수 없을 정도의 높은 수준이라면 국내 상품의 사용을 조건으로 하는 것이라고 이해한 것이다. 상소기구는 패널이 이러한 실증적인 분석을 하지 않았으므로 법률상의 수출 부수성 가부를 판정하는 데 충분한 근거를 갖추지 못하였다고 결론 내렸으며 그 결과 CVA 요건이 보조금협정 3조1항나호에 합치된다고 패널이 판정한 것은 오류라고 판시하였다. 그러나 이는 동 조치가 3조1항나호에 불합치된다고 판정한 것은 아니다. 상소기구는 불합치 여부를 판정코자 하나 사실적인 자료, 증거가 부족하여 분석을 계속할 수 없다고 밝혔다.

보조금협정 3조1항나호는 사실상의 국내 상품 대체 조건 보조금에는 적용되지 않는다는 패널의 해석에 대해 상소기구는 3조1항가호와만 비교할 것이 아니라 보조금협정 전체의 맥락도 고려하여 해석하였어야 했을 것이라고 유감을 표했다. 상소기구는 GATT III조4항 역시 *de jure*, *de facto* 차별에 대해서는 명시적으로 규정하고 있지 않으나 사실상 국내 상품을 우대하는 것도 금지된다고 해석되어 왔고 *EC-Bananas* 사건에서 상소기구가 GATS II조를 심리함에 있어 *de facto* contingency를 배제하면 보조금협정상의 의무를 쉽게 우회(circumvent) 할 수 있으므로 보조금협정의 대상과 목적이 침해될 것이라고 우려를 표한 바 있음을 환기하였다. 따라서 상소기구는 보조금협정 3조1항나호는 사실상 보조금에는 적용되지 않는다는 패널 판정을 번복하였다. 그러나 CVA 요건이 수입 상품보다 국내 상품 사용을 사실상 조건으로 하는 보조금인지 여부에 대해서는 사실 관계가 부족하여 분석을 완료할 수 없다고 판단하였다.

3) GATS 관련 쟁점

(가) GATS I조1항 해당 여부

일본과 EC는 캐나다의 수입 관세 면제 조치는 EC나 일본 자동차 공급자보다 미국 자동차 공급자에게 더 유리한 대우를 부여하는 것이므로 GATS II조 위반이라고 주장하였다. 캐나다는 수입 관세 면제 조치는 관세에 관한 조치(tariff measure)로서 해당 상품 자체에 영향을 미치는 것이지 서비스 공급(distribution)에 영향을 미치는 것이 아니므로 GATS I조1항[12]에 규정된 '서비스 무역에 영향을 미치는 조치'가 아니며 따라서 아예 GATS 협정 적용 대상이 아니라고 주장하였다.

패널은 영향을 미친다(affect)는 것은 매우 포괄적이 개념으로서 어떤 조치는 GATS 적용 대상이 아니라고 사전에(*a priori*) 결정할 수 없고 적용 대상 여부의 결정은 그 조치가 GATS의 중요한 의무(여기서는 II조 XVII조)를 위반하였는지를 먼저 판정하고 나서 그 판정을 기초로 이루어 져야 한다고 보았다.

상소기구는 GATS I조1항의 근본적인 구조나 논리상 어떤 조치가 GATS 적용 대상에 해당하는지 여부의 결정은 그 조치와 GATS상의 의무간의 합치성 여부 판정에 앞서 이루어져야 한다고 이해했다. GATS II조1항[13]도 이 협정에 대상이 되는 조치에 대해 적용된다는 점을 명시하고 있음을 환기하였다. 이에 따라 상소기구는 수입 관세 면제 조치가 GATS I조1항에 규정된 '서비스 무역에 영향을 미치는 조치'인지에 대해 패널이 조사하지 않음으로써 해석상의 오류를 범했다고 판단하였다. 상소기구는 서비스 무역이 이 사건에 존재한다는 점은 인정하였다. 이 사건에서 문제가 되는 서비스 무역이란 캐나다 내 상업적 주재하고 있는 특정

---

12) I.1. 이 협정은 서비스 무역에 영향을 미치는 회원국의 조치에 대하여 적용된다.

13) II.1. 이 협정의 대상이 되는 모든 조치에 관하여, 각 회원국은 그 밖의 회원국의 서비스와 서비스 공급자에게 그 밖의 국가의 동종 서비스와 서비스공급자에 대하여 부여하는 대우보다 불리하지 아니한 대우를 즉시 그리고 무조건적으로 부여한다.

국가의 서비스 공급자에 의해 제공되는 자동차 도매 서비스(wholesale trade services of motor vehicles supplied by service suppliers of certain Members through commercial presence in Canada)라고 보았다. 그러나 캐나다의 조치가 이 서비스에 영향을 미치는지 여부에 대해서는 동 판정에 필요한 사실 관계－캐나다 자동차 시장, 자동차 도매 서비스 공급자 등－에 관한 판단을 패널이 실시하지 않은 관계로 결론을 내릴 수 없다고 밝혔다. 상소기구는 결국 패널은 수입 관세 면제 조치가 서비스 무역에 영향을 미치는지 여부에 대해 검사하는 데 실패하였다고 결론짓고 분석을 중단하였다.

(나) GATS II조1항 위반 여부

일본과 EC는 수입 관세 면제 조치는 자동차 도매 서비스 공급에 최혜국 대우를 위반하는 방식으로 영향을 미친다고 주장하였다. 비록 수입 관세 면제 조치 대상 자격에 국적 요건이 명시되어 있지는 않지만 동 대상으로 선정된 기업은 모두 미국계 회사이므로 동 조치는 사실상의 차별 조치이며 수입 관세 면제 혜택을 보는 자동차 도매업자와 그렇지 못한 도매 업자간의 경쟁 조건을 변경 시키므로 GATS II조1항의 최혜국 대우 의무 위반에 해당한다는 것이다. 캐나다는 수입 관세 면제 조치는 자동차라는 상품에 적용되는 것이며 이를 판매하는 도매 서비스와는 무관하다고 반박했다. 만일 자동차 배급 서비스에도 영향을 미친다면 모든 관세 조치는 해당 상품 판매 서비스에도 영향을 미친다는 것이므로 경우에 따라서는 GATT에 의해 정당화되는 조치가 GATS를 위반하는 것이 된다고 주장하였다.

패널은 수입 관세 면제 조치는 특정 상품에 관계되는 service 또는 특정 상품과 함께(in conjunction with) 공급되는 service라고 개념 짓고 GATT와 GATS 冒頭에 의거, 검사될 수(scrutinized) 있다고 보았다. 패널은 이 사건에서 쟁점이 된 이슈는 자동차의 MFN 관세율과 무관세간의 차이가 갖는 효과가 아니라 자동차 무관세 수입권(access)을 고정된(closed) 일부 자동차 판매업자(service supplier)로 제한하는 수입 관세 면제 조치의 효과라고 강조하였다. 이러한 측면에서 패널은 동 조치가 service 교역에 영향을 미친다고 보았다. 즉 GATS 적용 대상이라는 것이다.

GATS II조1항 위반 여부에 대해 캐나다는 유럽계 회사 2곳(Volvo Canada, Daimler Chrysler Canada)와 일본-미국 합작사(CAMI Automotive)도 수입 관세 면제 혜택 대상 기업이므로 동 제도가 미국 기업만을 우대하는 사실상의 차별이라는 주장은 근거가 없다고 반박하였다.

패널은 i) MVTO 1998에 의거, 수입 관세 면제 대상이 된 기업은 3개 미국기업 및 1개 유럽기업이었는데 동 유럽기업(Volvo)은 미국 법인(Ford)의 통제하에 들어가게 됨으로써 사실상 수입 관세 면제 대상 기업은 모두 미국계 회사라는 점, ii) MVTO 1998과 SRO는 수입 관세 면제 대상 기업의 요건으로 캐나다 내 생산 공장 유지 조건을 부과하고 있으므로 캐나다 내 생산 시설이 없는 자동차 도매 서비스 공급자는 수입 관세 면제 대상에서 배제되는 점, iii) 1989년 캐나다 정부는 수입 관세 면제 대상 기업을 동결하여 동 혜택이 일부 국가의 기업에게 국한된 점에 비추어 일부 회원국 기업(manufacturers/wholesalers)는 캐나다 내로 자동차를 무관세 수입할 수 있는 반면 다른 회원국은 이러한 혜택에서 배제되므로 수입 관세 면제 조치는 GATS II조1항과 합치되지 않는다고 결론지었다.

상소기구는 수입 관세 면제 조치가 I조1항에 해당하는 조치인지에 대해 판단하지 못하였지만 II조1항 합치 여부에 대해 검토하여 보았다. 상소기구는 GATS II조1항상의 어떤 판정을 하기 위해서는 i) 해당 조치가 GATS 적용 대상인지 여부, ii) GATS II조1항에 기재된 법적 기준에 대한 해석, iii) 캐나다에 상업적으로 주재하고 있는 다른 회원국의 자동차(service supplier 및 whole sale trade services)에 대한 캐나다측의 대우(treatment)에 관한 사실 판단, iv) II조1항의 해석을 iii) 사실 관계에 적용하는 순서의 분석이 필요하다고 보았다.

상소기구는 패널이 이러한 분석 단계를 거치지 않았다고 판단하였다. 특히 캐나다의 자동차 도매 시장(wholesale trade service market)에 대한 분석을 제대로 하지 않고 자동차 제작회사(manufacturers)와 도매업자(wholesale trade service)간의 관계에 대해 증거를 검사하거나 사실판단을 하지 않고 추측하였다고 비난하였다. 수입 관세 면제 혜택을 받는 기업은 자동차 제작사이고 GATS II조1항 적용을 받는 것은 자동차 도매업자인데 상소기구는 패널이 확인한 수입 관세 면제 대상인 前者 기업과 後者가 어떻게 연결되는지 양자간의 적절한 관계를 수립하는 데 패널이 실패하였다고 보았다. 수입 관세 면제 조치가 자동차 제작업자에게 적용되는 것과 도매업자에게 미치는 잠재적인 영향을 혼동하여 동 조치가 자동차 제작업자에게 미치는 영향에 관한 분석을 단순히 확대(extrapolate)하여 동 조치가 도매업자에 영향을 미칠 것으로 가정한 것이라고 지적하였다.

이상을 토대로 상소기구는 패널이 관련 사실을 제대로 조사(assess)하지 못했으며 II조1항을 적절히 해석하지도 못했다고 결론짓고 수입 관세 면제 조치는 II조1항에 합치되지 않는다는 패널의 판정을 번복하였다.

(다) GATS V조1항 적용 여부

캐나다는 미국과 캐나다는 NAFTA 회원국이므로 GATS V조1항[14]에 의거, 수입 관세 면제 조치는 II조1항 의무에서 일탈할 수 있다고 주장하였으나 패널은 MVTO 19998과 SRO가 NAFTA의 서비스 교역 자유화 조항의 일부분이라고 볼 수는 없으며 설사 동 조항의 일부분이라고 인정한다고 하여도 수입 관세 면제 혜택이 미국과 멕시코의 모든 자동차기업/도매자에 공히 부여되는 것이 아니라 일부 소수 기업에게 공여된 것이므로 서비스 교역 자유화라고 볼 수 없다고 논박하였다. 패널은 GATS V조1항이 MVTO 1998과 SRO에 있어 캐나다를 II조1항 의무로부터 면제하지 않는다고 결론지었다.

(라) GATS XVII조(내국민 대우) 위반 여부

일본은 수입 관세 면제 조치는 자동차 무관세 수입권을 갖게 된 캐나다 서비스 공급자를 그러한 권리를 갖지 못한 일본 서비스 공급자에 비해 유리하게 대우하는 것이므로 GATS XVII조[15]의 내국민 대우 위반이라고 주장하였으나 패널은 수입 관세 면제 혜택을 보는 캐나다 자동차 제작업체(Canadian manufacturers of motor vehicles)가 자동차 도매 서비스 공급자(supplier of wholesale trade services of

---

14) V:1. 이 협정은 회원국이 서비스 무역을 자유화하는 양자간의 혹은 여러 당사자간의 협정의 당사자가 되거나 이러한 협정을 체결하는 것을 방해하지 아니한다. 단, 그러한 협정은,
가. 상당한 분야별 대상 범위를 가지며, (Re.1) 그리고
(Remark 1) 이 조건은 분야의 수, 영향을 받는 무역량 그리고 공급형태의 관점에서 이해된다. 이 조건을 충족시키기 위해서는 협정이 특정 공급형태를 사전에 제외하는 것을 규정하여서는 아니된다.
나. 아래 조치를 통해, 가호에 따라 대상이 되는 서비스분야에 있어서 제17조의 의미상 양자간 혹은 여러 당사자간에 실질적으로 모든 차별조치를 그 협정의 발효시 또는 합리적인 시간계획에 기초하여 없애거나 폐지하도록 규정하여야 한다.
(1) 기존 차별조치 폐지, 그리고/또는
(2) 신규 혹은 더욱 차별적인 조치의 금지,
단, 제11조, 제12조, 제14조 그리고 제14조의 2에 따라 허용되는 조치는 예외로 한다.

15) XVII:1. 자기나라의 양허표에 기재된 분야에 있어서 양허표에 명시된 조건 및 제한을 조건으로, 각 회원국은 그 밖의 회원국의 서비스 및 서비스 공급자에게 서비스의 공급에 영향을 미치는 모든 조치와 관련하여 자기나라의 동종 서비스와 서비스 공급자들에게 부여하는 대우보다 불리하지 아니한 대우를 부여한다. (Re.10)
(Remark 10) 이 조에 상정된 구체적 약속은 어떤 회원국으로 하여금 관련 서비스 또는 서비스 공급자가 외국산이라는 성격으로부터 기인하는 내재적인 경쟁상의 불리함을 보상하도록 요구하는 것으로 해석되지 아니한다.

motor vehicle)라는 점을 일본이 명확한 증거로서 입증하지 못했다고 결정하고 일본의 주장을 기각하였다.

일본과 캐나다는 CVA 요건은 수입 관세 면제 혜택 기업으로 하여금 외국에서 제공되는 서비스보다 캐나다 국내 서비스를 사용하게 하는 유인을 제공한다고 주장하고 따라서 XVII조 내국민 대우 위반이라고 주장하였다. 캐나다는 CVA 요건에 포함된 서비스는 그 본질상 외국으로부터 공급되거나 외국에서 소비해야 하는 것이 기술적으로 가능하지 않다고 반박하고 예를 들어 유지 보수 service는 캐나다 국내 서비스를 이용할 수밖에 없다고 주장하였다.

패널은 CVA 요건에 포함된 특정 서비스 중 일부는 mode 1이나 mode 2 상으로는 기술적으로 적합하지 않은 것이 있다는 점은 인정하기는 하였으나 여타 서비스는 모두 mode 1이나 mode 2 형태로 공급될 수도 있다고 보았다. 캐나다가 예시한 유지 보수 서비스라 하더라도 유지 보수에 관계된 consulting service는 외국에서 공급되거나 외국에서 소비할 수도 있는 것이라고 지적하였다. 패널은 또한 회원국은 경쟁 조건을 조정함으로써 그렇지 않아도 외국 서비스 공급자가 갖는 내재적인 불리함을 더욱 악화시켜서는 안되며 이러한 악화 행위를 GATT XVII조의 각주 10을 인용하여 정당화해서도 안된다고 지적하였다. 패널은 서비스의 내용이 유사하다면 그것이 mode 1이나 2로 공급되든 mode 3 또는 4로 공급되든 동종 서비스에 해당한다고 보았다. 패널은 CVA 요건상 수입 관세 면제 대상 기업은 캐나다 내에서 공급되는 서비스(mode 3, 4)를 외국에서 공급되는 것(mode 1, 2)보다 선호하여 사용하게 되고 이는 양자의 경쟁 관계를 캐나다 내에서 공급되는 서비스에 유리하게 바꾸는 것이 되므로 외국에서 공급되는 서비스에 덜 유리한 대우를 부여한 것이 된다고 인정하였다. 이에 따라 패널은 CVA 요건은 GATS XVII조 상의 캐나다의 의무와 합치되지 않는다고 판시하였다.

다. 해설 및 평가

3조1항가호의 수출 부수성(contingency)은 조건성(conditionality)－수출 실적을 따른다는 것은 수출 실적을 조건으로 보조금이 제공된다는 의미－을 의미한다는 데는 지금까지의 판례도 인정하는 것이나 조건성의 정도에 대해서는 구체적인 기준이 제시된 바 없다. 수출이 보조금을 수령하기 위한 필요조건일 수도, 충분조건일 수도 있으며 필요충분조건일 수도 있을 것이나 어느 조건이어야 하는지 상소기구에서 명확히 확인되지는 않았다. *Canada-Auto* 사건에서 패널은 but for 기준을 사용함으로써 수출을 보조금을 받기 위한 필요조건으로 이해한 것으로 보인다. 즉 수출이 없었다면(but for) 보조금을 아예 지급받을 수 없을 것이나 수출했다 해서 당연히 보조금을 지급받는 것은 아니고 수출 외에 다른 조건이 있을 수도 있다. 그러나 보조금을 지급받으려면 우선 수출이 있어야 한다는 정도의 조건성이 있어야 할 것으로 이해한 것이다. 그러나 이 사건 상소기구는 조건성의 정도에 대해 언급하지 않았다.

이번 사건과 마찬가지로 *EC-Bananas* 사건에서 역시 EC의 바나나 수입 허가 절차가 GATS의 적용 대상인지에 대해 EC와 제소국간에 입장차이가 있었다. 제소국은 바나나의 유통은 EC가 양허한 도매 무역 서비스에 해당하고 그 유형도 역시 EC가 준수를 약속한 mode 3 상업적 주재에 해당하므로 GATS 적용 대상이라고 주장하였으나 EC는 바나나 수입 허가 절차가 상품의 무역에 관계된 제도이지 서비스의 무역에 관계된 제도가 아니며 GATT와 GATS는 상호 배타적이므로 GATS는 이 경우에 적용될 수 없다고 주장하였다.

이 사건 패널은 GATT와 GATS가 중복될 수 없다는 EC의 주장은 두 협정 어디에도 근거가 없는 것으로 패널은 GATS의 규정들이 직접적이든 간접적이든 서비스 교역에 영향을 미치는 모든 조치를 포괄하는 것으로 해석했다. *EC-Bananas* 사건에서는 이번 사건과 마찬가지로 GATS I조1항의 범위가 쟁점이 되었다. *EC-Bananas* 사건 상소기구는 GATS 1조1항의 영향을 미친다는 의미는 GATS가 광범위한 적용 범위를 갖는다는 것을 의미한다고 보았으며 EC의 수입 허가 제도를 GATS의 적용 대상에서 처음부터(*a priori*) 배제한다는 아무런 법적 근거도 없다고 지적한 바 있다. 비록 상소기구가 번복하기는 하였지만 이번 사건 패널이 I조1항의 범위는 포괄적이며 *a priori* 배제는 곤란하다고 판단한 것은 *EC-Bananas* 사건 상소기구의 이러한 판단에 영향을 받은 것으로 보인다. 동 사건에서 상소기구는 또한 GATS 2조1항의 의무는 *de jure* 및 *de facto* 차별에 모두 적용된다고 보았고 이는 이번 사건에서도 재확인되었다.

18. Australia, US vs. Korea - Beef 사건

(DS161,169, 2001. 1. 10. - 상소기구)

가. 사건 개요

1989년 GATT 패널이 한국의 쇠고기 수입 제한 조치가 GATT 규범에 어긋난다고 판정한 이후 한국은 미국, 호주, 뉴질랜드 등과 쇠고기 수입 쿼터 설정, 잔존 수입 제한 조치의 단계적 폐지 등을 골자로 한 양해각서를 체결하여 이들 국가의 쇠고기를 쿼터 제도 하에서 수입하여 왔다. 1997년말 외환 위기로 인해 환율이 상승하고 외국쇠고기 가격과 사료 가격이 급등하여 외국쇠고기 소비가 위축되고 도산 위기에 처한 축산 농가들이 많은 물량을 도축, 국내 쇠고기의 공급이 확대되면서 외국쇠고기의 수입이 급감했고 1998년에는 쿼터 물량만큼 수입하지 못하게 되었다. 이에 호주, 미국 등 쇠고기 수출국은 우리 정부에게 수입을 늘릴 수 있는 적극적인 조치를 취해 줄 것을 요청하였고 양자 협의 등을 통해 만족할 만한 성과를 거두지 못하게 되자 한국의 쇠고기 수입 제도가 WTO 협정 위반이라면서 패널 설치를 요청하였다.

호주와 미국은 쇠고기 수입 물량 제한, 수입 쇠고기 전문 판매점 제도(區分판매), 수입 쇠고기에 부과되는 수입 부과금, 축산업에 대한 국내 보조 등의 한국의 쇠고기 수입 관련 조치가 GATT III조4항(내국민 대우), XI조1항(수량 제한의 일반적 금지), XVII조(국영무역) 등과 농업협정 3조(양허 및 감축 약속), 7조(국내 보조에 관한 일반 원칙) 및 수입허가절차협정의 1조(일반 원칙), 3조(비자동 수입허가) 등에 위반된다고 패널에 제소하였다.

패널은 제소국의 주장을 수용하여 한국의 WTO 협정 위반을 인정하였다. 이에 한국은 쿼터 제도에 관하여는 패널의 판정을 수용하였으나 구분 판매 제도와 농업 보조금과 관련하여서는 상소기구에 이의를 제기하였다. 상소기구는 구분 판매 제도에 관하여는 패널의 판정을 수용하였으나 보조금의 부분에 대하여는패널의 판정을 번복하였다.

나. 주요 쟁점별 당사자 주장 및 판결 요지

1) 수입 쇠고기 구분 판매 제도

(가) GATT III조4항 위반 여부

한국은 수입 쇠고기는 판매 면허를 받은 특정 판매점에서만 판매할 수 있도록 국내외산 쇠고기에 대해 구분 판매제를 실시하고 있었다. 제소국은 수입 쇠고기 전문 판매점과 국산 쇠고기의 판매점의 수가 불일치한 점을 근거로 수입육 구분 판매 제도가 GATT III조4항[1]의 내국민 대우에 위반된다고 주장하였다. 수입 쇠고기 전문 판매점은 약 5,000개에 불과한 반면 국내산 쇠고기 판매점은 약 45,000개로 판매점 수가 현격하게 차이 나는 것은 국내제품과 수입품의 공정한 경쟁을 방해하는 것이라는 것이다. 한국은 국산 쇠고기도 수입 쇠고기 점에서 판매되지 않도록 국산 쇠고기에 대해서도 동등한 규제를 시행하고 있으므로(규제 대칭성) 내국민 대우 위반에 해당되지 않는다고 반박하였다.

패널은 수입 쇠고기와 국산 쇠고기가 동종 상품이라는 데는 다툼이 없었으므로 GATT III조4항상의 덜 유리한 대우(less favorable treatment)가 있었는지에 대해 집중 검토하였다. 패널은 동 조항은 보호주의를 차단하는 데에 그 목적이 있고 거래량에 대한 기대보다는 경쟁 조건에 대한 기대를 보호하기 위한 원칙이므로, 법령이나 규칙으로 인하여 내국시장의 수입 상품에 불리한 효과가 실제로 발생하였는지 여부는 중요하지가 않다고 판단하였다. 이에 패널은 구분 판매 제도는 수입품과 국산품간의 차별적 대우를 필연적으로 발생시키므로 당연히 내국민 대우에 위반된다고 평가하였다. 또한 구분 판매 제도가 동등하게 적용되더라도 수

1) III:4. 체약국 영역의 산품으로서 다른 체약국의 영역에 수입된 산품은 동 국내에서의 판매, 판매를 위한 제공, 구입, 수송, 분배 또는 사용에 관한 모든 법률, 규칙 및 요건에 관하여 국내 원산의 동종 산품에 부여하고 있는 대우보다 불리하지 아니한 대우를 부여하여야 한다. 본 항의 규정은 교통수단의 경제적 운영에 전적으로 입각하였으며 산품의 원산국을 기초로 하지 아니한 차별적 국내 운송요금의 적용을 방해하지 아니한다.

입 쇠고기의 경쟁 조건이 감소되는 결과를 낳는다면 내국민 대우에 위반되는 것으로 보았다.

상소기구도 패널의 판정을 지지하였으나 다만 판정 이유에 있어서는 패널과 약간의 차이를 보였다. 패널은 구분 판매 제도의 존재 자체가 내국민 대우 위반을 의미한다고 판정하였으나, 상소기구에서는 동 제도가 수입 쇠고기의 판매에 있어서 '불리한 경쟁 조건'을 제공했느냐에 따라 내국민 대우 위반 여부를 분석하여야 한다고 판정하였다. 즉, 구분 판매 제도가 한국의 주장처럼 규제의 대칭성을 가지게 되더라도 구분 판매 제도의 결과 경쟁 기회가 감소되어 수입산에 차별적인 대우를 하게 된다면 이는 GATT III조4항에 합치되지 않는다고 본 것이다.

쇠고기 구분 판매 제도에 의거, 수요 쇠고기 판매점은 '수입 쇠고기 전문점'이라는 간판을 부착할 의무가 있었고 수퍼마켓 등 대형 매점은 수입 쇠고기 전용 판매대를 마련해야 했다. 제소국은 수입 쇠고기 전문점이라는 간판을 부착하도록 규제하는 것은 수입 쇠고기에 대해 부정적 인식을 갖게 하고 유통과 가격 면에서 악영향을 미치는 효과를 초래하므로 III조4항에 위반되는 조치라고 주장하였다. 패널은 간판 부착 제도는 구분 판매 제도에 수반되는 제도라고 판단하고, 구분 판매 제도가 동 조항에 위반된다고 보았으나 상소기구는 간판부착 제도는 구분 판매 제도에 수반되는 제도이므로 별도의 법적 검토를 요하지는 않는다고 보았다.

(나) GATT XX조(d)항 적용 여부

한국은 구분 판매 제도가 설사 III조4항에 위반된다 하더라도 이 제도는 수입 쇠고기의 국산 쇠고기로의 둔갑 판매 방지를 목적으로 하는 불공정경쟁법상의 규제로서 GATT XX조(d)[2]에 의거, 허용된다고 주장하였다. 특히 수입 쇠고기가 국산 쇠고기보다 저가에 공급되어 가격 경쟁력을 가지는 상황에서 구분 판매가 국내 산업을 보호하기 위한 제도라는 제소국의 주장은 타당하지 않다고 강조하였다.

---

2) XX 본 협정의 어떠한 규정도 체약국이 다음의 조치를 채택하거나 실시하는 것을 방해하는 것으로 해석되어서는 아니된다. 다만, 그러한 조치를 동일한 조건하에 있는 국가간에 임의적이며 불공평한 차별의 수단 또는 국제 무역에 있어서의 위장된 제한을 과하는 방법으로 적용하지 아니할 것을 조건으로 한다.
  (a), (b), (c) … 생략.
  (d) 관세의 실시, 제2조 제4항 및 제17조에 따라 운영되는 독점의 실시, 특허권, 상표권 및 저작권의 보호 그리고 사기적인 관습의 방지에 관한 법률과 규칙을 포함하여 본 협정의 규정에 반하지 아니하는 법률 또는 규칙의 준수를 확보하기 위하여 필요한 조치,

패널은 구분 판매 제도가 다소 문제를 내포하고 있는 조치이기는 하나 불공정경쟁법상 둔갑 판매를 방지하기 위한 목적의 범위 내에서 적용되는 한 이는 GATT의 규정에 부합하는 조치라고 보았다. 그러나 패널은 동 조치가 반드시 필요한 조치라고는 보지 않았다. 그 근거로 구분 판매 제도가 다른 유사한 분야에서는 도입되지 않고 있는 점, 구분 판매 제도 이외의 다른 대체적인 조치로는 기만행위를 방지할 수 없다는 한국의 주장에 대한 입증이 미흡하다는 점을 들었다.

상소기구는 GATT XX조(d)를 검토함에 있어서 우선 XX조(d)에 의해 정당화되는 조치인지를 먼저 분석한 후 이에 해당한다면 XX조의 서문에 부합하는지를 검토하여야 하는 것이 적합한 접근 방법이라고 보았다. XX조(d)에 의해 정당화되기 위해서는 i) 해당 조치는 GATT의 규정에 부합되는 법이나 규정의 '준수를 확보하기 위해' 고안된 조치여야 하고, ii) 이 조치는 그러한 준수를 확보하기 위해 '필요한' 조치여야 한다고 보았다. 상소기구는 여기서 '필요한'의 의미는 단순히 관련된다는 의미부터 필수불가결하다는 의미까지 매우 광범위한 범위를 포함하는데 이번 사건에서는 '기여하는(making a contribution to)'이나 '관련되는(relating to)'이라는 단순한 의미보다는 '필수불가결한(indispensable)'의 의미로 파악해야 한다고 보았다. 상소기구는 구분 판매 제도가 필수불가결한 것인지에 대해, 구분 판매 제도가 다른 품목에서는 시행되지 않고 있으며, 다른 품목에서는 둔갑 판매를 규제하는 다른 제도가 시행되고 있고, 한국이 다른 제도를 통해서는 둔갑 판매 방지를 달성할 수 없다는 점을 충분히 입증하지 못하였다고 지적하고 패널의 판정을 지지하였다.

2) 쇠고기 수입 제도

(가) 유통 사업단 유통 체계

한국의 쇠고기 수입 체계는 축산물 유통 사업단(Livestock Products Marketing Organization: LPMO)을 통한 수급 조절 중심의 유통 체계와 '동시매매(Simultaneous Buy and Sell: SBS)' 입찰을 통한 수입 및 유통 체계로 나누어진다. 유통 사업단이란 수입 물량, 최저 가격 수입 및 도매 시장에서 입찰 또는 판매에 관여하는 기구로 전형적인 국영 무역 기업의 형태를 지녔다. 또한 유통 사업단(LPMO)은 SBS 시스템에 의한 수입 쇠고기 구매권을 일부 대규모 회사나 단체(Super Group으로 통칭)[3] 에게만 부여하였다.

제소국들은 가공/포장되지 않은 수입 쇠고기의 도매 시장에서의 판매 제한, 도매 시장에서 수입 쇠고기 전문 판매점만의 유통 제한, 현금 결제 방식 및 기록 유지 의무 등의 일련의 조치가 유통 사업단에 의해 수입된 소고기에 대해서만 부여되고 있는데 이는 GATT III조4항에 위반된다고 주장하였다. 한국은 국내산과 수입육의 비교가 불가능하고 백화점을 포함하는 구분 판매 제도는 WTO 규정에 합치되는 것이며 현금 결제 방식은 한우 유통에도 적용된다는 대응 논리를 구사하였으나 수입 쇠고기에 대한 기록 유지 의무에 대해서는 대응을 하지 않았다.

패널은 도매 시장에서만 수입 쇠고기를 판매토록 하는 것은 유통 사업단 유통체계의 본질적인 요소로 보았으며 이러한 판매제한은 2001년 1월 1일까지 허용되는 잔존 수입 제한(remaining restriction)[4]으로 패널의 검토 대상이 아니라고 보았다. 그러나 유통 사업단의 도매 시장에서의 구분 판매는 앞에서 살펴본 바와 같이 III조4항을 위반하고 있으며XX조에 의해 정당화되지 않는 조치라고 판정하였다. 호주가 제기한 현금 결제 방식은 호주의 입증 책임을 물어 패널이 검토하지 않았으나, 기록 유지 의무에 대해서는 GATT III조4항 위반으로 판시하였다.

(나) SBS 시스템

SBS 시스템과 관련하여 제소국들은 수입을 할 수 있는 주체를 제한하고 있는 SBS 시스템의 존재 자체와 SBS 회원 자격 조항, 수퍼그룹간 거래 금지, 최종 사용자와 수퍼그룹, 최종 사용자간의 거래를 금지하고 있는 것은 GATT III조4항에 위반되는 조치라고 주장하였는데, 패널은 최종 사용자간의 거래 금지 및 추가적인 표시 의무를 제외한 여타의 SBS 시스템과 관련한 대부분의 제소국 주장은 잔존 수입 제한에 해당한다고 보았다. 최종 사용자간의 거래를 금지하는 것은 제품의 원산지에 따라 차별적으로 규제하는 효과를 유발하므로 동 조항에 위반된다고 보았다. 추가적인 표시 의무에 대해 한국은 모든 수입 가축육에 안전성을 이유로 지속적으로 시행하여 왔다고 대응하였으나 패널은 추가적인 표시 의무는 원산지를 근거로 한 차별 대우를 유발하며 또한 동 조치는 원산지 표시 이상의 의미를 내포하므로 GATT III조4항에 위반되는 조치라고 판시하였다.

3) 축협중앙회, 한국냉장, 관광호텔용품센터 등

4) 점진적인 수입자유화와 시장 개방을 위해 특정 시점까지 유지할 수 있도록 UR 협상에서 인정된 수입 제한 조치. 우리나라 UR 양허표에 기재되어 있다.

(다) 유통 사업단의 입찰, 입찰, 방출

제소국은 유통 사업단의 입찰, 입찰 및 방출 조치 등의 운영 절차는 수입을 제한하는 부가 조치로서 수입 쿼터의 이행을 제약하고 있다고 주장하였다. 패널은 유통 사업단의 최저 가격제는 잔존 수입 제한에 해당하는 것이므로 검토 대상이 되지 않는다고 판단하였으나 유통 사업단의 일별, 월별 물량 조절 제도와 수입 쇠고기 입찰요구에 대한 지연/거절 조치들에 대해서는 검토를 실시하였다.

유통 사업단은 97~98년 기간 중 특별한 경우 입찰을 실시하지 않아 결과적으로 외국산 쇠고기의 수입이 일정 부분 제한되었다. 제소국은 이는 수입 제한으로서 GATT II조, XI조, 농업협정 4조2항[5]등에 위배된다고 주장하였고 한국은 외환위기로 쇠고기 판매가 부진하고 유통 사업단도 재고가 쌓이는 상황에서 입찰을 통해 외국 쇠고기까지 수입된다면 유통 사업단은 손실을 감수하고 재고를 처리해야 할 것이므로 일정 시기 입찰을 잠정 중단한 것은 부득이 하였다고 항변하였다.

패널은 1998.6.1-12.31의 기간의 입찰 중단에 대해서는 한국의 주장을 수용하여 정당한 조치로 보았으나 1997.10.31-1998.5.31 기간 중의 조치는 당시의 쇠고기 가격 자료 및 super group에 의한 지속적인 쇠고기 수입 사실에 비추어 한국의 주장을 수용할 수 없으며 쇠고기 수입을 제한하기 위한 조치라고 판정하였다.

패널은 수량 제한에 관한 일반 규정인 GATT XI조를 비롯하여 XI조1항에서 사용되는 용어인 '제한(restriction)'의 의미를 설명하고 있는 XII조(국제수지 옹호를 위한 제한), XIII조 (수량 제한의 무차별 적용), XIV조(무차별 대우에 대한 예외), XVII조(국영 무역 기업), XVIII조(경제개발에 대한 정부의 원조) 및 동 조항들의 주석/보충 규정(ad article)은 국영 무역 기업에도 적용된다고 보았다. GATT XVII조는 국영 무역 기업의 수출입에 관계되는 구매 또는 판매에 있어 민간 무역업자의 수출입에 영향을 주는 정부 조치에 대해 GATT 협정에 규정된 차별 금지의 일반 원칙을 준수하는 방법으로 행동하게 할 것을 규정하고 있다. 패널은

---

5) 4.2. 회원국은 제5조와 부속서 5에 달리 규정된 경우를 제외하고는 일반 관세로 전환하도록 요구된 어떠한 종류의 조치(Re.1)도 유지 또는 이용하거나 동 조치로 복귀하지 아니한다.
(Remark 1) 이러한 조치는 1947년도 GATT의 규정으로부터의 국별의무 일탈에 따라 유지되는지 여부에 관계없이 수입 물량 제한, 가변수입부과금, 최소수입가격, 임의적인 수입 허가, 국영무역을 통하여 유지되는 비관세 조치, 수출 자율 규제, 일반 관세 이외의 유사한 국경 조치를 포함한다. 단, 1994년도 GATT나 세계무역기구 부속서 1가의 국제수지규정 또는 다른 일반적, 비농업특정적 규정에 따라 유지되는 조치는 포함하지 않는다.

유통 사업단의 수입 제한 조치는 위 조항들에 위반되는 조치라고 판정하였고 동 조항의 위반 품목이 농산물일 경우에는 필수적으로 농업협정 4조2항 및 동 조항 내 각주를 위반하게 된다고 판정하였다.

(라) 목초사료로 사육된 소와 곡물사료로 사육된 소 구별

호주는 유통 사업단이 곡물사료로 사육된(grain fed) 소와 목초 사료로 사육(grass fed)된 소를 구분하여 쿼터를 할당하고 목초 사료로 사육된 소의 입찰을 세 번이나 제한한 것은 GATT III조4항, XI조, XVII조 위반이며 한국이 두 유형으로 소를 구분하는 것은 GATT II조(양허표)를 위반한 것이라고 주장하였다.

패널은 SBS 시스템을 통하여 수입되는 품목에서는 유사한 조치가 행해지지 않고 있으며, 동 구분은 한국의 국내 시장에서도 실제 거래에 있어서 이용되지 않고 있음을 주목하여 GATT XI조에 위반되는 수량 제한 조치라고 판정하였다. 또한 한국이 소를 구분하는 것은 관세 양허에 근거한 조치가 아니며 이는 목초 사료로 사육된 소에 대한 불리한 대우를 의미하는 것이므로 GATT II조1항에 위반되는 조치라고 판정하였다.

3) 농업 보조금 : 농업협정 3조, 6조, 7조

미국과 호주는 한국의 쇠고기에 대한 보조금은 농업협정 6조4항[6] 등에서 허용된 최소 허용 보조 수치 10%를 초과한다고 주장하였다. 동 조는 품목 특정적 국내 보조의 경우는 해당 년도의 특정 품목 총 생산액의 5%를 초과하지 않는 범위 내에서, 품목 불특정 국내 보조의 경우에는 농업 총 생산액의 5%를 초과하지 않는 범위 내에서 '총 보조 총액 측정치(Current Total AMS)'의 계산시 산입하지 않도록 허용하고 있으며 감축 약속에서도 제외시키도록 하고 있고 개도국에 대하여는 최소 허용 보조 *de-minimis* 비율을 10%로 두고 있다.

패널은 한국이 국내 보조금을 계산함에 있어 i) 산정 기준 시기와 단계별 지

---

6) 6.4. 가. 회원국은 아래사항에 해당되는 보조를 현행보조 총액 측정치 합계에 산입하도록 요구되지 아니하며 이를 감축하도록 요구되지 아니한다.
 (1) 그 밖의 경우 회원국의 현행보조 총액 측정치의 계산에 포함되도록 요구되나 당해년도 중 이러한 보조가 동 회원국의 기초농산물의 총 생산가의 5%를 초과하지 아니하는 품목특정적 국내 보조, 그리고
 (2) 그 밖의 경우 회원국의 현행보조 총액 측정치의 계산에 포함되도록 요구되나 이러한 보조가 동 회원국의 총농업생산가의 5%를 초과하지 아니하는 품목불특정적 국내 보조로서
 나. 개발도상회원국에 대하여는 이 항에 따른 최소허용비율은 10%로 한다.

급이 잘못 계산된 외부 참조 가격[7], 적정 생산 수준(eligible production)의 산정 오류, 총 생산 물량의 산정 오류 등이 있음에도 이를 반영하여 시장 가격 보조금을 계산하였고, ii) 다른 감축 대상 보조금을 제외하고 계산하는 오류를 범하였다고 결정하였다.

즉, 외부 참조 가격을 계산함에 있어 부속서 3의 8[8]과 9[9]에서 기준년도를 1986-1988년으로 규정함에도 불구하고 한국은 1989-1991년을 기준으로 계산하였다고 지적하였다. 또한 부속서 3의 8은 시장 가격 보조금을 고정 외부 참조 가격과 적용 관리 가격간의 차이에 적용 관리 가격을 받은 적정한 수량을 곱하여야 한다고 규정하고 있는데, 한국은 동 수량을 실제 수매 수량으로 판단하여 계산하였으나, 패널은 제소국의 주장을 받아들여 적정 생산 수준이 적정한 수량이라고 판정하였다. 또한 한국이 총 대상 품목 가격을 1997년이 아닌 1996년을 기준으로 산정하고 있는 것은 농업협정에 위반되는 행위라고 판정하였다. 마지막으로 농업협정 6조4항가호(2)에서는 AMS에 계산되도록 요구되는 품목 불특정 보조라도 5%를 초과하지 않는 경우에는 계산하지 않는다고 규정하고 있는데 (개도국에 대해서는 10%), 동 보조금은 이를 초과하므로 7조2항가호[10] 에 의하여 동 비용을 산입하여 계산하여야 한다고 보았다.

이상의 분석을 토대로 패널은 한국은 1997-1998년 기간에 최소 허용치 10%를 초과하는 국내 보조금을 지급하였으므로 농업협정 6조를 위반하였으며, 동 기간 동안 실재 총 AMS에 牧牛산업에 대한 국내 보조를 포함하지 아니한 것은 농업협정7조2항 가호를 위반한 것이라고 판정하였다. 또한 새로이 계산한 수치를 토대로 재계산한 결과, 1997-1998년의 실제 총 AMS는 한국의 감축 약속을 초과하

---

7) 국내 가격 지지 효과나 관세상당액을 계산할 때 기준이 되는 국제 가격으로서 농업협정에서는 86~88년 평균세계 시장가격을 기준으로 하고 있다.

8) 8. 시장가격 지지: 시장가격 지지는 고정외부참조가격과 적용관리 가격과의 차에 적용관리 가격의 적용 대상이 되는 생산량을 곱하여 계산된다. 동 가격차를 유지하기 위하여 소요되는 구매 또는 저장비용 등의 재정지출은 보조 총액 측정치에 포함되지 아니한다.

9) 9. 고정외부참조가격은 1986년부터 1988년까지의 기간을 기초로 하여 일반적으로 순수출국의 경우에는 기준 기간 동안의 관련 기초농산물의 평균 본선인도가격이 되고, 순수입국의 경우에는 기준 기간 동안의 관련 기초농산물의 평균 운임 보험료 포함 수입가격이 된다. 고정참조가격은 필요시 품질의 차이를 반영하기 위하여 조정될 수 있다.

10) 7.2. 가. 국내 보조 조치의 수정을 포함하여 농업생산자를 위한 국내 보조 조치와 추후 도입되는 조치로서 이 협정 부속서 2의 기준을 충족시키거나 혹은 이 협정의 다른 규정에 따라 감축으로부터 면제되는 것으로 판명되지 아니하는 조치는 회원국의 현행 보조 총액 측정치합계의 계산에 포함된다.

므로 농업협정3조2항에 위반된다고 판정하였다.

패널의 판정에 대해 한국은 상소하였다. 상소기구는 보조금 분야에서 패널의 판정을 번복하여 한국의 1997-1998년 최소 허용 보조금이 10%를 넘지 않으므로 목우산업에 대한 실제 AMS를 총 AMS에 포함한 패널의 판정은 농업협정 6조와 7조2항 가호에 합치하지 않는다고 판정하였다. 또한 그 결과 한국의 양허 금액이 초과하여 3조2항을 위반했다는 패널의 판정도 번복하였다.

상소기구는 한국의 양허표상의 금액 계산과 관련하여서는 비록 부분적으로 1993년 보조금액을 활용하고는 있으나 궁극적으로 목표치는 1989-1991년 기준치를 사용하고 있으며, 또한 이러한 계산법을 양허표 부록에 명확히 밝히고 있음을 이유로 패널의 판정을 번복하였다. 다음으로 실제 총 AMS 계산에 대해서 상소기구는 AMS의 계산은 회원국의 양허표 제4부에 인용됨으로써 통합된 보조 자료의 표에서 사용된 구성 자료와 방법을 고려하여 부속서 3의 규정에 따라야 한다는 농업협정 1조가호(2)[11]의 규정을 적용하였다. 그 결과 상소기구는 적정 생산 수준과 1986-1988년의 외부 참조 가격을 기초로 실제 AMS를 산정하여야 한다고 결론짓고 한국의 계산법이 틀렸음을 지적한 패널의 판정에 동의하였다. 그러나 상소기구는 패널이 인정한 새 계산법 또한 1989-1991년을 기준으로 외부 참조 가격을 계산하고 있는데, 이는 부속서 3에 일치하지 않는 계산법이라고 보았다. 더욱이 1986-1988년의 실제 외부 참조 가격에 대한 자료가 없음에 주목하였다. 즉 상소기구는 패널의 기록에 대한 근거가 불충분하므로 이를 토대로 한국의 조치가 농업협정 3조2항[12], 제6조, 7조2항가호에 불일치하는지에 대해서는 사실을 확인할 수 없다고 판정하였다.

11) 1.가. (2) 이행 기간 동안 특정년도와 그 이후에 제공된 보조와 관련, 회원국의 양허표 제4부에 인용됨으로써 통합된 보조 자료의 표에서 사용된 구성 자료와 방법을 고려하여 이 협정의 부속서 3의 규정에 따라 계산된다.

12) 2. 제6조의 규정을 조건으로, 회원국은 자기나라의 양허표 제4부제1절에 명시된 약속 수준을 초과하여 국내 생산자를 위하여 보조를 제공하지 아니한다.

다. 해설 및 평가

GATT III조4항의 덜 유리한 대우 위반 판별 기준에 대해 패널과 상소기구는 견해를 약간 달리하였다. 패널의 경우 상품의 원산지를 근거로 차등 대우하는 것은 그 자체가 III조4항 위반이라는 다소 형식논리적인 입장을 취했다. 따라서 쇠고기를 국내외산 여부에 따라 달리 취급하는 구분 판매 제도는 III조4항의 위반을 구성하는데 충분하다고 보았다. 반면 상소기구는 국내외산 상품을 달리 취급하는 것이 반드시(necessarily) III조 4항의 덜 유리한 대우에 이르는 것은 아니며 III조4항 위반은 형식적인 차등 대우 존재 자체에 근거하기 보다는 국내외산 상품간의 경쟁 관계가 수입품에 불리한 방향으로 조정되었는지에 대한 판단에 기초해야 할 것으로 보았다. 상소기구의 견해는 분리하되 동등한 대우(separate but equal treatment)가 있을 수 있으며 이는 III조4항 위반이 될 수 없다는 것으로 보이나 패널은 국내외산을 분리(separate)하는 것 자체가 일단 III조4항 위반 요건을 구성한다는 입장이다.

농업협정 체결시 회원국들은 농산품에 대해 제공되는 정부 가격 지지의 총액을 제한하기로 합의하였다. 이를 위해 회원국들은 양허표상에 자국의 정부 가격 지지의 최대 한도를 설정하였으며, 이러한 양허 약속은 UR 이후 수년 동안 적용되게 된다. 이에 따라 실제 제공된 연간 보조 총액은 각 회원국의 양허표에 설정된 당해 연도의 정부 가격 지지 최대한도를 초과해서는 아니 된다. 이를 위해 각 년도에 실제 제공된 연간 보조총액을 계산할 필요가 있는데 이는 농업협정 1조가호(2)에 규정된 연간 AMS로 계산된다. 이 조항은 농업협정 부속서 3의 규정에 따라 그리고 회원국의 양허표 제4부에 인용되어 통합된 보조 자료의 표에서 사용된 '구성 자료와 방법을 고려하여(taking into account the constituent data and methodology AMS)'를 계산하도록 규정하고 있다. 부속서 3은 구체적인 계산 방법을 규정하고 있다. 그러나 양허표상의 '구성 자료 및 방법'이 부속서 3의 방식과 상이한 경우에는 양허표상의 방법을 동시에 고려하면서 부속서 3에 따라 계산하는 것은 불가능할 수 있다.

쇠고기의 경우 한국의 양허표상에는 '구성 자료와 방법'이 없었기 때문에 부속서 3의 계산 방법과 구성 자료와 방법상의 계산 방법간의 상치문제가 발생하지는 않았다. 그러나 양허표상의 방법이 부속서 3의 방법과 상이한 제품이 경우에는 앞으로 분쟁이 발생할 수 있을 것이다. 본 사건에서 상소기구는 부속서 3의 방법을 양허표상의 방법보다 우선적으로 고려할 것이라는 암시를 주긴 했지만 이 점에 관한 판정은 명확히 내리지는 않았다.

※ 이 판례 해설은 최승환 著 「WTO 농산물 무역분쟁 사례연구」(법무부 刊 2003년 8월) pp. 124~145에 수록된 "한국-수입 쇠고기사건"의 일부를 요약한 것이다.

19. EC vs. Argentina - Bovine Hide 사건

(DS155, 2001. 2. 16. - 패널)

가. 사건 개요

이 사건은 아르헨티나 소 원피 수출 통관 절차와 수입 원피에 부과되는 조세, 2가지가 쟁점이 된 사건이다. 아르헨티나 세계적인 소 원피 공급국이며 가죽 생산국이기도 하다. 70년대 아르헨티나는 국내 피혁산업에 원피를 안정적으로 공급하기 위해 원피 수출을 제한한 적도 있었다. 그만큼 아르헨티나의 원피 수출은 국내 피혁산업과 밀접한 관계에 있다. 1993년 아르헨티나는 원피 수출 통관 과정에 아르헨티나 피혁상공회의소(CICA) 직원이 입회하도록 승인하였고 1996년 6월 Regulation 2235호에 의거, 피혁 및 유관 상품 생산제작업협회(ADICMA)대표의 수출 통관 과정 입회를 법제화하였다. CICA는 ADICMA의 소속 회원이다. 원피 수출 통관시 ADICMA 직원은 수출 신고된 내용과 실제 통관되는 상품과의 일치 여부를 확인한다. 검사는 세관직원이 실시하며 신고된 내용과의 상이점이 발견되는 경우 수출 절차는 중단된다. ADICMA 직원이 세관 직원의 판정에 대해 동의하지 하지 않을 경우 이의를 제기할 수 있다. EC는 아르헨티나의 국내 피혁업계 대표를 수출통관 절차에 입회하게 하는 것은 일종의 수출 제한에 해당한다고 주장하고 이는 GATT XI조1항에 위반된다고 주장하고 아르헨티나를 제소하였다. 아울러 국내 법규를 일관되고 합리적으로 운영하라는 GATT X조3항(a)에도 위반된다고 주장하였다.

이 사건에서 EC가 아르헨티나를 제소한 또 다른 이슈는 수입 상품에 대한 세금이다. 아르헨티나는 탈세 방지를 위해 조세 선납 제도를 운영하고 있었는데 그 적용 방식이 국내외산 상품에 대해 다소간의 차별이 있었다. 아르헨티나는 국내외 상품에 일종의 부가 가치세(IVA) 를 적용하였고 모든 收入에 대해 소득세(IG)를 부과하였다. 피혁 및 관련 제품의 IVA는 10.5%였는데 수입 상품에 대해서는 일정액을 사전에 납부토록 하고 국내 판매가 이루어진 후 정산을 하여 주었다. 그런데 아르헨티나의 규정 3431호에 의거, 운영되는 이 선납률이 거래형태, 거래자 분류(등록 납세자 여부 등) 등에 따라 다소 차이가 있었으며 대체로 수입 상품에 대해 다소 불리하였다. 소득세의 경우 아르헨티나의 규정 3543호는 수입 상품에 대해 일정 비율(3%)을 선납토록 하였는바 국내 상품에 적용되는 것(2~4%)과 다소의 차이가 있었다.

EC는 아르헨티나의 규정 3431호와 3543호가 조세상의 내국민 대우를 규정한 GATT III조2항에 위반된다고 주장하고 1999년 5월 패널 설치를 요청하였으며 2001년 2월 패널 보고서가 채택되었다.

나. 주요 쟁점별 당사자 주장 및 판결 요지

1) 수출 제한 해당 여부(GATT XI조1항)

EC는 원피 수출 통관 과정에 국내 피혁업계 직원을 입회토록 한 아르헨티나의 규정 2235호는 수출 제한으로서 GATT XI조1항[1]에 위반된다고 주장하였다. 아르헨티나 정부가 원피 수출을 명시적으로 제한하지는 않았으나 부당한 수출 제한으로 귀결될 수밖에 없는 제도를 의도적으로 시행하였다는 것이다. EC는 아르헨티나 피혁업계는 통관 과정 입회를 통해 파악된 원피 수출업체에게 그 회사 원피는 구매하지 않겠다고 위협하는 방식으로 원피 수출을 방해할 수 있으며 세관 직원에게 원피 수출을 지연 또는 방해하도록 압력을 행사할 수 있다고 주장하였다.

패널은 EC의 주장을 기각하였다. 패널은 EC의 주장은 정황 증거(circumstantial evidence)에 불과하며 제소자가 정황 증거를 제시할 때에는 자신의 논리를 분명하고 설득력 있게 입증해야 할 것이나 EC가 제시한 증거는 이러한 수준에 미치지

1) XI:1. 체약국은 다른 체약국 영역의 산품의 수입에 대하여 또는 다른 체약국 영역으로 향하는 산품의 수출 또는 수출을 위한 판매에 대하여, 할당제나 수입 허가 또는 수출허가 또는 기타 조치에 의거하거나를 불문하고 관세, 조세 또는 기타 과징금을 제외한 금지 또는 제한을 설정하거나 유지하여서는 아니된다.

못한다고 보았다. 패널은 세관직원이 피혁업계 직원의 압력에 굴복할 것이라고 간주할 근거는 없으며 실제로 굴복하였다는 증거도 없다고 지적하였고 선적 지연이 피혁업계 직원을 입회하게 한 통관 절차 때문이라는 증거도 없다고 파악하였다. 패널은 피혁업계 직원의 통관 절차 입회가 수출 제한에 해당한다는 것을 입증하지 못했다고 결론지었다.

EC는 ADICMA는 통관 절차 입회를 통해 아르헨티나 도축업계의 기업 비밀-원피 판매가, 수량, 수출 목적지 등에 접근할 수 있으며 이로 인해 도축업계는 원피 수출을 저어하게 된다고도 주장하였다. 패널은 역시 EC의 위와 같은 정황 증거는 수출 제한의 존재를 분명하고 설득력 있게(clearly and convincingly) 입증하지 못했다고 단정하였다. 설사 통관 절차 입회를 통해 위와 같은 정보가 피혁업계에 제공되었다 해도 이것이 수출 제한으로 귀결된다고는 볼 수 없다는 것이다.

EC는 아르헨티나 피혁업계(tanners)는 카르텔을 구성하고 있고 통관 과정에서 입수한 정보를 도축업자에게 원피를 수출하지 말도록 압력을 행사하는 데 사용한다고 주장하였다. 그 증거로 국제 원피 가격이 아르헨티나 보다 高價임에도 불구하고 아르헨티나산 원피의 수출이 비정상적으로 낮은 점을 지적하였다. 패널은 역시 EC가 수출 제한의 존재를 입증하지 못했다고 보았다. 피혁업계의 카르텔과 수출 제한과의 직접적인 관계를 EC가 입증하지 못하였으며 아르헨티나 원피 수출이 저조한 점과 통관 절차상의 피혁업계 입회 간에 인과 관계가 있음을 EC가 입증하지 못하였다고 지적하였다.

2) 법규의 비합리적 운영 여부(GATT X조3항(a))

EC는 원피 수출 통관 과정에 국내 피혁업계 직원을 입회토록 한 아르헨티나의 규정 2235호는 국내규정을 일관되고 공평하며 합리적인 방식으로 시행하라는 GATT X조3항(a)[2]에 위배된다고 주장하였다. 수많은 수출품 중 유독 피혁에 대해서만 업계 대표를 입회하게 하였으므로 규정을 일률적으로 시행한 것이 아니며 이해관계가 직결되는 업계 대표를 입회하게 하는 것은 통관 규정을 공평하게 적용할 수 없게 하는 것이고 피혁업계에서 피혁 수출업체의 각종 수출 관련 정보를 입수할 수 있으므로 이는 합리적이지도 않다는 것이다.

---

2) X:3.(a) 각 체약국은 본 조 제1항에 열거한 종류의 자국의 모든 법률, 규칙, 판결 및 결정을 일률적이고 공평하고 합리적인 방법으로 실시하여야 한다.

패널은 일률성에 대해서는 EC의 주장을 기각하였다. 패널은 문제는 피혁이 통관 과정에 있어 다른 수출 상품에 비해 일관되지 않게 취급되느냐가 아니라 피혁이라는 특정 상품의 통관 과정이 일관되지 않게 시행되고 있느냐의 여부라고 보았다. 비록 피혁의 통관 절차가 다른 수출 상품과는 다소 상이하다 하더라도 모든 피혁제품의 수출에는 동일한 통관 절차가 일관되게 적용되고 있는 것은 분명하므로 EC의 주장은 근거가 없다고 기각하였다. 패널은 일률적이라는 의미는 시간과 장소에 불문하고 동일한 규정이 동일하게 적용되며 일관성 있고 예측 가능하게 운영된다는 것이지 모든 상품에 대한 차별 대우를 방지하는 것이라고 광범위하게 해석될 수는 없다고 설명하였다. 즉 모든 상품을 동일하게 취급해야 한다는 의미는 아니라는 것이다.

공정성에 대해 패널은 EC의 주장을 수용하였다. 패널은 ADICMA 직원의 입회 사실 자체가 문제가 되는 것이 아니라 입회 과정에서 원피 수출업체의 기업 비밀에 접근할 수 있는 점이 문제라고 보았다. 패널은 아르헨티나 피혁업계는 원피 수출액이 많을수록 자신들의 구매 분량과 구매가가 영향을 받으므로 원피 수출자와 이해가 상충되고 수출 원피를 구매하는 해외업자와는 경쟁 관계에 있는 점, 원피업자의 수출 거래에 피혁업계가 간섭할 아무런 근거도 없는 점, 입회한 ADICMA 직원이 원피업체의 기업 비밀에 접근하지 못하게 하는 어떠한 안전 장치도 없는 점을 지적하고 이해 관계가 상충되는 피혁업계에게 기업 비밀을 노출시키는 것은 법률이나 규정을 공정하게 시행하는 것이라고 볼 수 없다고 결론지었다.

합리성에 대해서도 패널은 EC의 주장을 수용하였다. 패널은 규정 2235는 피혁업계 직원의 통관 과정 입회의 목적을 원피 稅番 분류상의 실수 방지 및 수출세 납부 확인 등을 위해서라고 규정하고 있으나 피혁업계 직원이 그러한 실수 방지 및 수출세 납부 확인을 위해 왜 반드시 원피 수출자의 기업 비밀, 즉 수출자명, 판매가, 수량, 구매자 등을 알아야 하는지 납득할 수 없다고 지적하였다. 패널은 본질적으로 기업 비밀 정보를 노출시킬 가능성이 있는 과정은 법률, 규정 등을 합리적으로 운영하는 것이라고는 볼 수 없다고 결론짓고 EC의 주장을 수용하였다.

이상을 토대로 패널은 아르헨티나의 규정 2235호는 GATT X조3항a에 위배된다고 판시하였다.

3) 조세, 과징금상의 차별 여부(GATT III조2항)

EC는 아르헨티나 규정 3431(IVA)와 3543(IG)에 의해 수입품에 요구되는 조세 선납금은 국내 판매에 적용되는 관련 납부금을 초과하므로 이는 조세, 과징금상의 내국민 대우를 규정한 GATT III조2항[3] 첫 문장에 위배된다고 주장하였다.

패널은 동 위반 여부를 살피기 위해서는 3가지 요소가 충족되어야 한다고 보았다. 첫째 문제가 된 조치는 수입 상품과 국내 상품에 직접적 또는 간접적으로 적용되는 내국세 또는 모든 종류의 내국 과징금(other charge of any kind)이어야 하고, 둘째 부과 대상인 수입 상품과 국내 상품은 동종 상품이어야 하며, 셋째 수입 상품에는 동종의 국내 상품에 부과되는 내국세, 과징금을 초과한 액수가 적용되어야 한다는 것이다.

첫째 요소에 관해 우선 패널은 문제가 된 두 규정이 그 자체가 과세는 아니고 IVA와 IG 징수를 위한 방안이기는 하나 일정 액수를 지불해야 하는 금전상의 의무를 부과하는 것이므로 III조2항상의 조세 조치에 해당한다고 판단하였다. 또한 국내 거래 시에 적용되는 국내 조치며 국내외산을 불문하고 상품에 적용되는 것이라고 확인하였다.

둘째 요소의 경우 패널은 EC가 문제가 되는 조치를 시비함에 있어 국내 상품과 수입 상품간의 동종 여부를 증명할 필요가 없다고 생각한 점을 주목하였다. 패널은 이번 사건의 내용상 이러한 필요가 없다고 동의하였다. 즉 제소국의 입증책임의 범위와 본질은 문제가 된 이슈의 구조와 고안에 따라 달라질 것인바 이번 사건의 문제가 된 이슈의 구조와 고안은 조세 선납의 정도가 상품의 물리적 특성이나 최종 소비자 등 동종성 요소에 따라 결정되는 것이 아니라 동종성 정의와는 무관한 요소, 즉 특정 상품의 아르헨티나 내 수입 및 국내 판매 여부, 판매자나 구매자의 종류에 의해 결정되므로 어차피 동종 상품이 문제가 된 조치의 대상이 되는 것은 불가피하다고 판단하였다. 따라서 국내외 상품이 서로 동종이어야 한다는 요건이 충족된다고 보았다.

---

3) III:2. 다른 체약국의 영역내에 수입된 체약국 영역의 산품에 대하여는 동종의 내국산품에 직접 또는 간접으로 부과되는 내국세 또는 기타 모든 종류의 내국과징금을 초과하는 내국세 또는 기타 모든 종류의 내국과징금을 직접 또는 간접으로 부과하여서는 아니된다. 또한, 체약국은 본조 제1항에 규정된 원칙에 위배되는 방법으로 내국세 또는 기타 내국과징금을 수입산품 또는 국내산품에 부과하여서는 아니된다.

셋째 국내 상품에 대한 조세를 초과했는지에 대해 패널은 두 조치 모두 그러하다고 판단하였다. 규정 3431(IVA)의 경우 EC는 등록 납세자에 대한 국내 판매에 적용되는 조세 선납률이 수입 상품에 적용되는 것보다 낮은 점, 미등록 납세자에 대한 국내 판매에는 선납이 요구되지 않는 점, 수입 거래에는 예외 없이 조세 선납이 적용되나 일부 국내 판매에는 예외가 인정되는 점, 국내 거래에는 조세 선납 대상이 되는 물량 기준(threshold)이 있는 반면 수입거래는 예외 없이 선납해야 하는 점을 들어 이 조치는 국내 상품에 대한 조세, 과징금을 초과하여 부과하는 것이라고 주장하였다. 패널은 EC의 주장이 타당하다고 인정하였고 조세 부담의 차이는 있다 해도 미소하며 이의 신청 및 구제 절차가 있다는 아르헨티나의 반론은 합당하지 않다고 기각하였다. 규정 3543(IG)의 경우 EC는 수입품에는 3%의 선납률이 적용되는 반면 국내 거래에는 2~4%가 적용되므로 역시 수입 상품이 더 높은 조세 부담을 지게 된다고 주장하였다. 아르헨티나는 낮은 조세 부담이 적용되는 경우도 있지 않느냐고 반박하였으나 패널은 불리한 과세 차이가 유리한 과세차이로 상쇄되는 것은 아니며 수입품에 대한 불리한 과세 대우가 존재하는 한 동 규정은 GATT III조2항에 합치되지 않는다고 천명하였다.

이상을 토대로 패널은 아르헨티나의 규정 3431(IVA)과 3543(IG)는 수입 상품에 대해 국내 상품의 조세 부담을 초과하는 부담을 지우므로 GATT III조2항에 위배된다고 판시하였다.

4) GATT XX조 상의 예외 해당 여부

아르헨티나는 설사 상기 두 규정이 GATT III조2항에 위반된다 할지라도 GATT XX조(d)[4]에 의거, 용인된다고 주장하였다.

패널은 특정 조치가 XX조의 예외로 인정되기 위해서는 우선 동 조항에 나열된 (a)~(j)호 중의 하나(여기서는 (d))에 해당되어야 하고 XX조의 전문에도 부합해

---

4) XX. 본 협정의 어떠한 규정도 체약국이 다음의 조치를 채택하거나 실시하는 것을 방해하는 것으로 해석되어서는 아니된다. 다만, 그러한 조치를 동일한 조건하에 있는 국가간에 임의적이며 불공평한 차별의 수단 또는 국제 무역에 있어서의 위장된 제한을 과하는 방법으로 적용하지 아니할 것을 조건으로 한다.

(a), (b), (c),

(d) 관세의 실시, 제2조 제4항 및 제17조에 따라 운영되는 독점의 실시, 특허권, 상표권 및 저작권의 호 그리고 사기적인 관습의 방지에 관한 법률과 규칙을 포함하여 본 협정의 규정에 반하지 아니하는 법률 또는 규칙의 준수를 확보하기 위하여 필요한 조치,

(e) … 이하 생략

야 한다고 정리하고 우선 (d)호 해당 여부부터 살펴보았다. 패널은 (d)에 해당되기 위해서는 i) 문제가 된 조치가 다른 법률과 규정의 준수를 확보하기 위한 것이어야 하고, ii) 그 법률과 규정이 GATT의 규정에 불합치되지 않아야 하며, iii) 문제가 된 조치가 그 법률과 규정의 준수를 확보하기 위해 필요한 것이어야 하는 점이 충족되어야 한다고 보았다. 패널은 두 규정은 先納후 정산을 통해 납부 유인을 제공하거나 탈루를 방지하려는 것이므로 IVA와 IG의 납부를 확보하기 위한 점이 인정되며 IVA와 IG의 GATT 규정 불합치 여부는 문제 자체가 제기되지도 않았으므로 i), ii) 요건은 충족된다고 보았다. iii)의 경우 패널은 아르헨티나 당국이 IVA와 IG 납부확보를 위해 문제가 된 두 규정이 필요하다는 점을 충분히 설명하였다고 보았다. 아르헨티나에는 탈세가 만연하며 사후의 징벌적 조치만으로는 합당한 징세 수준을 달성할 수가 없으며 두 규정과 같이 초기 단계에 조세 회피를 방지하는 제도가 필요하다는 아르헨티나의 주장을 인정, iii)의 요건도 충족한다고 판단하였다.

상기 두 규정의 XX조 전문과의 합치 여부의 핵심은 문제가 된 조치가 정당화될 수 있는지 여부였다. 동 규정으로 인해 실제로 수입업자가 안게 되는 금전상의 부담은 조세 선납 대금을 자체 조달했을 경우에는 달리 사용했을 시 얻을 수 있었을 이자수입의 손실이고 선납 대금을 따로 조달했을 경우에는 그에 대한 이자 지불이었을 것이다. 패널은 이러한 이자 손실 및 부담이 문제가 된 규정으로 인해 수입업자가 부담해야 할 추가적인 조세 부담이고 이 추가적 조세 부담이 동 규정 운영상 불가피하므로 정당화될 수 있는지 여부가 핵심이라고 보았다. 패널은 추가적 조세 부담이 두 규정을 운영하는데 불가피하다고 보지 않았다. 패널은 조세 선납 제도를 운영한다 해도 이자 손실 및 부담의 비용을 보전하여 주는 방안이 있을 수 있는데 아르헨티나 당국은 이를 시행하지 않았다고 지적하였다. 아르헨티나는 이자율이란 가변적이므로 보전 금액을 정확히 산출하기가 불가능하다고 항변하였으나 패널은 어려울 수는 있어도 불가능하지는 않으며 행정적 곤란이 보전의무를 지지 않는 합당한 이유가 될 수 없다고 지적하였다. 패널은 추가적 조세 부담을 정산하여 보전하기가 어렵다면 국내외 상품간의 선납률의 차이를 두지 않으면 될 것인데 아르헨티나가 이 같은 간단한 방법을 적용하지 않은 것도 지적하였다. 패널은 따라서 동 규정으로 인한 추가적인 조세 부담은 불가피한 것이 아니므로 정당화될 수 없다고 판단, GATT XX조 전문의 요건을 충족하지 못한다고 판시하였다.

다. 해설 및 평가

아르헨티나는 GATT III조2항 첫 문장 위반을 입증하기 위해서는 동 문장에 기재된 사항뿐 아니라 III조1항[5]에 의거, 국내 생산을 보호하기 위하여 적용되는 점을 우선 입증되어야 한다고 주장하고 문제가 된 조치는 국내 생산을 보호하기 위한 조치가 아님을 강조하였다. GATT III조 1항은 각종 조치가 국내 생산을 보호하기 위하여 수입 상품 또는 국내 상품에 적용되어서는 안된다고 규정하고 있고 GATT III조2항 두 번째 문장은 III조1항을 명시하고 있으나 첫 문장은 이에 대한 언급이 없다. 따라서 III조 1항의 국내 생산 보호 목적의 존재 여부가 III조 2항 첫 문장 위반 여부 판단에 전제가 되는지 논란이 있을 수 있으나 이는 *Japan-Alcohol* 사건 상소기구에서 전제가 되지 않는 것으로 판정이 났었다. 동 사건 상소기구는 두 번째 문장과 달리 첫 문장에는 III조1항이 명시되지 않았으므로 국내 생산 보호 목적의 존재는 첫 문장 위반 요소와 별도로(separately) 수립되어야 할 필요는 없다고 판시하였다. 아르헨티나는 별도로 수립될 필요는 없다 하더라도 병행하여(together with) 수립되어야 한다고 주장하였으나 패널은 이를 수용하지 않았다. *Japan-Alcohol* 사건 상소기구의 판정을 별도 수립은 아니어도 병행하여 수립해야 하는 것으로 해석할 근거가 없고 또한 *EC-Bananas* 사건 상소기구도 III조4항에 III조1항이 언급되지 않았으므로 III조4항 위반 여부 판단에 III조1항의 국내 산업 보호를 위한 적용 여부를 별도로 고려할 필요는 없다고 판시[6]하였음을 환기하였다.

이 사건 패널은 문제가 된 아르헨티나의 규정 2235호의 GATT X조3항(a) 위반 여부 심리에 앞서 동 조항 대상이 되는지 검토하였다. 동 조항 대상 여부 기준에 대해서는 *EC-Bananas* 사건과 *EC-Poultry* 사건 상소기구가 검토한 적이 있다. 두 사건 상소기구는 동 조항은 회원국의 법률 등의 운영(administration)에 관한 것이지 법률이 GATT 규정과의 합치 여부는 아니라고 보았다. 어떤 법률이나 규정이 운영되는 방식이 불합리하거나 일관성이 없을 때 GATT X조3항(a)를 적용하

---

5) III:1. 체약국은 내국세, 기타 내국과징금과 산품의 국내 판매, 판매를 위한 제공, 구매, 수송, 분배 또는 사용에 영향을 주는 법률, 규칙 및 요건, 그리고 특정한 수량 또는 비율의 산품의 혼합, 가공 또는 사용을 요구하는 내국의 수량적 규칙은 국내생산을 보호하기 위하여 수입산품 또는 국내산품에 대하여 적용하여서는 아니된다는 것을 인정한다.

6) *EC-Bananas* 사건 상소기구 보고서 각주 428

는 것이지 그 법률이나 규정의 본질적인 내용 자체는 그에 관한 GATT의 별도 조항에 의거하여 시비를 가려야 한다는 것이다. 이 사건 패널은 기본적으로 이전 상소기구의 판정에서 한 걸음 더 나아가 문제가 된 법률의 내용(substance)이 본질적으로 운영에 관한 것(administrative in nature)이면 그 법률의 내용에 관한 것이라도 GATT X조3항(a)로 시비할 수 있다고 판단하였다.

이와 같은 이 사건 패널의 판정은 GATT X조3항(a) 문제를 본격적으로 다룬 *EC-Customs Matters* 사건 상소기구에서 재확인 되었다. EC의 통관 법규가 25개 회원국 통관 당국에 의해 각각 집행됨으로 인해 일률적으로 운영되지 않는다는 미국의 시비가 쟁점이 된 이 사건에서 상소기구는 내용 자체가 운영에 관련되는 법규, 타 법규를 운영하는 수단이 되는 법규에 대해서는 그 내용을 X조3항(a)에 의거하여 심사할 수 있다고 판단하였다. GATT X조3항(a)는 법규의 운영에 관한 것이지 법규의 내용 자체는 이 조항으로 시비할 수 없다는 이전의 상소기구 판정과는 다소 차이를 보이는 것이다.

이 사건은 패널은 GATT XX조 전문상의 정당화될 수 없는 차별의 기준은 III조2항의 차별의 기준과 그 성격과 내용(nature and quality)이 달라야 한다고 보고 보다 엄격한 기준을 적용하였다. 이는 *US-Gasoline* 사건과 *US-Shrimp* 사건 상소기구에서 이미 적용된 바 있다. *US-Gasoline* 사건에서 상소기구는 만약 XX조 전문의 차별을 III조4항의 차별 요건과 동일한 것으로 해석한다면 III조4항 차별 금지 위반에 해당되는 모든 조치는 당연히 XX조 전문 위반이 될 것이라고 지적하고 이 경우 GATT 다른 조항에 위반이 되는 조치에 대해 특별한 예외를 인정하여 주려는 XX조의 본래 목적을 달성할 수 없을 것이라고 설명하였다.

이 사건 패널은 문제가 된 아르헨티나의 규정이 GATT III조2항에 위배된다고 판시한 후 XX조 전문 위배 여부를 살펴보았으며 일단 차별 자체는 존재함을 확인하고 그 차별이 정당화될 수 있는지를 심리하였다. 정당성 여부 심리에서 패널은 특히 문제가 된 조치의 차별적 측면이 과연 불가피했는가에 초점을 두었다. 결국 동 조치는 불가피한 것은 아니었다고 판단하고 따라서 정당화될 수 없다고 판정하였다. XX조 전문 심리 과정과 달리 III조2항 심리 시에는 차별적 조치의 불가피성 여부는 심리하지 않았으므로 XX조 전문 심리에는 차별에 대한 보다 엄격한 기준을 적용한 것이다. 이와 유사하게 *US-Gasoline* 사건 상소기구는 문제가 된 조치의 차별적 측면이 우발적인 것이었는지 또는 불가피한 것이었는지 심리하였다.

20. Canada vs. EC - Asbestos 사건

(DS135, 2001. 4. 5. - 상소기구)

가. 사건 개요

1996년 12월 프랑스 정부는 모든 종류의 석면1), 석면이 포함된 물질, 상품, 기구의 제작, 가공, 판매, 수입, 유통을 전면 금지하는 법령 96-1133호를 채택하였고 97년 1월부터 시행하였다. 동 법안은 다만 白석면(chrysotile 섬유)에 대해서만 직업병 유발 위험이 보다 낮거나 안전을 보장하여 주는 대체 물질이 없는 경우에 금지 대상에서 잠정적으로 제외하였다.

캐나다는 이 법률이 GATT III조4항과 TBT 협정 2조 등에 위반되며 GATT XXIII조1항(b)에 의거, 자국의 이익이 무효화되거나 침해되었다고 주장, 1998년 10월 패널 설치를 요청하였다.

---

1) 석면은 마그네슘과 규소를 포함하고 있는 광물질로서 솜과 같이 부드러운 섬유로 되어 있고, 내화성이 강하고 마찰에 잘 견딜 수 있으며 화학약품에 대한 저항성이 강하고 전기에 대한 절연성이 있으므로 여러 업종에서 많이 쓰이고 있다. 석면은 암면이나 유리섬유와는 완전히 다르고 특히 석면은 사람에게 암을 유발시키는 무서운 물질로 알려져 있다. 석면이 사용되는 곳은 석면방직업, 건설업, 자동차 브레이크 라이닝 제조업, 조선업, 슬레이트 제조업 등이며 각종 건축재료 및 방음물질로도 사용된다. 특히 공기 중의 석면은 육안으로는 볼 수 없고 현미경을 통해서만 볼 수 있어 만일 석면이 공기 중으로 발생될 경우(건물 붕괴의 경우를 예로 들면) 심각한 악영향을 끼칠 수 있을 것이다. 석면의 종류는 다양하여 30가지가 넘는다고 하나 일반적으로는 사문석(Serpentine) 계통인 백석면과 각섬석(Amphibole) 계통인 청석면과 갈석면 등 3가지가 상업적으로 중요하며, 세계적으로 생산량은 백석면이 95%이상을 차지한다

유해성으로 본다면 청석면이 가장 유해하다고 한다. 청석면과 황석면은 백석면보다 날카롭고, 또한 폐에 들어가서도 백석면은 어느 정도 용해된다고 알려져 있으나 청석면은 폐에서 용해되는데 100년 이상 걸린다고 하니 일단 흡입된 청석면은 사망시까지 인체에 그대로 잔존하는 것이다.

나. 주요 쟁점별 당사자 주장 및 판결 요지

1) TBT 협정 대상 여부

캐나다는 프랑스의 석면 금지법은 TBT 협정의 대상이라고 주장하였으나 EC는 TBT 협정의 적용 대상은 기술 규정(technical regulation)이라고 적시되어 있는데 TBT 협정 부속서 1조1항상의 technical regulation 정의상 프랑스 석면 금지법은 technical regulation에 해당되지 않으며 따라서 TBT 적용 대상이 아니라고 반박하였다.

패널은 석면 금지법은 크게 전면 금지 조항과 예외 조항으로 구별되므로 각각에 대해 TBT 협정 대상 여부를 검토하였다. 전면 금지 부분의 경우 패널은 TBT 협정 부속서 1의 1조 technical regulation의 정의[2]상 대상이 되는 상품이 획정되어야 할 것이나 석면 금지법은 전면적인 금지 대상으로 매우 광범위한 상품을 포괄하고 있으며 상품을 품명이나 기능 또는 category로 분명하게 획정하고 있지 않다고 지적하였다. 아울러 technical regulation은 상품의 특성을 명시(identify)해야 하나 석면 금지법은 이를 적시하지 않고 있고 TBT 협정의 대상과 목적은 상품의 시장 접근에 관한 것이지 전면 금지에 대해서는 언급이 없으며 전면 금지를 technical regulation을 포함하는 것으로 해석할 근거가 없다고 보았다. 패널은 technical regulation이 되기 위해서는 문제가 되는 조치가 하나 또는 그 이상의 특정 상품을 대상으로 하고 그 상품이 조치 발동국 내에서 판매되기 위해서 지켜야 할 특성을 특정(specify) 해야 하며 그 준수가 의무적이어야 한다고 정리하였다. 패널은 석면 금지법의 전면 금지 부분은 이러한 요건을 충족하지 않으므로 TBT 협정 대상이 될 수 없다고 판시하였다. 백석면에 대한 예외 부분에 대해 패널은 백석면이라는 상품과 그 특성을 특정하고 있고 의무 조항이므로 technical regulation에 해당한다고 판단하였다. 그러나 캐나다가 전면 금지의 예외 부분에 대해서는 따로 특별한 시비를 제기하지 않았으므로 TBT 협정의 관련 조항 위배 여부는 살펴볼 필요가 없다고 판시하였다.

상소기구는 패널의 판정을 번복하였다. 상소기구는 우선 패널이 석면 금지법

---

2) 1. 적용가능한 행정규정을 포함하여 상품의 특성 또는 관련 공정 및 생산방법이 규정되어 있으며 그 준수가 강제적인 문서. 이는 또한 상품, 공정 및 생산방법에 적용되는 용어, 기호, 포장, 표시, 또는 상표부착요건을 포함하거나 전적으로 이들만을 취급할 수 있다.

의 금지 부분과 예외 부분을 나누어 분석한 것부터 오류라고 지적하였다. 상소기구는 캐나다의 시비는 석면 금지법 전체에 관한 것이며 어떤 조치의 올바른 법적 성격은 그 조치 전체를 살펴보지 않는 한 판정할 수 없으므로 석면 금지법은 통합된 하나의 전체(integrated whole)로서 TBT 협정 대상 여부를 검토했어야 한다고 질책하였다.

상소기구는 TBT 협정상의 technical regulation에 대한 정의를 토대로 technical regulation이 되기 위한 요건을 정리하였다. 상소기구는 첫째 상품의 특성(product characteristics)이 규정(lay down)되어 있어야 하며 특성이란 객관적으로 구분(definable)할 수 있는 형상(features), 성질(qualities), 속성(attributes) 또는 기타 (다른 것과) 구별되는 표시(distinguishing marks)－구성, 크기, 모양, 색상, 재질, 경도, 인화성, 電導性, 밀도 등－를 포함한다고 판단하였다. 둘째 상소기구는 technical regulation이 되기 위해서는 상품 특성에 관한 준수가 의무적이어야 한다고 확인하였다. 상소기구는 technical regulation은 하나 또는 그 이상의 상품 특성을 강제해야 한다고 보았다. 이러한 강제는 특정 특성을 갖추라는 적극적 형태와 특정 특성을 가져서는 안된다는 부정적 양식으로 행사될 수 있다고 설명하였다.

첫째와 둘째 요소에 대해서는 상소기구와 패널의 입장에 큰 차이는 없었다. 셋째 상소기구는 technical regulation은 구별할 수 있는(identifiable) 하나의 상품, 상품군에 적용할 수 있는 것이어야 한다고 보았다. 그렇지 않을 경우 집행할 수 없기 때문이다. 그런데 technical regulation이 반드시 regulation내에 대상 상품을 거명(name)하거나 구분하거나(identify), 특정(specify)해야 하는 것은 아니며 대상 상품이 technical regulation에 규정된 상품의 특성을 통해 구분될 수 있기만 하면 된다고 설명하였다. 패널과의 견해 차이가 두드러진 부분이다.

상소기구는 석면 금지법이 첫째, 둘째 요건을 충족하는 것은 자명하며 셋째 요건도 그 적용 대상이 되는 상품이 석면을 사용하는 모든 상품이라는 점에서 identifiable하므로 석면 금지법이 TBT 협정상의 technical regulation에 해당한다고 판정하였다. 상소기구는 석면 금지법이 TBT 협정에 위반되는지 분석을 계속하고자 하였으나 패널이 TBT 협정 위반 여부는 심리하지 않은 관계로 분석을 행할 적당한 근거가 없어 분석을 완료할 수 없다고 밝혔다.

2) 동종 상품 및 덜 유리한 대우 부여 여부(GATT III조4항)

(가) 패널 판정

백석면은 일정 부분 PCG 섬유로 대체하여 사용할 수 있다. 백석면과 백석면 함유 상품은 PCG 섬유와 PCG 섬유 포함 상품과 일정 부분 대체가 가능하며 많이 사용되는 상품 중의 하나는 석면 함유 시멘트와 PCG 섬유 함유 시멘트가 있었다. 캐나다는 수입 백석면(백석면 함유 제품)과 백석면이 포함된 수입 시멘트는 각각 PCG 섬유(동 포함제품)와 PCG 섬유 함유 시멘트와 동종 상품이라고 주장하였고 석면 금지법은 프랑스 국산 PCG 섬유 및 동 포함 상품과 PCG 섬유 포함 시멘트에 대해서는 제재를 부과하지 않은 반면 백석면과 그 포함 상품 등은 (비록 일정 예외가 있긴 하나) 수입을 금지시켰으므로 양자간의 경쟁 관계를 수입 상품에 불리하게 변동시켰고 덜 유리한 대우(less favorable treatment)를 부여한 것이므로 GATT III조4항[3]에 위반된다고 주장하였다.

패널은 우선 백석면 섬유와 PCG 섬유, 그리고 이들이 각각 포함된 시멘트가 동종(like)인지를 우선 검토하고 동종일 경우 less favorable treatment 부여 여부를 검토하기로 하였다. 패널은 상품의 동종 여부 판단은 이전 패널/상소기구가 주로 사용한 대로 i) 상품의 특성, 본질, 속성, ii) 최종 소비자, iii) 소비자의 기호 및 습관, iv) 세번 분류 등을 고려할 것이나 이 모든 요소가 모두 충족되어야 할 것은 아니라고 전제하였다. 또한 동종성 판단은 개개 사건별로 이루어 져야 한다는 이전의 판례를 견지하였다. 패널은 발암성과 같은 상품의 유해성은 III조4항의 동종성 판정에 고려하는 것은 부적절하다고 보았다. 인간의 생명과 건강은 XX조[4](b)

---

3) III:4. 체약국 영역의 산품으로서 다른 체약국의 영역에 수입된 산품은 동 국내에서의 판매, 판매를 위한 제공, 구입, 수송, 분배 또는 사용에 관한 모든 법률, 규칙 및 요건에 관하여 국내 원산의 동종 산품에 부여하고 있는 대우보다 불리하지 아니한 대우를 부여하여야 한다. 본 항의 규정은 교통수단의 경제적 운영에 전적으로 입각하였으며 산품의 원산국을 기초로 하지 아니한 차별적 국내 운송요금의 적용을 방해하지 아니한다.

4) XX 본 협정의 어떠한 규정도 체약국이 다음의 조치를 채택하거나 실시하는 것을 방해하는 것으로 해석되어서는 아니된다. 다만, 그러한 조치를 동일한 조건하에 있는 국가간에 임의적이며 불공평한 차별의 수단 또는 국제 무역에 있어서의 위장된 제한을 과하는 방법으로 적용하지 아니할 것을 조건으로 한다.

(a) 공중도덕을 보호하기 위하여 필요한 조치,

(b) 인간, 동물 또는 식물의 생명 또는 건강을 보호하기 위하여 필요한 조치,

(c) ~ (j) … 생략 …

호가 별도로 다루고 있으므로 유해성을 III조 동종성 판정에 적용한다면 XX조(b)호가 훼손될 것이라는 논지에서였다.

패널은 i) 의 경우 동종 상품이 되기 위해서 상품의 모든 특질(property) 이 동일하여야 필요는 없고 특정 용도에 있어 한 상품이 다른 상품을 대체할 수 있을 정도로 동일한 정도면 된다고 보았다. 패널은 두 상품이 이런 측면에서 동일성의 요건을 충족한다고 보았다. 패널은 백석면 섬유와 PCG 섬유의 최종 소비자는 같거나 유사하다고 판단하였으며 따라서 두 상품의 특질은 identical 하지는 않아도 equivalent 하다고 보았다. iii) 소비자 기호나 습관에 대해 패널은 그 범위와 정도가 매우 다양하여 이번 사건에서 적용하기는 부적절하다고 판단, 더 이상 검토하지 않았으며 세번 번호도 다르기는 하나 특질과 최종 소비자가 일정 정도 같다는 사실을 부정하지 않으며 동종 상품 판정에 결정적인 요소도 아니라고 판단하였다. 이상을 토대로 패널은 백석면(및 포함 제품)은 PCG 섬유(및 포함 제품)과 동종이라고 결론지었다.

시멘트의 경우 패널은 백석면 시멘트와 PCG섬유 시멘트의 성질이 유사하고 이미 동종 상품이라고 판정한 백석면과 PCG 섬유가 포함된 사실에 근거하여 역시 동종 상품이라고 결론 내렸다.

패널은 동종 상품에 대한 긍정 판정을 내린 후 과연 수입 상품이 국내 상품에 비해 less favorable treatment를 받았는지에 대해 심리하였다. 패널은 석면 금지법은 PCG 섬유와 그 시멘트에 대해서는 석면과 동일한 금지 조치를 부과하지 않았으므로 법적으로*de jure* 수입 백석면, 백석면 시멘트에 대해 less favorable treatment를 부여하고 있다고 판단하였다. 즉 백석면은 수입이 금지되었는데 백석면과 동종 상품인 PCG 섬유 상품은 금지되지 않았으므로 수입 백석면은 less favorable treatment를 받고 있다는 것이다.

이상을 근거로 패널은 프랑스의 석면 금지법은 III조4항에 위배된다고 판시하였다.

(나) 상소기구 판정

상소기구는 백석면(및 포함 제품)과 PCG 섬유(및 포함 제품)가 동종 상품이며 두 상품이 각각 포함된 시멘트 역시 동종 상품이라는 패널의 판정을 번복하였다. 이에 따라 III조4항 위반이라는 패널 판정도 번복되었다.

상소기구는 WTO 협정을 통해 동종 상품이란 용어는 다양한 문맥(context)에서 사용되고 있음을 주목하고 정확하고 절대적인 통일된 정의는 없으며 동종 상품의 범위는 문제된 조항의 문맥, 그 조항이나 협정의 대상과 목적에 따라 달라진다고 보았다. 이는 *Japan-Alcohol* 사건 상소기구도 이전에 확인한 것이다. 상소기구는 동종(like)이라는 용어의 사전적 의미는 이 사건에서 동종 상품 여부를 확인하는데 충분하지 않다고 생각하였고 III조4항 뿐 아니라 관련 조항－III조1항[5]과 III조2항[6]의 내용을 살펴보았다. 패널은 III조1항은 III조4항에도 적용되는 일반적인 원칙을 규정하고 있다고 확인하였고 III조2항 첫 문장은 동종 상품에 적용되고 두 번째 문장은 직접적인 경쟁 관계 또는 대체 가능한 상품(directly competitive and substitutable product)에 적용된다는 점을 주목하였다. 상소기구는 III조2항과 4항의 차이는 동종(like)이라는 용어를 해석하는 데 참고할 만한 암시를 제공하는 것이라고 설명하였다. 즉 III조2항의 like는 두 번째 문장의 직접적인 경쟁 관계 또는 대체 가능성이라는 기준에 의해 제한되는 반면 III조4항은 like를 해석하는 데 아무런 제한이 없고 다만 III조1항에 표명된 일반적인 원칙에 입각하여 해석된다는 것이다. 상소기구는 III조1항이 규정하고 있는 일반적인 원칙이란 국내 상품을 보호하기 위하여 국내 상품과 수입 상품간의 시장에서의 경쟁 관계에 영향을 미치는 방식으로 내국과세 및 규정을 적용하는 것을 방지하려는 것이라고 보았다.

상소기구는 따라서 III조4항의 like는 경쟁 관계에 있는 상품에 적용되는 것으로 해석해야 한다고 설명하였다. 왜냐하면 상품이 상호 경쟁 관계에 있어야 수입 상품에 대한 less favorable treatment에 의해 영향을 받을 것이기 때문이다. 이런 관점에서 상소기구는 III조4항의 동종성(likeness)은 기본적으로 상품간의 경쟁 관계의 성질과 범위에 대한 판정이며 III조4항의 likeness의 범위는 III조2항의 likeness의 범위보다 넓다는 점을 분명히 하였다.

상소기구는 이 같은 해석은 III조4항이 적용될 수 있는 상품 범위를 상대적으

---

5) III:1. 체약국은 내국세, 기타 내국과징금과 산품의 국내 판매, 판매를 위한 제공, 구매, 수송, 분배 또는 사용에 영향을 주는 법률, 규칙 및 요건, 그리고 특정한 수량 또는 비율의 산품의 혼합, 가공 또는 사용을 요구하는 내국의 수량적 규칙은 국내생산을 보호하기 위하여 수입산품 또는 국내산품에 대하여 적용하여서는 아니된다는 것을 인정한다.

6) III:2. 다른 체약국의 영역내에 수입된 체약국 영역의 산품에 대하여는 동종의 내국산품에 직접 또는 간접으로 부과되는 내국세 또는 기타 모든 종류의 내국과징금을 초과하는 내국세 또는 기타 모든 종류의 내국과징금을 직접 또는 간접으로 부과하여서는 아니된다. 또한, 체약국은 본조 제1항에 규정된 원칙에 위배되는 방법으로 내국세 또는 기타 내국과징금을 수입산품 또는 국내산품에 부과하여서는 아니된다.

로 넓게 한다는 점은 인정하였다. 하지만 동종성의 범위는 III조4항의 두 번째 요소, 즉 less favorable treatment에 의해 제한된다는 점을 지적하였고 상품이 like하다 하더라도 III조4항 위반을 구성하기 위해서는 여전히 쟁송 대상이 된 조치가 수입된 동종 상품(군)에 국내 동종 상품(군)에 비해 less favorable treatment를 부여했다는 점을 입증해야 한다는 점을 확인하였다.

상소기구는 이러한 해석 원칙을 토대로 III조4항의 likeness 검토하였으며 이전 패널이나 상소기구의 판정처럼 likeness의 판정은 case-by-case 별로 이루어져야 한다고 보았다. 상소기구는 이 사건 패널이 사용한 4개 요소는 이전 판례에서 기사용된 것으로 타당하기는 하나 이들이 likeness 판정의 유일한 기준은 아닌 점을 부연하였다.

문제가 된 상품이 동종 상품이라는 패널 판정 각각에 대해 상소기구는 패널과 의견을 달리하였다. 백석면 섬유가 PCG 섬유와 동종이라는 패널 판정에 대해 상소기구는 패널이 다음과 같은 오류를 범했다고 지적하였다. 첫째 패널이 사용한 4개 기준 각각에 대한 증거를 검토하고 모든 증거를 기타 관련되는 증거와 함께 분석하여 동종 상품 여부에 대한 종합적인 판정을 내렸어야 하나 패널은 첫째 요소－상품의 특성, 성질에 대해 검토한 후 동종 상품이라는 판정에 쉽게 도달하였다고 평가하였다. 상소기구는 패널이 첫째 요소와 둘째 요소에 대해 별도의 검토를 행하지 않았으며 양자를 부적절하게 흐리게 하였다고 비난하였다. 상품의 유해성을 고려하지 않은 데 대해서도 석면의 유해성은 백석면의 물리적 특성을 결정하는 요소 가운데의 하나인데 同種性 판정을 위해 상품의 특성을 검토하면서 유해성을 제외한 것은 부적절하다고 지적하였다. 둘째 최종 소비자 및 셋째 소비자의 기호 및 습관에 대해서도 상소기구는 III조4항의 동종성은 시장에서의 경쟁 관계 측면에서 살펴보아야 한다는 점에서 볼 때 매우 중요한 위치를 점하는 요소라 할 것인데 패널이 이를 적절하게 검토하지 않았다고 비난하였다. 이러한 이유로 상소기구는 백석면 섬유와 PCG 섬유가 동종 상품이라는 패널의 판정은 오류라고 판시하였다.

백석면 시멘트와 PCG 섬유 시멘트가 동종 상품이라는 패널의 판정 역시 상품의 유해성에 대한 검토가 부족하고 소비자의 기호와 습관에 대해 분석하지도 않았으며 포함된 섬유의 차이가 최종 소비에 미치는 영향에 대해서도 적절히 분석하지 않았다고 지적하고 패널의 판정을 번복하였다.

동종성에 대한 패널의 판정을 번복한 후 상소기구는 문제가 된 상품이 과연 동종 상품인지 위에 제시한 해석상의 기준과 각종 사실 관계를 토대로 분석하고자 시도하였다. 백석면 섬유와 PCG 섬유간의 동종성 여부에 대해 상소기구는 두 상품의 외형상, 물리적 차이는 분명해 보이며 이러한 상황에서 두 상품의 동종성을 인정받기 위해서는 이를 주장하는 제소자측이 고도의 입증 책임을 필하여야 할 것이나 캐나다가 제시한 증거를 이러한 수준에 미치지 못한다고 보았다. 최종 소비자가 중복된다는 데 대한 증거 부족, 소비자의 기호나 습관에 대한 증거 不在 등을 특히 지적하였다. 세번 분류가 같다는 점은 그 자체로는 동종성을 입증하기에는 부족하다고 언급, 시멘트의 경우 세번이 동일하다는 캐나다의 주장을 수용하지 않았다. 상소기구는 제시된 자료들은 오히려 두 상품이 동종이 아니라는 것을 시사하는 것 같다고 생각하였으며 캐나다가 두 상품이 동종이라는 것을 입증하지 못했으며 따라서 문제가 된 석면 금지법이 GATT III조4항과 합치되지 않는다는 것을 증명하지 못했다고 판시하였다.

상소기구 위원 중 한 명은 각종 증거를 종합하여 판단할 때 상소기구가 아예 두 상품은 동종 상품이 아니라고 판정해야 한다는 소수 의견을 첨부하였다. 이 위원은 백석면 섬유가 PCG 섬유와 동종 상품이 아니라는 것은 명백하므로 단지 패널의 판정을 번복하는 데 그칠 것이 아니라 이들 상품이 동종 상품이 아니라는 것을 명백하게 판정하자고 주장하였다. 그는 아울러 like는 경쟁 관계에 있는 상품에 적용되는 것으로 해석해야 하며 III조4항의 동종성은 기본적으로 상품간의 경쟁 관계의 성질과 범위에 대한 판정이라는 견해에 대해서도 동의하지 않았다. 그는 III조4항의 동종성을 판정하는데 경쟁 관계라는 경제적 해석 기준(fundamentally economic interpretation)을 적용하는 것이 적절하거나 필요한지는 의문이라는 소수 의견을 밝혔다.

3) GATT XX조에 의한 용인 여부

EC는 설사 석면 금지법이 III조4항 위반이라고 할지라도 인간의 생명과 건강을 보호하기 위한 조치이므로 GATT XX조(b)에 의거, 용인되는 것이라고 주장하였다.

패널은 동 조항을 인용하기 위해서는 *US-Gasoline* 사건 패널이 판정한 것과 같이 주장하는 측에서 i) XX조를 인용하려는 조치에 관한 정책이 인간의 생명과 건강을 보호하기 위해 입안된 정책의 범주에 속한다는 것과, ii) 문제가 된 조치가 그 정책 목적 달성을 위해 필요하다는 것을 입증해야 한다고 설명하였다. 패널은 i)의 경우 인간의 생명과 건강 보호를 위해 입안된 정책은 건강상의 위험의 존재를 내포하는 것이며 따라서 패널의 임무는 문제가 된 백석면이 인간의 생명과 건강에 위험한 것인지 여부를 판정하는 것이라고 보았다. 패널은 백석면의 발암성은 유관 국제기구가 인정하는 것이며 패널이 자문한 전문가들도 그러하다는 견해를 제출하였다고 설명하였다. 백석면 시멘트 역시 석면 섬유 發散 가능성으로 인해 건강에 유해한 점이 광범위하게 인정되고 있다고 파악하였다. 패널은 따라서 EC는 건강상의 위해에 관해 *prima facie* case[7]를 성립하였다고 판단하였으며 석면 금지 정책은 인간의 생명과 건강을 보호하기 위해 입안된 정책이라고 결론지었다.

인간의 생명과 건강 보호를 위해 문제가 된 조치가 과연 필요한 것이었는지에 대해 패널은 XX조(b)에 규정된 '필요하다(necessary)'는 의미는 GATT와 합치되거나 불합치 정도가 덜한 대체 조치가 없을 경우에 필요한 것으로 인정할 수 있다고 보았다. 패널은 석면의 유해 정도와 일반 대중에의 광범위한 영향 가능성에 비추어 볼 때 프랑스 정부가 전면 금지와 같은 극단적인 조치를 취한 점은 정당성이 인정된다고 파악하였다. 다른 대체 조치의 유무에 대해 캐나다는 전면 금지 대신 통제하의 사용(controlled use)이 있을 수 있다고 주장하였으나 패널은 통제 사용의 유효성이 입증된 바 없고 건물, 자가 사용(Do It Yourself: DIY)시 통제 사용을 적용할 수 없으며 통제 사용에 관한 기존의 국제 기준조차도 가능한 경우 (통제 사용 보다는) 대체 상품 사용을 권하고 있다는 점을 나열하였다. 패널은 EC는 석면 금지를 대체할 합리적인 수단이 없다는 점을 입증하였다고 판단하였으며 따라서 패널은 석면 금지는 XX조(b)에 의거, 예외로 인정된다고 판시하였다.

패널은 XX 前文 합치 여부와 관련 석면 금지법은 프랑스를 포함 모든 국가의 석면 포함 제품 장치를 금지하고 있고 특별히 동 제품의 원산지를 거론하고 있지 않으므로 차별이 존재한다고 볼 수 없다고 판단하였다. 캐나다가 III조4항과 관련된 차별 주장 외에는 별도로 XX조상의 차별에 대해서는 더 이상의 증거나 주장을 제기하지 못한 점도 지적하였다. 패널은 *US-Gasoline* 사건 상소기구를 인용하여 XX조의 차별기준은 III조4항의 차별기준과는 다르다는 점을 재확인하였고 석면 금지법의 design, architecture, structure로 볼 때 국제 무역을 제한하려는 위장된

---

7) *prima facie case*란 소송 당사자 일방이 자신의 청구 원인이나 항변을 일단 충분히 입증함으로써 상대방 당사자가 이에 대해 납득할 만한 반증을 하지 않는 한 승소하게 되는 유리한 입장에 놓인 상태를 의미한다.

방법이라고도 볼 수는 없다고 단정하였다.

이상을 토대로 패널은 금지법은 XX전문의 요건을 충족하며 XX조(b)에 해당하므로 XX조에 의거, 정당화된다고 판시하였다.

캐나다는 패널의 판정에 대해 상소하였다. 캐나다는 패널이 문제가 된 조치는 인간의 생명과 건강을 보호하기 위한 것이며 백석면과 백석면 시멘트는 건강에 유해하다고 판정한 것은 여러 과학적 근거에 기반을 두었다고 하나 그 기반이 되었다는 근거가 충분치 않다고 주장하였다. 이는 제출된 증거의 증거 능력(가치)에 대한 패널의 판단을 시비한 것이다. 이에 대해 상소기구는 패널은 개별 증거의 증거력의 정도를 심사하는 데 있어 광범위한 재량권을 갖는다는 이전의 판례(*US-Wheat Gluten* 사건, *Korea-Alcohol* 사건)를 인용하면서 증거의 증거력 정도에 관한 패널의 판단은 패널이 사실 관계를 판단하는 자(trier of facts) 로서의 증거력 심사에 관한 재량권을 일탈했음이 명백한 경우에만 번복할 수 있을 것이라고 언급, 증거력 심사에 관한 패널의 결정은 가급적 존중되어야 한다는 입장을 취하였다. 상소기구는 이번 사건의 경우 패널이 이러한 재량권을 부당하게 일탈하였다는 아무런 근거가 없다고 지적하고 문제가 된 조치가 인간의 생명과 재산을 보호하기 위한 것이라는 패널의 판정을 지지하였다.

캐나다가 제기한 두 번째 주장은 석면 금지 조치가 인간의 생명과 재산을 보호하기 위해 필요하느냐는 것이었다. 캐나다는 필요하다는 패널의 판정은 i) 석면이 유해하다는 판정을 함에 있어 제출된 과학적 근거에 지나치게 의존하는 오류를 범했고, ii) 유해성을 계량화하지 않았으며, iii) 석면 금지 조치가 건강상의 유해의 확산을 정지시킬 것이라고 잘못 간주하였고 대체 상품도 유해하다는 점을 간과하였으며 iv) controlled use가 (금지 조치의) 대안이 될 수 없다고 잘못 판단하였다고 주장하였다. 상소기구는 i)은 패널이 증거력을 심사하는 재량권을 남용치 않았다고 이미 판단하였으므로 기각하며, ii)에 대해서는 패널이 유해성을 반드시 계량화할 필요는 없고 패널이 캐나다 주장대로 프랑스측의 가정(hypothesis)을 액면대로 인정한 것이 아니라 나름대로 질적인 분석을 시행한 점이 인정된다고 반박하였다. iii)의 경우 상소기구는 석면 대체 상품의 유해성은 석면보다는 적다는 패널의 견해에 동의하였으며 iv) 석면을 통제하에 사용하는 것의 효과는 입증된 바 없으므로 (전면 금지 외에) 합리적으로 이용 가능한 대체 수단은 없다는 패널의 판정은 적절하다고 판시, 석면 금지가 필요하다는 패널의 판정 역시 지지하였다.

4) GATT XXIII조1항(b) 비위반 제소

캐나다는 석면 금지법이 어떠한 WTO 규범에도 저촉되지 않는다 하더라도 GATT XXIII조1항[8](b)상의 캐나다의 이익을 무효화하거나 침해하였다고 주장하였다.

패널은 비위반 침해를 인정받기 위해서는 주장하는 측에서 구체적인 입증을 해야 할 것이며 이미 석면 금지법이 XX조(b)에 해당한다고 판정된 만큼 더욱 엄격한 입증 책임을 져야 할 것이라고 설명하고 구체적으로 캐나다는 i) 특정 조치가 적용되고 있음과, ii) 협정상 자신에게 발생되는 이익이 존재하고, iii) 조치의 적용으로 인해 그 이익이 무효화되거나 침해되었음을 입증해야 할 것이라고 했다.

i)의 경우 금지법이 시행된 것은 자명하였으며 iii)의 경우 패널은 캐나다 석면 및 석면제품과 프랑스 PCG섬유(및 포함제품)간의 경쟁 관계를 불리하게 하는 효과를 가졌다면 이익의 무효화나 침해가 존재한다고 보아야 할 것인 바 수입 금지는 경쟁 기회 자체를 부인하는 것이므로 이익의 무효화나 침해가 존재한다고 인정하였다.

ii) 캐나다에 발생되는 이익과 관련 캐나다는 1947년, 1962년 그리고 UR 협상 결과 양허된 석면 등에 관한 관세를 거론하였다. 패널은 캐나다는 프랑스가 석면에 대해 규제를 취하리라는 것을 합리적으로 예측할 수 없었음을 입증하여야 했다고 정리하였다. 패널은 1947년과 62년 이후 상당한 기간이 경과된 점에 비추어 그 기간 동안에 의학 지식이 발전하여 보건상 석면을 제한해야 한다는 점이 제기되지 않을 것이라고 간주할 수는 없다고 지적하였다. 패널은 캐나다는 프랑스가 석면 사용을 규제하는 조치를 취하리라고 합리적으로 예상할 수 없었다는 데에 대해 상세한 설명을 제출해야 할 거증 의무를 충족시키지 못했다고 결론지었다. UR 양허 관세의 경우에 대해서도 패널은 석면 사용이 제한되리라고 예상할 수 있을 각종 자료나 증거가 존재했었으며 석면의 위해성은 이미 오래 전부터 인지

---

8) XXIII:1. 체약국은 (a) 다른 체약국이 본 협정에 따른 의무의 이행을 태만히 한 결과, (b) 다른 체약국이, 본 협정의 조항에 저촉여부를 불문하고, 어떤 조치를 적용한 결과 또는 (c) 기타 다른 어떤 사태가 존재하는 결과로서, 본 협정에 따라, 직접 또는 간접으로 자국에 부여된 모든 이익이 무효 또는 침해되거나, 본 협정의 목적 달성이 저해되고 있다고 인정할 때에는, 동 문제의 만족한 조정을 위하여 관계가 있다고 동 체약국이 인정하는 다른 체약국 또는 체약국들에 대하여 서면으로 사정의 설명 또는 제안을 할 수 있다. 동 사정의 설명 또는 제안을 받은 체약국은 사정의 설명 또는 제안에 대하여 호의적인 고려를 하여야 한다.

되어 왔다는 점을 적시하였다. 패널은 캐나다가 석면 사용에 대한 제한을 예상할 수 있는 환경이 이미 조성되었으며 UR 협상 종료 시 이미 프랑스는 석면 사용 제한에 관한 일부 조치를 시행 중에 있었다는 점도 언급하였다. 따라서 패널은 석면 사용을 더욱 제한하는 조치를 프랑스가 채택하리라는 것을 캐나다가 합리적으로 예상할 수 있었을 것이라고 결론지었다. 캐나다가 프랑스의 석면 전면 금지 조치를 예상할 수 있었을지의 여부에 대해서도 패널은 각종 과학 저술, 국제적인 규정, WTO 회원국의 보건 정책 등이 캐나다가 조만간 석면 사용이 전면 금지될 것이라는 것을 합리적으로 예상할 수 있는 환경(context)을 이미 조성했다고 보았다. 이상을 토대로 패널은 XXIII조1항(b)에 대한 캐나다의 주장을 기각하였다.

EC는 캐나다의 주장을 방어하는 데 성공하기는 하였으나 당초 EC는 석면 금지법은 아예 GATT XXIII조1항(b) 적용 대상이 아니라고 주장하였었다. EC는 비위반 침해는 문제가 된 조치가 GATT의 다른 조항에 해당되지 않을 경우에만 적용할 수 있는 것이며 인간의 건강 보호와 관련된 조치에는 정당한 기대(legitimate expectation)가 있을 수 없다고 주장하였다. 패널은 i) GATT XXIII조1항(b)와 DSU 26조1항[9]은 어떤 조치가 특정 협정과 상치되는지 여부에 상관없이 적용할 수 있

9) 26.1. 1994년도 GATT 제23조제1항(b)에 규정된 형태의 비위반 제소
1994년도 GATT 제23조제1항(b)의 규정이 특정 대상 협정에 적용될 수 있는 경우, 패널 또는 상소기구는 일방 분쟁 당사자가 특정 회원국의 조치의 결과로 인하여 동 조치의 특정 대상 협정의 규정에 대한 위반 여부에 관계없이, 특정 대상 협정에 따라 직접적 또는 간접적으로 자기나라에 발생하는 이익이 무효화 또는 침해되고 있다고 간주하거나 동 대상 협정의 목적 달성이 저해되고 있다고 간주하는 경우에만 판정 및 권고를 내릴 수 있다. 이러한 당사자가 특정 사안이 1994년도 GATT 제23조제1항(b)의 규정이 적용될 수 있는 대상 협정의 규정과 상충하지 아니하는 조치에 관한 것이라고 간주하고, 또한 패널이나 상소기구가 그렇게 판정하는 경우에 이양해의 절차가 다음에 따를 것을 조건으로 적용된다.
가. 제소국은 관련 대상 협정과 상충하지 아니하는 조치에 관한 제소를 변호하는 상세한 정당한 사유를 제시한다.
나. 특정 조치가 관련 대상 협정을 위반하지 아니하면서 동 협정에 따른 이익을 무효화 또는 침해하거나 동 협정의 목적 달성을 저해한다고 판정이 내려지는 경우, 동 조치를 철회할 의무는 없다. 그러나 이러한 경우 패널 또는 상소기구는 관련 회원국에게 상호 만족할 만한 조정을 행하도록 권고한다.
다. 제21조의 규정에도 불구하고 제21조제3항에 규정된 중재는 일방 당사자의 요청이 있는 경우 무효화 또는 침해된 이익의 수준에 대한 결정을 포함할 수 있으며, 또한 상호 만족할 만한 조정에 이르기 위한 수단 및 방법을 제의할 수 있다. 이러한 제의는 분쟁 당사자에 대하여 구속력을 갖지 아니한다.
라. 제22조제1항의 규정에도 불구하고 보상은 분쟁의 최종적인 해결로서의 상호 만족 할 만한 조정의 일부가 될 수 있다.

는 점이 문안상 명백하고, ii) GATT나 DSU 어느 조문도 조치의 양태에 따라 구별하고 있지 않다고 확인, EC의 주장을 수용하지 않았다.

EC는 이에 대해 상소하였다. 상소기구는 GATT XXIII조1항(b)의 문안상 i) GATT 조항에 상치되는 조치에 대해서도 비위반 침해 주장을 제기할 수 있는 점이 자명하며, ii) 건강상의 조치를 포함, 모든 형태의 조치에 적용될 수 있는 점이 명백하며 건강상의 조치와 상업상의 조치를 구분하기도 매우 어렵다고 說示하고 패널의 판정을 지지하였다.

다. 해설 및 평가

석면 금지법에 대해 캐나다는 III조4항과 XI조1항[10]이 모두 적용된다고 주장하였고 EC는 III조4항만이 적용된다고 주장하였다. III조4항은 국내 조치인 반면 XI조1항은 국경 조치이므로 일견 두 조항간에는 큰 연관이 없어 보인다. 그러나 특정 조치를 실효성 있게 시행하기 위해 국내 조치와 국경 조치를 혼합된(hybrid) 조치를 취해야 하는 경우가 있다. 이 사건 대상이 된 석면 금지 조치가 대표적인 예로서 석면의 국내 판매, 유통을 효과적으로 시행하기 위해서는 석면의 수입도 금지해야 할 필요가 있을 것이다. EC가 III조4항만이 적용된다고 주장한 반면 캐나다가 XI조1항도 적용된다고 주장한 이면에는 XI조1항 위반 입증이 한결 수월하기 때문이다. XI조1항은 관세 이외의 제한을 금지하는 것이므로 그러한 제한의 존재만 입증하면 될 것이다. 이번 사건의 경우 석면 수입이 법률로 금지되었으므로 이를 입증하는 것은 문제가 되지 않을 것이다. 반면 III조4항 위반을 확인하기 위해서는 동종 상품 여부, less favorable treatment 등을 입증해야 하므로 XI조1항에 비해 위반 입증이 한층 어렵다. 이는 EC가 상품의 동종성에 대해 상소하여 패널의 판정을 번복시킨 점에서도 알 수 있다. 석면 금지법이 III조4항 대상인지 XI조1항 대상인지에 대해 패널은 ad article III조에 수입 상품에 대하여 그리고 동종 국내 상품에 대하여 적용되는 것은 III조의 대상이 된다고 명기되어 있음을 근거로 III조4항 대상이라고 판단하고 XI조1항 대상 여부에 대해서는 사법 경제를 적

10) XI:1. 체약국은 다른 체약국 영역의 산품의 수입에 대하여 또는 다른 체약국 영역으로 향하는 산품의 수출 또는 수출을 위한 판매에 대하여, 할당제나 수입 허가 또는 수출허가 또는 기타 조치에 의거하거나를 불문하고 관세, 조세 또는 기타 과징금을 제외한 금지 또는 제한을 설정하거나 유지하여서는 아니된다.

용, 따로 판정하지 않았다.

GATT XX조와 III조4항은 차별 문제를 다루고 있으나 그 차별을 구성하는 요건의 정도는 달리 적용해야 한다는 것이 *US-Gasoline* 사건 이후 견지되고 있는 원칙이며 이번 사건에서도 적용되었다. *US-Gasoline* 사건 상소기구는 XX조 전문의 차별 기준은 III조의 차별 기준보다 엄격해야 한다고 보았다. III조의 차별과 XX조의 차별을 구별짓는 내용상의 차이에 대해서는 아직 패널이나 상소기구의 판정으로 확인된 것은 없다. XX조는 차별 그 자체는 용인하고 있으며 다만 그 차별이 자의적이거나 정당화 될 수 없거나 또는 국제 무역에 대한 제한이 되지 말아야 할 것을 규정하고 있음에 비추어 XX조의 차별은 차별의 의도에 초점을 둔 것처럼 보인다. 즉 III조4항의 차별은 수입 상품에 대한 차별적인 효과에 중점을 둔 것이라면 XX조의 차별은 어떤 조치가 차별 효과뿐 아니라 차별 의도도 내포해야 한다고 보는 것 같다. 자의적, 정당화, 위장은 모두 일정한 의도를 내포하고 있기 때문이다. *US-Gasoline* 사건 상소기구도 XX조의 차별은 반드시 예견되어야 하고 단순히 우발적이거나(inadvertent) 불가피한(unavoidable) 한 것이 아니어야 한다고 언급하였는데 foreseen이나 inadvertent 역시 일정 부분 특정 의도를 내포한 개념으로 볼 수 있을 것이다.

내국민 대우는 최혜국 대우와 함께 GATT의 양대 원칙이며 국제 통상 체제의 주춧돌과 같은 명제이다. 내국민 대우의 시작은 이러한 대우의 대상이 되는 상품 범위를 획정하는 것부터 시작된다. 수입 상품과 국내 상품이 유사한 경우에 타방에 적용되는 것과 동동한 대우를 주장할 수 있는 것이지 아무 연관이 없는 상품간에 동등한 대우를 부여할 수는 없을 것이기 때문이다. 이러한 제한이 규정되어 있는 것이 이번 사건에서 문제가 된 GATT III조4항이다. 이 조항은 회원국의 상품이 다른 회원국에 수입될 경우 수입국 내의 같은(like) 상품에 부여된 대우보다 less favorable treatment를 받아서는 안되며 이러한 의무는 수입품의 국내 판매, 판매를 위한 제공, 구매, 운송, 소비를 위한 분배 또는 사용에 영향을 미치는 모든 법규 및 요건에 관해 적용된다. 일단 상품간의 동종 관계가 인정되면 내국민 대우가 적용되는 분야는 위에 나열된 바와 같이 매우 방대하다. 상품이 수입되어 소비에 이르기까지의 모든 단계에 내국민 대우가 적용되며 이러한 단계에 영향을 미치는 모든 법규 및 요건이 내국민 대우의 대상이 되는 것이다.

通常 분쟁에서 대상이 된 내국민 대우는 대개 이번 사건의 경우와 같이 III조4항을 대상으로 하거나 III조2항을 대상으로 하는 것이 보통이다. 두 조항은 내국민 대우의 적용조치가 조세와 같은 재정 조치인지 여부에 따라 달리 적용된다.

즉 III조2항의 첫 문장은 이러한 재정 조치에 대해 따로이 회원국의 상품이 다른 회원국에 수입될 경우 수입국 내의 같은 상품에 부과된 조세 또는 기타 부과금을 초과하여 과세되지 않는다고 규정하고 있다. 이 조항의 두 번째 문장은 수입품은 제1항에 규정된 원칙에 반하여 과세되지 않는다고 규정, 내국민 대우 원칙을 재차 확인하고 있으며 ad article III조2[11]는 첫 문장에 합치되는 조세 부과라도 직접적인 경쟁 또는 대체 관계에 있는 상품(directly competitive or substitutable product) 간 비슷하게 과세되지 않은 경우 III조2항 두 번째 문장의 위반이 성립된다고 적시하고 있다. 이는 조세 이외의 국내 조치에 있어서 같은(like) 상품에만 내국민 대우 의무가 적용되는 III조4항에 비해 상당한 차이가 있는 것이다. 조세조치를 취할 때는 단순히 동종 상품이 아니라 직접 경쟁 또는 대체 관계에 있는 상품에 대해서도 동일한 대우를 하여야 한다. 국내 조세문제를 둘러싸고 내국민 대우 위반 시비가 있었던 사건으로는 *Japan-Alcohol* 사건, *Korea-Alcohol* 사건, *Chile-Alcohol* 사건, *Canada-Periodicals* 사건 등이 있다.

내국민 대우의 원칙은 III조1항에 천명되어 있다. 이 조항은 회원국이 수입품에 대해 부과하는 국내 조치가 자국 상품을 보호하도록(so as to afford protection) 적용되어서는 안된다(should not)는 것을 인정한다고 규정되어 있다. 이 조항이 의무관계를 표현하는 shall이 아니라 훈시적 성격의 should를 사용한 점, 회원국이 인정한다는 미온적인 표현을 사용한 점에 비추어 이 조항 자체가 단독으로 법적 구속력이 있느냐는 논란이 있으나 WTO 판례로는 이 조항이 다른 의무조항 내에서 직접적으로 지칭되어야 구속력이 있는 것으로 되어 있다. III조2항 첫 문장과 달리 두 번째 문장은 III조1항에 명시된 원칙에 반하는 방법으로 내국세 등을 달리 적용하지 않는다고 규정하고 있다. 즉 직접 경쟁 또는 대체 상품인 경우에는 국내 제품에 대한 보호를 위한 목적이 있어야 내국민 대우 의무 위반이 구성될 것이나 첫 번째 문장에서처럼 수입품과 국내 상품이 동종 상품일 경우에는 양자에 대한 조세 차이가 있을 경우 내국민 대우 위반이 바로 성립된다. III조4항의 경우 III조1항이 명시적으로 지칭되지 않았으므로 문제가 된 조치가 국내 생산을 보호하기 위한 것이어야 내국민 대우 위반이 성립된다고 주장할 수 없다는 것은 *Argentina-Bovine Hide* 사건 등에서 확인된 바 있다.

위와 같이 내국민 대우를 주장할 수 있는 상품의 범위는 동종 상품 또는 직접

---

11) 제2항의 최초의 문장의 요건에 합치하는 조세는 과세된 산품을 일방으로, 유사한 방법으로 과세되지 아니한 직접적 경쟁산품 또는 대체산품을 타방으로 하여 양자간에 경쟁이 있는 경우에 한하여 제2의 문장의 규정에 모순되는 것으로 간주한다.

경쟁/대체 상품으로 나뉠 수 있다. 내국민 대우 사건에서 패널이나 상소기구가 공통적으로 봉착하는 문제는 동종 상품, 직접 경쟁/대체 상품 여부를 무엇을 기준으로 확정할 것인가이다. 이러한 기준에 대해서는 2단계 분석법(BTA 방식), 통합 분석법, 목적효과 분석법 등이 있다고 소개한 바 있다(*Japan-Alcohol* 사건 판례 해설).

이번 사건 패널과 상소기구는 i) 상품의 특성, 성질, 속성, ii) 최종 소비자, iii) 소비자의 기호 및 습관, iv) 세번 번호를 기준으로 살펴보았다. 이는 이번 사건에서 최초 사용된 것이 아니며 1970년 GATT의 국경 과세 조정 보고서(Border Tax Adjustment Report)에서 제시된 기준이며 이후 많은 패널이 사용해 온 방식이다. 문제가 된 조치의 목적과 효과를 기준으로 동종 상품 여부를 판단하는 시도도 있다. 이는 여우와 독수리는 토끼에게는 생명을 위협하는 같은 동물이지만 모피 장수에게는 용도가 다른 동물인 것과 같다. 그러나 목적과 효과를 기준으로 동종 상품을 분류할 경우 조치 발동국에게 지나친 자의적 권한을 부여하게 되고 조치 발동국의 정책 의도를 입증하기가 곤란하다는 문제가 있다.

이번 사건 상소기구는 패널이 소비자의 기호 및 습관을 분석하지 않은 것을 중대한 오류라고 지적하였다. 소비자의 기호 습관이 동종 상품 판별의 중요한 기준이라는 것인데 이러한 판정을 토대로 동종 상품의 판정은 그 상품이 판매되는 시장 여건에 기반하여 이루어져야 한다는 주장도 있다. 시장 여건을 좌우하는 것은 해당 시장에서의 소비자들의 판단이다, 결국, 대상 상품이 거래되는 시장에서 소비자들이 두 상품을 동종 상품으로 보는지 여부에 의해 동종 상품 판정이 내려져야 한다는 것이다[12].

12) 최원목, 「WTO 비차별원칙의 이해와 적용연구」 법무부 2003년 pp85~89
내국민 대우와 관한 본문의 해설은 동인의 상기 저서중 제3편 국제통상법상의 내국민 대우 원칙 부분을 주로 참고하였다.
내국민 대우에 관한 보다 구체적인 동인의 저작으로는 Like Products in International Trade Law towards a Consistent GATT/WTO Jurisprudence, Oxford University Press, London, 2003이 있다.

21. EC, US vs. India - Autos 사건

(DS146, 175, 2002. 4. 5. - 상소기구)

가. 사건 개요

1997년 인도 정부는 대외무역발전 및 규제법(Foreign Trade Development and Regulation Act)에 의거, 인도 자동차 업체에 一定 국산화율 달성과 자동차 수출입 균형 의무를 부과하는 공고 60호를 발포하였다. 공고 60호는 구체적으로 외국 자동차를 부품 형태로 수입(SKD: Semi Knock Down, CKD: Compeletely Knock Down)하려는 인도 승용차 제작사는 특정 기간 내 일정 국산화율을 달성하겠으며 수입 차량 가액에 상응하는 액수의 차량을 수출하겠다는 내용의 양해각서를 인도 대외무역부와 체결토록 하였으며 동 의무를 준수하지 못했거나 양해각서를 체결하지 않은 회사는 외국 차량수입권을 배정하지 못하도록 하였다.

국산화율 의무는 구체적으로 SKD/CKD 최초 수입 3년 내에 50%, 5년 이내에 70%의 국산화율을 달성하도록 하였으며 70%를 달성했을 경우 양해각서 적용 대상에서 해제되었다. 수출입 균형 의무로는 SKD/CKD 수입액에 상응하는 액수의 차량을 수출하는 의무가 양해각서 적용 기간 동안 적용되었으며 부품차량 수입 후 2년간은 동 의무를 유예하여 주었다(즉 수입 3차년도부터 수출 의무 발생).

미국과 EC는 공고 60호의 국산화율 의무와 수출입 균형 의무는 GATT III조4항 및 XI조1항 위반에 해당한다고 주장, 2000년 5월, 10월 각각 패널 설치를 요청하였으며 같은 해 11월 동일 패널이 구성되어 병합 심리하였다.

나. 주요 쟁점별 당사자 주장 및 판결 요지

1) 국산화율 달성 의무의 내국민 대우 위반 여부

EC와 미국은 국산화율 의무는 III조4항[1] 내국민 대우 위반이라고 주장하였다. 패널은 III조4항 위반을 확인하기 위해서는 i) 수입 상품과 국내 상품이 동종 상품인지 여부, ii) 국산화율 의무 조치가 법률, 규정 또는 요건에 해당하는지 여부, iii) 동 조치로 인해 국내 판매, 판매를 위한 제공, 구매, 운송, 유통 또는 사용이 영향을 받았는지 여부, iv) 수입 상품에 덜 유리한 대우(less favorable treatment)가 부여되었는지 여부를 살펴보아야 한다고 정리하였다.

동종 상품 여부의 경우 패널은 문제가 된 상품이 자동차 부품이라는 점에서 같으며 인도도 국내외 상품간의 동종성에 대해 이의를 제기하지 않았고 국내외 상품간의 차등 대우를 결정짓는 유일한 기준이 수입품 여부를 따지는 원산지이므로 국내외 상품이 동종 상품인 것은 자명하다고 판단하였다.

법률, 규정, 요건 여부 중 공고 60호와 양해각서가 법률이나 규정은 아니므로 요건(requirement)에 해당하는지가 초점이었다. 패널은 과거의 판례를 인용하여 요건이란 i) 특정 회사가 법적으로 수행해야 하는 의무, ii) 특정 회사가 정부로부터 특혜를 받기 위해 자발적으로 수임한 의무가 있을 경우 요건의 구성 요건을 충족한다고 보았다. 패널은 공고 60호와 양해각서는 부품형태의 차량(SKD/CKD) 수입권이라는 특혜를 조건으로 국산화율 의무를 부과한 것이므로 요건에 해당한다고 판정하였다.

국내 판매 등에의 영향 여부에 대해 패널은 이전 판례를 인용하여 영향이란 직접적인 것에 국한되는 것이 아니라 광범위하게 해석되는 것이며 국내 상품과 수입 상품간의 경쟁 조건을 부당하게 조정하는 조치를 포함한다고 설파하고 인도의 국산화율 달성 의무는 국내 상품을 구매해야 하는 유인을 제공하므로 국내외 상품간의 경쟁 관계에 영향을 미친 점이 분명하다고 판단하였다.

---

1) III:4. 체약국 영역의 산품으로서 다른 체약국의 영역에 수입된 산품은 동 국내에서의 판매, 판매를 위한 제공, 구입, 수송, 분배 또는 사용에 관한 모든 법률, 규칙 및 요건에 관하여 국내 원산의 동종 산품에 부여하고 있는 대우보다 불리하지 아니한 대우를 부여하여야 한다. 본 항의 규정은 교통수단의 경제적 운영에 전적으로 입각하였으며 산품의 원산국을 기초로 하지 아니한 차별적 국내 운송요금의 적용을 방해하지 아니한다.

덜 유리한 대우 부여 여부에 대해서도 패널은 국산화율 달성 의무는 수입 자동차 부품 사용에 대해 자제케 하여 수입 상품이 국내 상품과 동등한 처지에서 경쟁할 수 없게 하므로 수입 상품이 덜 유리한 대우를 받는 것은 분명하다고 판단하였다. 패널은 이상의 분석을 토대로 공고 60호와 양해각서상의 국산화율 달성 의무는 III조4항의 위반에 해당한다고 판시하였다.

2) 수출입 균형 의무의 수량 제한금지, 내국민 대우 위반 여부

EC와 미국은 인도의 수출입 균형 의무는 XI조1항[2]의 수량 제한 금지 위반이라고 주장하였다. 수출액과 균형을 맞추기 위해서는 수출액을 초과하여 수입해서는 안될 것이므로 수입을 수출액만큼 제한하는 것이라는 주장이다.

인도는 우선 수출입 균형 의무가 국경 조치는 아니므로 국경 조치를 특정하여 규제하는 XI조1항의 적용 대상이 아니라고 방어하였다. 패널은 그러나 한 조치의 여러 다른 측면으로 인해 수입 상품의 경쟁 기회가 다르게 영향을 받을 수 있다고 지적하였다. 국내 시장에서의 경쟁 기회에 영향을 미쳐 III조의 적용 대상이 될 수도 있고 수입 기회 자체 즉, 시장 접근에 영향을 미쳐 XI조의 적용 대상이 되거나 두 조항이 모두 적용되는 중첩되는 효과를 발생할 수도 있다고 보았다. 패널은 특정 조치의 효과의 범위가 국내 시장에서의 국내외 상품간의 경쟁 관계뿐만 아니라 수입 조건 모두를 포함할 수도 있다고 지적하고 인도의 주장을 기각하였다.

공고 60호가 XI조1항의 그 밖의 조치(other measures)에 해당한다는 데에는 이견이 없었으나 양해각서가 이에 해당하는지에 대해서는 당사자간에 다툼이 있었다. 패널은 other measures는 그 범위를 광범위하게 해석하여야 할 것이며 양해각서는 공고 60호상의 조건에 따라 정부와 체결하는 것이고 부품차량 수입권을 제공하는 조건으로 체결되는 강제적이고 집행 가능한 계약이며 정부 조치인 공고 60호로부터 직접적으로 발생하는 것임을 들어 양해각서가 조치에 해당하는 것은 분명하다고 밝혔다.

양해각서가 XI조1항상의 수입에 대한 제한(restrictions …… on importation)에

---

2) XI:1. 체약국은 다른 체약국 영역의 산품의 수입에 대하여 또는 다른 체약국 영역으로 향하는 산품의 수출 또는 수출을 위한 판매에 대하여, 할당제나 수입 허가 또는 수출허가 또는 기타 조치에 의거하거나를 불문하고 관세, 조세 또는 기타 과징금을 제외한 금지 또는 제한을 설정하거나 유지하여서는 아니된다.

해당하는지에 대해 인도는 이는 국경 조치를 의미하는데 양해각서는 수입 상품의 국경 통과 과정에 영향을 미치는 것은 아니므로 수입에 대한 제한은 아니라고 주장하였다. 패널은 수입에 관한 제한으로서의 조치의 본질이 당해 조치가 XI조1항의 범위에 속하는지 여부를 판정하는 데 있어 핵심이라고 지적하고 수출에 관해 또는 수출에 직접 부과되는 어떠한 형태의 제한도 XI조1항상의 수입에 관한 제한을 구성한다고 밝혔다. 패널은 양해각서는 수입에 대해 수치상의 제한을 부과하지는 않는다 하더라도 수입에 조건을 부과하는 것이며 수입가액을 차량 수출액의 범위 내로 제한한다고 언급하고 이는 수량 제한에 해당한다고 판단하였다.

패널은 이상의 분석을 토대로 공고 60호와 양해각서상의 수출입 균형 의무는 수입에 대한 제한이며 XI조1항에 위반된다고 판시하였다.

미국과 EC는 수출입균형 의무는 III조4항에도 위반된다고 주장하였다. 패널은 동 의무가 XI조1항에 위배된다고 판시하였으므로 III조4항 위반 여부에 대해서는 굳이 심리할 필요가 없으므로 사법 경제를 적용하겠다고 하였으나 제소자의 주장 중 XI조1항으로 심리되지 않은 부분에 대해서는 III조4항 위반 여부를 살펴보겠다고 하였다. 즉 미국과 EC는 수출입 균형 의무로 인해 양해각서를 체결한 업체는 인도 국내 시장에서 수입 차량 부품을 구매할 경우 그 가액만큼 수출의무를 부담하게 될 것이므로 수입 차량 부품을 구매하지 않을 것이라고 설명하고 이는 수입 상품에 대해 덜 유리한 대우를 부과하는 것이므로 III조4항 위반이라고 주장하였다. 패널은 이를 인정, 수출입 균형 의무는 III조4항 위반임을 확인하였다.

3) 국제수지 균형상의 예외 해당 여부

인도는 문제가 된 조치가 설사 XI조1항 위반에 해당한다 하더라도 GATT XVIII조B항에 의거, 예외로 인정된다고 주장하였다. 아울러 인도는 *India-QRs* 사건 패널 및 *US-Shirts and Blouse* 사건 상소기구 보고서를 인용하여 동 조항 입증 책임은 제소국에 있으며 제소국이 인도의 조치가 국제수지 예외로 인정되지 않는다는 점을 입증해야 한다고 주장하였다.

패널은 입증 책임의 원칙이란 위반을 주장하는 측에서 자신의 주장(claim)을 입증(prove)해야 하고 예외로 인정된다고 방어(affirmative defense)하는 측에서는 예외 주장을 원용할 수 있는 조건이 구비되었음을 입증해야 한다는 것이며 이는 인도가 인용한 두 사건에서도 적용되었다고 정정하여 주었다. *India-QRs* 사건의 경우 동 사건 패널은 미국은 자신이 위반을 주장한 XVIII조 11항의 입증 책임이 있으며 인도는 XVIII조B항 입증 책임이 있다고 확인하였다고 언급하였다. 이번 사건의 경우 미국과 EC는 XVIII조B항에 대해 아무런 주장도 제기하지 않았으므로 인도가 동 조항을 원용하기 위해서는 원용 요건이 충족되었음을 인도가 입증해야 한다고 지적하였다.

패널은 입증 책임이 인도에 있음을 확인한 후 인도가 이를 충족하였는가를 심리하였으나 인도가 자신의 국제수지 實情에 관한 자료를 제출치 못했고 XVIII조B항의 조건 충족에 관한 실질적인 설명도 제시하지 못했다고 정리하고 따라서 인도는 동 조항에 대한 *prima facie* case를 성립하지 못했다고 판시, 인도의 주장을 기각하였다.

4) 대상 협정 합치 권고 필요성 (DSU 19조1항)

인도는 자국의 수입 면허에 관한 전반적인 제도가 2001년 4월 1일부로 폐지되므로 이의 일환으로 실시되었던 공고 60호도 동일 이후 적용이 되지 않으며 조만간 철폐될 것이고 공고 60호에 따른 양해각서도 정부와 자동차 업체간의 사적인 계약으로 성격이 바뀐다고 주장하였다. 사적인 계약이므로 인도 정부는 집행 여부에 대해 자의성을 행사할 수 있으며 강행 법규가 아닌 재량조치는 WTO의 심사대상이 아니라는 것이다. 인도는 만일 패널이 동 조치가 협정 위반에 해당한다고 판시하더라도 동 조치를 대상 협정에 합치시키도록 권고할 필요는 없다고 주장했다.

패널은 DSU 19조1항[3] 문안상 위반이 현존하는 경우에는 대상 협정 합치 권고는 의무 사항이라고 판단하였으며 문제가 된 조치가 이미 철회되었다면 합치 권고 필요성이 없겠으나 이번 사안의 경우는 문제가 된 조치가 추가적으로 진전된 부분이 있으므로 권고 필요성 여부에 대해 좀 더 검토하여 보아야 한다고 언급하였다.

패널은 국산화율 의무의 경우 2002년 4월 1일 이후에도 이전 체결된 양해각서의 준수의무는 계속된다는 데 대해서는 당사자간에 다툼이 없는 사실이고 그 집행 여부가 자의적이 되었다 하여도 강제되는 의무(enforceable obligation)가 존재하는 사실 자체는 변함이 없다고 지적하고 국산화율 의무는 2001년 4월 이후에

3) 19.1. 패널 또는 상소기구는 조치가 대상 협정에 일치하지 않는다고 결론짓는 경우, 관련 회원국에게 동 조치를 동 대상 협정에 합치시키도록 권고한다. 자신의 권고에 추가하여 패널 또는 상소기구는 관련 회원국이 권고를 이행할 수 있는 방법을 제시할 수 있다.

도 존재하는 것이므로 GATT 관련 조항 위반이라고 판시하였다.

수출입 균형 의무에 대해서도 패널은 2001년 3월 31일 이전 수입분에 대해서는 수출입 균형 의무가 계속되므로 GATT 관련 규정 위반 상태가 계속되는 것이라고 판시하고 대상 협정에 합치시키도록 권고하였다.

다. 해설 및 평가

III조4항은 요건(requirement)이라는 용어를 사용하고 있고 XI조1항은 조치(measure)라는 용어를 사용하고 있다. 패널은 인도의 양해각서가 III조4항에 위반되는지 여부를 살필 때에는 이 각서가 요건에 해당하는지를 보았고 XI조1항 위반 여부를 심리할 때에는 조치에 해당하는지를 살펴보았다. 패널은 요건에 해당하기 위한 구성 요소로서 i) 법적인 수행 의무 존재 여부, ii) 반대급부를 조건으로 자발적으로 수임한 의무 존재 여부를 제시하고 이러한 요소만 구비되면 요건에 해당한다고 보아 요건의 범위를 폭넓게 해석하였다. 패널은 XI조1항 조치의 범위를 해석함에 있어 III조4항의 법규, 규정, 요건(laws, regulations, requirement)는 조치(measure)보다 더 특정적인 용어인데 이를 이미 포괄적으로 해석한 만큼 더 일반적인 용어인 조치를 제한적으로 해석할 수는 없다고 보았다.

인도는 상소하였으나 상소심리 진행 중 상소를 철회하였다. 심리 진행 중 상소가 철회된 것은 매우 드문 예이며 인도의 조치가 GATT 규정에 위반됨이 명백하여 승소 전망이 불투명했던 것이 철회의 원인으로 보인다.

22. India vs. EC - Tariff Preferences 사건

(DS246, 2004. 4. 20.- 상소기구)

가. 사건 개요

2001년 12월 EC는 2002. 1. 1.~2004. 12. 31.간 적용될 개도국에 관한 특혜 관세 규정(Council Regulation No. 2501/2001)을 채택하였다. 이 규정은 i) 일반 규정(arrangement), ii) 노동권 보호를 위한 특별 규정, iii) 환경 보호를 위한 특별 규정, iv) 최빈 개도국을 위한 특별 규정, v) 마약 퇴치를 위한 특별 규정 등 모두 5개로 구성되어 있었으며 일반 규정에 의거, 동 규정에 기재된 모든 국가는 민감 품목으로 지정된 상품의 경우 저율의 특혜 관세를 적용받고 비민감 품목은 무관세로 EC 역내에 수입될 수 있었다. EC는 특별 규정에 따라 노동권 보호, 환경 보호 등을 위해 노력한 국가 등 특별 규정에 지정된 요건을 충족하는 국가에 대해서는 일반 규정상의 내용을 초과하는 특혜 대우를 추가로 제공하였다.

마약 퇴치를 위한 특별 규정에 의거, EC는 12개 국가[1]에 대해서는 추가적인 특혜를 제공하여 동 규정에 기재되었으나 일반 규정에는 포함되지 않은 상품에 대해서는 12개 국가에 국한하여 예외적으로 무관세 혜택을 부여하였고(일반 개도국은 지정 관세full applicable duties를 그대로 부과), 일반 규정에도 포함된 상품과 비민감 품목에 대해서는 12개국에 대해서는 무관세, 여타 개도국에 대해서는 인하된 관세를 적용하였다.

인도는 EC의 이러한 마약 퇴치 특별 규정은 GATT I조1항 최혜국 대우 위반이며 권능 부여 조항(enabling clause)[2]에 의해서도 정당화되지 않는다고 주장,

---

1) 볼리비아, 콜롬비아, 코스타리카, 에쿠아돌, 엘살바돌, 구아테말라, 혼두라스, 니카라구아, 파나마, 페루, 베네주엘라, 파키스탄

2002년 12월 패널 설치를 요청하였다.

나. 주요 쟁점별 당사자 주장 및 판결 요지

1) 권능 부여 조항의 성격과 GATT I조1항과의 관계

(가) 권능 부여 조항의 성격 및 입증 책임

1979년 동경 라운드시 채택된 권능 부여 조항은 개도국 우대 조치를 특별히 취할 수 있게 허용하고 있다. 인도는 EC의 마약 퇴치 특별 규정은 최혜국 대우 위반이며 만일 EC가 권능 부여 조항으로 예외를 주장하려면 마약 퇴치 특별 규정상의 차등 대우가 권능 부여 조항상 정당화되는 것임을 입증해야 한다고 주장하였다. EC는 권능 부여 조항은 최혜국 대우(GATT I조1항[3]) 적용을 배제하고 있으므로 I조1항은 권능 부여 조항 적용 대상에는 아예 적용이 되지 않는 것이라고 주장하였다. 인도는 권능 부여 조항을 의무에 대한 예외(affirmative defense)로 본 반면 EC는 자동적인 권리(autonomous right), 즉 특정 의무를 수립하는 적극적인 규범이라고 본 것이다.

패널은 권능 부여 조항에 대한 양자간의 입장 차이를 주목하고 권능 부여 조항의 성격에 대해서부터 심리하였다. 패널은 권능조항의 문안은 특정 의무로부터의 예외적인 일탈을 허용하는 GATT XX조, XXI조, XXIV조와 유사하게 GATT I

---

2) Differentiated and More Favorable Treatment, Reciprocity and Fuller Participation of Developing Countries, 1979년 11월 28일 GATT Decision(L4903)
일반 특혜 관세 제도(GSP)가 1970년대부터 시행되었으나 이와 같은 개도국 특혜 대우는 GATT 최혜국 대우원칙에 정면으로 위배되어 법적인 위치를 확보하지 못하였다. 이에 동경라운드에서는 GATT 회원국이 다른 회원국에게는 동일한 대우를 부여하지 않으면서도 개도국만을 우대하는 조치를 취할 수 있도록 허용하는 결정을 채택하였다. 주요 대상 조치로는 GATT 상의 일반특혜 관세(GSP), 비관세 조치와 개도국간의 지역 및 국제교역협정, 최빈 개도국에 대한 특별지원 등이 있다.

3) I:1. 수입 또는 수출에 대하여 그리고 수입 또는 수출과 관련하여 부과되거나 또는 수입 또는 수출에 대한 지불의 국제적 이전에 대하여 부과되는 관세 및 모든 종류의 과징금에 관하여, 그리고 이러한 관세 및 과징금의 부과 방법에 관하여, 그리고 수입과 수출에 관련한 모든 규칙 및 절차에 관하여, 그리고 제3조 제2항과 제4항에 기재된 모든 사항에 관하여, 체약국이 타국의 원산품 또는 타국에 적송되는 산품에 대하여 허여하는 이익, 특전, 특권 또는 면제는 모든 다른 체약국 영역의 동종 원산품 또는 이러한 영역에 적송되는 동종 산품에 대하여 즉시 그리고 무조건 부여되어야 한다.

조 규정에도 불구하고(notwithstanding) 체약국은 할 수도(may) 있다는 형식으로 기재되어 있으며 GATT I조1항이 특정 의무를 수립하는 적극적인 규범인 점은 자명하나 GATT XX조 등은 특정의 의무를 창출하는 것은 아닌 것 역시 분명하다고 언급하였다. 이들 조항은 체약국이 특정 조치를 취할 수 있으나 취할 경우에는 이러 저러한 조건을 준수하라는 것으로서 조건 준수 의무가 있다고 하여 조항 자체의 비구속적 성격이 변하는 것은 아니라고 설명하였고 조건 준수 의무는 이들 조항이 허용하는 예외가 제한적인 것이며 원칙으로부터의 일탈(derogation)이 특정 조건을 완수하는 것에 결부되어 있음을 확인하는 것이라고 언급하였다.

패널은 권능 부여 조항의 법적인 기능은 선진국으로 하여금 개도국에게 일반특혜 관세(Generalized System of Preferences: GSP) 등의 혜택을 부여할 수 있도록 GATT I조1항상 최혜국 대우 의무로부터의 일탈을 허용하는 것이며 권능 부여 조항 그 자체에는 선진국이 개도국에게 GSP를 부여해야 하는 법적인 의무를 규정하고 있지 않고 특혜를 부여함에 있어서도 일반적이고, 비차별적이며, 비상호주의적이어야 한다는 조건을 부여, 일탈의 범위가 제한되어 있다고 설명하였다.

패널은 예외를 구성하는 조항의 구비 요건에 대해 *US-Shirts and Blouse* 사건 상소기구가 i) 특정 의무를 수립하는 적극적인 규범이 아닐 것, ii) 특정 의무를 수립한 적극적인 규범으로부터 제한적인 일탈(derogation) 만을 허용하는 것일 것이라는 두 가지 요건을 제시한 바 있음을 환기하고 권능 부여 조항은 이러한 요건에 부합한다고 보았다.

이에 따라 패널은 권능 부여 조항의 성격은 특정 의무를 수립하는 것이 아니라 GATT 1조1항에 대한 예외에 해당한다고 판정하였다. 패널은 원칙에 대한 예외는 이를 사용하는 측에서 그 정당성을 입증해야 할 것이므로 EC가 권능 부여 조항을 주장하기 위해서는 i) GATT I조1항 위반이라는 인도의 주장에 대해 권능 부여 조항을 affirmative defense로 제기해야 하며 ii) EC의 조치가 권능 부여 조항에 합치한다는 것을 입증해야 한다고 설명, 입증 책임이 EC에게 있다고 판정하였다.

EC는 개도국에 대한 특혜 대우(Special and Differentiated Treatment)를 규정한 보조금협정 27조는 affirmative defense가 아니며 입증 책임은 제소국에 있다고 판정한 *Brazil-Aircraft* 사건 상소기구를 인용하면서 이에 유추하여 볼 때 개도국 특혜 대우의 최핵심 수단인 권능 부여 조항 역시 예외 규정이라고 볼 수 없으며 입증 책임은 제소국인 인도에 있다고 항변하였다. 패널은 그러나 보조금협정 27조

(개도국에 대한 특별 및 차등 대우)는 3조1항(a) 수출 보조금 금지 의무를 개도국에 적용하는 것을 명백히 배제하고 있으나 권능 부여 조항은 GATT I조1항의 예외일 뿐 동 조항의 적용을 원천 배제하는 것은 아니므로 보조금 3조1항(a)와 27조간의 관계와 I조1항과 권능 부여 조항간의 관계는 다르다고 논설하고 EC의 주장을 수용하지 않았다.

EC는 GATT I조1항과 권능 부여 조항간의 관계와 입증 책임에 관한 패널의 결정에 대해 상소하였다. 상소기구는 권능 부여 조항의 1조[4] 문안, 특히 in spite of로 해석되는 notwithstanding의 의미상 권능 부여 조항은 회원국에게 GATT I조1항의 규정에도 불구하고 개도국에게 특혜 대우를 부여하도록 허락하는 것이며 따라서 I조1항 의무 준수 의무로부터 예외시킨 것이라고 설명하고 권능 부여 조항은 I조1항의 예외에 해당한다는 패널 판정을 확인하였다.

상소기구는 어떤 조치가 원칙에 대한 예외로 인정된다고 원용하기 위해서는 피제소국측에서 예외를 defense로 주장하고 시비가 된 조치가 예외 규정에 합치함을 입증하는 것이 원칙이라고 설명하고 EC에게 1차적인 입증 책임이 있다고 언급하였다. 그러나 교역과 개발 증진에 기여하는 권능 부여 조항의 핵심적인 역할에 비추어 동 조항은 여느 예외 규정과는 동일하게 취급할 수는 없고 따라서 제소국인 인도가 단지 마약 특별 규정이 GATT I조1항에 합치되지 않는다고 주장하는 것으로 제소국으로서의 문제 제기 책임을 다했다고 볼 수는 없다고 보았다. 상소기구는 권능 부여 조항과 관련되는 조치의 경우, 제소국이 단지 GATT I조1항과의 위배성을 자신의 법적 근거로 제시하는 것은 불충분하며 권능 부여 조항 어느 규정에도 위배되는 것인지 명백히 적시해야 할 것이라고 설명하였다. 이번 사건의 경우 상소기구는 인도는 양자 협의 요청서, 패널 설치 요청서 등에 마약 특별 규정은 권능 부여 조항 2조(a)에도 부합되지 않는다는 주장을 적시한 점이 인정된다고 보았다.

이상의 분석을 토대로 상소기구는 권능 부여 조항을 defense로 인용하고 마약 특별 규정이 동 조항과 합치되는 것을 입증해야 하는 것은 EC의 책임이라는 패널의 판정을 다소 수정하여 인도가 GATT I조1항 위배 주장(claim)을 제기할 시 권능 부여 조항을 제기해야 할 책임이 있다고 수정하였고 인도는 그러한 책임을

---

4) 1.Notwithstanding the provisions of Article I of the General Agreement, contracting parties may accord differential and more favourable treatment to developing countries, without according such treatment to other contracting parties.

다했다고 판시하였다. 권능 부여 조항과의 합치 여부를 증명할 책임은 EC에게 있다는 패널의 판정은 지지하였다.

(나) GATT I조1항 적용 및 위반 여부

GATT I조1항이 권능 부여 조항의 대상이 되는 조치에 대해서도 적용되는지 여부에 대해 EC는 적용할 수 없다고 주장하였고 인도는 일반 특혜 관세를 이행하는 데 필요한 범위에 대해서만 I조1항의 의무로부터 일탈할 수 있다는 것이지 I조1항의 적용 자체를 배제하는 것은 아니라고 반박하였다.

패널은 권능 부여 조항의 notwithstanding은 in spite of, without regard to or prevention by라는 의미로서 권능 부여 조항의 운영이 GATT I조1항에 의해 방해받지 않는다고 이해했다. 패널은 권능 부여 조항이 I조1항을 배제한다는 명문의 규정이 없는 데에도 그러하다고 패널이 간주할 수는 없으며 원칙 조항과 그로부터의 예외 조항간의 관계란 하나가 적용되면 다른 하나는 배제되는 상호배타적인 것은 아니며 예외 조항으로서의 권능 부여 조항은 GATT I조1항과 동시에(concurrently) 적용할 수 있고 양자간의 충돌이 있을 경우 권능 부여 조항이 우선하는 것이 분명하다고 판단하였다. 패널은 권능 부여 조항이 GATT 1조1항에 대해 우선하기는(prevailing) 하지만 그렇다고 권능 부여 조항 대상이 되는 조치에 대해 I조1항을 적용할 수 없게(inapplicable) 만드는 것은 아니라고 하였다.

GATT I조1항 합치 여부에 대해 인도는 GATT I조1항에 내재되어 있는 최혜국 대우 원칙은 관세와 관련된 혜택이 모든 국가에 즉각, 무조건적으로 연장되어야 한다는 것이라고 강조하고 EC의 마약 퇴치 특별 규정은 이 원칙에 위배된다고 주장하였다.

패널은 마약 퇴치 규정은 특정 품목에 대해 MFN 양허 세율보다 낮은 관세를 제공하고 동 대우는 12개 국가 상품에게만 적용되고 다른 국가의 동종 상품에는 적용되지 않으므로 마약 퇴치 특별 규정에 의한 특혜 관세는 I조1항에 규정된 것과는 달리 무조건적으로 적용된 것이 아니며 따라서 I조1항에 합치되지 않는다고 판시하였다. EC는 무조건적이라는 것은 단지 특혜 대우 부여에 대한 보상을 요구하지 말라는 의미라고 항변하였으나 패널은 무조건의 통상적인 의미로 볼 때 이는 여하한 조건에 의해 제한되거나 종속되어서는 안된다는 의미라고 지적하고 EC의 주장을 수용하지 않았다.

2) 마약 퇴치 특별 규정이 권능 부여 조항상 정당화될 수 있는지 여부

(가) 패널 판정

(1) 권능 부여 조항 3조(c)의 해석

마약특별 규정과 권능 부여 조항간의 합치 여부의 핵심은 권능 부여 조항 2조(a)[5]내 각주 3[6]의 비차별의 의미를 어떻게 해석할 것인가에 달려 있었다. 패널은 동 각주 및 2조(a) 해석은 권능 부여 조항 3조(c)를 어떻게 해석할 것인지에 달려 있다고 보고 동 조항 의미부터 분석하였다. 3조(c)는 각주 3 및 2조(a) 해석상의 문맥(context)을 구성한다는 것이다.

패널은 우선 동 조항의 needs of developing countries가 모든 개도국을 의미하는지 개별 국가의 필요를 의미하는 것인지 문안상 분명하지 않으므로 일반 특혜관세 규정의 효시가 된 UNCTAD의 관련 문서 내용, 협상史 등을 참고하였다. 패널은 이들은 조약법에 관한 비엔나 협약상 조약 해석의 보조 수단이 되는 조약의 문맥(context of treaty)과 준비 작업(preparatory work)을 구성한다고 보았다. 패널은 검토 결과, 권능 부여 조항의 문안이나 협상사 어디에도 3조(c)가 선진국으로 하여금 일부 개도국을 선택하여 특별 대우할 수 있도록 허락했다고 볼 수 있는 근거가 없다는 결론에 도달하였다. EC는 객관적인 기준에 근거하여 개도국을 차별 대우할 수 있다고 주장하고 객관적 기준의 요소로 i) 대우상의 차별이 합법적인 목적(마약 퇴치규정의 경우 마약 생산 방지, 유통 억제 등)을 추구할 것, ii) 대우상의 차별이 그 목적을 달성하는 데 합리적인 수단일 것을 제시하였으나 패널은 이러한 접근법은 사실상 무제한적인 여러 종류의 특혜 대우를 가능하게 하는 것으로 일반 특혜 관세 자체를 붕괴시키는 것이며 복잡다기한 개도국 특혜 대우가 혼재했던 과거 상황으로 회귀하자는 것이라고 지적하였다. 패널은 바로 60년대의 그러한 상황을 폐지하고 모든 개도국에 보편적으로 적용되는 제도를 마련하자는 것이 당초 일반 특혜 관세의 취지였다고 부연하였다.

---

5) 2.The provisions of paragraph 1 apply to the following:
a) Preferential tariff treatment accorded by developed contracting parties to products originating in developing countries in accordance with the Generalized System of Preferences(footnote 3),

6) footnote 3. As described in the Decision of the CONTRACTING PARTIES of 25 June 1971, relating to the establishment of "generalized, non-reciprocal and non discriminatory preferences beneficial to the developing countries"(BISD 18S/24).

패널은 또한 개도국을 차별 대우할 수 있는 합리적인 객관적 기준을 과연 정립할 수 있을지에 대해서도 의문을 표명하였다. 패널은 development needs의 다양한 양태가 마약 생산과 유통에 의한 것인지, 빈곤, 자연 재해, 질병, 과다 인구 등에 의한 것인지 구별할 수 있는 합리적인 기준이 있을 수 없다고 보았으며 권능 부여 조항 3조[7](c)가 객관적인 기준의 존재를 암시하고 있다고 생각할 수도 없다고 설명하였다. 대신 패널은 개도국의 development needs를 적절하게 대응하는 방법은 개도국이 수출하여 이익을 얻을 수 있는 상품을 일반 특혜 관세하에 광범위하게 포함하고 그러한 상품에 충분한 범위의 특혜 관세를 부여하는 방식으로 개개(each and every) 개도국의 developments needs를 고려하는 것이라는 견해를 표명하였다.

패널은 일반 특혜 관세 제도 자체 내에 특정 개도국으로부터의 과다 수출에 대비하기 위해 사전에 제한을 두는 safeguard 조치와 최빈 개도국에 대한 추가적인 혜택 규정을 두고 있어 개도국의 차별하는 기제(機制)를 포함하고 있는 만큼 상기 2가지 경우 외에 개도국을 차별화하는 것은 3조(c)상 용인되지 않는다고 결론지었다.

(2) 권능 부여 조항 각주 3항 위반 여부

인도는 권능 부여 조항 각주 3의 비차별이란 특혜 부여 국가가 개도국을 상이한 category별로 구분을 지어서는 안된다는 의미이며 EC는 이를 위반한 것이라고 주장하였다.

패널은 비차별의 의미를 판정하기 위해 관련 문맥과 GATT의 대상과 목적, 특혜 부여 국가의 관행을 살펴보겠다고 하였다. 패널은 일반 특혜 관세 제도를 마련하기 위한 UNCTAD의 합의문서 및 그를 위한 각종 자료, 국별 제안서 등 관련 문서를 살펴볼 때 당시 존재했던 일부 개도국에 대한 특혜 제도를 특혜 부여 국가에 의해 개도국이 달리 취급될 가능성이 없이 모든 개도국에 동등하게 제공

---

7) 3. Any differential and more favourable treatment provided under this clause:

(a) shall be designed to facilitate and promote the trade of developing countries and not to raise barriers to or create undue difficulties for the trade of any other contracting parties;

(b) shall not constitute an impediment to the reduction or elimination of tariffs and other restrictions to trade on a most-favoured-nation basis;

(c) shall in the case of such treatment accorded by developed contracting parties to developing countries be designed and, if necessary, modified, to respond positively to the development, financial and trade needs of developing countries.

되는 보편적인 특혜 제도로 대체하려는 일치된 합의가 있었다고 생각했다. 패널은 이들 자료로 볼 때 일반 특혜 관세 제도의 협상자들의 분명한 의도는 일반 특혜 관세를 모든 개도국에게 동등하게 부여하고 기존의 특혜 관세상의 차이를 폐지하려는 것이었다고 확인하였으며 권능 부여 조항에 반영된 이들 문서들의 원칙은 특혜 부여 국가가 의무적으로 일반 특혜 관세 혜택을 모든 개도국에 구별 없이 제공하게 하려는 것이라고 결론지었다. 패널은 권능 부여 조항 2조(d)[8]를 문맥으로 보더라도 최빈 개도국에 대한 추가적인 특혜를 규정한 것은 일반 개도국에 대해서는 동등하게 대우하라는 것이라고 언급하였다. 2조(d)는 2조(a)의 예외이므로 2조(a)는 동일한 대우를 모든 개도국에 부여하라는 것이라는 것이다. 패널은 권능 부여 조항 3조(c)를 개도국을 구분하는 것을 용인하는 것으로 해석할 아무 근거도 발견하지 못했다고 추가하였다.

GATT의 대상과 목적에 근거한 해석과 관련하여 패널은 WTO 협정의 전문에 나타난 목적 가운데의 하나는 개발도상국이 국제 무역의 성장에서 자기 나라의 경제를 발전시키는 데 필요한 만큼의 몫을 확보하는 것을 보장하는 것이며 이는 1971년 Waiver Decision[9]과 GATT XXXVI조3항에도 비슷하게 기재되어 있고 권능 부여 조항에 그대로 반영되어 있다고 설명하였다. 패널은 GATT나 WTO 협정의 목적 가운데의 하나는 생산을 확대하고 상품과 서비스의 생산 및 무역을 증대하려는 것이며 이를 위해 국제 무역 관계에 있어서의 차별 대우의 폐지하려는 것이라는 점도 지적하였다.

패널은 일반 특혜 관세 제도 제정 당시 특혜 부여 국가가 제출한 국별 계획 어디에도 개도국을 차등하여 대우하려는 것은 없었다는 점을 근거로 특혜 부여 국가의 일반적인 관행 역시 개도국에 동일한 대우를 부여하려는 것이었다고 판단하였다.

패널은 이상의 분석을 근거로 권능 부여 조항 각주 3항의 비차별은 일반 특혜 관세 제도하에서 모든 개도국에 아무런 차등 없이 동일한 관세상의 특혜를 부여하라는 것이라고 확인하였다.

---

8) 2. The provisions of paragraph 1 apply to the following:
(a), (b), (c), … 생략 …
(d) Special treatment on the least developed among the developing countries in the context of any general or specific measures in favour of developing countries.

9) Waiver Generalized System of Preferences, Decision of 25 June 1971 (BISD 18S/24)
개도국에 일반 특혜 관세를 부과하기 위해 최혜국 대우 적용의무를 10년간 면제키로 한 GATT 결정

(3) 권능 부여 조항 2조(a)

권능 부여 조항 2조(a)는 일반 특혜 관세 제도에 의거, 선진국이 개도국산 상품에 공여하는 특혜 관세를 WTO 회원국이 개도국에게 공여할 수 있는 특별 대우(special and differentiated treatment)의 수단 중의 하나로 지칭하고 있다. 인도는 동 문장 중 개도국의 범위가 특별히 수식되어 있지 않으므로 이는 특혜 관세는 모든 개도국에 부여되어야 한다는 의미라고 주장하였다.

패널은 동 문장 중 개도국의 범위 지정 여부를 판단하기 위해서는 정관사 the로 수식되어 있는지에 국한하여 판단하기 보다는 협정 교섭사, 관련 문맥 등을 종합하여 판정하여야 한다고 보았다. 패널은 협상 교섭 과정을 볼 때 권능 부여 조항과 그 이전의 모태가 된 문서들의 교섭자들이 지녔던 의도는 특혜 관세를 모든 개도국에 즉시 비차별적으로 부여하려는 것이 분명하다는 점을 재환기하였고 각주 3의 비차별 해석과 권능 부여 조항 3조(c) 해석, 그리고 2조(d)를 3조(c)와 연계하였을 때의 해석에 비추어 볼 때에도 권능 부여 조항 2조(c)의 개도국은 모든 개도국을 의미하는 것으로 해석하는 것이 타당하다고 판단하였다.

(4) 종합 판정 및 소수 의견

패널은 이상의 분석을 토대로 마약 특별 규정의 개도국 차등(differentiation)은 권능 부여 조항 2조(a), 각주 3에 합치되지 않으며 3조(c)에 의해서도 정당화되지 않는다고 판시하였다 아울러 마약 특별 규정은 GATT I조1항 최혜국 대우 원칙에 저촉되며 권능 부여 조항에 의해서도 정당화되지 않으므로 EC는 GATT에 의해 인도에게 부여되는 이익을 무효화하거나 침해한 것이라고 판시하였다.

GATT I조1항과 권능 부여 조항간의 관계에 대해 패널 위원 중 1명은 다른 의견을 주장하였으며 결과적으로 위의 패널 다수 판정에 동의하지 않았다. 그는 우선 GATT I조1항과 권능 부여 조항간의 관계가 원칙과 예외 관계가 아니며 권능 부여 조항은 GATT I조1항의 의무로부터의 면제(waiver)를 부여한 것이므로 인도는 GATT I조1항을 시비할 것이 아니라 권능 부여 조항 위반을 주장했어야 한다고 지적하였다. 그는 권능 부여 조항의 직접적인 모태가 된 1971년 Waiver 결정과 관련 사실을 들어 GATT I조1항과 권능 부여 조항간의 관계를 설명하였다. UNCTAD에 의해 처음 일반 특혜 관세가 제안된 이후 UNCTAD는 각 선진국에게 일반 특혜 관세를 집행하기 위한 필요한 법적인 허가(legislative sanction)를 취득해둘 것을 요청하였고 이에 따라 1971년 GATT 체약국은 XXV조5항[10]에 의거, I

조1항 적용 면제를 요청하였으며 그 결과 개도국에 일반 특혜 관세를 부여하기 위해 10년간 I조1항 적용을 면제한다는 1971년 Waiver 결정이 채택되었다고 환기하였다[11]. 그 후 1979년 동경라운드에서 1971년 Waiver 결정 내용을 그대로 승계한 권능 부여 조항이 채택되었으며 I조1항 의무는 XXV조5항에 의해서가 아니라 권능 부여 조항에 의해 항구적으로 면제된 것이고 권능 부여 조항의 면제라는 본질은 온존되고 있는 것이라고 논구하였다. 그는 권능 부여 조항상의 notwithstanding은 (법규정의 예외가 아니라) 법이 있음에도 불구하고 법규정과 다른 권리, 자격 등을 왕이 특별히 공여한다는 의미의 non obstate에서 나온 것이라고 설명하고 권능 부여 조항상에서의 의미는 I조1항의 규정이 있음에도 불구하고 특혜 관세를 개도국에 부여할 수 있다는 특별한 허락, 또는 I조1항 규정 준수 의무의 면제를 의미한다고 주장하였다.

소수 의견을 제시한 패널 위원은 면제(waiver)된 사항에 대한 다툼이 있을 경우 母 조항상(여기서는 I조1항)의 의무는 소멸된 것이므로 모 조항 위반을 시비할 수 는 없다고 주장하였다. 그런데 인도의 제소는 명백하게 GATT I조1항에 국한된 것이므로 이는 잘못된 것이며 이를 심리하는 것은 패널의 심리 범위(terms of reference)를 벗어난다고 판단하였다.

(나) 상소기구 판정

상소기구는 권능 부여 조항 2조(a)의 각주 3에 적시된 비차별의 의미를 분석하는 것부터 그 심리를 시작하였다. 상소기구는 일단 권능 부여 조항 1조는 개도국에 대한 특혜 대우 부여를 허락(authorize)하였고 2조(a)와 각주 3은 1조가 특히 1971년 Waiver 결정에 의한 일반 특혜 관세 제도에 의거, 개도국산 상품에 대한 특혜 관세 대우에 적용되는 것임을 명백히 하는 것이라고 설명하였다. 따라서

---

10) XXV:5. 본 협정에 달리 규정되지 아니한 예외적인 사정 하에서는 체약국단은 본 협정에 의하여 체약국에 부과한 의무를 포기할 수 있다. 다만 이 결정은 투표된 표수의 3분의 2이상의 다수에 의하여 승인되어 야 하며 또한 이러한 다수는 체약국수의 과반수를 포함하여야 한다. 또한 체약국단은 이러한 표결방식으로 다음의 사항을 결정할 수 있다.
(i) 의무의 포기가 적용될 기타의 투표요건이 적용되는 예외적 사정의 특정한 범위를 한정하고,
(ii) 본 항의 적용에 필요한 기준을 규정할 수 있다.

11) 개도국 특혜 관세 제도 태동과정과 WTO내 관련제도에 관해서는 아래 논문이 좋은 참고가 된다.
Jeanne Grimmett. Trade Preferences for Developing Countries and the WTO, *CRS Report for Congress* 2005. 9. 16.

1971년 결정과 각주 3에 규정된 대로 보편적이고, 비호혜적이며 비차별적인 대우에 부합하는 특혜 관세대우만이 2조(a)에 의해 정당화된다고 결론지었다.

상소기구는 각주 3의 비차별의 의미가 패널이 판정한 대로 모든 개도국에 동일한(identical) 특혜 관세 대우를 부여하라는 것인지에 대해 차별(discriminate)의 通常的인 의미는 인도가 주장하는 대로 A와 B를 단순히 구별하는 가치 중립적인 개념일 수도 있고 EC가 주장하는 대로 A에 대해 B를 불리하게 취급하는 부정적인 개념일 수도 있으므로 通常的인 의미만으로는 올바르게 해석하는 데 제한이 있다고 보았다. 그러나 인도나 EC 모두 비슷한 처지에 있는 일반 특혜 관세 수혜 대상 개도국은 다르게 취급되어서는 안된다는 데에는 의견을 같이 하고 있고 다만 이들 개도국의 처지가 비슷한지 여부를 결정하는 기준에 대해 의견을 달리 하고 있음을 주목하였다. 이에 따라 상소기구는 2조(a)는 표면적인 문안상(on its face) 상이한 GSP 공여 대상 국가에 상이한 특혜 관세 대우를 부여하는 것을 명시적으로 허락하거나 금지하고 있지 않으며 다만 비차별의 通常的인 의미로 볼 때 비슷한 처지의 공여 대상 국가에게는 반드시 동일한(identical) 특혜 관세를 부여한다는 점은 확실하다고 판단하였다. 상소기구는 비차별(non-discriminatory) 直前에 규정된 generalized의 의미와 문맥(immediate context)으로 볼 때 GSP상의 특혜 관세는 일반적으로 공여되어야 한다는 의미로서 당시 일부 특정 개도국에게만 공여된 기존의 특혜 대우를 폐지하라는 의미이지 반드시 비차별을 모든 개도국에 동일한 특혜 관세를 부여하라는 의미라고 해석할 수는 없다고 보았다.

권능 부여 조항 3조(c)를 보다 포괄적인 문맥으로서 분석하여 볼 때에도 동 조항이 모든(all) 또는 개개(each and every) 개도국의 개발 필요에 부응하라고 규정되어 있지 않으므로 모든 개도국에 동일한 특혜 관세대우를 부여하라는 의무를 부과했다고 볼 수 없다고 판단하였다. 상소기구는 3조(c)에서 말하는(need)는 개도국의 개발, 재정, 교역상의 필요이며 객관적인 기준에 의해 평가되어야 할 것이지 특혜 공여국이나 수혜 대상국의 주장만을 근거로 아무 것이나 개도국의 필요라고 볼 수는 없다고 해석하였다. 대응이 적극적(positive)이라 함은 특혜 공여국의 대응은 수혜 대상국의 개발, 재정, 교역 상황을 문제가 된 특정 필요에 기초하여 개선하려고 의도하는 것이어야 한다고 해석하였다.

상소기구는 WTO 설립협정과 권능 부여 조항의 대상과 목적에 비추어 해석할 때에도 모든 개도국에 동일한 특혜 관세를 부여하는 것을 요구하지는 않는다고 해석하는 것이 타당하다고 보았다. WTO 설립협정 서문과 1971년 면제결정 서문상의 국제 무역의 성장에서의 개도국의 몫(share in the growth in international trade)과 교역과 수출 수입(trade and export earnings)을 증진하려는 목적은 모든 개도국에 공통된 이익뿐만 아니라 특정 필요에 특정 개도국에 국한된 이익을 대상으로 한 특혜부여 정책에 의해 성취될 수 있으므로 반드시 모든 개도국에 동일한 특혜를 부여할 것은 아니라는 것이다.

상소기구는 권능 부여 조항 2조(d)는 최빈 개도국에게는 2조(a)에 의해 여타 개도국에 부여된 특혜 대우와는 별도로 구별되는 특혜 대우를 부여할 수 있다는 점을 명백히 한 것이지 패널이 판정한 대로 2조(a)의 예외라거나 2조(a)를 개도국에 대해 차등 특혜 대우를 허용하는 것으로 해석하면 의미가 불필요하게 중복(redundant)되는 조항이 아니라고 설명하였다.

상소기구는 이상의 분석을 종합하여 각주 3의 비차별은 선진국이 상이한 개도국산 상품에 상이한 특혜 대우를 부여하는 것을 금지하는 것은 아니라고 결론지었으며 상이한 특혜 대우 부여를 금지한다는 패널의 판정을 번복하였다. 그러나 그 차등적인 특혜 대우가 권능 부여 조항상의 조건을 충족해야 할 것이며 처지가 비슷한 수혜 대상국에게는 동일한 대우를 부여해야 한다, 즉 차등적인 대우가 대응하려는 개발, 재정, 교역상의 필요가 동일한 개도국에 대해서는 동일한 관세대우가 부여되어야 한다고 부연하였다. 또한 상소기구는 권능 부여 조항 2조(a)상의 개도국은 모든 all 개도국을 의미한다는 패널 판정 역시 번복하고 동 조항의 개도국은 모두보다는 적은(less than all) 개도국을 의미할 수 있다고 판시하였다.

상소기구는 문제가 된 마약 특별 규정이 권능 부여 조항에 합치하는지에 대해 동 규정이 일부 개도국의 불법 마약 생산과 유통 문제를 해결코자 하고 있으므로 각주 3의 비차별 요건에 합치할 수도 있겠으나 그러기 위해서는 EC가 최소한 마약특별 규정상의 특혜 관세 대우가 비슷한 마약 문제를 겪고 있는 개도국 대해서는 공히 적용된다는 점을 입증해야 할 것이라고 언급하였다. 각주 3의 비차별은 모든 개도국을 동일하게 대우해야 하는 것은 아니지만 처지가 비슷한 개도국에 대해서는 동일한 대우를 해야 하기 때문이다. 상소기구는 EC의 마약규정은 수혜 대상국을 특정 12개국으로 국한하고 있어 유사한 문제에 봉착한 여타 개도국에게 동일한 특혜 관세 대우를 부여한다는 보장이 없고 마약 규정 수혜 대상으로 선정될 수 있는 객관적인 기준도 없어 마약 규정 수혜 대상 국가와 일반 특혜 관세 규정 수혜 대상 국가를 구분할 수 있는 기준이 없다고 지적하였다. 상소기구는 따라서 EC는 마약 규정이 각주 3의 비차별 요건을 충족했음을 입증하지 못하였으며 결국 마약 규정이 권능 부여 조항 각주 2조(a)에 의해 정당화됨을 입증하지 못한 것이라고 판시, 이유를 달리하여 패널의 판정을 지지하였다.

3) 인간의 생명과 건강 보호상의 예외 해당 여부(GATT XX조(b))

EC는 설사 마약 퇴치 규정이 I조1항에 위반되고 권능 부여 조항에 의해서도 정당화되지 않는다 하더라도 인간의 생명과 건강을 보호하기 위해 필요한 조치이므로 GATT XX조[12](b)에 의거, 예외로 인정된다고 주장하였다.

패널은 XX조(b)항을 원용하기 위해서는 i) 해당조치가 보건 정책 목적을 달성하기 위해 고안된 것인지 ii) 그러한 목적 달성을 위해 필요한 것인지 iii) XX조 전문 규정에 합치하는지 여부를 살펴야 한다고 정리하고 각각을 심리하였다.

i)의 정책 목적과 관련, EC는 마약의 폐해는 자명하며 마약 규정상 특혜 관세는 피혜택 국가의 마약 생산, 유통을 감소시켜 결과적으로 EC 내로의 유입량이 감축되어 EC 시민의 생명과 건강을 보호하게 된다는 논리를 전개하였다. 그러나 패널은 EC 특혜 관세 규정(Council Regulation No. 2501/2001)과 관련 문서 어디에도 특혜 관세의 목적이 인간의 생명과 보건을 보호하려는 것이라고 적시된 것이 없고 다만 개도국(특히 마약 퇴치 노력 국가)의 빈곤 퇴치와 지속 가능 개발 능력을 함양하려는 것이라고 제시되어 있을 뿐이라고 지적하였다. 패널은 EC 특혜 관세 규정의 전체적인 design, structure를 검토하여 볼 때에도 특혜 관세가 EC 시민의 생명과 건강 보호를 위한 것이라는 직접적인 연관 관계를 인정할 수 없다고 보았다. 특혜 관세 제도의 정책 목표는 개도국의 개발 지원이지 EC 시민의 생명과 건강 보호를 위한 것은 아니라고 본 것이다.

ii)의 필요성 여부에 대해 패널은 마약 특별 규정의 수혜 품목과 그 교역량이 매년 감소추세에 있고, 생명과 건강 보호를 위한 마약 특별 규정의 효용성에 대한 검증 장치도 없으며, 일정 조건 충족 시 잠정 중단할 수 도 있게 되어 있고 정작 대규모 마약 재배 수출 국가는 대상에서 제외되어 있는 점을 들어 마약 특별

12) XX. 본 협정의 어떠한 규정도 체약국이 다음의 조치를 채택하거나 실시하는 것을 방해하는 것으로 해석되어서는 아니된다. 다만, 그러한 조치를 동일한 조건하에 있는 국가간에 임의적이며 불공평한 차별의 수단 또는 국제 무역에 있어서의 위장된 제한을 과하는 방법으로 적용하지 아니할 것을 조건으로 한다.
(a) 공중도덕을 보호하기 위하여 필요한 조치,
(b) 인간, 동물 또는 식물의 생명 또는 건강을 보호하기 위하여 필요한 조치,
… 이하 생략 …

규정이 생명과 건강을 보호하기 위해 필요한 제도는 아니라고 판정하였다.

iii)과 관련, 패널은 XX조 전문 요건을 충족하기 위해서는 우선 자의적이고 정당화될 수 없는 차별(arbitrary or unjustifiable discrimination)이 있어서는 아니될 것이나 마약 생산량이 더 많은 이란은 적용 대상에서 제외된 반면 파키스탄은 포함되어 있고 대상 국가 선정 기준과 파키스탄의 마약 생산, 유통 등의 상황이 변함이 없었음에도 파키스탄이 특정 연도 이전에는 적용 대상에 포함되지 못했던 점 등 적용 대상 국가 선정에 일관성이 없다고 지적하였다. 또한 EC가 제시한 설명은 이러한 일관성의 부재가 자의적이며 정당화될 수 없는 차별이 아니라고 보기에는 부족하다고 지적하고 따라서 EC의 마약 특별 규정은 XX조 전문 요건을 충족하지 않는다고 판정하였다.

다. 해설 및 평가

GATT I조1항의 무조건으로 unconditionally의 의미에 대해 EC는 반대 급부를 조건으로 부과하지 않고 특혜를 부여한다는 의미, 즉 무조건부 공여라고 주장하였으나 패널은 인도의 입장을 수용하여 특혜를 무차별적으로 부과하라는 의미라고 해석하였다. 이 사건 패널이 명시적으로 인용하지는 않았으나 GATT I조1항의 unconditionally의 의미를 살핀 사례로는 *Indonesia-Auto* 사건과 *Canada-Auto* 사건이 있다. 두 사건 패널 모두 unconditionally의 의미를 무차별적인 것으로 해석하였다. *Indonesia-Auto* 사건 패널은 인도네시아가 부여하는 조세상의 특혜가 한국 자동차에게만 한정되므로 unconditionally 요건을 위반한 것이라고 판시하였으며 *Canada-Auto* 사건 패널은 unconditionally란 문제가 된 조치가 상이한 국가로부터의 동종 상품을 차별하고 있는지의 관점에서 보아야 한다고 판단하였다.

그런데 특혜 공여 국가가 특혜 수혜 대상 국가와 그들 국가로부터의 동종 상품을 차별하지는 않으면서 특혜수혜에 일정한 조건을 부과할 경우 GATT I조1항의 위반 여부가 문제가 될 수 있다. 예를 들어 특혜 수혜 대상이 되는 데에는 아무런 제약이 없어 누구나 선택될 수 eligible 있으나 실제 특혜를 수혜하기 위해서는 일정 조건을 충족하여야 한다고 할 경우 unconditionally 요건에 합치되는지 여부가 논란이 있을 수 있다. 문안상 GATT I조1항은 특혜 부여에 조건을 부과하는 것을 원천적으로 금지하고 있는 것 같지는 않다. 어떤 특혜이든지 조건이 있든 없는 모든 다를 회원국으로부터의 동종 상품에 차별 없이 unconditionally 부여하라는 것이므로 조건 충족이 모든 국가에게 개방되어 있으면 특혜 대우 부여에 특정 조건을 부과할 수도 있을 것이다.

이러한 논의는 이번 사건에서 권능 부여 조항 각주 3의 비차별의 의미해석에 있어 발생하였다. 패널의 견해는 중요한 것은 문제가 되는 조치의 효과(effect), 즉 이 사건의 경우 동일한 특혜 관세 대우가 모든 개도국에 실제로 제공되었는지 여부로서 일부 개도국이 이러한 대우를 받지 못하였다면 해당 특혜 관세 대우는 차별적인 것으로 위법이라는 주장이다. 패널의 주장에 따르면 모든 개도국에 개방된 GSP 제도라 하여도 일정 조건을 부과하여 이를 충족하는 국가에게만 부여하는 방식을 취하는 것은 위법이 되는 셈이다. 그러나 현실적으로 상당수 국가가 개도국으로 하여금 환경 보호, 노동권 보호, 여성권익 신장 등 특정 조치를 취하게 하기 위하여 GSP 제도 및 기타 특혜 대우에 일정 조건을 부여하고 있는 점에 비추어 패널의 결정이 상소기구에서 확인되었다면 상당한 파급 효과가 있었을 것이다.

상소기구의 판단은 패널보다는 한결 현실적인 것이었다. 상소기구는 개도국이 특정 대우를 예외 없이 받을 수 있느냐의 여부에 초점을 맞추지 않고 문제가 된 특정 대우가 처지가 비슷한 개도국이 이용할 수(available) 있는 것인지 여부에 중점을 두었다. 그리고 처지가 비슷한지 여부는 객관적인 기준에 의해 결정되어야 할 것이라고 보았으므로 객관적인 기준에 따라 일부 개도국을 선정하여 일정 특혜를 배타적으로 제공하는 것은 위반이 될 수 없다는 것이다. 상소기구의 판정에 따르면 EC의 노동권 보호를 위한 특별 규정과 환경 보호를 위한 특별 규정은 위법 논의에서 해방된다. 당초 인도는 위의 두 특별 규정도 일부 개도국에게만 적용된다는 이유로 시비를 제기하였다가 나중에 철회하고 마약 특별 규정에 대해서만 위법 시비를 제기하였다. 위의 두 규정은 마약특별 규정과 달리 적용 대상을 특정 국가로 국한하지 않고 일정 조건을 충족하는 개도국 모두에 대해 문호를 개방하고 있으므로 상소기구의 판정에 따르면 합법적인 조치이다.

이 사건의 핵심 쟁점은 EC의 마약 특별 규정이 권능 부여 조항 2조(a)에 합치되는지, 특히 동 조항 내 포함되어 있는 각주 3의 비차별 요건에 부합되는지 여부였다. 따라서 심리의 초점은 권능 부여 조항 2조(a)와 각주 3에 집중되었어야 할 것이나 이 사건은 패널은 권능 부여 조항 3조(c)가 2조(a)의 중요한 문맥을 구성한다고 언급하고 2조(a)와 그에 속한 각주 3의 해석은 3조(c)가 어떻게 해석되느냐에 달린 것이라고 보고 3조(c)부터 심리하였다. 3조(c)는 선진국이 개도국에 부여하는 특혜 대우(Special and Differentiated treatment)는 개도국의 개발, 재정, 교역상의 필요에 적극적으로 부응하기 위해서 고안되거나 수정되어야 한다고 규정하고 있다. 패널은 3조(c)가 개도국의 필요에 적극적으로 부응하기 위해서 개도국을 차등 대우하는 것도 허락하는 것인지 검토하였으나 동 조문 내에서 가부간의 명시적인 근거를 찾지 못하였으며 결국 관련 교섭 문서, 교섭사를 동 조항 해석의 문맥으로 사용하여 3조(c)는 개도국의 차등 대우를 용인하지 않는다고 판단하였고 이를 토대로 각주 3 및 2조(a)도 같은 논지로 해석하였다. 패널은 각주 3 및 2조(a)의 해석을 위해 문맥(3조(c))의 문맥(협정 교섭사 등)에 의존한 것인데 협정 교섭사나 관련 문서 등은 비단 3조(c)의 문맥을 구성할 뿐 아니라 2조(a) 등 여타 조항의 문맥도 될 것이므로 패널이 문맥의 문맥을 동원하여 해석할 것이면 굳이 3조(c)를 그렇게 중요한 해석상의 기준으로 삼을 필요가 있었는지 의문이 남는다. 핵심쟁점이 권능 부여 조항 2조(a), 각주 3과의 합치 여부였으므로 동 조항을 우선 중점 해석하고 동 조항만으로 충분한 해석이 어려울 경우 3조(c)나 그 밖의 해석 보조 수단을 동원하는 것이 바람직한 순서였을 것이다. 상소기구는 바로 이러한 순서대로 해석하였다.

DSU 4조4항[13)]과 6조2항[14)]은 제소국이 특정 조치에 대해 시비할 경우 제소에 대한 법적 근거를 제시할 것을 요구하고 있다. 제소국은 이에 따라 양자 협의 요청서나 패널 설치 요청서에 문제가 되는 조치가 구체적으로 무슨 협정 몇 조를 위반하고 있는지 적시하고 그 근거를 약술한다. 특정 조항에 대한 위반을 입증할 책임은 그 주장을 제기하는 제소국에게 있으나 만일 시비 대상이 된 조치가 특정 조항에는 위반이 되나 예외를 인정하는 별도 조항이나 협정에 의해 용인되는 것(affirmative defense)이라면 그를 입증할 책임은 이를 원용하는 피제소국에게 있는 것이 원칙이다. 이번 사건의 경우 패널과 상소기구는 권능 부여 조항 합치 여부에 대한 입증 책임에 대한 판단에서 이 원칙대로 판정하기는 하였으나 상소기구는 권능 부여 조항이 여느 예외 조항과는 달리 매우 중요하고 널리 인식되어 있

---

13) 4.4. 이러한 모든 협의요청은 협의요청회원국에 의하여 분쟁 해결 기구 및 관련 이사회와 위원회에 통보된다. 모든 협의요청은 서면으로 제출되며, 협의요청시 문제가 되고 있는 조치의 명시 및 제소에 대한 법적 근거의 제시를 포함한 협의요청사유를 제시한다.

14) 6.2. 패널 설치는 서면으로 요청된다. 이러한 요청은 협의가 개최되었는지 여부를 명시하고 문제가 된 조치를 명시하며, 문제를 분명하게 제시하는데 충분한 제소의 법적 근거에 대한 간략한 요약문을 제시한다. 제소국이 표준위임사항과 상이한 위임사항을 갖는 패널의 설치를 요청하는 경우, 서면 요청서에는 제안하고자 하는 특별위임사항의 문안이 포함된다.

는 규범이라는 이유로 인도가 제소의 법적 근거의 하나로 권능 부여 조항을 언급해야 할 것이라고 판시하였다. affirmative defense는 피제소국이 제기하고 입증해야 한다는 원칙을 기계적으로 적용한다면 상소기구의 판정은 이 원칙에 다소 벗어나는 것으로 볼 수 있으나 제소의 법적 근거를 명시하게 하는 DSU의 관련 규정의 목적은 상대방으로 하여금 적절한 방어 기회를 주려는 것이므로 상소기구의 판정은 이러한 측면에서 볼 때에는 타당한 것이다.

마약 특별 규정의 적용 국가는 동 규정 내에 특정 12개국으로 지정되어 있었다. 이들 국가는 파키스탄을 제외하고는 모두 중남미 국가들이다. 인도가 마약 특별 규정에 대해 시비한 배경은 바로 EC 시장에서 경쟁 관계에 있는 파키스탄이 수혜국에 포함되었기 때문이다.

23. US vs. Canada - Wheat 사건

(DS276, 2004. 9. 27. - 상소기구)

가. 사건 개요

이 사건은 캐나다의 밀 수출 제도와 곡물(grain)수입 제도에 대해 미국이 시비한 것이다. 미국이 시비한 캐나다 수출 제도란 통칭 캐나다 소맥 위원회 수출 규범(Canadian Wheat Board Export Regime)이라는 각종 규정의 총체로서 이 규범은 캐나다 소맥 위원회 설치법(CWB Act), 소맥 구매 및 판매 등에 관한 소맥 위원회의 배타적 특권[1]), 소맥 위원회와 캐나다 정부의 행동 양태를 포함한다. 캐나다는 캐나다 곡물법(Canada Grain Act), 캐나다 운송법(Canada Transportation Act) 등을 통해 국내외 곡물 분리 취급, 수송 기차 배정, 기차 운송 收入 상한 설정 등 수입 곡물 처리에 관한 일련의 요건을 부과하였다.

미국은 CWB 수출 규범은 GATT XVII조1항(국영무역역기업)에 위반되며 국내외 곡물 분리 취급, 곡물 수송 時 철도 이용 요건 및 철도 운송 수입 상한 제도 등 GATT III조 4항(내국민 대우)과 TRIMs 협정에 위반된다고 주장하고 2003년 3월 패널 설치를 요청하였다.

---

1) CWB는 구체적으로 아래와 같은 특권을 캐나다 정부로부터 위임받았다.
수출용 및 식용 서부 캐나다 소맥 독점 구매 및 판매권
수출용 및 식용 서부 캐나다 소맥 최초 가격 설정권
서부 캐나다 소맥 생산자에 대한 정부의 수매 보장
CWB 대출시 캐나다 정부 보증
CWB의 일부 신용거래에 대한 캐나다 정부 보증

나. 주요 쟁점별 당사자 주장 및 판결 요지

1) GATT XVII조1항 국영 무역 기업 준수 의무 위반 여부

(가) 패널 판정

GATT XVII조1항(a)호[2]는 국영 무역 기업에 대해 무차별 대우의 일반 원칙에 합치되는 행동할 것을 요구하고 있고 (b)호[3]는 상업적 고려에 따라 구매 및 판매 행위를 할 것을 규정하고 있다. 미국은 CWB 수출 규범은 결국 CWB의 수출 가격이 GATT XVII조1항(a), (b)의 요건에 부합하지 않는 판매(non-conforming export sales)로 귀결되도록 한다고 주장하고 CWB 수출 규범 전체에 대해 시비하였다.

패널은 GATT XVII조1항(a) 및 (b)의 해석부터 시작하였다. (a)호의 경우 미국은 각 회원국은 자신의 국영 무역 기업이 (a), (b)호에 규정된 대로 행동하도록 보장해야 할 의무를 부여하는 것이라고 해석하였고 캐나다는 동 조항은 국영 무역 기업으로 하여금 특별한 방식으로 행동하도록 요청하는 것일 뿐이며 제소국이 피소국의 국영 무역 기업이 (a), (b) 기준을 준수하지 못했다고 입증하지 못하는 한 피소국은 자신의 책무를 다한 것으로 추정되어야 한다고 주장하였다.

패널은 미국이 국영 무역 기업의 (a), (b)호 준수를 보장하기 위해 해당 정부가 규정 또는 감독체계(statutory or supervisory mechanism)를 마련해야 한다고 주장하는 것은 아니라고 확인하고 GATT XVII조1항(a)호가 회원국으로 하여금 국영 무역 기업의 (a), (b) 원칙 준수를 보장하기 위한 적극적인 조치를 채택할 것을 요구하는지 여부는 판단할 필요가 없으며 이 사건의 쟁점은 국영 무역 기업이 (a), (b)호에 합치되지 않게 행동하도록 귀결되는 조치를 어느 회원국이 유지하고

---

2) XVII:1.(a) 각 체약국은 소재지의 여하를 불문하고 국가 기업을 설립 또는 유지하거나 어떤 기업에 대하여 배타적이거나 특별한 특권을 공식적으로나 또는 사실상으로 허여하는 경우에는, 동 기업이 수입 또는 수출에 수반하는 구매 또는 판매에 있어서, 민간 무역업자의 수입 또는 수출에 영향을 주는 정부 조치에 대하여 본 협정에 규정한 무차별 대우의 일반 원칙에 합치하는 방법으로 행동하게 할 것을 약속한다.

3) XVII:1(b) 본항(a)의 규정은 이러한 기업이 본 협정의 다른 규정을 적절히 고려한 가격, 품질, 입수 가능성, 시장성, 수송 및 기타 구매 또는 판매조건을 포함한 상업적 고려에 따라서만 전기한 구매 또는 판매를 행하여야 하며, 또한 다른 체약국의 기업에 대하여 통상적인 상관습에 따라서 전기 구매 또는 판매에 경쟁적으로 참가할 수 있는 충분한 기회를 부여하여야 하는 것으로 양해한다.

있을 경우 GATT XVII조1항(a) 위반에 해당하는지 여부라고 정리하였다.

이에 대해 패널은 동 조항의 문안상 어느 회원국의 국영 무역 기업이 (a), (b)호에 합치되지 않게 행동하거나 할 것이 확실하면 당해 회원국은 GATT XVII조1항(a)호 의무를 위반한 것이 분명하다고 보았다. 국영 무역 기업이 (a), (b)호의 원칙에 따라 행동하는 것을 방해하지 말아야 한다는 GATT XVII조1항(c)[4]를 문맥으로 해석할 때에도 이러한 해석이 타당하다고 부연하였다.

GATT XVII조1항(b)호의 해석과 관련하여 쟁점이 된 것은 첫째 (a)호와 (b)호 간의 관계, 즉 (a)호와 (b)호는 각각 별도의 의무를 규정한 것인지, (b)호는 단지 (a)호 의무 사항을 해석한 것인지 여부와, 둘째 (b)호 두 번째 문장상의 '다른 체약 당사자 기업'이 의미하는 범위, 셋째 (b)호 첫 문장에 규정된 '상업적 고려'의 의미였다.

첫째 쟁점에 대해 미국은 (a)호와 (b)호는 별도의 의무를 규정한 것이라고 주장하였고 캐나다는 (b)호는 (a)에 종속된 것으로서 (b)호 위반만으로는 GATT XVII조1항 위반을 구성할 수 없다고 주장하였다. 패널은 이 사건을 판결함에 있어 굳이 (a)호와 (b)호 간의 관계를 판정해야 할 필요는 없다고 판단하고 다만 논의의 편의상 GATT XVII조1항 위반은 (b)호 원칙 불준수의 경우만으로도 성립된다는 가정하에 심리를 진행하겠다고 밝혔다. 이러한 패널의 분석 방법은 후에 상소되었다.

둘째 쟁점에 대해 미국은 다른 체약 당사자 기업이란 문제가 된 국영 무역 기업 상품의 구매에 관심 있는 기업(고객사)은 물론 동 국영 무역 기업과 동일한 상품을 동일한 시장에서 판매하는 기업(경쟁사)도 포함한다고 주장한 반면 캐나다는 고객사만을 의미한다고 해석하였다. 패널은 이러한 구매 또는 판매에 참가하기 위하여 경쟁할 수 있다는 의미를 문맥상 해석할 때 이러한 판매란 문제가 된 국영 무역 기업이 행하는 판매를 의미하는 것이며 경쟁사는 국영 무역 기업의 판매에 참가하기 보다는 자신의 시장을 지키기 위하여 그러한 판매를 봉쇄하는 데 관심이 있을 것이므로 다른 체약국의 기업이란 경쟁사를 포함하지는 않는다고 보는 것이 타당하다고 판단하였다. 패널의 해석은 다시 말해 국영 무역 기업이 물자를 구매하거나 자신의 상품을 판매할 때 다른 체약국 기업이 여타 구매자 또는 판매자와 공정하게 경쟁할 수 있는 기회를 부여해야 한다는 것이지 국영 무역

---

4) XVII:1(c) 체약국은 자국의 관할하에 있는 기업(본항 (a)에 규정된 기업여부를 불문)이 본항 (a) 및 (b)의 원칙에 따라 행동하는 것을 방해하여서는 아니된다.

기업과 동일한 시장에서 동일한 상품으로 경쟁하는 타 체약국 기업이 국영 무역 기업의 구매나 판매에 참가할 개연성은 없다는 것이다. 기업이 의미하는 것이 구매사인지 판매사도 포함되는지 여부는 후에 상소기구에서도 검토되었다.

셋째 상업적 고려의 의미에 대해 미국은 국영 무역 기업은 정부의 혜택을 받지 않고 시장 원리에 의해 행동하며 수익 극대화를 추구하는 통상의 상업적 행위자처럼 행동하라는 의미라고 주장하였으나 패널은 이 의미는 자신에게 경제적으로 유리한 조건으로 상품 구매, 판매 등 영업 행위를 하라는 것이며 경제적인 고려를 무시한 채 순전히 정치적인 행위자처럼 행동하는 것을 금지하는 것이지 국영 무역 기업이 순수한 상업적 고려에 의해서만 행동하라고 요구하는 것은 아니라고 보았다. 패널은 국영 무역 기업은 반드시 상업적 목적을 위해서만 사용되는 것은 아니며 일정한 정책을 수행하기 위해 이용될 수도 있음을 미국이 적절히 고려하지 않았다고 지적하였다. 패널은 국영 무역 기업의 배타적이거나 특별한 특권(exclusive or special privilege) 사용에 대해 GATT XVII조1항(b)호 첫 문장이 부과한 제한은 이러한 특권을 상업적 고려가 전무한 판매에 사용해서는 안된다는 정도이지 국영 무역 기업이 이러한 특권을 통상적인 상업적 행위자(commercial actors)의 견지에서 보아 불리한 방향으로 사용하는 것을 원천적으로 금지하는 것으로 해석해야 할 것은 아니라고 보았다.

이상의 해석을 토대로 패널은 CWB 수출 규범이 GATT XVII조1항에 위반되는지 여부를 미국이 입증하였는지 사실 관계를 검토하였다. CWB가 국영 무역 기업에 해당하며 CWB의 서부 캐나다산 소맥 독점 판매권이 배타적이거나 특별한 특권에 속한다는 데 대해서는 당사자간 이견이 없었다. 미국은 CWB 수출 규범은 반드시 GATT XVII조1항(a), (b)호에 부합되지 않는 판매로 귀결되며 이러한 판매(non-conforming sales)는 수출 규범의 피할 수 없는 결과라고 주장하고 그 근거로 다음 네 가지를 들었다. 첫째 CWB는 수출 및 식용 용도의 서부 캐나다산 소맥을 독점 구매권을 갖고 있으며 소맥 생산자에게 시장 가격을 지불해야 할 필요가 없으므로 가격 책정과 판매 조건 설정 시 일반 상업적 행위자보다 유연한 입장을 취할 수 있고, 둘째 이러한 유연성을 이용하여 비상업적인 판매 조건을 제시할 수 있고 상업적 경쟁자를 구축할 수 있으며 자신의 판매를 수출 시장간 또는 국내 시장과 수출 시장간 차별할 수 있다는 것이다. 셋째 CWB의 권한과 구조는 그에 부여된 특권과 함께 CWB로 하여금 비상업적인 판매를 통해 시장을 차별화하거나 일반 상업적 행위자와 달리 수익극대화가 아니라 매출 신장에 치중할 유인을 제공한다는 것이며, 넷째는 캐나다 정부가 CWB의 수출판매가 GATT XVII조1항 (a), (b) 원칙을 준수케 하는 아무런 조치도 취하지 않았다는 것이다. 미국은 이상 네 가지 요소가 종합적으로 작용하여 CWB 수출 규범은 불가피하게 non-conforming sales로 귀결된다고 주장하였다.

따라서 패널은 미국이 XVII조 위반 주장을 성공적으로 전개하기 위해서는 네 가지 요소가 각각에 대해 입증해야 할 것으로 보았으며 일단 처음 두 가지 요소에 대해서는 미국이 주장하는 대로 추정하고 셋째 요소, 즉 CWB의 법적 구조와 권한 및 특권은 CWB로 하여금 상업적 고려에 부합하지 않는 판매를 하게 하는 유인(incentive)을 제공하는지를 집중 검토하였다. 미국은 CWB는 CWB가 판매해야 하는 소맥의 생산자들이 의사 결정권을 장악하고 있는 구조이며 캐나다 정부는 CWB의 日常 운영에는 개입하지 않는다는 점을 들었다. 패널은 CWB 이사나 임원은 麥穀생산자들에 의해 선출되어 판매 극대화를 통해 재정적 수입을 보장하고 있으며 CWB act도 CWB의 이익을 위해 선의로 정직하게 행동하라는 의무를 이들에게 부여하고 있는 점에 비추어 볼 때 CWB가 그 법적 구조로 인해 비상업적 판매를 할 유인을 받게 된다는 미국의 주장을 수긍할 수 없다고 하였다. 패널은 캐나다 정부가 CWB의 일상 운영에 개입하지 않는 것은 오히려 CWB의 상업적 활동에 도움이 되는 것이며 제출된 증거를 종합해 보고 CWB가 기본적으로는 생산자 단체인 점에서 볼 때 CWB가 비록 이익 확보를 위해서 全力하지는 않을지는 몰라도 생산자에 대한 이익 극대화를 위해 노력한다는 점은 인정된다고 보았다. 패널은 따라서 미국의 주장을 기각하였다. 즉 캐나다가 GATT XVII조1항 의무를 위반한 것은 아니라고 판시한 것이다.

(나) 상소기구 판정

캐나다는 패널이 GATT XVII조1항(a)호와 (b)호간의 관계에 대해 분석하지 않은 점과 CWB 수출 규범이 (a)호에 위반되는지 여부를 살피지 않고 (b)호 위반 여부부터 심리한 패널의 분석 방식이 법률적 오류에 해당한다고 상소하였다. 캐나다는 (a)호는 XVII조1항의 주된 의무를 규정하고 있는 것이며 논리적인 분석 순서는 우선 (a)호상의 차별적인 관행(practice)의 존재 여부를 판단하고 동 관행이 있을 경우 그 관행이 (b)호상의 상업적 고려에 합치하는지를 검토하는 것이어야 할 것임에도 패널이 (a)호 위반 여부를 심리하지 않은 것은 부당하다고 주장하였다.

(a)호와 (b)호간의 관계에 점에 대해 상소기구는 provisions of subparagraph (a)

of this paragraph shall be understood to require that such enterprises shall …… 이라고 기재된 (b)호 두문은 (b)호의 나머지 부분이 (a)호에 종속되는 것이며 (a)호상의 비차별 요건의 범위를 명백히 하는 것이라고 설명하였다. 상소기구는 shall be understood는 이전 조항의 요건(requirement)을 분명히 하거나 그 범위를 확정하는 것이라고 언급하였고 결론적으로 XVII조1항(a)호와 (b)호 의무의 주된 원천은 (a)호에서 찾아야 한다는 캐나다의 주장을 인정하였다. 아울러 상소기구는 (b)호에 언급된 such란 용어는 (a), (b) 양자간의 관계를 확인하는 것이며 (b)호 내용을 (a)호에 다시 연결 짓는 것이라고 언급하였다. (a)호는 일반적이고 원칙적인 의무 조항이며 (b)호는(a)호에 언급된 discriminatory treatment 중 흔히 일어나기 쉬운 부류를 나열한 것이므로 (b)호 조건이 충족되었는지를 살피기 위해서는 우선 (a)에 의거하여 차별이라고 주장되는 differential treatment의 내용을 분석하여야 한다고 보았다. 상소기구는 XVII조 1항에 관계된 사안은 모두는 아니라 해도 거의 태반이 (a)호와 (b)호 모두를 분석해야 하는 것이며 패널이 차별이라고 주장되는 행위를 identify하지 않고(즉 (a)호를 먼저 분석하지 않고) (b)호 위반 여부부터 살폈다면 이는 논리적인 순서를 따르지 않은 법률적인 오류에 해당한다고 확인하였다.

이 사건의 경우 패널이 (a)호를 무시하고 바로 (b)호 분석부터 실시하였다면 이는 법률적인 오류일 것이나 상소기구는 패널이 그리하지는 않았다고 보았다. 상소기구는 패널이 (a)호를 무시하지 않았으며 (a)호에 관련된 분석을 시행하였다고 보았다. 패널은 (a)화 관계된 두 가지 해석상의 문제를 identify하고 그 첫째인 국영 무역 기업(State Trading Enterprise: STE) 설립 및 유지에 관해 회원국에 부과된 의무에 관해 패널은 STE는 회원국에 설립 유지된 국영 기업뿐 아니라 배타적이고 특혜가 부여된 기업도 포함한다고 해석하거나 XVII조1항(a)호에 있어 국영 무역 기업의 규정 불준수 행위는 (그 기업에 대한) 회원국의 간섭이 없는 상황이라 하더라도 국제법상 회원국에 책임이 있다고 보아야 한다고 해석하였다. 상소기구는 이는 XVII조1항(a)호에 관한 분석을 한 것이라고 보았다. 패널은 두 번째 해석상의 문제로 (a)호상의 '민간 무역업자에 의한 수입 또는 수출에 영향을 미치는 정부 조치에 관하여 이 협정에 규정된 무차별 대우의 일반 원칙'의 의미를 분석하였고 이 원칙은 GATT I조1항[5]에 천명된 최혜국 대우 원칙을 포함한다는 데

5) I:1. 수입 또는 수출에 대하여 그리고 수입 또는 수출과 관련하여 부과되거나 또는 수입 또는 수출에 대한 지불의 국제적 이전에 대하여 부과되는 관세 및 모든 종류의 과징금에 관하여, 그리고 이러한 관세 및 과징금의 부과 방법에 관하여, 그리고 수입과 수출에 관련한 모든 규칙 및 절차에 관하여, 그리고 제3조 제2항과 제4항에 기재된 모든 사항에 관하여, 체약국이 타국의 원

분쟁 당사국들과 의견을 같이 하였다. 상소기구는 이 역시 패널이 (a)호를 무시하지 않은 것이라고 보았으며 최혜국 대우 원칙을 포함한다고 분석한 단계에서 다음 단계로 패널은 (a)호를 보다 심층적으로 분석할 수도 있었으나 그리하지 않고 GATT XVII조1항 위반은 (b)호 원칙 불준수의 경우만으로도 성립된다고 가정하고 분석을 진행한 것이라고 보았다. 그러나 이는 (a)호에 합치되지 않는 차별이라고 주장되는 행위를 identify하고 (a)호상의 일부 요소를 해석한 후에 진행된 것이며 미국이 자신의 주장을 (b)호에 집중하여 전개하였기 때문이라고 상소기구는 설명하였다. 이상을 토대로 상소기구는 패널이 비록 (a)호와 (b)호간의 관계를 명시적으로 說示하지는 않았으나 패널의 분석 순서는 상소기구가 판단한 양자간의 관계에 합치된다고 보고 패널이 (a)호와 (b)호간의 관계를 분석하지 않은 것이나 (a)호 위반 판정을 내리지 않은 채 (b)호 위반 판정을 한 것이 오류라고 볼 수 없다고 판시하였다.

미국은 XVII조1항(b)호 '상업적 고려'에 대한 패널의 해석에 대해 상소하였다. 미국은 패널이 non commercial actors를 political actors와 같은 것으로 해석하였고 국영 무역 기업은 정치적인 고려에 의해 동기가 부여되지 않은 한 자신이 원하는 대로 행동할 수 있는 것처럼 해석하였다고 주장하였다. 상소기구는 그러나 패널의 판정(statement)은 미국이 주장하는 내용과 다른 것이며 미국의 주장은 패널의 판정을 곡해(mischaracterize)한 것이라고 지적하고 미국의 상소를 근거 없다고 기각하였다.

미국은 XVII조1항(b)호상의 '다른 체약 당사자 기업'이란 購買社만을 의미한다는 패널 해석에 대해서도 이의를 제기하였다. 상소기구는 기업의 통상적 의미상 구매사와 판매사 모두를 의미한다고 볼 수 있겠으나 (b)호상의 문제가 구절은 '前記한 구매 또는 판매(such purchase and sales)'라고 명기되어 있으므로 (a)호에 규정된 행위, 즉 수출 또는 수입을 수반하는 국영 무역 기업의 구매 또는 판매를 지칭한다고 언급하였다. 이러한 구매 또는 판매거래는 i) 거래 일방 당사자가 국영 무역 기업이거나, ii) 국영 무역 기업을 유지하는 회원국으로 수입하거나 그 회원국으로부터 수출하는 거래일 것인 바 (국영 무역 기업이 거래의 일방 당사자가 되어 있는) 동 거래에 참가하기 위하여 경쟁할 수 있는 충분한 기회를 부여하

산품 또는 타국에 적송되는 산품에 대하여 허여하는 이익, 특전, 특권 또는 면제는 모든 다른 체약국 영역의 동종 원산품 또는 이러한 영역에 적송되는 동종 산품에 대하여 즉시 그리고 무조건 부여되어야 한다.

라는 요건은 그 거래에서 국영 무역 기업의 상대방이 될 수 있는 기회를 지칭하는 것이지 국영 무역 기업을 대체하는 기회를 의미하지는 않는다고 설명하였다. 상소기구는 (b)항의 기업이란 따라서 국영 무역 기업과 경쟁 관계가 있는 구매사를 의미한다고 결론지었으며 패널의 판정을 확인하였다.

2) GATT III조4항 내국민 대우 위반 여부

(가) 캐나다 곡물법(Canada Grain Act) 57조c항

미국은 캐나다 곡물법 57조c항, 곡물규정 56조1항, 운송법 150조1, 2항, 그리고 곡물법 87조가 내국민 대우 위반이라고 주장하였다. 패널은 각 사안을 심리하기에 앞서 *Korea-Beef* 사건 상소기구가 제시한 대로 GATT III조4항[6] 위반이 성립되기 위해서는 i) 문제가 된 수입 상품과 국내 상품은 반드시 동종 상품이어야 한다는 것, ii) 문제가 된 정부의 조치는 반드시 판매, 제공, 구매, 운송, 유통, 사용 등에 관한 법률, 규정, 요건이라는 점, iii) 해당 조치의 적용으로 인해 수입 상품이 동종 국내 상품에 대해 덜 유리한 대우(less favorable treatment)를 받았다는 점이 입증되어야 한다고 전제하고 미국이 시비한 각 조치가 이를 충족하는지를 심리하였다. 아울러 패널은 미국이 시비한 조치 중 일부는 수입된 곡물이 아니라 통과 중인 곡물에 관한 것임을 주목하고 III조4항의 대상은 회원국내로 수입된 상품에 限한다는 점을 환기하였다.

캐나다 곡물법 57조c항[7]은 곡물 적하 면허 소지자는 특별한 인가 없이는 곡물 積荷倉(grain elevator)에 외국산 곡물을 반입 또는 반출할 수 없다고 규정하고 있다. 미국은 상품을 원산지를 기준으로 차별하고 있으므로 이는 내국민 대우 위반이라고 주장하였다.

---

6) III:4. 체약국 영역의 산품으로서 다른 체약국의 영역에 수입된 산품은 동 국내에서의 판매, 판매를 위한 제공, 구입, 수송, 분배 또는 사용에 관한 모든 법률, 규칙 및 요건에 관하여 국내 원산의 동종 산품에 부여하고 있는 대우보다 불리하지 아니한 대우를 부여하여야 한다. 본 항의 규정은 교통수단의 경제적 운영에 전적으로 입각하였으며 산품의 원산국을 기초로 하지 아니한 차별적 국내 운송요금의 적용을 방해하지 아니한다.

7) Except as may be authorized by regulation or by order of the [Canada Grain] Commission, no licensee operating an elevator shall receive into the elevator
(a) …, (b)…, (c) any foreign grain, (d) …

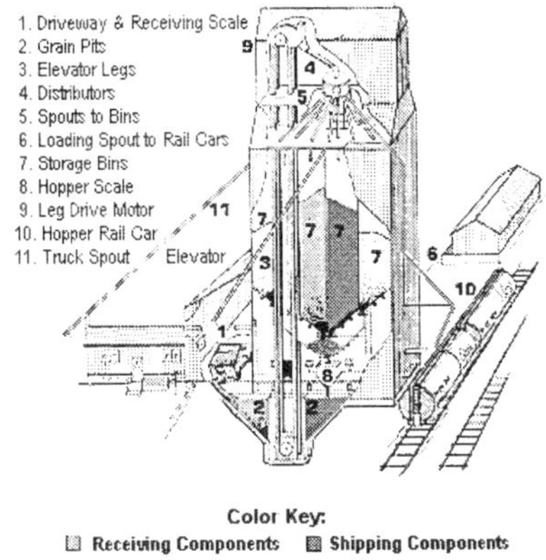

<그림-1> 곡물 積荷倉(grain elevator) <그림-2> 곡물 적하창 구조 및 곡물 반출입 機制

패널은 미국산 곡물과 캐나다産 곡물이 동종 상품이라는 점, 곡물법 57조c항이 외국 곡물의 캐나다 내 유통에 영향을 미치는 조치라는 점은 분명하다고 보았다. less favorable treatment 여부에 대해 패널은 국내산 곡물은 외국산 곡물과 달리 적하창 사용 시 아무런 특별 인가를 요하지 않는다는 점은 확인하였고 국내 동종 상품과 달리 수입 상품에 추가적인 별도의 요건을 부과하는 것은 less favorable treatment에 해당한다는 이전의 판례를 인용, 57조c항은 less favorable treatment에 해당하고 그 자체 as such 로 III조4항 위반이라고 판단하였다.

캐나다는 강행 법규/재량 법규 논리를 인용하여 57조c항이 수입 곡물을 덜 유리하게 대우하라고 위임(mandate)하거나 요구(require)하고 있지 않으며 재량에 따라 곡물 적하창 사용을 인가하고 있으므로(즉 재량 법규이므로) III조4항 위반을 논할 수 없다고 주장하기도 하였다. 패널은 설사 캐나다의 주장이 옳다고 가정하더라도 57조c항의 위반 여부는 강행 법규/재량 법규에 근거하고 있지 않으며 비록 캐나다 당국이 인가 재량이 있다 하더라도 그 인가를 받기 위해서는 국내 곡물과 달리 인가 요청을 하여야 하며 이는 추가적인 요건을 수입 곡물에 부과한 것이므로 less favorable treatment에 해당한다고 확인하였다. 캐나다는 인가 절차가 간단하여 경쟁 기회를 불리하게 하는 것은 아니며 수입 곡물이 자유롭게 이용할 수 있는 상업적으로 더 유리한 적하 방식도 있다는 점도 주장하였으나 패널은 수용하지 않았다.

캐나다는 57조c항은 수입 소맥의 identity를 유지하여 캐나다산 소맥과 혼동되거나 섞이는 것을 방지함으로써 캐나다 소맥의 품질을 보장하고 캐나다 소맥 등급 제도를 유지하며 궁극적으로 소비자를 보호하기 위한 제반 법규정(곡물법 타 규정, 경쟁법 등)의 준수를 확보하기 위해 필요한 것이라고 주장하고 따라서 XX조d항[8]에 의거, 용인된다고도 항변하였다. 패널은 *Korea-Beef* 사건 패널과 *EC-Asbestos* 사건 상소기구를 인용하여 필요성 여부를 판단하기 위해서는 제반 규정이 추구하는 가치와 이해의 중요성과 문제가 된 조치가 추구하는 목적간의 비교형량(weighing and balancing)이 필요하고 합리적으로 이용 가능한 대체 조치(reasonably available alternative measure)의 존재 여부를 검토하여야 한다고 보았다.

패널은 캐나다가 제시한 제반 법규가 추구하는 목적, 즉 국내외산 소맥의 혼합방지를 통한 소비자 보호가 중요하기는 하나 *EC-Asbestos* 사건에서 문제가 된 인간의 생명과 건강 보호만큼 절박한 것은 아니며 국내외산 소맥을 원천적으로 분리 취급할 수 있는 여타 방법이 있을 수 있는 데에도 유독 적하창 사용 제한을 통해 국내외산 소맥을 차등 대우하려는 이유를 수긍할 수 없다고 보았다. 패널은 57조c항은 따라서 XX조d항에 규정된 제반 법규의 준수를 확보하기 위해 반드시 필요한 것이라고 인정할 수는 없다고 판단하였다.

이외에 캐나다는 57조c항 조치는 동식물 위생 조치(Sanitary and Phytosanitary: SPS) 목적 및 유전자 조작(Genetically Modified Organism: GMO) 소맥 수입 통제상 필요하다고 주장하기도 하였으나 패널은 SPS 및 GMO 주장 타당성은 別論으로 하더라도 캐나다가 57조c항 조치가 SPS 조치라고 주장한 바도 없고 동 조치의 정당성을 주장하기 위해 (SPS나 GMO 문제와 관련된) XX조b항을 인용한 바도 없다고 기각하였다.

패널은 이상을 종합하여 캐나다 곡물법 57조c항은 그 자체가 GATT III조4항에 위배되며 XX조d항에 의해 정당화되지 않는다고 판시하였다.

(나) 캐나다 곡물 규정(Canada Grain Regulation) 56조1항

곡물규정 56조1항[9]은 곡물수송업자는 서부 캐나다산 소맥 또는 수입 소맥을

---

8) XX. 본 협정의 어떠한 규정도 체약국이 다음의 조치를 채택하거나 실시하는 것을 방해하는 것으로 해석되어서는 아니된다. 다만, 그러한 조치를 동일한 조건하에 있는 국가간에 임의적이며 불공평한 차별의 수단 또는 국제 무역에 있어서의 위장된 제한을 과하는 방법으로 적용하지 아니할 것을 조건으로 한다.

(a), (b), (c),

(d) 관세의 실시, 제2조 제4항 및 제17조에 따라 운영되는 독점의 실시, 특허권, 상표권 및 저작권의 호 그리고 사기적인 관습의 방지에 관한 법률과 규칙을 포함하여 본 협정의 규정에 반하지 아니하는 법률 또는 규칙의 준수를 확보하기 위하여 필요한 조치,

제외하고 여타 소맥은 곡물 적하창 내 적하 및 하역 시 타 소맥과 혼합할 수 있다고 규정하고 있다. 즉 적하창 내 하적된 소맥이 서부 캐나다산 소맥이나 수입 소맥이 아니면 동일 적하창에 서부 캐나다산 소맥이나 수입 소맥이 아닌 소맥을 추가로 적재할 수 있고 적하창 내 소맥이 서부 캐나다산 소맥이나 수입 소맥이 아니면 역시 서부 캐나다산이나 수입 소맥이 아닌 소맥에 혼합하여 하역할 수 있다는 것이다. 이는 서부 캐나다산 소맥이나 수입 소맥은 혼합 적재 하역 시 별도 인가가 필요하며 동부 캐나다산 소맥은 이러한 인가 없이 자유롭게 혼합 적재, 하역할 수 있다는 것을 의미한다. 동부 소맥은 주로 국내에서 소비되므로 수출용인 서부 소맥에 비해 품질에 대해 그리 민감하지 않기 때문에 혼합 적하역이 크게 문제될 것이 없었다.

미국은 이는 수입 소맥을 동부 캐나다산 소맥과 달리 취급하는 것이므로 III조4항 위반이라고 주장하였다. 일단 패널은 대상이 되는 상품이 동종 상품이라는 것과 56조1항 조치가 유통에 영향을 주는 규정이라는 것은 분명하다고 보았다. 패널은 수입 소맥을 동부 소맥(또는 동종 소맥)에 혼합할 경우 동부 소맥은 인가가 필요 없는 반면 수입 소맥은 인가가 필요하므로 불리한 대우가 있으며 동부 소맥과 유사한 수입 소맥을 동부 소맥과 유사한 타 수입 소맥과 혼합할 경우에는 인가를 받아야 하므로 인가가 필요 없는 동부 소맥에 비해 덜 유리한 대우(less favor- able treatment)가 있다고 판단하였다. 캐나다는 서부 캐나다산 소맥도 동부 캐나다산 소맥에 비해 불리한 대우를 받고 있다고 항변하였으나 패널은 동일한 국내 상품간에도 차등 대우가 있을 수 있으나 이 경우 내국민 대우 위반은 수입 상품을 최혜국 대우를 받는 국내 상품과 대비하여 판단하여야 한다고 설명하였다. 캐나다는 미국산 소맥은 태반이 최종 소비자에게 직송되므로 56조1항이 적용될 여지가 적다고도 항변하였으나 패널은 이것이 내국민 대우 위반을 조각(阻却)하는 사유는 될 수 없다고 기각하고 위의 판단을 종합하여 곡물규정 56조1항은 GATT III조4항에 합치되지 않는다고 판시하였다.

캐나다는 56조1항 조치가 혼합 방지를 통해 캐나다산 소맥의 품질을 보장하고 소비자 보호를 도모하려는 관련 법규의 준수를 위해 필요하며 GATT XX조d항에 의거, 정당화되는 것이라고 항변하였다. 그러나 패널은 56조1항 조치가 이

---

9) The operator of a licensed transfer elevator may mix any grade of grain being received into or being discharged out of the elevator with grain of any other grade if neither of the grain is western or foreign grain.

러한 목적을 달성하기 위한 수단 중 하나일 뿐이라고 보았으며 합리적으로 이용 가능한 대체 조치가 있을 수 있다고 보았다. 일례로 패널은 동부 소맥과 동부소맥과 유사한 수입 소맥과의 혼합 또는 동부 소맥과 유사한 수입 소맥간의 혼합을 상시적으로 허용하고 다만 혼합된 소맥을 캐나다산으로 표시하는 것을 금지할 수도 있었을 것이라고 보았다. 패널은 캐나다가 56조1항 조치가 XX조d항에 의거, 정당화된다는 점을 입증하지 못했다고 보고 따라서 동 조치는 GATT III조4항에 위반된다는 판정을 견지하였다.

(다) 캐나다 운송법(Canada Transportation Act) 150조 1항, 2항

캐나다 운송법 150조 1, 2항[10]은 지정된 곡물 운송회사로 하여금 서부 소맥의 운송 收入이 전년도 수입을 토대로 계산된 일정액을 초과하지 못하도록 규정하였으며 초과분은 반납토록 하였다. 미국은 이 두 조항의 통합된 효과는 결국 서부 지정 곡물 운송회사로 하여금 소맥 운송 시에는 수입이 일정선을 초과하지 않도록 운송료율을 낮게 책정할 유인을 제공하는 반면, 수입 소맥에 대해서는 이 같은 자제 효과를 부여하지 않으므로 결과적으로 수입 소맥이 서부 소맥에 대해 덜 유리한 대우를 받게 된다고 주장하였다.

패널은 서부 소맥과 동종의 수입 소맥은 동법 147조에 의해 150조 적용 대상에서 제외되므로 150조 조치는 동종 상품 요건을 충족한다고 보았다. 아울러 동 조치가 운송에 영향을 주는 조치라는 점은 분명하다고 보았다. 패널은 내국민 대우 위반에 관한 세 번째 요건, 즉 less favorable treatment에 대해서도 비록 150조 1, 2항이 수입 상한선과 운송료율에 대해 직접적인 연계를 적시하고 있지는 않으나 수입 상한선의 본질상 부과되는 요율을 효과적으로 제한하거나 그러할 소지가 많은 점이 인정되며 동일 경로로 수송되는 수입 소맥에 대해 서부 소맥보다 높은 요율이 부과될 수 있음을 인정하였다.

---

10) (1) A prescribed railway company's revenues, as determined by the Agency, for the movement of grain in a crop year may not exceed the company's maximum revenue entitlement for that year as determined under subsection 151(1).
(2) If a prescribed railway company's revenues, as determined by the Agency, for the movement of grain in a crop year exceed the company's maximum revenue entitlement for that year as determined under subsection 151(1), the company shall pay out the excess amount, and any penalty that may be specified in the regulations, in accordance with the regulations.
동 법 147조는 150조가 적용되는 grain은 서부 캐나다 소맥이라고 규정하고 있으며 railway movement가 적용되는 지리적 구간도 명시하고 있다.

캐나다는 수입 상한선 제도가 적용된 적이 한 번도 없으며 향후 그러할 가능성도 희박하다고 항변하였으나 패널은 수입 상품이 차별 위험에 노출된 사실 자체만으로도 덜 유리하게 취급되었다고 결론짓기에 충분하다는 *EEC-Oilseeds* 사건 패널을 인용, 캐나다의 반론을 기각하였다. 캐나다는 이외에도 수입 상한 상품이 실제로 수입 감소로 귀결된 바 없다거나 지정된 운송 구간 이외에서는 150조 조치가 적용되지 않는다는 반론을 제기하기도 하였으나 모두 수용되지 않았다. 패널은 이상의 분석을 토대로 캐나다 운송법 150조 1, 2항은 종합적으로(taken together) 그 자체가(as such) GATT III조4항에 위반된다고 판시하였다.

(라) Canada Grain Act 87조

캐나다 곡물법 87조는 곡물 생산자가 적하창으로부터 또는 적하창으로의 곡물 접수 및 수송을 위해 열차를 신청할 수 있는 절차를 규정하고 있다. 미국은 동 절차가 국내 생산자에게만 적용되고 해외 생산자는 열차 사용 신청으로부터 법적으로 배제되므로 덜 유리한 대우를 받게 된다고 주장하였다.

패널은 그러나 87조는 곡물 생산자라고 규정하고 있어 해외 생산자가 적용에서 제외된다고 볼 수 없으며 캐나다 당국의 기발동 조치도 해외 곡물 생산자는 배제한다고 암시하지 않고 있음을 들어 미국은 87조가 III조4항에 위반된다는 점을 입증하지 못했다고 판시하였다.

미국은 87조는 TRIMs 협정 부속서 1조[11]가항에 해당하는 무역 관련 투자 조치며 이를 III조4항에 합치되지 않게 운영하였으므로 무역관련투자조치협정(TRIMs) 2조1항[12]을 위반한 것이라고 주장하였으나 패널은 미국이 III조4항 위반 여부를 입증하지 못했으므로 2조1항 위반 여부 역시 입증하지 못하였다고 판시하고 미국의 주장을 기각하였다.

---

11) 1. 1994년도 GATT 제3조4항에 규정된 내국민 대우 의무와 합치하지 아니하는 무역관련투자조치는 국내법 또는 행정적인 판정에 의하여 의무적이거나 집행가능한 조치 또는 특혜를 얻기 위하여 준수할 필요가 있는 조치로서

가. 기업으로 하여금 국산품 또는 국내공급제품을, 특정 제품을 기준으로 하거나 제품의 수량 또는 금액을 기준으로 하거나 또는 자신의 국내생산량 또는 금액에 대한 비율을 기준으로 하여 구매 또는 사용하도록 하거나

나. 기업의 수입품의 구매 또는 사용을 자신이 수출하는 국산품의 수량이나 금액과 관련된 수량으로 제한하도록 하는 조치를 포함한다.

12) 2.1. 회원국은 1994년도 GATT에 따른 그 밖의 권리와 의무를 저해함이 없이 1994년도 GATT 제3조 또는 제11조의 규정에 합치하지 아니하는 방식으로 무역관련투자 조치를 적용하지 아니한다.

3) DSU 11조 위반 여부

미국은 패널이 CWB 수출 규범을 전체로(in its entirety) 검토하지 않았다고 상소하였다. CWB에 부여된 각종 특혜 및 특권을 분석하지 않았다는 것인데 상소기구는 패널 보고서 전반을 분석하여 볼 때 패널이 CWB의 특혜 및 특권을 간과했다고 볼 수는 없으며 다만 특혜 및 특권이 본 사안의 분석상 관련성이 제한적이라고 판단한 것이라고 고려하였다. 상소기구는 또한 미국이 패널 심리에서는 CWB 수출 규범을 그 전체로 분석하여야 한다고 주장하고 지금은 그 규범의 일부인 특혜 및 특권을 분리하여 검토하여야 했다고 주장하는 일관되지 못한 논리를 전개한다고 비난하고 미국의 주장을 기각하였다.

미국은 또한 패널이 일부 사실과 증거를 무시하였으며 이로 인해 CWB가 소맥생산자에 의해 통제되며 CWB의 법적 구조가 CWB에게 비상업적인 판매를 하도록 유인을 제공하지 않는다는 그릇된 결론에 도달하였고 이는 사실을 객관적으로 검토하라는 DSU 11조[13]에 위반된다고 상소하였다.

상소기구는 미국의 주장이 패널의 일부 판정이 증거에 기반하지 않은 것이며 미국에 의해 제출된 증거를 고려하지 않았다는 것으로 요약된다고 보고 우선 첫째에 관해 패널은 문제가 된 판정을 내림에 있어 그 근거가 되는 증거를 제시하였고 미국도 패널이 제시한 증거의 타당성에 대해 시비하지 않는다는 점을 확인, 증거에 기초하지 않은 판정이라는 미국의 주장은 근거가 없다고 기각하였다.

자신이 제시한 증거를 무시하였다는 미국의 주장에 대해 상소기구는 판정을 내림에 있어 어느 증거를 선택할지를 결정하는 것은 패널의 재량에 속하는 것이며 미국이 제출한 증거 중 일부를 고려하지 않은 것은 그 자체가 법적인 오류에 해당하지 않는다고 설명하였다. 상소기구는 패널의 증거 취사선택을 시비하기 위해서는 미국이 패널이 재량을 일탈하여 악의적인 오류를 범했음을 입증하여야 할 것이나 미국은 이를 입증하지 못했다고 지적하고 미국의 주장을 기각하였다.

13) 11. 패널의 기능은 분쟁 해결 기구가 이 양해 및 대상 협정에 따른 책임을 수행하는 것을 지원하는 것이다. 따라서 패널은 분쟁의 사실 부분에 대한 객관적인 평가, 관련 대상 협정의 적용가능성 및 그 협정과의 합치성을 포함하여 자신에게 회부된 사안에 대하여 객관적인 평가를 내려야 하며, 분쟁 해결 기구가 대상 협정에 규정되어 있는 권고를 행하거나 판정을 내리는 데 도움이 되는 그 밖의 조사 결과를 작성한다. 패널은 분쟁 당사자와 정기적으로 협의하고 분쟁 당사자에게 상호 만족할 만한 해결책을 찾기 위한 적절한 기회를 제공하여야 한다.

다. 해설 및 평가

국영 무역 기업에 관한 GATT XVII조가 WTO 패널 설치에 까지 이른 분쟁의 대상이 된 것은 이번 사건과 *Korea-Beef* 사건이 있다. 동 사건 패널 역시 XVII조1항 (a)호와 (b)호 간의 관계를 다루었다. 동 사건 패널은 XVII조1항 (a)호에 언급된 본 협정에 규정한 무차별 대우의 일반 원칙이란 XVII조1항 (b)호에 규정된 상업적 고려에 따라서만 이러한 구매 또는 판매를 행하여야 한다는 것과 같은 것으로 보아야 하며 국영 무역 기업의 행위가 상업적 고려에 토대를 둔 것인지 평가하는 데 쓰이는 (b)호의 가격, 품질, 입수 가능성, 시장성, 수송 등의 제반 변수(variables)는 국영 무역 기업이 (a)호 규정대로 무차별 대우의 일반 원칙에 입각하여 행동하였는지를 평가하는 데도 사용된다고 보았다. 동 패널은 결론적으로 무차별 대우의 일반 원칙 위반은 XVII조 위반을 입증하는 데 충분하며 또한 구매가 상업적 고려에 의하여 이루어지지 않았다면 이 역시 XVII조 위반을 입증하는 데 충분하다고 보았다. 즉 (a)호 위반과 (b)호 위반은 각자 독립적으로 XVII조 위반을 입증하는 데 충분한 것이지 XVII 위반을 입증하기 위해서 (a), (b)호 위반이 모두 입증되어야 하는 것은 아니라는 것이다. 또한 *Korea-Beef* 사건 패널은 XVII조1항(a)호는 국영 무역 기업이 GATT의 무차별 대우 원칙에 의거하여 행동하여야 한다는 일반적인 의무를 규정한 것이며 이러한 무차별 대우 원칙은 최소한 GATT I조와 III조를 포함한다고 언급하였다.

GATT XVII조는 4개항에 걸쳐 국영 무역 기업에 관하여 규정하고 있다. 이번 사건과 *Korea-Beef* 사건에서는 1항이 쟁점이 되었으나 여타 조항은 아직 분쟁의 대상이 되어 패널의 검토가 이루어 진 바 없다. XVII조2항[14]은 1항의 규정은 정부가 직접, 최종적으로 사용하려는 상품 수입에는 적용되지 않는다는 점을 명기하고 있어 정부 사용 물품에 대해서는 무차별 대우의 예외를 인정하고 있으며 XVII조3항[15]은 국영 무역 기업의 무역 장애 효과를 인정하고 이를 최소화하기

---

14) XVII:2. 본조 제1항의 규정은 재판매를 위하거나 또는 판매를 위한 물품의 생산에 사용하기 위한 것이 아니고 정부가 직접 또는 최종적으로 소비하기 위한 산품의 수입에 대하여는 적용하지 아니한다. 각 체약국은, 이러한 산품의 수입에 관하여 다른 체약국의 무역에 대하여 공정하고 정당한 대우를 부여하여야 한다.

15) XVII:3. 체약국은, 본조 제1항(a)에 규정된 종류의 기업이 무역에 중대한 장애를 조성하도록 운용될 가능성이 있으며, 따라서 이러한 장애를 제한 또는 감소하기 위한 호혜적이며 상호적인

위해 협의할 것을 규정하고 있으며 4항[16]은 국영 무역 기업의 통보 및 독점 수입 마진의 공개, 분쟁 시 양자 협의 등을 규정하고 있다.

XVII조의 규정을 보다 정확하게 해석하고 국영 무역 기업으로 인한 정상 무역의 왜곡 소지를 가능한 축소하기 위하여 1994년 UR라운드 결과로 XVII조의 해석에 관한 양해[17]를 채택하였다. 이 양해에 의하여 국영 무역 기업 작업반이 설치되어 회원국의 국영 무역 기업에 관한 통보와 이에 대한 반대 통보(counter notification)를 접수하고 있으며 통보 내용의 적절성 등에 관해 검토하고 정부와 국영 기업간의 관계에 관한 예시 목록을 작성하기도 하였다. 국영 무역 기업 활동에 관한 투명성을 증대하는 것이 이 양해의 주목적으로서 이를 위해 각 회원국은 자국 국영 무역 기업을 통보하고 국영무역에 관한 정책을 점검하여야 한다. 이 양해에 따르면 국영 무역 기업이란 법적 또는 헌법적 권한을 포함하여 배타적 또는 특별한 권리 또는 특권이 부여되어 동 권리 또는 특권을 행사함으로써 구입 또는 판매를 통하여 수출 또는 수입의 수준 또는 방향에 영향을 주는 유통위원회를 포함하는 정부 및 비정부 기업으로 정의된다.

이 사건에서 III조4항 위반 여부를 논박하는 과정에 강행 법규/재량 법규 논의가 거론되었으나 패널은 이를 근거로 판정을 내리지는 않았다. 즉 캐나다는 미국이 시비하는 캐나다 곡물법 57조c항이 그 자체(as such)로 GATT III조4항에 위반되기 위해서는 동 조항이 내국민 대우 위반을 강제(mandate)해야 할 것이나 동 조항은 캐나다 당국에게 상당한 재량권을 부여하고 있으므로 그 자체로서의 위반 여부를 시비할 수 없다는 것이다. 패널은 57조c항의 위반성을 강행 법규/재량 법규에 근거하여 판단할 것은 없다고 설명하는 가운데 강행 법규/재량 법규의 원칙

기초에 의한 교섭이 국제 무역의 확대를 위하여 중요한 것임을 인정한다.

16) XVII:4. (a) 체약국은 본조 제1항(a)에 규정된 종류의 기업에 의하여 자국의 영역에 수입되거나 또는 자국영역으로부터 수출되는 산품을 체약국단에 통고하여야 한다.

(b) 제2조에 따라 양허의 대상이 되지 아니하는 산품에 대하여 수입 독점을 설정, 유지 또는 인가하는 체약국은 동 산품의 실질적인 무역량을 차지하는 다른 체약국의 요청이 있는 경우에는, 최근의 대표적인 기간 동안 동 산품의 수입차익을 체약국단에 통고하여야 하며, 통고가 불가능한 경우에는 당해 산품의 재판매 가격에 관하여 통고하여야 한다.

(c) 체약국단은 본 협정에 따라 보장된 자국의 이익이 제1항(a)에 규정된 종류의 기업의 운영에 의하여 악영향을 받고 있다고 믿을 근거를 가지고 있는 체약국의 요청이 있는 경우에는, 동 기업을 설치, 유지 또는 인가하고 있는 체약국에 대하여 본 협정 규정의 실시에 관련된 동 기업의 운영에 관한 정보를 제출하도록 요청할 수 있다.

(d) 본항의 규정은 체약국에 대하여 법령의 실시를 방해하고, 공공의 이익에 반하거나 또는 특정기업의 합법적인 상업상 이익을 침해하게 될 비밀 정보의 공개를 요구하는 것은 아니다.

17) Understanding on the Interpretation of article XVII of the GATT 1994.

이 법적으로 타당한 분석 수단인지에 대해 상소기구는 아직 명백한 입장을 표명하지 않고 있다고 언급하였다. 패널이 인용한 것은 *US-Corrosion Resistant Steel Sunset Review* 사건 상소기구 보고서로서 이 사건 패널이 미국의 일몰 재심 정책 요강은 강행 법규가 아니며 그 자체로 WTO 위반을 야기할 수 없다고 판정한데 대해 상소기구는 일정한 형태의 조치만이 분쟁 해결 절차의 대상이 될 수 있다고 보아야 할 근거는 없으며 비강행 조치는 그 자체로 시비 대상이 될 수 없다고 결론지을 이유가 없다고 보았다. 동 사건 상소기구는 패널이 시비 대상이 된 조치의 강행성을 따져서 처음부터 심리 대상에서 제외하는 것은 옳지 않으며 강행성이 설사 문제가 된다 하더라도 그 조치의 협정 위반 여부를 심리하는 전체 과정의 부분으로서 살펴보아야 할 사항이라고 판단하였다.

미국은 강행 법규/재량 법규 원칙을 명시적으로 밝히지는 않았으나 자신이 시비하는 캐나다의 CWB 수출 규범이 GATT XVII조1항 (a), (b)의 위반을 강제(mandate)하는 것이라고 암시하는 표현을 사용하였다. 즉 미국의 시비 요지는 CWB 수출 규범이 불가피하게 XVII조1항(a), (b)에 합치되지 않는 CWB 수출 판매로 귀결된다(necessarily results in)는 것인데 이는 결국 CWB 수출 규범은 XVII조1항 (a), (b)에 위반되는 CWB 수출 판매를 강제(mandate)하는 것이라고 달리 말할 수 있을 것이다. 미국이 널리 사용되는 mandate라는 표현 대신 다소 생경하게 necessarily results in이라고 표현한 것은 강행 법규라야 법규 자체(as such)의 위법을 인정할 수 있다는 기존 판례를 의식한 것이라고 볼 수 있다. 미국이 시비하는 캐나다의 관련 법규와 그 집행 관행은 일정 부분 캐나다 당국의 재량권을 인정하고 있으므로 자칫 강행 법규/재량 법규 원칙에 근거하여 캐나다 법규를 시비할 경우 재량 법규로 인정되어 미국의 주장이 수용되지 않을 수도 있을 것이기 때문이다.

XVII조1항 (b)호의 commercial consideration의 의미를 해석함에 있어 패널은 commercial이란 상업 또는 교역에 관한 고려, 단순히 영업의 문제로서의 사고 파는 행위에 관한 고려라고 평이하게 해석하였으며 상업이 이루어지는 시장(market)에 대한 분석으로 확대하지 않았다. 상업이 이루어지는 시장의 의미나 조건에 대한 이전 판례간에는 다소 차이가 있다.

US-Lumber CVDs Final 사건 패널은 보조금협정 14조라항[18]의 '지배적인 시장

---

18) 14.라. 정부에 의한 상품 또는 서비스의 제공 또는 상품의 구매는, 이러한 제공이 적절한 수준 이하의 보상을 받고 이루어지거나, 구매가 적절한 수준이상의 보상에 의해 이루어지지 아니하

여건(prevailing market conditions)'은 실제 현존하고 있는 시장 상황을 의미하는 것으로 그 시장이 정부의 간섭에 의해 영향을 받고 있는지 여부는 문제가 되지 않으며 반드시 자유 시장이라거나 정부의 간섭에 의해 왜곡되지 않은 순수 시장을 의미하는 것은 아니라고 보았다. 그러나 상소기구는 정부의 압도적인 역할로 인해 시장 가격이 왜곡되었다면 조사 당국은 해당 시장 가격 외에 다른 기준을 사용하여 보조금의 계산을 계산할 수 있다고 판시, 시장이 정부간섭에서 어느 정도 자유로운 공정한 시장인 것으로 이해하였다.

US-CVDs on EC Products 사건에서 상소기구는 정부가 영향을 미치는 시장에서는 정상 거래라 하더라도 시장 가격을 정확히 반영할 수 없다고 판단, 시장의 개념을 정부 개입이 없는 자유 시장으로 인식하였다. 보조금을 수혜한 기업이 시장 가격으로 민영화되었을 경우 패널은 보조금 혜택이 소멸된 것으로 보았으나 상소기구는 정부가 영향하에 있는 시장이라면 정상 거래가 시장 가격을 반영할 수 없으므로 민영화 以前 보조금이 민영화 이후 기업으로 이전되는 상황이 있을 수 있다고 본 것이다.

또한 *Brazil-Aircraft, Article 21.5 II* 사건 패널 역시 이익(benefit)의 존재는 시장에 준거하여(with reference to) 판단하여야 한다고 보고 준거가 되는 시장은 상업적인 시장(commercial market), 즉 정부의 간섭에 의해 왜곡되지 않은 시장이라고 생각하였다. 이 사건 패널은 시장이란 자유 시장을 의미한다고 본 것이다.

는 한 혜택을 부여하는 것으로 간주되지 아니한다. 보상의 적정성은 당해 상품 또는 서비스에 대한 제공 또는 구매 국가에서의 지배적인 시장 여건(가격·질·입수 가능성·시장성·수송 및 다른 구매 또는 판매조건을 포함한다)과 관련되어 결정된다.

24. Honduras vs. Dominican Republic - Cigarettes 사건

(DS302, 2005. 5. 19. - 상소기구)

가. 사건 개요

이 사건은 도미니카 공화국이 수입 상품에 대해 일반적으로 부과하고 있는 통과세, 외환 수수료와 담배 수입에 대해 부과하고 있는 조세 관련 조치에 대해 온두라스가 GATT II조1항(양허표), III조2, 4항(내국민 대우), X조3항, XI조1항(수입 제한금지) 등에 위반된다고 제소한 것이다.

나. 주요 쟁점별 당사자 주장 및 판결 요지

1) 통과세(Transitional surcharge)

도미니카는 모든 수입 상품에 대해 수입가의 2%에 해당하는 통과세를 부과하고 있었다. 온두라스는 통과세는 GATT II조1항(b)[1]의 그 밖의 관세 또는 과징금에 해당한다고 주장하였고 도미니카도 이에 반론을 제기하지는 않았다. 패널은

---

1) II:1.(b) 어느 체약국에 관한 양허표 제1부에 기재된 산품으로서 다른 체약국 영역의 산품은 동 양허표에 관련된 영역에 수입될 때에는 동 양허표에 규정된 조건 또는 제한에 따라 동 양허표에 규정된 관세를 초과하는 통상의 관세로부터 면제된다. 이러한 산품은 또한 수입에 대하여 또는 수입에 관련하여 부과되는 그 밖의 관세 또는 과징금이 본 협정일자에 부과되는 것 또는 동 일자 현재에 수입 영역에서의 유효한 법률에 의하여 그 후 직접적이며, 의무적으로 부과가 요구되는 것을 초과하는 것으로부터 면제된다.

통과세는 通常의 관세에 추가하여 징수되는 국경 조치며 그 밖의 관세 또는 과징금에 해당한다고 판단하였다.

온두라스는 GATT II조1항(b)의 해석에 관한 양해 2조[2]상 각 회원국은 그 밖의 관세 또는 과징금(Other Duties or Charges(ODC))의 경우 1994년 4월 15일 현재 시행 중인 것을 양허표에 기재하도록 되어 있었으나 문제의 통과세는 그 당시에는 존재하지도 않았다고 주장하였다. 이에 도미니카는 그러나 1994년 4월 15일 현재 담배에 부과되는 그 밖의 관세 및 과징금(ODC)은 1994년 9월 14일자로 WTO에 통보하였으며 어느 회원국도 동 내용에 대해 이의를 제기하지 않았고 양허표 원안 기탁일인 4월 15일 이후 6개월 내에 추가 통보가 허용되었으므로 절차상 문제가 없다고 반박하였다.

패널은 절차상 하자가 없었다는 점은 인정하였다. 그러나 도미니카가 통보한 내용을 분석한 결과 통보된 것은 동 건에서 문제가 된 통과세가 아니라 도미니카 국내법 Law 11-92에 의거하여 일부 수입품에 종가세 형태로 부과되는 특정 소비세와 그 특정 소비세가 적용되는 품목 목록임을 확인하였다. 패널은 이 특정 소비세는 내국세로서 그 밖의 관세 및 과징금에 해당하지 않는다고 판정하고 도미니카의 주장을 기각하였다.

1994년 GATT II조1항(b)의 해석에 관한 양해 4조[3]는 WTO협정 발효 후 3년 동안만 그 밖의 관세 및 과징금의 존재 여부, 종전의 양허 수준과의 일치 여부에 대해 이의를 제기할 수 있다고 규정하고 있다. 도미니카는 설사 통과세가 1994년 4월 15일 현재 존재하지 않았거나 자신이 통보한 내용이 통과세가 아니었다 할지라도 이미 3년 시한이 경과하였으므로 II조1항(b)의 해석에 관한 양해 4조 규정상 이를 시비할 수 없다고 주장하였다.

---

2) 2. 제2조의 목적상 "그 밖의 관세 또는 과징금"이 양허되는 일자는 1994년 4월 15일이 된다. 따라서 "그 밖의 관세 또는 과징금"은 동 일자에 적용되는 수준으로 양허표에 기재한다. 추후 양허재협상이나 신규 양허 협상에서 당해 관세품목에 대한 적용일자는 새로운 양허가관련 양허표에 포함된 일자로 한다. 그러나 특정 관세품목에 대한 양허가 최초로 1947년도 GATT 또는 1994년도 GATT의 일부로서 포함되도록 한 법적문서의 일자는 가제식 양허표의 제6번째 난에 기재한다.

3) 4. 과거 양허대상이 되었던 관세품목의 경우 관련 양허표에 기재된 "그 밖의 관세 또는 과징금"의 수준은 양허가 최초로 양허표에 포함된 당시에 적용된 수준을 초과할 수 없다. 세계무역기구협정이 발효된 날로부터 3년 동안, 또는 관련 양허표를 1994년도 GATT에 통합시키는 문서를 세계무역기구 사무총장에게 기탁한 날이 더 늦을 경우에는 이 날로부터 3년 동안 회원국은 관련 품목의 최초 양허 당시 "그 밖의 관세 또는 과징금"의 부재를 근거로 "그 밖의 관세 또는 과징금"의 존재 여부에 대하여, 또는 종전의 양허 수준과 기록된 "그 밖의 관세 또는 과징금"의 수준간의 일치 여부에 대하여 이의를 제기할 수 없다.

패널은 4조 규정상 3년 이내에 시비해야 하는 것은 i) 관련 품목의 최초 양허 당시 그 밖의 관세 또는 과징금의 부재를 근거로 그 밖의 관세 또는 과징금의 존재 여부와, ii) 종전의 양허 수준과 (새로) 기재된 그 밖의 관세 또는 과징금의 수준간의 일치 여부 두 가지에 국한되며 그 밖의 다른 모든 시비는 동 양해 5조[4]에 의해 규율되고 시비 제기의 시한은 없다고 가름하였다. 패널은 온두라스가 시비하는 것은 문제가 된 통과세가 1994년 4월 15일 당시에는 존재하지 않았다는 것이며 이는 UR 협상 기간 중 특정 ODC의 존재 여부를 시비하는 것이지 관련 품목의 최초 양허 당시, 즉 UR 협상 이전에 동 품목이 처음으로 양허된 시점에서의 해당 ODC 존재 여부를 시비하는 것은 아니라고 보았다. 즉 4조 대상이 아니라는 것이다. 패널은 통과세가 2003년 10월부터 시행되었으므로 1994년 4월 15일에는 존재하지 않은 것이 분명하고 동 일자에 존재하지 않은 조치를 (양허표에) 기재하는 것은 II조1항(b)의 해석에 관한 양해 2조에 어긋난다고 확인하였다. 패널은 온두라스가 시비하는 두 번째는 도미니카가 추가로 기재한 것은 특정 소비세고 이는 ODC에 해당하지 않는다는 것인데 이는 양해 4조 적용 대상이 아닌 것이 분명하므로 3년 시한의 적용을 받지 않는다고 밝혔다. 패널은 양허표에 기재된 것이 그 본질로나 법적 성격상 ODC가 아니라면 단지 양허표에 기재했다는 사실만으로 동 ODC를 정당화할 수 없다고 밝히고 도미니카가 기재한 것은 ODC가 아니라 특정 소비세(Selective Consumption Tax)이므로 특정 소비세를 기재한 것이 기재된 특정 소비세를 ODC로 전환하지 못한다고 논단하였다.

온두라스는 도미니카의 통과세는 양허표에 기재되지 않은 것이므로 2%의 통과세는 양허표에 기재된 것을 초과하는 것이므로 GATT II조1항(b)와 합치되지 않는다고도 주장하였다. 패널은 도미니카가 1994년 9월 통보한 특정 소비세는 ODC가 아니므로 관련 품목의 양허표상 ODC 수준은 0 로 보아야 하며 2%의 통과세는 이를 초과한 것이므로 II조1항(b)에 부합되지 않는다고 확인하였다.

2) 외환 수수료(Foreign Exchange Fee)

도미니카는 중앙은행 결정에 의거, 모든 수입 상품에 수입가의 10%에 해당하

---

4) 5. "그 밖의 관세 또는 과징금"의 양허표상의 기재는 동 기타 관세 또는 과징금이 제4항에 의하여 영향을 받는 권리와 의무 이외의 1994년도 GATT상의 권리 및 의무와 합치하는지 여부에 대하여 아무런 영향을 미치지 아니한다. 모든 회원국은 "그 밖의 관세 또는 과징금"이 이러한 의무와 합치하는지 여부에 대하여 언제라도 이의를 제기할 수 있는 권리를 보유한다.

는 외환 수수료를 부과하였다. 온두라스는 II조1항(b)에 합치되지 않는 ODC라고 주장하였고 도미니카는 외환 수수료는 GATT XV조9항[5](a)에 의해 정당화되는 외환 제한(exchange restrictions)에 해당한다고 반박하였다. 아울러 외환 수수료는 양허표에 기재되었으므로 II조1항(b)에 합치된다고도 주장하였다.

패널은 외환 수수료가 양허표에 기재된 ODC에 해당하는지 여부에 대해 우선 通常的인 관세(ordinary customs duty)는 아니고 모든 수입품에 부과되므로 II조1항(b)가 의미하는 ODC에 해당한다는 점은 인정하였다. 그러나 통과세에서 살펴 본 바와 같이 도미니카가 1994년 9월 통보한 것은 ODC가 아니므로 해당 품목의 ODC 수준은 0 인데 외환 수수료는 이를 초과한 것이므로 II조1항(b)에 합치되지 않는다고 판시하였다. 1994년 9월 통보된 상품이 아닌 상품의 경우 ODC가 양허표에 아예 기재조차 되지 않은 것이므로 ODC는 없다고 해야 할 터인데 이들 상품에 외환 수수료를 적용하는 것은 역시 부당하다고 판시하였다.

외환 수수료가 외환 제한에 해당하는지 여부에 대해 패널은 IMF에 의하면[6] 외환 제한은 외환의 求得性(availability) 또는 사용 자체(as such)에 대해 정부가 직접적으로 제한하는 것이고 이는 모든 목적의 외환 사용에 적용된다고 보아야 할 것이나 도미니카의 외환 수수료는 상품 수입에만 국한하여 적용되고 용역 거래, 도미니카 국민의 외환 거래 등에는 적용되지 않으므로 외환 제한으로 볼 수 없다고 판단하였다.

도미니카는 외환 수수료는 IMF와의 stand-by arrangement 일환으로 운용되는 것이므로 XV조9항(a)에 명시된 대로 IMF와의 협정에 따라 실시하는 것이라고 주장하였다. 패널은 외환 수수료 제도의 구체적인 운용 실태와 외환 제한에 해당하는지 여부를 IMF에 문의하였으며 IMF는 상품 수입의 조건으로 지불되는 것이며 2002년 8월 현재 IMF의 승인이 필요 없이 운용되고 있고 외환 제한에 해당하지

---

5) XV:9. 본 협정의 어떠한 규정도 다음의 것을 방해하지 아니한다.
(a) 체약국이 국제통화기금 협정에 따라 또는 체약국단과의 특별 외환협정에 따라 외환관리 또는 외환 제한을 실시하는 것.
(b) 체약국이 제11조, 제12조, 제13조 및 제14조에 따라 허가된 효과에 부가하여 동 외환관리 또는 외환 제한을 실효화하는 효과만을 가진 수입 또는 수출의 제한 또는 통제를 실시하는 것.

6) 도미니카는 외환 제한의 의미는 IMF의 해석을 따라야 한다고 주장하고 IMF의 결정문을 패널에 제출하였다. 동 결정문은 다음과 같이 규정하고 있다.
[t]he guiding principle in ascertaining whether a measure is a restriction on payments and transfer for current transactions under Article VIII, section 2 is whether it involves a direct government limitation on the availability or use of exchange as such.
패널은 이를 수용하고 동 결정문을 토대로 외환 제한 여부를 심리하겠다고 하였다.

않는다고 회신하였다. 패널은 따라서 외환 수수료는 XV조9항(a)상의 외환 제한에 해당하지 않는다고 결론지었다.

패널은 이상의 판단을 근거하여 도미니카의 외환 수수료는 II조1항(b)에 합치되지 않으며 XV조9항(a)에 의해서도 정당화되지 않는다고 판시하였다.

3) 납세필증 부착 의무(Tax stamp requirement)

도미니카 국내법상 도미니카 내 모든 담배는 내외국산을 불문하고 필히 납세필증을 부착하도록 되어 있었다. 온두라스는 도미니카 국산 담배생산자는 납세필증을 일괄 구입하여 포장 공정의 하나로 개별 담배갑에 납세필증을 자동적으로 부착할 수 있는 반면 외국담배 수입업자는 대형 포장을 풀어 개별 담배갑에 일일이 납세필증을 부착하여야 하며 그 비용도 상당하므로 이는 수입품에 덜 유리한 대우(less favorable treatment)를 부여하는 것으로서 III조4항7) 위반에 해당한다고 주장하였다.

패널은 수입 담배의 경우 포장 해체, 부착, 재포장의 추가 과정이 있고 납세필증 부착 비용이 국산 담배에 비해 100배 이상 소요되며 담배갑 비닐 포장 위에 부착하여야 하므로 외관상으로도 좋지 않다는 점을 인정하였다. 이러한 부담은 경쟁의 조건을 외국 담배에 불리하게 영향을 미치는 것이라고 보았다. 패널은 납세필증 부착 의무가 내외국산 담배에 동일하게 적용된다 하더라도 경쟁 조건을 외국 상품에 불리하게 영향을 미치므로 이는 덜 유리한 대우에 해당한다고 판시하였다.

도미니카는 설사 납세필증 부착 의무가 III조4항 위반이라고 할지라도 밀수방지를 위한 도미니카 조세법규의 준수를 확보하기 위한 것이므로 XX조d항8)에 의

---

7) III:4. 체약국 영역의 산품으로서 다른 체약국의 영역에 수입된 산품은 동 국내에서의 판매, 판매를 위한 제공, 구입, 수송, 분배 또는 사용에 관한 모든 법률, 규칙 및 요건에 관하여 국내 원산의 동종 산품에 부여하고 있는 대우보다 불리하지 아니한 대우를 부여하여야 한다. 본 항의 규정은 교통수단의 경제적 운영에 전적으로 입각하였으며 산품의 원산국을 기초로 하지 아니한 차별적 국내 운송요금의 적용을 방해하지 아니한다.

8) XX. 본 협정의 어떠한 규정도 체약국이 다음의 조치를 채택하거나 실시하는 것을 방해하는 것으로 해석되어서는 아니된다. 다만, 그러한 조치를 동일한 조건하에 있는 국가간에 임의적이며 불공평한 차별의 수단 또는 국제 무역에 있어서의 위장된 제한을 과하는 방법으로 적용하지 아니할 것을 조건으로 한다.
(a), (b), (c),
(d) 관세의 실시, 제2조 제4항 및 제17조에 따라 운영되는 독점의 실시, 특허권, 상표권 및 저작

거, 정당화되는 조치라고 주장하기도 하였다.

패널은 수출국내에서의 담배 제조 과정 중에 납세필증을 부착할 수 있도록 허락하거나 선적전 검사를 이용하여 납세여부를 확인할 수도 있는데 굳이 포장 해체 및 재포장 과정을 수반하는 국내 부착 제도를 운영해야 하는 이유에 대해 도미니카가 납득할 만한 설명을 하지 못했다고 보았다. 즉 달리 이용 가능한 합리적인 대체 수단(reasonably available alternatives), 무역 효과가 덜한 대체 수단이 있으므로 납세필증 부착 의무 제도가 조세 법규 준수를 확보하기 위해 반드시 필요한 것이라는 점을 도미니카가 입증하지 못했다고 보았다.

도미니카는 패널이 XX조d항의 필요하다(necessary)는 용어를 해석하는 데 오류를 범했다고 상소하였다. 패널이 납세필증 부착 조치가 필요한 것인지를 판단함에 있어 관련된 모든 요소를 충분히 고려하지 않았으며 패널이 제시한 합리적으로 대체 가능하다는 방식도 밀수 및 탈세 방지에 충분하지 않다고 반박하였다.

상소기구는 *Korea-Beef* 사건, *EC-Asbestos* 사건, 및 *US-Gambling* 사건 상소기구를 인용하여 대체 가능하다는 조치가 합리적으로 이용 가능(available)한지 여부를 결정함에 있어서 시비가 된 조치의 무역상 효과, 동 조치가 보호하려는 가치의 중요성, 목적 달성에 대한 동 조치의 기여 정도를 고려해야 한다고 보았다. 이러한 세 요소를 비교 형량하는 과정 중에는 WTO 와 합치되고 해당 국가가 합리적으로 사용할 수 있다고 기대되는 조치가 available한지 여부 WTO와 WTO와 불합치 정도가 덜한(less WTO inconsistent) 다른 대체 조치가 합리적으로 available한지 여부를 고려하여야 한다고 보았다. 상소기구는 패널의 심리 결과를 보면 패널이 이러한 요소를 모두 적절하게 고려한 점이 인정된다고 판단하였다. 상소기구는 따라서 납세필증 부착 조치가 XX조d항이 의미하는 대로 필요한 것은 아니며 이 조항에 의해 정당화되지 않는다는 패널 판정을 확인하였다.

4) 납세 보증 채권 제출 의무(Bond Requirement)

도미니카는 납세의무 준수를 확보하기 위해 주류 및 담배 수입업자와 국내 생산자들에게는 납세 보증 채권 제출을 의무화하였다. 온두라스는 이는 GATT XI 조1항[9]의 수입 제한에 해당하며 설사 수입 제한이 아니라 하더라도 수입 상품에

권의 호 그리고 사기적인 관습의 방지에 관한 법률과 규칙을 포함하여 본 협정의 규정에 반하지 아니하는 법률 또는 규칙의 준수를 확보하기 위하여 필요한 조치,

9) XI:1. 체약국은 다른 체약국 영역의 산품의 수입에 대하여 또는 다른 체약국 영역으로 향하는

덜 유리한 대우를 부과하는 조치로서 III조4항 위반이라고 주장하였다.

패널은 제출된 증거로 볼 때 지난 2년간 외국 담배는 온두라스산을 포함하여 납세 보증 채권을 제출하지 않고도 도미니카 내로 수입되었으며 특히 동 기간 중 온두라스산 담배의 수입량이 급증하였다고 지적하고 온두라스가 주장하는 대로 납세채권을 제출하지 않고는 담배를 수입할 수 없었다는 사실을 뒷받침하는 증거는 찾지 못했다고 밝혔다. 아울러 채권 제출은 국내외 업자에 동등하게 부과되는 것이고 또한 수입의 조건이라는 근거도 없으므로 XI조1항에 규정된 '수입에 대하여(in relation with importation)' 인 것도 아니라고 보았다.

III조4항 위반 주장에 대해서도 패널은 온두라스가 제기한 주장으로는 채권 제출 의무가 수입 담배에 불리하게 경쟁 조건에 영향을 미쳤으며 따라서 덜 유리한 대우를 받았다고 납득할 수 없다고 밝혔다. 온두라스는 납세 보증 채권 제출 의무는 국산 담배 생산자와 수입자에게 있으므로 국산 담배 판매자는 국산 담배를 구매할 경우 납세 보증 채권을 제출할 의무가 없으므로 수입 담배보다 국내 판매를 구매하게 된다고 주장하였으나 패널은 담배 판매자와 생산자가 동일인이 아니라면 모르되 온두라스의 담배시장은 판매와 생산을 겸하는 소수 회사에 의해 과점된 체제이므로 온두라스의 주장이 실제로는 사실과 다르다고 갈파했다. 온두라스는 국산 담배생산자는 판매 후 20일 이내에 납세해도 좋으므로 납세 보증 채권이 의미가 있으나 수입 담배는 수입 통관시 조세를 이미 선납했으므로 납세 보증 채권이 무의미하다고 주장하였으나 패널은 조세 선납 후 정산의 과정이 있으므로 납세 보증 채권이 필요하다는 도미니카의 주장을 수용하였다.

패널은 이상을 토대로 온두라스는 납세 보증 채권 제출 의무가 XI조1항과 III조4항에 합치되지 않는다는 점을 입증하지 못했다고 판시하였다.

온두라스는 납세 보증 채권으로 보증해야 할 납세 의무가 존재하지 않거나 국내 생산자보다도 적을 수가 있으므로 국내 생산자와 동일한 납세 채권 제출 의무를 부과하는 것은 수입품에 대해 추가적인 부담을 부과하는 것이라고 상소하였으나 상소기구는 패널 판정의 기초가 된 사실 관계에 대한 패널 판단은 정확하며 이를 침해할 만한 이유를 찾지 못했다고 밝히고 온두라스의 주장을 수용하지 않았다.

산품의 수출 또는 수출을 위한 판매에 대하여, 할당제나 수입 허가 또는 수출허가 또는 기타 조치에 의거하거나를 불문하고 관세, 조세 또는 기타 과징금을 제외한 금지 또는 제한을 설정하거나 유지하여서는 아니된다.

온두라스는 도미니카 국산 담배 시장은 국산 담배가 수입 담배에 비해 시장 점유율이 높은 만큼 담배 1갑당 보증 채권 제출 비용은 수입 담배가 더 높으므로 이는 수입 담배에 대해 덜 유리한 대우를 부여한 것이라고도 상소하였다. 상소기구는 수입품에 대한 불리한 효과(detrimental effect)가 그 상품이 외국산이라는 사실에서가 아니라 다른 요인에 기인한 것이라면 문제가 된 조치가 해당 수입 상품에 덜 유리한 대우를 부여한다고 볼 것은 아니라고 언급하고 수입 담배의 단위당 납세 보증 채권 제출 비용이 국산 담배보다 높은 것은 담배가 수입품이라서가 아니라 수입 담배의 시장 점유율이 낮다는 것에 기인하므로 패널이 납세 보증 채권 제출 의무가 수입품에 덜 유리한 대우를 부여한다는 주장을 기각한 것은 정당하다고 판시하였다.

채권제출 의무와 관련하여 온두라스는 자국이 시비한 것은 채권 매입 의무가 특정한 상황에 적용된 양태(as applied)가 아니라 채권 매입을 요구하는 법규 자체(as such)가 부당하다는 것이었는데 패널이 채권 매입의 요건의 자체의 적법성을 심리함에 있어 근거 법규보다는 도미니카 조세 당국자의 설명 서한에 근거하여 심리하였고 이는 사실을 객관적으로 평가하여야 한다는 DSU 11조[10]를 위반한 것이라고도 상소하였다.

상소기구는 우선 패널 보고서 기록상 패널이 채권 제출 의무 자체를 검토하지 않고 특정한 적용 양태에 대해서만 분석하였다는 근거는 없으며 패널이 채권 제출 의무 요건을 전체적으로 심리(examine)하였다고 판단하였다. 상소기구는 증거에 관한 온두라스의 주장 요지는 채권 제출 요건 자체(as such)에 관한 증거는 그 요건에 관한 법규의 기재 내용에 국한된다, 즉 동 법규만을 분석하여야 한다는 것이나 패널은 자신에게 제출된 증거 중 어느 것을 사용하여 판정을 내릴지에 대해서는 광범위한 재량권이 있으며 명백한 오류가 없는 한 이러한 재량권에 가볍게 개입할 수 없다는 *US-Wheat Gluten* 사건 상소기구의 판정을 환기하였다. 상소기구는 또한 문제가 된 조치의 의미나 범위에 대해서는 다양한 증거가 있을 수 있으며 패널은 이러한 증거를 심사(weigh the evidence)함에 있어 상당한 재량권을

10) 11. 패널의 기능은 분쟁 해결 기구가 이 양해 및 대상 협정에 따른 책임을 수행하는 것을 지원하는 것이다. 따라서 패널은 분쟁의 사실 부분에 대한 객관적인 평가, 관련 대상 협정의 적용가능성 및 그 협정과의 합치성을 포함하여 자신에게 회부된 사안에 대하여 객관적인 평가를 내려야 하며, 분쟁 해결 기구가 대상 협정에 규정되어 있는 권고를 행하거나 판정을 내리는 데 도움이 되는 그 밖의 조사 결과를 작성한다. 패널은 분쟁 당사자와 정기적으로 협의하고 분쟁 당사자에게 상호 만족할 만한 해결책을 찾기 위한 적절한 기회를 제공하여야 한다.

갖는다고 판정한 *US-Carbon Steel* 사건 상소기구의 판정도 인용하면서 이 사건에서 패널이 채권 제출 의무의 적법성을 심리하기 위해 관련 법규뿐만 아니라 관계자의 서한을 검토한 것이 문제될 것은 없다고 설명하고 온두라스의 주장을 기각하였다.

5) 특정 소비세 과세 표준

도미니카 국내법은 국산 담배의 과세 표준은 각 상표별 소매가 평균으로 정한 반면 수입 담배는 가장 유사한 국산 담배에 적용되는 표준으로 정했다. 온두라스는 이러한 과표 차이로 인해 수입 담배는 동일한 소매가의 국산 담배에 적용되는 것보다 높은 세율을 적용받을 수 있으며 이는 III조2항[11] 위반이라고 주장하였다.

패널은 소비자는 담배를 상표에 따라 달리 인식되고 동일 가격대내에서 타 담배와 경쟁 관계에 있으므로 가격대의 구분이 매우 중요하다고 보았다. 이 사건의 경우 문제가 된 구체적인 사안은 온두라스가 수출한 Viceroy 담배가 시장 소매가는 낮음에도 불구하고 관세평가 가격이 Marlboro나 Kent의 그것과 동일하다는 이유로 Marlboro와 Kent와 가장 유사한 것으로 평가되어 동 담배에 적용되는 고율의 특정 소비세가 부과되었다는 것이었다. 온두라스는 Viceroy와 소매 가격이 유사한 국산 담배는 Lider라고 주장하였다. 패널은 상품 가격은 품질을 반영하고 실제 시장 가격이 평가 가격보다 더 적절하다고 보아야 하므로 Viceroy는 Lider와 유사하다고 보았다.

패널은 문제가 된 국내법 규정은 수입 담배에는 가장 유사한 국산 담배와 동일한 세율을 적용하라는 것이므로 국산 담배에 적용되는 내국세를 초과하여 부과할 것을 의무화하는 것이 아니므로 그 자체는 III조2항에 위배된다고 볼 수는 없다고 판단하였다. 그러나 동 법이 적용되는 실제를 살펴보면 Viceroy와 Lider의 소매가격은 RD18$로 동일하나 특정 소비세는 Viceroy가 Lider보다 더 많이 부과되고 있으므로 도미니카는 수입 담배에 국내 동종 상품에 적용되는 세율을 초과

11) III:2. 다른 체약국의 영역내에 수입된 체약국 영역의 산품에 대하여는 동종의 내국산품에 직접 또는 간접으로 부과되는 내국세 또는 기타 모든 종류의 내국과징금을 초과하는 내국세 또는 기타 모든 종류의 내국과징금을 직접 또는 간접으로 부과하여서는 아니된다. 또한, 체약국은 본 조 제1항에 규정된 원칙에 위배되는 방법으로 내국세 또는 기타 내국과징금을 수입산품 또는 국내산품에 부과하여서는 아니된다.

하여 특정 소비세를 부과한 점이 인정되고 이는 III조2항 첫 문장에 합치되지 않는다고 판시하였다.

상　표	소매가	특정 소비세
Marlboro(국산)	RD$26.00	RD$7.73
Nacional(국산)	RD$24.00	RD$7.36
Kent(국산)	RD$22.00	RD$6.54
Belmont(수입)	RD$20.00	RD$6.13
Viceroy(수입)	RD$18.00	RD$6.54
Lider(국산)	RD$18.00	RD$5.34

<표-1> 도미니카 국내 판매 담배 상표별 가격 및 특정 소비세

6) 특정 소비세 규정 운영의 합리성 여부

패널 설치 당시 도미니카는 국내외산 담배에 50%의 종가세를 특정 소비세(Selective Consumption Tax)로 징수하고 있었는데 과세 표준을 산정하는 방식을 규정한 법규는 3가지가 있었다. 조세법 Tax Code 376조(b)는 국내산 담배는 소매가 평균, 수입 담배는 가장 유사한 국산 담배 소매가를 과세 표준으로 하였고 Decree 79-03호는 국산 및 수입 담배 공히 시장 가격 평균을, 내국세법 일반규칙 02-96호는 표시가에 20%를 가산한 금액을 과세 표준으로 규정하였다.

온두라스는 세 규정 어느 것도 수입 담배와 가장 유사한 국산 담배를 정하는 방식을 규정하고 있지 않으며 수입 담배의 과세 표준 산정 방식이 일반적으로 적용할 수 있거나 투명하지 않다고 비난하고 이는 특정 소비세에 관한 법규를 비합리적으로 운영한 것이며 GATT X조3항(a)[12]에 합치되지 않는다고 주장하였다.

패널은 서로 다른 3가지의 특정 소비세 과세 표준 산정 방식이 있었고 도미니카는 내국세법 일반 규칙02-96호만을 국내외산 담배에 공히 적용하였다고 항변하나 제출된 증거를 검토할 때 이를 인정하기 어렵고 도미니카도 02-96호 규정과는 달리 외국산 담배는 가장 유사한 국산 담배를 기준으로 과세 표준을 산정하였음을 시인하였다고 언급하였다. 패널은 이에 따라 특정 소비세 관련 규정의 운영이

12) X:3. (a) 각 체약국은 본 조 제1항에 열거한 종류의 자국의 모든 법률, 규칙, 판결 및 결정을 일률적이고 공평하고 합리적인 방법으로 실시하여야 한다.

비합리적이라고 판단하였으며 GATT X조3항(a) 위반에 해당한다고 판시하였다.

7) 소매가 평균 조사 결과의 비공개

특정 소비세 과세 표준 산정의 기초가 되는 소매가 평균은 도미니카 중앙은행의 시장 조사를 통해 산출되었으나 동 시장 조사 결과를 공표하지는 않았다. 온두라스는 이는 X조1항[13]의 공표의무를 위반한 것이라고 주장하였다. 도미니카는 시장 조사 결과는 X조1항의 대상이 되는 법률, 규정, 사법 판결, 행정상의 결정 어느 것에도 해당하지 않으므로 공표 의무가 없다고 반박하였다.

패널은 시장 조사 결과가 그 자체로는 법률, 규정, 사법 판결, 행정상의 결정은 아니나 이를 토대로 행정 당국이 과세 표준을 정하는 것이므로 담배의 과세 표준을 결정하는 행정상의 결정의 핵심적인 요소를 구성한다고 판단하였고 수출국가나 무역업자는 시장 조사 시행 방법은 물론 그 결과에 대해서 정보를 획득할 권리가 있다고 언급하였다. 패널은 시장 조사는 과세 표준을 정하기 위한 행정결정의 부분을 구성하며 따라서 X조1항의 일반적으로 적용되는 행정상의 결정에 해당하며 도미니카가 시장 조사 결과를 공개하지 않은 것은 동 조항 위반에 해당한다고 판시하였다.

다. 해설 및 평가

III조2항, III조4항의 내국민 대우 의무에 관한 사건에서 특히 쟁점이 되는 것은 문제가 되는 조치가 적용되는 수입 상품과 국내 상품이 동종 상품인지 여부이다. 동종 상품 여부가 전제가 되는 사건에서 패널은 우선 양 상품이 동종 상품인지에 대해 판정을 하고 나머지 분석을 진행하는 것이 보통이다. *Canada-Wheat* 사

---

13) X:1. 체약국이 실시하고 있는 일반적으로 적용되는 법률, 규칙, 사법상의 판결 및 행정상의 결정으로서 산품의 관세상의 목적을 위한 분류 또는 평가에 관한 것, 관세, 조세 또는 기타 과징금의 율에 관한 것, 수입, 수출 또는 이를 위한 지불 이전에 관한 요건, 제한 또는 금지에 관한 것 또는 산품의 판매, 분배, 수송, 보험, 창고보관, 검사, 진열, 가공, 혼합 또는 기타 사용에 영향을 주는 것은 각 정부 및 무역업자가 지실할 수 있는 방법으로 신속히 공표하여야 한다. 국제무역 정책에 영향을 주는 협정으로서 체약국정부 또는 정부 기관과 다른 체약국 정부 또는 정부 기관간에 효력을 가지는 것도 공표하여야 한다. 본 항의 규정은 체약국에 대하여 법률의 시행을 저해하며 기타 방법으로 공익에 반하거나, 공적 또는 사적인 특정기업의 정당한 상업상의 이익을 침해하게 되는 비밀 정보의 발표를 요구하는 것은 아니다.

건에서의 소맥이나 이 사건에서의 담배처럼 동종성 여부가 자명하여 보이는 경우도 있으나 외견상 동종 관계에 있는 것처럼 보이는 상품이라 하여도 동종성 여부가 심각한 쟁점이 되는 경우가 많다. *Korea-Alcohol* 사건, *Japan-Alcohol* 사건에서는 소주와 수입 양주가 동종 상품인지 여부가 가장 핵심적인 쟁점이 되었고 동종성 판단을 위해 해당 상품의 물리적 특성, 외관, 최종 소비자뿐만 아니라 소비 행태, 소비자의 기호의 변화 등 다양한 요소가 검토되었다. *Indonesia-Auto* 사건에서 역시 같은 세단형 승용차가 서로 동종 관계에 있는지에 대해 당사국은 심한 논쟁을 벌였다.

이 사건 패널은 특히 특정 소비세 과세 표준의 적절성을 검토하면서 동종 관계에 있는 담배를 가격에 중점을 두고 판단하였다. 패널은 가격이 상품의 품질을 나타내는 중요한 척도이고 유사한 가격대에 있는 담배는 경쟁 관계에 있음을 근거로 Viceroy와 Lider가 동종 관계에 있다고 판단하였다. 상품의 동종성 여부는 사실 한 두 가지의 요소가 결정적인 역할을 하는 것은 아니고 상품의 외관, 특성, 대체 관계, 상표 선호도, 소비자 기호 등 여러 가지를 종합적으로 고려하여 판단해야 할 것이므로 패널이 가격에 치중하여 동종 관계를 판정한 것은 시비의 소지가 있을 수 있다. 그러나 *Korea-Alcohol* 사건 등에서 볼 수 있듯이 판매 장소와 소비 행태, 유통 경로가 수입 양주와는 확연히 차이가 나는 소주도 수입 양주와 동종 상품이라고 판정된 것을 감안하면 설사 가격에 치중하여 동종성을 판단했다고 이의를 제기하였어도 문제가 된 두 담배의 동종 관계를 번복하기는 어려웠을 것이다.

패널은 외환 수수료 제도가 외환 관리에 해당하는지에 대해 IMF의 의견을 구하고 그 의견을 전적으로 수용하였다. 패널은 DSU 13조1항[14]에 의거, 적절하다고 판단하는 모든 개인 또는 기관으로부터 정보 및 기술적 자문을 구할 권리가 있다. 다만 그러한 개인이나 기관이 특정 회원국의 관할 아래에 있을 경우에는 사전에 동 회원국의 당국에 통보하여야 한다. IMF의 의견을 구한 것은 동 기구가 국제통화 문제를 직접 담당하고 가장 권위 있는 기관이어서뿐만 아니라 GATT

14) 13.1. 각 패널은 자신이 적절하다고 판단하는 모든 개인 또는 기관으로부터 정보 및 기술적 자문을 구할 권리를 갖는다. 그러나 패널은 회원국의 관할권 아래에 있는 개인이나 기관으로부터 이러한 정보나 자문을 구하기 전에 동 회원국의 당국에 통보한다. 패널이 필요하고 적절하다고 간주하는 정보를 요청하는 경우, 회원국은 언제나 신속히 그리고 충실하게 이에 응하여야 한다. 비밀 정보가 제공되는 경우, 동 정보는 이를 제공하는 회원국의 개인, 기관 또는 당국으로부터의 공식적인 승인 없이는 공개되지 아니한다.

XV조9항에 유예가 인정된 외환 제한은 IMF협정에 의거하거나 IMF와 회원국간의 특별환협정에 따른 것으로 제한되기 때문이다. 아울러 WTO와 IMF는 1996년 협력약정을 체결하여 상호 observer 자격을 부여하였고 의견 교환과 정책 협의를 도모할 것을 약속하였는 바 패널이 IMF의 의견을 구한 것은 이러한 협력약정에도 그 근거를 두고 있다.

이 사건 상소기구는 납세 보증 채권 매입 의무를 심리하면서 수입 상품에 대한 유해한 효과(detrimental effect)가 상품의 원산지가 외국이라는 것 외에 다른 사실로 설명될 수 있으면 단지 유해한 효과만으로는 덜 유리한 대우를 입증하기에 충분하지 않다고 판정하였다. 이는 일견 타당한 판정으로 이해되나 과연 모든 사안에 무리 없이 적용될 수 있을지는 의문이다. 많은 경우 수입 상품에 대한 차별 대우는 법적인 *de jure* 차별이 아니라 사실상의 *de facto* 차별 형태를 띄는 것이 보통이며 사실상 외국 상품이기 때문에 국내 상품 보호를 위해 차별하면서도 표면적으로는 달리 합당해 보이는 이유를 대는 사례가 흔하기 때문이다.

이 사건에는 조태열(趙兌烈) 외교통상부 통상교섭조정관(당시 외교부 지역통상국장)이 패널 위원으로 참가하였다. 조태열 대사는 이 사건 외에 2005년 6월에는 WTO 사무총장으로부터 호르몬 처리 쇠고기의 수입 금지 조치를 둘러싼 EC와 미국, 캐나다 3개국의 분쟁 패널(*Canada/US-Continued suspension* 사건)의 의장으로 위촉되었다. 우리나라 사람으로서 패널 의장을 맡은 것은 처음 있는 일이다. 조대사는 그 사건에서 WTO 분쟁 해결 절차상 처음으로 패널 심리를 일반에게 공개하는 결정을 내림으로써 WTO 분쟁 해결 절차의 투명성을 제고하는 데에 획기적인 역할을 하기도 하였다. 조태열 대사는 또한 2005년 3월 WTO 정부조달위원회 의장에 선임되어 무려 10여년간 지리하게 계속되던 정부조달협정 개정 협상을 2006년 12월 타결시키기도 하였다. WTO 분쟁 패널 의장과 위원회 의장은 通商 업무에 종사하는 사람이라면 누구나 선망하는 자리이고 능력과 권위를 국제적으로 인정받은 사람에게만 그 기회가 돌아가는 영광이다. 그러한 영광을 안게 된 것은 運이 아니라 남모르는 노력과 치열한 자기 개발의 결과가 수면 위의 빙산처럼 떠오른 것이라는 것을 그 분과 지척에서 일하면서 알 수 있었다.

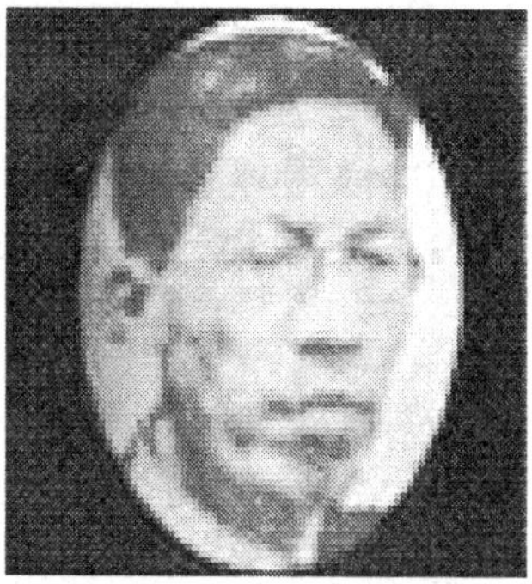

<趙憲泳 선생>

<趙芝薰 시인>

<趙兌烈 대사>

그의 선친이 유명한 趙芝薰 시인이라는 것은 비교적 알려져 있으나 조지훈 시인의 부친이 우리나라 해방 전후의 정치사와 韓醫學 발전에 커다란 족적을 남긴 趙憲泳 선생이라는 것을 아는 사람은 드물다. 선생의 존재 자체가 우리나라 정치학이나 한의학을 전공하지 않은 일반인에게는 생소할 것이다. 조헌영 선생은 일제 시대에는 신간회원으로 활동하시다 해방 후 제헌 의원으로 선출, 제헌 헌법 기초 작업에 참가하였으며 특히 토지 개혁, 반민특위 활동에 앞장섰던 분이시다.

한의학을 獨學, '동양의학사' '통속한의학원론' 등 현재도 한의과 대학에서 교재로 사용하고 있는 전문 한의학서를 여러 권 저술하였다. 한의사를 醫生이라 하여 정식 의사로 취급하지 않았던 일제 시대의 의료 제도가 별 관심없이 답습되어 1950년 서양 의사 제도만 두고 한의사 제도는 폐지하는 의료법안이 국회에 제출되었을 때 유일하게 조헌영 의원이 문제를 제기하여 그 법안을 폐지하였다. 1951년 국민의료법을 제정하면서 한의사들은 의사와 동일한 권리와 의무를 갖게 되었으니 선생으로 인해 양방 의료와 한방 의료라는 '의료 이원화'의 토대가 갖추어진 셈이다. 6.25. 사변 때 납북되어 한의학에 몰두, 김일성 대학에서 한의학을 연구, 강의하였다. 그의 저술과 이론은 남북한 한의학계에서 두루 인정받고 있으며 우리나라 韓醫學이 명맥을 이어오고 발전할 수 있는 토대를 마련한 것으로 평가되고 있다.

그의 학문적, 정치사회적 업적에도 불구하고 북에서 성공한 납북인사라는 이유로 남북 대치 기간 동안 그의 존재와 활동을 언급하는 것은 금기시되어 왔다. 시대가 바뀐 만큼 그에 대한 정당한 평가 작업이 조속히 이루어 져야 할 것으로 본다.

25. Brazil, Thailand vs. EC – Chicken Classification 사건

(DS269/286, 2005. 9. 27 – 상소기구)

가. 사건 개요

EC는 UR 협상에서 '신선, 냉장, 냉동 가금육(Meat and edible offal, of the poultry, … fresh, chilled or frozen)'(HS 분류 번호 0207)에 대해서는 102.4€/100kg/net의 종량세 및 농업협정상의 특별 세이프가드(Special Safeguard: SSG) 부과 조건으로 양허하고, '소금에 절이거나, 건조 또는 훈제된 육류(Meat and edible meat offal, salted, in brine, dried or smoke)'(HS 분류 번호 0210)에 대해서는 15.4%의 종가세를 부과하는 조건으로 양허하였다.

브라질과 태국에서 수출되는 '소금에 절인 뼈 없는 냉동 닭고기'는 원래 HS 분류 번호 0210의 적용을 받아 15.4%의 종가세를 부과받고 있었으나, 동 국가들로부터의 수입이 급증하자 EC는 Regulation No.1223/2002, Decision 2003/97/EC를 통해 동 국가로부터 수입되는 '소금 함량 1.2~1.9%인 소금에 절인 뼈 없는 냉동 닭고기'가 HS 분류 번호 0207에 해당하도록 변경하였다. 즉 지금까지 닭고기를 鹽藏肉으로 관세 분류하였던 것을 냉동육으로 분류한 것이다. 이로 인하여 브라질과 태국에서 수출하는 닭고기에 대한 EC의 관세가 사실상 15.4%에서 58.9%로 인상되는 효과가 발생하였다. EC는 Regulation에서 분류 변경의 근거로 장기 보관을 위하여 -18℃ 이하로 냉동 deep frozen된 경우 이는 냉동육으로 간주되고, 여기에 소금을 첨가하였다는 것이 상품의 특성을 변경하지 않는다는 이유를 제시하였다.

이에 브라질과 태국은 2003년 9월과 10월에 각각 EC의 닭고기 관세 분류가

GATT II조1항(a) 및 (b) 위반이라고 WTO에 제소하였다.

나. 주요 쟁점별 당사자 주장 및 판결 요지

1) GATT II 조1항 덜 유리한 대우(less favorable treatment) 해당 여부

브라질과 태국은 EC가 닭고기의 관세 분류를 변경한 것은 EC 양허표에 기재된 것보다 덜 유리한 대우를 부여한 것이므로 II조1항(a)[1] 위반이라고 주장하였다.

패널은 관세 분류의 변경이 그 자체로 less favorable treatment에 해당하는 것은 아니며, 그로 인하여 상품에 대해 실제로 부여되는 대우를 비교하여야 한다고 전제하였다. 패널은 통계에 의하면 브라질과 태국산 닭고기의 경우 가격이 매우 낮아 종가세(HS0210)가 종량세(HS0207)보다 훨씬 적은 액수이고, HS0207로 분류되는 경우 농업협정상의 특별 세이프가드의 적용 대상이 될 위험이 있지만 0210으로 분류되는 경우 동 조치의 적용을 받지 않는다는 점에서, EC의 관세 분류변경은 less favorable treatment에 해당한다고 판정하였다.

2) 양허표 해석의 기준 시점

닭고기가 EC 양허표상의 HS 분류 번호 0207에 해당하는지, 0210에 해당하는지 여부를 판단하기 위해서는 EC 양허표상의 문언(text)을 어느 시점을 기준으로 해석할 것인지가 중요한 쟁점이 되었다. 브라질과 태국은 양허표가 GATT 일부로 확정된 1994년 4월이라고 주장한 반면 EC는 양허표 해석의 기준 시점은 패널 설치일이 되어야 하며, 동 일자를 기준으로 비엔나 협약 제31조에 따라 양허표의 문언이 해석되어야 한다고 주장하였다.

패널은 EC의 주장을 배척하고, 브라질과 태국의 주장대로 양허표 해석의 기준일은 양허표가 수정될 수 있는 최후의 시점이자 양허표가 GATT의 일부로서

1) II:1. (a) 각 체약국은 다른 체약국의 통상에 대하여 본 협정에 부속된 해당 양허표의 해당부에 규정된 것보다 불리하지 아니한 대우를 부여하여야 한다.

부속된 1994년 4월 15일이라고 판정하였다.

3) 닭고기에 관한 EC 양허표의 해석

(가) 비엔나 협약 31조에 의한 해석

(1) 'salted'의 通常的인 의미

이 사건의 핵심 쟁점은 EC 양허표 0210에 적힌 salted의 의미 해석 문제였다. EC는 0210의 핵심은 보존 처리된 육류 상품이라는 것이고 보존의 방법으로 육류를 salted하기 위해서는 장기간 보존이 가능하도록 매우 농도 깊게 염장해야 할 것이나 브라질과 태국의 닭고기는 염장 정도가 보존 목적으로 이루어 진 것이라고 보기에는 농도가 너무 낮다고 주장하였다. 브라질과 태국은 장기간 보존이라는 개념이 salted에 내포되어 있다고 해석할 수 없으며 따라서 문제가 된 닭고기는 0210에 속한다고 반박하였다.

패널은 salted의 辭典상 의미는 소금으로 양념하는 것, 소금을 첨가하는 것, 소금으로 향을 내거나 저장하거나 치료하는 것 등을 포괄하므로 salted의 통상적 의미를 밝히기 위해서는 사전적 정의만으로는 부족하고 salted가 적용되는 사실적인 맥락(factual context)도 살펴보아야 한다고 판단하였다. 패널은 이 사건에 있어 i) EC 양허표 heading 0210으로 분류된 상품, ii) 이들 상품의 향, 재질(texture), 기타 물리적 성질, iii) 보존의 의미 등을 사실적인 맥락에 비추어 봤을 때의 salted의 통상적 의미는 상품의 성질이 소금의 첨가를 통해 변경된 것을 가리킨다고 보았으며 salted의 통상적 의미 범위 내의 어느 것도 소금이 첨가된 닭고기가 EC 양허표 0210에 포함될 수 없다고 가리키지 않는다고 판단하였다.

EC는 패널이 사실적 맥락에 비추어 salted의 통상적 의미를 도출한 것에 대해 상소하였다. 조약법에 관한 비엔나 협약 31조1항[2]상 '통상적 의미'의 분석은 '사실적인 맥락' 분석을 생각하고 있지 않으며 패널이 행한 사실적인 맥락은 salted의 통상적 의미를 결정하는 데에는 관련이 없다고 주장하였다.

상소기구는 조약 용어의 통상적 의미를 분석하기 위해 사전을 참조하는 것이 유용한 출발점이기는 하나 결정적인 것은 아니며 통상적 의미는 반드시 각 사안의 특별한 환경에 따라 확인되어야 한다고 전제하고 비록 비엔나 협약 31조에

---

2) 31.1. A treaty shall be interpreted in good faith in accordance with the ordinary meaning to be given to the terms of the treaty in their context and in the light of its object and purpose.

'사실적인 맥락'이 언급되어 있지는 않으나 패널이 위의 i)~iii) 사안을 고려하여 salted의 통상적 의미를 분석한 것이 그르다고 할 수 없다고 판단하였다. 아울러 통상적인 의미의 범위 내에 주변 상황(particular surrounding circumstance)을 고려하고 그 맥락에 비추어 보는 것(in the light of its context)을 포함하는 것이 조약 해석의 결과를 변경한다고는 보지 않는다고 밝히고 패널 판정을 지지하였다.

(2) 문맥상의 해석

비엔나 협약 31조2항[3]에 해석 수단의 하나로 언급된 '문맥(context)'에 의거하여 salted를 해석함에 있어 EC 양허표 0210에 기재된 다른 용어와 EC 양허표 chapter 2의 구조, 용어, EC 양허표의 다른 chapter, 다른 나라의 양허표, HS 자체 등이 각각 직접적 문맥(immediate context) 및 포괄적 문맥(broader context)에 해당한다고 보았다. 그리고 이러한 문맥에 비추어 salted를 해석하여도 통상적 의미로 보았을 때의 salted의 의미와 같으며 0210에 속하기 위해 반드시 장기간 보존의 의미가 있어야 하는 것도 아니라고 판정하였다.

이에 대해 EC는 salted의 문맥상 의미는 보존의 의미(notion of preservation)를 갖는 것이라고 상소하였으며 브라질과 태국은 준비의 의미(notion of preparation)를 갖는다고 역시 상소하였다. 0210에 언급된 4가지 처리 방법, 즉 salted, in brine, dried or smoked이 EC는 보존의 의미를 갖는 것이라고 보았고 브라질과 태국은 준비의 의미를 갖는다고 주장하였다.

상소기구는 무엇이 salted의 맥락을 구성하는지에 대해서는 패널과 의견을 같이 하였다. 상소기구는 salted의 직접적 문맥에 해당하는 in brine, dried or smoked의 의미가 반드시 보존만을 배타적으로 지칭하는 것은 아니라고 보았으며 육류 상품에 특별한 성질을 부여하는 것이므로 준비의 의미도 포함한다고 판단하였다. 따라서 패널은 EC의 주장－salted, in brine, dried or smoked가 보존 방법을 나타내는 것이므로 salted는 보존에 충분할 정도의 염도를 가진 것－을 수용하지 않았다.

상소기구는 HS 분류 제도 자체, 해석 주해(explanatory note), EC 양허표

3) 31.2. The context for the purpose of the interpretation of a treaty shall comprise, in addition to the text, including its preamble and annexes:

(a) any agreement relating to the treaty which was made between all the parties in connection with the conclusion of the treaty;

(b) any instrument which was made by one or more parties in connection with the conclusion of the treaty and accepted by the other parties as an instrument related to the treaty.

chapter 2의 구조, 다른 chapter 등 포괄적 문맥을 살펴보아도 0210내 상품의 특징이 반드시 보존만을 배타적으로 의미한다고 볼 수 없다고 결론 내렸다. 포괄적 문맥에서 해석한 salted의 의미는 소금이 첨가된 고기는 소금 첨가 정도가 그 고기를 보존하기에 충분치 않다 하여도 0210 의미상의 'salted'에 해당하며 0210의 상품범위는 문맥상 해석하였을 때 소금으로 보존되었거나 소금으로 준비된 것 하나에 국한되지도, 다른 하나를 배제하지도 않으며 따라서 0210은 소금 첨가(salting)가 반드시 그 자체로 by itself 보존을 보장할 수 있어야 하는 요건을 포함하지 않는다고 정리하고 상소기구는 패널의 판정을 지지하였다.

(3) 대상과 목적

패널은 비엔나 협약에서 '조약은 그 목적에 비추어 해석되어야 한다'고 규정하고 있으며 GATT II조의 목적은 무역 자유화 협상의 결과를 보호하고 실현하는 데 있는 만큼, GATT 협정의 일부분인 양허표는 무역 자유화의 확대라는 목적을 실현하는 방향으로 해석되어야 한다고 판단하였다. 패널은 이에 따라 0210의 salted를 장기간 보존 요건을 포함하는 것으로 해석하는 것은 WTO 협정과 GATT를 관류하는 관세 양허의 안정성과 예측 가능성이라는 대상과 목적을 침해할 수 있다고 우려하였다.

EC는 양허표상해당 품목의 記述(description)의 차이는 닭고기의 장기간보존(long-term preservation)을 위해 사용된 방법이 'salted'인지, 'frozen'인지를 구별하는 데 그 목적이 있다고 하면서, 태국 및 브라질에서 수입되는 닭고기는 주로 'frozen' 방법을 사용하고 있으므로 분류 번호 0207로 분류하는 것이 목적에 합치되는 것이라고 주장하였으나 패널은 비엔나 협약에서 말하는 목적이란 EC가 양허 품목의 description에서 의도한 목적을 의미하는 것이 아니라 GATT 협정이 의도하는 목적을 의미하는 것이고 협정에 명시적으로 기재되지 아니한 회원국의 의도를 협정 해석의 기준으로 하는 것은 확실성의 결여를 초래하는 것이라는 이유로 EC의 주장을 배척하였다.

EC는 패널이 협정(WTO 협정, GATT)의 대상과 목적만을 생각했지 해당 조항(GATT II read in conjunction with 0210)의 대상과 목적은 간과했다고 상소하였다. 상소기구는 비엔나 협약 31조1항에 its objective and purpose라고 단수로 기재되어 있으므로 여기에서 말하는 대상과 목적이란 해당 조약 전체를 말하는 것이며 물론 조약 해석자는 특정 조항의 목적과 대상을 고려할 수도 있을 것이나 이는 조약 전체의 대상과 목적을 판단하는 데에 도움을 얻기 위해서이지 조약 전체의 대상과 목적과 유리된 채 특정 조항의 대상과 목적에 의존하여 협정을 해석하는 것은 우려할 만한 일이라고 경계하였다.

EC는 패널이 대상과 목적 분석 시 자유무역의 확대라는 개념을 사용한 것도 오류라고 상소하였으나 상소기구는 패널은 EC가 주장하는 것과 달리 자유무역의 확대를 새로운 해석 원칙으로 사용한 것이 아니라 관세 양허를 통한 시장 접근의 안정성과 예측 가능성의 대상과 목적을 구체적으로 설명하면서 보충적으로 언급한 것으로 이해하고 EC의 주장을 기각하였다.

EC는 패널이 salted 문맥 해석상 보존 요건(preservation requirement)을 적용하는 것은 협정의 대상과 목적을 침해할 수 있다고 판정한 것에 대해서도 오류라고 상소하였다. 상소기구는 그러한 기준을 적용하는 것이 관세 양허의 안정성과 예측 가능성이라는 WTO협정 및 GATT의 대상과 목적에 반드시 상충되는 것은 아니라는 점은 인정하였다. 그러나 상소기구는 패널이 이미 지적한대로 EC가 실제 적용되는 장기간 보존 기준이 무엇인지 분명하게 설명하지 않았고 0210에 나열된 처리 방법의 보존 효과가 0207 처리 방법의 그것과 어떻게 다른지 설명하지 못했다는 점을 환기하였다. 아울러 상소기구는 0210 상품에 EC가 적용하는 보존 기준에 대해 명확성이 부족하다는 패널의 판단에 동의하였고 이러한 불확실성은 안정성과 예측 가능성이라는 WTO 협정 및 GATT의 대상과 목적을 침해한다는 패널의 판정이 잘못되지 않았다고 판단하였다.

EC는 UR 협상 과정 중 회원국은 0210은 냉동 염장계육의 시장 접근을 보장하려는 대상과 목적을 갖지 않았다는 자신의 주장을 패널이 무시하였다고 주장하였으나 상소기구는 이는 EC의 주관적인 판단으로서 패널 기록 어디에도 UR 협상 과정 중 냉동염장계육은 0210에 속하지 않는다고 회원국이 이해를 같이 했다는 근거가 없다고 일축하였다.

(4) 후속 관행(subsequent practice)

패널은 EC가 UR협정 이후 1996년부터 2002년까지 닭고기들을 HS 0210으로 분류하여 왔다는 사실과 EC가 해당 품목을 수입하고 있는 유일한 회원국이며 해당 품목의 관세 분류에 관한 다른 회원국의 사례를 찾아보기 어렵다는 점을 근거로 닭고기를 0210으로 분류한 EC의 관행이 비엔나 협약 31조3항[4](b) 의 후속 관

4) 31.3. There shall be taken into account, together with the context:
(a) any subsequent agreement between the parties regarding the interpretation of the treaty or the application of its provisions;

행에 상응한다고 판정하였다. 패널은 EC의 분류관행 하나만을 이용하여 후속 관행의 존재 여부를 결정하는 것도 합리적이라고 보았다.

EC는 한 나라만의 관행을 근거로 후속 관행이라고 판단하는 것은 부당하다고 상소하였다. 상소기구는 우선 한 나라의 관행으로 후속 관행을 결정할 수 있는지에 대해서 패널과 의견을 달리하였다. 상소기구는 어떤 관행이 후속 관행이 되기 위해서 반드시 조약체결국 모두(each and every)가 그러한 관행을 시행해야 할 것은 아니지만 그렇다고 WTO협정과 같은 다자조약의 1개 또는 극소수 체결국의 행동에 근거하여 일치하고 공통되며 괄목한(concordant, common, discernible) 양태(pattern)(즉 후속 관행)가 있다고 결정하는 것은 온당치 못하다고 언급하였다. 패널은 이 사건에서 문제가 된 것이 EC의 양허표 0210이므로 EC의 관행을 기준으로 후속 관행을 판정할 수 있다고 하였으나 상소기구는 EC 외 다른 나라도 그 양허표에 0210을 포함하는 나라가 있으므로 이들의 관행도 보아야 한다고 언급하였다.

어떤 관행을 실시하지 않은 나라에 대해 그들도 그러한 관행에 동의하였다는 것을 어떻게 수립할 수 있는지에 대해 패널은 문제가 된 관행에 대한 회원국의 반응이나 무반응으로부터 연역할 수 있다고 설명하였다. 이 사건의 경우 EC가 1996년~2002년 기간 중 닭고기를 0210으로 분류한 데 대해 어느 나라도 항의하지 않았으므로 이 분류 방법에 동의한 것으로 볼 수 있다는 것이다. 상소기구는 더 이상의 조사 없이 조약 체결국의 반응 부족(lack of response) 만을 토대로 후속 관행에 대한 당해 회원국의 동의를 추론하는 것에 대해 우려를 표명하였다. 이것은 어떤 관행에 대해 인지하였으나 반응하지 않기로 결정한 경우에는 타당할지 몰라도 모든 상황에서 타당한 것은 아니며 더욱이 패널처럼 항의가 없었다는 것을 근거로 특정 관행에 대한 동의가 있었다고 추론(deduce) 하는 것은 견해를 같이 할 수 없다고 못 박았다.

상소기구는 이상의 추론(reason)을 토대로 후속 관행에 대한 패널의 해석과 적용, 그리고 1996년~2002년간 행해진 EC의 닭고기 분류 관행이 후속 관행에 해당한다는 패널의 결론을 번복하였다.

(b) any subsequent practice in the application of the treaty which establishes the agreement of the parties regarding its interpretation;

(c) any relevant rules of international law applicable in the relations between the parties.

(나) 비엔나 협약 32조에 의한 해석

패널은 비엔나 협약 31조에 의해 이 사건에서 문제가 된 닭고기(염도 1.2%~1.9%의 냉동무골계육)는 EC 양허표 0210에 속한다고 잠정적으로 결론지은 후 이를 확인하기 위해 비엔나 협약 32조에 명시된 해석의 보충적 수단을 이용하여 본 후 자신의 결론이 32조상의 분석으로도 확인된다고 최종 결정하였다.

EC는 패널이 조약 체결 당시의 상황을 지나치게 포괄적으로 해석하였고 문제가 된 EC 규정 535/94의 법적 성격도 잘못 이해하였으며 DSU 11조상의 사실의 객관적 해석 의무도 준수하지 못했다고 상소하였다.

상소기구는 우선 조약 체결 당시의 상황은 EC가 생각하는 것과 달리 문제가 된 상황과 조약 체결국의 공통된 의도 간에 반드시 직접적이고 진정한 관계(direct and genuine link)가 있어야 하는 것은 아니라고 보았다. 상소기구는 사건, 행위 등은 cause and effect 관계 측면에서 조약 문안에 영향을 미친 경우뿐만 아니라 특정 조항에 대한 조약 체결국의 조약 체결 당시의 공통된 의사를 인지(discern) 하는 데 도움이 된다면 조약 해석의 보충적 수단이 될 수 있다고 설명하였다. 관계의 정도에 대해서도 상소기구는 패널과 같이 relevant하면 되는 것이지 반드시 direct and genuine link가 있어야 하는 것은 아니라고 보았다. 아울러 relevance의 정도는 주관적인 의도(subjective intention)에 의해서가 아니라 객관적인 요소(objective factor)에 의해서 판단해야 한다고 언급하고 그 요소의 예로 어떤 사건, 문서, 조치(instrument)의 양태(type), 법적인 성격, 그 상황과 조약 체결과의 시간적 관계, 공표된 법령의 실질적 認知 또는 단순한 접근 가능성 여부 등을 제시하였다.

어떤 사건, 행위, 조치와 조약 체결간의 시간적 관계에 대해 패널은 조약체결 당시의 상황이란 조약 체결 이전의 어떤 시점부터 조약체결 시점까지의 기간이라고 보았다. 상소기구는 패널의 판정에 동의하면서 어떤 사건, 행위, 조치는 특정 조약의 체결 배경이 될 수 있으며 그 발생 시점이 조약 체결 당시를 기준으로 멀면 멀수록 해당 조약을 해석하는 데 있어서의 관련성의 정도는 덜 할 것이라고 첨언하였다.

어떤 사건, 행위 또는 조치가 비엔나 협약32조[5]상의 조약 체결 당시의 상황

---

5) 32. Recourse may be had to supplementary means of interpretation, including the preparatory work of

이 되기 위해서 모든 조약 당사자들이 이들을 인지하고 있어야 하는 문제에 대해 패널은 실제로 인지하고 있어야 할 것은 아니며 그러한 사건, 행위, 조치가 공표되었다면 이를 인지하고 있었다고 볼 수 있으며(constructive knowledge) 이러한 정도의 인지는 32조상의 목적상 충분하다고 판단하였다. 상소기구도 대체적으로 패널과 입장을 같이 하였다.

EC는 패널이 다른 나라, 특히 미국의 분류 관행과 국제적인 상황을 충분히 고려하지 않았다고 주장하였으나 상소기구는 패널이 이러한 요소를 고려한 점이 인정되며 다만 이 요소에 대해 EC가 주장하는 만큼의 중요성을 부여하지 않은 것은 사실 관계를 수립하는 자(trier of facts)로서의 패널 재량에 속한다고 설명하고 EC의 주장을 수용하지 않았다.

조약 체결 당시의 상황(circumstance of conclusion)에 해당한다고 볼 수 있는 사건, 행위, 기타 조치의 양태에 관해 상소기구는 패널과 마찬가지로 조약 체결 후 EC 세관 당국의 분류 관행, 관세 분류에 관한 법률, 국내 재판 판결이 조약 체결 당시의 상황이 되는 사건, 행위, 조치에 해당한다고 판단하였다. EC는 조약 체결 후의 품목 분류 관행이 32조에 따른 조약 해석에 relevant한 것으로 본 패널의 판단에 시비하였으나 상소기구는 체결 후의 관행이라 하더라도 체결 당시의 체약국의 공통된 의도가 무엇이었는지에 대해 시사할 수 있으므로 패널 판단에 무리가 없다고 보았다. 상소기구는 분류 관행이 체결 당시의 상황이 될 수 있다면 분류에 관한 법률은 당연히 상황에 해당하며 국내 법원의 판결도 상황에 해당할 수 있으나 재판 판결은 개개 사건에 국한된 것이므로 법률보다는 덜 relevant하다고 부연 설명하였다.

4) 결론 : GATT II조1항(a), (b) 위반 여부

이상의 추론을 근거로 상소기구는 패널 판정 모두 즉 i) 문제가 된 염도 1.25~1.9%의 냉동 계육片(frozen boneless chicken cuts)은 EC 양허표 heading 0210에 포함되며, ii) EC Regulation 1223/2002와 Decision 2003/97은 해당 상품에 0210상의 관세보다 높은 관세를 부과하는 결과를 초래하였고, iii) 따라서 EC는 GATT

---

the treaty and the circumstances of its conclusion, in order to confirm the meaning resulting from the application of article 31, or to determine the meaning when the interpretation according to article 31:(a) leaves the meaning ambiguous or obscure; or

(b) leads to a result which is manifestly absurd or unreasonable.

II조1항(a),(b)[6]에 합치되지 않게 행동하였으며 브라질과 태국의 이익을 무효화하고 침해하였다는 패널 판정을 지지하였다.

다. 해설 및 평가

이 사건은 관세 양허 이후 관세 분류의 변경으로 실질적 관세 부담이 증가된 경우, GATT 위반에 해당한다는 것을 재확인한 사례이다. 특히, 양허표 해석의 기준시점이 UR 협정 서명일이라는 점, 양허표상의 記述(description)에서 언급되지 않은 사항은 비록 당사국이 암묵적으로 의도하였다 하더라도 고려될 수 없다는 점, 양허표상 해당 품목의 기술이 多義的으로 해석될 경우 무역 자유화의 확대에 기여하는 방향으로 해석되어야 한다 는 점 등을 명확히 하였다고 평가할 수 있다.

이 사건의 쟁점은 EC 양허표 0210상의 salted의 의미를 어떻게 해석할 것인지 여부였다. 이 단어 해석을 위해 조약 해석에 관한 모든 원칙과 방법이 모두 검토되었다는 점에서 조약 해석에 관해 큰 의미를 제공하는 사건이기도 하다. 조약법에 관한 비엔나 협약 31조에 따르면 우선 조약은 조약문의 문맥 및 조약의 대상과 목적으로 보아 그 조약의 문맥에 부여되는 통상적 의미에 따라 해석해야 한다. 31조는 문맥에 관해 이번 사건 패널이나 상소기구처럼 직접적인 문맥과 포괄적인 문맥이라는 용어를 사용하지는 않았으나 31조2항에 조약의 해석 목적상 문맥은 조약문에 추가하여 조약의 전문 및 부속서와 함께 i) 조약의 체결에 관련하여 모든 당사국간에 이루어진 그 조약에 관한 협의, ii) 조약의 체결에 관련하여 또는 그 이상의 당사국이 작성하고 또한 다른 당사국이 그 조약이 관련되는 문서로서 수락한 문서를 포함한다고 규정하고 있어 i), ii)가 포괄적인 문맥에 해당한다고 볼 수 있다.

이번 사건에 salted의 의미 해석을 위해 패널은 후속 관행을 고려하였는데 31조3항은 후속 관행 외에도 i) 조약의 해석 또는 그 조약규정의 적용에 관한 당사

---

6) II:1.(b) 어느 체약국에 관한 양허표 제1부에 기재된 산품으로서 다른 체약국 영역의 산품은 동 양허표에 관련된 영역에 수입될 때에는 동 양허표에 규정된 조건 또는 제한에 따라 동 양허표에 규정된 관세를 초과하는 통상의 관세로부터 면제된다. 이러한 산품은 또한 수입에 대하여 또는 수입에 관련하여 부과되는 기타 모든 관세 또는 과징금이 본 협정일자에 부과되는 것 또는 동 일자 현재에 수입 영역에서의 유효한 법률에 의하여 그 후 직접적이며, 의무적으로 부과가 요구되는 것을 초과하는 것으로부터 면제된다.

국간의 추후의 합의와 ii) 당사국간의 관계에 적용될 수 있는 국제법의 관계 규칙을 문맥과 함께 참작하라고 규정하고 있다. 당사국이 특별한 의미를 특정 용어에 부여하기로 의도하였음이 확정되는 경우에는 그 의미대로 해석하여야 한다. 이상이 비엔나 협약이 규정하고 있는 해석의 일반 원칙이다. 비엔나 협약은 이러한 일반 원칙 외에 보충적 수단을 통해 조약을 해석할 수 있다고 규정하고 있으며 대표적인 보충적 수단으로 조약의 교섭 기록 및 그 체결시의 상황을 제시하고 있다. 그러나 해석의 보충적 수단은 제한 없이 사용할 수 있는 것이 아니라 31조 일반 원칙대로 해석하면 i) 의미가 모호해지거나 또는 애매하게 되는 경우 또는 ii) 명백히 불투명하거나 또는 불합리한 결과를 초래하는 경우에 한해 부차적으로 사용할 수 있는 것이다. 이런 점에서 패널이 32조 해석의 보충 수단을 적용한 것은 다소 의아하다. 패널은 31조 일반 원칙을 적용하여 salted의 의미를 해석하여 자신의 잠정 결론을 도출하였으며 이 결론을 확인하기 위해 해석의 보충 수단을 이용하였다. 즉 31조로 해석한 결과 salted의 의미가 모호해지거나 애매해지지도 않았고 불투명하거나 불합리한 결과를 초래하지도 않았는데 단지 자신의 해석이 옳다는 점을 확인하기 위해 보충 수단을 이용한 것은 굳이 그럴 필요성이 있었는가 의문이 간다.

복수의 언어가 정본인 조약의 경우 해석상 서로 다른 점이 있을 때 특정의 조약문이 우선한다는 규정이나 당사국간 합의가 없을 경우 각 언어로 작성된 조약문은 동등한 효력을 갖는다. 조약의 용어는 각 정본상 동일한 의미를 가지는 것으로 추정된다.

26. US vs. Mexico - Soft Drinks 사건

(DS308, 2006. 3. 24. - 상소기구)

가. 사건 개요

멕시코는 사탕수수糖(cane sugar)을 가당제로 사용하지 않은 음료와 청량음료(soft drinks)의 수입에 대해서는 가액의 20%에 해당하는 소위 음료세(soft drinks tax)를 부과하였으며 이러한 음료 운송/유통과 관련된 각종 서비스(commission, mediation, brokerage 등)에 대해서도 20%의 유통세(distribution tax)를 부과하였다. 아울러 해당 조세 납부 의무자에 대해 각종 장부를 기록 유지해야 하는 簿記 요건(bookkeeping requirements)도 부과하였다.

음료세와 유통세는 음료에 부과되는 것이기는 했지만 실상은 음료에 첨가되는 加糖製에 관한 것이었다. 음료에 첨가되는 가당제에는 사탕수수糖, 사탕무糖 beet sugar, HFCS[1]가 있는데 멕시코로 수입되는 음료(주로 미국산)는 거의 전부가 beet sugar와 HFCS를 가당제로 사용하는 반면 멕시코 국내산 음료는 대부분 사탕수수糖을 사용하고 있었다. 따라서 사탕수수糖을 가당제로 사용하지 않는 음료에 국한하여 음료세와 유통세를 부과하는 것은 국내 사탕수수糖의 생산 및 판매를 촉진하는 결과가 된다.

미국은 멕시코의 이러한 조치가 GATT III조 내국민 대우 위반이라고 주장하고 2004년 6월 패널 설치를 요청하였다. 멕시코가 이러한 조세 조치를 취한 배경

---

1) High Fructose Corn Syrup(HFCS)이란 과당(Fructose)이 많이 함유된 옥수수 줄기에서 채취한 시럽으로 음료, 식품 등의 첨가물로 많이 쓰인다. 果糖(Fructose)이란 포도당과 함께 과일·꿀·시럽 및 몇몇 채소 등에 많이 들어 있는 당분(糖分)으로서 레불로오스라고도 한다. 흰색 가루이며 단당류육탄당(單糖類六炭糖)에 속하는 것으로 당류 중에서 인체에 가장 빠르게 흡수·소화되어 흔히 설탕의 대체용품으로 쓰인다.

에는 자국산 사탕수수糖의 해외 판매, 특히 미국시장 판매 문제가 있다. 미국과 멕시코, 캐나다가 체결한 NAFTA 협정에 따라 미국은 멕시코산 사탕수수糖의 대미 수입을 개방할 의무를 부담하게 되었으나 그 이행을 지체하였다. 이에 멕시코는 NAFTA 패널에 제소하였고 한편 미국산 음료에 추가 조세를 부과함으로써 미국으로 하여금 사탕수수糖 시장을 개방하도록 압력을 가하고자 한 것이다. 따라서 멕시코는 패널 및 상소기구 심리 과정 중 III조4항 위반에 대해서는 항변하지 않았고 자국의 조치가 법령 및 규칙의 준수, 즉 미국의 NAFTA 의무 준수를 확보하기 위해 취해진 것이므로 GATT XX조(d)에 의해 정당화된다고 주장하였다.

나. 주요 쟁점별 당사자 주장 및 판결 요지

1) GATT III조2항 위반 여부

(가) 내국세 초과 부과 여부

미국은 음료세와 유통세는 수입 음료 및 非사탕수수糖을 가당제로 함유한 시럽에 부과되는 것이나 결국 수입 음료에 가당제로 사용되는 사탕무糖, HFCS에 간접적으로 부과되는 것이라고 보았다. 미국은 이는 국내 사탕수수糖에 부과되는 조세를 초과하여 수입 사탕무糖에 부과되는 내국세이므로 내국세 부과 시 국내외산 차별을 금지한 GATT III조2항[2] 첫 문장에 위반된다고 주장하였다.

패널은 일단 사탕수수糖과 사탕무糖의 외형, 화학적 성분, 최종 용도 등을 종합하여 볼 때 두 상품이 동종 상품인 것은 분명하다고 보았다.

GATT III조2항은 모든 종류의 내국세 및 과징금을 관장하는 것이 아니라 직접 또는 간접적으로 상품에 적용되는 것에 국한되므로 패널은 사탕수수糖과 사탕무糖이 내국세가 직접 또는 간접적으로 적용되는 상품인지에 대해 판단하여야 했다. 우선 음료세의 경우 패널은 음료세가 가당제에 직접 부과되는 것은 아니나 비사탕수수糖 가당제의 함유가 음료세 부과를 촉발하는 것이고 조세 부담은 일

2) III:2. 다른 체약국의 영역내에 수입된 체약국 영역의 산품에 대하여는 동종의 내국산품에 직접 또는 간접으로 부과되는 내국세 또는 기타 모든 종류의 내국과징금을 초과하는 내국세 또는 기타 모든 종류의 내국과징금을 직접 또는 간접으로 부과하여서는 아니된다. 또한, 체약국은 본조 제1항에 규정된 원칙에 위배되는 방법으로 내국세 또는 기타 내국과징금을 수입산품 또는 국내산품에 부과하여서는 아니된다.

청 부분 가당제에 부과되는 것이므로 비사탕수수 가당제는 간접적으로 음료세의 대상이 된다고 보았다. 유통세의 경우 패널은 조세와 조세 대상간의 관계가 음료세에 비해 다소 미약하기는 하나 사탕수수糖을 가당제로 사용한 음료와 관련된 서비스에 대해서는 부과되지 않고 그 외 sugar를 가당제로 사용한 음료와 관련된 서비스에는 유통세가 부과되므로 유통세는 사탕무糖과 같은 비사탕수수糖에 간접적으로 부과되는 내국세라고 결론지었다.

음료세와 유통세가 국내 동종 상품에 부과되는 것을 초과하여 부과되는지에 대해 패널은 긍정적으로 판정하였다. 패널은 멕시코는 음료 및 시럽용으로 사탕수수糖을 생산하고 있고 사탕무糖은 생산치 않고 있으며 사탕수수糖을 가당제로 사용한 음료에는 음료세와 유통세가 부과되지 않으므로 수입 음료수에 부과된 사탕무糖에 간접적으로 부과된 음료세와 유통세는 국내 동종 상품인 사탕수수糖에 부과된 것을 초과하여 부과된 것이 자명하다고 판단하였다. 이상을 토대로 패널은 음료세와 유통세는 GATT III조2항 첫 문장에 위반된다고 판시하였다.

미국은 음료세와 유통세가 직접 부과되는 수입 음료 및 비사탕수수糖이 함유된 시럽에 대해서도 III조2항 첫 문장 위반 시비를 제기하였다. 국내 음료에 부과되는 것을 초과하는 내국세가 수입 음료에 부과된다는 것이다. 패널은 가당제의 경우와 마찬가지로 수입 음료와 시럽이 사탕수수糖을 가당제로 사용한 국내 음료와 시럽과 동종 상품이며 국내 상품에 부과된 것을 초과하는 내국세가 부과된 것이라고 확인하고 III조2항 첫 문장 위반이라고 판시하였다.

(나) 국내 상품 보호 의도 여부

미국은 HFCS와 사탕수수糖은 직접적으로 경쟁적이고 대체 가능한 상품인데 음료세와 유통세가 유사하게 과세되지 않았고 국내 생산을 보호하기 위한 것이며 이는 GATT III조2항 두 번째 문장 위반이라고 주장하였다.

패널은 두상품의 시장에서의 경쟁 상황, 성질, 물리적 특성, 최종 소비자, 소비자 기호, 관세 번호 등을 종합하여 볼 때 두 상품이 직접적으로 경쟁적이며 대체 가능한 상품이라고 보았다. 유사한 방법으로 과세되었는지 여부에 대해 패널은 HFCS를 함유한 음료에 20%를 과세하였으며 기타 제출된 증거로 볼 때 유사하게 과세되지 않은 것은 자명하다고 보았다. 이러한 과세 차이가 국내 생산을 보호하기 위한 것인지에 대해 패널은 음료세, 유통세는 대부분 수입 가당제에만 영향을 미치고 그 조세 차이가 크며 국내 생산 보호를 위해 의도된 조치라는 점이 멕시코 정부 자료에 시사되어 있다는 점을 들어 그러하다고 결론지었다. 따라서 GATT III조2항 두 번째 문장 위반이라고 판시하였다.

2) GATT III조4항 위반 여부

미국은 음료세 및 유통세, 부기요건은 수입 상품의 국내 판매, 사용 등에 영향을 미치는 국내 조치며 동종 상품보다 덜 유리한 대우를 부여하는 것이므로 III조4항[3] 위반이라고 주장하였다.

패널은 이미 III조2항 위반 여부 심리 시 사탕수수糖, 사탕무糖, HFCS가 동종 상품이라고 판단하였음을 환기하였고 국내 사용 등에 영향을 미치는 조치 여부에 대해서는 음료세와 유통세의 경우 이미 III조2항에 합치되지 않는 방식으로 수입 가당제에 부과된다고 판정하였으므로 국내 사용 등에 영향을 미치는 점이 분명하다고 확인하였다. 簿記요건 역시 사탕수수糖 사용자에게는 부과되지 않으므로 사탕무糖, HFCS의 사용, 판매, 구매, 운송 등에 영향을 미친다고 보았다. 덜 유리한 대우 여부에 대해 패널은 시비가 된 3개 조치는 음료 및 시럽 생산 시 사탕수수糖을 가당제로 사용하게 하는 경제적인 유인을 제공하며 사탕수수糖과 사탕무糖 및 HFCS간의 경쟁 조건을 심각하게 변경하고 결과적으로 사탕무糖과 HFCS에게 덜 유리한 대우를 부여하는 것이라고 판단하였다.

이상을 토대로 패널은 멕시코는 3개 조치를 통해 수입 가당제에 대해 국내 사탕수수糖에 부여된 것보다 덜 유리한 대우를 부여하는 것이며 이는 GATT III조4항 위반이라고 판시하였다.

3) GATT XX조(d)에 의한 정당화 여부

멕시코는 미국의 III조2항 위반 주장에 대해서는 반박하지 않고 문제가 된 조치가 비록 III조2항 위반을 판정된다 해도 이는 GATT XX조(d)[4]에 의해 용인되는

---

3) III:4. 체약국 영역의 산품으로서 다른 체약국의 영역에 수입된 산품은 동 국내에서의 판매, 판매를 위한 제공, 구입, 수송, 분배 또는 사용에 관한 모든 법률, 규칙 및 요건에 관하여 국내 원산의 동종 산품에 부여하고 있는 대우보다 불리하지 아니한 대우를 부여하여야 한다. 본 항의 규정은 교통수단의 경제적 운영에 전적으로 입각하였으며 산품의 원산국을 기초로 하지 아니한 차별적 국내 운송요금의 적용을 방해하지 아니한다.

4) XX. 본 협정의 어떠한 규정도 체약국이 다음의 조치를 채택하거나 실시하는 것을 방해하는 것으로 해석되어서는 아니된다. 다만, 그러한 조치를 동일한 조건하에 있는 국가간에 임의적이며

것이라고 주장하였다. 즉 멕시코는 음료세와 유통세는 미국이 멕시코 sugar의 미국 시장 진입에 관한 NAFTA 상의 일부 의무를 이행하지 않고 있으므로 미국의 동 의무 준수를 확보하기 위하여 취해진 대항 조치이고 NAFTA는 GATT에 반하지 아니하는 법령 또는 규칙에 해당한다는 것이다. 미국은 타국의 국제법상의 의무 준수를 강제하기 위해 WTO 규정을 위반할 수는 없는 것이며 NAFTA는 XX조(d)에 규정된 법령이나 규칙에도 해당하지 않는다고 반박하였다.

패널은 '준수를 확보한다(to secure compliance)'는 의미는 준수를 강제(enforce)한다는 의미를 내포한다는 것이 GATT 교섭사나 그 이후의 판례[5]에 의해 확인되었다는 점을 환기하고 강제한다는 것은 위계 질서가 있는 국내에서 적용할 수 있는 것이지 국제관계에서 일국이 타국에 대해 적용할 수 있는 개념은 아니라고 언급하였다. XX조(d)는 따라서 국내 문제에 적용되는 것이지 국가간 적용되는 것은 아니라고 판단하였다. 준수를 확보하기 위해 고안된(designed) 것인지 여부에 대해서도 패널은 동 조치의 의도된 목적(미국의 NAFTA 의무 준수 강제)을 어떻게 달성할 수 있을지 의문이며 멕시코도 이러한 조치가 어떻게 미국의 NAFTA 의무 준수에 기여할 수 있을지 납득할 만한 설명을 제시하지 못하였다고 지적하였다. 패널은 이미 III조2항 심리 시 문제가 된 조세 조치가 국내 생산을 보호하기 위한 것이라고 판정하였음을 환기하고 멕시코의 주장을 수용하지 않았다. NAFTA가 XX조(d)에 언급된 법령 및 규정(laws and regulations)에 해당하는지에 대해서도 패널은 비록 XX조(d)가 국제 조약을 포함하는지에 대해 명시적으로 언급하고 있지는 않으나 그 문맥 및 여타 조항을 종합적으로 고려할 때 법령 및 규칙은 국내 규정을 의미하는 것이지 국제 조약까지 포함하는 것은 아니라고 판단하였다. 이는 준수를 확보한다는 것은 국내적으로 적용된다는 이전 판단과도 합치되는 것이라고 지적하였다.

불공평한 차별의 수단 또는 국제 무역에 있어서의 위장된 제한을 과하는 방법으로 적용하지 아니할 것을 조건으로 한다.

(a), (b), (c), … 생략 …

(d) 관세의 실시, 제2조 제4항 및 제17조에 따라 운영되는 독점의 실시, 특허권, 상표권 및 저작권의 보호 그리고 사기적인 관습의 방지에 관한 법률과 규칙을 포함하여 본 협정의 규정에 반하지 아니하는 법률 또는 규칙의 준수를 확보하기 위하여 필요한 조치,

5) *EEC-parts and components* 사건(GATT시의 사건) 패널은 법률과 규칙의 준수의 확보는 "법률과 규칙의 목적 달성을 보장하는 것(to ensure the attainment of objectives of laws and regulations)"이 아닌 "법률과 규칙하의 의무를 시행하는 것(to enforce obligations under laws and regulations)"을 의미한다고 보았다. 이 판례는 *Canada-Periodicals* 사건 패널에서 재확인된 바 있다.

패널은 이상의 판단을 종합하여 멕시코는 문제가 된 조치가 GATT XX조(d)항의 법령 및 규칙의 준수를 확보하기 위하여 고안된 것이라는 점을 입증하지 못했다고 판시하였다.

멕시코는 이에 대해 상소하였다. 멕시코는 패널이 준수를 확보한다는 의미를 국제적인 대항조치는 제외되는 것으로 잘못 해석하였고 XX조(d)의 법령 및 규정은 국제 법규를 포함한다고 주장하였다.

상소기구는 법령과 규정은 통상적으로 국내 법규를 지칭하는 것이며 국제 조약을 이행하기 위한 것이라 하더라도 이행을 위한 국내 법규인 것이라고 보았다. 일부 국가의 법체계는 국제 조약의 경우 별도의 국내 입법 조치 없이 국내적으로 적용되도록 하고 있으나 이 경우 국제 조약이 국내법 체계의 일부를 구성하게 되는 것이라고 설명하고 따라서 XX조(d)의 법령 및 규칙은 국제 법규를 포함하지는 않는다고 판단하였다.

상소기구는 패널이 준수를 확보하기 위해 고안된 것인지 여부를 판단함에 있어 (준수는 미국이 하는 것이므로) 문제가 된 조치의 준수 확보 실효성이 없을 것이라고 판단한데 대해 패널은 준수 확보 확실성이나 강제성을 기준으로 삼은 것 같으나 확실성이나 강제성이 반드시 준수를 확보하기 위해 고안된 조치의 구성 부분이어야 할 필요는 없다고 보았다. 준수를 확보하는 데 기여할 수 있는 정도면 충분하다고 본 것이다. 상소기구는 그러나 준수를 확보하려는 대상이 XX조(d)의 범위 밖이므로 멕시코의 XX조(d) 주장은 여전히 성립될 수 없다고 지적하였다. 이미 XX조(d)의 법령과 규칙은 국내 법규를 지칭하며 타 회원국의 국제법상 의무를 포함하지 않는다고 판시하였으므로 설사 문제가 된 조치가 준수를 확보하기 위해 고안된 것이라고 해도 그 준수해야 할 것이 XX조(d)항이 관장하지 않는 타국의 국제법상 의무이므로 해당 사항이 없다는 것이다.

4) DSU 19조1항 이행 방법의 권고

멕시코는 현재 멕시코산 sugar의 미국 시장 진입 문제를 둘러싸고 미국과 NAFTA 체제 내에서 분쟁을 진행 중에 있으므로 이에 영향을 미칠 사항에 대해서는 판정을 유보하여 줄 것을 요청하였으나 패널은 DSU 19조1항상 패널과 상소기구는 문제가 된 조치가 대상 협정에 합치되지 않는다고 결론을 내렸으면 동 조치를 대상 협정에 합치시키라고 권고해야 하는 법적인 의무를 지고 있다고 설명하고 멕시코가 요청하는 것과 같은 재량권이 패널에게는 없다고 판단하였다.

멕시코는 NAFTA내 분쟁과 관련된 일부 사실 관계에 대해서는 패널이 결정을 내려줄 것을 요청하였다. 패널은 NAFTA 분쟁과 이번 사건은 별개의 사안이며 DSU 3조10항[6]는 별개의 사안에 대한 제소와 反訴는 연계되지 않는다고 규정하고 있음을 환기하고 멕시코의 요청을 모두 수용하지 않았다.

다. 해설 및 평가

이 사건의 쟁점이 된 GATT III조 내국민 대우는 GATT 관련 사건에서 가장 흔히 제기되는 문제이다. III조를 적용할 수 있는 정확한 범위를 설정하는 것은 차별의 의도, 차별의 효과, 동종 상품의 여부, 국내 생산 보호 목적 등 다양한 요소를 포함하고 있어 GATT/WTO 판례법에서 다루어진 매우 어려운 이슈 중의 하나이고 다양한 판례가 있다.

III조는 비슷한 내용을 규정한 세 개의 다른 규정, III조2항 첫 문장, 둘째 문장, 및 III조4항이 있다. 이전의 판례는 이 중 한 두개를 심리한 것이 보통인데 이 사건에서는 3개 사항이 모두 제기되어 III조 문제를 종합적으로 이해하는 데 편리하다. III조2항 첫 문장을 다룬 판례는 *US-Gasoline*, *Japan-Alcohol* 사건 두 번째 문장을 다룬 사건으로는 *Japan-Alcohol*, *Canada-Periodicals*, *Korea-Alcohol*, *Argentina-Hide* 사건, III조4항에 관한 사건으로는 *Korea-Beef*, *EC-Bananas*, *Japan-Film*, *EC-Asbestos*, *Canada-Autos*, *Dominica-Cigarettes*, *Canada-Wheat*, *India-Autos* 사건 등이 있다.

이 사건 패널은 III조2항 1, 2 문장 및 III조4항을 심리함에 있어 이전 판례에서 확립된 분석의 순서와 요건을 따랐다. III조2항 첫 문장의 경우 패널은 동종 상품 여부, 내국세 및 내국 과징금 여부, 초과 과세 여부, 직접 또는 간접 부과 여부를 각각 살펴보았고 두 번째 문장의 경우(ad article)의 내용을 포함하여 직접적으로 경쟁적이거나 대체 가능 여부, 유사하지 않게 과세되었는지 여부, 국내 생산 보호 목적 여부에 대해 심리하였다. III조4항에서는 동종 상품 여부, 법령 및 규정, 요건 해당 여부, 국내 판매, 구매 등에 영향을 미치는지 여부, 덜 유리한 대우

---

6) 3.10. 조정의 요청 및 분쟁 해결 절차의 활용이 투쟁적인 해위로 의도되거나 간주되어서는 아니되며, 또한 분쟁이 발생하는 경우 모든 회원국은 분쟁 해결을 위하여 성실하게 이 절차에 참여하는 것으로 양해된다. 또한 별개의 사안에 대한 제소 및 반소는 연계되어서는 아니되는 것으로 양해된다.

부여 여부를 나누어 심리하여 위반 여부를 종합 판단하였다.

멕시코의 음료세 및 유통세가 내국민 대우 위반임은 워낙 자명하여 멕시코는 패널 심리 과정이나 상소심에서 미국의 시비에 대해 이의를 제기하지 않았다. 대신 멕시코는 자국의 제도가 GATT XX조(d)에 의해 정당화되는 것이라는 주장에 집착하였다. WTO 규정에 위반되지 않는 법령, 규칙의 준수를 확보하기 위한 조치이므로 면책된다는 것인데 패널과 상소기구는 NAFTA와 같은 국제 협정은 XX조(d)의 법령이나 규칙에 해당하지 않는다는 데에는 의견을 같이 하였으나 준수를 확보한다는 의미에 대해서는 의견을 달리하였다. 패널의 견해는 문제가 된 NAFTA 의무를 준수해야 하는 주체는 미국인데 음료세, 유통세를 부과한다 해서 미국이 반드시 그 의무를 준수하도록 강제할 수가 없으므로 실효성이 없다는 것이다. 그러나 상소기구는 준수 확보가 반드시 준수를 확실하게 하는 확실성, 또는 강제성을 포함해야 하는 것은 아니라고 보았다.

27. US vs. EC - Customs Matters 사건

(DS315, 2006. 12. 13 - 상소기구)

가. 사건 개요

25개국으로 구성된 경제 공동체 EC는 관세 측면에서 보면 25개 회원국 전체가 하나의 관세 영역인 관세 동맹이다. EC는 그러나 통관 업무를 하나의 통일된 EC 기관이 집행하는 것이 아니라 각 회원국 통관 당국이 각각 담당하고 있다. EC 차원에서는 전 회원국에 공히 적용되는 통관 관련 법규를 제정하고 이행을 감독할 뿐이다. 구체적인 통관 업무의 집행을 25개 회원국의 통관 당국이 담당하다 보니 특정 상품의 관세 분류 번호에 대한 판단, 관세 부과의 토대가 되는 상품 가격 획정, 통관 절차 및 시간 등 통관 사무의 집행에 관한 여러 분야에 있어 각 회원국의 판단과 관행의 차이로 인해 획일적인 일률성을 유지하지 못하는 경우가 많았다. 또한 한 회원국 통관 당국의 사무 집행 조치에 대해 제기한 이의는 당해 회원국 사법 당국이 1차적인 관할권을 가지며 그 결정은 당해 국가 통관 당국만 구속하였다.

미국은 EC의 통관 관련 법규가 일률성 있게 집행되지 못하는 것은 GATT X조3항(a)[1]호 위반이며 통관 사무에 대한 이의 심리 결과가 당해 당국만 구속하는 것은 동 결과가 모든 통관 당국에 적용되어야 한다는 GATT X조3항(b)[2]호 규정

---

1) X:3.(a) 각 체약국은 본 조 제1항에 열거한 종류의 자국의 모든 법률, 규칙, 판결 및 결정을 일률적이고 공평하고 합리적인 방법으로 실시하여야 한다.

2) X:3.(b) 각 체약국은 특히 관세사항에 관한 행정상의 조치를 즉시 검토하고 시정하기 위하여, 법원, 중재재판소 또는 행정재판소 또는 동 목적 달성을 위한 절차를 유지하고 또한 가능한 한 신속히 이를 설정하여야 한다. 이러한 재판소 또는 절차는 행정상의 실시를 담당하는 기관과 독립되어야 하며 그 판결은 수입업자가 공소를 위하여 정하여진 기간 내에 상급의 재판권을 가

에 위반된다고 주장하고 2005년 1월 13일 WTO에 패널 설치를 요청하였다.

나. 주요 쟁점별 당사자 주장 및 판결 요지

1) 패널의 심리 범위(terms of reference)

(가) 분쟁 대상이 되는 특정 조치(measure at issue) 문제

미국은 패널 설치 요청서[3]에 분쟁 대상이 되는 조치(measure)는 EC의 4개 통관 법규 및 일체의 수정 사항 및 시행령[4]이라고 기재하였다. 미국은 measure의 내용에 대해 시비하는 것이 아니라 그러한 measure가 운영되는 방식(manner)에 대해 시비하는 것이라고 인정하면서 그러한 measure를 운영하는 방식 자체는 measure가 될 수 없으므로 DSU 6조2항[5]상의 분쟁 대상이 되는 조치는 EC 통관 법규를 구성하는 법, 규정, 결정, 판정 등이라고 하였으며 경우에 따라서는 이러

지는 재판소에 공소를 제기하지 아니하는 한, 전기 기관에 의하여 실시되며 또한 전기 기관의 행위를 규율한다. 다만, 동 기관의 중앙행정관청은 그 결정이 확립된 법의 원칙 또는 사실과 일치하지 아니한다고 믿을만한 충분한 이유가 있을 때에는, 다른 절차에 의하여 동 문제의 심사를 받기 위한 조치를 취할 수 있다.

3) WT/DS315/8

4) • Council Regulation (EEC) No 2913/92 of 12 October 1992 establishing the Community Customs Code, including all annexes thereto, as amended (the "Code");
  • Commission Regulation (EEC) No 2454/93 of 2 July 1993 laying down provisions for the implementation of Council Regulation (EEC) No 2913/92 of 12 October 1992 establishing the Community Customs Code, including all annexes thereto, as amended (the "Commission Regulation");
  • Council Regulation (EEC) No 2658/87 of 23 July 1987 on the tariff and statistical nomenclature and on the Common Customs Tariff, including all annexes thereto, as amended (the "Tariff Regulation");
  • the Integrated Tariff of the European Communities established by virtue of Article 2 of Council Regulation (EEC) No 2658/87 of 23 July 1987 on the tariff and statistical nomenclature and on the Common Customs Tariff, including all annexes thereto, as amended (the "TARIC"); and
  • for each of the above laws and regulations, all amendments, implementing measures and other related measures.

5) 6.2. 패널설치는 서면으로 요청된다. 이러한 요청은 협의가 개최되었는지 여부를 명시하고, 문제가 된 특정 조치를 명시하며, 문제를 분명하게 제시하는 데 충분한 제소의 법적 근거에 대한 간략한 요약문을 제시한다. 제소국이 표준위임사항과 상이한 위임사항을 갖는 패널의 설치를 요청하는 경우, 서면 요청서에는 제안하고자 하는 특별위임사항의 문안이 포함한다.

한 조치들은 그 자신이 measure가 될 수 있는 다른 법, 규정 등을 통하여 운영될 수도 있다고 주장하였다. 법규 자체가 X조3항(a)호에서 말하는 운영(administer)이 될 수 있다는 입장이다.

EC는 미국이 시비하는 것은 패널 설치 요청서에 기재한 조치, 즉 EC의 4개 통관 법규를 EC가 운영하는 방식이지 이들 법규 자체가 조치는 아니라고 주장하였다. EC는 패널 설치 요청서에 기재된 법규들은 EC가 일률적으로 운영하고 있지 못하다는 법규가 무엇인지 밝히고 있을 뿐이지 미국이 시비하는 것은 이러한 법규가 운영되는 방식(manner) 자체이므로 그러한 방식이 분쟁 대상이 되는 조치가 되어야 한다는 입장을 보였다. EC는 미국이 문제가 되는 방식이 무엇인지에 대해 충분히 특정하지 못했다고 비난하였다.

패널은 무엇이 분쟁 대상이 되는 조치인지를 판단하기 위해 DSU 6조2항과 19조1항[6]간의 관계를 고려하여 보았다. 즉 19조1항 규정상 패널과 상소기구는 WTO 의무에 합치되지 않는 조치에 대해 대상 협정에 합치시키도록 권고해야 하며 이 조치는 당연히 DSU 6조2항의 분쟁 대상이 되는 특정 조치(measure at issue)를 말하는 것으로 보았다. 또한 패널은 분쟁 대상이 되는 조치는 그 조치에 의해 위반되었다는 특정한 WTO 의무의 견지에서 해석해야 한다고 전제하고 이 사건에서 문제가 된 GATT X조3항(a)호가 부과하는 의무는 법규를 일률적이고 공정하며 합리적으로 운영하는 의무라고 보았다. 따라서 이 조항에 관한 패널 설치 요청서는 일률, 공정, 합리적으로 운영되지 못하는 운영 방식(manner of administration)이 무엇인지 분명히 밝혀야 한다고 언급하였다. 즉 분쟁 대상 조치는 특정 법규의 운영 방식이라는 것이다. 만일 위반이 판정이 내려질 경우 해당 국가는 패널이나 상소기구의 권고를 이행하기 위해서는 관련 법규를 운영하는 방식을 바꾸어야 할 것이므로 분쟁의 대상이 되는 조치는 법규를 운영하는 구체적 방식이 되어야 한다고 판정하였다.

패널의 판정은 그러나 상소기구에서 파기되었다. 상소기구는 DSU 6조2항이 부과하는 의무는 i) 분쟁의 대상이 되는 특정 조치를 명시하고(measure의 특정) ii)

---

6) 19.1 패널 또는 상소기구는 조치가 대상협정에 일치하지 않는다고 결론짓는 경우, 관련 회원국(Re.9)에게 동 조치를 동 대상협정에 합치시키도록 권고한다(Re.10). 자신의 권고에 추가하여 패널 또는 상소기구는 관련 회원국이 권고를 이행할 수 있는 방법을 제시할 수 있다.
(Remark 9) "관련 회원국"은 패널이나 상소기구 권고의 대상이 되는 분쟁당사국이다.
(Remark 10) 1994년도 GATT 또는 다른 대상협정의 위반을 수반하지 아니하는 사건에 대한 권고에 대하여는 제26조를 참조바람

제소의 법적 근거를 간략히 제시하는 것(claim 설명) 두 가지인데 전자는 제소국이 시비하는 것이 무엇이냐는 이슈이고 후자는 시비하는 조치에 의해 WTO 어느 협정의 어느 조항상의 의무가 위반되었는지 설명하라는 것이라고 정리하였다. 상소기구는 이 두 가지 의무는 서로 구별되는 요건인데 패널이 6조2항의 조치를 그 조치가 위반하고 있다는 특정한 WTO 의무의 견지에서 해석해야 한다고 판단한 것은 양자간, 즉 measure와 claim의 구별을 흐리게 한 것이라고 지적하였다. 아울러 상소기구는 *US-Corrosion Resistant Steel Sunset Review* 사건에서 자신이 판정한 바와 같이 WTO 회원국에 귀속되는 그 어떤 作爲나 不作爲(act or omission)도 원칙적으로는 분쟁 해결 절차의 조치가 될 수 있다는 점[7]을 환기하고 6조2항상의 분쟁 조치를 특정해야 하는 요건이 충족된 한 패널 설치 요청서에 어느 국가의 작위나 부작위를 분쟁 대상 조치로 적시하지 못할 이유가 없다고 부연하였다.

19조1항의 권고를 이행하기 위해서는 법규를 운영하는 방식을 바꾸어야 하므로 이 사건의 분쟁 대상 조치는 법규의 운영 방식이 되어야 한다는 패널의 논리에 대해 상소기구는 어느 조치가 패널의 심리 범위에 속하는지의 문제와 이행 방식의 문제를 혼동한 것이라고 지적하였다. DSU 19조1항의 권고는 이행 단계에 관한 것이지 특정 조치의 패널 심리 범위 대상 여부와는 무관한 것이고 더구나 권고 이행의 방식에 대해서는 해당 회원국이 광범위한 재량권을 가지고 있으므로 이행 방식이 분쟁 대상 조치 획정을 관장할 일은 아니라고 언급하였다.

상소기구는 또한 6조2항의 분쟁 대상 조치를 그 조치가 위반한다는 특정 WTO 의무의 견지에서 보아야 한다면 분쟁 해결 절차에 불확실성과 복잡성이 초래된다고 지적하였다. 의무 위반 여부, 정도는 패널이 심리 후에 판단할 몫인데 분쟁 당사국은 패널의 심리가 시작되기도 전에 해당 의무 규정의 제한된 정도를 예측하여 대응하여야 하는 불확실성이 있으며 패널의 심리 범위를 둘러싸고 불필요한 쟁송이 우려된다는 것이다.

(나) 통관 사무 분야 문제

통관 사무는 검역, 세번 분류, 가액 측정, 입경 및 보관, 위반 시 제재 등 여러 절차를 망라한다. 미국은 패널 요청서에 EC의 통관 법규 운영은 이러한 다양한 형태를 망라한다는 점을 언급하고 이를 모두 적시할 수 없으나 EC 통관 법규의 일률적이지 못한 운영이 상품 분류 등 6가지[8] 분야에서 특히 현저하다고 예시

7) Appellate Body Report, US-Corrosion Resistant Steel Sunset Review, para. 81

(including but not limited to)하였다.

패널은 DSU 6조2항의 대상 조치 특정 의무는 제소국이 시비하는 내용을 피제소국이나 제3자 참여국에게 통지하는 공정 절차(due process) 상의 목적을 포함하는 것이라고 설명하고 미국도 패널 설치 요청서에서 인정하였듯이 통관 법규의 운영이란 수천 개의 조항과 방대한 통관 사무 분야를 망라하므로 DSU 6조2항의 대상 조치 특정 요건을 이 사건의 맥락에서 보았을 때 통관 사무의 어느 분야를 시비하는 것인지 밝혀야 한다고 보았다. 패널은 이 사건의 분쟁 대상 조치는 자신이 판단하기에 EC 통관 법규의 운영 방식이므로 운영 분야를 밝히는(identification) 것이 분쟁 대상 조치를 특정하는 데 필요하다고 보았으며 미국의 패널 설치 요청서에 나열된 6개 분야가 미국이 시비하는 분야이므로 자신의 심리 범위는 이 6개 분야에 한정된다고 판단하였다.

이에 대해 미국은 6개 분야는 단순한 예시일 뿐이며 패널 설치 요청서에 자신이 특정한 분쟁 대상 조치는 분명히 EC 통관 법규 4개 및 일체의 수정, 시행령, 기타 관련 조치를 망라하는 것이라고 상소하였다.

상소기구는 미국의 패널 설치 요청서 문안상 6개 분야는 EC의 통관 법규가 일률적이지 못하게 운영되고 있는 예시임이 분명하며 6조2항의 규정대로 문제를 분명하게 제시하는 데 충분한 근거를 제시한 것일 뿐이라고 확인하였다. 상소기구는 6조2항은 제소국이 자신의 주장을 예시(foreshadow) 하는 것을 금지하지 않고 있다고 첨언하고 이 사건의 분쟁 대상 조치는 6개 통관 분야에서 EC 통관 법규가 운영되는 방식이라는 패널의 판정을 파기하고 분쟁 대상 조치는 미국의 패널 설치 요청서에 명기된 대로 통합적으로 운영(as administered collectively) 되는 4개 통관 법규(각각의 시행령 및 기타 관련 조치 포함)라고 확인하였다.

---

8) • classification and valuation of goods;
- procedures for the classification and valuation of goods, including the provision of binding classification and valuation information to importers;
- procedures for the entry and release of goods, including different certificate of origin requirements, different criteria among member States for the physical inspection of goods, different licensing requirements for importation of food products, and different procedures for processing express delivery shipments;
- procedures for auditing entry statements after goods are released into the stream of commerce in the European Communities;
- penalties and procedures regarding the imposition of penalties for violation of customs rules; and
- record-keeping requirements. (WT/DS315/8 page 2.)

(다) EC 통관 운영 체제 전체(as a whole) 대한 시비 문제

패널은 이 사건의 대상 조치를 6개 분야에서의 EC 통관 법규가 일률적이지 않게 운영되는 방식이라고 판정함으로써 EC 통관 체제 전체에 대해 시비한다는 미국의 주장을 인정하지 않았다. 미국은 자신이 시비하는 것이 EC 통관 법규 운영상 일률성이 없다는 것, 즉 EC 통관 체제 전체(as a whole)에 일률성이 부재하다는 것이라고 주장하였다.

패널은 DSU 6조2항의 대상 조치 특정 요건을 충족하는 한 특정 국가의 특정 제도(체제) 전체를 시비할 수는 있으나 미국의 패널 설치 요청서의 문안과 내용(wording and content)으로 볼 때 미국은 EC의 통관 체제 전체를 시비할 수 없다고 결론 내렸다. 패널은 자신의 결론에 대한 근거로서 i) 핵심적인 EC 통관 법규를 나열하고 통관 사무의 특정 분야를 열거한 것은 서로 분리하여 읽을 수 없으며 같이 읽어 볼(read together) 경우 미국의 시비는 이들 핵심 법규에 의해 관장되는 통관 운영의 전체가 아닌 일부 분야(some but not limited to)에 미치는 것일 뿐이며, ii) 미국 패널 설치 요청서에 나열된 통관 운영 분야는 통관 사무의 전체 분야를 망라하지 못하고 있고, iii) including, but not limited to라는 표현이 그 자체로 패널의 심리 범위 내에 EC 통관 체제의 모든 분야를 포함시키는 법적 효력이 있다고는 보지 않는다는 점을 들었다.

상소기구는 패널의 판정을 파기하였다. 상소기구는 분쟁 대상이 되는 특정 조치라고 이미 판단한 통합적으로 운영되는 4개 통관 법규가 EC의 통관 체제(customs regime)의 법적인 구조물(legal architecture)로서 EC의 통관 운영 체제의 전부 다는 아닐지라도 거의 태반을 관장하고 있다고 보았다. 상소기구는 미국의 패널 요청서에 EC는 GATT X조1항[9] 상의 법률, 규칙 등을 운영하는 방식이 일률적이지 않다고 주장하고 있으며, 동 패널 요청에 있어 법률, 규정, 판결, 결정

---

9) X:1. 체약국이 실시하고 있는 일반적으로 적용되는 법률, 규칙, 사법상의 판결 및 행정상의 결정으로서 산품의 관세상의 목적을 위한 분류 또는 평가에 관한 것, 관세, 조세 또는 기타 과징금의 율에 관한 것, 수입, 수출 또는 이를 위한 지불 이전에 관한 요건, 제한 또는 금지에 관한 것 또는 산품의 판매, 분배, 수송, 보험, 창고보관, 검사, 진열, 가공, 혼합 또는 기타 사용에 영향을 주는 것은 각 정부 및 무역업자가 지득할 수 있는 방법으로 신속히 공표하여야 한다. 국제무역정책에 영향을 주는 협정으로서 체약국정부 또는 정부기관과 다른 체약국 정부 또는 정부기관 간에 효력을 가지는 것도 공표하여야 한다. 본 항의 규정은 체약국에 대하여 법률의 시행을 저해하며 기타 방법으로 공익에 반하거나, 공적 또는 사적인 특정기업의 정당한 상업상의 이익을 침해하게 되는 비밀정보의 발표를 요구하는 것은 아니다.

등을 집합적으로 조치(measure)라고 칭한다고 밝히고 있고(패널 요청서 1문단[10]), EC내 이러한 조치의 운영은 회원국 통관 당국에 의해 수행되고 있으며 이러한 운영은 무수히 상이한 형태를 띄고 있을 뿐 아니라(패널 요청서 두 번째 문단[11]) 위에 언급된 조치들의 비일률적인 운영은 회원국간 다양한 분야에서의 나타나는 차이점에서 명백히 드러난다고 적시하고 있음을 주목하였다. 상소기구는 이러한 기재는 미국의 시비, 즉 EC의 통관 법규가 집합적으로 또는 전체적으로 GATT X조3항 위반이라는 점을 충분할 정도로 분명하게 제시하고 있다고 보았다. 미국은 패널 및 상소기구 심리시 통관 사무가 상호 독립적인 25개 EC 회원국 통관 당국에 의해 개별적으로 집행되고 있으며 사무 처리상의 상이점을 신속히 교정하는 어떠한 절차나 기관도 없으므로 EC의 통관 운영 체제는 불가피하게 일률적인 운영을 결여하고 있다고 주장하였다. 상소기구는 이러한 주장이 미국의 패널 요청서에 처음부터 기재되어 있었더라면 미국의 시비가 EC 통관 체제 전반에 관한 것임을 보다 명료해졌을 것이기는 하나 기존의 문안과 내용을 종합적으로 볼 때에도 미국의 시비가 EC 통관 제도 전반에 대한 것임을 인정하기에 충분하다고 판시하였다.

패널 심리 시 미국은 EC 통관 법규의 고안 및 구조(design and structure) 상 일률적이지 못한 운영으로 귀결된다고 주장하였다. 패널은 이를 미국이 EC 통관 법규 자체에 대한 시비로 이해하고 미국의 패널 요청서의 문안과 내용으로 볼 때 미국은 EC 통관 법규의 고안 및 구조(design and structure)를 시비할 수 없다고 판정하였다.

이에 대한 미국의 상소에 대해 상소기구는 EC 통관 법규의 고안 및 구조에

---

10) The United States considers that the manner in which the European Communities ("EC") administers its laws, regulations, decisions and rulings of the kind described in Article X:1 of the *General Agreement on Tariffs and Trade 1994* ("GATT 1994") is not uniform, impartial and reasonable, and therefore is inconsistent with Article X:3(a) of the GATT 1994. For purposes of this request, the laws, regulations, decisions and rulings (collectively, "measures") that the European Communities fails to administer in such a manner pertain to the classification and valuation of products for customs purposes and to requirements, restrictions or prohibitions on imports. The measures consist of:

11) Administration of these measures in the European Communities is carried out by the national customs authorities of EC member States. Such administration takes numerous different forms. The United States understands that the myriad forms of administration of these measures include, but are not limited to, laws, regulations, handbooks, manuals, and administrative practices of customs authorities of member States of the European Communities.

관한 미국의 주장(contention)은 25개 회원국 통관 당국이 개별적으로 통관 사무를 집행하고 이견 조정 절차가 없는 EC의 통관 체제로 인해 통관 법규가 일률적이지 못하게 운영된다고 시비의 일환으로 언급한 것이라고 정리하고 패널이 이 주장 자체를 미국의 시비(claim)로 성격 지은 것은 동의할 수 없다고 판시, 고안 및 구조에 관한 미국의 주장을 고려할 수 없다는 패널의 판정을 파기하였다.

(라) 심리 범위의 시기적 범위(temporal scope)

미국이 비일률적인 통관 법규 운영 사례로 제시한 것 중 일부는 패널 설치 전후 시정 조치가 취해져서 문제가 해결된 것이 있었다. 이에 따라 EC는 패널의 심리 범위는 패널 설치일 현재 더 이상 존재하지 않거나 아직 존재하지 조치를 포함하지는 않으며 이러한 조치에 대해 판정할 수는 없다고 주장하였다.

패널은 원칙적으로는 그러하나 이미 존재하지 않는 조치라 하더라도 패널 설치일 현재 대상 협정의 운영에 영향을 미치는 것이라면 예외적으로 패널 판정 및 권고의 대상이 될 수 있다고 보았다. 패널 설치일 현재 운영 행위나 절차를 前後(pre-date, post-date) 하는 운영 행위나 절차(steps and acts of administration)라 할지라도 패널 설치일 현재 GATT X조3항(a)호 위반의 존재 여부를 판단하는데 관계가 있을 수(relevant) 있다는 것이다.

패널의 이러한 판정에 대해 EC는 상소하였으나 상소기구는 패널의 판정을 지지하였다. 상소기구는 패널 심리 범위는 패널 설치일 현재 존재하는 조치에 국한한다는 원칙에는 2가지 예외가 있을 수 있다고 설명하였다. 즉 i) 패널 설치일 후에 발효된 법규(legal instrument)가 패널 요청서에 밝혀진(identified) 분쟁 대상 조치를 수정하고 그 수정이 동 조치의 본질(essence)을 변동시키지 않을 경우 패널은 동 법안을 검토(examine)할 권한이 있으며, ii) 법적인 토대가 만료된 조치라 할지라도 동 조치의 효과가 제소국이 향유하는 대상 협정상의 혜택을 패널 설치일 현재 침해한다고 시비되었을 경우 동 조치를 검토할 수 있다는 것이다.

2) GATT X조3항(a)호 관련 쟁점

(가) 운영과 일률성의 의미

(1) 운영(administer)의 의미

미국은 EC 통관 법규의 운영이 25개 회원국 통관 당국별로 독립적으로 집행되므로 태생적으로 일률적이지 못하다고 주장하고 구체적인 예로서 LCD monitor 분류상이 차이 등 몇 가지 사례를 들었다. 패널과 상소기구는 각 사례에 대해 심리하기 전이나 심리 과정 중에 '운영'과 '일률성'의 의미에 대해서 자신의 견해를 아래와 같이 밝혔다.

패널은 EC의 통관 운영 체제 전체(as a whole)가 GATT X조3항(a)호상의 일률된 운영 의무에 위반된다는 시비는 자신의 심리 범위에 속하지 않는다고 판정하고 자신의 심리 범위는 미국이 제시한 6개 통관 운영 분야에서 EC 통관 법규가 운영되는 방식(manner of administration) 즉, 구체적인 사례(particular instances)에 국한된다고 보았다. 패널은 이러한 구체적인 사례 검토를 시작하기에 앞서 X조3항(a)호의 운영한다(administer)는 의미와 일률적(uniformity)이라는 것의 의미에 대해 고찰하였다.

패널은 administer란 법률, 규정, 결정, 판정에 실제적인 효과를 부여(put into practical effect)하는 행동을 의미하며 따라서 이는 법률, 규정 등을 구체적인 상황(particular cases)에 적용(application)하는 것이고 법규의 적용이란 그 적용에 수반되는 운영 과정(administrative process)과 운영 결과를 포함한다고 보았다. 패널은 administer의 통상적 의미상 법률이나 규정 자체를 의미하지는 않는다고 판단하였다. 패널은 X조3항(a)호의 목적은 무역종사자들은 공정하고 일관(consistently)되게 대우하려는 것이므로 administer란 운영 과정이나 결과를 포함한, 법규의 적용을 의미하는 것이라고 해석하는 것이 동 조항의 목적이나 문맥상으로도 적절하다고 판단하였다. 문맥상으로 볼 때에도 X조3항(a)호가 법률, 규정 등 자체가 일률, 공평, 합리적이어야 할 것을 요구한다고 해석하기는 곤란하다고 보았다.

패널은 운영(administer)한다는 것은 법률과 규정의 적용(application)에 관련되는 것이고 운영 과정과 그 결과를 포함하는 것이라고 하였으며 특정한 사건에서 어떤 법규의 적용은 그 적용에 수반되는 운영 과정을 포함한다고 보았다. 왜냐하면 운영 과정은 그 법규 규정 사항을 추구하는 데 있어 발생하는 여러 단계, 행동, 사건(steps, acts, events) 등을 망라하기 때문이라는 것이다.

패널의 이러한 판정에 대해 EC는 X조3항(a)호의 일률성 의무 준수 여부는 우선적으로 운영 결과(administrative outcome)를 토대로 평가되어야 한다고 강조하고 패널의 판정은 이와 달리 X조3(a)호가 법규 운영 과정상의 일률성, 즉 운영 결과 아니라 그 과정도 균일해야 할 것임을 요구하는 것으로 해석하였다고 비난, 패널의 판정을 기각하여 줄 것을 상소하였다.

상소기구는 그러나 패널은 administer 의미 파악을 위해 administrative process와 연관시켜 본 것뿐이지 administer가 운영 과정상의 일률성을 요구한다고 본 것은 아니며 운영 과정의 포괄적인 의미로 볼 때 X조3(a)호가 운영 과정상의 일률성을 염두에 둔 것은 아니라고 정리하였다. 따라서 운영 과정상의 비일률성이나 차이는 그 자체가 X조3항(a)호의 위반을 구성하는 것은 아니며 일률적이어야 할 것은 X조1항에 기재된 법규 등의 적용(application)이지 운영상의 결정에 도달하게 되는 과정이 아니라고 확인하고 패널의 판정을 지지하였다.

(2) 일률성(uniformity)의 의미

일률성(uniformity)의 의미에 대해 패널은 이 용어의 통상적 의미는 시간, 장소, 상황에 관계없이 동일한 형태, 성격을 유지한다는 것으로 이해하고 동일한 문제에 대해서는 WTO 회원국 어디에서나 동일한 운영 결과를 시현해야 하는 지리적 일률성을 나타낸다고 보았다. 그러나 일률성의 또 다른 통상적 의미는 동일한 기준, 규범, 양태(pattern)에 부합(conform)한다는 것이 있으며 이 의미로 볼 때 운영의 결과가 반드시 동일해야 할 정도는 아니라고 언급하였다. 패널은 이상 두 가지 동일성의 정도 중 어느 것이 적합한 것인지 가리자면 GATT X조3항상 일률성과 운영은 불가분의 관계에 있다는 점을 고려해야 한다고 보았다. 법규의 일률적 운영이 문제된 분쟁에서 운영의 구체적인 형태, 본질, 규모(form, nature and scale)는 각 분쟁마다 다를 수밖에 없으며 모든 경우에 무차별하게 적용할 수 있는 일률성의 의미를 규정하기는 어려울 것으로 판단하였다. 시비하는 법규정이 적거나 특정화 될수록 그 운영의 정도는 보다 더 엄격하여질 것이나 시비하는 법규의 범위가 방대하다면 그 운영의 동일성 정도는 완화될 수 있다고 보고, 일률성의 동일성 정도는 사안에 따라 달라진다고 판단하였다.

상소기구는 X조3항(a)호는 X조1항에 나열된 법규 등을 일률, 공평, 투명하게 운영하라는 운영에 관한 규범(discipline)을 수립한 것이므로 이들 법규의 실질적인 내용에 관한 시비는 X조3항(a)호 범위 밖이라는 이전 *EC-Bnanas* 사건에서의 상소기구 판정을 환기하였다. 그러나 상소기구는 이러한 판단은 X조1항에 나열된 법규의 운영을 규제(regulate)하는 법규의 본질적인 내용을 시비하는 것을 금지하는 것은 아니라고 설명하였다. 즉 어떤 법규(legal instrument)의 본질적인 내용이 법규의 운영에 관한 것이라면 X조3항(a)호의 관장 범위에 속한다는 판단이다. 상소기구는 운영되는 법규(legal instrument being administered)와 법규의 적용이나 집행을 규제하는 법규(legal instrument that regulates the application of that instrument)

는 구분해야 한다고 언급하였다. 따라서 해당 법규의 적용이나 집행을 규제하는 법규를 X조3항(a)호로 검토(examine)하지 못할 이유가 없다고 판정하였다.

상소기구는 위와 같은 구분은 X조3항(a)호 위반을 입증하는 증거의 수준에 관련이 있다고 보았다. 만일 제소국이 어떤 법규의 운영을 규제하는 법규의 본질적인 내용에 대해 시비를 제기하려면 시비 대상이 된 법규가 불가피하게 일률성, 공평성, 투명성 부족, 그 것도 용인할 수 없는 수준의 부족으로 귀결된다는 점을 입증해야 할 것이라고 보았다.

(나) 세번 분류 분야

(1) LCD monitor 등의 세번 분류 관행

미국은 PC network card, Drip Irrigation Products[12], Unisex articles and shirts, Blackout Drapery Lining[13], LCD monitor with Digital Video Interface[14]의 세번 분류가 EC 회원국마다 일률적으로 동일하게 시행되지 않는다고 운영된다고 주장하였다. 패널은 시비하는 내용이 구체적이므로 매우 높은 수준의 일률성이 적용되어야 한다고 보고 각 사안을 검토하였다. 검토 결과, 패널은 PC network card와 Drip Irrigation Products의 상이한 세번 부여 관행은 이미 EC 당국에 의해 해결되었고 Unisex articles and shirts는 미국이 제출한 증거가 불충분하여 세번 분류가 일률적이지 못했다는 것을 증명하지 못했으며 Blackout Drapery Lining은 미국이 시비한 상품이 서로 다른 상품이어서 세번 분류가 일률적이지 못했다고 볼 수 있는 사안이 아니라고 설명하고 미국의 주장을 기각하였다. 다만 LCD monitor with DVI는 그 세번 분류가 통일되지 못했고 EC도 이를 인정하고 있음을 들어 GATT X조3항이 의미하는 비일률적인 운영에 해당한다고 판시하였다.

패널 심리 종반 무렵인 2005년 12월 23일 EC는 LCD monitor with DVI의 품목분류 문제를 원천 해결하기 위해 화면 크기를 기준으로 15″ 이하는 컴퓨터 모니터로, 20″ 이상은 TV 수신기로 분류한다는 규정(EC Regulation 2171/2005)을 채택하였다. EC는 2006년 2월 10일 패널의 잠정 보고서가 배포된 후, 위의 규정을 새로운 증거로 제시하고 분류 문제가 원천 해결되었으므로 패널의 판정을 번복하

12) 식물 등에 방울 방울 물을 공급하는 살수(撒水) 장치

13) 빛이 통과하지 못하도록 coating 되어 있는 직물

14) TV 수상기와 컴퓨터 monitor 겸용 액정(液晶) 화면. 컴퓨터 monitor로 분류할 경우 관세는 0%이나 TV 수상기로 분류할 경우 14%의 관세가 부과된다. 프랑스, 네덜란드 통관 당국은 TV로 분류하는 한편, 독일 등은 컴퓨터 monitor로 분류한다.

여 줄 것을 요청하였으나 패널은 DSU 15조2항상 잠정 검토 단계는 보고서의 잠정 보고서의 특정 부분(precise aspects)에 한해 검토하는 단계이며 새로운 증거를 고려하는 것은 배제된다고 밝히고 EC의 새로운 규정을 고려하지 않았다.

EC는 이에 대해 상소하였으나 상소기구 역시 패널의 판정을 같은 이유로 지지하였다.

(2) 독일 당국의 자체적인 품목 분류 해설서 사용 문제

독일 통관 당국은 EC의 품목 분류 규정을 시행함에 있어 자체적인 해석서(interpretive aid)를 사용하고 있었다. 독일 통관 당국이 blackout drapery lining의 세번을 결정하는 과정에 이 해석서를 사용한 것을 특정하여 미국은 EC의 다른 회원국은 사용하지 않는 해석서에 따라 세번을 분류한 것은 GATT X조3항(a)호의 비일률적 법규 운영에 해당한다고 주장하였다. 독일 통관 당국은 다른 EC 회원국의 동 품목 분류 관행을 참고하지도 않았다.

패널은 동일 관세 영역내 다른 통관 당국이 의무적으로 사용하지 않는 해석서에 일방적으로 의존하여 통관 당국이 자신의 업무를 수행하도록 방치하는 통관 운영 체제는 특정한 경우 법규의 비일률적 운영에 도달하여 GATT X조3항(a)호의 의무를 위반할 수 있다고 보았으며 이번 사건의 경우 문제가 된 사례에서 독일 당국이 모두 동 해석서를 이용한 점이 인정되고 어느 EC 회원국도 문제가 된 상품 분류 시 유사한 해석서를 이용하지 않은 점이 확실한 점에 비추어 독일 당국이 동 해석서를 이용한 것은 법규를 비일률적으로 운영한 것으로서 X조3항(a)호 위반에 해당한다고 결론지었다. 또한 패널은 또한 동일 관세 영역내의 타 통관 당국의 동일 상품에 대한 세번 분류 관행을 참조하거나 상호 협조하도록 요청하지 않는 통관 운영 체제는 비일률적 운영을 초래하여 X조3항(a)호를 위반할 수 있다고 보았으며 이 번 사건의 경우 독일 통관 당국이 타국 관행을 참조하지 않은 점이 인정된다고 판단하였다. 패널은 이상을 토대로 blackout drapery lining 세번 분류 운영 과정은 X조3항(a)호 위반에 해당한다고 판정하였다.

EC는 패널 판정에 대해 상소하였으며 상소기구는 패널이 해석서 존재와 독일 통관 당국은 타국 통관 당국의 결정을 참조하는 공식적인 요건(formal requirement)을 갖고 있지 않은 점, 두 가지 특징에 초점을 두었음을 주목하였다. 상소기구는 운영한다(administer)는 것이 운영 과정을 포함하기는 하나 운영 과정도 일률적이어야 할 것은 요구하는 것은 아니라는 판단을 환기하고 X조3항(a)호 위반이라고 결정하기 위해서는 패널이 비일률적으로 보이는 운영 과정의 특정 특징(feature)

을 단순히 밝히는(identify) 것으로는 부족하고 이러한 운영 과정상의 특징이 불가피하게 해당 법규(legal instrument)의 비일률적인 운영에 다다른다는 것을 심도 있게 분석해야 한다는 의견을 밝혔다. 상소기구는 패널이 위의 두 가지 특징을 강조한 것이 옳고 그른 것인지는 別論으로 하더라도 운영 과정상의 이 두 가지 특징이 왜 그리고 어떻게 blackout drapery lining을 반드시 비일률적으로 분류하게 되는 것인지 자세한 분석을 실시하지 않았다고 지적하였다. 이에 따라 상소기구는 blackout drapery lining을 분류하기 위한 운영 과정이 X조3항(a)호상의 비일률적 운영에 해당한다는 패널 판정을 기각하였다.

(3) BTI 문제

EC 통관 규정상 수출입업자는 특정 상품의 세번 분류를 EC 회원국 통관 당국에게 사전에 요청할 수 있으며 통관 당국의 세번 결정은 여타 모든 회원국 통관 당국을 구속한다. 이를 Binding Tariff Information(BTI)라고 한다. 미국은 실제로는 BTI 세번 분류가 다른 통관 당국을 구속하지 않으며 BTI 번호를 인정하지 않고 새로운 세번 번호를 부여하는 경우도 있다고 주장하였다. 그러나 패널은 미국이 제출한 증거는 동 주장을 입증하기에 불충분하다고 판단하였으며 통관 당국이 BTI 번호를 구속력 있는 것으로 취급하지 않았음을 미국이 입증하지 못했다고 판정하였다.

(4) 통관 법규 설명서의 규범력 차이 문제

EC는 회원국 모든 통관 당국이 공히 참조할 수 있는 통관 법규 설명서(explanatory note)를 배포하였으나 어느 회원국은 이 설명서를 일종의 규정 regulation으로 이해한 반면 일부 회원국은 법규를 명료하게 하는 정도의 문서로 이해, 동일 설명서에 대한 규범력의 정도가 회원국마다 차이가 있었다. 미국은 이 역시 X조3항(a)호상의 일률성 의무 위반이라고 주장하였다. 패널은 실제로 그리 운영된다면 일률성 의무 위반에 해당할 것임을 인정하기는 하였으나 미국이 제출한 자료는 불충분하다고 지적하고 미국이 자신의 주장을 입증하지 못했다고 판시하였다.

(다) 관세 평가(customs valuation) 상의 차이

통관 사무 중 관세액 평가 부분에 관해 미국이 시비한 사례는 4가지였다. 관세액 평가 시 해당 상품의 로열티를 평가액에 포함시키는 방식이 동일하지 않다

는 것(royalty payment)과 자동차 보증 수리비용을 자동차의 관세 평가액에 포함시키는 방식이 동일하지 않다는 것(vehicle repair cost), 그리고 수출자와 수입자가 유관 회사일 경우 수입 상품의 관세 평가액을 산정하는 방법에 일률성이 없다는 것(related non-EC manufacturer)과 해당 상품의 관세 평가액 산정을 위해 직전 거래액 이외의 다른 평가 기준을 요구하는 회원국이 있는가 하면 그렇지 않은 국가가 있어 일률성이 없다는 것이었다(successive sales provision).

패널은 royalty payment와 related non-EC manufacturer 문제에 대해서는 미국이 자신의 주장을 충분히 입증하지 못했다고 판단하고 미국의 주장을 기각하였으며 vehicle repair cost 문제는 이전에 이러한 문제가 있었던 것은 사실이나 2002년 EC가 새로운 규정을 통해 이 문제를 해결, 더 이상 발생하고 있지 않으므로 일률성 의무 위반에 해당하지 않는다고 판정하였다.

successive sales provision 문제에 대해 미국이 증거로 제시하고 패널이 판정의 근거로 인용한 것은 EC 회계 감사원[15] Court of Auditors의 보고서였다. 이 보고서는 직전 판매가를 관세 평가액 기준으로 사용하기 위해 어떤 통관 당국은 EC 통관 법규에 근거도 없는 사전 승인을 요구하기도 한다고 적시하고 있었다. 미국은 이 보고서를 통관 당국간의 운영이 일률적이지 않는 증거로 제시하였다. 미국이 증거로 제시한 이 보고서는 동 보고서에 대해 EC 집행위가 회계 감사원의 주장에 반박하는 서한도 같이 포함하고 있었다.

패널은 미국이 자신의 시비를 입증하기 위해 EC 회계 감사원의 보고서를 제출한 만큼 EC가 회계 감사원의 주장(assertion)을 반박(rebut)할 증거를 제출해야 할 것이나 EC가 아무런 증거를 제시하지 못했다고 확인하였다. 패널은 이에 따라 제출된 증거로 볼 때 직전 판매가를 관세 평가액으로 사용하기 위한 절차가 동일하지 않은 점이 분명하며 이는 GATT X조3항(a)호의 일률성 유지 의무에 저촉된다고 판시하였다.

EC는 미국이 (회계 감사원 보고서를 제시한 것만으로는) 자신의 시비에 대해 *prima facie* case를 성립시키지 못했다고 주장하였으며 패널이 EC에게 반박 증거를 제시할 것을 요구한 것은 입증 책임 burden of proof를 부당하게 제소국에서 피제소국으로 이전시킨 것이라고 상소하였다.

---

15) EC 기관 및 EC가 설치한 제반 보조 기구의 수입 및 지출 등의 재정 운영 전반에 과한 회계감사를 담당하며 EC 기관의 요청이 있을 경우 특정 사안에 대해 의결을 제출한다. 임기 6년의 15명의 위원으로 구성되며 이들은 각 회원국 정부와 EC 기관으로부터 독립적으로 활동한다.

상소기구는 회계 감사원 보고서의 내용에 대해 EC가 반박 서한을 제출하였는데 패널이 이를 어느 정도 고려하였는지 패널 보고서상에 언급되어 있지 않고 EC가 반박 서한을 제출하였던 만큼 EC 회계 보고서의 記述만으로 EC가 successive sales에 대해 일률적이지 못한 운영을 하고 있다는 것을 시인(admit)한 것이라고 볼 수 없다고 결정하였다. 상소기구는 미국이 자신의 주장을 뒷받침하는 충분한 증거, 예컨대 어느 EC 회원국이 사전 승인을 요구하는지, 사전 승인의 내용과 형태는 무엇이고 요구 빈도는 어떠한지 등의 증거를 제시했어야 할 것이나 그러하지 못했다고 지적하였다. 이를 토대로 상소기구는 미국이 자신의 주장에 대해 *prima facie* case를 성립시키지 못했다고 보았으며 X조3항(a)호를 위반하였다는 패널 판정도 파기하였다.

(라) 통관 절차(customs procedures) 상의 차이

(1) 선 통관 후 정산 절차

통관 절차상의 차이에서 문제가 된 것은 선 통관 후 정산 절차(free circulation), 법규 위반 시 제재 정도의 차이, 입경항과 통관 사무 절차 진행항을 달리 할 수 있는 절차(local clearance procedure) 운영이 일률적이지 않다는 것이었다.

선 통관 후 정산 상품의 검증 절차가 동일하지 않다는 미국의 주장에 대해 패널은 EC 관련 통상 법규의 해당 조항은 이 절차 운영에 대한 통관 당국의 권한이 강행적이 아니라 재량적(discretionary rather than prescriptive)인 것으로 기재되어 있다고 관찰하고 X조3항(a)호는 법규가 재량적이 아니라 반드시 강행적이어야 한다고 해석되지 않으므로 통관 운영에 관한 특정한 사안을 규정하는 법규 조항이 강행적인 것으로 기안되어야 할 것임을 요구하지는 않는다고 판단하였다. 이어 패널은 문제가 된 EC의 검증 절차는 X조3항(a)호 위반에 해당하지 않는다고 판정하였다.

상소기구도 패널의 판정을 지지하였다. 상소기구는 단순히 법규의 차이 자체는 법규 운영의 일률성 의무 위반을 입증하는데 충분하지 않으며 그러한 차이가 반드시 비일률적 운영으로 귀결된다는 것을 제소국이 입증해야 하나 미국은 이러한 입증에 해당하는 구체적인 사례를 제시하지 못하였다고 판단하고 미국의 주장을 기각한 패널의 판정을 지지하였다.

미국은 동일하거나 유사한 통관 법규 위반에 대한 처벌의 정도가 회원국별로 상이하다고 지적하고 이는 통관 법규를 일률적으로 운영하지 못한 것이라고 주장하였다.

(2) 위반시의 제재 정도의 차이

통관 법규 위반시의 제재는 25개 회원국 국내법에 근거하여 이루어진다. 그러다 보니 유사한 정도의 위반에 대한 처벌의 정도가 다른 경우가 왕왕 발생하였다. 미국은 이를 들어 처벌을 일률적으로 시행하지 않는 것이므로 X조3항(a)호 위반이라고 주장하였다.

패널은 처벌(penalties)이 EC 통관 법규를 운영하는 수단(tool)에 해당하며 회원국간의 수단상의 차이가 EC 통관 법규의 운영이 비일률적임을 의미하는 것인지를 살펴보았다. 패널은 운영한다(administer)는 의미는 이미 살펴 본 바와 같이 법률과 규정의 적용을 지칭하는 것이며 운영 과정과 그 결과를 포함하는 것이나 법률과 규정 자체를 포함하지 않는다는 점을 환기하였다. 패널은 EC 통관 법규 저촉시의 처벌은 EC 회원국의 국내법에 규정되어 있는 사항인데 EC 회원국이 EC 통관 법규를 시행하기 위해 사용하는 국내 처벌 법규의 실질적인 내용은 GATT X조1항상의 법률, 규정, 결정, 판정의 운영 행위라고 볼 수 없으며 따라서 처벌 법규상의 차이는 X조3항(a)호의 위반에 해당하지 않는다고 판정하였다.

상소기구 역시 처벌 법규의 차이 그 자체로 반드시 X조3항(a)호 위반에 귀결된다고 볼 수 없다고 판단하였다. 처벌 법규의 차이가 비일률적인 운영으로 귀결될지 여부는 처벌 법규의 본질과 처벌 법규를 통해 시행코자 하는 통관 법규의 본질에 의존(dependent)하고 있는 것이라고 보았다. 상소기구는 미국이 처벌 법규의 차이의 정도는 물론 이러한 차이가 EC 통관 법규 집행에 미치는 영향에 대해 아무런 증거도 제시하지 못하였고, 처벌 법규의 차이가 갖는 효과는 통관 법규가 운영되는 일률성의 정도에 대비하여 평가해야 할 것인데 미국은 이러한 평가도 수립(establish)하지 못했다고 지적하였다. 즉 처벌 법규 차이에 의해 일률성의 정도가 어느 정도나 영향을 받아야 X조3항(a)호 위반 여부를 검토해야 할 것인지 어떤 기준이 있어야 할 것인데 미국은 처벌 법규의 차이의 효과에 대해서 아예 아무런 주장도, 증거도 제시하지 않았으므로 처벌 법규 차이에 의해 영향 받은 일률성의 정도는 이 사건에서는 검토해 볼 실익이 없다고 보았다. 상소기구는 나아가 미국의 주장은 개별 (법규) 운영 행위(individual acts of administration) 상의 차이가 비일률적인 운영을 구성(constitute)한다면 각 운영 행위를 규율하는 처벌 법규상의 차이는 말할 것도 없이(*a fortiori*) 반드시 비일률적 운영에 해당해야 한다는 것이라고 정리하고 이러한 미국의 주장은 개개 운영 행위간의 차이는 처벌 법규간이 차이를 반영하는 것이라는 점을 전제로 하고 있다고 지적하였다. 상소기구는 그러나 개개 운영 행위간의 차이는 행위자의 재량에 따라 차이가 날 수도 있으므로 반드시 미국의 전제처럼 되는 것은 아니라고 언급하고 미국은 더욱이 비일률적인 운영을 입증할 수 있는, 처벌 법규가 적용된 구체적 사례를 제시하지 못했다고 지적하였다.

(3) 입경항과 통관 사무 진행항의 선택 절차상의 차이

EC 통상 법규는 일정 조건을 충족할 경우 정상 통관 절차를 밟지 않고 납세 전 시중 유통을 허락하는 제도(processing under customs control)와 실제 상품 入境港과 실제 통관 사무 進行港을 달리 할 수 있는 제도(local clearance procedure)를 운영하고 있었다. 미국은 이 두 제도를 이용하기 위해 충족시켜야 하는 요건의 정도가 회원국별로 동일하지 않다고 지적하고 일률성 의무 위반이라고 주장하였다. 패널은 그러나 제출된 증거로 볼 때 구비 요건이 동일하지 않다는 사실을 미국이 충분히 입증하지 못했다고 결론짓고 미국의 주장을 기각하였다.

(마) EC 통관 운영 체제 전체(as a whole)에 대한 시비 가능 여부

패널은 앞에 서술한 바와 같이 EC의 통관 운영 체제(system of customs administration) 전체에 대한 미국의 시비는 자신의 심리 범위에서 제외된다고 판정하였으나 상소기구는 이를 파기하였었다. 패널의 판정을 파기한 후 상소기구는 자신이 EC의 통관 운영 체제 전체가 GATT X조3항(a)호에 위반에 해당될 정도로 비일률적으로 운영되었는지 여부를 결정하기 위하여 분석을 계속할 처지에 있는지 살펴보았다. 그러기 위해서는 충분한 사실 판단(factual findings)과 다툼이 없는 사실(undisputed facts)이 충분히 있어야 할 것이나 패널이 EC 통관 운영 체제 전체에 대해서는 자신의 심리 범위가 아니라고 판단하여 사실 관계를 충분히 조사하지도 않았고 미국도 EC의 통관 운영 체제의 도안과 구조가 X조3항(a)호 위반에 해당한다는 점을 충분히 입증하지도 못했다고 판단하였다. 따라서 분석에 필요한 사실 관계와 자료가 부족하여 EC 통관 운영 체제 전체에 대한 미국의 시비는 그 분석을 계속할 수 없다고 결론 내렸다.

3) GATT X조3항(b)호 관련 쟁점

미국은 GATT X조3항(b)는 동 조항이 요구하는 사법, 중재 또는 행정 재판소

등의 결정은행정적 시행을 담당하는 기관을 규율해야 하나 EC 회원국의 국내 재판소는 타 회원국의 통관 당국이 아니라 자국의 통관 당국만을 규율하므로 동 조항 위반이라고 주장하였다. 미국의 주장은 통관 문제를 관할하는 사법 당국의 판결은 당해 국가의 영토 내에 있는 모든 통관 당국을 구속해야 한다는 것이다.

패널은 이는 X조3항(b)호[16]의 해석에 관한 문제라고 보고 단어의 통상적 의미 및 문맥을 통해 동 조항을 해석하였다. 사법, 중재, 행정 재판소 또는 절차가 독립적(independent)이어야 한다는 것은 이들 재판소 또는 절차에 의해 자신의 결정을 검토(review)받는 행정 기관의 간섭이나 통제로부터 자유로워야 한다는 의미이며 피검토 기관의 간섭으로부터 실제적(practical)으로나 제도적(institutional)으로 벗어난 자유 속에 검토를 시행할 수 있는 능력을 가져야 한다는 것이라고 해석하였다. X조3항(b)호가 규정하고 있는 검토(review)란 최초의 검토(first instance review)를 말하는 것이지 반드시 최종적인 검토를 의미한다고 볼 수는 없다고 보았다. 재판소 또는 절차(tribunals and procedures)가 복수로 기재된 것으로 보아 X조3항(b)호는 한 회원국 내에 해당 행정 기관의 결정을 검토하기 위한 복수 단계의 재판소나 절차가 있을 수 있다는 가능성을 인정하고 있다고 해석하였다. 패널은 통관 행정을 시행하는 기관이 X조3항(b)호내에 such agencies, such agency로 단수, 복수로 다르게 기재된 것을 지적하고 재판소 또는 절차의 판결이 반드시 모든 관련 기구를 규율한다고 볼 수는 없다고 보았다. 단 특정 판결은 해당 사건에서 검토의 대상이 된 해당 기구를 규율해야 하는 것은 확실하다고 판단하였다. 패널은 규율(govern)한다는 의미는 판결이 구속력이 있어야 한다는 것이고 규율대상이 되는 것이 행위(practice)이므로 해당 사건의 특정 행위는 물론 향후 동일상황(identical factual situation)에도 미래지향적(prospective)으로 적용되는 것이라고 해석하였다.

문맥상으로 볼 때 X조3항(b)호는 X조3항(a)호를 직접적으로 언급하고 있지

---

16) X:3,*(b)* Each contracting party shall maintain, or institute as soon as practicable, judicial, arbitral or administrative tribunals or procedures for the purpose, *inter alia*, of the prompt review and correction of administrative action relating to customs matters. Such tribunals or procedures shall be independent of the agencies entrusted with administrative enforcement and their decisions shall be implemented by, and shall govern the practice of, such agencies unless an appeal is lodged with a court or tribunal of superior jurisdiction within the time prescribed for appeals to be lodged by importers; *Provided* that the central administration of such agency may take steps to obtain a review of the matter in another proceeding if there is good cause to believe that the decision is inconsistent with established principles of law or the actual facts.

않으므로 X조3항(a)호의 일률성 의무가 X조3항(b)호에도 적용된다고 볼 수는 없다고 판단하였다. 아울러 패널은 GATT X조 전체를 관류하고 있는 공정 절차(due process)의 정신으로 볼 때 X조3항(b)호가 요구하는 것은 통관 당국의 결정에 의해 부정적인 영향을 입은 무역업자에게 동 결정을 독립된 사법 기관으로 하여금 다시 한 번 검토할 수 있게 하는 기회를 부여하는 것이라고 이해하였다.

패널은 단어의 통상적 의미나 문맥으로 볼 때 X조3항(b)호는 사법, 중재, 행정 재판소 또는 절차의 판결이 반드시 해당국 영토 내에 존재하는 모든 통관 기관을 규율해야 할 것을 의미하지는 않는다고 결론 내렸다. 패널은 X조3항(b)호는 재판소 또는 절차의 기구적 구성(institutional structure)방법에 대해서는 언급하고 있지 않으며 EC는 통관 문제에 대해 1차적인 관할권을 가지고 있는 EC 회원국을 통해 X조3항(b)호의 의무를 준수하고 있다는 결론에 도달, EC가 X조3항(b)호를 위반하지 않았다고 판정하였다.

미국은 이에 대해 상소하였으나 상소기구 역시 패널의 판정을 지지하였다. 상소기구는 X조3항(b)호에서 말하는 검토가 최초의 검토라는 점에 대해서는 분쟁당사자들과 패널간에 이견이 없음을 주목하였고 자신도 그러하다고 판단하였다. 상소기구는 X조3항(b)호 규정은 최초의 검토 결과가 관세 영역 내의 모든 통관 당국을 구속해야 하는 것으로 해석되지는 않는다고 보았으며 패널의 판정을 지지하였다.

4) GATT XXIV조12항 관련 쟁점

EC는 통관 사무가 회원국별로 집행되므로 그 운영이 일률적이지 않다는 미국의 시비는 사실상 EC 전체를 망라하는 단일 통관 당국을 설치하라는 요구라고 주장하고 회원국내 당국간의 권한 배분 재량권에 영향을 미치는 방향으로 GATT X조3항(a)호를 해석하는 것은 GATT XXIV조12항[17]에 합치되지 않는다고 강조하였다. 패널은 X조3항(a)호가 EC가 회원국별로 통관 사무를 운영하는 것을 금지하지는 않는다고 확인하였으나 EC가 인용한 GATT XXIV조12항은 합리적인 조치를 취하라는 적극적인 의무를 부여하는 조항이지 의무 이행을 면제하는 조항은 아니므로 이 조항을 근거로 GATT의 특정 조항, 예컨대 X조3항(a)호를 약화

17) XXIV:12. 각 체약국은 각국의 영역 내에서 지역적 및 지방적 정부와 기관에 의한 본 협정의 규정의 준수를 보상하기 위하여 허용 가능한 합리적인 조치를 취하여야 한다.

(attenuate)시키거나 일탈(derogate) 할 수는 없다고 단정하였다. 따라서 패널은 XXIV조12항은 패널이 X조3항(a)호에 관한 미국의 시비를 검토하는데 아무런 영향을 미치지 못한다고 확인하였다.

다. 해설 및 평가

이 사건은 GATT X조3항(a)호가 분쟁의 주쟁점이 된 최초의 사건이다. 이 사건 이전에 X조3항(a)호가 다른 핵심 쟁점과 함께 검토된 적은 3번[18] 있었으나 모두 당해 분쟁의 핵심 쟁점 사항은 아니었다. 이들 이전 분쟁에서 특히 문제가 된 X조3항(a)호의 쟁점은 이번 사건과 마찬가지로 X조3항(a)호가 법규 자체 또는 법규의 내용에 대해서도 적용될 수 있는지 아니면 법규의 운영에만 적용되는지의 문제였다. 패널은 이번 사건의 상소기구의 판단과 비슷하게 X조3항(a)호는 법규의 내용에도 적용될 수 있다고 보았으나 당시 상소기구는 X조3항(a)호는 법규가 아니라 법규의 운영에 적용되는 것이고 법규의 내용은 WTO 어느 협정의 어느 조항에 위반되는지를 살펴 그 조항의 위반이라고 시비해야 한다는 견해를 보였었다.

EC-Bananas 사건에서 패널은 국경 조치를 규제하는 내국법령도 X조항 상의 '수입에 대한 요건'에 해당한다고 보고, 전통 ACP국산 바나나 수입 허가 절차와 비전통 ACP국 및 제 3국산 바나나 수입 허가 절차간의 차이는 사소한 차이라고 볼 수 없어서 X조3항(a)호의 '일률적(uniform)' 대우에 위배된다고 판단했다. 그러나 상소기구는 GATT X조3항(a)호의 규정은 법률 자체에 적용되는 것이 아니라 그러한 법률 등의 집행에 국한되는 것이므로 EC의 수입 허가 절차에 관한 규범 내용 자체가 차별적인가의 문제는 관련 GATT 규정과의 합치 여부를 따로 따져 봐야 할 것이지 X조3항(a)호로 처리할 것은 아니라고 지적했다.

Argentina-Bovine Hide 사건에서 패널은 원피 수출 통관 과정에 국내 피혁업계 직원을 입회토록 한 아르헨티나의 규정 2235호는 국내 규정을 일률적이고 공평하며 합리적인 방식으로 시행하라는 GATT X조3항(a)호에 위배된다는 EC의 주장을 일부 수용하였다. 패널은 시비하려는 어떤 조치의 내용(substance)이 본질적으로 운영에 관한 것(administrative in nature)일 경우 동 조치를 X조3항(a)호를 들어

18) EC-Bananas, EC-Poultry, Argentina-Bovine Hide 사건

시비할 수 있다고 보았다.

이번 사건의 상소기구의 판단은 *EC-Bananas* 사건시의 판단과는 다소 차이가 있어 보이며 오히려 동 사건이나 *Argentina-Bovine Hide* 사건에서의 패널의 판단과 근접해 보인다.

이번 사건에서 미국은 법률, 규정 등은 다른 법규를 운영하는 수단이 되거나 그 본질이 운영적인 것과 그렇지 않은 것이 있을 수 있으며 전자는 X조3항(a)호의 대상이 될 수 있다고 주장하였으나 패널은 X조3항(a)호의 기술상 법규를 그러한 방식으로 이분할 수 있다고는 해석되지 않으며 또한 어떤 법규가 동시에 다른 법규를 운영하는 수단인 동시에 운영 행위에 해당할 수 있다는 것을 염두에 두고 있는 것 같지도 않다고 판단하였다. 이번 사건 패널의 이러한 판단은 X조3항(a)호의 문언 해석에 중점을 둔 것이며 이전의 상소기구의 판단, 즉 동 조항은 법규의 운영에 관한 것이지 법규 자체나 그 내용에 관한 것은 아니라는 판단에 영향을 받은 것이 분명해 보인다. 이러한 점에 비추어 볼 때 이번 사건 상소기구는 X조3항(a)호로 법규 자체를 시비할 수 있다는 자신의 판단이 X조3항(a)호는 법규의 내용이 아니라 운영에 국한되는 것이라는 *EC-Bananas* 사건에서의 판단과 어떻게 조화되는 것인지, 왜 서로 달라 보이는 판단에 이르게 되었는지 설명했어야 한다고 본다. 그러나 상소기구는 이 점에 대해 자세한 입장을 밝히지는 않았으며 단지 *EC-Bananas* 사건에서의 판정이 반드시 X조1항에 나열된 법규의 운영을 규제(regulate)하는 법규의 본질적인 내용을 X조3항(a)호로 시비하는 것을 금지하는 것은 아니라고 언급하였을 뿐이다.

X조3항(a)호를 문언 해석한다면 이 조항은 분명히 어떤 법규가 운영되는 방식에 대한 것이지 법규 자체에 대한 것은 아니다. 그러나 융통성 없이 문언 해석에만 그칠 경우 이 조항이 의도하고 있는 입법 목적을 달성할 수 없을 것이다. 이 조항은 통상 관련 법규가 투명하고 예측 가능하게 집행될 것을 보장함으로써 국제 무역이 원활하게 진행될 수 있도록 하는 것이다. 그러나 어떤 법규가 일률적이고 공평하고 합리적인 방식으로 운영되지 못하도록 제한하는 또 다른 법규가 있을 경우 X조3항(a)호를 들어 이를 시비할 수 있는 길이 없다면 무역 종사자들은 비일률적이고 불공평하게 운영되는 법규를 시정할 수 있는 방법이 없게 되는 모순에 봉착하게 된다. 더욱이 많은 나라들이 법률의 운영 문제를 규정한 별도의 시행령을 운영하고 있음에 비추어 X조3항(a)호를 어떤 법규가 관계 당국에 의해 집행되는 양태에만 국한할 경우 이러한 시행령은 분명히 그 본질이 母法의 운영

에 관한 것임에도 불구하고 시비할 수 없는 상황에 이르게 된다.

이 사건의 또 다른 쟁점은 패널의 심리 범위에 관한 것이었다. 패널은 자신의 심리 범위를 제소국인 미국의 주장과는 다르게 통관 법규가 운영되는 매우 특정한 사례로 국한하였다가 상소기구에서 파기당하였다. 이번 사건의 시비 대상은 첫째 EC 통관 법규 전체의 운영 자체에 대한 시비, 즉 통관 법규 전체가 비일률적으로 운영되고 있다는 것이다. 둘째 통관 사무는 여러 세부 분야, 예컨대 품목 분류, 상품 가액 산정, 원산지 판정, 보세 구역 보관 및 반출 등으로 나뉘어 진다. 이러한 세부 분야에서의 통관 법규 운영 자체가 일률적이지 못하다는 시비가 있을 수 있다. 셋째 시비는 구체적인 운영 사례(instances of administration)이다. 이번 사건에서 문제가 된 바 있는 LDC monitor 품목 분류와 같은 구체적인 사례를 말한다.

패널은 미국의 주장에도 불구하고 미국의 패널 요청서의 내용과 문안, 그리고 X조3항(a)호 문안을 볼 때 첫째와 둘째는 자신의 심리 범위에 속한다고 보지 않고 세 번째 구체적 사례에 대해서만 심리하였다. 첫 번째와 두 번째의 시비를 자신의 심리 범위에서 제외한 패널의 논리에 대해서는 차치하고 패널이 세 번째 구체적 사례만을 자신의 심리 대상으로 인식한 것은 일단 패널의 심리 범위를 규정한 DSU 7조1항[19]에 합치되지 않는다고 본다. 동 조항은 패널은 당사국이 특정 문서(문서 번호 기재)에 의해 제기된 문제를 조사하고 판정을 내리는 것이라고 적시하고 있으며 특정 문서는 제소국의 패널 설치 요청서를 말한다. 즉 패널이 조사하고 판단해야 할 사항은 제소국의 패널 설치 요청서에 의해 제기된 사항에 국한되는 것인데 패널이 자신의 심리 범위라고 국한한 구체적인 통관 법규 운영 사례는 사실 미국의 패널 설치 요청서에 일체 언급되지도 않은 것들이다. 미국은 EC의 통관 법규가 비일률적으로 운영되는 세부 분야만을 예시적으로 패널 설치 요청서에 나열하였고 각 세부 분야별 비일률적 운영을 예시하기 위한 일련의 사례를 1차 서면 입장서에 기재하였다. 패널이 심리한 것은 패널 설치 요청서가 아니라 1차 서면 입장서에 예시된 사례일 뿐이다.

미국이 시비한 것은 EC의 통관 법규 전체가 EC의 25개 회원국 통관 당국별

19) 7.1. 패널은 분쟁당사자가 패널설치로부터 20일 이내에 달리 합의하지 아니하는 한, 다음의 위임사항을 부여받는다.
"(분쟁당사자가 인용하는 대상협정명)의 관련 규정에 따라 (당사자 국명)이 문서번호 …… 으로 분쟁해결기구에 제기한 문제를 조사하고, 분쟁해결기구가 동 협정에 규정된 권고나 판정을 내리는 데 도움이 되는 조사결과를 작성한다."

로 독립적으로 운영되는 관계로 인해 비일률적으로 운영된다는 것이다. EC의 통관 법규 자체(as such)에 대해 시비한 것은 아니다. 법규 자체에 대해 시비하였다면 예의 강행 법규/재량 법규론에 의거, 주장과 심리가 진행되었을 것이다. 미국은 그러나 통관 법규 전체가 비일률적으로 운영된다는 것을 충분히 입증하지 못했다. 상소기구는 통관 당국이 분할되었다거나 단속적인 몇 개의 사건만으로는 그러한 사실이 EC 통관 법규 전체의 운영이 불가피하게 비일률적이 된다는 것을 입증하기에는 충분하지 않다고 보았다.

제 2 장

농업협정 관련 사건

1. US, New Zealand vs. Canada – Milk/Dairy 사건

(DS103, 113, 1999. 10. 27. – 상소기구)

가. 사건 개요

이 사건은 캐나다의 液狀 우유 수입 관세 할당 제도(Tariff Rate Quota: TRQ)와 우유의 국내 생산과 수출에 있어서 부여하는 캐나다의 정부 보조 제도에 관한 분쟁이다.

캐나다는 잉여 낙농품 수출에서 발생하는 캐나다 낙농 위원회(CDC)[1)]의 손실을 지원하기 위해 특별 우유 등급 제도(Special Milk classes Scheme)를 시행하고 있었다. 이 계획은 최종 소비를 기준으로 우유를 5개의 가격 등급으로 구분하여 우유의 고정 가격을 유지하는 것을 내용으로 한다. 이 중 1-4등급은 국내 시장에 공급되는 우유를 대상으로 하는 것이며 5등급 우유는 타 공정의 원료가 되는 특정 국내 생산품과 모든 수출 시장용 제품을 대상으로 한다. 캐나다는 이 가운데 5등급의 우유는 별도 관리하여 5등급 우유는 다시 (a)~(e) 5개의 세부 등급으로 구분, 특별 취급하였다.

5(a) 등급 우유는 i) 타 공정에 사용을 목적으로 하는 제품, ii) 제과 분야에서 국내 및 수출 판매용 제품을 대상으로 하며 특별 등급 5(d)는 협상 및 양허된 쿼

1) 캐나다 낙농위원회(CDC: Canadian Dairy Commission)는 캐나다 낙농위원회법에 의해 설립된 최고 법인으로 우유/낙농품 생산자의 권익을 보호하고 소비자에게는 고품질의 제품을 지속적으로 충분하게 공급하는 것을 목적으로 한다. 이를 위해 동 기구는 i) 낙농품의 구매(지방우유협회로부터 구매 및 수입 구매), 판매(관련 유가공업체로의 판매 및 수출 판매), ii) 가격유지를 위한 보조금지불, iii) 생산자 보조를 위한 최고가/최저가 및 판매가격을 설정하는 기능을 수행한다. CDC는 캐나다 농업 및 농업식품장관(Canadian Minister of Agriculture and Agri-Food)에 보고서를 하도록 되어 있으며, 캐나다 연방정부는 CDC에 운영자금을 지불하고 운영자를 임명한다.

터 제도 하에서 미국 및 영국 시장에서 판매를 목적으로 하는 전통적인 수출을 대상으로 한다. 특별 등급 5(e)는 잉여 제거로 불리는 항목으로 여기서는 쿼터 내 MSQ(쿼터 이내라고 할지라도 국내 수요량 및 계획된 수출 수요량에 있어서는 잉여량이 존재할 수 있음)와 쿼터 외 MSA(MSQ를 초과해서 생산되는 우유)를 대상으로 하고 있다.[2)]

1-4등급 우유의 가격은 지방유통협회에서 각 지역별 가격을 종합하여 큰 가격차가 나지 않도록 결정된다. 가공업자/수출업자가 특별 등급 5에 해당하는 낙농품을 취급하기 위해서는 CDC의 허가를 획득하고, 이를 산하 地方유통협회에 제출하여야 하며, 특별 등급 5(a)-5(c)의 품목은 1년 단위로 허가를 획득하여야 하며, 특별 등급 5(d)-5(e)의 품목은 향후 교역량에 기초하여 허가가 결정된다. CDC의 허가서가 협회에 통지된 후에 지방우유통협회는 우유 수출이 가능하다. 특별 등급 5(a), (b)의 가격은 CMSMC에 의해 정립된 공식 가격을 통해 설정되는데, 이것은 미국의 우유 산업의 가격과 관련성을 가진다. 특별 등급 5(c)의 가격은 제과 생산자와 CMSCM간의 협의를 통해 설정된다. 특별 등급 5(d), (e)는 CDC와 수출업자/가공업자 간의 협상에 의해 사안별로 달리 설정된다. 협상은 CMSMC에 일치하는 기준들에 따라 CDC에 의해 진행된다. 특별 등급 5(d), (e)의 가격은 국내 소비를 목적으로 하는 우유의 가격보다 저렴할 뿐만 아니라 가공업자들이 우유 가공비용과 투자 이익을 회복하도록 보장한다.

수출업자/가공업자의 소득은 우유가 쿼터內 또는 쿼터外인지에 따라 상이하게 나타난다. 수출용으로 판매된 쿼터 한도 내의 우유에 대한 소득은 비용이 개인 생산자에게 지불되기 전에는 국내 시장소득으로 구성된다. 쿼터 외의 우유에

---

2) '우유유통협회'(milk marketing board)는 캐나다 연방법과 지방법에 근거하여 각 지방에 설립된 것으로 쿼터의 배급 및 조정, 이윤의 공동출자, 가격책정, 생산기록 유지·보고, 조사 및 다른 지방의 우유유통협회 및 CDC와의 협력 등의 기능을 수행한다. 우유유통협회는 낙농품 생산자만을 회원으로 하고 있는데 동 협회를 거치지 않고 개별적으로 판매하는 것은 법으로 금지되어 있다. 동 협회는 연방정부의 '국가우유유통계획'(National Milk Marketing Plan)에 따라 우유의 직접 수요 및 관련 산업의 우유 수요를 고려하여 매년 생산량을 결정하는 '시장배분쿼터'(Market Sharing Quota: MSQ)를 설정하고 등급별 우유판매로 얻어지는 공동소득을 제공하는 '특별 등급 공동기금협정'(Special Class Pooling Agreement)을 시행한다. 특별 등급공동기금협정은 CDC로부터 위임을 받은 '캐나다 우유공급관리위원회'(Canadian Milk Supply Management Committee: CMSMC)에 의해 이행된다. CMSMC는 각 지방유통위원회와 지방 정부의 대표들로 구성된 것으로 예상 생산량 및 수요량에 기초하여 MSQ의 수준을 결정하는 기능을 수행한다. 설정된 MSQ는 과거의 통계를 기초로 각 지방 정부에 할당되고, 지방우유유통위원회를 통하여 지방 정부의 할당량을 개인 농장주에게 배분한다.

대한 소득은 일반적으로 특별 등급 5(e)의 실제 가격을 반영한 3개월 평균액을 기초로 하며, 매년 말 실제 총소득을 반영하여 결정된다. 이는 국내 시장 소득에 해당하지 않는다.

액상 우유의 수입과 관련하여 캐나다의 WTO 양허표 V는 1년에 64,500톤의 TRQ를 설정하고 있다. 이 가운데 쿼터 내 수입품에 대해서는 최대 17.5%의 관세를 부과하는 반면 쿼터 외 수입품에 대해서는 283.8%의 관세를 부과하였다. 그런데 동 분쟁에서 캐나다는 일반 소비자용 포장 우유(개당 20C$ 이하 가격)에 대해 TRQ조사를 하지 않았는데 이는 결과적으로 보다 낮은 가격으로 일반 소비자용 포장 우유를 국내 시장에 공급하는 효과를 초래하게 되었다.

미국과 뉴질랜드는 캐나다의 특별 우유 등급제와 특별 등급 5(d)와 (e)가 농업협정 9조1항가호, 다호, 3조3항에 위반되며 농업협정 10조1항에도 위반된다고 주장하였고 수입 액상 우유에 대한 TRQ제도와 관련하여서는 GATT II1항(b)에 위반된다고 주장하고 1998년 2월, 3월 패널 설치를 각각 요청하였다.

나. 주요 쟁점별 당사자 주장 및 판결 요지

1) 농업협정 9조1항 가호위반 여부

미국과 뉴질랜드는 캐나다의 특별 등급 5(d), (e)의 규정은 농업협정 9조1항 가호[3]의 감축이 약속된 직접 수출 보조금에 해당한다고 주장하였다. 제소국은 CDC와 지방우유유통협회가 캐나다 정부 대행기관으로 특별 우유 등급 5(d), (e)의 우유를 수출업자/가공업자에게 통상의 국내 우유 가격보다 저렴한 가격으로 제공하는 역할을 하였다고 주장하였다.

패널은 제소국 주장에 대해 우선 특별 우유 등급 5(d), (e)의 규정이 농업협정 9조1항가호의 수출 보조금에 해당하는지를 먼저 검토하였다. 동 조항은 i) 현물 지불(payment)을 포함한 직접 보조가 존재할 것, ii) 정부 또는 정부 대행 기관에 의해 제공될 것, iii) 기업, 산업, 농업 생산자, 이러한 생산자 조합이나 다른 형태 또는 유통 위원회에 대해 제공될 것, 그리고 iv) 수출 실적을 조건으로 할 것의 4

---

3) 9.1. 다음의 수출 보조금은 이 협정에 따라 감축 약속의 대상이 된다.
  가. 수출 실적을 조건으로 기업, 산업, 농업 생산자, 이러한 생산자 조합이나 다른 협회 또는 유통위원회에 대한 정부 또는 정부대행기관의 현물 지불을 포함한 직접 보조금의 제공

가지 요건을 충족할 때 수출 보조금이 존재하는 것으로 규정하고 있다.

i)의 요건과 관련하여 패널은 '지불(payment)'의 의미가 무상 조치를 의미하며, 보조금협정 1조의 보조금 정의에서는 혜택이 존재하는 경우에만 지불이 존재한다고 규정하고 있음을 지적하였다. 또한 현물 지불의 일반적 의미는 무상이나 보다 저렴한 가격으로 공급되는 제품이라는 제소국의 주장도 받아들였다. 제소국은 수출업자/가공업자는 캐나다 특별 우유 등급 제도 하에서 국내 시장에서 유통을 목적으로 판매되는 우유보다 저렴한 가격의 우유를 제공받는다고 주장하였다. 패널은 여러 자료의 기록을 검토한바 특별 등급 (d), (e)의 우유는 여타 등급 우유보다 저렴한 가격으로 수출업자/가공업자에게 제공되고 있다고 지적하였다. 더욱이 수입 액상 우유에 대해 캐나다가 고관세를 부과하고 있음에도, 특별 등급 (d), (e) 우유의 가격은 여전히 수입 액상 우유에 부과되는 관세보다 명백하게 저렴하다는 것을 지적하였다. 또한 동 등급의 우유를 이용하는 수출용 우유 가공업자는 투자의 비용을 회복할 수 있는 일정 마진을 보장받는데 이는 일반 수출업자/가공업자에게는 부여되지 않는 혜택임을 지적하였다. 이러한 내용을 근거로 패널은 농업협정 9조1항가호상의 현물 지불이 존재한다고 판정하였다.

ii)의 요건과 관련하여 패널은 특별 등급 (d), (e)에 해당하는 경우에는 저렴한 가격으로 제공되는 것이 캐나다 정부 및 정부 대행 기관에 의한 것인가를 검토하였다. 여기서 제공의 일반적인 의미는 정부가 현물 지불을 실제로 허용하는 것을 요구하는 것은 아니며, 정부 개입의 정도는 개별 사안별로 검토되어야 한다고 패널은 보았다. 패널은 개인 가공업자 및 수출업자는 CDC로부터 허가를 받아야 하는데 CDC는 수요량 예측 및 수출용 잉여 생산품에 대한 정책에 있어 최고의 결정기관인 점, CDC는 특별 등급 (d), (e)의 우유를 교역함에 있어서 가격을 협상하고 가공업자의 마진을 보상하는 역할을 한다는 점, 지방우유유통협회는 개인이 획득한 CDC의 허가를 토대로 할당량을 결정한다는 점, CMSMC는 시기별로 쿼터 수준을 결정하며 특별 등급(d)에 해당하는 수출 허가량을 산정하는 역할을 한다는 점을 지적하고 이러한 역할을 수행하는 CDC, 지방우유유통협회 및 CMSMC는 특별 등급 (d), (e)를 결정하는 직접적인 의사 결정 기구이며 모두 연방 정부의 기능을 대행하는 기관이라고 판단하였다.

iii)과 iv)의 요건에 대하여 패널은 특별 등급 (d), (e)의 우유는 가공업자 및 수출업자가 이용하도록 되어 있으며, 동 등급에 해당하는 우유는 국내산 우유보다 저렴한 가격으로 수출을 목적으로 하는 낙농품 가공업자들에게만 제공되도록 되어 있다는 점을 확인하였다. 패널은 여기서의 가공업자와 수출업자는 기업, 산업, 농업 생산자 중의 하나에 해당한다고 보았으며, 수출을 목적으로 하는 경우에만 공급되도록 되어있으므로 수출 실적을 조건으로 하는 요건에 부합한다고 판단하였다.

이상 농업협정 9조1항가호의 4가지 요건을 검토한 결과, 패널은 캐나다의 특별 등급 5(d), (e)에 의해 제공되는 우유는 감축키로 약속한 수출 보조금에 해당한다고 판정하였다.

그러나 상소기구는 지방우유유통협회가 정부 대행 기관이라는 판정은 지지하였으나, 직접 보조와 현물 지불의 의미와 관련한 해석법(현물 지불이 존재하는 경우 직접 보조가 존재함)과 캐나다의 조치가 농업협정 9조1항가호에 해당한다는 최종 판정은 번복하였다.

상소기구는 동 조항은 직접 보조에 대해 적용되는데 이에는 현물 지불의 형태로 제공되는 직접 보조가 포함되는 것을 의미하므로 결국 동 조항은 현물 지불이라는 용어를 직접 보조가 제공될 수 있는 한 형태로 기술하고 있는 것으로 보아야 한다는 것이다. 보조금이 존재하려면 보조금협정상의 요건인 재정적 기여와 혜택이 존재하여야 하는데 현물 지불이 있다고 해서 반드시 두 요건을 충족한 직접 보조가 발생하는 것은 아니라고 보았다. 즉, 상소기구는 보조금협정 1조1항의 분석을 실시하여야 함에도 이를 간과한 오류를 패널이 범하였다고 보았다.

2) 농업협정 9조1항다호 위반 여부

미국과 뉴질랜드는 특별 우유 등급 제도가 농업협정 9조1항 다호[4)]에 규정된 정부의 활동을 통하여 조성된 재원에 의한 농산물 수출에 대한 지불에 해당하는 수출 보조금이라고 주장하였다.

패널은 제소국의 주장을 검토함에 있어 농업협정 9조1항 다호의 두 가지 요건인 i) '농산물 수출에 대한 지불(payment on the export of an agricultural product)'이 존재할 것과 ii) '정부의 활동에 의해 조성된 재원(financed by virtue of governmental action)'에 의할 것의 요건을 검토하였다.

i)과 관련하여 패널은 앞서 9조1항 가호를 검토함에 있어서 캐나다의 특별 등

---

4) 다. 관련 농산물 또는 수출품의 원료가 되는 농산물에 대한 부과금을 재원으로 한 지불을 포함하여, 공공회계의 부담여부에 관계없이 정부의 활동을 통하여 조성된 재원에 의한 농산물 수출에 대한 지불

급 5(d), (e)의 우유는 수출 실적을 조건으로 하는 현물 지불로 생산된 우유라고 결정한 사실을 상기하고, 이는 9조1항다호에서 규정하고 있는 농산물 수출에 해당한다고 보았다. 문제는 9조1항 가호에서는 현물 지불(payment-in-kind)이라고 언급되어 있는데, 국내 가격보다 저렴한 가격으로 수출업자와 가공업자에게 제공하는 것이 9조1항 다호의 지불(payment)에 해당하는지 여부였다. 패널은 9조의 목적과 통상적인 의미 및 문맥을 고려하여 볼 때 지불의 개념에 현물 지불이 포함된다고 해석하였다.

농업협정 9조상의 지불에 대한 패널의 판단은 이전의 *Canada-Periodicals* 사건에서 언급한 GATT III조8항(b)의 지불의 개념과는 입장을 달리하는 것이다. *Canada-Periodicals* 사건에서는 지불의 개념을 세입의 지출을 수반하는 보조금의 지불이라고 판단하였다. 이 사건 패널은 GATT III조는 내국민 대우에 관한 일반 규정이고 이 가운데 III조8항(b)는 내국민 대우가 면제되는 실례를 규정한 것으로 농업협정상의 규정과는 달리 지불의 개념을 금전상의 지불만을 의미한다는 협의로 해석하였었다.

ii)의 요건과 관련하여 패널은 9조1항다호가 公共 회계의 부담 여부에 관계없다는 점을 명백히 하고 있다고 지적하였다. 다만 정부에 의한 행위의 범위와 정도를 판단함에 있어서는 9조1항(a)의 검토에서 언급된 캐나다 정부 또는 대행 기관의 활동을 검토하였다. 앞서 살펴본 바와 같이 특별 등급 5(d), (e)의 우유를 저가로 공급하는 현물 지불 행위가 공공 회계의 부담을 직접적으로 수반하지 않으며 저가 판매에 따른 비용도 정부가 부담하는 것이 아니라 우유 생산자가 부담하고 있으나, 우유 공급업자가 수출업자/가공업자에게 저가로 우유를 제공하는 데 있어서 CDC, 지방 정부 그리고 지방우유통협회가 긴요한 역할을 하고 있으므로 특별 등급 5(d), (e)에 따른 우유의 지불의 정부의 행위에 의해 발생되는 재원에 해당한다고 판정하였다.

패널은 9조1항다호의 두 요건을 검토한 결과 특별 등급 5(d), (e)에 의해 수출용 가공업자에게 저가로 우유를 제공하는 것은 감축키로 약속한 보조금에 해당한다고 결론지었다.

상소기구도 상기 패널의 판정을 지지하였다.

3) 농업협정 3조3항 위반 여부

특별 등급 5(d), (e)에 따라 저가로 제공되는 우유는 농업협정 9조1항가, 다호의 보조금에 해당하므로 패널은 농업협정 3조3항[5] 위반 여부를 심리하였다. 이 조항은 9조1항에 열거된 수출 보조금에 대해 감축 약속을 초과하는 수준 이상으로 수출 보조금을 지불하는 것을 금지하고 있다. 패널은 캐나다의 제출 자료에 의하면 특별 등급 5(d), (e)에 의해 제공되는 보조금을 통하여 발생되는 총 수출량은 캐나다의 양허표상의 감축 약속 수준을 초과하고 있으므로 캐나다의 조치는 농업협정 3조3항에 합치되지 않는다고 판시하였다.

4) 농업협정 10조1항 위반 여부

제소국은 대체 주장으로 특별 우유 등급 제도가 농업협정 10조1항[6]에 위반되는 수출 보조금이라고 주장하였다. 동 조항은 9조1항에 열거되지 아니한 수출 보조금이 수출 보조금 약속을 우회하는 결과를 초래하거나 또는 그러한 우려가 있는 방식으로 적용되지 아니할 것을 규정하고 있다. 캐나다의 조치가 9조1항에 열거된 수출 보조금에 해당한다고 이미 확인하였으므로 패널이 반드시 10조1항 해당 여부를 심리할 필요는 없었으나 패널은 상소기구 심리 가능성과 분쟁의 지속을 방지하기 위하여 10조1항 여부도 검토하였다. 패널은 10조1항을 검토함에 있어서 i) 9조1항에 열거되지 않은 보조금의 존재와, ii) 수출 보조금 약속을 우회하는 결과를 초래하거나 또는 그러한 우려가 있는 방식으로 적용되는 수출 보조금의 두 요건을 검토하였다. 이에 대한 입증 책임은 감축 약속 수준을 초과한 수출 물량이 보조금을 받지 아니하였다고 주장하는 회원국에게 입증 책임을 부과한다는 농업협정 10조3항[7]에 따라 피소국인 캐나다에게 있었다. 앞의 패널 결정 사안에서 캐나다의 총 수출량이 양허된 감축 약속 수준을 초과한 것으로 판정되었으며, 패널은 특별 우유 등급 제도의 시행이 9조1항에 열거되지 않은 기타의 수출 보조금에 해당하는지를 검토하는 것이 주요 쟁점이라고 판단하였다. 이에 패널은

---

5) 3. 3 제9조제2항나호와 제4항의 규정에 따라 회원국은 자기나라의 양허표 제4부제2절에 명시된 농산물 또는 동 품목군과 관련 동 절에 명시된 재정지출 및 물량에 대한 약속 수준을 초과하여 제9조제1항에 열거된 수출 보조금을 제공하여서는 아니되며, 자기나라 양허표의 동 절에 명시되지 아니한 농산물과 관련하여 이러한 보조금을 제공하지 아니한다.

6) 10.1 제9조제1항에 열거되지 아니한 수출 보조금이 수출 보조금 약속을 우회하는 결과를 초래하거나 또는 그러한 우려가 있는 방법으로 적용되지 아니하며, 비상업적 거래도 이러한 약속을 우회하기 위하여 사용되지 아니한다.

7) 10.3. 감축 약속 수준을 초과한 수출 물량이 보조금을 받지 아니하였다고 주장하는 회원국은 당해 수출 물량에 대해 이 협정 제9조에 열거된 수출 보조금인지의 여부에 관계없이 어떠한 수출 보조금도 제공되지 않았다는 것을 입증하여야 한다.

WTO의 각 협정에서 규정하고 있는 수출 보조금 관련 조항을 분석하였다.

농업협정 1조마호[8]는 9조에 열거된 수출 보조를 포함하여 수출 실적을 조건으로 지불되는 보조금을 수출 보조금이라고 정의하고 있다. 이는 9조1항에 열거된 보조금 보다 더 확장된 범위의 수출 보조금이 존재함을 의미한다. 보조금협정 1조1항도 GATT XVI조의 의미의 소득 또는 가격 지지가 어떤 형태로든 존재하고 이로 인해 혜택이 부여되는 경우 보조금이 존재한다고 규정하고 있으며, 보조금협정 부속서 I(수출 보조금 예시 목록)의 라호[9]에서는 수출용 생산제품과 국내 소비용 생산제품간의 가격 차별이 있는 경우 보조금이 존재한다고 규정하고 있다. 위 항에서 보조금이 존재하기 위한 요건으로 i) 국내 소비용 제품보다 유리한 조건으로 동종/직접 경쟁제품에 제공할 것, ii) 정부 또는 정부 대행 기관이 정부위임 계획에 따라 직간접으로 제공할 것, iii) 수출용 제품에 대한 유리한 조건들이 세계 시장에서 그들의 수출업자가 상업적으로 이용 가능한 것보다 유리한 조건일 것을 규정하고 있다. 앞서 9조1항 가호와 다호를 검토하면서 살펴본 바와 같이 캐나다의 조치는 위 3가지 요건을 충족하고 있다. 따라서 캐나다의 조치가 9조1항 가호, 다호의 보조금에 해당하지 않는다고 하더라도 10조1항의 수출 보조금에 해당한다고 보았다.

즉, 패널은 캐나다의 조치는 '다른' 수출 보조금에 해당되며 특별 등급 5(d), (e)에 의한 캐나다의 낙농 제품 수출 물량은 감축 약속 수준을 초과하기 때문에, 캐나다의 조치가 9조1항 가호, 다호에 열거된 수출 보조금에 해당하지 않는다고 하더라도 캐나다의 조치는 농업협정 10조1항의 의무를 위반하였다고 판시하였다.

5) 농업협정 8조 위반 여부

농업협정 8조[10]는 농업협정과 회원국의 자국 양허표에 합치되지 않는 방법으

---

8) 마. "수출 보조금"은 이 협정 제9조에 열거된 수출보조를 포함하여 수출 실적을 조건으로 지불되는 보조를 말한다.

9) 라. 수출품의 생산에 사용되는 수입품 또는 국내 상품 또는 서비스를, 국내 소비용 상품생산에 사용되는 동종 상품 또는 서비스 또는 직접 경쟁 상품 또는 서비스의 제공보다 유리한 조건으로, 정부 또는 정부대행기관이 정부위임제도에 따라 직접 또는 간접적으로 제공하는 것. 단, (상품의 경우) 그러한 조건이 세계 시장에서 그들의 수출업자가 상업적으로 이용 가능한(Re.57) 것보다 유리한 경우에 한한다.

(Remark 57) "상업적으로 이용 가능한"의 의미는 국내 상품 및 수입품간의 선택이 제한이 없고, 상업적인 고려에만 의존하는 것을 말한다.

10) 8. 각 회원국은 이 협정과 자기나라의 양허표에 명시된 약속에 합치하지 않는 방법으로 수출

로 수출 보조금을 제공하는 것을 금지하고 있다. 패널은 캐나다의 조치가 농업협정 3조3항 및 10조1항을 위반하고 있으므로 농업협정 8조를 위반한 것이라고 판시하였다.

6) GATT II조1항(b) 위반 여부

캐나다의 양허표 V는 수입 液狀 우유에 대한 TRQ 제도를 규정하고 있었다. 동 양허표는 총 64,500톤의 쿼터를 설정하고 있는데, 쿼터 내 수입품에는 최대 17.5%이 관세를 부과할 수 있는 반면 쿼터 외 수입품에 대해서는 283.8%의 관세를 부과하도록 규정하고 있었다. 캐나다는 자국 양허표의 '다른 조건(Other Terms and Conditions)'란에 TRQ량 64,500톤은 캐나다 소비자가 수입하는 국경 외 구매분(cross-border purchases imported by Canadian consumers)의 연간 추정량을 의미한다고 기술하였다. 캐나다는 in quota rate를 적용받을 수 있는 대상을 캐나다 소비자가 수입하는 단가 20C$ 이하의 일반 소비자용 포장 우유(packaged milk for personal use)에 국한하고 상업적 목적의 수입 우유에 대해서는 항상 고율의 out of quota rate를 적용하였다. 미국은 캐나다의 이러한 조치가 GATT II조1항(b) 위반이라고 주장하였으며 캐나다는 동 제한은 양허표의 규정에 따라 정당화된다고 반박하였다.

GATT II조1항(b)[11]는 양허표 제1부의 제품이 회원국에게 수입되는 경우, 이 제품은 동 양허표의 조건 또는 제한에 따라 동 양허표에 규정된 관세를 초과하는 통상의 관세를 면제받도록 하고 있으며, II조1항(a)는 회원국이 본 협정에 부속된 해당 양허표의 해당 부문에 규정된 것보다 불리한 대우를 하지 않을 것을 규정하고 있다. 이에 패널은 캐나다의 TRQ 접근과 관련한 조건들이 양허표상의 조건에 부합하는지를 검토하였다.

패널은 캐나다 양허표상의 관련 용어의 통상적인 의미 및 문맥과 GATT 규정의 목표와 목적에 따라 검토하였는데, 캐나다 양허표상의 '조건(condition)'에 포함

보조금을 제공하지 않을 것을 약속한다.

11) II:1. (b) 어느 체약국에 관한 양허표 제1부에 기재된 산품으로서 다른 체약국 영역의 산품은 동 양허표에 관련된 영역에 수입될 때에는 동 양허표에 규정된 조건 또는 제한에 따라 동 양허표에 규정된 관세를 초과하는 통상의 관세로부터 면제된다. 이러한 산품은 또한 수입에 대하여 또는 수입에 관련하여 부과되는 기타 모든 관세 또는 과징금이 본 협정일자에 부과되는 것 또는 동 일자 현재에 수입 영역에서의 유효한 법률에 의하여 그 후 직접적이며, 의무적으로 부과가 요구되는 것을 초과하는 것으로부터 면제된다.

된 문구는 어떤 기준을 제시하는 것이 아니라 사안을 단순히 記述하는 (descriptive) 것이어서 관세 할당에 따라 캐나다 시장에 진입될 자격을 갖춘 수입 제품의 종류에 대해 구체적인 조건(condition)을 설정하고 있지 않다고 해석하였다. 설사 이러한 記述的 문장이 조건으로 해석될 수 있다고 할지라도, 이것이 캐나다 TRQ 접근과 관련하여 부과한 2가지 조건, 즉 단가 20C$ 이하인 일반 소비자용 포장 우유를 정당화하지는 못한다고 판단하였다. 20C$라는 가격 기준은 아예 기재되어 있지 않고 cross-border purchases imported by Canadian consumers라는 표현을 consumer packaged milk for personal use라고 국한하는 것은 받아들일 수 없다고 하였다. 패널은 소비자의 통상적 의미는 개인적인 용도로 소매 구입하는 者보다 넓은 범위를 의미한다고 언급하였고 회원국이 관세 양허 범위를 임의로 제한할 수 있도록 허용하면 GATT의 목적과 대상, 교역의 안정성과 예측 가능성이 침해될 우려가 있다고 지적하였다.

따라서 패널은 단가 20 C$ 이하의 일반용 포장 우유에만 TRQ 대우를 부여한 캐나다의 조치는 GATT II조1항(b)에 위반된다고 판시하였다.

패널의 판정에 대해 캐나다는 자국 양허표에 조건(terms and condition)으로서 자국이 기재한 내용(문안)에 대해 패널이 특별한 의미, 특히 양허 혜택을 제한하는 효과로서의 의미를 부여하지 않았다고 상소하였다. 캐나다는 액상 우유의 양허 효과를 제한한다는 조건을 분명히 terms and condition으로서 명기하였는데 패널이 그 기록된 의미를 인정하지 않았다는 것이다.

상소기구는 문제가 된 문장은 분명히 캐나다 양허표상의 terms and condition란에 기재되어 있고 GATT II조1항(b)는 회원국의 시장 접근 양허는 양허표에 기재된 조건 또는 자격(terms, conditions, qualification)에 따른다(subject to)는 것을 분명히 하고 있다고 환기하였다. 상소기구는 캐나다가 terms and condition란에 기재한 문장으로 볼 때 양허의 범위와 내용에 대해 일정한 충족 요건이나 제한 효과를 부여하려는 것이라는 강한 추정을 할 수 있는데 패널이 단지 그 표현이 記述的이라는 이유로 terms and condition으로서의 법적 효과를 부여하지 않은 것은 옳지 못하다고 지적하였다. 상소기구는 캐나다가 액상 우유의 cross border purchase를 Canadian consumers로 조건란에 기재한 것은 캐나다가 personal use의 수입만을 TRQ 쿼터로 제한한 것을 정당화한다고 판단하였다. 그러나 상소기구는 양허표에서는 조건란에 수입품에 대해 가격을 기준으로 물량을 제한하도록 규정되어 있지 않으므로 캐나다가 단가 20C$ 이하 요건을 부과한 것은 캐나다 양허표상의 양허 약속에 불일치하는 조치라고 지적하였다.

상기와 같은 이유로 상소기구는 캐나다 양허표의 terms and condition에 대한 패널의 해석을 번복하여 캐나다가 액상 우유의 TRQ 접근을 일반 소비자용 포장 우유로 한정하는 것은 GATT II조1항(b)에 위반된다는 패널의 판결을 번복하였다. 그러나 액상 우유의 TRQ 접근을 20C$ 이하의 제품으로 한정하는 캐나다의 조치는 GATT II조1항(b)에 위반된다고 확인하였다.

다. 해설 및 평가

문제가 된 캐나다의 낙농 제도의 핵심을 살펴보자면 캐나다는 국내 판매용 낙농 제품을 만드는 가공업자에게 판매되는 (가공 전) 우유에 대해서는 그 생산자에게 일정한 쿼터를 할당하되 가격을 높은 수준으로 책정하여 주는 제도와 해외 수출용 낙농 제품을 만드는 가공업자에게 판매되는 (가공 전) 우유에 대해서는 낮은 가격으로 공급토록 통제하는 제도 2개로 구성된다. 전자의 경우 가격 지지를 위한 국내 보조로서 농업협정상 국내 보조는 각국이 약속한 보조금총액상당치를 초과하지 않는 한 적법한 행위이므로 문제가 될 것이 없다. 이 사건에서 문제가 된 것은 前者의 조치가 後者의 조치와 합동으로 작용하여 (가공 전) 우유를 원재료로 사용하는 수출용 낙농 제품에 대한 수출 보조금으로 귀결되었는지 여부이다. 후자의 경우 수출 실적을 조건으로 지급되는 것이 아니므로 보조금협정 3조1항가호상의 수출 보조금에 반드시 해당된다고 보기도 애매하다. 직접적으로 제공되는 형태의 보조금이 아니라 다른 제도와 연관되어서 간접적으로 수출 보조금의 수혜와 동일한 혜택을 받는 경우이므로 통상의 보조금 사건과는 다른 차원에서의 검토가 필요하였다. 전자는 합법적인 국내 보조금이고 후자는 통상의 수출 보조금과는 다른 조치였으므로 국내 보조금과 수출 보조금간의 관계 규명이 중요하였으나 패널과 상소기구는 양자간의 관계에 대해 자세하게 考究하지는 않았다. 양자간의 관계는 오히려 1차 이행 패널에서 보다 심도 있게 검토된다.

이 사건 패널과 상소기구는 단순히 정부가 특정 상품의 국내 가격을 책정하는 경우에 해외 판매 가격을 더 낮게 책정하면 보조금, 즉 9조1항상의 '지불(payment)'이 존재한다고 판단하였다. 해외 수출용 낙농업자가 국내 가격보다 낮은 가격으로 원재료인 우유를 구매할 수 있었고 그 가격을 정부가 강제로 책정한 것이므로 그 가격 차이만큼은 보조금이라는 논리이다.

이 사건 판결을 이행하기 위해 캐나다는 위의 국내 보조 제도는 손대지 않은 채 후자의 제도만 약간 수정하여 해외 수출용 낙농 제품용 우유 공급 가격을 정부가 책정하는 대신 형식적으로는 정부 규제를 철폐하여 우유 생산자와 가공업자간에 자유로이 흥정하는 방식으로 바꾸었다. 그리고 이제 수출용 낙농 제품용 우유의 가격은 시장 가격이므로 더 이상 '지불'이 존재하지 않는다고 주장하였다. 앞서 말한 국내 보조금과 수출 보조금간의 관계는 캐나다의 이러한 이행 조치가 문제된 1차 이행 패널과 상소기구 심리에서 본격적으로 다루어졌다.

通常 어느 회원국이 타 회원국의 법규 위반을 주장할 경우 위반에 대한 1차적인 입증 책임은 이를 주장하는 국가가 안게 된다. 불법적인 수출 보조금을 지급하고 있다고 제소할 경우 제소국가가 수출 보조금의 존재를 입증해야 한다. 그러나 농업협정 10조3항은 특별한 경우 이러한 입증 책임의 의무를 제소국으로부터 피제소국으로 이동시킨다. 즉 제소국이 어느 국가의 특정 농산물의 수출량이 그 국가의 수출 양허량을 초과했다는 것을 입증하기만 하면 그 국가는 동 수출에 대해 수출 보조금을 지급한 바 없다는 것을 입증해야 한다. 농산물 수출이 일정 수준 이상을 초과하면 수출 보조금을 지급하였기 때문이라고 의심하는 것이 합리적이라고 보는 것이다. 이 사건에서도 10조1항에 대한 반증을 피제소국인 캐나다가 입증하라고 하였다.

※ 이 판례 해설 가운데 다. 해설 및 평가를 제외한 부분은 「WTO 농산물 무역분쟁 사례연구」(2003년 8월, 법무부) pp. 191~213에 게재된 캐나다-우유·낙농품 사건 해설을 요약 보완한 것이다.

2. US, New Zealand vs. Canada – Milk/Dairy Article 21.5 사건

(DS103, 113 2001. 12. 18. – 상소기구)

가. 사건 개요

캐나다는 원 사건 판정을 이행하기 위해 5(e) 등급은 폐지하고 5(d) 등급 우유는 캐나다의 수출 보조금 양허 수준 범위 내에 수출되는 낙농 제품의 분량 이내로 제한하였다. 캐나다의 새 조치는 상업적 목적의 수출용 우유는 해외 수출용 우유(Commercial Export Milk: CEM)라는 제도를 도입하여 국내 판매용 우유에는 생산자별로 일정 쿼터를 할당하고 그 쿼터를 초과하는 부분에 대해서는 사전에 해외 수출용 우유로 판매할 것을 약정케 하고 해외 수출용 우유 가공업자에게만 판매하도록 하였다.

뉴질랜드와 미국은 캐나다 우유 생산자가 해외 수출용 우유 가공업자에게 공급하는 상기 CEM은 시중 가격보다 염가로 공급되므로 수출 보조금이라고 주장하고 이는 원 사건 판정을 이행한 것이 아니며 여전히 농업협정 9조1항, 3조3항, 8조, 10조1항 위반이라고 주장하였다. 미국은 보조금협정 3조1항 위반이라는 주장을 추가하였다.

나. 주요 쟁점별 당사자 주장 및 판결 요지

1) 농업협정 9조1항다호 위반 여부

(가) 지불 해당 여부

뉴질랜드와 미국은 캐나다 우유 가공업자의 상업 수출용 우유 구매 가격은 국내 시장 판매용 우유 구매 가격보다 훨씬 저렴하다는 점을 지적하고 이는 원 사건 패널과 상소기구가 확인한대로 보조금의 지불(payment)에 해당한다고 주장하였다. 패널은 문제가 되는 조치가 9조1항다호[1]상의 수출 보조금을 구성하기 위해서는 동 조치가 '지불'에 해당하는가, 그러한 지불이 '정부의 활동을 통하여 조성된 재원(financed by virtue of government action)'에 의한 것인가, 그러한 지불이 농산물의 수출에 대한(on the export of an agriculture product) 것인가의 3개 요건을 나누어 살펴보아야 한다고 보았다.

첫째 요건에 있어 패널은 원 사건 상소기구가 상품과 서비스가 시장 가격보다 낮은 가격으로 공급되었으면 가격 차이만큼의 지불(payment)이 수혜자에게 발생한 것이라고 판정한 바 있다[2]고 확인하였다. 캐나다는 동 판정은 수혜자가 시장 가격대로 지불하였으면 보조금의 지불이 없다는 것 아니냐고 주장하고 상업 수출용 우유는 가공업자에게 시장 가격으로 판매되었으므로 보조금 지불이 아니라고 반박하였다. 우유시장은 국내 시장과 수출 시장으로 구분되어 있고 상업 수출용 우유 구매 가격은 수출 시장에서의 가격과 동일하다는 것이다.

국내용 (가공 전) 우유 가격이 수출용 우유 가격보다 높은 것은 분쟁 당사자 간에 다툼이 없는 사실이고 문제는 수출용 낙농 제품을 만들기 위한 가공 전 우

---

1) 다. 관련 농산물 또는 수출품의 원료가 되는 농산물에 대한 부과금을 재원으로 한 지불을 포함하여, 공공회계의 부담여부에 관계없이 정부의 활동을 통하여 조성된 재원에 의한 농산물 수출에 대한 지불

Payments on the export of an agricultural product that are financed by virtue of government action, whether or not a charge on the public account is involved, including payments that are financed from the proceeds of a levy imposed on the agricultural product concerned or on an agricultural product from which the exported product is derived;

2) If goods or services are supplied to an enterprise, or a group of enterprises, at reduced rates(that is at below market rates), "payments" are, in effect, made to the recipient of the portion of the price that is not charged. (AB report para. 113).

유를 가공업자가 구매하는 가격이 시장 가격보다 높고 낮은지를 비교하기 위한 적절한 비교 준거(benchmark)를 찾는 것이었는데 패널은 캐나다 정부가 국내 시장용 우유 거래에는 적극적으로 개입하고 해외 수출용 우유 거래에 대해서는 그다지 개입하지 않는다는 사실이 서로 다른 2개의 우유 시장을 창출하는 것은 아니라고 지적하고 국내 판매용 낙농 제품에 쓰이는 (가공 전) 우유의 시장 가격이 합당한 비교 준거라고 보았다. 캐나다는 국제 시장 가격도 합당한 비교 준거라고 주장하였으나 패널은 이 역시 기각하였다. 캐나다 정부는 재수출용 수입 우유 제도(Import for Re-Export Program: IREP)를 통해 도입되는 우유가 5(d), (e) 등급 우유에 부과되는 것과 동일한 조건으로 가공업자에게 제공되므로 동 가격은 국제 시장 가격이며 비교 준거가 되어야 한다고 강조하였으나 패널은 IREP로 수입하기 위해서는 캐나다 정부의 허가를 받아야 하고 이에는 적지 않은 비용이 소요되며 캐나다 정부는 허가 발급에 있어 광범위한 재량권을 소지하고 있으므로 IREP 우유 가격이 타당한 비교 준거가 될 수 없다고 설명하였다.

패널은 이상의 판단에 따라 해외 수출용 우유 제도에 의해 가공업자에 염가로 제공되는 우유는 농업협정 9조1항다호상의 지불에 해당한다고 판정하였다.

패널의 이러한 판정은 상소기구에서 번복되었다. 상소기구는 상품과 서비스가 시장 가격보다 낮은 가격으로 공급되었으면 가격 차이만큼의 지불이 수혜자에게 발생한 것이라는 원 사건 상소기구 판정의 올바른 의미는 우유 생산자가 책정한 가격이 그 우유의 정당한 가치보다 낮게 책정된 것이라면 9조1항다호상의 지불이 존재한다는 것이라고 설명하고 지불의 존재 여부 판단은 실제 책정된 가격과 상품과 용역의 정당한 가치를 반영하는 객관적인 기준간의 차이를 확인해야 한다고 언급하였다. 상소기구는 이 사건의 경우 국내 우유 가격은 캐나다 정부에 의해 관리되는 고정 가격이어서 정당한 가치를 반영한다고 볼 수 없으므로 이를 비교 준거로 볼 수는 없다고 설명하고 국내 시장 가격을 비교 준거로 본 패널의 판정을 번복하였다. 상소기구는 IREP에 대해서도 해외 수출용 우유가 국제 시장 가격과 경쟁적인 가격으로 판매되는 이유는 해외 수출용 우유 가격이 경쟁을 가능케 하는 보조금을 이미 포함하고 있기 때문이라고 지적하고 양자를 비교하는 것은 캐나다의 수출용 우유 생산이 보조금을 수혜하였는지를 판단하는 데 별 의미가 없다고 일축하였다. 국제 시장 가격도 비교 준거가 될 수 없다는 것이다.

상소기구는 정당한 가치를 제대로 반영하는 비교 준거는 결국 총 생산비가 되어야 한다고 보았다. 생산자가 생산 비용을 회수할 수 없는 가격을 책정하였다면 그 차액은 결국 다른 재원, 이 경우 정부의 활동을 통하여(by virtue of government action) 충당될 수밖에 없기 때문이다.

상소기구는 총 생산비에 근거하여 적절한 비교 준거를 산정코자 하였으나 생산비에 관한 자료가 부족하고 이는 패널 심리 과정 중에 논의되지도 않은 것이라 이에 관한 패널의 판정도 없으므로 분석을 계속할 수 없다고 밝혔다. 상소기구는 지불에 관한 패널의 긍정 판정은 번복하였으나 지불이 실제로 존재하였는지에 대해서는 판정할 수 없다고 하였다. 즉 캐나다의 조치가 WTO에 합치한다고 판정한 것은 아니며 단지 판단의 근거가 될 자료가 부족하여 합치 여부를 판단할 수 없다는 것이다. 어쨌든 상소기구는 9조1항상의 지불이 존재한다는 패널의 판정은 번복하였고 역시 캐나다가 농업협정 3조3항 및 8조를 위반하였다는 판정도 번복하였다.

(나) 정부 활동을 통해 조성되었는지 여부

둘째 요건, 즉 해외 수출용 우유의 염가 공급이 정부의 활동을 통해 조성된(financed by virtue of government action) 것인지 여부에 대해 패널은 그 판단 기준으로 정부의 활동이 없었다면(but for) 염가 공급이 가능했을 것인가를 살펴보았다. 원 사건 상소기구는 정부의 활동이 즉 재원의 이동에 필수불가결한(indispensable) 것이라는 조건을 충족하면 정부의 활동을 통하여 by virtue of라는 요건을 충족하는 것이라고 보았다. 패널은 원 사건 상소기구가 비록 indispensability와 by virtue of를 동일시한 明文은 없으나 이를 합당한 기준으로 사용하는 것이 타당하며 이는 곧 but for의 의미와 같다고 보았다. 패널은 캐나다 정부는 국내 우유 생산자가 자신에게 할당된 쿼터량 이상의 우유를 국내 시장 가격으로 수출용 가공업자에게 판매하는 것을 금지하였고 가공업자에게는 염가로 공급받은 우유 전량을 가공하여 수출하도록 강제하였으므로 이러한 조치가 없었다면(but for) 염가 우유 공급이 가능하지 않았을 것이라고 판단하였다. 패널은 정부의 활동이 생산자로 하여금 해외 수출용 우유를 판매하도록 강제한 것이라고 본 것이다. 이에 따라 패널은 해외 수출용 우유 염가 공급은 (이렇듯 강제하는) 정부의 활동이 없었다면 가능하지 않았을 것이라는 점에 비추어 정부의 활동을 통하여 조성된 재원에 의한 지불이 존재하였다고 판정하였다.

상소기구는 정부의 활동, 통하여(by virtue of), 조성된(financed) 3개 요소를 나누어 검토하였다. 정부의 활동에 대해서는 의심의 여지가 없다고 보았으며 by virtue of의 의미는 정부 활동의 결과로서(as a result/consequence of) 지불의 재원이 마련된 것이라는 의미라고 해석하고 정부의 활동과 지불간에 입증 가능한 연계(demonstrable link)가 있어야 한다고 설명하였다. financed의 의미에 대해서는 금전적인 지불과 실물지불을 포함한다고 언급하였다.

상소기구는 패널의 판정이 정부 활동과 지불간의 입증 가능한 연계의 존재 여부를 수립하려는 것이라고 긍정적으로 평가하였다. 그러나 정부의 활동이 해외 수출용 우유의 판매를 강제하였다는 패널의 견해에 대해서는 대다수 우유 생산업자가 해외 수출용 우유 판매를 선택하지 않은 사실 관계에 비추어 동의할 수 없다고 언급하였다. 상소기구는 이미 지불의 요건에 관해 의견을 밝혔으므로 '정부의 활동을 통하여 조성된 재원'에 관한 패널의 판정을 더 검토할 필요가 없다고 언급하였다.

(다) 농산물 수출 관련 여부

셋째 요건, 농산물의 수출에 대한(on the Export of an Agricultural Product) 것인지 여부와 관련하여 패널은 해외 수출용 우유는 수출을 위해 계약되고 실제로 수출되었으므로 명백한 수출 부수성이 존재한다고 판단하고 따라서 농산물의 수출에 대한 지불이라는 요건도 충족한다고 보았다.

패널은 이상 3개 요소가 충족하므로 해외 수출용 우유에 대한 지불은 9조1항다호상의 수출 보조금이라고 판정하였다.

2) 농업협정 3조3항, 8조 위반 여부

패널은 해외 수출용 우유가 9조1항다호상의 수출 보조금에 해당한다고 판정하였고 원 사건 패널 및 상소기구는 5(d) 등급 우유도 동 조항상의 보조금이라고 판정하였으므로 양자를 합한 수출 물량이 캐나다 양허표에 명시된 수량을 초과한다면 3조3항 위반이 확인될 것이라고 보았다. 패널은 캐나다가 5(d) 및 해외 수출용 우유를 통해 수출한 치즈의 양(10,666톤)이 캐나다의 양허물량(9,076톤)을 초과하므로 캐나다는 3조3항[3]을 위반한 것이라고 판정하였다.

---

3) 3.3. 제9조제2항나호와 제4항의 규정에 따라 회원국은 자기나라의 양허표 제4부제2절에 명시된 농산물 또는 동 품목군과 관련 동 절에 명시된 재정지출 및 물량에 대한 약속 수준을 초과하여 제9조제1항에 열거된 수출 보조금을 제공하여서는 아니되며, 자기나라 양허표의 동 절에 명시되지 아니한 농산물과 관련하여 이러한 보조금을 제공하지 아니한다.

상소기구는 그러나 앞에 설명한 바와 같이 9조1항상의 지불이 존재한다는 패널의 판정은 번복하였으므로 이에 따라 농업협정 3조3항을 위반하였다는 이 판정도 번복하였다.

패널은 캐나다가 3조3항을 위반하였으므로 자연히 8조[4)]도 위반한 것이라고 판정하였으나 상소기구는 위와 같은 이유로 이를 번복하였다. 뉴질랜드와 미국은 농업협정 10조1항[5)] 위반임도 확인하여 줄 것을 요청하였으나 상소기구는 위와 같은 사유로 인해 분석을 계속할 수 없으므로 10조1항 관련 심리도 진행하는 것이 불가능하다고 사양하였다.

3) 보조금협정 3조1항가호 위반 여부

미국은 캐나다의 이행 조치가 농업협정 9조1항다호 및 10조1항상의 수출 보조금일 뿐 아니라 보조금협정 3조1항[6)]에도 금지되는 것임을 판정하여 줄 것을 요청하였으나 패널은 아래와 같은 이유로 사법 경제(judicial economy)를 적용하여 심리하지 않았다. 첫째 9조1항과 3조1항은 상호 긴밀히 연계되어 있는 관계로 3조1항을 심리할 경우 수출 보조금은 금지 보조금이 확실하고 그 경우 4조7항에 의거, 지체 없이 철폐하라는 권고를 해야 할 것인데 농업협정은 3조3항이나 8조 규정에서 볼 수 있듯이 농업수출 보조금은 금지된 것이 아니라 일정 조건을 준수하면 지급할 수 있는 것이다. 따라서 만일 캐나다가 조건 외의 수출 보조금을 지

---

4) 8. 각 회원국은 이 협정과 자기나라의 양허표에 명시된 약속에 합치하지 않는 방법으로 수출 보조금을 제공하지 않을 것을 약속한다.

5) 10.1 제9조제1항에 열거되지 아니한 수출 보조금이 수출 보조금 약속을 우회하는 결과를 초래하거나 또는 그러한 우려가 있는 방법으로 적용되지 아니하며, 비상업적 거래도 이러한 약속을 우회하기 위하여 사용되지 아니한다.

6) 3.1 농업에관한협정에 규정된 경우를 제외하고, 제1조의 의미 내에서의 다음의 보조금은 금지된다.

가. 부속서 1(Re.4)에 예시된 보조금을 포함하여 유일한 조건으로서 또는 다른 여러 조건중의 하나로서, 법률상 또는 사실상(Re.5) 수출 실적에 따라 지급되는 보조금,

(Remark 4) 부속서 1에서 수출 보조금에 해당되지 아니한다고 언급된 조치는 이 규정 및 이 협정의 그 밖의 규정에 의하여 금지되지 아니한다.

(Remark 5) 이 기준은 보조금 지급이 법률적으로는 수출 실적을 조건으로 이루어지지 아니하나, 실제로는 실제 또는 예상되는 수출이나 수출수입과 결부된다는 것이 사실에 의해 증명되는 경우 충족된다. 수출하는 기업에게 보조금이 지급된다는 단순한 사실만으로는 이러한 보조금이 이 규정의 의미내의 수출 보조금으로 간주되지 아니한다.

나. 유일한 조건으로서 또는 다른 여러 조건중의 하나로서, 수입품 대신 국내 상품의 사용을 조건으로 지급되는 보조금

급하였다면 그에 대해 농업협정과 합치시키도록 권고는 할 수 있어도 철폐하라는 권고를 할 수 있는 법적 근거는 없다. 설사 지불가능한 범위를 초과한 부분에 대해서만 철폐하라고 권고할 수 있다 하여도 보조금 전체에 대해서 철폐 권고를 할 수 없는 만큼 그 일부분에 대해 철폐 시한을 정하기도 어렵다는 것이다. 패널은 또한 패널 판정의 DSB로 하여금 분쟁 해결에 필요한 정확한 권고와 판정을 내리는 것을 돕기 위함인데 보조금협정 3조1항을 심리하지 않아도 농업협정에 대한 판정만으로도 DSB가 정확한 권고와 판정을 내리는 데 충분하다고 설명하였다.

보조금협정 3조1항 문제는 상소기구 심리에서도 제기되었으나 상소기구는 해외 수출 우유의 법적 성격에 대해 사실 관계가 부족하여 분석을 계속할 수 없었으므로 3조1항에 관한 심리를 할 수 없다고 밝히고 심리를 사양하였다.

다. 해설 및 평가

캐나다는 해외 수출용 낙농 제품 가공업자에게 공급되는 원료, 즉 가공 전 우유 가격을 정부가 낮게 책정하는 방식에서 외견상 우유 생산자와 가공업자간에 교섭하여 결정하는 방식으로 변경하고 이제 우유의 공급 가격이 시장 가격이므로 보조금이 아니며 원 사건 판결을 이행한 것이라고 주장하였다.

패널과 상소기구는 캐나다의 주장을 일축하였다. 패널은 수출용 낙농 제품용 우유 가격이 여전히 내수용 낙농 제품용 우유 가격보다 낮으며 정부의 개입도 여전하다고 판단하였다. IREP 가격도 국제 시장 가격으로 볼 수 없다고 기각하였다.

상소기구는 총 생산비 개념을 비교 준거로 도입하여 수출 가격이 생산 원가 이하이면 보조금, 즉 9조1항다호상의 '지불'이 존재한다고 보았다. 상소기구의 이러한 견해는 국내 보조금과 수출 보조금간의 관계를 깊게 고민한 결과이다. 이 사건에서 문제가 된 캐나다의 보조금은 여느 보조금 사건에서 볼 수 있는 직접적인 형태의 보조금이 아니다. 농업협정에서 합법적으로 인정되는 국내 보조가 spill over 된 형태의 보조금이다. 즉 국내 보조를 통해 특정 상품의 국내 가격을 고가로 유지시켜 줄 경우(즉 캐나다 낙농 제도의 국내 보조 제도) 초과 이익을 본 동 상품 생산자는 정상가 이하의 저렴한 가격으로 해당 상품을 수출할 수 있을 것이며 이는 그 수출에 보조금을 지급한 것과 동일한 효과를 나타낸다. 합법적인 국내 보조가 수출 보조금화 하는 경우이다. 물론 그 수출보조가 정부 활동을 통한 재원으로 조달된 것이어야 하나 이 사건의 경우 이 요건은 충족하는 것으로 쉽게 판정이 되었다. 상소기구가 채택한 총 생산비 비교 준거는 국내 생산자가 국내 보조 제도를 통해 습득한 이익을 수출품 가격 인하에 사용치 못하도록 하기 위한 것이다. 국내 보조가 수출품을 생산 원가 이하로 판매하는 데에 사용되지 않는다면 용인된다는 것이고 결국 수출 보조금 판단의 기준은 해당 상품의 수출 가격이 원가 이하인지 여부가 된다.

그러나 상소기구의 원가 이하를 기준으로 한 판단은 적지 않은 문제를 야기한다. 보조금이란 정부의 행위인데 생산 원가를 기준으로 할 경우 생산자 개인의 판단에 의해 보조금 여부가 달라지는 경우가 발생한다. 상품의 생산 원가는 생산자가 알고 있을 것이고 국내 판매에서 획득한 수익을 수출용 상품 가격을 원가 이하로 인하할 것인지 여부 역시 생산자의 행동이므로 보조금 여부가 생산자의 판단과 동기에 따라 달라지는 것이다. 생산자가 수출 상품의 가격을 원가 이하로 책정하려는 동기는 낮은 가격을 통해 시장에서의 경쟁적 위치를 점유하려는 것이다. 이러한 반경쟁적인 행위를 규율하는 것은 사실 보조금협정이나 농업협정이 다룰 것은 아니며 별도의 경쟁 정책이나 반덤핑협정을 통해 다루는 것이 타당하다. 특히 반덤핑협정은 바로 국내 가격 이하로의 수출품 판매 행위, 생산 원가 이하로의 수출품 판매행위를 규율하는 것을 목적으로 하고 있다.

캐나다 낙농 제품의 생산 원가 이하 판매는 반덤핑으로 규율할 수 도 있었을 것이다. 반덤핑 조치는 덤핑 상품이 수입되는 나라의 국내 산업의 신청에 의해 발동되는 것이나 미국과 뉴질랜드가 당초 訴를 제기한 것은 저가의 캐나다산 낙농품이 제 3국 시장에서 자국 상품을 구축(驅逐)하는 것을 방지하기 위한 것이었으므로 반덤핑협정 이용이 어려웠을 것이라는 주장도 있으나 반덤핑협정 14조[7]

7) 14.1 제3국을 대신한 반덤핑 조치의 신청은 조치를 요청하는 제3국의 당국에 의해서 이루어진다.

14.2 이러한 신청은 수입 상품이 덤핑되고 있다는 사실을 보여주는 가격정보 및 협의를 받고 있는 덤핑이 제3국의 관련 국내 산업에 피해를 초래하고 있음을 보여주는 상세한 정보에 의하여 지지된다. 제3국의 정부는 수입국 당국이 요청할 수 있는 추가 정보의 획득을 위하여 수입국 당국에게 모든 지원을 제공한다.

14.3 수입국 당국은 이러한 신청을 검토함에 있어서 협의를 받고 있는 덤핑이 제3국의 관련 산업 전체에 미치는 영향을 고려한다. 즉 협의를 받고 있는 덤핑이 수입국에 대한 당해산업의 수출에 미치는 영향 또는 당해산업의 총수출에 미치는 영향과 관련하여서만 피해가 평가되어 서는 아니된다.

14.4 사안을 계속 진행할 것인지 여부에 대한 결정은 수입국에 달려있다. 수입국이 조치를 취할

는 제 3국을 대신하여 반덤핑 조치를 신청할 수 있도록 규정하고 있으므로 이 역시 문제될 것이 없었다.

국내 법원에서는 상급심이 하급심의 판정을 기각할 경우에는 이를 하급심으로 파기, 환송하여 하급심으로 하여금 재심리토록 하는 것이 보통이나 WTO 분쟁 해결 제도에는 이러한 제도가 마련되어 있지 않다. 따라서 상소기구가 패널의 판정을 일부 기각할 경우 동 사안은 상소기구가 스스로 끝까지 분석을 계속하거나(complete analysis) 미결인 채로 남을 수밖에 없다. 이번 사건에서 상소기구는 지불 여부를 판단하기 위한 비교 준거로서 패널이 선정한 것이 잘못되었다고 지적하고 올바른 비교 준거는 총 생산비라고 판단하였다. 그런데 총 생산비를 비교 준거로 사용하여 해외 수출용 우유 제도가 보조금인지 여부는 관련 자료가 부족하여 분석을 계속할 수가 없다고 밝히고 다만 9조1항 보조금이라는 패널의 판정은 잘못된 비교 준거에 기반한 것이라는 이유로 기각하였다. 반면 *Canada-Periodicals* 사건에서 상소기구는 정기 간행물의 미국판과 캐나다판이 동종 상품이라는 패널의 판정을 기각하고 동종 상품이 아니라면 직접 경쟁 및 대체 관계에 있는 상품인지 여부에 대해 분석을 계속하였다. 동 사건의 경우 이러한 분석의 종료가 가능했던 것은 분석의 토대가 되는 사실 관계가 충분하였기 때문이다 이번 사건에서는 총 생산비는 심리 과정에서 다루어진 바도 없고 패널도 이와 관련된 자료를 검토한 것이 없어서 분석을 계속하기가 곤란하였다.

상소기구가 자신이 타당하다고 제시한 새로운 법적 기준(legal standard)에 의거하여 심리코자 하나 관련 사실이 부족하여 심리를 계속할 수 없는 경우는 종종 발생한다. 우리나라가 관련된 사건 중 대표적인 예가 *US-DRAMs CVD* 사건이다. 이 사건에서 상소기구는 한국 금융 기관이 정부의 지시와 위임에 의해 Hynix사에 금융 지원을 제공하였다는 미국 상무부의 판단이 잘못되었다는 패널의 판정을 번복하였으나 미 상무부의 보조금 판정이 보조금협정상의 보조금 정의에 합치하는지 여부는 사실 관계가 부족하여 더 이상 분석할 수 없다고 판단을 유보하였다. 이외에도 상소기구가 사실 관계 부족을 이유로 판단을 유보한 경우는 *Canada-Periodicals* 사건, *Australia-Salmon* 사건, *US-Hot-Rolled Steel* 사건, *US-Lumber CVD Final* 사건 등이 있다.

준비가 되어 있다고 결정하는 경우 이러한 조치에 관하여 상품 무역이사회의 승인을 얻기 위한 상품 무역 이사회에의 접근의 개시는 수입국에 달려있다.

3. New Zealand, US vs. Canada - Milk/Dairy Article 21.5(II) 사건

(DS103, 113, 2003. 1. 17. - 상소기구)

가. 사건 개요

1차 이행 패널의 판정에 대해 상소기구는 해외 수출 우유 제도가 농업협정 9조1항다호에 해당하는지를 판정하기 위해서는 총 생산비를 비교 준거로 사용해야 할 것이나 관련 자료가 부족하여 총 생산비를 기준으로 했을 경우 보조금에 해당하는지 여부에 대한 분석을 계속할 수 없다고 밝히고 패널의 판정은 잘못된 비교 준거를 이용하여 보조금에 해당한다고 잘못 판정하였으므로 기각하였다.

뉴질랜드와 미국은 상소기구의 판정에 불복하여 2차 이행 패널 설치를 요청하였다. 문제가 된 조치는 1차 이행 패널의 심리 대상이 되었던 캐나다의 원판결 이행 조치, 즉 해외 수출용 우유(Commercial Export Milk: CEM) 제도였다. 1차 이행 패널 시와 마찬가지로 제소국은 동 조치가 농업협정 9조1항, 3조3항, 8조, 10조1항 위반이라고 주장하였다. 2차 이행 패널은 상소기구가 제시한대로 총 생산비를 비교 준거로 사용하여 보조금 해당 여부를 살펴보았다.

나. 주요 쟁점별 당사자 주장 및 판결 요지

1) 농업협정 9조1항다호 위반 여부

9조1항 위반이라는 제소국의 주장에 대해 패널은 1차 이행 패널과 마찬가지로 지불 해당 여부, 정부 활동을 통해 조성된 재원 여부, 그리고 농산물의 수출에 관한 것인지 3개 요소를 검토하였으나 셋째 수출에 관한 요소는 이미 1차 패널에서 살펴보았으므로 나머지 2개 요소에 대해서만 분석하였다.

첫째 지불의 존재 여부에 대해 제소국은 해외 수출용 우유 가격은 전체 낙농 산업 평균으로 보았을 때 100리터당 29C$로 낙농 산업 전체의 우유 생산 평균가인 100리터당 58.12C$에 미치지 못하므로 9조1항다호[1]의 지불에 해당한다고 주장하였으며 총 생산비 계산시 실제 생산 비용(actual cost)은 물론 귀속 비용(imputed cost[2])도 포함해야 한다고 주장하였다. 캐나다는 지불 여부는 낙농 산업 평균이 아니라 각 생산자의 생산 원가와 해외 수출용 우유 판매가를 비교해야 하며 귀속 비용과 생산에 직접 소요되지 않은 운송, 마케팅, 행정 비용 등은 생산비 계산시 제외하여야 한다고 반박하였다.

패널은 캐나다가 제시한 개별 생산자의 생산 원가, 해외 수출용 판매원가 자료가 부실하여 신뢰성이 없으며 개별 생산자의 실제 원가, 판매가를 기준으로 해야 한다면 우선 정부가 이러한 자료를 확보하기도 어렵고 따라서 각 회원국 정부가 농업협정상의 의무를 준수하고 있음을 보장하기도 곤란하다고 판단하였다. 귀속 비용 문제에 대해서도 패널은 1차 이행 사건에서 상소기구가 모든 고정, 가변 비용이 포함된 기준을 사용해야 한다고 하였고 비용(cost)의 통상적인 의미는 비금전적인 비용을 배제하는 것도 아니라고 설명하고 캐나다의 주장을 수용하지 않았다. 이러한 판단을 토대로 패널은 9조1항다호상의 지불이 존재한다고 판시하였다.

둘째 정부의 활동에 관한 요소에 있어 패널은 1차 이행 사건에서 상소기구가 제시한대로 정부의 활동과 지불 간에 입증 가능한 연계(demonstrable link)가 존재한다고 보았다. 해외 수출용 우유 우유를 국내 판매용 우유보다 염가로 구입할 수 있게 한 대신 국내 판매를 금지시켰으므로 가공업자 입장에서는 수출할 수밖에 없게 한 것이고 생산자 입장에서 볼 때에는 해외 수출용 우유 우유를 생산 원가 이하로 공급하게 하는 대신 국내 판매용 우유에 대해서는 고가의 가격을 유지토록 해주었으므로 역시 강한 연관 관계를 인정할 수 있다고 판단하였다.

---

1) 다. 관련 농산물 또는 수출품의 원료가 되는 농산물에 대한 부과금을 재원으로 한 지불을 포함하여, 공공회계의 부담여부에 관계없이 정부의 활동을 통하여 조성된 재원에 의한 농산물 수출에 대한 지불

2) 생산자가 시장에서 구입하지는 않지만 마땅히 생산비로 계산하여야 할 비용. 자신(가족)의 노동력 등 생산자 자신이 소유하고 있으면서 생산에 투입한 생산요소의 기회 비용을 말한다.

이상의 판단을 토대로 패널은 3개 요소가 충족되었으며 캐나다는 9조1항다호상의 수출 보조금을 지불한 것이라고 판시하였다.

상소기구는 지불 요건에 있어 비교 준거는 산업 전체(industry-wide) 자료가 타당하다고 보았다. 9조1항다호상의 의무는 국가로서의 캐나다에게 주어진 의무인데 개별 생산자별 기준을 사용해야 한다면 9조1항의 의무는 국가로서의 회원국에게 부여된 것이 아니라 개인에게 부여된 것이 된다는 이유에서였다. 상소기구는 총 생산비는 생산 과정에 투입된 금전적, 비금전적을 불문하고 모든 경제적인 자원을 포함해야 하므로 귀속 비용을 포함하는 것이 타당하다고 보았다. 상소기구는 생산비에 유통, 마케팅, 기타 행정 비용도 포함되어야 한다고 확인하였으며 패널이 캐나다에게 감당할 수 없는 입증 책임을 부여한 것도 아니라고 판단하고 9조1항다호상의 지불에 해당한다는 패널 판정을 확인하였다.

정부 활동을 통하여 조성된 재원(financing) 여부에 대해서도 상소기구는 우선 정부의 활동이란 캐나다가 주장하는 대로 명시적인 명령(mandate), 지시(direction)만을 의미하는 것은 아니고 정부가 개인을 규제, 통제, 감독하는 활동 일체를 광범위하게 지칭하는 것으로서 강제가 개입되지 않은 상황도 포함된다고 설명하였다. financing의 의미도 반드시 정부의 직접 재원 조달 행위를 의미하는 것은 아니며 개인이 문제가 된 '지불'을 조성하는 과정에 충분히 중요한 역할을 수행하는 것도 포함한다고 밝혔다. 아울러 9조1항다호는 정부 활동의 결과(consequence)에 초점을 둔 것이지 그 의도를 중시하는 것은 아니며 정부의 활동이 결과로서 원래 의도하지 않았던 지불의 조성(financing the payments)을 초래하였다면 9조1항다호 요건에 해당한다고 보았다. 상소기구는 따라서 패널의 판정은 오류가 없다고 보았다.

상소기구는 이러한 판단을 종합하여 해외 수출용 우유 제도가 9조1항다호상의 지불에 해당한다는 패널의 판정을 확인하였다.

2) 농업협정 3조3항, 8조 위반 여부

패널은 해외 수출용 우유 제도가 9조1항다호상의 보조금이라고 판시하였고 5(d) 등급 우유는 9조1항상의 보조금이라고 원 사건 심리에서 이미 확인되었으므로 양허 수준 이상의 보조금을 지급하지 말아야 한다는 3조3항을 위반한 것이라고 판시하였다. 아울러 8조도 위반한 것이라고 판시하였다.

상소기구도 패널의 판정을 확인하였다.

3) 농업협정 10조1항 위반 여부

10조1항은 적용 대상에서 9조1항에 열거된 보조금은 제외하고 있으므로 9조1항의 보조금이 동시에 10조1항[3] 보조금이 될 수는 없고 원 사건 상소기구도 이를 확인한 바 있다. 패널은 이미 해외 수출용 우유 제도가 9조1항 보조금이라고 판시하였으므로 10조1항 해당 여부는 살펴 볼 필요가 없었으나 9조1항 판정이 상소기구에서 번복될 경우를 대비하여 10조1항 해당 여부를 심리하였다.

패널은 10조1항 위반을 구성하기 위해서는 i) 해당 보조금이 9조1항에 열거되지 않은 것인지, ii) 수출 보조금 약속을 우회하는 결과를 초래하거나 그러한 우려가 있는 방법으로 적용되었는지를 살펴보아야 한다고 보았다. i)의 경우 패널은 해외 수출용 우유 제도는 보조금협정 부속서 1(수출 보조금 예시 목록)의 라호에 해당하는 것이 분명하므로 9조1항에 열거되지 않은 보조금이며, ii)에 대해서는 낙농상품이 양허 수준 이상으로 수출되었으므로 수출 보조금 약속을 우회한 것이라고 판단하고 해외 수출용 우유 제도는 10조1항 위반이라고 판시하였다.

상소기구는 10조1항 판정의 근거가 되는 전제 조건, 즉 9조1항 위반 판정이 번복되지 않았으므로 10조1항 여부에 대해서는 판정을 내릴 필요가 없고 패널의 판정과 그 논리(reason)는 모두 무효(moot)이며 법적인 효력이 없다고 판시하였다.

다. 해설 및 평가

이 사건은 9조1항다호상의 지불 여부를 판단하기 위한 비교 준거로 제시된 총 생산비를 산출하는 기준 또는 방법을 구체화한 의미가 있다. 그러나 그러한 방법이 모든 경우에 보편적으로 적용될 수 있는지, 적용되어야 하는지에 대해서는 의문이 있으며 그 방법론 자체도 흠결이 없는 것인지 의문이 남는다.

농업협정은 지불 여부를 판단하기 위해 사용해야 할 기준이나 방법론에 대해서는 일체의 언급이 없다. 이 경우 회원국은 합당하다고 판단되는 기준이나 방법론을 사용할 수 있는 재량권이 있다고 보아야 할 것이며 그 기준이나 재량권의

3) 10.1. 제9조제1항에 열거되지 아니한 수출 보조금이 수출 보조금 약속을 우회하는 결과를 초래하거나 또는 그러한 우려가 있는 방법으로 적용되지 아니하며, 비상업적 거래도 이러한 약속을 우회하기 위하여 사용되지 아니한다.

합리성이 분쟁에서 문제가 될 경우 해당 회원국이 자신이 채택한 방법이 타당하고 합리적임을 입증하기만 하면 될 것이다. 상소기구는 총 생산 비용을 타당한 준거로 제시하였고 이 사건에서 당사자와 패널은 이 기준에 따라 자신의 주장을 펼쳤으나 앞으로 모든 사건에서 총 생산 비용이 의무적인 기준으로 사용되어야 할 것은 아니라고 본다.

1차 이행 사건에서 상소기구는 총 생산 비용을 타당한 준거로 제시하면서 그 것을 계산하는 방법론에 대해서는 구체적인 언급을 회피하였다. 따라서 총 생산 비용을 각 생산자 별로 계산하여야 하는지(캐나다 주장), 낙농 산업 전체로 계산하여야 하는지(제소국 주장), 귀속 비용을 포함하여야 하는지, 부대 비용을 포함하여야 하는지 당사자가 다툼이 있었다. 상소기구가 귀속 비용과 부대 비용을 포함하여 생산 비용을 산정하여야 한다고 판정하였으므로 만일 다른 사건에서도 생산 비용이 비교 준거로 사용된다면 생산 비용 계산에 중요한 지침이 될 것이다. 상소기구의 이러한 판단은 사실 반덤핑협정에서는 이미 규정되어 있는 것이다. 반덤핑협정 2조2항[4]은 덤핑 여부 판정을 위한 국내 시장 판매 가격이 없을 경우 생산 비용에 합리적인 금액의 관리비, 판매비, 일반 비용과 이윤을 합산한 가격과 비교하라고 규정하고 있다. 상소기구는 이윤을 포함해야 하는지 여부에 대해서는 언급하지 않았고 심리 과정 중에 이에 관한 다툼이 있지도 않았으나 상소기구가 요구한 것이 해외 수출 우유의 판매가와 총 생산 비용을 비교하라는 것이었고 판매에는 당연히 일정 이윤이 포함되어야 하므로 총 생산 비용에 이윤을 포함하는 것은 타당하다고 본다.

문제는 상소기구가 총 생산 비용을 각 생산자별 자료가 아닌 낙농 산업 전체의 평균을 사용하여야 한다고 한 것이다. 만일 해당 산업의 생산 비용의 격차가 생산자에 따라 매우 크게 나타난다면 산업 전체의 생산 비용 평균을 기준으로 사용할 경우 생산성이 높은 생산자가 산업 전체 평균보다 낮은 가격으로 생산하여

---

4) 2.2 수출국의 국내 시장 내에 통상적인 거래에 의한 동종 상품의 판매가 존재하지 아니하는 경우, 또는 수출국 국내 시장(Re.2)의 특별한 시장 상황 또는 소규모의 판매 때문에 적절한 비교를 할 수 없는 경우, 덤핑 마진은 동종 상품의 적절한 제3국 수출시 비교 가능한 가격으로서 대표적인 경우 동 가격 또는 원산지국에서의 생산 비용에 합리적인 금액의 관리비, 판매비, 일반 비용과 이윤을 합산한 가격과의 비교에 의하여 결정된다.

(Remark 2) 수출국 국내 시장에서 소비되는 동종 상품의 판매가 고려 대상 상품의 수입회원국에 대한 판매의 5% 또는 그 이상을 점하는 경우, 이러한 판매는 일반적으로 정상 가격을 결정하는 충분한 규모가 되는 것으로 간주된다. 단, 낮은 비율 이하의 국내 판매가 적절한 비교 제공을 위해 충분한 규모라는 증거가 제시될 경우에도 동 낮은 비율은 수락 가능하여야 한다.

산업 전체 평균보다 낮지만 자신의 생산 원가 보다는 높은 가격으로 해외 수출 우유를 공급하는 것도 보조금으로 분류되는 모순이 발생한다.

한편 생산 원가보다 낮은 가격으로 공급하는 것은 모두 보조금이라고 보는 것도 곤란하다. 반덤핑협정 2조2항[5]은 생산 원가 이하 가격으로 판매하는 것도 상당 기간 이내에 상당량으로 이루어지고 합리적인 기간 내에 총 비용을 회수할 수 없는 가격이라고 판단할 경우에만 정상 가격 결정 시 배제토록 하고 규정하고 있다. 즉 생산 원가 이하 가격 판매라도 위의 조건에 해당하지 않는다면 정상 판매로 인정하는 것이며 이는 기업의 영업 활동은 특정 기간 전체를 총괄하여 이익을 창출하려는 것이지 매 건마다 이윤 확보를 도모하지는 않는다는 점을 고려한 것이다. 이러한 합당한 고려는 이번 사건에서도 적용되었어야 한다고 본다.

---

5) 2.2.1 수출국 국내 시장에서의 동종 상품의 판매 또는 생산단위비용(고정 및 가변 비용)에 관리, 판매 및 일반 비용을 합한 것 미만의 가격으로 이루어지는 제3국에 대한 판매는, 당국(Re.3)이 이러한 판매가 상당기간(Re.4) 이내에 상당량으로(Re.5) 이루어지고 그 가격은 합리적인 기간 내에 총비용의 회수하지 못하는 가격이라고 판단하는 경우에 한하여, 가격을 이유로 정상적인 거래에 속하지 아니하는 것으로 취급될 수 있고 또한 정상 가격을 결정하는 데 있어서 고려 대상에서 제외될 수 있다. 판매 시 단위비용이하인 가격이 조사 대상 기간 동안의 가중 평균단위비용보다 높은 경우, 이러한 가격은 합리적인 기간 내에 비용을 회수할 수 있는 것으로 간주된다.

(Remark 3) 이 협정에서 "당국"이라는 용어가 사용될 때에는 적절한 고위급의 당국을 의미하는 것으로 해석된다.

(Remark 4) 상당기간은 일반적으로 1년이며 어떠한 경우에도 6월 미만이 되어서는 안된다.

(Remark 5) 정상 가격의 결정을 위해 고려중에 있는 거래의 가중 평균 판매가격이 가중 평균 단위비용 이하거나 단위비용 이하의 판매규모가 정상 가격 결정을 위해 고려중에 있는 거래에서 판매된 양의 적어도 20% 이상이 된다고 당국이 입증하는 경우, 단위비용 이하의 판매가 상당량 이루어지는 것으로 간주된다.

4. Brazil vs. US - Cotton subsidies 사건

(DS267, 2005. 3. 21. - 상소기구)

가. 사건 개요

이 사건은 미국 면화 upland cotton[1] 생산자, 사용자, 수출자 등에게 제공되는 각종 국내 보조 제도에 대해 브라질이 농업협정상 용인되지 않는 국내 보조이며 보조금협정에 위반되는 수출 보조금, 수입 대체 보조금이라고 시비한 것이다. 동 제도는 구체적으로 marketing loan program payments (including marketing loan gains and loan deficiency payments (LDPs)), user marketing (Step 2) payments, production flexibility contract (PFC) payments, market loss assistance (MLA) payments, direct payments (DP), counter-cyclical payments (CCP), crop insurance payments, cottonseed payments and export credit guarantee programs 등이다. 이들 국내 보조 제도는 보조대상 작물로 면화를 포함하고 있다.

브라질은 미국의 이러한 보조 제도가 농업협정 3조3항, 8항, 9조1항가호, 10조1항 및 보조금협정 3조1항가호, 나호 3조2항, 5조, 6조, 그리고 GATT XVI조1항 및 3항에 위배된다고 주장하고 2003년 2월 6일 패널 설치를 요청하였다.

---

1) 일반적으로 미면(美綿)이라 불린다. 어떤 기상조건이나 토질에서도 잘 자랄 뿐만 아니라 면섬유의 방적이 매우 좋으며, 용도가 많아 많은 나라에서 사용하고 있다. 미국에서 재배되는 면에는 해도면을 제외하고 개량종인 pima면과 재래종인 陸地綿(upland cotton)이 있으며, 미국면은 세계 면 생산량의 1/4을 차지하고 있어 원면 값의 등락을 좌우한다. 海島綿(Sea Island cotton)은 미국 동남부의 남해안 도서지방에서 생산되며 섬유장이 가장 가늘고, 길며 비단같은 광택과 부드러우며, 천연의 꼬임이 많고 강도가 가장 강한 면이다.

나. 주요 쟁점별 당사자 주장 및 판결 요지

1) 농업협정 위반 여부

(가) 농업협정 13조나항(2)호 대상 여부

농업협정 13조나항(2)호[2]는 일정한 요건을 갖춘 농산물 국내 보조에 대해서는 GATT XVI조1항[3], 보조금협정 5조, 6조에 근거한 조치로부터 면제된다고 규정하고 있다. 브라질은 면화에 대한 미국의 각종 국내 보조가 농업협정 13조나항(2)호에 의한 면제 대상이 아니라고 주장하였으며 미국은 동 국내 보조는 13조나항(2)호에 의거, 보조금협정 관련 규정에 근거한 조치로부터 면제된다고 반박하였다.

패널은 농업협정 13조는 이행 기간 동안만 적용되는 한시적 조항이므로 13조가 적용 가능한 시기인지 여부부터 살펴보았다. 패널은 농업협정 1조바항[4]상 13조의 이행 기간은 1995년부터 9년이고 이 분쟁 패널은 2003년 3월에 설치되었으므로 13조는 적용 가능한 기간 내에 있다고 판단하였다.

---

2) 1994년도 GATT와 보조금및상계조치에관한협정(이 조에서는 "보조금협정"이라 한다)의 규정에도 불구하고, 이행 기간 동안

가. … 생략 …

나. 이 협정 제6조제5항의 요건에 합치하는 직접지불을 포함하여 각 회원국의 양허표에 반영되어 있는 이 협정 제6조의 규정에 완전히 합치하는 국내 보조 조치와 최소허용 수준이내의 보조로서 제6조제2항에 합치하는 국내 보조는

(1) … 생략 …

(2) 동 조치로 인하여 특정 품목에 대해 1992유통 년도중에 결정된 보조를 초과하는 보조가 제공되지 않는 한, 1994년도 GATT 제16조제1항 또는 보조금협정 제5조 및 제6조에 근거한 조치로부터 면제된다. 그리고

3) XVI:1. 체약국이, 어떠한 형식에 의한 소득 또는 가격지원을 포함하는 보조금으로서, 직접 또는 간접으로 자국의 영역으로부터의 산품의 수출을 증가시키거나 또는 자국의 영역으로의 산품의 수입을 감소시키는 것을 허여하고 또는 유지할 경우에는 동 체약국은 동 보조금의 범위와 성격, 자국의 영역으로 수입되거나 또는 자국의 영역으로부터 수출되는 산품의 수량에 동 보조금이 미칠 것으로 추정되는 효과와 동 보조금을 필요로 하는 사정에 대하여 서면으로 체약국단에 통보하여야 한다. 이러한 보조금이 다른 체약국의 이익에 중대한 손실을 주거나 손해를 줄 우려가 있다고 결정될 때에는 보조금의 허여하고 있는 체약국은, 요청이 있는 경우, 동 보조금을 제한하는 가능성에 대하여 다른 관계체약국 또는 체약국단과 협의하여야 한다.

4) 바. "이행 기간"은 제13조의 목적상 1995년 시작되는 9년의 기간을 제외하고는, 1995년 시작되는 6년의 기간을 의미한다.

(나) PFC, DP program의 부속서 2항 해당 여부

농업협정 부속서 2는 감축 약속으로부터 면제가 되는 국내 보조, 즉 green box 보조금의 요건에 대해 기술하고 있다. 이 중 6조나항[5]은 비연계 소득 보조는 기준 기간 이후의 특정 연도에 생산자가 행한 생산 또는 생산 형태에 관련되거나 이를 기초로 해서는 안된다고 규정하고 있다. 미국은 1996년 Farm bill(FAIR act)에 의거, 면화를 포함한 특정 작물을 예전부터 재배해온 생산자(historical producer)에게 PFC payments를 제공하여 왔다. 이 제도는 2002년 Farm bill(FSRI act)에 의해 Direct Payments(DP) program으로 대체되었다. 이들 제도는 farm bill 상의 소위 재배 재량성 제한(planting flexibility limitation)규정에 따라 면화 계약 재배지(contracted acre)에 과일, 채소, 쌀 등을 재배할 경우 그만큼 수혜액이 일정 규칙에 따라 감축되도록 되어 있다. 브라질은 PFC payments와 DP program은 기준년도 이후 미국 면화 생산자들의 과일, 채소 등의 식재 여부 및 규모에 따라 보조금액이 변동되는 것이므로 이는 생산자들이 택한 생산 형태에 관련되는 보조금으로서 부속서 2의 6조나항에 해당되지 않으며 따라서 13조가항[6]의 대상이 아니라고 주장하였다.

패널은 브라질의 주장을 인정, 재배 재량 제한은 PFC와 DP 보조액 규모를 계약 재배지에 植栽된 타 작물의 규모의 따라 감축 또는 지급치 않게 하는 것이며 PFC와 DP 보조금은 기준 기간 이후 생산자가 취한 생산 형태와 관련되는 것이라고 확인, PFC 및 DP program, 재배 재량성 제한 관련 법규는 농업협정 부속서 2의 6조나항에 합치되지 않는다고 판시하였다. 브라질은 이들 제도가 부속서 2의 1조[7]의 무역 왜곡효과 미미화 규정에도 부합하지 않는다고 주장하였으나 패널은

---

5) 6.나. 특정년도의 이러한 지불의 금액은 기준 기간 이후 특정년도에 생산자가 행한 생산량 또는 생산 형태 (가축단위 포함)에 관련되거나 이를 기초로 하여서는 아니된다.

6) 1994년도 GATT와 보조금및상계조치에관한협정(이 조에서는 "보조금협정"이라 한다)의 규정에도 불구하고, 이행 기간동안

가. 이 협정 부속서 2의 규정에 완전히 합치하는 국내 보조 조치는

(1) 상계 관세(Re.4)의 목적상 허용 보조금이 된다.

(Remark 4) 이 조에 언급된 "상계 관세"란 1994년도 GATT 제6조와 보조금및상계조치에관한협정 제5부의 대상이 되는 상계 관세를 의미한다.

(2) 1994년도 GATT 제16조 및 보조금협정 제3부에 근거한 조치로부터 면제된다. 그리고

(3) 1994년도 GATT 제23조제1항(b)의 의미상, 1994년도 GATT 제2조에 따라 다른 회원국이 향유하는 관세 양허의 이익의 비위반 무효화 또는 침해에 근거한 조치로부터 면제된다.

7) 1. 감축 약속으로부터의 면제가 주장된 국내 보조 조치는 무역 왜곡 효과나 생산에 미치는 효

이미 이들 제도가 6조나항에 합치되지 않는다고 판단, 결국 중요한 13조가항 대상이 아니라고 본 만큼 브라질 추가 주장에 대해서는 검토할 실익이 없다고 판단하였다.

미국은 특정 작물의 재배에 관한 부정적 지침(negative direction), 즉 특정 작물의 불생산을 조건으로 지급되는 보조금은 생산 형태와 관련되는 보조가 아니라고 상소하였다. 상소기구는 미국의 주장을 기각하였다. 상소기구는 부속서 2의 6조나항은 문제가 되는 지불의 금액(amount of payments)과 동 보조금 수혜자가 행한 생산량 또는 생산 형태 간의 어떠한 관계도 절단시킬 것을 요구하고 있다고 지적하였다. 상소기구는 문제가 된 보조금 제도는 그 수혜자가 재배 재량성 제한 대상 작물을 식재한 정도, 즉 생산 형태에 따라 변동되는 것이 분명하다고 확인하였으며 관련된다(related to)는 통상적인 의미는 긍정적이거나 부정적인 성질을 모두 포함한다고 설명하였다. 이상을 기초로 상소기구는 PFC와 DP는 6조나항에 합치되지 않으며 13조가항의 보호를 받지 못한다는 패널의 판정을 지지하였다.

(다) 1992년 결정된 보조 초과 여부

농업협정 13조나항(2)는 보조금협정 5조 등의 면제조건으로 특정 품목에 대해 1992년에 결정된 보조를 초과해서는 안된다는 것을 규정하고 있다. 브라질은 미국의 국내 보조는 이 조건에 합치하지 않는다고 주장하였다. 브라질은 시비를 제기한 모든 보조 제도가 이행 기간 동안 제공된 국내 보조(implementation period support)에 해당한다고 주장하였으며 패널은 각 제도를 검토한 결과 모든 제도가 면화를 수혜 대상 작물로 분명히 명시하고 있다고 확인하고 브라질은 주장을 수용하였다.

패널은 특정 품목에 제공되는 미국의 국내 보조가 1992년 유통 년도 중에 결정된 보조를 초과하는지 여부를 판단하기 위해서는 이행 기간 동안 제공된 미국의 국내 보조(implementation period support)와 1992년 유통 년도 중에 결정된 보조(MY 1992 benchmark)를 비교해야 한다고 보았다. MY 1992 benchmark에 대해 패널은 면화 지원 프로그램 하에 특정한 지불을 시행하기 위해 행해진 결정으로서 1992년 8월 1일부터 93년 7월 31일까지 기간 중 이루어 진 것이며 그 결정은 수혜자 적격, 지불 금액, 규정 준수 여부 등에 관한 판정 등을 포함한다고 보았다.

과가 없거나 있더라도 미미하여야 한다는 기본적인 요건을 충족한다. 따라서, 면제가 주장되는 모든 조치는 아래 기본적인 기준에 합치한다.

패널은 implementation period support를 획정하기 위해서는 13조나항(2)의 grant support to a specific commodity의 의미는 수혜 대상 상품 중의 하나임을 분명히 또는 명백히 규정한 모든 non-green box support라고 해석하였고 미국이 주장하는 대로 특정 작물 하나에만 보조가 제공되는 product-specific domestic support로 좁게 해석할 것은 아니라고 보았다. 즉 미국은 면화에 국한된 보조만이 대상이 된다고 본 만면 패널은 여러 다른 수혜 대상 중에 면화가 포함되어 있는 보조이면 된다고 본 것이다.

패널은 implementation period support와 MY 1992 benchmark를 비교하기 위해서는 각 보조 수준을 측정해야 했다. 브라질은 면화 보조를 위해 실제 지출된 비용을 산정하여 비교할 것을 주장했고 미국은 보조 비율을 이용하는 것이 합당하다고 반박했다. 패널은 농업협정 1조가항[8]에 규정된 보조 총액 측정치 AMS를 이번 사건의 특정에 맞게 일부 보완하여 이용하는 것이 타당하다고 보았다.

패널은 미국의 보조 제도를 4개 부류로 분류하고 각 부류마다 1992년도와 이행 기간 해당 년도의 금액 환산치 monetary figure를 산정하였다. 패널은 검토 결과 각 보조 제도는 1992년에 결정된 수준을 모두 초과한다고 확인하였다. 이에 따라 패널은 이 사건에서 문제가 된 미국의 국내 보조 제도는 1992년에 결정된 수준을 초과하는 것이며 따라서 13조나항(2)의 보호 대상이 되지 못한다고 판시하였다.

미국은 grant support to a specific commodity에 관한 패널의 해석에 대해 상소하였다. 미국은 문제가 된 국내 보조 중 production flexibility contract, payments, market loss assistance payments, direct payments, counter-cyclical payments 4개는 수혜자가 면화 이외의 작물을 재배하거나 아예 아무 작물도 植栽하지 않을 수 있는 재량이 있는데 이들 제도를 면화 이라는 특정 품목에 제공된 보조라고 판단한 것은 부당하다고 주장하였다. 미국은 생산자들은 면화 식재 여부 또는 식재 규모에 관계없이, 또는 심지어 일체의 작물을 심지 않아도 이들 보조금을 수령할 수 있다고 강조하였다. 미국은 패널이 사용한 계산 방식에 따르면 면화를 식재하지 않은 생산자에 제공된 보조도 면화에 대한 보조로 과다 계산된다고 주장하였다.

상소기구는 13조나항(2)의 specific의 의미는 commodity가 must be clearly iden-

---

8) 1.가. "보조 총액 측정치"는 기초농산물의 생산자를 위하여 특정 농산물에 제공된 보조 또는 농산물생산자 일반을 위하여 제공된 품목 불특정적인 보조로서, 화폐단위로 표시한 연간 보조 수준을 의미한다. 단, 이 협정 부속서 2의 감축으로부터 면제되는 계획에 따라 제공되는 보조는 제외된다. 동 보조 총액 측정치는 .이하 생략

tifiable해야 한다는 의미이며 보조 제공 조치(support-conferring measure)와 보조 대상 품목(the particular commodity to which support is granted)간에는 discernible link가 있어야 한다고 해석, such measures grant[ing] support to a specific commodity는 non-green box measures that clearly or explicitly define a commodity as one to which they bestow or confer support라는 패널의 해석은 타당하다고 확인하였다. 그러나 패널이 사용한 산정 방식은 미국이 주장하는 대로 과다 계산될 소지가 있다고 동의하고 패널의 산정 방식 중 면화가 재배되고 있는 실제 면적에 지급되는 보조금만을 13조나항(2) 대상으로 한정하지 못한 범위만큼은 기각한다고 하였다. 그러나 4개 보조금을 지급받은 미 생산자는 통상 면화를 전통적으로 재배하여 왔고 타 작물 재배 범위도 극히 미미하여 큰 차이가 없다는 패널의 분석은 인정하였다.

미국은 marketing loan program payments와 deficiency payments는 가격에 기초한 것으로서 농업협정 부속서 3의 10조[9]에 명시된 대로 가격 차이를 이용하여 계산하여야 하나 패널이 동 제도에 지출된 재정 지출을 이용하여 계산한 것은 부당하다고도 주장하였다. 상소기구는 우선 농업협정 13조나항(2)는 implementation period support와 MY 1992 benchmark 간의 차이 측정 방식에 대해서는 아무 언급이 없고 부속서 3의 10조는 가격 차이 방식과 재정 지출 방식을 선택적으로 이용할 수 있도록 규정하고 있으며 두 방식 어느 것을 이용하여도 미국의 implementation period support가 MY 1992 benchmark를 초과하므로 굳이 어느 방식을 이용해야 하는지에 대해 상소기구가 결정할 필요는 없다고 밝혔다.

상소기구는 production flexibility contract, payments, market loss assistance payments, direct payments, counter-cyclical payments는 패널이 사용한 방식보다 실제 재배된 면화에 지불된 보조금을 산정하는 소위 cotton-to-cotton 방식으로 implementation period support와 MY 1992 benchmark간의 차이를 산정하는 것이 옳으며 패널의 계산 방식이든 미국이 더 타당하다고 주장하는 방식으로든 미국의 implementation period support는 MY 1992 benchmark를 초과했다고 판단했다. 따라서 브라질이 시비한 미국의 국내 보조 제도는 13조나항(2)의 보호 대상이 되지 못한다는 패널의 판정 자체는 지지하였다.

---

9) 10. 비면제 직접지불: 가격차이에 기초하는 비면제 직접지불은 고정참조가격과 적용관리 가격과의 차에 관리 가격의 적용 대상이 되는 생산량을 곱하여 계산되거나 또는 재정지출을 사용하여 계산된다.

(라) User marketing (step 2) payments

브라질은 미국의 User Marketing (Step 2) payments(2002 FSRI section 1207(a))는 면화 수출자에게 지급되는 것이므로 그 자체가 농업협정 9조1항가호에 규정된 수출 보조금에 해당하며 농업협정 3조3항과 8조 위반이라고 주장하였다. 아울러 이 제도는 금지된 수출 보조금에 해당하므로 보조금협정 3조1항가호 및 2항에도 위반된다고 주장하였다. 미국은 동 제도에 의한 보조금은 면화 국내 사용자나 수출자 모두를 지급 대상으로 하고 있어 반드시 수출 실적에 결부된 것은 아니라고 반박하였다.

패널은 동 제도의 규정[10]상 수출자에 지급될 수 있는 상황, 국내 사용자에 지급될 수 있는 상황이 뚜렷이 구분되며 수출자에 지급될 수 있는 상황의 경우 수출 증명을 요구하는 등 수출자에 제공될 수 있는 동 제도상의 보조금은 수출 실적에 附隨(contingent)되어 있는 점이 분명하다고 보았다. 패널은 같은 제도 중 수출을 조건으로 하는 부분과 그렇지 않은 부분이 존재한다고 해서 非수출부분이 수출 附隨 부분을 정당화하는 것도 아니라는 점을 지적하였다. 이에 따라 패널은 미국의 User Marketing Payments는 수출 실적을 조건으로 하는 것이므로 9조1항가호에 해당하며 면화는 미국의 양허표에 명시되지 않았으므로 양허표에 특정되지 않은 품목에 대해서는 수출 보조금을 지급하지 않아야 하는 3조3항[11]과 8조[12] 위반에 해당한다고 판시하였다. 아울러 동 제도는 보조금협정 3조1항가호와 2항에도 위반된다고 판시하였다.

미국은 동 제도상의 보조금은 면화 국내 사용자에게도 지급가능하며 이는 수

---

10) the following persons shall be considered eligible domestic users and exporters of upland cotton: (1) A person regularly engaged in the business of opening bales of eligible upland cotton for the purpose of manufacturing such cotton into cotton products in the United States (domestic user), who has entered into an agreement with CCC to participate in the upland cotton user marketing certificate program; or (2) A person, including a producer or a cooperative marketing association approved under part 1425 of this chapter, regularly engaged in selling eligible upland cotton for exportation from the United States (exporter), who has entered into an agreement with CCC to participate in the upland cotton user marketing certificate program.

11) 3.3. 제9조제2항나호와 제4항의 규정에 따라 회원국은 자기나라의 양허표 제4부제2절에 명시된 농산물 또는 동 품목군과 관련 동 절에 명시된 재정지출 및 물량에 대한 약속 수준을 초과하여 제9조제1항에 열거된 수출 보조금을 제공하여서는 아니되며, 자기나라 양허표의 동 절에 명시되지 아니한 농산물과 관련하여 이러한 보조금을 제공하지 아니한다.

12) 8. 각 회원국은 이 협정과 자기나라의 양허표에 명시된 약속에 합치하지 않는 방법으로 수출 보조금을 제공하지 않을 것을 약속한다.

출이 아니라 국내 사용에 부수된 것이므로 9조1항가호에 해당되지 않는다고 상소하였으나 상소기구는 동 제도는 지급 대상을 국내 사용자와 수출자로 명백히 구분하고 있고 수출자에게는 신청요건으로 수출 증명을 요구하는 등 수출과 결부(tied to)된 점이 명백하다는 점을 재확인하고 패널의 판정을 지지하였다.

(마) 수출 신용 보증 제도

1브라질은 미국의 수출 신용 보증 제도인 GSM 102, 103, SCGP는 농업협정 10조1항[13]과 8조 위반이며 따라서 보조금협정 3조1항가호[14], 3조2항[15]의 적용 대상에서 면제되도록 한 농업협정 13조다항[16](2)의 보호 대상이 될 수 없다고 주장하였다.

미국은 농업협정 10조2항[17]은 수출 신용 보증에 관한 규율 제정을 뒤로 미룬 것이므로 농업협정과 보조금협정의 수출 보조금에 관한 규율은 수출 신용 보증 제도에는 적용되지 않는다는 점이 분명하다고 반박하였다. 미국은 또한 보조금협정상의 수출 보조금 규율이 적용가능하다 해도 문제가 된 자국의 수출 신용 보증 제도는 보조금협정 부속서 1(수출 보조금 예시 목록)의 차호[18] 기준을 충족하지

---

13) 10.1. 제9조제1항에 열거되지 아니한 수출 보조금이 수출 보조금 약속을 우회하는 결과를 초래하거나 또는 그러한 우려가 있는 방법으로 적용되지 아니하며, 비상업적 거래도 이러한 약속을 우회하기 위하여 사용되지 아니한다.

14) 3.1 농업에관한협정에 규정된 경우를 제외하고, 제1조의 의미내에서의 다음의 보조금은 금지된다.
가. 부속서 1에 예시된 보조금을 포함하여 유일한 조건으로서 또는 다른 여러 조건중의 하나로서, 법률상 또는 사실상 수출 실적에 따라 지급되는 보조금,

15) 나. 유일한 조건으로서 또는 다른 여러 조건중의 하나로서, 수입품 대신 국내 상품의 사용을 조건으로 지급되는 보조금

16) 다. 각 회원국의 양허표에 반영된 이 협정 제5부의 규정에 완전히 부합하는 수출 보조금은
(1) 1994년도 GATT 제6조 및 보조금협정 제5부에 따라 물량, 가격에 미치는 효과 또는 결과적인 영향에 근거한 피해 또는 피해의 우려 판정시에 상계 관세의 대상이 되며, 보조금 조사를 개시함에 있어서 적절한 자제가 발휘되어야 한다. 그리고
(2) 1994년도 GATT 제16조 또는 보조금협정 제3조, 제5조 및 제6조에 근거한 조치로부터 면제된다.

17) 2. 회원국은 수출 신용, 수출 신용 보증 또는 보험계획의 제공을 통제하기 위하여 국제적으로 합의된 규율을 발전시켜 나가기 위하여 노력할 것을 약속하며, 이러한 규율에 대한 합의가 이루어진 후에는 동 규율에 합치하여서만 수출 신용, 수출 신용 보증 또는 보험계획을 제공할 것을 약속한다.

18) 차. 정부(또는 정부가 통제하는 특수기관)가 수출 신용 보증 또는 보험계획, 수출품의 비용 증가에 대비한 보험 또는 보증계획, 환리스크 보증계획을 이러한 계획의 장기적인 운영비용 또는 손실을 보전하기에 부적절한 우대 금리로 제공하는 것

않으므로 보조금협정 3조1항가호 대상이 아니라고 주장하였다. 즉 문제가 된 제도는 이러한 제도를 장기적으로 운영하는 비용 또는 손실을 보전하기에 부적절한 우대 금리로 제공되는 것이 아니라는 것이다.

패널은 문제가 된 제도의 요건, 운영 방식, 금리 조건 등을 분석한 결과, 수출 보조금 예시 목록 차호에 해당하며 따라서 보조금협정상의 수출 보조금과 농업협정 10조1항상의 보조금에 해당한다고 판단하였다. 패널은 이 3개 제도상의 수출 신용 보증이 면화를 포함한 비양허품목에 제공되었음을 확인하였다. 미국은 13개 품목에 대해 수출 보조금을 감축하겠다고 양허표에 명기하였는데 이 중 하나인 쌀에 대해 문제가 된 수출 신용 보증이 제공되지 않았음을 입증하지 못했다. 이에 따라 패널은 미국은 수출 보조금에 해당하는 수출 신용 보증을 수출 보조금 약속을 우회하는 결과를 초래하는 방식으로 운영하였으며 이는 농업협정 10조1항에 합치되지 않는다고 결론지었다. 단 패널은 쌀을 제외한 12개 양허품목에 대해서는 수출 보조금 우회 사용이 실제로 발생하였음을 브라질이 입증하지 못했다고 판시하였다. 패널은 미국이 결과적으로 보조금협정 3조1항가호와 2항도 위반하였다고 판시하였다.

10조2항상 수출 신용 보증은 수출 보조금에 해당하지 않는다는 주장에 대해 패널은 특정 사항을 일반적인 의무 규정에서 면제하려면 그러한 의도가 명백히 적시되어야 하는 것이 합리적일 것이나 10조2항에는 수출 보조금 규율을 수출 신용 보증에 대해서는 적용하지 않는다는 점이 규정되어 있지 않다고 지적하였다. 패널은 문맥이나 협정의 목적과 대상, 후속 조치 및 협정 교섭 과정(negotiating history)등도 패널의 견해를 뒷받침한다고 보았다.

상소기구 심리에서 미국은 농업협정 10조2항상 수출 신용 보증은 10조1항상의 보조금에 해당하지 않는다고 재주장하였다. 상소기구는 10조2항상 현재까지 수출 신용 보증 등에 관한 규율이 국제적으로 합의되지 않은 점은 인정하였다. 그러나 10조2항이 수출 신용 보증을 10조1항의 수출 보조금 규율 대상에서 명시적으로 제외하는 것도 아니라고 지적하고 문맥, 협정의 대상과 목적 등을 기초로 한 패널의 해석이 타당하며 10조2항이 수출 신용 보증을 농업협정의 수출 보조금 규율에서 제외하는 것이 아니라는 패널의 판정을 지지하였다.

그러나 심리를 담당한 상소기구 위원 중 1명은 이에 반하는 소수 의견을 표명하였다. 그는 10조2항 표현상 UR 협정 체결 당시 회원국들은 수출 신용, 수출 신용 보증, 보험 계획 3개를 달리 취급하는 것이 필요하다는 점을 고려하였고 이러한 특별 취급하려 했던 데에는 반드시 일정한 의미와 중요성이 부여되어야 한다고 보았다. 아울러 합의된 규율 발전을 위해 노력할 것을 약속한다는 것은 합의된 규율이 없다는 것을 분명히 언급하는 것이며 이상에 비추어 수출 신용 보증 등은 농업협정상의 수출 보조금 규율에 현재 적용되지 않는다고 보는 것이 타당하다고 주장하였다. 그는 농업협정 21조1항이나 보조금협정 3조1항 두문의 규정에 비추어 수출 신용 보증 등은 보조금협정 3조1항가호에도 적용되지 않는다고 주장하였다.

수출 보조금 예시 목록 차호 해당 여부에 대해서도 미국은 패널이 우대 금리가 장기 운영 비용과 손실을 보전하지 못했다는 것을 구체적인 금전적인 계량 지표를 사용하여 사실로 확인 하지 못했다고 주장하였다. 상소기구는 차호 해당 여부 판단에서 중요한 것은 우대 금리의 부적절성, 불충분성 여부이지 우대 금리와 장기 운영 비용 및 손실간의 정확한 차이 산정이 아니라고 지적하였다. 상소기구는 우대 금리 적절성 여부 판단을 위해서는 수출 신용기관의 재정적 성과(financial performance)를 조사하여야 하며 패널이 다양한 방식을 통해 미국 해당기관의 재정적 성과(우대 금리로부터의 수입과 장기 운영 비용/손실 비교)를 검토한 점이 인정된다고 판단하고 동 수출 신용 보증 제도는 차호 상의 수출 보조금에 해당하며 3조1항가호와 2항 위반에 해당한다는 패널 판정을 지지하였다.

브라질은 패널이 쌀을 제외한 12개 양허품목에 대해서는 수출 보조금 우회 사용이 실제로 발생하였음을 브라질이 입증하지 못했다고 판정한 부분에 대해서도 상소하였다. 상소기구는 패널이 쌀에 대해서는 미국이 수출 보조금 약속을 우회하는 방향으로 수출 신용 보증을 운영하였다고 판단한 뒤 구체적인 설명 없이 나머지 12개 품목에 대해서는 수출 보조금 약속 우회가 입증되지 못했다고 언급하였음을 주목하였다. 상소기구는 패널 판정을 뒷받침하는 근거를 찾을 수 없다고 지적하고 따라서 패널의 판정을 기각하였다. 그러나 사실 관계가 부족하여 브라질이 주장하는 대로 12개 중 특정 품목에 대해 미국이 수출 보조금 약속을 우회하는 방향으로 수출 신용 보증을 사용하였는지 여부는 더 이상 분석할 수 없다고 밝혔다.

브라질은 미국의 user marketing (step 2) payments가 국내 생산자에게는 미국산 면화 사용을 조건으로 지급되는 것이므로 보조금협정 3조1항나호의 수입 대체 보조금에 해당한다고 주장하였다. 미국은 동 제도가 농업협정 6조3항의 국내 보조 감축 약속에 합치하는 조치를 포함하고 있으므로 보조금협정 3조1항나호의 적용 대상이 아니라고 반박하였다. 미국은 user marketing (step 2) payments는 국내 사용자에게 국내 면화 사용을 조건으로 보조금을 지급함으로써 면화 국내 생산자에게도 (간접적인) 혜택을 주는 것이며 따라서 농업협정 부속서 3의 7조[19] 두 번째 문장상 국내 보조 감축에 속한다는 주장이다.

패널은 미국의 주장을 기각하였다. 패널은 우선 국내 보조 감축에 관한 농업협정 13조나항(2)는 보조금협정 5조, 6조에 근거한 조치로부터의 면제만을 규정하고 있을 뿐 보조금협정 3조에 대해서는 아무런 언급이 없다는 점, 수출 보조금에 관해서는 농업협정 13조다항(2)에 별도로 규정되어 있으나 국내 보조와 관련된 의무에 대해서는 아무런 언급이 없는 점, 농업협정 13조다항(2)는 수출 보조금만을 언급하고 있고 수입 대체 보조금에 대해서는 아무 언급이 없음에 비추어 보조금협정 3조1항나호와 관계된 주장은 농업협정 13조다항(2)에 해당되지 않는다는 점을 들어 국내 보조에 관한 농업협정의 규정은 수입 대체 보조금을 용인하고 있지 않다고 확인하였다.

패널은 농업협정 6조3항 어느 구절도 국내 보조 감축 약속 준수가 여타 WTO 의무 사항을 이행한 것으로 간주되어야 한다거나 금지된 조치를 정당화하는 것으로 이해되어야 한다고 해석될 수 없다는 점을 분명히 하였다. 패널은 국내 생산자에 혜택을 주는 국내 보조가 수입품 대신 국내 상품을 사용하는 것을 요구하거나 승인하는 것도 아니라고 지적하였다. 패널은 부속서 3의 7항은 국내 생산자가 아닌 자에게 제공된 국내 보조 조치가 경우에 따라서는 국내 생산자에게도 이익을 줄 수 있음을 인정하고 이 경우 (AMS의 정확한 산정을 위해) 그에 해당하는 만큼을 AMS에 포함하라는 것이지 이 규정이 금지된 조치를 정당화하는 것은 아니라고 설명하였다.

패널은 이상을 기초로 농업협정이 보조금협정 3조1항나호의 수입 대체 보조금을 정당화하지 않으며 Step 2 payments 중 미국 면화 국내 사용자에게 지불되는 금액은 수입품 대신 국내 상품의 사용을 조건으로 지급되는 보조금으로서 보조금협정 3조1항나호 및 2항에 합치되지 않는다고 판시하였다.

미국은 이에 대해 상소하였으나 상소기구 역시 패널의 판정을 지지하였다. 상소기구는 보조금협정 3조1항 두문상 농업협정에 규정된 경우를 제외하고 수출

---

19) 7. 보조 총액 측정치는 관련 기초농산물의 최초 판매 시점과 현실적으로 가장 근접하여 계산된다. 농산물 가공업자에 대한 조치는 이러한 조치가 기초농산물의 생산자에게 혜택을 주는 만큼 보조 총액 측정치의 계산에 포함된다.

보조금 등이 금지되는 것이고 농업협정 21조1항의 문구를 보더라도 농업협정의 규정을 조건으로 WTO 협정 등이 적용되는 것이라고 확인하였다. 아울러 이는 곧 같은 문제를 특별히 취급하라는 특별한 규정이 농업협정에 있는 범위 내에서만 WTO 협정 등의 적용이 배제되는 것이라는 *EC-Banana* 사건 상소기구의 판정을 환기하였다. 상소기구는 이 사건의 쟁점은 수입 대체 보조금이라는 같은 문제를 특별히 취급하라는 특별한 규정이 농업협정 내에 존재하는지 여부라고 정리하였다. 상소기구는 미국이 주장하는 농업협정 6조3항이나 부속서 3의 7조는 수입 대체 보조금을 언급하고 있지 않은 점이 분명하며 AMS 계산시 특정 보조금을 포함하라는 것과 수입 대체 보조금을 허용한다는 의미는 분명히 다르다고 지적하였다. 상소기구는 위 어느 조항도 수입 대체 보조금을 달리 취급하고 있지 않다고 확인하고 미국의 주장을 기각, 패널의 판정을 지지하였다.

2) 보조금협정 위반 여부

(가) 심각한 손상 초래 여부

브라질은 미국의 국내 보조 제도는 미국, 브라질, 세계 면화 시장에서의 육지면(면화) 가격을 현저하게 억제하였고 세계 면화 시장에서의 미국 시장 점유율을 증가시킴으로써 MY 1999~2002년 기간 동안 브라질의 이익에 심각한 손상 (serious prejudice)을 초래하였다고 주장하였다.

미국은 패널에 대해 문제가 된 보조금의 정확한 규모를 계량해야 하며 면화 생산에 대해 제공된 보조금 중 실제로 수출자에게 移轉(pass through)된 규모를 산정해야 한다고 주장하였다. 그러나 패널은 심각한 손상에 관한 분석을 함에 있어 보조금협정 5부(상계 조치)에 명시된 세세한 방법론이나 절차 등이 contextual guidance가 될 수는 있으나 5부의 규정이 3부 심각한 손상에 그대로 적용되는 것은 아니라고 지적하고 미국의 주장을 기각하였다.

패널의 판정에 대해 미국은 상소하였으나 상소기구 역시 보조금협정 6조3항 다호상 보조금 금액의 정확한 계량이 반드시 요구되는 것은 아니며 pass-through가 6조3항[20]상 절대적(critical)인 것도 아니라고 보고 패널의 판정을 지지하였다.

---

20) 6.3 아래 사항중 하나 또는 그 이상이 적용되는 경우, 제5조다항의 의미의 심각한 손상이 발생할 수 있다.

가. 보조금으로 인하여 보조금지급회원국 시장으로의 다른 회원국 동종 상품의 수입을 배제 또는 방해하는 효과가 발생하는 경우

그러나 상소기구는 패널이 보조금의 규모에 대해 단지 very large amount라고 표현하기보다 그것이 의미하는 바를 보다 명확하고 자세하게 밝힐 수도 있었을 것이며 보조금을 받은 상품(subsidized products)이 무엇인지 정확하게 밝혀야(identify) 한다는 의견을 附加, 패널의 분석이 다소 미진하였음을 시사하였다.

6조3항다호의 동일시장(in the same market)요건에 대해 브라질은 동 조항이 지리적 개념을 특정하지 않았으므로 개개 국가, 지역 또는 세계 시장 모두를 지칭할 수 있는 것이라고 주장한 반면 미국은 가격 인상 억제란 subsidized products가 다른 회원국의 동종 상품과 동일 시장에서 발견될 때 발생하는 것이므로 동일 시장이란 특정 국내 시장을 말하는 것이며 세계 시장은 그 개념 자체상 당연히 동일 시장이므로 동일 시장의 범주에 들 수 없다고 반박하였다.

패널은 6조3항다호는 특정한 동일 시장을 지칭(identify)하거나 특정한 국내 시장을 특정하고 있지 않으며 동 조항의 문맥상 세계 시장이 가격 인상 분석(inquiry)에 적절하지 못하다고 볼 이유가 없다고 판단했다. 패널은 이 사건 분석에서 적절한 시장은 세계 시장이며 면화의 세계 시장이 존재한다고 결론지었다. 패널은 세계 시장 외에 한정된 범위의 지리적 시장도 역시 존재할 수 있음은 인정하였으나 심리 결과 세계 시장에서 미국의 면화가 가격 인상 억제를 초래하였다고 판단한 이후 각 국내 시장에서의 가격 인상 억제 여부는 검토할 필요가 없다고 판단하였다.

미국은 시장의 정의에 관한 패널의 판정에 대해 상소하였으나 상소기구는 시장의 通常的인 의미에 대한 패널의 개념21)은 타당한 것이며 시장의 통상적인 의미는 그 자체는 시장을 구성하는 지리적 범위에 대해 제한을 두는 것이 아니라고

나. 보조금으로 인하여 제3국시장으로부터 다른 회원국 동종 상품의 수출을 배제 또는 방해하는 효과가 발생하는 경우

다. 보조금으로 인하여 동일시장에서 다른 회원국의 동종 상품의 가격에 비해 보조금 혜택을 받은 상품의 현저한 가격 인하, 또는 동일시장에서의 현저한 가격 인상 억제, 가격 하락 또는 판매감소를 초래하는 효과가 발생하는 경우

라. 보조금으로 인하여 보조금을 받는 특정 일차상품 또는 산품(Re.17)에 있어서 보조금지급 회원국의 세계 시장 점유율이 이전 3년간의 평균 점유율과 비교하여 증가하고, 이 같은 증가가 보조금이 지급된 기간에 걸쳐 일관성 있는 추세로 나타나는 효과가 발생하는 경우

(Remark 17) 다른 다자간 합의된 특정의 규칙이 당해 상품 또는 산품의 무역에 적용되는 경우는 예외로 한다.

21) 패널은 시장의 통상적인 의미는 a place … with a demand for a commodity or service; a geographical area of demand for commodities or services; the area of economic activity in which buyers and sellers come together and the forces of supply and demand affect prices 라고 보았다.

보았다. 상소기구는 6조3항다호에 규정된 시장은 6조3항 여타 항목과는 달리 아무런 지리적 제한이 부과 되어 있지 않은 점에 비추어 보더라도 협정 기초자들이 6조3항다호의 시장을 특정지역으로 국한시키려고 의도한 것 같지는 않다고 부연하고 패널의 판정을 지지하였다.

패널은 세계 시장 가격 존재 여부, 가격 인상 억제 발생 여부, 가격 인상 억제의 顯著性 여부에 대해 순차적으로 검토하였다. 세계 시장 가격에 대해 패널은 브라질이 제시한 A-Index 가격이 미국을 포함, 국제적으로 널리 통용되고 있고 면화 국제 가격 동향과 향후 추이를 분석하는 데에 그 유용성을 인정받고 있으므로 패널의 분석에서 세계 가격으로 사용할 수 있다고 보았다. 가격 인상 억제에 대해 패널은 세계 면화 생산 및 수출에서의 미국의 압도적 비중, 1996년~2002년 간의 세계 면화 가격의 하락세, 가격에 직접 연계된 미국의 4개 보조 제도[22]의 생산과 수출 촉발 효과 등을 고려할 때 면화 가격 인상이 억제된 점이 인정된다고 밝혔다. 가격 인상 억제의 현저성 여부에 대해 패널은 제출된 자료, 미국 면화 생산 및 수출 규모 등에 비추어 볼 때 가격 인상이 현저할 정도로 억제되었다고 결론 내렸다.

현저한 가격 인상 억제가 보조금 효과로 초래된 것인지의 인과 관계를 검토하기 위해 패널은 미국의 보조금 효과와 미국이 주장하는 다른 요소의 영향 정도에 대해 분석하였다. 패널은 i) 미국은 국제 면화시장에 심각한 영향력을 행사하고 있고, ii) 가격에 직접 연계된 보조금으로 인해 미국 면화 생산자는 저렴한 국제 면화 가격으로부터 보호받고 있으며, iii) 이들 보조금과 국제 면화 가격 동향 간에는 분명한 시기적 연관성이 있으며, iv) 제출된 자료상 이들 보조금으로 인해 미국 면화 생산업자가 적정 가격 이하로 면화를 판매할 수 있었다는 가정이 타당하다고 보고 이들 4개 요소를 종합하여 고려할 때 Marketing loan program payments 등 4개 가격 연계 보조금(price contingent subsidy)과 현저한 가격 인상 간에는 인과 관계가 존재한다고 판단하였다. PFC 등 비가격 연계 보조금[23]에 대해서는 인과 관계가 존재하지 않는다고 보았다. 패널은 미국이 주장한 다른 요소, 즉 세계 면화 수요 감소, 미국 섬유 수입 증가, 미 달러화 강세, 중국의 보조금 지불 관행 등에 대해서도 검토하였으나 미국 보조금과 가격 인상 억제 간의 인과 관계

22) Marketing loan program payments, user marketing(Step 2) payments, MLA payments, CCP payments

23) 브라질이 시비한 미국 보조금 중 나머지 PFC payments, DP payments, crop insurance payments는 면화 가격에 연계되어 있지 않고 소득 보조에 관한 것이었다.

를 약화시킬 만한 수준은 아니라고 설명하였다.

상소기구에서 미국은 설사 가격 연계 보조금이 세계 면화 시장에서의 가격 인상 억제 효과를 초래하였다 하더라도 브라질은 가격 연계 보조금의 효과가 브라질산 면화 가격 인상 억제를 초래하였다는 점을 입증해야 했으며 이에 대한 입증이 없었는데에도 패널이 가격 인상 억제 효과를 인정한 것은 부당하다고 주장하였다. 상소기구는 A-Index 가격이 면화 국제 가격을 적절하게 반영하고 있고 국제 면화 시장에서의 미국과 브라질의 비중, 국제 면화 가격 및 시장의 특징상 면화 국제 가격의 변동은 불가피하게 미국과 브라질산 면화가 경쟁하는 시장에서의 가격에 영향을 미치는 점이 분명하다고 지적하고 브라질산 면화 가격에 대해 별도로 분석해야 한다는 미국의 주장을 기각하였다.

미국은 패널이 4개 측면에서 검토한 미국 가격 연계 보조금 효과와 세계 면화 수요 감소 등 미국이 주장하는 다른 요소의 영향 정도에 대한 패널의 분석 결과에 대해서도 정확한 사실 관계를 충실히 고려하지 못한 것이라고 상소하였으나 상소기구는 패널의 분석이 매우 심층적이고 논리적이었다고 확인하고 패널의 관련 증거 검증 정도와 법적인 추론에 비추어 패널의 인과 관계 분석에 하등의 오류도 발견할 수 없었다고 단정하였다.

미국은 패널이 가격 연계 보조금의 효과가 가격 인상 억제라는 자신의 판정을 뒷받침하는 근본적인 논거를 제시하지 못했으며 이는 DSU 12조7항[24] 위반이라고도 주장하였다. 미국은 패널이 현저함에 해당하는 가격 인상 억제 정도, 보조금의 금액, 미 면화 생산업자의 植栽作物 결정 행태 등에 관한 논거를 제시하지 못했다고 주장하였으나 상소기구는 사건 기록상 패널이 각각에 대해 충분한 논거를 제시한 점이 인정된다고 밝히고 미국의 주장을 기각하였다.

이상을 토대로 패널은 미국의 가격 연계 보조금 4개는 1999년~2002년간 세계 면화 시장에서 현저한 가격 인상 억제를 초래하였다고 판시하였다. 상소기구 역시 이상의 분석을 통해 이 판정을 지지하였다.

브라질은 미국의 보조금은 세계 면화 시장에서의 미국 시장 점유율을 증가시킴으로써 보조금협정 6조3항라호상의 브라질의 이익에 심각한 손상을 초래하였

---

24) 12.7. 분쟁 당사자가 상호 만족할 만한 해결책을 강구하는 데 실패하는 경우, 패널은 서면보고서 형식으로 자신의 조사 결과를 분쟁 해결 기구에 제출한다. 이 경우 패널 보고서는 사실에 관한 조사 결과, 관련 규정의 적용가능성 및 자신이 내린 조사 결과와 권고에 대한 근본적인 이유를 명시하여야 한다. 분쟁 당사자간에 해결책이 발견된 경우 패널 보고서는 사안의 간략한 서술과 해결책이 도달되었다는 사실을 보고하는 데 국한된다.

다고도 주장하였다.

브라질 주장의 타당성을 검토함에 있어 세계 시장 점유율의 해석이 초점이 되었다. 브라질은 세계 시장 점유율은 수출 시장 점유율(a member's share of the world market for export)이라고 주장한 반면 미국은 그 나라 생산분의 자체 소비도 포함해야 할 것이므로 세계 시장 점유율이란 수출 및 국내 소비 합산분을 세계 전체 소비량으로 나눈 것이라고 반박하였다. 패널은 해당 조문 및 문맥, 교섭 과정 등에 비추어 볼 때 브라질의 주장은 타당성이 없고 세계 시장 점유율이란 세계 시장에서 보조금 지급국에 의해 공급되는 물량의 비중(the share of the world market supplied by the subsidizing member)이라고 결론지었다. 패널은 브라질의 보조금협정 6조3항다호 및 5조다항[25]의 위반 주장은 세계 시장 점유율에 대한 그릇된 인식에 전적으로 기초하고 있는 만큼 브라질은 동 주장과 관련해서 訴(*prima facie* case)를 성립시키지 못했다고 판시하였다.

브라질은 세계 시장 점유율에 대한 패널의 해석이 오류하고 상소하고 이것이 무엇을 의미하는지 상소기구가 분석을 마쳐줄 것을 요청하였다. 그러나 상소기구는 분쟁 해결 제도의 목적은 분쟁의 신속한 해결이며 DSB의 권고나 판정은 사안의 만족스러운 해결을 달성하는 것일 뿐이고 DSU 3조2항[26]은 문제가 된 분쟁 해결과 무관한 WTO 협정 현존 조항까지 명확히 하여 사실상 입법하라는 의미는 아니라고 설명하였다. 나아가 상소기구는 자신이 세계 시장 점유율에 대한 패널 해석을 지지, 기각하든지 미국은 추가적인 이행 의무를 갖게 되는 것도 아니므로 굳이 이 사건에서 동 개념에 대해 상소기구가 해석을 해야 할 이유가 없다고 언급하고 판정을 유보하였다. 따라서 상소기구는 패널의 해석을 지지하지도 기각하지도 않는다고 밝혔다.

---

25) 어떤 회원국도 제1조제1항 및 제2항에 언급된 보조금의 사용을 통하여 다른 회원국의 이익에 아래와 같은 부정적 효과를 초래해서는 아니된다. 즉,
가, 나 … 생략
다. 다른 회원국의 이익에 대한 심각한 손상(Re.13)
(Remark 13) "다른 회원국의 이익에 대한 심각한 손상"이라는 용어는 1994년도 GATT 제16조제1항에서 사용된 의미와 동일하게 사용되며, 심각한 손상의 우려를 포함한다.

26) 3.2. 세계무역기구의 분쟁 해결 제도는 다자간무역 체제에 안전과 예견가능성을 부여하는 데 있어서 중심적인 요소이다. 세계무역기구의 회원국은 이 제도가 대상 협정에 따른 회원국의 권리와 의무를 보호하고 국제공법의 해석에 관한 관례적인 규칙에 따라 대상 협정의 현존 조항을 명확히 하는 데 기여함을 인정한다. 분쟁 해결 기구의 권고와 판정은 대상 협정에 규정된 권리와 의무를 증가시키거나 축소시킬 수 없다.

(나) 심각한 피해 우려 여부

브라질은 MY 2003~2007년간 지급될 미국의 보조금은 역시 가격 인상 억제와 미국의 시장 점유율 증가, 적정한 수준 이상의 수출 시장 점유율을 초래할 위협이 있다고 주장하였다.

패널은 이미 미국의 보조금이 현재 브라질의 이익에 심각한 손상을 현재 초래하고 있다고 판시하였고 미국은 이를 시정할 의무를 지게 된 만큼 현재의 미국 조치는 변화가 불가피하다고 보았다. 따라서 브라질이 심각한 피해 우려를 주장하는 (미래의) 미국 조치는 심각하게 변형되거나 현재 적용 중인 것과는 명백하게 다른 것이 될 터이므로 브라질의 심각한 피해 우려 주장을 패널이 심리(address) 하는 것이 필요하거나 적절하지 않다고 보고 브라질의 주장을 받아들이지 않았다. 세계 시장 점유율에 관한 브라질의 주장 역시 세계 시장 점유율에 대해 브라질이 잘못 인식, 심각한 피해 주장을 성립시키지 못하였으므로 피해 우려(우려) 주장에서도 *prima facie* case가 성립되지 못했다고 보았다.

브라질은 미국의 국내 보조 제도가 심각한 손상 또는 손상의 위협을 초래하였다는 근거로 i) 가격 인상 억제, ii) 세계 면화 시장에서의 미국 시장 점유율 증가를 제시한 외에 GATT XVI조3항[27]이 금지하고 있는 세계 수출 무역에 있어서 공평한 몫보다 더 많이 차지하도록 초래하는 방식으로 운영되었다는 주장을 제시하였다. 패널은 GATT XVI조3항은 모든 종류의 보조금에 적용되는 것이 아니라 농업협정과 보조금협정에서 정의된 수출 보조금에 한정적으로 적용되는 것이라고 판단하고 이미 문제의 미국 국내 보조 제도가 농업협정과 보조금협정 위반이라고 판정하였으므로 GATT XVI조3항에 관한 브라질 주장은 사법 경제상 심리할 필요가 없다고 판시하였다.

브라질은 이에 대해 상소하였으나 상소기구는 세계 시장 점유율에 대해 해석을 사양한 것과 같은 이유로 브라질의 요청을 받아들이지 않았으며 GATT XVI조3항의 적용 대상이 되는 보조금의 범위에 관한 패널의 판정을 지지하지도 기각하

27) XVI:3. 따라서 체약국은 일차산품의 수출에 대한 보조금의 허여를 피하도록 노력하여야 한다. 다만, 체약국이 자국영역으로 부터의 일차산품의 수출을 증가시키는 어떤 형태의 보조금을 직접 또는 간접으로 허여하는 경우에는 과거의 대표적인 기간동안 해당산품의 세계수출무역에서 동국이 차지한 몫과 이러한 무역에 영향을 주었거나, 영향을 주고 있는 모든 특별요인을 감안하여, 동 산품의 세계수출무역에 있어서 동 체약국이 차지하는 공정한 몫을 초과하는 방법으로 전기 보조금을 적용하여서는 아니된다.

지도 않는다고 밝혔다.

이상의 판단을 근거로 패널은 수출 보조금이라고 판정된 보조금 – GSM 102, 103, SCGP export credit guarantee programs, user marketing (Step 2) payments에 대해서는 보조금협정 4조7항[28]에 따라 지체 없이 철회할 것을 권고하였고 구체적으로 패널 보고서 채택 후 6개월 및 2005년 7월 1일 중 빨리 도래하는 시점을 철회 시한으로 지정하였다. 패널은 보조금협정 5조다항의 심각한 피해를 초래하는 보조금으로 판정된 것에 대해서는 보조금협정 7조8항[29]에 따라 불리한 효과를 제거하기 위하여 적절한 조치를 취하거나 보조금을 철폐할 것을 미국에 권고하였다.

다. 해설 및 평가

브라질이 시비한 미국의 국내 보조 제도가 농업협정 13조에 해당하는지 여부를 다툼에 있어 특히 쟁점이 되었던 것 중의 하나는 농업협정 13조가 affirmative defense에 해당하는지 여부였다. 브라질은 이 조항이 회원국의 권리 의무 관계의 변화나 일정한 의무를 부과하는 것이 아니라 단지 동 조항이 설정한 조건에 부합될 경우 회원국으로 하여금 국내 보조 조치나 수출 보조금을 계속 유지할 수 있도록 예외적으로 허락하는 것이므로 affirmative defense에 해당한다고 주장하였고 그 입증 책임(burden of proof)은 affirmative defense를 이용하려는 측, 즉 미국에게 있다고 주장하였다. 미국은 이 조항의 notwithstanding의 의미상 특정 조건에 부합하는 국내 보조 조치나 수출 보조금은 GATT나 보조금협정의 금지 규정에도 불구하고 면제된다는 것이며 농업협정 21조1항[30]상 GATT나 보조금협정의 의무는 농업협정에 규정된 경우에만 적용되지 않는 것이므로 13조는 미국의 관련 조치가 특정 조건에 부합되지 않는다는 것을 브라질이 증명해야 하는 일종의 절차적

---

28) 4.7 당해 조치가 금지 보조금으로 판정이 내려지는 경우, 패널은 보조금공여국에게 지체없이 보조금을 철폐하도록 권고한다. 이와 관련 패널은 자신의 권고에 그 조치의 철폐기간을 명시한다.

29) 7.8 보조금이 제5조의 의미 내에서 다른 회원국의 이익에 부정적 효과를 초래하였다는 판정이 내려진 패널 보고서 또는 상소기구 보고서가 채택된 경우, 보조금을 지급하거나 유지하는 회원국은 이러한 불리한 효과를 제거하기 위하여 적절한 조치를 취하거나 보조금을 철폐한다.

30) 1. 1994년도 GATT의 규정 및 세계무역기구협정 부속서 1가의 다른 다자간무역협정의 규정은 이 협정의 규정을 조건으로 적용된다.

기준(threshold) 조항이라고 반박하였다.

패널은 13조를 회원국이 준수해야 할 의무의 범위를 특히 기간적인 측면에서 부분적으로 획정하는 조항으로 이해, affirmative defense가 될 수 없다고 판단했다. 즉 일정한 조건에 부합하는 국내 보조 조치나 수출 보조금에는 이행 기간 동안 GATT XVI조(보조금), 보조금협정 3조1항가호, 5조, 6조상의 의무가 적용되지 않는다는, 동 협정 의무의 범위 지정에 관한 조항이라는 것이다. 따라서 패널은 브라질의 affirmative defense 주장은 받아들이지 않았다. 사실상 패널은 notwithstanding에 관한 미국의 주장을 받아들인 것이다.

패널의 이러한 해석은 동일한 단어를 affirmative defense 판정의 주된 근거로 이용한 상소기구의 판정과 부합되지 않는다는 논란의 소지가 있다. *EC-Tariff Preferences* 사건 상소기구는 Enabling Clause상의 notwithstanding라는 단어에 근거하여 Enabling Clause는 GATT I조1항(최혜국 대우)의 예외에 해당하며 따라서 Enabling Clause를 주장하는 측에 입증 책임이 있다고 판시하였다. 이번 사건에서는 같은 단어의 존재에도 불구하고 다른 판정이 도출되었다. 물론 affirmative defense의 여부가 특정 단어에 의해 전적으로 좌우되는 것은 아니며 관련된 사안을 종합적으로 검토하여 결정될 것이지만 두 사건의 경우 모두 notwithstanding이라는 단어를 중심으로 자신들의 논리를 전개한 점에서 상이한 해석에 대해 의문점이 남는다. 이번 사건에서 패널은 브라질의 affirmative defense 주장을 받아들이지는 않았으나 브라질이 미국의 해당 조치가 13조가 규정한 조건에 부합하지 않는다는 입증 책임은 다 마쳤다고 보았다.

User marketing (Step 2) payments는 일정 요건을 갖춘 미국 면화 국내 사용자나 수출자에게 모두 지급된다. 패널과 상소기구는 관련 규정상 지급 대상자가 분명히 구별되고 신청 요건, 구비 서류 등이 분명 차이가 있으며 수출자의 구비 서류 중에는 수출 증명이 포함되는 점에 근거하여 수출자에 제공되는 Step 2 payments는 수출 보조금이라고 보았다. 수출 보조금을 구성하기 위해서는 보조금협정 3조1항가호상의 수출 부수성(export contingency)을 입증해야 한다. 수출 부수성의 요건, 수출 실적에 따른다(contingent)는 의미에 대해서는 *Canada-Aircraft* 사건에서 심도 있게 다루어 진 바 있다. 지금까지의 판례로 contingent는 수출 행위가 보조금 지급의 조건이 되는 강한 관련성을 요구하고 있다. 이번 사건 패널이나 상소기구는 contingency의 요건에 대해 따로 논구하지는 않았으나 Step 2 payments 규정 자체가 수출자와 국내 생산자를 처음부터 사실상 분리하고 있고 수출자는 수출 증명을 제출하여야 보조금을 지급받을 수 있는 점을 중시, step 2 payments는 수출 보조금에 해당한다고 보았다.

패널과 상소기구의 이러한 판단은 국내 사용자와 수출자에 제공되는 동 보조금 요건의 형식상의 차이(formal distinction)을 중시한 것이다. 이는 국내 동종 상품과 수입 상품간의 동등 대우 여부를 살피는 GATT III조4항[31]과 관련된 판례가 형식상의 차이보다는 두 상품간의 경쟁 조건의 변화 여부를 주된 기준으로 사용한 것과 비교가 된다. 즉 GATT III조4항상 국내 동종 상품보다 덜 유리한 대우(less favorable treatment) 부여 여부를 판단함에 있어 *Korea-Beef* 사건, *US-FSC Article 21.5* 사건, *EC-Banana* 사건 상소기구는 모두 덜 유리한 대우를 국내 동종 상품과 수입품간의 경쟁 조건(conditions of competition)에 어떠한 영향이 초래되었는지를 중심으로 분석하였으며 문제가 된 조치가 수입품에 미친 영향과 경쟁 조건이 변화되었는지를 산정함에 있어 그 조치가 수입품보다 국내 동종 상품의 사용하도록 자극하거나 유인하는지에 초점을 두어 분석하였다.

미국은 이 사건 판결을 이행하기 위해 필요한 조치를 취하였으나 브라질은 이에 대해 이의를 제기하여 이행 패널이 2006년 11월 구성되어 현재 심리가 진행되고 있다.

31) III:4. 체약국 영역의 산품으로서 다른 체약국의 영역에 수입된 산품은 동 국내에서의 판매, 판매를 위한 제공, 구입, 수송, 분배 또는 사용에 관한 모든 법률, 규칙 및 요건에 관하여 국내 원산의 동종 산품에 부여하고 있는 대우보다 불리하지 아니한 대우를 부여하여야 한다. 본 항의 규정은 교통수단의 경제적 운영에 전적으로 입각하였으며 산품의 원산국을 기초로 하지 아니한 차별적 국내 운송요금의 적용을 방해하지 아니한다.

5. Australia, Brazil, Thailand vs. EC - Sugar 사건

(DS265, 266, 283, 2005. 5. 19. - 상소기구)

가. 사건 개요

이 사건은 설탕 산업에 대한 EC의 보조금에 대해 호주, 브라질, 태국이 농업협정 위반이라고 시비한 것이다. EC는 1968년부터 설탕 공동 조직(Common organization for Sugar)이라고 하는 설탕에 대한 EC 차원의 공동 정책을 실시하여 왔는데 이 분쟁 당시 적용되던 정책은 이사회 규정 Council Regulation 1260/2001호로서 이 규정은 사탕수수糖(cane sugar), 사탕무糖(beet sugar), 사탕수수(sugar cane), 사탕무(sugar beet), isoglucose[1]에 적용된다.

이 규정은 국내 가격 지지(price support) 및 직접적인 수출 보조금을 수혜할 수 있는 EC의 설탕 생산에 A, B 두 종류의 쿼터를 설정하고 각각 11,894,223톤과 2,587,919톤을 배정하였다. 이 쿼터는 EC 회원국별로 할당되며 회원국 정부는 이를 자국 생산 농가에 배정한다. 이 규정은 설탕 생산 자체에는 특별한 제한을 두지 않았으며 다만 A, B 쿼터를 초과하는 생산분은 C 쿼터라고 하여 가격 지지나 수출 보조금을 제공하지 않았고 반드시 수출토록 하였다. 만일 C 쿼터가 수출되었다는 것을 증명할 수 없으면 과징금을 부과하였다. 이 규정은 또한 설탕 시장 안정을 위해 공공 당국으로 하여금 설탕을 특정 가격(intervention price)으로 구매토록 하였으며 EC 구매자로 하여금 ACP 국가나 인도산 설탕을 최저 가격(guaranteed minimum price)이상으로 구매토록 하였다. EC 설탕이 국제 시장 가격으로 수출되도록 하기 위해 이 규정은 국제 시장 가격과 EC의 가격 차이는 수출기금(export refunds)이라는 재원으로 보전하여 주었다. 이것이 앞에 말한 A, B 쿼

1) 전분질 곡물에서 얻는 설탕 대용품

터에 적용되는 수출 보조금이다.

한편 EC의 UR 양허표상 설탕에 대한 수출 보조금 지급 상한(subsidy commitment)은 금액 기준 4억9910만유로, 물량기준으로 1,273,500톤이었다. 그런데 EC는 양허표에 이러한 상한은 ACP 국가와 인도産 설탕 수출은 포함하지 않는다는 각주를 부기하여 두었다. EC는 ACP 국가와 인도와의 특별 약정을 통해 이들 국가의 설탕 상당량을 매년 의무적으로 수입하고 있었다. WTO에 통보된 EC의 설탕 수출량은 2001/2002년 기준 4,097,000톤으로 양허표에 기재된 보조금을 지급받는 수출량 상한을 초과하였다.

제소국은 EC가 보조금을 지급받는 설탕을 약속 수준을 초과하여 수출하여 왔다고 주장하였다. 특히 C 쿼터 설탕은 수출 보조금이 지급되지 않는다는 EC 주장과 달리 농업협정 9조1항다호상의 보조금(지불)을 지급받아 온 것이며 약속 수준을 초과하여 수출된 것이므로 농업협정 3조3항, 8조 위반이라고 주장하였다. 제소국은 또한 ACP/India산 설탕에도 9조1항다호상의 보조금이 지불되었으며 역시 3조3항, 8조 위반이라고 주장하고 2003년 7월 패널 설치를 요청하였다. 이 사건에는 ACP 국가와 인도를 비롯하여 미국, 브라질, 캐나다 등 26개국이 제3자로 참여하였다.

나. 주요 쟁점별 당사자 주장 및 판결 요지

1) EC의 설탕 수출 보조금 감축 약속 수준

제소국은 EC 양허표상 EC의 설탕 수출 보조금은 물량 기준 1,273,500톤에 불과한데 2001년만 해도 4,097,000톤을 수출, 동 상한선을 초과하였으며 사실 1995년 이래로 매년 약속 수준 이상의 물량을 수출하여 왔다고 비난하였다. EC는 양허표에 첨부된 각주 1[2]의 규정상(ACP/인도산 설탕 160만톤은 제외) EC의 약속 수준은 1,273,500톤+160만톤인 것이며 따라서 EC의 설탕 수출량은 항상 약속 수준 이내였다고 반박하였다.

이 사건의 쟁점은 결국 EC 양허표 각주 1의 해석 문제로 귀결되었다. 패널은

2) [1,273,500t]Does not include exports of sugar of ACP and Indian origin on which the Community is not making any reduction commitments. The average of export in the period 1986 to 1990 amounted to 1,6 mio t.

아래와 같은 이유로 EC의 주장을 수용하지 않았다. i) 동 각주에 기재된 용어(terms)의 통상적 의미가 수출 보조금을 160만톤으로 제한한다는, 즉 보조금 제한 약속을 시사한다고 볼 수 없다. ii) EC 주장대로라면 수출 보조금 혜택을 받는 ACP 국가 및 인도산 설탕 물량 및 재정 지출액(budgetary outlay)을 WTO 농업위원회에 통보했어야 할 것이나 지금까지 그러한 바 없으므로 이는 EC 자신도 각주 1을 수출 보조금의 약속 수준으로 취급해오지 않았다는 것을 증명하는 것이다. iii) 각주 1은 수출 감축 약속에서 배제된 설탕 수출은 ACP 국가와 인도산 설탕이라는 것을 기술하는 것이지 이들 국가로부터의 수입량에 상응하는 양의 설탕에 수출 보조금을 지급하여 수출할 수 있다는 의미는 아니다. iv) 농업협정 23조, 8조[3], 9조2항나호(4)[4] 규정에 비추어 WTO에 합치되는 수출 보조금을 지급하기 위해서는 우선 양허표에 기재하여야 하고 점진적으로 감축해야 하나 각주 1은 오히려 EC의 이러한 의무를 감축하고 수정하려는 것으로서 농업협정의 중요 조항들과 근본적으로 배치된다. 따라서 각주 1을 농업협정상의 EC 의무와 조화되게 해석하는 것은 불가능하며 이는 조약 해석에 관한 일반 원칙과도 배치된다. v) 농업협정 3조3항[5]에 따르면 수출 보조금 양허 약속은 물량과 금액(재정적 지출 budgetary outlay) 2개 요소를 포함하여야 하는데 각주 1은 재정적 지출에 대해서는 언급이 없으므로 EC의 주장과 달리 수출 보조금 양허 약속으로 볼 수 없다. 패널은 이상의 판단을 종합하여 각주 1은 법적인 효력이 없으며 EC의 양허표상에 적시된 수출 보조금 약속 수준(물량 1,273,500톤, 금액 499.1백만유로)을 감축하거나 수정할 수 없다고 판시하였다.

상소기구 역시 패널의 판정을 확인하였다. 상소기구는 i) 각주 1의 의미, ii) 각주 1의 농업협정과의 합치성 여부, iii) 각주 1과 농업협정간의 관계로 나누어

---

3) 8. 각 회원국은 이 협정과 자기나라의 양허표에 명시된 약속에 합치하지 않는 방법으로 수출 보조금을 제공하지 않을 것을 약속한다.

4) 9.2. 나. 아래와 같은 조건하에, 회원국은 이행 기간의 제2차년도에서 제5차년도의 기간 동안 어느 특정년도에 자기나라의 양허표 제4부에 명시된 품목 또는 품목군에 대한 해당 연간 약속 수준을 초과하여 위의 제1항에 열거된 수출 보조금을 제공할 수 있다.

(1), (2), (3) … 생략 ….

(4) 이행 기간 종료시의 수출 보조금을 위한 회원국의 재정지출액 및 이러한 보조혜택을 받는 물량이 각각 1986-1990의 기준 기간 수준의 64%와 79%를 초과하지 아니할 것. 단 개발도상회원국에 대하여는 동 비율이 각각 76% 및 86%가 된다.

5) 3.3 제9조제2항나호와 제4항의 규정에 따라 회원국은 자기나라의 양허표 제4부제2절에 명시된 농산물 또는 동 품목군과 관련 동 절에 명시된 재정지출 및 물량에 대한 약속 수준을 초과하여 제9조제1항에 열거된 수출 보조금을 제공하여서는 아니되며, 자기나라 양허표의 동 절에 명시되지 아니한 농산물과 관련하여 이러한 보조금을 제공하지 아니한다.

살펴보았다. i)에 대해 EC는 각주 1의 첫 문장은 EC의 수출 보조금 감축 약속이 ACP/India 설탕수입 상당량에 대해서는 적용하지 않는다는 의미이며 두 번째 문장은 그 상당량이 160만톤을 초과하지 않겠다는 의미라고 주장하였으나 상소기구는 각주 1을 표면적 의미상(plain reading) EC가 주장하는 내용을 의미한다고 납득하기 어렵다고 일축하였다. 상소기구는 각주 1의 문장과 용어의 통상적인 의미로 볼 때 EC의 수출 보조금 약속에 관한 것이라고 볼 수는 없으며 적혀 있는 그대로 ACP, 인도산 수입 설탕은 포함되지 않고 그 평균 수입 분량은 160만톤이라는 기술에 불과하다고 본 것이다.

ii)의 경우 EC는 농업협정 3조3항은 회원국으로 하여금 수출 보조금의 재정 규모 및 물량을 모두 양허표에 기재토록 한 것은 아니며 둘 중 하나만 기재해도 된다고 주장하였으나 상소기구는 budgetary lay and quantity라고 명기되어 있으므로 양자 모두 기재해야 한다고 일축하였으며 각주 1은 budgetary lay가 언급되어 있지 않으므로 3조3항과 합치되지 않는다고 판단하였다.

iii)의 경우 상소기구는 각주 1이 3조3항, 9조1항과 합치되지 않더라도 농업협정 조항에 우선할 수 있는지를 살펴보았으나 8조의 규정상 수출 보조금은 농업협정과 양허표를 모두 준수해야 하며 21조[6] 규정상 농업협정 조항이 각주 1에 우선한다고 판단하였다. 상소기구는 이러한 판단을 토대로 각주 1이 양허표에 명시된 EC의 약속 수준을 확대하거나 수정하지 않는다는 패널 판정을 확인하였다.

2) ACP/India equivalent sugar의 수출

각주 1의 의미는 ACP 국가와 인도에서 수입된 설탕을 다시 수출해야 하는 것은 아니므로 그 수입된 물량에 상응하는 양을 수출하는 것은 수출 보조금 약속 수준 이내라는 주장이므로 분쟁 당사국은 통상 ACP/India equivalent sugar라는 표현을 사용하였다. EC는 ACP/India equivalent sugar 수출에 대해서는 A, B 쿼터와 동일한 export refunds(즉 수출 보조금)을 제공하였다. 제소국은 2001년 한 해의 ACP/India equivalent sugar 수출량만 해도 EC의 전체 약속량인 1,273,500톤을 초과하며 ACP/India equivalent sugar는 A, B 쿼터와 동일한 보조금이 지급되므로 이는 9조1항가호[7]에 규정된 수출 실적을 조건으로 제공되는 직접 보조금이라고 주장

6) 21.1. 1994년도 GATT의 규정 및 세계무역기구협정 부속서 1가의 다른 다자간무역협정의 규정은 이 협정의 규정을 조건으로 적용된다.
21.2 이 협정에 따라 이 협정의 부속서는 이 협정의 불가분의 일부를 구성한다.

하였다.

EC는 이를 반박하지는 않고 다만 ACP/India equivalent sugar 수출량이 각주 1에 의거, EC의 수출 보조금 약속 수준에 포함되는 것이라는 주장으로 대처하였으나 패널은 각주 1에 관한 EC 주장이 기각되었으므로 3조와 3조를 위반한 것이라고 판시하였다.

3) C 쿼터 설탕 수출의 9조1항다호 해당 여부

(가) C sugar의 생산 원가 이하 생산 여부 및 보조금 여부

이사회 규정 1260/2001호는 A, B 쿼터 설탕 사용에 쓰이는 사탕무(A beet, B beet)에 대해서는 최저 구매 가격을 정하여 설탕 제조업자가 사탕무 재배업자에게 동 금액 이상을 지불하도록 하였으나 C 쿼터 사용에만 쓰도록 규정된 C beet에 대해서는 이러한 가격을 책정하지 않아 설탕 제조업자는 C beet는 통상 생산 원가 이하의 가격으로 구매하였다. 사탕무 재배업자는 통상 A, B, C beet를 구별 없이 재배하고 판매 時에만 분류하는 것이 통례였고 A, B beet에 대해서는 고가의 최저 가격을 보장받았으므로 C beet를 생산 원가 이하로 판매하는 것이 손해는 아니었다. 설탕 제조업체는 A, B 쿼터 수출에 대해서는 국제 시장가와의 차이만큼을 수출 보조금을 지급받았으므로(EC 역내 가격은 국제 가격의 3배), C sugar를 염가에 국제 시장에 수출할 수 있었다. 즉 A, B sugar에 대한 보조금이 C sugar로 溢出(spill over) 되는 현상이 발생한 것이다(이 사건에서는 cross-subsidization이라는 표현을 사용). 이는 *Canada-Dairy/Milk* 사건에서 다루어진 것과 동일한 사안이다.

제소국은 *Canada-Dairy/Milk* 사건에서 제시된 기준, 즉 총 생산비를 비교 준거(benchmark)로 사용하여 생산 원가 이하로 C beet가 설탕 제조업자에게 공급되었고 C sugar 역시 생산 원가 이하로 수출되었으므로 9조1항다호[8]상의 보조금, 즉 '지불(payment)'이 존재한다고 주장하였다.

패널은 9조1항다호 해당 여부를 판정하기 위해 검토해야 할 3개 요소, 즉

---

7) 9.1.가. 수출 실적을 조건으로 기업, 산업, 농업 생산자, 이러한 생산자 조합이나 다른 협회 또는 유통위원회에 대한 정부 또는 정부대행기관의 현물지급을 포함한 직접 보조금의 제공

8) 9.1.다. 관련 농산물 또는 수출품의 원료가 되는 농산물에 대한 부과금을 재원으로 한 지불을 포함하여, 공공회계의 부담여부에 관계없이 정부의 활동을 통하여 조성된 재원에 의한 농산물 수출에 대한 지불

payment, on the export, financed by virtue of government action 중 C beet 공급 가격이 생산 원가 이하라는 데에 대해서는 분쟁 당사자간 이견이 없고 *Canada-Dairy/Milk Article 21.5* 사건 상소기구가 총 생산비를 payment 판단의 benchmark로 제시하였으므로 payment 요건은 충족한다고 보았으며 C sugar는 반드시 수출토록 규정되어 있으므로 on the export 요건도 충족된다고 보았다. 패널은 이사회 규정에 의해 EC 역내 시장의 설탕 가격과 물량이 통제되고 A, B beet 가격이 고가로 책정되어 C beet 염가 공급이 가능한 것이므로 government action과 financing payment간에는 *Canada-Dairy/Milk Article 21.5* 사건 상소기구가 제시한 대로 입증 가능한 연계(demonstrable link)가 존재하며 따라서 3번째 요건도 충족된다고 판단하였다. 따라서 패널은 C sugar 생산자는 9조1항다호상의 지불을 수령한 것이며 EC가 10조3항[9]대로 C sugar 수출이 보조금을 받지 않은 것임을 반증하지 못하였으므로 결국 EC는 3조와 8조를 위반한 것이라고 판시하였다.

EC는 by virtue of government action 요건에 대한 패널 판정에 대해 상소하였다. 상소기구는 A, B sugar의 매우 높은 국내 판매가, A, B, C sugar의 동일 생산 과정, A, B sugar 판매 수익으로 C sugar 염가 판매의 補塡 개연성 등 EC 설탕 제도 전반을 고려할 때 C sugar 재배 및 생산은 우발적(incidental)인 것이 아니라 설탕 시장에 관한 정부 규제의 본질적인 부분(integral part)이라고 이해하였다. 따라서 C sugar의 원가 이하 판매는 정부 활동에 의해 재원이 조성된 것으로 본 패널 판정은 타당하다고 확인하였다.

(나) 교차 보조(cross-subsidization) 여부

C sugar가 원가 이하로 판매된다는 것이 확인되었으므로 다음 쟁점은 국내 보조와의 관계, 즉 손실분이 국내용 A, B 설탕 가격 지지에 의해 보전되었는지 여부였다. 제소국은 A, B sugar의 높은 지지 가격 이 C sugar의 저가 생산을 가능케 하고 수출하게 하였으므로 이는 국내 보조로 인한 수익이 원가 이하의 수출 판매로 spill over 된 것이라고 주장하였다.

패널은 제소국의 주장을 수용하였다. A, B sugar의 국내 판매 가격을 고가로 책정하였으므로 잉여 수익이 C sugar 생산 및 저가 판매를 가능하게 하였다고 보았으며 이러한 교차 보조(cross-subsidization)는 9조1항다호상의 payment에 해당한

---

9) 10.3. 감축 약속 수준을 초과한 수출 물량이 보조금을 받지 아니하였다고 주장하는 회원국은 당해 수출 물량에 대해 이 협정 제9조에 열거된 수출 보조금인지의 여부에 관계없이 어떠한 수출 보조금도 제공되지 않았다는 것을 입증하여야 한다.

다고 판단하였다. 아울러 C sugar는 규정상 전량 수출하여야 하므로 수출에 지급된다는 요건도 충족된다고 보았다. 정부의 활동을 통하여 조성된 재원이라는 요건 역시 정부 활동과 financing of payment간에 입증 가능한 연계가 인정되므로 충족된다고 판단하였다. EC의 설탕 관련 제도는 국내용 설탕의 공급과 가격 전체를 통제하고 있으며 그 결과 C sugar 생산 유인을 제공한다고 보았다. 즉, 사탕무 재배업자가 재배 단계부터 A, B, C sugar용 beet를 따로 구분하여 재배하는 것도 아니고 동일 가공 설비를 이용하여 설탕으로 가공되는 것이므로 재배업자나 가공업자 입장에서는 C sugar 생산에 추가적인 고정 비용이 발생하는 것이 아니다. 따라서 C sugar 수출 가격이 가변 비용을 충당하는 수준만 되면 재배업자나 가공업자는 C sugar를 생산하여 추가적인 수익을 도모할 수 있게 된다. 실제 C sugar 수출가는 가변 비용보다는 높은 수준이었으므로 결국 EC의 설탕 제도(즉 정부 활동)는 재배업자나 가공업자로 하여금 A, B 쿼터를 지키기 보다는 이를 초과하여 생산한 후 초과분은 C sugar로서 판매토록 유도하는 것이라고 패널은 이해했고 이러한 정부 활동과 financing payments 간에는 입증 가능한 연계가 있다고 보았다. 따라서 패널은 교차 보조는 9조1항다호상의 지불에 해당하고 EC는 농업협정 3조와 8조에 합치되지 않게 행동하였다고 판시하였다.

EC는 교차 보조는 설탕 생산자가 자신의 재원을 배분한 것(internal allocation)이지 재원의 이전(transfer of resources)에 해당하지 않으며 (자기 재원의 내부 분배에 불과하므로) 설탕 생산자에게 어떤 이익도 주지 않는다고 상소하였다. 그러나 상소기구는 9조1항다호상 자원을 이전하고 이전받는 서로 구별되는 2개의 주체가 있어야 하는 것은 아니며 이익 여부에 대해 별도 조사할 것을 요구하는 것도 아니라고 설명하고 EC의 주장을 기각하였다. EC는 수출에 대한(on the export) 요건에 대해서도 이는 수출에 부수된(contingent on the export) 것이라는 직접적인 연관 관계를 의미하는 것이라고 상소하였으나 상소기구는 in connection with 정도의 의미이면 충분하다고 보고 EC의 주장을 수용하지 않았으며 패널 판정을 확인하였다.

3) DSU 3조8항 관련 사항

EC는 설사 교차 보조 등이 농업협정에 위반된다 하더라도 제소국에게 귀속되는 이익을 침해하거나 무효화하지는 않는다고 주장하고 비록 DSU 3조8항[10]이 협정의 위반은 곧 협정의 무효화 또는 침해 사례를 구성하는 것으로 간주된다고 규정하고 있으나 부정적인 효과(adverse effect)가 존재하지 않음을 피소국이 입증할 경우 이러한 간주는 번복된다고 강조하였다. EC는 제소국은 최근까지 EC와 마찬가지로 C sugar가 수출 보조금이 아니라고 이해하여 왔으므로 EC가 C sugar 수출을 중단하면 자신들의 설탕의 경쟁 조건이 개선되리라고 기대할 수 없었으므로 부정적 효과를 본 것도 아니라고 주장하였다.

패널은 EC의 주장은 이익의 무효화에 관한 간주를 번복하기에 불충분하다고 보았다. 패널은 제소국은 EC가 농업협정을 준수하리라는 정당한 기대를 갖고 있었으며 또한 C sugar로 인해 초래된 무역 손실에 관한 자료를 제출하였는데 EC는 이를 반증하지도 못했다고 언급하고 EC의 농업협정 위반은 동 협정상 제소국에 부여되는 이익을 무효화하고 침해하였다고 판시하였다.

상소기구도 패널의 판정을 지지하였다.

다. 해설 및 평가

이 사건의 쟁점이 된 EC 양허표 각주 1의 성격에 대해 EC는 보조금이 지급되는 물량은 일정량을 초과하지 않겠다는 보조금 감축 약속이라고 주장한 반면 패널과 상소기구는 ACP 국가와 인도에서 수입되는 물량은 감축 약속의 대상이 아니라는 것을 일방적으로 서술하는 것이라고 판단하였다. 패널과 상소기구는 모두 각주 1에 기재된 용어의 통상적 의미, 각주 1의 plain reading상 보조금 감축 약속이라고 볼 수 없다고 판단하였는데 문제가 된 EC 양허표상의 관련 부분과 각주 1의 전문을 살펴보면 EC 주장이 무리가 있음을 알 수 있다.

> sugar 1[11)]
>
> (i) the "base quantity level" (the average of the quantity of subsidized exports of sugar during the base period 1986-1990) was 1,612,000 tonnes, and this quantity level would be progressively reduced to 1,273,500 tonnes in the

---

10) 3. 8. 대상 협정에 따라 부담해야 하는 의무에 대한 위반이 있는 경우, 이러한 행위는 일견 명백한 무효화 또는 침해 사례를 구성하는 것으로 간주된다. 이는 일반적으로 규칙위반이 동 대상 협정의 당사국인 다른 회원국에 대하여 부정적인 영향을 미친다고 추정됨을 의미하며, 이 경우 피소국이 제소국의 협정의무 위반주장에 대하여 반박하여야 한다.

11) Does not include exports of sugar of ACP and Indian origin on which the Community is not making any reduction commitments. The average of export in the period 1986 to 1990 amounted to 1,6 mio t.

year 2000 as the "final quantity commitment level" for sugar; and

(ii) the "base outlay level" (the average of the budgetary outlay on subsidized exports of sugar during the base period 1986-1990) was €779.9 million, and this budgetary outlay level would be progressively reduced to €499.1 million in the year 2000 as the "final [budgetary] outlay commitment level" for sugar.

위의 전문과 같이 EC는 (i)에서 1,273,000톤이 최종적인 약속 수준이며 (ii)에서는 최종 재정 지출 약속금액이 499.1백만euro라고 명기하고 있다. 따라서 본문에서 최종 수준이 1,273,000톤이라고 명기하여 놓고 각주 1을 인용하여 최종 수준이 사실은 1,273,000톤+160만톤이었다고 주장하는 것은 무리가 있었다.

농업협정의 3대 핵심 요소는 시장 개방과 국내 보조, 그리고 수출 보조금이다. 시장 개방을 위해 농업협정은 예외 없는 관세화 원칙을 채택하였고 각국은 양허표를 제출토록 하여 농업협정의 본질적인 일부분을 구성케 하고 있다. 국내 보조의 경우 허용 보조금과 감축 대상 보조금으로 나뉜다. 모든 국내 보조는 총 보조 총액 측정치에 따라 선진국은 6년간에 걸쳐 20%를, 개도국은 10년간에 걸쳐 13.3%를 감축하여야 한다. 이는 달리 말하면 위와 같은 감축 약속을 지키는 한 국내 보조금은 허용된다는 것이다. 이번 사건에서 문제가 된 수출 보조금에 대해 농업협정은 협정상의 규정과 양허표에 명시된 약속을 준수하는 조건으로 허용하고 있다. 협정상의 규정이란 구체적으로 농업협정 9조1항을 지칭하는 것으로 동 조항은 수출 보조금은 점진적으로 감축할 것을 규정하고 있다.

이 사건은 *Canada-Dairy/Milk* 사건과 함께 농산물 수출 보조금에 관해 자주 인용되는 사건이며 특히 국내 보조와 수출 보조금간의 spill over 효과를 판단하는 기준을 제시하였다는 데 매우 의미가 있다. 사실 허용되는 국내 보조가 수출 보조금으로 연결된다는 데에 대해 정확한 기준을 세우지 않으면 善意(*bona fide*)의 국내 보조가 부당하게 시비될 위험성이 있다. 이 사건은 총 생산비 등 *Canada-Dairy/Milk Article 21.5* 사건 패널과 상소기구 제시한 판단 기준을 답습하였으며 이를 보다 구체적으로 보완하였다. 예컨대 on the export가 반드시 수출에 부수된(contingent) 것을 의미하지는 않고 합리적으로 연관되어 있으면 족하다는 것 등이다.

제 3 장

SPS협정 관련 사건

1. US, Canada vs. EC – Hormones 사건

(DS26, 48, 1998. 2. 13. – 상소기구)

가. 사건 개요

EC는 일련의 이사회 지침(Council Directives)을 통해 성장 호르몬을 투여하여 육성한 육류 및 육류 제품의 판매와 수입을 금지하여 왔다. EC의 이러한 지침은 1981년부터 시행되기 시작하였으며(directive 81/602) 88년과 1996년에 이를 보완하여 금지 범위를 확장하였다(EC directive 88/146, 96/22).

미국과 캐나다는 EC의 이러한 조치는 SPS 협정 2, 3, 5조, TBT 협정 2조, GATT I, III, XI조에 위반된다고 주장하고 1996년 4월과 9월에 각각 패널 설치를 요청하였다.

나. 주요 쟁점별 당사자 주장 및 판결 요지

1) SPS 협정 3조1항 위반 여부

미국과 캐나다는 EC 조치가 위생 또는 식물 위생 조치를 국제 표준에 기초하도록 해야 한다는 SPS 협정 3조1항[1)]에 위반된다고 주장하였다.

---

1) 3.1. 위생 및 식물 위생 조치를 가능한 한 광범위하게 조화시키기 위하여, 이 협정에 달리 규정된 경우, 특히 제3항에 규정된 경우를 제외하고, 회원국은 자기나라의 위생 또는 식물 위생 조치를 국제 표준, 지침 또는 권고가 있는 경우 이에 기초하도록 한다.

To harmonize sanitary and phytosanitary measures on as wide a basis as possible, Members shall base their sanitary or phytosanitary measures on international standards, guidelines or recommen-

패널은 동 조항은 2개의 요건, 즉 i) 국제 표준, 지침, 권고가 있어야 하고(exist), ii) SPS 조치가 이러한 기준 등에 기초해야 한다는(based on) 요건을 포함하고 있다고 보았으며 SPS 협정 부속서 1의 3조가호[2]는 식품 안전의 경우 국제 표준은 국제식품규격위원회(Codex)에 의해 수립된 표준 등이라고 명기하고 있음을 주목하였다.

패널은 문제가 된 6개 호르몬[3] 중 MGA를 제외한 5개 호르몬에 대해서는 Codex가 정한 표준이 존재하고 있음을 확인하고 따라서 5개 호르몬에 대해서는 i)의 요건이 충족된다고 판단하였다. ii)의 요건에 관해 패널은 위생 조치가 국제 표준에 기초하기 위해서는 당해 조치가 국제 표준과 같은 정도의 보호 수준을 반영해야 한다고 판단, 국제 표준에 기초(based on)한다는 것은 국제 표준에 부합(conform to)되는 것이라고 보았다. 따라서 부합 여부 판단을 위해 EC 조치와 Codex 표준을 상호 비교해야 한다고 보았다. 패널은 EC 조치는 호르몬 잔류치를 일체 허용치 않고 있는 반면 Codex 표준은 0 이상의 잔류 허용치를 명기하고 있거나 잔류 허용치에 대해 특별한 기준을 제시하지 않고 있음을 확인하고 따라서 EC 조치는 5개 호르몬에 대해서는 Codex 표준과 상이한 보호 수준을 부과하는 것이며 결국 3조1항에서 요구하는 것과 달리 국제 표준에 기초하지 않고 있다고 판시하였다.

상소기구는 국제 표준에의 기초 및 부합 여부에 관한 패널의 판정을 번복하였다. 상소기구는 패널이 국제 표준에 기초한 것과 부합되는 것을 동일시한 것은 잘못이라고 지적하였다. 국제 표준에 기초한 조치와 부합되는 조치가 반드시 같은 것은 아니며 국제 표준의 요소를 부분적으로 채택하는 경우에도 국제 표준에 기초한 것이라고 할 수 있다고 설명하였다. 상소기구는 Codex 표준을 의무적인 WTO 규범(norm)이 아니라 자발적인 권고의 성격을 갖는 국제 표준으로 해석하였으며 EC의 조치는 Codex 표준에 기초한 것이라고 생각한 것 같다.

---

dations, where they exist, except as otherwise provided for in this Agreement, and in particular paragraph 3.

2) 3. 국제 표준, 지침 및 권고
가. 식품 안전의 경우, 식품첨가제, 수의약품과 농약의 잔류물, 오염 물질, 분석 및 표본추출방법, 위생 관행의 규약 및 지침에 관한 국제식품규격위원회에 의해 수립된 표준 지침 및 권고

3) Oestradiol 17-β, progesterone, testosternone, TBA, zeranol, MGA

2) SPS 협정 3조3항 위반 여부

패널은 Codex 표준과 합치되지 않는 5개 호르몬에 관한 EC 조치가 3조3항 요건에 합치되면 설사 3조1항에 위반되더라도 정당화될 수 있으므로 3조3항 해당 여부를 살펴보았다. SPS 협정 3조3항[4]은 과학적인 정당성이 있거나 SPS 협정 5조1항부터 8항까지의 규정에 합치된다면 회원국은 국제 표준보다 엄격한 SPS 조치를 유지할 수 있다고 규정하고 있으며 그러한 엄격한 조치는 그러나 SPS 협정의 그 밖의 규정과 합치해야 한다는 단서를 달고 있다. 3조3항은 과학적인 정당성이 존재하기 위한 조건의 하나로 SPS 협정의 관련 규정과 합치되어야 한다는 각주를 포함하고 있다.

패널은 EC의 조치가 SPS 협정 5조에 합치되지 않으면 3조3항에 의해 정당화될 수 없고 설사 5조에 합치된다 하더라도 3조와 5조 외의 다른 SPS 협정 조항과도 합치되어야 3조3항에 의한 정당성이 인정된다고 판단하였다. 따라서 3조3항 해당 여부를 심리하기 위해서는 5조 합치 여부를 검토하였다.

5조 합치 여부를 검토하기에 앞서 패널은 3조3항의 입증 책임은 피제소국에 있다고 판단하였다. 패널은 3조3항은 원칙적인 의무를 규정한 3조1항의 예외에 해당하는 것이므로 원칙에 대한 예외를 주장하기 위해서는 이를 인용하는 피제소국측에 입증 책임을 부여하는 것이 통례라고 하였다. 아울러 3조2항은 국제 표준에 합치되는 SPS 조치는 SPS 협정에 합치되는 것으로 추정된다고 규정하고 있는데 이러한 일차적인 추정을 번복하기 위해서는 제소국이 이를 입증해야 할 것인 바 이를 달리 해석하면 국제 표준에 합치되지 않는 조치는 당연히 3조3항에 의해 예외적으로 정당화되는 것임을 피제소국이 입증해야 한다고 설명하였다. 따라서 제소국이 3조1항에 대해 *prima facie* case를 성립시키면, 즉 특정 조치가 국제 표준에 합치되지 않는다는 것을 입증하면 3조3항에 의해 예외적으로 정당화

---

4) 3.3. 회원국은 과학적 정당성이 있거나, 회원국이 특정 보호의 수준의 결과 제5조제1항부터 제8항까지의 관련 규정에 따라 적절하다고 결정하는 경우 회원국은 관련 국제기준, 지침 또는 권고에 기초한 조치에 의하여 달성되는 위생 또는 식물 위생 보호 수준보다 높은 보호를 초래하는 위생 또는 식물 위생 조치를 도입 또는 유지할 수 있다(Re.2). 상기에 불구하고, 국제기준, 지침 또는 권고에 기초한 조치에 의하여 달성되는 위생 또는 식물 위생 보호 수준과 상이한 보호수준을 초래하는 모든 조치는 이 협정의 그 밖의 규정과 불일치하지 아니한다.
(Remark 2) 제3조제3항의 목적상 회원국이 본 협정의 관련 규정과 합치되는 이용 가능한 과학적인 정보의 조사와 평가에 근거하여, 관련국제기준, 지침 또는 권고가 위생 또는 식물 위생 보호의 적정수준 달성에 충분치 않다고 결정하는 경우, 과학적인 정당성이 존재한다.

된다는 입증 책임은 피제소국이 부담해야 한다고 결론지었다.

입증 책임에 대해 상소기구는 견해를 달리 하였다. 상소기구는 먼저 위생 조치가 SPS 협정 관련 조항(3조1항, 3항, 5조1항, 5항 등)에 합치되지 않음을 제소국이 입증하여야 하며 입증하였다는 패널의 판정이 있은 후에 비로소 제소국의 주장을 배척하는 주장과 근거를 제시할 책임이 피제소국으로 이전된다고 판단하였다.

3) SPS 협정 5조 위반 여부

패널은 SPS 협정 5조는 SPS 조치 시행 및 유지에 관한 회원국의 결정이 내포하고 있는 서로 다른 2개의 측면, 즉 위해성 평가(risk assessment)와 위해성 관리(risk management)를 다루고 있다고 보았다. 위해성 평가란 해당 조치가 막아 내고자 하는 위험의 정도에 관한 측정(assessment)을 의미하며 이는 과학적인 조사작업(examination)으로서 가치 판단을 포함하는 정책의 문제는 아니라고 이해하였다. 패널은 5조1항, 2항, 3항이 위해성 평가에 관한 규정이라고 보았다. 위해성 관리란 위생 보호(sanitary protection)의 적절한 수준을 결정하고 시행하는 것으로서 위해성 평가와 달리 사회적 가치에 대한 판단(social value judgment)을 포함하는 정책상의 문제라고 보았다. 5조4항, 5항, 6항이 관련 조항이라고 이해했다.

상소기구는 위해성 관리에 대해서는 협정에 문언적인 근거(textual basis)가 없는 데에도 패널이 위해성 평가와 위해성 관리를 구분한 것은 온당치 못하다고 비판하였다.

(가) 위해성 평가

패널은 SPS 협정 5조1항[5]과 부속서 1의 4조[6] 문구에 근거하여 EC의 호르몬 금지 조치는 i) 육류와 육류상품에 존재하는 5개 호르몬이 인간의 건강에 야기하는 부정적 효과를 밝혀내고(identify), ii) 부정적 효과가 존재할 경우 부정적 효과

5) 5.1. 회원국은 관련 국제기구에 의해 개발된 위험 평가 기술을 고려하여, 자기나라의 위생 또는 식물 위생 조치가 여건에 따라 적절하게 인간, 동물 또는 식물의 생명 또는 건강에 대한 위험 평가에 기초하도록 보장한다.

6) 4. 위험 평가－적용될 수 있는 위생 또는 식물 위생 조치에 따라 수입회원국의 영토내에서 해충 또는 질병의 도입, 정착 또는 전파의 가능성과 이와 연관된 잠재적인 생물학적 및 경제적 결과의 평가, 또는 식품, 음료 및 사료내의 첨가제, 오염 물질, 독소 또는 질병원인체의 존재로 인하여 발생하는 인간 또는 동물의 건강에 미치는 악영향의 잠재적 가능성에 대한 평가

가 발생할 수 있는 잠재적 가능성에 대해서 평가(evaluate)해야 한다고 보았다. EC 조치가 이러한 요건을 충족하였는지를 판단하기 위해 패널은 i) 위해성 평가 기술과 요소(factor)를 고려하여야 하고, ii) EC가 위해성 평가를 시행하였음을 입증해야 하고, iii) EC 조치가 위해성 평가 결과에 기초한 것임을 입증했는지 살펴보아야 한다고 설명하였다.

i) 평가 기술과 요소에 관해 패널과 당사국은 5조2항의 규정에 근거하여 이용 가능한 과학적 증거, 관련 가공 및 생산 방법, 관련 검사, 표본 추출 및 시험 방법 등 3개 요소가 해당된다고 의견이 일치하였다. ii) 위해성 평가의 존재 입증 문제에 대해 패널은 EC가 시행하였다고 주장하는 일련의 과학 보고서는 위해성 평가의 최소한의 요건은 충족하는 것으로 이해되며 패널의 전문 자문단도 이들 보고서는 위해성 평가에 해당한다는 입장이라고 소개하고 EC는 5조 규정대로 실시된 위해성 평가가 존재함을 입증하였다고 결론지었다.

iii) SPS 조치가 위해성 평가에 기초해야 한다는 요건과 관련하여 패널은 이 요건을 충족하는 데에는 절차적 요건과 실질적 요건이 있다고 설명하고 절차적 요건이란 SPS 조치를 시행하는 국가는 해당 조치를 입법, 유지함에 있어 위해성 평가를 실제로 고려하였다는 것을 입증해야 한다는 것이라고 설명하였다. 패널은 EC는 위해성 평가 증거로 인용한 일련의 과학 보고서나 보고서상의 결론이 해당 조치 입법(enact)과 유지(maintain)과정 중 실제로 EC 당국에 의해 고려되었다는 증거를 제시하지 못했다고 판정하였다. 실체적 요건은 EC 조치상에 반영된 과학적인 결론이 EC가 수행한 과학 조사 보고서상의 결론과 합치하는지 여부라고 보았다. 후자의 경우 패널은 성장 호르몬은 잘 사용되면(good practice is followed) 안전하다는 것으로 EC는 identifiable risk가 존재한다는 것을 입증하지 못했다고 보았다. 패널의 자문단도 이 같은 견해를 제시하였다. 다만 패널은 향후 과학이 더 발전되면 이 같은 결론이 변경될 수도 있다는 가능성을 배제하지는 않았다. 전자의 경우 패널은 EC 조치에 포함된 과학적인 결론은 성장 호르몬의 잔류치(any residue level)는 인간 건강에 유해하다는 것으로 성장 호르몬은 아무리 잘 사용해도(good practice) 인간 건강에 identifiable risk를 초래(pose)한다는 의미라고 보았다. 패널은 양자가 상호 합치하지 않으므로 EC 조치는 5조1항의 위해성 평가에 기초한 것이 아니라고 판단하였다.

패널은 EC의 조치가 위험성 평가에 기초한 것이 아니므로 5조1항에 위반되고 국제 표준에도 기초하지 않았으므로 3조1항에도 합치되지 않으며 이러한 불합치는 3조3항이 5조1항 준수를 요건으로 하고 있으므로 3조3항에 의해 정당화되지 않으며 결국 3조1항에도 위반된다고 판시하였다.

상소기구는 패널의 결론은 지지하였으나 법적인 논리는 달리하였다. 상소기구는 위해성 평가가 identify the adverse effect와 evaluate the potential of adverse effect의 2단계로 구성된다는 패널의 견해에 동의하지 않았으며 특히 둘째 단계의 potential을 패널이 발생 확률이 매우 높은 것을 의미하는 probability로 이해한 것은 부당하며 potential은 발생할 가능성이 있다는 possible의 의미라고 해석하였다. 즉 adverse effect가 발생할 단순한 가능성이 있으면 충분한 과학적 정당성이 존재한다고 본 것이다.

상소기구는 5조1항의 '기초해야 한다'는 의미에 대해서도 위험성 평가가 고려되어야 한다는 절차적 요건을 의미하는 것이 아니라 위험성 평가와 SPS 조치간의 객관적인 관계가 존재해야 한다는 의미라고 해석, SPS 조치 시행 국가가 반드시 위험성 평가를 실시해야 한다는 것은 아니라고 보았다. 상소기구는 그러나 (패널보다는 완화된) 자신의 기준을 이번 사건에 적용하더라도 EC가 제시한 과학적 보고서는 EC의 수입 금지를 합리적으로 설명하지 못한다고 지적하고 패널의 판정을 지지하였다. 이러한 판단은 입증 책임에 대한 패널의 견해를 번복하였어도 마찬가지라고 부연하였다. 상소기구는 (비록 패널이 요구하지는 않았지만) 캐나다와 미국은 EC의 조치가 위험성 평가에 근거하지 않는다는 것에 대해 *prima facie* case를 성립시켰다고 보았으며 EC가 이를 번복하지 못했다고 판단하였다.

패널 심리에서 EC는 문제가 된 조치는 事前主義 원칙(precautionary principle)으로 시행된 것이므로 정당성이 인정된다는 주장을 제기하기도 하였으나 패널과 상소기구는 모두 이를 인정하지 않았다. 사전주의 원칙이란 과학적 불확실성이 존재하는 경우 사전에 규제 조치를 마련하는 것을 정당화하는 원칙이다. 이 원칙은 심각하거나 회복할 수 없는 피해의 우려가 있는 경우 과학적인 확실성이 없다고 하여 환경 피해 방지 조치를 취하지 못하게 하는 것은 안된다는 것을 의미한다. 이러한 사전주의 원칙이 국제 관습법상 확립된 원칙인지 여부에 대해서는 학자들간에 논란이 있다. EC는 이 원칙을 원용하여 설사 EC의 위생 조치가 과학적 근거에 입각하지 않았다 하더라도 사전주의 원칙상 성장 호르몬 사용을 금지할 수 있다고 주장하였다. 그러나 패널과 상소기구는 모두 사전주의 원칙은 SPS 협정 5조1항, 2항의 명문상의 규정에 우선적으로 적용될 수 없다고 판단하였다. SPS 협정은 이미 5조7항[7]에 관련된 과학적 증거가 불충분할 경우 회원국은 입수 가능한 적절한 정보에 입각하여 위생 및 검역조치를 잠정적으로 취할 수 있다는 것을 규정하고 있어 사전주의 원칙을 이미 반영하고 있으나 EC가 이 조항을 사용하지도 않았다고 지적하고 EC의 주장을 기각하였다.

(나) 위해성 관리

패널은 위해성 관리 관련 조항인 5조5항[8] 위반을 구성하기 위해서는 i) 상이한 상황에서(상이한 상황이란 비교가 가능한 상황이라고 패널은 이해) 적절한 것으로 판단되는 보호 수준에 대해 구별해야 하고, ii) 이러한 구별이 자의적이거나 부당해야 하며, iii) 이러한 구별이 국제 무역에 대한 차별적 또는 위장적 제한을 초래해야 한다는 3 요소를 충족해야 한다고 보았다.

EC 조치가 규제하는 성장 호르몬 6개는 자연에 존재하는 천연 호르몬 3종과 인공적으로 생성된 합성 호르몬 3종으로 구분된다. 패널은 이들이 사용되는 3개 상황에 대해 따로 따로 위의 3개 요건 충족 여부를 검토하였다.

첫째 상황의 경우 천연 호르몬이 성장 촉진제로 사용되는 것과 개체 내에서 저절로 발생한(endogenously) 경우의 취급 차이였다. 패널은 이 두 경우는 동일한 물질을 다루므로 비교 가능한 상황이고 성장 촉진제로 사용되었을 경우에는 잔류치를 일체 허용치 않는 반면 저절로 발생한 경우에는 잔류치에 아무런 제한이 없으므로 보호 수준에 대한 구별이라는 i) 요건은 충족된다고 보았다. ii) 요건의 경우 패널은 이러한 구별의 불가피성에 에 대해 EC가 과학적 근거를 제시하지 못하였으므로 자의적이며 부당한 것이라고 판단, ii) 요건도 충족된다고 보았다. iii)에 대해 패널은 두 상황(성장 촉진제로 쓰인 경우와 저절로 발생한 경우)에서의 보호 수준 차이가 심각하고 이러한 차이에 대해 EC가 타당한 정당성을 제시

---

7) 5.7. 관련 과학적 증거가 불충분한 경우, 회원국은 관련 국제기구로부터의 정보 및 다른 회원국이 적용하는 위생 또는 식물 위생 조치에 관한 정보를 포함, 입수 가능한 적절한 정보에 근거하여 잠정적으로 위생 또는 식물 위생 조치를 채택할 수 있다. 이러한 상황에서, 회원국은 더욱 객관적인 위험 평가를 위하여 필요한 추가 정보를 수집하도록 노력하며, 이에 따라 합리적인 기간 내에 위생 또는 식물 위생 조치를 재검토한다.

8) 5.5. 인간, 동물 또는 식물의 생명 또는 건강에 대한 위험으로부터의 위생 또는 식물 위생 보호의 적정수준이라는 개념의 적용에 있어서 일관성을 달성할 목적으로, 각 회원국은 상이한 상황에서 적절한 것으로 판단하는 수준에서의 구별이 국제 무역에 대한 차별적 또는 위장된 제한을 초래하는 경우에는 자의적 또는 부당한 구별을 회피한다. 회원국은 이 협정 제12조제1항, 제2항 및 제3항에 따라 위원회에서 이 규정의 실제 이행을 촉진하기 위한 지침을 개발하기 위하여 협력한다. 동 지침을 개발함에 있어서 위원회는 사람들이 자발적으로 자신을 노출하는 인간의 건강상 위험의 예외적 특성을 포함한 모든 관련 요소를 고려한다.

하지 못하였으며 보호 수준의 차이가 수입 금지로 귀결되었다는 것을 3가지를 근거로 국제 무역에 대한 위장적 또는 차별적 제한이 존재한다고 판단하였다. 이상의 판단을 근거로 패널은 첫째 상황에서 EC 조치는 5조5항에 합치되지 않는다고 판시하였다.

둘째 상황은 성장 촉진제로 사용된 3개 합성호르몬과 저절로 발생한 3개 천연 호르몬의 취급 차이였다. 패널은 EC가 두 호르몬 모두 인간 건강에 유해한 효과를 초래한다고 주장하므로 양자는 비교 가능한 상황이며 합성 호르몬의 잔류는 일체 허락하지 않는 반면 자연 발생한 천연 호르몬의 잔류는 무제한 허용하므로 보호 수준이 구별되어야 하는 i) 요건이 충족된다고 파악했다. EC가 보호 수준이 구별되어야 하는 이유에 대해 과학적 증거에 기초한 정당한 설명을 제출하지 못했으므로 패널은 ii) 요건도 충족된다고 보았으며 첫째 상황의 iii) 요건과 같은 이유로 패널은 여기서도 iii) 요건이 충족된다고 결론지었다. 패널은 따라서 둘째 상황에서도 EC의 조치는 5조5항에 합치되지 않는다고 판시하였다.

셋째 상황은 성장 호르몬 전체와 항균성 성장 촉진제의 취급 차이였다. EC가 금지한 성장 호르몬 외에도 carbonox라고 하는 항균성 성장 촉진제 역시 동일한 목적으로 많이 사용되었고 성장 호르몬과 마찬가지로 인체에 발암 효과를 야기한다는 우려가 많았다. 그러나 EC의 조치는 항균성 성장 촉진제에 대해서는 별다른 규제를 하지 않았다. 패널은 두 종류의 호르몬이 인체에 유사한 영향을 미치므로 비교 가능한 상황이고 그 보호 수준이 구별되므로 i)의 요건이 충족되고, EC가 구별 필요성에 대해 정당한 설명을 하지 못했으므로 ii)의 요건이, 그리고 첫째 상황과 동일한 이유로 iii)의 요건이 셋째 상황에서도 충족된다고 파악하고 EC 조치는 5조5항에 합치되지 않는다고 판시하였다.

이상의 판단을 토대로 패널은 EC의 조치는 SPS 협정 5조5항에 합치되지 않으며 3조1항 규정과 달리 국제 표준에 기초하고 있지도 않고 예외적인 정당화에 관한 3조3항은 요건 중의 하나로 5조5항과의 합치를 요구하고 있으므로 이러한 불합치는 3조3항에 의해서도 정당화되지 않는다고 판시하였다. 따라서 EC의 조치는 3조1항에도 합치되지 않는다고 판시하였다. 5조6항 위반 여부에 대해서는 이미 5조5항 위반이라고 판시하였으므로 사법 경제(judicial economy)를 적용, 검토할 필요가 없다고 보았다.

상소기구는 패널의 판정을 번복하였다. 상소기구는 carbadox의 사용은 허용하면서 성장 호르몬의 사용을 금지한 셋째 상황에 대해서는 자의적이고 부당한 차별에 해당한다고 보았으나 첫째와 둘째 상황은 비교가 된 상이한 보호 수준의 내용, 취급 현황, 행정 관리 상세 등을 면밀히 분석한 결과, 자의적이거나 부당한 구별이라고 볼 정도는 아니라고 판단하였다. 국제 무역 제한 여부에 대해서도 상소기구는 관련 자료상 성장 호르몬의 안정성에 대해 EC가 우려할 만한 점이 상당하고, EC 조치의 구조와 고안 전체로 볼 때 무역 제한을 위한 것이라는 점을 인정할 수가 없다고 지적하고 패널의 견해에 동의하지 않았다. 상소기구는 따라서 EC 조치가 5조5항에 합치되지 않는다는 패널 판정을 번복하였다.

(다) 국제 표준이 존재하지 않는 MGA에 대한 위해성 관리

MGA에 대해서는 국제 표준이 정해진 것이 없었으므로 SPS 협정 3조1항은 해당이 없었으나 캐나다와 미국은 SPS 2조, 5조에 위반된다고 주장하였다. 패널은 5조가 보다 특정적인 조항이라고 보고 5조 위반 여부를 검토하였다. 패널은 협정 5조5항의 세 가지 요건에서 MGA에 대한 위생 조치는 정당화되지 않는다고 보았다. 즉 패널은 i) 육류 및 기타 식품에서 내생적으로 발생하는 천연 호르몬과 비교된 성장 촉진용 MGA, ii) 돼지 축산에서 식품 첨가제로 사용되는 항균성 성장 촉진제인 carbadox와 비교된 MGA 등 2가지 경우 모두에 있어 EC의 위생 조치가 첫째 상이한 보호 수준이 존재하고(no residue level과 unlimited residue level), 둘째 보호 수준의 차이가 자의적이고 부당하며 셋째 국제 무역에 대한 차별 또는 위장된 제한을 초래하였다고 판시하였다.

4) GATT, TBT 협정 위반 여부

캐나다는 EC의 조치가 GATT III조와 XI조, 미국은 I조와 III조에도 위반된다고 주장하였으나 패널은 설사 이들 조항에 위반된다고 판단되더라도 GATT XX조(b)에 의해 정당화되는지 여부도 살펴야 할 것이나 이미 SPS 협정 위반이 확인된 만큼 XX조(b)에 근거한 정당화 주장은 성립될 수가 없으므로 굳이 GATT 위반 여부를 검토할 실익이 없다고 판단하였다. TBT 협정 2조 위반 주장에 대해 패널은 위생 조치에는 TBT 협정이 적용되지 않는다는 것이 TBT 협정 1조5항[9]에 명시되어 있다는 점을 들어 TBT 협정은 이 사건에는 적용되지 않는다고 판단하였다.

---

9) 1.5 이 협정의 규정은 위생및식물위생조치의적용에관한협정의 부속서 1에 정의되어 있는 위생 및 식물 위생 조치에는 적용되지 아니한다.

다. 해설 및 평가

캐나다와 미국은 EC로 하여금 패널 및 상소기구 판정을 이행할 것을 촉구하였으나 EC는 1999년 4월 보건 관련 수의(獸醫)조치에 관한 EC 과학 위원회가 6개 성장 호르몬의 위해성에 관한 보고서를 채택하자 이를 근거로 호르몬 처리 육류의 수입 금지 조치의 철회를 거부하였다. 이에 캐나다와 미국은 DSU 22조2항에 따라 2억2백만달러 상당의 양허 정지, 즉 보복 조치를 시행코자 하였으며 22조6항 중재결정에 따라 양허 정지 규모는116.8백만불로 확정되었다. DSB는 1999년 7월 EC에 대한 미국과 캐나다의 양허 정지 요청을 승인하였으며 이는 곧 시행되었다. EC는 2003년 호르몬 처리 육류 수입 금지에 관한 규정을 개정하고 패널 및 상소기구 판정을 이행한 것이므로 미국, 캐나다에 보복 조치를 철회하여 줄 것을 요청하였으나 미국과 캐나다는 EC의 조치가 불충분하다는 이유로 보복 조치를 계속 시행하였다. 이에 EC는 이행 완료에도 불구하고 보복 조치를 지속하는 것은 부당하다는 이유로 2004년 11월 WTO에 미국과 캐나다를 제소하였다(*US-Continued Suspension* 사건).

이 사건을 통해 WTO는 결국 미국과 캐나다의 손을 들어줌으로써 일단은 건강보다는 무역을 우선에 두었다고 판단된다. *US-Shrimp* 사건에서도 볼 수 있듯이 환경, 건강 등 무역 외 요소가 무역과 대립될 경우 패널과 상소기구는 대개 무역 측면을 중시하는 판결을 내려왔다. 환경, 건강 등에 관한 관심이 점차 고조되어가는 것이 추세이므로 향후 유사한 사건에서 무역 중시 전통이 계속될지는 불투명하다.

자유무역과 무역 외 가치의 보호 문제간의 대립에 관한 문제는 첫째, 생명공학적 산물의 등장으로 인해 문제가 더욱 복잡해지고 있다. GMO 등 생명 공학 산물들은 전혀 새로운 위험 요인을 부과하고 있는데 반하여, 이를 규제할 수 있는 제도는 갖추어 지지 않은 상태에서 각종 논란이 계속되고 있으며, 과학적 증거에 의한 위해성 판단이 쉽지 않을뿐더러, 다양한 외적 요인들(사회, 문화, 윤리적 요인)이 작용하고 있다. 둘째, 확실한 과학적 증거 주의에 대해 사전주의 원칙이 강조되는 경향을 보이고 있다. 최근 '생명공학안전성의정서(Biosafety Protocol)'가 채택됨에 따라 사전주의 원칙에 입각해 GMO에 대한 국제적 규제를 다루려는 경향이 탄력을 받고 있으며 시민, 환경단체들의 요구가 거세지고 있는 상황이다. 셋째, 안전 이외의 다양한 요인들이 증대하고 있다. GMO의 인체 및 환경 위해성뿐만 아니라 윤리적인 개인 판단과 소비자 보호도 중요하다는 주장이 제기되고 있고 이에 따른 GMO 의무 표시제는 반드시 필요하다는 주장이 제기되고 있으며, 동물 복지가 소비자의 건강과 환경뿐만 아니라 윤리적 고려와 관련된 소비자의 선택권과 밀접한 관련이 있기 때문에 소비자의 권리를 보호하기 위함이라는 주장이 EC를 중심으로 제기되고 있다. 넷째, '위해성 평가'에서 '위해성 관리' 개념으로의 패러다임 전환이 전환되고 있다. 기존의 기계적이고 객관주의적 패러다임 속의 위해성 평가의 실효성이 의심받기 시작하고 있는데 이는 현대 사회의 복잡화와 그에 따른 위험 요인의 복잡화 때문으로 풀이된다. 그에 따라 쌍방 소통을 강조하는 새로운 패러다임으로의 위해성 관리가 중시되는데 이는 위해성 분석(risk analysis), 위해성 평가, 위해성 소통(risk communication) 등을 포괄하는 개념이다. 위해성이 객관적으로 산출 가능한 것만은 아니라는 인식 속에서, 위해성의 사회 경제적, 심리적, 문화적 요인 등을 모두 고려해야 하며 과학자 집단과 대중과의 상호 의사소통을 진작해야 하고 민주적인 위해성 관리 시스템과 과학적 의사결정에 대한 시민 참여 등이 강화되어야 한다는 요구가 분출되고 있다.

2. Canada vs. Australia - Salmon 사건

(DS18, 1998. 11. 6. - 상소기구)

가. 사건 개요

호주는 1995년 10월 캐나다산 열처리되지 않은 生, 냉장 및 냉동 연어 수입을 금지하였다. 호주는 熱처리되지 않은 캐나다산 연어에서 발생할 수 있는 24종의 병원체를 규명하고 자국이 행한 연어 수입품 위험 분석에 관한 보고서(1996년 최종 보고서)에 근거하여 캐나다산 연어 수입을 금지하는 위생 조치를 취한 것이다.

이에 대해 캐나다는 SPS 협정 2조, 3조, 5조 및 GATT XI조, XIII조 위반이라고 주장하고 1997년 3월 패널 설치를 요청하였다.

나. 주요 쟁점별 당사자 주장 및 판결 요지

1) SPS 협정 5조1항, 2항 위반 여부

(가) 분쟁 대상 상품

호주의 비열처리 연어 수입 금지 조치의 근거가 된 1996년 최종 보고서는 太平洋산 活연어를 대상으로 조사한 것이었다. 캐나다는 호주는 그럼에도 불구하고 모든 비열처리 연어의 수입을 금지하였으므로 부당하다고 주장하였으나 호주는 5조1항[1)]은 상황에 따라 적절한 위험성 평가를 할 수 있도록 규정하고 있고 호주

---

1) 5.1. 회원국은 관련 국제기구에 의해 개발된 위험 평가 기술을 고려하여, 자기나라의 위생 또는 식물 위생 조치가 여건에 따라 적절하게 인간, 동물 또는 식물의 생명 또는 건강에 대한 위험

가 태평양산 연어의 조사를 토대로 모든 연어의 수입을 금지할 수밖에 없었던 사정이 있었다고 반박하였다.

패널은 위생 조치를 '상황에 따라 적절한' 평가에 근거하도록 규정한 5조1항의 언급은 위험성 평가의 수행 방법과 관련된 것이지 위생 조치를 위험성 평가에 기초하여야 한다는 실체적 의무를 소멸시키거나 폐기할 수는 없다고 분명히 하였다. 이 사건의 경우 1996년 최종 보고서 대상 상품(즉, 태평양산 연어) 이외의 기타 연어 제품도 문제가 된 위생 조치의 대상에 포함되었으므로 패널은 호주의 위생 조치는 5조1항에 합치되지 않았다고 판시하였다.

(나) 1996년 최종 보고서의 위해성 평가 해당 여부

캐나다는 1996년 최종 보고서가 SPS 협정 5조1항의 의미의 '적절한' 위해성 평가가 아니라고 주장하였다.

패널은 위해성 평가의 정의에는 다음의 세 가지 요소가 포함된다고 보았다. i) 위생 조치를 부과하는 회원국은 우선 '연관된 잠재적인 생물학적 및 경제적 결과'와 마찬가지로 예방되기를 원하는 자국 영역 내에서 '유입, 정착 또는 전파'되는 질병을 규명하여야 하고, ii) 그 다음에 이들 질병의 유입, 정착 또는 전파 및 연관된 잠재적인 생물학적 및 경제적 결과의 '가능성 평가'가 요구되며, iii) 나아가 이들 질병의 유입, 정착 또는 전파의 가능성의 평가가 '적용될 수 있는 위생 조치에 따라' 수행되어야 한다.

i)에 대해 1996년 최종 보고서는 호주가 예방하기를 원하는 '유입, 정착 또는 전파'되는 24가지 질병을 규명하고 이들 24가지 질병의 유입, 정착 또는 전파와 연관된 '잠재적인 생물학적 및 경제적 결과'를 규명하였다고 보았다. 따라서 패널은 1996년 최종 보고서가 SPS 협정 5조1항에 따른 위해성 평가의 첫 번째 요건을 충족하였다고 판시하였다.

ii)의 경우 패널은 분쟁 대상 조치에 관한 위해성 평가는 태평양산 연어제품의 수입이 허용될 경우 관련 질병이 호주에 유입될 가능성이 있다는 언급을 포함해야 할 뿐 아니라, 유입되는 이들 질병 및 그 후에 발생하는 연관된 잠재적인 생물학적 경제적 결과의 가능성(likelihood) 또는 발생 가능성(probability)의 평가(evaluation) 또는 측정(estimation) 역시 제공할 필요가 있다고 판단하였다. 패널은 1996년 최종 보고서가 각기 다른 경우에 'probability와 likelihood'라는 단어를 사

평가에 기초하도록 보장한다.

용하고 관련 질병에 대한 발생가능성의 요소를 평가하였음을 주목하고 1996년 최종 보고서가 위해성 평가의 두 번째 요건을 충족하였다고 추정하였다.

iii)의 경우 패널은 1996년 최종 보고서가 질병의 유입, 정착 또는 전파의 가능성에 대해 평가를 실시한 것이라고 추정하였다. 패널은 이상의 판단을 기초로 일단 1996년 최종 보고서가 SPS 협정 5조1항과 5조2항[2]에 규정된 위해성 평가의 요건을 충족하였다고 추정한다는 결론을 내렸다.

하지만 동 보고서가 위해성 평가 요건을 충족하였다 해서 호주의 위생 조치가 바로 정당화되는 것은 아니다. 5조1항상 호주의 위생 조치는 위해성 평가에 기초해야 한다는 요건을 충족하여야 했다. 호주의 위생 조치가 5조1항에서 요구되는 대로 위해성 평가에 '기초'하였는지 여부에 대해 패널은 *EC-Hormones* 사건의 상소기구가 SPS 조치가 위해성 평가에 '기초한다'는 요건은 곧 SPS 조치에 내재하는 과학적 결론과 위해성 평가간에 합리적인 관계(rational relationship)가 존재한다는 것을 의미한다고 판정하였음을 환기하였다. 패널은 1996년 최종 보고서가 분쟁 대상 조치에 의하여 부과된 열처리 요건과 관련된 위험 또는 위험 감소에 대해 실체적 평가를 하지 않았고, 동 보고서에는 호주의 위생 조치를 지지하는 데 필요한 합리적인 기초가 존재하지 않는다고 보았다. 패널은 캐나다가 '동 조치와 위해성 평가간의 합리적인 관계'가 존재하지 않는다는 데에 대해 *prima facie* case를 성립시켰다고 판정하였으며 호주가 이를 번복할 증거를 제시하지 못했다고 판단하였다. 따라서 패널은 호주의 조치는 5조1항에 따른 위해성 평가에 '기초'하지 않았다고 판시하였다.

상소기구는 패널과 동일한 결론에 도달하기는 하였으나 그 논리와 심사 대상은 매우 달랐다. 우선 호주는 문제가 된 조치는 생, 냉장, 냉동 연어의 수입 금지인데 패널은 수입 금지 요건이 아니라 열처리 요건에 대해 검토한 후 5조1항 불합치 판정을 내렸다고 상소하였다. 상소기구는 패널의 심리를 분석한 결과 호주의 주장이 타당하다고 보고 패널은 문제가 된 조치가 적용되는 대상을 잘못 이해하였다고 판단, 이에 관한 패널의 판정은 번복하였다.

이어 상소기구는 수입 금지에 초점을 두어 호주의 조치가 5조1항에 합치하는지 여부를 심리하였다. 상소기구는 부속서 1의 4조[3]에 규정된 위험성은 '다소의

---

2) 5.2. 위험 평가에 있어서 회원국은 이용 가능한 과학적 증거, 관련 가공 및 생산 방법, 관련 검사, 표본추출 및 시험방법, 특정 병해충의 발생률, 병해충 안전지역의 존재, 관련 생태학적 및 환경조건, 그리고 검역 또는 다른 처리를 고려한다.

3) 4. 위험 평가－적용될 수 있는 위생 또는 식물 위생 조치에 따라 수입회원국의 영토내에서 해

(some)' 가능성이 아닌 '가능성의 평가'를 요구하므로, 위해성 평가는 다소의 가능성(likelihood) 또는 발생 가능성(probability)의 평가만을 요구한다는 패널의 견해에 동의하지 않았다. 결국 상소기구는 1996년 최종 보고서가 위해성 평가의 요건 중 두 번째와 세 번째 요건을 충족하지 못하였다고 판단하였으며 동 보고서는 적절한 위해성 평가가 될 수 없고 동 보고서가 호주에 의하여 제출된 유일한 위해성 평가이므로 분쟁 대상이 된 조치 역시 SPS 협정 5조1항에 의하여 요구되는 위해성 평가에 기초하지 않은 것이라고 판시하였다.

2) SPS 협정 5조5항 위반 여부

(가) 위생 보호의 적절한 수준의 결정

캐나다는 호주가 연어의 수입에 관한 '위생 보호의 적절한 수준'을 결정하지 않았고, 따라서 SPS 협정 5조5항4)에 일치하지 않았다고 주장하였으며 호주는 적절하다고 간주되는 위생 보호 수준의 결정은 주권적 결정이라고 반박하였다.

패널은 '위생 또는 식물 위생 보호의 적절한 수준'의 정의에 관한 SPS 협정 부속서 A의 5항과 동 개념에 관한 SPS 협정상의 관련 규정을 검토하고, SPS 협정이 동 보호 수준을 규명하고 부과하기 위하여 회원국에게 명시적으로 의무를 부과하지 않는다고 밝혔다. 따라서 패널은 분쟁 대상 조치가 호주에 의하여 달성된 일련의 위생 보호 수준을 반영한다고 고려하고, 동 보호 수준은 호주의 '적절한 보호 수준'이라고 추정하였다.

패널은 5조5항 위반을 구성하는 세 가지 요소 중 i) '상이한 상황'에 대한 보호 수준의 구별에 대해 패널은 동 상황이 동일하거나 유사한 질병 또는 동일하거나 유사한 '연관된 생물학적 및 경제적 결과'의 '유입, 정착 또는 전파'의 위험 중 하나를 포함하는 경우 동 위험이 동일한 제품 또는 다른 제품으로부터 기인하였

충 또는 질병의 도입, 정착 또는 전파의 가능성과 이와 연관된 잠재적인 생물학적 및 경제적 결과의 평가, 또는 식품, 음료 및 사료내의 첨가제, 오염 물질, 독소 또는 질병원인체의 존재로 인하여 발생하는 인간 또는 동물의 건강에 미치는 악영향의 잠재적 가능성에 대한 평가

4) 5.5. 인간, 동물 또는 식물의 생명 또는 건강에 대한 위험으로부터의 위생 또는 식물 위생 보호의 적정수준이라는 개념의 적용에 있어서 일관성을 달성할 목적으로, 각 회원국은 상이한 상황에서 적절한 것으로 판단하는 수준에서의 구별이 국제 무역에 대한 차별적 또는 위장된 제한을 초래하는 경우에는 자의적 또는 부당한 구별을 회피한다. 회원국은 이 협정 제12조제1항, 제2항 및 제3항에 따라 위원회에서 이 규정의 실제 이행을 촉진하기 위한 지침을 개발하기 위하여 협력한다. 동 지침을 개발함에 있어서 위원회는 사람들이 자발적으로 자신을 노출하는 인간의 건강상 위험의 예외적 특성을 포함한 모든 관련 요소를 고려한다.

는지에 관계없이 5조5항에 따른 상황을 비교할 수 있다고 판단하였다. 패널은 제출된 자료를 면밀히 분석한 결과, 호주는 여러 '상이한 차이'에 있어서 적절한 보호 수준을 부여했다고 볼 수 있다고 결론지었다.

ii) 자의적이거나 정당화될 수 없는 차이에 관해 패널은 제출된 자료를 분석하여 볼 때 자의적이거나 정당화될 수 없는 차이에 해당한다는 캐나다의 주장을 호주가 번복하지 못했다고 보았다. 패널은 예를 들어 태평양산 연어와 비교 가능한 상품으로 선정된 냉동 청어, 장식용 생선 등에 관한 호주 정부의 위생 보호 수준이 매우 상이함을 주목하고 이러한 차이는 자의적이거나 정당화될 수 없는 것이라고 판단하였다.

iii) 국제 무역 제한 요건에 관해 패널은 예를 들어 태평양산 연어 제품과 냉동 청어/장식용 생선의 위험성은 i), ii) 요건이 비슷한데도 불구하고 전자는 수입을 금지한 반면 후자는 수입을 허용하고 있으므로 국제 무역에 대한 위장된 제한이라는 추정이 가능하다고 보았다. 패널은 이에 대해 캐나다가 *prima facie* case를 성립시켰다고 보았으며 이를 번복할 만한 증거를 호주가 제시하지 못했다고 지적하고 iii) 요건도 충족한다고 판단하였다.

이에 따라 패널은 호주의 위생 조치는 SPS 협정 5조5항에 합치되지 않는다고 판시하였다.

상소기구는 5조5항에 따라 비교할 수 있는 '상이한' 상황에 대한 패널의 견해에 동의하고 '인간의 소비 용도의 생, 냉장 및 냉동 연어제품'에 대한 수입 금지와 동 제품에 비교된 기타 어류 또는 어류제품에 대한 수입 허가는 SPS 협정 5조5항에 따라 비교될 수 있는 '상이한' 상황이라는 패널의 판결을 지지하였다.

ii) 보호 수준상의 '자의적이거나 부당한' 차이에 대해서 상소기구는 미끼용 냉동 청어와 장식용 생선이 태평양산 연어 제품과 연관된 질병보다 최소한 더 위험한 것으로 추정될 수 있다는 패널의 판결에 동의하고, 호주의 조치에 반영된 위생 보호 수준상의 차이가 5조5항의 두 번째 요소를 충족하였다는 패널의 판정 역시 지지하였다. iii) 국제 무역에 대한 제한 여부에 대해서도 상소기구는 패널의 판정을 지지하였으며 이상의 판단을 토대로 상소기구는 호주의 조치는 SPS 협정 5조5항에 합치되지 않는다고 패널의 판정을 지지하였다.

3) 5조6항 위반 여부

캐나다는 非연어科 제품에 대한 호주의 조치가 태평양산 연어제품에 대한 조치에 비해 현저하게 덜 무역 제한적이며 호주가 연어제품에 보다 무역 제한적인 조치를 유지하기 위한 타당한 이유가 있는 경우라 하더라도 현행의 수입 금지는 호주가 이용할 수 있는 가장 무역 제한적인 조치라는 점에서 호주가 5조6항[5]을 위반하였다고 주장하였다.

패널은 5조6항과 동 각주에 따라 패널은 i) '기술적 및 경제적 타당성을 고려하여 합리적으로 이용 가능한' 대체 조치, ii) '호주의 위생 보호의 적절한 수준을 달성한' 대체 조치, iii) 문제가 된 위생 조치보다 '무역에 대하여 현저하게 덜 제한적인' 대체 조치가 존재한다면 분쟁 대상이 된 조치는 '요구되는 것보다 더 무역 제한적'인 것으로 보아야 한다고 판단하고 각각의 존재 여부를 검토하였다.

i)의 경우 패널은 1996년 최종 보고서 상에 선택 가능한 조치로서 4가지를 제시하고 있으므로 이들이 일단 합리적으로 이용 가능한 대체 조치라고 추정할 수 있고 호주가 이러한 추정을 반박할 일체의 주장 또는 증거를 제공하지 않았으므로 5조6항의 첫 번째 요소가 충족되었다고 판단하였다. ii)의 경우 패널은 '위생 보호의 적절한 수준을 달성할' 다른 이용 가능한 조치가 존재한다는 것을 캐나다가 제시하였다고 보았으며 호주가 이러한 추정을 반박할 일체의 주장 또는 증거를 제공하지 않았으므로 5조6항의 두 번째 요소도 충족되었다고 판단하였다. iii)에 대해 패널은 호주에 의하여 부과된 조치가 태평양산 연어 제품을 포함한, 생, 냉장 또는 냉동 연어의 호주로의 수입을 금지한 반면, 여타의 대체 조치는 모두가 수입 금지에 해당하는 것이 아니므로 호주의 조치보다 '무역에 현저하게 덜 제한적' 이라고 볼 수 있다고 판단하였다. 패널은 따라서 5조6항 위반이 인정된다고 판시하였다.

상소기구는 위에서 분쟁 대상 SPS 조치는 열처리 요건이 아니라 생, 냉장 또

---

5) 5.6. 제3조제2항을 저해함이 없이, 위생 또는 식물 위생 보호 적정수준을 달성하기 위하여 위생 또는 식물 위생 조치를 수립 또는 유지하는 때에는, 회원국은 기술적 및 경제적인 타당성을 고려하여, 동 조치가 위생 또는 식물 위생 보호의 적정수준을 달성하는 데 필요한 정도 이상의 무역 제한적인 조치가 되지 않도록 보장한다. (Re.3)

(Remark 3) 제5조제6항의 목적상, 기술적 및 경제적인 타당성을 고려하여 합리적으로 이용 가능하고 위생 또는 식물 위생 보호의 적정수준을 달성하면서 무역에 대한 제한이 현저히 적은 다른 조치가 없는 경우, 동 조치는 필요한 정도 이상의 무역 제한 조치가 아니다.

는 냉동 연어에 관한 수입 금지라는 결론을 내렸음을 상기하고, 패널은 열처리 요건이 '요구된 것보다 더 무역 제한적' 인지만을 검토하였으므로, 호주가 분쟁 대상 SPS 조치를 유지함으로써 5조6항에 일치하지 않았다는 패널의 판정을 번복하였다.

상소기구는 자국의 위생 보호의 적절한 수준의 결정은 패널이나 상소기구가 아닌 당해 회원국의 특권(prerogative)이며, SPS 협정이 적절한 보호 수준을 결정할 묵시적 의무를 포함할 뿐 이는 명시적 의무가 아니라고 인정하였다. 따라서 상소기구는 호주가 SPS 협정 5조6항에 일치하지 않았다는 패널의 판결을 파기하였으나, 호주가 5조6항을 위반하였는지에 대해서는 관련 자료가 부족하여 분석을 계속할 수가 없다고 판단을 유보하였다.

다. 해설 및 평가

패널과 상소기구는 SPS 협정 2조 위반 여부에 대해서는 5조 위반이 확인된 만큼 5조보다 일반적인 의무를 규정한 2조 위반은 자연히 인정되는 것이라고 보고 따로 심리하지 않았으며 GATT 관련 조항 위반 여부는 *EC-Hormones* 사건에서와 마찬가지로 XX조(b)에 의한 정당성이 인정되지 아니하므로 심리할 필요가 없다고 보았다.

호주는 패널과 상소기구의 판정을 이행하기 위한 조치를 1999년 7월 뒤늦게 취하였으나 캐나다는 합당한 이행 조치가 아니라고 주장하고 DSU 21조5항상의 이행 패널 설치를 요청하였다.

3. Canada vs. Australia - Salmon Article 21.5 사건

(DS18, 2000. 3. 20. - 상소기구)

가. 사건 개요

1998년 11월 원 사건 패널 보고서와 상소기구 보고서가 채택됨에 따라 호주는 DSB의 권고를 이행하기 위해 호주 검역 당국은 생, 냉장, 냉동 연어에 대해 추가적인 수입 위험성 분석과 이들 상품 수입과 관계된 건강 위험 분석을 실시하였다(1999년 수입 위험 분석서). 아울러 호주는 1998년 7월 문제가 되었던 수입 금지 조치를 대체하는 법령, 'Quarantine Proclamation 1998'을 제정하여 즉시 소비 가능(consumer-ready) 형태로 수입되는 비열처리 연어에 한해서 수입 금지 조치를 해제하였다. consumer-ready 형태란 즉각 조리 및 소비가 가능하도록 일정 크기 이하로 절단하거나 표피가 처리된 것을 말한다. 이는 호주 내에서 추가 공정이 발생치 않도록 함으로써 열처리되지 않은 폐기물로부터 오염이 일어날 소지를 원천적으로 차단하기 위한 것이었다. 그런데 이러한 조치의 발효 시기는 원 사건 판결 이행 시한인 1999년 7월 6일 이후였다. 한편 호주의 Tasmanian 주정부는 생, 냉장, 냉동 연어가 특정 6개 질병 발생 해역 외에서 포획되었거나 열처리된 것임을 주 검역 당국에 입증하지 않는 한 동 연어 수입을 금지하는 조치를 1999년 10월 채택하였다.

호주는 이로써 원 사건 판결을 이행하였다고 주장하였으나 캐나다는 새로운 조치는 원 사건 판결을 이행한 것으로 볼 수 없으며 SPS 협정 5조1항, 5항, 6항 및 2조2항, 3항과 부속서 3의 1조다호에 위배된다고 반박하고 1999년 7월 DSU 21조5항에 따른 이행 패널 설치를 요청하였다.

나. 주요 쟁점별 당사자 주장 및 판결 요지

1) 이행 조치의 존재 여부

캐나다는 원 사건 판결 이행 시한인 1999년 7월 6일 현재 이행 조치가 시행되지 않았으므로 원 사건 판결 이행 조치가 존재하지 않은 것이라고 주장하였다. 패널은 이행 조치가 존재하기 위해서는 첫째 이행 조치라는 새 조치가 문제가 된 상품의 호주 내 수입을 위한 요건과 절차를 규정하고 있어야 하고 둘째 발효 중에 있어야 한다고 보았다. 패널은 호주의 신규 조치는 수입요건과 절차는 규정하고 있으나 이행 조치 시한 현재 발효되지는 않았으므로 이행 조치가 존재한다고는 볼 수 없다고 판시하였다.

2) 위험성 평가 기초 여부(SPS 협정 5조1항)

캐나다는 호주의 신규 조치가 5조1항 위험성 평가에 기초하지 않았다고 주장하였다. 패널은 1999년 수입 위험 분석서(Import Risk Analysis)가 5조1항[1])의 위험성 평가에 해당하는지, 호주의 신규 조치가 동 분석서에 기초하고 있는지의 요건을 검토해야 할 것으로 보았다. 첫째 요건에 대해 패널은 부속서 1의 4조[2]) 위험성 평가의 定義 중에서 원 사건 상소기구가 이 사건에 관계된다고 추출한 3개의 요건, 즉 i) 도입, 정착 또는 전파를 금지코자 하는 대상 질병의 확인(identify), ii) 동 질병의 도입, 정착 또는 전파 가능성에 대한 평가, iii) 동 질병의 도입, 정착 또는 전파 가능성을 적용코자 하는 SPS 조치에 의거하여 평가한 것임을 1999년 분석서가 충족해야 한다고 보았으며 이들 요소를 충족했다고 판단하였다.

i) 에 대해서는 캐나다가 이의를 제기하지 않았고 ii)는 객관적인 평가 여부가 핵심인데 1999년 보고서는 2조2항, 5조1항, 5조2항에 나열된 객관적인 요건, 즉

---

1) 5.1. 회원국은 관련 국제기구에 의해 개발된 위험 평가 기술을 고려하여, 자기나라의 위생 또는 식물 위생 조치가 여건에 따라 적절하게 인간, 동물 또는 식물의 생명 또는 건강에 대한 위험 평가에 기초하도록 보장한다.

2) 4. 위험 평가－적용될 수 있는 위생 또는 식물 위생 조치에 따라 수입회원국의 영토내에서 해충 또는 질병의 도입, 정착 또는 전파의 가능성과 이와 연관된 잠재적인 생물학적 및 경제적 결과의 평가, 또는 식품, 음료 및 사료내의 첨가제, 오염 물질, 독소 또는 질병원인체의 존재로 인하여 발생하는 인간 또는 동물의 건강에 미치는 악영향의 잠재적 가능성에 대한 평가

관련 국제기구에 의해 개발된 위험 평가 기술, 이용 가능한 과학적 증거, 과학적 원리 등을 포함하고 있다고 인정되며 iii) 역시 자문단이 충족되었다는 의견을 제시하였음을 인용하여 3개 요건이 모두 충족되었다고 보았다. 1999년 보고서가 둘째 조건, 즉 위험성 평가에 기초하고 있는지 여부에 대해 패널은 *EC-Hormones* 사건 상소기구가 확인한 대로 기초한다는 의미는 당해 조치와 위험성 평가간에 합리적인 관계가 존재하는지 여부라고 보았다. 패널은 호주가 consumer-ready 형태에 대해서만 수입 금지를 해제한 것에 대해 동 보고서상 합리적인 설명을 찾을 수 없고 반드시 consumer-ready 기준으로 제시한 크기나 중량이 되어야 위생 안전이 보장된다는 점도 이해할 수 없다고 지적하고 호주의 조치는 위험성 평가와 합리적으로 관계되지 않는다고 판단하였다. 따라서 동 조치는 5조1항에 합치되지 않으며 보다 일반적인 의무를 규정하고 있는 2조2항에도 합치되지 않는다고 판시하였다.

3) 국제 무역의 제한 여부(SPS 협정 5조5항)

서로 다른 상황에 대해서는 서로 다른 위생 조치를 적용해야 할 것이나 그 차이가 자의적이거나 정당화될 수 없는 것이면 곤란하다. 또한 이러한 자의적이고 부당한 차이가 사실은 위장된 형태로 국제 무역을 제한하려는 것이면 당연히 금지되어야 할 것이다. SPS 협정 5조5항[3]은 이를 위해 규정된 조항이다. 캐나다는 호주의 이행 조치가 5조5항에 부합되지 않는다고 주장하고 호주의 수입 연어 취급방식과 수입 非연어 취급방식, 그리고 수입 연어 취급 방식과 국내산 어류 취급 방식이 특별한 근거 없이 다르며 이는 자의적이고 부당한 차별에 해당한다고 주장하였다.

패널은 캐나다가 주장한 상황이 5조5항에서 말하는 상이한 상황에 해당한다는 점은 인정하였다. 그러나 호주가 각 경우에 부여한 위생 기준상의 차이가 자의적이라는 데 대해서는 캐나다가 제출한 근거가 매우 일반적인 성격이고 패널

3) 5.5. 인간, 동물 또는 식물의 생명 또는 건강에 대한 위험으로부터의 위생 또는 식물 위생 보호의 적정수준이라는 개념의 적용에 있어서 일관성을 달성할 목적으로, 각 회원국은 상이한 상황에서 적절한 것으로 판단하는 수준에서의 구별이 국제 무역에 대한 차별적 또는 위장된 제한을 초래하는 경우에는 자의적 또는 부당한 구별을 회피한다. 회원국은 이 협정 제12조제1항, 제2항 및 제3항에 따라 위원회에서 이 규정의 실제 이행을 촉진하기 위한 지침을 개발하기 위하여 협력한다. 동 지침을 개발함에 있어서 위원회는 사람들이 자발적으로 자신을 노출하는 인간의 건강상 위험의 예외적 특성을 포함한 모든 관련 요소를 고려한다.

이 자문한 전문가와 호주측의 석명(釋明)에 따르면 호주가 상이한 기준을 적용하는 데에는 타당한 이유가 있다고 판단, 캐나다의 주장을 수용하지 않았다. 아울러 국제 무역을 제한하려는 것이라는 요건도 캐나다가 충분히 입증하지 못했다고 판단하였다.

4) 차별 대우 금지(SPS 협정 2조3항)

캐나다는 호주의 이행 조치가 수입 연어에 대해서는 위생 기준을 부과하고 국내산 어류(연어, 非연어 불문)의 운송에는 별다른 제한을 두고 있지 않으므로 SPS 협정 2조3항[4]에 위반된다고 주장하였다. 동 조항은 회원국의 위생 조치는 동일한 조건에 있는 타 회원국, 그리고 자국과 타국을 부당하게 차별하지 않도록 규정하고 있다.

패널은 이 조항에서 말하는 차별은 동종 상품뿐 아니라 상이한 상품에도 적용될 수 있다고는 보았으나 캐나다가 주장하는 차별이 자의적이고 부당한 것인지에 대해서는 캐나다의 입증이 불충분하다고 지적하였고 캐나다와 호주내의 상황이 동일하고 유사한 것인지에 대해서도 양국간 질병 상태가 차이가 있다는 이유로 회의적인 입장을 보였다. 따라서 호주가 2조3항에 합치되지 않게 행동한 것은 아니라고 판시하였다.

5) 덜 무역 제한적인 대체 조치의 존재 여부(SPS 협정 5조6항)

호주가 consumer-ready 형태의 연어에 대해서만 수입을 허가한 것은 호주 내 추가 가공 공정 시 표피 등 非 처리된 폐기물이 발생하여 발병 원인으로 작용할 소지를 봉쇄하기 위한 것이었다. 캐나다는 그러한 목적이라면 굳이 consumer-ready라는 충족하기 어려운 기준을 설정할 것이 아니라 호주 내에서 가공을 허락하되 폐기물이 발생하지 않도록 시설 기준을 강화하면 될 것이라고 주장하고 따라서 이러한 대체 가능한 방법이 있음에도 consumer-ready 형태만 수입을 허가하는 제한을 채택한 것은 5조6항 위반이라고 주장하였다.

---

4) 2.3. 회원국은 자기나라 영토와 다른 회원국 영토간에 차별 적용하지 않는 것을 포함하여 자기나라의 위생 및 식물 위생 조치가 동일하거나 유사한 조건하에 있는 회원국들을 자의적이고 부당하게 차별하지 아니하도록 보장한다. 위생 및 식물 위생 조치는 국제 무역에 대한 위장된 제한을 구성하는 방법으로 적용되지 아니한다.

패널은 5조6항[5] 위반을 구성하기 위해서는 대체 조치가 i) 경제적, 기술적 관점에서 합리적으로 이용 가능할 것, ii) 위생 보호 적정 수준을 달성할 수 있을 것, iii) 무역 제한 효과가 덜할 것 등 3개 요건을 충족해야 한다고 보았다. 패널은 캐나다가 주장하는 대체 조치(폐기물이 발생하지 않은 가공 시설)는 이미 뉴질랜드가 비슷한 조치를 취하고 있음을 감안하여 i), ii) 요건을 충족한다고 판단하였고 iii) 동 방법을 취할 경우 연어의 호주 시장 접근이 개선될 것이 확실하므로 iii) 요건도 충족한다고 판단, 호주는 5조6항에 합치되지 않게 행동하였다고 판시하였다.

6) 기타 과다 정보 요구 여부(SPS 협정 8조, 부속서 3의 1조다호)

호주는 연어 수입자에게 건강 관리 기록이 있는 어족일 것, 성숙 어류 일 것, 법정 질병 관리 차원에서 도살된 어족이 아닐 것에 관한 자료 제출을 요구하였는데 캐나다는 이는 자료 제출 요구는 적절한 통제, 검사 및 승인 절차를 위해 필요한 사항에 국한해야 한다는 SPS 협정 8조[6], 부속서 3의 1조다호[7]에 위반된다고 주장하였다. 그러나 패널은 호주의 요건은 부속서 3의 1조 적용 대상인 위생 또는 식물 위생 조치의 이행을 점검하고 보장하기 위한 절차라기보다는 그 자체가 위생 조치에 해당한다고 판단하고 캐나다의 주장을 기각하였다.

Tasmanian 주정부의 연어 수입 금지 조치에 대해 패널은 동 조치가 1999년 보고서에 적시된 6개 질병 방지 차원에서 이루어 졌다고는 하나 동 보고서는 해당

---

5) 5.6. 제3조제2항을 저해함이 없이, 위생 또는 식물 위생 보호 적정수준을 달성하기 위하여 위생 또는 식물 위생 조치를 수립 또는 유지하는 때에는, 회원국은 기술적 및 경제적인 타당성을 고려하여, 동 조치가 위생 또는 식물 위생 보호의 적정수준을 달성하는 데 필요한 정도 이상의 무역 제한적인 조치가 되지 않도록 보장한다(Re.3).

(Remark 3) 제5조제6항의 목적상, 기술적 및 경제적인 타당성을 고려하여 합리적으로 이용 가능하고 위생 또는 식물 위생 보호의 적정수준을 달성하면서 무역에 대한 제한이 현저히 적은 다른 조치가 없는 경우, 동 조치는 필요한 정도 이상의 무역 제한 조치가 아니다.

6) 8. 회원국은 식품, 음료 또는 사료의 첨가제 사용 승인 또는 오염 물질 허용치 설정에 관한 국내제도를 포함한 방제, 검사 및 승인절차의 운영에 있어서 부속서 3의 규정을 준수하며 또한 자기나라의 절차가 이 협정의 규정에 불일치하지 아니하도록 보장한다.

7) 1. 위생 또는 식물 위생 조치의 이행을 점검하고 보장하기 위한 절차와 관련하여 회원국은 다음의 사항을 보장한다.

가. 나. … 생략 …

다. 정보의 요구는 첨가제 사용의 승인 또는 식품, 음료 또는 사료내의 오염 물질 허용치의 설정을 포함, 적절한 통제, 검사 및 승인절차를 위하여 필요한 사항에 국한된다.

질병 발생 가능성을 꼭 수입 금지가 아니더라도 호주 정부가 설정한 보호 수준 이하로 감축시킬 수 있는 방법이 있다고 기술하고 있음에 비추어 Tasmania 주정부의 조치는 위험성 평가에 기초한 것도 아니고 과학적인 근거도 없는 것이므로 SPS 협정 5조1항, 2조2항에 위반된다고 판시하였다.

다. 해설 및 평가

DSU 21조5항[8]은 분쟁의 적용 대상을 '준수를 위해 취해진 조치(measures taken to comply)'로 명기하고 있다. 이를 좁게 해석하면 DSB의 권고와 판정을 준수하기 위하여 특별히 취해진 조치만이 21조5항의 대상이 될 것이다. 이 사건의 경우 호주는 Tasmania 주 정부의 연어 수입 조치는 원 사건 판결을 준수하기 위한 의도로 취해진 조치, 즉 measure taken to comply가 아니므로 이행 패널의 심리 대상이 될 수 없다고 주장하였다. 패널은 21조5항의 대상을 협의로 해석하는 것에 대해 반대하였다. 패널은 문제가 된 조치를 채택한 의도에 초점을 두기보다는 그 조치가 분쟁 사안간의 관계를 중시하여 원 사건의 분쟁 사안과 긴밀한 관련이 있는 조치라면 21조5항의 대상이 된다고 판단하였다. 패널의 이러한 판단은 분쟁의 신속한 해결과 불필요한 분쟁의 남발을 방지하기 위해 타당한 것이라고 생각한다. 만일 21조5항 대상 조치를 협의로 해석한다면 캐나다는 Tasmania 주 정부의 조치에 대해 새로이 제소하고 지리한 심리 절차를 거쳐야 했을 것이다. 이미 동일한 조치가 WTO 규정에 합치되지 않는 것으로 판정이 났는데 동일한 조치에 대해 다른 기관도 아닌 같은 WTO의 사법절차를 다시 밟아야 한다는 것은 합리적이라고 할 수 없을 것이다.

21조5항은 이행 조치의 존재나 대상 협정과의 합치성에 대해 이견이 있는 경우 이행 패널 절차를 이용할 수 있는 것으로 명기하고 있다. 합치성 여부 외에 존

---

8) 21.5. Where there is disagreement as to the existence or consistency with a covered agreement of measures taken to comply with the recommendations and rulings such dispute shall be decided through recourse to these dispute settlement procedures, including wherever possible resort to the original panel. The panel shall circulate its report within 90 days after the date of referral of the matter to it. When the panel considers that it cannot provide its report within this time frame, it shall inform the DSB in writing of the reasons for the delay together with an estimate of the period within which it will submit its report.

재 여부를 명기한 것은 의무 이행국이 아예 이행 조치 자체를 시행하지 않을 경우 합치성 여부를 살펴볼 조치 자체가 존재하지 않게 되는 모순을 방지하기 위한 것이다. 패널은 호주의 조치가 이행 시한일 현재 발효되지는 않았으므로 결국 존재하지 않은 것이라고 판단하였다. 이미 존재하지 않는다고 판단하였다면 굳이 당해 조치가 대상 협정과 합치되는지 여부는 살펴 볼 필요가 없었을 것이나 패널은 합치 여부에 대해서도 꼼꼼히 심리하였다. 다행히 호주의 조치가 대상 협정에도 합치하지 않는 것으로 판정, 즉 존재 및 합치성 공히 부정 판정되었으므로 다른 문제는 야기되지 않았으나 만일 비록 당해 조치가 존재한 것은 아니지만 그 내용은 대상 협정에 합치되는 것이었다면 패널이 어떠한 판정을 내렸을 것인가 궁금하다. 이행 의무국이 이행 조치는 뒤늦게 시행하였으나(즉 제소 당시 또는 이행 의무일 시한 당시에는 이행 조치 否존재) 그 내용은 원판결을 성실히 준수하는 것(즉 합치성은 인정)일 경우 제소국은 양허 정지를 요청하고 시행할 권리를 갖는 것인지 불분명하다.

4. US vs. Japan - Agricultural Products 사건

(DS76, 1999. 3. 19 - 상소기구)

가. 사건 개요

이 사건은 농산품의 품종에 대한 검역 처리의 효능을 시험하고 확인하기 위하여 일본이 부과한 요건과 관련된 사건이다. 일본은 1950년 식물 보호법(Plant Protection Law)과 식물 보호법 시행령(Plant Protection Law Enforcement Regulation)을 제정하여 일본에서 존재가 확인되지 않은 해충 또는 일본에 존재하나 공식적으로 통제 받는 해충을 검역 해충(quarantine pests)으로 정의하고, 수입된 식물 및 식물 상품에 대한 검사 기제(mechanism)를 수립하였다. 일본 농림수산성은 특히 유해한 검역 해충의 부주의한 유입의 위험을 방지하기 위하여 해충이 만연한 지역이나 국가로부터 숙주 식물의 수입을 금지할 권한이 있었다. 특히 문제가 된 해충은 사과, 배, 복숭아 등에 피해를 입히는 코들링(codling) 나방에 관한 것이었다. 농림수산성은 식물 보호법에 따라 코들링 나방의 잠재적 숙주가 된다는 이유로 사과, 버찌, 복숭아, 호두, 살구, 배, 자두 및 모과의 여덟 가지 미국산 농산품의 수입을 금지하였고, 다만 수출국이 수입 금지에 상응하는 보호 수준을 달성하는 대체적 검역 처리를 제안하는 경우에만 수입 금지가 해제될 수 있으며 수출국은 제안된 대체적 처리가 일본에서 요구된 보호 수준을 달성한다는 입증 책임을 부담해야만 했다.

농림수산성은 1987년 대체 검역 처리의 효능을 확정하기 위한 모델 시험 절차로서 '수입 금지의 해제를 위한 실험 지침-훈증 소독(Experimental Guideline for Lifting Import Ban-Fumigation)'과 '곤충 박멸에 대한 품종 비교시험을 위한 실험 지침 훈증(燻蒸) 소독(Experimental Guide for Cultivar Comparison Test on Insect

Mortality-Fumigation)'을 채택하였으며 이에 미국은 동 실험 지침상의 '품종 시험 요건'이 SPS 협정과 GATT 및 농업협정상의 의무와 일치하지 않는다고 1997년 패널 설치를 요청하였다.

<그림-1> 코들링 나방과 그 애벌레

나. 주요 쟁점별 당사자 주장 및 판결 요지

1) 과학적 기초와 위해성 평가 : SPS 협정 2조항, 5조1항, 2항, 7항

미국은 일본의 '품종 시험 요건'이 SPS 협정 2조2항[1])에 위반하여 '충분한 과학적 증거' 없이 유지되었으며, 5조1항[2])과5조2항[3])에 위반하여 '위해성 평가'에 기초하지 않았다고 주장하였다. 또한 미국은 일본이 각각의 농산품 품종에 대한 시험의 필요성을 설명할 수 없었고, 사과, 승도 복숭아, 호두, 체리를 다른 농산품과 구별하는 품종의 차이가 검역 처리의 효능에 관련될 것이라는 과학적 이유가 없다고 주장하였다. 미국은 상이한 품종에 동일한 검역 처리가 적용된 경우, 검역

---

1) 2.2. 회원국은 위생 및 식물 위생 조치가 인간, 동물 또는 식물의 생명 또는 건강을 보호하는 데 필요한 범위 내에서만 적용되고, 과학적 원리에 근거하며 또한 충분한 과학적 증거 없이 유지되지 않도록 보장한다. 단, 제5조제7항에 규정된 사항은 제외된다.

2) 5.1. 회원국은 관련 국제기구에 의해 개발된 위험 평가 기술을 고려하여, 자기나라의 위생 또는 식물 위생 조치가 여건에 따라 적절하게 인간, 동물 또는 식물의 생명 또는 건강에 대한 위험 평가에 기초하도록 보장한다.

3) 5.2. 위험 평가에 있어서 회원국은 이용 가능한 과학적 증거, 관련 가공 및 생산 방법, 관련 검사, 표본추출 및 시험방법, 특정 병해충의 발생률, 병해충 안전지역의 존재, 관련 생태학적 및 환경조건, 그리고 검역 또는 다른 처리를 고려한다.

처리의 효능(해충 구제 disinfestation)상의 변동이 존재할 가능성이 있다는 강력한 표현을 일본이 사용하였음을 지적하고, 특히 일본의 조치를 뒷받침하기 위하여 제공한 품종간의 소량 치사율시험(dose-mortality test: DMT)상의 변동에 대한 記述은 코들링 나방에 관한 검역 처리에 대하여 수행된 과학적 연구의 결론을 무시하였다고 주장하였다. 즉, DMT의 차이는 동일한 품종 내에서조차 변화하므로 상이한 품종에 관한 DMT상의 차이가 '품종 시험 요건'의 유효한 과학적 기초를 구성할 수 없다고 주장하였다. 미국은 과학자들이 일본에 의하여 요구되는 보호 수준을 달성할 것이라고 생각하는 DMT에서 관찰되는 '최소 분량(highest minimum dose)'은 동 시험의 두 번째 단계인 확증시험에서 10-20%의 완충제에 의해서 보충된다고 하며 동 완충제는 DMT상의 모든 변동을 상쇄한다고 주장하였다.

일본은 동일한 상품의 품종에 대한 알려진 해충 구제 조치의 효능상에 현저한 통계학적 차이가 존재할 가능성이 있음을 나타내는 논문과 과학적 자료가 충분히 존재한다고 대응하였다. 즉 일본은 i) 구체적으로 methyl bromide(MB) 훈증소독의 경우, 품종의 차이와 훈증 처리의 다양한 효능간 관계는 다양한 품종에 대한 "CxT 가치"에 의하여 명확해질 수 있으며 품종간의 CxT 가치의 차이는 훈증 처리의 효능상 차이의 척도가 될 수 있다고 주장하고, ii) 실험상 모든 코들링 나방의 50%를 박멸하기 위하여 요구되는 분량의 수준인 "LD50가치"상의 차이를 나타내는 DMT에 관한 연구를 제출하였다. 또한 일본은 자신의 품종별 시험 정책이 실험적 자료에 의해 지지되는 과학적 가설에 기초하며, SPS 협정 2조2항의 의무에 충분히 부합한다고 주장하고, 완충제가 미국이 주장한 대로 '최소 분량'에 항상 부가되지는 않는다고 주장하였다. 결국 일본은 미국이 모든 품종에 대한 처리의 효능을 입증하기 위해 요구된 증명을 수행하지 않았다고 지적하였다.

패널의 자문과학자문단(이하 자문단)은 우선, 검역 처리의 효능을 점검할 목적에서 시험 결과에 첨부될 가치를 의심하고 DMT상의 LD 가치가 품종간의 검역 처리의 효능을 비교하는 데 사용될 수 있을지에 대하여 의심을 표하고, CxT와 LD 가치와 관련된 시험 결과가 품종간의 통계학적 차이를 보여주는 경우에 조차 이러한 차이는 생물학적 의미에서 발표되지 않았음을 지적하였다. 또한 자문단은 이러한 차이가 품종적 차이에 기인하였다는 증거가 패널에 제출되지 않았고, 지금까지 품종적 차이가 실제로 시험 결과상의 차이를 유발하는 요소를 구성하는지를 결정하기 위한 어떠한 시도도 없었음을 지적하였다.

이에 패널은 패널에 제출된 증거와 자문단의 의견에 기초하여 시험 요건과 패널에 제출된 과학적 증거간의 '합리적 또는 객관적 관계(rational or objective relationship)'가 존재함이 충분히 증명되지 않았으며, 지금까지 동일한 상품의 여타 품종에 대한 효과적인 처리를 보장하기 위하여 상품의 품종에 대하여 승인된 처리가 변경되어야 하는 경우의 사례가 일본 또는 기타 국가에서 발생한 적이 없음을 미국이 입증하였다고 보았다. 패널은 미국이 일본의 '품종 시험 요건'이 충분한 과학적 증거 없이 유지되었다는 추정을 제공하였고, 동 추정은 일본에 의하여 충분히 반박되지 못하였다고 판단하면서 패널은 일본이 SPS 협정 2조2항의 의미에서 충분한 과학적 증거 없이 '품종 시험 요건'을 유지하였다고 판시하였다.

패널은 SPS 협정 5조7항[4] 첫 문장에 따라 위생 조치에 관련된 과학적 증거가 불충분하고, 이용 가능한 적절한 정보에 기초하여 채택된다는 두 가지 요건이 충족되는 경우 회원국이 동 위생 조치를 잠정적으로 채택하도록 허용한다고 밝히면서 그러한 경우에도 동 조항 둘째 문장에서 규정한, 첫째 보다 객관적인 위험 평가를 위하여 필요한 추가적 정보를 획득하려고 노력하고, 둘째 합리적 기간 내에 식물 위생 조치를 검토하여야 한다는 추가적 의무를 부담한다고 밝혔다.

패널은 위 첫 번째 추가적 의무에 관하여, 일본은 시장 접근을 신청하는 수출국이 추가적 정보를 제공한다는 사실을 언급하고, 수출국이 제공한 연구는 '품종 시험 요건'에 부합하도록 고안되거나 수행되었음을 주목하고, 동 연구는 '품종 시험 요건'이 적합성을 검토한 것이 아니고 패널에 제출된 농림수산성의 연구반이 수행한 두 개의 보고서도 '품종 시험 요건'의 적합성을 검토하지 않았으며 더 이상의 정보나 증거가 패널에 제출되지 않았다고 밝혔다.

두 번째 추가적 의무에 관하여, 패널은 식물 보호법에 의해 부과된 수입 금지를 해제하기 위한 품종별 시험이 1969년에 처음 적용되었으며, 코들링 나방의 숙주이자 분쟁 대상인 미국 상품에 대하여 1978년 처음으로 수입 금지가 해제되었음을 주목하고, 분쟁 대상 상품과 해충에 대하여 품종시험이 충분히 과학적으로 정당화되는지의 문제가 20년간 지속되었다고 밝혔다. 따라서 패널은 일본이 위의 두 가지 추가적 의무를 이행하였다는 증거를 제시하지 못했기 때문에 5조7항 둘째 문장에 규정된 요건을 충족하지 못하였다고 판시하였다.

---

4) 5.7. 관련 과학적 증거가 불충분한 경우, 회원국은 관련 국제기구로부터의 정보 및 다른 회원국이 적용하는 위생 또는 식물 위생 조치에 관한 정보를 포함, 입수 가능한 적절한 정보에 근거하여 잠정적으로 위생 또는 식물 위생 조치를 채택할 수 있다. 이러한 상황에서, 회원국은 더욱 객관적인 위험 평가를 위하여 필요한 추가 정보를 수집하도록 노력하며, 이에 따라 합리적인 기간 내에 위생 또는 식물 위생 조치를 재검토한다.

일본은 패널이 SPS 협정 2조2항상의 '충분한 과학적 증거'라는 문구를 해석한 것에 이의를 제기하면서, i) 2조2항상에 규정된 과학적 증거에 관한 기본적 권리와 의무는 원칙적으로 5조1항과 5조2항에서 구체화되고, 미국이 일본의 조치가 2조2항에 따른 요건에 명백히 불일치한다는 증거를 제공하지 않았으므로 패널은 5조1항과 5조2항에 따라 본 분쟁에 제기된 쟁점을 다루어야 하며, ii) 패널이 *EC-Hormones* 사건과 *Australia-Salmon* 사건에서 인정된 事前主義 원칙(precautionary principle)을 정당하게 고려하지 않았다고 주장하였다.

상소기구는 '충분한 과학적 증거'라는 문구와 관련하여 SPS 협정 5조1항, 3조3항 및 5조7항을 언급하였다. 동 조항과 2조2항을 모두 고려한 후 상소기구는 충분한 과학적 증거 없이 SPS 조치를 유지하지 않을 2조2조상의 의무는 SPS 조치(즉 품종 시험 요건)와 과학적 증거간에 '객관적 또는 합리적 관계'를 요구한다는 패널의 판시를 지지하였다. 또한 상소기구는 '충분한'이라는 용어의 의미에 대하여 *Australia-Salmon* 사건에서 "위해성 평가는 가능성에 대한 '약간의 평가(some evaluation)'를 의미하는 것이 아니다"고 판단한 점을 주목하면서, 분쟁 대상 조치와 이용 가능한 과학적 정보간의 합리적 관계가 있는 경우, SPS 조치에 대한 '과학적 정당성(scientific justification)'이 존재한다고 판정하였다.

상소기구는 충분한 과학적 증거 없이 SPS 조치를 유지하지 않을 2조2항의 요건이 사전주의 원칙의 견지에서 해석되어야 한다는 일본의 주장에 대하여, *EC-Hormones* 사건의 상소기구가 "사전주의 원칙이 SPS 협정상 회원국의 의무에 일치하지 않는 SPS 조치를 정당화하는 근거로서 SPS 협정에 규정된 것이 아니다"라고 언급한 점을 주목하면서, 상소기구는 이 문제에 대한 일본의 주장을 기각하고 일본이 사과, 버찌, 승도복숭아, 호두에 적용되는 '품종 시험 요건'을 2조2항상의 충분한 과학적 증거 없이 유지하였다는 패널의 판시를 지지하였다.

2) 요구된 것보다 무역 제한적이지 않은 조치 : SPS 협정 5조6항

미국은 검역 처리의 효능에 영향을 주는 품종의 차이가 존재하지 않으므로, 동일하게 확립된 처리는 모든 품종에 대하여 적절한 보호 수준을 달성할 것이라 주장하며 또한 자국 또는 일본으로 수출하는 어떠한 국가도 동일한 상품의 추가 품종에 대하여 코들링 나방에 대한 검역 처리를 수정할 필요가 없다고 주장하였다.

일본은 특정 품종에 대한 수입 금지의 해제는 SPS 협정 5조6항에 따른 자국의 의무를 이행한 결과라고 대응하였다. 즉 자국의 적절한 보호 수준을 달성하고 현저하게 덜 무역 제한적인 조치가 발견되면, 수입 금지는 이러한 조치로 대체된다고 밝혔다. 일본은 MB 훈증소독의 효능상 품종간 차이가 존재함을 제시하는 자료와 이러한 변동을 설명하는 가설이 발견되었다고 주장하고, 자국이 이미 수출국에게 부과된 의무를 완화하기 위하여, 대표 품종(representative variety)의 개념을 도입하고, 추가 품종의 승인에 대하여 광범위한 증명을 위하여 요구되는 코들링 나방의 수를 3만개에서 1만개로 감축하였음을 지적하였다.

패널은 동 사건에서 SPS 협정 5조6항[5] 각주에 규정한 i) 기술적 및 경제적 타당성을 고려하여 합리적으로 이용 가능한 대체 조치, ii) 식물 위생 보호의 적절한 수준을 달성하는 대체 조치, iii) '품종 시험 요건'보다 무역에 대하여 현저히 덜 제한적인 대체 조치가 존재하는 경우, '품종 시험 요건'은 '요구된 것 보다 더 무역 제한적'인 것으로 고려된다고 언급하였다.

품종별 시험을 대신하여 미국에 의해 패널에 제출된 첫 번째 대체 조치는 품종별이 아닌 '상품별 시험(testing by product)'에 관계되며, 동 시험에 따라 상품의 한 품종이 승인되면 동 상품의 여타 품종에 대해서는 추후의 시험이 전혀 요구되지 않게 된다. 일본은 '상품별 시험'이 5조6항의 첫 번째 요소와 세 번째 요소를 충족하였다는 데에는 이의를 제기하지 않고 오직 5조6항의 두 번째 요소, 즉 '상품별 시험'이 일본의 식물 위생 보호의 적절한 수준을 달성하는 대체 조치인지에 대해서만 이의를 제기하였다.

패널은 SPS 협정 부속서1의 5조[6]가 식물 위생 보호의 적절한 수준을 "자국 영토 내에서 … 식물의 생명과 건강을 보호하기 위해 … 식물 위생 조치를 수립하는 회원국에 의하여 적절하다고 판단되는 보호 수준"으로 정의한 점에 주목하

---

5) 5.6. 제3조제2항을 저해함이 없이, 위생 또는 식물 위생 보호 적정수준을 달성하기 위하여 위생 또는 식물 위생 조치를 수립 또는 유지하는 때에는, 회원국은 기술적 및 경제적인 타당성을 고려하여, 동 조치가 위생 또는 식물 위생 보호의 적정수준을 달성하는 데 필요한 정도 이상의 무역 제한적인 조치가 되지 않도록 보장한다(Re.3).

(Remark 3) 제5조제6항의 목적상, 기술적 및 경제적인 타당성을 고려하여 합리적으로 이용 가능하고 위생 또는 식물 위생 보호의 적정수준을 달성하면서 무역에 대한 제한이 현저히 적은 다른 조치가 없는 경우, 동 조치는 필요한 정도 이상의 무역 제한 조치가 아니다.

6) 5. 위생 또는 식물 위생 보호의 적정수준－자기나라 영토내의 인간, 동물 또는 식물의 생명 또는 건강을 보호하기 위하여 위생 또는 식물 위생 조치를 수립하는 회원국에 의해 적절하다고 판단되는 보호 수준

고, 코들링 나방에 대한 일본의 치사율 수준이 일본의 적절한 보호 수준이 될 수 있다고 보았다. 그러나 대체적인 '상품별 시험'에 대하여 패널은 상품의 최초의 품종에 대하여 승인된 처리가 동일한 보호 수준, 즉 동 상품의 기타 모든 품종에 대하여 3만개의 코들링 나방에 관한 광범위한 시험상의 완성된 치사율을 충족할 수 있는지를 검토하였다. 패널은 자문단의 견해와 패널에 제출된 모든 증거를 검토한 결과 상품별 시험이 분쟁 대상인 상품에 대한 일본의 적절한 보호 수준을 달성할 것이라고 인정할 과학적 증거의 존재를 확신할 수 없다고 판시하였다.

자문단은 收着[7](sorption) 상의 가능한 차이의 시험에 근거하는 또 다른 대체 조치를 제안하였는데, 패널은 자문단이 품종간의 차이가 과일의 상이한 수착 수준과 관련되므로 가능한 품종간의 차이를 통제하기 위하여 '품종 시험 요건'이 대체로써 분쟁 대상 상품의 상이한 품종의 수착 성질을 감독 또는 시험할 수 있음을 지적하였음을 고려하였다.

먼저 패널은 예정된 CxT 가치의 감독 과정이 5조6항의 첫 번째와 세 번째 요건을 충족하므로 즉, 기술적 및 경제적 타당성이 있으며 현행 체제보다 현저히 덜 무역 제한적이라고 판단하고, 자문단의 견해에 따라 동 대체 조치는 가능한 품종간의 차이뿐만 아니라 현행 체제에서 고려되지 않은 차이인 동일한 품종내의 농작과 연도별 차이와 같은 기타 변수에도 상관없이 검역 효능을 보장할 것이라고 보았다.

또한 패널은 추가 품종의 수착 수준이 이미 승인된 품종과 구별되는지 여부에 대하여 동 대체 조치에 따르면, 상품의 최초 품종은 기존의 시험 요건의 적용을 받을 것이며, 추가 품종에 대해서는 동 추가 품종의 수착 성질이 이미 승인된 품종과 구별되는지만 결정하면 되므로 자문단이 이러한 결정은 각각의 추가 품종에 대하여 한 번의 시험만을 요구할 것이므로 상대적으로 용이하다고 판단하였다. 따라서 수착 시험 결과 추가 품종의 수착 수준이 최초 품종의 수착 수준보다 높지 않을 경우, 추후의 시험이나 확인 없이 양 품종에 동일한 처리가 적용될 수 있으므로, 패널은 추가 품종의 수착 수준을 결정하는 과정은 5조6항상의 첫

---

7) 수착이란 흡착(absorption), 흡수(absorption) 및 화학적 수착(chemisorption)의 총괄적 표현으로서 흡착은 훈증 소독실 내 상품의 표면이나 기타 물질에 대한 분자의 흡인에서 기인하는 물리적 표면장력을 말하고 흡수는 화학상품이 훈증 소독실 내 상품의 표면이나 기타 물질에 유입하는 물리적 과정이다. 화학적 수착은 훈증소독된 상품이나 물질에 잔류하는 잔류물의 역전불가능한 반응을 의미한다. 해충이 상품내의 훈증제 또는 과일 표면의 훈증제를 흡수하는 경우 해충은 소멸될 수 있다.

번째 요건을 충족하였음이 추정된다고 판시하였다. 또한 패널은 동 대체 조치에 따르면 대부분의 추가 품종에 대한 시험이 수착시험에 제한될 것이므로, 현행 체제보다 용이한 상황에서 시장 접근이 이루어질 것임을 지적하고 추가 품종의 수착 수준을 결정하는 과정이 5조6항상의 세 번째 요건을 충족한 것으로 추정할 수 있다고 판정하였다. 또한 패널은 일본이 식물 위생 보호 수준을 결정하는 데 있어서 동 사건에서 코들링 나방에 대한 치사율이 분쟁 대상이 아니라고 주장한 점을 고려하여 패널에 제출된 증거와 자문단의 견해에 기초하여 패널은 추가 품종의 수착 수준을 결정하는 과정이 5조6항상의 두 번째 요건도 충족됨이 추정된다고 판시하였다.

패널은 SPS 협정 2조2항의 위반 여부에 관계없이 SPS 협정 5조6항의 위반 여부가 검토되어야 한다고 지적하고, 패널에 제출된 증거와 자문단의 견해에 기초하여 일본의 '품종 시험 요건' 이외에 SPS 협정 5조6항상의 모든 요건을 충족시킬 대체 조치인 추가 품종의 수착 수준을 결정하는 조치가 존재한다고 판시하였다. 따라서 패널은 일본의 '품종 시험 요건'이 SPS 협정 5조6항의 의미 내에서 요구되는 것보다 더 무역 제한적이라고 결론을 내리고, 패널에 제출된 증거에 따라 이러한 결론이 사과, 버찌, 승도 복숭아 및 호두에만 해당된다고 판시하였다.

미국은 패널이 '상품별 시험'이 일본의 적절한 보호 수준을 달성한다고 판시하는 데 실패함으로써 법률상의 오류를 범하였다고 상소하였다. 그러나 상소기구는 '상품별 시험'에 관한 패널의 결론이 패널에게 제시된 모든 증거와 자문단의 의견을 신중히 검토하여 내려졌다고 지적하면서 미국의 상소를 기각하였다.

3) 조치의 투명성 : SPS 협정 7조 및 부속서 2

미국은 일본이 '품종 시험 요건'을 공표하지 않았고, 이해 관계 회원국으로부터의 품종 시험 조치에 관한 모든 합리적인 질문에 대한 답변을 제공하지 않았으며, 시험조치에 대한 공표된 출처가 없다는 점에서 투명성이 결여되었으므로, SPS 협정 7조[8]에 일치하지 않는다고 주장하였다.

일본은 '품종 시험 요건'이 공표되지 않았음을 인정하였으나, 해충 구제 처리 효능의 확인에 관한 농림수산성의 지침이 투명성의 목적상 외국의 식물 검역 당

8) 7. 회원국은 부속서 2의 규정에 따라 자기나라의 위생 또는 식물 위생 조치의 변경을 통보하고 자기나라의 위생 또는 식물 위생 조치에 관한 정보를 제공한다.

국에 배포되었다고 주장하며, 또한 일본은 수출국이 기타 수단에 의하여 처리 효능을 증명하도록 선택할 수 있으므로 농림수산성의 동 지침은 부속서 2의 1조[9] 상의 '법적으로 집행할 수 있는' 식물 위생 규정이 아니며, 외국의 식물 검역 당국에 배포될 고도로 기술적인 문서이므로 일반적으로 공표되지 않는다고 반박하였다.

패널은 조치가 부속서 2의 공표 요건을 충족하기 위해서는 i) 조치가 채택되었고, ii) 조치가 '식물 위생 규정' 즉 법률, 명령 또는 조례와 같은 식물 위생 조치며, iii) 조치가 일반적으로 적용될 수 있어야 한다고 밝히면서, 우선 '실험 지침'에 규정된 '품종 시험 요건'이 그 효력발생을 위한 충분한 보상 또는 혜택을 제공함으로써 부속서 2의 1조상의 '식물 위생 규정(phytosanitary regulation)'에 해당하고, 동 지침이 시험 모델에 불과하며 수출 회원국은 기타 수단에 의하여 처리의 효능을 증명하도록 선택할 수 있다는 일본의 주장에 대하여 패널은 지금까지 수출국 정부가 그러한 기타 수단을 제안하지 않았고 일본은 어떠한 대체 수단도 수락하지 않았음을 지적하면서 '품종 시험 요건'이 부속서 2의 1조 상의 공표 요건의 적용을 받기 위한 위 세 가지 요건을 모두 충족하였다고 판단하였다.

패널은 SPS 협정 부속서 2의 1조에 따라 '품종 시험 요건'은 이해 관계 회원국으로 하여금 숙지할 수 있게 하는 방식으로 즉시 공표되어야 함을 지적하고, 일본이 '품종 시험 요건'을 공표하지 않았다고 확인하였다. 패널은 일본이 '실험 지침'을 외국의 식물 검역 당국에 배포하였다고 해서 공표하지 않은 것이 정당화되지 않으며, '품종 시험 요건'의 고도로 기술적인 성격에 의해서도 일본의 공표 의무가 면제될 수 없다고 언급하고 일본이 SPS 협정 7조에 따른 의무를 이행하지 않았다고 판시하였다.

일본은 SPS 협정 부속서 2의 1조에 언급된 '규정(regulation)'은 법적으로 집행할 수 있는 문서에 한정되며 '실험 지침'에 규정된 '품종 시험 요건'은 법적으로 집행할 수 있는 문서가 아니므로 부속서 2의 1조의 공표 요건의 적용 범위에 해당하지 않는다고 주장하였다.

상소기구는 i) 부속서 2의 1조 각주에 포함된 문서의 목록은 성격상 예시적이고 ii) 공표 요건의 적용 범위는 '법률, 법령 또는 명령(law, decrees or ordinances)'

---

9) 1. 회원국은 채택된 모든 위생 및 식물 위생 규정(Re.5)을 이해 당사회원국이 인지할 수 있도록 신속히 공표할 것을 보장한다.
(Remark 5) 일반적으로 적용되는 법률, 법령 또는 명령 같은 위생 및 식물 위생 조치

에 한정되지 않으며 일반적으로 적용가능하고 부속서 2의 1조 각주의 예시적 목록에 명시적으로 언급된 문서와 성격상 유사한 기타 문서를 포함한다고 판단하였다. 또한 상소기구는 품종 시험 요건이 일반적으로 적용 가능한 점이 분명하고 수출국에 대한 품종 시험 요건의 사실상의 영향의 견지에서 상소기구는 동 문서가 부속서 2의 1조 각주에서 명백히 언급된 문서인 법률, 명령 또는 조례와 유사한 성격의 문서라고 판단하였다. 따라서 상소기구는 '실험 지침'에 규정된 '품종 시험 요건'이 부속서 2의 1조의 의미내의 '식물 위생 규정'이라는 패널의 견해에 동의하고, 일본이 SPS 협정 부속서 2의 1조와 SPS 협정 7조에 위반하였다는 패널의 판정을 지지하였다.

4) SPS 협정 5조1항 합치 여부

패널은 일본의 '품종 시험 요건'이 SPS 협정 5조1항에 일치하였는지에 관한 판시를 내리지 않았는데, 이에 미국은 상소기구가 2조2항에 따른 패널의 판시를 살구, 배, 자두 및 모과에까지 확장하지 않거나 또는 사과, 버찌, 승도복숭아 및 호두에 적용되는 '품종 시험 요건'이 2조2항에 일치하지 않는다는 패널의 판시를 번복하는 경우, 5조1항의 분석을 완료하고 '품종 시험 요건'이 동 규정을 위반하였다고 판시하여 줄 것을 상소기구에 요청하였다.

상소기구는 일본의 조치가 SPS 협정 2조2항에 위반된다고 판정되었으므로 동 조치가 SPS 협정 5조1항과 5조2항이 요구하는 위해성 평가에 기초하였는지 여부는 검토할 필요가 없다는 패널의 논리에 오류가 있다고 지적하였다. 그러나 2조2항의 위반에 대한 패널의 판시는 사과, 버찌, 승도복숭아 및 호두에 적용되는 '품종 시험 요건'에만 관련되고, 살구, 배, 자두 및 모과에 적용되는 '품종 시험 요건'에 대해서 패널은 동 조치가 2조2항에 일치하지 않는다고 결론을 내리기 위하여 패널에 제출된 증거가 충분하지 않으므로 5조1항에 일치하는지를 검토함이 적절하다고 판단하였다.

상소기구는 자국의 '품종 시험 요건'이 5조1항에 부합되는 '위해성 평가'로서 '1996년도 코들링 나방의 해충 위해성 평가(Pest risk Assessment of Codling Moth)' (이하 '1996년 위해성 평가')에 기초하였다는 일본의 주장을 상기하였다. 그러나 상소기구는 '1996년 위해성 평가'가 위해성을 감소하기 위하여 취해질 수 있는 '품종 시험 요건'이나 기타 식물 위생 조치를 논의하거나 언급하지 않았으며 5조1항의 의미 내에서 적용될 수 있는 SPS 조치에 따라 코들링 나방의 도입과 정착 및 전파 가능성을 평가하지 못하였기 때문에, 결과적으로 5조1항상의 위해성 평가에 해당하지 않는다고 판시하였다. 즉 상소기구는 살구, 배, 자두 및 모과에 적용되는 '품종 시험 요건'은 적절한 위해성 평가에 입각하지 않았으므로 SPS 협정 5조1항에 위반된다고 판시하였다.

5) 기타 상소기구 심리 사항

(가) 입증 책임의 분배

패널은 수착 수준(sorption levels)의 결정이 SPS 협정 5조6항상의 대체 조치라고 판단하였다. 일본은 이에 대해 이 사항은 입증 책임을 부담해야 할 제소국이 주장하거나 증명하지도 않은 것인데 패널이 임의로 검토하여 5조6항상의 대체 조치라고 알아서 판단한 것은 부당하다고 주장하였다.

상소기구는 5조6항의 요건을 충족하는 대체 조치가 있음을 입증하는 것은 미국의 책임, 즉 미국이 *prima facie* case를 성립시켜야 한다고 보았다. 미국이 이러한 주장을 하지도 않았는데, 즉 *prima facie* case를 성립시키지도 않았는데 패널이 이를 인정한 것은 올바르지 못하다고 지적하고 수착 수준의 결정이 5조6항상의 요건을 충족한 대체 조치라는 패널의 판정을 번복하였다.

(나) DSU 제11조

일본은 품종 시험 요건이 2조2항과 합치되는지를 검토함에 있어 패널이 제시된 증거를 적절히 검토하지 않았고 전문가의 의견을 자의적으로 해석하였으며 제출된 증거를 간과하거나 왜곡하였다고 주장하고 이는 자신에게 회부된 사안에 대해 객관적으로 평가해야 한다는 DSU 11조[10]에 위반된다고 상소하였다.

상소기구는 DSU 11조를 위반하였다고 발견하는 데에 요구되는 '중대한 오류(egregious errors)'를 범하지 않았다고 판단하고, 상소기구는 패널이 DSU 11조의 요건에 위반하여 재량을 남용하지 않았다고 판시하였다.

---

10) 11. 패널의 기능은 분쟁 해결 기구가 이 양해 및 대상 협정에 따른 책임을 수행하는 것을 지원하는 것이다. 따라서 패널은 분쟁의 사실 부분에 대한 객관적인 평가, 관련 대상 협정의 적용가능성 및 그 협정과의 합치성을 포함하여 자신에게 회부된 사안에 대하여 객관적인 평가를 내려야 하며, 분쟁 해결 기구가 대상 협정에 규정되어 있는 권고를 행하거나 판정을 내리는 데 도움이 되는 그 밖의 조사 결과를 작성한다. 패널은 분쟁 당사자와 정기적으로 협의하고 분쟁 당사자에게 상호 만족할 만한 해결책을 찾기 위한 적절한 기회를 제공하여야 한다.

다. 해설 및 평가

회원국은 투명성 확보를 위하여 채택된 모든 위생 및 검역 규정을 이해 당사국들이 인지할 수 있도록 신속히 공표할 것을 보장하는데, 여기서 '위생 및 검역 규정'이란 일반적으로 적용되는 법률, 명령 또는 조례와 '같은(such as)' 위생 및 검역 조치를 의미한다(부속서 2, 1조). 상소기구는 SPS 협정 7조 및 부속서 2상의 '위생 및 검역조치(sanitary and phytosanitary measures)'에는 법적으로 시행되는 '법률, 명령 또는 조례' 뿐만 아니라 '법률, 명령 또는 조례'와 성질상 유사한 기타 '문건(instruments)'에도 적용되며, 따라서 수출국에 대한 실제 영향을 고려해 볼 때, '품종 시험 요건'은 법률, 명령 또는 조례와 유사한 성격의 문서에 해당된다고 판시하였다. 즉 비강제적인 정부 조치(non-mandatory government measure)라도 동 조치가 정부로부터 혜택을 구하기 위해 필요한 경우, 다시 말해 동 조치를 준수할 만한 충분한 동기나 비동기(disincentives)가 존재하는 경우에는 SPS 협정이 적용된다고 보았다. *Japan-Film* 사건에서도 패널은 회원국의 조치에는 행정 지침과 같이 법적으로 시행되는 조치에 미치지 못하는 기타 정부 조치도 포함된다고 판시한 바 있다.

패널은 동일한 보호 수준을 제공하는 덜 무역 제한적인 대체 조치가 있기 때문에 SPS 협정 5조6항의 위해성관리 요건을 위반하였다고 판시하였다. 패널이 확인한 대체 조치는 '수착 수준의 결정'이었다. 미국은 '상품별 시험' 방식에만 집착하였으며, 전문가의 증언에 입각하여 '수착 수준의 결정'이 5조6항을 충족한다고 제안하고 판정한 것은 패널 자신이었다. 상소기구는 입증 책임 규칙상 5조6항의 요건을 충족하는 대체 조치가 존재한다는 *prima facie* case를 확립하는 것은 미국의 책임이나, '수착 수준의 결정'이 그러한 대체 조치에 해당된다는 주장은 물론 논의조차 하지 않았기 때문에 미국은 *prima facie* case를 성립하지 못했으며, 따라서 이점에 대한 패널의 사실 확인은 오류라고 판시하였다. 즉 상소기구는 패널의 사실 확인은 최소한 당사국 일방의 주장 및 논의에 근거해야 함을 명백히 한 것이다. 즉 제소국에 의해 *prima facie* case가 확립되지 못한 경우 패널은 전적으로 자신의 증거나 법적 추론에만 입각하여 사실 확인을 할 수는 없다고 본 것이다. 여기서 유의해야 할 것은 제소국이 *prima facie* case를 확립한 경우에는(즉 피제소국이 대상 협정을 위반하였음이 판명된 경우) 패널이 자신의 법적 추론을 자유롭게 전개할 수 있다는 점이다.

위생 및 검역 조치는 복잡한 과학적인 문제를 수반한다. 관련 증거에 대한 객관적 평가를 위해 패널은 종종 과학 자문단으로부터 의견을 구한다. 이러한 자문단은 합의적 견해를 표명하는 법정의 구성원으로서가 아니라 개인 자격으로 선정된다. 패널이 특정 질문을 제기하면 자문단은 개별적으로 답변할 기회가 부여되는데, 자문단의 견해는 패널을 구속하지 않는다. 당사국들은 자문단의 견해에 논평할 수 있고, 자문단과 회의를 개최할 수 있으며, 당사국들과 패널은 질문을 제기하고 논의할 수 있다. 패널은 관련 국제기구나 당사국들이 제공한 명부에서 전문가를 선정해 왔다. SPS 협정은 11조2항[11]에 이에 관해 따로 규정하고 있고 DSU 역시 13조[12]에 패널의 정보 요청 권리에 대해 규정하고 있다.

이 사건의 의의는 SPS 협정 2조2항이 단독으로 회원국의 위생 및 검역 조치의 적법성 판단의 기초로 원용되었다는 점이다. SPS 협정이 적용된 *EC-Hormones* 사건과 *Australia-Salmon* 사건에서는 제소국이 위해성 평가에 관한 5조를 위반하였다고 판정함으로써 과학적 증거에 관한 2조2항의 위반을 적시할 수 있었다. 그러나 동 사건에서는 증거가 제출된 4개 품목(사과, 버찌, 복숭아, 호두)에 대해서 따로이 5조 위반 여부를 심사하지 않고 직접 2조2항 위반임을 확인하여 이 조항을 SPS 협정 위반의 독립된 기초로서 인정하였다(다만 나머지 4개 품목에 대해서는 5조1항에의 위법성 여부를 심리하였음). 패널과 상소기구는 일본의 '품종 시험요건'이 '충분한 과학적 근거'가 없다고 판정하였는데, 여기서 '충분한 과학적 근거'라 함은 'SPS 조치와 과학적 증거 간에 합리적이거나 객관적인 관련성'을 의미한다고 판시하였다. 합리적 관련성은 사례별로 판정되며, 문제가 된 조치의 성

---

11) 2. 이 협정에 따른 과학적 또는 기술적인 쟁점을 포함하는 분쟁시, 패널은 분쟁 당사국과 협의하여 패널이 선정한 전문가로부터 자문을 구하여야 한다(should). 이 목적을 위하여 패널은 적절하다고 판단하는 경우에는 일방 분쟁 당사국의 요청 또는 자신의 주도에 의하여 기술전문가 자문단을 설치하거나 관련 국제기구와 협의할 수 있다.

12) 13.1. 각 패널은 자신이 적절하다고 판단하는 모든 개인 또는 기관으로부터 정보 및 기술적 자문을 구할 권리를 갖는다. 그러나 패널은 회원국의 관할권 아래에 있는 개인이나 기관으로부터 이러한 정보나 자문을 구하기 전에 동 회원국의 당국에 통보한다. 패널이 필요하고 적절하다고 간주하는 정보를 요청하는 경우, 회원국은 언제나 신속히 그리고 충실하게 이에 응하여야 한다. 비밀 정보가 제공되는 경우, 동 정보는 이를 제공하는 회원국의 개인, 기관 또는 당국으로부터의 공식적인 승인 없이는 공개되지 아니한다.

13.2. 패널은 모든 관련 출처로부터 정보를 구할 수 있으며, 사안의 특정 측면에 대한 의견을 구하기 위하여 전문가와 협의할 수 있다. 패널은 일방 분쟁 당사자가 제기하는 과학적 또는 그 밖의 기술적 사항과 관련된 사실 문제에 관하여 전문가검토단에게 서면 자문보고서를 요청할 수 있다. 이러한 검토단의 설치에 관한 규칙 및 검토단의 절차는 부록 4에 규정되어 있다.

격과 과학적 증거의 양 및 질을 포함한 당해 사건의 특정 상황에 좌우된다.

이 사건의 또 다른 의의는 과학적 증거가 충분하지 않은 경우에 SPS 조치를 잠정적으로 채택하기 위하여 5조7항을 원용하고자 하는 회원국은 관련 정보를 입수하기 위해 노력할 것과 합리적 기간 내에 위생 및 검역 조치를 재검토해야 한다는 점이다. 상소기구는 잠정적인 SPS 조치를 채택한 경우 5조7항의 첫 문장만을 충족하면 된다는 일본의 주장을 배척하고, 이 조항을 원용하는 당사국은 첫 문장(채택 요건)과 두 번째 문장(유지 요건)을 모두 충족하여야 한다고 판시하였다. 즉 패널과 상소기구는 일본이 보다 객관적인 위해성 평가를 수행하기 위하여 필요한 추가적인 과학적 정보를 입수하기 위해 노력하지 않았으며, 합리적 기간 내에 품종 시험 요건을 재검토하지도 않았다고 판시하였다.

※ 이 판례 해설은 「WTO 농산물 무역분쟁 사례 연구」(2003년 8월, 법무부) pp. 257~283에 수록된 "일본－농산물품종별구분사건" 을 일부 표현만을 수정, 전재한 것이다.

5. US vs. Japan - Apples 사건

(DS245, 2003 12. 10. - 상소기구)

가. 사건 개요

이 사건은 화상병균의 유입을 방지하기 위해 일본이 사과의 수입을 원칙적으로 금지하는 위생 조치를 취한데 대해 미국이 과학적 증거가 부족하다고 시비한 사건이다. 일본은 火傷病[1](fire blight) 유입 방지를 위해 사과나무 등 숙주 식물 15종과 과일의 수입을 특정 조건을 충족하는 경우만을 제외하고 원칙적으로 금지하고 있었다(1950년 식물 보호법 등). 미국산 사과에 대해서는 화상병균이 없는 과수원에서 재배되었을 것과 화상병균이 없는 과수원이 충족해야 할 요건 등 다수의 기준을 충족할 것을 조건으로 수입을 건별로 허락하였다.

미국은 일본의 조치는 SPS 협정 2조2항, 5조1항, 2항 등에 위배된다고 2002년 5월 패널 설치를 요청하였다.

---

1) 에르위니아 아밀로보라(*Erwinia amylovora*)라는 세균에 의해 감염되는 식물의 병. 북아메리카, 유럽의 일부, 뉴질랜드, 일본 등지에서 배와 사과 농장에 엄청난 피해를 입혔다. 그밖에도 아몬드, 채진목속(采振木屬 *Amelanchier*), 살구, 아로니아속(*Aronia*), 벚나무류, 섬개야광나무속(*Cotoneaster*), 능금나무류, 산사나무, 로디스쿠스속(*Holodiscus*), 명자나무, 비파나무, 서양모과, 마가목, 포티니아속(*Photinia*), 서양자두, 양지꽃속(*Potentilla*), 피라칸타속(*Pyracantha*), 퀸스, 나무딸기, 장미, 조팝나무류, 장미과(-科 Rosaceae)의 식물들도 이 병에 걸릴 수 있다. 이 병에 걸리면 갑자기 꽃, 열매, 잎, 작은 가지와 큰 가지 등이 갈색 내지 검정색으로 변하면서 시들어 죽는다. 이 병에 매우 민감한 식물인 배나무·사과나무·능금나무류·퀸스 등은 불에 그을린 듯한 모습을 보이는 관계로 화상병이라고 불린다.

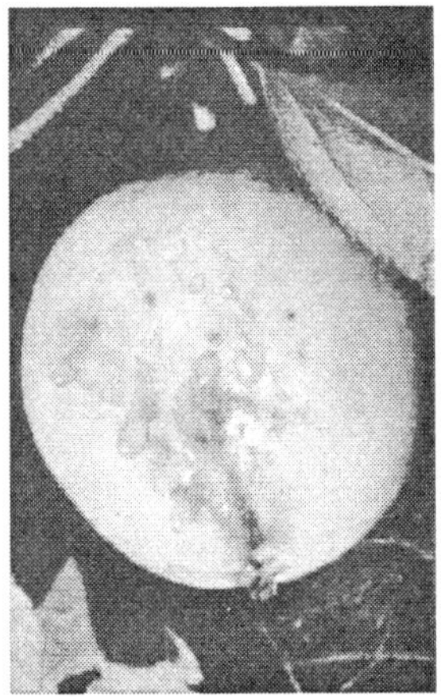

<그림-1> 화상병에 걸린 사과나무와 사과

나. 주요 쟁점별 당사자 주장 및 판결 요지

1) 충분한 과학적 근거 여부(SPS 협정 2조2항)

화상병균은 아무런 증상을 초래하지 않은 채 과일(이 사건 경우 사과)이나 숙주 식물의 내외부에 존재할 수도 있었다. 또한 사과 내 화상병균이 숙주 식물(사과나무)로 전이될 수 있는지 여부도 논란이 있었다. 일본의 사과 수입 금지는 따라서 발병 위험이 없는 사과의 수입도 금지할 수 있는 것이었다. 미국은 일본의 조치는 위생 조치는 충분한 과학적 근거 없이 유지되어서는 안된다는 2조2항[2]의 규정과 상치된다고 주장하였다. 미국이 특히 이의를 제기한 것은 미국이 일본에 수출하는 화상병 증상이 없는 숙성 사과의 수입을 일본이 과학적인 증거도 없이 화상병균의 전염 경로가 될 수 있다는 이유로 수입을 금지한 것이다.

패널은 동 규정 위반을 심리하기 위해서는 두 가지 요건, 즉 과학적 근거 존재 여부를 위해 입증되어야 할 대상과 이를 입증하는 방법에 대해 검토해야 한다고 보았다. 입증 대상과 관련하여 특히 문제가 되었던 것은 사과가 화상병균의 전달 경로가 될 수 있는지 여부였다. 일본은 正常 사과 내외부에 화상병균이 잠

2) 2.2. 회원국은 위생 및 식물 위생 조치가 인간, 동물 또는 식물의 생명 또는 건강을 보호하는 데 필요한 범위내에서만 적용되고, 과학적 원리에 근거하며 또한 충분한 과학적 증거없이 유지되지 않도록 보장한다. 단, 제5조제7항에 규정된 사항은 제외된다.

복하였다가 전이될 수 있다고 주장한 반면 미국은 이 가능성을 부인한 관계로 패널은 사과가 화상병균에 감염될 수 있는지 여부, 내외부에 화상병균이 잠복할 수 있는지 여부 등이 입증되어야 할 대상이라고 보았다.

'충분한' '과학적 증거' 존재 여부를 입증하는 방법에 대해 패널은 우선 '과학적 증거'란 과학적인 방법을 통해 수집된 증거이며 충분하지 않게 뒷받침되지 않은 정보나 입증되지 않은 가설 등은 배제하는 것이라고 이해하였다. '충분한'이란 *Japan-Agricultural Products* 사건 상소기구가 제시한대로 문제가 된 위생 조치와 과학적 근거 간에 합리적인 관계가 있다는 것을 의미한다고 보았다.

패널은 이러한 기준에서 각 당사자들이 제시한 증거를 검토하고 자문단의 의견을 참작한 결과, 사과가 화상병균의 전염 경로가 될 수 있다는 과학적인 증거가 불충분하며 따라서 화상병균이 사과를 통해 전이될 위험성은 (단정할 수는 없지만) 무시할 만한 수준으로 보인다고 판단하였다. 문제가 된 일본의 위생 조치는 위험 수준(identified risk)과 분명히 불균형(disproportionate) 관계에 있으며 과학적인 증거로 충분히 뒷받침되지 않는다고 보았다. 따라서 패널은 동 위생 조치는 2조2항 규정과 달리 충분한 과학적 근거 없이 유지되는 것이라고 잠정적으로 결론지었다. 잠정 결론을 내린 이유는 5조7항 적용 가능성에 대한 분석을 아직 마치지 않았기 때문이다. 패널은 5조7항이 적용될 수 없다고 결론지은 후 일본의 조치는 충분한 과학적 증거 없이 유지된다는 것에 대해 미국이 *prima facie* case를 성립시켰으며 일본이 이러한 推定을 번복하지 못하였다고 최종적으로 판시하였다.

상소기구 심리는 i) 화상병 증상이 없는 숙성 사과 외의 사과와 ii) 화상병 증상이 없는 숙성 사과 2종에 대해 논란이 있었다. 패널에서 미국은 화상병 증상이 없는 숙성 사과는 화상병 전염을 초래하지 않는다는 데에 대해 과학적인 증거를 제시, *prima facie* case를 성립시켰었다. 일본은 동 사과 이외의 사과, 예컨대 감염 사과 등도 전염을 초래하지 않는다는 것도 미국이 입증해야 한다고 주장하였다. 미국이 이에 대해서 *prima facie* case를 성립시키지 못했으므로 패널은 감염 사과가 전염 경로가 될 수 있다는 일본의 판단을 호의적으로 고려하였어야 했으며 감염 사과가 화상병균의 전염 경로가 될 수 있다는 것에 대한 입증 책임을 일본에 부여할 것이 아니라 미국에 부여했어야 한다고 주장하였다.

일본의 주장은 수용되지 않았다. 상소기구는 특정 조치가 특정 협정, 의무에 합치되지 않는다는 것을 입증할 책임은 이를 주장하는 제소국측에 있으나 제소국 시비에 대응하여 피제소국이 제기한 사실의 입증 책임은 피제소국에게 있다는 것이 입증 책임의 원칙이라고 확인하였다. 이 사건의 경우 미국이 일본의 조치에 대해 과학적 증거를 들어 부당하다고 시비하자 일본이 수출국의 검역 과정상의 실수로 인해 감염 사과가 수출될 수도 있고 그로 인해 화상병균이 유입될 가능성이 있으므로 모든 사과의 수입을 금지해야 한다고 대응한 것이므로 감염 사과가 검역 과정상의 실수로 수출되고 화상병균을 옮길 가능성은 미국이 아니라 이를 주장한 일본에게 있다고 판단하였다.

패널은 미국이 감염 사과에 대해 반박 증거를 제기하지는 않았으나 심리 과정 중 제출된 모든 자료를 종합적으로 판단하여 감염 사과에 의해 화상병균이 전이될 가능성에 대해서는 부정적으로 판단하였다. 일본은 미국이 *prima facie* case를 성립시키지 않은 이 사안에서 패널이 DSU 11조에 규정된 사실 부분에 대한 객관적인 평가를 일탈한 것이라고 주장하였으나 상소기구는 패널은 일본이 주장하는 사실을 당사국이 제출한 증거와 전문가의 견해에 비추어 평가(assess) 한 것이며 이는 패널의 사실 조사 권한에 속한 것이라고 판단하였다.

일본은 또한 미국이 일본의 조치가 충분한 과학적 증거 없이 유지되는 것이라는 것에 대해 *prima facie* case를 성립시키려면 화상병 증상이 없는 숙성 사과뿐 아니라 예상할 수 있는 모든 가설에 대해 검토하고 각각에 대해 위험성이 없거나 미소함을 입증해야 했다고 주장하였다. 상소기구는 미국의 시비는 일본의 조치가 무증상 숙성 사과에 적용되는 범위 내(to the extent that it applies to the apples)에서 과학적 증거 없이 유지되고 있다는 것이었으므로 미국은 자신이 주장하지 않은 사실에 대해서까지 *prima facie* case를 성립시킬 필요는 없다고 판정하였다.

무증상 숙성 사과의 경우 일본은 주장하기를 이 사과가 화상병균을 전이할 가능성이 있는지에 대한 과학적 증거를 해석함에 있어 수입국은 일정 범위의 재량권을 행사할 수 있어야 하며 과학적 증거와 관련된 주장은 전문가의 견해보다는 수입국의 입장에서 판단하였어야 한다고 하였다. 그러나 상소기구는 이는 사실을 객관적으로 평가하라는 DSU 11조에 합치되지 않는 것이라고 일축하였다.

2) 잠정 조치 해당 여부(SPS 협정 5조7항)

일본은 5조7항[3]을 인용하여 설사 패널이 사과 수입 금지 조치의 과학적 증거

---

3) 5.7. 관련 과학적 증거가 불충분한 경우, 회원국은 관련 국제기구로부터의 정보 및 다른 회원국이 적용하는 위생 또는 식물 위생 조치에 관한 정보를 포함, 입수 가능한 적절한 정보에 근거하여 잠정적으로 위생 또는 식물 위생 조치를 채택할 수 있다. 이러한 상황에서, 회원국은 더욱

가 불충분하다고 판단하더라도 동 조치는 잠정 조치로서 인정된다고 주장하였다. 패널은 이 주장을 입증할 책임은 일본에 있다고 보았다. 또한 동 조항이 적용될 수 있는 상황은 관련 과학적 증거가 불충분한 경우인데 이번 사건은 과학적인 증거가 충분한 상황이라고 판단하였고 일본이 과학적 증거의 불충분을 입증하지 못했다고 판단, 일본의 주장을 기각하였다.

일본은 이에 불복하고 상소하였으나 상소기구 역시 패널의 판정을 지지하였다. 상소기구에서 일본은 5조7항에서 말하는 '관련 과학적 증거가 불충분한 경우'란 문제가 된 위생 조치 전방에 관한 일반적인 증거가 부족하다는 의미가 아니라 특정 조치에 관한 특별한 상황에 관한 증거가 부족한 경우를 의미한다고 주장하고 이번 사건의 경우 화상병에 관한 일반적인 증거는 충분했을지 몰라도 문제가 된 화상병의 전염 경로, 사과에 의한 전염 가능 여부 등 특별한 측면에 대한 특별한 증거는 충분치 않았으므로 5조7항이 적용될 수 있다고 주장하였다.

상소기구는 5조7항이 다루는 문제는 부족한 정보가 일반적이냐 특정적이냐는 것이 아니라 일반적이건 특정적이건 관련 증거가 대상 질병(본건의 경우 화상병)의 도입 정착 전파 가능성을 평가하기에 충분한지 여부라고 지적하고 패널이 이에 관해서는 증거가 충분하다고 판정한 것은 무리가 없다고 판단하였다. 일본은 설사 화상병에 관해서는 과학적 증거가 상당히 존재한다 하더라도 사과를 매개로 한 전염 여부는 아직 명백한 결론이 내려지지 않은 불확실한 상태라고 주장하고 5조7항은 관련 증거가 미미하거나 없는 경우뿐만 아니라 미해결 상태의 불확실성 문제에도 적용된다고 주장하기도 하였다. 그러나 상소기구는 5조7항의 규정상 동 조항 적용 여부는 과학적 불확실성에 의해서가 아니라 과학적 증거의 부재나 부족에 의해 촉발되는 것이라고 반박하고 일본의 주장을 기각하였다.

상소기구는 이상의 분석을 토대로 일본의 조치는 충분한 과학적 증거 없이 유지된 것이므로 SPS 협정 2조2항에 배치된다는 패널의 판정을 확인하였다.

3) 위험성 평가 기초 여부(SPS 협정 5조1항)

미국은 일본의 조치가 5조1항4)에도 부합하지 않는다고 주장하였다. 패널은

객관적인 위험 평가를 위하여 필요한 추가 정보를 수집하도록 노력하며, 이에 따라 합리적인 기간 내에 위생 또는 식물 위생 조치를 재검토한다.

4) 5.1. 회원국은 관련 국제기구에 의해 개발된 위험 평가 기술을 고려하여, 자기나라의 위생 또는 식물 위생 조치가 여건에 따라 적절하게 인간, 동물 또는 식물의 생명 또는 건강에 대한 위험

문제가 된 일본의 조치와 관련된 위험성 평가(risk asscssmcnt)는 i) SPS 협정 부속서 1의 4조 내용, ii) 당해 위험성 평가가 일본이 처한 상황에 적절한지 여부, iii) 위험성 평가가 관련 국제기구에 의해 개발된 위험 평가 기술을 고려하였는지 여부에 대한 평가(evaluation)를 포함해야 한다고 보고 각각을 검토하였다. 패널은 우선 ii) 의 경우 일본은 화상병 불발생(fire blight-free)지역이고 일본의 기후 여건상 화상병균이 유입되면 창궐할 가능성이 높다는 것이 고려해야 할 일본의 상황이며 일본이 위험성 평가라고 주장하는 1999년 PRA는 이러한 사정을 고려한 것이라고 인정하였다. iii)의 경우 패널은 '고려'한다는 것은 '기초(based on)해야 한다'거나 '준수(in conformity with)해야 한다'는 것은 아니며 국제기구에 의해 개발된 기술의 모든 측면을 지키지 않았다고 해서 고려하지 않은 것은 아니라고 해석하였다. i)의 경우 패널은 *Australia-Salmon* 사건 상소기구가 정리한대로 위험성 평가는 반드시 대상 질병을 identify하고 그 도입, 정착 또는 전파 가능성에 대해 평가해야 하며 적용될 수 있는 SPS 조치에 입각한 그 질병의 도입, 정착, 또는 전파 가능성을 평가해야 한다고 보았다.

패널은 각각의 요소를 분석한 결과 대상 질병이 화상병이라는 데 대해 이견이 없으나 일본의 위험성 평가(1999년 Pest Risk Assessment)가 화상병균의 일반적인 도입 가능성과 적용될 수 있는 위생 조치에 따른 도입 가능성에 대해서는 자문단의 견해나 제출된 자료로 볼 때 정확하게 평가하였다고 볼 수 없다고 결론지었다. 즉 동 보고서는 여러 경로를 통해 화상병균이 도입될 가능성에 대해 분석한 것이지 숙성 사과를 별도로 구분하여 분석하지는 않았으므로 패널은 이 사건에서 분쟁 대상이 된 상품, 즉 숙성 사과와 관련된 위험성에 대해서는 평가를 하지 않은 것이라고 판단하였다. 적용될 수 있는 조치에 따라 위험성을 평가하라는 의미에 대해 패널은 시행되고 있는 문제의 조치 외에 다른 대안이 없는지 검토하라는 의미라고 보았고 일본이 이를 시행하지 않았으므로 해당 조항 위반이라고 판단하였다. 패널은 일본의 조치는 부속서 1의 4조[5]에 의해 정의에 따른 5조1항의 위험성 평가의 요건을 충족하지 못하였으며 결과적으로 위험성 평가에 기초한 것이 아니라고 판단하였다. 이에 패널은 미국이 5조1항 위반에 대해 *prima facie*

평가에 기초하도록 보장한다.

5) 4. 위험 평가－적용될 수 있는 위생 또는 식물 위생 조치에 따라 수입회원국의 영토내에서 해충 또는 질병의 도입, 정착 또는 전파의 가능성과 이와 연관된 잠재적인 생물학적 및 경제적 결과의 평가, 또는 식품, 음료 및 사료내의 첨가제, 오염 물질, 독소 또는 질병원인체의 존재로 인하여 발생하는 인간 또는 동물의 건강에 미치는 악영향의 잠재적 가능성에 대한 평가

case를 성립시켰으며 일본이 이러한 추정을 번복하지 못하였다고 판시하였다.

일본은 1999 PRA가 여러 감염 경로에 대해 종합적으로 분석하고 사과를 따로 구분하여 그에 대한 위험성 평가를 실시하지 않은 것은 수입국(조치 시행국)의 재량에 속하는 방법론상의 문제라고 상소하였으나 상소기구는 문제가 된 상품이 사과이므로 사과를 통해 화상병균이 도입, 정착, 전파될 가능성에 대해 위험성 평가를 실시했어야 한다고 판단, 패널의 판정을 지지하였다.

일본은 적용될 수 있는 조치에 대해서도 이 구절이 반드시 대체 조치도 고려해야 한다는 것은 아니며 일본이 현재 적용 중인 위생 조치에 대해서만 위험성을 평가한 것은 조치 시행국의 재량에 속한 방법론상의 문제라고 주장하였다. 상소기구는 그러나 might be라는 해당 구절의 문언상의 의미로 볼 때 이는 위험성 평가가 이미 시행 중에 있는 조치를 조사하는 것으로 국한되는 것은 아니라고 판단하고 일본의 주장을 기각하였다.

일본은 위험성 평가는 당시 시점에서 입수 가능한 증거를 이용하여 실시하는 것이지 위험성 평가 이후 입수 가능하게 된 증거를 통해 하는 것은 아니라고 주장하였으나 상소기구는 이에 대해 판단을 하기 위해서는 우선 일본이 패널이 위험성 평가 이후 입수 가능하게 된 증거를 사용하여 일본의 위험성 평가를 평가했다는 것을 입증해야 할 것이나 일본은 자신의 주장을 입증하지 못했다고 판정하였다. 따라서 반드시 위험성 평가를 실시한 시점에서 입수 가능한 증거만을 토대로 위험성 평가의 적정성 여부를 평가해야 하는지에 대해서는 의견을 밝히지 않았다.

이상의 판단을 토대로 상소기구는 일본의 1999년 PRA는 SPS 협정 부속서 1의 4조에 규정된 위험성 평가 정의를 충족하지 못하며 따라서 일본의 위생 조치는 5조1항 규정과 달리 위험성 평가에 기초한 것이 아니라는 패널의 판정을 확인하였다.

4) 통보 의무 해당 여부(SPS 협정 7조, 부속서 2)

일본은 1997년 농림수산성 고시를 통해 화상병 방제를 위한 수입 금지 조치의 일부를 변경하였으나 WTO에 통보하지는 않았다. 미국은 이는 SPS 협정 7조 위반이라고 주장하였다.

패널은 7조[6]는 부속서 2에 따라서 통보하도록 규정하고 있으므로 일본 조치의 변경 사항이 부속서 2의 관련 규정인 5조[7]에 의거, 통보 대상 조치인지 여부를 살펴보았다. 패널은 5조에 따르면 변경된 사항이 다른 회원국의 무역에 심각한 영향을 미치는 경우에 통보토록 되어 있으므로 패널은 변경된 사항으로 인해 문제가 된 상품의 시장 접근이 영향을 받은 것인지, 변경된 사항이 생산, 포장, 판매 등 행정적인 부담을 가중시켜 무역에 잠재적인 영향을 미친 것인지 등을 검토해야 할 것이나 미국은 어떤 측면에서 무역에 영향을 미쳤다는 것인지 특정하지 못했다고 판단하였다. 따라서 미국이 7조 및 부속서 2 위반에 관해 *prima facie* case를 성립시키지 못했다고 판시하고 미국의 주장을 기각하였다.

다. 해설 및 평가

일본은 패널이 2조2항 위반 여부를 심리함에 있어 사실 관계를 객관적으로 평가하지 못했으며 DSU 11조[8]상의 의무를 위반하였다고 주장하였으나 상소기구는 이를 수용하지 않았다. DSU상 사실 관계의 심리는 전적으로 패널의 권한이다. 상소기구가 심리할 수 있는 대상은 패널 보고서의 법률 문제 및 패널이 행한 법

---

6) 7. 회원국은 부속서 2의 규정에 따라 자기나라의 위생 또는 식물 위생 조치의 변경을 통보하고 자기나라의 위생 또는 식물 위생 조치에 관한 정보를 제공한다.

7) 5. 국제 표준, 지침 또는 권고가 존재하지 아니하거나, 또는 제안된 위생 또는 식물 위생 규정의 내용이 실질적으로 국제 표준, 지침 또는 권고의 내용과 동일하지 아니하면서 동 규정이 다른 회원국의 무역에 심각한 영향을 미치는 경우에는 언제나 회원국은,

가. 이해 당사회원국이 특정규정의 도입에 관한 제안을 인지할 수 있도록 조기에 이를 공고한다.

나. 사무국을 통하여 제안된 규정의 목적 및 합리적 이유에 관한 간략한 지적과 함께 동 규정의 대상 품목을 다른 회원국에게 통보한다. 동 통보는 개정이 아직 가능하고 의견이 고려될 수 있는 조기에 행하여진다.

다. 요청이 있는 경우, 제안된 규정의 사본을 다른 회원국에게 제공하고 또한 가능한 경우에는 언제나, 국제 표준, 지침 또는 권고와 실질적으로 상이한 부분을 확인한다.

라. 다른 회원국이 서면으로 의견을 제시하고, 요청이 있을 경우 동 의견을 논의하고 동 의견과 논의 결과를 고려할 수 있도록 차별없이 합리적인 시간을 허용한다.

8) 11. 패널의 기능은 분쟁 해결 기구가 이 양해 및 대상 협정에 따른 책임을 수행하는 것을 지원하는 것이다. 따라서 패널은 분쟁의 사실 부분에 대한 객관적인 평가, 관련 대상 협정의 적용가능성 및 그 협정과의 합치성을 포함하여 자신에게 회부된 사안에 대하여 객관적인 평가를 내려야 하며, 분쟁 해결 기구가 대상 협정에 규정되어 있는 권고를 행하거나 판정을 내리는 데 도움이 되는 그 밖의 조사 결과를 작성한다. 패널은 분쟁 당사자와 정기적으로 협의하고 분쟁 당사자에게 상호 만족할 만한 해결책을 찾기 위한 적절한 기회를 제공하여야 한다.

률 해석에 국한된다(DSU 17조6항). 패널이 사실 관계를 편파적으로 평가할 경우 이는 판결에 매우 불리한 영향을 미치게 된다. 또한 사실 관계의 해석은 법규정을 해석하는 것과 달리 평가하는 사람이 상당한 재량을 행사할 수 있다. 패널이 사실 관계 평가에 있어 편파적인 자세를 보일 경우 이를 시비할 수 있는 유일한 근거는 DSU 11조이나 지금까지의 상소기구의 판례는 패널이 사실 관계를 평가함에 있어 악의적인 오류를 범했음이 입증되지 않는 한 패널의 재량을 폭 넓게 인정하고 있다.

일본은 사과수입 금지 조치가 5조7항의 잠정 조치가 될 수 있다고 주장하였으나 패널과 상소기구는 모두 이를 인정하지 않았다. 상소기구에서 일본은 5조7항이 발동될 수 있는 상황은 비단 동 조항에 기재된 대로 증거가 불충분한 경우뿐 아니라 어느 정도 증거는 있다 하더라도 해당 조치의 핵심적인 문제에 대해서는 명백한 해답이 없는 경우도 포함해야 한다고 주장하였으나 상소기구는 5조7항에 기록된 것이 증거 불충분뿐이라는 입장에서 일본의 주장을 수용하지 않았다. 상소기구는 법규 해석에 있어 대개 기록되어 있는 단어, 문장을 존중하는 문리해석에 흔히 의존한다. 그러나 이 같은 상소기구의 문리해석이 이 경우에도 합당한 것인지는 의문이다. 신뢰할 만한 과학적 증거가 아무리 많이 있다 하여도 본질적인 문제에 대해서는 서로 상반된 주장을 하고 있어 동 문제는 미해결인 상태로 있을 수 있는 상황은 얼마든지 있다. 국민의 건강을 우선 보호해야 하는 정부로서는 위생 조치를 취할 때 신뢰할 수 있는 과학적 근거의 다과(多寡)보다는 핵심적인 문제에 대해 과학적인 해답이 있느냐 여부에 초점을 두게 될 것이다. 이 문제가 미해결인 상태로 있을 경우 정부로서는 최악의 상황을 염두에 두고 이를 방지하기 위한 위생 조치를 취하게 될 것이다. 이는 과학적 증거가 부족할 경우에도 잠정적으로 위생 조치를 취할 수 있게 한 5조7항의 정신과도 부합되는 것이다.

6. US vs. Japan - Apples Article 21.5. 사건

(DS245, 2005. 7. 20. - 패널)

가. 사건 개요

원 사건 판결 이행을 위해 일본은 사과 수입이 허락되는 無화상병(fire blight-free) 과수원의 요건 및 준수 조건을 일부 완화하였다. 이전에는 동 과수원은 폭 500m의 fire blight-free 완충지대로 둘러 쌓여 있고 과수원과 완충 지대는 년 3회 조사토록 규정하고 있었으나 일본은 이를 폭 10m, 연 1회 조사로 완화하였고 이전에 부과되었던 사과 상자의 위생 소독 의무도 폐지하였다. 이외에도 사과 표면 소독, 수확 사과의 분리 보관, 火傷病(불감염) 증명 등의 요건은 이전과 마찬가지로 시행되었다. 원 사건의 초점은 미국이 일본에 수출하는 화상병 증상이 없는 숙성 사과(mature, symptomless apple)가 화상병균을 일본 내로 옮길 수 있는지 여부였는데 패널과 상소기구는 이에 대한 과학적 증거가 없다고 판단하였다. 일본은 사과가 화상병균의 숙주가 될 수 있다는 과학적 증거를 새로 제시하고 따라서 사과 수입 금지 자체는 예전과 다름없이 유지하고 다만 fire blight-free orchard의 요건만 다소 완화한 것이다.

그러나 미국은 일본의 이행 조치가 DSB의 권고와 판정을 준수하지 못했으며 여전히 SPS 협정 2조2항, 5조1항, 6항 위반이라고 주장하고 2004년 7월 이행 패널 설치를 요청하였다.

나. 주요 쟁점별 당사자 주장 및 판결 요지

1) 과학적 증거 여부(SPS 협정 2조2항)

일본은 i) 사과가 화상병균의 전염 경로가 될 수 있으며, ii) 감염 사과로부터 사과나무로 화상병균이 전이될 수 있다는 데 대한 새로운 과학적 증거(4개의 연구 보고서)를 제시하고 사과 수입 금지 조치는 계속 유지한 채 과수원 요건만 다소 수정하였다. 미국은 새로운 조치 역시 과학적 증거 없이 유지되는 것이므로 SPS 협정 2조2항 위반이라고 주장하였다.

패널은 일본이 제시한 4개 보고서의 내용을 검토하고 전문가의 의견을 청취한 결과, 제시된 과학적 증거가 일본의 i), ii) 주장을 뒷받침하지 않는다고 판단하였다. 과수원에 관한 조치 역시, 화상병 무감염 증명을 요구하는 것 이외에는 모두 그러한 조치가 화상병 전이를 봉쇄할 수 있다는 과학적인 근거가 부족하다고 판단하였다. 이에 패널은 일본의 이행 조치는 과학적 증거에 의해 뒷받침되는 것이 아니므로 협정 2조2항에 위배된다고 판시하였다.

2) 위험성 평가 기초 여부(SPS 협정 5조1항)

일본은 2004년 6월 새로운 Pest Risk Assessment(2004 PRA)를 완료하고 이에 기초하여 이행 조치를 실시하였다고 주장하였다. 일본은 숙성된 무증상 사과라도 화상병균을 보균할 수 있으며 화상병균이 일본 내로 유입되면 전염될 가능성이 농후하다고 주장하고 그 근거로 2004 PRA를 제시하였다.

패널은 2004 PRA가 위험성 평가에 해당하는지와 이행 조치가 위험성 평가에 기초하고 있는지, 즉 양자간에 합리적인 관계가 있는지 검토하였다. 패널은 2004 PRA가 이번 사건의 대상 상품, 즉 미국이 일본에 수출하는 무증상 증상 숙성 사과가 화상병균을 옮길 위험성에 대해서는 따로 분석하지 않고 새로이 화상병 증상이 없으나 보균상태인 숙성 사과에 대해 조사한 것이라는 점에 주목하였다. 패널은 전문가의 의견을 구한 결과 일본의 주장을 뒷받침할 과학적인 증거가 2004 PRA에 포함되어 있지 않다는 점도 주목하였다. 패널은 이에 따라 2004 PRA는 위험성 평가 요건을 충족하지 못했다고 판단하였으며 결과적으로 일본의 이행 조치는 위험성 평가에 기초한 것도 아니라고 결론지었다.

3) 덜 무역 제한적인 대체 조치 존재 여부(SPS 협정 5조6항)

미국은 5조6항상 위생 조치는 위생 보호의 적정수준을 달성하는 데 필요한 정도 이상의 무역 제한적인 조치가 되지 말아야 하는데 일본의 조치는 모든 사과 수입을 원칙적으로 금지하는 것이므로 5조6항을 위반한 것이라고 주장하였다. 아울러 화상병 증상이 없는 숙성 사과는 화상병균을 옮기지 않는다는 것이 과학적인 증거로 뒷받침되고 있으므로 일본은 사과 수입 금지 조치를 동 숙성 사과를 제외한 다른 사과로 국한시키는 대체 조치를 취할 수가 있다고 주장하였다. 이러한 조치는 기술적, 경제적으로 타당성 있고 합리적으로 이용 가능하며 일본이 달성하고자 하는 보호 수준을 달성할 수가 있다고 부연하였다.

패널은 미국이 제안한 조치는 대체 조치가 될 수 있다고 판단하고 일본의 이행 조치는 5조6항에 합치되지 않는다고 판시하였다.

다. 해설 및 평가

SPS 협정은 인간, 동물 또는 식물의 생명 또는 건강을 보호하기 위해 정부가 취하는 조치, 즉 SPS 조치가 국제 무역에 최소한의 영향을 미치도록 하는데 그 목적이 있다. SPS 협정은 당초 우루과이라운드 협상 결과로 탄생하여 WTO 체제에 처음으로 도입되었다. 각국이 위생 및 식물 위생의 보호를 위하여 시행하는 조치가 새로운 형태의 비관세 장벽으로 변질되어 농업협정의 체결을 계기로 획기적으로 증대될 것으로 기대되는 농산물 교역에 장애 요인이 되지 않도록 하기 위한 장치가 필요했던 것이다. 이러한 배경에서 보는 바와 같이 SPS 협정은 그 성격상 농산물 교역에 적용되는 것이 일반적이다

SPS 조치를 도입하고자 하는 회원국의 입장에서 보면, 일단 위험과 그 발생 개연성/가능성에 대한 평가, 즉 위험 평가를 가장 먼저 하게 된다(제1단계). 그 다음에는 자신의 사회적 여건 등을 판단하여 어떠한 수준의 위험을 수용할 것인지의 여부, 즉, 적정 보호 수준을 결정하게 되며(제2단계), 마지막으로 이러한 적정 보호 수준을 확보할 수 있는 SPS 조치로 어떠한 조치를 채택할 것인지를 결정(제3단계)하게 된다고 볼 수 있다. 여기서, 확인할 수 있는 위험에 대한 과학적 증거

가 존재하지 않는 경우에는 원칙적으로 SPS 조치를 채택할 근거 자체가 없게 된다. 논리적으로 볼 때, 위험에 대한 과학적 증거가 없는 데에도 보호 수준을 정하고 이를 시행할 SPS 조치를 취할 수 있다면, SPS 조치를 위험 평가에 근거하도록 한 협정상의 의무 사항은 무의미해질 것이기 때문이다.

SPS 협정은 위 3단계의 SPS 조치를 적용함에 있어서 국제적 기준이 존재하느냐의 여부에 따라 크게 두 가지의 상황을 제시하고 있는 것으로 이해된다. 국제적 기준이 있는 경우에는 회원국은 제3조에 따라 이를 전면 수용하기로 결정할 수도 있고 최소한 동 국제기준에 기초하여 SPS 조치를 도입할 의무가 있다. 그러나 국제적 기준이 없는 경우나 국제적 기준이 있더라도 이보다 높은 수준의 SPS 조치를 취하기로 결정할 경우에는 제5조에 정한 절차대로 SPS 조치를 도입할 의무가 있다.

7. Argentina, Canada, US vs. EC – Biotech Products("GMO") 사건

(DS291, 292, 293, 2006. 11. 21. – 패널)

가. 사건 개요

이 사건은 EC 및 일부 회원국이 GMO 상품에 대해 취한 일련의 판매 제한 조치에 대해 미국과 캐나다, 아르헨티나가 SPS 협정 위반이라고 제소한 사건이다. 유전자 변형(Genetically Modified Organism: GMO)상품이란 일반적으로 생산량 증대 또는 유통·가공상의 편의를 위하여 유전 공학 기술을 이용, 기존의 육종 방법으로는 나타날 수 없는 형질이나 유전자를 지니도록 개발된 농산물, 식품 등을 말한다. EC는 GMO 상품의 판매 승인 절차 등을 규율하는 이사회 지침(Directive) 90/220[1] 및 2001/18[2], 그리고 이사회 규정(Regulation) 258/07[3] 등 3가지의 법규를 운영하고 있었다. 지침 2001/18은 지침 90/220을 대체하는 것으로 둘은 모두 GMO 상품의 판매에 관한 것이고 이사회 규정 258/07은 신개발 식품 및 식품첨가물에 관한 규정으로서 GMO 상품 또는 GMO 상품이 포함된 식품을 관장한다.

제소국이 시비한 것은 EC의 이러한 규정 자체가 아니라 EC가 이러한 규정을 적용하는 방식에 관한 것이었다. 제소국이 시비한 EC의 구체적인 조치(measure at issue)는 i) GMO 상품 판매 승인을 일정 기간 동안 사실상 중단시킨 것 자체, ii)

---

1) Directive 90/220/EEC "on the deliberate release into the environment of genetically modified organisms" (repealed on 17 October 2002),

2) Directive 2001/18 "on the deliberate release into the environment of genetically modified organisms and repealing Council Directive 90/220/EEC,"

3) Regulation 258/97 "concerning novel foods and novel food ingredients".

특정 GMO 상품에 적용된 건별 승인 중단 조치, iii) 특정 GMO 상품의 수입 및 판매를 금지 시킨 일부 EC 회원국의 safeguard 조치이다. 이 사건의 쟁점은 주로 EC의 조치가 SPS 협정이 정의하고 있는 SPS 조치에 해당하는지 여부와 SPS 조치에 해당될 경우 동 협정이 규정하고 있는 적절한 조건을 충족하여 발동된 것인지 여부였다.

제소국은 EC의 조치가 SPS 조치에 해당하는 것이며 SPS 협정 2조2항, 3항, 5조1항, 2항, 5항, 6항, 부속서 2, 3 등에 위반된다고 주장하고 2003년 7월 패널 설치를 요청하였다.

나. 주요 쟁점별 당사자 주장 및 판결 요지

1) EC 승인 절차의 SPS 협정 적용 가능 여부

분쟁 대상이 된 조치의 심리에 앞서 이러한 조치의 법적인 근거가 되는 EC의 GMO 관련 법규가 과연 SPS 협정의 대상이 될 수 있는가, 즉 SPS 조치에 해당하는지가 쟁점이 되었다. 제소국은 GMO 상품 판매 승인 절차에 관한 EC 의 관련 지침 90/220 및 2001/18과 이사회 규정 258/97 모두가 인간 또는 동물의 생명 또는 건강을 보호하기 위한 것이므로 SPS 협정의 적용 대상이 된다고 주장하였다. 이에 대해 EC는 어떤 규정 내에 SPS 협정과 관련되는 사항과 그렇지 않은 사항이 모두 기재되어 있다면 회원국이 SPS 협정 해당 사항을 이행하기 위해 취한 조치는 SPS 협정 대상이 될 수 있겠으나 그렇지 않은 사항을 이행하기 위한 조치는 SPS 협정 대상이 될 수 없다고 반박하고 EC의 관련 규정은 반드시 SPS 협정 관련 사항만 규율하는 것이 아니므로 SPS 협정 관련 사항 범위 내에서만 SPS 협정의 적용 대상이 된다고 반박하였다.

패널은 EC의 주장을 인정하였다. 패널은 SPS 협정 부속서 1의 1조[4]에 기재된

---

4) 1. 위생 또는 식물위생 조치－아래 목적으로 적용되는 모든 조치

가. 병해충, 질병매개체 또는 질병원인체의 유입, 정착 또는 전파로 인하여 발생하는 위험으로부터 회원국 영토내의 동물 또는 식물의 생명 또는 건강의 보호,

나. 식품, 음료 또는 사료내의 첨가제, 오염물질, 독소 또는 질병원인체로 인하여 발생하는 위험으로부터 회원국 영토내의 인간 또는 동물의 생명 또는 건강의 보호,

다. 동물, 식물 또는 동물 또는 식물로 만든 생산품에 의하여 전달되는 질병이나 해충의 유입, 정착 또는 전파로 인하여 발생하는 위험으로 부터 회원국 영토내의 인간의 생명 또는 건강

SPS 조치의 목적에 해당하는 조치는 SPS 협정 적용 대상일 수 있으나 그 조치가 동시에 동 목적이 아닌 다른 목적을 위해 적용되는 범위 내에서는 SPS 협정을 적용 받지 않는 별개의 조치라고 인정하였다.

패널은 어느 조치가 부분적으로 SPS 협정 적용 대상이 될 수 있다는 점은 인정하고 EC의 관련 법규 3개에 SPS 협정이 적용될 수 있는지를 살펴보았다. SPS 협정 1조1항[5]은 동 협정의 적용 대상이 국제 무역에 영향을 미치는 SPS 조치라고 규정하고 있으며 협정 부속서 1의 1조는 SPS 조치에 대해 정의하고 있다. 패널은 먼저 어떠한 조치가 SPS 협정 적용 대상, 즉 SPS 조치가 되기 위한 요건을 부속서 1의 1조의 규정에 따라 설명하였다. 패널은 우선 해당 조치의 목적(purpose)이 1조 가호에서 라호에 기재된 목적 중의 하나에 해당하여야 하며 동 조치의 형태(form)는 1조 두 번째 문단이 모든 관련 법률, 법령, 규정을 망라하고 있음에 비추어 반드시 특정한 legal form이 아니라 여러 가지 다른 형태의 legal form을 가질 수 있다고 보았다. 또한 SPS 조치의 본질(nature)은 시험, 조사, 증명, 승인 절차, 검역 처리, 포장 및 상표 부착 등을 포함하는 요건 및 절차라고 보았다.

패널은 이러한 목적, 형태, 요건의 측면에서 EC의 관련 규정이 SPS 조치에 해당하는지를 살펴보았으며 그 결과, 지침 90/220과 2001/18의 명시적인 목적으로 볼 때 이들은 부속서 1의 1조 가호부터 라호에 규정된 목적 요건에 부합된다고 판단하였다. 이사회 규정 258/97은 동 규정의 대상이 되는 식품이나 식품 첨가제가 소비자에게 위협이 되지 않게 하고 소비자를 오인하거나 영양학적으로 불리하지 말아야 한다고 규정되어 있음에 비추어 소비자에 대한 위협 방지를 위해 적용되는 조치는 SPS 조치에 해당되나 소비자 오인 방지 및 영양학적 불리 방지를 위해 적용되는 것은 SPS 협정 대상이 아니라고 판단하였다. 형태 요건의 경우 패널은 해당 3개 법규가 모두 EC 이사회와 구주의회에 의해 채택된 법률(legislative acts)이고 EC에 귀속(attributable)되는 정부의 조치이며 법적 구속력이 있는 것이

의 보호, 또는

라. 해충의 유입, 정착 또는 전파로 인한 회원국 영토내의 다른 피해의 방지 또는 제한

위생 또는 식물위생 조치는 모든 관련 법률, 법령, 규정, 요건 및 절차를 포함하며, 특히, 최종제품 기준, 가공 및 생산방법, 시험, 조사, 증명 및 승인절차, 동물 또는 식물의 수송 또는 수송 중 생존에 필요한 물질과 관련된 적절한 요건을 포함한 검역처리, 관련 통계방법, 표본 추출절차 및 위험평가 방법에 관한 규정, 식품안전과 직접적으로 관련되는 포장 및 상표부착을 포함한다.

5) 1.1 이 협정은 국제무역에 직접적 또는 간접적으로 영향을 미칠 수 있는 모든 위생 및 식물위생 조치에 적용된다. 동 조치는 이 협정의 규정에 따라 개발 및 적용된다.

므로 SPS 조치의 형태 요건을 충족한다고 보았다. 본질 요건에 대해 패널은 부속서 1의 1조는 광범위한 종류의 요건 및 절차를 포함하고 있으며 지침 90/220과 2001/18, 그리고 이사회 규정 258/97은 GMO 상품의 시장 판매 전 승인 절차(pre-marketing approval procedure)에 관한 것이므로 SPS 조치의 본질 요건도 충족한다고 보았다. 이상을 토대로 패널은 지침 90/220과 2001/18, 그리고 규정 258/97 (소비자 위협 방지 범위 내에서) 은 부속서 1의 1조에 정의된 SPS 조치에 해당한다고 결론지었다.

패널은 SPS 협정 1조1항이 국제 무역에 직간접적으로 영향을 미칠 수 있는 SPS, 조치에 적용된다고 규정하고 있음에 비추어 상기 EC 규정이 국제 무역에 영향을 미치는지 여부도 살펴보았으며 동 규정에 따라 외국산 GMO 상품이 EC의 승인 하에 수입되는 것이고 승인 절차는 시간이 소요되고 여러 가지 자료 제출을 요구하는 점에서 직접 간접적으로 국제 무역에 영향을 미치는 것이 자명하다고 판단하였다.

2) *de facto* Moratorium

(가) 존재 여부

GMO 상품의 승인 절차에 관한 EC의 법규에도 불구하고 1998년 10월부터 이 사건 패널이 설치된 2003년 8월까지 동 법규에 의해 판매가 승인된 GMO 상품은 존재하지 않았다. 제소국은 이는 EC 및 회원국이 GMO 상품 승인을 동 기간 중 사실상 중단(moratorium)했기 때문이라고 주장하였다. EC는 동 기간 중 접수된 신청 중 승인된 것이 없다는 사실은 인정하였지만 *de facto* moratorium의 존재 자체는 부정하였다. 제소국은 *de facto* moratorium은 첫째, EC 의사 결정과정을 통해 정식으로 채택된 것은 아니나 EC에 귀속되는 조치임에 분명하며 둘째, 1998년 10월부터 이 사건 패널 설치일인 2003년 8월 29일까지 적용되었고 셋째, 동 기간 중 신규로 제출되었거나 심사 대기 중이었던 모든 승인 신청에 적용되며, 넷째 EC는 이러한 신청에 대해 최종 승인 결정을 사실상 보류(effective suspension) 하였다고 비난하였다.

패널은 EC가 과연 승인 결정을 보류할 수 있는지, EC에게 승인 결정을 보류하려는 의사가 있다고 믿을 만한 근거가 있는지, EC가 실제로 승인 결정을 보류하였는지, 승인 결정이 보류되었다는 개개 신청의 사실 관계는 어떠한 것인지를 따로 따로 살펴보았다.

(1) 승인 결정 보류 주체 및 가능 여부

제소국은 EC 관련 규정에 명기된 승인 절차 및 주체로 볼 때 EC 회원국과 집행위가 작위 또는 부작위를 통해 최종 승인 결정을 보류할 수 있다고 주장하였다.

패널은 최초 주무 당국이 된 회원국은 해당 GMO 상품의 심사 평가를 의도적으로 지연하거나 그 결과 회람을 지연 시킬 수 있다는 점, 여타 회원국은 최초 주무 당국이 GMO 상품에 대해 긍정적으로 평가하였다 하더라도 시장 판매를 반대할 수 있다는 점, 일부 회원국은 의결 반대 정족수(blocking minority[6])를 충족하기만 하면 EC 관련 위원회나 이사회의 판매 신청 승인안 의결을 봉쇄할 수 있다는 점, 최초 주무 당국이 된 회원국은 EC가 GMO 상품 판매 신청을 승인하여도 시장 판매에 대해 동의하지 않을 수 있다는 점 등을 고려할 때 EC 회원국은 승인 결정을 보류할 수 있다고 인정하였다. 패널은 EC 집행위 역시 관련 위원회에 판매 승인안(draft measure)을 제출하지 않거나 관련 위원회를 소집하지 않음으로써 GMO 상품의 승인을 지연하거나 방해할 수 있다고 인정하였다.

(2) 승인 보류 의도 존재 여부

회원국과 EC 집행위가 과연 GMO 상품 승인을 중단할 의도를 소지하고 있었는지와 관련하여 회원국의 경우에는 Denmark, Greece, France, Italy, Luxembourg 5개국이 1999년 6월 GMO 상품 승인에 반대한다고 공개적으로 선언한 바 있어 그 의도의 존재를 쉽게 인정할 수 있었다. 문제는 집행위도 그러한 의도를 갖고 있었는지를 판단하는 것이었는데 패널은 상기 5개국의 EC내 투표권을 합산할 경우 이미 승인 의결을 봉쇄할 수 있는 반대 정족수를 충족하므로 집행위는 GMO 상품 신청 심리 절차를 추진해 보았자 결국 승인되지 못할 것이라고 믿을 만한 충분한 이유가 있으며 이러한 상황은 집행위로 하여금 승인을 완료하기 위한 제반 절차를 충분히 진행할 필요성을 느끼지 못하게 했을 것이라고 결론짓고 회원국과 집행위 모두에게 GMO 상품 승인을 중단하려는 의도가 있었다고 판단하였다.

(3) *de facto* moratorium 존재 및 의도 여부

패널은 제출된 기록상 1998년 10월 이전 까지는 10개의 GMO 상품이 승인되었으며 2003년 8월 이후 3개 상품이 추가로 승인된 사실에 비추어 문제가 된 98

6) EC 의사 결정을 봉쇄할 수 있는 최저 투표수. EC 회원국은 인구 비례에 따라 상이한 투표권수를 보유하고 있으며 25개 회원국의 총 투표권수 321표중 90표 이상이 특정 의안을 반대하면 동 의안은 채택될 수 없다.

년 10월 이후 2003년 8월 이전 동안에는 GMO 상품이 승인된 바 없다는 것은 확실하다고 확인하였다.

제소국은 GMO 상품 승인 보류가 우연이 아니라 의도적인 것이라는 증거로 회원국 및 집행위 고위 관계자의 발언 사례 등을 제출하였다. 패널은 이러한 발언이 고위 당국자가 행한 것이며 여러 기관의 복수의 관계자가 유사한 내용을 복수에 걸쳐 발언하였고 그 내용이 우발적(casual)인 것이 아니며 상이한 여러 당국자의 발언이 일관되게 moratorium의 존재를 언급하고 있는 점에 비추어 문제가 된 기간 동안에 승인 중단 정책(moratorium)이 발효 중에 있었기 때문에 GMO 상품 승인이 이루어 지지 않은 것이라고 결론지었다.

(4) 개별 신청 사례별 검토

패널은 문제가 된 기간 중 제출된 GMO 승인 신청 각각에 대해 그 승인 절차가 진행된 과정을 살펴 본 결과, 집행위가 draft measure를 이사회에 제출하지 않았거나, draft measure를 투표할 관련 위원회를 소집하지 않았고, draft measure 자체를 관련 위원회에 제출하지 않았으며, 관련 절차가 회원국내에서 지연되었거나, 회원국이 시판에 대해 동의하지 않은 사례 중의 하나 또는 그 이상으로 인해 승인이 이루어지지 않았음을 확인하였다.

(5) 결 론

패널은 이상의 심리를 토대로 GMO 상품 승인 중단이 98년 10월부터 2003년 8월까지 시행되었고 이러한 moratorium은 보편적으로 적용되었으며 정식의 EC 의결 절차나 공식적인 형태를 띠지 않고 해당 주체의 작위, 부작위를 통해 사실상 *de facto* 적용되었다고 판시하였다.

(나) moratorium에 대한 WTO 협정 합치성 판단 가능 여부

EC는 de facto moratorium은 관행(practice)이므로 WTO 분쟁 해결 절차의 시비 대상이 되는 조치(challengeable measure)에 해당하시 않는다고 주장하였으나 패널은 원칙적으로 WTO 회원국에게 귀속(attributable) 될 수 있는 어떤 작위나 부작위는 분쟁 대상이 될 수 있다는 *US-German Steel CVD* 사건 상소기구 판정을 인용하여 *de facto* moratorium은 5개 EC 회원국과 집행위의 결정에 의한 것이고 이들은 모두 EC의 기관(organ)이므로 *de facto* moratorium은 EC에 귀속되며 분쟁 대상이 될 수 있는 조치라고 판시하였다.

EC는 설사 패널이 *de facto* moratorium이 시비 대상이 될 수 있는 조치라고 판단하더라도 moratorium은 이미 패널 설치 이후 존재하지 않고 있으며 존재하지 않은 조치에 대해서는 패널의 판정이 유명무실한 것이 되므로 판정하여서는 안 된다고 주장하였다.

패널은 우선 존재하지 않는 조치에 대해 판정을 내릴 수 있는 권한을 갖고 있는지 여부에 대해서는 원칙적으로는 비록 조치가 존재하지 않는다 하더라도 패널의 심리 범위(terms of reference)에 포함이 되어 있다면 대상 협정 위반 여부에 대한 판정을 내릴 수 있는 권한이 패널에게 있다고 확인하였다. 패널은 잠정 보고서에서는 moratorium이 협정에 위반되나 더 이상 존재하지 않는다고 확인하고 따라서 굳이 是正 권고(recommendation)를 내릴 필요는 없다는 입장을 밝혔다. 그러나 최종 보고서에서는 이러한 입장을 수정, 2003년 8월 당시 존재했던 moratorium이 후에 더 이상 존재하지 않았다는 점에 대해 사실 확인에 관한 판정을 내리지 않았다. 패널은 moratorium이 관련 협정 위반이라는 판정을 내리는 것이 이러한 조치가 재발동되는 것을 막고 이번 분쟁을 해결하는데 도움이 된다는 이유로 moratorium이 존재한다면 동 조치는 관련 협정 위반이라고 판정하는 것이 적절하다고 밝혔다. 협정에 합치되지 않는 조치에 대해서는 DSU 19조1항에 따라 시정에 관한 권고를 하여야 하나 이미 존재하지 않는 조치에 대해서는 이러한 권고가 무의미하다는 *US-Certain EC Products* 사건 상소기구의 판정이 있다. 이 판정대로라면 패널이 moratorium의 부존재를 확인할 경우 굳이 시정 권고를 할 필요가 없게 된다. 그러한 패널은 이번 사건의 경우, 내실 있는 시정 권고가 분쟁 당사자의 권리와 이익을 보존하고 보호하며 이 분쟁의 해결을 보장하는 데에도 합치된다고 언급하고 그러기 위해 moratorium이 2003년 8월 패널 설치 이후 더 이상 존재하고 있지 않은 지에 대해서는 판정을 하지 않겠다고 밝혔다.

이상에 따라 패널은 EC의 *de facto* moratorium이 존재하고 있거나 존재하고 있는 범위 내에서 EC로 하여금 동 조치를 SPS 협정상의 의무에 합치하도록 요구할 것을 DSB에 권고하였다.

(다) moratorium의 SPS 협정 합치 여부

(1) SPS 협정 5조1항 위배 여부

제소국들은 moratorium은 SPS 조치이고 모든 SPS 조치는 협정 5조1항7)상 위

7) 5.1. 회원국은 관련 국제기구에 의해 개발된 위험평가 기술을 고려하여, 자기나라의 위생 또는

험 평가에 기초해야 하는데 그러하지 않았으므로 동 조항 위반이라고 주장하였다.

패널은 우선 moratorium이 SPS 조치에 해당하는지 여부를 심사하였다. 패널은 moratorium이 결국 인간과 동물의 생명 또는 건강을 보호하기 위한 것이므로 SPS 협정 부속서 1의 1조 SPS 조치의 목적은 충족하는 것이라고 보았다. 동 조 두 번째 문단에서는 SPS 조치의 형태(form) 요건을 규정하고 있는데 moratorium이 공식적으로 채택된 법률, 법령, 규정이 아닌 것은 분명하므로 요건 및 절차(requirements and procedures)에 해당하는지가 핵심이었다. 패널은 우선 *de facto* moratorium은 GMO 상품 승인 결정을 지연한다는 절차적인 결정이고 EC의 GMO 승인에 관한 3개 법규의 적용과 운영에 관한 것이므로 본질적으로 절차적인 것이라고 그 성격을 정리하였다. 패널은 법률, 규정 등이 아닌 *de facto* moratorium이 SPS 조치가 되기 위해서는 위생 및 식물위생에 관한 본질적(substantive)인 요건이나 절차가 되어야 할 것인데 위에 정리한 동 moratorium의 성격상 GMO 상품에 갖추어야 할 본질적인 요건을 규정한 것도 아니고 기존의 EC 3개 법규에 규정된 승인 절차를 개정하거나 새로운 절차를 수립하는 것도 아니므로 절차라고 볼 수도 없다고 판단하였다. 이에 따라 패널은 *de facto* moratorium 그 자체는 SPS 협정 부속서 1의 1조에 언급된 요건과 절차에 해당하지 않는다고 판시하였다. 아울러 이러한 절차적인 결정(procedural decision)은 5조1항에 언급된 SPS 조치가 아니므로 5조1항의 적용 대상이 아니라고 확인하였으며 EC가 문제가 된 기간 중 GMO 상품 승인을 중단함으로써 SPS 협정 5조1항에 합치되지 않게 행동한 것은 없다고 판시하였다.

(2) SPS 협정 5조5항, 6항 위배 여부

제소국은 EC의 moratorium은 SPS 협정 5조5항[8]), 6항[9]) 규정에 합치되지 않는

식물위생 조치가 여건에 따라 적절하게 인간, 동물 또는 식물의 생명 또는 건강에 대한 위험평가에 기초하도록 보장한다.

8) 5.5. 인간, 동물 또는 식물의 생명 또는 건강에 대한 위험으로부터의 위생 또는 식물위생 보호의 적정수준이라는 개념의 적용에 있어서 일관성을 달성할 목적으로, 각 회원국은 상이한 상황에서 적절한 것으로 판단하는 수준에서의 구별이 국제무역에 대한 차별적 또는 위장된 제한을 초래하는 경우에는 자의적 또는 부당한 구별을 회피한다. 회원국은 이 협정 제12조제1항, 제2항 및 제3항에 따라 위원회에서 이 규정의 실제 이행을 촉진하기 위한 지침을 개발하기 위하여 협력한다. 동 지침을 개발함에 있어서 위원회는 사람들이 자발적으로 자신을 노출하는 인간의 건강상 위험의 예외적 특성을 포함한 모든 관련 요소를 고려한다.

9) 5.6. 제3조제2항을 저해함이 없이, 위생 또는 식물위생 보호 적정수준을 달성하기 위하여 위생

다고 주장하였으나 패널은 moratorium 자체는 SPS 조치가 아니라 EC 관련 규정의 운영에 관한 절차적인 결정에 불과하므로 SPS 협정 5조5항, 6항의 적용 대상이 아니라고 판시하였다.

(3) SPS 협정 2조2항, 3항 위반 여부

제소국은 moratorium이 5조1항, 5조6항의 적용 대상인 것을 전제로 2조2항[10]에도 위반된다고 주장하였으나 패널은 이미 5조1항, 6항이 적용되지 않는다고 판시하였으므로 2조2항이 적용되지 않는다고 판시하였다. 제소국은 또한 moratorium이 5조5항 위반이면 2조3항에도 위반되는 것이라고 주장하였으나 패널은 같은 논리로 제소국의 주장을 기각하였다.

(4) SPS 협정 7조 및 부속서 2의 1조 위반 여부

제소국은 EC가 *de facto* moratorium의 존재를 공표하지 않은 것은 SPS 협정 7조[11]와 부속서 2의 1조[12]를 위반한 것이라고 주장하였으나 패널은 동 조항은 SPS 규정(regulation)에 관한 것이며 SPS 규정은 SPS 조치에 해당하나 EC의 moratorium은 SPS 조치가 아니라고 이미 판시하였으므로 협정 7조 및 부속서 2의 1조 적용 대상이 아니라고 판시하였다.

(5) SPS 협정 8조 및 부속서 3의 1조가항

제소국은 SPS 협정 부속서 3의 1조가항[13] 규정상 SPS 조치의 이행을 점검하

또는 식물위생 조치를 수립 또는 유지하는 때에는, 회원국은 기술적 및 경제적인 타당성을 고려하여, 동 조치가 위생 또는 식물위생 보호의 적정수준을 달성하는데 필요한 정도 이상의 무역제한적인 조치가 되지 않도록 보장한다(Re.3).

(Remark 3) 제5조제6항의 목적상, 기술적 및 경제적인 타당성을 고려하여 합리적으로 이용 가능하고 위생 또는 식물위생 보호의 적정수준을 달성하면서 무역에 대한 제한이 현저히 적은 다른 조치가 없는 경우, 동 조치는 필요한 정도 이상의 무역제한조치가 아니다.

10) 2.2. 회원국은 위생 및 식물위생 조치가 인간, 동물 또는 식물의 생명 또는 건강을 보호하는데 필요한 범위 내에서만 적용되고, 과학적 원리에 근거하며 또한 충분한 과학적 증거없이 유지되지 않도록 보장한다. 단, 제5조제7항에 규정된 사항은 제외된다.

11) 7. 회원국은 부속서 2의 규정에 따라 자기나라의 위생 또는 식물위생 조치의 변경을 통보하고 자기나라의 위생 또는 식물위생 조치에 관한 정보를 제공한다.

12) 1. 회원국은 채택된 모든 위생 및 식물위생 규정(Re.5)을 이해당사회원국이 인지할 수 있도록 신속히 공표할 것을 보장한다.

(Remark 5) 일반적으로 적용되는 법률, 법령 또는 명령 같은 위생 및 식물위생 조치

13) 1. 위생 또는 식물위생 조치의 이행을 점검하고 보장하기 위한 절차와 관련하여 회원국은 다음의 사항을 보장한다.

고 보장하기 위한 절차는 부당한 지연 없이 시행되어야 하고 8조 규정상 방제, 검사 및 승인 절차는 부속서 3의 규정을 준수해야 하므로 EC의 *de facto* moratorium은 부속서 3의 1조가항 위반이며 결과적으로 협정 8조[14]에도 부합되지 않는다고 주장하였다. EC는 GMO 승인이 지연된 것은 98년 10월부터 2003년 8월 동안 GMO 상품 추적 및 상표 표시에 관한 규정의 입법화가 지연되었고, GMO 상품의 위협성 여부에 대한 과학적 결론이 가부간의 결론이 나지 않은 채 계속 발전 중에 있었던 사실로 정당화될 수 있으며 따라서 부당한 지연이 아니라고 항변하였다.

패널은 EC 지침 90/220, 2001/18 및 규정 258/97은 SPS 조치라고 이미 판정하였음을 환기하고 동 3개 법규는 GMO 상품이 판매 승인을 얻기 위해 충족해야 할 하나 이상의 SPS 요건을 적시하고 있고 이를 점검하고 보장하기 위한 절차를 포함하고 있다고 판단하였다. 따라서 동 3개 규정은 SPS 협정 부속서 3의 1조가항의 적용 대상이 된다고 보았다. 패널은 EC가 GMO 상품 승인을 사실상 잠정 중단한 조치는 이러한 절차의 수행과 완료(undertaken and completed)를 부당하게 지연한(undue delay) 것이므로 부속서 3의 1조가항에 위반되며 따라서 협정 8조에도 합치되지 않는다고 판시하였다.

EC의 지연 불가피 사유에 대해 패널은 GMO 표시(labelling) 및 추적성(traceability)에 관한 규정이 없었다고 해서 당시 존재하고 있던 SPS 요건을 점검하고 보장하기 위한 EC의 능력에 영향을 미친다고 볼 수 없고 설사 그렇다 하더라도 GMO 표시 및 추적성에 관한 규정이 2003년 9월에야 입법이 될 수밖에 없었는지 납득할 수 없다고 기각하였다. GMO 위험성에 관한 과학적 판단이 계속 발전 중이었다는 항변에 대해서 패널은 추가적인 정보를 요구하거나 안정성을 소명하는 다른 요건을 부과하는 방법을 통해 GMO의 위험성에 관한 불확실성을 줄일 수도 있었을텐데 굳이 승인 자체를 중단한 것은 타당하지 못하다고 언급하고 EC의 항변을 모두 기각, 협정 8조 및 부속서 3의 1조가항 위반이라고 판시하였다.

(6) SPS 협정 8주 및 부속서 3의 1조나항 위반 여부

미국은 EC의 moratorium은 부속서 3의 1조나항[15] 규정에도 위반된다고 주장

가. 이러한 절차는 부당한 지연 없이, 그리고 수입상품이 동종 국내 상품에 비하여 불리하지 않은 방법으로 행하여지고 완료된다.

14) 8. (방제, 검사 및 승인 절차)
회원국은 식품, 음료 또는 사료의 첨가제 사용 승인 또는 오염물질 허용치 설정에 관한 국내제도를 포함한 방제, 검사 및 승인절차의 운영에 있어서 부속서 3의 규정을 준수하며 또한 자기 나라의 절차가 이 협정의 규정에 불일치하지 아니하도록 보장한다.

하였으나 패널은 받아들이지 않았다. 패널은 부속서 3의 1조나항 규정상 i) (SPS 조치의 이행을 점검하고 보장하기 위한) 각 절차의 처리 기간을 공표하거나 신청인 요청시 통보해야 할 의무, ii) 구비 서류 완비 여부를 신속히 검사하고 하자를 신청인에게 통보해 줄 의무, iii) 절차의 결과를 신청인에게 전달할 의무, iv) 하자 있는 신청도 신청인의 요청이 있을 경우 가능한 범위 내 진행할 의무, v) 신청인의 요청시 지연 사유를 설명하고 절차의 진행 단계를 통보할 의무가 있다고 할 것인 바 i)의 경우 공표되지 않은 것은 moratorium의 결과(consequence)가 아니며 신청인이 통보를 요청했다는 근거도 없고, ii)의 경우 moratorium이 반드시 구비 서류의 완비 여부 검토를 신속히 하지 않고 하자(瑕疵)를 통보하지 않은 것으로 귀결되었다고 볼 수 없고 미국이 그러하였다는 충분한 증거도 제시하지 못했다고 판단하였다. 패널은 iii) 역시 moratorium이 반드시 승인 절차 결과가 정확하고 완전하게 신청인에게 전달되지 못한 것으로 귀결된다고 볼 수 없고 그렇게 전달되지 못한 결과가 무엇인지 미국이 밝히지도(identify) 못했다고 판단하였으며 iv)의 경우 신청인의 요청 자체가 없었으며 moratorium이 반드시 하자 있는 신청의 진행을 할 수 없는 것으로 귀결된다고 볼 수 없다고 판단하였다. v)의 경우 패널은 신청인의 요청 자체가 없었으며 moratorium이 반드시 지연 사유 불설명과 불통보로 귀결된다고 볼 수도 없다고 반박하고 미국의 주장 모두를 기각하였다.

(7) SPS 협정 10조1항 위반 여부

아르헨티나는 자국에 대해 EC가 SPS 협정 10조1항[16]의 개도국 특별 고려 의무를 위반하였다고 주장하였으나 패널은 우선 아르헨티나의 주장이 moratorium 자체에 대한 것인지 moratorium을 적용함으로써 SPS 관련 법규를 10조1항 규정대로 적용하지 못하였다는 것인지 불투명하다고 언급하고 전자의 경우라면 이미 moratorium은 SPS 조치가 아니라고 판정하였으므로 SPS 조치에 대해 적용되는 10조1항은 적용될 여지가 없다고 언급하였다. 후자의 경우라면 패널은 10조1항이

---

15) 1. … 생략 …

나. 각 절차의 표준처리기간은 공표되거나, 예상 처리기간이 요청시 신청인에게 통보된다. 신청서 접수시 주무기관은 구비서류의 완비 여부를 신속히 검토하여 신청인에게 서류상의 모든 하자를 정확하고 완전하게 통보한다. 주무기관은 가능한 한 조속히 절차의 경과를 정확하고 완전하게 신청인에게 전달함으로써 필요시 수정 조치가 취해질 수 있도록 한다. 신청에 하자가 있더라도 신청인의 요청이 있는 경우 주무기관은 가능한 범위 내에서 절차를 진행하며, 요청시 신청인에게 지연사유를 설명하고 절차의 진행단계를 통보한다.

16) 10.1. 위생 또는 식물위생 조치의 준비 및 적용에 있어서, 회원국은 개발도상회원국, 특히 최빈개도국회원국의 특별한 필요를 고려한다.

요구하는 것은 개도국의 특별한 필요를 고려(take account)하라는 것이지 반드시 개도국에게 특별한 대우를 부여하라는 것은 아니므로 moratorium 기간 동안 아르헨티나 GMO 상품의 대 EC 수출이 특별한 대우를 받은 바 없다는 사실 자체가 10조1항의 의무를 구성하는 것은 아니라고 판시하였다.

3) 특정 상품별 조치

(가) SPS 협정 5조1항, 5항, 6항, 2조2항, 3항 7조 위반 여부

moratorium 기간 중 제소국이 시판 승인 신청을 제출하였거나 심사가 진행 중이었던 GMO 상품은 미국이 25개, 캐나다가 4개, 아르헨티나가 11개였다. 이들 중 제소국은 moratorium으로 인해 이들 개별 상품의 시판 신청의 심리 절차가 지연, 중단된 사례 27개에 대해서도 SPS 협정 위반이라는 시비를 별도로 제기하였으나 패널은 개별 상품에 대한 조치 역시 moratorium과 마찬가지로 SPS 조치가 아니라 SPS 규정 및 절차를 적용하고 운영하는 절차적 결정이라고 개념 짓고 moratorium에 대한 SPS 협정 위반 판정과 같은 논리로 제소국의 주장을 상당 부분 기각하였다.

즉 SPS 협정 5조1항 위반 주장에 대해서 패널은 SPS 절차의 적용, 운영에 관한 절차적 결정은 SPS 협정 부속서 1의 1조 적용 대상이 아니므로 협정 5조1항이 적용되지 않고, SPS 5조5항, 6항 위반 주장에 대해서는 개별 상품에 대한 조치는 SPS 조치가 아니므로 동 조항 적용 대상이 아니며, SPS 협정 2조2항, 3항 위반 주장은 5조5항, 6항 위반을 전제로 하는 것인데 이미 개별 조치에는 동 조항이 적용 되지 않는다고 판시하였으므로 2조2항, 3항 역시 적용할 수 없다고 확인하였다. 미국은 SPS 협정 부속서 2의 1조 및 협정 7조 위반이라고도 주장하였으나 패널은 부속서 2의 1조는 기 채택된 SPS 규정(regulation)에 적용되는 것이고 각주에 SPS 규정이란 일반적으로 적용되는 법률, 법령, 또는 명령 같은 SPS 조치라고 정의되어 있음을 환기하고 개별 상품별 조치는 일반적으로 적용되는 것이 아니므로 동 조항 적용 대상이 아니라고 보았다.

(나) SPS 협정 8조 및 부속서 3의 1조가항 위반 여부

패널은 그러나 개별 상품별 조치가 SPS협정 8조 및 부속서 3의 1조가항 첫 문장 위반이라는 제소국의 주장은 대부분 수용하였다. 패널은 개별 상품의 심리 절차 지연 및 중단은 부속서 3의 1조가항에 규정된 SPS 조치의 이행을 점검하고 보장하기 위한 절차에 해당한다고 정리하고 문제가 된 개별 상품의 승인 절차 진행 과정을 단계별로 검토한 결과 제소국이 제기한 27개 품목 중 3개를 제외하고 모두 그 절차가 부당하게 지연된 점이 인정된다고 판시하였다.

아르헨티나는 특히 자국의 GMO 상품이 EC 규정 258/97 절차 진행에 있어 동종 국내 상품에 비해 덜 유리한 대우를 받았다고 주장하고 이는 부속서 3의 1조가항 및 GATT III조4항 위반이라는 시비를 추가하였다. 아르헨티나가 시비한 상품은 자국의 GMO 옥수수였다.

패널은 동 시비가 성립되기 위해서는 우선 수입 GMO 상품이 국내 동종 상품에 비해 승인 절차의 수행과 완료 측면에서 덜 유리한 대우를 받았다는 것을 입증해야 할 것이나 아르헨티나는 국내 동종 상품에 적용된 승인 과정에 관한 사실정보(factual information)도 제출하지 못했으며 국내 비 GMO 옥수수의 승인 절차는 부당하게 지연되지 않았다고 주장하는 것도 아니고 결국 규정 258/97에 정해진 승인 처리 방식이 당해 상품의 원산지에 따라 달라진다는 것도 아니므로 아르헨티나는 규정 258/97의 승인 절차가 수입 상품의 경우 국내 상품에 비해 덜 유리한 방식으로 수행되거나 완료되었다는 것을 입증(establish)하지 못했다고 판정하였다. 패널은 아르헨티나의 주장은 규정 258/97의 절차가 1998년 이후 국내외 상품에 적용된 방식이 1998년 이전 국내 상품에 적용된 방식보다 덜 유리하다는 것으로 이해되는데 이는 상품의 원산지가 외국이기 때문에 초래되었다는 것을 입증하는 데 불충분하다고 본 것이다.

(다) SPS 협정 8조 및 부속서 3의 1조 위반 여부

미국과 아르헨티나는 개별 상품별 조치는 SPS 협정 부속서 3의 1조나항 위반이라고 주장하기도 하였으나 패널은 moratorium에 대한 동일 시비를 검토한 것과 동일한 이유로 1조나항에 나열된 5개 의무를 위반하였다고는 볼 수 없다고 판단하였다.

아르헨티나는 개별 상품에 대한 EC 승인 중단 조치는 제출된 승인 신청 검토를 지연한 것이며 또한 EC가 과도한 정보를 요구하였다고 주장하고 이는 협정 부속서 3의 1조다항[17]에 위반된다고 시비하였으나 패널은 특정 승인 절차를 부당하게 지연시키지 않고 완료하지 못한 것 자체는 신청인에게 과도한 정보를 제

17) 1. … 생략 …
다. 정보의 요구는 첨가제 사용의 승인 또는 식품, 음료 또는 사료내의 오염물질 허용치의 설정을 포함, 적절한 통제, 검사 및 승인절차를 위하여 필요한 사항에 국한된다.

공토록 부과한 것에 해당하지 않으며 만일 아르헨티나가 판단하기에 EC의 추가 정보 요구가 1조다항에 규정된 대로 필요한 사항을 초과하는 것이라면 정보 요구 조치 자체에 대해 시비해야 했을 것이라고 판시, 아르헨티나의 주장을 기각하였다.

아르헨티나는 또한 EC의 개별 상품별 조치는 부속서 3의 1조마항[18]의 합리성 및 필요성 요건에 위반된다고 주장하기도 하였으나 패널은 동 조항은 상품의 개별 견본에 적용되는 것이고 EC의 상품별 조치는 동 조항의 적용을 받지 않는다고 판정하였다.

4) EC 회원국의 수입제한조치

(가) 조치 개요

문제가 된 EC의 3개 법규는 시판이 승인된 GMO 상품이라 하더라도 동 상품이 인간 건강과 환경에 유해하다고 믿을 만한 자세한 근거가 있다면 해당 회원국은 동 상품의 자국내 판매 및 사용을 잠정적으로 제한하거나 금지할 수 있다고 규정하고 있다. 동 조항에 의거하여 상당수 EC 회원국은 특정 GMO 상품에 대해 수입 및 시판을 금지하는 safeguard 조치를 취하였다.[19] 제소국은 이러한 회원국별 safeguard 조치는 SPS 협정 5조1항, 7항, 2조2항 위반이라고 주장하였다. 패널은 우선 회원국별 safeguard 조치가 SPS 조치에 해당하는지, 협정 5조1항과 7항과의 관계는 어떠한 것 인지부터 심리하였다.

(나) SPS 협정 적용 가능 여부

패널이 이미 정리한 대로 어떤 조치가 SPS 조치가 되기 위해서는 SPS 협정 부속서 1의 1조가호부터 라호에 기재된 목적을 달성하기 위해 적용되는 것이어

---

18) 마. 상품의 개별적인 견본의 통제, 검사 및 승인을 위한 요건은 합리적이고 필요한 사항에 국한된다.

19) (1) Austria-T25 maize (Argentina, Canada, U.S.) ( )은 해당 조치를 시비한 제소국
(2) Austria-Bt-176 maize (Argentina, U.S.)
(3) Austria-MON 810 maize (Argentina, U.S.)
(4) France-MS1/RF1 oilseed rape (Canada, U.S.)
(5) France-Topas oilseed rape (Canada, U.S.)
(6) Germany-Bt-176 maize (Argentina, U.S.)
(7) Greece-Topas oilseed rape (Canada, U.S.)
(8) Italy-Bt-11 maize, MON 810 maize, MON 809 maize and T25 maize (Argentina (except for MON 809 maize), Canada, U.S.)
(9) Luxembourg-Bt-176 maize (Argentina, U.S.)

야 하고 그 형태와 본질(form and nature)이 법률, 법령, 규정, 요건 및 절차에 해당하여야 하며 국제 무역에 직·간접적으로 영향을 미쳐야 한다. 패널은 해당 회원국이 safeguard 조치를 취하면서 표방한 조치별 목적을 각각 검토하여 보았으며 그 결과 각 목적은 SPS 협정 부속서 1의 1조 가~라호상의 목적 중 하나 또는 이상에 해당한다고 판단하였다.

형태 및 본질 요건에 관해 패널은 safeguard의 형태는 법령, 행정 명령 등 발동 국가별로 상이하기는 하나 당해 회원국에 귀속되는 것이며 법적인 구속력이 있는 점에서 형태 요건은 충족하는 것이고, 당해 회원국 영토내 판매를 금지하는 것이므로 본질 요건도 충족한다고 보았다. 또한 당해 GMO 상품의 수입을 금지하는 것이므로 국제 무역에 영향을 미치는 조치임에 분명하다고 보았으며 따라서 회원국이 발동한 safeguard 조치는 SPS 협정 부속서 1의 1조와 협정 1조1항이 의미하는 SPS 조치에 해당한다고 결론지었다.

(다) SPS 협정 5조1항과 7항과의 관계

제소국은 EC 회원국의 safeguard 조치는 SPS 조치이며 합당한 위험 평가 없이 이루어진 것이므로 SPS 조치는 위험 평가에 기초해야 한다는 SPS 협정 5조1항에 위반된다고 주장하였으나 EC는 safeguard 조치는 잠정적으로 적용되는 조치이므로 5조7항[20]이 적용되어야 한다고 주장하였으며 5조7항은 SPS 조치 전반에 적용되는 2조2항[21]과 5조1항의 예외가 아니라 5조1항이 적용되지 않는 배타적인 상황에 관한 조항이라고 반박하였다.

패널은 잠정 조치이면 당연히 5조7항이 적용되어야 한다는 EC의 주장에 대해서는 5조7항의 구문 구조상 일정 요건이 충족되면, 즉 과학적인 증거가 불충분하면 특정한 권리가 부여 된다는, 즉 잠정적인 SPS 조치를 채택할 수 있다는 것이지 잠정 조치이기만 하면 당연히 5조7항이 적용되는 것은 아니라고 정리하였다. 즉 잠정 조치는 5조7항에 의거하여 일정 조건하에 예외적으로 허용되는 것이지

---

20) 5.7. 관련 과학적 증거가 불충분한 경우, 회원국은 관련 국제기구로부터의 정보 및 다른 회원국이 적용하는 위생 또는 식물위생 조치에 관한 정보를 포함, 입수가능한 적절한 정보에 근거하여 잠정적으로 위생 또는 식물위생 조치를 채택할 수 있다. 이러한 상황에서, 회원국은 더욱 객관적인 위험평가를 위하여 필요한 추가정보를 수집하도록 노력하며, 이에 따라 합리적인 기간내에 위생 또는 식물 위생 조치를 재검토한다.

21) 2.2. 회원국은 위생 및 식물위생 조치가 인간, 동물 또는 식물의 생명 또는 건강을 보호하는데 필요한 범위내에서만 적용되고, 과학적 원리에 근거하며 또한 충분한 과학적 증거없이 유지되지 않도록 보장한다. 단, 제5조제7항에 규정된 사항은 제외된다.

잠정 조치가 5조7항이 적용되는 조건은 아니라는 것이라고 설명하고 EC의 주장을 기각하였다. 잠정 조치라는 이유만으로 협정 5조1항이 적용되지 않는다고 볼 수는 없으며 5조7항의 조건을 충족하는지를 살펴보아야 5조1항 대신 5조7항이 적용될 것인지를 결정할 수 있다는 것이다.

쟁점이 되었던 것은 5조7항은 권리이지 2조2항, 5조1항 의무의 예외가 아니라는 EC의 두 번째 주장이었다. 이것이 특히 중요한 것은 만일 5조7항이 잠정 조치에 대한 권리라면 어떤 조치가 5조7항의 위반이라는 것을 그 시비를 제기한 제소국이 입증해야 하는 것이나 5조1항의 예외라면 그 조치가 예외 구성 요건에 해당한다는 것을 피제소국, 이 사건의 경우 EC가 입증해야 하기 때문이다.

어느 조항의 의무가 다른 조항의 규정으로 인해 동 조항이 적용되는 상황에서 후자가 전자의 예외인지, 아니면 별도의 권리인지의 문제는 *EC-Hormones* 사건에서도 검토된 바 있으며 *EC-Tariff Preferences* 사건에서도 권능부여조항이 GATT I조1항의 예외인지, 별도의 권리인지 문제가 된 바 있다. 따라서 이 사건 패널은 두 사건 상소기구의 판정을 지침 삼아 이 문제를 검토하였다. *EC- Hormones* 사건에서 상소기구는 어느 조항이 다른 조항의 의무와 합치되지 않는 행동을 특정한 상황에서 허용할 경우 제소국은 문제가 된 조치가, 의무 조항이 동 조치에는 적용되지 않는다고 언급된 범위 내에서, 허용 조항과 합치되지 않는다는 것을 입증해야 할 책임이 있다고 판시한 바 있다. *EC-Hormones* 사건에서는 SPS 협정 3조1항22)과 3조3항23)이 문제가 되었다. 동 사건에서 상소기구는 3조3항 합치 여부를 피소국이 입증해야 한다고 판시한 패널 판정을 번복하여 3조3항은 3조1항의 예외가 아니라 별도의 권리라고 보고 제소국이 먼저 문제가 된 조치가 3조1항에 어긋나는 것임을 입증해야 한다고 판시하였었다.

---

22) 3.1. 위생 및 식물위생 조치를 가능한 한 광범위하게 조화시키기 위하여, 이 협정에 달리 규정된 경우, 특히 제3항에 규정된 경우를 제외하고, 회원국은 자기나라의 위생 또는 식물위생 조치를 국제기준, 지침 또는 권고가 있는 경우 이에 기초하도록 한다.

23) 3.3. 회원국은 과학적 정당성이 있거나, 회원국이 특정 보호의 수준의 결과 제5조제1항부터 제8항까지의 관련 규정에 따라 적절하다고 결정하는 경우 회원국은 관련 국제기준, 지침 또는 권고에 기초한 조치에 의하여 달성되는 위생 또는 식물위생 보호 수준보다 높은 보호를 초래하는 위생 또는 식물위생 조치를 도입 또는 유지할 수 있다(Re.2). 상기에 불구하고, 국제기준, 지침 또는 권고에 기초한 조치에 의하여 달성되는 위생 또는 식물위생 보호 수준과 상이한 보호 수준을 초래하는 모든 조치는 이 협정의 그 밖의 규정과 불일치하지 아니한다.
(Remark 2) 제3조제3항의 목적상 회원국이 본 협정의 관련규정과 합치되는 이용가능한 과학적인 정보의 조사와 평가에 근거하여, 관련 국제기준, 지침 또는 권고가 위생 또는 식물위생 보호의 적정수준 달성에 충분치 않다고 결정하는 경우, 과학적인 정당성이 존재한다.

EC-Tariff Preferences 사건 상소기구도 *EC-Hormones* 사건 상소기구의 판정에 따랐다. 이번 사건 패널은 SPS 협정 2조2항의 의무에 합치되지 않는 조치가 5조7항에 의해 허용되는 것이고 2조2항은 5조7항에 규정된 사항은 예외라는 점을 명기하고 있으므로 위의 선례에 따라 5조7항은 2조2항의 예외가 아니라 별도의 권리라고 정리하였다. 그러나 무제한적인 권리는 아니며 5조7항에 나열된 조건을 모두 충족해야 하는 조건부 권리(qualified right)라고 하였다. 이러한 조건이 하나라도 충족되지 않았을 경우 문제가 된 조치는 2조2항의 적용 대상이 된다고 보았다. 아울러 패널은 제소국이 어떤 SPS 조치를 시비할 경우 동 조치가 5조7항의 조건을 모두 충족하지는 못했다는 것과 2조2항 의무도 준수하지 못했다는 것을 입증해야 한다고 판단하였다.

패널은 5조1항과 7항과의 관계 역시 SPS 조치에 보편적으로 적용되어야 할 5조1항의 위험 평가 의무에 어긋나는 조치가 5조7항의 규정에 의해 예외적으로 허용되는 것이므로 5조7항은 위에 살펴 본 바와 같이 조건부 권리이지 5조1항의 예외가 아니라고 판정하였다. 입증 책임에 대해서도 패널은 어떤 조치가 5조7호에 규정된 조건 중 하나라도 충족하지 못할 경우에만 동 조치에 대해 5조1항이 적용되는 것이므로 어떤 조치가 5조1항에 위배된다고 시비하는 제소국이 먼저 동 조치가 5조7항에 규정된 조건 중 하나라도 충족하지 못했음과 아울러 5조1항 의무에도 위반된다는 것을 입증해야 한다고 보았다.

이번 사건에서 문제가 된 EC 회원국의 safeguard 조치가 5조1항, 7항에 합치되는지 여부를 심리함에 있어 동 조치가 5조7항의 조건을 모두 충족하지는 못했다는 점을 제소국이 입증하는데 성공하였는지부터 분석할 수 있을 것이다. 그런데 패널은 이 사건의 경우 safeguard 조치가 5조1항 의무에 합치하는지부터 검토하겠다고 하였다. 5조1항 합치 여부를 먼저 검토하여 만일 합치된다고 판정되면 비록 5조7항 조건이 충족되지 못했다고 패널이 인정한다 하여도 제소국의 5조1항 주장이 결국 성립되지 못할 것이기 때문이다. *Japan-Apples* 사건에서도 상소기구는 일본이 5조7항에 의거, 정당화된다는 SPS 조치가 5조7항에 합치하는지부터가 아니라 2조2항에 합치되는지부터 검토하여 2조2항 합치 여부에 대한 잠정적인 결론을 내린 후 5조7항 합치 여부를 분석한 바 있다.

(라) 개별 safeguard 조치의 SPS 협정 5조1항 합치 여부

EC 회원국 safeguard 조치 개개의 5조1항 합치 여부 판정의 핵심은 위험 평가 존재 여부와 safeguard 조치가 이에 기초하였는지 여부이다. 위험 평가 존재 여부에 대해 패널은 SPS 협정이 해당 조치를 시행하는 국가로 하여금 위험 평가를 실시할 것을 요구하는 것은 아니며 다른 기관이나 국가의 위험 평가에 기초하여 SPS 조치를 시행할 수 있다고 보았다. 이 사건 경우 상당수 EC 회원국은 다른 회원국 당국이 실시한 분석 등을 근거로 safeguard 조치를 시행하였었다. 패널은 패널 설치일 당시 safeguard 조치가 위험 평가에 기초하고 있는지 여부가 중요하지 해당 위험 평가가 조치 시행 전 또는 후에 실시되었는지 여부는 중요하지 않다고 정리하였다.

safeguard 조치를 시행하는 EC 회원국은 동 조치 시행이 불가피하다는 것을 설명하는 문서를 EC 집행위에 제출하였었다. 패널은 달리 위험 평가 결과라고 제출된 자료가 없으므로 동 문서가 위험 평가에 해당하는지 살펴보았다. 패널은 이 문서에 위험 발생 가능성이 과학적으로 평가 분석된 것이 없이 단지 위험 평가 절차에 대해서만 언급되어 있고, 인간이나 동물 건강에 대한 잠재적인 부정적 영향에 대한 분석이나 생물학적, 경제적인 결과 분석은 물론 방지하려는 위험의 진입 및 확산 가능성에 대한 검토 결과가 언급되어 있지 않은 점을 이유로 동 문서를 위험 평가라고 볼 수는 없다고 판단하였다.

SPS 조치가 위험 평가에 기초(based on)한다는 것은 위험 평가와 문제가 된 조치 간에 합리적인 관계(rational relationship)가 존재한다는 것이며 위험 평가가 당해 SPS 조치를 충분히 보장(sufficiently warrant)하거나 논리적으로 지지(reasonably support)한다는 것이라는 점이 이전 SPS 사건에서 거듭 확인된 바 있다. 패널 역시 이러한 기준에 입각하여 EC 회원국의 개개 safeguard 조치가 EC가 주장하는 위험 평가에 의해 보장되거나 지지되는지 여부를 일일이 살펴보았다. 그 결과 패널은 safeguard 조치가 위험 평가에 기초하고 있다고 볼 수는 없다고 판단하였다.

EC는 SPS 조치가 과학계의 주류 의견이 아니라 여러 다양한 소수 견해를 반영하고 있으면 역시 위험 평가에 기초하고 있는 것이라고 주장하였으며 패널은 원칙적으로 이에 동의하기는 하였다. 그러나 패널은 EC가 주장하는 경우는 해당 SPS 조치가 반영하고 있는 소수 의견이 위험 평가시 검토되고 분석된 경우에 한하는 것이며 EC가 주장하는 위험 평가가 일체 다른 견해를 반영하지 않고 오직 하나의 의견에 토대하고 있는데 safeguard 조치가 동 의견과 다른 소수 견해를 반영하고 있다면 동 조치는 위험 평가에 기초하고 있다고 볼 수 없다고 판단하였다.

패널은 이상의 분석으로 토대로 개개 safeguard 조치가 SPS 협정 5조항의 요건을 충족하지 못한다고 판정하였으며 5조7항 조건 합치 여부를 검토하였다. 5조

7항 조건을 충족하면 5조1항의 의무가 적용되지 않기 때문이다.

(마) SPS 협정 5조7항 조건 준수 여부

5조7항 조건 준수 여부에 대해 패널은 각각의 safeguard 조치가 우선 관련 과학적 증거가 불충분한 경우에 채택된 것인지부터 살펴보았다. EC는 과학적 증거가 불충분하다는 판단은 조치를 채택하려는 국가가 보호하려는 적정한 수준의 동식물 보호 정도를 참작(with reference to)하여 결정되어야 한다고 주장하였다. 높은 수준으로 보호하려는 국가에게는 과학적 증거가 불충분할 여지가 많을 것이다. 패널은 이 경우 과학적 증거의 불충분 여부가 매우 자의적으로 판정될 소지가 있다는 것을 근거로 EC의 주장을 배척하였다. 과학적 증거가 불충분하다는 평가의 시점과 관련하여 패널은 문제가 된 SPS 조치가 채택된 시점이 기준이라고 판단하였다.

패널은 개개 조치의 과학적 증거 불충분성 여부에 대해 검토한 결과, EC는 safeguard 조치를 채택하면서 조치 대상 GMO 상품의 위험 평가를 실시하였다고 주장하고 있음을 주목하며 만일 과학적 증거가 충분하지 않다면 위험 평가 자체를 실시할 수 없었을 텐데 위험 평가를 실시하였다는 것은 그 당시 평가할만한 과학적 증거가 있었다고 간주하는 것이 타당하다고 보았다. 이러한 추정을 EC가 효과적으로 배척해야 할 것이나 EC가 제기한 반론은 이러한 추정을 부정하기에 부족하다고 패널은 판단하였다. 따라서 safeguard 조치가 채택될 시점에 과학적 증거가 불충분하지는 않았다고 판단하였으며 safeguard 조치가 5조7항의 조건중의 하나를 충족하지 못하였으므로 safeguard 조치는 5조7항의 적용 대상이 아니라고 결론지었다. 따라서 패널은 EC의 safeguard 조치는 결국 5조1항에 합치되지 않는 것이라고 판시하였다. 또한 5조1항은 SPS 조치 전반에 적용되는 2조2항의 구체적인 한 부분에 해당하는 것이므로 5조1항에 위반되는 조치는 2조2항에도 위반되는 것이라고 판시하였다.

다. 해설 및 평가

이번 사건에서 분쟁 대상이 되었던 3개 조치에 대한 패널의 판정을 종합하면 아래와 같다.[24)]

<표-1> *de facto* moratorium

Measure	SPS 8/ Annex C(1)(a) first clause	SPS Annex C(1)(b)	SPS 7/ Annex B(1)	SPS 5.1 SPS 5.5 SPS 2.2 SPS 2.3	SPS 5.6	SPS 10.1
Moratorium	Violation (US/Canada)	No violation (US)	No violation	No violation	No violation (Canada)	No violation (Argentina)

Moratorium에 대해 패널은 동 조치가 존재하거나 존재하는 범위 내에서 SPS 협정상의 의무와 합치되도록 권고하였다.[25)]

각 상품에 대한 moratorium에 대해 패널은 SPS 의무와 합치하게 할 것을 EC에게 요구하도록 DSB에 권고하였으나 이러한 권고는 철회되거나 패널 설치 이후 판매가 승인된 상품에 대해서는 적용되지 않는다는 점을 확인하였다.[26)]

<표-2> 상품별 moratorium 조치

Measure	SPS 8/ Annex C(1)(a) first clause	SPS 8/ Annex C(1)(b)	SPS 7/ Annex B(1)	SPS 5.1 SPS 5.5 SPS 2.2	SPS 5.6	SPS 2.3	SPS 8/ Annex C(1)(a) second clause/ Annex C(1)(c) Annex C(1)(e)/ GATT III:4
-Falcon oilseed rape -RR fodder beet -Liberator oilseed rape -Bt-11 maize -BXN cotton -Bt-1507 maize -Bt-1507 maize II -MON810xGA21 maize -RR sugar beet -Bt-11 sweet maize(food) -MON810xGA21 maize(food) -Bt-1507 maize(food) -RR sugar beet(food)	No violation (US)	No violation (US)	No violation (US)	No violation (US)			
-MS8/RF3 oilseed rape -RR oilseed rape	No violation (US/Canada)	No violation (US)	No violation (US)	No violation (US/Canada)	No violation (Canada)	No violation (Canada)	
-Bt-531 cotton -RR-1445 cotton -NK603 maize -GA21 maize -GA21 maize(food) -NK603 maize(food)	No violation (US/ Argentina)	No violation (US/ Argentina)	No violation (US)	No violation (US/ Argentina)	No violation (Argentina)		No violation (Argentina)

24) WorldTradeLaw.net Dispute Settlement Commentary for *EC-Biotech Products* ("GMOs") (Panel), Page 3~5.

25) 패널보고서 WT/DS291, 292, 293/R para. 8.16, 8.36, 8.51

26) 패널보고서 para. 8.20, 8.40, 8.55

-MS1/RF1 oilseed rape -MS1/RF2 oilseed rape	No violation (Canada)			No violation (Canada)	No violation (Canada)	No violation (Canada)	
-LL soybeans	No violation (Argentina)/ No violation (US)	No violation (US/ Argentina)	No violation (US)	No violation (US/ Argentina)	No violation (Argentina)		No violation (Argentina)
-the Transgenic potato -LL oilseed rape	No violation (US)	No violation (US)	No violation (US)	No violation (US)			
-LL soybeans(food)	No violation (US/ Argentina)	No violation (US/ Argentina)	No violation (US)	No violation (US/ Argentina)	No violation (Argentina)		No violation (Argentina)

<표-3> 회원국별 safeguard 조치

Measure	SPS 5.1	SPS 5.7	SPS 2.2
Austria-T25 maize	Violation	Not consistent	Violation
Austria-Bt-176 maize	Violation (US, Argentina)	Not consistent (US, Argentina)	Violation (US, Argentina)
Austria-MON810 maize	Violation (US, Argentina)	Not consistent (US, Argentina)	Violation (US, Argentina)
France-MS1/RF1 oilseed rape	Violation (US, Canada)	Not consistent (US, Canada)	Violation (US, Canada)
France-Topas oilseed rape	Violation (US, Canada)	Not consistent (US, Canada)	Violation (US, Canada)
Germany-Bt-176 maize	Violation (US, Argentina)	Not consistent (US, Argentina)	Violation (US, Argentina)
Greece-Topas oilseed rape	Violation (US, Canada)	Not consistent (US, Canada)	Violation (US, Canada)
Italy-Bt-11 maize. MON810 maize, MON809 maize, T25 maize(Note: Argentina did not make a claim in relation to MON809 maize, but did make claims for the other three products)	Violation	Not consistent	Violation
Luxembourg-Bt-176 maize	Violation (US, Argentina)	Not consistent (US, Argentina)	Violation (US, Argentina)

회원국별 safeguard 조치에 대해 패널은 EC로 하여금 동 조치를 SPS 협정상의 의무와 합치되도록 조치할 것을 요구할 것을 DSB에 권고하였다.[27]

아르헨티나의 덜 유리한 대우 위반 주장에 대해 패널은 SPS 조치를 점검하고 이행을 보장하기 위한 절차가 동종 상품들간에 다르게 적용된다는 것만으로는

27) 패널보고서 para. 8.32, 8.48, 8.64

덜 유리한 대우를 받았다는 점을 인정할 수 없다고 보았다. 상품간에 차별은 존재할 수 있으며 그러한 차별이 수입상품 여부, 즉 원산지에 의해 발생한다면 덜 유리한 대우가 될 것이나 원산지 이외에 합당한 이유나 상황에 의한 차별이라면 차별 자체만으로 덜 유리한 대우를 인정할 수는 없다는 것이다.[28] 아르헨티나의 경우 부속서 3의 1조가항상의 덜 유리한 대우를 입증하기 위해서는 국내 동종 상품에 대해 적용된 절차는 어떠한 것이었는지 객관적인 사실 자료부터 제출했어야 하나 그러하지 못했다. 또한 수입 상품(GMO 옥수수)과 국내 동종 상품(비GMO 옥수수)간에 적용된 SPS 조치 관련 절차가 상이하다는 것만 주장하였지 그러한 상이점의 원인이 원산지에 의한 것이라는 점을 충분히 입증하지 못했다.

이 사건 패널은 어떤 조치가 SPS 조치가 되기 위해서는 목적, 형태, 본질 3요건을 충족하여야 한다고 보고 그 근거를 SPS 협정 부속서 1의 1조의 규정에서 구했다. 우선 해당 조치의 목적(purpose)이 1조 가호에서 라호에 기재된 것 중의 하나에 해당하여야 하며, 형태(form)는 1조 두 번째 문단에 기재된 laws, decrees, regulation에 해당하여야 하고, 그 조치의 본질(nature)은 시험, 조사, 증명, 승인 절차, 검역 처리, 포장 및 상표 부착 등을 포함하는 요건 및 절차(requirements and procedures)에 해당해야 한다고 보았다. 그런데 사실 1조 두 번째 문단의 구조상 laws, decrees, regulation과 requirements and procedures를 형태와 본질의 요건으로 나누어 보기는 어렵다. 해당 문장은 이 5가지를 동등한 자격으로 열거하고 있을 뿐이며 앞의 3가지와 뒤의 2가지가 다른 위치에 있다는 것을 시사하는 것은 아무것도 없다. 패널이 SPS 형태는 laws, decrees, regulation을 망라하므로 특정한 legal form을 취해야 하는 것은 아니라고 해석하기는 하였으므로 사실 위의 5가지를 굳이 둘로 나누어 볼 실익 자체가 없었다고 판단된다. 시험, 조사, 증명, 검역 등에 관한 것이면 위의 5가지 중 어느 것에라도 해당되면 SPS 조치라고 판단하는 것이 가시적이거나 공식적인 형태를 취하지 않은 사실상의 SPS 조치를 규제하는 데에도 도움이 될 것이다.

이 사건 패널은 당초 EC의 moratorium은 이제 더 이상 존재하지 않는다는 점을 확인하고 따라서 moratorium에 대해서는 아무런 권고도 제시하지 않았으나 나중에 최종 보고서에서는 이를 수정하여 만일 moratorium이 존재한다면 대상 협정과 합치시켜야 한다고 권고하였다. 단순한 사실 관계가 아니라 패널의 판정에 관해서 중간 보고서에서의 입장을 수정한 것은 *Korea-Paper* 사건에서도 있었으며

28) 패널보고서 para. 7.2408

이번이 두 번째이다. 패널은 moratorium의 대상 협정 위반성을 강조하고 또한 이러한 moratorium이 행정 당국의 결정만으로 쉽게 다시 적용될 수 있는 점을 감안, 재발동을 봉쇄하기 위한 일종의 경고로서 시정 권고를 내린 것으로 보인다. 그러나 moratorium이 이미 더 이상 존재하지 않는 것은 확인된 사실이므로 패널의 권고는 사실 큰 의미가 없다.

이 사건은 2003년 8월 7일 패널이 설치된 이래 2006년 9월 29일 패널의 최종 보고서가 회람되기까지 무려 3년 2개월의 시간이 소요되었다. 이는 어떠한 경우에도 패널 설치로부터 회원국에게 보고서를 배포할 때까지의 기간이 9개월을 초과해서는 안 된다는 DSU 12조9항을 준수하지 못한 것이다. 그러나 동 조항을 준수하지 못한 사건은 비단 이 사건뿐만 아니라 다수 있으며 DSU의 여러 시한 규정에도 불구하고 이를 준수하지 못하는 경우는 비일비재하다. 그러나 이 사건 만큼 장기간을 소요한 사건은 전례가 없다. 이 사건은 과학적인 사실과 주장을 검토해야 할 기술적인 심리가 많았고 분쟁 대상이 된 상품이 다수여서 많은 시간이 소요되었다. 패널 보고서의 분량도 무려 1,100 page에 달해서 지금까지의 패널 보고서 중 가장 방대한 분량이었다.

이 사건의 잠정 보고서는 2006년 2월 당사국에게 배포되자마자 그 전문이 누출되어 Friends of Earth라는 NGO 단체에 의해 그 전문이 공개되었다. 비밀이 유지되어야 할 잠정 보고서의 골자가 누출되는 경우는 흔한 일이기는 해도 보고서 전문 자체가 공개되기는 이번이 처음이었다. 패널은 최종 보고서를 회원국에게 회람하면서 특히 이 문제에 대해 깊은 유감을 표명하기도 하였다.

제 4 장

반덤핑협정 관련 사건

1. Mexico vs. Guatemala – Cement(I) 사건

(DS60, 1998. 11. 25. – 상소기구)

가. 사건 개요

이 사건은 멕시코산 Portland cement에 과테말라 정부가 반덤핑 관세를 부과한 데 대해 멕시코 정부가 제소한 사건이다.

과테말라는 자국 시멘트 생산업체인 Cementos Progreso사의 신청에 따라 1996년 1월 멕시코 Cruz Azul사 시멘트에 대해 반덤핑 조사 절차를 개시하고 1997년 1월 Cruz Azul사에 대해 89.54%의 반덤핑 관세를 부과하였다.

멕시코 정부는 과테말라 정부가 충분한 근거도 없이 반덤핑 조사 개시를 자의적으로 결정하였고 조사도 불공정하고 편파적으로 진행함으로써 반덤핑협정을 위반하였다고 1997년 2월 WTO에 제소(패널 설치 요청)하였다. 멕시코 정부에 따르면 과테말라 정부는 Cementos Progreso사의 반덤핑 조사 청구가 덤핑 사실의 존재, 산업 피해 존재와 덤핑과의 인과 관계에 대한 충분한 근거를 제시하지 못하고 일방적인 주장과 추론으로 점철되어 있음에도 불구하고 반덤핑 조사 개시를 결정하였을 뿐만 아니라 조사 개시의 통보 지연, 조사 기간 및 대상 기관의 임의 연장, 현장 조사 계획의 임의 변경, 당사자에 대한 충분한 정보 제공 해태 등 조사 자체도 공정하게 수행하지 않았다고 주장, 반덤핑협정의 관련 규정을 위반하였다고 주장하였다.

과테말라는 DSU에 의하면 제소국은 문제가 되는 특정 조치(measure at issue)가 무엇인지를 명백히 해야 한다고 되어 있으나 멕시코가 시비하는 것은 조사 과정 중의 행위, 조사 절차 진행상의 문제일 뿐이고 문제가 되는 조치를 명확히 하지 않았으므로 패널심사의 대상 자체가 되지 못한다고 반박함으로써 訴는 멕시코의 제소 내용이 패널의 심리 대상이 될 수 있는가, 즉 패널의 관할권을 중심으로 진행되었다.

패널은 멕시코의 제소를 심리할 수 있다고 판단하였으나 상소기구는 이를 번복, 패널 심리의 대상이 되지 못한다고 판결하였다.

나. 주요 쟁점별 당사자 주장 및 판결 요지

1) 패널 심리 대상 여부

DSU 6조2항[1)]은 제소자로 하여금 문제가 된 특정 조치를 명시하고 제소의 법적 근거를 제시할 것을 요구하고 있다. 이 사건의 최대 쟁점은 문제가 되는 특정 조치, 즉 피제소국 정부가 행한 구체적인 행정 조치의 본질에 대해서 논박치 않고 과정상의 조치에 대해 반덤핑협정 의무 위반임을 주장한 것이 패널의 심사 대상이 될 수 있느냐는 것이었다.

통상 덤핑으로 인한 국내 산업 피해가 존재한다고 판단될 경우 해당 국가는 반덤핑 관세를 부과하거나 수출업자의 가격 인상 약속을 수락할 수 있다. 또는 반덤핑 관세 확정에 앞서 긴급한 필요가 있을 경우 잠정 관세를 부과할 수 있다. 따라서 패널의 심리를 요청할 경우 이들 3가지 조치 중 구체적으로 어느 조치에 대해 시비하는 것인지를 반드시 명시해야 하는 것인지 아니면 시비하는 조치를 명시하지 않은 채 반덤핑 조사 과정 중의 행위에 대해서도 적법성을 심리하여 줄 것을 요청할 수 있는지가 심리의 초점이 되었다.

과테말라는 반덤핑협정 17조4항[2)]에 따르면 반덤핑 확정 관세, 잠정 관세, 가격 인상 약속만이 양자 협의의 대상이 되며 양자 협의가 실패한 경우에만 이러한

---

1) 6.2. 패널 설치는 서면으로 요청된다. 이러한 요청은 협의가 개최되었는지 여부를 명시하고, 문제가 된 특정 조치를 명시하며, 문제를 분명하게 제시하는 데 충분한 제소의 법적 근거에 대한 간략한 요약문을 제시한다. 제소국이 표준위임사항과 상이한 위임사항을 갖는 패널의 설치를 요청하는 경우, 서면 요청서에는 제안하고자 하는 특별위임사항의 문안이 포함한다.

2) 17.4 협의를 요청한 회원국이 제3항에 따른 협의에서 상호 합의된 해결책에 도달하지 못하였다고 간주하고, 확정 반덤핑 관세의 부과 혹은 가격약속을 수락하기 위한 최종조치가 수입회원국의 관할 당국에 의해 취해진 경우, 이러한 회원국은 동 문제를 분쟁 해결 기구에 회부할 수 있다. 잠정 조치가 중대한 영향을 미치고 있으며, 협의요청 회원국이 동 조치가 제7조제1항의 규정에 반하여 취해졌다고 간주하는 경우 동 회원국은 이러한 문제도 분쟁 해결 기구에 회부할 수 있다.

특정 조치를 패널에 제소할 수 있다고 주장하였다. 아울러 DSU 4조4항[3], 6조2항은 양자 협의나 패널 설치 요청을 할 경우 문제가 되고 있는 조치를 명시하여 서면으로 요청해야 한다고 규정하고 있다고 주장하였다.

그러나 패널은 반덤핑협정 17조3항[4]은 어떤 사안의 만족할 만한 해결에 이르기 위해 양자 협의를 요청할 수 있다고 규정하였고 17조4항은 패널의 심리 대상을 정한 것이라기보다는 패널 설치를 요청할 수 있는 시기를 규정한 것이라고 보아야 하며 반덤핑협정상의 분쟁 해결 절차가 WTO의 포괄적인 분쟁 해결 절차에 우선 적용되어야 할 것이므로 문제가 되는 특정 조치를 명시하라고 한 DSU 관련 규정을 원용할 수는 없다고 보았다. 이러한 판단 하에 패널은 멕시코의 제소 내용은 당연히 패널의 심리 대상이 된다고 판시하였다.

하지만 이러한 패널의 판단은 상소기구에서 번복되었다. 상소기구는 반덤핑협정상의 분쟁 해결 절차가 DSU를 대체할 수 있는 것인지부터 검토하기 시작하였다. DSU 1조[5]는 반덤핑협정을 포함, 각종 WTO 협정을 대상으로 하며 어떤 협정이 분쟁 해결에 관한 특별 또는 추가적인 규칙과 절차를 자체적으로 가지고 있

---

3) 4.4. 이러한 모든 협의요청은 협의요청회원국에 의하여 분쟁 해결 기구 및 관련 이사회와 위원회에 통보된다. 모든 협의요청은 서면으로 제출되며, 협의 요청시 문제가 되고 있는 조치의 명시 및 제소에 대한 법적 근거의 제시를 포함한 협의요청사유를 제시한다.

4) 17.3 특정 회원국이 다른 회원국에 의해 이 협정에 따라 직접 또는 간접적으로 자기나라에 발생할 수 있는 이익이 무효화되거나 혹은 침해되었다고 판단하거나 어떠한 목적이라도 달성이 저해되고 있다고 간주하는 경우, 이러한 회원국은 상호 만족할 만한 사안의 해결에 이르기 위해 당해 다른 회원국에 대하여 서면으로 협의를 요청할 수 있다. 각 회원국은 다른 회원국의 협의요청에 대해 호의적인 고려를 한다.

5) 1. 이 양해의 규칙 및 절차는 이 양해의 부록 1에 연결된 협정(이하 "대상 협정"이라 한다)의 협의 및 분쟁 해결규정에 따라 제기된 분쟁에 적용된다. 또한 이 양해의 규칙 및 절차는 세계무역기구설립을 위한협정(이하 "세계무역기구협정"이라 한다) 및 이 양해만을 고려하거나 동 협정 및 양해를 다른 대상 협정과 함께 고려하여 세계무역기구협정 및 이 양해의 규정에 따른 회원국의 권리의무에 관한 회원국간의 협의 및 분쟁 해결에 적용된다.

2. 이 양해의 규칙 및 절차는 이 양해의 부록 2에 명시된 대상 협정에 포함된 분쟁 해결에 관한 특별 또는 추가적인 규칙과 절차에 따를 것을 조건으로 하여 적용된다. 이 양해의 규칙 및 절차가 부록 2에 명시된 대상 협정의 특별 또는 추가적인 규칙 및 절차와 상이한 경우 부록 2의 특별 또는 추가적인 규칙 및 절차가 우선한다. 2개 이상의 대상 협정상의 규칙 및 절차가 관련되는 분쟁에 있어서, 검토 대상이 되고 있는 이러한 대상 협정들의 특별 또는 추가적인 규칙 및 절차가 서로 상충하고, 분쟁 당사자가 패널 설치로부터 20일 이내에 적용할 규칙 및 절차에 대하여 합의에 이르지 못하는 경우, 제2조제1항에 규정된 분쟁 해결 기구의 의장은 분쟁 당사자와 협의하여 일방 분쟁 당사자의 요청 후 10일 이내에 적용할 규칙 및 절차를 확정한다. 분쟁 해결 기구 의장은 가능한 한 특별 또는 추가적인 규칙 및 절차를 이용해야 하며, 이 양해의 규칙 및 절차는 상충을 피하기 위하여 필요한 범위 안에서 이용해야 한다는 원칙에 따른다.

다면 DSU상의 규칙 및 절차가 특별 또는 추가적인 규칙 및 절차와 상이한 경우 특별 또는 추가적인 규칙 및 절차가 우선한다고 되어 있다. DSU 부속서2는 특별 또는 추가적인 규칙과 절차를 명시[6]하고 있는 데 반덤핑협정의 경우 17조4항부터 7항까지가 이에 해당한다고 되어 있다. 즉 패널이 인용한 17조3항은 이에 포함되지 않는 것이다.

이러한 사실을 토대로 상소기구는 반덤핑협정상의 분쟁 해결규정과 DSU 간에 상충점이 없으므로 패널의 판단대로 반덤핑협정상의 분쟁 해결 규정을 DSU에 대체하여 적용할 수는 없고 양 규정은 상호보완적인 것으로 보아야 하며 따라서 반덤핑협정 17조4항상의 조치(matter)는 DSU 6조2항에서 말하는 문제가 되는 특정 조치(measure at issue)라고 해석해야 한다고 보았다. 멕시코는 패널 설치 요청서에 문제가 되는 특정 조치를 분명히 했어야 하며 패널은 이러한 특정 조치에 대해서만 심리할 수 있으므로 이 건은 패널의 심리 대상이 되지 못한다고 결정하였다. 즉 멕시코는 패널 설치 요청서에 3가지 형태의 반덤핑 조치 가운데 어느 조치를 문제 삼는 것인지 문제가 되는 조치를 특정하지 못하였으며 멕시코가 제기한 것은 이러한 조치에 대한 것이 아니라 조치를 이행하는 과정 중의 행위에 대한 것이므로 패널이 이를 심리 대상으로 인정한 것은 잘못되었다는 것이다.

---

6)

협 정	규칙 및 절차
위생및식물 위생 조치의적용에관한협정	제11조제2항
섬유및의류에관한협정	제2조제14항 및 제21항, 제4조제14항, 제5조제2항, 제4항 및 제6항, 제6조제9항부터 제11항까지, 제8조제1항부터 제12항까지
무역에대한기술장벽에관한협정	제14조제2항부터 제4항까지, 부속서 2
1994년도 GATT제6조의이행에관한협정 (반덤핑협정)	제17조제4항부터 제7항까지
1994년도 GATT제7조의이행에 관한협정	제19조제3항부터 제5항까지, 부속서 2의 제2항바호, 제3항, 제9항 및 제21항
보조금및상계조치에관한협정	제4조제2항부터 제12항까지, 제6조제6항, 제7조제2항부터 제10항까지, 제8조제5항 주석 35, 제24조제14 항, 제27조제7항 부속서 5
서비스 무역에관한일반협정	제22조제3항, 제23조제3항
금융서비스에관한부속서	제4항
항공운송서비스에관한부속서	제4항
서비스 무역에관한일반협정을위한 특정분쟁해결 절차에관한결정	제1항부터 제5항까지

2) 조사 행위의 적절성 여부

또 다른 쟁점은 과테말라의 조사 절차상 행위의 적절성 여부였다. 과테말라가 반덤핑협정 5조5항[7]대로 상대방 국가에 대한 통보 의무를 다하였는지, 반덤핑 조사 신청의 구체적인 근거 구비 여부를 신중하게 검토하였는지 여부를 따져보는 것이었다.

멕시코는 과테말라 정부가 반덤핑 조사 개시를 결정하기 전에 Cementos Progreso사 조사 신청서가 정확하고 적정한 증거를 제시하고 있는지 검토하지 않고 졸속으로 조사를 시작하였다고 주장하였다. 패널은 조사 신청서 내용과 관련 근거가 부실함을 확인하고 과테말라가 반덤핑협정 5조3항[8]을 위반하였다고 판시하였다. 그러나 상소기구에서 동 제소 자체가 패널 심리 대상이 아니라고 결정되었으므로 패널의 이와 같은 결정은 법적 효력이 없는(moot) 것이 되고 말았다.

반덤핑협정 5조5항은 반덤핑 조사를 개시하기 전에 관련 수출국 정부에 이를 통보하도록 규정하고 있다. 멕시코는 과테말라 정부가 이 의무를 준수하지 않았다고 주장하였으며 패널은 이를 인정하였으나 상소기구 결정으로 인해 법적 효력이 없는 유명무실한 것이 되고 말았다.

다. 해설 및 평가

이 사건은 표면상 반덤핑 사건이나 WTO 협정에 의해 마련된 포괄적인 분쟁 해결 절차와 각 협정의 자체적인 분쟁 해결 절차와의 관계 정립에 의미 있는 판결을 내린 사건이다.

WTO 협정에 포함된 각종 통상 관련 협정은 이미 오래 전부터 존재하여 왔으며 자체적인 분쟁 해결 절차를 가지고 있는 것이 많았다. WTO 협정에 의해 포괄적인 분쟁 해결 절차가 마련되기는 하였으나 양자간 어느 것이 우선하는지 논란

---

7) 5.5 당국은 조사 개시 결정이 내려지지 아니하는 한 조사 개시 신청서의 공표를 회피한다. 그러나 적합하게 서류를 갖춘 신청서가 접수된 이후 그리고 조사를 개시하기 전에 당국은 관련 수출회원국 정부에 통보한다.

8) 5.3 당국은 조사 개시를 정당화할 수 있을 만큼 충분한 증거가 있는지 여부를 결정하기 위하여 신청서에 제시된 증거의 정확성과 적정성에 대하여 검토한다.

의 여지가 발생할 것은 예견된 일이었으며 그래서 DSU는 이와 관련된 규정을 포함하고 있기도 한 것이다.

패널은 반덤핑협정에 자체적인 분쟁 해결 절차가 있는 만큼 반덤핑 사건은 이 절차에 의해 처리되는 것이 타당하다는 시각에서 동 사건을 처리한 것으로 보인다. 따라서 반덤핑협정 분쟁 해결 절차는 패널이 심리할 수 있는 문제가 되는 조치를 특정하도록 요구하지 않았으므로 조사 과정 중의 행위도 심리 대상이 될 수 있다고 본 것이다. 상소기구는 이와 달리 DSU에 보다 비중을 두고 접근하였다. 이 사건은 WTO 협정 발효 초기 DSU에 회부된 사건으로서 상소기구는 DSU가 조속히 명실상부한 최고의 분쟁 해결 절차로 자리 잡기 위해서는 개별적인 분쟁 해결 절차에 대한 DSU 절차의 우월성을 분명히 할 필요가 있었을 것이다. 따라서 반덤핑협정상의 분쟁 해결 절차 규정이 DSU 규정과 상충되지 않도록 엄격하게 해석하였으며 이는 DSU의 권위 확립에 기여하였다.

이 사건 패널은 과테말라의 반덤핑 관세에 대해 반덤핑 조사의 절차 및 구비 여건을 충족시키지 못한 채 발동된 것이므로 이를 철회하라고 권고하였다. 상소기구가 동 사건 자체가 패널 심리 대상이 될 수 없다고 판시함에 따라 패널의 이 같은 결정은 유명무실한 것이 되었으나 패널이 권고를 이행하는 구체적인 방법까지 제시한 것은 흔치 않은 일이다. 대개 패널은 심리 대상이 된 조치가 대상 협정에 합치되지 않는다고 판단할 경우 동 조치를 대상 협정에 합치시키도록 권고하는 것이 대부분이고 구체적인 권고 이행 방법까지 제시하지는 않는다. 비록 DSU 19조1항[9]에 의거, 패널과 상소기구는 이러한 권고 이행 방법까지도 제시할 수 있으며 제소국은 대부분 패널과 상소기구가 구체적인 이행 방법까지 제시하여 줄 것을 요청하는 경우가 많으나 패널과 상소기구는 협정 위반이 심각한 경우를 제외하고는 대개 당사국에게 권고 이행 방법을 위임한다.

과테말라의 반덤핑 관세 부과 조치는 사실 여러 측면에서 무리한 것이었다. 멕시코는 이 판결 후 과테말라의 반덤핑 관세 확정부과 조치를 문제가 되는 조치라고 특정하여 99년 7월 다시 제소하였으며 과테말라의 조치는 반덤핑협정 위반이라고 판정되었다(*Guatemala-Cement(II)* 사건).

---

9) 19.1. 패널 또는 상소기구는 조치가 대상 협정에 일치하지 않는다고 결론짓는 경우, 관련 회원국에게 동 조치를 동 대상 협정에 합치시키도록 권고한다. 자신의 권고에 추가하여 패널 또는 상소기구는 관련 회원국이 권고를 이행할 수 있는 방법을 제시할 수 있다.

2. Mexico vs. Guatemala – Cement(II) 사건

(DS156, 2000. 11. 7. – 패널)

가. 사건 개요

멕시코는 과테말라 당국이 자국산 시멘트에 대해 반덤핑 관세를 부과한 것이 부당하다고 97년 2월 제소하였으나 상소기구는 심리 대상이 되지 않는다고 판시한 바 있다(*Guatemala-Cement(I)* 사건).

이 사건은 동 판결 이후 멕시코가 제소 내용을 보완하여 재차 제소한 것으로 멕시코산 시멘트에 대해 과테말라 정부가 97년 1월 89.54%의 반덤핑 관세를 부과한 조치의 적법성을 심리하는 것이었다.

나. 주요 쟁점별 당사자 주장 및 판결 요지

1) 증거의 충분성(반덤핑협정 5조3항)

멕시코는 제소업체인 과테말라의 Cementos Progreso사가 덤핑의 근거 자료로 제출한 것은 청구서와 수입 증명서 각 2장에 불과하며 제품 종류와 수량도 명확치 않고 기재된 가격도 시장 가격을 대표한다거나 조사 기간 동안의 가격 변동을 알기에 충분치 않음에도 불구하고 과테말라 당국이 이를 근거로 조사를 개시한 것은 조사를 개시하기에 충분한 증거가 있는지를 조사해야 한다는 반덤핑협정 5조3항[1])을 위반한 것이라고 주장하였다.

---

1) 5.3 당국은 조사 개시를 정당화할 수 있을 만큼 충분한 증거가 있는지 여부를 결정하기 위하여

과테말라는 5조3항은 제시된 자료의 정확성(accuracy)과 적정성(adequacy)을 검토하라는 것이지 그 내용의 사실 여부나 충분성을 결정하라는 것은 아니며 이는 반덤핑 조사를 통해 定해질 문제라고 반박하였다.

패널은 과테말라의 주장을 기각하고 제소사의 조사 신청 자료 분량이나 내용이 부실하다고 판단하고 공정한 당국이라면 이런 수준의 자료를 갖고 조사 개시를 정당화하기에 충분한 증거가 있다고 결정하지는 않았을 것이라면서 과테말라 정부는 반덤핑협정 5조3항을 위반한 것이라고 판시하였다. 패널은 반덤핑협정 5조2항[2)]에 규정된 대로 조사 신청은 덤핑 사실의 존재, 이로 인한 국내 산업의 피해, 덤핑과 피해간의 인과 관계에 관한 증거를 포함하여야 하나 Cementos Progreso사의 조사 신청서는 이러한 자료를 충분히 포함했다고 볼 수 없으며 조사 당국이 제출된 자료를 진지하게 검토했다고도 생각할 수 없다고 판단했다. 반덤핑협정 5조3항의 법적 쟁점은 자료의 충분성이지 과테말라의 주장대로 자료의 정확성과 적정성은 아니라고 판시, 과테말라 당국의 성급한 조사 개시 결정은 반덤핑협정 위반이라고 결정하였다.

2) 덤핑 피해 고려 및 증거불충분에 의한 조사중단 시기 (반덤핑협정 5조7항)

멕시코는 과테말라가 반덤핑협정 5조7항[3)]상 덤핑존재와 피해 여부를 동시에

신청서에 제시된 증거의 정확성과 적정성에 대하여 검토한다.

2) 5.2 제1항의 신청은 (가) 덤핑, (나) 이 협정에 의해 해석되는 1994년도 GATT 제6조의 의미에 있어서의 피해, (다) 덤핑 수입품과 주장된 피해간의 인과관계에 대한 증거를 포함한다. 관련 증거에 의해 입증되지 아니하는 단순한 주장은 이 항의 요건을 충족시키는데 충분한 것으로 간주될 수 없다. 동 신청은 신청자가 합리적으로 입수 가능한 다음에 관한 정보를 포함한다.

(1) 신청자의 신원 및 신청자의 동종 상품 국내생산량 및 가치에 대한 기술. 서면신청이 국내 산업을 대신하여 이루어지는 경우, 동 신청서는 동 신청이 대신하는 산업을 동종 상품의 알려진 모든 국내 생산자 (또는 동종 상품의 국내 생산자협회) 명부로서 확인하여야 하며, 가능한 범위내에서 이러한 생산자에 의한 동종 상품의 국내생산량과 가치를 기술한다.

(2) 덤핑혐의가 있는 상품에 대한 상세 기술, 당해 원산지국 또는 수출국명, 알려진 각 수출자 또는 외국의 생산자의 신원, 그리고 알려진 당해 상품 수입자의 명부

(3) 당해 상품이 원산지국 또는 수출국 국내 시장에서 소비용도로 판매될 때의 가격에 관한 정보 (또는, 적절한 경우, 동 상품이 원산지국 또는 수출국으로부터 제3국에 판매되는 가격이나 구성가격에 관한 정보) 및 수출가격에 관한 정보 또는 적절한 경우 동 상품이 수입회원국의 영토내의 독립된 구매자에게 최초로 재판매될 때의 가격에 관한 정보

(4) 제3조 제2항과 제4항에 열거된 국내 산업의 상태에 영향을 미치는 관련요소와 지표에 의하여 증명되는 덤핑혐의가 있는 수입품의 물량의 추이에 관한 정보, 동 수입이 국내 시장의 동종 상품가격에 미치는 영향 및 덤핑 수입품이 관련 국내 산업에 미치는 결과적인 영향

고려했어야 하나 이번 사건의 경우 동시에 고려할 만한 증거 자체가 불충분하였으므로 과테말라는 5조7항을 위반하였다고 주장하였다.

그러나 패널은 5조7항은 덤핑과 피해에 관한 증거를 순차적이 아니라 동시에 분석, 심리, 검토하라는 시기에 관한 규정일 뿐 증거의 충분성과 같은 본질적인 문제를 검토하라는 것은 아니며 증거의 내용이 불충분했다고 해서 동시에 검토되지 않았다고 볼 수도 없다고 판단, 멕시코의 주장을 기각하였다.

증거가 불충분할 경우 신청은 기각하고 조사는 중단하라는 반덤핑협정 5조8항[4])을 위반하였다는 멕시코의 주장에 대해 과테말라는 이 조항은 조사가 개시된 후에 증거가 불충분한 것으로 밝혀졌을 경우 적용되는 것이지 조사 전에 적용하는 것은 아니라고 반박하였다.

패널은 동 조항의 첫 번째 文句상 조사 전에도 적용되는 것이 분명하다고 밝히고 과테말라가 이 조항을 위반하였다고 판시하였다.

3) 조사 개시 통지 및 공고 시점(반덤핑협정 5조5항)

패널은 조사 개시 공고는 96년 1월 11일 이루어졌고(과테말라 관보 게재) 멕시코에 대한 통지는 96년 1월 22일 행해졌으므로 과테말라는 조사 개시 공고 이전에 이해 당사국에 통지하라는 반덤핑협정 5조5항[5])을 위반하였다고 판시하였다.

멕시코는 과테말라 경제부의 담당 부서가 반덤핑 조사를 개시할 것을 건의한 것은 95년 12월 15일이므로 이 시점에 과테말라는 멕시코에 통지했어야 했다고

---

3) 5.7 덤핑과 피해의 증거는 (1) 조사 개시 여부에 관한 결정에서, 그리고 (2) 그 이후 이 협정의 규정에 따라 잠정 조치가 적용될 수 있는 가장 빠른 날로부터 개시되는 조사 과정에서 동시에 고려된다.

4) 5.8 관계 당국이 사안의 진행을 정당화시킬 만큼 덤핑 또는 피해에 대한 충분한 증거가 존재하지 않는다고 납득하는 즉시 제1항에 따른 신청은 기각되고 조사는 신속히 종결된다. 덤핑 마진이 최소 허용 수준이거나, 또는 실제적 또는 잠재적인 덤핑 수입량이나 피해가 무시할 만한 수준이라고 당국이 결정하는 경우 조사는 즉각적으로 종결된다. 수출가격 대비 백분율로 표시된 덤핑 마진이 2% 미만인 경우 이러한 덤핑 마진은 최소 허용 수준인 것으로 간주된다. 특정국으로부터의 덤핑 수입 물량이 수입회원국내 동종 상품 수입량의 3%미만을 점유한 것으로 판명되는 경우 개별적으로 수입회원국내 동종 상품 수입의 3%미만을 점유하는 국가들이 총체적으로 수입회원국내 동종 상품 수입 물량의 7%를 초과 점유하지 아니하면 이러한 덤핑 수입량은 일반적으로 무시할 만한 수준으로 간주된다.

5) 5.5 8당국은 조사 개시 결정이 내려지지 아니하는 한 조사 개시 신청서의 공표를 회피한다. 그러나 적합하게 서류를 갖춘 신청서가 접수된 이후 그리고 조사를 개시하기 전에 당국은 관련 수출회원국 정부에 통보한다.

주장하고 조사 개시를 정당화하는 충분한 증거가 있다고 납득하는 경우 이해 당사자에게 공고하라는 12조1항[6]을 인용하였으나 패널은 공고는 조사 개시 결정이 내려진 후 하는 것이며 담당 부서 내부의 건의 시기보다는 담당 부서의 최종 결정이 내려진 시점을 조사 개시 결정 시점으로 보아야 하므로 과테말라가 12조1항을 위반한 것은 아니라고 보았다.

또한 멕시코는 반덤핑 조사의 개시를 정당화하는 충분한 증거가 있다고 납득하는 경우라는 12조1항 文句상 조사 당국은 조사 개시 공고 前에 증거의 충분성에 대해 자신을 납득시켜야 할 의무가 있으며 과테말라 정부는 이 의무를 충족치 못하였다고 주장하였으나 패널은 이 문구는 증거 심사 후 공고라는 사안의 진행 절차 순서에 대한 의무를 부과한 것일 뿐이라고 판시, 멕시코의 주장을 받아들이지 않았다.

패널은 조사 개시 공고는 12조1항1호[7]에 나열된 항목(관련 상품명, 덤핑 주장 근거, 피해 주장의 기초 등)을 모두 포함해야 한다고 판단하고 과테말라의 공고는 덤핑이라고 주장되는 근거를 명시적으로 포함하지 않고 있으므로 동 조항 위반이라고 보았다(과테말라는 조사 당국의 별도 보고서가 있다고 주장하였으나 동 보고서가 공고에 언급되지 않았으므로 인정할 수 없다고 판시).

4) 조사 신청서 제공 시기(반덤핑협정 6조1항3호)

반덤핑협정 6조1항3호[8]는 조사가 개시되는 즉시 조사 당국은 조사 신청서 全

---

6) 12.1 제5조에 따라 당국이 반덤핑 조사의 개시를 정당화하는 충분한 증거가 있다고 납득하는 경우, 자기 나라의 상품이 조사 대상인 회원국 및 조사에 이해관계가 있는 것으로 조사 당국에 알려진 다른 이해 당사자에게 통지되며 공고된다.

7) 12.1.1 조사 개시 공고는 다음에 대한 적절한 정보를 포함하거나, 달리 별도의 보고서(Re.23)를 통해 입수 가능하도록 한다.
(Remark 23) 이 조의 규정에 따라 별도의 보고서를 통해 당국이 정보 및 설명을 제공하는 경우, 당국은 이러한 별도 보고서가 대중에게 손쉽게 입수 가능하도록 보장한다.
(1) 수출국명 및 관련상품명,
(2) 조사 개시일,
(3) 신청서에서 덤핑이라고 주장되는 근거,
(4) 피해의 주장의 기초가 되는 요소들의 요약,
(5) 이해 당사자들의 의견이 송부되어야 할 주소,
(6) 이해 당사자들에게 그들의 의견을 밝힐 수 있도록 허용된 시한

8) 6.1.3 조사가 개시되는 즉시 당국은 제5조제1항에 따라 접수된 서면신청서 전문을 알려진 수출자 (Re.16) 및 수출회원국의 당국에 제공하며, 요청이 있을 경우 다른 관련 이해 당사자도 이를

文을 이해 당사자(국)에 제공토록 되어있다. 과테말라 정부는 조사 신청서 전문을 멕시코 수출업자인 Cruz Azul사에 조사 개시 18일 후에 송부하였다고 하였으며 Cruz Azul사는 24일 후에 접수하였다고 주장하였다. 과테말라 정부는 멕시코 정부에게는 조사 개시 9일 후에 발송하였다고 하나 멕시코 정부는 수령 사실이 없다고 주장하였다.

패널은 18일이건 24일이건 즉시 통보하였다고 볼 수 없으며 해당국 정부에 대한 9일 후 통보 역시 즉시 통보하라는 협정상 의무를 수행한 것이라고 볼 수 없다고 보았다.

5) 통보지연으로 인한 협정무효화 또는 침해 정도

과테말라는 조사 개시 통보의 지연은 지엽적인 문제에 불과하고 실제 조사행위는 멕시코 정부에 통보된 후 개시되었으며 Cruz Azul사에게도 답변 기한을 2개월 연장하여 준 만큼 통보 지연이 반덤핑협정의 명백한 무효화(nullification) 또는 침해 사례(impairment)를 구성하는 것은 아니라고 주장하였다.

패널은 이에 대해 상대방에게 실질적인 피해를 초래하지 않았다고 해서 사소한 절차적 의무 위반을 묵인하라는 근거는 없으며 DSU 3조8항[9]의 규정상 의무 위반은 일단 협정 무효화나 침해를 구성하는 것으로 추정하여야 하고 모든 의무는 절차적이건 본질적이건 준수되어야 한다고 판시, 과테말라의 주장을 기각하였다.

6) 증거 자료의 제공 의무 준수(반덤핑협정 6조1항, 4항)

멕시코는 Cruz Azul사 대리인이 이 사건 서류철(case file)을 열람하기 위해 과테말라 당국을 수차 방문하였으나 관계자 면담 및 제공을 거부당했다는 요지의

입수할 수 있도록 한다. 제5항에 규정된 바와 같이 비밀 정보의 보호요건에 대하여 적절한 고려를 한다.

(Remark 16) 관련 수출자의 수가 특별히 많을 경우, 서면신청서의 전문은 대신에 수출회원국의 당국 또는 관련 동업자협회에만 제공되어야 하는 것으로 양해된다.

9) 3.8. 대상 협정에 따라 부담해야 하는 의무에 대한 위반이 있는 경우, 이러한 행위는 일견 명백한 무효화 또는 침해 사례를 구성하는 것으로 간주된다. 이는 일반적으로 규칙위반이 동 대상 협정의 당사국인 다른 회원국에 대하여 부정적인 영향을 미친다고 추정됨을 의미하며, 이 경우 피소국이 제소국의 협정의무 위반주장에 대하여 반박하여야 한다.

공증 문서를 제시하는 한편 공청회에서 제소자측이 제출한 문서 사본을 20일이 지난 후에야 전달받았고 과테말라의 이러한 행위는 자료 접근권을 보장한 반덤핑협정 6조4항[10]과 6조1항2호[11] 위반이라고 주장하였다.

패널은 과테말라의 자료 제공 회피 행위(담당자 면담 不주선, 사용 중이라는 이유로 증거 자료 열람 불허)는 협정 위반에 해당한다고 보았으며 공청회 제출 자료 사본을 20일 후에나 제공한 것은 증거 자료 사본을 즉시 상대방에게도 제공하라는 의무를 다했다고 볼 수 없다고 판시하였다.

멕시코는 과테말라가 제공한 공청회 기록 문서 중 일부가 누락된 것도 자료 제공 의무 위반이라고 주장하였으나 패널은 이를 고의성이 없는 행위로 보고 이러한 우발적인 자료 누락은 자료 제공 의무를 해태한 것이라고 볼 수 없다고 하였다.

7) 조사 기간의 연장의 합법성

과테말라는 멕시코 Cruz Azul사의 덤핑혐의에 대해 잠정 조치를 발동한 후 조사 기간을 6개월 연장하였다. 멕시코는 반덤핑협정 부속서 2의 1조[12]상 이해 당사자로부터 요청되는 정보는 조사 개시 후 가능한 조속히 명시(specify)되어야 하므로 잠정 조치 발동 후의 조사 기간 연장은 협정 위반이라고 주장하였다.

패널은 부속서 2를 포함하여 반덤핑협정 모든 규정 중 조사 기간을 연장을 제한하는 내용이 없고 조사 당국이 정보 수집을 최신화(update)해야 할 상황이 발생한다는 것은 인정해야 한다고 보았다. 그러나 과테말라가 제소자로부터 조사 기간 연장 신청을 접수하고도 이를 이해 당사자에게 통보하지 않은 것은 반덤핑 조사의 전 과정을 통하여 모든 이해 당사자에게 자신의 이익을 방어하기 위한 충분한 기회를 부여해야 한다는 6조2항[13]을 위반한 것이라고 판시하였다.

---

10) 6.4 당국은 가능한 경우에는 언제나 모든 이해 당사자에게 이들이 자신의 주장을 개진하는데 관련되고 제5항에 정의되어 있는 비밀이 아니며 당국에 의해서 반덤핑 조사에 사용되는 모든 정보를 열람하고 또한 이러한 정보에 기초하여 자신의 입장을 준비할 기회를 적시에 제공한다.

11) 6.1.2 비밀 정보 보호를 위한 요건을 조건으로, 일방 이해 당사자에 의해 서면으로 제시된 증거는 조사에 참가하고 있는 다른 이해 당사자에게 신속히 입수될 수 있도록 한다.

12) 1. 조사 개시후 가능한 한 조속히 조사 당국은 모든 이해 당사자로부터 요청되는 정보와 이해 당사자가 회신시 이러한 정보를 구성하는 방법을 상세히 명시하여야 한다. 또한 당국은 합리적인 기간 내에 정보가 제공되지 못할 경우 국내 산업에 의한 조사 개시 신청서에 들어 있는 내용들을 포함, 입수 가능한 사실을 근거로 당국이 자유로이 판정을 내릴 수 있다는 사실을 당사자가 알도록 보장하여야 한다.

8) 비용정보 제공의 합법성

과테말라 당국이 비용 정보(cost information)를 요청한데 대해 멕시코는 비용 이하로 판매했다는 제소 내용도 없었고 조사는 가격 정보에 기초로 진행되어 왔음을 이유로 반덤핑협정 위반(2조1항, 2항)이라고 주장한데 대해 패널은 관련 조항이 비용 정보 요청을 명백히 금지하지는 않는다는 이유로 기각하였다. 2조1항[14]은 덤핑에 대한 정의 규정이며 2조2항[15]은 제3국 수출 가격이나 생산 원가에 비용과 이윤을 합산한 가격을 덤핑 판정의 비교 준거로 사용할 수 있다고 규정한 내용이다.

9) 비정부 전문가의 현장 조사단 포함 여부 및 실사 정보의 범위

멕시코는 Cruz Azul사에 대한 과테말라 당국의 현장 조사는 과테말라 당국이 Cruz Azul사와 이해 상충관계에 있는 비정부 전문가를 조사단에 포함시키려고 하였으며[16] 동 人士가 포함된 사실을 멕시코 정부에 통보하지도 않았고 Cruz Azul사가 제출하지 않은 정보까지 조사하려 했다는 이유로 현장 조사는 해당 기업 동

---

13) 6.2 반덤핑 조사의 전과정을 통하여 모든 이해 당사자는 자신의 이익을 방어하기 위한 충분한 기회를 가진다. 이를 위하여 당국은 요청에 따라 모든 이해 당사자가 상반된 이해를 갖는 당사자와 회합하는 기회를 제공하여 반대의견이 제시되고 반박 주장이 개진될 수 있도록 한다. 이러한 기회의 제공시 비밀보호의 필요 및 당사자의 편의를 고려하여야 한다. 어떤 당사자도 이러한 회합에 참석할 의무는 없으며, 회합 불참이 그 당사자를 불리하게 하지 아니한다. 이해 당사자는 또한 정당한 경우 구두로 다른 정보를 제시하는 권리를 갖는다.

14) 2.1 이 협정의 목적상, 한 국가로부터 다른 국가로 수출된 상품의 수출가격이 수출국내에서 소비되는 동종 상품에 대한 정상적 거래에서 비교 가능한 가격보다 낮을 경우 동 상품은 덤핑된 것, 즉 정상 가격보다 낮은 가격으로 다른 나라의 상거래에 도입된 것으로 간주된다.

15) 2.2 수출국의 국내 시장내에 통상적인 거래에 의한 동종 상품의 판매가 존재하지 아니하는 경우, 또는 수출국 국내 시장(Re.2)의 특별한 시장 상황 또는 소규모의 판매 때문에 적절한 비교를 할 수 없는 경우, 덤핑 마진은 동종 상품의 적절한 제3국 수출시 비교 가능한 가격으로서 대표적인 경우 동 가격 또는 원산지국에서의 생산 비용에 합리적인 금액의 관리비, 판매비, 일반 비용과 이윤을 합산한 가격과의 비교에 의하여 결정된다.
Remark 2) 수출국 국내 시장에서 소비되는 동종 상품의 판매가 고려 대상 상품의 수입회원국에 대한 판매의 5% 또는 그 이상을 점하는 경우, 이러한 판매는 일반적으로 정상 가격을 결정하는 충분한 규모가 되는 것으로 간주된다. 단, 낮은 비율 이하의 국내 판매가 적절한 비교 제공을 위해 충분한 규모라는 증거가 제시될 경우에도 동 낮은 비율은 수락가능하여야 한다.

16) 미국은 이전에 멕시코산 시멘트에 대해 덤핑 여부 조사를 진행한 적이 있었는데 과테말라는 당시 조사에 참여하였던 2명의 미국인을 조사단에 포함시키려고 하였음.

의 및 해당국 정부 통보 후 행한다는 반덤핑협정 6조7항[17]과 부속서 1의 2, 3, 7, 8조 위반이라고 주장하였다.

패널은 위 규정 중 어느 것도 이행 상충 관계에 있는 비정부 전문가의 조사단 참여를 명시적으로 금지하고 있지 않다고 보고 과테말라의 첫 번째 주장을 기각하였다. 그러나 공평하고 객관적인 당국이라면 해당 기업과 이해 상충 관계에 있는 비정부 전문가를 조사단에 포함시키지 않았을 것이라고 부연, 과테말라 당국의 행위는 사려 깊지 못한 것이라고 간접적으로 비난하였다.

패널은 과테말라 당국이 비정부 전문가의 조사단 포함 사실을 사전에 멕시코 정부에 통보한 증거가 없다고 보고 이는 동 의무를 부과한 협정 부속서 1의 2조[18] 위반이라고 결정하였다. 그러나 해당국에 통보해야 하는 것은 비정부 전문가의 人的 사항으로 충분하며 비정부 전문가를 포함해야 하는 예외적인 상황에 대해서 설명할 것까지는 없다고 보았다.

정보 수집 범위와 관련, 패널은 추가 정보의 획득이 현장 조사의 목적이며 추가적인 상세 사항의 제공을 배제하지 말아야 한다는 부속서 1의 7조[19] 내용으로 볼 때 정보 수집 범위를 당해 기업이 이미 제출한 정보에 국한하여야 할 것은 아니라고 판단하였다.

10) 비밀 정보의 취급(반덤핑협정 6조5항)

멕시코 정부는 과테말라 당국이 제소사의 명시적인 요청이 없었는데에도 동

---

17) 6.7 당국은 관련 기업의 동의를 얻고 당해 회원국의 정부대표에게 통보하여 이러한 회원국이 반대하지 아니하는 경우 제공된 정보를 검증하기 위해서, 또는 상세사항을 추가로 입수하기 위하여 필요시 다른 회원국의 영토내에서 조사를 실시할 수 있다. 부속서 1에 기술된 절차는 다른 회원국의 영토내에서 행해지는 조사에 적용된다. 당국은 비밀 정보 보호요건을 조건으로, 이러한 조사의 결과를 관련 기업이 입수할 수 있도록 하거나 제9항에 따라 공개하여야 하며 신청자가 동 결과를 입수할 수 있도록 할 수 있다.

18) 2. 예외적인 상황에서 조사단에 비정부 전문가를 포함하려고 할 경우, 수출회원국의 기업과 당국은 이 사실을 통보 받아야 한다. 이러한 비정부 전문가의 비밀 정보 보호의무 위반에 대하여는 효과적인 제재조치가 취해져야 한다.

19) 현장 조사의 주요 목적이 제공된 정보의 검증 혹은 추가 정보의 획득에 있기 때문에 현장 조사는 질의서에 대한 응답을 접수한 후에 행하여야 한다. 단, 기업이 질의서에 대한 응답접수전의 현장 조사에 동의하고 수출회원국 정부가 조사 당국에 의해 예정된 방문을 통보받고 이를 거부하지 않는 경우에는 그러하지 아니한다. 또한 검증되어야 할 정보의 일반적인 성격과 추가로 제공될 필요가 있는 정보를 방문전에 관련 기업에 통보하는 것이 표준관행이 되어야 한다. 그러나 이것이 입수한 정보에 비추어 현장에서 추가적인 상세사항의 제공을 배척하여서는 아니된다.

사가 제공한 정보를 비밀 정보로 취급함으로써 자료 접근권이 제한되었다고 주장하였다. 반덤핑협정 6조5항[20]은 성격상 비밀인 정보와 조사의 당사자가 비밀로서 제공하는 정보는 정당한 사유가 제시되는 경우 비밀로 취급해야 한다고 규정하고 있다.

패널은 제소사가 제공한 정보를 비밀로 취급하여 줄 것을 요청하지 않았는데에도 과테말라 당국이 이를 비밀 정보로 취급한 것은 동 조항 위반이라고 판시하였다. 즉 제소사가 정당한 이유를 제시할 경우에만 제공된 정보를 비밀 정보로 취급해야 한다는 것이다.

11) 핵심적 고려 사항의 공개(반덤핑협정 6조9항)

반덤핑협정 6조9항[21]은 조사 당국으로 하여금 최종 판정 이전에 그러한 결정의 근거가 되는 핵심적 고려 사항을 모든 이해 당사자에게 통보하도록 규정하고 있다. 이는 이해 당사자에게 다시 한번 자신의 이익을 방어할 수 있는 기회를 부여하기 위함이다.

과테말라는 잠정 조치 결정 시 핵심적 고려 사항을 이미 공개하였고 관련 자료 일체에 대한 접근권을 보장하였으므로 이해 당사자 통보 의무를 다한 것이라고 주장하였으나 패널은 잠정 조치의 결정 근거를 확정 조치의 근거 공개로 대체할 수 없고 결정에 이르게 된 과정, 근거를 알기 쉽게 정리하여 통보해야지 단순히 자료에 대한 접근권을 보장하였다고 해서 이해 당사자 통보 의무를 다한 것이라고 볼 수 없다고 판단하였다.

12) 입수 가능한 사실 이용 정당성 여부(반덤핑협정 6조8항)

이해 당사자가 정보 제공을 거부 또는 정보에의 접근을 허락하지 않거나 조사를 방해하는 경우 조사 당국은 입수 가능한 사실(facts available)에 기초하여 최

---

20) 6.5 성격상 비밀인 정보(예를 들어 누설될 경우 경쟁자에게 중대한 경쟁상 이익이 되거나 정보 제공자 또는 그 정보의 취득원이 된 자에게 중대하게 불리한 영향을 미칠 것으로 예상되는 정보) 또는 조사의 당사자가 비밀로서 제공하는 정보는 정당한 사유가 제시되는 경우 당국에 의해 비밀로 취급된다. 이러한 정보는 정보를 제출하는 당사자의 명시적인 허가없이는 아니된다.

21) 6.9 당국은 최종 판정 이전에 확정 조치를 적용할 것인지 여부에 대한 결정의 근거가 되는 핵심적 고려 사항을 모든 이해 당사자에게 통보한다. 이러한 공개는 당사자가 자신의 이익을 방어할 수 있을 만큼의 충분한 시간을 두고 이루어져야 한다.

종 판정을 내릴 수 있다(반덤핑협정 6조8항[22]). 과테말라는 Cruz Azul사가 현장 조사를 거부하였다는 이유로 입수 가능한 사실에 기초하여 반덤핑 관세 부과 조치 판정을 내린 것이라고 주장하였다.

그러나 패널은 이해 관계가 상충되는 비정부 전문가가 조사단에 포함되어 있었으므로 Cruz Azul 사의 조사 수검 거부는 합당하며 조사를 중대하게 방해한 것이라고 볼 수 없다고 판단하였다. 아울러 패널은 반덤핑협정은 이해 당사자에게 전적인 협조 의무를 요구한다고 볼 수 없으며 과테말라 당국이 입수 가능한 사실 원칙을 성급하게 원용한 것은 협정 위반이라고 판시하였다.

13) 피해 판정의 정당성 여부(반덤핑협정 3조)

반덤핑 관세 부과 조치를 결정하기 위해서는 우선 덤핑 수입품의 증가, 국내 산업의 피해, 양자간의 인과 관계를 증명하여야 한다. 멕시코는 과테말라 당국이 이를 증명하지 못하였으므로 반덤핑협정 3조1항[23), 2항[24], 5항을 위반하였다고 주장하였다. 우선 덤핑 수입품의 양을 판정함에 있어 과테말라 당국은 1년간 거래 내역만을 조사하였을 뿐 장기간의 동향을 충분히 고려하지 못하였다고 비난하였고 제소사의 제휴 회사가 정상 가격으로 수입한 양을 계산하지 않았다고 주장하였다.

패널은 자료 수집 기간은 최소 3년 이상이 바람직하다는 WTO 반덤핑 위원회 권고가 있기는 하지만 반덤핑협정이 자료 수집 기간을 특별히 규정하지는 않았으므로 1년간의 자료 수집이 협정 위반이라고 볼 수는 없다고 하였다. 그러나 덤

---

22) 6.8 이해 당사자가 합리적인 기간 내에 필요한 정보에의 접근을 거부하거나 달리 동 정보를 제공하지 아니하는 경우 또는 조사를 중대하게 방해하는 경우, 입수 가능한 사실에 기초하여 긍정적 또는 부정적인 예비 및 최종 판정이 내려질 수 있다. 이 항의 적용에 있어서 부속서 2의 규정이 준수된다.

23) 3.1 1994년도 GATT 제6조의 목적상, 피해의 판정은 명확한 증거에 기초하며, (1) 덤핑 수입 물량 및 덤핑 수입품이 동종 상품의 국내 시장가격에 미치는 영향 및 (2) 동 수입품이 이러한 상품의 국내 생산자에 미치는 결과적인 영향에 대한 객관적인 검토를 포함한다.

24) 3.2. 덤핑 수입의 물량과 관련하여, 조사 당국은 절대적으로 또는 수입회원국의 생산 또는 소비에 비하여 상대적으로 덤핑 수입품이 상당히 증가하였는지 여부를 고려한다. 덤핑 수입품이 가격에 미치는 영향과 관련, 조사 당국은 수입회원국의 동종 상품의 가격과 비교하여 덤핑 수입품에 의하여 상당한 가격 인하가 있었는지 또는 그러한 수입품의 영향이 달리 상당한 정도로 가격 하락을 초래하는지 또는 그러하지 아니한 경우 발생하였을 가격상승을 상당한 정도로 억제하는지 여부를 고려한다. 이러한 요소 중 하나 또는 여러 개가 반드시 결정적인 지침이 될 수는 없다.

핑 수입량 계산시 제소사의 제휴 회사가 수입한 분량을 포함하지 않은 것은 덤핑률의 과다 계산, 국내 피해 정도의 왜곡 등을 초래하였다고 볼 수 있으므로 협정 위반이라고 판정하였다. 동 수입량을 제외한 것은 특히 덤핑 수입 외에 국내 산업 피해를 초래하는 모든 알려진 요소를 검토하고 다른 요소로 인해 발생하는 피해는 덤핑 수입품에 의한 것으로 귀속시켜서는 안된다는 반덤핑협정 3조5항[25]을 위반한 것이라고 보았다.

멕시코는 과테말라가 특정 지역 내에서의 손해만을 검토하였으므로 반덤핑 관세 부과는 부당하다고 주장하였으나 패널은 Cemento Progreso사가 과테말라의 유일한 시멘트 생산업체이므로 손실이 특정지역 내에서만 발생하였다 하더라도 제소사의 피해를 초래했다고 볼 수 있다고 판단하였다.

멕시코는 과테말라 당국이 국내 산업 피해를 판정함에 있어 반덤핑협정 3조4항[26]에 나열된 항목을 전부 검토치 않고 일부 항목만의 검토 결과를 기초로 반덤핑 관세를 부과하였다고 항변하였다. 패널은 이를 인정, 3조4항의 요소를 모두 조사하지 않은 것은 협정 위반이라고 판시하였다. 패널은 나아가 과테말라가 위와 같이 반덤핑 판정의 핵심 조항을 위반하였으므로 덤핑 수입과 국내 산업간의 인과 관계 존재 여부는 더 이상 검토할 필요도 없을 것이라고 보았다.

14) 이행 조치 범위

패널은 과테말라의 반덤핑 관세 부과 조치는 반덤핑협정의 여러 조항을 광범

---

25) 3.5 덤핑 수입품이 제2항 및 제4항에 규정된 바와 같이 덤핑의 효과를 통하여 이 협정이 규정하고 있는 의미의 피해를 초래하고 있다는 사실이 입증되어야 한다. 덤핑 수입품과 국내 산업에 대한 피해간의 인간관계의 입증은 당국에 제시된 모든 관련 증거의 검토에 근거한다. 또한 당국은 같은 시점에서 국내 산업에 피해를 초래하는 덤핑 수입품 이외의 모든 알려진 요소를 검토하며 이러한 다른 요소로 인하여 발생하는 피해는 덤핑 수입품에 의한 것으로 귀속시켜서는 아니된다. 이점에서 관련될 수 있는 요소에는 특히, 덤핑가격으로 판매되지 아니하는 수입품의 수량 및 가격, 수요감소 혹은 소비형태의 변화, 외국생산자와 국내 생산자의 무역 제한적 관행 및 이들간의 경쟁, 기술개발, 국내 산업의 수출 실적 및 상품 생산성의 검토를 통하여 포함된다.

26) 3.4 덤핑 수입품이 관련 국내 산업에 미치는 영향의 검토는 판매, 이윤, 생산량, 시장 점유율, 생산성, 투자수익률, 또는 설비 가동률에서의 실제적이고 잠재적인 감소, 국내 가격에 영향을 미치는 요소, 덤핑 마진의 크기, 자금 순환, 재고, 고용, 임금, 성장, 자본 또는 투자 조달능력에 대한 실제적이며 잠재적인 부정적 영향 등 산업의 상태에 영향을 미치는 제반관련 경제적 요소 및 지표에 대한 평가를 포함한다. 위에 열거된 요소는 총망라적이 아니며, 이러한 요소 중 하나 또는 여러 개가 반드시 결정적인 지침이 될 수는 없다

위하고 심각하게 위반한 것이라고 최종 판시하였다. DSU 19조1항[27]에 의하면 패널 또는 상소기구는 조치가 대상 협정에 일치하지 않는다고 결론짓는 경우 관련국에게 동 조치를 대상 협정에 합치시키도록 권고토록 되어 있다. 패널은 과테말라의 반덤핑 관세 부과 조치가 광범위하고 본질적으로 반덤핑협정을 위반하고 있어 동 조치를 철회하는 것 말고 반덤핑협정에 합치시킬 방법이 없다고 보았다. 멕시코는 패널이 과테말라로 하여금 반덤핑 관세 부과 조치를 철회하고 징수된 관세는 환급하도록 권고하여 줄 것을 요청하였으나 패널은 반덤핑 관세 조치 철회만을 권고하였고 이미 징수된 관세의 환급은 패널의 심리 범위(terms of reference) 외의 문제라고 언급하고 심리하지 않았다.

다. 해설 및 평가

패널은 과테말라가 조사단에 이해 상충 관계에 있는 非政府 전문가를 포함시킨 것이 올바른 행위는 아니나 이를 금지하는 규정이 없으므로 협정을 위반하였다고 볼 수는 없다고 판단하였다. 이는 협정을 지나치게 협의로 해석한 것이어서 논란의 소지가 있다고 본다.

물론 이해 상충 관계에 있는 비정부 전문가의 포함을 금지한 규정은 없으나 모든 국가간의 협정은 성실하게(in good faith) 준수해야 한다는 국제법 일반 원칙에서 이 문제를 검토하였어야 했다. 조사 당국이 협정상의 본질적인 의무 사항을 성실하게 준수하여야 한다는 것은 이러한 국제법상의 원칙상 당연하다고 본다.

US-Hot-rolled Steel from Japan 사건 상소기구는 일부 반덤핑협정 조항(협정3조, 부속서 2의 2조[28] 등)은 신의원칙을 암시하고 있다고 보고 미국 당국은 협정

---

27) 19.1. 패널 또는 상소기구는 조치가 대상 협정에 일치하지 않는다고 결론짓는 경우, 관련 회원국에게 동 조치를 동 대상 협정에 합치시키도록 권고한다. 자신의 권고에 추가하여 패널 또는 상소기구는 관련 회원국이 권고를 이행할 수 있는 방법을 제시할 수 있다.

28) 2. 당국은 또한 이해 당사자가 특정매체(예를 들어 컴퓨터 테이프)나 컴퓨터 언어로 응답하도록 요청할 수 있다. 이러한 요청이 행해지는 경우 당국은 선호되는 매체 혹은 컴퓨터 언어로 응답할 수 있는 이해 당사자의 합당한 능력을 고려하여야 하며, 동 당사자로 하여금 자신이 사용하지 아니하는 컴퓨터 체제를 사용하여 응답하도록 요청을 하여서는 아니된다. 이해 당사자가 전산화된 회계를 유지하지 아니하며, 요청받은 대로 응답을 하는 경우 이것이 이해 당사자에게 예를 들어 불합리한 추가비용이나 어려움을 수반하는 것과 같은 불합리한 추가적인 부담을 초래하는 경우 당국은 전산화된 응답의 요청을 계속하여서는 아니된다. 만일 이해 당사자가 이러한 매체나 컴퓨터 언어로 전산화된 회계를 유지하지 아니하며 요청받은 대로 응답을 할 경우

상의 의무를 특정 이해 당사자에게 특혜를 제공하지 않는 합리적인 방식으로 수행했어야 한다고 판시한 바도 있다. 반덤핑협정 6조7항은 해당 기업의 동의를 구하도록 되어 있고 부속서 1의 2조[29]는 비정부 전문가는 예외적인 상황일 경우 포함될 수 있다고 규정되어 있음에 비추어 조사 당국에게 일정 한도의 신의성실 원칙 준수 의무를 부여한 것으로 해석할 수도 있을 것이다.

조약법에 관한 비엔나 협약 26조[30]는 조약상 의무를 성실하게 준수하여야 한다고 규정, *Pacta Sunt Servanda* 원칙을 천명하고 있는 만큼 이 조항을 근거로 과테말라의 조치를 위반이라고 판단할 수도 있었을 것이다. *Pacta Sunt Servanda* 원칙을 인용한 WTO 판례[31]도 적지 않다는 점 역시 간과할 수 없겠다.

제반 규정을 일률적이고 공정하고 합리적으로 운영하라는 GATT X조3항(a)[32]도 과테말라의 조치를 부당한 것으로 판단하는 근거 규정으로도 삼을 수 있었을 것이며 실제 이 조항은 *Argentina-Bovine Hide* 사건에서 원용되기도 하였다.

패널은 핵심적 고려 사항의 범위를 판단함에 있어 잠정 조치의 내용이나 제반 자료에의 포괄적인 접근권 보장이 상대방에게 핵심적 고려 사항을 사전에 제공한 것이라고는 볼 수 없다고 하였다. 이러한 판단은 후에 *Argentina-Floor Tiles* 사건에서도 재확인된 바 있다.

패널은 과테말라 정부에 반덤핑 관세 부과 조치를 철회토록 권고하였으나 패널 보고서 채택 전에 과테말라 정부가 이미 동 조치를 철회하였고 패널이 이미 징수된 관세는 환급하라고 결정하지는 않았으므로 사실 판결의 영향은 크지 않았다. 환급 결정을 내리지 않은 것은 판결의 소급효와 관계된다. 반덤핑 관세 부과 조치가 위법이라고 판시된 경우 이미 징수된 관세에 대해서는 환급을 지시하는 것이 정의실현에 부합될 것으로 보이며 사실 국내 법원은 불법행위의 원상 회

이것이 이해 당사자에게 예를 들어 불합리한 추가비용이나 어려움을 수반하는 것과 같은 불합리한 추가적인 부담을 초래한다면, 당국은 특정매체 또는 컴퓨터 언어로 된 응답의 요청을 계속하여서는 아니된다.

29) 2. 예외적인 상황에서 조사단에 비정부 전문가를 포함하려고 할 경우, 수출회원국의 기업과 당국은 이 사실을 통보 받아야 한다. 이러한 비정부 전문가의 비밀 정보 보호의무 위반에 대하여는 효과적인 제재조치가 취해져야 한다.

30) 26. 약속은 준수하여야 한다. 유효한 모든 조약은 그 당사국을 구속하며 또한 당사국에 의하여 성실하게 이행되어야 한다.

31) *Korea-Government Procurement* 사건, *US-Shrimp* 사건, *India-Patents* 사건

32) X.3. (a) 각 체약국은 본 조 제1항에 열거한 종류의 자국의 모든 법률, 규칙, 판결 및 결정을 일률적이고 공정하고 합리적인 방법으로 실시하여야 한다.

복을 명령하는 것이 통례이다. 그러나 WTO의 판결이 소급하여 적용되는 예는 매우 드물다. 특히 부당하게 징수된 반덤핑 관세의 환급을 요청한 판례는 없다. 보조금의 경우 이미 지급된 보조금을 환수하라는 결정을 내린 판례(*Australia-Leather* 사건)가 있기는 하나 패널과 상소기구는 소급 효과가 있는 판결을 내리는데 매우 조심하고 있다. 대개 문제가 되는 조치의 위법성을 확인한 경우에도 이를 대상 협정에 합치시키라는 권고를 내리는데 그치는 것이 통례이며 구체적인 권고 이행 방안을 제시할 수 있는 협정상 근거가 있음에도 불구하고 자제하는 것이 대부분이다. 그렇다고 판정의 효과는 미래에만 적용된다고 주장할 수는 없다. 통계상 지금까지 패널의 판정이 대부분 미래에 대해 그 효과가 나타나는 전향적인 것이었다는 것일 뿐 패널 판정이 소급 적용되어서는 안된다는 명문의 금지 규정은 없다.

3. Korea vs. US - DRAMs 사건

(DS99, 1999. 3. 19. - 패널)

가. 사건 개요

미국 상무부는 1993년 5월 한국산(삼성, 현대, LG) DRAM(1 Mbit 이상)에 대해 반덤핑 관세를 부과하였다. 이후 2차례의 연례 재심(administrative review)에서 미국은 현대와 LG에 대해서는 재심 대상 기간(period of review) 중 덤핑 판매를 하지 않았다고 판정하였다. 1996년 5월 현대와 LG는 3차 심사를 요청하면서 이번에도 덤핑 사실이 확인되지 않을 경우 1930 관세법 751조(d)[1]에 의거, 반덤핑 관세 부과 조치를 철회하여 줄 것을 요청하였다.

3차 심사결과 덤핑 사실이 확인되지 않았으나 미국 상무부는 상부무 규정(DOC regulation) 353.25(a)[2](통칭 three Zeroes rule)를 근거로 현대와 LG가 덤핑 재발 가능성이 희박함을 증명하지 못했다고 판단한다는 이유로 반덤핑 관세 부과 조치 철회를 거부하였다.

한국 정부는 이러한 미국의 행위가 반덤핑협정 위반이라고 1997년 11월 패널 설치를 요청하였다.

---

1) The administering authority may revoke, in whole or in part, a countervailing duty order or an anti-dumping duty order of finding, or terminate a suspended investigation, after review under subsection (a) or (b) of this section. ……

2) The Secretary [of Commerce] may revoke an order in part if the Secretary concludes that:

(i) ……

(ii) It is not likely that those persons will in the future sell the merchandise at less than foreign market value; and

(iii) ……

나. 주요 쟁점별 당사자 주장 및 판결 요지

1) 덤핑 부존재시 반덤핑 관세의 지속 가능 여부(반덤핑협정 11조2항)

한국은 반덤핑협정 11조2항[3]은 수출자가 덤핑을 중단한 경우 반덤핑 관세는 철회해야 하며 현재 덤핑 행위가 없을 경우 반덤핑 관세가 지속되어서는 안되는 것으로 해석해야 한다고 주장하였다.

그러나 패널은 11조2항 2번째 문장의 문안을 볼 때 피해가 계속되거나 재발할 것인지 여부는 검토하라고 되어 있으나 덤핑의 계속 또는 재발 여부까지 검토하라고는 규정되어 있지 않고 지속적인 관세의 부과란 당국이 관세가 현재의 덤핑을 상쇄하는 데 필요한 것인지 뿐만 아니라 미래의 덤핑을 상쇄하는 데 필요한 것인지도 검토할 수 있다는 의미로 보아야 한다고 판단하였다. 아울러 11조3항[4]에 규정된 '덤핑 및 피해의 재발'이란 덤핑이 중단되었으나 철회 시 다시 발생(recur) 하는 것을 의미하므로 한국의 주장대로라면 이 조항이 무의미하게 된다고 보고 한국의 주장을 기각하였다.

---

3) 11.2 당국은 정당한 경우 자체적으로, 또는, 확정 반덤핑 관세의 부과이후 합리적인 기간이 경과하고 검토가 필요하다는 명확한 정보를 제시하는 이해 당사자의 요청에 따라 반덤핑 관세의 계속적인 부과의 필요성에 대해 검토한다(Re.21). 이해 당사자는 당국에 대해 덤핑을 상쇄하기 위해 지속적인 관세의 부과가 필요한지 여부, 관세가 철회 또는 변경되었을 경우 피해가 계속되거나 재발할 것인지 여부 또는 이러한 두 가지에 대해 조사를 요청하는 권리를 갖는다. 이 항에 따른 검토 결과 반덤핑 관세가 더 이상 정당화되지 아니하다고 당국이 결정하는 경우 반덤핑 관세의 부과는 즉시 종결된다.
(Remark 21) 제9조제3항에 규정된 반덤핑 관세의 최종 지불책임에 관한 결정은 그 자체로서 이 조에서 의미하는 검토를 구성하지 아니한다.

4) 11.3 제1항 및 제2항의 규정에도 불구하고 모든 확정 반덤핑 관세는 부과일(또는 제2항에 따른 검토가 덤핑과 피해를 동시에 고려하였다면 제2항에 의한 가장 최근의 검토일 또는 이 항에 따른 가장 최근의 검도일)로부터 5년 이내에 종결된다(Re.22). 다만, 당국이 동 일자이전에 자체적으로 개시한 검토 또는 동 일자이전 합리적인 기간 내에 국내 산업에 의하거나 이를 대신하여 이루어진 정당한 근거에 입각한 요청에 의하여 개시된 검토에서 관세의 종료가 덤핑 및 피해의 지속 또는 재발을 초래할 것으로 당국이 판정하는 경우는 그러하지 아니한다. 이러한 검토 결과가 나오기 전까지 관세는 유효할 수 있다.
(Remark 22) 반덤핑 관세액이 소급적으로 사정되었을 경우 제9조제3항제1호에 따라 가장 최근의 산정과정에서 관세가 부과되어서는 아니된다는 조사 결과 그 자체가 당국에 대해 확정 반덤핑 관세의 종료를 요구하지 아니한다.

2) "not likely" standard의 적법 여부

미국은 상부무 규정 353.25(a)에 의거, 해당 회사가 앞으로도 덤핑 행위를 할 것 같지 않으면(not likely) 반덤핑 관세를 철회할 수 있다고 되어 있는데 한국 해당 회사가 덤핑 행위를 할 것 같지 않은 근거가 없으므로 반덤핑 조치를 철회할 수 없었다는 주장이었다.

패널은 덤핑할 것 같지 않다고 해서 곧 덤핑할 것 같다고 결론지을 수 없다고 보았다. 어떤 사건의 발생 가능성이 적다는 것을 그러므로 발생할 가능성이 있다고 해석할 수는 없다는 것이다. 11조2항은 계속될 개연성을 피해에 대해서만 언급하고 있으나 덤핑에도 원용할 수 있는 것으로 해석하여야 하며 따라서 not likely 기준을 명시한 상부무 규정353.25(a)ii는 그 자체로(as such) 반덤핑협정 11조2항에 부합되지 않으며 이를 토대로 내린 미 상무부의 결정(반덤핑 관세 부과 계속)도 11조2항에 어긋난다고 결론지었다.

3) 제출 자료의 자동 인정 여부

1미 당국의 3차 연례 재심 시 현대는 자사(自社) 반도체 가격 전망에 대한 외부 용역 보고서를 제출하였고 LG는 1996년 cost data를 제출하였으나 미국은 이를 인정치 않았다. 한국은 미국의 이러한 행위는 반덤핑협정 2조2항1호1[5]의 위반이라고 주장하였으나 패널은 2조2항1호1은 조사 대상 수출자 또는 생산자가 유지하고 있는 기록에 기초하여 비용을 산출하라고 명시하고 있으므로 미국이 외부 용역 보고서를 반드시 고려해야 하는 것은 아니며 또한 반덤핑협정 17조6항1호[6]에 비추어 미국은 합당한 근거가 있을 경우 이 보고서를 거부할 수 있다고 보

---

5) 2.2.1.1 제2항의 목적상, 조사 대상 수출자 또는 생산자가 유지하고 있는 기록이 수출국에서 일반적으로 인정된 회계원칙에 따르고 있고 고려중에 있는 상품의 생산 및 판매와 관련되는 비용을 합리적으로 반영하고 있는 경우, 비용은 일반적으로 조사 대상 수출자 또는 생산자가 유지하고 있는 기록에 기초하여 산출된다. 당국은 조사기간 동안 수출자 또는 생산자가 제시한 증거를 포함, 비용의 적절한 할당에 관한 모든 입수 가능한 증거를 고려한다. 단, 이러한 비용의 할당은 특히 적절한 분할상환 및 감가상각기간의 설정, 자본지출 및 다른 개발비용에 대한 공제와 관련하여 수출자 또는 생산자에 의하여 전례적으로 활용되어 온 것이어야 한다. 이 호에 따른 비용할당에 아직 반영되지 못했을 경우, 현재 및/또는 미래의 생산에 혜택을 주는 일회성 비용항목 또는 생산개시 가동으로 인하여 조사기간 동안 비용이 영향을 받는 경우는 비용이 적절히 조정된다.

았다. 미국 상무부는 동 보고서가 생산 전망에 대해 의심스러운 가정을 기초로 하고 있어 정확성을 인정치 못하겠다는 것이다.

또한 미 상무부가 LG사의 1996년 하반기 cost data가 의심스러운 부분이 있어 인정치 못하겠다고 한 것에 대해 한국 정부가 의심스러운 부분이 무엇인지, 왜 의심스러운 것이 아닌지에 대해서는 논박치 않은 채 단지 생산 및 판매에 관련되는 비용을 합리적으로 반영하고 있으므로 고려했어야 했다고 주장하는 것은 *prima facie* case를 성립시키지 못하는 주장이라고 판단하였다.

4) 조사 당국의 자료 검증 의무 여부(반덤핑협정 6조6항)

한국은 미 상무부가 해당사의 1996년도 덤핑 여부를 결정하는 데 검증되지 않은 언론 보도나 기관 보고서에 의존한 것은 제공된 정보의 정확성에 대해 납득해야 한다는 반덤핑협정 6조6항[7]을 위반한 것이라고 주장하였다.

패널은 6조6항은 조사 당국이 입수한 보도 정보를 검증하라는 것은 아니며 조사 당국이 입수 정보의 정확성에 대해 납득할 수 있는 방법은 여러 가지가 있으며 정보 출처의 명성을 고려하는 것도 포함된다고 보고 세계적으로 권위를 인정받고 있는 언론 보도나 기관 보고서를 판단의 기초로 삼은 것이 문제될 것은 없다고 보았다. 패널은 한국이 특정 정보의 사용에 대해 구체적으로 문제를 제기하지 않고 모든 정보는 검증되어야 한다고 주장하는 것은 *prima facie* case를 성립시키지 못하는 주장이라고 지적하였다.

5) 미소 마진 기준 적용 범위 (반덤핑협정 5조8항)

한국은 반덤핑협정 5조8항[8]의 미소 마진 *de minimis* 기준 2%는 9조3항의 반

---

6) 17.6 제5항에 언급된 사항을 검토하는 데 있어서,

(1) 패널은 사안의 사실을 평가함에 있어서 당국에 의한 사실의 확립이 적절하였는지 여부 및 동 사실에 대한 당국의 평가가 공평하고 객관적이었는지 여부를 결정한다. 사실의 확립이 적절하였으며 평가가 공평하고 객관적이었을 경우 패널이 다른 결론에 도달했다 하여도 평가는 번복되지 아니한다.

7) 6.6 제8항에 규정된 상황을 제외하고, 당국은 조사 과정에서 이해 당사자에 의해 제공되며 조사 결과의 기초가 되는 정보의 정확성에 대해 납득한다.

8) 5.8 관계 당국이 사안의 진행을 정당화시킬 만큼 덤핑 또는 피해에 대한 충분한 증거가 존재하지 않는다고 납득하는 즉시 제1항에 따른 신청은 기각되고 조사는 신속히 종결된다. 덤핑 마진이 최소허용 수준이거나, 또는 실제적 또는 잠재적인 덤핑 수입량이나 피해가 무시할 만한 수

덤핑 관세액 산정 절차에도 적용되어야 하므로 미 당국이 2% 대신 자신이 책정한 0.5% 기준을 적용한 것은 부당하다고 주장하였다.

패널은 5조8항의 문안상 *de minimis*는 반덤핑 조사 신청, 조사에 국한하여 적용되는 것으로 해석하는 것이 타당하며 덤핑 산정 절차에 까지 자동 적용되는 것은 아니라고 보았다. 이러한 해석은 관세가 부과되어서는 아니 된다는 조사 결과 그 자체가 당국에 대해 확정 반덤핑 관세의 종료를 요구하지 않는다는 반덤핑협정 각주 22[9]로 볼 때에도 명백하다고 확인하였다. 패널은 5조8항의 *de minimis*는 수출자가 반덤핑 관세 부과 조치 자체의 대상이 되는지 여부를 결정하는 기준이며 반덤핑 관세액 산정 과정상의 *de minimis*는 수출자에게 관세를 납부하게 할 것인지 여부를 결정하는 것이지 수출자에 대해 반덤핑 관세 부과 조치 자체를 면탈하는 기준은 아니라고 판시하였다.

다. 해설 및 평가

패널은 미국 정부에 대해 상부무 규정 353.25(a)ii와 심사 결과(반덤핑 관세 부과 지속)를 반덤핑11조2항에 부합되도록 조치하라고 권고하였으나 not likely 기준을 제거하라고 보다 구체적인 조치를 내려 달라는 한국의 주장은 미국이 권고를 이행하는 방법은 여러 개가 있을 수 있음을 고려하여 받아들이지 않았다.

미국은 이 판결에 따라 not likely 기준을 삭제하였으나 덤핑 재발의 가능성이 있다고 판단하여 반덤핑 관세 지속 부과 조치 자체는 철회하지 않았다. 이에 한국은 DSU 21조5항상의 이행 패널 설치를 요구하였으나 이행 패널 심리 중 미국이 반덤핑 관세 부과 조치를 철회, 심리는 중단되었다.

준이라고 당국이 결정하는 경우 조사는 즉각적으로 종결된다. 수출가격 대비 백분율로 표시된 덤핑 마진이 2%미만인 경우 이러한 덤핑 마진은 최소 허용 수준인 것으로 간주된다. 특정국으로부터의 덤핑 수입 물량이 수입 회원국내 동종 상품 수입량의 3%미만을 점유한 것으로 판명되는 경우 개별적으로 수입회원국내 동종 상품 수입의 3%미만을 점유하는 국가들이 총체적으로 수입회원국내 동종 상품 수입 물량의 7%를 초과 점유하지 아니하면 이러한 덤핑 수입량은 일반적으로 무시할 만한 수준으로 간주된다.

9) (Remark 22) 반덤핑 관세액이 소급적으로 사정되었을 경우 제9조제3항제1호에 따라 가장 최근의 산정과정에서 관세가 부과되어서는 아니된다는 조사 결과 그 자체가 당국에 대해 확정 반덤핑 관세의 종료를 요구하지 아니한다.

4. US vs. Mexico - HFCS 사건

(DS132, 2000. 2. 24 - 패널)

가. 사건 개요

이 사건의 대상인 된 과당 옥수수 시럽(High Fructose Corn Syrup(HFCS))이란 果糖(Fructose)이 많이 함유된 옥수수 줄기에서 채취한 시럽으로 음료, 식품 등의 첨가물로 많이 쓰인다. 果糖이란 포도당과 함께 과일·꿀·시럽 및 몇몇 채소 등에 많이 들어 있는 糖分으로서 레불로오스라고도 한다. 흰색 가루이며 단당류육탄당(單糖類六炭糖)에 속하는 것으로 당류 중에서 인체에 가장 빠르게 흡수, 소화되어 흔히 설탕의 대체 용품으로 쓰인다.

멕시코의 製糖상공회의소는 미국산 과당옥수수 시럽에 대해 덤핑 수입여부를 조사하여 줄 것을 요청하였으며 멕시코 通商 당국 SECOFE은 97년 2월 조사 개시를 공고하고 실질적인 피해의 우려가 있다는 이유로 97년 6월과 98년 1월에 잠정 관세 부과 조치와 반덤핑 확정 관세 부과 조치를 각각 발동하였다. 확정 조치는 미국산 HFCS에 톤당 최대 175$의 반덤핑 관세를 97년 6월 잠정 조치 발동 시점부터 소급하여 징수하는 것이었다.

미국은 이에 대해 반덤핑협정 1조(원칙), 3조(피해 판정), 5조(조사 개시), 7조(잠정 조치), 10조(소급 적용), 12조(판정 공고 및 설명)를 위반한 것이라고 주장, 98년 10월 제소(패널 설치 요청)하였다.

나. 주요 쟁점별 당사자 주장 및 판결 요지

1) 조사 신청서 포함 증거 범위(반덤핑협정 5조2항)

반덤핑협정 3조는 덤핑으로 인한 국내 산업의 피해 여부를 산정할 때 고려해야 하는 구체적인 요소에 대해 기재하고 있다. 협정 5조2항[1])은 덤핑 조사 신청은 덤핑, 피해, 덤핑과 피해간의 인과 관계에 관한 증거를 포함해야 한다고 규정하고 제출해야 하는 정보 범위를 나열하고 있다. 미국은 멕시코 제당 협회의 조사 신청서는 산업 피해에 관한 자세한 증거를 충분히 제시하지 못했다고 주장했다.

패널은 그러나 5조2항은 조사 신청서가 포함해야 할 정보의 범위에 대해 융통성 있는 기준을 제시한 것이며 … *such as those listed in paragraph 2 and 4 of Article 3* … 라고 기재된 반덤핑협정 5조2항(4)호 문안으로 보아 such as는 선택의 여지를 염두에 두고 있는 것으로 보아야 한다고 판단했다. 패널은 따라서 조사 신청서가 협정 3조에 열거된 모든 정보를 반드시 포함해야 하는 것은 아니며 5조2항 문안대로 합리적으로 입수 가능한 정보를 제공하는 것으로 충분하다고 보았다.

2) 조사 개시 공고 포함 증거 범위(반덤핑협정 12조1항)

미국은 멕시코의 조사 개시 공고 시 관련 국내 산업의 범위 획정에 관한 근거

---

1) 5.2 제1항의 신청은 (가) 덤핑, (나) 이 협정에 의해 해석되는 1994년도 GATT 제6조의 의미에 있어서의 피해, (다) 덤핑 수입품과 주장된 피해간의 인과관계에 대한 증거를 포함한다. 관련 증거에 의해 입증되지 아니하는 단순한 주장은 이 항의 요건을 충족시키는데 충분한 것으로 간주될 수 없다. 동 신청은 신청자가 합리적으로 입수 가능한 다음에 관한 정보를 포함한다.

(1) 신청자의 신원 및 신청자의 동종 상품 국내생산량 및 가치에 대한 기술. 서면신청이 국내 산업을 대신하여 이루어지는 경우, 동 신청서는 동 신청이 대신하는 산업을 동종 상품의 알려진 모든 국내 생산자 (또는 동종 상품의 국내 생산자협회) 명부로서 확인하여야 하며, 가능한 범위 내에서 이러한 생산자에 의한 동종 상품의 국내생산량과 가치를 기술한다.

(2) 덤핑혐의가 있는 상품에 대한 상세 기술, 당해 원산지국 또는 수출국명, 알려진 각 수출자 또는 외국의 생산자의 신원, 그리고 알려진 당해 상품 수입자의 명부

(3) 당해 상품이 원산지국 또는 수출국 국내 시장에서 소비용도로 판매될 때의 가격에 관한 정보 (또는, 적절한 경우, 동 상품이 원산지국 또는 수출국으로부터 제3국에 판매되는 가격이나 구성가격에 관한 정보) 및 수출가격에 관한 정보 또는 적절한 경우 동 상품이 수입회원국의 영토내의 독립된 구매자에게 최초로 재판매될 때의 가격에 관한 정보

(4) 제3조 제2항과 제4항에 열거된 국내 산업의 상태에 영향을 미치는 관련요소와 지표에 의하여 증명되는 덤핑혐의가 있는 수입품의 물량의 추이에 관한 정보, 동 수입이 국내 시장의 동종 상품가격에 미치는 영향 및 덤핑 수입품이 관련 국내 산업에 미치는 결과적인 영향

를 충분히 명시하지 않았고 조사 당국이 일부 회사를 국내 산업 범위로 포함시키지 않은 것도 언급하지 않았다고 지적하고 이는 이해 당사자에 대한 통보 의무를 다하지 못한 것이며(12조1항[2] 위반), 피해 주장의 기초가 되는 요소들의 요약을 포함해야 한다는 12조1항1호[3]도 아울러 위반한 것이라고 주장하였다.

패널은 12조1항1호가 말하는 피해 주장의 기초가 되는 요소들의 요약(summary of factors)은 어디까지나 피해 주장의 기초를 말하는 것이지 피해 판정의 기초를 의미하는 것은 아니므로 조사 당국이 조사 개시를 공고할 때 국내 산업의 범위 지정에 관한 결정과 그 논리까지 설명해야 하는 의무가 있는 것은 아니라고 판시하였다. 멕시코의 조사 개시 공고에 포함된 수준의 정보는 관련 규정을 위반했다고 볼 수 있는 수준이 아니며 판단 결정에 대한 설명은 12조2항에 의거, 최종 결정의 공고 시에 할 것이지 조사도 하기 전인 조사 개시 공고 단계에서 설명할 것은 아니라고 하였다.

3) 조사 개시를 정당화하는 정보의 충분성(반덤핑협정 5조3항)

미국은 멕시코가 피해 우려 및 덤핑과 국내 피해와의 상관관계에 관한 충분한 증거 없이 조사 개시를 결정하였다고 지적하고 이는 증거의 충분성 여부를 결정하라는 협정 5조3항[4] 위반이라고 주장하였다.

패널은 어느 정도가 조사 개시를 정당화하는 데 충분한 증거인지에 대해서 규정한 조항이 없으므로 당국의 사실 확립, 평가의 공평성 및 객관성을 패널이

---

2) 12.1 제5조에 따라 당국이 반덤핑 조사의 개시를 정당화하는 충분한 증거가 있다고 납득하는 경우, 자기 나라의 상품이 조사 대상인 회원국 및 조사에 이해관계가 있는 것으로 조사 당국에 알려진 다른 이해 당사자에게 통지되며 공고된다.

3) 12.1.1 조사 개시 공고는 다음에 대한 적절한 정보를 포함하거나, 달리 별도의 보고서(Re.23)를 통해 입수 가능하도록 한다.
(Remark 23) 이 조의 규정에 따라 별도의 보고서를 통해 당국이 정보 및 설명을 제공하는 경우, 당국은 이러한 별도 보고서가 대중에게 손쉽게 입수 가능하도록 보장한다.
(1) 수출국명 및 관련 상품명,
(2) 조사 개시일,
(3) 신청서에서 덤핑이라고 주장되는 근거,
(4) 피해의 주장의 기초가 되는 요소들의 요약,
(5) 이해 당사자들의 의견이 송부되어야 할 주소,
(6) 이해 당사자들에게 그들의 의견을 밝힐 수 있도록 허용된 시한

4) 5.3 당국은 조사 개시를 정당화할 수 있을 만큼 충분한 증거가 있는지 여부를 결정하기 위하여 신청서에 제시된 증거의 정확성과 적정성에 대하여 검토한다.

검토하도록 한 17조6항(1)호[5]를 근거로 판단할 수밖에 없으며 패널은 멕시코 당국이 참작한 정보 범위 정도[6]면 조사 개시를 정당화하는 데 충분한 것이었다고 판시하였다.

4) 피해 우려 판정 시 고려 요소의 범위(반덤핑협정 3조4항, 7항)

미국은 실질적인 피해의 우려(threat of material injury)가 존재하는지 여부를 결정할 때에는 협정 3조7항 및 3조4항의 요소를 모두 고려하여야 하나 그러하지 아니한 멕시코는 동 조항을 위반한 것이라고 주장하였다.

패널은 3조 둔항 전체와 3조7항[7] 말미 문안으로 볼 때 3조7항의 요소는 여러 요소와 함께(inter alia) 고려하라는 것으로 보는 것이 타당하며 3조7항 末尾 문안은 피해의 결정은 실질적인 피해가 발생할 수 있을 것(would occur)이라는 결론을 요구하고 있으므로 실질적인 피해 존재에 관한 조사는 국내 산업에 대한 수입의 영향을 포함해야 한다고 판단, 3조4항[8]에 기재된 요소를 같이 검토해야 할 것으

5) 17.6 제5항에 언급된 사항을 검토하는 데 있어서,
(1) 패널은 사안의 사실을 평가함에 있어서 당국에 의한 사실의 확립이 적절하였는지 여부 및 동 사실에 대한 당국의 평가가 공평하고 객관적이었는지 여부를 결정한다. 사실의 확립이 적절하였으며 평가가 공평하고 객관적이었을 경우 패널이 다른 결론에 도달했다 하여도 평가는 번복되지 아니한다.

6) 멕시코 당국은 제당협회 제출 증거 외에 자체적으로 수집한 수입량증가 통계, 가격효과, 국내 산업 상황 등에 관한 자료를 토대로 조사 개시 결정을 내렸다.

7) 3.7 실질적인 피해의 우려에 대한 판정은 사실에 기초하며 단순히 주장이나 추측 또는 막연한 가능성에 기초하여서는 아니된다. 덤핑이 피해를 초래하는 상황을 발생시키는 상황의 변화는 명백히 예측되어야 하며 급박한 것이어야 한다(Re.10). 실질적 피해 우려의 존재에 대한 판정을 내리는 데 있어서 당국은 특히 다음과 같은 요소를 고려해야 한다.
(Remark 10) 유일한 예는 아니나 한 예를 들면 가까운 장래에 덤핑가격으로 실질적인 상품의 수입 증가가 있을 것이라고 믿을 만한 설득력 있는 이유가 있는 경우이다.
(1) 실질적인 수입 증가의 가능성을 나타내는, 국내 시장에로의 덤핑 수입품의 현저한 증가율,
(2) 추가적인 수출을 흡수하는 다른 수출시장의 이용 가능성을 감안하여, 수입회원국의 시장으로 덤핑수출을 실질적으로 증가시킬 수 있는 가능성을 나타내는, 충분하고 자유롭게 처분가능한 수출자의 생산능력 또는 수출자의 생산능력의 임박하고 실질적인 증가,
(3) 수입이 국내 가격을 현저히 하락 또는 억제시킬 수 있는 가격으로 이루어지고 있는지 여부 및 추가수입에 대한 수요를 증가시킬 것인지 여부, 그리고
(4) 조사 대상 상품의 재고현황,
이러한 요소들 중 어느 하나도 그 자체로서 반드시 결정적인 지침이 될 수는 없으나, 고려된 요소 전체는 덤핑수출품이 추가로 임박하고, 보호조치가 취해지지 아니하면 실질적인 피해가 발생할 수 있을 것이라는 결론에 도달하게 하여야 한다.

8) 3.4 덤핑 수입품이 관련 국내 산업에 미치는 영향의 검토는 판매, 이윤, 생산량, 시장 점유율, 생

로 보았다.

5) 국내 산업의 범위(반덤핑협정 4조1항)

멕시코는 국내 산업의 피해 여부를 결정할 때 산업용 제당업계만을 국내 산업으로 보고 제당업의 47%를 차지하는 가계용 제당업계는 제외하였다. 미국은 국내 산업 전체를 검토하지 않고 일부 부분만을 기초로 실질적 피해 결정을 하였으므로 협정 위반이라고 주장하였다.

패널은 협정 4조1항[9]상 국내 산업은 동종 상품을 생산하는 국내 생산자 전체를 지칭하는 것이므로 멕시코가 사탕수수糖 제조업자만을 국내 업계로 정의하고 이를 기초로 실질적 피해가 있다고 판단한 것은 협정 위반이라고 판시하였다.

산성, 투자수익률, 또는 설비 가동률에서의 실제적이고 잠재적인 감소, 국내 가격에 영향을 미치는 요소, 덤핑 마진의 크기, 자금 순환, 재고, 고용, 임금, 성장, 자본 또는 투자 조달능력에 대한 실제적이며 잠재적인 부정적 영향 등 산업의 상태에 영향을 미치는 제반관련 경제적 요소 및 지표에 대한 평가를 포함한다. 위에 열거된 요소는 총망라적이 아니며, 이러한 요소 중 하나 또는 여러 개가 반드시 결정적인 지침이 될 수는 없다.

9) 4.1 이 협정의 목적상 "국내 산업"이라는 용어는 동종 상품을 생산하는 국내 생산자 전체 또는 이들 중 생산량의 합계가 당해상품의 국내 총생산량의 상당부분을 점하는 국내 생산자들을 지칭하는 것으로 해석된다. 단, 다음의 예외가 있다.

(1) 생산자가 덤핑으로 주장되고 있는 상품의 수출자 또는 수입자와 관계가 있는 (Re.11) 경우, 또는 생산자 자신이 그 물품의 수입자인 경우에는, 국내 산업은 나머지 생산자를 지칭하는 것으로 해석될 수 있다.

(Remark 11) 이 항의 목적상 생산자는 다음의 경우에만 수출자 또는 수입자와 관련이 있는 것으로 간주된다.

가) 동인들 중 하나가 직접 또는 간접적으로 다른 하나를 통제하는 경우, 또는

나) 동인들이 함께 제3자에 의해 직접 또는 간접적으로 통제당하는 경우, 또는

다) 동인들이 함께 직접 또는 간접적으로 제3자를 통제하는 경우

단, 이 관계의 효과가 관련 생산자로 하여금 관련되지 아니한 생산자와는 다르게 행동하도록 할 정도라고 믿거나 의심할 만한 근거가 있어야 한다. 이 항의 목적상 이들 중 일방이 타방을 법적 또는 운영상으로 제약 또는 감독을 행할 위치에 있을 경우 전자가 후자를 통제하는 것으로 간주된다.

(2) 예외적인 상황에서, 당해 생산에 관하여 회원국의 영토는 둘 또는 그 이상의 경쟁적인 시장으로 분리되어 각 시장의 생산자들이 별개의 산업으로 간주될 수 있는 바 이는 (가) 각 시장내의 생산자가 생산한 당해 상품의 전부 또는 거의 전부를 그 시장에 판매하며, 또한 (나) 당해 시장의 수요가 동 영토내의 당해 시장 이외의 장소에 소재하는 당해 상품의 생산자에 의하여 상당한 정도로 공급되지 아니하는 경우에 한한다. 이러한 상황에서, 전체 국내 산업의 상당부분에 피해가 발생하지 아니하여도 이러한 고립된 시장에 덤핑 수입품이 집중되고 또한 덤핑 수입품이 당해 고립된 시장 내의 당해 상품의 전부 또는 거의 전부를 생산하는 생산자에 대하여 피해를 초래하는 경우 피해의 존재가 인정될 수 있다.

6) 실질적인 수입 증가의 가능성(반덤핑협정 3조7항)

멕시코 음료수(soft drink)업자는 수입 HFCS을 사용하지 않기로 국내 제당업계와 협약을 맺은 사실이 있다. 미국은 이러한 협약은 HFCS의 수입 감소(정체)를 초래할 것임에도 불구하고 멕시코가 실질적인 피해 결정을 내린 것은 실질적인 피해 판정 시 실질적인 수입 증가의 가능성을 검토하라는 협정 3조7항(1)를 위반한 것이라고 주장하였다.

패널은 이를 인정, 멕시코가 동 협약이 수입에 미칠 영향을 고려하지 않고 피해 판정을 내린 것은 협정 위반이라고 보았다.

7) 반덤핑 관세 부과의 소급효(반덤핑협정 10조2항)

미국은 실질적인 피해의 우려가 있다고 최종 판정했을 경우 반덤핑 관세를 소급 부과하기 위해서는 반덤핑협정 10조2항[10)]의 규정상 부과 당국은 소급 부과에 결정에 앞서 우선 잠정 조치가 없는 상황에서라면 덤핑 수입이 피해 판정으로 귀결될 것이라는 판단을 먼저 내려야 한다고 주장하고 이러한 판단을 하지 않은 채 반덤핑 관세를 소급 부과한 멕시코의 조치는 협정 위반이라고 강변하였다.

멕시코는 그러한 판단은 최종 결정 前과정에서 수행한 것으로 볼 수 있다고 항변하였으나 패널은 미국의 주장을 수용, 멕시코 당국이 이러한 판단을 하였다는 근거가 없으므로 협정 10조2항을 준수하지 못한 것이라고 결정하였다.

다. 해설 및 평가

패널은 위와 같이 멕시코의 반덤핑 관세 부과 조치가 반덤핑협정의 규정과 합치되지 않는다고 결론지었으며 이에 따라 분쟁 해결 기구(DSB)는 멕시코로 하여금 문제되는 조치를 반덤핑협정에 합치시키도록 권고하였으나 이행 방안을 특별히 제시하지는 않았다. 멕시코는 그 후 잠정 관세를 이자와 함께 환급하는 조

10) 10.2 피해의 최종 판정(피해의 우려 또는 산업의 확립에 실질적인 지연의 판정은 해당되지 아니함)이 내려진 경우, 또는 피해의 우려의 최종 판정으로 귀결되었을 경우, 잠정 조치가 있는 경우 동 조치가 적용된 기간에 대하여 반덤핑 관세가 소급하여 부과될 수 있다.

치를 취하기는 하였으나 실질적인 피해의 우려가 있다는 종전의 판단은 고수하였다. 이에 대해 미국은 멕시코가 판정 준수 조치 의무를 다하지 않고 있다고 주장하고 DSU 21조5항[11]에 따른 이행 패널 심리를 요청하여 동건의 법적 다툼은 계속되었다(*Mexico-HFCS Article 21.5* 사건). DSU 21조 5항에 의거, 패소국이 원 패널 권고 사항을 이행하기는 하였으나 제소국이 이에 만족하지 않을 경우에는 원심 패널에서 그 이행의 적정성 여부를 심사하여 90일 이내에 보고서를 확정하도록 되어 있다.

이 판결은 덤핑 조사 당국이 조사 항목을 임의로 선택할 수 있는 재량권을 인정하지 않았다. 패널은 조사 당국으로 하여금 피해 또는 피해의 우려를 결정할 시 고려해야 하는 요소, 특히 최소한 협정 3조4항의 요소는 모두 고려해야 한다고 판정함으로써 반덤핑 결정은 신중하게 이루어져야 함을 강조하였다. 패널의 이 같은 결정은 이후 *Thailand-Steel* 사건에서도 다시 확인되었다.

이 사건에서 패널은 합당한 설명이 없는 시장 분할(market segment)은 인정할 수 없음을 확인하였다. 사실 보조금이나 덤핑분쟁에서 대상되는 상품의 시장을 어떻게 정의할 것인가는 심리에 매우 중요한 영향을 미친다. 유사상품, 동종 상품의 존재, 정의 방식, 해당국의 산업 환경 등 여러 가지 고려해야 하는 요소로 인해 시장을 분할해서 검토하여야 할 당위성은 있다. 이번 사건을 비롯하여 WTO 판례는 이러한 market segment(또는 그에 기초한 피해 판정)를 제한적으로 인정하고 있다. *Korea-Dairy Safeguard* 사건이나 *Argentina-Footwear* 사건의 패널은 국내 시장 전체(as a whole)에 대한 피해 판정이 있는 것을 전제로 시장 분할에 기초한 피해 판정도 인정할 수 있다고 판단했다. 결국 조사 당국은 자료는 분할된 시장에서 구하되 분석은 전체 시장을 토대로 하거나 피해 분석을 분할 시장별로 각각 모두 실시하거나 특정한 분할 시장을 분석하고 이 분할 시장이 전체 산업에 어떻게 연관되는가를 설명해야 할 것이다.

---

11) 21.5. 권고 및 판정의 준수를 위한 조치가 취해지고 있는 지 여부 또는 동 조치가 대상 협정에 합치하는 지 여부에 대하여 의견이 일치하지 아니하는 경우, 이러한 분쟁은 가능한한 원 패널에 회부하는 것을 포함하여 이러한 분쟁 해결 절차의 이용을 통하여 결정된다. 패널은 사안이 회부된 날로부터 90일 이내에 보고서를 배포한다. 패널이 동 시한 내에 보고서를 제출할 수 없다고 판단하는 경우, 지연사유를 패널 보고서 제출에 필요하다고 예상되는 기간과 함께 서면으로 분쟁 해결 기구에 통보한다.

5. US vs. Mexico - HFCS Article 21.5 사건

(DS132, 2001 11. 21. - 상소기구)

가. 사건 개요

Mexico-HFCS 사건에서 패소한 멕시코는 반덤핑 관세 부과 조치를 반덤핑협정에 합치시키라는 권고를 받고 2000년 9월 원래의 반덤핑 관세 부과 조치를 다소 수정하여 이미 징수된 잠정 관세는 환급하여 주기로 하였다. 그러나 이러한 재판정은 미국산 HFCS이 멕시코 제당 산업에 실질적 피해를 미칠 우려가 있다는 당초의 판단은 견지하고 반덤핑 관세 부과 조치를 재확인하였다.

이에 미국은 2000년 10월 멕시코가 원 패널권고를 이행치 않고 있다고 주장하고 DSU 21조5항[1]에 의거, 원심 패널에 사안을 회부하여 줄 것을 요청하였으며 이행 패널은 재차 멕시코의 재판정 조치가 반덤핑협정 위반이라고 결정하였다. 멕시코는 이에 불복, 상소하였으나 2001년 11월 상소기구는 멕시코의 협정 위반임을 최종 확인하였다.

---

1) 21.5. 권고 및 판정의 준수를 위한 조치가 취해지고 있는 지 여부 또는 동 조치가 대상 협정에 합치하는 지 여부에 대하여 의견이 일치하지 아니하는 경우, 이러한 분쟁은 가능한 원 패널에 회부하는 것을 포함하여 이러한 분쟁 해결 절차의 이용을 통하여 결정된다. 패널은 사안이 회부된 날로부터 90일 이내에 보고서를 배포한다. 패널이 동 시한내에 보고서를 제출할 수 없다고 판단하는 경우, 지연사유를 패널 보고서 제출에 필요하다고 예상되는 기간과 함께 서면으로 분쟁 해결 기구에 통보한다.

나. 주요 쟁점별 당사자 주장 및 판결 요지

1) 실질적인 수입 증가의 가능성 판단의 타당성 여부

음료수 甁入업자(soft drink bottlers)가 HFCS 사용을 자제하기로 제당업자와 맺었다는 협약이 HFCS 수입에 미칠 효과가 다시 논란이 되었다. 멕시코는 이 협약에도 불구하고 HFCS 수입이 대폭 증가할 것이라고 판단하였으나 패널은 멕시코 당국이 판단의 기초로 삼은 정보 내용으로 볼 때 그러한 판단을 내리기는 곤란하다고 판단하고 멕시코는 실질적인 피해의 우려에 대한 판정은 사실에 기초해야 하며 실질적인 수입 증가의 가능성을 나타내는 국내 시장으로의 덤핑 수입품의 현저한 증가율을 고려해야 한다는 반덤핑규정 3조7항(1)호를 위반한 것이라고 판시하였다.

상소기구도 패널의 판정을 지지하였다.

2) 국내 산업에 미치는 영향의 검토

미국은 멕시코 당국이 HFCS의 국내 제당 산업에 미치는 영향을 검토함에 있어 반덤핑협정 3조4항에 나열된 제반 요소를 진지하게 검토하지도 않고 국내 산업에 피해가 있는 것으로 결정하였다고 주장하였다.

멕시코는 최초 피해 판정 시 검토하지 않았던 새로운 요소를 추가로 검토하였다고 항변하였으나 패널은 국내 산업의 상황이 개선되고 있는 근거와 정황이 있음에도 멕시코 당국이 피해가 있다고 무리하게 판정한 점이 인정된다고 판시하였다.

패널은 3조4항에 나열된 사항을 조사 당국이 단순히 검토하였는지 만을 참작하는 것이 아니라 반덤핑협정 17조6항(1)호의 검토기준을 적용하여 공평하고 객관적인 조사 당국이라면 멕시코 당국이 사용한 자료와 근거를 토대로 멕시코 당국의 결정과 같은 결정을 할 수 있었을 것인가를 판단해야 하며 이러한 관점에서 멕시코 당국의 판단은 공정하지 못했다고 보았다.

상소기구 역시 패널의 이러한 판단을 확인하였다.

다. 해설 및 평가

미국은 이 사건을 NAFTA 분쟁 패널에도 제소하였으며 NAFTA 패널 역시 멕시코의 최초 조치와 수정 조치 모두 합당하지 않다고 판정하였다.

상소기구는 제소하기 전에 제소가 유익할 것인지에 대해 각 회원국은 스스로 판단해야 한다는 DSU 3조7항[2]에 대해서 이 규정은 패널에게 제소의 정당성을 조사하는 권한을 부여한 것은 아니라고 해석하였다. 즉 제소의 유익성은 회원국이 스스로 판단하는 것이지 제소된 사건이 이러한 유익성에 합당한지 여부를 패널이 심사할 것은 아니고 패널은 제소 사건을 접수하여 심리할 뿐이라고 정리하였다. DSU 3조7항을 이렇듯 협의로 해석한 것은 소송 요건도 갖추지 못한 채 상대방을 불편하게 하려는(harass) 악의로 제소가 남발될 가능성도 있다는 측면에서 반론도 다수 제기되고 있다.

멕시코 당국이 제공된 근거를 토대로 국내 산업에의 실질적 피해 우려 판정을 내린 것에 대해 멕시코는 반덤핑협정 17조6항(2)호를 인용하여 당국의 조치가 하나 이상의 해석이 가능한 것에 근거한 경우 그 조치는 협정에 일치하는 것으로 판정하여야 한다고 주장하였으나 패널과 상소기구는 17조6항(2)호가 아니라 17조6항(1)호[3]를 적용, 멕시코 당국의 피해 판정을 부인하였다. 17조6항(1)호는 사실 확립의 적절성, 평가의 공정성과 객관성을 보라는 사실 관계 검토 기준(factual standard of review)를 규정한 것이고 17조6항(2)호[4]는 국내 법원의 판결이 허용되

---

2) 3.7. 제소하기 전에 회원국은 이 절차에 따른 제소가 유익할 것인 지에 대하여 스스로 판단한다. 분쟁 해결 제도의 목표는 분쟁에 대한 긍정적인 해결책을 확보하는 것이다. 분쟁 당사자가 상호 수락할 수 있으며 대상 협정과 합치하는 해결책이 명백히 선호되어야 한다. 상호 합의된 해결책이 없을 때에는 분쟁 해결 제도의 첫번째 목표는 통상 그 조치가 대상 협정에 대한 위반으로 판정이 내려진 경우 동 조치의 철회를 확보하는 것이다. 그러한 조치의 즉각적인 철회가 비현실적일 경우에만 대상 협정에 대한 위반조치의 철회시까지 잠정 조치로서 보상의 제공에 의지할 수 있다. 이 양해가 분쟁 해결 절차에 호소하는 회원국에게 부여하는 최후의 구제수단은 분쟁 해결 기구의 승인에 따르는 것을 조건으로 다른 회원국에 대하여 차별적으로 대상 협정상의 양허 또는 그 밖의 의무의 적용을 정지할 수 있다는 것이다.

3) 17.6.(1) 패널은 사안의 사실을 평가함에 있어서 당국에 의한 사실의 확립이 적절하였는지 여부 및 동 사실에 대한 당국의 평가가 공평하고 객관적이었는지 여부를 결정한다. 사실의 확립이 적절하였으며 평가가 공평하고 객관적이었을 경우 패널이 다른 결론에 도달했다 하여도 평가는 번복되지 아니한다.

4) 17.6.(2) 패널은 국제공법의 해석에 관한 관습적인 규칙에 따라 이 협정의 관련 규정을 해석한다. 패널이 이 협정의 관련 규정에 대해 하나 이상의 해석이 가능하다고 판정하고 당국의 조치

는 법률 해석에 기초하는 한 패널이 이를 번복할 수 없다는 법률관계의 검토기준(legal standard of review)이다. 멕시코는 실질적 피해 우려 판정은 법률문제로 보았으나 상소기구는 실질적 피해 우려 존재 여부 결정은 법률(실질적 피해 우려 기준)을 사실(관련된 통계, 사실 등)에 적용하는 문제이므로 17조6항(1)호를 적용하는 것이 타당하다고 보았다.

가 그러한 허용되는 해석중 하나에 근거하는 경우 패널은 당국의 조치가 이 협정에 일치하는 것으로 판정한다.

6. EC, Japan vs. US – 1916 Act 사건

(DS 136,162, 2000. 9. 26. – 상소기구)

가. 사건 개요

미국의 1916년 수입법 제8편(이하 1916년법)은 i) 동종 상품의 생산국 판매 가격보다 실질적으로 더 적은 가격으로 미국 내에서 판매되거나 ii) 가격 차별이 通常的이고 체계적으로 행해지는 商行爲를 금지하고 있으며 이러한 상행위가 미국내 산업을 파괴하거나 피해를 입히려는, 또는 산업의 확립을 방해하거나 동종 상품의 상거래를 제지, 독점화하려는 의도를 갖고 행해진다면 형사적 또는 민사적 책임을 물을 수 있도록 하였다. 아울러 피해에 대한 구제책으로 민사의 경우 3배 손해 배상 및 합리적인 변호사 보수를 포함한 소송 비용, 형사의 경우 5,000달러 이하의 벌금 또는 1년 이하의 징역을 부과하고 있다.[1)]

---

1) It shall be unlawful for any person importing or assisting in importing any articles from any foreign country into the United States, commonly and systematically to import, sell or cause to be imported or sold such articles within the United States at a price substantially less than the actual market value or wholesale price of such articles, at the time of exportation to the United States, in the principal markets of the country of their production, or of other foreign countries to which they are commonly exported after adding to such market value or wholesale price, freight, duty, and other charges and expenses necessarily incident to the importation and sale thereof in the United States: Provided, That such act or acts be done with the intent of destroying or injuring an industry in the United States, or of preventing the establishment of an industry in the United States, or of restraining or monopolizing any part of trade and commerce in such articles in the United States.

Any person who violates or combines or conspires with any other person to violate this section is guilty of a misdemeanour, and, on conviction thereof, shall be punished by a fine not exceeding $5,000, or imprisonment not exceeding one year, or both, in the discretion of the court.

Any person injured in his business or property by reason of any violation of, or combination or conspiracy to violate, this section, may sue therefore in the district court of the United States for the

EC는 1998년 11월 이 법이 i) GATT VI조1항, 2항 및 반덤핑협정 1조, 2조1항, 2항, 3조, 4조, 5조5항, ii) GATT III조4항, iii) WTO 설립협정 16조4항 위반이며 그 결과 위 협정들 아래에서 발생하는 EC의 이익을 무효화하고 침해하였다고 주장, 패널 설치를 요청하였다. 일본도 1999년 6월 같은 논지로 패널 설치를 주장하였다.

EC와 일본의 청구가 동일 사안에 대한 것이었으나 미국과 EC가 동일 패널 설치에 반대하여 동일 패널 위원 아래 각각의 패널이 설치되었으며 패널의 판결 내용은 거의 동일하였다.

나. 주요 쟁점별 당사자 주장 및 판결 요지

1) GATT VI조 및 반덤핑협정 적용 가능성

EC는 1916년법은 수입품에 초점을 두고 있고 수입품의 가격과 생산국 또는 제3수출국의 주요 시장에서 동종 상품의 실제 시장 가격 또는 도매 가격간의 차별을 규제하고 있으므로 GATT VI조의 적용을 받는 반덤핑법이라고 주장하였다. 미국은 반덤핑법이 아니라 독점 금지를 목적으로 하는 약탈적 가격 설정법(predatory pricing statute)이며 이는 실질적 피해를 야기하는 단순한 가격 차별을 감독하는 것도 아니고 반덤핑협정상의 실질적 피해 개념에 기초하고 있지도 아니하며 많은 실체적 절차적 요건들이 미국 독점 금지법의 적용 요건과 동일 또는 유사한 점에 비추어 볼 때 명백하다고 반박하였다.

패널과 상소기구는 GATT VI조1항[2]에 정의된 덤핑에 대응하는 법은 GATT

---

district in which the defendant resides or is found or has an agent, without respect to the amount in controversy, and shall recover threefold the damages sustained, and the cost of the suit, including a reasonable attorney's fee.

The foregoing provisions shall not be construed to deprive the proper State courts of jurisdiction in actions for damages thereunder.

2) VI:1. 체약국은 일국의 산품을 정상적인 가격이하로 타국의 상업에 도입하는 덤핑이 체약국 영역에 있어서 확립된 산업에 실질적인 피해를 주거나 또는 손해를 줄 우려가 있고 또는 국내 산업의 확립을 실질적으로 지연시킬 때에는 이 덤핑이 비난되어야 한다는 사실을 인정한다. 본 조의 적용상, 일국에서 타국으로 수출되는 산품의 가격이 다음의 어느 가격보다 낮을 때에는 동 산품은 정상 가격보다 낮은 가격으로 수입국의 상업에 도입된 것으로 간주한다.

(a) 수출국에서 소비되는 동종 산품의 통상적인 상거래에서 비교 가능한 가격, 또는,

VI조의 범위 내에 있으며 동 조항에서 발견되지 않는 추가 요건이 1916년법에 존재한다고 해서 그것 자체만으로는 1916년법이 GATT VI조의 범위 밖에 있다고 보기에는 충분치 않다고 보았다. 패널은 미국이 주장하는 대로 1916년법이 독점 금지 목적을 갖고 있거나 독점 금지법으로 분류된다고 하더라도 위 목적이나 분류가 1916년법의 운용에 영향을 미친다는 점을 입증하지 못한다면 그 자체만으로는 1916년법이 GATT VI 조의 범위 밖에 있도록 하지는 못한다고 반박하고 1916년법의 용어에 대한 분석에 기초할 때 이 법은 객관적으로 GATT VI조1항에 포함된 덤핑의 정의를 충족하는 국경간 가격 차별의 형태를 다루므로 GATT VI 조의 규율을 받아야 한다고 확인하였다.

2) 덤핑상쇄 수단으로서의 반덤핑 관세의 유일성 여부

EC와 일본은 GATT VI조2항[3)]의 규정에 비추어 볼 때 덤핑을 상쇄하거나 제거하기 위한 유일한 수단은 반덤핑 관세인데 1916년법은 3배 손해 배상 및/또는 형벌을 구제 수단으로 규정하고 있기 때문에 동 조항 위반이라고 주장하였으며 패널과 상소기구는 이를 수용, 반덤핑 관세 부과 외에 벌금이나 징역의 부과 또는 3배 손해 배상을 규정한 1916년법은 GATT VI조2항을 위반하고 있다고 판시하였다.

3) 덤핑 요건 충족 여부

EC는 1916년법은 실질적 피해를 포함한 실제 피해를 요건으로 하지 않고 국내 산업에 대한 피해의 의도 자체도 요건으로 인정함으로써 GATT VI조1항과 반덤핑협정 3조를 위반하였다고 주장하였으며 패널과 상소기구는 이를 인정, 1916년법은 GATT VI조1항과 양립하지 않는다고 판결하였다. 패널은 1916년법이 피

(b) 전기한 국내 가격이 없을 경우에는
(1) 제3국에 수출되는 동종 산품의 통상 상거래에 있어서 비교 가능한 최고 가격,
(2) 원산국에서의 산품의 생산비에 판매경비 및 이윤을 타당하게 가산한 액.
판매조건의 차이, 과세상의 차이 및 가격의 비교에 영향을 주는 기타의 차이에 대하여서도 각각 타당한 고려를 하여야 한다.

3) VI:2. 체약국은, 덤핑을 상쇄 또는 방지하기 위하여, 덤핑된 산품에 대하여 동산품에 관한 덤핑의 폭을 초과하지 아니하는 금액의 덤핑방지세를 부과할 수 있다. 본 조의 적용상 덤핑의 폭이라 함은 제1항의 규정에 따라 결정되는 가격차를 말한다.

해 심사를 규정하지 않음으로써 GATT VI조1항을 위반했다고 판단했고 반덤핑협정 3조는 단지 GATT VI조1항에 포함된 실질적 피해 요건을 좀 더 상세히 다루고 있기 때문에 소송 경제상 반덤핑협정 3조 위반은 판단할 필요가 없다고 보았다.

4) 반덤핑협정 제반 규정 위반

EC와 일본은 1916년법은 GATT VI조 및 반덤핑협정에 규정된 것과는 다른 조건하에서 덤핑을 금지함으로써 반덤핑협정 1조를, 덤핑에 대한 실체적 정의를 결여함으로써 반덤핑협정 2조1항 및 2항을, 국내 산업에 대한 정의를 결여함으로써 반덤핑협정 4조를, 조사 개시 전 수출국 정부에의 통지 요건을 결여함으로써 반덤핑협정 5조5항을 위반하였다고 주장하였다.

패널과 상소기구는 EC와 일본의 주장을 대체로 수용하였으며 구체적으로 1916년법은 "자신의 영업이나 재산권에 피해를 당한 모든 사람"은 동법상의 민사절차를 이용할 수 있다고 함으로써 미국 산업의 최소한의 대표성을 요구하고 있지 않기 때문에 반덤핑협정 4조(국내 산업의 정의)[4]를 위반하고 있다고 판단하였

---

4) 4.1 이 협정의 목적상 "국내 산업"이라는 용어는 동종 상품을 생산하는 국내 생산자 전체 또는 이들 중 생산량의 합계가 당해상품의 국내 총생산량의 상당부분을 점하는 국내 생산자들을 지칭하는 것으로 해석된다. 단, 다음의 예외가 있다.

(1) 생산자가 덤핑으로 주장되고 있는 상품의 수출자 또는 수입자와 관계가 있는 (Re.11) 경우, 또는 생산자 자신이 그 물품의 수입자인 경우에는, 국내 산업은 나머지 생산자를 지칭하는 것으로 해석될 수 있다.

(2) 예외적인 상황에서, 당해생산에 관하여 회원국의 영토는 둘 또는 그 이상의 경쟁적인 시장으로 분리되어 각 시장의 생산자들이 별개의 산업으로 간주될 수 있는 바 이는 (가) 각 시장 내의 생산자가 생산한 당해상품의 전부 또는 거의 전부를 그 시장에 판매하며, 또한 (나) 당해시장의 수요가 동 영토내의 당해시장 이외의 장소에 소재하는 당해상품의 생산자에 의하여 상당한 정도로 공급되지 아니하는 경우에 한한다. 이러한 상황에서, 전체 국내 산업의 상당부분에 피해가 발생하지 아니하여도 이러한 고립된 시장에 덤핑 수입품이 집중되고 또한 덤핑 수입품이 당해 고립된 시장내의 당해상품의 전부 또는 거의 전부를 생산하는 생산자에 대하여 피해를 초래하는 경우 피해의 존재가 인정될 수 있다.

4.2 국내 산업이 특정지역, 즉 제1항(2)에 정의된 시장의 생산자를 지칭하는 것으로 해석되는 경우에 반덤핑 관세는 동 지역에서의 최종적인 소비를 위하여 수입된 상품에 대하여서만 부과된다. (Re.12) 수입회원국의 헌법이 이와 같은 기준에 따른 반덤핑 관세의 부과를 허용하지 아니하는 경우에도 수입회원국은 (가) 수출자에게 당해지역에 대하여 덤핑가격으로 수출하는 것을 중단할 수 있는 기회가 부여되었거나, 또는 달리 제8조의 규정에 따라 보증을 행할 수 있는 기회가 부여되었으나 이와 관련한 적절한 보증이 신속히 이루어지지 아니하였고, (나) 반덤핑 관세가 당해지역에 대하여 공급하는 특정생산자의 상품에만 부과될 수 없는 경우에 한하여 제한없이 반덤핑 관세를 부과할 수 있다.

4.3 둘 또는 그 이상의 국가가 1994년도 GATT 제24조제8항(a)의 규정에 따라 단일의 통일된 시

다. 반덤핑협정 5조5항[5)] 위반에 대해서도 패널은 1916년법은 "민사 절차"에서도 "형사 절차"에서도 반덤핑협정 5조5항이 요구하는 通知를 규정하고 있지 않으며 미국 법원이나 행정부가 관계 정부에 통지하도록 하는 다른 문서나 행정 관행도 없으므로 1916년법은 반덤핑협정 5조5항 위반이라고 판단하였다.

다. 해설 및 평가

패널은 1916년법은 GATT VI조1항 및 2항, 반덤핑협정 1조, 4조 및 5조 5항, WTO 설립협정 16조4항 등을 각 위반함으로써 WTO 협정하에서 EC에 발생하는 이익을 무효화 또는 침해하였다고 판시하고 DSB는 미국에 1916년법을 WTO 협정상의 미국의 의무와 합치시키도록 요구할 것을 권고하였다.

이 사건에서 문제가 되는 것 중의 하나는 1916년 법이 강행 법규(mandatory law)인지 재량 법규(discretionary law)인지를 판단하고 그 입증 책임이 어느 쪽에 있는가를 보는 것이었다. GATT 이래로 패널은 특정 국가의 법규 자체(as such)는 그 법규가 GATT/WTO 협정에 배치되는 행위의 실시를 강제적으로 요구하는 것이어야만 패널의 심리 대상이 될 수 있다는 입장을 견지하여 왔다. 이러한 법규를 강행 법규라고 하며 시행 여부가 정부의 재량에 따라 결정될 수 있는 재량 법규는 그 법이 적용된 구체적인 사안(as applied)에 대해 시비를 할 수 있을 뿐 법 자체를 시비할 수는 없다.

이 사건에서 문제가 된 것은 재량 법규로 인정되기 위해서는 재량권이 누구에게 있느냐 하는 문제였다. 미국은 1916년법은 시민이 소송을 제기할 것인지 말 것인지 재량으로 결정할 수 있으며 소송이 제기되어도 재판부가 WTO 의무에 합치되게 1916년법을 해석할 수 있는 재량이 있고 미 법무부도 1916년법 위반에 대해 형사소추를 할 것인지 여부를 재량으로 결정할 수 있으므로 1916년법은 재량 법규라고 주장하였다. 상소기구는 재량 법규정의 기준에 대해 의미 있는 해석을

장의 특성을 가지는 통합수준에 도달해 있는 경우, 전체 통합지역의 산업이 제1항에 언급된 국내 산업으로 간주된다.

4.4 제3조제6항의 규정은 이 조에 적용된다.

5) 5.5 당국은 조사 개시 결정이 내려지지 아니하는 한 조사 개시 신청서의 공표를 회피한다. 그러나 적합하게 서류를 갖춘 신청서가 접수된 이후 그리고 조사를 개시하기 전에 당국은 관련 수출회원국 정부에 통보한다.

내렸다. 상소기구는 재량권이 행정부에 있는 법을 재량 법규로 보아야 한다고 판단하였으며 1916년 법과 같이 재량권이 私人이나 재판부에 있는 것은 재량 법규로 볼 수 없다고 보았다.

재량 법규 여부에 대한 입증 책임에 있어 상소기구는 미국이 1916년법이 재량 법규라는 것을 거증해야 한다고 보았다. 그러나 *Brazil-Aircraft Article 21.5* 사건 패널은 문제가 되는 법규가 강행 법규임을 제소국이 증명해야 한다고 판결하였으며 *US-German Steel CVDs case* 상소기구도 같은 요지로 판결하였다.

※ 이 판례 해설은 2000년 6월 공익법무관 유석동님이 작성, 한꿈통상법연구회 web-site에 게재한 설명서를 주로 참고하였다.

7. Korea vs. US - Sheet/Plate from Korea 사건

(DS179, 2001. 2. 1. - 패널)

가. 사건 개요

미 철강 산업체 단체와 철강 노동자 협회는 1998년 3월 31일, 6월 10일에 한국을 비롯한 일부 국가의 Stainless Steel 厚板 plate 및 板材 sheet&strip 수입에 대하여 각각 반덤핑 조사를 신청하였고 미 상무부는 약 6개월간의 조사 후 후판에 대해서는 1999년 3월 31일 포항제철 및 기타 업체에 대하여 16.26%의 최종 덤핑률을 결정하는 판정을 내렸으며 판재에 대해서는 1999년 6월 8일 포항제철 12.12%, 인천제철 0%, 大韓 58.79% 및 기타 업체 12.12%의 덤핑률을 최종 결정하였다. 국내 산업 피해가 있다는 미 무역 위원회(ITC)의 판정을 거쳐 미 상무부는 1999년 5월 21일, 1999년 7월 27일 후판 및 판재에 대해 반덤핑 관세 부과 조치를 발동하였다.

1999년 10월 14일 한국은 미국의 반덤핑 관세 부과 조치가 반덤핑협정에 위반되는지 여부에 대하여 패널 설치를 요청하였으며, 심리는 조사 대상 물품의 한국 내 내수 판매에서 이루어진 美貨 표시 거래에 대하여 어떠한 환율을 적용할 것인가, 판매 대금을 받지 못한 판매를 판매가 없었던 것으로 처리할 수 있는지 또는 대손비용으로 처리할 수 있는지, 원화가 급격히 평가 절하 되었던 97년 11월부터 12월까지 2개월간을 조사 기간에서 분리하여 덤핑 마진을 계산하는 것이 적정한 것인지를 중심으로 전개되었다.

패널은 2000년 12월 14일 미국의 덤핑 마진 계산 방식이 협정에 위반되며, 따라서 미국의 동 반덤핑 조치를 WTO협정에 일치하도록 권고하는 최종 보고서를 배포하였으며, 2001년 2월 1일에 동 보고서는 채택되었다.

나. 주요 쟁점별 당사자 주장 및 판결 요지

1) 특정 내수 판매 가격에 대한 이중 환산(double conversion)문제

한국 시장에서 미 달러로 주문 및 판매가 이루어지고 대금 지급은 원화로 이루어지는 포항제철의 특정 판매(로칼 판매)에 대한 미 상무부의 처리가 문제가 된 쟁점이다. 포항제철의 로칼 판매와 관련된 선적 서류의 일부분과 모든 세금 계산서는 판매 시점에서의 환율에 의해 환산된 원화 금액을 반영하고 있으나, 로칼 판매 성격상 판매 대금은 물품 판매 시점에서 서너달 정도 이후에 지급된다. 이 쟁점의 핵심은 당해 로칼 판매에 대하여 판매 시점과 대금 지급 시점의 환율 중 어느 환율을 적용하여야 하는가이다.

포항제철은 최초 답변서에서 상기 로칼 판매에 대하여 원화로 표시된 자료를 제시하였으나, 후속 추가 질문서에 대하여는 동 판매를 미 달러로 수정 제출하면서 '정상 가격 산정은 미 달러를 기초로 하여 계산되어야 한다'라고 미 상무부에 공식 의견을 제출하였다. 그러나 미 상무부는 이를 받아들이지 않으면서 후판 및 판재의 덤핑 여부에 관한 최종 판정 시 포항제철의 회계 장부에 기록된 내수 판매의 원화 가격(달라 가격을 이미 원화로 환산하여 기재한 가격)을 미 상무부 자체 환율을 적용하여 미 달러로 다시 환산하고 이를 정상 가격 산정의 기초로 활용하였다.

한국은 미 상무부가 매출 송장상 미 달러 금액을 일정 환율(판매 시점에서의 환율)에 의해 원화로 환산하였는데, 이를 다시 다른 환율(미 상무부 자체적으로 산출한 환율)에 의해 미 달러 금액으로 환산하는 "이중 환산"을 수행하였다고 주장하였다. 또한, 한국은 반덤핑협정 2조4항1호는 통화 환산이 요구되는 경우에만 환산을 허용하는 조항으로서 미 상무부의 내수 판매에 대한 이중 환산은 불필요하게 환신한 것이므로 2조4항1호[1] 요건과 불일치한다고 주장하였으나 미국은 협정 2조4항1호 통화 환산이 요구되는 상황을 규정한 조항이지 통화 환산을 하지

---

1) 2.4.1 제4항에 의한 비교시 화폐단위의 변경이 요구되는 경우 이러한 변경은 판매일자(Re.8)의 환율을 사용하여 이루어져야 한다. 단, 선물시장에서의 외환의 판매가 관련 수출판매와 직접 연계되어 있는 경우에는 선물판매환율이 사용된다. 환율변동은 무시되고, 조사 시 당국은 조사기간 동안 환율의 지속적인 움직임을 반영하기 위하여 수출자에게 최소 60일의 수출가격 조정기간을 부여한다.

않아야 하는 특정 상황을 규정하는 조항은 아니라고 반박하였다.

패널은 반덤핑협정 2조4항1호가 불필요한 통화 환산을 금지하고 있는지 여부에 대해 문안 해석상 동 조항은 단지 수출 가격과 내수 가격의 효과적 비교를 위해 요구되는 경우에만 통화 환산이 허용된다는 일반적인 원칙 조항이라고 판단하고 동 분쟁과 관련하여 비교 대상 내수 가격이 이미 수출 가격과 동일한 통화로 이루어졌다면 협정 2조4항1호에 의해 통화 환산은 요구되어지지 않으며, 허용되지 않는다고 확인하였다.

그러면 비교 대상 내수 가격이 이미 수출 가격과 동일한 통화로 이루어졌는지, 즉 동 건에서 미국이 내수 판매가 원화로 거래되었다는 판단을 적절하게 결정하였는지 여부를 살펴야 하는 데 패널은 이를 조사 당국이 사실을 판단하는 문제로 보았다. 즉 반덤핑협정 17조6항(1)에서 규정하는 공평하고 객관적인 조사 당국이라면 문제가 된 내수 판매가 원화로 이루어졌는지 혹은 미달러로 이루어졌는지에 대해 어떠한 결정을 내렸을 것인가를 동 사안의 해결 방법으로 선택하고 내수 판매가 미달러 금액(매출 송장)으로 이루어졌는지 원화(매출 장부)로 이루어졌는지를 plate 조사 件과 sheet 조사 件을 분리해서 검토하였다.

plate 조사 件에서 포항제철은 최초 답변서에서 내수 판매를 실제 지급된 금액이 아닌 매출 송장상의 금액인 원화로 답변하였고, 이후 동 판매에 대하여 미 달러로 제출하고 원화 대신 미 달러가 고려되어야 한다고 주장하였다. 미 상무부에 의한 현장 조사에서 포항제철은 고객이 rolling basis에 의한 대금을 지급하기 때문에 개별 판매 대금에 대한 검증이 불가능하다고 밝혔으며 원화로 지급된 내수 판매 대금이 매출 장부에 기록된 원화 금액과 상이하다는 사실을 발견하지 못하였음을 인정하였다. 이를 토대로 미 상무부는 대금 청구는 미 달러로 요청되었지만, 동 판매 대금에 대한 지급은 매출 송장 발행 시점에서의 시장 환율을 기초로 하여 원화로 이루어졌고, 매출 장부에 원화로 기록되었다고 결론을 내렸다. 이에 비추어 패널은 '공평하고 객관적인 조사 당국이라면 내수 판매는 원화로 이루어졌다고 판단할 수 있었을 것이다'라고 판정, 미국의 입장을 지지하였다.

한편 sheet&strip 조사 件에서 패널은 plate 조사 件과 상이하게 '회사는 최초 답변서에서 원화 금액과 함께 미 달러 금액을 제시하였으며, 이는 미 상무부로 하여금 실제 지급된 원화 금액이 판매 시점에서의 원화 금액과 다르다는 정보를 제공토록 하는 추가 질문서를 송부하게 하였음'을 지적하였고, 또한, 미 상무부가 현장 조사에서 장부 및 지급 증빙 등을 통해 지급 시점과 판매 시점의 원화 금액의 차액을 당해 회사는 외화 환산 손실로 인식함으로써 답변서에 제시된 원화 금액이 실제 지급된 금액과 다르다는 사실을 발견하였다. 따라서 패널은 매출 송장상 미 달러 판매 금액이 구매자가 궁극적으로 지불하여야 할 대금을 결정하는 데 있어 결정적인 역할을 하지 않았다는 점을 근거로 당해 내수 판매가 원화로 이루어졌다고 판정토록 하는 데에 어떠한 논리적 근거도 없다는 한국측의 주장에 동의함으로써, '공평하고 객관적인 조사 당국이라면 내수 판매는 미 달러로 이루어졌다고 판단할 수 있었을 것이다'라고 판정하였다.

즉 패널은 plate 건에서는 미 상무부가 내수 판매가 미 달러가 아닌 원화로 이루어졌다라고 판정하는 데 오류가 없었다고 판결되었으므로 반덤핑협정2조4항1호의 위반이 아니라고 판결하였고 sheet&strip 건에서는 내수 판매가 원화로 이루어졌다는 미 상무부의 사실 판단이 잘못되었다고 판정되었으므로 비교 대상 가격이 동일 통화임에도 불구하고 통화 환산을 적용하는 것은 반덤핑협정 2조4항1호의 위반이라고 판결하였다.

한국은 미국의 이중 환산은 미 당국이 그 이전부터 시행하여 오던 관행과 부합되지 않는 것이라고 주장하고 이는 법규의 일률적인 운영을 규정한 GATT X조3항(a)호 위반이라고 주장하기도 하였다. 패널은 일단 GATT X조3항(a)는 법규의 운영(administration)에 관한 것이고 법규의 내용(substance)에 관한 것은 아닌데 한국의 이의 제기는 미국의 반덤핑 법규 운영에 관한 것으로 보인다고 인정은 하였으나 기존 관행(established practice)을 따르지 않은 것이 동 조항의 규율 대상인지에 대해서는 의문을 표시하였다. 패널은 미국의 주장을 받아들여 WTO 분쟁 해결 절차는 문제가 되는 WTO 협정상 회원국의 의무와 권리를 보존하여 주고 관련 조항을 명확히 하는 것이지 어느 회원국의 특별한 결정이 그 국가의 자체 법규나 관행과 부합하는지를 심리하는 제도는 아니라고 결론지었다. 아울러 일률적이라는 것은 유사한 상황에 있는 대상의 동일한 취급에 관한 것이지 동일한 결과를 의미하는 것은 아니라고 추가하고 한국의 주장을 배척하였다.

2) 판매 대금 미지급 거래 처리 문제

포항제철의 상당량 대미 수출 판매가 미국 내 자회사인 POSAM에 의하여 이루어졌다. POSAM으로부터 상품을 구매한 회사가 부도 처리되어 POSAM이 판매대금을 회수하지 못한 거래가 있었는데 POSAM은 Negative invoice를 발행한 것으로 처리하였다. 판매 시점에서 포항제철은 상기 특정 구매자가 위험한 재무 상황에 있었다는 것을 인지하지 못했음을 미 상무부도 인정하였다.

미 상무부는 상기 미회수 판매대금을 직접 판매비용으로 간주하고 포철의 미국 내 수출에 배분 조정하였고 미국 내 독립된 수입상을 통하여 이루어진 수출에 대하여는 상기 배분된 직접 판매비용을 내수 판매 가격에 가산하였으며, POSAM을 통한 수출 판매에 대하여는 판매한 가격에서 동 배분된 직접 판매비용만큼을 차감하였다.

반덤핑협정 2조3항[2]은 수출 가격이 존재하지 않거나 신뢰할 수 없을 때 조사 당국은 합리적인 기초에 의해 수출 가격을 구성(구성 가격)할 수 있다고 규정하고 있으며 2조4항[3]은 수출 가격과 정상 가격간의 공정한 비교를 위해 가격 비교에 영향을 미치는 차이점들을 적절히 고려할 것을 주문하고 있다. 미국은 POSAM을 경유하지 않은 직접 거래에 배분된 대손 비용은 2조4항상의 판매 조건의 차이에 해당하며 POSAM 경유 거래에 차감한 것은 2조3항에 의거한 구성 가격 산정을 위해서라고 주장하였다. 즉 현지 지사를 통한 수출의 경우에는 미국 내 독립된 거래자에게 판매한 가격에서 동 구매자와 현지 지사 사이에서 발생하는 관련 비용 및 이윤을 차감하면 수출 가격을 구성하게 되므로 차감 조치는 구성 가격 산정의 한 요소로 취급하였다고 주장하였다.

이에 대해 한국은 판매 대금 미지급은 계약 위반이지 2조4항에서 말하는 판매 조건(terms and condition)의 차이가 될 수 없으며 POSAM 경유 거래에 적용하였다는 차감 요소는 협정 2조4항에서 언급하고 있는 수입 단계와 재판매 단계에

---

2) 2.3 수출가격이 존재하지 아니하거나 수출가격이 수출자 및 수입자 또는 제3자간의 제휴나 보상약정으로 인하여 믿을 수 없다고 관계 당국에 보여지는 경우, 수출가격은 수입품이 독립구매장에게 최초로 재판매되는 가격을 기초로 구성될 수 있으며, 또는 독립구매자에게 재판매되지 않거나 수입된 상태로 재판매되지 아니하는 경우에도 당국이 결정할 수 있는 합리적인 기초에 의하여 구성될 수 있다.

3) 2.4 A fair comparison shall be made between the export price and the normal value. This comparison shall be made at the same level of trade, normally at the ex-factory level, and in respect of sales made at as nearly as possible the same time. Due allowance shall be made in each case, on its merits, for differences which affect price comparability, including differences in conditions and terms of sale, taxation, levels of trade, quantities, physical characteristics, and any other differences which are also demonstrated to affect price comparability. In the cases referred to in paragraph 3, allowances for costs, including duties and taxes, incurred between importation and resale, and for profits accruing, should also be made. If in these cases price comparability has been affected, the authorities shall establish the normal value at a level of trade equivalent to the level of trade of the constructed export price, or shall make due allowance as warranted under this paragraph. The authorities shall indicate to the parties in question what information is necessary to ensure a fair comparison and shall not impose an unreasonable burden of proof on those parties.

서 발생하는 비용이 아니라 재판매 단계 이후에 발생하는 비용이라는 점에서 차감 요소로 조정되어서는 안된다고 반박하였다.

패널은 POSAM 경유 거래에 있어 패널은 미국의 비용 차감이 수출 가격 구성 요소로서 이루어 졌다는 점은 인정하였으나 수출 가격 구성 방식을 규정하는 것은 2조3항이 아니라 2조4항으로 보아야 하며 차감 행위는 동 조항상의 수입과 재판매 사이에 발생하는 관세 및 조세를 포함한 비용으로 보아야 타당하며 수입과 재판매 사이에 발생한다는 것은 수입일과 재판매일 사이에 발생한다는 의미라고 확인하였다. 문제가 되는 차감은 재판매 이후에 발생한 것일 뿐 아니라 재판매일 당시에는 전혀 예상하지 못했던 것이므로 미회수 판매 대금을 구성 수출가격에서 차감한 행위는 2조4항에서 말하는 조정(allowances)에 해당되지 않는다고 판시하였다.

포항제철이 미국 내 거래자에게 직접 판매한 거래에 배분된 대손비용에 대해 미국은 신용 거래(외상 거래)는 대금을 받지 못할 위험성을 내포하고 있는 것이므로 2조4항에서 말하는 판매 조건의 차이(differences in conditions and terms)라고 보아야 한다고 주장하였으나 패널은 판매 조건의 차이는 구매자의 예견되지 못한 부도 및 이로 인한 채무 불이행으로부터 야기되는 차이까지를 포함하지 않는 것으로 해석된다고 하면서 판매 조건은 판매 계약상 형성된 권리 및 의무를 의미하는 것이며 판매 조건의 차이(difference)란 계약상 권리 및 의무의 차이를 의미하는 것으로 판단하였다. 따라서 구매자가 대금을 지급하지 못하는 상황은 거래 계약상 권리 및 의무의 내용이 다른 것이 아니라 계약의 위반 사항을 의미하는 것이라고 하였다.

3) 다중 기간 평균(multiple averaging) 문제

외환 위기로 인해 한국 원화는 1997년 11월 ~12월 기간 중 대폭 절하되었다. 미 상무부는 덤핑 마진 산정 시 이러한 평가 절하 효과를 적의 고려하기 위해 plate 및 sheet 조사 기간을 2개의 기간(1월~10월, 11월~12월)으로 나누었다. 미 상무부는 각각의 기간에 대해 덤핑 마진을 산정하였고 이를 평균하여 최종 덤핑률을 계산하였다. 이 과정에서 수출 가격이 정상 가격보다 높은 경우에는 덤핑 마진을 마이너스가 아니라 "zero"로 처리하여 가중 평균하였다.

한국은 반덤핑협정 2조4항2호[4]에서 multiple averages와 multiple averages간의 비교가 아니라 "a weighted average(of normal value)"와 "a weighted average(of prices of all comparable export transactions)"간의 비교를 규정하고 있으므로 미국이 행한 다중 기간 평균 수출 가격 대 다중 기간 평균 정상 가격의 비교는 부당하다고 주장하였다.

패널은 반덤핑협정 2조4항2호가 다중 평균 방식의 적용을 금지하고 있다고 보지 않으며, 하나의 가중 평균 정상 가격과 비교 가능한 모든 수출 거래에 대한 하나의 가중 평균을 비교하여야 한다는 기초 하에 덤핑 유무에 대한 판단이 이루어져야 한다는 것을 제시하고 있다고 보았다. 즉, 정상 가격과 비교 가능하지 못한 수출 가격이 있는 경우에는 하나의 가중 평균 정상 가격과 하나의 가중 평균 수출 가격을 비교할 것을 회원국들은 요구받지 않는다고 하였다. 비교 가능하지 않은 거래를 포함하여 가격 비교를 하는 것은 2조4항의 공정 비교 원칙에도 어긋나는 것이라고 부언, 한국의 주장을 받아들이지 않았다.

그러나 미국의 다중 기간 평균 방식의 사용이 허용 가능한지 여부에 대해서 패널은 덤핑 존재 여부를 판정할 때에는 가격 요소 이외에 물량 요소도 고려하여야 하는데 미국이 조사 기간을 세분화한 사유는 오직 정상 가격의 변화(급격한 환율 변동에 의한)만을 고려하여 이루어졌고 조사 기간 동안의 내수 판매와 수출 판매 물량간의 차이를 전혀 고려치 않았으므로 미 상무부에 의하여 적용된 다중 평균 비교 방식(multiple averaging comparison methodology)은 가중 평균 정상 가격과 모든 비교 가능한 수출 거래들의 가중 평균을 비교하도록 요구하는 협정 2조4항2호에 일치하지 않는다고 판결하였다.

다. 해설 및 평가

패널은 미국이 반덤핑협정을 위반하여 조치한 범위 내에서 미국의 조치는 동

---

4) 2.4.2 Subject to the provisions governing fair comparison in paragraph 4, the existence of margins of dumping during the investigation phase shall normally be established on the basis of a comparison of a weighted average normal value with a weighted average of prices of all comparable export transactions or by a comparison of normal value and export prices on a transaction-to-transaction basis. A normal value established on a weighted average basis may be compared to prices of individual export transactions if the authorities find a pattern of export prices which differ significantly among different purchasers, regions or time periods, and if an explanation is provided as to why such differences cannot be taken into account appropriately by the use of a weighted average-to-weighted average or transaction-to-transaction comparison.

협정이 보장하는 한국의 이익을 무효화 또는 침해하였다고 결론을 내리면서, DSU 19조1항에 의거, DSB로 하여금 미국의 한국산 스테인리스 철강 후판 및 판재에 대한 반덤핑 관세 부과 조치를 반덤핑협정에 일치토록 요청하여 줄 것을 권고하였으나 협정 일치 방법에는 여러 가지가 있을 수 있다는 이유로 반덤핑 조치를 철회하라고 권고하여 달라는 한국의 요청은 받아들이지 않았다.

한국은 미국이 조사 기간을 환율 변동을 이유로 분할하여 덤핑률을 따로 계산한 것을 시비하였으나 미국이 마이너스 덤핑률을 0로 처리한 所謂 zeroing에 대해서는 이의를 제기하지 않았다. 이러한 zeroing 관행은 미국에 이어 EC도 사용하였으나 *EC-Bed Linen* 사건에서 반덤핑협정 2조4항2호에 위반되는 것으로 판시되었다.

환율 변동을 이유로 한 미국의 multiple averaging(of investigation period)에 대해 한국은 반덤핑협정 중 유일하게 환율에 대해 언급한 2조4항1호[5] 어느 부분도 환율 변동을 이유로 한 비교가격 조정을 허락하고 있지 않다고 주장하기도 하였으나 패널은 동 조항은 평균이 아니라 환율의 선택에 관한 조항일 뿐이고 multiple averaging을 통해 환율 변동문제를 해결하는 것을 금지하지도 않고 있다고 판단, 한국의 주장을 받아들이지 않았다. 그러나 패널의 이러한 판단은 논란의 여지가 있다. 이 조항은 환율 변동은 무시된다고 명백히 규정하고 있으며 전체적인 문맥으로 볼 때 환율 변동 문제를 해결하기 위해 조사 당국이 취할 수 있는 모든 행위를 관장하는 것으로 해석할 수도 있을 것이다. 이러한 해석을 바탕으로 조사 당국은 환율변동을 고려하기 위해 덤핑 산정을 어떠한 방식으로든 조작할 수 없다고 주장할 수도 있을 것이다.

※ 이 판례 해설은 「무역 구제」 2001년 7월호에 게재된 金龍煥 님의 논문을 일부 보완한 것이다.

---

5) 2.4.1 When the comparison under paragraph 4 requires a conversion of currencies, such conversion should be made using the rate of exchange on the date of sale, provided that when a sale of foreign currency on forward markets is directly linked to the export sale involved, the rate of exchange in the forward sale shall be used. Fluctuations in exchange rates shall be ignored and in an investigation the authorities shall allow exporters at least 60days to have adjusted their export prices to reflect sustained movements in exchange rates during the period of investigation.

8. India vs. EC - Bed Linen 사건

(DS141, 2001. 3. 12. - 상소기구)

가. 사건 개요

1996년 3월 EC 면화섬유업회(Eccotton)는 이집트, 파키스탄 및 인도산 침대보(cotton type bed linen)에 대해 덤핑 조사를 신청하였으며 EC는 96년 9월 조사 개시를 통보하였다. EC는 인도 수출업자에 대한 표본 조사를 토대로 덤핑 여부를 조사하였으며 5개 표본 조사 기업 중 Bombay Dyeing社만이 인도 국내 시장에 침대보를 판매하는 것으로 밝혀졌으나 정상적인 거래가 아니라는 이유로 EC는 인도 수출업자의 정상 가격을 구성 가격을 토대로 산정하였다. 정상적인 거래가 아니라 하더라도 Bombay Dyeing사만이 국내 판매를 하고 있으므로 EC는 모든 표본 기업의 관리, 판매, 일반 비용(administrative, selling and general costs: SG&A)과 이윤을 Bombay Dyeing사의 것을 기준으로 계산하였다. 피해 산정은 EC 내 35개 국내 기업 중 17개사를 표본으로 선정하여 분석하였다. EC는 97년 6월에 잠정 조치를 발동하고 97년 11월 반덤핑 관세 부과 조치를 최종 확정 발표하였다.

인도는 EC의 반덤핑 관세가 반덤핑협정을 전반적으로 위반하고 있다고 주장하고 99년 9월 패널 설치를 요청하였으며 심리는 상소기구를 거쳐 2001년 3월 최종 확정되었다.

나. 주요 쟁점별 당사자 주장 및 판결 요지

1) 관리, 판매, 일반 비용 및 이윤 결정 방식의 적법성(반덤핑협정 2조2항2호)

인도는 관리, 판매, 일반 비용(SG&A) 및 이윤 결정 기준을 제시하는 반덤핑 협정 2조2항2호의 (1), (2), (3)[1]은 적용 우선 순위 순으로 나열된 것이라고 주장하고 EC가 (2)기준을 (1)에 우선하여 적용한 것은 협정 위반이라고 주장하였으나 패널은 동 기준 상호간에 우선 순위가 있다고 볼 수 없다고 결정하였다.

인도는 2조2항2호(2)는 다른 수출자, 생산자(other exporters, producers)를 복수로 기재하고 있고 이들에 의하여 실현된 금액의 가중 평균을 사용하라는 것은 평균의 개념상 복수를 의미하는 것이 타당한 해석인데 EC는 Bombay Dyeing사만의 자료를 이용하였으므로 부당하다고 주장하였다. 그러나 패널은 복수로 표현한 것은 하나 이상의 수출자, 생산자가 있는 경우를 포함하기 위한 것일 뿐이며 복수는 당연히 단수를 포함한다고 판단, 인도의 주장을 기각하였다.

이러한 패널의 판단은 그러나 상소기구에서 번복되었다. 상소기구는 other exporters or producers는 단수형을 포함한다고 보지 않았으며 가중 평균이라는 개념 자체가 하나 이상의 생산자 혹은 수출자가 존재하는 경우에만 성립할 수 있는 것이므로 SG&A 및 이익률의 평균 금액이라는 개념은 생산자 혹은 수출자가 하나일 경우에는 적용할 수 없다고 판시하였다.

EC는 SG&A 및 이윤을 정상적인 거래만을 토대로 산출하고 원가 이하의 거래는 고려하지 않았는데 이에 대해 인도는 정상적인 거래 규정은 2조2항2 본문에 근거할 때만 적용되는 것이고 EC 주장대로 2조2항2호(2)를 적용할 때에는 모든

1) 2.2.2 제2항의 목적상 관리, 판매 및 일반 비용 그리고 이윤의 금액은 조사 대상 수출자 또는 생산자에 의한 동종 상품의 정상적인 거래에서의 생산 및 판매에 관한 실제자료에 기초한다. 이러한 금액이 이에 기초하여 결정될 수 없을 경우에는 아래에 기초하여 결정될 수 있다.
(1) 당해 수출자 또는 생산자에 의하여 원산지국의 국내 시장에서 동일한 일반적인 부류의 상품의 생산 및 판매와 관련하여 발생되고, 실현된 실제 금액,
(2) 조사 대상인 다른 수출자 또는 생산자에 의하여 원산지국의 국내 시장에서 동종 상품의 생산 및 판매와 관련하여 발생되고 실현된 실제 금액의 가중 평균,
(3) 그 밖의 합리적인 방법. 단, 이러한 방법으로 확정된 이윤액은 원산지국의 국내 시장에서 다른 수출자 또는 생산자에 의하여 동일한 일반적인 부류의 상품의 판매에 대하여 정상적으로 실현된 이윤을 초과하여서는 아니된다.

거래에서 발생하고 실현된 생산 및 매출액을 사용하여야 한다고 주장하였다. 패널은 2조 전체 문맥으로 볼 때 원가 이하 판매를 배제하는 것은 허용된다고 밝히고 2조2항2호(2)가 원가 이하 판매분을 배제하도록 강제하지는 않으나 허용하고 있는 것으로 보아야 하며 조사 당국은 원가 이하 판매 포함 여부를 재량에 따라 결정할 수 있다고 판시, 인도의 주장을 받아들이지 않았다.

그러나 상소기구는 2조2항2호(2)에 규정된 다른 수출자 혹은 생산자로부터 실제로 발생하였고 실현되었다는 정의에는 어떠한 예외나 한정도 존재하지 않으므로 가중 평균의 계산은 그 금액이 정상적인 거래에서 발생하였는지의 여부에 관계없이 모두 포함해야 한다고 판시, 패널의 결정을 번복하였다.

2) 2조2항의 합리성(reasonability) 검토 의무 여부

인도는 반덤핑협정 2조2항[2]에 합리적 금액의 관리비가 언급되어 있으므로 EC가 2조2항2호(2)에 의거하여 계산한 액수가(이윤율 18%로 계산) 과연 합리적인지 다시 검토하여야 하며(separate reasonable test) 2조2항2호(3)의 내용이 합리성 검토의 기준이 될 수 있다고 주장하였다. 즉 EC가 계산한 이윤율 18%는 인도 내 타 생산자 평균 이윤율 7%에 비해 터무니없이 높은 것이므로 합리적이지 않다고 주장하였다. 패널은 2조2항2호에 제시된 3개 항목은 2조2항이 말하는 합리적인 비용 산정의 대체 수단으로 제시된 것이므로 그 자체로 합리적인 것이며 이를 토대로 계산된 액수가 합리적인지 다시 검토해야 하는 것은 아니라고 판시하였다.

3) zeroing 관행의 적법성 여부

EC는 조사 대상인 cotton-type bed linen을 특정 품목 model별로 구분하고 각각의 품목별로 가중 평균[3] 정상 가격과 가중 평균 수출 가격을 계산하여 품목별 덤

---

2) 2.2 수출국의 국내 시장 내에 통상적인 거래에 의한 동종 상품의 판매가 존재하지 아니하는 경우, 또는 수출국 국내 시장의 특별한 시장 상황 또는 소규모의 판매 때문에 적절한 비교를 할 수 없는 경우, 덤핑 마진은 동종 상품의 적절한 제3국 수출시 비교 가능한 가격으로서 대표적인 경우 동 가격 또는 원산지국에서의 생산 비용에 합리적인 금액의 관리비, 판매비, 일반 비용과 이윤을 합산한 가격과의 비교에 의하여 결정된다.

3) 각 변량(變量)에 대응하는 무게(가중값)를 가하였을 때의 평균. 즉 변량으로서 취하는 값을 *W1, W2, W3, W4, … Wn*이라 하고, 이에 대응하는 무게를 각각 *X1, X2, X3, … Xn*이라 할 때, 다음 식에 의해 계산되는 평균을 가중 평균이라 한다.

핑 마진을 산정하고 이를 합산하여 bed linen 전체의 덤핑 마진을 도출하였다. 이 과정에서 마이너스 덤핑 마진이 발생한(즉 수출 가격이 정상 가격보다 높아 덤핑 판매라고 볼 수 없는) 품목들은 마이너스 수치를 그대로 반영하지 않고 0로 처리하여 전체 덤핑 마진을 산정하였다. 인도는 이러한 zeroing 관행은 덤핑률을 과다 계산하게 되며 가중 평균 정상 가격과 모든 비교 가능한 수출 거래 가격의 가중 평균을 비교하여 덤핑 마진을 산정하라는 반덤핑협정 2조4항2[4]에 위배된다고 주장하였다.

패널은 인도의 주장을 인정하였다. 패널은 반덤핑협정 2조1항의 덤핑 정의를 볼 때 덤핑 마진이란 조사 대상이 된 제품에 대하여 산출하는 것이지 제품의 개개 품목, 모델별로 계산하는 것이 아니라고 봄으로써 품목별 덤핑 마진을 산정한 후 이를 합산하는 EC의 덤핑 마진 산정 방식이 옳지 않다고 판단하였다. 2조4항2호는 덤핑 마진을 계산하는 2가지 방법을 규정하고 있는데 이 사건에서 문제가 된 것은 첫 번째, 즉 모든 비교 가능한 수출 거래에 대하여 가중 평균 정상 가격과 가중 평균 수출 가격을 비교하는 방식이다. 패널은 마이너스 덤핑 마진을 0으로 계산한 것은 모든 거래 가격을 비교하지 않은 것이므로 협정 2조4항2의 위반이라고 판시하였으며 상소기구도 이를 확인하였다. 상소기구는 나아가 이러한 zeroing은 공정한 비교 의무를 규정한 협정 2조4항에도 위반되는 것이라고 확인하였다.

4) 피해 요소 고려 범위(반덤핑협정 3조4항)

인도는 EC가 3조4항[5]에 규정된 피해 요소를 모두 검토하지 않았다고 주장하

$$\frac{w_1x_1 + w_2x_2 + \cdots + w_nx_n}{w_1 + w_2 + \cdots + w_n}$$

가령 어느 상품의 소매가격을 몇몇 판매점에 대하여 조사했을 때, 그 평균값으로서는 각 판매점의 소메기격(Wn)에 그 판매점의 판매량(Xn)을 무게로서 대응시킨 가중 평균을 채택하는 편이 단순평균에 의한 것보다 합리적이다.

4) 2.4.2 제4항의 공정 비교를 규율하는 규정에 따라 일반적으로 조사기간 동안의 덤핑 마진의 존재를 가중 평균 정상 가격과 모든 비교 가능한 수출 거래 가격의 가중 평균과의 비교에 기초하거나 또는 각각의 거래에 기초한 정상 가격과 수출가격의 비교에 의하여 입증된다. 당국이 상이한 구매자, 지역, 또는 기간별로 현저히 다른 수출가격의 양태를 발견하고, 가중 평균의 비교 또는 거래별 비교 사용으로 이러한 차이점이 적절히 고려될 수 없는 이유에 대한 설명이 제시되는 경우에는 가중평균에 기초하여 결정된 정상 가격이 개별 수출 거래 가격에 비교될 수 있다.

5) 3.4 덤핑 수입품이 관련 국내 산업에 미치는 영향의 검토는 판매, 이윤, 생산량, 시장 점유율, 생

였으며 패널은 shall로 표현된 동 조항의 포함해야 한다는 의미는 나열된 요소는 모두 평가하여야 한다는 의무 규정이라고 판단하였으며 EC는 동 조항에 나열된 요소를 모두 검토하기는커녕 수집하지도 못했으므로 협정을 위반한 것이라고 판단하였다.

5) 국내 산업 범위

EC는 피해를 산정함에 있어 국내 산업자를 35개 기업으로 한정하고 이 가운데 17개 기업을 표본으로 선정하였다. 인도는 EC가 피해 분석을 이들 17개 기업에 국한하여 일관성 있게 적용하지 않고 표본 기업 외의 기업이나 국내 산업자로 지정된 기업 외의 기업으로부터 입수한 자료도 이용하였다고 주장하였다.

패널은 피해 판정은 국내 산업을 기준으로 하는 것이므로 피해 산정에 필요한 정보를 17개 표본 기업 외의 국내 산업이자(35개사)로부터 입수하는 것은 협정 위반이 아니라고 보았으나 국내 산업자로 지정된 35개사 이외의 기업으로부터 입수한 정보에 의존하는 것은 협정 3조4항 위반이라고 판시하였다.

6) 개도국에 대한 특별 고려(반덤핑협정 15조)

반덤핑협정 15조[6]는 선진회원국은 개발도상국을 특별히 고려하여 반덤핑 관세를 부과하기 이전에 건설적인 구제 가능성을 강구(explore)해야 한다고 규정하고 있다. 인도는 EC는 건설적인 구제를 고려하기는커녕 개발도상국으로서의 인도의 지위를 언급하지도 않았고 인도 상공회의소가 생산업체를 대표하여 가격인상 약속(price undertaking)을 제안하였는데도 EC가 충분한 고려도 하지 않고 기각하였다고 주장하고 이러한 EC의 태도는 15조 위반이라고 주장하였다.

패널은 반덤핑협정 전체로 볼 때 적어도 산정된 덤핑 마진 이하의 반덤핑 관

산성, 투자수익률, 또는 설비 가동률에서의 실제적이고 잠재적인 감소, 국내 가격에 영향을 미치는 요소, 덤핑 마진의 크기, 자금 순환, 재고, 고용, 임금, 성장, 자본 또는 투자 조달능력에 대한 실제적이며 잠재적인 부정적 영향 등 산업의 상태에 영향을 미치는 제반관련 경제적 요소 및 지표에 대한 평가를 포함한다. 위에 열거된 요소는 총망라적이 아니며, 이러한 요소 중 하나 또는 여러 개가 반드시 결정적인 지침이 될 수는 없다.

6) 15. 이 협정에 따라 반덤핑 조치의 적용을 고려할 때 개발도상회원국의 특별한 상황에 대해서 선진국회원국의 특별한 고려가 있어야 한다는 것이 인정된다. 반덤핑 관세의 적용이 개발도상회원국의 본질적 이익에 영향을 미치게 될 경우, 반덤핑 관세를 적용하기 이전에 이 협정에 규정된 건설적인 구제의 가능성이 강구된다.

세 부과, 가격 인상이 15조에서 말하는 이 협정에 규정된 건설적인 구제에 해당된다고 보았으며 건설적 구제의 강구 시기는 반덤핑 관세 확정 부과 이전이라고 보았다. 또한 강구한다는 것은 반덤핑 조치 부과 이전에 이러한 구제 조치 가능성을 개방된 자세로 적극적으로 고려하는 것이라고 결론지었고 이러한 판단 하에 사실 관계를 살펴보았다. 패널은 인도 상공회의소의 가격 인상 제안 서한은 마감일에 EC측에 전달되었으나 EC는 1주일 이상 지나서야 제안 시기가 너무 늦었다고 간단히 회신하여 거절하였을 뿐 아니라 이러한 태도는 흔히 선진국이 취하는 전형적인 대응 방식으로서 EC가 15조 규정대로 개발도상국인 인도를 특별히 고려하였다고 볼 수 없다고 판시하였다.

다. 해설 및 평가

이번 사건은 특히 zeroing의 불법성을 확인한 점에서 의미를 갖는다. zeroing에 대한 동 판례는 유사한 관행을 실시하여 오던 다른 나라에도 警鐘을 울렸다. WTO 수립 이전에도 적지 않은 국가가 마이너스 덤핑 마진을 0으로 처리하여 덤핑마진을 과다 산정하여 왔었다. 이번 판례는 zeroing을 명시적으로 반덤핑협정 위반임을 확인하였다. zeroing에 대한 동 판례는 *US-Lumber final AD* 사건에서도 확인되었다. *US-Sheet/Plate from Korea* 사건에서 미국은 조사 기간을 둘로 분할한 후 두 기간의 덤핑 마진을 각각 계산하고 이를 합산하였는데 합산 시 마이너스로 나온 기간의 덤핑 마진은 0로 처리하였다. 이는 명백한 zeroing 행위이나 한국이 이에 대해 시비하지 않아 동 사건 패널은 zeroing 문제를 검토하지는 않았다.

덤핑 마진은 (가격 차이 요소를 조정한)정상 가격에서 (역시 조정된)수출 가격을 차감하여 산출하고 덤핑 마진율은 그 차액을 수출 가격으로 나누어 계산한다. 즉 덤핑 마진율(%) = {(조정 후 정상 가격−조정 후 수출 가격)/조정 후 수출 가격}/100이다.

덤핑 마진을 위와 같이 계산함에 있어 개별적인 거래를 기준으로 할 것인가 아니면 개별 거래의 가중 평균을 기준으로 할 것인가가 문제가 된다. 정상 가격과 수출 가격을 비교함에 있어 각각의 개별적인 거래 가격을 기초로 하느냐 아니면 각각의 가중 평균가격을 기초로 하느냐에 따라 덤핑 마진이 달라지기 때문이다.

개별 거래 방식을 이용한다는 것은 정상 가격과 수입국에 판매된 각각의 개별 수출 가격을 비교하는 방법이다. 즉 수출국이 수입국에 10회의 판매가 있을 경우 정상 가격과 각 회별 10개의 수출 가격과 비교한다. 이 경우 10개의 서로 다른 덤핑 마진이 나올 수 있다. 이 방법은 정상 가격이 여러 개 존재할 경우 어느 것을 정상 가격으로 채택하느냐가 문제가 되며 경우에 따라 조사 당국의 자의적인 운용으로 덤핑 마진이 왜곡될 위험이 있다.

한편 가중 평균 방식을 이용하는 것은 정상 가격 즉 국내 판매 가격의 가중 평균과 수출 가격의 가중 평균을 비교하는 방법이다. 단순평균이 아닌 가중 평균을 이용하는 이유는 각 거래별로 판매량에 따른 중요도를 반영키 위함이다. 반덤핑협정 2조4항2호는 조사 기간 중 덤핑 마진 존재 여부를 통상적으로 정상 가격의 가중 평균과 모든 비교 가능한 수출 거래 가격의 가중 평균을 비교하거나 각각의 거래별 가격에 의한 정상 가격과 수출 가격을 비교하도록 하고 있다. 아울러 두 방식을 이용하는 것이 적절하지 않을 경우 가중 평균에 의한 정상 가격과 개별 수출 거래 가격의 비교를 예외적으로 인정하고 있다.

과거 미국은 정상 가격의 가중 평균과 개별거래의 수출 가격을 비교, 덤핑 마진을 계산하였고 전자가 후자보다 낮을 경우, 즉 마이너스 덤핑 마진이 있을 경우에는 이를 0로 계산, 덤핑 마진이 수출자에게 불리하게 산출되는 결과를 야기하였다. 이러한 zeroing 관행은 현재 중단되었지만 이번 사건에서 볼 수 있는 바와 같이 가중 평균을 계산하는 가운데 변형된 형태로 zeroing 방식이 여전히 사용되는 예가 있으며 동 판례는 이러한 관행이 불법임을 확인한 것이다. EC는 이 사건 이후 덤핑 마진 산정 방식을 변경하여 zeroing을 하지 않고 있으나 미국은 반덤핑 관세 납부액을 확정하는 정산 절차(연례 재심) 등 각종 재심(review)에서는 여전히 zeroing을 사용하고 있다. 2006년 5월 *US-Zeroing(EC)* 사건 상소기구는 드디어 관세 정산 재심에서 zeroing을 적용한 사례(as applied)는 반덤핑협정 9조3항, GATT VI조2항에 위반된다고 판시하였다.

9. India vs. EC - Bed Linen Article 21.5 사건

(DS141, 2003. 4. 24. - 상소기구)

가. 사건 개요

EC-Bed Linen 원 사건 판결 후 EC는 2001년 7월 인도産 제품의 덤핑 마진율을 인하하였고 인도 (및 이집트, 파키스탄) 제품의 덤핑 수입으로 인해 EC 국내 산업이 피해를 보고 있다는 결론은 견지하였지만 인도제품에 대한 반덤핑 관세 징수 조치는 유예하는 수정 조치를 채택하였다(EC Regulation 1644/2001). 또한 6개월 이내에 재심이 개시되지 않으면 반덤핑 관세를 폐지하기로 하였다(조사 개시 시는 유예 계속). 2001년 12월 EC 면화섬유협회의 재심(review) 신청에 의해 EC는 2002년 2월 재심을 개시하였으며 반덤핑 관세의 징수는 계속 유예되었다. 2002년에 EC는 이집트, 파키스탄산 제품에 대한 반덤핑 조치를 철폐하였다(Regulation 160/2002).

EC는 2002년 4월 파키스탄과 이집트에 대한 절차가 종료된 만큼 인도산 제품으로 인한 피해 여부와 인과 관계에 대해 다시 조사하는 것이 적절하다고 보았으며 조사 결과, 인도산 제품으로 인한 국내 산업의 실질적 피해의 존재를 확인하였고 이에 따라 반덤핑 관세의 부과는 타당하다고 판단하였다(Regulation 696/2002). 그러나 상기 유예 조치(Regulation 1644/2001)에 따라 반덤핑 관세는 실제로 징수되지는 않았다.

인도는 EC의 수정 조치와 기타 이와 관련하여 취한 조치가 원 사건 판결 준수 의무와 부합되지 않는다고 항변, 이행 패널 설치를 요청하였다.

나. 주요 쟁점별 당사자 주장 및 판결 요지

1) 매출액 가중 평균의 적법성(반덤핑협정 2조2항2호(2))

수정 조치를 결정하기 위해 EC는 인도 내 5개 생산자/수출자의 덤핑 마진을 구성 정상 가격(constructed normal value)을 이용하여 각각 계산하였다. 5개사 중 Bombay Dyeing사만 반덤핑협정 2조2항2호[1]에 따라 동사 동종 상품의 정상적인 거래에서의 생산 및 판매에 관한 실제 자료에 기초하여 정상 가격을 구성하였고 나머지 4개사는 신뢰할 만한 자료가 부실하여 협정 2조2항2호(2)[2]의 방법을 이용하여 정상 가격을 산출하였다. 즉 Bombay Dyeing사와 Standard Industries라는 다른 회사에 의하여 인도 국내 시장 내에서 발생되고 실현된 생산 및 판매 관련 금액의 가중 평균을 기초하여 결정하였다. EC는 이 두 회사의 국내 판매액(net value of domestic sales)의 가중 평균을 이용하였다. 인도는 반덤핑협정 2조2항2호(2)는 amount를 가중 평균하라고 명시되어 있으므로 이는 매출량(sales volume}을 가중 평균하라는 것이라면서 EC가 매출액을 기초로 SG&A와 이윤을 계산하고 정상 가격을 산출한 것은 동 조항 위반이라고 주장하였다.

패널은 2조2항2호(2)의 문안(text)로 볼 때 SG&A와 이윤은 가중 평균인 것은 확실하나 가중 평균해야 하는 것이 량인지 금액인지에 대해서는 침묵하고 있으므로 인도의 주장을 받아들이기 위해서는 매출액을 사용하는 것이 조사 대상인 다른 수출자 또는 생산자의 상대적 중요성을 제대로 반영하지 못한다는 것이 확인되어야 한다고 보았다. 그러나 매출액이건 매출량이건 가중 평균이 이러한 상대적 중요성을 반영하는 데에는 문제될 것이 없으므로 인도의 주장을 수용하기는 곤란하다고 결정하였다. 즉 관련 조문이 가중 평균의 대상에 대해 침묵하고

---

1) 2.2 수출국의 국내 시장내에 통상적인 거래에 의한 동종 상품의 판매가 존재하지 아니하는 경우, 또는 수출국 국내 시장의 특별한 시장 상황 또는 소규모의 판매 때문에 적절한 비교를 할 수 없는 경우, 덤핑 마진은 동종 상품의 적절한 제3국 수출시 비교 가능한 가격으로서 대표적인 경우 동 가격 또는 원산지국에서의 생산 비용에 합리적인 금액의 관리비, 판매비, 일반 비용과 이윤을 합산한 가격과의 비교에 의하여 결정된다.

2) 2.2.2.(2) 조사 대상인 다른 수출자 또는 생산자에 의하여 원산지국의 국내 시장에서 동종 상품의 생산 및 판매와 관련하여 발생되고 실현된 실제 금액의 가중 평균, 조사 대상인 다른 수출자 또는 생산자에 의하여 원산지국의 국내 시장에서 동종 상품의 생산 및 판매와 관련하여 발생되고 실현된 실제 금액의 가중 평균,

있고 매출액을 기초로 Bombay Dyeing사와 Standard Industries사의 매출액을 가중 평균하는 것이 두 회사의 상대적 중요성을 사실과 다르게 반영한다고 볼 수 없으므로 매출액 가중 평균이 2조2항2호(2) 위반이라고 볼 수 없다는 것이다.

2) 누적 평가 및 동시고려 의무 위반 여부(반덤핑협정 3조 1항, 3항, 5조 7항)

인도는 EC가 수정 조치(Regulation 1644/2001)에서 이집트, 파키스탄, 인도의 bed linen 수입을 누적하여 피해가 있다고 결정하였는데 파키스탄산 제품은 후에 덤핑이 아닌 것으로 판정하였으므로 수정 조치는 반덤핑협정 3조1항[3], 3조3항[4] 위반이라고 주장하였다. 패널은 파키스탄산 bed linen은 덤핑 수입이 아니라는 EC의 판단은 EC의 수정 조치(Regulation 1644/2001) 결정 이후에 내려진 것이며 수정 조치 결정 당시 파키스탄산 bed linen에 대한 EC의 덤핑 판정(97년도에 확정된 조치)은 계속 유효한 상태였으므로 이를 근거로 하여 EC가 수정 조치를 결정한 것은 협정 위반이라고 볼 수 없다고 판시하였다.

인도는 또한 EC는 파키스탄에 대한 덤핑 여부 결정(Regulation 160/2002) 후에 인도의 덤핑 여부 결정(696/2002)을 따로 따로 결정하였으므로 덤핑과 피해의 증거는 동시에 고려하라는 반덤핑협정 5조7항[5]을 위반한 것이라고 주장하였으나 패널은 5조7항은 5조의 제목대로 '조사 개시(initiation) 및 후속 조사(investigation)'에 적용되는 것이지 수정 조치나 동 건에서 문제가 되는 EC의 후속 규정에 적용할 수는 없다고 판시하였다.

---

3) 3.1 1994년도 GATT 제6조의 목적상, 피해의 판정은 명확한 증거에 기초하며, (1) 덤핑 수입 물량 및 덤핑 수입품이 동종 상품의 국내 시장가격에 미치는 영향 및 (2) 동 수입품이 이러한 상품의 국내 생산자에 미치는 결과적인 영향에 대한 객관적인 검토를 포함한다.

4) 3.3 2개국 이상으로부터 수입된 상품이 동시에 반덤핑 조사의 대상이 되는 경우, (1) 각국으로부터 수입된 상품과 관련하여 확정된 덤핑 마진이 제5조제8항에 정의된 최소 허용 수준을 초과하며 각국으로부터의 수입 물량이 무시할 만한 수준이 아니고, (2) 수입 상품간의 경쟁 조건 및 수입 상품과 국내 동종 상품간의 경쟁 조건을 감안할 때 수입품의 효과에 대한 누적적 평가가 적절하다고 조사 당국이 결정하는 경우에 한하여 조사 당국은 이러한 수입품의 효과를 누적적으로 평가할 수 있다.

5) 5.7 덤핑과 피해의 증거는 (1) 조사 개시 여부에 관한 결정에서, 그리고 (2) 그 이후 이 협정의 규정에 따라 잠정 조치가 적용될 수 있는 가장 빠른 날로부터 개시되는 조사 과정에서 동시에 고려된다.

3) 덤핑 물량의 결정(반덤핑협정 3조1항, 2항)

수정 조치를 결정함에 있어 EC는 인도의 생산/수출업자가 많은 관계로 5개사를 표본 조사하였는데 이 중 2개사는 덤핑을 하지 않은 것으로 밝혀졌으며 2개사의 대 EC 수출량은 5개사의 대 EC 수출량의 53%를 차지하였다. 피해 산정을 위한 인도로부터의 덤핑 물량을 산출할 때 EC는 표본 조사 대상이 아닌 업체의 대 EC 수출량 전부를 덤핑 물량으로 취급하였고 여기에 2개사의 대 EC 수출량을 한번은 포함하여, 한번은 제외하여 총 덤핑 물량을 산정하였으며 두 경우 모두 피해가 있는 것으로 결정하였다.

인도는 표본 조사 결과 53%가 덤핑이 아닌 것으로 판명되었고 표본이란 전체 상황을 미루어 측정하기 위한 것이므로 표본 대상이 아닌 전체 印度 업체의 대 EC 수출량 중 53%는 덤핑이 아닌 것으로 보아야 한다고 주장하였다. 즉 협정 3조1항상 피해의 판정은 명확한 증거(positive evidence)에 기초하여야 하므로 표본 조사에서 덤핑으로 판정된 비율(이 경우 47%)만이 非표본업체 수출량이 덤핑이라는 명확한 증거가 될 수 있다는 것이다. 따라서 非조사 대상 업체 수출량 모두를 덤핑 물량으로 취급한 것은 명확한 증거가 없이 이루어 진 것이므로 협정 3조1항, 2항[6] 위반이라고 주장하였다.

EC는 반덤핑협정 6조10항[7]상 표본 조사를 할 수 있으며 협정 9조4항[8]은 표

---

6) 3.2 덤핑 수입의 물량과 관련하여, 조사 당국은 절대적으로 또는 수입회원국의 생산 또는 소비에 비하여 상대적으로 덤핑 수입품이 상당히 증가하였는지 여부를 고려한다. 덤핑 수입품이 가격에 미치는 영향과 관련, 조사 당국은 수입회원국의 동종 상품의 가격과 비교하여 덤핑 수입품에 의하여 상당한 가격 인하가 있었는지 또는 그러한 수입품의 영향이 달리 상당한 정도로 가격 하락을 초래하는지 또는 그러하지 아니한 경우 발생 하였을 가격상승을 상당한 정도로 억제하는지 여부를 고려한다. 이러한 요소 중 하나 또는 여러 개가 반드시 결정적인 지침이 될 수는 없다.

7) 6.10 당국은 일반적으로 조사 대상 상품의 알려진 관련 수출자 또는 생산자 각각 대해 개별적인 덤핑 마진을 결정한다. 관련된 수출자, 생산자, 수입자, 또는 관련 상품의 유형의 수가 너무 많아 이러한 결정이 불가능할 경우 당국은 그 선정시 당국에 이용 가능한 정보를 기초로 통계적으로 유효한 표본을 사용하여 검사를 이해 당사자 또는 상품의 합리적인 수로 제한하거나 또는 합리적으로 조사 될 수 있는 당해 국가로부터의 수출량의 가장 큰 비율로 제한할 수 있다.

8) 9.4 당국이 제6조제10항의 둘째 문장에 따라 검사를 제한하는 경우 검사에 포함되지 아니한 수출자 또는 생산자로부터의 수입품에 적용되는 반덤핑 관세는 다음을 초과하지 아니한다.

(1) 선정된 수출자 또는 생산자에 대하여 설정된 덤핑 마진의 가중 평균 또는,

(2) 반덤핑 관세의 지불책임이 예상되는 정상 가격을 기초로 계산된 경우, 선정된 생산자 또는 수출자의 가중 평균정상 가격과 개별적으로 검사되지 아니한 수출자 또는 생산자의 수출가

본 조사 대상이 아닌 업체에 부과할 수 있는 반덤핑 관세 상한에 대해서만 규정하고 있지 덤핑량에 대해서는 언급치 않고 있으므로 표본 조사 받지 않은 업체로부터의 수입량 전부를 덤핑 물량으로 고려하여 피해 산정을 할 수 있다고 반박하였다.

패널은 반덤핑협정상에 덤핑 물량을 산정하는 기준이 제시되어 있지는 않으며 협정 3조1항의 명확한 증거나 객관적 검토가 덤핑 물량을 반드시 회사별로 개별적으로 결정하라고 주문한다고 볼 수 없고 협정 9조4항상 표본 조사는 정당하다고 보았다. 또한 덤핑 마진이 개별적으로 측정되지 않은 수출자/생산자의 덤핑 여부를 결정하는 방법을 규정한 협정 조문은 없으나 9조4항에 의거, 검사에 포함되지 않은 수출자 또는 생산자에게도 반덤핑 관세를 부과할 수 있고 이들에게 반덤핑 관세를 부과하는 것은 이들이 덤핑을 하고 있다는 고려를 논리적으로 포함하는 것이므로 이들로부터의 수입량을 3조1항, 2항상의 덤핑 물량으로 볼 수 있다고 보았다.

이들 비조사 업체의 수출량에서 표본 조사에서 덤핑이 아닌 것으로 판명된 비율만큼은 덤핑이 아닌 것으로 보아야 한다는 주장에 대해 패널은 비조사 업체로부터의 수입량을 덤핑 부분과 비덤핑 부분으로 나누어 피해 분석을 하여야 한다는 규정도 없고 덤핑 마진이 개별적으로 산정하지 않은 생산자의 수출 물량을 덤핑이 아니라고 판명된 생산자의 수출 물량과 같이 취급할 수 없다고 보았다. 9조4항에 의거, 조사 대상이 아닌 업체에도 반덤핑 관세를 부과할 수 있는데 인도의 주장대로 수출량 중 덤핑 부분이 아닌 것은 제외하고 피해 분석을 해야 한다면 동일 업자의 수출 물량을 덤핑 판정 시에는 덤핑으로 취급하고 피해 산정 시에는 덤핑이 아닌 것으로 취급해야 하는 논리적인 모순에 봉착한다고 보았다.

패널은 결국 비조사 대상 업체의 수출량을 표본 조사의 반덤핑/덤핑 비율대로 나누어 피해 분석을 하여야 하는 것은 아니며 비조사 대상 업체의 수출량을 덤핑 물량으로 취급한 EC의 조치가 협정 3조1항, 2항에 위배되는 것은 아니라고 판시하였다.

그러나 상소기구는 비조사 대상 업체의 수출량 중 표본 조사에서 덤핑이 아

격간의 차이,

단, 이 항의 목적상 당국은 영의 마진 및 최소허용마진과 제6조제8항에 언급되어 있는 상황에서 정해진 덤핑 마진은 무시한다. 당국은 제6조제10항제2호에 규정된 대로 검사대상에서는 제외되었으나 조사 과정에서 필요한 정보를 제공한 수출자 또는 생산자로부터의 수입품에 대하여 개별적인 관세 또는 정상 가격을 적용한다.

닌 것으로 판명된 비율만큼은 덤핑으로 취급하지 말아야 한다는 주장은 근거가 없다는 패널의 판단은 인정하였으나 非조사 대상 업체의 수출 물량 전부를 덤핑 물량으로 취급한 것도 문제가 없다는 패널의 판정은 번복하였다. 상소기구는 3조1항, 2항이 수입 물량 산정 방식에 대해 명시적으로 언급하고 있지 않다 하여 조사 당국이 아무 제한 없이 수입 물량과 효과 결정 방식을 임의로 결정할 수 있는 것은 아니며, 조사 당국이 채택한 결정 방식이 덤핑 물량과 그 영향에 대한 명확한 증거와 객관적인 검토에 근거한 피해 판정을 보장하지 못한다면 3조1, 2항에 합치된다고 볼 수 없다고 정리하였다. 아울러 *US-Hot-Rolled Steel* 사건 판결을 인용하여 명확한 증거란 긍정적이고(affirmative), 객관적이며(objective) 검증 가능하고(verifiable) 신뢰할 수 있는(credible) 증거를 말하며 객관적인 검토란 편파적이지 않다(unbiased)는 것이라고 하였다.

상소기구는 표본 조사 결과 외에는 다른 증거가 없는 상황이므로 표본 조사 결과는 긍정적이고 객관적이며 검증 가능하고 신뢰할 수 있는 명확한 증거가 될 수 있다고 보고 EC는 3조1항, 2항상의 명확한 증거 기준은 충족하였다고 판단하였다. 그러나 9조4항에 따라 비조사 대상 업체에도 반덤핑 관세가 합법적으로 부과되었으므로 이들 업체의 수출량 전부를 덤핑 물량으로 계산할 수 있다는 판단은 객관적이지 못하다는 이유로 받아들이지 않았다. 우선 패널은 반덤핑 관세의 부과 및 징수를 규정한 9조는 2조와 3조에 의거, 덤핑 사실의 존재, 피해 판정, 인과 관계가 판정된 후에 적용되는 것이므로 9조4항을 덤핑 물량을 결정하는 3조를 해석하는 기초로 삼은 것은 옳지 못하다고 보았다. 상소기구는 비조사 대상 업체에도 9조4항에 따라 반덤핑 관세를 부과할 수 있으므로 이들 수출량을 덤핑으로 추정할 수 있다는 논리는 조사 당국으로 하여금 국내 산업 피해가 있다고 쉽게 판단하게 할 가능성이 높으므로 객관적이라고 볼 수 없다고 지적하였다. 또한 상소기구는 표본 조사에서 53%가 덤핑이 아닌 것으로 밝혀졌는데도 불구하고 비조사 대상 업체의 수출량 전부를 덤핑 물량으로 취급한 EC의 결정은 공정하다고 할 수 없으며 따라서 EC는 객관적인 검토에 근거하여 덤핑 물량을 산정하였다고 볼 수 없다고 판시하였다.

4) 피해 요소의 적법한 고려(반덤핑협정 3조4항)

EC는 반덤핑협정 3조4항상의 피해 요소를 모두 다 평가하지는 못했다는 원패널 판결에 따라 수정 조치 시에는 이들 요소를 기존 입수 정보에 근거하여 검토하였으나 새로운 정보를 수집하지는 않았다. 인도는 EC가 재고(inventories)와 설비 가동률(utilization of capacity)에 대해서는 자료를 수집하지도 않았으므로 이에 대한 평가가 없는 수정 조치는 3조1항상의 명확한 근거 위반이라고 주장하였으나 패널은 EC가 검토한 자료에는 재고와 설비 가동률 관련 정보도 포함되어 있는 것으로 본다고 판시, 인도의 주장을 기각하였다.

인도는 또한 EC가 피해 요소에 대한 전반적인 재검토와 분석을 하지 않았으며 일부 사실상의 오류가 있었으므로 수정 조치는 무효라고 주장하였으나 패널은 기록으로 볼 때 EC가 피해 요소를 전반적으로 검토하였다고 본다고 판시하였으며 오류의 정도가 수정 조치의 유효성까지 시비할 정도로 크지 않다고 보았다.

5) 알려진 요소 이외의 요소의 적절한 고려 여부(반덤핑협정 3조5항)

인도는 EC가 인도산 덤핑 물량의 시장 점유율 증가가 국내 산업의 이윤 감소를 초래하였다고 판단한 것은 잘못이라고 주장하였으나 패널은 인도가 제시하는 시장 점유율 자료가 EC가 판단의 근거로 사용한 것과는 상이한 것임을 확인하였고 EC는 인도 외에 이집트, 파키스탄으로부터의 덤핑 물량을 종합하여 산정한 것을 토대로 판정한 것임을 확인하였다. 패널은 EC가 덤핑 수입품의 시장 점유율 증가보다는 덤핑 수입품으로 인한 가격 하락을 중점 분석하였고 이로 인해 국내 산업에 실질적인 피해를 초래하였음을 검토한 것이 인정된다고 판시하고 인도의 주장을 배척하였다.

인도는 또한 EC가 3조5항[9] 규정에도 불구하고 EC가 덤핑 수입 이외의 다른 요소 인한 피해를 충분히 검토하지 않았다고 주장하고 그 근거로 국내 산업의 피해는 bed linen 가격이 원면가격 상승과 인플레이션을 충분히 반영할 수 없어서 초래되었다는 수정 조치의 문안을 제시하였다. 즉 원면 가격 상승과 인플레이션도 EC 업계의 피해를 초래한 원인인데 이로 인하여 발생하는 피해를 제대로 검

9) 3.5 덤핑 수입품이 제2항 및 제4항에 규정된 바와 같이 덤핑의 효과를 통하여 이 협정이 규정하고 있는 의미의 피해를 초래하고 있다는 사실이 입증되어야 한다. 덤핑 수입품과 국내 산업에 대한 피해간의 인간관계의 입증은 당국에 제시된 모든 관련 증거의 검토에 근거한다. 또한 당국은 같은 시점에서 국내 산업에 피해를 초래하는 덤핑 수입품 이외의 모든 알려진 요소를 검토하며 이러한 다른 요소로 인하여 발생하는 피해는 덤핑 수입품에 의한 것으로 귀속시켜서는 아니된다. 이점에서 관련될 수 있는 요소에는 특히, 덤핑가격으로 판매되지 아니하는 수입품의 수량 및 가격, 수요감소 혹은 소비형태의 변화, 외국생산자와 국내 생산자의 무역 제한적 관행 및 이들 간의 경쟁, 기술개발, 국내 산업의 수출 실적 및 상품 생산성의 검토를 통하여 포함된다.

토하지 않았다는 것이다. 패널은 원면 가격 상승과 인플레이션은 EC 국내 산업의 상황을 묘사한 것이지 피해 원인이라고 볼 수 없다고 판시하였다.

6) 건설적인 구제 강구 의무 여부(반덤핑협정 15조)

인도는 EC는 반덤핑 관세를 적용하기 이전에 건설적인 구제의 가능성을 강구하지도 않고 반덤핑 관세를 부과하였으므로 반덤핑협정 15조[10]를 위반한 것이라고 주장하였으나 EC는 반덤핑 관세의 징수를 유예하였으므로 건설적인 구제를 별도로 강구할 의무가 없다고 반박하였다.

패널은 적용(apply)한다는 의미는 작동 중이다(be operative)는 의미로서 법적인 효력을 발생하고 있는 상태라고 보아야 한다고 해석하고 EC의 반덤핑 관세는 부과되었으나 징수되지는 않고 있으므로 법적으로 시행되지 않고 있으며 따라서 적용되지 않고 있다고 보아야 한다고 판시, 인도의 주장을 받아들이지 않았다.

다. 해설 및 평가

이 판례는 덤핑 물량을 결정하는 데 있어 조사 당국에게 중요한 지침을 제공하고 있다. 이 판례는 첫째 표본 조사가 불가피한 상황에서라도 조사 당국은 비표본 업체로부터의 수입량 전부를 덤핑 수입으로 간주할 수 없으며 조사 당국은 비표본 업체로부터의 수입이 덤핑인지 여부를 명확한 증거와 객관적인 검토를 통해 결정해야 할 것임을 천명하고 있다. 둘째 이 판례는 피해 판정은 명확한 증거와 덤핑된 물량과 효과에 대한 객관적인 검토에 근거해야 할 것임을 분명히 하고 있다. 이 판례는 반덤핑협정 어느 조항도 덤핑 사실이 판명되지 않은 생산자로부터의 수입 물량을 덤핑 물량에 포함하는 것을 용인하고 것으로 해석하여서는 안된다는 점을 확실히 하고 있다. 즉 조사 당국은 어느 생산자/수입자가 덤핑한다고 판명된 경우에만 그 업체로부터의 수입을 덤핑 물량에 포함할 수 있는 것이다. 이 판례는 어느 국가의 하나 또는 일부의 생산자/수출자가 덤핑한다고 해

10) 이 협정에 따라 반덤핑 조치의 적용을 고려할 때 개발도상회원국의 특별한 상황에 대해서 선진국회원국의 특별한 고려가 있어야 한다는 것이 인정된다. 반덤핑 관세의 적용이 개발도상회원국의 본질적 이익에 영향을 미치게 될 경우, 반덤핑 관세를 적용하기 이전에 이 협정에 규정된 건설적인 구제의 가능성이 강구된다.

서 그 국가로부터 수입되는 해당 상품량 전부를 덤핑으로 간주할 수 없다는 것을 분명히 하였다.

이 사건의 패널과 상소기구가 인정한대로 덤핑 물량의 범위, 산정 방식 등에 관해 현행 반덤핑협정은 명확히 규정하고 있지 않아 개정 필요성이 수차 제기되었다. 현재 진행 중인 DDA 협상에서 우리나라를 비롯하여 자주 반덤핑 조치의 대상이 된 국가들은 덤핑 물량을 보다 명확히 규정하는 방향으로 반덤핑협정을 개정코자 노력하고 있다.

덤핑 물량에 대한 이번 판례는 2003년 4월 *Argentina-Poultry* 사건에서도 재확인되었다. 동 사건 패널은 덤핑 사실이 판명되지 않은 업체로부터의 수입은 피해분석에 포함될 수 없다고 판시하였다.

10. Poland vs. Thailand – Steel 사건

(DS122, 2001. 4. 5 – 상소기구)

가. 사건 개요

1996년 6월 태국의 H-beams 생산 업체인 Siam Yamato Steel Co. Ltd.("SYS")가 폴란드산 H-beams을 비롯한 철강 제품에 대한 덤핑 조사 신청서를 제출함에 따라 1996년 8월 덤핑 조사 개시를 공고하였다.

1997년 5월 태국 당국은 폴란드산 H-beams 등에 반덤핑 관세 확정 부과를 공고하였으며 98년 4월 폴란드는 WTO에 제소하였다. 패널은 태국의 덤핑 조사 통보 및 개시 등 절차적 문제에 대해서는 반덤핑협정 규정을 위반하였다고 볼 수는 없으나 반덤핑 관세 부과 조치 자체는 반덤핑협정 3조 요건에 부합되지 않는다고 판단하였다. 태국은 이에 불복, 상소하였으나 2001년 4월 패널의 결정을 대부분 확인하는 상소기구 보고서가 최종 채택되었다.

나. 주요 쟁점별 당사자 주장 및 판결 요지

1) 신청서상 증거의 충분성 여부(반덤핑협정 5조2항, 3항)

반덤핑협정 5조2항[1] 의하면, 반덤핑 조사 신청서에는 3조2항과 3조4항에 열

---

1) 5.2 제1항의 신청은 (가) 덤핑, (나) 이 협정에 의해 해석되는 1994년도 GATT 제6조의 의미에 있어서의 피해, (다) 덤핑 수입품과 주장된 피해간의 인과관계에 대한 증거를 포함한다. 관련 증거에 의해 입증되지 아니하는 단순한 주장은 이 항의 요건을 충족시키는데 충분한 것으로 간

거된 정보 즉, 피해 판정에 필요한 경제적 요소 및 지표가 포함되어 있어야 하나, 이번 사건은 일부 경제적 요소 및 지표에 대한 정보가 신청서상에 없었고, 이들에 대한 분석이나 적절한 설명 없이 조사 당국이 조사를 개시하였는데, 이 경우가 반덤핑협정 5조2항에 위반되는지가 쟁점이 되었다.

폴란드는 반덤핑 조사 신청서 공개본에는 피해 및 인과 관계에 관한 data, 증거 및 이에 대한 분석이 없을 뿐 아니라 덤핑에 대해서는 기초적인 수치만 나열하고 있는데, 이는 '단순한 주장'에 불과하므로 신청서가 반덤핑협정 5조2항과 5조3항을 충족시키지 못한다고 주장하였다. 이에 대해 태국은 피해 및 인과 관계에 관한 증거는 신청서 비공개본과 공개본의 첨부물에 제시되어 있다고 주장하였다.

패널은 SYS가 제출한 공개본 신청서에는 피해와 인과 관계에 관한 증거와 덤핑관련 자료가 포함되어 있고, 덤핑에 대한 기초 수치 제공도 단순 주장이라기보다 적절한 증거로 인정될 만한 수준이라고 판정하였다. 또한 신청서에는 증거가 포함되어야 하나, 반드시 이러한 증거에 대해 분석할 필요는 없으므로 본건의 신청서가 5조2항에 위배된다고 볼 수는 없다고 하였다. 한편 신청 시 제시된 증거의 충분성과 관련하여 3조4항의 모든 요소를 망라적으로 제시하고 이를 검토할 필요는 없으며, 조사 개시 결정 시 3조4항의 일부 요소들을 검토하지 않았을 경우 무조건적인 협정 위반이 아니라 신청인이 합리적으로 이용 가능한 정도의 정보를 검토하는 것으로 충분하다고 판정하였다.

주될 수 없다. 동 신청은 신청자가 합리적으로 입수 가능한 다음에 관한 정보를 포함한다.

(1) 신청자의 신원 및 신청자의 동종 상품 국내생산량 및 가치에 대한 기술. 서면신청이 국내 산업을 대신하여 이루어지는 경우, 동 신청서는 동 신청이 대신하는 산업을 동종 상품의 알려진 모든 국내 생산자 (또는 동종 상품의 국내 생산자협회) 명부로서 확인하여야 하며, 가능한 범위내에서 이러한 생산자에 의한 동종 상품의 국내생산량과 가치를 기술한다.

(2) 덤핑혐의가 있는 상품에 대한 상세 기술, 당해 원산지국 또는 수출국명, 알려진 각 수출자 또는 외국의 생산자의 신원, 그리고 알려진 당해 상품 수입자의 명부

(3) 당해 상품이 원산지국 또는 수출국 국내 시장에서 소비용도로 판매될 때의 가격에 관한 정보 (또는, 적절한 경우, 동 상품이 원산지국 또는 수출국으로부터 제3국에 판매되는 가격이나 구성가격에 관한 정보) 및 수출가격에 관한 정보 또는 적절한 경우 동 상품이 수입회원국의 영토내의 독립된 구매자에게 최초로 재판매될 때의 가격에 관한 정보

(4) 제3조 제2항과 제4항에 열거된 국내 산업의 상태에 영향을 미치는 관련요소와 지표에 의하여 증명되는 덤핑혐의가 있는 수입품의 물량의 추이에 관한 정보, 동 수입이 국내 시장의 동종 상품가격에 미치는 영향 및 덤핑 수입품이 관련 국내 산업에 미치는 결과적인 영향

2) 구두 통지의 합법성 여부(반덤핑협정 5조5항)

1996년 6월 21일 SYS로부터 반덤핑 관세 부과 신청서를 접수한 태국 당국은 조사 개시 6주전인 1996년 7월 17일 폴란드 정부 관료와 회합하는 기회에 신청서 접수 사실 및 당국이 조사 개시 여부에 대해 검토 중임을 폴란드에 구두로 통지하였다.

폴란드는 구두상의 의사 전달은 패널이 그 사실 유무를 판단하기 어려우므로 5조5항[2]상의 통지란 서면상의 통지로 해석되어야 하며, 태국의 신청서 접수 사실에 대한 통지는 동 조항상의 시기와도 부합하지 않는다고 주장하였다. 태국은 1996년 7월 17일 회합은 시기상으로 신청서 접수 후 1개월 이내이고 조사 개시 6주전에 해당하므로 협정에 합치되며, 협정에는 통지 형식에 관한 명문 규정이 없으므로 서면이나 구두 형식 모두가 가능하다고 주장하였다. 또한 협정문에는 통지문에 포함될 정보 제공 수준에 대한 구체적인 지침이 없고, 會合 시에 신청서 접수 사실과 당국이 조사 개시를 정당화할 만큼의 충분한 증거 여부에 대해 검토 중임을 폴란드에 알렸으므로 협정 위반이 아니라고 반박하였다.

패널은 시기와 관련하여 5조5항상에 "신청서 접수 후 조사 개시 전에 조사 당국은 관련 수출국 정부에 통지하여야 한다"고 규정되어 있으므로 1996년 7월 회합은 동 시기 요건에 합치되며, 형식과 관련하여 회합에서의 결과 내용이 패널 검토를 뒷받침할 만큼 충분히 문서화되었다면 정부 관료간 공식 회합은 5조5항의 통지 요건을 충족한다고 판정하였다. 또한, 통지 내용의 핵심은 신청서 접수 사실이므로 태국과 폴란드 정부 관료간 회합에서 태국정부가 신청서를 접수했다는 사실에 대해 폴란드 정부에 알렸으므로 통지 내용도 협정문상의 요건을 충족시키기에 충분하다고 판정하였다.

3) 명확한 증거 및 객관적 검토 여부(반덤핑협정 3조1항)

태국은 이해관계인이 제출한 영업 비밀과 정부의 내부 보고서에 반덤핑협정 6조5항에 따라 보호되어야 할 사항이 포함되어 있음을 이유로, 공개본상에는 관

2) 5.5 당국은 조사 개시 결정이 내려지지 아니하는 한 조사 개시 신청서의 공표를 회피한다. 그러나 적합하게 서류를 갖춘 신청서가 접수된 이후 그리고 조사를 개시하기 전에 당국은 관련 수출회원국 정부에 통보한다.

련 증거와 이에 대한 분석을 생략하였다. 결과적으로 폴란드는 조사 과정에서 SYS의 영업 비밀 자료뿐만 아니라 정부가 조사 과정에서 수집한 증거 자료에 관한 내부 추론에 대해 전혀 정보를 얻지 못했다. 이에 패널이 3조1항[3]과 관련하여 조사 당국이 피해 판정 시에 객관적으로 검토하였는지를 평가할 때, 패널 판단의 근거 자료의 범위를 어디까지로 할 것인지가 문제되었다. 즉, 공개된 자료상에서는 조사 당국의 판정에 관한 증거와 판정의 논리가 뒷받침되지 않았을 경우, 조사 당국의 판정이 3조1항을 충족한다고 볼 수 있는지 여부가 문제되었다. 이는 협정 17조6항(1)호[4]에 규정된 standard of review와 관련된 것으로, 비공개본 조사 기록이나 공개본 조사 기록에 관한 태국의 검토 및 피해 판정을 패널이 재검토하는 것이 적절한가라는 법률적 이슈와 관련된 것이다.

폴란드는 비공개본과 공개본 자료간에 일치하지 않는 부분이 있고 또한 공개본 자료에 나타난 증거들도 태국의 피해 판정 내용을 뒷받침하지 못하므로 명확한 증거와 객관적인 검토가 이루어지지 않았다고 주장하였다. 이에 대해 태국은 조사 기록간에 오류가 있음을 인정하면서 이는 대부분 표기상의 오류이거나 영문으로 번역하는 과정에서 비롯된 단순한 오류라고 해명하였다. 아울러 피해 판정의 근거가 된 명확한 증거의 상당 부분은 조사 기록뿐 아니라 개별적인 통지와 서신 및 이해관계인에게 제공된 공개본에 제시되어 있다고 하고, 적법한 절차에 따라 수집평가한 공개본과 비공개본상의 모든 facts가 최종 판정의 근거가 되므로, 패널이 조사 당국의 객관적 검토 여부를 판단하면서 비공개본상의 facts를 고려하지 않는다면 이는 태국의 권리를 침해하는 것이라고 주장하였다. 즉, 태국은 3조1항에 따라 피해 판정의 논리와 판단의 근거가 조사 報告 문건상에 '공식적이거나 명시적으로(formally or explicitly)' 언급되어야 한다는 폴란드의 주장에 동의하나, 이해 당사자들이 최소한 최종 판정 시점에서 열람했던 문서에 제시되어 있어야만 한다는 것은 아니라고 주장하였다. 그 근거로서, 6조5항에 따른 영업 비밀 보호 의무를 준수하기 위해서는 조사 당국이 어떠한 논리를 공개함으로써 관련

---

3) 3.1 1994년도 GATT 제6조의 목적상, 피해의 판정은 명확한 증거에 기초하며, (1) 덤핑 수입 물량 및 덤핑 수입품이 동종 상품의 국내 시장가격에 미치는 영향 및 (2) 동 수입품이 이러한 상품의 국내 생산자에 미치는 결과적인 영향에 대한 객관적인 검토를 포함한다.

4) 17.6 제5항에 언급된 사항을 검토하는 데 있어서,
(1) 패널은 사안의 사실을 평가함에 있어서 당국에 의한 사실의 확립이 적절하였는지 여부 및 동 사실에 대한 당국의 평가가 공평하고 객관적이었는지 여부를 결정한다. 사실의 확립이 적절하였으며 평가가 공평하고 객관적이었을 경우 패널이 다른 결론에 도달했다 하여도 평가는 번복되지 아니한다.

영업 비밀이 파악될 수 있어서는 아니 되므로 그 논리도 공개해서는 안된다고 주장하였다.

이에 대해 패널은 최종 판정의 근거 논리는 이해 당사자가 열람했던 문서상에 언급되어야만 하고, 조사 당국의 facts별 근거도 공개된 문서에서 판별할 수 있어야만 한다고 하였다. 즉, 이전 패널 사례에서처럼, 패널은 조사 당국이 이해 당사자들에게 판정의 논리와 이에 대한 분석을 명시적으로(explicitly) 공개하고, 그런 논리를 뒷받침하는 근거들을 공개본 문서에서 판별할 수 있어야 한다고 판정하였다. 패널은 그 이유를 조사 과정에서 이해 당사자들에게 자신의 이익을 대변할 수 있는 기회를 제공하고, 회원국들이 덤핑 판정과 관련하여 제소를 하는 것이 유익한지 여부를 판단할 수 있도록 하기 위함이라고 설명하였다. 패널은 조사 당국이 피해 판정 시 공개된 자료에 근거하여 공평하고 객관적인 평가를 하여야 한다고 하면서, 그 근거를 협정 3조1항에서 찾았다.

그러나 상소기구는 3조1항은 조사 당국에게 모든 관련 논리나 facts들에 근거하여 피해 판정할 수 있도록 허용하는 조사 관련 실체 조항으로서, 공개된 사실과 논리 근거에 의해서만 피해 판정을 하여야 한다는 근거 조항이 될 수는 없다고 하면서 패널 판정을 번복하였다. 상소기구는 그 근거로서 반덤핑협정 12조2항[5]에 따르면 최종 판정 의결서에는 최종 조치 부과에 관해 '제반 fact와 법규, 판정 논리에 관한 모든 정보'와 '수출자와 수입자의 항변이나 이견을 거부한 사유 또는 수용 논리'를 담아서 공고하도록 되어 있는 바, 이러한 절차 조항과 달리 실체 조항인 3조1항에서는 이러한 의무 사항을 발견할 수 없다는 점을 들었다.

5) 12.2.2 확정 관세의 부과를 규정하는 긍정적 판정 또는 가격약속의 수락의 경우 조사의 종결 또는 중지의 공고는 최종적인 조치의 부과 또는 가격약속의 수락에 이르게 한 사실과 법에 관계된 사항 및 이유에 대한 모든 관련 정보를 포함하거나 별도의 보고서를 통해 입수가 가능하도록 한다. 또 이 경우 비밀 정보 보호요건에 대해 적절한 고려를 한다. 특히 이러한 공고 또는 보고서는 수출자나 수입자의 관련 논거 또는 주장이 받아들여졌거나 거부된 이유뿐 아니라 제2항제1호에 기술된 정보들과 제6조제10항제2호에 따른 모든 결정의 근거를 포함한다.

4) 덤핑 수입 물량에 대한 검토 적절성(반덤핑협정 3조2항[6])

폴란드는 태국이 수입량의 증가 여부를 검토했다는 증거가 없고 덤핑 수입 물량의 증가가 상당하다는 조사 결정도 없었다고 주장하였다. 또한 조사 기간 동안 폴란드로부터의 수입량이 등락을 거듭하였으므로 수입 물량이 계속해서 증가했다는 태국의 조사 내용은 사실과 다르며, 따라서 태국의 조사는 객관적이고 명확한 증거에 의한 조사라고 볼 수 없다고 주장하였다. 이에 대해 태국은 폴란드산 수입 물량이 계속 증가했다는 판정은 1994년부터 조사 기간까지 연간 수입 물량에 관한 기록을 인용하면서 착오로 인해 국내 수요와 폴란드산 수입품의 시장 점유량의 수치가 비공개용과 공개용 기록간에 일치하지 않았기 때문이라고 해명하였다.

덤핑 수입 물량의 증가가 '상당한지'를 판단하기 위해 명시적인 '조사 결정'이 필요한가에 대해 패널은 조사 당국의 조사 기록 문건에서 덤핑 수입 물량이 절대적으로나 상대적으로 상당히 증가했는지에 대해 뚜렷이 알 수 있으면 충분하고, 이에 대한 명시적인 조사 결정이나 판정이 필요한 것은 아니라고 판정하였다. 태국 조사 당국이 덤핑 수입 물량의 증가가 상당한지를 고려했는지 여부에 대해 패널은 확정 판정시 조사 당국에 의해 수입 물량의 상대적 증가보다는 절대적 증가 여부가 중점적으로 고려되었으며, 태국 조사 당국이 절대적으로 상당한 증가가 있었는지를 고려한 것으로 충분하다고 판정하였다.

5) 덤핑 수입 효과 검토의 타당성 여부(반덤핑협정 3조2항)

태국 국내 업체인 SYS가 폴란드산 제품의 수입 가격에 대응하기 위해 내수 시장 가격을 인하했다는 태국 조사 당국의 판정 내용은 태국산과 폴란드산 가격이 동일 방향으로 움직였으며, SYS수출 가격이 내수 시장 가격보다 높다는 점에

---

6) 3.2 덤핑 수입의 물량과 관련하여, 조사 당국은 절대적으로 또는 수입회원국의 생산 또는 소비에 비하여 상대적으로 덤핑 수입품이 상당히 증가하였는지 여부를 고려한다. 덤핑 수입품이 가격에 미치는 영향과 관련, 조사 당국은 수입회원국의 동종 상품의 가격과 비교하여 덤핑 수입품에 의하여 상당한 가격 인하가 있었는지 또는 그러한 수입품의 영향이 달리 상당한 정도로 가격 하락을 초래하는지 또는 그러하지 아니한 경우 발생 하였을 가격상승을 상당한 정도로 억제하는지 여부를 고려한다. 이러한 요소 중 하나 또는 여러 개가 반드시 결정적인 지침이 될 수는 없다.

근거하고 있으나, 폴란드는 태국 조사 당국의 이러한 2가지 논거가 공개본 가격 자료를 볼 때에는 전혀 사실이 아니라고 주장하였다.

태국은 비공개용 자료에 근거하여 폴란드산 덤핑 수입의 저가 판매 여부와 폴란드산 덤핑 수입의 효과에 대해 검토했다고 주장하였다. 한편 공개본과 비공개본 가격 자료간에 모순이 있음을 인정하고 이는 조사 기간을 잘못 참조했거나 단순한 표기상의 착오에 불과하며, 비밀 자료의 공개본 요약서와 조사 당국이 실제 참고한 조사 자료가 일치하지 않더라도 태국의 피해 판정의 실효성에는 영향을 미치지 않는다고 주장하였다.

태국 조사 당국이 가격에 미치는 덤핑 수입의 효과가 상당한지를 검토했는지 여부에 대해 패널은 태국이 폴란드 업체 및 그들의 법적 대리인과의 회의석상에서 가격 인하(price undercutting)효과가 상당하다고 언급한 것으로 충분하며, 최종 판정 시에 저가 판매, 가격 상승 억제 또는 가격 인하가 상당했다는 명시적인 판정(explicit finding)을 하지 않았다고 해서 규정을 위반한 것은 아니라고 판정하였다.

태국의 H-beams 시장 가격에 미치는 수입품의 효과에 대한 조사 결정은 data에 의해 뒷받침되는지 여부에 대해 패널은 실제 조사 내용이 공개된 요약서 내용과 중요한 차이가 날 뿐 아니라 공개된 사실이 정확하지 않다면 사실 관계가 적절하게 확정됐다고 간주할 수 없다고 판정하였다. 즉, 태국이 인정한 오류가 고의는 아닐지라도 분명 중요한 착오이고, 그러한 오류로 인해 폴란드는 가격 인상 억제 효과 및 가격 동향을 제대로 파악하기 어렵게 되었으며, 결과적으로 폴란드가 이 부분에 대해 적절한 대응을 할 수 없게 되었다고 하였다.

평가와 관련 패널은 사실 관계 확정의 적정성 문제는 SYS가 제출한 자료들 대부분이 영업 비밀이라는 사실에서 비롯된다고 하면서, 이로 인해 이해 당사자들이 그 자료를 인용하거나 참조할 수 없기 때문에 특히 이해 당사자에게 제공되는 자료들의 정확성은 중요하다고 하였다.

아울러 태국의 주요 분석 내용 및 판정 근거는 공개 요약본이 아니라 비공개본에 포함되어 있는 바, 패널은 비공개본의 증거 능력을 인정할 수 없다면서 이해 당사자가 이용 가능했던 최종 판정 문건과 공고문만을 검토 대상으로 한다고 하였다.

한편, 패널은 사실 관계에 있어서도 공개본 문서상에 중요한 착오가 있을 뿐 아니라 덤핑 수입의 가격 효과에 대한 충분한 설명이 담겨 있지 않고, 특히 가격

상승 억제 또는 가격 인하에 관한 결정은 공개된 자료에 의해 뒷받침되지 않았다는 점을 들어 가격에 미치는 덤핑 수입의 효과가 명확한 증거에 의해 적절하게 평가되지 못했다고 결론지었다. 따라서 패널은 태국의 평가는 명확한 증거에 근거하여 덤핑 수입품의 상당한 저가 판매가 있었는지 여부 또는 덤핑 수입으로 인해 상당 정도 가격이 인하되었는지 또는 가격 상승이 억제되었는지에 대해 검토하라는 3조2항의 규정에 일치하지 않는다고 판정하였다.

6) 피해 요소 검토의 필수성 및 검토의 타당성 여부(반덤핑협정 3조4항)

폴란드는 태국이 조사한 제반 지표의 내용은 피해 입증에 미흡하고, 특히 피해 입증을 위해서는 3조4항[7]에 열거된 피해 판정 관련 모든 요소를 검토하여야 함에도 불구하고 덤핑 마진의 크기, 임금에 미치는 실제적이고 잠재적인 부정효과, 자본이나 투자 조달에 미치는 실제적이고 잠재적인 부정 효과 등 일부 요소에 대해서는 언급조차 하지 않았기에 피해 입증이 불완전하다고 주장하였다. 또한 동종 산업의 상태에 관해 판매와 가동률, 생산성 등의 긍정적인 일부 지표를 무시하고 일부 부정적 지표만을 근거로 피해 긍정 판정을 내렸기 때문에 객관적인 검토가 이루어졌다고 볼 수 없다고 주장하였다.

이에 대해 태국은 3조4항에 대한 태국의 해석은 '허용 가능한(permissible)' 해석이며, 반덤핑협정 17조6항(2)호[8]의 해석원칙을 들어 허용 가능한 해석일 경우 회원국의 해석을 수용해야 한다고 주장했다. 즉, 3조4항이 하나 이상으로 해석이 가능한지에 대해 결정된 바 없으며, 태국의 조치가 허용 가능한 해석에 따른 것인지도 결정한 바 없으므로 패널이 자의적으로 3조4항을 15가지 요소로 구성된 강제규정이라고 결정해서는 안 된다고 주장하였다. 또한 일부 산업 지표가 긍정

---

7) 3.4 덤핑 수입품이 관련 국내 산업에 미치는 영향의 검토는 판매, 이윤, 생산량, 시장 점유율, 생산성, 투자수익률, 또는 설비 가동률에서의 실제적이고 잠재적인 감소, 국내 가격에 영향을 미치는 요소, 덤핑 마진의 크기, 자금 순환, 재고, 고용, 임금, 성장, 자본 또는 투자 조달능력에 대한 실제적이며 잠재적인 부정적 영향 등 산업의 상태에 영향을 미치는 제반관련 경제적 요소 및 지표에 대한 평가를 포함한다. 위에 열거된 요소는 총망라적이 아니며, 이러한 요소 중 하나 또는 여러 개가 반드시 결정적인 지침이 될 수는 없다.

8) 17.6.(2) 패널은 국제공법의 해석에 관한 관습적인 규칙에 따라 이 협정의 관련 규정을 해석한다. 패널이 이 협정의 관련 규정에 대해 하나 이상의 해석이 가능하다고 판정하고 당국의 조치가 그러한 허용되는 해석중 하나에 근거하는 경우 패널은 당국의 조치가 이 협정에 일치하는 것으로 판정한다.

적이었음을 인정한다 해도, 이들 긍정적인 지표가 결정적인 판단의 근거가 될 수는 없으며, 그러한 지표들만으로 국내 산업이 폴란드산 수입품으로 인해 아무런 피해를 입고 있지 않다고 판단할 수는 없고, 일부 긍정적인 지표들과 아주 상반되는 부정적인 지표, 특히 적절한 비용 회복점에 도달하지 못했다는 점, 경제의 규모, SYS의 시장 점유율 등 3개의 지표에 주로 근거하여 피해 판정을 내렸다고 주장했다.

양측의 주장에 대하여 패널은 피해검토에 있어 협정 3조4항의 검토 지표는 필수 조사 사항으로서 각각의 지표 모두를 검토하는 것이 원칙이며, 일부 지표에 대한 검토를 생략하는 경우에는 이에 대한 타당한 설명이 있어야 한다고 정리하였다. 패널에 따르면 3조4항에 열거된 요소들의 타당성 여부와 상대적 중요성 또는 비중은 사안별로 판단할 사항이지만 3조4항은 강행 규정이므로 열거된 모든 요소들을 검토해야 하며, 일부 요소들에 대해 검토하지 않을 경우 이에 대한 적절한 설명이 있어야 한다는 것이다. 패널은 태국이 일부 요소들에 대해 검토를 하지 않았고, 여러 요소들이 긍정적인 지표를 보이고 있음에도 불구하고 피해 판정을 내렸던 이유에 대한 적절한 설명을 하지 않았기 때문에 3조4항을 위배하였다고 판정하였다.

상소기구 역시 패널이 국제 공법의 관례적인 해석 원칙에 따라 규정의 내용이나 문맥을 면밀히 분석하였다고 판결하면서, 3조4항상에 열거된 모든 요소들에 대한 평가 및 검토는 필수적이라는 패널의 해석을 지지하였다

7) 기타 요인에 대한 검토의 적절성(반덤핑협정 3조5항)

폴란드는 태국이 폴란드산 수입품 이외의 기타 요소를 검토하지 않았으므로 3조5항[9]을 위배하였다고 주장하였다. 즉, 폴란드산 이외의 수입이 미치는 영향,

9) 3.5 덤핑 수입품이 제2항 및 제4항에 규정된 바와 같이 덤핑의 효과를 통하여 이 협정이 규정하고 있는 의미의 피해를 초래하고 있다는 사실이 입증되어야 한다. 덤핑 수입품과 국내 산업에 대한 피해간의 인간관계의 입증은 당국에 제시된 모든 관련 증거의 검토에 근거한다. 또한 당국은 같은 시점에서 국내 산업에 피해를 초래하는 덤핑 수입품 이외의 모든 알려진 요소를 검토하며 이러한 다른 요소로 인하여 발생하는 피해는 덤핑 수입품에 의한 것으로 귀속시켜서는 아니된다. 이점에서 관련될 수 있는 요소에는 특히, 덤핑가격으로 판매되지 아니하는 수입품의 수량 및 가격, 수요감소 혹은 소비형태의 변화, 외국생산자와 국내 생산자의 무역 제한적 관행 및 이들 간의 경쟁, 기술개발, 국내 산업의 수출 실적 및 상품 생산성의 검토를 통하여 포함된다.

현지 건설 산업의 수요 정도, 국내 산업의 생산성과 비용 구조, 기술 개발, SYS 수출 시장의 영업 현실(market realities), 일본 고오베 地震 등 기타 요소에 대해 최종 판정 시 검토하지 않았고 이들 요소의 비중을 다른 요소들보다 적게 둔 이유에 대한 설명이 없다고 주장하였다.

이에 대해 태국은 폴란드의 주장은 조사 당국이 여러 요소들에 부여한 비중을 문제 삼는 것으로서, 조사 당국이 국내 산업에 피해를 야기할 수 있는 덤핑 수입 이외의 기타 요소를 검토한 후 기타 요소로 인해 국내 산업의 피해가 야기되는 것이 아니라고 결정했으므로, 태국의 결정은 3조5항에 합치한다고 주장하였다.

패널은 기타 요소 검토와 관련하여 조사 당국은 조사 중 이해 당사자들에 의해 제기된 요소는 반드시 검토하여야 하지만, 그렇다고 조사 당국이 모든 가능한 요인들의 효과를 검토해야 하는 것은 아니라고 판정하였다. 또한 패널은 태국이 H-beams의 세계 수요(수출 시장 포함), 소비 패턴(일반적인 경제 환경과 현지 수요) 등 수입 이외의 피해 요인들을 검토하였다고 하면서 3조5항에 열거된 요소들은 모든 사례에서 반드시 검토되어야만 하는 필수 요소라기보다는 예시에 불과하다고 하고, 따라서 덤핑 수입 이외의 요소에 대한 태국의 검토는 3조5항에 위배되지 않는다고 판정하였다.

다. 해설 및 평가

반덤핑협정 3조5항에 규정된 기타 요소의 적절 검토 여부에 대해 패널은 조사 당국이 모든 가능한 요인들의 효과를 검토해야 하는 것은 아니라고 판정하였다. 패널의 이러한 판단은 조사 당국은 이해 당사자에 의해 명백하게 제기된(clearly raised) 관련 요소(relevant factors)만을 검토할 것이 요구된다고 판시한 *US-Wheat Gluten Safeguards* 사건 패널의 판단에 기초하고 있다. 그러나 이 clearly raised standard는 동 사건 상소기구에서 기각되었다. 따라서 이번 사건의 경우 패널의 판정 역시 상소기구에서 채택되지 않을 가능성이 농후한 것이었으나 폴란드는 이 부분에 대해서는 상소기구에서 이의를 제기하지 않았다.

3조4항의 나열된 요소는 예외 없이 검토하여야 한다는 패널의 결정은 *Mexico-HFCS* 사건과 *Argentina-Footwear Safeguards* 사건 상소기구에서도 확인되었다. 섬유의류 협정 6조3항[10)]도 유사한 내용을 규정하고 있는데 *US-Shirts and Blouse* 사건에서 패널은 동 조항에 나열된 피해 요소는 반드시 조사 당국에 의해 검토되어야 한다고 보았으나 *US-Underwear* 사건 패널은 조사 당국이 검사할 수도 있는 요소를 나열한 것으로 보아야 한다고 판시하였다.

factual standard of review에 대해 규정한 반덤핑협정 17조6항(1)호와 관련, 상소기구는 회원국 당국이 동 조항에 규정을 따를 의무는 없으며 이는 회원국 당국의 결정 내용을 패널이 심사할 때 적용되는 것이라고 정리하였다. *US-Hot-Rolled Steel from Japan* 사건 상소기구에서도 확인되었으며 동 사건 상소기구는 나아가 legal standard of review를 규정한 17조6항(2)호에 관련하여 패널이 반덤핑협정에 대한 회원국의 해석의 적절성 여부를 결정하는 데 따라야 할 절차에 대해서도 지침을 제시하였다.

※ 이 해설은 「무역 구제」 제4호에 수록된 이덕미 님의 논문을 요약한 것이다.

---

10) 6.3. 제2항에 언급된 심각한 피해 또는 그러한 피해의 현실적인 우려를 판정하는 데 있어서 회원국은 생산고, 생산성, 설비 가동률, 재고, 시장 점유율, 수출, 임금, 고용, 국내 가격, 이윤 및 투자와 같은 관련 경제변수의 변화에 반영된 특정산업의 상태에 대하여 동 수입품이 미치는 영향을 검토한다. 단, 동 변수중의 어느 것도 단독으로 또는 다른 요소들과 결합하여 필연적으로 결정적인 지침을 제공하는 것은 아니다.

11. Japan vs. US - Hot-Rolled Steel from Japan 사건

(DS184, 2001. 8. 23. - 상소기구)

가. 사건 개요

1998년 9월 일본, 브라질, 러시아산 열간 압연강에 대한 덤핑 조사 신청에 따라 미국 당국은 조사를 개시하였으며(무역 위원회는 산업 피해 여부, 상무부는 덤핑 여부) 상무부는 일본 수출자수가 많아 Kawasaki Steel Co.(KSC), Nippon Steel co.(NSC), NKK co.(NKK) 3사를 표본 조사하였다. 무역 위원회와 상무부는 98년 11월 덤핑으로 인한 산업 피해가 있으며 일본산 제품의 덤핑은 심각한 상황[1]에 있다고 각각 잠정 결정하였고 상무부는 99년 2월의 덤핑 마진 잠정 판정을 거쳐 99년 5월 각 사별 덤핑 마진을 최종 확정하였다(KSC(67.14%), NSC(19.65%), NKK(17.86%), 기타 업체(29.30%)). 상무부는 NSC와 NKK에 대해서는 심각한 상황 critical circumstance 여부에 대해 부정 판정을 내렸으나 KSC와 기타 업체에 대해서는 긍정 판정을 견지하였다. 99년 6월 무역 위원회는 일본산 열간 압연강 덤핑으로 인해 국내 산업이 실질적 피해를 보고 있다고 확정하였으나 심각한 상황 여부에 대해서는 부정적으로 판정하였다. 99년 6월 상무부는 최종 확정된 덤핑 마진대로 반덤핑 관세를 징수토록 결정하였으나 심각한 상황에 대한 무역 위원회의 부정 판정에 따라 기징수된 현금 예치분은 환불하였다.

이 사건의 대상이 된 熱間壓延鋼(hot rolled steel)이란 강괴 또는 반성품(半成品)을 가열로에서 1200℃ 정도의 온도로 재가열하여 압연롤에 의해 여러 종류의

---

1) 덤핑 조사 신청자가 심각한 상황이라고 주장할 경우 미 당국은 해당상품의 덤핑과 실질적 피해 전력의 존재, 실질적 피해 가능성에 대한 수입자의 인지, 단기간에 걸친 대규모 수입 등을 의심하거나 믿을만한 합리적인 근거가 있는지 시급히 결정해야 한다.

형상·치수로 성형, 가공한 것으로 자동차, 건자재, 강관, 가전기기 등에 폭넓게 사용된다. 형태에 따라 열연 코일, 열연 강판 등으로 구분된다. 열간 압연강을 다시 상온에서 압연한 것을 냉간 압연강이라고 한다.

<그림-1> 제작 중인 코일 형태의 열간 압연강 및 완성품

일본은 미국의 반덤핑 관세 부과 조치가 반덤핑협정 2조, 3조, 4조, 6조, 9조 및 부속서 2를 광범위하게 위반하고 있으며 미국의 반덤핑법, 규정 및 행정 절차 자체(as such)도 이 조항에 위배된다고 주장하였다. 일본은 또한 상무부와 무역위원회가 조사 과정 중에 취한 조치가 GATT X조3항(a)에 위반된다고 주장, 2000년 2월 패널 설치를 요청하였다.

나. 주요 쟁점별 당사자 주장 및 판결 요지

1) 입수 가능한 사실의 이용 요건(반덤핑협정 6조8항, 부속서 2)

(가) NSC, NKK 경우

조사 기간 중 일본 3사는 문제가 되는 열연 강재를 실제로 重量을 측정하여 판매하기도 하였고(실제 중량 기준) 제품의 크기를 기준으로 중량을 추정하여 판매하기도 하였다(이론 중량 기준). 미국 상무부는 덤핑 마진을 올바로 산출하기 위해 일관된 측정 기준(consistent unit of measurement)으로 톤당 가격을 계산하여야겠기에 해당 업체에 이론중량 기준 판매분을 실제 중량 기준 판매분으로 환산하는데 적용할 중량 환산 기준(weight conversion factor)을 제출하여 줄 것을 요청하였다.

NSC사는 이론 중량 기준 판매분은 실제 중량을 측정하지 않고 판매하므로 중량 환산 기준을 산출할 수 없다고 회신하였으나 후에 이론 중량 기준 판매분의 실제 중량도 측정하였으며 그 자료가 생산 database에 보존되어 있다는 것을 뒤늦게 발견하고 현장 조사 14일전 중량 환산 기준을 제출하였다. NKK사 역시 처음에는 중량 환산 기준을 작성할 수 없다고 하였으나 같은 조사 대상인 KSC사가 최대로 推算 가능한대로 작성하여 제출하였다는 것을 알고 같은 방식으로 작성한 중량 환산 기준을 현장 조사 9일전 제출하였다. 미 상무부는 그러나 NSC사와 NKK사의 제출 자료를 인정치 않고 입수 가능한 사실에 기초하여 중량을 환산하였다.

일본은 미 상무부의 이 같은 행위는 입수 가능 사실 이용 요건에 관한 반덤핑협정 6조 및 부속서 2에 위반되며 2조3항, 4항과 9조3항도 아울러 위반한 것이라고 주장하였다. 미국은 양사는 상무부 규정에 기재된 마감일 이후에 자료를 제출하였으며 따라서 반덤핑협정 6조8항[2]상 합리적인 기간 내에 필요한 정보를 제공하지 않은 경우에 해당한다고 반박하였다.

패널은 마감일을 준수하지 못했다는 사실이 필요한 정보가 합리적인 기간 내에 제공되지 않을 경우 입수 가능한 사실을 적용할 수 있다는 규정을 이용할 수 있는 충분한 근거가 되는 것은 아니라고 언급하고 미국의 주장을 배척하였다. 또한 부속서 2의 3조[3]를 인용하면서 NSC와 NKK가 제출한 자료는 검증 가능하며 이용할 수 있는 것이 분명해 보이는 데도 배척되었다고 보았으며 이들 자료는 이전에 제공된 적이 없어 고도의 검증이 필요한 가격, 비용 등에 관한 새로운 정보가 아니라는 점도 주시하였다. 이와 같은 근거로 패널은 객관적이고 공평한 조사당국이라면 NKK와 NSC가 합리적인 기간 내에 필요한 정보를 제공하지 못했다

2) 6.8 이해 당사자가 합리적인 기간 내에 필요한 정보에의 접근을 거부하거나 달리 동 정보를 제공하지 아니하는 경우 또는 조사를 중대하게 방해하는 경우, 입수 가능한 사실에 기초하여 긍정적 또는 부정적인 예비 및 최종 판정이 내려질 수 있다. 이 항의 적용에 있어서 부속서 2의 규정이 준수된다.

3) 3. 검증 가능하며 부당한 어려움이 없이 조사에 이용될 수 있도록 적절하게 제출되고 적시에 제공되었으며, 적용이 가능한 경우, 당국이 요청하는 특정 매체 또는 컴퓨터 언어로 제출된 정보는 판정이 내려질 때 고려되어야 한다. 이해 당사자가 선호되는 매체 또는 컴퓨터 언어로 응답하지 아니한 경우에도 당국이 제2항에 규정되어 있는 상황이 충족된다고 판단하면 선호되는 매체나 컴퓨터 언어로 응답하지 아니한 것이 조사를 중대하게 방해하는 것으로 간주되어서는 아니된다.

고 결론 내리지는 않았을 것이라고 판시하고 따라서 미국은 반덤핑협정 6조8항을 위반하였다고 판시하였다. 그러므로 2조4항, 9조3항 등 기타 조항 위반 여부는 살펴볼 것도 없다고 결정하였다.

상소기구는 패널의 판단은 지지하였으나 도출 논리는 다르게 전개하였다. 상소기구는 반덤핑협정 6조1항1호[4]에서 볼 수 있듯이 조사 응답 기간은 절대적인 것이 아니라 적절한 사유가 있을 경우에는 연장할 수 있는 것이며 협정 6조8항은 만일 어떤 정보가 합리적인 기간 내에 제출되었다면 조사 당국은 입수 가능한 사실을 이용할 수 없고 제출된 정보를 반드시 이용해야 한다고 해석해야 한다고 정리하였다. 또한 부속서 2의 3조는 조사 당국이 반드시 이용해야 하는 정보의 요건, 즉 i) 어려움 없이 조사에 이용 가능할 것과 ii) 적시에(in a timely fashion) 제공될 것을 규정하고 있으며 적시란 합리적인 기간을 의미한다고 보았다. 이러한 판단 하에 상소기구는 NSC와 NKK의 사정에 비추어 볼 때 비록 미 상무부가 정한 시한은 넘겼지만 정보를 합리적인 기간 내에 제출한 것이며 따라서 미 상무부가 단지 자신들이 정한 시한 내에 제출하지 못하였다는 이유만으로, 또한 합리적인 기간 내에 해당하는 것인지 검토하지도 않은 채 두 회사가 제공한 정보 대신 입수 가능한 사실을 이용한 것은 협정 6조8항 위반이라고 판시하였다. 패널이 17조6항(1) standard of review 규정을 원용하여 공평하고 객관적인 조사 당국이었다면 미국 당국과 같이 판단하지는 않았을 것이라고 우회적으로 판시한 것과 달리 상소기구는 미국 당국의 조치 자체가 6조8항에 합치되지 않는다고 직접적으로 판시한 것이다.

(나) KSC 경우

KSC에 대한 입수 가능한 사실 적용 문제는 위의 경우와 사정이 달랐다. 미 상무부는 열간 압연강을 미국 내 현지법인 affiliates를 통해 판매한 것에 대해서는 현지 법인의 재판매 가격과 생산가를 제출하라고 요구하였다. KSC는 미국 판매분 상당량을 미국 내 현지 법인인 California Steel Industries사에게 판매하였는데 KSC와 브라질 업체 CVRD가 50대 50 투자한 이 회사는 이번 덤핑 조사 신청자 중의 하나였다. KSC는 CSI를 통제하고 있지도 못하며 同社가 덤핑 조사 신청자 중의 하나인 만큼 재판매 가격과 생산가를 제출할 수 없다고 설명하고 동 자료

4) 6.1.1 반덤핑 조사에 사용되는 질의서를 받는 수출자 또는 외국의 생산자에게 응답을 위해 최소한 30일이 주어진다(Re.15). 동 30일 기간의 연장을 위한 어떤 요청에 대하여도 적절한 고려가 있어야 하며 사유가 제시되는 경우 이러한 연장은 가능한 한 허용되어야 한다.

제출 의무를 면제하여 줄 것을 요청하였으나 미 상무부는 이를 거절, KSC가 부속서 2의 5조[5)]상의 최선을 다하지 못한 것이라고 보고 KSC사가 일반 구매업체에 판매한 가격 중 두 번째로 마진이 높았던 가격을 입수 가능한 자료로서 대신 사용하였다.

일본은 미국의 이 같은 행위는 협정 6조8항과 부속서 2 위반이며 미국이 6조13항[6)]상의 지원 제공 의무를 다하지 못한 것이고 일반 구매 업체 판매가를 대신 사용한 것은 덤핑 마진을 과장한 것이므로 2조3항, 9조3항을 위반한 것이라고 주장하였다.

패널은 CSI사가 덤핑 조사 신청사이므로 KSC와는 분명히 이해가 상충되며 브라질 합작 업체 CVRD도 이번 사건의 조사 대상 업체이기는 하나 미국 시장에서 KSC와 경쟁 관계에 있으므로 역시 KSC와 이해관계가 상충된다는 점을 지적하였다. 이러한 상황에서 KSC가 주주 자격을 이용하여 무리하게 CSI사의 재판매 가격과 생산가 자료를 입수할 수 있었다 하더라도 그 같은 행위는 이 세 업체의 영업 관계를 훼손했을 것이 자명하다고 보았다. 그러므로 KSC가 이러한 상황에서 요구 자료를 제출하지 못한 것을 최선을 다하지 않았다고 미 상무부가 판단하고 입수 가능한 사실을 불리하게 적용한 것은 협정 6조8항과 부속서 2의 7조[7)]를 위반한 것이라고 판시하였다. 이런 결론을 근거로 패널은 협정 2조3항, 9조3항 위반 여부는 검토해볼 필요도 없다고 판단하였다. 패널의 결정은 후에 상소기구에서도 확인되었다.

2) 비표본대상 업체의 반덤핑 관세(반덤핑협정 9조4항)

반덤핑협정 9조4항[8)]은 표본 조사에 포함되지 아니한 수출자 또는 생산자로부

5) 5. 이해 당사자가 능력에 따라 최선을 다하였다면 비록 제공되는 정보가 모든 면에서 이상적이지 아니하더라도 이것은 당국이 이를 무시하는 것을 정당화하여서는 아니된다.

6) 6.13 당국은 이해 당사자, 특히 소규모 기업이 요청된 정보를 제공함에 있어서 겪는 애로 사항을 적절히 고려하고 가능한 모든 지원을 제공한다.

7) 7. 당국이 조사 개시 신청서에 제공된 정보를 포함하여 2차적인 출처로부터의 정보를 기초로 정상 가격에 관한 조사 결과를 포함한 판정을 내려야하는 경우, 당국은 특별한 신중을 기하여야 한다. 이러한 경우, 당국은 가능하다면 공표된 가격표, 공식 수입 통계 및 세관보고서등과 같이 다른 독립된 출처로부터 취득한 정보 및 조사 과정에서 다른 이해 당사자로부터 얻은 정보를 점검하여야 한다. 그러나 이해 당사자가 협조를 하지 않고 이로 인해 관련정보가 당국에 입수되지 아니하는 경우 이 상황이 그 당사자가 협조하였을 때보다 그 당사자에게 더 불리한 결과를 초래할 수 있는 것은 명백하다.

터의 수입품에 적용되는 반덤핑 관세를 산정함에 있어 조사 당국은 i) 영(zero)의 마진 및 최소 허용 마진과 ii) 입수 가능한 사실에 기초하여 정해진 덤핑 마진은 무시하도록 규정하고 있다. 그러나 미국의 1930년 관세법 735(c)(5)[9]는 입수 가능한 사실에 전적으로 기초하여 산정된 마진만 무시하도록 규정되어 있다. 즉 일부만 입수 가능한 사실에 기초하여 산정된 마진은 무시하지 않을 수 있다는 것인데 이번 사건의 경우 미국은 비표본 업체의 덤핑 마진은 표본 3개사 덤핑 마진의 가중 평균으로 계산하였고 표본 3개사의 덤핑 마진은 모두 입수 가능한 사실에 일부 기초하여 산출된 것이었다.

일본은 미국의 1930년 관세법 735(c)(5) 그 자체(as such)와 이를 적용한(as applied) 미국의 조치는 반덤핑협정 9조4항 위반이라고 주장하였으나 미국은 협정 9조4항은 입수 가능한 사실에 전적으로 기초한 덤핑 마진만을 무시하는 것으로 해석될 수 있다고 반박하였다.

패널은 9조4항은 강행 규정이며 어떠한 예외도 인정하고 있지 않다고 보았다. 무시해야 할 덤핑 마진의 범위－이 경우 입수 가능한 사실 상황(6조8항)에서 산

8) 9.4 당국이 제6조제10항의 둘째 문장에 따라 검사를 제한하는 경우 검사에 포함되지 아니한 수출자 또는 생산자로부터의 수입품에 적용되는 반덤핑 관세는 다음을 초과하지 아니한다.

(1) 선정된 수출자 또는 생산자에 대하여 설정된 덤핑 마진의 가중 평균 또는,

(2) 반덤핑 관세의 지불책임이 예상되는 정상 가격을 기초로 계산된 경우, 선정된 생산자 또는 수출자의 가중 평균정상 가격과 개별적으로 검사되지 아니한 수출자 또는 생산자의 수출가격간의 차이,

단, 이 항의 목적상 당국은 영의 마진 및 최소허용마진과 제6조제8항에 언급되어 있는 상황에서 정해진 덤핑 마진은 무시한다. 당국은 제6조제10항제2호에 규정된 대로 검사대상에서는 제외되었으나 조사 과정에서 필요한 정보를 제공한 수출자 또는 생산자로부터의 수입품에 대하여 개별적인 관세 또는 정상 가격을 적용한다.

9) (A) General rule

For purposes of this subsection and section 1673b(d) of this title, the estimated all-others rate shall be an amount equal to the weighted average of the estimated weighted average dumping margins established for exporters and producers individually investigated, excluding any zero and de minimis margins, and any margins determined entirely under section 1677e of this title [i.e., any margins determined entirely on the basis of facts available].

(B) Exception

If the estimated weighted average dumping margins established for all exporters and producers individually investigated are zero or de minimis margins, or are determined entirely under section 1677e of this title, the administering authority may use any reasonable method to establish the estimated all-others rate for exporters and producers not individually investigated, including averaging the estimated weighted average dumping margins determined for the exporters and producers individually investigated.

출된 마진－는 어떠한 방식으로도 수정하거나 제한할 수 없다고 판단하였고 9조4항에서 말하는 마진이란 덤핑 계산의 모든 단계를 포함하는 것이며 6조8항에 언급된 상황은 일부 요소가 입수 가능한 사실에 기초하고 있는 덤핑 계산도 당연히 포함된다고 보았다. 따라서 미국의 관련 규정은 입수 가능한 사실에 일부 기초한 덤핑 마진은 인정하고 있으므로 그 자체가 협정 9조4항에 부합되지 않으며 이 규정에 따른 미 상무부의 비표본 업체 덤핑 마진 산정도 9조4항 위반이라고 판시하였다. 패널은 나아가 미국은 WTO 협정 발효 이전에 자국 법규를 반덤핑협정에 합치토록 규정한 반덤핑협정 18조4항[10]과 WTO 설립을 위한 마라케쉬 협정 16조4항[11]을 위반한 것이라고 결정하였다. 이러한 패널의 판단은 상소기구에서 재확인되었다.

3) 정상적 거래 여부 결정방식의 타당성(반덤핑협정 2조1항, 2항)

미 상무부는 덤핑 마진을 산정하는 데 있어 조사 대상 기업이 국내 子會社에게 판매한 제품의 평균 가격이 非자회사에 판매한 제품 평균가격의 보다 0.5%이상 저렴할 경우에는(즉 99.5% 이하일 경우에는) 이를 통상적인 거래로 인정하지 않고 이 판매분을 무시하거나 자회사가 재판매한 가격으로 대체하여 덤핑 마진을 계산하였다(arm's length test).

일본은 미국의 이 같은 계산 방식은 반덤핑협정 2조2항[12]에서 말하는 정상적인 거래 여부 결정 방식으로서는 비합리적인 것이고 동 조항은 자회사 판매 가격을 자회사의 재판매 가격으로 대체하는 것을 허락치 않으며 2조4항의 공정한 비교 의무에도 위반된다고 주장하였다.

패널은 미국의 arm's length test는 子회사 판매 가격이 非자회사 판매 가격보다 저렴한 경우만을 문제 삼는 것으로 보아 이는 양자간의 가격 차이를 중립적으

---

10) 18.4 각 회원국은 세계무역기구협정이 자기나라에 대하여 발효하는 날 이전에 자기나라의 법률, 규정 및 행정 절차가 자기나라에게 적용되는 이 협정의 규정에 합치하도록 보장하기 위하여 일반적 또는 특별한 성격의 모든 필요한 조치를 취한다.

11) 각 회원국은 자기나라의 법률, 규정 및 행정 절차가 부속 협정에 규정된 자기나라의 의무에 합치될 것을 보장한다.

12) 2.2 수출국의 국내 시장 내에 통상적인 거래에 의한 동종 상품의 판매가 존재하지 아니하는 경우, 또는 수출국 국내 시장의 특별한 시장 상황 또는 소규모의 판매 때문에 적절한 비교를 할 수 없는 경우, 덤핑 마진은 동종 상품의 적절한 제3국 수출시 비교 가능한 가격으로서 대표적인 경우 동 가격 또는 원산지국에서의 생산 비용에 합리적인 금액의 관리비, 판매비, 일반 비용과 이윤을 합산한 가격과의 비교에 의하여 결정된다.

로 측정하기 위한 것이 아니라 평균 가격보다 저렴한 것을 정상 가격 산정 과정에서 의도적으로 제외시키려는 것이라고 보았다. 따라서 정상 가격은 높게 산출되고 덤핑 결정이 보다 농후해지거나 덤핑 마진이 높게 책정될 것이므로 arm's length test는 반덤핑협정 2조1항[13]의 정상적인 거래가 용인하는 해석이라고 볼 수 없다고 결론짓고 미국은 동 조항을 위반한 것이라고 판단하였다. 패널은 미국의 해석은 17조6항(2)에서 말하는 하나 이상의 가능한 해석이 될 수 없다고 본 것이다. 이상을 토대로 패널은 협정 2조4항의 공정한 비교 의무 위반 여부는 살펴볼 것도 없다고 보았다. 상소기구도 패널의 판정을 확인하였다.

무시된 가격 대신 미 상무부가 자회사의 재판매 가격을 사용한 것에 대해서 역시 패널은 반덤핑협정 위반이라고 판시하였다. 패널은 자회사의 재판매 가격은 협정 2조1항이 말하는 정상 가격의 정의(수출국내에서 소비되는 동종 상품에 대한 정상적 거래에서 비교 가능한 가격)에 부합하지 않는다고 보았다. 협정 6조10항[14]상 조사 당국은 조사 대상 상품의 알려진 관련 수출자 또는 생산자 각각에 대해 개별적인 덤핑 마진을 결정할 의무가 있으므로 2조1항상의 비교 가능한 가격(comparable price)은 반드시 알려진 수출자 또는 생산자로부터 나와야지 대체된 가격에서 나와서는 안 된다고 보았으며 이러한 대체 가격은 조사 대상 기업의 정상적인 거래라고 볼 수 없다고 판단하였다. 아울러 미국의 조치는 재판매 가격을 수출 구성 가격으로 이용하는 데 준거가 될 반덤핑협정 2조3항[15]상의 요건에도 부합하지 않으며 조사 대상 기업의 정상적인 거래를 기초로 정상 가격을 산정하기에는 정상적인 거래가 충분치 않았다는 주장도 제기된 바 없음을 주목하였다. 패널은 이러한 판단을 토대로 자회사 재판매 가격을 대신 사용한 것은 반덤핑협

---

13) 2.1 이 협정의 목적상, 한 국가로부터 다른 국가로 수출된 상품의 수출가격이 수출국내에서 소비되는 동종 상품에 대한 정상적 거래에서 비교 가능한 가격보다 낮을 경우 동 상품은 덤핑된 것, 즉 정상 가격보다 낮은 가격으로 다른 나라의 상거래에 도입된 것으로 간주된다.

14) 6.10 당국은 일반적으로 조사 대상 상품의 알려진 관련 수출자 또는 생산자 각각 대해 개별적인 덤핑 마진을 결정한다. 관련된 수출자, 생산자, 수입자, 또는 관련 상품의 유형의 수가 너무 많아 이러한 결정이 불가능할 경우 당국은 그 선정시 당국에 이용 가능한 정보를 기초로 통계적으로 유효한 표본을 사용하여 검사를 이해 당사자 또는 상품의 합리적인 수로 제한하거나 또는 합리적으로 조사 될 수 있는 당해 국가로부터의 수출량의 가장 큰 비율로 제한할 수 있다.

15) 2.3 수출가격이 존재하지 아니하거나 수출가격이 수출자 및 수입자 또는 제3자간의 제휴나 보상약정으로 인하여 믿을 수 없다고 관계 당국에 보여지는 경우, 수출가격은 수입품이 독립구매장에게 최초로 재판매되는 가격을 기초로 구성될 수 있으며, 또는 독립구매자에게 재판매되지 않거나 수입된 상태로 재판매되지 아니하는 경우에도 당국이 결정할 수 있는 합리적인 기초에 의하여 구성 될 수 있다.

정 2조1항 위반이며 2조2항, 2조4항 위반은 살펴볼 필요도 없다고 판시하였다.

그러나 패널의 결정은 상소기구에서 번복되었다. 상소기구는 2조1항상 정상 가격이란 i) 수출국내에서 소비되는, ii) 동종 상품에 대한, iii) 정상적 거래에서, iv) 비교 가능한 가격으로 정의되며 반드시 수출자에 의해 판매될 것을 요구하지는 않는다는 점을 우선 지적하였다. 상소기는 재판매 가격이 상기 4 조건을 충족한다는 점에 대해서는 미국과 일본이 이견이 없었음을 주목하였다. 상소기구는 2조4항은 조사 당국이 수출자 또는 생산자가 아니라 다른 주체에 의해 이루어진 판매를 고려하는 것이 용인될 수 있는 조건을 규정하고 있다고 보았다. 조사 당국은 거래 단계(level of trade)를 포함하여 가격 비교에 영향을 미치는 차이점을 적절히 고려하여야 하며 따라서 재판매 가격을 정상 가격 산정 기준으로 사용하는 것은 조사 당국에게 공정한 비교를 보장하기 위한 추가적인 주의와 노력을 부과하는 것이지 재판매 가격 자체의 사용이 금지되는 것은 아니라고 판단하였다.

4) 관세 소급 부과에 대한 심각한 상황 기준(반덤핑협정 10조 1항, 6항, 7항)

(가) 미국 관련 법규의 WTO 협정과의 합치성 여부

미국 1930년 관세법 733(e)(1)조[16]는 덤핑 조사 신청자가 심각한 상황이라고 주장할 경우 미 당국은 해당상품의 덤핑과 실질적 피해 前歷의 존재, 실질적 피해 가능성에 대한 수입자의 認知, 단기간에 걸친 대규모 수입 등을 의심하거나 믿을만한 합리적인 근거가 있는지 시급히 결정토록 규정하고 있다. 일본은 1930년 관세법 733(e)(1)조가 반덤핑협정 10조6항[17]에 규정된 모든 조건에 대한 증거

---

16) If a petitioner alleges critical circumstances in its original petition, or by amendment at any time more than 20 days before the date of a final determination by [USDOC], then [USDOC] shall promptly (at any time after the initiation of the investigation under this part) determine, on the basis of the information available at that time, whether there is a *reasonable basis to believe or suspect* that —

(A) (i) there is a history of dumping and material injury by reason of dumped imports in the United States or elsewhere of the subject merchandise, or

(ii) the person by whom, or for whose account, the merchandise was imported knew or should have known that the exporter was selling the subject merchandise at less than its fair value and that there was likely to be material injury by reason of such sales, and

(B) there have been massive imports of the subject merchandise over a relatively short period.

17) 10.6 당국이 당해 덤핑 수입품에 대해서 아래와 같이 판정할 경우 확정 반덤핑 관세는 잠정 조

를 요구하지는 않고 있고 증거 기준도 반덤핑협정 10조7항[18]상의 충분한 증거 기준에 못 미치므로 규정 자체가 반덤핑협정에 위반된다고 주장하였다.

패널은 WTO 규정과 합치되지 않는 행위를 요구하거나 합치되는 행위를 금지하는 것이 강행 법규이고 강행 법규는 그 자체로 회원국의 WTO 의무와 합치되지 않는다는 것이 확립된 GATT의 관행임을 상기하고 1930년 관세법 733(e)(1)조가 미국 당국에게 반덤핑협정상의 의무와 저촉되는 행위를 요구하는 것인지 검토하였다. 패널은 심각한 상황 기준으로 반덤핑협정 10조7항은 '충분한 증거(sufficient evidence)', 1930년 관세법 733(e)(1)조는 '의심하고 신뢰할 합리적인 근거(reasonable basis to believe or suspect)'라고 다르게 규정되어 있기는 하나 미 당국이 1930년 관세법 733(e)(1)조상의 근거를 적용하여 온 관행(practice)을 보면 충분한 근거로 표현된 기준과 호환 가능하게 적용하여 왔으므로 10조7항의 충분한 근거 기준과 어긋나는 것은 아니라고 판단하였다.

패널은 1930년 관세법 733(e)(1)조가 10조6항상의 포함된 것과 같은 동일한 요건을 명백하게 규정하고 있지는 않으나 이러한 생략이 미 당국이 10조6항상의 요건을 고려하는 것을 금지하는 것은 아니라고 보았다. 아울러 10조6항에 규정된 '반덤핑 관세의 구제효과를 심각히 저해할 가능성이 있는 대규모 덤핑 수입'이란 반덤핑 관세 소급부과를 정당화하기 위해 조사 당국이 도달하여야 해야 하는 결론(conclusion)이지 충분한 증거가 예비 조사 시점에 제공되어야 하는 상황(condition)은 아니라고 보았다. 또한 1930년 관세법 733(e)(1)조는 수입자의 인지 가능성에 기초하여 대규모 수입 여부를 결정하도록 하고 있으므로 10조6항의 반덤핑 관세의 구제 효과를 심각히 저해할 가능성이 있는 대규모 수입 요건을 충족하고 있다고 판단하였다. 따라서 1930년 관세법 733(e)(1)조는 반덤핑협정에 저촉되지 않으며 국내 법규를 WTO 규정에 합치시켜야 한다는 WTO 협정 16조4항이나 반

치 적용전 90일 이내에 소비용으로 반입된 상품에 대하여 부과될 수 있다.
(1) 피해를 초래한 덤핑 전력이 있거나 혹은 수출자가 덤핑행위를 하고 있으며 이러한 덤핑이 피해를 초래할 것이라고 수입자가 알았거나 알았어야 함, 또한
(2) 관련 수입자에게 의견을 제시할 수 있는 기회가 주어진 경우 덤핑 수입품의 시기 및 물량과 다른 상황(수입품 재고의 급격한 증가와 같은)에 비추어 적용될 확정 반덤핑 관세의 구제효과를 심각히 저해할 가능성이 있는 상대적으로 단기간에 걸친 대규모 수입품에 의해 피해가 초래됨

18) 10.7 당국은 조사 개시 이후, 제6항에 규정된 조건이 충족되었다는 충분한 증거가 있는 경우, 제6항에 규정된 대로 반덤핑 관세를 소급 징수하는 데에 필요할 수 있는 평가 또는 산정의 보류와 같은 조치를 취할 수 있다.

덤핑협정 18조4항을 위반한 것도 아니라고 판시하였다.

(나) 심각한 상황 존재 여부에 대한 잠정 판정의 적법성

98년 10월8일 미 상무부는 심각한 상황에 대한 증거가 있는 경우 잠정 조치 결정에 앞서 심각한 상황 존재 여부에 대한 잠정 판정을 내릴 것이라는 공고를 하였다. 상무부는 반덤핑 관세를 소급하여 징수하는 데 필요한 조치가 결정되기 전인 98년 11월 30일 심각한 상황에 대해 긍정적인 잠정 판정을 발표하였다. 상무부는 99년 5월 심각한 상황에 대한 확정 판정을 내렸으나 이 문제에 최종 권한을 가지고 있는 무역 위원회는 99년 6월 심각한 상항은 아니라는 최종 판정을 내렸다.

미국의 심각한 상황에 대한 긍정적인 잠정 판정 조치에 대해 일본은 10조6항에 비추어 국내 산업에 대한 실질적인 피해가 있다는 잠정 판정이 없는 상황에서는 심각한 상황에 대한 잠정 판정을 할 수 없다고 주장하였다. 일본은 상무부의 잠정 판정 당시 미 무역 위원회는 피해 우려가 있다고는 결정하였으나 실질적인 피해가 있다고 결정하지는 않은 상태임을 강조하였다.

패널은 10조6항은 심각한 상황에 대한 확정판단을 규율한 것이고 심각한 상황에 대한 잠정 판정에 적용 가능한 규정은 10조7항이라고 보았다. 패널은 10조7항은 관세 소급 부과 결정 가능성을 확보해두는 데 필요한 잠정 조치(preliminary measures)를 허락한 것으로서 이 잠정 조치는 조사 개시 후 어느 시점에서나 취할 수 있다고 보았다. 일본 주장대로 10조7항상의 충분한 증거 기준은 심각한 상황에 대한 잠정 판정을 하기 전에 먼저 덤핑 존재 및 피해에 대한 잠정 판정을 내릴 것을 요구하는 것도 아니라고 판단하였다. 패널은 만약 그러한 것으로 해석해야 한다면 반덤핑협정 7조와 10조6항이 서로 충돌하게 된다는 점을 지적하였다. 즉 협정 7조상 잠정 조치는 조사 개시 60일 이후부터 발동 가능한데 10조6항상 관세 소급 부과는 잠정 조치 부과 90일 이전 이후부터 가능하므로 조사도 개시되기 전인 30일간이 관세 소급 부과 가능 기간으로 되는 모순이 발생한다는 것이다.

10조6항의 조건 모두에 대한 충분한 증거가 있었는지에 대해 패널은 협정 5조3항[19]상 조사 개시는 5조2항[20]에 규정된 덤핑, 피해, 인과 관계에 관한 충분한 증거가 있어야 하는 데 일본은 조사 개시에 대해서는 이의를 제기하지 않았음에 비

19) 5.3 당국은 조사 개시를 정당화할 수 있을 만큼 충분한 증거가 있는지 여부를 결정하기 위하여 신청서에 제시된 증거의 정확성과 적정성에 대하여 검토한다.

20) 5.2 제1항의 신청은 (가) 덤핑, (나) 이 협정에 의해 해석되는 1994년도 GATT 제6조의 의미에 있어서의 피해, (다) 덤핑 수입품과 주장된 피해간의 인과관계에 대한 증거를 포함한다.

추어 일본도 조사 개시에 충분한 증거가 있었다는 것을 인정한 것이라고 보았다. 따라서 조사에 충분한 증거가 있었으므로 10조6항 조건에 대한 충분한 증거가 있었다고 결정하지 못할 것은 없다고 보았다. 또한 피해 우려에 대한 충분한 증거는 10조6항이 단지 피해라고 규정하고 있고 반덤핑협정 각주9[21]는 피해란 실질적인 피해의 우려도 포함한다고 규정하고 있으므로 10조7항상의 잠정 조치 적용을 결정하는 것을 정당화하는 데 충분하다고 판단, 일본의 주장을 기각하였다.

6) 자체 소요 생산(captive production)[22] 조항의 적법성 (반덤핑협정 3조, 4조)

미국 1930년 관세법 771(7)(c)(iv)[23]는 국내 생산되는 제품 A의 상당량이 상품 A'의 제작 재료로 주로 전용되고 A의 국내 생산량이 A' 제작 재료의 압도적인 공급원이며 시장에서 일반 판매되는 A는 통상 A' 제작 재료로 사용되지 않을 경우에는 덤핑 판정에 필요한 시장 점유율 등을 분석할 때 A 제품이 일반 판매되는 상업 시장(merchant market)을 중점 분석(focus primarily)하라고 규정하고 있다.

일본은 이러한 자체 소요 생산 조항이 국내 산업 전체가 아니라 일부(여기서는 상업 시장)만을 중심으로 분석하므로 피해 및 덤핑 마진이 과장될 우려가 있다는 등의 이유로 반덤핑협정 3조, 4조에 위반된다고 주장하였으며 이 조항에 의해 수행된 피해 판정도 협정과 합치되지 않는다고 주장하였다.

---

21) 이 협정에서 "피해"라는 용어는 달리 규정되지 아니하는 한, 국내 산업에 대한 실질적인 피해, 국내 산업에 대한 실질적인 피해의 우려 또는 산업의 확립에 대한 실질적인 지연을 의미하는 것으로 간주되며 이 조의 규정에 따라 해석된다.

22) captive production이란 원자재나 중간재를 생산자 자신의 소요를 위해 생산하는 것을 말한다. 예를 들어 조선소가 선박제작에 사용하기 위해 철판을 생산할 경우가 이에 해당된다.

23) If domestic producers internally transfer significant production of the domestic like product for the production of a downstream Article and sell significant production of the like product in the merchant market, and the Commission finds that –

(i) the domestic like product produced that is internally transferred for processing in other downstream Article does not enter the merchant market for the domestic like product,

(ii) the domestic like product is the predominant material input in the production of that downstream product, and

(iii) the production of the domestic like product sold in the merchant market is not generally used in the production of that downstream article then the Commission, in determining market share and the factors affecting financial performance set forth in clause (iii) [of section 771(7)(c)], shall focus primarily on the merchant market for the domestic like product.

패널은 focus primarily의 의미는 상업 시장을 주로 집중해서 검토하라는 것(concentrate in chief on the merchant market)이고 이러한 specific direction of focus가 반드시 전반적인 피해 분석을 국내 산업 전체를 대상으로 하지 말고 상업 시장에 대해서만 배타적으로 하라는 것은 아니라고 보았다. 또한 관세법의 다른 규정은 피해 분석에 있어 국내 산업 전체에 영향을 미치는 요소를 검토하라고 규정하고 있는 점을 주목하였으며 자체 소요 생산 조항은 국내 산업 전반에 대한 피해 분석을 하는 과정 중 일부 특정한 상황에서 반드시 거쳐야 하는 분석 단계를 의미하는 것이고 주로 집중해야 하는 분야를 적시한 것으로 반덤핑협정 3조, 4조에 위반되지 않는다고 판시하였다. 아울러 자체 소요 생산 조항을 금번 조사에 적용한 것에 대해 패널은 미 무역 위원회의 피해 조사 보고서에 포함된 data를 볼 때 상업 시장을 포함하여 국내 시장 전체에 대한 자료를 포함하고 있으므로, 즉 국내 시장 전체에 대해 피해 분석을 하였으므로 협정 위반이라고 볼 수 없다고 판시하였다.

상소기구는 1930년 관세법 자체 소요 생산 조항의 적법성에 대해서는 패널의 판정을 지지하였으나 동 조항을 금번 사건에 적용한 것에 대해서는 의견을 달리하였다. 상소기구는 3조1항의 해석상 피해 분석은 반드시 국내 시장 전체를 대상으로 하여야 하며 3조4항의 객관적인 조사 의무에 비추어 볼 때 일부 시장을 따로 분석하였다면 동등하고 비교 가능한 방법으로 다른 일부 시장도 상응하게 검토하거나 그것이 어려울 경우 납득할 만한 설명이 있어야 한다고 지적하였다. 따라서 미 무역 위원회의 피해 조사 보고서는 상업 시장 관련 data와 전체시장 관련 data만 있을 뿐 captive market에 대한 조사 및 분석 자료가 없고 또 그에 대한 아무런 설명도 없으므로 미 무역 위원회가 상업 시장을 분석한 것과 동일하게 객관적으로 captive market을 분석하였다고 볼 수 없다고 판단하였다. 미국은 captive market 상황은 전체 시장분석 자료에 포함(subsume)되어 있다고 항변하였으나 자료가 통합되었다는 사실이 그 시장에 대한 별도의 동등한 분석이 없었다는 사실을 감추지는 못한다고 지적하고 따라서 미국은 3조1항과 4항을 위반한 것이라고 판시하였다.

7) 인과 관계 구성의 적법성(반덤핑협정 3조5항)

일본은 미국의 국내 산업 피해 요소로는 덤핑 수입 외에도 소규모 제철소(mini-mill)의 제강 용량 확충, 미국 철강 공급 능력 확대, GM사 파업으로 인한 철강 수요 감소, 製管업계의 열간 압연강 수요 감소, 비덤핑 수입제품의 가격 등 다른 요소가 있었는데에도 미 무역 위원회(ITC)가 이를 충분히 검토하지 않았으며 이들 요소에 의해 발생하는 피해가 덤핑 수입품에 의한 것으로 귀속(attribute)되지 않도록 보장하지 못하였으므로 3조5항[24)]을 위반한 것이라고 주장하였다. 일본은 3조5항의 non-attribution 요건은 다른 피해 가능 요소를 반드시 식별 가능하게(distinguished) 분리하고(separated) 국내 산업에 미치는 영향을 검토하라는 의미라고 주장하였다.

패널은 미국이 제출한 자료를 검토한 결과, 미 무역 위원회가 mini-mill 증가, GM 파업 등은 충분히 고려했다고 보았으며 제관 업계의 열간 압연강 수요 감소는 따로 검토하지는 않았으나 이는 미 무역위가 검토한 열간 압연강 전체 수요 변동의 일부분에 불과하므로 문제될 것이 없다고 보았다. 비덤핑 수입품의 가격과 관련, 패널은 3조5항은 비덤핑 수입품의 양과 가격의 효과에 대해 분석하라고 명시적으로 요구하지는 않고 있으며 단지 덤핑 수입과 같은 시점에 국내 산업에 피해를 줄 것으로 알려진 다른 요소에 대해 검토하라는 것인데 이번 사건의 경우 비덤핑 수입품의 가격이 피해 요소로 알려졌는지 여부에 대해 일본이 입증하지 못하였으므로 訴(*prima facie* case)가 성립이 되지 않는다고 판시하였다.

3조5항의 귀속 금지 요건(non attribution requirement)에 대해 패널은 이 요건은 조사 당국으로 하여금 덤핑 수입과 실질적 피해간의 인과 관계가 알려진 다른 요소에 의해 부정되지 않는지를 확인하라는 의미라고 해석하고 덤핑 수입만이 실질적 피해를 초래한 점을 입증하라는 것은 아니라고 보았으며 미 무역 위원회는 덤핑 수입과 국내 산업이 입은 실질적 피해간의 인과 관계를 적절히 입증하였다고 결론지었다.

상소기구는 패널의 3조5항 해석에 동의하지 않았다. 상소기구는 3조 5항의 non-attribution 요건은 덤핑 수입과 알려진 다른 요소가 동시에 국내 산업에 피해

---

24) 3.5 덤핑 수입품이 제2항 및 제4항에 규정된 바와 같이 덤핑의 효과를 통하여 이 협정이 규정하고 있는 의미의 피해를 초래하고 있다는 사실이 입증되어야 한다. 덤핑 수입품과 국내 산업에 대한 피해간의 인간관계의 입증은 당국에 제시된 모든 관련 증거의 검토에 근거한다. 또한 당국은 같은 시점에서 국내 산업에 피해를 초래하는 덤핑 수입품 이외의 모든 알려진 요소를 검토하며 이러한 다른 요소로 인하여 발생하는 피해는 덤핑 수입품에 의한 것으로 귀속시켜서는 아니된다. 이점에서 관련될 수 있는 요소에는 특히, 덤핑가격으로 판매되지 아니하는 수입품의 수량 및 가격, 수요감소 혹은 소비형태의 변화, 외국생산자와 국내 생산자의 무역 제한적 관행 및 이들간의 경쟁, 기술개발, 국내 산업의 수출 실적 및 상품 생산성의 검토를 통하여 포함된다.

를 초래한 상황에만 적용할 수 있는 것이라고 전제하고 non-attribution 요건을 보장하기 위해서는 조사 당국이 다른 요소에 의한 피해 효과를 적절히 측정하여야 하며 이를 위해서는 각 요소의 피해 효과를 덤핑 수입의 피해 효과로부터 분리하고 식별 가능하게 하는 과정이 필수적이라고 판단하였다. 그러므로 다른 요소 각각에 대해 이러한 측정을 실시하지 않은 미 무역 위원회의 피해 산정은 3조5항에 부합되지 않는다고 판시하였다.

8) GATT X조 3항(a) 위반 여부

이번 덤핑 조사 시 미국은 질문서 송부, 잠정 판정 등 일부 절차를 通常의 경우보다 신속하게 진행하였고 자신의 조치나 판정에 사소한 오류가 발견/지적되었어도 즉시 시정하던 통상의 경우와 달리 나중에 정정한 후 소급 적용하는 방식을 취했다. 미 상무부는 조사 진행 중 심각한 상황에 관한 방침을 일부 수정하고 새로 수정된 방침을 적용하기도 하였다. 일본은 미국의 이와 같은 조치는 국내 법규를 통일되고 불편부당하고 합리적으로 운영하라는 GATT X조 3항(a)호[25]에 위배된다고 주장하였다.

패널은 GATT X조 3항(a)호는 법률, 규정, 결정 등의 전체적인 운영에 관한 것이지 개개의 내용에 대한 것은 아니라고 보았으며 문제가 되는 조치를 특별히 관장하는 WTO 규정이 있을 경우 이 규정을 GATT에 앞서 적용하여야 할 것이라는 *EC-Bananas* 사건 상소기구 판정을 환기하였다. 이에 따라 패널은 일본이 시비한 미국의 다른 조치가 이미 반덤핑협정의 관련 규정과 합치된다고 보았는데 GATT X조 위반 여부를 다시 살펴볼 필요가 있는지 의문이며 일본의 주장 중 상당수는 미 상무부와 무역 위원회의 규정이 달라서 발생한 것인데 패널이 과연 회원국이 국내 규정에 합치되게 행동하였는지를 검토하여야 하는지 역시 의문이라고 보았다. 또한 패널은 GATT X조는 법규의 일반적인 적용에 관한 것인데 이번 사건에 대한 미국의 행위 하나만으로 일률적이고 공정하고 합리적인 법률의 운영이 부족했다는 증거가 될 수 있는지 회의적이라고 보았다.

미국의 조사 조치 개개에 대한 일본의 시비와 관련하여 패널은 미국이 통상의 경우보다 조사를 신속하게 진행하였다고 하나 반덤핑협정상에 규정된 시간 계획은

25) Each contracting party shall administer in a uniform, impartial and reasonable manner all its laws, regulations, decisions and rulings of the kind described in paragraph 1 of this Article

준수하였고 신속히 진행된 절차는 모두 조사 당국에 부담이 되는 것이었지 일본측에 부담이 되는 것은 아니었으며 오류도 미 상무부가 결국 수정하였고 반덤핑협정도 오류를 가장 빠른 시일 내 시정하라고 규정하지는 않고 있다는 점을 환기하였다. 정책의 사소한 수정은 그 자체가 WTO 의무 위반을 구성하지 않으며 WTO 의무와 불합치되지 않는 수정이 GATT X조 위반이 될 수 없다고 판시하였다.

9) 권고 이행 방법 제시 여부(DSU 19조1항)

일본은 패널이 미국에게 위반 사항 시정에 대한 roadmap을 제시하여 줄 것과 패널 결정에 따라 미국이 이 사건을 재검토한 결과가 덤핑 사실의 부재, 국내 피해 불초래, 덤핑 마진의 축소 등이 될 경우 반덤핑 관세 부과 조치를 철회 및/또는 초과 징수분 환불을 지시하여 줄 것을 요청하였으나 패널은 DSU 19조1항[26] 상 패널은 회원국에게 문제가 되는 조치를 대상 협정에 합치시키도록 권고할 뿐이며 권고의 이행 방법을 제시할 수도 있으나 적절한 이행 방법에는 여러 방법이 있을 수 있으므로 이를 1차로 결정하는 것은 미국이라고 판시, 일본의 요청을 받아들이지 않았다.

다. 해설 및 평가

이번 사건에서 패널은 미국의 조치가 GATT X조3항(a)이라는 일본의 주장에 대해 국내 법규의 운영에 관한 것이라고 볼 수 없다는 입장을 취했으나 이는 *US-Sheet/Plate from Korea* 사건 패널이 한국의 유사한 주장이 미국 반덤핑 법규의 운영에 관한 것이라는 점을 인정한 것과는 비교된다. 동 사건에서 패널은 미국의 환율 이중 환산 방식이 이전의 관행에서 벗어난 것이므로 GATT X조3항(a) 위반이라는 한국의 주장에 대해 위반이라고 볼 수 없다고 판단하기는 하였지만 한국의 이의제기가 미국 국내 법규의 운영에 해당한다는 점은 인정하였다. 이 사건 패널이나 *US-Sheet/Plate from Korea* 패널은 공히 국내 관행 상호간의 일관성을 다루는 것이 패널의 의무는 아니라고 소극적인 태도를 보였으나 이는 논란의 여지가

26) 19.1. 패널 또는 상소기구는 조치가 대상 협정에 일치하지 않는다고 결론짓는 경우, 관련 회원국에게 동 조치를 동 대상 협정에 합치시키도록 권고한다. 자신의 권고에 추가하여 패널 또는 상소기구는 관련 회원국이 권고를 이행할 수 있는 방법을 제시할 수 있다.

있는 결정이라고 본다. GATT X조3항(a)에 명시된 uniform, impartial and reasonable 이란 기준은 그 의미 자체가 회원국의 어느 법규가 각각의 경우에 운영되는 상황을 비교하라는 작업을 내포하고 있다고 보아야 할 것이므로 GATT X조3항(a) 위반 여부를 심리하지 못할 이유가 없다고 본다. 그러나 두 사건 패널은 모두 이러한 주장을 검토하지 않는 이유를 소상히 밝히지 않은 채 회원국 내부 법규 적용의 일관성을 검토하는 것까지 패널의 과제는 아니라고만 밝혔다.

조사 당국은 알려진 다른 요소에 의한 피해 효과를 덤핑 피해 효과로부터 분리하고 식별가능하게 해야 한다는 상소기구의 3조5항 해석은 세이프가드협정 4조2항(b)[27]를 같은 취지로 해석한 *US-Wheat Gluten Safeguard* 사건과 *US-Lamb Safeguard* 사건의 패널결정을 따른 것이다. 다른 요소에 의한 피해 효과 검토에 이와 같이 엄격한 기준을 적용한 것은 이후 *US-Line Pipe Safeguards* 사건 상소기구에서도 재확인되었다.

이번 사건의 captive production과 같이 시장의 부분별 분석(market sector analysis)에 대해서 참고할 만한 판례로는 전체 시장 중의 일부를 제외하고 피해분석을 해서는 안 된다고 판시한 *Mexico-HFCS* 사건이 있다. 이 사건에서 멕시코 당국은 가정용 설탕 판매 시장을 제외하고 나머지 국내제당 산업에 대해서 국내 피해 분석을 하였으나 패널은 피해 분석은 국내 시장 전체를 대상으로 하여야 하며 일부 시장만을 기초로 분석하여서는 안된다고 판시하였다. 이번 사건의 captive production에 관한 상소기구 판결은 여기에서 더 나아가 어느 시장 부분을 따로 분석하였다면 다른 시장 부분도 상응하게 검토해야 한다는 것을 분명히 하였다. 이러한 결정은 *US-Cotton Yarn* 사건 패널 및 상소기구에서도 재확인되었다. 이 사건에서 미국 당국이 자체 소요용 combed cotton 수입 물량을 세이프가드 조사 과정에서 배제한 것은 섬유의류협정 6조2항[28] 위반이라고 확인되었다.

---

27) 4.2(b). 조사가 객관적인 증거에 기초하여 관련 상품의 수입 증가와 심각한 피해 또는 피해의 우려간의 인과관계의 존재를 증명하는 경우 이외에는 가호에 언급된 판정이 내려지지 아니한다. 증가된 수입품 이외의 요소가 국내 산업에 동시에 피해를 초래하는 경우에는 이러한 피해가 증가된 수입품의 탓으로 돌려지지 아니한다.

28) 6.2. 긴급 수입 제한 조치는, 회원국의 판정에 근거하여, 특정 상품이 동종 및/또는 직접적 경쟁 관계에 있는 상품을 생산하는 국내 산업에 대하여 심각한 피해 또는 그러한 피해의 실질적인 우려를 야기할 만큼 증가된 수량으로 수입되고 있는 것이 증명될 때, 이 조에 따라 발동될 수 있다. 심각한 피해나 그러한 피해의 현실적인 우려는 반드시 동 상품의 총 수입량의 이와 같이 증가된 물량으로 인한 것임이 증명되어야 하며, 기술의 변화 또는 소비자의 기호변화와 같은 다른 요인에 기인한 것이 아니어야 한다.

12. EC vs. Argentina - Floor Tiles 사건

(DS189, 2001. 11. 5 - 패널)

가. 사건 개요

1998년 9월 아르헨티나는 이탈리아산 세라믹 Floor tile에 대해 덤핑 여부 조사를 공고하였으며 조사는 이탈리아 수출업체의 요청에 따라 전체 수출분의 70%를 차지하는 일부 수출업체를 표본 조사하는 방식으로 진행되었다. 1998년 10월 4개 이탈리아 회사는 조사 질문서에 대한 답변서를 제출하였으나 1999년 3월 아르헨티나 당국은 이 제출 자료를 무시하고 입수 가능한 사실에 기초하여 잠정 관세를 부과하였다. 동일한 자료를 이용하였으므로 4개사에 동일한 잠정 반덤핑 관세가 부과되었다.

1999년 9월 아르헨티나 당국은 수출업체가 제출한 자료를 일부만 인정하고 대부분 입수 가능한 사실에 기초하여 최종 덤핑 판정을 내렸으며 역시 동일한 덤핑 마진이 4개사에 적용되었다.

2000년 6월 EC는 아르헨티나의 반덤핑 관세 부과 조치가 입수 가능한 사실에 기초하여 자의적으로 이루어졌고 가격에 미치는 다양한 요소를 고려하지 않은 채 크기만을 비교하였으므로 공정한 비교가 이루어지지 않았으며 이는 반덤핑협정 2조4항, 6조8항, 9항, 10항 위반이라고 주장, 패널 설치를 요청하였다.

나. 주요 쟁점별 당사자 주장 및 판결 요지

1) 입수 가능한 사실 이용의 적법성(반덤핑협정 6조8항)

아르헨티나 당국은 잠정 판정 시에는 수출자가 제출한 가격 정보 전체를 기각하고 제소자가 제출한 가격표, 送狀 가격표를 기초로 자신이 계산한 평균 국내 가격을 정상 가격으로 사용하였으며 수출 가격은 수입 통계상의 단가를 이용하였다. 그리고 최종 판정 시에는 문제가 된 floor tile을 크기를 기준으로 3 부류로 나눈 후 각각에 대해 덤핑 마진을 산정하였다. 덤핑 마진은 아르헨티나 조사 당국이 자체적으로 산출한 국내 가격을 이용한 것과 이탈리아 수출업체가 제출한 가격 등을 토대로 한 국내 가격을 이용한 것 2가지를 각 부류별로 계산하였다. 즉, 수출 가격은 수입 통계상의 평균 단가를 2가지 덤핑 마진에 모두 적용하였고 정상 가격을 한번은 잠정 판정 시처럼 제소자가 제출한 가격표, 送狀 가격표를 기초로 자신이 계산한 평균 국내 가격을 이용하였고, 한번은 가격표, 송장 가격표와 이탈리아 수출업체가 제출한 가격 정보를 기초로 산출한 국내 평균 가격을 이용하였다. 이탈리아 수출업체가 제출한 가격 정보가 고려된 비중은 약 30% 정도에 불과하였다.

EC는 이탈리아 수출업체가 가격 정보를 제공하였는데도 합리적인 설명도 없이 이를 이용하지 않고 다른 정보를 사용한 것은 반덤핑협정 6조8항[1)]과 부속서 2를 위반한 것이라고 주장하였다. 아르헨티나는 입수 가능한 사실을 이용한 것은 i) 수출업자가 비밀 정보의 요약 공개본을 충분히 제공하지 않았고, ii) 추가로 요청한 보충 정보도 제출치 않았으며, iii) 제출 자료(통계)를 스페인어로 제대로 번역하지 않았고 미 달러화 환산도 하지 않은데다, iv) 합리적인 기간 내에 자료를 제출하지도 않았기 때문이라고 반박하였다.

패널은 부속서 2의 6조[2)]상 당사자가 제공한 정보를 받아들일 수 없는 경우

---

1) 6.8 이해 당사자가 합리적인 기간 내에 필요한 정보에의 접근을 거부하거나 달리 동 정보를 제공하지 아니하는 경우 또는 조사를 중대하게 방해하는 경우, 입수 가능한 사실에 기초하여 긍정적 또는 부정적인 예비 및 최종 판정이 내려질 수 있다. 이 항의 적용에 있어서 부속서 2의 규정이 준수된다.

2) 6. 증거 또는 정보가 받아들여지지 않는 경우, 정보를 제공한 당사자는 즉시 그 이유를 통보받아야 하며 합리적인 기간 내에 추가 설명을 할 수 있는 기회가 주어져야 한다. 이 경우 조사 시한이 적절히 고려된다. 당국이 이러한 설명을 만족스럽지 못한 것으로 간주하는 경우 이러한

그 이유를 즉시 통보하여 추가 설명을 할 수 있는 기회를 부여해야 하는데 아르헨티나 당국이 그와 같은 조치를 취하지 않은 점이 인정된다고 판단하였다. 또한 당사자가 제공한 정보를 인정하지 못하는 이유는 공표되는 판정에 포함되어야 하나 아르헨티나의 최종 판정문에는 이를 찾아 볼 수 없으므로 아르헨티나 당국이 사실 관계를 적절하게 확립하였고 공평하고 객관적으로 평가하였다고 볼 수 없다고 판시하였다.

아울러 아르헨티나가 주장한 4가지 항변에 대해서는 타당성 여부를 검토하여 볼 것도 없겠으나 완전을 기한다는 의미에서 검토하여 보니 4가지 항변 모두 근거 없다고 결론지었다. 즉 i) 요약 공개본 미제출과 관련해서는 아르헨티나 주장대로라면 덤핑 산정에 충분한 정도의 요약 공개본이 제출되지 않는다면 비밀 정보를 토대로 덤핑결정을 내릴 수 없다는 의미가 되는데 정본을 놓아두고 요약본을 이용하라는 것은 사리에도 맞지 않으며 반덤핑협정 6조5항과 부합되지 않는다고 설명하였다. 패널은 비밀 정보의 공개를 금지하고 있는 6조5항[3]은 비밀 정보를 기초로 조사 당국이 덤핑 판정에 관한 결정을 내릴 수 있다는 의미이며 *Thailand-Steel* 사건 상소기구도 반덤핑협정 3조1항 어느 문구도 피해 결정은 반드시 공개 가능 정보(non confidential information)에 기초해야 한다고 요구하지 않는다고 판결하였음을 환기하였다. 아울러 반덤핑협정 6조5항(1)호[4]를 요약 공개본이 덤핑 마진을 산정하는 데 충분하지 못하다는 이유로 비밀 정보를 무시하라고 해석할 수도 없다고 하였다. ii) 보충 자료의 부실 제출과 관련, 패널은 모든 이해 당사자는 당국이 요구하는 정보에 대해 통보받는다는 6조1항[5]의 규정에 비추어 볼 때 정보 제공 요청은 명확하여야 하며 이는 부속서 2의 1조[6]의 내용으로 볼

증거 또는 정보를 받아들이지 못하는 이유는 모든 공표된 판정에서 밝혀져야 한다.

3) 6.5 성격상 비밀인 정보 (예를 들어 누설될 경우 경쟁자에게 중대한 경쟁상 이익이 되거나 정보 제공자 또는 그 정보의 취득원이 된 자에게 중대하게 불리한 영향을 미칠 것으로 예상되는 정보) 또는 조사의 당사자가 비밀로서 제공하는 정보는 정당한 사유가 제시되는 경우 당국에 의해 비밀로 취급된다. 이러한 정보는 정보를 제출하는 당사자의 명시적인 허가없이는 아니된다.

4) 6.5.1 당국은 비밀 정보를 제공한 이해 당사자에 대해서 이러한 정보의 평문요약문을 제공토록 요청한다. 이러한 요약문은 비밀로서 제출된 정보의 내용에 대한 합리적인 이해가 가능할 수 있을 정도로 충분히 상세하여야 한다. 예외적인 경우 당사자는 이러한 정보가 요약이 가능하지 않다는 것을 표명할 수 있다. 이러한 예외적인 상황에서는 요약이 가능하지 않은 이유에 대한 진술이 제공되어야 한다.

5) 6.1 반덤핑 조사와 관련한 모든 이해 당사자는 당국이 요구하는 정보에 대하여 통보받으며 당해 조사와 관련이 있다고 그들이 간주하는 모든 증거를 서면으로 제출할 수 있는 충분한 기회가 주어진다.

때도 명확하다고 하였다. 이번 사건의 사실 관계를 검토한 결과 아르헨티나의 보충 자료 요청은 매우 모호하고 일반적인 내용으로 되어 있고 보충 자료를 내라는 것인지 기존 제출된 비밀 자료의 비밀 분류를 해제하여 달라는 것인지 확실치가 않았다고 확인하였다. iii) 자료의 번역 및 환산과 관련, 패널은 사실 관계를 조사해보니 1개 회사가 거래 자료를 미 달러화로 환산하여 제출치 않고 대신 이탈리아 리라화와 미 달러화간 환산율을 첨부하여 제공하였고 3개 회사의 대차대조표 일부가 스페인어로 번역되지 않았다는 정도인데 이 정도 사안이 6조8항상 입수 가능한 사실 이용요건에 해당되는 정보접근 거부나 조사의 중대한 방해에 속한다고 볼 수 없다고 확인하였다. iv) 자료 지연 제출 주장에 대해서 패널은 1차 자료는 모두 기한 내 제출되었고 지연 제출된 것은 추가 자료일 뿐이며 그것도 수출자가 제출 시한 연장을 수차 요청한 것이므로 문제되지 않는다고 보았다.

2) 개별 덤핑 마진 불산정 사유의 적법성 여부(반덤핑협정 6조 10항)

아르헨티나가 이탈리아 4개 업체에 대해 동일한 덤핑 마진을 적용한데 대해 EC는 수출자 각각에 대해 개별적인 덤핑 마진을 산정하라는 6조10항[7] 위반이라고 주장하였다. 아르헨티나는 제출된 자료의 신빙성이 없었고 일부 업체는 판매 정보를 제공치 않아서 개별 마진 산정이 어려웠다고 항변하였다.

패널은 6조10항의 수출자 각각에 대해 개별적인 덤핑 마진을 산정하라는 원칙은 표본 기업 개개에 대해서도 적용되는 것이며 조사 대상 기업을 제한할 수 있다는 문구가 이러한 일반 원칙에서의 逸脫을 정당화하는 것은 아니라고 보았다. 아르헨티나의 개별 마진 산정 不可 사유에 대해 패널은 아르헨티나의 최종 판정문에 이에 대한 설명이 일체 언급되어 있지 않으며 이는 아르헨티나가 객관적이고 공평한 사실 평가를 수행하지 못하였다는 충분한 근거가 된다고 지적하

---

6) 1. 조사 개시후 가능한 한 조속히 조사 당국은 모든 이해 당사자로부터 요청되는 정보와 이해 당사자가 회신시 이러한 정보를 구성하는 방법을 상세히 명시하여야 한다. 또한 당국은 합리적인 기간 내에 정보가 제공되지 못할 경우 국내 산업에 의한 조사 개시 신청서에 들어 있는 내용들을 포함, 입수 가능한 사실을 근거로 당국이 자유로이 판정을 내릴 수 있다는 사실을 당사자가 알도록 보장하여야 한다.

7) 6.10 당국은 일반적으로 조사 대상 상품의 알려진 관련 수출자 또는 생산자 각각에 대해 개별적인 덤핑 마진을 결정한다. 관련된 수출자, 생산자, 수입자, 또는 관련 상품의 유형의 수가 너무 많아 이러한 결정이 불가능할 경우 당국은 그 선정시 당국에 이용 가능한 정보를 기초로 통계적으로 유효한 표본을 사용하여 검사를 이해 당사자 또는 상품의 합리적인 수로 제한하거나 또는 합리적으로 조사 될 수 있는 당해 국가로부터의 수출량의 가장 큰 비율로 제한할 수 있다.

였다. 따라서 패널은 아르헨티나가 협정 6조10항을 위반하였다고 판시하였다.

3) 공정한 비교 여부(반덤핑협정 2조4항)

아르헨티나 당국은 floor tile을 크기별로 3분하고 덤핑 마진을 크기만을 기준으로 산정하였다. EC는 타일의 가격을 결정하는 색상, 도안 등 다른 요소를 합당하게 고려하지 않은 아르헨티나의 조치는 협정 2조4항의 공정한 비교 의무 위반이라고 주장하였으나 아르헨티나는 색상, 도안의 종류가 방대하여 모두 비교하는 것은 불가능하며 모든 타일에 적용되며 가장 눈에 띄는 크기를 기준으로 한 비교한 것은 공정한 비교에 해당한다고 반박하였다.

패널은 아르헨티나의 제출 자료를 볼 때 타일의 가격이 비단 크기뿐 아니라 색상, 강도, 도안, 광택 정도 등에 따라 큰 차이가 난다는 점, 따라서 작은 타일의 가격이 큰 타일보다 높을 수 있다는 점 등을 아르헨티나 당국도 충분히 인식한 점이 확실한데도 불구하고 크기만을 기준으로 덤핑 마진을 산정한 것은 가격 비교에 영향을 미치는 차이점들에 대해서 각각의 경우에 그 내용에 따라(in each case on its merits) 적절히 고려하라는 2조4항의 규정을 준수하지 못한 것이라고 판단하였다. 패널은 특히 '각각의 경우에 그 내용에 따라서'라는 것은 가격 비교성(price comparability)을 유지하고 정상 가격과 수출 가격간의 공정한 비교를 위해 보정 조치(adjustment)가 필요하지는 않은지 살펴보기 위해 조사 당국은 적어도 밝혀진 물리적 특성상의 차이를 반드시 평가해야 한다는 의미[8]라고 정리하였다.

4) 핵심적 고려 사항의 적정 통보 여부(반덤핑협정 6조9항)

EC는 아르헨티나가 반덤핑 관세 부과 최종 판정의 근거가 되는 핵심적 고려 사항을 통보하지 않았으므로 협정 6조9항을 위배하였다고 주장하였다. 아르헨티나는 이탈리아 수출업체에게 덤핑 조사 공식 기록 일체를 보여주었으며 거기에는 덤핑 판정을 하게 된 모든 근거가 포함되어 있었다고 항변하였고 설사 명시적

8) *In each case on its merits* means at a minimum that the authority has to evaluate identified differences in physical characteristics to see whether an adjustment is required to maintain price comparability and to ensure a fair comparison between normal value and export price under Article 2.4 of the AD Agreement.
패널 보고서 WT/DS189/R para. 6.113

으로 통보하지 않은 것이 6조9항 위반 사항에 해당된다 해도 害가 없는 오류에 불과한 수준이라고 주장하였다.

패널은 우선 6조9항이 조항이 비록 핵심적 고려 사항을 공개하는 구체적인 방법에 대해서는 언급하고 있지 않지만 핵심적 고려 사항은 반드시 이해 당사자가 자신의 이익을 방어, 예를 들면 고려중인 핵심 사항에 대해 의견을 표명할 수 있는 방식으로 공개되어야 한다고 해석하였다. 그러나 이번 사건의 기록을 살펴보면 아르헨티나 당국이 조사 기록 일체를 이탈리아 수출업체에게 공개한 것은 인정되나 이탈리아 수출업체가 제출한 자료가 아니라 제소사들이 제출한 가격 정보에 근거하여 덤핑 판정을 내리겠다는 점이 설명된 바 없고 조사 기록에는 수출업체와 제소사가 제출 자료가 복잡하게 나열되어 있을 뿐이어서 이 기록만 보고는 수출업체는 아르헨티나 당국이 자신들이 제출한 자료가 아니라 제소사들의 자료를 토대로 최종 판정을 내릴 것이라는 점을 알 수 없었을 것이라고 판단하였다. 따라서 아르헨티나는 6조9항의 의무를 다하지 못하였다고 판시하였다.

다. 해설 및 평가

6조9항 핵심적 고려 사항에 대한 패널의 판정으로 볼 때 조사 당국에게는 제출된 정보, 조사 기록상의 사실 중의 어느 부분이 최종 판정의 실질적인 근거가 될 것인지를 이해 당사자에게 통보해야 하는 적극적인 의무가 있다고 할 수 있다. 이는 조사 당국이 이용할 수 있는 수많은 정보 중 어느 것을 판정의 근거로 선택할 것임을 알리는 것이므로 간접적으로 자신의 결정의 논리(rationale)를 통보하라는 의미로 해석될 수 있다.

6조9항을 이러한 방식으로 해석할 수 있는가에 대해서는 의문의 여지가 있을 수 있다. 문제가 되는 문구는 essential facts under consideration that form the basis for the decision인데 이 중 전반부를 중시하면 조사 당국이 고려하고 있는 essential facts 전부를 통보하면 되는 것으로 해석될 수 있고 후반부 that form the basis for the decision에 중점을 두면 이 사건 패널의 결정과 같이 조사 당국이 어느 범주의 사실을 주로 참고하여 판정할 것임을 알려야 하는 것으로 해석할 수 있다. 역시 핵심적 고려 사항이 쟁점이 된 *Guatemala-Cement II* 사건에서 패널은 6조9항을 이번 사건 패널의 해석과 유사하게 이해하여 조사와 관련된 일체의 기록에 대해 수출업체의 접근을 보장했다고 해서 6조9항의 의무를 다한 것은 아니라고 판시하였다.

6조9항에 대한 패널의 해석이 올바른 것으로 동의한다 해도 다른 주장이 제기될 수 있다. *Guatemala-Cement II* 사건에서 과테말라 당국은 핵심적 사항은 잠정 판정에서 공개되었다고 주장하였으나 패널은 잠정 판정의 근거가 되는 정보는 확정 판정의 근거가 되는 정보와는 범위와 성격 자체가 다르고(잠정 판정은 피해의 우려, 최종 판정은 실질적 피해), 확정 판정의 정보는 대부분 잠정 판정 후 수집된 것이므로 잠정 판정에서 핵심적 고려 사항을 고려했다고 해서 최종 판정 시 핵심적 고려 사항을 명시적으로 통보하지 않은 것이 정당화될 수 없다고 판정한 바 있다. *Guatemala-Cement II* 사건에서는 잠정 판정과 확정 판정의 정보가 서로 달랐던 것인데 이는 곧 같은 정보를 이용했다면 잠정 판정을 핵심적 고려 사항을 공개한 것으로 가름할 수도 있는 것이라고 주장할 수도 있을 것이다.

이번 사건이 바로 그러한 경우인데 잠정 판정 시 아르헨티나 당국은 제소사가 제공한 가격 정보만을 가지고 결정하였으며 최종 판정 시에는 역시 제소사 제공 정보에 절대적으로 의존하였고 수출자가 제공한 정보는 일부만 고려하였다. 결국 잠정 판정과 최종 판정의 근거가 되는 정보는 *Guatemala-Cement II* 사건과 달리 내용과 범위가 매우 유사하였으므로 이 사건 패널이 최종 판정의 핵심적 고려 사항의 공개 요건으로서 잠정 판정의 효력을 부인한 것은 논란의 소지가 있을 수 있다.

13. India vs. US - India Steel Plate 사건

(DS206, 2002. 7. 29 - 패널)

가. 사건 개요

이 사건은 인도산 철강 厚板에 대해 미국이 반덤핑 관세를 부과한 것에 대해 인도가 제소한 사건이다. 미국 상무부는 1999년 3월 인도를 비롯한 일부 국가의 철강 후판에 대해 덤핑 조사를 개시하였으며 조사 대상이 된 印度 회사는 Steel Authority of India Ltd(이하 SAIL)사였다. 미 상무부는 1999년 7월 SAIL사에 대해 58.5%의 덤핑 마진이 있다고 잠정 판정을 내렸다. 인도는 가격 인상 약속(price undertaking)을 제안하여 양국간 교섭이 진행되기도 하였으나 합의에 이르지 못하였으며 미국은 1999년 12월 덤핑 마진을 72.49%로 최종 판정하고 2000년 2월 반덤핑 관세 부과 조치를 발동하였다. 미국은 SAIL사가 최선의 협조를 다해 정보를 제출하지 않았으며 다수 자료가 누락되거나 제출된 자료도 오류가 심해서 제출자료 전체를 신뢰할 수가 없어 부득이 SAIL사 제출 자료 일체를 기각하고 대신 입수 가능한 사실에 전적으로 기초하여 덤핑 마진을 계산하였다고 설명하였다.

인도는 미국이 SAIL사가 제공한 정보를 무시하고 입수 가능한 사실에 전적으로 기초한 것은 반덤핑협정 6조8항 위반이며 입수 가능한 사실을 이용할 수 있도록 규정한 미국 관세법의 관련 규정도 반덤핑협정에 부합되지 않는다고 주장하고 2001년 6월 패널 설치를 요청하였다.

패널은 적법하게 제출된 자료를 무시한 미국의 조치는 협정 위반이라고 보았으나 관련 미 국내법 자체도 반덤핑협정에 부합되지 않는다는 인도의 주장은 받아들이지 않았다.

나. 주요 쟁점별 당사자 주장 및 판결 요지

1) 입수 가능한 사실의 이용의 적법성(반덤핑협정 6조8항, 부속서 2의 3조)

인도는 미국이 SAIL가 제출한 미국 내 판매 가격 정보 일체를 기각하고 입수 가능한 사실을 이용한 것은 6조8항[1] 및 부속서 2의 3조[2] 위반이라고 주장하였다. 인도는 SAIL사가 일부 자료(cost data)는 제출하지 않았으므로 이 정보 대신 미국이 입수 가능한 사실을 이용하는 것에 대해서는 시비하지 않겠으나 부속서 2의 3조 요건대로 검증 가능하고 어려움 없이 조사에 이용할 수 있도록 적시에 제출된 다른 자료(price data)도 모두 기각한 것은 분명히 협정 위반이라고 강조하였다. 인도는 또한 제출된 정보가 부속서 2의 3조 요건을 일부 충족하지 못하였다 하더라도 부속서 2의 5조[3] 규정에 비추어 능력에 따라 최선을 다해 제공된 것이라면 무시하여서는 안된다고 주장하였다.

미국은 SAIL사가 제출치 않은 정보는 기제출 자료를 검토하는 데 필수적인 것이었으며 그 자료가 제출되지 않음으로 해서 기제출 자료가 무의미 해졌고 기제출 자료에 포함된 오류 역시 심각한 것이어서 자료 전체의 신빙성을 의심할 수밖에 없었다고 설명하였다. 미국은 6조8항은 필요한 정보가 일부라도 제공되지 않을 경우 조사 당국은 판정을 전체적으로 입수 가능한 사실에 기초할 수 있다는 의미라고 주장하였다(즉 적절하게 제공된 기타 정보도 무시 가능). 인도는 필요한 정보란 판정에 소요되는 여러 종류의 정보를 포괄하는 것으로서 어느 한 요소에

1) 6.8 이해 당사자가 합리적인 기간 내에 필요한 정보에의 접근을 거부하거나 달리 동 정보를 제공하지 아니하는 경우 또는 조사를 중대하게 방해하는 경우, 입수 가능한 사실에 기초하여 긍정적 또는 부정적인 예비 및 최종 판정이 내려질 수 있다. 이 항의 적용에 있어서 부속서 2의 규정이 준수된다.

2) 3. 검증 가능하며 부당한 어려움이 없이 조사에 이용될 수 있도록 적절하게 제출되고 적시에 제공되었으며, 적용이 가능한 경우, 당국이 요청하는 특정 매체 또는 컴퓨터 언어로 제출된 정보는 판정이 내려질 때 고려되어야 한다. 이해 당사자가 선호되는 매체 또는 컴퓨터 언어로 응답하지 아니한 경우에도 당국이 제2항에 규정되어 있는 상황이 충족된다고 판단하면 선호되는 매체나 컴퓨터 언어로 응답하지 아니한 것이 조사를 중대하게 방해하는 것으로 간주되어서는 아니된다.

3) 5. 이해 당사자가 능력에 따라 최선을 다하였다면 비록 제공되는 정보가 모든 면에서 이상적이지 아니하더라도 이것은 당국이 이를 무시하는 것을 정당화하여서는 아니된다.

관한 정보가 없다고 하여 나머지 정보를 모두 무시할 수는 없다고 반박하였다.

패널은 부속서 2의 3조는 조사 당국이 이용해야 하는 정보의 요건을 적시한 강행규정으로서 조사 당국은 정보가 이 요건에 맞게, 즉 검증 가능하며 부당한 어려움이 없이 이용될 수 있고 적절하게 적시에 제출되었으면 이를 반드시 이용해야 한다고 보았다. 패널은 조사 당국이 당사자가 제출한 정보가 부속서 2의 3조 요건에 맞는지 하나 하나 검토할 것까지는 없으나 적어도 기각하는 정보에 대해서는 동 요건을 충족하는지는 검토하여야 한다고 보았다. 정보란 상호 연관되어 있는 것이므로 한 종류의 정보를 제공하지 않을 경우 요건을 충족하는 다른 정보도 인정할 수 없는 결과(ramification)를 야기할 가능성도 인정하였으나 미국처럼 그렇다고 모든 정보 일체를 무시하는 것이 용인되는 것은 아니라고 밝혔다. 패널은 미국이 주장하는 대로 미제출정보가 기제출 정보의 사용 가능성(usability)을 부인할 수도 있는 점은 일부 인정하였으나 그 경우 기제출 자료를 인정할 수 없는 상세한 설명이 당사자에게 제공되어야 할 것이라고 언급하였으며 미국의 최종 판정문에는 관련 설명이 일체 포함되어 있지 않은 점을 지적하였다.[4)]

패널은 부속서 2의 5조에 규정된 최선의 능력 기준과 관련, 인도의 주장은 조사 당국에게 지나친 부담을 지우는 것이라고 언급하고 동 조항은 부속서 2의 3조 요건은 충족하였으나 완전하지 못한 정보를 무시해서는 안 된다는 의미[5)]로 해석해야 할 것이라고 정리하였다.

2) 미국 관세법의 반덤핑협정 합치 여부

미국 1930년 관세법 776조와 782조 (d), (e)는 반덤핑 6조8항 및 부속서 2와 같이 조사 당국이 입수 가능한 사실을 이용할 수 있는 요건, 당사자가 제출한 정보의 인정 요건 등에 관해 규정하고 있다. 776조[6)]는 이해 당사자가 조사 당국이 요

---

4) 미국은 비용정보없이 SAIL사가 제공한 가격정보만으로는 미국내 판매상품과 인도내 판매상품을 상호 공정하게 비교할 수 없고 공정한 비교를 위한 물리적 차이의 보정(adjustment)도 시행할 수 없으며 따라서 신뢰할 만한 덤핑 마진 자체를 산정할 수도 없으므로 비용정보 없는 가격정보는 무의미하고 사용가능하지 않다고 주장하였다. 그러나 이러한 주장은 최종 판정문에 기재되지 않았고 심리 과정 중 패널에 제공된 것이었다.

5) Paragraph 5 can be understood to highlight that information that satisfies the requirements of paragraph 3, but which is not perfect, must nonetheless not be disregarded.

6) Section 776 – DETERMINATIONS ON THE BASIS OF THE FACTS AVAILABLE.
(a) IN GENERAL. – If –
(1) necessary information is not available on the record, or

청한 정보를 제출치 않거나, 제출 시한을 준수하지 않거나 조사를 방해하거나, 제출된 정보가 검증할 수 없는 것이면 입수 가능한 사실을 이용할 수 있다고 규정하고 있다. 782조(d)[7]는 입수 가능한 사실에만 의존하여 판정할 수 있는 상황을 규정한 것으로 조사 당국은 접수받은 정보가 부실한 내용을 당사자에 통보하고 보완할 수 있는 시한을 제공하여야 하나 재제출된 정보가 만족스럽지 못하거나 보충 정보가 재제출되지 않을 경우에는 기제출 또는 추가 제출된 정보 전부 또는 일부를 기각할 수 있다고 되어 있다. 782조(e)[8]는 만약 당사자가 제출한 정보가

---

(2) an interested party or any other person-

(A) withholds information that has been requested by the administering authority or the Commission under this title,

(B) fails to provide such information by the deadlines for submission of the information or in the form and manner requested, subject to subsections (c)(1) and (e) of Section 782,

(C) significantly impedes a proceeding under this title, or

(D) provides such information but the information cannot be verified as provided in Section 782(i), the administering authority and the Commission shall, subject to Section 782(d), use the facts otherwise available in reaching the applicable determination under this title.

7) Section 782 – CONDUCT OF INVESTIGATIONS AND ADMINISTRATIVE REVIEWS.

(d) DEFICIENT SUBMISSIONS. – If the administering authority or the Commission determines that a response to a request for information under this title does not comply with the request, the administering authority or the Commission (as the case may be) shall promptly inform the person submitting the response of the nature of the deficiency and shall, to the extent practicable provide that person with an opportunity to remedy or explain the deficiency in light of the time-limits established for the completion of the investigations or reviews under this title. If that person submits further information in response to such deficiency and either –

(1) the administering authority or the Commission (as the case may be) finds that such response is not satisfactory, or

(2) such response is not submitted within the applicable time limits, then the administering authority or the Commission (as the case may be) may, subject to subsection (e), disregard all or part of the original and subsequent responses.

8) (e) USE OF CERTAIN INFORMATION. – In reaching a determination under Section 703, 705, 733, 735, 751, or 753 [preliminary and final determinations, administrative review of determinations, and special rules for injury investigations for certain section 303 countervailing duty orders and investigations] the administering authority and the Commission shall not decline to consider information that is submitted by an interested party and is necessary to the determination but does not meet all the applicable requirements established by the administering authority or the Commission, if –

(1) the information is submitted by the deadline established for its submission,

(2) the information can be verified,

(3) the information is not so incomplete that it cannot serve as a reliable basis for reaching the applicable determination,

시한 내 제출되었거나, 검증 가능하거나, 완전히 부실하지 않거나, 당사자가 최선의 능력을 다해 제공한 것이거나, 부당한 어려움 없이 이용 가능하다면 조사 당국은 당사자가 제출한 것으로서 판정에 필요하나 정보가 갖추어야 할 요건을 모두 충족하지는 않는 정보를 무시해서는 안 된다고 규정하고 있다.

인도는 상기 조항이 미국 당국으로 하여금 입수 가능한 정보만을 이용하게 하는 의무를 지우고 있으며 이는 WTO 의무에 합치되지 않는 행위를 강제하는 것이므로 법규 자체가 WTO 협정과 부합되지 않고, 부속서 2의 3조에 규정된 고려 대상 정보의 요건 외에 추가적인 요건을 요구하고 있다고 주장하였다.

패널은 776조(a)는 반덤핑협정 6조8항과 부속서 2와 같은 상황에서는 조사 당국이 입수 가능한 사실을 대신 이용하라는 규정으로서 동 조항과 부합되지 않을 것이 없고 782조(d)는 may 動詞를 사용한 문안으로 볼 때 강행 법규가 아니라 (법규 자체의 WTO 협정 위반을 따질 수 없는) 재량 법규라고 확인하였다. 아울러 미국 당국과 사법부가 동 규정들을 집행, 해석한 관행을 분석하여 볼 때 동 규정이 당국의 재량에 따라 운용된 점이 확실하다고 판시, 인도의 주장을 기각하였다.

3) 개발도상국에 대한 특별 고려의 법적 의무 여부(반덤핑협정 15조)

인도는 미국이 개발도상국인 인도의 상황을 특별히 고려하지도 않았고 건설적인 구제 가능성을 강구(explore)하지도 않았으며 이는 반덤핑협정 15조[9]를 위반한 것이라고 주장하였다. 인도는 15조는 개별 상황에 따라 특별 고려의 범위와 내용은 달라질 수 있어도 특별 고려 자체는 반드시 해야 한다는 강행규정이라고 주장하였다.

패널은 취해야 할 조치에 대해서 특정한 요건을 명시하고 있지 않으므로 15조는 회원국에게 특정한 또는 포괄적인 의무를 부여하는 조항은 아니라고 판시하였다. 또한 패널은 이 조항은 반덤핑 조치의 적용에 관한 것으로서 반덤핑 관

---

(4) the interested party has demonstrated that it acted to the best of its ability in providing the information and meeting the requirements established by the administering authority or the Commission with respect to the information, and

(5) the information can be used without undue difficulties.

9) 이 협정에 따라 반덤핑 조치의 적용을 고려할 때 개발도상회원국의 특별한 상황에 대해서 선진국회원국의 특별한 고려가 있어야 한다는 것이 인정된다. 반덤핑 관세의 적용이 개발도상회원국의 본질적 이익에 영향을 미치게 될 경우, 반덤핑 관세를 적용하기 이전에 이 협정에 규정된 건설적인 구제의 가능성이 강구된다.

세 확정 부과 여부에 관한 최종 결정에 적용되는 것이지 조사 절차나 방법의 선택 등 중간 과정에 적용할 것은 아니라고 확인하였다. 건설적 구제 가능성의 강구에 대해 패널은 우선 이 구절은 (조사 당국이 이용하고 있는 것 이외의) 다른 조사 방법이나 덤핑 마진 산정 방법을 고려해야 하는 의무를 부과하는 것은 아니라고 해석하였다. 패널은 이어 강구(explore)란 조사(investigate), 심사(examine), 검사(scrutinize)와 같이 과정에 대한 개념이지 반드시 특정한 결과를 요구하는 것은 아니라고 정리하였다. 따라서 이 사건의 경우 가격 인상 약속에 대한 양자 협의 등이 있었으므로 비록 특정한 건설적인 구제 조치가 채택되지는 않았다 하더라도 그 가능성은 강구된 것이라고 판시하였다.

다. 해설 및 평가

이 판례는 입수 가능한 사실의 전적인 이용에 관한 지침을 제시한 점이 주목된다. 피조사자가 제출한 정보 일부가 부적절한 것으로 기각되었을 경우 조사 당국이 나머지 정보도 무시하고 입수 가능한 사실에만 의거하여 판정할 수 있는가 하는 문제이다. 근거 규정인 반덤핑협정 6조8항은 필요한 정보의 접근을 거부하거나 제공하지 않을 경우 입수 가능한 사실에 기초하여 판정할 수 있다고만 규정하고 있어 위와 같은 상황에 대해 분명한 지침을 제시하지 못하고 있다. 이에 패널은 부속서 2의 3조에 근거하여 조사 당국은 제출된 정보가 일정한 요건을 충족할 경우 이를 반드시 이용하여야 한다고 결론지었다. 조사 당국이 자의적으로 조사 대상 업체가 제공한 정보를 취사선택할 수 없도록 제한한 것으로서 이와 같이 조사 당국의 재량을 제한하는 판결은 조사 당국의 권한 남용 소지를 축소하고 조사 대상 기업의 권한을 보장하는 방향으로 반덤핑 관련 협정이 발전되어 온 관행과 궤를 같이 하는 것이다. 그러나 제출된 정보가 요건을 충족하기는 하나 이를 사용하기 위해서 반드시 필요한 다른 정보가 제출되지 않은 경우, 따라서 제출된 정보의 사용가능성이 심하게 훼손된 경우의 처리 방향에 대해서 패널은 확실한 지침을 밝히지는 않았다. 패널도 정보가 상호 긴밀하게 연결되어 있어서 다른 정보와 연계하여 분석하는 것이 필요한 경우가 있다는 점, 어느 정보의 불제공은 단순히 조각그림 맞추기에서 일부 조각이 누락된 것으로 끝나는 것이 아니라 다른 결과를 초래할 수 있다는 점을 인정하기는 하였다. SAIL사의 비용 정보가 없이 가격 정보만으로는 의미 있는 덤핑 마진을 산정할 수가 없다는 미국의 주장은 수긍이 가는 것이므로 앞으로 유사한 사례가 재발할 가능성도 많이 있을 것이다. 패널은 미국의 주장 자체를 배척하지는 않았으나 그러한 주장이 최종 판정에 나타나 있지 않은 점, 따라서 인도가 적절하게 대응할 수 있는 기회(자료의 추가 제공 또는 반박 논리 모색)를 제공받지 못한 점을 지적하였다.

반덤핑 분쟁에 관한 흔히 찾아볼 수 있는 패널의 관행 중의 하나는 조사 당국이 조사 대상 기업에게 반박하고 대응할 수 있는 충분한 기회를 부여하였는가를 중시한다는 것이다. 이러한 관행 역시 반덤핑 관세 부과가 회원국 정부에 의해 남용되어 왔고 정부에 비해 조사 대상 기업은 약자이며 약자의 권한을 보다 포괄적이고 꼼꼼하게 보장함으로써 조사 당국의 권한 남용을 방지하려는 반덤핑협정의 기본 인식이 투영된 것이다.

14. Canada vs. US - Section 129 사건

(DS221, 2002. 8. 30. - 패널)

가. 사건 개요

미국 상무부는 덤핑 여부(상계 관세의 경우 보조금 수혜 여부)를 결정하고 무역 위원회는 이로 인한 국내 산업의 피해 여부를 결정한다. 무역 위원회의 피해 판정이 있은 후 미 상무부는 관세청에 반덤핑 관세 징수 명령을 내리는 데 미 관세청은 先징수 後정산 방식(retrospective duty assessment)을 취하고 있다. 즉 관세 징수 대상 상품의 수입분에 대해 우선 추정 세율을 근거로 현금을 예치토록 한 후 매년 연례 재심(administer review)시 관세율을 확정하여, 초과분은 이자와 함께 환급하여 주고 미달분은 추가로 추징하는 방식이다. 연례 재심은 수입자나 수출자의 요청에 의해 상무부가 주관하는 것으로 旣도입 물량에 대한 관세 정산 외에 향후 도입될 물량에 적용될 현금 예치율(cash rate)도 결정하며 현금 예치분에 대한 정산은 다음해 연례 재심 시 실시된다. 이 방식은 비단 반덤핑 관세뿐 아니라 상계 관세 징수 시에도 적용된다. 현금 예치 후 통관은 되었으나 반덤핑 관세 정산이 이루어지지는 않은 수입품을 비정산(unliquidated) 되었다고 한다.

미국의 UR 협정 이행법(Uruguay Round Agreement Act: URAA) 129조는 미국의 반덤핑 관세 부과 조치(또는 상계 관세 부과 조치 및 긴급 수입 제한 조치)가 WTO 패널(상소심) 심리 결과 WTO 협정에 합치되지 않는 것으로 판결이 났을 경우 미 행정부가 취해야 할 조치에 대해 규정하고 있다. 즉 129조 a항[1]과 b항[2]

---

1) 129 (a) ACTION BY UNITED STATES INTERNATIONAL TRADE COMMISSION

(1) ADVISORY REPORT.

If a dispute settlement panel finds in an interim report under Article 15 of the Dispute Settlement

은 상무부와 무역 위원회로 하여금 각각 WTO 협정에 위배되는 것으로 판정된 반덤핑 관세(상계 관세)부과 조치를 WTO 판정에 합치되도록 하는 결정(通稱 129조 결정)을 내리도록 규정하고 있다. USTR은 상무부로 하여금 이러한 결정을 집행(implement) 하도록 지시(direct) 할 수 있다. 그런데 129조(c)항1호에 따르면 상무부의 결정(129조 결정)은 이를 집행하라는 USTR의 지시가 있던 일자 및 그 이후에 入境하거나(entered) 반출된(withdrawn from warehouse) 비정산 수입분에 대해 적용된다고 규정되어 있다.

따라서 집행 지시일 이전에 입경 및 반출된 비정산 수입분(prior unliquidated entries), 즉 현금 예치는 하였으나 아직 확정 관세율이 결정되지 않은 수입분은 어떻게 취급해야 하는지 문제가 발생할 수 있다. 캐나다는 129조(c)항1호는 이러한 비정산 수입분에 대해서는 WTO 판정을 이행하기 위한 결정(129조 결정)이 적용되지 못하게 하고 결과적으로 WTO에 의해 위배된다고 판정된 이전의 조치가

Understanding, or the Appellate Body finds in a report under Article 17 of that Understanding, that an action by the International Trade Commission in connection with a particular proceeding is not in conformity with the obligations of the United States under the Antidumping Agreement, the Safeguards Agreement, or the Agreement on Subsidies and Countervailing Measures, the Trade Representative may request the Commission to issue an advisory report on whether title VII of the Tariff Act of 1930 or title II of the Trade Act of 1974, as the case may be, permits the Commission to take steps in connection with the particular proceeding that would render its action not inconsistent with the findings of the panel or the Appellate Body concerning those obligations. The Trade Representative shall notify the congressional committees of such request.

[… 생략 …]

2) 129 (b) ACTION BY ADMINISTERING AUTHORITY

(1) CONSULTATIONS WITH ADMINISTERING AUTHORITY AND CONGRESSIONAL COMMITTEES

Promptly after a report by a dispute settlement panel or the Appellate Body … 생략 … the Trade Representative shall consult with the administering authority and the congressional committees on the matter.

(2) DETERMINATION BY ADMINISTERING AUTHORITY

Notwithstanding any provision of the Tariff Act of 1930, the administering authority shall, within 180 days after receipt of a written request from the Trade Representative, issue a determination in connection with the particular proceeding that would render the administering authority's action described in paragraph (1) not inconsistent with the findings of the panel or the Appellate Body.

(3) CONSULTATIONS BEFORE IMPLEMENTATION /생략/

(4) IMPLEMENTATION OF DETERMINATION

The Trade Representative may, after consulting with the administering authority and the congressional committees under paragraph (3), direct the administering authority to implement, in whole or in part, the determination made under paragraph (2).

계속 적용되게 하는 것이므로 GATT와 반덤핑협정(보조금협정)에 위배된다고 주장, 2001년 7월 패널 설치를 요청하였다. 문제가 되었던 캐나다 상품은 침엽 목재였는데 캐나다는 해당 사례에 대해 시비하지 않고 아예 미국의 관련 법조항 자체를 시비하였다.

나. 주요 쟁점별 당사자 주장 및 판결 요지

캐나다는 129조(c)항1호[3]가 상무부로 하여금 prior unliquidated entries에 대해서는 WTO 협정과 합치되지 않게 연례 재심을 실시하고 (덤핑에 관한) 연례 재심 결정을 내리고 반덤핑 관세(또는 상계 관세)를 산정토록 요구하거나 요구하는 효과가 있다고 주장하였다. 또한 129조(c)항1호는 prior unliquidated entries에 대해서 WTO의 판정과 합치되는 방식으로 덤핑(또는 보조금)에 관한 연례 재심결정을 하고 반덤핑 관세(상계 관세)를 산정하고 기징수된 관세를 환급하는 것을 배제하거나 배제하는 효과를 가지고 있으므로 WTO 협정 위반이라고 주장하였다.

패널은 129조(c)항1호는 129조의 결정을 집행 지시일 이후 入境분이나 반출분에 대해 적용하라는 것임을 확인하기는 하였으나 그렇다고 캐나다의 주장대로 이 규정이 그 자체로(by itself) 미국 당국으로 하여금 WTO 협정에 합치되지 않는 행동을 하라고 요구하거나 WTO 판정에 부합되는 조치의 시행을 배제하는 것으로 추론할 수는 없다고 보았다. 패널은 미국의 주장을 받아들여 129조(c)항1호는 129조 결정의 적용 범위에 관한 것이지 미국이 WTO 판정에 부합되는 방식으로 prior unliquidated entries에 대해 연례 재심을 수행하고 그에 따른 새로운 결정을 내리는 것을 방해하거나 금지하는 것은 아니라고 보았다.

---

3) 129(c) (1) EFFECTS OF DETERMINATIONS

Determinations concerning title VII of the Tariff Act of 1930 that are implemented under this section shall apply with respect to unliquidated entries of the subject merchandise (as defined in section 771 of that Act) that are entered, or withdrawn from warehouse, for consumption on or after

in the case of a determination by the Commission under subsection (a)(4), the date on which the Trade Representative directs the administering authority under subsection (a)(6) to revoke an order pursuant to that determination, and

in the case of a determination by the administering authority under subsection (b)(2), the date on which the Trade Representative directs the administering authority under subsection (b)(4) to implement that determination.

패널은 미국이 129조(c)항1호가 집행된 *US-Sheet/Plate from Korea* 사건을 검토한 결과 미 상무부는 129조 결정 시행일 이후에 prior unliquidated entries에 대해 연례 재심을 WTO 판정에 부합되는 방향으로 실시하였음을 확인하고 따라서129조(c)항1호 적용사례로 볼 때에도 129조(c)항1호가 미 당국으로 하여금 특정한 조치 시행을 요구하거나 배제하는 것으로 해석할 수 없다고 정리하고 129조(c)항1호가 GATT, 반덤핑협정 등에 위배되지 않는다고 판시하였다.

다. 해설 및 평가

이 분쟁의 쟁점은 미국 UR 이행법 129조(c)항1호를 광의로 해석할 것이냐 협의로 해석할 것이냐 하는 법률 해석의 범위에 관한 것이다. 캐나다 주장의 요지는 129조(c)항1호는 129호 결정이 이행 지시일 以後 수입분에 대해서만 적용된다고 명기하고 있으므로 이를 뒤집어 해석하면 以前 수입분(prior unliquidated entries)에 대해서는 WTO 협정과 합치되지 않는 조치를 취하도록 요구하거나 합치되는 조치 시행을 배제하는 것이므로 WTO 협정 위반이라는 것이었다. 문제는 캐나다가 미국의 다른 법규정이 이러한 WTO 불합치 조치 요구 또는 합치 조치 실시를 금지하고 있는지에 대해서는 살피지 않고 단지 129조(c)항1호에 대해서만 문제를 제기한 점이다. 패널은 문제가 되는 조치(measure at issue)가 129조(c)항1호이므로 동 조항 자체에 국한하여 검토하였고 동 조항의 문안상 이는 129조 결정의 적용개시 시점과 대상에 대한 규정이지 동 조항의 어느 문구도 미 당국으로 하여금 특정한 작위 또는 부작위 조치를 강제(mandate)한 것으로 해석할 수 없다고 판단, 캐나다의 주장을 기각하였다. 패널은 결과 보고서에서 검토 대상은 129조(c)항1호 뿐이었으며 미국의 다른 법규정이 미 당국으로 하여금 캐나다가 주장하는 특정한 조치의 요구나 배제를 이행토록 하는지 여부는 고려하지 않았다고 밝혔다. 따라서 미 당국이 다른 법규에 의거, prior unliquidated entries에 대해 WTO 협정과 부합되지 않는 조치를 취할 가능성은 可否간의 논란이 있을 수 있겠다.

캐나다의 주장은 결국 미정산 수입분의 관세는 WTO 패널 결정에 의거하여 산정되어야 한다는 것이나 이 분쟁이 129조(c)항1호의 해석 중심으로 진행된 관계로 미정산 수입분은 어떻게 처리하여야 하는가에 대해서는 패널의 검토가 이루어지지 않았다.

미정산 수입분의 처리는 일정부분 패널 결정의 소급효 여부 문제와 관련이 된다. 캐나다는 WTO 패널 결정을 이미 정산이 끝난 수입분(liquidated entries)에 대해서 까지 적용하는 것은 패널 결정의 소급효를 인정하는 것이라고 보고 따로 문제를 제기하지 않았으며 미정산 수입분에 대해 WTO 패널 판정을 적용하는 것은 소급효를 주장하는 것이 아니며 아직 확정되지 않은 정부 행위(이 경우 반덤핑 관세의 확정)에 대해 WTO 패널 판정을 적용하자는 것이므로 광의의 판정효과의 미래 적용(prospective implementation)에 해당되는 것으로 볼 수 있다고 주장함으로써 WTO의 패널 결정이 소급 적용되어야 한다는 입장은 아님을 분명히 하였다.

미국은 집행 지시일(implementation date) 이전에 도입된 물량임에도 불구하고 관세 정산이 이루어지지 않았다는 이유로 WTO 패널 판정을 적용하자는 것은 사실상 WTO 패널 판정의 소급효를 주장하는 것이라고 반박하였다. 미국의 입장에서는 입경이 집행 지시일 前後에 이루어졌는지가 WTO 패널 판정 적용 여부를 결정하는 기준이며 관세 정산 여부와 관계없이 이전 입경분에 WTO 판정을 적용하는 것은 판정의 소급효를 주장하는 것이므로 WTO 규정과 합치되지 않는다는 것이다.

그러면 과연 WTO 판정의 소급 적용이 WTO 규정에 합치되지 않는 것인가? 이 사건의 패널이 만일 129조(c)항1호가 캐나다의 주장대로 WTO협정에 합치되지 않는 행위를 시행케 하거나 부합되는 행위를 시행하지 못하도록 하는 효과가 있다고 판단하였다면 WTO 협정이 패널 판정의 소급 적용 용인 여부에 대해서도 심리하였을지도 모른다. 그러나 이 문제는 동 사건 패널에서 다루어 지지 않았으며 아직 통일된 입장이나 충분한 판례가 없다. 보조금의 경우 이미 지불된 수출보조금을 환불하라는, 즉 소급 효과를 인정하는 판결은 있으나(*Australia-Leather, article 21.5* 사건), 기징수한 반덤핑 관세나 상계 관세를 환불하라는 소급 조치에 대한 판례는 아직 없다. *Guatemala-Cement(II)* 사건과 *US-Hot-Rolled Steel from Japan* 사건에서 패널은 과테말라와 미국의 반덤핑 조치를 철회하라고는 판정하였으나 기징수된 반덤핑 관세의 환급까지 명령하여 달라는 제소국 멕시코와 일본의 요청은 받아들이지 않았다.

DSU 19조 1항[4]에 따르면 패널 및 상소기구는 訴의 대상이 되는 조치가 관련

---

4) 19조(패널 및 상소기구의 권고)

1. 패널 또는 상소기구는 조치가 대상 협정에 일치하지 않는다고 결론짓는 경우, 관련 회원국

협정에 일치하지 않는다고 결론짓는 경우 이 조치를 동 대상 협정에 합치시키도록 권고하라고 규정되어 있다. 문맥상으로만 보면 판정의 소급효를 인정하지 않는 것으로 해석이 가능하나 부당한 조치로 인한 피해의 예방은 물론 이미 발생한 피해도 구제해야 하는 원칙론에서 볼 때 판정의 소급효를 인정하여야 한다는 주장도 많다.

(Re.9)에게 동 조치를 동 대상 협정에 합치시키도록 권고한다. (Re.10) 자신의 권고에 추가하여 패널 또는 상소기구는 관련 회원국이 권고를 이행할 수 있는 방법을 제시할 수 있다.

(Remark 9) "관련 회원국"은 패널이나 상소기구 권고의 대상이 되는 분쟁 당사국이다.

(Remark 10) 1994년도 GATT 또는 다른 대상 협정의 위반을 수반하지 아니하는 사건에 대한 권고에 대하여는 제26조를 참조바람

2. 제3조제2항에 따라 패널과 상소기구는 자신의 조사 결과와 권고에서 대상 협정에 규정된 권리와 의무를 증가 또는 감소시킬 수 없다.

15. Turkey vs. Egypt - Rebar 사건

(DS211, 2002. 10. 1. - 패널)

가. 사건 개요

이집트는 1999년 2월 자국 철강 회사의 신청에 따라 터키産 철근(rebar)에 대해 덤핑 여부 조사를 개시하였다. 조사 개시 직후 5개 터키 수출업체(Colakoglu, Diler, Habas, Icdas, IDC)에 대해 상품 가격, 생산 비용 등에 관한 자료를 제출할 것을 요청하였으나 1999년 6월 실시한 현장 조사에서는 가격 관련 자료(price data) 만을 중점 조사하였고 현장 조사 중이나 그 후에도 생산 비용에 관해서는 별다른 문제를 제기하지 않았다. 이집트는 돌연 1999년 8월 19일 터키 수출업체가 제출한 비용 자료(cost data)는 터키의 극심한 인플레이션을 적절히 반영하였는지가 불확실하므로 1999년 9월 1일까지 자료의 정확성을 입증하는 추가 자료를 제출하지 않으면 기제출 자료를 임의로 조정하여 월별 인플레이션율을 반영토록 하겠다고 통지하였다. 이집트는 수출업체의 요청에 따라 추가 자료 제출시한을 9월 14일까지 2주일 연장하여 주었다. 5개 회사는 추가 자료를 제출하였으나 터키는 9월 23일 보충 자료를 2~5일 내로 제출할 것을 추가로 요청하였고 Colakoglu, Diler, Habas 3사는 자료 제출을 거부하였으나 Icdas, IDC 2개사는 불완전하나마 자료를 제출하였다.

이집트는 5개사가 덤핑 판정에 필요한 자료를 일부 제출하지 않았거나 부실하게 제출하였으므로 제출 자료 대신 입수 가능한 사실을 이용하여 덤핑 마진을 산정하겠다고 발표하고 1999년 10월 터키 수출업체에 대해 22.63%에서 61%까지의 반덤핑 관세를 부과하였다.

터키는 이집트의 조치가 반덤핑협정 2조(덤핑 판정), 3조(피해 판정), 6조(증거), 부속서 2(입수 가능한 사실 이용) 등에 위반된다고 주장하고 2001년 5월 패널 설치를 요청하였다.

나. 주요 쟁점별 당사자 주장 및 판결 요지

1) 국내 산업에 미치는 영향의 검토 요소(반덤핑협정 3조4항)

터키는 반덤핑협정 3조4항[1]의 규정상 덤핑 수입품이 국내 산업에 미치는 영향의 검토하기 위해서는 판매, 이윤, 생산성, 자금 순환, 재고 등 산업의 상태에 영향을 미치는 각종 경제적 요소 및 지표에 대해 평가(evaluate)하여야 하는데 이집트는 관련 data를 단순히 나열, 인용하기만 하였을 뿐 진지한 평가를 실시하지 않았다고 주장하였다.

패널은 우선 3조4항에 나열된 요소 및 지표는 조사 당국이 반드시 검토해야 한다고 확인하고 이집트가 이러한 요소를 다루기는(address) 하였다고 보았다. 패널은 그러나 평가란 사물이나 현상에 대한 분석, 판단, 조사 행위를 의미하는 것이라고 전제하고 이집트의 조사 보고서는 3조4항에 나열된 요소에 관한 자료(data)를 별다른 설명 없이 도표로 제시하고 있을 뿐이므로 적절한 평가를 시행하였다고 볼 수 없으며 따라서 이집트는 3조4항을 위반하였다고 판정하였다.

터키는 나아가 이집트는 3조4항상 이윤, 국내 가격에 영향을 미치는 모든 유관 요소를 검토했어야 한다고 주장하였으나 패널은 이윤과 가격에 관한 3조4항의 의미는 국내 산업의 이윤에 관한 분석과 국내 가격에 영향을 미치는 요소들에 관한 평가를 하라는 것이지 이윤과 가격에 영향을 미치는 모든 요소 하나 하나를 검토(examine)하고 평가(evaluate)하라는 의미는 아니라고 해석하고 이집트의 조사 보고서를 볼 때 국내 가격과 이윤에 대한 포괄적으로 고려한 점이 인정되므로 (이 문제에 있어 이집트가) 3조4항을 위반한 것은 아니라고 판시하였다.

---

1) 3.4 덤핑 수입품이 관련 국내 산업에 미치는 영향의 검토는 판매, 이윤, 생산량, 시장 점유율, 생산성, 투자수익률, 또는 설비 가동률에서의 실제적이고 잠재적인 감소, 국내 가격에 영향을 미치는 요소, 덤핑 마진의 크기, 자금 순환, 재고, 고용, 임금, 성장, 자본 또는 투자 조달능력에 대한 실제적이며 잠재적인 부정적 영향 등 산업의 상태에 영향을 미치는 제반관련 경제적 요소 및 지표에 대한 평가를 포함한다. 위에 열거된 요소는 총망라적이 아니며, 이러한 요소 중 하나 또는 여러 개가 반드시 결정적인 지침이 될 수는 없다.

2) 가격 인하 및 명확한 증거(반덤핑협정 3조2항, 1항)

터키는 3조2항[2]의 규정에 따라 조사 당국은 덤핑 수입품에 의한 가격 인하(price undercutting) 여부를 동종 상품의 가격과 비교하여 고려해야 하는데 이집트 당국이 실시한 가격 비교가 동등한 유통 경로(level of trade) 상품을 비교한 것인지 확인하기가 불가능하고 품목별 분리 비교가 아니라 가중 평균 비교 방식을 택함으로써 가격 인하를 정확히 산정하지 못했다고 주장하고 따라서 이집트는 3조2항과 피해의 판정은 명확한 증거에 기초해야 한다는 3조1항[3]을 위반한 것이라고 주장하였다.

패널은 3조2항은 문맥상 가격 비교를 특정한 방법과 특정한 유통 경로에서 실시하라고 요구하지는 않는다고 보고 터키의 주장을 기각하였다.

3) 조사 범위(반덤핑협정 6조1항, 2항)

터키는 이집트 당국이 덤핑 조사의 범위를 처음에는 실질적인 피해의 우려(threat of material injury)로 했다가 자료 제출 시한이 지난 후에 터키측에 통보도 하지 않고 실질적인 피해 여부(present material injury)로 변경하였으며 이는 관련 증거 서면 제출 기회 부여(6조1항[4]), 이해 당사자 이익 방어 기회 부여(6조2항[5])

---

2) 3.2 덤핑 수입의 물량과 관련하여, 조사 당국은 절대적으로 또는 수입회원국의 생산 또는 소비에 비하여 상대적으로 덤핑 수입품이 상당히 증가하였는지 여부를 고려한다. 덤핑 수입품이 가격에 미치는 영향과 관련, 조사 당국은 수입회원국의 동종 상품의 가격과 비교하여 덤핑 수입품에 의하여 상당한 가격 인하가 있었는지 또는 그러한 수입품의 영향이 달리 상당한 정도로 가격 하락을 초래하는지 또는 그러하지 아니한 경우 발생 하였을 가격상승을 상당한 정도로 억제하는지 여부를 고려한다. 이러한 요소 중 하나 또는 여러 개가 반드시 결정적인 지침이 될 수는 없다.

3) 3.1 1994년도 GATT 제6조의 목적상, 피해의 판정은 명확한 증거에 기초하며, (1) 덤핑 수입 물량 및 덤핑 수입품이 동종 상품의 국내 시장가격에 미치는 영향 및 (2) 동 수입품이 이러한 상품의 국내 생산자에 미치는 결과적인 영향에 대한 객관적인 검토를 포함한다.

4) 6.1 반덤핑 조사와 관련한 모든 이해 당사자는 당국이 요구하는 정보에 대하여 통보받으며 당해 조사와 관련이 있다고 그들이 간주하는 모든 증거를 서면으로 제출할 수 있는 충분한 기회가 주어진다.

5) 6.2 반덤핑 조사의 전 과정을 통하여 모든 이해 당사자는 자신의 이익을 방어하기 위한 충분한 기회를 가진다. 이를 위하여 당국은 요청에 따라 모든 이해 당사자가 상반된 이해를 갖는 당사자와 회합하는 기회를 제공하여 반대의견이 제시되고 반박 주장이 개진될 수 있도록 한다. 이러한 기회의 제공시 비밀보호의 필요 및 당사자의 편의를 고려하여야 한다. 어떤 당사자도 이

의무를 위반한 것이라고 주장하였다.

패널은 이집트의 질문서상 현존하는 실질적 피해에 기초하여 덤핑 판정이 이루어 질 수 있는 가능성이 처음부터 포함되어 있었으며 패널에 제출된 자료로 볼 때 6조1항과 2항상의 충분한 기회가 제공되지 않았다고 볼 수 없다고 판정하였다.

4) 덤핑과 피해간의 인과 관계(반덤핑협정 3조1항, 5항)

터키는 이집트 당국의 덤핑 조사 기간은 1998.1.1.~12.31.간이었던 반면 대부분 피해는 1999년 1/4분기에 발생한 것으로 확인되었으므로 이집트는 덤핑과 피해간의 인과 관계 입증 하지 못하였으며 결과적으로 3조1항[6]의 명확한 증거 의무도 다하지 못하였다고 주장하였다.

패널은 터키의 주장은 98년에 발생한 피해의 성격과 범위가 99년 것과 다르다는 것이나 이를 입증할 만한 근거가 없고 시장이 수입품의 영향을 즉각적으로 흡수하고 반응하지 않는 한 덤핑의 효과가 발현되기까지 시간 지체가 있을 수 있으며 반덤핑협정에는 덤핑 조사의 기간과 피해 발생의 기간에 대해 언급하거나 두 기간이 중복되어야 한다는 규정도 없다고 정리하고 터키의 주장을 기각하였다.

5) 입수 가능한 사실 이용(반덤핑협정 6조8항, 부속서 2의 5조, 6조)

Colakoglu, Diler, Habas 3개 회사는 이집트 당국의 질문서를 접수한 후 1999년 4월 이집트에 철근을 판매한 실적이 있는 달(月)의 철근 생산 평균비용을 다른 요청 자료와 함께 제출하였다. 1999년 6월 실시된 현장 조사 시 이집트는 해당사의 국내 및 수출판매 가격만 중점 검토하였고 생산 비용은 조사치 않았으면서 1999년 8월 19일 갑자기 해당사가 제출한 생산 비용 자료는 월 5%에 달하는 터키의 극심한 인플레인션율이 반영되지 않아 신뢰할 수 없으므로 해당사가 정확성을 입증할 수 있는 추가 자료[7]를 9. 1.까지(해당사의 요청에 따라 후에 9. 14.로

러한 회합에 참석할 의무는 없으며, 회합 불참이 그 당사자를 불리하게 하지 아니한다. 이해 당사자는 또한 정당한 경우 구두로 다른 정보를 제시하는 권리를 갖는다.

6) 3.1 1994년도 GATT 제6조의 목적상, 피해의 판정은 명확한 증거에 기초하며, (1) 덤핑 수입 물량 및 덤핑 수입품이 동종 상품의 국내 시장가격에 미치는 영향 및 (2) 동 수입품이 이러한 상품의 국내 생산자에 미치는 결과적인 영향에 대한 객관적인 검토를 포함한다.

7) reconciliations and explanations of how adjustments were made to costs to account for inflation, chart of account, explanation of the company's accounting system, list of products, material inventory ledgers, etc.

연장) 제출하지 않으면 조사 당국이 임의로 조정하겠다고 통보하였다.

3개사는 추가 자료를 제출하였으나 9. 23. 이집트 당국은 일부 자료가 제출되지 않았다면서 5일 내(일부 자료는 2일 내) 제출하라고 통지하였다. 3개사는 기제출 자료는 완전하고 정확하며 추가 자료를 2일 내 제출하는 것은 불가능하므로 기제출된 자료에 근거해서 비용을 산정하여 줄 것을 요구하였다. 이집트는 자료가 미제출된 일부 분야에서는 입수 가능한 정보를 사용하여 3개사의 정상 가격을 산정하겠다고 공개하였으며 3개사의 항의에도 불구하고 99년 10월 덤핑 마진율을 최종 확정 발표하였다.

Icdas와 IDC사는 상기 3사와 달리 99년 9월 23일 추가 자료 요청 서한을 접수한 후 기간 내에 관련 자료를 송부하였다. 그러나 이집트 당국은 최종 보고서 핵심 요지 공개 時 Icdas와 IDC가 제출한 자료는 불충분하며 기제출 자료 태반이 근거가 없다는 이유로 입수 가능한 사실을 적용한다고 발표하였다. 兩사는 이집트 당국의 조사에 적극 협조하였으며 부족한 자료가 무엇인지 통보받지도 못하였고 최종 보고서상에는 무슨 자료가 부족한지도 명시되어 있지 않다고 항변하였으나 이집트는 종전 입장을 고수하였다.

패널은 우선 조사 당국이 입수 가능한 사실은 필요한 정보를 이해 당사자의 귀책사유로 제공받지 못할 경우에 원용할 수 있는 것인데 무슨 정보가 필요한지를 특정하는 것은 조사 당국의 재량에 달린 것이라고 결정하였다. 패널은 나아가 이 사건에서 문제가 되는 사안을 검토하는 데는 조사 당국이 조사에 필요한 정보를 분명하게 특정하였는지, 조사 대상자가 특정된 정보를 제출하였는지, 제출된 정보의 흠결 내용과 범위는 어느 정도인지, 조사 대상자가 최선의 노력을 다했는지, 조사 대상자가 제출된 정보가 기각된 사유에 대해 통보받고 추가 설명 기회를 부여 받았는지를 살펴보아야 할 것이라고 정리하였다.

패널은 우선 터키의 극심한 인플레이션은 널리 알려진 사실이고 이러한 상황에서 조사 당국이 최초 제출된 자료의 정확성을 검증하려는 것은 합리적인 것이므로 이집트 당국이 8월 19일, 9월 23일 요청한 자료는 반덤핑협정 6조8항[8)]상의 필요한 자료에 해당한다고 판단하였다.

터키가 해당사는 요청받은 자료를 모두 제출하지는 않았다 하더라도 능력에

8) 6.8 이해 당사자가 합리적인 기간 내에 필요한 정보에의 접근을 거부하거나 달리 동 정보를 제공하지 아니하는 경우 또는 조사를 중대하게 방해하는 경우, 입수 가능한 사실에 기초하여 긍정적 또는 부정적인 예비 및 최종 판정이 내려질 수 있다. 이 항의 적용에 있어서 부속서 2의 규정이 준수된다.

따라 최선을 다한 것이라고 주장한데 대해 패널은 협력의 정도가 제출된 자료의 수준과 반드시 연결되는 것은 아니므로 최선을 다했다는 사실만으로 입수 가능한 사실의 사용을 배제할 수는 없다고 지적하였다. 아울러 패널은 터키가 3개사가 최선을 다했다는 사실을 증명하지 못했다고 보았으며 최선의 능력을 다한 것이란 이해 당사자의 고도의 협력과 그러기 위한 노력을 수반한다고 정리하였다. 이러한 기준에서 볼 때 Colakoglu, Diler, Habas 3개 회사는 요청 받은 자료를 제출할 수 있는 능력이 있었다고 보아야 할 것이며 이는 자료의 내용은 물론 3개사가 자료 제출이 불가능하다거나 감당할 수 없는 어려움이 있다고 주장하지 않은 점에서 보아 분명하며 최초 제출 자료에도 상당한 흠결이 있음에 비추어 최선의 노력을 다했다고 볼 수 없다고 판단하였다. 따라서 3개사는 6조8항상의 필요한 자료를 제출하는 데 실패하였으며 이집트가 입수 가능한 사실을 이용한 것은 타당하다고 판시하였다.

Icdas와 IDC의 경우 패널은 이집트 당국이 요청한 추가 자료를 거의 빠짐없이 제출하였다고 보았으며 그럼에도 불구하고 이집트 당국이 두 회사가 필요한 자료를 제출하는 데 실패하였다고 판단하였다면 이를 당사자에 사전에 통지하여 추가 설명이나 자료 제출의 기회를 부여하였어야 하는데 기록을 보면 이집트 당국은 9. 23.자 서한에서 단순히 일부 자료가 부족하다고만 언급하였고 최종 보고서 요지 공개 시에도 무슨 자료가 어떻게 부족하여 입수 가능한 사실을 대체 사용한다는 구체적인 설명이 없었다고 지적하였다. 따라서 두 회사에 대해 입수 가능한 사실을 이용한 것은 반덤핑협정 6조8항과 부속서 2의 6조[9])를 위반한 것이라고 판시하였다.

6) 불합리한 입증 책임 여부(반덤핑협정 2조4항)

터키는 이집트의 지나친 자료 요구는 당사자에게 불합리한 입증 책임을 지워서는 안 된다는 반덤핑협정 2조4항[10])을 위반한 것이라고 주장하기도 하였다. 패

---

9) 6. 증거 또는 정보가 받아들여지지 않는 경우, 정보를 제공한 당사자는 즉시 그 이유를 통보받아야 하며 합리적인 기간 내에 추가 설명을 할 수 있는 기회가 주어져야 한다. 이 경우 조사 시한이 적절히 고려된다. 당국이 이러한 설명을 만족스럽지 못한 것으로 간주하는 경우 이러한 증거 또는 정보를 받아들이지 못하는 이유는 모든 공표된 판정에서 밝혀져야 한다.

10) 2.4 수출가격과 정상 가격 간에 공정한 비교를 한다. 이러한 비교는 동일한 거래단계, 일반적으로는 공장도단계에서 그리고 가능한 한 같은 시기에 이루어진 판매에 대하여 행하여진다. 제반판매조건, 과세, 거래단계, 수량, 물리적 특성의 차이와 가격 비교에 영향을 미친다고 증명된

널은 2조4항은 수출 가격과 정상 가격 간의 비교 방식에 관한 것이며 입증 책임에 관해 일반적으로 적용되는 규범도 아니므로 입수 가능한 사실 사용 여부를 결정하는 데 적용될 수 없다고 보았고 설사 적용될 수 있다 하더라도 이집트 당국이 요구한 자료가 불합리한 것이라고 볼 근거가 없다고 판시, 터키의 주장을 기각하였다.

터키는 또한 이집트가 조사 막바지 단계에 새로운 자료 제공을 요청하고 제출시한도 2~5일간으로 촉박하게 부여한 것 역시 2조4항 위반이라고 주장하였으나 패널은 비슷한 논지로 터키의 주장을 받아들이지 않았다.

7) 응답 시한의 적정성 여부(반덤핑협정 6조1항1호)

터키는 이집트 당국이 8월 19일 요청 자료 제출 시한을 13일 부여한 것은 최소 30일(수출자는 37일) 응답 시한을 부여해야 한다는 반덤핑 6조1항1호[11] 위반이며 자신을 방어할 충분할 기회를 주어야 한다는 6조 2항과 합리적인 기간 내에 추가 설명을 할 수 있는 기회가 주어져야 한다는 부속서 2의 6조와도 부합되지 않는다고 주장하였다.

패널은 6조1항1호에서 말하는 질의서는 부속서 1의 6조(질의서에 대한 설명을 위한 방문), 7조(질의서 응답 접수 후 현장 조사 실시)와 병행하여 고려할 때 조사 당국이 송부하는 최초 질의서만을 의미한다고 보았다. 만일 추가 자료 요청을 모두 6조1항1호상의 질문서에 해당한다고 보면 매 요청마다 최소 30일간의 응답시한을 부여해야 하고 每 요청 시마다 추가 설명을 위한 합리적인 기간을 부여

그 밖의 차이점들을 포함하여 가격 비교에 영향을 미치는 차이점들에 대해서 각각의 경우에 그 내용에 따라 적절히 고려한다(Re.7). 제3항에 언급된 경우에 있어서, 수입과 재판매 사이에 발생하는 관세 및 조세를 포함한 비용 및 발생한 이윤이 또한 고려되어야 한다. 이러한 경우에 가격 비교가 영향을 받을 때에는 당국은 구성수출가격의 거래단계와 동일한 거래단계에서 정상 가격을 설정하거나 또는 이 항에 따라 정당화된 적절한 고려를 한다. 당국은 공정한 가격 비교를 위해 어떠한 정보가 필요한지를 당해 당사자에게 알리며, 이러한 당사자에게 불합리한 입증 책임을 지워서는 아니된다.

11) 6.1.1 반덤핑 조사에 사용되는 질의서를 받는 수출자 또는 외국의 생산자에게 응답을 위해 최소한 30일이 주어진다(Re.15). 동 30일 기간의 연장을 위한 어떤 요청에 대하여도 적절한 고려가 있어야 하며 사유가 제시되는 경우 이러한 연장은 가능한 한 허용되어야 한다.
(Remark 15) 일반적으로 수출자에게 부여하는 시한은 질의서 접수일로부터 기산되며, 이를 위해 질의서는 응답자에게 발송되거나 또는 수출회원국의 적절한 외교대표 또는 세계무역기구에 가입한 독자적 관세영역의 경우는 수출영역의 공식대표에게 전달된 날로 부터 1주일 후에 접수된 것으로 간주된다.

해야 하므로 최대 18개월로 한정된 조사 기간 내에 조사를 종료할 수 없을 것이라고 부언하였다. 패널은 6조2항 및 부속서2의 6조 위반 주장에 대해서도 최초 13일간의 응답기간을 부여한 후 당사자의 요청에 따라 14일간 추가 연장하였으며 재연장 요청이나 연장 기간에 대한 이의가 제기되지 않았으므로 각 조항에 부합되지 않는다고 볼 만한 근거가 없다고 판시하였다.

터키는 이집트 당국이 9월 23일자 요청 자료 제출시한을 2~5일 부여한 것에 대해서도 6조1항1호, 6조2항, 부속서 2의 6조 위반이라고 주장하였으나 패널은 위와 같은 논지로 6조1항1호 위반은 해당 사항이 없다고 판시하였다. 패널은 6조2항과 부속서 2의 6조 위반 여부는 9월 23일자 서한의 요청 자료 내용에 대해 검토하여야 할 것인데 동 서한 요청 자료는 이미 8월 19일에 요청하였던 내용의 반복이나 가공에 해당하는 추가 질문이지 새로운 자료의 요청은 아니며 Icdas와 ICD사는 동 기한 내에 자료를 제출하였는데 반해 Colakoglu, Diler, Habas 3사는 자료 제출 노력이나 시한의 추가 연장을 시도하지도 않았다고 지적하고 이집트의 조치는 6조2항과 부속서 2의 6조 위반에 해당되지 않는다고 판시하였다.

8) 특별한 신중 부여 여부(부속서 2의 7조)

이집트는 터키의 인플레이션율을 감안하여 해당사가 신고(제출)한 비용을 월 5%씩 가산하여 정상 가격을 산정하였는데 터키는 이러한 조치는 2차적인 출처를 기초로 판정을 내릴 때에는 특별히 신중을 기해야 한다는 부속서 2의 7조[12)]와 부합되지 않는다고 주장하였다. 이집트는 5%는 터키 정부가 발표한 도매 및 소매 물가 지수 상승률의 평균이라고 주장하였으나 터키는 정부 공식 통계에 의하면 도매 물가 지수 상승률은 월 5% 미만이라고 반박하고 철근 가격을 산정하는데 소매 물가 지수를 고려하는 것은 부적절하다고 주장하였다.

패널은 회사의 상품 생산 비용이 소비자 및 도매 물가 지수의 변동에 영향을 받는다고 보는 것은 비논리적이지 않으며 철근 생산에 소매 물가 지수 동향을 고

---

12) 7. 당국이 조사 개시 신청서에 제공된 정보를 포함하여 2차적인 출처로부터의 정보를 기초로 정상 가격에 관한 조사 결과를 포함한 판정을 내려야 하는 경우, 당국은 특별한 신중을 기하여야 한다. 이러한 경우, 당국은 가능하다면 공표된 가격표, 공식 수입 통계 및 세관보고서등과 같이 다른 독립된 출처로부터 취득한 정보 및 조사 과정에서 다른 이해 당사자로부터 얻은 정보를 점검하여야 한다. 그러나 이해 당사자가 협조를 하지 않고 이로 인해 관련정보가 당국에 입수되지 아니하는 경우 이 상황이 그 당사자가 협조하였을 때보다 그 당사자에게 더 불리한 결과를 초래할 수 있는 것은 명백하다.

려하는 것이 왜 부적절한지에 대해서 터키가 타당한 근거를 제시하지 않은 점을 지적하고 이집트의 조치는 상기 조항에 부합되지 않는다고 볼 만한 근거가 없다고 판시하였다.

9) 추가 정보 요구 적정성(부속서 2의 1조)

터키는 이집트가 일부 기본적인 비용 정보(certain basic cost information)를 최초 질의서에서 요구하지 않고 조사 과정 중에 요구한 것은 가능한 한 조속히 요청 정보를 상세히 명시하라는 부속서 2의 1조[13]를 위반한 것이라고 주장하였으나 패널은 이집트는 조사 개시 직후 질의서를 발송하였고 질의서에는 비용 관련 질의도 포함되어 있었으며 터키가 문제 삼는 나중의 요구는 비용 정보에 관한 추가 요청과 최초 제출 자료에 대한 설명을 요구하는 것인데 부속서 2의 1조나 반덤핑협정 어느 조항도 조사 과정 중에 추가적인 정보 요청을 금지하지 않는다고 지적하고 터키의 주장을 기각하였다.

다. 해설 및 평가

입수 가능한 사실의 적법한 사용 여부를 판단하는 데 있어 패널이 5개 관련 회사를 요청 자료 제출 노력 정도에 따라 2개 그룹으로 나누어 분석한 것은 입수 가능한 사실에 관한 조사 당국의 결정이 반덤핑협정과 부합하는지는 해당 업체의 행동과 관련하여, 특히 그들이 보여준 협조의 정도와 연계하여 검토해야 한다는 것을 보여주고 있다. 패널의 분류 기준으로 보아 해당 업체의 협조 정도는 요청 자료를 전부 제출하였는지, 제출하지 못하였다면 납득할 만한 설명을 하였는지를 토대로 측정할 수 있겠다.

반덤핑협정 규정이나 여러 판례는 조사 당국으로 하여금 결정에 대한 충분한 이유와 설명을 제공할 것을 요구하고 있다. 이 판례는 조사 당국뿐 아니라 조사

---

13) 1. 조사 개시후 가능한 한 조속히 조사 당국은 모든 이해 당사자로부터 요청되는 정보와 이해 당사자가 회신시 이러한 정보를 구성하는 방법을 상세히 명시하여야 한다. 또한 당국은 합리적인 기간 내에 정보가 제공되지 못할 경우 국내 산업에 의한 조사 개시 신청서에 들어 있는 내용들을 포함, 입수 가능한 사실을 근거로 당국이 자유로이 판정을 내릴 수 있다는 사실을 당사자가 알도록 보장하여야 한다.

대상이자 역시 행위에 대한 충분한 설명을 하기 위한 최선의 노력을 다해야 한다는 점을 분명히 밝히고 있다.

이 사건에서 터키가 주로 문제를 제기한 것은 이집트 당국이 조사 종료 단계에 각종 비용 관련 자료의 보완과 설명, 추가 자료 제출을 시급히 제출하라고 요청한 것이다. 비록 패널은 터키의 주장을 기각하기는 하였으나 조사 당국이 제출에 필요한 최소한의 기간도 주지 않고 자료를 요청하고 결과적으로 자료 불제출을 유도할 수 있는 가능성은 상존한다. 유감스럽게도 현재의 반덤핑협정은 조사 당국이 조사를 수행함에 있어 준수해야 할 시간 계획에 대해 충분한 지침을 제공하고 있지 못하다. 따라서 조사 종료 단계에서의 자료 요청에 관해 어떻게 취급할 지 논란의 소지가 있다. 조사 종료를 목전에 두고 수집 및 작성에 상당한 시일이 소요되는 자료를 요청하는 것은 용인키가 어려울 것이다. 그렇다고 조사 당국의 자료 수집에 제한을 둘 경우 조사 당국의 자의적인 판단이 아니라 충분하고 정확한 정보에 기초해서 판단이 이루어지도록 해야 한다는 반덤핑협정의 기본 원칙이 침해 받을 수도 있다.

이 사건에서 터키가 원용하지는 않았으나 조사 당국은 정보를 제공하는 데 있어 겪는 애로 사항을 적절히 고려해야 한다고 규정한 6조13항[14]을 조사 당국의 지나치게 급박한 요구에 대해 항변하는 데 원용할 수도 있을 것이다.

14) 6.13 당국은 이해 당사자, 특히 소규모 기업이 요청된 정보를 제공함에 있어서 겪는 애로 사항을 적절히 고려하고 가능한 모든 지원을 제공한다.

16. EC, etc. vs. US - Offset Act(Byrd Amendment) 사건

(DS217/234, 2003. 1. 27.- 상소기구)

가. 사건 개요

Robert Byrd 미 상원 의원(West Virginia 주)은 미국 세관이 징수한 반덤핑 및 상계 관세 수입을 제소자측인 미국의 국내 생산자들에게 배분할 수 있도록 1930년 관세법에 지속적 덤핑과 보조금에 관한 상쇄조항 754조[1]를 추가하자는 법안

1) SEC. 754. CONTINUED DUMPING AND SUBSIDY OFFSET.

(a) IN GENERAL – Duties assessed pursuant to a countervailing duty order, an antidumping duty order, or a finding under the Antidumping Act of 1921 shall be distributed on an annual basis under this section to the affected domestic producers for qualifying expenditures. Such distribution shall be known as the 'continued dumping and subsidy offset'.

(b) DEFINITIONS – As used in this section:

(1) AFFECTED DOMESTIC PRODUCER – The term 'affected domestic producer' means any manufacturer, producer, farmer, rancher, or worker representative (including associations of such persons) that –

(A) was a petitioner or interested party in support of the petition with respect to which an antidumping duty order, a finding under the Antidumping Act of 1921, or a countervailing duty order has been entered, and ……/이하 중략/

(4) QUALIFYING EXPENDITURE – The term 'qualifying expenditure' means an expenditure incurred after the issuance of the antidumping duty finding or order or countervailing duty order in any of the following categories:

(A) Manufacturing facilities.

(B) Equipment.

(C) Research and development.

(D) Personnel training.

(E) Acquisition of technology.

(F) Health care benefits to employees paid for by the employer.

(G) Pension benefits to employees paid for by the employer.

<Robert Byrd 미 상원 의원>

을 제출하였다. 通常 버드수정법(Byrd Amendment)으로 불리는 지속적 덤핑과 보조금에 관한 상쇄법(Continued Dumping and Subsidy Offset Act of 2000)은 2000년 10월 28일 발효되었다. 이 법안의 요지는 미국 세관이 거둔 반덤핑 및 상계 관세 부과금을 제조 설비 구입 및 연구 개발비, 종업원 의료비 지원 및 연금 혜택 부여 등에 쓸 수 있도록 제소자측인 미국의 국내 생산자 등에게 배분하자는 것이다.

법안이 발효된 이후 미국 정부는 8억 달러에 달하는 반덤핑 및 상계 관세 수입을 2002년 회계연도(2001. 10. 1~2002. 9. 30)에 미국의 산업계에 배분하였다.2) 그러나 미국이 이 법안을 제정하자 우리나라와 EC, 일본 등 11개국3)은 외국 기업이 낸 반덤핑 및 상계 관세 부과금을 미국 내 경쟁기업에 배분하는 것은 외국 기업에 대한 二重처벌이라며 2001년 7월 WTO에 제소하였다.

나. 주요 쟁점별 당사자 주장 및 판정 요지

1) 덤핑(보조금)에 대한 구체적 조치 여부(반덤핑협정 18조1항, 보조금협정32조1항)

반덤핑협정 18조1항과 보조금협정 32조1항은 반덤핑수출품 및 보조금에 대하여 GATT의 규정에 따르는 경우를 제외하고는 어떠한 구체적인 조치(specific action)도 취할 수 없다고 규정하고 있다. 즉 회원국은 덤핑과 보조금에 대해 허용된 구체적인 조치(permissible specific action)만 취할 수 있다는 것인데 제소국은 Byrd 수정법은 허용된 구체적 조치가 아니므로 반덤핑협정 18조1항4), 보조금 및

(H) Environmental equipment, training, or technology.

(I) Acquisition of raw materials and other inputs.

(J) Working capital or other funds needed to maintain production.

2) 2002년 2.3억불, 2003년 3.3억불, 2004년 2.4억불

3) 우리나라, EC, 브라질, 캐나다, 인도, 일본, 칠레, 멕시코, 호주, 인도네시아, 태국

보조금협정 32조1항[5]과 덤핑과 보조금에 대해서는 반덤핑 관세와 상계 관세만을 징수하도록 한 GATT VI조2항[6], 3항[7]을 위반한 것이라고 주장하였다. 제소국측은 *US-1916 Act* 사건 상소기구 판정에 의하면 덤핑에 대해 WTO 회원국에게 허용된 조치(permissible response to dumping)는 반덤핑 관세, 잠정 조치, 가격 인상 3개에 한정된다고 하였는데 Byrd 수정법은 3개 중 어느 것에도 해당되지 않으므로 위법이라고 주장하였다.

미국은 이에 대해 덤핑과 보조금에 대처하기 위한 조치가 반드시 반덤핑협정 18조1항이나 보조금협정 32조1항에서 말하는 구체적인 조치에 국한되는 것은 아니며 Byrd 수정법에 따른 상쇄금 지급은 이 조항에 규정된 구체적인 조치는 아닐지라도 관세, 보조금에 대항하기 위해 WTO 회원국이 취할 수 있는 조치의 하나라고 주장하였다. 즉 미국은 반덤핑협정 18조1항상의 각주 24, 보조금협정 32조1항상의 각주 56에 따르면 GATT의 다른 규정에서 적절한 조치를 취하는 것을 금지하려고 하는 것은 아니라고 명시하고 있음에 비추어, 예컨대 덤핑과 보조금의 효과의 해결(address)하기 위하여 회원국은 다른 조치도 취할 수 있는 것이라고 반박하였다. 아울러 미국은 *US-1916 Act* 사건 상소기구 판정은 반덤핑 조치에 관한 것으로서 보조금에는 적용할 수 없다고 주장하였다.

패널은 회원국에게 허용된 덤핑 대응조치는 반덤핑 관세, 잠정 조치, 가격 인상 약속 3가지만이 해당된다는 *US-1916 Act* 사건 상소기구 판정을 확인하였고 허

---

4) 18.1 이 협정에서 해석된 바에 따라(Re.24) 1994년도 GATT의 규정에 따르는 경우를 제외하고는, 다른 회원국으로부터의 덤핑수출품에 대하여 어떠한 구체적인 조치도 취할 수 없다.
(Remark 24) 이는 1994년도 GATT의 다른 관련 규정에서 적절한 조치를 취하는 것을 금지하려고 하는 것은 아니다.

5) 32.1 이 협정에 의하여 해석된 바에 따라, 1994년도 GATT의 규정에 따르지 아니하고는 다른 회원국의 보조금에 대하여 구체적인 조치를 취할 수 없다(Re.56).
(Remark 56) 이 항은 적절한 경우, 1994년도 GATT의 다른 관련 규정에 따른 조치를 배제하려고 하는 것이 아니다.

6) 6.2. 체약국은, 덤핑을 상쇄 또는 방지하기 위하여, 덤핑된 산품에 대하여 동산품에 관한 덤핑의 폭을 초과하지 아니하는 금액의 덤핑방지세를 부과할 수 있다. 본 조의 적용상 덤핑의 폭이라 함은 제1항의 규정에 따라 결정되는 가격차를 말한다.

7) 6.3. 어느 체약국 영역의 산품으로서 다른 체약국의 영역에 수입된 것에 대하여는 특정산품 운송에 대한 특별보조금을 포함한 원산국 또는 수출국에 있어서 그 산품의 제조, 생산 또는 수출에 직접 또는 간접으로 교부되었다고 확정된 장려금 또는 보조금의 추정액과 동일한 금액을 초과하는 상쇄관세를 부가하여서는 아니된다. "상쇄관세"라 함은 상품의 제조, 생산 또는 수출에 대하여 직접 또는 간접으로 부여하는 장려금 또는 보조금을 상쇄할 목적으로 부과되는 특별관세를 의미하는 것으로 양해한다.

용된 덤핑 대응 조치는 18조1항에서 말하는 덤핑에 대한 구체적인 조치를 말하는 것이며 이외 다른 종류의 덤핑에 대한 구체적인 조치는 허용되지 않는다고 정리하였다. 패널은 Byrd 수정법이 우선 반덤핑협정 18조1항에서 말하는 덤핑에 대한 구체적인 조치인지부터 살펴보았다. 이 조치에 해당된다면 Byrd 수정법이 3개 허용 조치에 해당되지 않는 것은 자명하므로 Byrd 수정법은 반덤핑협정에 합치되지 않는다고 쉽게 결정할 수 있기 때문이다. 이에 앞서 패널은 *US-1916 Act* 상소기구 결정은 보조금협정과 반덤핑협정과의 문안의 유사성과 내용에 비추어 보조금에까지 동등하게 적용할 수 있다고 보았다.

패널은 덤핑에 대한 구체적 조치란 i) 덤핑과 관련되어서(in response to) 특별히, 즉 덤핑의 구성 요소가 존재하는 상황에서만 채택되어 작동하고, ii) 덤핑에 대항하여(against), 즉 덤핑에 부정적 효과(adverse effect)를 주는 것이라고 그 요건을 규정짓고 Byrd 수정법의 해당 여부를 살펴보았다. 패널은 Byrd 수정법에 따른 상쇄금 지급은 덤핑 판정이 난 후에 징수된 반덤핑 관세를 덤핑 제소자에게 지급하는 것이므로 덤핑 판정과 명백하고 직접적이며 불가피한 관계를 가지고 있어 덤핑과 관련된 것이 분명하다고 보았다. 두 번째 요건의 경우 패널은 Byrd 수정법은 덤핑 수출업자에게 이중 처벌(반덤핑 관세 납부, 상쇄금 지급을 통한 국내업자의 경쟁력 제고)을 초래하며 국내 업자에게 덤핑 제소를 유도하는 재정적 유인을 제공하므로 덤핑에 대항한 것이 분명하다고 보았으며 따라서 18조1항상의 구체적 조치에 해당한다고 판시하였다. 패널은 Byrd 수정법은 3개의 허용된 조치에 해당하지 않으므로 결국 허용되지 않은 구체적 조치에 해당하므로 반덤핑협정 18조1항, 보조금협정 32조1항, GATT VI조 2항, 3항에 위배된다고 판시하였다. 18조1항 각주 24를 인용한 미국의 주장에 대해 패널은 미국의 주장의 요체는 Byrd 수정법이 덤핑에 대한 조치이기는 하나 18조1항상의 구체적 조치에는 해당하지 않는다는 것인데 구체적 조치에 해당한다고 판시하였으므로 더 이상 살펴볼 필요가 없다고 설파하고 미국의 주장을 기각하였다.

상소기구는 Byrd 수정법은 덤핑/보조금에 대한 허용되지 않는 구체적인 조치(non-permissible specific action against dumping/subsidy)라는 것이라는 패널의 판정은 재확인하였으나 그 구성 논리는 다소 다르게 전개하였다. 패널은 어떤 조치가 반덤핑협정 18조1항과 보조금협정 32조1항에 의해 규율되기 위해서는) 그 조치가 반드시 덤핑이나 보조금과 관련하여 i) 구체적(specific)이어야 하고 ii) 대항하는(against) 것이어야 한다고 정리하고 이 2 요건이 충족된 연후에야 해당 조치가

GATT 조항과 합치되게 취해진 것인지 검토할 필요가 있을 것이라고 전제하였다.

구체성 문제에 있어 상소기구는 *US-1916 Act* 사건 판례[8]는 다시 말해 해당 조치가 덤핑 또는 보조금의 구성 요소(constituent elements)와 불가분하게 연결되어 있고(inextricably linked to) 강한 상관관계에 있어야(strongly correlated with) 한다는 의미라고 정리하고 Byrd 수정법에 의한 상쇄금은 i) 반덤핑 관세나 상계 관세가 징수된 후에 지불되고, ii) 이러한 관세는 징수 명령에 따라 징수되는 것이며, iii) 징수 명령은 덤핑/보조금 판정 후에 부과되는 것이므로 Byrd 수정법상 상쇄금이 덤핑 및 보조금 판정과 불가분하게 연결되어있고 강한 상관관계를 갖는다는 것은 명백하므로 Byrd 수정법은 반덤핑협정 18조1항과 보조금협정 32조1항이 규정하는 덤핑 또는 보조금과 관계된 구체적인 조치라고 판시하였다.

대항성(against)에 있어 패널은 덤핑이나 보조금에 대해 부정적 의미(adverse bearing)가 있어야 한다고 보았으나 미국은 덤핑이나 보조금에 대해 적대적이고 적극적인 반대가 있고 해당 덤핑/보조금 상품(수입)과 직접적인 접촉(come into contact)이 있어야 대항하는(against) 것이라고 항변하였다. 상소기구는 정부 조치로서의 덤핑과 보조금을 다루어야 할 것이므로 반드시 해당 상품의 하나 하나의 수입에 직접적인 연관이 있어야만 할 것은 아니라고 판단하였으며 대항성이란 문제가 되는 조치의 고안과 구조(design and structure)가 덤핑과 보조금에 반대되고 부정적인 효과를 가지며 덤핑과 보조금 지급 행위를 단념케 하거나 중단하려는 유인을 제공하는지를 살펴 결정하여야 한다고 밝혔다. 이러한 관점에서 볼 때 Byrd 수정법은 그 고안과 구조가 수출자/생산자로부터 징수한 재정적인 자원을 경쟁자인 국내 업체에게 이전하는 효과를 통해 기존의 덤핑/보조금 지급을 단념케하고 있으므로 의심할 바 없이 반덤핑협정 18조1항과 보조금협정 32조1항에서 말하는 덤핑과 보조금에 대한 조치라고 결론지었다. 상소기구는 Byrd 수정법이 덤핑 제소 또는 상계 관세 제소를 신청하거나 지지하게 하는 재정적인 유인을 제공하므로 덤핑에 대한 것이라고 한 패널의 판단에 대해서는 어느 조치가 단지 WTO에 부합되는 권리 행사를 촉진케 한다는 이유만으로 덤핑에 대한 것이라고 볼 수는 없다고 확인하였다.

미국이 반덤핑협정 각주 24와 보조금협정 각주 56을 들어 Byrd 수정법은 이

---

8) the phrase 'specific action against dumping' of exports within the meaning of Article 18.1 is action that is taken in response to situations presenting the constituent elements of 'dumping'. 'Specific action against dumping' of exports must, at a minimum, encompass action that may be taken only when the constituent elements of 'dumping' are present.

각주에 해당하는 조치로서 반덤핑협정 18조1항, 보조금협정 32조1항상의 구체적인 조치는 아니라고 재주장한 데 대해 상소기구는 이 각주는 반덤핑협정 18조1항, 보조금협정 32조1항 조문이 암시하고 있는 것을 단지 확인한 것으로서 반덤핑협정 18조1항, 보조금협정 32조1항이 의미하는 구체적인 조치는 아니나 덤핑 또는 보조금에 관계된 조치는 이 규정에 의해 금지되지 않는다는 의미라고 설명[9]하고 미국의 주장을 기각하였다.

Byrd 수정법이 반덤핑협정과 보조금협정에 의해 해석된 바에 따라, 1994 GATT 규정에 따른 것인지 여부에 대해 상소기구는 패널과 마찬가지로 US1916 Act 판정에 따랐으며 GATT 해당규정(반덤핑 관세의 경우 VI조)을 해당 협정(반덤핑, 상계 관세)과 함께(in conjunction with) 해석할 때 허용된 조치는 반덤핑/상계 관세, 잠정 조치, 가격 인상 3가지뿐이며 Byrd 수정법은 이 중 어느 것에도 해당되지 않으므로 해당 협정에 의해 해석된 바에 따라. 1994 GATT 규정에 따른 것이 아니라고 결론지었다.

2) 조사 개시 조건 무효 효과 여부(반덤핑협정 5조4항, 보조금협정 11조4항)

반덤핑협정 5조4항[10]과 보조금협정 11조4항은 덤핑과 보조금 조사 신청 남발을 제한하기 위해 회원국 정부로 하여금 조사 신청에 대한 지지 또는 반대 정도를 검토하고 국내 산업을 대표한 조사 신청만 접수하도록 규정하고 있으며 국내

---

9) an action that is *not* 'specific' within the meaning of [AD Agreement Article 18.1 and SCM Agreement Article 32.1], but is nevertheless related to dumping or subsidization, is not prohibited by [these provisions].

10) 5.4 제1항에 따른 조사는, 당국이 동종 상품의 국내 생산자에 의해 표명된 신청에 대한 지지 또는 반대의 정도에 관한 검토에 근거하여(Re.13), 동 신청이 국내 산업에 의하거나 이를 대신하여(Re.14) 이루어졌다는 결정을 하지 아니하는 한 개시되지 아니한다. 이러한 신청은 이러한 신청에 대해 지지 또는 반대를 표명하는 국내 산업의 부분이 생산한 동종의 상품의 총 생산의 50%를 초과하는 총체적 산출량을 구성하는 국내 생산자가 지지할 경우 국내 산업에 의하거나 이를 대신하여 이루어진 것으로 간주된다. 그러나 신청을 명시적으로 지지하는 국내 생산자의 총 생산이 국내 상업에 의해 생산된 동종 상품의 총 생산의 25%미만인 경우 조사가 개시되지 아니한다.

(Remark 13) 산업이 분할되어 예외적으로 많은 수의 생산자를 포함하고 있는 경우 당국은 통계적으로 적절한 표본추출 방법을 사용하여 지지 또는 반대를 결정할 수 있다.

(Remark 14) 회원국은 특정회원국의 영토내에서 동종 상품의 국내 생산자의 피고용인이나 이러한 피고용인의 대표가 제1항에 따른 조사에 관한 신청을 하거나 지지할 수 있다는 것을 인지한다.

산업 전체 생산량의 50% 이상이 제소를 지지하고 총 생산량의 25%이상을 생산하여야 한다고 명시하고 있다. 이번 사건 제소국은 이 규정은 회원국 정부에게 조사 신청에 대한 지지 정도를 객관적이고 신의에 맞게 검토(examine)할 의무를 부여한 것인데 Byrd 수정법은 징수된 특정한 반덤핑 관세(상계 관세)를 그 건의 조사를 신청 또는 지지한 국내 생산자에게 지급하도록 규정, 국내 생산자는 별다른 피해가 없어도 일단 덤핑 조사를 신청하거나 이를 지지하게 한다고 주장하였다. 따라서 미국 정부는 자신이 객관적으로 조사하여야 할 상황 자체에 대해 온당치 못한 영향력을 행사하는 것이며 반덤핑협정을 체결국으로서의 신의칙에도 부합되지 않는다고 주장하였다.

패널은 제소국의 주장을 대부분 수용하였다. 패널은 Byrd 수정법의 재정적 유인상 국내 업체는 쉽게 덤핑 제소를 지지하게 되며 결과적으로 협정상의 최소 지지 기준을 충족하지 못했을 덤핑 제소가 지지 기준을 충족, 부당한 조사가 개시되게 할 것이므로 반덤핑협정 5조4항과 보조금협정 11조4항[11]상의 지지 기준 하한선(threshold)을 유명무실하게 만들었다고 지적, 각 조항 위반이라고 판시하였다. 패널은 이들 조항의 대상과 목적은 조사 당국으로 하여금 지지의 정도를 검토하고 제소 신청이 국내 산업에 의해 또는 대표하여 이루어진 것인지를 결정하게 하려는 것이라고 전제하고 Byrd 수정법은 재정적 유인을 통해 쉽게 제소에 동참하게 함으로써 사실상 이들 조항이 없었던 상황, 이러한 엄격한 요건을 필요하게 했던 상황으로 회귀시킨 것과 다름없으므로 동 조항의 대상과 목적을 파기시켰다고 판시하였다. 패널은 Byrd 수정법의 재정적 유인상 지지 요건을 충족한 대부분의 제소는 Byrd 수정법의 결과라고 간주할 수 있다고 보았으며 Byrd 수정법은 국내 업자로 하여금 제소 신청을 지지하도록 사실상 강제(mandate)하는 효과

---

11) 11.4 제1항에 따른 조사는 당국이 동종 상품의 국내 생산자에 의해 표명된 신청에 대한 지지 또는 반대의 정도에 관한 검토에 근거하여(Re.38), 동 신청이 "국내 산업에 의하거나 이를 대신하여" 이루어졌다는 결정을 하지 아니하는 한 개시되어서는 아니된다(Re.39). 이러한 신청은 이러한 신청에 대해 지지 또는 반대를 표명한 국내 산업의 부분이 생산한 동종 상품 총 생산의 50%를 초과하는 총체적 산출량을 구성하는 국내 생산자가 지지하는 경우에는 국내 산업에 의하거나 이를 대신하여 이루어진 것으로 간주된다. 그러나 신청을 명시적으로 지지하는 국내 생산자의 총 생산이 국내 산업에 의해 생산된 동종 상품의 총 생산의 25%미만인 경우 조사가 개시되지 아니한다.

(Remark 38) 산업이 분할되어 예외적으로 많은 수의 생산자를 포함하고 있는 경우 당국은 통계적으로 적절한 표본추출 방법을 사용 하여 지지 또는 반대를 결정할 수 있다.

(Remark 39) 회원국은 특정 회원국의 영토 내에서 동종 상품의 국내 생산자의 피고용인이나 이러한 피고용인의 대표가 제1항에 따른 조사에 관한 신청을 하거나 지지할 수 있음을 인지한다.

가 있다고도 보았다. 패널은 체약국은 그 협정의 대상과 목적을 준수하고 이에 합당하게 행동해야 할 신의가 있는바 미국은 Byrd 수정법을 통해 반덤핑협정 해당 조항의 대상과 목적을 파기하였으므로 협정 당사국으로서의 신의칙에 위반된다고 지적하였다.

이러한 패널의 판정은 상소기구에서 번복되었다. 우선 상소기구는 반덤핑협정 5조4항과 보조금협정 11조4항의 해석은 조약법에 관한 비엔나 협약의 원칙[12] 대로 문맥의 통상적 의미에 따라야 할 것인 바 반덤핑협정 5조4항과 보조금협정 11조4항은 조사 개시 신청이 국내 산업에 의해서 또는 대표해서 이루어졌는지를 결정하라는, 즉 지지의 정도(degree of support)에 대한 검토를 요구하는 것이지, 조사 당국으로 하여금 조사 개시를 지지하는 국내 생산자의 지지 동기, 즉 지지의 본질(nature of support)까지 검토하라고 요구하는 것은 아니라고 정리하였다. 이 조항에서 문제가 되는 것은 지지의 분량(quantity)이지 실질(quality)은 아니라는 것이다. Byrd 수정법이 이 조항들의 대상과 목적을 파기했다는 패널의 분석에 대해서도 상소기구는 동의하지 않았다. 상소기구는 Byrd 수정법이 조사 당국이 조사 신청에 대한 지지 정도를 검토해야 하는 사실과 표명된 지지가 국내 산업에 의해 또는 대표하여 이루어진 사실 자체를 변경하는 것은 아니라고 보았으며 같은 판단 하에 Byrd 수정법이 이들 조항의 최소 지지 기준을 무의미하게 하지도 않는다고 판시하였다.

상소기구는 제출된 근거로 판단할 때 지지 요건을 충족한 제소가 Byrd 수정법의 결과라고 간주할 수 없으며(미국은 Byrd 수정법 이전에도 업계의 제소 신청이 지지 요건을 충족치 못한 사례는 희박하다는 근거 제공) 유인 제공 사실이 일정한 행동을 사실상 지령한 것이라고 볼 수는 없다고 결론짓고 이상의 판단 하에 상소기구는 Byrd 수정법이 반덤핑협정 5조4항과 보조금협정 11조4항에 부합되지 않는다는 패널의 결정을 번복하였다.

신의칙 문제에 대해 미국은 WTO 협정에는 회원국이 신의 있게 행동하지 않았다고 결정할 근거가 없다고 주장, 패널의 신의칙 위배 결정에 항변하였으나 상소기구는 조약법에 관한 비엔나 협약, 판례(*US-Shrimp* 사건, *US-Japan Hot-Rolled Steel* 사건)에서 볼 때 WTO 분쟁 해결 절차는 회원국의 신의칙 위배 여부를 판단할 충분한 근거가 있다고 훈시하였다. 그러나 WTO 회원국이 어느 협정의 중요

12) 31. 1. 조약은 조약문의 문맥 및 조약의 대상과 목적으로 보아 그 조약의 문맥에 부여되는 통상적 의미에 따라 성실하게 해석되어야 한다.

조항을 위반하였다는 사실만으로 신의있게 행동하지 않았다고 결정할 수는 없으며 그러한 결정에 이르기 위해서는 단순한 위반 이상의 것을 증명하는 것이 필요하다고 설명하고 미국이 信義則에 위반되게 행동하였다는 패널의 결정을 아울러 번복하였다.

3) 가격 약속 수용 금지효과 여부(반덤핑협정 8조3항, 보조금협정 18조3항)

제소국은 덤핑(보조금 수혜) 업체가 가격 인상 약속을 제시하더라도 미 국내 업체는 Byrd 수정법상의 상쇄금을 지급받기 위해 이에 동의치 않을 것인 바 Byrd 수정법은 그 자체가 가격 인상 약속에 대해 거부권을 부여하는 것이라고 주장, 반덤핑협정 8조3항[13], 보조금협정 18조3항[14] 위반이라고 주장하였으나 패널은 이를 수용하지 않았다. 패널은 위 조항은 제시된 가격 인상 약속을 회원국 정부가 반드시 수락할 필요는 없다는 점에 초점을 준 규정으로서 국내 업체의 동의여부가 가격 인상 약속 수락의 필수 조건도 아니고 미국 정부의 관행으로 볼 때 국내 업체의 반대에도 불구하고 가격 인상 약속을 수락한 경우가 태반이었음을 지적하였다.

4) 개도국에 대한 특별 고려(반덤핑협정 15조)

제소국 가운데 인도와 인도네시아는 Byrd 수정법이 개도국에게는 반덤핑 관세를 부과하기 전에 건설적인 구제 가능성을 강구하라는 반덤핑협정 15조[15]에

---

13) 8.3 수입국 당국은 가격약속의 수락이 예를 들어 실제적 또는 잠재적 수출자의 수가 너무 많거나 일반정책상의 이유를 포함하는 다른 이유로 현실성이 없다고 간주하는 경우, 제시된 가격약속을 수락할 필요가 없다. 이러한 사례가 발생하는 경우 가능하다면 당국의 수출자에게 가격약속의 수락이 부적절하다고 간주하게 된 이유를 제시하고 가능한 범위 내에서 수출자에게 이에 대한 의견제시의 기회를 부여한다.

14) 18.3 제시된 약속은 수입회원국의 당국이 예컨대 실제적 또는 잠재적 수출자의 수가 너무 많거나 또는 일반정책상의 이유를 포함한 다른 이유로 인하여 현실성이 없다고 간주할 때에는 수락할 필요가 없다. 이러한 사례가 발생하고 실행가능한 경우 당국은 수출자에게 약속의 수락이 부적절하다고 간주한 이유를 제시하고, 가능한 범위 내에서 수출자에게 이에 대한 의견을 제시할 수 있는 기회를 부여한다.

15) 이 협정에 따라 반덤핑 조치의 적용을 고려할 때 개발도상회원국의 특별한 상황에 대해서 선진국회원국의 특별한 고려가 있어야 한다는 것이 인정된다. 반덤핑 관세의 적용이 개발도상회원국의 본질적 이익에 영향을 미치게 될 경우, 반덤핑 관세를 적용하기 이전에 이 협정에 규정

부합되지 않는다고 주장하였으나 수용되지 않았다. 패널은 개도국은 반덤핑 관세 대신 흔히 가격 인상 약속을 인정 받아왔음에 비추어 위 주장을 Byrd 수정법이 가격약속을 배척하게 하므로 위법이라는 주장으로 이해한다고 밝히고 3)항에 밝힌 바와 같이 국내 업계의 가격 인상 약속 수용 반대와 미국 당국의 수용 결정간에는 상관관계가 없으므로 협정 위반이라고 볼 것이 없다고 판시하였다.

5) 조치 가능 보조금 해당 여부(보조금협정 5조.나호)

멕시코는 Byrd 수정법에 의해 지급되는 상쇄금은 조치 가능 보조금이라고 주장하고 보조금협정 5조[16]나호에 규정된 대로 GATT에 따라 멕시코가 직접적 또는 간접적으로 향유하는 혜택(특히 GATT II조 및 VI조)을 무효화하거나 침해한다고 주장하였다.

특정성과 부정적인 효과(adverse effect)가 있어야 하는 조치가능 보조금 요건상 패널은 우선 특정성 여부에 대해 살펴보았으나 보조금협정 2조1항[17]상 특정

된 건설적인 구제의 가능성이 강구된다.

16) 5. 어떤 회원국도 제1조제1항 및 제2항에 언급된 보조금의 사용을 통하여 다른 회원국의 이익에 아래와 같은 부정적 효과를 초래해서는 아니된다. 즉,
가. 다른 회원국의 국내 산업에 대한 피해
나. 1994년도 GATT에 따라 다른 회원국이 직접적 또는 간접적으로 향유하는 혜택, 특히 동 협정 제2조에 따른 양허 혜택의 무효화 또는 침해
다. 다른 회원국의 이익에 대한 심각한 손상
이 조는 농업에관한협정 제13조에 규정된 바에 따라 농산물에 대하여 유지되는 보조금에는 적용되지 아니한다.

17) 2.1 제1조제1항에 정의된 보조금이 공여당국의 관할 내에 있는 특정 기업이나 산업 또는 기업군이나 산업군(이 협정에서는 "특정 기업"이라 한다)에 대해 특정적인지 여부를 결정함에 있어서 아래의 원칙이 적용된다.
가. 공여당국 또는 공여당국이 그에 따라 활동하는 법률이 보조금에 대한 접근을 특정 기업으로 명백하게 한정하는 경우 이러한 보조금은 특정성이 있다.
나. 공여당국 또는 공여당국이 그에 따라 활동하는 법률이 보조금의 수혜요건 및 금액을 규율하는 객관적인 기준 또는 조건을 설정하고, 수혜요건이 자동적이며 이러한 기준과 조건이 엄격히 준수되는 경우, 특정성은 존재하지 아니한다. 이러한 기준 및 조건은 검증이 가능하도록 법률, 규정 또는 그 밖의 공식문서에 명백하게 규정되어야 한다.
다. 가호 및 나호에 규정된 원칙의 적용결과 외견상 특정성이 없음에도 불구하고 보조금이 사실상 특정적일 수 있다고 믿을 만한 이유가 있는 경우에는 다른 요소들이 고려될 수 있다. 이러한 요소는 제한된 숫자의 특정 기업에 의한 보조금 계획의 사용, 특정 기업에 의한 압도적인 사용, 특정 기업에 대해 불균형적으로 많은 금액의 보조금 지급 및 보조금 지급 결정에 있어서 공여기관의 재량권 행사방식과 같은 것이다. 이 호를 적용함에 있어서 보조금계획이 집행되는 기간뿐 아니라 공여기관의 관할하에 있는 경제활동의 다양화의 정도가 고려된다.

성은 특정 기업이나 산업 또는 기업군이나 산업군에 대해 보조금에 대한 접근을 명백하게 한정하여 부여한 경우로서 수혜 요건이 자동적인 경우는 해당되지 아니하는 바 Byrd 수정법은 상쇄금 지급 대상을 특별히 한정하지 않고 있으므로 특정성이 있다고 볼 수 없다고 판시하였다. 멕시코는 Byrd 수정법 자체 *per se*가 아니라 수정법에 의해 지급되는 상쇄금에 대해 특정성을 따졌으나 패널은 동 사건의 문제가 되는 조치는 수정법 자체이므로 수정법의 특정성 여부를 살펴야 한다고 보았다.

혜택의 무효화나 피해에 대해 멕시코는 협정 위반에 의한 것과 비위반에 의한 것으로 나누어 주장을 전개했다. 협정 위반에 의한 무효화나 피해에 대해 멕시코는 협정 위반에 의한 대상 협정 위반 행위는 일견 명백한 무효화 또는 침해 사례를 구성하는 것으로 간주된다는 DSU 3조8항[18]을 인용하여 반덤핑협정과 보조금협정에 위반되는 Byrd 수정법으로 인해 멕시코의 GATT II조(관세 양허)와 VI조(반덤핑 및 상계 관세)상의 이익이 침해되었다고 주장하였다. 패널은 멕시코가 주장하는 조치가능 보조금으로서의 Byrd 수정법을 살펴볼 때 우선 보조금협정 5조는 보조금의 사용을 통하여 다른 회원국에게 부정적 효과를 초래해서는 아니됨을 규정하고 있으므로 어떤 협정의 위반을 일견 무효화와 피해로 간주하는 DSU 3조8항은 보조금협정 5조나호상의 무효화나 침해를 증명하는 데 충분하지 못하며 반드시 보조금의 사용에 의해 초래된 무효화와 피해가 무엇인지 명백히 밝혀야 한다고 보았다. 패널이 Byrd 수정법이 반덤핑협정 5조4항 18조1항 등을 위반한 것이라고 판시한 것은 Byrd 수정법이 덤핑에 관한 구체적 조치에 해당되나 허용되지는 않는 것임을 가린 것이지 (이 판단은) 보조금으로 사용하여 야기된 결과의 효과와는 아무런 관계가 없는 것이므로 멕시코의 주장에 인용하는 것을 적절치 않다고 설명하고 멕시코는 Byrd 수정법에 의한 상쇄금의 사용으로 인해 야기된 피해를 적시하지 못하였다고 지적, 멕시코의 주장을 수용하지 않았다.

패널은 *Japan-Film* 사건 패널 판정을 인용, GATT XXIII조1항[19](b) 비위반 제

---

18) 3.8. 대상 협정에 따라 부담해야 하는 의무에 대한 위반이 있는 경우, 이러한 행위는 일견 명백한 무효화 또는 침해 사례를 구성하는 것으로 간주된다. 이는 일반적으로 규칙위반이 동 대상 협정의 당사국인 다른 회원국에 대하여 부정적인 영향을 미친다고 추정됨을 의미하며, 이 경우 피소국이 제소국의 협정의무 위반주장에 대하여 반박하여야 한다.

19) XXIII.1. 체약국은

(a) 다른 체약국이 본 협정에 따른 의무의 이행을 태만히 한 결과,

(b) 다른 체약국이, 본 협정의 조항에 저촉여부를 불문하고, 어떤 조치를 적용한 결과 또는 (c) 기타 다른 어떤 사태가 존재하는 결과로서,

소를 적용하기 위해서는 그 요건으로서 i) WTO 회원국에 의한 조치의 적용과, ii) 그러한 조치를 적용한 결과로 야기된 혜택의 무효화나 피해가 있어야 한다고 보았다. 첫째 요건의 경우 패널은 보조금협정 5조의 문맥상 조치의 적용은 보조금의 사용을 포함해야 하며 동 협정 7조1항에 비추어 보조금의 사용이란 보조금의 지급 또는 維持와 같은 것이라고 보고 Byrd 수정법은 상쇄금을 실제로 지급하고 지급하는 제도를 유지하므로 첫 번째 요건을 충족한다고 보았다. 패널은 미국의 관세 양허에 따라 멕시코가 실제로 혜택을 보고 있으므로 두 번째 요건도 충족한다고 보았다. 패널은 비위반 제소는 WTO의 관행상 通常的이지 않은 구제 방법으로서 신중하게 사용해야 할 예외적인 구제 방법이라고 전제하고 비위반 제소를 보조금에 적용한 GATT 판례(*EEC-Oil seed* 사건)에서 비위반에 의한 혜택의 무효화나 침해는 관세 양허의 효과가 어떤 보조금 제도에 의해 체계적으로 상쇄될 경우에 일어나는 것으로 보아야 한다고 판정하였음을 환기하였다. 이 판례의 기준으로 볼 때 Byrd 수정법에 의한 상쇄금 지급은 어떤 특정 상품별로 이루어지는 것도 아니고 해당 상품의 관세 양허와 직접적으로 연계된 것이 아니므로 GATT II조 VI에 의해 멕시코에 부여된 혜택을 체계적으로 상쇄한다고는 볼 수 없다고 판시하였다.

따라서 패널은 Byrd 수정법 자체가 특정적이며 부정적 효과를 입증하지 못했으므로 Byrd 수정법이 상계 관세 5조나항에 합치되지 않는다는 멕시코의 주장은 받아들이지 않았다.

6) 법규의 공정 운영 위배 여부(GATT X조3항a호)

제소국은 Byrd 수정법은 미국 내 업자가 덤핑이나 보조금에 대해 실제적인 이해가 별로 없는 데에도 금전적인 유인에 이끌려 덤핑 제소를 지지하게 된 상황에서 조사를 시작하고 조치를 부과하는 효과가 있으므로 미 정부가 반덤핑 상계관세 법규를 비합리적으로 운영하는 한편 제소 지지도를 인위적으로 향상시키고 금전적인 이윤으로 인해 다른 구제 대안을 생각치 못 하게 하므로 관련 법규를

본 협정에 따라, 직접 또는 간접으로 자국에 부여된 모든 이익이 무효 또는 침해되거나, 본 협정의 목적 달성이 저해되고 있다고 인정할 때에는, 동 문제의 만족한 조정을 위하여 관계가 있다고 동 체약국이 인정하는 다른 체약국 또는 체약국들에 대하여 서면으로 사정의 설명 또는 제안을 할 수 있다. 동 사정의 설명 또는 제안을 받은 체약국은 사정의 설명 또는 제안에 대하여 호의적 인 고려를 하여야 한다.

편파적으로 운영하게 한다고 주장, 따라서 GATT X조3항a호[20]에 위배된다고 주장하였다.

패널은 GATT X조3항a호는 법규가 운영되는 방식에 관한 것이지 법규의 내용에 대해 적용될 것은 아니라고 설명하고 Byrd 수정법이 단순히 어떤 법을 적용하는 방식에 대한 것이라고 볼 수 없고 상쇄금을 지급하는 것을 규율하는 본질적인 내용을 담고 있는 것이므로 GATT X조3항a호 위반에 해당되지 않는다고 판시하였다.

7) 이행 방법 권고(DSU 19조1항)

패널은 Byrd 수정법 폐기를 권고하여 달라는 제소국의 요청을 받아들여 미국이 이 법을 폐기하는 것 보다 더 적절하고 효과적인 이행 방법을 생각할 수 없다고 지적하고 미국 당국으로 하여금 이법을 폐기하도록 권고하였다.

다. 해설 및 평가

Byrd 수정법의 WTO 협정 합치 여부를 심리하는 데 있어 패널과 상소기구가 크게 참고한 것은 *US-1916 Act* 사건 상소기구 판정이었다. 덤핑 행위에 대해 3배의 손해 배상과 5,000달러 이하의 벌금 또는 1년 이하의 징역형을 부과할 수 있도록 규정한 미국 1916년 수입법 제8편의 WTO 협정 합치성을 심리한 이 사건에서 상소기구는 GATT VI조에 규정된 덤핑에 대한 구체적인 조치는 동 조항 및 반덤핑협정 규정에서 볼 때 반덤핑 관세, 잠정 조치, 가격 인상 약속 3가지에 국한된다고 확인하였으며 이 3가지 조치 어느 것에도 포함되지 않는 1916년 수입법상 조치는 WTO 협정에 합치되지 않는다고 판시하였다. 패널과 상소기구는 그 구성 논리는 약간 다르게 전개하였지만 *US-1916 Act* 판례를 기준으로 심리하였으며 동 판례에서 다루지 않은 보조금에 대해서도 판례의 결정을 적용하여 심리하였다.

상소기구에서 Byrd 수정법이 반덤핑협정과 보조금협정에 위반된다는 사실이 최종 확인됨으로써 DSU가 부여한 합리적 이행 기간에 따라 미국은 2003. 12. 27

20) X.3.(a) 각 체약국은 본 조 제1항에 열거한 종류의 자국의 모든 법률, 규칙, 판결 및 결정을 일률적이고 공평하고 합리적인 방법으로 실시하여야 한다.

까지 동 법률을 폐지하거나 WTO 협정에 합치하는 방식으로 변경할 의무를 가지게 되었다 그러나 미국이 기한 내에 이를 이행하지 않음에 따라 우리나라, EC를 포함한 8개국[21]은 2004년 1월 공동으로 DSU 22조에 의거한 보복 조치(피해에 상응하는 규모의 대미 양허 정지) 시행을 승인하여 줄 것을 WTO 분쟁 해결 기구에 요청하였으나 미국이 공동 제소국들이 제시한 피해규모 등 양허 정지 요청 사항에 대해 이의를 제기함에 따라 DSU 22조6항[22]에 따라 중재에 회부되었다.

WTO 중재 패널은 2004년 8월 31일 공동 제소국의 양허 정지 조치를 허용하였다. 중재패널은 우리나라를 포함한 양허 정지 요청국이 Byrd 수정법에 따라 미국 기업에 지급된 금액이 自國(제소국)에 끼친 무역 효과에 해당하는 금액만큼 미국에 보복 조치를 취할 수 있다고 판정하였다. 동 금액은 Byrd 수정법에 의해 지급된 상쇄금의 72%에 해당하는 수준이다.

중재 패널의 결정 이후에도 공동 제소국은 미국에게 이행 기회를 부여하기 위해 양허 정지 조치를 즉각 시행하지는 않았으나 미국 의회에서 Byrd 수정법 폐지 법안 처리가 지지부진하여 2005년 5월 1일부터 EC와 캐나다가, 9월 1일부터 일본이 보복 조치(양허 정지)를 시행하였다. 미국 의회는 2006년 2월 1일 Byrd 수정법 폐지 조항이 포함된 Deficit Reduction Act를 통과시켰고 대통령 서명을 통해 2006년 2월 7일 발효되었다. 이에 미국은 2월 17일 DSB 회의에서 이 사건 이행을 완료하였다고 통보하였으나 제소국들은 Deficit Reduction Act가 Byrd 수정법을 폐지하기는 하였으나 2007년 9월까지는 미 당국이 징수한 반덤핑 관세와 상계 관세를 계속해서 미 국내 관련업계에 배분할 수 있는 단서를 달고 있으므로 이행이 완료된 것이라고 볼 수 없다고 반박하였다. 2007년 1월 현재 이행 문제가 완전히 해결되지 못한 상태로서 제소국들은 매월 DSB 회의시마다 미국이 이행 동향을 알리는 보고서를 제출할 것을 요청하고 있으며 미국은 이행이 완료된 만큼 이행 보고서를 제출할 수 없다고 일축하고 있다.

---

21) 한국, 일본, EU, 브라질, 캐나다, 인도, 칠레, 멕시코

22) 22.6. 제2항에 규정된 상황이 발생할 때에 분쟁 해결 기구는 요청이 있는 경우, 분쟁 해결 기구가 콘센서스로 동 요청을 거부하기로 결정하지 아니하는 한, 합리적 기간의 종료로부터 30일이내에 양허 또는 그 밖의 의무의 정지를 승인한다. 그러나 관련 당사국이 제안된 정지의 수준에 대하여 이의를 제기하거나, 제소국이 제3항나호 또는 다호에 따라 양허 또는 그 밖의 의무의 정지에 대한 승인을 요청했을 때 제3항에 명시된 원칙 및 절차가 준수되지 아니하였다고 주장하는 경우, 동 사안은 중재에 회부된다. 이러한 중재는 원 패널 위원의 소집이 가능한 경우 원 패널, 또는 사무총장이 임명하는 중재인(Re.15)에 의하여 수행되며 합리적인 기간의 만료일로부터 60일 이내에 완결된다. 양허 또는 그 밖의 의무는 중재의 진행 중에는 정지되지 아니한다.
(Remark 15) "중재인"이라는 표현은 개인 또는 집단을 지칭하는 것으로 해석된다.

17. Brazil vs. Argentina - Poultry 사건

(DS241, 2003. 5. 19. - 패널)

가. 사건 개요

1997년 9월 아르헨티나 가금육업협회(CEPA)는 브라질산 가금육에 대해 반덤핑 조사를 개시하여 줄 것을 요청하였다. 아르헨티나 공정거래위(DCD)는 조사를 개시할 만한 덤핑 혐의가 있다고 판단하였으나 산업 피해 存否를 결정하는 아르헨티나 무역 위원회(CNCE)는 조사 개시에 충분한 국내 피해 사실이 입증되지 않는다고 판단하였다. 그러나 조사 개시 결정권이 있는 아르헨티나 산업부는 조사 신청을 기각하지 않고 CEPA로부터 보충 자료를 제출받은 후 CNCE에게 산업 피해 여부를 재심사하도록 요청하였으며 CNCE는 보충 자료를 근거로 1998년 9월 산업 피해 존재 결정을 내렸다.

1999년 1월 아르헨티나 산업부는 반덤핑 조사 개시 결정을 내리고 관보에 게재하였으며 2000년 7월 브라질산 가금육에 대해 향후 3년간 반덤핑 관세를 부과키로 하였다. 반덤핑 관세는 특정 비율이 아니라 덤핑 수출업체의 특정 선적분의 FOB 送狀가격이 각 업체별로 산정된 최소 수출 가격에 미달하는 경우 그 차액만큼을 징수하는 형태였다.

브라질은 아르헨티나 당국의 반덤핑 관세 부과 조치가 충분한 증거도 없이 개시되었고 이해 당사자에 대한 통보, 충분한 응답 기회 보장 등의 조사 절차상의 의무를 위반하여 부당하게 이루어진 것이라고 주장하고 2002년 2월 WTO에 제소하였다.

나. 주요 쟁점별 당사자 주장 및 판결 요지

1) 조사 개시에 충분한 증거(반덤핑협정 5조3항)

브라질은 아르헨티나 당국이 반덤핑 조사 개시를 정당화할 충분한 증거도 갖추지 못한 채 국내 업자 보호를 목적으로 성급하고 무리하게 반덤핑 조사를 개시하였으며 이는 조사 개시에 충분한 증거를 갖추라는 반덤핑협정 5조3항[1] 위반이라고 주장하였다. 브라질은 그 주장의 근거로 첫째 브라질 내에서 판매되는 가금육과 아르헨티나 내에서 판매되는 가금육간에는 외형상의 차이가 있으나 이를 補正(adjustment)하기 위한 충분한 자료를 조사 개시 결정 당시 아르헨티나 조사 당국은 가지고 있지 않았으며 정확한 비교를 위해 補正을 실시하였다거나 실시된 분량에 대한 근거도 없다고 주장하였다. 패널은 보정 사실 또는 그 분량에 관한 정보는 워낙 부실하여 객관적이고 공평한 조사 당국이라면 이러한 수준의 정보를 토대로 공정한 비교를 위한 보정이 이루어 졌다고 판단하지는 않았을 것이라고 결론짓고 아르헨티나의 조사 개시 결정은 반덤핑협정 5조3항에 위배되었다고 판시하였다.

둘째 브라질은 아르헨티나 당국이 조사 개시에 충분한 증거가 있는지 여부를 결정할 때 덤핑 거래분만 고려하였고 정상 거래분(비덤핑거래분)은 제외하였다고 주장하였으며 패널은 *EC-Bed Linen* 사건 판례를 인용, zeroing 조차도 위법으로 판정되었는데 하물며 일정 거래 자체를 아예 고려하지 않은 것은 정상 가격의 가중 평균과 비교 가능한 모든 거래의 가중 평균 가격을 비교해야 한다는 대원칙을 준수하지 않은 것이므로 따라서 아르헨티나 당국이 객관적이고 공평한 조사 당국이라면 조사 개시에 충분한 증거가 있다고 판단하지는 못했을 것이라고 판시하였다.

셋째 브라질은 아르헨티나 당국이 수출 가격은 수개월간의 것을 검토한 반면 정상 가격은 1997. 6. 30. 거래 가격만을 기초로 산정한 것은 부당하다고 주장하였다. 패널은 수출 가격과 정상 가격 간에 공정한 비교를 하라는 반덤핑협정 2조4항[2]의 규정상 가격 비교는 가능한 한 가장 근접한 시점에서 이루어져야 하며

---

1) 5.3 당국은 조사 개시를 정당화할 수 있을 만큼 충분한 증거가 있는지 여부를 결정하기 위하여 신청서에 제시된 증거의 정확성과 적정성에 대하여 검토한다.

상당한 정도의 기간의 중복이 있어야 한다고 지적하였다. 아르헨티나 당국의 조치는 이를 준수치 않았고 6월 30일자 정상 가격도 그날의 거래가 前後 상당 기간의 거래 동향을 특별히 대표한다는 근거도 없으므로 아르헨티나 당국의 조치는 온당치 못하다고 판단하였다.

패널은 이상의 판단을 종합하여 아르헨티나가 조사 개시를 정당화 할 수 있을 만큼 충분한 증거가 있는지 살펴야 한다는 반덤핑협정 5조3항의 규정과 합치되게 행동하지 못했다고 판시했다. 브라질은 제소자의 조사 신청이 반덤핑협정 5조2항에 규정된 덤핑 사실의 존재, 피해의 존재, 양자간의 인과 관계에 관한 증거를 갖추지 못하고 있는데도 조사를 개시한 것은 반덤핑협정 5조2항 위반이라고 주장하였으나 패널은 이미 5조3항에 위배된다고 판시하였으므로 5조2항 위반 여부는 사법 경제상 살펴볼 실익이 없다고 보고 더 이상 검토하지 않았다.

2) 증거 불충분시 조사 중단(반덤핑협정 5조8항)

CNCE는 1998년 1월 7일 제소자인 CEPA의 조사 신청이 산업 피해에 관한 충분한 증거를 갖추지 못하고 있다고 결정하였으나 조사 개시 결정권이 있는 아르헨티나 산업부는 조사 신청을 기각하지 않고 제소자로부터 보충 자료를 제출받은 후 조사를 개시하기로 결정하였다. 브라질은 산업부의 이러한 조치는 덤핑 또는 피해에 대한 충분한 증거가 존재하지 않는다고 납득하는 즉시 신청은 기각되고 조사는 종결되어야 한다는 반덤핑협정 5조8항에 위배되는 것이라고 주장하였다.

패널은 아르헨티나 산업부가 피해 증거가 부족하다는 CNCE의 결정을 접수하는 즉시 사안 진행에 충분한 증거가 존재하지 않는다고 납득했어야 한다고 보고 아르헨티나는 5조8항의 요건을 충족하지 못하였다고 판시하였다.

---

2) 2.4 수출가격과 정상가격 간에 공정한 비교를 한다. 이러한 비교는 동일한 거래단계, 일반적으로는 공장도단계에서 그리고 가능한 한 같은 시기에 이루어진 판매에 대하여 행하여진다. 제반 판매조건, 과세, 거래단계, 수량, 물리적 특성의 차이와 가격 비교에 영향을 미친다고 증명된 그 밖의 차이점들을 포함하여 가격 비교에 영향을 미치는 차이점들에 대해서 각각의 경우에 그 내용에 따라 적절히 고려한다. 제3항에 언급된 경우에 있어서, 수입과 재판매 사이에 발생하는 관세 및 조세를 포함한 비용 및 발생한 이윤이 또한 고려되어야 한다. 이러한 경우에 가격 비교가 영향을 받을 때에는 당국은 구성수출가격의 거래단계와 동일한 거래단계에서 정상 가격을 설정하거나 또는 이 항에 따라 정당화된 적절한 고려를 한다. 당국은 공정한 가격 비교를 위해 어떠한 정보가 필요한지를 당해 당사자에게 알리며, 이러한 당사자에게 불합리한 입증 책임을 지워서는 아니된다.

3) 덤핑과 피해 증거의 동시 고려(반덤핑협정 5조7항)

브라질은 아르헨티나 당국이 반덤핑 조사의 충분한 근거가 있는지 여부를 살필 때 사용한 자료 중 덤핑 여부에 관한 자료의 대상 기간은 1996년과 97년도분임에 반해 피해의 여부에 관한 대상기간은 1998년 6월분까지로서 대상기간이 서로 상이하므로 반덤핑협정 5조7항 위반이라고 주장하였다. 패널은 브라질의 주장은 덤핑과 피해의 조사 대상 기간이 동일해야 한다는 것이나 5조7항은 조사 당국이 덤핑과 피해의 증거를 순차적이 아니라 동시에 검토해야 한다는 절차적 의무에 관한 것이므로 브라질의 주장과 같이 조사 개시 결정의 본질에 관한 사항은 5조7항의 규율 대상에서 벗어난다고 정리하였다.

브라질은 상이한 기간의 덤핑과 피해 자료를 토대로 CNCE가 1998년 9월 국내 피해에 대한 충분한 증거가 존재한다고 결정하고 아르헨티나 공정위(DCD)가 1998년 1월 덤핑 사실에 대한 충분한 증거가 존재한다고 서로 다른 시점에 결정한 것은 5조7항의 동시 고려 의무를 위반한 것이라고 주장하였다. 패널은 5조7항의 결정은 반덤핑 조사 개시 결정 권한을 갖고 있는 당국의 최종적인 조사 개시 결정을 의미하며 그 결정을 내림에 있어 피해와 덤핑의 증거를 동시에 검토하라는 의미라고 설명하고 조사 개시 결정권한을 갖고 있는 아르헨티나 산업부 1999년 1월 조사 개시 결정을 내릴 때 덤핑과 피해의 증거를 동시에 검토하지 않았다는 증거가 없으므로 아르헨티나 당국이 5조7항에 합치되지 않게 행동하였다고 볼 수 없다고 판시하였다.

4) 이해 당사자에 대한 통보(반덤핑협정 12조1항)

아르헨티나 당국은 반덤핑 조사 개시 결정을 1999년 2월 5개 브라질 업체에게 통지하였으나 기타 7개 업체에 대해서는 1999년 9월에서야 통지하였다. 이에 대해 브라질은 반덤핑 조사 개시를 정당화하는 충분한 증거가 있다고 납득하는 경우 이해 당사자에게 통지해야 한다는 반덤핑협정 12조1항[3])을 위반한 것이라고 주장하였다.

---

3) 12.1 제5조에 따라 당국이 반덤핑 조사의 개시를 정당화하는 충분한 증거가 있다고 납득하는 경우, 자기 나라의 상품이 조사 대상인 회원국 및 조사에 이해관계가 있는 것으로 조사 당국에 알려진 다른 이해 당사자에게 통지되며 공고된다.

패널은 반덤핑협정 6조11항의 규정상 7개 브라질 수출업체는 12조1항상의 이해 당사자에 해당하며 아르헨티나 정부는 이들에게 조사 개시 결정을 즉시 통지하여야 했다고 판시하였다. 패널은 12조1항의 충분한 증거가 있다고 납득한 때란 '즉시'라는 의미라고 해석하고 조사 개시 결정 후 수개월이 지난 9월에 통지한 것은 즉시에 해당하지 않는다고 보았다. 아르헨티나는 7개 업체의 연락처가 未詳이어서 지연 통지가 불가피하였으며 공고(public notice)로 개별 통지를 가름할 수 있다고 항변하였으나 패널은 12조1항상의 통지 의무는 이해 당사자의 연락처를 획득하기 위해 합리적인 노력해야 할 의무를 포함하는 것이며 공고 및 통지 의무를 명시한 조항에 비추어 공고가 통지 의무를 가름할 수 없다고 판시하였다.

5) 질의서 응답 기한(반덤핑협정 6조1항1호)

아르헨티나 공정위(DCD)는 1999년 9월 15일 브라질 수출업체에 일정한 자료를 20일 이내에 제출하여 줄 것을 요청하였다. 무역 위원회(CNCE)는 피해에 관해 별도의 질의서를 발송하지는 않았다. 이에 대해 반덤핑협정 6조1항1호[4] 규정상 질의서 응답기한은 최소 30일 이상이 부여되어야 하며 피해 질의서를 송부하지 않은 것도 협정에 어긋난다고 주장하였다. 패널은 DCD의 자료 요청은 6조1항1호상의 반덤핑 조사에 사용되는 질의서에 해당되는 것이 명백하므로 응답기한을 20일 부여한 것은 동 조항 위반이나 동 조항이 송부해야 할 질의서의 종류를 특정하지는 않았으므로 피해 질의서를 송부하지 않은 것까지 동 조항 위반이라고 볼 수는 없다고 판시하였다.

6) 이해 당사자에 대한 자료 제공(반덤핑협정 6조1항2호)

브라질은 아르헨티나 당국이 일부 브라질 수출업체에게는 반덤핑 조사 개시 사실을 제 때 통지하지 않았고 질의서도 송부하지 않았기 때문에 해당 업체는 다

---

4) 6.1.1 반덤핑 조사에 사용되는 질의서를 받는 수출자 또는 외국의 생산자에게 응답을 위해 최소한 30일이 주어진다(Re.15). 동 30일 기간의 연장을 위한 어떤 요청에 대하여도 적절한 고려가 있어야 하며 사유가 제시되는 경우 이러한 연장은 가능한 한 허용되어야 한다.
(Remark 15) 일반적으로 수출자에게 부여하는 시한은 질의서 접수일로부터 기산되며, 이를 위해 질의서는 응답자에게 발송되거나 또는 수출회원국의 적절한 외교대표 또는 세계무역기구에 가입한 독자적 관세영역의 경우는 수출영역의 공식대표에게 전달된 날로부터 1주일 후에 접수된 것으로 간주된다.

른 이해 당사자가 아르헨티나 당국에 제출한 자료를 입수할 수 없었으며 이는 이해 당사자가 서면으로 제시한 증거는 조사에 참가하고 있는 다른 이해 당사자에게 신속히 입수될 수 있도록 해야 한다는 반덤핑협정 6조1항2호[5]의 위반에 해당한다고 주장하였다.

패널은 辭典的 의미로 볼 때 조사에 '참가'하고 있다는 것은 일정한 행위를 수행하고 있는 것을 말함이며 어떤 당사자가 조사에 적극적인 참가하고 있지 않은 이상 단지 반덤핑 조사가 진행 중인 것을 인지하고 있다고 해서 조사에 참가하고 있는 이해 당사자라고는 볼 수 없다고 정리하였다. 패널은 브라질 업체는 1999년 9월 통지 받기 전까지는 조사가 진행 중인 사실 자체를 알지 못하였으므로 조사에 참가하고 있다고 할 수 없으며 조사에 참가하지 않은 이해 당사자에게 자료를 제공할 의무는 없다고 결론짓고 아르헨티나가 반덤핑협정 6조1항2호에 위반되게 행동한 것은 없다고 판시하였다.

7) 조사 신청서 全文 제공(반덤핑협정 6조1항3호)

아르헨티나 당국은 CEPA의 반덤핑 조사 신청서 전문을 브라질 당국이나 수출업체에 송부하지는 않았고 공고문에 포함, 누구나 볼 수 있게 하였다. 이에 대해 브라질은 접수된 서면 신청서 전문을 수출자 및 수출국 당국에 제공해야 한다는 반덤핑협정 6조1항3호[6]에 위배된다고 주장하였다. 브라질은 누구나 다 볼 수 있도록 공고하였으므로 제공한 것과 다름없다고 반박하였다.

패널은 제공(provide)이란 무엇을 누구에게 갖다 주는 적극적인 행위를 수반하는 것이라고 해석하였다. 이러한 의미에서 볼 때 패널은 조사 신청서 전문에 대해 접근권을 보장한 것만으로는 제공의 요건을 충족하지 못한다고 결론짓고 아르헨티나가 6조1항3호에 합치되지 않게 행동하였다고 판시하였다.

---

5) 6.1.2 비밀 정보 보호를 위한 요건을 조건으로, 일방 이해 당사자에 의해 서면으로 제시된 증거는 조사에 참가하고 있는 다른 이해 당사자에게 신속히 입수될 수 있도록 한다.

6) 6.1.3 조사가 개시되는 즉시 당국은 제5조제1항에 따라 접수된 서면신청서 전문을 알려진 수출자(Re.16) 및 수출회원국의 당국에 제공하며, 요청이 있을 경우 다른 관련 이해 당사자도 이를 입수할 수 있도록 한다. 제5항에 규정된 바와 같이 비밀 정보의 보호요건에 대하여 적절한 고려를 한다.
(Remark 16) 관련 수출자의 수가 특별히 많을 경우, 서면신청서의 전문은 대신에 수출회원국의 당국 또는 관련 동업자협회에만 제공되어야 하는 것으로 양해된다.

8) 입수 가능한 사실의 이용(반덤핑협정 6조8항, 부속서 2의 3, 5, 7조)

아르헨티나 당국은 자국 법령에 의해 인가 받지 않은 브라질 수출업체 Catarinense社가 제출한 수출 가격 및 정상 가격 자료를 무시하고 입수 가능한 사실을 이용하여 덤핑 마진을 산정하였다. 브라질의 주장에 대해 패널은 반덤핑협정 어느 규정도 조사 당국이 수출업체 인가와 같은 절차적 요건을 부과하는 것을 금지하지는 않는다고 보고, i) 아르헨티나 당국이 국내 법규에 의거, 인가를 취득해야 함을 수출업자에게 공지한 사실이 인정되고, ii) 브라질 해당 업체가 동 인가를 획득하기 위해 노력한 사실이 없는 점에 비추어 볼 때, 무인가 업체가 제출한 자료를 인정치 않은 아르헨티나 당국의 조치는 반덤핑협정 6조8항[7]에 위반될 것이 없다고 보았다. 또한 반덤핑협정 부속서 2의 3조[8]에 규정된 적절하게 제출(appropriately submitted)되었다는 의미는 회원국 관련 법규가 정한 절차 규정에 합치되게 제출되었다는 의미를 포함하므로 그렇지 못한 정보를 기각하는 것은 합당하다고 보았다.

아르헨티나 당국은 3개 브라질 수출업체가 제출한 수출 가격 역시 적시에 적절하게 제출되지 않았고 보충 자료도 부족하다는 이유로 기각하였으나 패널은 조사 결과 이들 업체가 적시에 적절하게 제출하지 않았다고 볼만한 사유가 없다고 결론짓고 아르헨티나 당국이 입수 가능한 사실을 이용한 것은 6조8항에 위배된다고 판시하였다.

Frangosul이라는 브라질 수출업체는 아르헨티나 당국이 요청한 정상 가격 관련 자료를 제출하는데 어려움이 있다는 통보도 하지 않은 채 조사 개시 7개월이 지나도록 제출하지 않았다(다른 수출업체는 적시 제출이 곤란하다고 통보). 아르헨티나 당국은 합리적인 기간 내에 자료가 제출되지 않았다는 이유로 同社 제출

---

7) 6.8 이해 당사자가 합리적인 기간 내에 필요한 정보에의 접근을 거부하거나 달리 동 정보를 제공하지 아니하는 경우 또는 조사를 중대하게 방해하는 경우, 입수 가능한 사실에 기초하여 긍정적 또는 부정적인 예비 및 최종 판정이 내려질 수 있다. 이 항의 적용에 있어서 부속서 2의 규정이 준수된다.

8) 3. 검증 가능하며 부당한 어려움이 없이 조사에 이용될 수 있도록 적절하게 제출되고 적시에 제공되었으며, 적용이 가능한 경우, 당국이 요청하는 특정 매체 또는 컴퓨터 언어로 제출된 정보는 판정이 내려질 때 고려되어야 한다. 이해 당사자가 선호되는 매체 또는 컴퓨터 언어로 응답하지 아니한 경우에도 당국이 제2항에 규정되어 있는 상황이 충족된다고 판단하면 선호되는 매체나 컴퓨터 언어로 응답하지 아니한 것이 조사를 중대하게 방해하는 것으로 간주되어서는 아니된다.

자료 대신 입수 가능한 사실을 이용하였으며 패널은 자료를 검토하여 볼 때 Frangosul사가 자료 제출 곤란 사실을 훨씬 일찍 인지할 수 있었는데 이 통보를 해태한 점이 인정된다고 보았다. 패널은 따라서 Frangosul사는 자료를 합리적인 기간 내에, 적시에 제출하지 않았으며 능력에 따라 최선을 다했다고도(부속서 2의 5조) 볼 수 없고 이러한 상황에서 아르헨티나 당국에게 특별한 신중을(부속서 2의 7조) 기하라고 요구할 수도 없다고 판시하였다.

9) 개별적인 덤핑 마진 결정(반덤핑협정 6조10항)

아르헨티나 당국은 Catarinense사 및 Frangosul사에 대해서는 개별적인 덤핑 마진을 산정하지 않았는데 브라질은 이는 알려진 수출자/생산자 각각에 대해 덤핑 마진을 산정해야 한다는 반덤핑협정 6조10항[9]을 위반한 것이라고 주장하였다. 아르헨티나는 해당사들이 필요한 정보를 제출하지 않았기 때문이라고 항변하였다.

패널은 *Argentina-Floor Tiles* 사건 패널 보고서를 인용, 반덤핑협정 2조와 6조8항은 수출업자가 정보를 제출하지 않거나 부실한 정보를 제출할 경우에 대체 정보를 이용해서라도 각 수출업자의 덤핑 마진 산정을 위한 자료 분석을 마치라는 의미인 바, 제출된 자료가 신뢰할 수 없다거나 자료가 제출되지 않았다는 이유로 개별 덤핑 마진을 산정하지 않은 것은 반덤핑협정 6조10항 위반에 해당한다고 판시하였다.

10) 핵심적인 고려 사항의 통보(반덤핑협정 6조9항)

브라질은 아르헨티나 당국이 브라질 수출자가 제출한 일부 수출 가격 자료와 정상 가격 자료가 반덤핑 관세 부과 여부 결정을 위한 수출 가격 및 정상 가격 산정 時에 이용되지 않을 것이라는 사실과 그 이유에 대해 수출업체에 통보하지 않은 것은 확정 조치 적용 여부 결정의 근거가 되는 핵심적 고려 사항을 모든 이해 당사자에게 통보해야 하는 반덤핑협정 6조9항[10]상의 의무를 다하지 못한 것

---

9) 6.10 당국은 일반적으로 조사 대상 상품의 알려진 관련 수출자 또는 생산자 각각 대해 개별적인 덤핑 마진을 결정한다. 관련된 수출자, 생산자, 수입자, 또는 관련 상품의 유형의 수가 너무 많아 이러한 결정이 불가능할 경우 당국은 그 선정시 당국에 이용 가능한 정보를 기초로 통계적으로 유효한 표본을 사용하여 검사를 이해 당사자 또는 상품의 합리적인 수로 제한하거나 또는 합리적으로 조사 될 수 있는 당해 국가로부터의 수출량의 가장 큰 비율로 제한할 수 있다.

10) 6.9 당국은 최종 판정 이전에 확정 조치를 적용할 것인지 여부에 대한 결정의 근거가 되는 핵

이라고 주장하였다.

패널은 일부 수출 가격 정보와 정상 가격 정보가 확정 조치 결정 시에 이용되지 않을 것이라는 사실은 6조9항에서 말하는 확정 조치를 적용할 것인지 여부에 대한 결정의 근거가 되는 사실이라고 볼 수 없으며 핵심적인 고려 사실(facts)을 통보해야 하는 것이지 그 이유(reason)까지 통보해야 할 의무가 있는 것은 아니라고 보고 브라질의 주장을 기각하였다.

11) 공정한 비교(반덤핑협정 2조4항, 2조4항2호)

브라질은 아르헨티나 당국이 조사 기간을 조사 개시 이후 9개월이 지난 후에야 통보한 까닭에 수출업체는 96~99년 자료 일체를 제출하는 불합리한 부담을 안게 되었으며 이는 2조4항 위반이라고 주장하였으나 패널은 이 주장은 조사 기간 확정에 관한 것으로서 정상 가격과 수출 가격 비교에 관한 2조4항은 조사 기간 확정에 관한 의무를 부과하지 않는다고 판시하고 브라질의 주장을 기각하였다.

아르헨티나 공정위(DCD)는 브라질 수출업체 Sadia사와 Avipal사의 경우 국내 거래 정보를 제공했음에도 불구하고 수출 가격 가중 평균과 정상 가격의 일부 통계상 표본의 가중 평균을 비교하였다. 브라질은 정상 가격 가중 평균과 수출 가격 가중 평균을 비교할 때 모든 국내 판매를 비교하지 않은 것은 반덤핑협정 2조4항2호[11] 위반이라고 주장하였다.

패널은 우선 정상 가격 가중 평균을 산정할 때 반드시 모든 국내 거래를 고려해야 하는 것인지를 심리하였다. 정상 가격을 국내 판매 측면에서 정의한 반덤핑협정 2조1항[12]과 일정 요건을 충족한 국내 판매만 예외적으로 정상 가격 산정 時

심적 고려 사항을 모든 이해 당사자에게 통보한다. 이러한 공개는 당사자가 자신의 이익을 방어할 수 있을 만큼의 충분한 시간을 두고 이루어져야 한다.

11) 2.4.2 제4항의 공정 비교를 규율하는 규정에 따라 일반적으로 조사기간 동안의 덤핑 마진의 존재를 가중 평균 정상 가격과 모든 비교 가능한 수출 거래 가격의 가중 평균과의 비교에 기초하거나 또는 각각의 거래에 기초한 정상 가격과 수출가격의 비교에 의하여 입증된다. 당국이 상이한 구매자, 지역, 또는 기간별로 현저히 다른 수출가격의 양태를 발견하고, 가중 평균의 비교 또는 거래별 비교 사용으로 이러한 차이점이 적절히 고려될 수 없는 이유에 대한 설명이 제시되는 경우에는 가중평균에 기초하여 결정된 정상 가격이 개별 수출 거래 가격에 비교될 수 있다.

12) 2.1 이 협정의 목적상, 한 국가로부터 다른 국가로 수출된 상품의 수출가격이 수출국내에서 소비되는 동종 상품에 대한 정상적 거래에서 비교 가능한 가격보다 낮을 경우 동 상품은 덤핑된 것, 즉 정상 가격보다 낮은 가격으로 다른 나라의 상거래에 도입된 것으로 간주된다.

고려 대상에서 제외될 수 있다고 규정한 2조2항1호[13]에 문맥상 정상 가격 가중 평균이란 2조2항1호에 의거, 합당하게 제외된 것 외에 모든 국내 거래의 가중 평균이라는 의미라고 해석하고 국내 판매의 통계 표본에 기초하여 정상 가격을 산정한 행위는 반덤핑협정 2조4항2호 위반이라고 판시하였다.

12) 덤핑 조사 기간과 피해 조사 기간 간의 동시성 여부(반덤핑협정 3조1항, 5항)

아르헨티나 무역 위원회(CNCE)는 피해 요소를 검토함에 있어 일부 요소는 1996년 1월~1998년 12월 자료에 근거하였고 일부는 1999년 자료만을 토대로 하였으며 덤핑 조사 기간은 1999년 1월까지로 한 반면 피해 조사 기간은 동년 6월까지로 하였다. 브라질은 이러한 행위는 반덤핑협정 3조1항과 3조5항에 위배된다고 주장하였다.

패널은 조사 당국이 피해 요소를 상이한 기간 자료를 이용하여 검토하였다면 일단 3조1항에서 규정한 객관적인 검토 의무를 다하지 못한 것으로 볼 수 있으나 상이한 기간 자료를 사용할 수밖에 없었던 사유를 객관적인 근거로 설명한다면 정당화될 수 있다고 보았다. 그러나 아르헨티나 당국은 일부 피해 요소를 1999년 자료만을 토대로 검토한 데 대해 타당한 설명을 제시하지 못하였으며 따라서 3조1항[14]에 위배된다고 판시하였다.

---

13) 2.2.1 수출국 국내 시장에서의 동종 상품의 판매 또는 생산단위비용(고정 및 가변 비용)에 관리, 판매 및 일반 비용을 합한 것 미만의 가격으로 이루어지는 제3국에 대한 판매는, 당국(Re.3)이 이러한 판매가 상당기간(Re.4) 이내에 상당량으로(Re.5) 이루어지고 그 가격은 합리적인 기간 내에 총비용의 회수하지 못하는 가격이라고 판단하는 경우에 한하여, 가격을 이유로 정상적인 거래에 속하지 아니하는 것으로 취급될 수 있고 또한 정상 가격을 결정하는 데 있어서 고려 대상에서 제외될 수 있다. 판매시 단위비용이하인 가격이 조사 대상 기간 동안의 가중 평균단위비용보다 높은 경우, 이러한 가격은 합리적인 기간 내에 비용을 회수할 수 있는 것으로 간주된다.
(Remark 3) 이 협정에서 "당국"이라는 용어가 사용될 때에는 적절한 고위급의 당국을 의미하는 것으로 해석된다.
(Remark 4) 상당기간은 일반적으로 1년이며 어떠한 경우에도 6월 미만이 되어서는 안된다.
(Remark 5) 정상 가격의 결정을 위해 고려중에 있는 거래의 가중 평균 판매가격이 가중 평균 단위비용이하거나 단위비용이하의 판매규모가 정상 가격 결정을 위해 고려중에 있는 거래에서 판매된 양의 적어도 20% 이상이 된다고 당국이 입증하는 경우, 단위비용이하의 판매가 상당량 이루어지는 것으로 간주된다.

14) 3.1 1994년도 GATT 제6조의 목적상, 피해의 판정은 명확한 증거에 기초하며, (1) 덤핑 수입 물량 및 덤핑 수입품이 동종 상품의 국내 시장가격에 미치는 영향 및 (2) 동 수입품이 이러한 상품의 국내 생산자에 미치는 결과적인 영향에 대한 객관적인 검토를 포함한다.

조사 기간이 상이한 문제에 대해서 패널은 반덤핑협정 어느 조항도 덤핑 조사 기간과 피해 조사 기간이 동일해야 한다고 규정하고 있지 않으며 반덤핑 위원회에서 피해 조사를 위한 자료 수집 기간은 적어도 3년은 되어야 하며 덤핑 조사 기간을 모두 포함해야 한다고 권고한 바 있음을 환기하고 덤핑과 피해 발현(發顯)간에는 시간 지체(遲滯)가 있는 것이 通常인 점을 감안할 때 아르헨티나 당국이 3조5항[15]을 위배하였다고 볼 수 없다고 판시하였다.

13) 피해 요소의 객관적인 검토(반덤핑협정 3조4항, 1항(2)호)

브라질은 아르헨티나 공정위가 덤핑을 하지 않는다고 판정한 브라질 2개 업체로부터의 수입분을 피해 조사 시 포함하였던 것을 반덤핑협정 3조 위반 이라고 주장하였으며 패널은 이를 인정하였다.

브라질은 아르헨티나 당국이 3조4항[16]에 나열된 국내 산업관련 요소 및 지표를 모두 다 검토하지 않았다고 주장하였으며 따라서 국내 생산자에 미치는 결과적인 영향에 대해 객관적으로 검토하라는 3조1항(2)호도 아울러 위반한 것이라고 주장하였다.

패널은 3조4항에 나열된 요소는 모두 검토해야 한다는 이전의 판례를 확인하고 아르헨티나 당국이 덤핑 마진의 크기, 자금 순환, 성장, 자본 조달 능력에 대한 실제적이며 잠재적인 부정적 영향을 검토하지 않은 점이 인정되므로 3조4항 위반에 해당된다고 판시하였다. 3조4항 위반은 불가피하게 3조1항(2)호 위반으로

---

15) 3.5 덤핑 수입품이 제2항 및 제4항에 규정된 바와 같이 덤핑의 효과를 통하여 이 협정이 규정하고 있는 의미의 피해를 초래하고 있다는 사실이 입증되어야 한다. 덤핑 수입품과 국내 산업에 대한 피해간의 인간관계의 입증은 당국에 제시된 모든 관련 증거의 검토에 근거한다. 또한 당국은 같은 시점에서 국내 산업에 피해를 초래하는 덤핑 수입품 이외의 모든 알려진 요소를 검토하며 이러한 다른 요소로 인하여 발생하는 피해는 덤핑 수입품에 의한 것으로 귀속시켜서는 아니된다. 이점에서 관련될 수 있는 요소에는 특히, 덤핑가격으로 판매되지 아니하는 수입품의 수량 및 가격, 수요감소 혹은 소비형태의 변화, 외국생산자와 국내 생산자의 무역 제한적 관행 및 이들간의 경쟁, 기술개발, 국내 산업의 수출 실적 및 상품 생산성의 검토를 통하여 포함된다.

16) 3.4 덤핑 수입품이 관련 국내 산업에 미치는 영향의 검토는 판매, 이윤, 생산량, 시장 점유율, 생산성, 투자수익률, 또는 설비 가동률에서의 실제적이고 잠재적인 감소, 국내 가격에 영향을 미치는 요소, 덤핑 마진의 크기, 자금 순환, 재고, 고용, 임금, 성장, 자본 또는 투자 조달능력에 대한 실제적이며 잠재적인 부정적 영향 등 산업의 상태에 영향을 미치는 제반관련 경제적 요소 및 지표에 대한 평가를 포함한다. 위에 열거된 요소는 총망라적이 아니며, 이러한 요소 중 하나 또는 여러 개가 반드시 결정적인 지침이 될 수는 없다.

연결된다는 주장에 대해 패널은 3조4항의 국내 산업에 미치는 영향의 검토는 3조1항(2)호의 국내 생산자에 미치는 영향에 대한 검토와 동일한 것이라고 정리하고 따라서 3조4항의 검토 의무를 다하지 못한 것은 곧 3조1항(2)호의 위반에 해당한다고 판시하였다.

14) 국내 생산자 정의(반덤핑협정 4조1항)

브라질은 반덤핑협정 4조1항상 국내 산업이란 당해 상품의 국내 총 생산량의 상당 부분(a major proportion)을 차지하는 국내 생산자를 지칭하는 것이며 여기서 말하는 상당 부분이란 과반 이상(majority)을 말하는 것인데 CNCE가 국내 산업으로 본 브라질 업체의 총 생산량은 브라질 내 전체 생산량의 46%로서 과반에 미치지 못하므로 아르헨티나는 4조1항[17]을 위반한 것이라고 주장하였다. 아르헨티나와 3자 참여한 미국, EC 등은 major란 반드시 majority를 말하는 것은 아니며 important, serious, significant를 의미한다고 반박하였다.

패널은 major의 辭典的 의미는 important, serious, significant 등을 포함한다고 확인하고 4조1항의 상당 부분 major proportion은 국내 시장의 중요한, 심대한, 의미 있는 부분을 차지하고 있는 것이라고 해석이 가능하며 반덤핑협정 17조6항(2)호[18]상 아르헨티나의 조치는 허용 가능한 해석에 기초한 것이므로 문제될 것이 없다고 보았다. 아울러 4조1항상 a major proportion이라고 단수로 지칭된 것으로 보아 복수의 major proportion이 있을 수 있는데 major를 50% 이상의 majority로 해석하면 복수의 major proportion이 존재할 수 없게 되므로 major는 과반 이상으로 보아야 한다는 브라질의 주장을 기각하였다.

---

17) 4.1 이 협정의 목적상 "국내 산업"이라는 용어는 동종 상품을 생산하는 국내 생산자 전체 또는 이들 중 생산량의 합계가 당해상품의 국내 총생산량의 상당부분을 점하는 국내 생산자들을 지칭하는 것으로 해석된다. 단, 다음의 예외가 있다. ……/이하 생략/…….

18) 17.6 제5항에 언급된 사항을 검토하는 데 있어서,

(1) …… 생략 ……

(2) 패널은 국제공법의 해석에 관한 관습적인 규칙에 따라 이 협정의 관련 규정을 해석한다. 패널이 이 협정의 관련 규정에 대해 하나 이상의 해석이 가능하다고 판정하고 당국의 조치가 그러한 허용되는 해석중 하나에 근거하는 경우 패널은 당국의 조치가 이 협정에 일치하는 것으로 판정한다.

15) 반덤핑 관세액의 변동의 합법성 여부(반덤핑협정 9조, 2조)

브라질은 아르헨티나 당국이 FOB 送狀가격과 덤핑 수출자 개개의 최소 수출가격간의 격차만큼을 반덤핑 관세로 징수하는 것은 개개 수입거래의 송장가격의 변화로 인해 어떤 경우는 조사 과정 중의 산정된 덤핑 마진보다 높은 액수가 반덤핑 관세로 부과될 수 있으며 이러한 변동 가능한 반덤핑 관세(variable anti-dumping duty)를 부과하는 것은 반덤핑협정 9조2항[19]과 3항[20]을 위반한 것이라고 주장하였다.

패널은 반덤핑협정의 어느 조항도 반덤핑 관세가 취해야 하는 구체적 형태를 규정(identify)하고 있지 않으며 변동가능한 반덤핑 관세를 명시적으로 금지하고 있지 않다고 보았다. 패널은 9조3항은 반덤핑 관세 산정(assessment)에 관한 것일 뿐 브라질의 주장대로 반덤핑 관세가 반덤핑협정 2조4항2호에 언급된 조사 과정 중에 수립된 덤핑 마진을 초과해서는 안 된다는 의미는 아니라고 확인하였다. 패널은 또한 9조3항1호[21]대로 반덤핑 관세를 소급 산정할 경우 개개 거래 또는 조사 과정 외의 기간의 거래에 기초하여 반덤핑 관세를 산정하므로 조사 과정 중의 반덤핑 마진을 초과하는 반덤핑 관세가 부과되거나 부과된 반덤핑 관세가 거래별로 상이한 변동 가능한 것이 될 수가 있다고 지적하고 회원국이 징수 시점의 덤핑 마진에 기초하여 반덤핑 관세를 부과하는 것이 허용되지 않을 이유가 없다

---

19) 9.2 상품에 대하여 반덤핑 관세를 부과하는 경우 이 협정의 규정에 따라 가격약속이 수락된 수입원으로부터의 수입품을 제외하고는, 덤핑이 이루어져 피해를 초래한다고 판정된 모든 수입원으로부터의 당해상품의 수입에 대하여 각 사안별로 적정한 금액의 반덤핑 관세를 무차별원칙에 따라 징수한다. 당국은 관련 상품의 공급자를 지명한다. 그러나 동일국의 다수의 공급자가 관련되고 공급자 전부를 지명하는 것이 실행불가능할 때에는 당국은 관련 공급국가를 지명할 수 있다. 2개국이상으로부터 다수의 공급자가 관련된 때에는 모든 공급자를 지명하거나, 이것이 실행 불가능한 경우 관련된 모든 국가를 지명할 수 있다.

20) 9.3 반덤핑 관세의 금액은 제2조에 따라 정해진 덤핑 마진을 초과해서는 아니된다.

21) 9.3.1 반덤핑 관세액이 소급적으로 산정되는 경우 반덤핑 관세 지불의 최종적인 책임판정은 가능한 한 빠른 시일 내에 일반적으로 반덤핑 관세액의 최종산정을 요청한 날로부터 12월 이내에 이루어지며 어떠한 경우에도 18월을 초과하여서는 아니된다(Re.20). 환불은 가능한 한 빠른 시일 내에 일반적으로 이 호에 따라 정해진 최종책임의 판정으로부터 90일 이내에 이루어진다. 어떠한 경우든 환불이 90일 이내에 이루어지지 못하는 때에는 당국은 요청이 있을 경우 이에 대한 설명을 제공한다.

(Remark 20) 이 호 및 제3항제2호에 언급된 시한의 준수는 당해상품이 사법적 재심 절차의 대상이 되었을 때에는 가능하지 않을 수 있다고 양해된다.

고 보고 브라질의 주장을 기각하였다.

16) 이행 방법의 권고(DSU 19조1항)

패널은 아르헨티나의 반덤핑협정 위반이 심각하고 광범위하여 반덤핑 관세 부과 조치 자체를 폐지하지 않고서는 반덤핑협정에 합치되게 할 수 없다고 결론짓고 문제가 된 아르헨티나의 브라질산 가금육에 대한 반덤핑 관세 부과 조치를 폐지하라고 권고하였다.

다. 해설 및 평가

이 사건은 문제가 된 가금육의 거래규모가 작고 타 산업에 미치는 파급 영향 정도도 미흡하여 사건 자체로는 크게 주목받을 만한 것이 없으나 심리 과정 중 반덤핑협정 각 조항이 전반적으로 검토되고 새로 명확하게 의미가 정리된 것이 많은 관계로 법리적 측면에서는 상당한 중요성을 갖고 있으며 반덤핑협정 판례로 흔히 인용되는 대표적인 사건 중의 하나이다.

이 사건 패널은 제소자 브라질의 주장을 받아들여 아르헨티나의 반덤핑 관세 부과 조치가 조사 개시에 충분한 증거도 없이 시작되었으며 이해 당사자에게 적시에 통보되지도 않은 점, 법정 질의서 응답시한도 부여되지 않았으며 조사 신청서 등 관련 자료도 충분히 제공되지 않은 점, 수출업체별로 개별 덤핑 마진도 산정하지 않은 점, 모든 국내 판매를 비교하지 않고 통계 표본을 사용한 점, 피해 요소 모두를 객관적으로 검토하지 않은 점 등을 들어 아르헨티나의 반덤핑 관세 부과 조치는 반덤핑협정을 광범위하게 위반하고 있다고 판시하였다. 그러나 패널이 수용하지 않은 브라질의 주장도 많다. 패널이 기각한 브라질의 주장은 대부분 상이한 해석의 여지가 있거나 조항의 규율 대상 범위에 대해 이해를 달리 하는 것으로서 패널의 심리는 반덤핑협정의 의미를 보다 명확히 하는 선례를 구성하였다. 패널은 덤핑과 피해의 증거를 동시에 고려하라고 한 반덤핑협정 5조7항의 의미를 보다 분명히 하였으며 질의서의 종류, 이해 당사자의 의미, 무인가 업체에 대한 입수 가능한 사실의 이용, 생산자의 정의, 변동 반덤핑 관세의 합법성 등에 관해 반덤핑협정 관련 조항의 의미를 명백히 하였다.

반덤핑협정 4조1항은 국내 산업에 대해 정의하고 있다. 브라질이 아르헨티나의 국내 산업 적용이 잘못되었다고 주장한데 대해 3자로 참여한 미국은 동 조항은 정의 조항이므로 위반 여부를 따질 수 없는 것이라고 함에 따라 패널은 아르헨티나가 동 조항에 위반되게 행동했는지 여부를 먼저 살펴보았다. 패널은 동 조항 두문에 국내 산업은 (동 조항에 지정된 방식으로) 해석되어야 한다(shall) 고 규정되어 있으므로 회원국에 국내 산업을 그러한 방식으로 해석해야 한다는 의무를 명시적으로 부과한 것이 분명하며 회원국이 달리 해석한다면 이는 4조1항 위반에 해당한다고 하였다.

그러나 *US-Lamb* 사건에서 상소기구는 定義 조항의 위반 가능 여부에 대해 이 사건 패널과 의견을 달리하였다. 양사육업자가 양고기 생산업자와 같은 국내 산업에 속하는지가 문제가 된 동 사건에서 상소기구는 긴급수입제한조치협정 4조1항다호는 국내 산업에 대한 정의일 뿐 그 자체로 회원국에 대해 특별한 의무를 부과하는 것은 아니라고 판시, 정의 조항의 위반 가능성에 대해 이 사건 패널과 다른 입장을 보였다. 긴급수입제한조치협정 4조1항다호[22]도 반덤핑협정 4조1항[23]과 마찬가지로 국내 산업은 (동 조항에 적시된 방식으로) 이해되어야 한다(shall)고 규정되어 있다.

---

22) 4.1. (c) in determining injury or threat thereof, a "domestic industry" shall be understood to mean the producers as a whole of the like or directly competitive products operating within the territory of a Member, or those whose collective output of the like or directly competitive products constitutes a major proportion of the total domestic production of those products.

23) 4.1 For the purposes of this Agreement, the term "domestic industry" shall be interpreted as referring to the domestic producers as a whole of the like products or to those of them whose collective output of the products constitutes a major proportion of the total domestic production of those products, … 이하 생략

18. Brazil vs. EC - Pipe Fittings 사건

(DS 219, 2003. 8. 18. - 상소기구)

가. 사건 개요

이 사건은 브라질産 管連結具類(Pipe Fitting)에 EC가 반덤핑 관세를 부과한 것으로서 EC는 1999년 5월 반덤핑 조사를 개시하여 2000년 2월 잠정 조치를 거쳐 2000년 8월 브라질 Tupy사의 Pipe Fitting 제품에 34.8%의 반덤핑 관세를 부과하였다. Pipe Fitting이란 관 이음 밸브, 콕 등을 총칭하며 주로 가단주철(可鍛鑄鐵)로 제작한다. 가단주철(Malleable Cast Iron)이란 인성이 낮고 여린 주철의 결점을 보완하기 위하여 열처리를 통해 주철에 가단성(malleability)을 부여한 것으로, 연강에 가까운 인장 강도와 연신율(延伸率)을 가진다.

<그림-1> 관 연결구류

브라질은 EC의 조치가 덤핑 마진 산정, 피해 산정, 인과 관계 수립 등 반덤핑협정 관련 조항을 광범위하게 위반하고 있다고 주장하고 2001년 6월 WTO에 제소(패널 설치 요청)하였으며 칠레, 일본, 멕시코, 미국이 제3자로 참가하였다.

나. 주요 쟁점별 당사국 주장 및 판결 요지

1) 개도국에 대한 특별 고려(반덤핑협정 15조)

브라질은 EC가 반덤핑 관세 이외의 건설적인 구제 가능성을 특별히 고려하지 않았으며 건설적인 구제는 수출업체인 Tupy사에 직접 시행되지도 못했고 잠정 관세 부과 이전에 건설적 구제 가능성이 강구되지도 않았으며 undertaking이란 반드시 가격 인상 약속(price undertaking)에 국한되는 것도 아니라고 강조하고 EC가 반덤핑협정 15조[1]를 위반하였다고 주장하였다.

패널은 15조의 개도국을 위한 건설적 구제(constructive remedies)는 덤핑의 피해 효과를 상쇄하기 위해 유용한 수단으로서 반덤핑협정에 포함된 조치로 국한되는 것이며 결국 반덤핑 관세의 인하나 가격 인상 약속을 의미한다고 보았으며 가능성을 강구(explore)한다는 것은 강구의 결과로서 반드시 특정한 내실 있는(substantive) 결정에 도달해야 함을 요구하는 것은 아니라고 확인하였다.

패널은 사안을 검토한 결과 EC가 가격 인상 약속을 타진하였으나 브라질이 특별한 관심을 보이지 않은 점이 인정되므로 EC가 건설적인 구제 가능성을 고려하지 않았다고 할 수 없고 조항 문안상 건설적 구제는 개도국에 대해 모색하는 것이지 반드시 해당 업체에 대해 해야 할 의무가 있는 것은 아니며 undertaking이란 브라질의 주장대로 수출량을 제한하는 약속 등도 포함하는 것이 아니라 반덤핑협정 8조의 규정에 비추어 가격 인상 약속을 말하는 것이 확실하다고 보았다. 아울러 패널은 반덤핑 관세의 적용 이전에 건설적 구제 가능성을 강구하라는 것은 확정 관세 적용 이전에 강구하면 되는 것이지 잠정 관세 이전에 이를 강구해야 할 의무가 있는 것은 아니라고 결론짓고 EC가 반덤핑협정 15조에 합치되지 않게 행동한 것은 없다고 판시하였다.

---

1) 이 협정에 따라 반덤핑 조치의 적용을 고려할 때 개발도상회원국의 특별한 상황에 대해서 선진국회원국의 특별한 고려가 있어야 한다는 것이 인정된다. 반덤핑 관세의 적용이 개발도상회원국의 본질적 이익에 영향을 미치게 될 경우, 반덤핑 관세를 적용하기 이전에 이 협정에 규정된 건설적인 구제의 가능성이 강구된다. 반덤핑 조치는 오직 1994년도 GATT 제6조에 규정된 상황에서 이 협정의 규정에 따라 개시되고(Re.1) 수행된 조사에 따라서만 적용된다. 다음의 규정은 반덤핑 법률 또는 규정에 따라 조치가 취해지는 한 1994년 GATT 제6조의 적용을 규율한다.
(Remark 1) 이 협정에서 사용되는 "개시된다"라는 용어는 제5조에 규정된 조사를 공식적으로 시작하는 회원국의 절차적 행위를 의미한다.

2) 평가 절하로 인한 덤핑 소멸(반덤핑협정 1조, 11조1항, 2항, GATT VI조2항)

브라질은 EC의 피해 조사 및 덤핑 조사 기간 동안인 1999년 1월 자국 통화 Real貨를 42% 평가 절하한 결과, EC의 반덤핑 관세 부과 시점에는 문제되는 상품의 수출 가격과 정상 가격이 수렴되어 덤핑 자체가 존재하지 않게 되었다고 주장하였다. 따라서 EC의 반덤핑 관세 부과는 현존하지 않는 덤핑에 대해 부과된 것이므로 반덤핑협정 1조[2], GATT VI조 2항[3]을 위반한 것이며 반덤핑 관세는 피해를 초래하는 덤핑을 상쇄하는 데 필요한 기간 및 정도 내에서 효력이 지속된다는 11조1항[4]과 반덤핑 관세의 계속적인 부과 필요성을 정당한 경우 자체적으로 검토해야 한다는 11조2항[5]도 위반한 것이라고 주장하였다. 이에 대해 EC는 반덤핑 관세는 지정된 조사 기간 동안의 덤핑에 대해 부과되는 것이며 조사 기간 이후의 상황 변동에 대해서는 환불 등 별도의 고려 메커니즘이 있는 것이고 평가 절하 효과는 조사 기간 중에 적절히 고려하였으며 수출자의 가격 결정이 평가 절하 자체에 의해 영향 받지는 않는다고 반박하였다.

브라질의 첫째 주장에 대해 패널은 반덤핑 조사를 통해 덤핑 사실의 존재를

---

2) 반덤핑 조치는 오직 1994년도 GATT 제6조에 규정된 상황에서 이 협정의 규정에 따라 개시되고(Re.1) 수행된 조사에 따라서만 적용된다. 다음의 규정은 반덤핑 법률 또는 규정에 따라 조치가 취해지는 한 1994년 GATT 제6조의 적용을 규율한다.

(Remark 1) 이 협정에서 사용되는 "개시된다"라는 용어는 제5조에 규정된 조사를 공식적으로 시작하는 회원국의 절차적 행위를 의미한다.

3) VI:2. 체약국은, 덤핑을 상쇄 또는 방지하기 위하여, 덤핑된 산품에 대하여 동산품에 관한 덤핑의 폭을 초과하지 아니하는 금액의 덤핑방지세를 부과할 수 있다. 본 조의 적용상 덤핑의 폭이라 함은 제1항의 규정에 따라 결정되는 가격차를 말한다.

4) 11.1 반덤핑 관세는 피해를 초래하는 덤핑을 상쇄하는 데 필요한 기간 및 정도 내에서 그 효력이 지속된다.

5) 11.2 당국은 정당한 경우 자체적으로, 또는, 확정 반덤핑 관세의 부과이후 합리적인 기간이 경과하고 검토가 필요하다는 명확한 정보를 제시하는 이해 당사자의 요청에 따라 반덤핑 관세의 계속적인 부과의 필요성에 대해 검토한다(Re.21). 이해 당사자는 당국에 대해 덤핑을 상쇄하기 위해 지속적인 관세의 부과가 필요한지 여부, 관세가 철회 또는 변경되었을 경우 피해가 계속되거나 재발할 것인지 여부 또는 이러한 두 가지에 대해 조사를 요청하는 권리를 갖는다. 이 항에 따른 검토 결과 반덤핑 관세가 더 이상 정당화되지 아니하다고 당국이 결정하는 경우 반덤핑 관세의 부과는 즉시 종결된다.

(Remark 21) 제9조제3항에 규정된 반덤핑 관세의 최종 지불책임에 관한 결정은 그 자체로서 이 조에서 의미하는 검토를 구성하지 아니한다.

확인한 조사 당국이 확정 반덤핑 관세 부과를 결정하기 직전에 덤핑 사실 존재 결정(determination)을 재평가(re-assess)해야 할 의무가 있는지의 여부가 브라질 주장의 핵심이라고 보았다. 패널은 조사 개시일에 가능한 한 근접한 이전의 특정 기간을 조사 기간으로 할 수밖에 없는 것이 당연하며 至近의 과거의 조사 기간 중에 존재한 덤핑은 현존하는 덤핑과 같다고 정리하였다. 이상을 토대로 패널은 반덤핑협정 1조는 조사 기간 동안의 자료를 토대로 이루어진 덤핑 결정(determination)을 조사 기간 중에 발생한 사안을 감안하여 반덤핑 관세 부과 이전에 다시 한 번 검토할 것을 조사 당국에게 요구하고 있지는 않다고 결론지었다. 아울러 패널은 반덤핑협정은 덤핑결정 후에 덤핑이 감소 또는 중단된 상황을 처리하기 위한 별도의 메커니즘(9조3항2호[6]: 관세의 환불, 11조2항: 재심)을 이미 갖추고 있음을 지적하고 브라질의 주장을 기각하였다.

브라질의 둘째 주장에 대해 패널은 반덤핑협정 어느 조항도 조사 당국이 반덤핑 관세 지속 부과 필요성에 대해 스스로 검토해야 하는 정당한 상황의 내용과 의무의 정도에 대해 규정하고 있지 않으므로 11조 1항, 11조2항의 적용 여부는 문제가 되는 사안에 따라 검토해야 한다고 보았다. 이번 사건의 경우 패널은 브라질貨의 평가 절하로 인해 정상 가격과 수출 가격이 수렴하였다 해도 브라질貨의 불안정성에 비추어 수렴된 상황의 계속 여부 및 정도, 그리고 수출업자의 가격 결정 행태가 불투명하며 이미 9조3항상의 관세 정산 메커니즘이 있으므로 EC가 11조1항, 2항에 위배되게 행동한 것은 없다고 판시하였다.

패널의 판정은 상소기구에서도 재확인되었다.

---

6) 9.3.2 반덤핑 관세액이 예상을 기초로 산정되는 경우, 덤핑 마진을 초과하여 납부된 반덤핑 관세는 요청에 따라 신속히 환불되도록 하는 규정을 둔다. 실제 덤핑 마진을 초과하여 납부된 관세는 일반적으로 반덤핑 관세의 대상이 된 상품의 수입자에 의해 증거가 뒷받침되는 환불요청이 있은 날로부터 12월 이내에 환불되며, 어떠한 경우에도 18월을 초과하여서는 아니된다. 승인된 환불은 일반적으로 위에 언급된 결정으로부터 90일 이내에 이루어져야 한다.

3) 소규모 판매 관련 자료를 이용한 구성 가격 산정(반덤핑협정 2조 2항2호)

EC는 2조2항2호에 의거, 通常的인 거래가 이루어진 품목은 그 거래 분량이 소규모이라 할지라도 관리, 판매 및 일반 비용 그리고 이윤에 관한 자료를 이용하여 정상 가격을 구성하였다. 이에 대해 브라질은 소규모의 판매 때문에 적절한 비교를 할 수 없는 경우 구성 가격을 산정토록 되어 있는 2조2항[7]은 반드시 구성 가격을 산정해야 하는 경우와 그 방식에 대해 규정하고 있는 2조2항2호[8]와 연계하여 해석할 수밖에 없으며 통상적인 거래에 대해서 반덤핑협정이 자세한 정의를 내리지 않고 있으므로 소규모 판매는 통상적인 거래라고 볼 수 없다고 해석하는 것이 타당하다고 주장하였다. 브라질은 2조2항2호는 관리 판매 및 일반 비용 SG&A와 이윤은 通常的인 거래 자료만을 이용하라고 규정하고 있으므로 EC가 소규모 판매 자료를 토대로 SG&A와 이윤을 산정한 것은 2조2항2호 위반이라고 주장하였다.

패널은 문제의 요지는 소규모의 국내 판매로 인해 2조2항상의 적절한 비교를 할 수 없을 것으로 보이는 판매 자료를 2조2항2호상의 구성 가격 결정에 이용할

---

7) 2.2 수출국의 국내 시장 내에 통상적인 거래에 의한 동종 상품의 판매가 존재하지 아니하는 경우, 또는 수출국 국내 시장(Re.2)의 특별한 시장 상황 또는 소규모의 판매 때문에 적절한 비교를 할 수 없는 경우, 덤핑 마진은 동종 상품의 적절한 제3국 수출시 비교 가능한 가격으로서 대표적인 경우 동 가격 또는 원산지국에서의 생산 비용에 합리적인 금액의 관리비, 판매비, 일반 비용과 이윤을 합산한 가격과의 비교에 의하여 결정된다.

(Remark 2) 수출국 국내 시장에서 소비되는 동종 상품의 판매가 고려 대상 상품의 수입회원국에 대한 판매의 5% 또는 그 이상을 점하는 경우, 이러한 판매는 일반적으로 정상 가격을 결정하는 충분한 규모가 되는 것으로 간주된다. 단, 낮은 비율이하의 국내 판매가 적절한 비교 제공을 위해 충분한 규모라는 증거가 제시될 경우에도 동 낮은 비율은 수락가능하여야 한다.

8) 2.2.2 제2항의 목적상 관리, 판매 및 일반 비용 그리고 이윤의 금액은 조사 대상 수출자 또는 생산자에 의한 동종 상품의 정상적인 거래에서의 생산 및 판매에 관한 실제 자료에 기초한다. 이러한 금액이 이에 기초하여 결정될 수 없을 경우에는 아래에 기초하여 결정될 수 있다.

(1) 당해 수출자 또는 생산자에 의하여 원산지국의 국내 시장에서 동일한 일반적인 부류의 상품의 생산 및 판매와 관련하여 발생되고, 실현된 실제 금액,

(2) 조사 대상인 다른 수출자 또는 생산자에 의하여 원산지국의 국내 시장에서 동종 상품의 생산 및 판매와 관련하여 발생되고 실현된 실제 금액의 가중 평균,

(3) 그 밖의 합리적인 방법. 단, 이러한 방법으로 확정된 이윤액은 원산지국의 국내 시장에서 다른 수출자 또는 생산자에 의하여 동일한 일반적인 부류의 상품의 판매에 대하여 정상적으로 실현된 이윤을 초과하여서는 아니된다.

수 있는지 여부라고 정리하였다. 패널은 소규모 국내 판매는 국내 판매상황을 대표할 수 없는 것이기는 하나(unrepresentative sales) 반덤핑협정 2조2항2호의 前文이 정상적인 거래 이외의 판매 자료만을 배제하는 것이라고 명백히 규정하고 있음에 비추어 unrepresentative sales는 배제할 수 없는 것이라고 판단하였다. 즉 정상적인 거래에서의 생산 및 판매 자료에 기초하여 SG&A와 이윤을 구성하라는 것은 정상적인 거래가 아닌 다른 이유(여기서는 소규모 판매)로 정상 가격 구성을 위한 생산 및 판매 자료를 배척해서는 안 된다는 의미라고 판단하고 브라질의 주장을 기각하였다.

패널의 판정은 상소기구에서도 재확인되었다.

4) 동종 상품의 정의(반덤핑협정 2조2항2호, 2조6항)

브라질 Tupy사의 상품분류 code 중 12번, 18번만이 유럽에 수출되었는데 EC는 12번, 18번의 구성 가격을 산출함에 있어 EC 내로 수출되지 않는 68번, 69번의 판매 자료도 아울러 고려하였다. 이에 대해 브라질은 12번과 18번이 동일한(identical) 상품이고 68번 69번 상품은 이들과 동일하지 않으며 2조6항 규정에 비추어 동일한 상품이 존재할 때에는 그 상품의 SG&A와 이윤에 관한 자료를 배타적으로 이용하여 구성 가격을 산출해야 한다고 주장하고 EC가 68번 69번의 판매 자료를 구성 가격 산출에 이용한 것은 2조2항2호 위반이라고 주장하였다.

패널은 2조2항2호의 전문은 SG&A와 이윤 산정에서 배제할 수 있는 거래의 범위를 정상적이 아닌 거래만이라고 제한하고 있으며 이러한 제한 외에 동종 상품의 판매와 관련된 여타 자료를 배제 대상으로 명시하지 않고 있다고 보았다. 브라질의 주장은 이러한 제한(정상적 거래 외)에 속하지 않으며 2조6항[9]상의 동종 상품 정의는 조사 당국이 동종 상품의 범위를 획정하는 방법에 관한 것으로서 일단 조사 당국이 동종 상품의 범위를 획정하였으면 그 범위는 일관되게 유지되어야 할 것인 바 EC가 일관되게 68번 69번을 동종 상품으로 분류하였음을 환기하였다. 패널은 반덤핑협정 어느 조항도 동종 상품의 특정 하부 카테고리 자료만을 사용하고 나머지는 배척하라고 규정하고 있지 않으므로 2조2항2호는 동종 상품 전체(as a whole)의 생산 판매에 관한 실제 자료를 사용하라는 의미라고 판단

---

9) 2.6 이 협정 전체를 통해 "동종 상품"이라는 용어는 동일한 상품 즉, 고려중에 있는 상품과 모든 면에서 같은 상품을 의미하며, 그러한 상품이 없는 경우 비록 모든 면에서 같지는 않으나 고려중에 있는 상품과 매우 유사한 특성을 갖고 있는 다른 상품을 의미하는 것으로 해석된다.

하고 브라질의 주장을 기각하였다.

5) 가격 비교시 조세 영향 고려(반덤핑협정 2조4항, GATT VI조 4항)

브라질은 수출품 제작에 투입된 브라질 내 상품에 부과되는 간접세를 보상해 주기 위해 IPI Premium Credit라는 조세 혜택 제도를 통해 해당 물품의 수출가액의 20%를 수출자에게 환급하여 주고 있었다. 브라질은 EC가 조세 환급의 효과를 적절히 고려하지 않음으로써 수출가와 정상 가격의 차이가 실제보다 과장, 덤핑 마진도 확대되었다고 주장하고 EC의 조세 환급 효과 불인정은 국내 소비되는 동종 상품에 부과되는 조세가 면제되었다는 이유로 반덤핑 관세를 부과하지 말라고 규정한 GATT VI조 4항[10]과 공정한 비교를 위해 과세 등 가격 비교에 영향을 미치는 차이점을 고려하라는 반덤핑협정 2조4항[11]을 위반한 것이라고 주장하였다. 브라질은 아울러 IPI에 대한 EC의 자세한 근거 제공 요청은 당사자에게 불합리한 입증 책임을 부여한 것으로 역시 2조4항 위반이라고 주장하였다.

이에 대해 EC는 IPI를 포함하여 특별한 보정이 필요할 것으로 보이는 브라질의 조세 4종(IPI, ICMS, PIS, COFINS)를 밝혀냈으나 IPI 경우 브라질은 관련 국내법 규정이 그러하다고 주장만 하였을 뿐 국내 소비되는 동종 상품이 IPI를 납부한다는 구체적인 근거나 수출 상품 제작에 소요되는 투입분에 어떤 조세가 부과되는 것인지에 대해 납득할 만한 근거를 제시하지 못하였기 때문에 브라질의 주장을 수용할 수 없었다고 반박하였다.

---

10) VI: 4. 어느 체약국 영역의 산품이 다른 체약국 영역에 수입된 것에 대하여는 동 산품이 원산국 또는 수출국에서 소비되는 동종 산품에 부과되는 관세 또는 조세가 면제되는 것을 이유로 또는 이러한 관세 또는 조세가 반환된다는 것을 이유로 덤핑방지세 또는 상쇄관세를 부과하여서는 아니된다.

11) 2.4 수출가격과 정상 가격간에 공정한 비교를 한다. 이러한 비교는 동일한 거래단계, 일반적으로는 공장도단계에서 그리고 가능한 한 같은 시기에 이루어진 판매에 대하여 행하여진다. 제반 판매조건, 과세, 거래단계, 수량, 물리적 특성의 차이와 가격 비교에 영향을 미친다고 증명된 그 밖의 차이점들을 포함하여 가격 비교에 영향을 미치는 차이점들에 대해서 각각의 경우에 그 내용에 따라 적절히 고려한다(Re.7). 제3항에 언급된 경우에 있어서, 수입과 재판매 사이에 발생하는 관세 및 조세를 포함한 비용 및 발생한 이윤이 또한 고려되어야 한다. 이러한 경우에 가격 비교가 영향을 받을 때에는 당국은 구성수출가격의 거래단계와 동일한 거래단계에서 정상 가격을 설정하거나 또는 이 항에 따라 정당화된 적절한 고려를 한다. 당국은 공정한 가격 비교를 위해 어떠한 정보가 필요한지를 당해 당사자에게 알리며, 이러한 당사자에게 불합리한 입증 책임을 지워서는 아니된다.

(Remark 7) 위의 요소들 중 일부는 중첩될 수 있는 것으로 양해하고 당국은 이 규정에 따라 이미 이루어진 조정이 중복되지 않도록 보장한다.

패널은 반덤핑협정 2조4항의 규정에 비추어 볼 때 조사 당국은 밝혀진 조세 차이가 공정한 비교를 위해 보정을 해야 할 성격의 것인가를 결정하기 위해 그 조세 차이를 평가(evaluate)해야 할 의무가 있는 것과 마찬가지로 이해 당사자는 보정이 필요하다면 그 사유를 충분히 설명해야 할 의무가 있다고 지적하였다. 이해 당사자에게 불리한 입증 책임을 지워서는 아니 된다고 해서 입증 책임을 면탈해야 하는 것은 아니라는 것이다. 패널은 제출된 자료를 검토한 결과, EC가 IPI의 실제 내용을 이해하기 위해 노력한 점은 인정되나 브라질이 납득할 만한 설명과 근거를 제시하였다고는 볼 수 없으며 브라질 내 동종 상품은 수출업자에게 면제된 조세를 부담하고 있다는 근거도 충분치 않다고 보고 브라질의 주장을 기각하였다.

EC는 PIS, COFINS credit이라고 하는 브라질 조세 제도가 가격 비교에 영향을 미치는 정도를 계산하기 위해 全數 조사가 아닌 표본 조사 방법을 이용하였다(EC에 가장 많이 수출되고 브라질 국내에도 판매되는 20개 품목 선정. 동 품목은 전체 Pipe fittings 수출량의 33% 차지). 브라질은 이러한 표본 조사는 공정한 비교 규정(2조4항) 위반이라고 주장하였다.

문제의 요지는 반덤핑협정 2조4항의 공정한 비교 의무상 조사 당국이 반드시 관련 자료 전체를 고려해야 하는지, 대표성이 있는 부분 자료도 검토할 수 있는지 여부이다. 패널은 조사 당국은 편향되지 않고 공정하게 행동하고 재량을 자의적으로 행사하지 않아야 할 의무는 있다고 보나 2조4항이나 반덤핑협정 어느 조항도 가격 비교에 영향을 미치는 정도를 보정하는 계산 방법을 지정하거나 특정한 계산 방식을 금지하고 있지 않으므로 보정 계산 방식은 조사 당국이 정할 수 있는 것이라고 보았다. 패널은 공평하고 객관적인 당국이라면 EC가 적용한 방식을 사용했을 것이라고 보고 브라질의 주장을 기각하였다.

6) 포장 비용의 적절한 고려(반덤핑협정 2조4항)

브라질은 Pipe Fitting 포장비용은 내수용이 수출용에 비해 더 소요된다고 설명하고 전체 포장비용을 내수 및 수출용에 대해 각각 25%대 75%로 배분하였으며 EC가 포장비용이 가격 비교에 영향을 미치는 정도를 적절히 고려하지 않았고 내수용 포장비용이 수출용보다 더 소요되는 상황(내수용은 포장 인력 및 상자가 추가 소요)을 EC 당국이 현장 조사 시 직접 목도할 수도 있었는데 추가 관련 자료(내수출용 포장재 및 소요 인력별 회계, 내역 자료 등)를 제출하라고 요구하는 것은 당사자에게 불합리한 입증 책임을 지운 것이므로 2조4항 위반이라고 주장하였다.

패널은 자료를 검토한 결과 EC가 포장비용 차이를 적절히 가격 비교에 반영하기 위해 관련 자료를 요청한 점이 인정된다고 보았으며 현장 조사는 재량 사항이지 의무 사항은 아니므로 입증(verification)은 원칙적으로 서류 검증을 통해 이루어지는 것이고 현장 조사는 이를 보충하는 것이라고 정리하였다. 패널은 따라서 포장비 배분 차이를 현장 조사 시 육안 점검할 수도 있었다는 브라질의 주장을 기각하고 EC가 당사자에게 불합리한 입증 책임을 부과하였다고도 볼 수 없다고 판시하였다.

7) 통화 환산 의무(반덤핑협정 2조4항1호)

브라질은 가격 차이에 영향을 미치는 요소의 보정 계산시 EC가 2조4항1호[12]의 규정과 달리 판매 일자의 환율을 이용하지 않았다고 주장하였으나 EC는 2조4항1호는 동 상황에 적용되는 것이 아니라고 반박하였다.

패널은 EC의 주장을 받아들여 2조4항1호는 수출 가격과 정상 가격을 비교에 관한 것으로서 수출 가격과 관련된 통화 환산 방식을 규정한 것이므로 브라질의 주장대로 정상 가격이나 수출 가격에 관련된 보정 계산시 발생할 수 있는 통화 환산에 적용할 조항은 아니라고 판단하였다. 패널은 아울러 2조4항1호의 통화 환산은 동 조항에 합당한 보정을 계산하는 데 필요한 통화 환산에 모두 적용되는 것도 아니라고 판단하였다. 2조4항상 가격 차이에 영향을 미치는 요소가 2조4항1호의 수출 판매일자에 맞추어 발생하는 것도 아니므로 모든 통화를 판매일을 기준으로 환산할 경우 오히려 공정한 비교가 이루어지지 않을 수 있다고 지적하고 조사 당국이 보정 계산을 마친 이후에 2조4항1호의 통화 환산을 실시해야 한다고 보았다.

---

12) 2.4.1 제4항에 의한 비교시 화폐단위의 변경이 요구되는 경우 이러한 변경은 판매일자(Re.8)의 환율을 사용하여 이루어져야 한다. 단, 선물시장에서의 외환의 판매가 관련 수출판매와 직접 연계되어 있는 경우에는 선물판매환율이 사용된다. 환율변동은 무시되고, 조사 시 당국은 조사기간 동안 환율의 지속적인 움직임을 반영하기 위하여 수출자에게 최소 60일의 수출가격 조정기간을 부여한다.

(Remark 8) 일반적으로, 판매일자는 계약일, 구매주문일, 주문확인일 혹은 송장작성일 중 실제적인 판매조건이 설정된 일자이다.

8) zeroing(반덤핑협정 2조4항2호)

EC는 마이너스 덤핑 마진을 0(zero)로 처리하였다고 인정하였으며 패널은 이는 모든 비교 가능한 수출 거래 가격의 가중 평균을 계산치 않은 것이므로 동 의무를 규정한 2조4항2호 위반이라고 판시하였다.

9) 누적 평가 요건(반덤핑협정 3조2항, 3항)

EC는 반덤핑협정 3조3항에 따라 Pipe Fitting의 덤핑 수입 효과를 수출국별이 아니라 누적적으로 평가하였는데 브라질은 3조2항의 규정에 비추어 수입품이 상당히 증가했는지 여부는 우선 국별(country-by-country)로 검토해야 한다고 주장하였다. 즉 누적 평가는 3조3항[13]의 요건이 충족되었다 하여 실시할 수 있는 것은 아니고 3조2항[14]의 요건이 각 수출국별에 해당되는지 여부를 검토한 후 실시할 수 있는 것이라는 주장이었다.

패널은 3조3항의 문안상 누적 평가를 하기 전에 국별 수입 증가 여부를 살펴야 한다는 추가적인 요건은 없으며 브라질 주장과 같은 해석은 누적 평가의 개념 자체를 훼손할 우려가 있다고 지적하고 브라질의 주장을 기각하였다.

브라질은 EC가 3조3항(2)호에 의거, EC가 실시한 누적 평가를 정당화하는 수입품과 국내 상품간의 경쟁 조건에 대한 검토가 적절하지 않았다고 주장하였으나 패널은 EC가 동종 상품의 정의, 가격, 분량, 유통 경로의 측면에서 시장의 경쟁 조건을 검토한 것은 타당하며 이러한 검토 결과상 공평하고 객관적인 조사 당

---

13) 3.3 2개국 이상으로부터 수입된 상품이 동시에 반덤핑 조사의 대상이 되는 경우, (1) 각국으로부터 수입된 상품과 관련하여 확정된 덤핑 마진이 제5조제8항에 정의된 최소 허용 수준을 초과하며 각국으로부터의 수입 물량이 무시할 만한 수준이 아니고, (2) 수입 상품간의 경쟁 조건 및 수입 상품과 국내 동종 상품간의 경쟁 조건을 감안할 때 수입품의 효과에 대한 누적적 평가가 적절하다고 조사 당국이 결정하는 경우에 한하여 조사 당국은 이러한 수입품의 효과를 누적적으로 평가할 수 있다.

14) 3.2 덤핑 수입의 물량과 관련하여, 조사 당국은 절대적으로 또는 수입회원국의 생산 또는 소비에 비하여 상대적으로 덤핑 수입품이 상당히 증가하였는지 여부를 고려한다. 덤핑 수입품이 가격에 미치는 영향과 관련, 조사 당국은 수입회원국의 동종 상품의 가격과 비교하여 덤핑 수입품에 의하여 상당한 가격 인하가 있었는지 또는 그러한 수입품의 영향이 달리 상당한 정도로 가격 하락을 초래하는지 또는 그러하지 아니한 경우 발생 하였을 가격상승을 상당한 정도로 억제하는지 여부를 고려한다. 이러한 요소 중 하나 또는 여러 개가 반드시 결정적인 지침이 될 수는 없다.

국이라면 누적 평가가 적절하다고 결정하였을 것이라고 보고 브라질의 주장을 수용하지 않았다.

패널의 판정은 상소기구에서도 재확인되었다.

10) 가격 인하 효과 분석의 적정성(반덤핑협정 3조)

EC는 덤핑 수입품에 의한 가격 인하(price undercutting) 효과를 분석하기 위하여 i) 가격 인하가 이루어지지 않은 상품의 거래는 무시하거나 가격 인하를 마이너스가 아닌 0(zero)로 계산하였고, ii) EC 내에서 생산되는 품목에 한해 동 품목의 EC 工場渡 가격의 가중 평균과 (덤핑) 수출자의 수출 가격 가중 평균을 비교하였다. 브라질은 이러한 방식은 일부 거래를 의도적으로 제외함으로써 덤핑 수입 전체(dumped imports as a whole)의 효과를 고려한 것이 아니고 조사 당국의 의도가 개입된 것이므로 결과적으로 국내 산업 피해 정도를 과장할 수 있으며 3조1항[15]의 명확한 증거에 기초한 객관적인 검토 의무에도 위반되는 것이라고 주장하였다.

EC는 브라질의 주장하는 zeroing 금지 원칙은 덤핑 마진 산정 時 적용되었던 것으로 가격 인하 효과 분석에는 적용되는 것이 아니며 설사 적용된다 하더라고 분석 결과 그 효과가 0.01% 정도에 불과하여 무시할 만한 수준이었다고 반박하였다. EC는 또한 반덤핑협정 3조는 가격 인하 효과 분석 방법에 대해서 특별히 규정하고 있지 않으므로 조사 당국이 객관적이고 공평한 방식을 재량으로 사용할 수 있는 것이며 EC가 사용한 방법은 브라질 Tupy사의 대 EC 수출량의 60%, 가액의 70%를 포함하는 만큼 공정한 것이라고 논박하였다.

패널은 3조2항[16] '덤핑 수입이 가격에 미치는 영향과 관련(with regard to the

---

15) 3.1 1994년도 GATT 제6조의 목적상, 피해의 판정은 명확한 증거에 기초하며, (1) 덤핑 수입 물량 및 덤핑 수입품이 동종 상품의 국내 시장가격에 미치는 영향 및 (2) 동 수입품이 이러한 상품의 국내 생산자에 미치는 결과적인 영향에 대한 객관적인 검토를 포함한다.

16) 3.2 With regard to the volume of the dumped imports, the investigating authorities shall consider whether there has been a significant increase in dumped imports, either in absolute terms or relative to production or consumption in the importing Member. With regard to the effect of the dumped imports on prices, the investigating authorities shall consider whether there has been a significant price undercutting by the dumped imports as compared with the price of a like product of the importing Member, or whether the effect of such imports is otherwise to depress prices to a significant degree or prevent price increases, which otherwise would have occurred, to a significant degree. No one or several of these factors can necessarily give decisive guidance.

effect of the dumped imports on prices)'이라는 문구 중 가격이 단수가 아니라 복수로 기재되어 있음에 비추어 동 조항은 문제가 되는 상품의 모든 거래를 검토하여 單一한 가격 인하폭을 산정해야 한다는 의무를 부과하고 있지 않다고 보았으며 인하되지 않은 가격으로의 판매한 것이 인하된 가격으로 인해 입은 손실을 상쇄할 수 있는 것도 아니라고 보았다. 따라서 브라질 주장대로 모든 거래를 조사하여 undercutting price와 overcutting price를 상쇄하는 방식으로 가격 인하 영향을 산정해야 한다면 undercutting price로 인해 실제 국내 산업에 피해가 야기되었음에도 불구하고 두 가격이 서로 상쇄, 가격 인하로 인한 피해가 없었다고 결정해야 하는 모순된 상황도 발생할 수 있을 것이라고 지적하였다. 패널은 가격 인하로 인한 국내 산업 피해는 인하된 가격으로의 판매량과 인하 가격 폭에 의해 결정되므로 두 요소에 대한 공평하고 객관적인 검토만 이루어진다면 조사 당국이 가격 인하 분석을 수행하는 데 있어 어느 정도의 재량은 행사할 수 있는 것이라고 보고 브라질의 주장을 기각하였다.

11) 동종 상품의 적정 비교

가단주철에는 백심(white heart)과 흑심(black heart)의 2종이 있다. 白心은 백주철을 산화제 속에서 가열하여 주철 중의 탄소를 산화탈탄한 것이며, 파면(破面)은 희다. 黑心은 백주철을 설담금하고 시멘타이트를 분해하여 흑연화한 것이며, 파면은 검다. 이 사건에서 브라질은 주로 흑심주철을 EC에 수출하였고 EC 역내 산업자는 주로 백심주철을 생산, 판매하였다. 브라질은 EC가 3조2항상의 피해 분석을 하면서 두 종류 주철간의 차이점을 보정하지 않았다고 주장하였으나 패널은 자료 검토 결과, EC가 흑심, 백심간의 생산비 차이, 소비자 인식 차이 등에 관해 적절한 자료를 수집하였고 이를 토대로 양자간의 생산비나 소비자 인식상의 중대한 차이가 없다고 결정을 내린 점이 인정된다고 보고 브라질의 주장을 기각하였다.

12) 의무적 피해 요소 평가(반덤핑협정 3조4항)

브라질은 EC가 3조4항[17]에 나열된 피해 요소에 대한 분석을 전부 다 시행하

---

17) 3.4 덤핑 수입품이 관련 국내 산업에 미치는 영향의 검토는 판매, 이윤, 생산량, 시장 점유율, 생산성, 투자수익률, 또는 설비 가동률에서의 실제적이고 잠재적인 감소, 국내 가격에 영향을 미치는 요소, 덤핑 마진의 크기, 자금 순환, 재고, 고용, 임금, 성장, 자본 또는 투자 조달능력에

지 아니하였고(成長에 대한 분석 생략) 다른 요소에 대한 평가도 단지 조사 기간 전후 상태(end point to end point)만 단순 비교한 것이므로 적절하지 못했다고 주장하였다.

패널은 EC의 자료를 볼 때 성장(growth)이 별도 항목으로 독립적으로 평가되지는 않았으나 다른 요소를 평가하는 과정 중에 병행하여 묵시적으로 평가된 점이 인정되며 다른 피해 요소의 검토도 조사 내용을 심리하여 볼 때 조사 기간 全과정의 변동 사항 등에 대해서 진지하게 이루어졌다고 보기에 충분하다고 판단하고 브라질의 주장을 기각하였다.

13) 관련 자료 공개의 적정성(반덤핑협정 6조2항, 4항)

EC는 패널 심리 진행 중 반덤핑협정 3조4항에 나열된 피해 요소를 분석에 관한 raw data가 기록된 내부 문서를 제출하였다(Exhibit EC-12). 브라질은 동 자료를 반덤핑 조사 기간 중 Tupy사가 열람할 기회를 제공하지 않은 것은 6조2항[18] 상의 이익 방어 기회 부여 의무, 6조4항[19]상의 정보열람 의무를 다하지 못한 것이라고 주장하였으나 패널은 동 자료는 기 공개된 자료와 궤를 같이하는 것이며 피해 요소 분석에 부가 가치적인 내용을 제공한 것도 아니어서 반덤핑 관세 부과 결정과정 중에 특별히 사용되지도 않았고 적절한 자료로 취급되지도 않았음이 인정되므로 브라질 수출업체가 관련된 정보를 적시에 열람하고 자신의 이익을 방어할 기회를 박탈당하였다고는 볼 수 없다고 판시하였다.

그러나 상소기구는 패널의 판정을 다음과 같은 논리로 번복하였다. 상소기구는 6조4항의 규정상 조사 당국은 '가능한 경우에는 언제나(whenever practicable)'

대한 실제적이며 잠재적인 부정적 영향 등 산업의 상태에 영향을 미치는 제반관련 경제적 요소 및 지표에 대한 평가를 포함한다. 위에 열거된 요소는 총망라적이 아니며, 이러한 요소 중 하나 또는 여러 개가 반드시 결정적인 지침이 될 수는 없다.

18) 6.2 반덤핑 조사의 전 과정을 통하여 모든 이해 당사자는 자신의 이익을 방어하기 위한 충분한 기회를 가진다. 이를 위하여 당국은 요청에 따라 모든 이해 당사자가 상반된 이해를 갖는 당사자와 회합하는 기회를 제공하여 반대의견이 제시되고 반박 주장이 개진될 수 있도록 한다. 이러한 기회의 제공시 비밀보호의 필요 및 당사자의 편의를 고려하여야 한다. 어떤 당사자도 이러한 회합에 참석할 의무는 없으며, 회합 불참이 그 당사자를 불리하게 하지 아니한다. 이해 당사자는 또한 정당한 경우 구두로 다른 정보를 제시하는 권리를 갖는다.

19) 6.4 당국은 가능한 경우에는 언제나 모든 이해 당사자에게 이들이 자신의 주장을 개진하는데 관련되고 제5항에 정의되어 있는 비밀이 아니며 당국에 의해서 반덤핑 조사에 사용되는 모든 정보를 열람하고 또한 이러한 정보에 기초하여 자신의 입장을 준비할 기회를 적시에 제공한다.

i) 이해 당사자들이 자신의 주장을 개진하는데 관련되고(relevant), ii) 6조5항[20]에 정의되어 있는 비밀이 아니며, iii) 당국에 의해서 반덤핑 조사에 사용되는 모든 정보를 열람할 기회를 제공해야 한다고 보고 EC가 이러한 정보 제공이 가능하지 않다고 주장하지도 않았고 비밀이라고 주장하지도 않았으므로 i), ii) 해당 여부만 가려보면 동 조항 위반 여부가 명백하여 진다고 심리 대상 범위를 한정하였다.

상소기구는 패널이 i)의 관련성을 조사 당국의 관점에서 해석하였으나 6조4항은 (이해 당사자가) 주장을 개진하는 데에 관련 있는 정보를 지칭하고 있다고 우선 확인하고 Exhibit EC-12는 3조4항상의 피해 요소 일부에 관한 정보를 포함하고 있고 동 조항 피해 요소는 모든 조사에 관련 있는 것으로 보아야 하므로 Exhibit EC-12는 EC에 의해 수행된 반덤핑 조사에 관련 있는 정보를 포함하고 있는 것으로 보는 것이 마땅하며 이해 당사자가 주장을 개진하는데 불가피하게 관련 있는 정보라고 판단하였다. iii)의 당국에 의해 사용되었다는 것과 관련, 상소기구는 패널이 EC가 조사 과정 중에 의존하지 않았다고 본 것은 EC가 3조4항상의 모든 피해 요소를 평가할 의무가 있으며 그 평가의 일부가 Exhibit EC-12에 명시되어 있음을 간과한 결정이라고 지적하였다. 상소기구는 Exhibit EC-12은 반덤핑 조사 과정 중의 절차요건에 연계되어 있으며 Exhibit EC-12에 포함된 정보는 EC에 의해 사실상 사용되었다고 보는 것이 타당하다고 판단하였다.

14) 알려진 피해 요소에 대한 분석(반덤핑협정 3조5항)

반덤핑협정 3조5항[21]은 덤핑과 국내 산업에 대한 피해간의 인과 관계의 입증

---

20) 6.5 성격상 비밀인 정보(예를 들어 누설될 경우 경쟁자에게 중대한 경쟁상 이익이 되거나 정보 제공자 또는 그 정보의 취득원이 된 자에게 중대하게 불리한 영향을 미칠 것으로 예상되는 정보) 또는 조사의 당사자가 비밀로서 제공하는 정보는 정당한 사유가 제시되는 경우 당국에 의해 비밀로 취급된다. 이러한 정보는 정보를 제출하는 당사자의 명시적인 허가없이는 아니된다(Re.17).

(Remark 17) 회원국은 특정회원국의 영토 내에서 한정적인 보호명령에 따라 공개가 요구될 수 있다는 것을 인지한다.

21) 3.5 덤핑 수입품이 제2항 및 제4항에 규정된 바와 같이 덤핑의 효과를 통하여 이 협정이 규정하고 있는 의미의 피해를 초래하고 있다는 사실이 입증되어야 한다. 덤핑 수입품과 국내 산업에 대한 피해간의 인간관계의 입증은 당국에 제시된 모든 관련 증거의 검토에 근거한다. 또한 당국은 같은 시점에서 국내 산업에 피해를 초래하는 덤핑 수입품 이외의 모든 알려진 요소를 검토하며 이러한 다른 요소로 인하여 발생하는 피해는 덤핑 수입품에 의한 것으로 귀속시켜서는 아니된다. 이점에서 관련될 수 있는 요소에는 특히, 덤핑가격으로 판매되지 아니하는 수입품의 수량 및 가격, 수요감소 혹은 소비형태의 변화, 외국생산자와 국내 생산자의 무역 제한적 관

함에 있어 조사 당국은 덤핑 수입품 이외의 모든 알려진 요소(known factors)를 검토하고 이러한 알려진 다른 요소로 인하여 발생하는 피해는 덤핑 수입품에 의한 것으로 귀속시켜서는 안 된다고 규정하고 있다. 브라질은 이러한 알려진 요소로 i) EC산 백심주철 생산비가 브라질산 흑심주철에 비해 높은 점, ii) EC 업자의 저조한 수출 실적, iii) 제3국으로부터 수입된 저가 상품, iv) EC 업체의 해외 저가 생산(outsourcing), v) EC 산업체의 구조조정 vi) 고무, 구리(fittings)의 주철 상품의 대체, vii) 흑심, 백심주철간의 생산비 및 소비자 인식 차이가 있다고 주장하였으나 EC는 i)과 vii)항에 대해서는 동의하지 않았다. 브라질은 EC가 i), vii)는 알려진 요소로서 검토하지도 않았으며 나머지에 의한 피해가 덤핑 수입에 귀속되지 않도록 하지도 못했다고 주장하였다. EC는 3조5항의 알려진 요소는 이해 당사자가 반덤핑 조사 과정 중에 제기할 책무가 있으며 브라질 Tupy사는 조사 과정 중 i), vii) 요소를 제기한 적이 없다고 반박하였다.

패널은 3조5항의 알려진 요소란 반덤핑 조사 과정 중 이해 당사자에 의해서 조사 당국에게 명백히 제기된 인과 관계 요소로 이해한다고 밝히고 i), vii) 요소는 피해 분석과 가격 인하 분석 과정(in the context of)에서 제기되었을 뿐이며 더욱이 EC가 조사 결과 양자간의 생산비와 소비자 인식차이는 경미한 것으로 판단하였음을 환기하고 두 요소가 덤핑과 피해 분석 과정에서 알려져 있기는 하였으나 그 자체만으로 인과 관계 분석 과정에서도 알려진 인과 요소라고 볼 수는 없다고 결론지었다.

알려진 요소에 의한 피해를 덤핑 수입에 귀속시키지 말아야 한다는 의무와 관련하여 브라질은 EC가 사용한 인과 관계 파악 방법 자체가 3조5항에 부합하지 않으며 알려진 요소 개개를 검토한 방법 역시 3조5항의 요건을 충족시키지 못한다고 주장하였다. EC는 덤핑 수입 외의 피해 유발 가능 요소로 i) 제3국산 저가 제품의 수입, ii) 소비 감소, iii) 고무, 구리 제품에 의한 대체 소비 증가 3가지를 분리하여 내고 각각에 대해 피해 유발 정도를 검토하였으나 일부 피해가 있을지라도 덤핑과 피해간의 인과 관계를 파기할 만큼의 중대한 정도는 아니었다고 결론지은 바 있다.

패널은 개개로는 중대하지 않은 정도라도 집합적으로는 덤핑과 피해간의 인과 관계를 단절시킬 만큼의 중대한 피해를 유발할 가능성도 있음을 인정하기는

행 및 이들간의 경쟁, 기술개발, 국내 산업의 수출 실적 및 상품 생산성의 검토를 통하여 포함된다.

하였으나 EC가 개개 요소를 분리하여 구별하였고(separate and distinguish) 각각의 효과를 분석한 방법과 분석 과정이 객관 타당한 것이어서 이들 요소의 집합적 효과를 생각해볼 미진함을 남기지 않았다고 판단하였다.

브라질은 알려진 요소 ii)~vi) 각각에 대한 EC의 피해 분석 자체도 객관적이고 타당하지 않았다고 비난하였으나 패널은 EC의 분석 방법을 검토한 후 공평하고 객관적인 조사 당국이라면 EC와 같은 결정을 내렸을 것이라고 판단하고 브라질의 주장을 기각하였다.

브라질은 i) 패널이 EC산 백심주철의 생산비가 브라질산 흑심주철 생산비보다 높은 점이 브라질에 의해 덤핑과 피해 결정 과정에서만 제기되었다는 이유로 덤핑 이외의 알려진 (인과 관계) 요소라고 볼 수 없다고 판정한 것과 ii) 인과 관계 요소를 개별적으로 검토하고 집합적인 효과를 검토하지 않은 것은 부당하다고 상소하였다.

i)과 관련 상소기구는 패널이 인과 관계 분석 과정 중에 제기된 사실이 없다는 것을 근거로 알려진 요소라고 볼 수 없다고 판정한데 대해서는 이의를 제기하였다. 상소기구는 어떤 요소는 알려졌거나 알려지지 않은 상태만 가능한 것이지 반덤핑 조사 과정의 어느 단계에서는 알려졌으나 다음 단계에서는 알려지지 않은 것이 될 수는 없다고 지적하였다. 상소기구는 이미 EC가 반덤핑 조사의 덤핑과 피해 분석 단계에서 제기된 생산비와 소비자 인식의 차이에 대해 검토를 하였고 그 차이가 경미하다고 판단을 내렸으므로 국내 산업에 피해를 초래한다고 볼 수 없으며 후속 단계(인과 관계 분석 단계)에서 이를 다시 분석할 필요가 없으므로(해 보았자 이전에 확인된 사실을 다시 서술하는 것에 불과하므로) 생산비의 차이는 3조5항상의 인과 관계 요소(덤핑 수입과 동시에 국내 산업에 피해를 초래하는)에 해당하지 않는다고 논리를 전개하는 것이 타당하다고 보았다. ii)의 주장에 대해 상소기구는 3조5항의 규정이나 *US-Hot-Rolled Steel* 사건 판례에 비추어 알려진 요소의 효과를 개별적으로 검토하는 것 이외에 이들 요소의 집합적 효과를 검토해야 하는 의무가 있다고 볼 수 없다고 지적하고 브라질의 주장을 기각하여 패널의 판정을 확인하였다.

15) 비밀 정보의 공개 제한(반덤핑협정 6조2항, 4항)

EC가 반덤핑 조사 기간 중의 EC 생산자의 수출과 구매에 관한 정보를 비밀임을 이유로 공개하지 않은데 대해 브라질은 6조2항의 이익 방어 기회와 6조4항상의 관련 정보 열람 기회를 박탈한 것이라고 주장하였으나 패널은 동 조항이 비밀 보호의 필요성을 규정하고 있으므로 브라질의 주장은 근거가 없다고 판시하였다.

16) 최종 판정 공고 의무 범위(반덤핑협정 12조2항, 12조2항2호)

브라질은 EC가 확정 판정 공고문에 i) 개도국에 대한 건설적 구제 가능성(반덤핑협정 15조), ii) 3조4항의 피해 요소 검토 결과, iii) EC 생산자의 수출 실적에 대해 언급하지 않은 것은 조사 당국이 중요하다고 간주하는 모든 사실 및 법과 관련된 문제에 관하여 도달한 조사 결과와 최종적인 조치의 부과에 이르게 한 사실과 법에 관계된 사항 및 이유에 대한 모든 관련 정보를 포함하도록 규정한 반덤핑협정 12조2항[22]과 12조2항2호[23]에 위반된다고 주장하였다.

패널은 12조2항에서 말하는 법과 사실에 대한 조사 결과는 조항에 명시된 대로 조사 당국이 중요하다고 간주하는 것에 한하므로 취사선택의 과정에 조사 당국의 재량이 개입될 수 있는 것이며 12조2항2호에서 최종 조치 부과에 이르게 하였다는 것은 법과 사실에 대한 조사 당국의 재량적인 판단을 포함하는 것이라고 전제하고 브라질의 주장을 각각 검토하였다. i)에 대해서 패널은 조사 당국이 재량에 의거, 포함하지 않은 것을 시비할 수 없고 이미 EC가 가격 인하를 수용치 않기로 결정하였으므로 12조2항을 적용할 수 없으며 건설적 구제 가능성에 관한 정보 상당 부분이 비밀이라고 하므로 건설적 구제 가능성을 최종 판정 공고에 포함하지 않은 것을 반덤핑협정 관련 조항 위반이라고 할 수는 없다고 판시하였다. ii)에 대해 패널은 12조2항은 3조에 규정된 피해 판정과 관련된 고려 사항을 포함하라고 명기된 12조2항1호[24]와 연계하여 해석해야 하는 바 EC의 최종 판정 공고

---

22) 12.2 모든 긍정적 또는 부정적인 예비 혹은 최종 판정, 제8조에 따른 가격약속을 수락하는 모든 결정, 이러한 가격약속의 종결 및 확정적 반덤핑 관세의 종료를 공고한다. 이러한 개별 공고는 조사 당국이 중요하다고 간주하는 모든 사실 및 법과 관련된 문제에 관하여 도달한 조사 결과 및 결론을 충분히 상세하게 명시하거나, 달리 별도의 보고서를 통해 이를 입수 가능하도록 한다. 이러한 모든 공고 및 보고서는 이러한 판정 또는 가격약속의 대상이 되는 상품을 생산하는 회원국 및 이에 대해 이해관계를 갖고 있는 것으로 알려진 다른 이해 당사자에게 전달된다.

23) 12.2.2 확정 관세의 부과를 규정하는 긍정적 판정 또는 가격약속의 수락의 경우 조사의 종결 또는 중지의 공고는 최종적인 조치의 부과 또는 가격약속의 수락에 이르게 한 사실과 법에 관계된 사항 및 이유에 대한 모든 관련 정보를 포함하거나 별도의 보고서를 통해 입수가 가능하도록 한다. 또 이 경우 비밀 정보 보호요건에 대해 적절한 고려를 한다. 특히 이러한 공고 또는 보고서는 수출자나 수입자의 관련 논거 또는 주장이 받아들여졌거나 거부된 이유뿐 아니라 제2항제1호에 기술된 정보들과 제6조제10항제2호에 따른 모든 결정의 근거를 포함한다.

는 3조4항의 요소에 대한 평가 결과를 상세하게 명시해야 하나 자본 조달, 생산성, 투자 수익률, 자금 순환, 임금에 대해 명시적인 설명을 포함하고 있지 않으므로 EC가 관련 조항에 합치되게 행동하였다고 볼 수 없다고 판시하였다. iii)에 대해 패널은 반덤핑 조사 과정 중 EC가 브라질에게 EC 생산업체의 수출 부진이 재고 증가에 직결되었다고 볼 수는 없음을 설명한 점이 인정되며 이는 EC가 수출업체의 수출 실적을 중요한 인과 관계 요소로 판단하지 않았음을 증명하는 것이고 수출 실적에 관한 정보가 비밀 사항을 포함하고 있으므로 이를 최종 판정 공고 시 명시하지 않은 것이 반덤핑협정 위반에 해당한다고 볼 수는 없다고 판시하였다.

다. 해설 및 평가

이번 사건의 판례는 zeroing에 대해 새로운 시각을 제시하였다. zeroing은 통상 덤핑 마진 산정 과정 時 수출 가격이 정상 가격보다 높은 경우, 즉 덤핑 판매가 아닌 마이너스 덤핑 마진을 0으로 처리하여 덤핑 판매의 덤핑 마진과 상쇄하지 않는 관행을 말하는바 이는 반덤핑협정 2조4항2호 위반이라고 *EC-Bed Linen* 사건에서 확인된 바 있다. *EC-Bed linen* 사건 패널이 zeroing을 반덤핑협정 위반이라고 판단한 근거는 2조4항2호에 모든 비교 가능한 수출 거래(all comparable transactions)라는 표현으로서 zeroing은 마이너스 덤핑 마진을 거래를 비교 대상에서 제외한 것이므로 모든 거래를 비교하라는 동 조항에 위반된다는 논리를 전개하였다.

이번 사건의 zeroing 심리 대상은 국내 동종 상품의 가격이 덤핑 수입품에 의하여 인하되었는지를 심리할 때 zeroing 원칙을 적용할 수 있느냐는 것이었다. 패

---

24) 12.2.1 잠정 조치부과 공고는 덤핑 및 피해의 잠정 판정에 대한 충분히 상세한 설명을 명시하거나 달리 별도의 보고서를 통해 이를 입수 가능하도록 해야 하며, 관련 주장이 수락되거나 거부되도록 한 사실과 법에 관한 사항을 제시한다. 이러한 공고 또는 보고서는 비밀 정보 보호요건을 적절히 고려하며, 특히 다음의 사실을 포함한다.
(1) 공급자의 이름, 또는 이것이 가능하지 않을 경우 관련 공급국의 이름,
(2) 세관목적에 충분한 상품의 명세,
(3) 확정된 덤핑 마진 및 제2조에 따른 정상 가격과 수출가격의 설정과 비교시 사용된 방법의 이유에 대한 충분한 설명,
(4) 제3조에 규정된 피해 판정과 관련된 고려 사항,
(5) 판정에 도달한 주요 이유

넓은 근거 규정이 되는 3조2항은 2조4항2호와 달리 모든 거래라는 표현이 없는 점을 근거로 가격 인하 효과 분석에는 덤핑 마진 산정시와는 달리 zeroing이 허용된다고 보았다. 이 사건 패널은 덤핑 수입(dumped imports)이 개입된 거래 하나하나를 모두 고려해야 할 의무가 조사 당국에게는 없으며 3조2항에 의거, 검토된 덤핑 수입이 덤핑 판정의 대상이 된 거래에 국한될 필요도 없다고 판시함으로써 조사 당국이 가격 인하 효과를 분석함에 있어 분석 대상 거래를 선택할 수 있는 재량권을 폭넓게 인정하였다.

패널이 이와 같이 판시할 수 있었던 것은 덤핑 마진 산정 시와 가격 인하 효과 산정 시의 zeroing의 효과가 상이하기 때문이었다. 마이너스 덤핑 마진을 플러스 덤핑 마진과 상쇄하지 않고 0으로 처리할 경우 덤핑 마진이 왜곡되는 효과가 불가피하게 직접적으로 발현되는 것과 달리 가격 인하에는 이러한 상관관계가 분명하게 존재하지 않는다. 덤핑 수입품으로 인해 국내 업자가 부득이 가격을 인하함으로써 입은 손실을 우선 계량하기도 어렵고 설사 정상 가격으로 판매할 수 있을 기회를 상실한 것이 그 손실이라고 한다 하더라도 이미 그 손실은 실현된 것이므로 덤핑 수입품에도 불구하고 정상 가격으로 판매가 이루어진 부분이 그 손실을 일대일 관계로 상쇄한다고도 볼 수 없는 것이다. 이러한 일대일 상쇄 관계를 인정할 경우에는 이 사건 패널이 지적한 대로 부득이한 가격 인하로 인해 현실적인 손실이 발생하였음에도 불구하고 손실분에 해당하는 만큼의 비인하가격으로의 판매분이 있다면 상호 상쇄한 후 손실이 없는 것이 되는 모순 상황이 발생할 수도 있는 것이다.

패널은 EC가 3조4항에 나열된 피해 요소 중 성장에 대해 명시적으로 따로 분석하지는 않았으나 다른 요소를 평가하는 과정 중에 묵시적으로 평가하였다고 인정하였다. 상소기구도 3조4항의 15개 피해 요소 평가 의무는 평가가 이루어지는 방법(manner)과는 구별되는 것이며 어떤 요소에 대한 평가가 다른 요소 평가 시 묵시적으로(implicitly) 이루어 졌다고 하여 그 요소가 평가되지 않았다고 결론 지을 수는 없다는 요지로 패널의 판정을 지지하였다.

그러나 이러한 판정은 유사한 내용을 규정하고 있는 긴급수입제한조치협정 4조2항에 대한 WTO의 판례와 합치되지 않는 측면이 있다. 긴급수입제한조치협정 4조2항25)은 반덤핑협정 3조4항과 유사하게 증가된 수입품이 국내 산업에 초래한

25) 4.2. 가. 증가된 수입품이 이 협정의 조건에 따라 국내 산업에 심각한 피해를 초래하였거나 심각한 피해를 초래할 우려가 있는지의 여부를 판정하기 위한 조사에 있어서 주무 당국은 동 산업의 상황에 영향을 미치는 객관적이고 계량가능한 성격의 모든 관련 요소를 평가하며, 특히

피해를 객관적으로 평가할 것을 규정하고 있으며 점유율, 판매, 생산, 생산성 등 검토해야 할 피해 요소를 제시하는 한편 증가된 수입품 이외의 요소로 인한 피해를 수입품의 탓으로 귀속시키지 말아야 한다고 규정하고 있다. *US-Wheat Glutten Safeguards* 사건과 *US-Line Pipe Safeguards* 사건 패널은 판정을 통해 증가된 수입품 이외의 요소로 인한 피해가 수입품의 탓으로 귀속되지 않았음을 명시적으로(explicitly) 수립하여야 하며 이러한 설명은 명백하고 불분명하지 말아야 한다고 밝혔다.

덤핑 수입품과 증가된 수입품 이외에 다른 요소가 국내 산업에 피해를 미치는 정도를 평가함에 있어 덤핑 수입의 경우에는 묵시적인 평가가 용인되고 긴급수입 제한의 경우에는 불용된다는 WTO 판정은 두 사안의 유사성에 비추어 논란의 여지가 많다. 비록 이번 사건의 경우는 피해 요소의 효과에 관한 것이고 *US-Wheat Glutten Safeguards* 사건과 *US-Line Pipe Safeguards* 사건은 (타 요소에 의한 피해를 수입의 탓으로 돌리지 말라는 비귀속(non-attribution) 의무에 관한 것이므로 양자의 성격이 다르다는 논박이 있을 수 있으며 반덤핑협정과 긴급수입제한조치협정의 판정 기준(standards of review)이 같을 수 없다는 주장도 가능할 것이나 두 사안의 본질이 비슷하고 규정의 문안 자체도 크게 틀리지 않은 점에 비추어 계속 검토해볼 여지가 있다고 본다.

한편 묵시적인 검토도 타당하다고 인정한 패널과 상소기구의 판단은 3조4항의 피해 요소는 조사 당국이 반드시 검토해야 할 최소한의 것으로서 하나 하나를 검토해야 한다고 조사 당국의 피해 요소 검토 의무를 엄격하게 해석한 이전의 판례와도 궤를 같이 하지 않는다는 논란이 있을 수 있다. *Mexico-HFCS* 사건, *Thailand-Steel* 사건, *EC-Bed Linen* 사건, *US-Hot Rolled Steel* 사건, *Egypt-Rebar* 사건, *Argentina-Poultry* 사건에서는 모두 조사 당국이 적어도 3조4항에 나열된 피해 요소에 대해서는 빠짐없이 검토해야 할 의무가 있으며 부득이 생략할 경우 납득할 만한 이유를 명시적으로 밝혀야 한다고 보았다.

관련 상품의 절대적 및 상대적인 수입 증가율 및 증가량, 증가된 수입품이 국내 시장에서 차지하는 점유율, 판매, 생산, 생산성, 가동률, 이윤 및 손실, 그리고 고용의 수준에 있어서의 변화를 평가한다.

나. 조사가 객관적인 증거에 기초하여 관련 상품의 수입 증가와 심각한 피해 또는 피해의 우려 간의 인과관계의 존재를 증명하는 경우 이외에는 가호에 언급된 판정이 내려지지 아니한다. 증가된 수입품 이외의 요소가 국내 산업에 동시에 피해를 초래하는 경우에는 이러한 피해가 증가된 수입품의 탓으로 돌려지지 아니한다.

다. 주무 당국은 조사 중인 사안에 대한 상세한 분석 및 조사된 요소의 적절성에 대한 증명을 제3조의 규정에 따라 신속히 공표한다.

19. Japan vs. US - Corrosion-Resistant Steel Sunset Review 사건

(DS244, 2004. 1. 9. - 상소기구)

가. 사건 개요

이 사건은 미국이 일본산 탄소강판에 대한 반덤핑 관세를 계속 부과하기로 결정한 일몰 재심에 대해 일본이 제소하고 우리나라를 비롯하여 브라질, 캐나다, 칠레, 인도, 노르웨이, EC 등이 제3자로 참여한 사건이다. 일몰 재심이란 반덤핑 관세 부과 시한인 5년이 종료되기 직전에 조사 당국이 자체적으로 또는 이해 당사자의 요청에 의하여 동 관세 철회의 효과에 대해 검토하는 것으로서 관세 철회가 피해의 지속이나 재발을 초래할 가능성이 있다고 판단될 경우 관세 부과를 지속할 수 있다.

1993년 8월 미국 상무부는 일본산 부식 저항성 탄소강판(Corrosion-Resistant Carbon Steel Flat)에 36.41%의 반덤핑 관세를 부과하였으며 1999년 9월 일몰 재심 결과, 반덤핑 관세 부과의 철회는 덤핑과 국내 피해의 지속 또는 재발을 초래할 가능성이 있다고 판단, 반덤핑 관세 부과 조치를 지속하기로 결정하였다.

이에 일본은 미국의 일몰 재심에 관한 법규, 즉 1930년 관세법(19USC1675(c)) 751(c)(1) 및 (2), UR 이행법 시행령(UR Agreements Act Statement of Administrative Action(SAA)) 351.218(a) 및 (c)(1), 일몰 재심 규정(US Sunset regulations), 일몰 재심 政策要綱(US Sunset Policy Bulletin)이 반덤핑협정 2, 3, 5, 6, 11, 12, 18조 등에 위반된다고 2002년 4월 WTO에 제소하였다.

나. 주요 쟁점별 당사자 주장 및 판결 요지

1) 일몰 재심 자동 개시 요건(반덤핑협정 5조6항, 11조3항)

반덤핑협정 5조6항은 덤핑, 피해 및 인과 관계에 관한 충분한 증거가 있을 경우 반덤핑 조사 요청이 없어도 관계 당국이 조사를 개시할 수 있다고 규정하고 있으며 11조3항은 반덤핑 관세 부과 기간(최대 5년) 만료 전에 관계 당국이 피해의 지속 또는 재발 여부를 심사(일몰 재심)하여 반덤핑 관세 부과를 연장할 수 있도록 하고 있다. 일본은 일몰 재심의 효과는 반덤핑 조사 및 부과와 사실상 동일하므로 5조6항[1])을 준용하여 충분한 증거가 있어야만 관계 당국이 자체적으로 조사를 개시할 수 있는 것으로 해석하는 것이 온당하다고 보았다. 일본은 또한 일몰 재심과 통상적인 반덤핑 조사는 최대 5년간 반덤핑 관세를 부과/연장한다는 점에서 그 기능이 유사하므로 반덤핑협정의 대상과 목적(object and purpose)에서 보더라도 자체 조사에 대한 증거 요건을 당국이 재량으로 개시하는 일몰 재심에도 적용하는 것이 타당하다고 주장하였다. 일본은 이러한 해석을 바탕으로 미국의 1930년 관세법 751(c)(1) 및 (2)조와 UR 이행법 시행령 351.218(a) 및 (c)(1)은 미 상무부가 충분한 증거 없이도 자체적으로 일몰 재심 절차를 개시할 수 있도록 위임하고 있으므로 반덤핑협정 관련 조항(11조1항, 3항, 12조1항, 3항, 5조6항)에 위배된다고 주장하였다.

패널은 11조3항[2])의 어느 문구도 일몰 재심 자동 개시 시 적용해야 할 증거

---

1) 5.6 특별한 상황에서 관계 당국이 조사 개시를 위하여 국내 산업에 의하거나 이를 대신하여 이루어진 서면신청을 접수하지 아니하고 이러한 조사를 개시하기로 결정하는 경우 관계 당국은 조사의 개시를 정당화할 수 있는 제2항에 기술된 덤핑, 피해 및 인과관계에 관한 충분한 증거가 있는 경우에만 진행한다.

2) 11.3 제1항 및 제2항의 규정에도 불구하고 모든 확정 반덤핑 관세는 부과일(또는 제2항에 따른 검토가 덤핑과 피해를 동시에 고려하였다면 제2항에 의한 가장 최근의 검토일 또는 이 항에 따른 가장 최근의 검토일)로부터 5년 이내에 종결된다(Re.22). 다만, 당국이 동 일자이전에 자체적으로 개시한 검토 또는 동 일자이전 합리적인 기간 내에 국내 산업에 의하거나 이를 대신하여 이루어진 정당한 근거에 입각한 요청에 의하여 개시된 검토에서 관세의 종료가 덤핑 및 피해의 지속 또는 재발을 초래할 것으로 당국이 판정하는 경우는 그러하지 아니한다. 이러한 검토 결과가 나오기 전까지 관세는 유효할 수 있다.

(Remark 22) 반덤핑 관세액이 소급적으로 사정되었을 경우 제9조제3항제1호에 따라 가장 최근의 산정과정에서 관세가 부과되어서는 아니된다는 조사 결과 그 자체가 당국에 대해 확정 반덤핑 관세의 종료를 요구하지 아니한다.

요건을 언급하고 있지 않으며 이는 협정문 기초자들이 일몰 재심 자동 개시에 특별한 증거 요건을 부여할 의도가 없었던 것으로 보인다고 판단하였다. 11조3항을 5조6항과 연계하여 해석해야 한다는 주장에 대해서도 이미 *US-German Steel CVD* 사건에서 상소기구가 동일한 문장으로 되어 있는 보조금협정 11조6항과 21조3항을 연계하여 해석할 의무가 없다고 판단한바 있음을 환기하고 받아들이지 아니하였다. 패널은 5조6항의 어느 문구도 자체 조사 개시에 관한 증거 요건을 일몰 재심에 일반적으로 적용할 수 있다고 해석할 수는 없다고 보았다.

패널은 증거 요건에 대한 언급이 없다 하더라도 암시적으로 제시되어 있을 가능성도 있을 수 있으므로 유관 조항(반덤핑협정 11조1항, 2항, 12조1항, 3항)을 살펴보았으나 이 같은 가능성을 인정할 수 없었다고 추가하였다. 패널은 특히 12조의 규정을 적절히 수정하여(*mutatis mutandis*) 11조에 규정된 절차에 적용할 수 있다고 규정된 12조3항3)의 문구상 협정 기초자들은 12조의 일부 조문은 일몰 재심에 그대로 적용할 수 없으며 일몰 재심의 성격상 필요로 하는 조정을 가할 수 있다고 상정한 것이라고 판단하였다.

일본의 협정 대상 및 목적 주장에 대해서도 패널은 조약의 해석은 우선 해당 조약의 문구에 기초해야 한다고 규정한 조약법에 관한 비엔나 협약 31조4)를 인용하여 비록 일본의 주장이 타당하다고 가정하더라도 반덤핑협정의 문구에 기초한 해석을 변경해야 할 만큼 충분하지는 않다고 보고 일본의 주장을 기각하였다.

---

3) The provisions of this Article shall apply *mutatis mutandis* to the initiation and completion of reviews pursuant to Article 11 and to decisions under Article 10 to apply duties retroactively.

4) 제31조(해석의 일반규칙)

1. 조약은 조약문의 문맥 및 조약의 대상과 목적으로 보아 그 조약의 문맥에 부여되는 통상적 의미에 따라 성실하게 해석되어야 한다.
2. 조약의 해석 목적상 문맥은 조약문에 추가하여 조약의 전문 및 부속서와 함께 다음의 것을 포함한다.
   (a) 조약의 체결에 관련하여 모든 당사국간에 이루어진 그 조약에 관한 협의
   (b) 조약의 체결에 관련하여 또는 그 이상의 당사국이 작성하고 또한 다른 당사국이 그 조약이 관련되는 문서로서 수락한 문서
3. 문맥과 함께 다음의 것이 참작되어야 한다.
   (a) 조약의 해석 또는 그 조약규정의 적용에 관한 당사국간의 추후의 합의
   (b) 조약의 해석에 관한 당사국의 합의를 확정하는 그 조약 적용에 있어서의 추후의 관행
   (c) 당사국간의 관계에 적용될 수 있는 국제법의 관계규칙
4. 당사국의 특별한 의미를 특정용어에 부여하기로 의도하였음이 확정되는 경우에는 그러한 의미가 부여된다.

2) 미소 마진 규정의 일몰 재심에의 준용 여부(반덤핑협정 5조8항)

일본은 0.5% 이하의 덤핑 마진만을 미소 마진(*de minimis*)으로 취급하라는 미국 일몰 재심 규정 351.106(c)는 미소 마진을 2%로 규정한 반덤핑협정 5조8항[5]과 11조3항 위반이라고 주장하고 5조8항의 2% 미소 마진 기준은 일몰 재심에도 적용되어야 한다고 강조하였다. 일본은 비록 반덤핑협정에 명시적으로 반영되지는 않았으나 제정 과정 시 5조8항 미소 마진 기준을 일몰 재심 시에도 적용해야 한다는 충분한 논의가 있었다고 밝히고 이러한 교섭 역사(negotiating history)에 비추어 5조8항 기준을 11조3항에도 적용해야 한다고 덧붙여 주장하였다. 아울러 일본은 일본산 부식저항 탄소강의 일몰 재심 시 미국 무역 위원회가 일본산 수입품을 반덤핑 관세를 부과받고 있는 타국으로부터의 수입과 누적하면서 반덤핑협정 5조8항상의 미소 마진 기준을 적용하지 않은 것은 반덤핑협정 위반이라고 주장하였다.

패널은 11조3항은 일몰 재심의 미소 마진 기준 또는 5조8항 기준의 준용에 대해 직간접적으로 일체 언급하고 있지 않다고 확인하였으며 암시적으로 제시했을 가능성도 일체의 유관 조항에 나타나 있지 않다고 정리하였다. 5조8항의 어느 문구도 동 조항 미소 마진 기준의 일몰 재심 시 적용 가능성을 언급하고 있지 않으며 5조8항을 11조3항과 연계하여 해석할 의무는 없다고 재확인하였다.

일본의 교섭 歷史 주장에 대해 패널은 비엔나 협약 32조[6]상 교섭 역사를 조

---

5) 5.8 관계 당국이 사안의 진행을 정당화 시킬 만큼 덤핑 또는 피해에 대한 충분한 증거가 존재하지 않는다고 납득하는 즉시 제1항에 따른 신청은 기각되고 조사는 신속히 종결된다. 덤핑 마진이 최소허용 수준이거나, 또는 실제적 또는 잠재적인 덤핑 수입량이나 피해가 무시할 만한 수준이라고 당국이 결정하는 경우 조사는 즉각적으로 종결된다. 수출가격 대비 백분율로 표시된 덤핑 마진이 2%미만인 경우 이러한 덤핑 마진은 최소 허용 수준인 것으로 간주된다. 특정국으로부터의 덤핑 수입 물량이 수입 회원국내 동종 상품 수입량의 3%미만을 점유한 것으로 판명되는 경우 개별적으로 수입회원국내 동종 상품 수입의 3%미만을 점유하는 국가들이 총체적으로 수입회원국내 동종 상품 수입 물량의 7%를 초과 점유하지 아니하면 이러한 덤핑 수입량은 일반적으로 무시할 만한 수준으로 간주된다.

6) 제32조(해석의 보충적 수단)
제31조의 적용으로부터 나오는 의미를 확인하기 위하여 또는 제31조에 따라 해석하면 다음과 같이 되는 경우에 그 의미를 결정하기 위하여 조약의 교섭 기록 및 그 체결시의 사정을 포함한 해석의 보충적 수단에 의존할 수 있다.
(a) 의미가 모호해지거나 또는 애매하게 되는 경우 또는
(b) 명백히 불투명하거나 또는 불합리한 결과를 초래하는 경우

약 해석시 이용할 수 있는 상황은 i) 의미가 모호해지거나 또는 애매하게 되는 경우 또는 ii) 명백히 불투명하거나 또는 불합리한 결과를 초래하는 경우로 제한되어 있다고 지적하고 금번 사건의 경우는 이의 어느 것에도 해당되지 않으므로 교섭 역사에 의존할 필요가 없다고 판단하였다.

미소 마진의 누적이 부당하다는 주장에 대해 패널은 11조3항 문구상 미소 마진 기준이 일몰 재심에도 적용된다고 해석할 수 없으며 3조3항도 미소 마진 기준을 반덤핑 조사에 적용하라고 명백히 규정하고 있으므로 일몰 재심에도 적용된다고 자의적으로 확대 해석할 수는 없다고 보고 일본의 주장을 기각하였다.

3) 정책 요강의 패널 심리 대상 여부

(가) 정책 요강 자체(as such)

일본은 미국의 일몰 재심 政策要綱(Sunset Policy Bulletin)이 미 상무부로 하여금 첫째 zeroing 관행으로 인해 과대평가된 WTO 출범 이전의 원래 덤핑 마진을 별도로 조정하지 않고 다시 일몰 재심 시 사용토록 지시하고 있으며, 둘째 원래의 덤핑 마진을 덤핑 관세 철회 시 예상되는 덤핑 마진이라고 미국 무역 위원회에 보고토록 지시하고 있으므로 그 자체가(as such) 타 법규와 독립하여 자체적인 운영되면서 일정한 조치의 시행을 강제하는 법규(legal instrument)이며 그 내용이 반덤핑협정 2조, 11조3항, 18조3항 위반되므로 정책 요강 자체가 반덤핑협정 위반이라고 주장하였다. 미국은 이에 대해 정책 요강은 일몰 재심 개별 사안에 상위 법령(1930년 관세법과 UR 이행법 및 일몰 재심 규정)을 적용하고 해석하는 지침에 불과하다고 반박하였다.

패널은 우선 일몰 재심 정책 요강이 강행 법규에 해당하는지 여부를 심리하였다. 일정한 조치의 시행을 강제하는 회원국의 법규(강행 법규)에 대해서만 패널은 법규 그 자체의 WTO 위배 여부를 심리할 수 있다는 것은 GATT 시절 이래의 관행이었으며 판례에서도 수차례 확인된바 있으므로(*US-1916 Act* 사건, *Brazil-Aircraft* 사건, *US-German Steel CVD* 사건) 강행 법규가 아닌 것으로 판명될 경우에는 정책 요강 자체의 위법성을 살펴볼 필요가 없기 때문이다.

패널은 Bulletin의 전문에 Bulletin은 관세법과 일몰 재심 규정에 따라 일몰 재심이 수행됨을 분명히 언급[7]하고 있으므로 정책 요강 자체가 일정한 조치를 위

7) … Sunset reviews of anti-dumping … duty orders … will be conducted pursuant to the provisions of

임하고 있는 독립적인 법규(instrument)가 아니며 그 자체로 WTO 분쟁 해결 절차의 시비 대상이 될 수 있는 조치가 아니라고 보았다. Bulletin은 해당 조항에 관한 방법론적인 지침을 제공할 뿐 의무적인 행위를 강제하고 있지 않다는 것이다.

일본은 처음에는 정책 요강을 일몰 재심 시행에 관한 미 당국의 관행(practice)이라고 주장하기도 하였는데 패널은 설사 관행이라고 하더라도 이전 판례(*US-India Steel Plate* 사건, *US-Export Restraints* 사건)에 비추어 관행은 그 자체로 WTO 패널의 시비 대상이 될 수 없다고 결론지었다. 패널은 Bulletin이 반덤핑협정 18조4항의 행정 절차에 해당한다는 일본의 주장도 받아들이지 않았다. 패널은 18조4항[8]의 행정 절차란 *US-India Steel Plate* 사건에서 확인된 바와 같이 반덤핑 조사 수행에 관한 기수립된 규정을 말하는 것인데 Bulletin은 이에 해당하지 않는다는 것이다.

정책 요강이 강행 법규가 아니며 그 자체로 WTO 위반을 야기할 수 없다는 패널의 판정은 그러나 상소기구에서 기각되었다. 상소기구는 우선 패널이 구분하여 분석하지 않은 두 가지 문제를 따로 분리하는 것으로 심리를 시작하였다. 첫째는 조치의 형태에 따라－예컨대 법률, 규정, 절차, 관행 등－WTO 분쟁 해결 절차의 대상 여부가 결정되는가 하는 문제였고 둘째는 조치의 강행적 또는 재량적 성격이 그 조치의 WTO 관련 협정과의 합치성 여부를 결정할 수 있느냐의 문제였다. 패널은 이 두 가지 사안에 대해 불명확한 입장을 취한 관계로 패널의 결정은 i) 비강행적인 조치(non-mandatory measures)는 그 자체로 (WTO 패널의 심리 대상인) 문제가 되는 조치(measure at issue)가 될 수 없다는 것인지, ii) 비강행적인 조치는 그 자체로 회원국 의무 사항의 위반이 될 수 없다는 의미인지 명확하지 않다고 지적하였다.

상소기구는 조치의 형태가 심리 대상 여부를 결정하는지 그리하여 비강행조치는 그 자체로 분쟁 해결 절차의 대상이 될 수 없는지에 대해 우선 '조치(measure)'란 DSU 3조3항[9]의 규정에 비추어 회원국의 어떠한 作爲 또는 不作爲라도 분쟁

---

the act, including sections 751(c) and 752 of the act, and the Department's regulations … These policies are intended to complement the applicable statutory and regulatory provisions by providing guidance on methodological or analytical issues not explicitly addressed by the statute and regulations.

8) 18.4 각 회원국은 세계무역기구협정이 자기나라에 대하여 발효하는 날 이전에 자기나라의 법률, 규정 및 행정 절차가 자기나라에게 적용되는 이 협정의 규정에 합치하도록 보장하기 위하여 일반적 또는 특별한 성격의 모든 필요한 조치를 취한다.

9) 3.3. 회원국이 대상 협정에 따라 직접적 또는 간접적으로 자신에게 발생하는 이익이 다른 회원국의 조치로 인하여 침해되고 있다고 간주하는 상황을 신속히 해결하는 것이 세계무역기구의

해결 절차의 대상이 될 수 있으며 규칙이나 규범을 포함하고 있는 회원국의 법령문서(instruments)는 그 규칙이나 규범이 실제 상황에 적용되는 방법과 양태를 불문하고 '조치'에 해당한다고 설명하였다.

분쟁 해결 절차의 대상이 될 수 있는 조치의 양태에 대한 제한이 있는지 여부에 대해 상소기구는 반덤핑협정 17조3항[10]은 분쟁 해결의 대상에 대해 광범위하게 규정하고 있고 18조4항의 법률, 규정 및 행정 절차는 반덤핑 절차 수행에 관해 일반적으로 적용할 수 있는 규칙, 규범, 기준의 전체(entire body)를 포괄하는 것으로 이해된다고 하였다. 이러한 이해를 기초로 상소기구는 일정한 형태의 조치만이 분쟁 해결 절차의 대상이 될 수 있다고 보아야 할 근거는 없으며 비강행 조치는 그 자체로 시비 대상이 될 수 없다고 결론지을 이유가 없다고 보았다. 상소기구는 패널이 시비 대상이 된 조치의 강행성을 따져서 처음부터 심리 대상에서 제외하는 것은 옳지 않으며 강행성이 설사 문제가 된다 하더라도 그 조치의 협정 위반 여부를 심리하는 전체 과정의 부분으로서 살펴보아야 할 사항이라고 덧붙였다.

상소기구는 정책 요강이 심리 대상이 될 수 없다는 패널의 판정이 정책 요강이 그 자체로는 반덤핑협정상의 미국의 의무 사항 위반을 구성하지는 않는다는 의미라고 하더라도 패널의 판정은 중대한 흠결이 있다고 지적하였다. 상소기구는 i) 패널이 정책 요강의 前文의 표현만을 토대로 특정한 조치의 시행을 위임한 법령(instrument)이 아니라고 성급하게 판단하였으며, ii) 정책 요강의 문제가 되는 조항을 검토하거나 母법령과 비교하지 아니하였고, iii) 정책 요강 특정 조항의 규범성이 어느 정도인지, 미 상무부가 어느 정도로 이들 조항이 구속적인 것으로 취급하였는지 분석하지 않은데다, iv) 정책 요강이 18조4항의 행정 조치에 해당한다는 일본의 주장을 단지 강행 법규(mandatory legal instrument)가 아니라는 판단을 기초로 성급하게 기각하였다고 비판하였다.

상소기구는 이러한 분석으로 토대로 정책 요강은 특정한 행위 수행의 의무를 부과하는 강행 법규가 아니며 따라서 그 자체로 WTO 협정 위반이 될 수 없고

효과적인 기능수행과 회원국의 권리와 의무간의 적절한 균형의 유지에 필수적이다.

10) 17.3 특정 회원국이 다른 회원국에 의해 이 협정에 따라 직접 또는 간접적으로 자기나라에 발생할 수 있는 이익이 무효화되거나 혹은 침해되었다고 판단하거나 어떠한 목적이라도 달성이 저해되고 있다고 간주하는 경우, 이러한 회원국은 상호 만족할 만한 사안의 해결에 이르기 위해 당해 다른 회원국에 대하여 서면으로 협의를 요청할 수 있다. 각 회원국은 다른 회원국의 협의요청에 대해 호의적인 고려를 한다.

WTO 협정상 시비 대상이 될 수 있는(challengeable) 조치가 아니라는 패널의 판정을 번복하였다. 상소기구는 패널이 이러한 그릇된 판단을 이유로 일본이 주장한 정책 요강 특정 조항의 불법성 여부에 대해서는 검토조차 하지 않은 것도 잘못이라고 지적하였다.

(나) 정책 요강 적용 사례(as applied)

일본은 정책 요강이 이번 사건에 적용된 사례도(as applied) 반덤핑협정 위반이라고 주장하였다. 일본은 WTO 협정 발효 이후 zeroing 관행은 WTO 협정에 불합치 되게 되었는데 미 상무부가 일몰 재심 시 zeroing 방식으로 산정된 연례 재심 덤핑 마진을 일몰 재심의 덤핑 마진으로 사용한 것은 공정한 비교 의무를 규정한 반덤핑협정 2조4항[11] 위반이라고 주장하였다.

패널은 첫째 2조4항이 일몰 재심 시 미래의 덤핑 마진을 새로 산정해야 하는 의무를 부과하는지 살펴보았으나 미래의 예상되는 덤핑 마진을 정확히 새로 산정해야 할 필요는 없다는 데 대해 일본이 문제를 제기하지 않았으므로[12] 미래 덤핑 마진 산정에 관해 2조4항의 위배 문제를 살펴볼 실익이 없다고 보았다. 패널은 둘째 피해의 지속이나 재발 가능성의 결정이 반드시 2조4항과 합치되는 방식으로 산출된 덤핑 마진에 기초해야 하는지에 대해 검토한 결과, 협정 11조3항은 덤핑의 지속이나 재발 가능성 여부의 결정 방식이나 방법론적인 요건에 대해 침

---

11) 2.4 수출가격과 정상 가격간에 공정한 비교를 한다. 이러한 비교는 동일한 거래단계, 일반적으로는 공장도단계에서 그리고 가능한 한 같은 시기에 이루어진 판매에 대하여 행하여진다. 제반 판매조건, 과세, 거래단계, 수량, 물리적 특성의 차이와 가격 비교에 영향을 미친다고 증명된 그 밖의 차이점들을 포함하여 가격 비교에 영향을 미치는 차이점들에 대해서 각각의 경우에 그 내용에 따라 적절히 고려한다(Re.7). 제3항에 언급된 경우에 있어서, 수입과 재판매 사이에 발생하는 관세 및 조세를 포함한 비용 및 발생한 이윤이 또한 고려되어야 한다. 이러한 경우에 가격 비교가 영향을 받을 때에는 당국은 구성수출가격의 거래단계와 동일한 거래단계에서 정상 가격을 설정하거나 또는 이 항에 따라 정당화된 적절한 고려를 한다. 당국은 공정한 가격 비교를 위해 어떠한 정보가 필요한지를 당해 당사자에게 알리며, 이러한 당사자에게 불합리한 입증 책임을 지워서는 아니된다.
(Remark 7) 위의 요소들 중 일부는 중첩될 수 있는 것으로 양해하고 당국은 이 규정에 따라 이미 이루어진 조정이 중복되지 않도록 보장한다.

12) 미 상무부는 일본탄소강에 부과된 반덤핑 조치의 1, 2차 연례 재심시 산정한 덤핑 마진을 일몰 재심시 이용하였다. NSC의 경우 덤핑 마진은 1, 2차 연례 재심시 zeroing 방식을 사용하여 각각 12.51%와 2.47%로 산정되었으며 NSC는 미 상무부가 일몰 재심시 1, 2차 연례 재심 덤핑 마진을 이용하는 것에 대해 이의를 제기하지 않았을 뿐 아니라 미 상무부에 대해 일몰 재심시 덤핑가능성이 없다고 판정하여야 한다고 주장하는 논거중의 하나로 2차 연례 재심 덤핑 마진이 1차에 비해 현저히 축소되었음을 인용하기도 하였다.

묵하고 있으며 2조에 규정된 덤핑 판정을 요구하고 있지 않으므로 덤핑 판정시의 덤핑 마진 산정 원칙이 11조3항의 덤핑 지속 및 재발 가능성 판정에 적용된다고 볼 수는 없다고 결론짓고 미국이 2조4항에 위배되게 행동한 것은 없다고 판시하였다.

상소기구는 11조3항상 조사 당국이 덤핑 마진을 새로 산정하거나 이전의 덤핑 마진을 사용하지 못할 의무는 없으므로 조사 당국이 재량으로 이용할 덤핑 마진을 선택할 수 있다는 데 대해서는 동의하였으나 11조3항을 2조와 연계하여 해석할 필요가 없다는 판단에 대해서는 의견을 달리하였다. 상소기구는 '이 협정의 목적상' 이라는 2조1항[13]의 두문상 2조는 11조3항에도 적용되는 것이며 따라서 조사 당국이 이용한 덤핑 마진의 산정 방식이 2조4항에 합치되지 않는다면 이를 기초로 한 덤핑 지속 및 재발 가능성에 대한 판단도 2조4항에 합치되지 않는 것이라고 해석, 패널의 법률 해석을 번복하였다.

일본은 미 상무부가 연례 재심시의 덤핑 마진을 미 무역 위원회에 제공하여 국내 피해의 지속이나 재발 가능성 판정의 기초로 사용하게 한 것 역시 반덤핑협정 2조4항, 11조3항, 18조3항 위반이라고 주장하였다.

패널은 11조3항이 규정하는 것은 덤핑의 판정이 아니라 덤핑의 지속 또는 재발 가능성에 대한 판정이므로 원래의 덤핑 판정과 관련된 증거가 11조3항의 가능성 판정 시 고려할 만한 적절한 사실이 될 수 있으며 전면적인 덤핑 판정만이 유일한 증거가 될 수 있는 것이 아니라 합리적인 견지에서 덤핑의 존재와 관련되어 있다고 판단되는 증거이면 충분하다고 판단하였다. 또한 패널은 연례 재심의 덤핑 마진율에 대해 이해 당사자로부터의 이의 제기가 없었던 사실에 비추어 미 상무부가 그 마진율의 신뢰성을 인정하는 것은 당연하였으므로 객관적이고 공평한 조사 당국이라면 이를 토대로 덤핑 지속 및 재발 가능성 판정을 내리지 못할 이유가 없었을 것이라고 보고 일본의 주장을 기각하였다.

그러나 상소기구는 2조4항에 합치되지 않는 방식으로 산정된 덤핑 마진을 11조3항 덤핑 지속의 판단 근거로 사용하였다면 덤핑 지속 판단 자체도 훼손된 것이고 이를 토대로 반덤핑 관세 부과 계속을 결정하는 것도 온당치 못하다고 보고 미국이 11조3항에 위배되게 행동한 것은 없다는 패널의 판정을 번복하였다.

---

13) 2.1 이 협정의 목적상, 한 국가로부터 다른 국가로 수출된 상품의 수출가격이 수출국내에서 소비되는 동종 상품에 대한 정상적 거래에서 비교 가능한 가격보다 낮을 경우 동 상품은 덤핑된 것, 즉 정상 가격보다 낮은 가격으로 다른 나라의 상거래에 도입된 것으로 간주된다.

상소기구는 패널과는 다른 법률 해석을 통해 미국이 2조4항과 11조3항을 위반한 것이라고 판단한데 이어 실제로 미국이 사용한 덤핑 마진 산정 방식에 대한 검토를 통해 미국의 의무 위반을 보다 명백히 하려고 시도하였다. 상소기구는 미 상무부가 연례 재심 시 사용한 방법(zeroing)은 *US-Bed linen* 사건의 경우와 같이 덤핑 마진을 과다 계상한 소지가 있어 보이나 패널 보고서 등 상소기구가 입수 가능한 자료의 내용만으로는 그 계산 방법이 WTO 협정에 부합되지 않는 것으로 판정된 *EC-Bed linen* 사건 방식과 같은 것인지 판단할 수가 없었으며 따라서 미국의 2조4항, 11조3항 위반에 대한 분석을 끝마칠 수가 없었다고 밝혔다.

4) 수출자별 덤핑 마진 산정 규정의 일몰 재심 준용 여부 (반덤핑협정 6조10항)

일본은 반덤핑협정 6조10항[14]의 규정에 비추어 일몰 재심 당국은 덤핑의 지속이나 재발 가능성을 알려진 수출자 각각에 대해 판정하여야 할 것이나 미 정책 요강은 상무부로 하여금 해당 반덤핑 관세 부과 조치 전반에 대해 덤핑 가능성 여부를 검토토록 위임하고 있으므로 그 자체는 물론 이번 사건의 적용 사례가 모두 반덤핑협정 6조10항, 11조3항 위반이라고 주장하였다.

패널은 정책 요강 자체의 위반 주장에 대해서는 이미 정책 요강이 WTO 패널의 시비 대상이 되는 강행 법규가 아니라고 판정하였으므로 더 이상 살펴볼 필요가 없다고 보았다. 패널은 11조4항상 증거 및 절차와 관련된 6조의 규정이 11조에도 적용되기는 하나 6조10항은 우선 반덤핑 조사에 관한 것이어서 증거 및 절차에 해당하는지에 대해 논란이 있을 수 있고 설사 이에 해당한다 하더라도 6조10항은 덤핑 마진의 산정에 관한 것이고 11조3항이 규정하는 것은 덤핑의 지속 또는 재발 가능성에 대한 판정이므로 6조10항이 덤핑의 지속이나 재발 가능성 판정을 각 회사별로 실시할 것을 요구한다고 볼 수 없다고 판단하였다.

상소기구도 패널의 판정을 지지하였다.

---

14) 6.10 당국은 일반적으로 조사 대상 상품의 알려진 관련 수출자 또는 생산자 각각 대해 개별적인 덤핑 마진을 결정한다. 관련된 수출자, 생산자, 수입자, 또는 관련 상품의 유형의 수가 너무 많아 이러한 결정이 불가능할 경우 당국은 그 선정시 당국에 이용 가능한 정보를 기초로 통계적으로 유효한 표본을 사용하여 검사를 이해 당사자 또는 상품의 합리적인 수로 제한하거나 또는 합리적으로 조사 될 수 있는 당해 국가로부터의 수출량의 가장 큰 비율로 제한할 수 있다.

5) 덤핑 지속 판정의 기준의 적법성

(가) 법규 자체(as such)

일본은 11조3항은 반덤핑 관세의 철회가 덤핑과 피해의 지속 또는 재발로 이어질 가능성(likely)에 대해 판정할 것을 규정하고 있는 반면(likely 기준의 적용) 미국의 일몰 재심 규정(Sunset review regulations)은 not likely 기준을 적용토록 규정하고 있으므로 그 자체가 반덤핑협정 위반이라고 주장하였다.

패널은 일몰 재심 규정 문안이 외견상 11조3항에 규정된 것과 달리 not likely 기준을 적용하는 것으로 해석될 소지는 있어 보이기는 하나 그 상위법인 1930년 관세법 관련 조항은 likely 기준 사용을 명기하고 있고 일몰 재심 규정도 관세법의 규정을 이행하는 하위 법령임을 명기하고 있으므로 미국 일몰 재심 규정이 not likely 기준을 채택하고 있다고 볼 수는 없다고 판단하였다.

미국의 일몰 재심 정책 요강 II.A.3조는 덤핑 지속, 수입 중단, 덤핑제거의 3개 상황에서는 通常 반덤핑 관세의 철회가 덤핑의 지속이나 재발을 초래할 가능성(likely)이 있다고 판정토록 규정하고 있다[15](반덤핑 관세 부과 後 수입량이 변동 없거나 증가한 경우만 반덤핑 관세 철회가 덤핑 지속이나 재발 가능성으로 귀결되지 않는 것으로 판정 II.A.4조). 일본은 정책 요강이 이처럼 덤핑 지속이나 재발 가능성의 요건을 적극적으로 규정(likely standard)한 것이 아니라 수동적인 not likely 기준을 채택하고 있으므로 자연히 덤핑이 지속될 가능성이 있다고 가정하게 된다면서 그 자체가 반덤핑협정 위반이라고 주장하였다. 패널은 정책 요강은

---

15) II. A. 3. Likelihood of continuation or Recurrence of Dumping

/…quotation relevant provisions of SAA …/ Therefore, the Department normally will determine that revocation of an antidumping order or termination of a suspended dumping investigation is likely to lead to continuation or recurrence of dumping where

(a) dumping continued at any level above *de minimis* after the issuance of the order or the suspension agreement, as applicable;

(b) imports of the subject merchandise ceased after issuance of the order or the suspension agreement, as applicable; or

(c) dumping was eliminated after the issuance of the order or the suspension agreement, as applicable, and import volumes for the subject merchandise declined significantly.

The Department recognizes that, in the context of a sunset review of a suspended investigation, the data relevant to the criteria under paragraphs (a) through (c), above may not be conclusive with respect to likelihood. Therefore, the Department may be more likely to entertain good cause arguments under paragraph II.C in a sunset review of a suspended investigation

강행 법규라고 이미 판단하였으므로 그 자체의 위법성 여부는 더 이상 심리하지 않겠다고 하였다.

그러나 상소기구는 이에 대해 문제가 되는 조치의 시비 대상성(challenge-ability) 분석은 우선 그 조치의 의미와 내용에 대한 분석에서부터 시작해야 할 것인바 단지 심리 대상이 되지 않는 강행 법규라는 이유로 패널이 정책 요강의 문제가 된 조항의 내용에 대한 심리도 하지 않은 것은 문제라고 지적하였다. 상소기구는 정책 요강이 그 자체로 11조3항 위반인지를 가리기 위해서는 i) 정책 요강이 미 상무부로 하여금 덤핑 마진과 수입량만을 덤핑 지속성 판단의 충분 조건으로 고려하도록 강제하는 것인지, ii) 덤핑 마진과 수입량 외의 다른 증거를 고려하는 것을 제한하고 있는지를 살펴보아야 할 것이나 정책 요강의 문구와 패널 보고서의 내용만으로는 이에 대한 충분한 분석을 할 수 없으며 따라서 미국의 11조3항 위반을 판시할 수가 없다고 결론지었다.

(나) 법규의 적용례(as applied)

일몰 재심 규정상 미 상무부는 충분한 사유(good cause)가 있을 경우 특정 사항을 고려해야 한다고 되어 있다. 이해 당사자는 미 당국이 고려해야 할 충분한 사유에 관한 증거를 일몰 재심 개시 공고 30일 이내에 제출해야 한다. 이번 사건의 일몰 재심 공고는 1999년 9월 1일 발표되었으며 일본 수출업체의 하나인 신일본제철(NSC)은 2000년 5월 11일 보충 자료를 추가로 제출하였으나 미 상무부는 30일 시한이 지나 접수되었다는 이유로 일몰 재심 시 이를 고려하지 않았다. 일본은 미국의 이러한 조치는 이해 당사자의 이익 방어 기회를 부정한 것으로서 반덤핑협정 6조1항[16], 2항[17], 6항[18]에 위배되며 11조3항 규정과 달리 덤핑 지속 가능성을 정당하게 판정한 것이 아니라고 주장하였다.

16) 6.1 반덤핑 조사와 관련한 모든 이해 당사자는 당국이 요구하는 정보에 대하여 통보 받으며 당해 조사와 관련이 있다고 그들이 간주하는 모든 증거를 서면으로 제출할 수 있는 충분한 기회가 주어진다.

17) 6.2 반덤핑 조사의 전 과정을 통하여 모든 이해 당사자는 자신의 이익을 방어하기 위한 충분한 기회를 가진다. 이를 위하여 당국은 요청에 따라 모든 이해 당사자가 상반된 이해를 갖는 당사자와 회합하는 기회를 제공하여 반대의견이 제시되고 반박 주장이 개진될 수 있도록 한다. 이러한 기회의 제공시 비밀보호의 필요 및 당사자의 편의를 고려하여야 한다. 어떤 당사자도 이러한 회합에 참석할 의무는 없으며, 회합 불참이 그 당사자를 불리하게 하지 아니한다. 이해 당사자는 또한 정당한 경우 구두로 다른 정보를 제시하는 권리를 갖는다.

18) 6.6 제8항에 규정된 상황을 제외하고, 당국은 조사 과정에서 이해 당사자에 의해 제공되며 조사 결과의 기초가 되는 정보의 정확성에 대해 납득한다.

패널은 마감 시한은 조사 당국이 일몰 재심을 수행하고 적시에 종료하는 데 필요하고 정당한 수단이라고 보았으며 30일간의 시한이 NSC의 증거제출에 관한 충분한 기회를 침해하였다고 볼 수 없고 증거제출에 부족한 기간도 아니라고 지적하였다. 따라서 미국이 6조1항, 2항에 위반되게 행동한 것은 없고 6항 위배 여부는 살펴볼 실익이 없다고 판시하였다. 패널은 아울러 시한 설정이 정당하므로 뒤늦게 제출된 자료를 검토하지 않았다 해서 가능성 판정을 소홀히 한 것이라고 볼 수 없다고 판시하였다.

일본은 정책 요강 II.A.3조상 특정 3개 상황에 해당될 경우 반덤핑 관세의 철회가 덤핑의 지속이나 재발로 이어질 것이라고 결정하도록 하고 있으며 이러한 추론(presumption)에 입각한 판정은 덤핑 지속 가능성 여부를 정확한 근거에 입각하여 전향적(progressively)으로 판정해야 하는 11조3항의 규정에 위배된다고 주장하였다.

패널은 미 상무부가 1930년 관세법 관련 규정대로 덤핑 마진, 수입량 변화 등의 자료에 근거하여 합리적으로 덤핑 가능성 여부를 심사하였으며 덤핑 가능성의 판단은 본질적으로 미래지향적인 판단이나 과거와 현재의 사실 관계 및 자료에 기초할 수밖에 없다고 인정하였다. 패널은 미국 당국의 최종 판정문(Final Determination)에 기재된 사실 관계나 논리(reasoning)상 미 상무부가 충분한 자료와 사실 관계가 없이 덤핑 가능성 판정을 하였다고 보아야 할 하등의 이유가 없다고 판정하고 미국이 11조3항에 위배되게 행동한 것은 없다고 판시하였다.

상소기구도 패널의 판정을 지지하였다.

7) 법규 운영방식의 GATT 위배 여부(GATT X조3항(a)호)

일본은 미국의 일몰 재심 관련 법규상 일몰 재심의 자동 개시(automatic initiation of sunset reviews)는 미 상무부로 하여금 개시에 필요한 본질적인 요건을 무시하도록 하므로 국내 법규를 비합리적으로 운영하는 것이며 국내 업자에게 혜택을 주는 것이므로 공평하지 못하고 11조2항상의 검토와 11조3항 일몰 재심에 상이한 절차를 취하고 있으므로 일률적이지 못하다고 비난하고 따라서 미국의 일몰 재심 관련 법규 자체(as such)가 자국 법규를 일률적이고 공평하고 합리적인 방법으로 실시하라는 GATT X조3항(a)호[19] 위반에 해당한다고 주장하였다. 일본

19) X:3.(a) 각 체약국은 본 조 제1항에 열거한 종류의 자국의 모든 법률, 규칙, 판결 및 결정을 일률적이고 공평하고 합리적인 방법으로 실시하여야 한다.

은 미국이 11조2항 절차와 상이한 절차를 이번 사건에 적용한 점, 30일 이내에 관련 자료를 제출토록 제한한 점 등을 들어 미국의 일몰 재심 법규가 이번 사건에 적용된 방식(as applied)도 GATT X조3항(a)호에 위배된다고도 주장하였다.

패널은 법규 자체의 위반 주장에 대해 GATT X조3항(a)호는 회원국 법규 자체가 아니라 그 운영에 관한 것임을 환기하고 일본의 주장은 미국 관련 법규의 운영방식이 아니라 내용 자체에 관한 것이므로 GATT X조3항(a)호의 규율 대상이 될 수 없다고 결론짓고 일본의 주장을 기각하였다.

적용례의 위반 주장에 대해 패널은 11조2항과 3항은 상이한 상황에서 이루어지는 검토에 대해 규정하고 있으므로 그 절차가 다를 수 있으며 동 조항도 동일한 절차를 적용해야 한다고 요구하고 있지 않으므로 조사 당국이 상이한 절차를 적용하는 것은 시비의 대상이 될 수 없다고 결정하였으며 자료 제출시한은 법규의 운영이 아니라 내용에 관한 것이므로 GATT X조3항(a)호의 규율 대상이 될 수 없다고 보고 일본의 주장을 역시 기각하였다.

다. 해설 및 평가

패널은 이 사건에서 일본이 제기한 모든 주장을 기각하고 미국이 반덤핑협정을 위반한 사실은 없다고 판시하였다. 상소기구가 비록 정책 요강이 WTO 패널의 심리 대상이 될 수 없다는 패널의 판정과 연례 재심 시 덤핑 마진을 근거로 한 덤핑 지속성 판정이 2조4항과 11조3항에 위배될 것 없다는 패널의 판정을 번복하기는 하였으나 자료가 불충분하여 미국의 동 조항 위배 사실을 확인하지는 못한 관계로 패널 판정의 실질적 효과에는 아무런 변화도 일어나지 않았다. 상소기구는 일본의 주장에 대해 사실 판단을 할 수 없었다는 것은 일본이 (미 당국 조치의) 반덤핑협정과의 불합치성을 증명하지 못했다는 의미라고 확인하기도 하였다. 일본으로서 특히 아쉽게 된 것은 이번 사건의 핵심 쟁점에 해당하는 사안에 대해 상소기구가 패널의 판정을 기각하였음에도 자료의 불충분을 이유로 미국의 실제적인 의무 위반을 확인하지는 못하였다는 점이다.

상소기구의 판정은 여러 측면에서 논란의 소지를 남겨 놓았다. 우선 정책 요강의 시비 대상성에 대해 패널은 정책 요강이 강행 법규가 아니므로 심리할 수 없다고 보았으며 이 같은 판정은 강행 법규만이 그 자체가 패널의 심리 대상이 될 수 있다는 GATT 이래의 관행과 이전 판례(*US-1916 Act* 사건)와 맥을 같이 하는 것이었다. 그러나 이 같은 판정이 상소기구에서 부인됨에 따라 강행 법규와 재량 법규의 분리는 큰 의미가 없게 되었고 어떠한 양태의 법규이건 그 내용의 상세가 WTO 관련 협정에 위반되는지 여부를 심리할 의무가 있게 된 것으로 보인다. 그러나 우리나라의 조선 보조금 여부를 시비한 *EC-Commercial Vessels* 사건에서 EC는 이번 사건 상소기구의 판정을 인용하여 통상의 강행 법규/재량 법규 기준을 더 이상 적용할 수 없다고 주장하였으나 동 사건 패널은 EC의 주장을 기각하고 강행 법규만이 그 자체로 시비 대상이 될 수 있다는 입장을 견지하였다.

패널은 일몰 재심 정책 요강을 관행(practice)이라고도 볼 수 없지만 설사 관행이라 할지라도 회원국의 관행은 WTO의 시비 대상이 될 수 없다고 결론짓고 동일한 판단을 한 이전의 판례(*US-India Steel Plate* 사건, *US-Export Restraints* 사건)를 인용하였다. 그러나 회원국 당국의 관행이 WTO 시비 대상이 될 수 있는지 여부에 대해 이번 사건의 패널 결정과는 다른 논리를 전개한 상소기구의 판정이 있어 관행의 WTO 시비 대상 여부는 논란의 대상이 되고 있다.

즉 *US-CVDs on EC Products* 사건에서 상소기구는 미국 상무부의 소위 same person method라는 행정 관행(administrative practice)이 보조금협정에 위반된다고 보고 시정을 권고하였다. 즉 회원국 당국의 관행도 WTO 심리의 대상이 될 수 있음을 시사한 것이다. 이번 사건의 패널은 이 상소기구 판례는 단순히 same person method라는 methodology의 WTO 협정 합치문제를 다룬 것이지 당국의 관행 자체가 WTO 패널의 시비 대상이 되는지 여부가 분쟁 당사자에 의해 제기되고 심리 과정 중에 논의된 것은 아니라고 지적하고 따라서 동 판례에 근거하여 정책 요강이 WTO 시비 대상이 될 수 있다고 결정할 수는 없다고 못 박았다. 관행의 WTO 시비 대상 여부는 이 사건의 상소기구에서도 직접적으로 제기되지는 않았으나 상소기구는 정책 요강이 WTO 패널의 시비 대상이 될 수 없다는 패널의 판정을 기각하였다. 상소기구는 비강행 법규적 성질을 갖는 조치는 WTO 협정상 시비 대상이 될 수 없다는 견해에 대해 부정적인 입장을 취한 것이다. 상소기구의 이러한 판단은 관행은 재량적인 성격상 시비 대상이 될 수 없다고 결정한 *US-India Steel Plate* 사건 패널의 판정을 상당히 훼손(undermine) 하는 것이다. 관행이 WTO 분쟁 해결 절차에서 시비 대상이 될 수 있는지 여부와 함께 관행의 성질과 종류에 대해 보다 깊은 천착이 있어야 할 것으로 보인다.

반덤핑 관세 부과 조치의 일몰 재심을 다룬 이번 사건은 상계 관세의 일몰 재심을 심리한 *US-German Steel CVDs* 사건과 매우 유사하다. 이 사건 역시 상계 관세의 일몰 재심에 관한 미국 관련 법규 자체와 독일산 탄소강판에 적용된 예에 대해 시비가 일어난 것이다. 일몰 재심시의 증거 기준, 최소 허용 수준 적용 여부, 피해지속 가능성 판정 요건 등에 대해 EC는 미국의 일몰 재심 법규가 보조금협정 등에 위배된다고 주장하였으나 대부분 받아들여지지 않았다. 반덤핑협정과 보조금협정은 조치 부과 시한을 5년이라고 정해 두고서도 조사 당국에게 조치 종료 시 덤핑과 보조금 지급이 계속될 가능성이 있다고 판단될 경우 반덤핑 및 상계조치를 계속 부과할 수 있도록 부여했다. 조사 당국은 이를 악용하여 일단 발동된 조치는 종료시한을 초과하여 계속 부과하는 경우가 많다. 일몰 재심은 日沒이라는 이름과는 다르게 조치가 일몰되지 않도록 이용되는 경우가 많아 DDA 협상 시 우리나라를 비롯한 소위 반덤핑 Friends 그룹은 일몰 재심 제도를 폐지 또는 개선하고자 노력하고 있다.

비록 상소기구는 자료가 불충분한 관계로 정책 요강이 이번 사건에 적용된 양태로(as applied) 볼 때 미국이 반덤핑협정 2조4항과 11조3항을 위반하였는지 여부를 실제적으로 확인하지는 못하였으나 패널과는 다른 법률 해석을 통해 11조3항의 덤핑 지속성 판단 역시 2조4항 덤핑 마진 산정 요건에 부합되는 근거에 입각하여야 하며 그렇지 못할 경우 11조3항의 위반으로 연결된다고 봄으로서 반덤핑협정의 일몰 재심 규정 해석에 중요한 기준을 제시하였다.

아울러 이 사건에서 상소기구는 일몰 재심의 개시 조건과 일몰 재심을 시행하는 조사 당국의 역할에 대해서도 지침을 제공하였으며 이는 일몰 재심에 관한 후속 사건에서 많이 인용되었다. 즉 상소기구는 일몰 재심을 개시하기 위해서는 첫째 원조치 부과 후 5년 시한이 종료되기 전에 재심이 개시되어야 하며, 둘째 반덤핑 관세를 폐지할 경우 덤핑이 재발되거나 지속될 가능성이 있다고 '판정(determine)'해야 하며, 셋째 역시 피해가 재발되거나 지속될 가능성이 있다고 판정해야 한다고 정리하고 이 중 어느 하나도 충족되지 못할 경우 반덤핑 관세는 폐지되어야 한다고 밝혔다.

상소기구는 일몰 재심에 관한 11조3항은 조사 당국으로 하여금 수동적인 판단자로 행동하지 말고 증거를 수집하고 조사하는 적극적인 역할을 수행할 것을 요구하고 있다고 해석하였다. 즉 상소기구는 동 조항이 재심(review)과 판정(determine)을 적시하고 있으므로 이들을 수행하기 위해서는 조사 당국이 일정한 수준의 근면성을 갖고 행동하여야 하며 재조사와 검사의 과정을 통해 수집한 정보를 바탕으로 합리적인 결론에 도달해야 한다고 밝혔다. 상소기구는 11조4항이 모든 재심은 1년 이내에 종료되어야 한다고 규정한 점을 들어 11조3항의 일몰 재심은 통상 1년이라는 기간이 소요되는 진지한 조사 과정이라고 개념 짓고 따라서 조사 당국이 이에 상응하게 적극적이고 근면하게 행동해야 한다고 지적하였다. 상소기구는 구체적으로 판정이란 조사 당국이 덤핑이나 피해가 지속될 것이라고 쉽게 가정하는 것을 배제하는 것이며 명확한 증거(positive evidence)를 토대로 판단을 하고 합리적이고 적당한 결론(덤핑/피해 지속 가능성)을 도출할 수 있는 충분한 사실적 근거(sufficient factual basis)를 가져야만 한다고 밝혔다. 상소기구의 이러한 지침은 이후 *US-OCTG Sunset Review* 사건에서 재확인되었다.

사실 반덤핑협정 11조3항은 그 내용이 소략하여 일몰 재심 시행에 관한 의미 있는 지침을 추론하기가 어렵고 따라서 조사 당국이 재량권을 자의적으로 행사할 가능성을 열어 놓았다. 이번 사건의 패널과 상소기구의 판정은 개개 회사별 덤핑 지속성 판정 의무를 부인함으로써 일몰 재심 적용 대상 범위 산정에 있어서는 조사 당국의 재량을 폭넓게 인정한 반면 덤핑 마진 산정 요건이 재적용 되어야 함을 확인함으로써 일몰 재심의 수행 방식에 있어서는 조사 당국의 재량을 제한하였다.

20. Canada vs. US - Final Lumber AD Determination 사건

(DS264, 2004. 8. 31. - 상소기구)

가. 사건 개요[1)]

2001년 4월 미국 상무부는 캐나다産 침엽 목재에 대한 반덤핑 조사 신청을 접수하고 조사에 착수하였다. 조사 대상이 되는 캐나다 목재 수출업자수가 많아 조사는 상위 6개 수출업자에 대해 이루어 졌으며 조사 기간은 2000. 4. 1. ~ 2001. 3. 31.간이었다. 미 상무부는 2001년 10월 잠정 판정을 거쳐 2002년 4월 6개 수출업자에 대해 2.18%~12.44%의 반덤핑 관세를 확정 부과하였다.

캐나다는 이에 대해 반덤핑 조사 신청이 신청자가 합리적으로 입수 가능한 정보나 정확하고 적정한 증거를 포함하고 있지도 않았음에도 불구하고 미 당국이 조사를 강행하였고 zeroing을 실시하여 덤핑 마진을 과다 계산하였으며 부적절한 방식으로 정상 가격과 수출 가격을 산정하였다고 주장하고 2002년 12월 WTO에 제소하였다. EC, 인도, 일본이 제3자로 참여하였으며 2004년 4월 패널 보고서가 회람되었으나 캐나다가 상소, 2004년 8월 상소기구 보고서가 채택되었다.

1) 이 사건 외에도 미국에 수출되는 캐나다산 침엽 목재를 둘러싸고 캐나다가 미국을 WTO에 제소하여 패널이 설치된 사건은 *US-Exports Restraints*(DS194), *US-Section 129* 사건(DS221), *US-Lumber CVDs Prelim*(DS236), *US-Lumber CVDs Final*(DS257), *US-Lumber ITC Investigation* (DS277)이 있다. 이들 사건 판례 해설은 보조금협정편에 수록하였다. 이들 사건은 상호 밀접하게 연관되어 있어 전체적인 사건의 배경과 전말에 관해 이해하는 것이 필요하며 그 설명은 *US-Exports Restraints* 사건 (DS194) 해설을 참고하기 바란다.

나. 주요 쟁점별 당사자 주장 및 판결 요지

1) 반덤핑 조사 신청서의 요건 충족 여부(반덤핑협정 5조2항)

반덤핑협정 5조2항에는 반덤핑 조사 신청서는 덤핑, 피해, 인과 관계에 관한 정보와 신청자가 합리적으로 입수 가능한 내수 판매 가격 및 수출 가격 등에 관한 정보를 포함하여야 한다고 규정되어 있다. 이번 사건의 경우 미국의 반덤핑 조사 신청자는 캐나다산 침엽 목재의 국내 판매 가격과 비용의 구성 가격을 제출하였다. 캐나다는 조사 대상 업체 중의 하나인 캐나다 Welwood 사가 반덤핑 조사 신청자 중의 하나인 IP사 소유이며 다른 제소사들도 침엽 목재를 캐나다로부터 수입하고 있었으므로 신청자들은 캐나다 침엽 목재의 실제 국내 판매 가격과 비용을 합리적으로 입수할 수 있었을 것임에도 불구하고 신청서에 이를 포함하지 않은 것은 반덤핑협정 5조2항[2]을 위반한 것이라고 주장하였다.

이 문제의 쟁점은 반덤핑 조사 신청서가 5조2항의 요건에 맞는 정보를 포함하고 있다 하더라도 합리적으로 입수할 수 있었을 더 자세한 정보를 포함하고 있지 않다는 이유로 5조2항 요건에 불합치 않는다고 볼 수 있느냐는 것이다. 패널은 5조2항은 신청자로 하여금 동 조항에 적시된 사항에 관한 '일체의(all)' 정보를 합리적으로 입수 가능한 수준으로 제출하는 것을 요구하지는 않는다고 보았다.

---

2) 5.2 제1항의 신청은 (가) 덤핑, (나) 이 협정에 의해 해석되는 1994년도 G&ATT 제6조의 의미에 있어서의 피해, (다) 덤핑 수입품과 주장된 피해간의 인과관계에 대한 증거를 포함한다. 관련 증거에 의해 입증되지 아니하는 단순한 주장은 이 항의 요건을 충족시키는데 충분한 것으로 간주될 수 없다. 동 신청은 신청자가 합리적으로 입수 가능한 다음에 관한 정보를 포함한다.

(1) 신청자의 신원 및 신청자의 동종 상품 국내생산량 및 가치에 대한 기술. 서면신청이 국내 산업을 대신하여 이루어지는 경우, 동 신청서는 동 신청이 대신하는 산업을 동종 상품의 알려진 모든 국내 생산자 (또는 동종 상품의 국내 생산자협회) 명부로서 확인하여야 하며, 가능한 범위내에서 이러한 생산자에 의한 동종 상품의 국내생산량과 가치를 기술한다.

(2) 덤핑혐의가 있는 상품에 대한 상세 기술, 당해 원산지국 또는 수출국명, 알려진 각 수출자 또는 외국의 생산자의 신원, 그리고 알려진 당해 상품 수입자의 명부

(3) 당해 상품이 원산지국 또는 수출국 국내 시장에서 소비용도로 판매될 때의 가격에 관한 정보 (또는, 적절한 경우, 동 상품이 원산지국 또는 수출국으로부터 제 3국에 판매되는 가격이나 구성가격에 관한 정보) 및 수출가격에 관한 정보 또는 적절한 경우 동 상품이 수입회원국의 영토내의 독립된 구매자에게 최초로 재판매될 때의 가격에 관한 정보

(4) 제 3조 제2항과 제4항에 열거된 국내 산업의 상태에 영향을 미치는 관련요소와 지표에 의하여 증명되는 덤핑혐의가 있는 수입품의 물량의 추이에 관한 정보, 동 수입이 국내 시장의 동종 상품가격에 미치는 영향 및 덤핑 수입품이 관련 국내 산업에 미치는 결과적인 영향

이번 사건의 경우 5조2항(3)호 가격에 관한 정보가 신청서에 포함되어 있는지가 핵심이며 반드시 그 정보가 신청자에게 합리적으로 입수 가능한 일체의 정보를 포함하는지를 따지는 것은 아니라고 보았다. 패널은 신청서에는 캐나다 국내 판매 구성 가격 및 대미 수출 가격 정보가 포함되어 있으므로 5조2항(3)호에 적시된 정보가 포함되어 있다고 보아야 한다고 결론짓고 캐나다는 미국이 5조2항에 위배되게 행동했음을 입증하지 못했다고 판시하였다.

2) 조사 개시에 충분한 증거의 존재 여부(반덤핑협정 5조3항)

캐나다는 Welwood사의 실제 판매 및 수출 가격이 반덤핑 조사 신청서에 포함되어 있지 않았는데도 미 당국이 조사 개시를 결정한 것은 신청서에 제시된 증거의 정확성과 적정성에 대해 적절하게 검토하지 않은 것이며 조사 개시를 정당화할 수 있을 만큼 충분한 증거가 있는지도 결정하지 않은 것이므로 동 의무를 부과한 반덤핑협정 5조3항[3]을 위반한 것이라고 주장하였다. 캐나다는 Welwood사와 미국 IP 사의 특수 관계는 공지의 사실로서 미국 당국이 쉽게 알 수 있었다고 주장하였다.

패널은 캐나다의 주장을 기각하였다. 패널은 5조3항의 主요건은 조사 개시를 정당화할 만한 증거의 충분성이 있는지를 검토하는 것으로서 동 요건은 조사 당국이 합리적으로 입수 가능한, 보다 정확한 정보의 존재 여부가 아니라 공평하고 객관적인 당국이라면 제출된 정보가 조사 개시를 정당화하는 데에 충분한 수준이라고 판단했을 것인지를 심사하라는 것이라고 정리하였다. 패널은 이번 사건의 반덤핑 조사 신청서에는 구성된 비용 정보와 공신력 있는 간행물에서 수집한 가격 자료가 포함되어 있고 Welwood사 자료가 비록 실제 가격 정보라 하더라도 결국 1개 회사에 국한된 정보인 반면 동 간행물 자료는 서로 다른 판매자의 방대한 거래를 포괄하고 있으므로 더욱 대표성이 있다고 보아야 한다고 판단하였다.

패널은 5조3항의 충분한 증거와 관련, 이는 반덤핑 조치 부과에 필요한 3개 요소(덤핑, 피해 인과 관계)에 관한 증거의 충분성을 의미하는 것이라고 보았으며 무엇이 증거의 충분성을 구성하는지에 대해서는 반덤핑협정에 특별한 규정이 없으나 이 조항이 단지 조사 개시의 정당성에 관한 규정이므로 증거의 충분성을 충

---

3) 5.3 당국은 조사 개시를 정당화할 수 있을 만큼 충분한 증거가 있는지 여부를 결정하기 위하여 신청서에 제시된 증거의 정확성과 적정성에 대하여 검토한다.

족하는 증거의 양과 질에 관한 수준(threshold)은 실제 덤핑 판정에 요구되는 높은 수준을 요구할 수는 없다고 부연하였다.

3) 증거 불충분 판단 시 조사 종결 의무(반덤핑협정 5조8항)

반덤핑협정 5조8항[4])은 관계 당국이 사안의 진행을 정당화시킬 만큼 덤핑 또는 피해에 대한 충분한 증거가 존재하지 않는다고 납득하는 즉시 신청을 기각하고 반덤핑 조사를 신속히 종결해야 한다고 규정하고 있다. 캐나다는 이 규정은 조사 개시 전이나 조사 진행 중에 공히 적용된다고 주장하고 캐나다 업체가 신청서상에 Welwood사 가격 정보가 누락되어 있음을 미 상무부에 통지하였을 때 응당 진행 중인 조사를 중단하였어야 마땅한데도 불구하고 조사를 계속 진행시킨 것은 동 조항 위반이라고 주장하였다. 즉 캐나다의 주장에 따르면 조사 당국은 조사 개시의 근거가 된 정보의 충분성에 대해서 조사 중에도 계속해서 충분성을 검토해야 할 의무가 있으며 새로이 알게 된 추가 정보로 인해 以前 정보의 충분성이 없다고 판단될 경우 조사를 즉각 중단해야 한다는 것이다.

패널은 5조8항의 문맥상 조사 개시 이전에 신청을 기각해야 하는 경우와 진행 중인 조사를 중단해야 하는 2가지 경우가 상정된다고 보고 신청 기각의 경우 이미 5조3항에 의거, 조사 개시를 정당화할 만한 충분한 증거가 있다고 판단하였다면 5조8항에서 다시 이를 논의할 필요는 없다고 보았다. 패널은 진행 중인 조사를 중단하라는 것은 조사하여 보니 덤핑에 관한 충분한 증거가 없다고 판단될 경우 즉시 조사를 중단하여야 한다는 의미이지 조사가 개시된 이후에도 조사 개시의 근거가 된 정보의 충분성에 대해 계속 검토해야 하며 충분성을 부인하는 다른 정보가 입수되면 조사를 중단하라는 의미는 아니라고 해석하고 캐나다의 주장을 기각하였다.

---

4) 5.8 관계 당국이 사안의 진행을 정당화시킬 만큼 덤핑 또는 피해에 대한 충분한 증거가 존재하지 않는다고 납득하는 즉시 제1항에 따른 신청은 기각되고 조사는 신속히 종결된다. 덤핑 마진이 최소허용 수준이거나, 또는 실제적 또는 잠재적인 덤핑 수입량이나 피해가 무시할 만한 수준이라고 당국이 결정하는 경우 조사는 즉각적으로 종결된다. 수출가격 대비 백분율로 표시된 덤핑 마진이 2%미만인 경우 이러한 덤핑 마진은 최소 허용 수준인 것으로 간주된다. 특정국으로부터의 덤핑 수입 물량이 수입 회원국내 동종 상품 수입량의 3%미만을 점유한 것으로 판명되는 경우 개별적으로 수입회원국내 동종 상품 수입의 3%미만을 점유하는 국가들이 총체적으로 수입회원국내 동종 상품 수입 물량의 7%를 초과 점유하지 아니하면 이러한 덤핑 수입량은 일반적으로 무시할 만한 수준으로 간주된다.

4) 동종 상품 정의 방식의 적법성(반덤핑협정 2조6항)

캐나다는 2조6항[5]상 동종 상품에 속하는 개개 상품은 고려 중에 있는 상품(products under consideration)에 해당하는 개개의 상품들과 유사하여야 한다고 보았다. 미 상무부는 고려 중에 있는 상품의 전반적인 범위를 동종 상품의 전반적인 범위와 비교하는 방식을 사용한 관계로 미 상무부가 동종 상품으로 분류한 상품군에 속하는 상품들 개개는 고려 중에 있는 상품에 해당하는 개개 상품들과 매우 유사한 특징이 없다고 지적하고 캐나다는 미국의 동종 상품 선정 방식은 2조6항에 위배되며 결과적으로 미국은 5조1항, 2항 4항도 위반한 것이라고 주장하였다. 캐나다는 2조6항은 조사 당국으로 하여금 i) 고려 중에 있는 상품의 특성(characteristics)을 밝힌 후, ii) 동종 상품에 해당된다고 주장되는 상품 개개의 특성도 밝혀서, iii) 양자의 특성이 동일(identical)한지, 매우 유사한지를 살필 의무를 부과하고 있다고 주장하였다.

패널은 이 사안의 쟁점은 미국이 2조6항에 어긋나는 방법으로 동종 상품을 획정(define)하였는지 여부라고 보았다. 패널은 2조6항의 해석에 대해 동 조항은 단순한 정의 조항으로서 특별한 의무를 부과하는 것인지 의문이라고 언급하고 캐나다의 해석에 동의하지 않았다.

패널은 2조6항의 고려 중에 있는 상품이란 반덤핑협정 내용에 비추어 볼 때 덤핑되고 있다고 주장되는 상품을 의미하는 것이나 조사 당국이 고려 중에 있는 상품을 어떻게 획정해야 하는지에 대해서 반덤핑협정은 명시적인 지침을 제공하고 있지 않다고 지적하였다. 이번 사건의 경우 미 상무부는 서술적인 설명과 관세 분류 번호가 포함된 기술적인 정의를 바탕으로 고려 중인 상품을 획정하였다.[6] 미 상무부는 동일한 정의에 해당하는 캐나다 국내 시장 소비상품을 토대로

---

5) 2.6 이 협정 전체를 통해 "동종 상품"이라는 용어는 동일한 상품 즉, 고려 중에 있는 상품과 모든 면에서 같은 상품을 의미하며, 그러한 상품이 없는 경우 비록 모든 면에서 같지는 않으나 고려 중에 있는 상품과 매우 유사한 특성을 갖고 있는 다른 상품을 의미하는 것으로 해석된다.

6) 미 상무부의 반덤핑 확정 관세 부과 공고에 기재된 부과 대상 상품 설명은 아래와 같다. The final scope of the anti-dumping duty order was determined by DOC to be as follows:
"The products covered by this order are softwood lumber, flooring and siding (softwood lumber products). Softwood lumber products include all products classified under headings 4407.1000, 4409.1010, 4409.1090 and 4409.1020, respectively, of the Harmonized Tariff Schedule of the United States(HTSUS), and any softwood lumber, flooring and siding described below. These softwood lumber products include:

정상 가격을 산정하였고 같은 정의를 이용하여 국내 산업의 범위를 확정하였다. 이러한 사실에 비추어 패널은 미 상무부는 고려 중인 상품을 정의한 후 동일한 정의를 이용하여 동종 상품을 획정한 것으로 보이며 이러한 동종 상품 정의 방법은 2조6항의 규정에 부합된다고 판단하고 캐나다의 주장을 기각하였다. 패널은 2조6항에 위배되는 사실이 없으므로 5조1항[7], 2항, 4항[8] 위배 여부는 살펴볼 실익이 없다고 추가하였다.

5) 가격 비교에 영향을 미치는 차이의 보정 범위(반덤핑협정 2조4항)

반덤핑협정 2조4항[9]은 수출 가격과 정상 가격간의 공정한 비교를 위해 물리

---

(1) coniferous wood, sawn or chipped lengthwise, slice or peeled, whether or not planed, sanded or finger-jointed, of a thickness exceeding six millimetres;

(2) coniferous wood siding (including strips and friezes for parquet flooring, not assembled) continuously shaped (tongued, grooved, rabbeted, chamfered, v-jointed, beaded, molded, rounded or the like) along any of its edges or faces, whether or not planed, sanded or finger-jointed;

(3) other coniferous wood (including strips and friezes for parquet flooring, not assembled) continuously shaped (tongued, grooved, rabbeted, chamfered, v-jointed, beaded, molded, rounded or the like) along any of its edges or faces (other than wood mouldings and wood dowel rods) whether or not planed, sanded or finger-jointed; and

(4) coniferous wood flooring (including strips and friezes for parquet flooring, not assembled) continuously shaped (tongued, grooved, rabbeted, chamfered, v-jointed, beaded, molded, rounded or the like) along any of its edges or faces, whether or not planed, sanded or finger-jointed."

7) 5.1 제6항에 규정된 경우를 제외하고는, 협의를 받고 있는 덤핑의 존재, 정도 및 영향을 판정하기 위한 조사는 국내 산업에 의하거나 또는 이를 대신하여 행하여진 서면신청으로 개시된다.

8) 5.4 제1항에 따른 조사는, 당국이 동종 상품의 국내 생산자에 의해 표명된 신청에 대한 지지 또는 반대의 정도에 관한 검토에 근거하여(Re.13), 동 신청이 국내 산업에 의하거나 이를 대신하여(Re.14) 이루어졌다는 결정을 하지 아니하는 한 개시되지 아니한다. 이러한 신청은 이러한 신청에 대해 지지 또는 반대를 표명하는 국내 산업의 부분이 생산한 동종의 상품의 총 생산의 50%를 초과하는 총체적 산출량을 구성하는 국내 생산자가 지지할 경우 국내 산업에 의하거나 이를 대신하여 이루어진 것으로 간주된다. 그러나 신청을 명시적으로 지지하는 국내 생산자의 총 생산이 국내 상업에 의해 생산된 동종 상품의 총 생산의 25%미만인 경우 조사가 개시되지 아니한다.

(Remark 13) 산업이 분할되어 예외적으로 많은 수의 생산자를 포함하고 있는 경우 당국은 통계적으로 적절한 표본추출 방법을 사용하여 지지 또는 반대를 결정할 수 있다.

(Remark 14) 회원국은 특정회원국의 영토 내에서 동종 상품의 국내 생산자의 피고용인이나 이러한 피고용인의 대표가 제1항에 따른 조사에 관한 신청을 하거나 지지할 수 있다는 것을 인지한다.

9) 2.4 수출가격과 정상가격 간에 공정한 비교를 한다. 이러한 비교는 동일한 거래단계, 일반적으로는 공장도단계에서 그리고 가능한 한 같은 시기에 이루어진 판매에 대하여 행하여진다. 제반

적 특성의 차이 등 가격 비교에 영향을 미치는 차이점들에 대해 補正하도록 규정하고 있다. 미국은 캐나다 업체의 요청에도 불구하고 가격 비교시 두께, 너비, 길이 등 단순한 치수 차이에 대해서는 이러한 차이가 생산비 차이를 발생시키는 것이 아니라는 이유로 補正을 실시하지 않았다. 캐나다는 이에 대해 2조4항 위반이라고 주장하였다.

패널은 2조4항은 차이가 발견되는 모든 경우에 보정이 자동적으로 이루어 질 것을 요구하는 것은 아니며 가격 비교에 영향을 미치는 차이에 대해 보정이 이루어 질 것을 요구하는 것이라고 보았으며 조사 당국이 모든 보정 요구 주장을 수용해야 하는 것도 아니고 이 조항이 특정 차이가 가격 비교에 영향을 미치는지 여부를 검토하기 위한 특정한 방법의 사용 의무를 조사 당국에게 부과하는 것도 아니라고 해석하였다. 패널은 이번 사건의 경우 치수 차이가 생산비 차이를 발생시키지는 않는 점이 인정되며 치수가 다른 상품의 가격 차이가 일반적으로 작은 수준임이 확인된다고 보았다. 패널은 어떤 차이가 가격 비교에 영향을 줄 정도라고 결정하기 위해서는 그 가격 차이 형태가 식별될만한 수준은 되어야 하나 캐나다측이 제출한 자료로는 치수 차이에 의한 가격 변동이 단속적이고 일관성이 없어 치수 차이가 가격 변동에 영향을 준다고 인정하기 어렵다고 판시, 캐나다의 주장을 기각하였다.

6) zeroing 관행의 적법성 여부(반덤핑협정 2조4항, 2조4항2호)

미국은 가격 비교에 영향을 미치는 제반 요소를 적절히 보정한 후 침엽 목재를 type별로 나누고 각 type 내 거래의 가중 평균 수출 가격과 가중 평균 정상 가격을 산정한 후(1단계) 양자간의 차이를 계산하였다(2단계). 전자가 후자보다 낮은 경우(즉 덤핑된 경우)+덤핑 마진이 나왔을 것이고 높은 경우(즉 덤핑이 아닌

판매조건, 과세, 거래단계, 수량, 물리적 특성의 차이와 가격 비교에 영향을 미친다고 증명된 그 밖의 차이점들을 포함하여 가격 비교에 영향을 미치는 차이점들에 대해서 각각의 경우에 그 내용에 따라 적절히 고려한다(Re.7). 제3항에 언급된 경우에 있어서, 수입과 재판매 사이에 발생하는 관세 및 조세를 포함한 비용 및 발생한 이윤이 또한 고려되어야 한다. 이러한 경우에 가격 비교가 영향을 받을 때에는 당국은 구성수출가격의 거래단계와 동일한 거래단계에서 정상 가격을 설정하거나 또는 이 항에 따라 정당화된 적절한 고려를 한다. 당국은 공정한 가격 비교를 위해 어떠한 정보가 필요한지를 당해 당사자에게 알리며, 이러한 당사자에게 불합리한 입증 책임을 지워서는 아니된다.

(Remark 7) 위의 요소들 중 일부는 중첩될 수 있는 것으로 양해하고 당국은 이 규정에 따라 이미 이루어진 조정이 중복되지 않도록 보장한다.

경우)에는 덤핑 마진이 나왔을 것이다(type별 덤핑 마진). 미국은 침엽 목재 전체의 덤핑 마진율을 계산하기 위해 type별 덤핑 마진의 평균을 계산함에 있어 마이너스 덤핑 마진은 0으로 처리하였다(zeroing). 캐나다는 미국의 zeroing 방식은 모든 비교 가능한 수출 거래 가격을 고려한 것이 아니므로 반덤핑협정 2조4항2호[10] 위반이라고 주장하였으나 미국은 2조4항2호는 type별 덤핑 마진을 구하는 단계에만 적용되는 것이라고 주장하고 미국은 1단계에서는 모든 거래를 고려하였다고 반박하였다.

패널은 미국이 사용한 1,2단계 중복 평균 방식(multiple average)은 일단 2조4항2호에 부합된다고 보았다. 패널은 이어 2조4항2호는 가중 평균 정상 가격을 모든 비교 가능한 수출 거래 가격의 가중 평균과 비교하라고 명백히 규정하고 있으나 zeroing 방식은 마이너스 덤핑이 나온 수출 거래는 2단계에서 고려되지 않은 것이므로 2조4항2호 위반에 해당한다고 판시하였다. 패널은 동 조항이 1단계에만 적용된다고 해석할 근거가 없으며 동 조항은 덤핑 마진 산정 全 과정에 적용되는 것이라고 밝히고 미국의 주장을 수용하지 않았다. 패널의 판정은 1단계에서 산출된 각 상품 type별 덤핑 마진을 2단계에서 다시 평균할 때 zeroing을 해서는 안된다는, 즉 1단계 상품 type별 덤핑 마진을 단순 합산하여 마이너스 덤핑 마진이 플러스 덤핑 마진을 상쇄할 수 있도록 계산해야 한다는 것이다. 패널은 가중 평균 방식이 아니라 각 거래별 정상 가격과 수출 가격을 비교하여 덤핑 마진을 산정할 때에도 zeroing 방식을 이용하는 것 역시 2조4항2호에 부합되지 않는다고 추가하였다.

이러한 패널의 판정에 대해 패널 위원 중 1명은 동의하지 않는다는 소수 의견을 제시하였다. 그는 반덤핑협정 2조4항2호는 type별 덤핑 마진을 합산하는 방법에 대해서는 어떠한 언급도 하고 있지 않고 있으므로 zeroing이 허용되는 것으로 해석한 미국의 입장은 인정할 수 있다고 지적하였다. 반덤핑협정 17조6항(2)[11]

10) 2.4.2 제4항의 공정 비교를 규율하는 규정에 따라 일반적으로 조사기간 동안의 덤핑 마진의 존재를 가중 평균 정상 가격과 모든 비교 가능한 수출 거래 가격의 가중 평균과의 비교에 기초하거나 또는 각각의 거래에 기초한 정상 가격과 수출가격의 비교에 의하여 입증된다. 당국이 상이한 구매자, 지역, 또는 기간별로 현저히 다른 수출가격의 양태를 발견하고, 가중 평균의 비교 또는 거래별 비교 사용으로 이러한 차이점이 적절히 고려될 수 없는 이유에 대한 설명이 제시되는 경우에는 가중 평균에 기초하여 결정된 정상 가격이 개별 수출 거래 가격에 비교될 수 있다.

11) 17.6.(2) 패널은 국제공법의 해석에 관한 관습적인 규칙에 따라 이 협정의 관련 규정을 해석한다. 패널이 이 협정의 관련 규정에 대해 하나 이상의 해석이 가능하다고 판정하고 당국의 조치

은 당국의 조치가 허용되는 해석 중 하나에 근거하는 경우 패널은 당국의 해당 조치가 협정에 일치하는 것으로 판단하라고 요구하고 있으므로 그는 허용될 수 있는 조항의 해석에 근거한 미국의 zeroing은 2조4항2호에 위배되지 않는다는 논리를 전개하였다. 그는 여기에 추가하여 2조4항2호가 average to average comparison 시에는 모든 비교 가능한 거래라고 특정하고 있으므로 zeroing이 금지된다고 하더라도 transaction to transaction comparison에 대해서는 '모든'이라는 제한이 없으므로 이상하기는 하지만 zeroing이 허용된다고 해석할 소지가 있다고 첨언하였다.

상소기구에서 미국은 2조4항2[12]의 margins of dumping이란 1단계 즉 sub group별 덤핑 마진을 의미하는 것이지 상품 전체(as a whole)의 덤핑 마진을 지칭하는 것이 아니라고 항변하였으며 2조4항2호는 sub group별 덤핑 마진 결과를 합산 방법에 대해 별 다른 언급을 하지 않고 있으므로 zeroing이 금지된다고 판단할 수 없다고 주장하였다.

상소기구는 패널 다수의 의견을 지지하였다. 상소기구는 all comparable export transaction이란 비교할 수 있는 거래는 모두 다 비교해야 한다는 의미라고 정리하고 미국은 각 type별 정상 가격과 수출 가격의 가중 평균 계산시에는 type내 거래 일체를 비교하였으므로 이에 합당하다고 보았다. 문제는 type별 덤핑 마진의 합산방식에 대한 입장차이인데 상소기구는 이러한 입장 차이는 반덤핑협정상 덤핑과 margins of dumping에 대한 인식 차이에서 비롯한다고 보았다. margins of dumping에 대해 미국은 각 sub group별 (상품 type별) 가중 평균 수출 가격과 가중 평균 정상 가격과의 차이로서 전자가 후자보다 낮은 것(즉 덤핑된)이라고 주장하였다. 상소기구는 GATT VI조1항[13], 반덤핑협정 2조1항[14] text상 덤핑은 상

가 그러한 허용되는 해석중 하나에 근거하는 경우 패널은 당국의 조치가 이 협정에 일치하는 것으로 판정한다.

12) 2.4.2 Subject to the provisions governing fair comparison in paragraph4, the existence of margins of dumping during the investiG&Ation phase shall normally be established on the basis of a comparison of a weighted average normal value with a weighted average of prices of all comparable export transactions or by a comparison of normal value and export prices on a transaction-to- transaction basis. A normal value established on a weighted average basis may be compared to prices of individual export transactions if the authorities find a pattern of export prices which differ significantly among different purchasers, regions or time periods, and if an explanation is provided as to why such differences cannot be taken into account appropriately by the use of a weighted average-to-weighted average or transaction-to-transaction comparison.

13) VI.1. 체약국은 일국의 산품을 정상적인 가격이하로 타국의 상업에 도입하는 덤핑이 체약국 영역에 있어서 확립된 산업에 실질적인 피해를 주거나 또는 손해를 줄 우려가 있고 또는 국내 산업의 확립을 실질적으로 지연시킬 때에는 이 덤핑이 비난되어야 한다는 사실을 인정한다. 본

품 전체(as a whole)에 대해 구하는 것이며 2조1항의 '이 협정의 목적상(For the purpose of this Agreement)'이라는 규정에 비추어 2조1항의 덤핑 정의는 2조4항2호에도 적용해야 하므로 조사 대상인 상품의 type, 모델 카테고리별로 덤핑 여부가 존재하는 것이 아니라고 지적하고 미국의 주장을 받아들이지 않았다.

상소기구는 각 sub group별 가중 평균 수출 가격과 가중 평균 정상 가격 차이는 2조4항2호에서 말하는 margins of dumping이 아니라 조사 대상 상품 전체로서의 덤핑 마진을 산정하기 위한 중간 계산 결과에 불과하다고 보았다. 상소기구는 조사 당국이 모든 sub group별 가중 평균 수출 가격과 가중 평균 정상 가격 차이를 모두 합산하지 않고 문제가 되는 상품의 덤핑 마진을 산정할 수는 없다고 판단하였으며 반덤핑협정 2조4항2호에도 일부만 합산하고 일부는 제외할 수 있다는 textual basis가 없다고 지적하고 미국의 zeroing은 동 조항 위반에 해당한다고 판시하였다.

7) 금융 비용 할당 방식의 적정성

(가) Abitibi사의 금융 비용

정상 가격을 산정하기 위해서는 생산에 직접적으로 관계되지 않는 간접비용(이자 등 금융 비용, 광고비, 운영비 등)을 제외한 租생산 비용(cost of goods sold[15])을 산출할 필요가 있다. 조사 대상 중의 하나인 캐나다 Abitibi社의 침엽목재 생산에 포함된 금융 비용을 산출하기 위해 미 상무부는 COGS라는 방식을 사용하였다. 이 방법에 의하면 회사 전체 생산품의 조생산비 대비 문제가 된

조의 적용상, 일국에서 타국으로 수출되는 산품의 가격이 다음의 어느 가격보다 낮을 때에는 동 산품은 정상 가격보다 낮은 가격으로 수입국의 상업에 도입된 것으로 간주한다.

(a) 수출국에서 소비되는 동종 산품의 통상적인 상거래에서 비교 가능한 가격, 또는,

(b) 전기한 국내 가격이 없을 경우에는

(1) 제3국에 수출되는 동종 산품의 통상 상거래에 있어서 비교 가능한 최고 가격,

(2) 원산국에서의 산품의 생산비에 판매경비 및 이윤을 타당하게 가산한 액.

판매조건의 차이, 과세상의 차이 및 가격의 비교에 영향을 주는 기타의 차이에 대하여서도 각각 타당한 고려를 하여야 한다.

14) 2.1 이 협정의 목적상, 한 국가로부터 다른 국가로 수출된 상품의 수출가격이 수출국내에서 소비되는 동종 상품에 대한 정상적 거래에서 비교 가능한 가격보다 낮을 경우 동 상품은 덤핑된 것, 즉 정상 가격보다 낮은 가격으로 다른 나라의 상거래에 도입된 것으로 간주된다.

15) cost of goods sold란 문제가 된 상품의 생산에 실제 소요된(원자재비, 생산에 소요된 노임, 에너지 경비 등) 직접생산 비용을 말하며 통상 관리운영비, marketing 경비 등 각종 간접경비는 제외된다.

상품의 조생산비 비율로 회사의 전체 금융 비용을 문제가 된 상품에 할당하게 된다. 미 상무부는 이 방식으로 침엽 목재의 금융 비용을 제출할 것을 요청하였으나 Abitibi사는 침엽 목재는 타 상품 생산과는 달리 생산 설비가 많이 소요되지 않는다는 이유로 자사 총 금융 비용을 설비 기준으로 분배하여 산출한(asset based ratio) 금융 비용을 제출하였으며[16] 미 상무부는 이를 받아들이지 않고 자신이 COGS 방식으로 산출한 금융 비용을 대신 사용하였다.

캐나다는 미국이 Abitibi사가 제안한 방법을 거부하고 일반적인 금융 비용 산출 방식을 적용한 것은 i) 비용의 적절한 할당에 관한 모든 입수 가능한 증거를 고려하지 못한 것이며, ii) 미 상무부 방식은 침엽 목재의 금융 비용을 과다 계상하게 되므로 고려 중에 있는 상품의 생산 및 판매와 관련되는 비용을 합리적으로 반영하는 방식으로 금융 비용을 침엽 목재에 할당하지 못했고, iii) 침엽 목재의 생산 판매에 관한 실제 data에 기초하고 있지 않고 이자 비용을 과다 계상하게 되므로 2조2항1호1과 2조2항2호에 위배된다고 주장하였다.

패널은 2조2항1호1[17]이 조사 당국에게 일반적으로 인정된 회계 원칙(generally accepted accounting principles: GAAP)에 따라 비용을 계산하라거나 계산된 비용이 고려 중에 있는 상품의 생산 및 판매와 관련되는 비용을 반영해야 한다는 의무를 부과한 것이라기보다는 수출자/생산자의 기록을 인정해야 하는 상황을 규정한 것으로서 수출자/생산자의 기록이 GAAP를 준수한 것이고 고려 중에 있는 상품의 생산과 판매와 관련되는 비용을 합리적으로 반영하고 있다면 이 기록에 기초하

16) Abitibi사는 침엽 목재 생산 설비가 전체 설비의 7.6%에 해당되므로 회사 전체의 금융 비용중 7.6%를 침엽 목재에 할당하였음. 반면 미 상무부는 COGS 방식으로 침엽 목재 금융 비용을 13.6%로 계산함.

17) 2.2.1.1 제2항의 목적상, 조사 대상 수출자 또는 생산자가 유지하고 있는 기록이 수출국에서 일반적으로 인정된 회계원칙에 따르고 있고 고려 중에 있는 상품의 생산 및 판매와 관련되는 비용을 합리적으로 반영하고 있는 경우, 비용은 일반적으로 조사 대상 수출자 또는 생산자가 유지하고 있는 기록에 기초하여 산출된다. 당국은 조사기간 동안 수출자 또는 생산자가 제시한 증거를 포함, 비용의 적절한 할당에 관한 모든 입수 가능한 증거를 고려한다. 단, 이러한 비용의 할당은 특히 적절한 분할상환 및 감가상각기간의 설정, 자본지출 및 다른 개발비용에 대한 공제와 관련하여 수출자 또는 생산자에 의하여 전례적으로 활용되어 온 것이어야 한다. 이 호에 따른 비용할당에 아직 반영되지 못했을 경우, 현재 및/또는 미래의 생산에 혜택을 주는 일회성비용항목 또는 생산개시 가동으로 인하여 조사기간 동안 비용이 영향을 받는 경우는 비용이 적절히 조정된다(Re.6).
(Remark 6) 생산개시 가동에 따른 조정은 생산개시 기간의 마지막 시점에서의 비용을 반영하거나. 그러한 기간이 조사기간을 넘었을 경우 조사기간 동안 당국이 합리적으로 고려할 수 있는 가장 최근의 비용을 반영한다.

여 비용을 산출하라는 것이라고 해석하였다.

이 같은 해석을 바탕으로 패널은 case specific한 검토를 하지 않았다는 캐나다 주장과 달리 미 상무부가 Abitibi사의 주장을 검토한 점이 인정되고 캐나다가 비난하듯이 일반적인 금융 비용 산출 방식을 적용한 것이 2조2항1호1의 모든 입수 가능한 증거를 고려하지 못한 것이라고 볼 수 없으며 모든 입수 가능한 증거를 '고려'하라는 것이 각각의 장단점을 평가하기 위해 다양한 할당 방식을 비교하라는 의무를 조사 당국에 부과하는 것은 아니라고 보고 캐나다의 주장을 기각하였다.

ii)의 주장에 대해 패널은 2조2항1호1은 단지 수출자 기록이 고려 중인 상품의 생산과 판매와 관한 비용을 합리적으로 반영하고 있으면 비용은 그 기록을 토대로 결정하여야 한다는 것이 뿐이므로 캐나다의 주장만으로는 미 방식이 2조2항1호1의 요건을 충족하지 못했다고 결정할 수 없다고 하였다. 나아가 Abitibi사 방식이나 미국 방식 중 어느 하나가 절대적으로 옳은 것이 아니라 둘 다 장단점이 있는 것이 명백해 보이므로 조사 당국은 가장 정확한 결과를 산출할 수 있을 것 같은 산정 방식을 선택할 재량이 있다고 지적하고 캐나다의 주장을 받아들이지 않았다.

iii)에서 캐나다는 미국의 방식은 2조2항2호 규정과는 달리 생산 및 판매에 관한 실제 자료에 기초한 것이 아니라고 주장하였으나 패널은 캐나다의 주장은 결국 미 상무부의 방식이 부적절하였다는 것이나 위에서 밝힌 바와 같이 공평하고 객관적인 당국이라면 미 상무부가 이용했던 방식으로 금융 비용을 침엽 목재에 할당하였을 것이라고 판단하는 데 하등의 무리가 없다고 지적하고 역시 캐나다의 주장을 받아들이지 않았다.

입수 가능한 증거의 '고려'가 할당 방식의 '비교'를 요구하지 않는다는 패널의 판결에 대해 캐나다는 패널이 입수 가능한 증거를 '고려'해야 한다는 요건을 단순히 주목(take note of) 하라는 수준으로 격하시킨 것이며 2조2항1호1은 수출자/생산자가 전례적으로 활용해온 할당 방식의 사용에 대한 명시적인 선호를 포함하고 있는 것이라고 상소하였다.

상소기구는 패널의 판정을 지지하지 않았다. 상소기구는 패널이 동 조항에 사용된 '고려'의 의미와 범위를 적절하게 검토하지 않았다고 지적하고 고려란 신중하게 검토하거나(look at attentively) 숙고하거나(reflect on) 비교 考量한다(weigh the merits of)는 의미로서 이 조항에서 말하는 비용의 적절한 할당에 관한 모든 입수 가능한 증거를 고려한다(consider all available evidence on the proper allocation of costs)는 것은 조사 당국에게 수출자/생산자의 적절한 비용 할당 문제를 처리함에 있어 입수 가능한 모든 증거를 숙고하거나 고량해야 한다는 요건을 부과한 것이며 이 요건은 관련 증거를 단순히 접수하거나 주목(take note of)하는 것으로 충족되지는 않는다는 견해를 밝혔다.

그러나 상소기구는 '고려'가 반드시 비교를 포함하는 것인지 여부는 사안의 성격에 따라 다르다고 보았다. 개개 사안의 성격에 따라 비교를 해야 할 경우도 있고 비교 없이도 적절한 고려를 다할 수도 있다는 것이다. 즉 상소기구는 2조2항1호1에 대한 패널의 법률적 해석－고려는 비교를 포함하지 않는다는－에 오류가 있다는 것을 지적하는데 그치고 이번 사건의 경우 캐나다가 미 상무부가 2조2항1호1 위배 여부를 밝혀줄 것을 상소한 것이 아니라 해석의 오류 규명을 요청한 것이라는 이유를 들어 미 상무부가 할당 방식을 비교했어야 하는지, 그러한 비교를 하지 않은 것이 2조2항1호1에 위반되는 것인지에 대해서는 심리하지 않겠다고 하였다. 상소기구는 전례적으로 사용된 방식을 우선 사용해야 한다는 캐나다의 주장도 이미 패널의 2조2항1호1 해석에 오류가 있다고 밝힌 만큼 더 이상 심리할 필요가 없다고 보고 심리를 진행하지 않았다.

(나) Tembec사의 관리 및 일반 비용(SG&A cost) 계산 방법

구성 가격을 산출하기 위해서는 관리, 판매 및 일반 비용(SG&A)도 산정하여야 한다. 미국은 캐나다 수출업체 중 하나인 Tembec사에게 침엽 목재의 SG&A 비용을 회사 전체의 SG&A 비용을 회사 전체의 粗생산 비용으로 나누어 산출할 것을 요청하였다. Tembec사는 이 자료와는 별도로 침엽 목재 사업 부문(FPG)의 SG&A를 FPG의 粗생산 비용으로 나눈 자료를 침엽 목재의 SG&A로 아울러 제출하였으나 미국은 받아들이지 않았다. 캐나다는 미국이 회사의 실제 자료를 무시하고 회사 전체 자료를 토대로 SG&A를 계산한 것은 침엽 목재의 생산과 판매와 관계된 비용을 적절히 반영하지 못하는 방법으로 SG&A 비용을 할당한 것이므로 2조2항1호1 위반이라고 주장하였다.

패널은 동 조항은 특정한 SG&A 계산 방식의 사용을 강제하고 있지 않으므로 계산 방식의 선정은 조사 당국의 재량에 속한다고 전제하고 이 사건의 경우 Tembec사의 방식이 보다 적정하였는지의 여부가 핵심으로서 동 방식의 내용에 대한 검토가 필요하다고 보았다. 패널은 Tembec사 방식을 검토한 결과 (캐나다 주장대로라면 침엽 목재 SG&A는 FPG G&A에 전부 포함되어 있고) 다른 사업부

문의 SG&A에는 침엽 목재와 관련된 SG&A가 일체 포함되어 있지 않아야 하나 이를 증명하지 못했으므로 미국이 Tembec사 방식을 기각한 것은 문제가 될 것이 없다고 판시하였다.

8) 부산물 판매 이익의 생산비 차감(반덤핑협정 2조2항, 2조4항)

캐나다 목재 생산업체는 침엽 목재 생산 시 발생하는 木片(wood chip)을 펄프 공장에 판매하였다. 이 收益을 침엽 목재의 생산 비용에서 차감하는 방법에 관해 미국과 캐나다의 의견이 대립하였다. 캐나다 Tembec사의 경우 침엽 목재 사업부(FPG)는 목편을 동사의 타 사업 부문에 판매하였는데 Tembec사는 이 내부 거래 가격이 시장 가격을 반영하고 있지 않으므로 목편 판매 수입 계산에 사용해서는 안 된다고 주장한 반면 미국은 시장가와 비교하여 보니 특별히 특혜를 준 가격도 아니므로 이를 사용하여 목편 판매 수입을 계산하였다.

West Fraser사의 경우 대부분의 목편을 유관(affiliated) 회사에 판매하고 있다는 이유로 한 유관 회사에 판매한 가격과 동 유관 회사가 非유관회사로부터 구입한 목편 가격이 West Fraser사 목편 구매가와 비슷하다는 자료를 제출하였다. 미국은 표본 추출이 미 상무부에 의해 이루어진 것이 아니어서 자료의 신빙할 수 없으며 West Fraser사 자료를 전적으로 신뢰하기에는 부족하다고 밝혔으나 West Fraser사는 추가 자료를 제출하지 않았다. 미국은 이에 따라 West Fraser사의 회계 장부에 기록된 유관 회사 판매 목편가격 대신에 비유관회사에 판매한 목편 가격의 평균을 이용하여 목편 판매 수입을 계산하였다.

Tembec사의 경우 캐나다는 2조2항1호1의 내용에 비추어 부산물 판매 수입은 시장 가격을 기준(benchmark)으로 산정하여야 하나 미국이 시장 가격보다 저평가된 내부 거래가를 기준으로 이용한 것은 부당하다고 주장하였다. West Fraser 사의 경우 캐나다는 미 상무부가 i) 타 조사 대상 회사가 비유관 회사에 판매한 가격은 무시하고 West Fraser사가 비유관 회사에 판매한 가격을 기준으로 이용한 것은 적절한 시장 가격 기준을 사용한 것이 아니며, ii) West Fraser사의 비유관회사 판매분은 미소량이므로 그 판매가는 적절한 기준이 될 수 없다고 주장하였다.

패널은 캐나다의 주장을 기각하였다. 패널은 2조2항1호1의 문안상 부산물 판매가가 반드시 시장 가격을 반영해야 한다는 記述이 없고 투입 요소의 실제 비용(여기서는 목편의 實 내부 거래가)를 사용하는 것이 2조2항1호1에 합치되지 않거나 조사 당국의 편견 또는 비객관성을 나타내는 것이라고 볼 수 없다고 지적하였다. 패널은 2조2항1호1은 생산자/수출자의 기록을 인정하라는 의무를 부과한 것이 아니라 이러한 기록을 인정할 수 있는 상황을 규정한 것이라고 재확인한 후 캐나다의 주장대로 고려 중인 상품의 비용에 관한 생산자의 자료가 과대/과소평가되었다면 이를 기각해야 한다는 의무가 발생하는 것은 아니라고 설명하였다. 또한 동 조항은 특정한 방식의 사용을 강제하는 것도 아니므로 미 당국이 Tembec 제출한 자료를 심사한 후 부적합하다고 판단하여 이를 기각한 것이 문제될 것은 없다고 보았다. 상소기구도 패널의 판정을 지지하였다.

West Fraser사의 경우 패널은 미 상무부가 West Fraser사가 제출한 목편 판매가 관련 자료가 부족하다고 지적하였음에도 불구하고 동 사가 이에 이의를 제기하거나 추가 자료를 제출한 점이 없음을 확인하였다. 패널은 이러한 상황에서 조사 당국에게 조사 당국이 부족하다고 판단한 자료를 계속 사용하라고 강제할 수는 없다고 지적하고 미 상무부가 West Fraser 회계 장부 기재 가격 대신 비유관 회사 판매 가격을 대신 이용한 것이 문제될 것은 없다고 판시하였다.

미소한 비유관 회사 판매분을 기준으로 사용한 것이 부당하다는 주장에 대해 패널은 이 주장은 최종 판정 후에 제출된 것임을 확인하고 조사 당국더러 최종 판정 후에 제기된 주장까지 고려하라고 할 수는 없다고 지적하였다. 아울러 설사 이 주장이 최종 판정 전에 제출되었다 하더라도 목편 판매량이 기준의 적정성 여부를 결정하는 것은 아니라고 전제하고 기록으로 볼 때 미 상무부가 비유관 회사 판매가를 기준으로 사용하는 것이 적절한지 합리적으로 고려하였음이 인정된다고 보고 캐나다의 주장을 받아들이지 않았다.

9) 선물 거래 수입에 의한 가격 비교성 차이 인정 여부(반덤핑협정 2조2항, 4항)

캐나다 목재업체 Slocan사는 risk management의 일환으로 시카고 선물 거래소(Chicago Mercantile Exchange)에서 침엽 목재를 선물 거래하였다. 이 가운데 미래 계약을 조건으로 상품이 실제 인도된 거래에 대해서는 별 문제가 제기되지 않았으나 상품은 실제 인도되지 않은 채 장부상 판매된 것으로 기재된 거래에서 발생한 수입을 가격 비교시 어떻게 처리해야 하는지를 두고 미국과 캐나다의 입장이 대립하였다. Slocan사는 이러한 상품 인도前 거래를 회계 장부에 판매 활동으로 기재하였고 동 거래로 발생하는 순수입(net revenue)은 직접 판매비용에서 상쇄해야 한다고 주장하였다. 잠정 판정 시 미국은 이 수입은 투자 수입(investment evenue)이지 직접 판매 비용이 아니라고 결정하고 Slocan사의 주장을 받아들이지 않았다. 이에 Slocan사는 이 거래로 발생하는 미래의 수익/손실을 금융 비용에서 상쇄해 줄 것을 요청하였으나 미국은 선물 거래는 금융 활동이라고 볼 수 없으며 침엽 목재 판매라는 핵심 사업에 해당한다고 보고 역시 Slocan사의 주장을 기각하였다.

캐나다는 미국이 논리는 상호 상충되어 양립할 수 없다고 지적하였다. 즉 동 수익을 직접 판매 비용으로 상쇄할 수 없다는 주장과 금융 비용으로 상쇄할 수 없다는 주장은 동시에 양립할 수 없다고 비난하고 캐나다는 반덤핑협정 2조4항은 가격 비교에 영향을 미치는 차이점에 대해 적절히 고려하라고 하였으며 2조2항은 SG&A를 합리적으로 고려하라고 규정하고 있으므로 선물 거래에서 발생한 수익은 직접 판매 비용에서 조정해야 함이 마땅하다고 주장하였다. 이에 대해 미국은 i) 선물 거래와 같은 hedging은 간접적으로 판매 활동에 연결될 뿐이며 선물 거래는 직접 판매 비용을 구성하지도 않고, ii) 미래 수입이 생산 비용이 아니라 침엽 목재 판매 수입으로 기재된 점에 비추어 금융 비용 상쇄 요소로도 취급할 수 없다고 반박하였다.

패널은 이 문제의 핵심은 공평하고 객관적인 당국이라면 미 상무부가 입수한 자료를 근거로 2조4항상의 補正 결정을 내렸을 것인가, 즉 미 상무부가 입수한 자료가 보정 결정을 내리기에 충분한 것인가 여부라고 정리하였다. 패널은 2조4항을 적용하기 위해서는 우선 수출 가격과 정상 가격간의 차이, 즉 캐나다 시장과 미국 시장에서의 가격 차이 존재 여부가 증명되어야 한다고 보았다. 패널은 캐나다는 Slocan사의 hedging 행위가 미국 내에서 이루어졌고 미국 내 판매되는 상품의 가격에 영향을 미치려는 의도적인 행위라고 주장하나 CME의 소재지 여부와 무관하게 판매자와 구매자가 캐나다 내에 존재할 수 있으며, 이번 문제가 되는 형태의 선물 거래는 실제 상품의 인도가 이루어지기 전까지 문서상 거래가 수없이 이루어질 수 있으므로 중요한 것은 상품이 인도되는 장소일 것인바 상품의 인도는 결국 캐나다 내에서 이루어질 수밖에 없는 점[18]을 감안할 때 캐나다는 Slocan사의 hedging 행위가 미국 내 침엽 목재 판매가에만 영향을 미친다는 충분한 증거를 제시하지 못했다고 보았다. 이는 2조4항 보정시행에 충분한 증거를 제

18) 引渡를 구매자에게 배달하기 위한 상품의 이동으로 본다면 상품이 캐나다 내 소재하고 있으므로 인도의 시작은 캐나다에서 이루어진다.

출하지 못한 것이며 이러한 상황에서 조사 당국이 보정을 시행하지 않은 것은 온당하므로 미국이 2조4항에 위반되게 행동한 것은 없다고 판단하였다.

2조2항 위반 주장에 대해 패널은 캐나다는 미국이 정상 가격을 구성함에 있어 비합리적인 금액의 SG&A를 사용하였다는 근거를 제시하지 못했다고 지적하고 캐나다의 주장을 기각하였다.

다. 해설 및 평가

패널은 zeroing 부분을 제외하고는 캐나다의 주장을 모두 기각하였다. 캐나다는 침엽 목재에 대한 미국의 반덤핑 관세 부과가 GATT VI조, 반덤핑협정 1조, 9조3항, 18조1항도 위반하였다고 주장하였으나 패널은 캐나다의 주장 대부분이 기각되었으므로 동 조항 위반 여부는 살펴볼 필요가 없으며 zeroing의 경우 2조4항2호 위반임을 판시하였으므로 상기 조항 위반 여부는 검토 역시 사법 경제상 불필요하다고 보았다.

이 사건의 판례는 *EC-Bed Linen* 사건과 더불어 Zeroing 관행이 반덤핑협정 위반임을 확인한 중요한 의미를 갖는다. 그러나 이미 *EC-Bed Linen* 사건에서 위반이라고 판정되었음에도 불구하고 재차 문제가 되었으며 패널 중 1인은 zeroing이 반덤핑협정 위반이라고 볼 수 없다고 소수 의견을 제시한 점에서 볼 수 있듯이 zeroing 관행의 위법 여부는 거듭된 판례에도 불구하고 명쾌하게 정리되지 않았다. 반덤핑협정이 zeroing에 대해 위법 여부를 명백하게 규정하고 있지 않은 것도 주요한 원인 중의 하나이다.

Zeroing 불허론자의 주요 근거는 반덤핑협정 2조4항2호에서 말하는 '모든 비교 가능한 수출 거래(all comparable export transactions)'라는 표현이다. 이들은 '모든(all)'이란 일부 거래를 임의로 제외할 수 없다는 것이 자명하므로 덤핑 마진을 0으로 처리하면 해당 거래의 실체를 무시한 것이고 이렇게 하여 계산된 마진은 이 거래에 기초하여 산정된 것이 아니라는 논리를 전개한다.

Zeroing 용인론자는 반덤핑협정은 zeroing을 금지하는 명시적인 규정을 두고 있지 않다는 점에 주목한다. 이들은 만일 zeroing 용인론자 주장대로 2조4항2호의 '모든'이라는 말이 zeroing 금지를 의미하는 것이라면 동 조항 후반부에 기재된 거래 대 거래 비교는 모든 이라는 단어를 사용치 않고 있으므로 결국 zeroing이 허용된다는 셈인데 같은 조항에서 거래 대 거래에는 허용되고 평균 대 평균 비교에는 불용된다고 규정할 수 있겠는가 하는 의문을 제기한다. zeroing 용인론자의 또 다른 근거는 허용되는 해석에 기초한 당국의 조치는 합법이라는 17조6항(2)의 규정이다. 이 사건 소수 의견도 동 조항에 근거하여 미국의 zeroing이 용인된다는 견해를 밝혔다. 사실 2조4항2호의 기술 내용은 애매모호하여 하나 이상의 해석이 가능해 보인다.

공정한 비교 의무를 부여한 반덤핑협정 2조4항도 zeroing 반대론자가 흔히 인용하는 조항이다. 이들은 zeroing은 조사 당국에 지나친 재량을 부여함으로써 덤핑 마진을 과다계상하게 하므로 공정한 비교가 될 수 없다는 주장을 펴고 있다. 반면에 용인론자는 공정한 비교란 용어는 지나치게 막연하여 zeroing을 명시적으로 금지하는 기초로 하기 어렵다고 반박한다. 이번 사건 패널 소수 의견도 공정성의 개념은 지나치게 주관적이고 이를 판단의 근거로 삼을 경우 판단의 예측 가능성이 없어지게 된다고 지적하였다.

zeroing 허용 여부에 대한 견해의 차이는 덤핑을 어떻게 정의할 것인가에 따라 달라진다. 한 학파는 일정한 기간 동안 판매된 상품의 수출 가격이 정상 가격보다 낮은 것을 덤핑이라고 보며 기간 요소가 포함된 만큼 비교가 되는 가격은 수출 가격의 평균과 정상 가격의 평균이 된다. 이 입장에 설 경우 zeroing은 덤핑 마진을 과다 계상케 되므로 용인할 수 없게 된다. 다른 학파는 기간 요소를 인정치 않고 덤핑이란 어느 상품의 특정거래가 정상 가격보다 낮게 이루어 졌으면 그 거래는 덤핑이라는 미시적, 개별적 입장을 취한다. 이들은 정상 거래가 덤핑거래의 손실을 상쇄하지 않는다고 보므로 기 발생된 덤핑 마진이 정상 거래 즉 마이너스 덤핑 마진에 의해 축소 계산되는 것에 부정적이어서 zeroing은 허용해야 한다는 주장을 편다.

아쉽게도 반덤핑협정의 규정은 이 문제에 대해 명확하지 않다. 2조1항은 단지 수출 가격이 정상 가격보다 낮을 경우 덤핑이라고 규정, 덤핑을 가격 비교 측면에서만 정의하고 있으며 일정한 기간을 고려해야 하는지에 대해서는 침묵하고 있어 위와 같이 논란의 소지를 제공하고 있다. 이처럼 zeroing 허용 여부 논란의 근원에는 반덤핑협정의 불분명한 규정이 존재하고 있으며 미국을 제외한 대다수 국가는 DDA 협상이 진행되고 있는 차제에 반덤핑협정에 zeroing을 금지하는 명시적인 규정을 삽입하기 위해 노력하고 있다. zeroing 문제를 정리하기 위해서는 WTO 판결이 중요한 역할을 수행할 것이다. 지금까지의 판례를 보면 패널은 zeroing에 대해 전면 부정되어야 할 것이라는 입장을 보이지는 않았으나 상소기구는 상당히 부정적인 입장을 밝히고 있다. 상소기구는 판결의 일관성을 유지하기 위해서라도 향후 이러한 입장을 견지할 것이므로 zeroing은 설 자리가 어렵게 된 것으로 보인다.

2006년 5월 *US-Zeroing* 사건 상소기구가 zeroing이 관세 정산 재심에서 적용한 례(as applied) 는 반덤핑협정 9조3항과 GATT VI조2항 위반이라고 판정함으로써 상소기구의 zeroing의 불허 입장은 보다 더욱 강고하여졌다. 이 사건 패널은 위의 zeroing 용인론자와 같이 반덤핑협정 2조4항, 2조4항2호에 근거하여 zeroing은 재심에서는 허용된다고 판단하였으나 상소기구는 9조3항에 적시된 반덤핑 관세액은 덤핑 마진을 초과하여서는 안 된다는 점에 입각하여 zeroing이 관련 협정과 합치되지 않는다고 판시하였다. 상소기구의 이러한 입장은 이 사건 이행 패널에서도 확인되었다. 이 사건 판결 이후 미국은 부당하다고 판결된 것은 average to average 비교 방식에서의 zeroing 사용이므로 transaction to transaction 비교 방식에서의 zeroing은 무방하다고 주장하고 이 방식으로 덤핑 마진을 새로 계산하였다. 이행 패널은 미국의 이러한 조치가 합당하다고 인정하였으나 상소기구는 transaction to transaction 비교에서도 zeroing이 금지된다고 판시, 패널의 판정을 전면 번복하였다.

21. Canada vs. US – Final Lumber AD Determination, Article 21.5 사건

(DS264, 2006. 9. 1. – 상소기구)

가. 사건 개요

원 사건 패널과 상소기구는 미국이 덤핑 마진을 산정하기 위해 가중 평균 수출 가격과 가중 평균 정상 가격을 비교하면서(W-W: weighted average to weighted average) zeroing 방식으로 처리한 것이 반덤핑협정에 합치되지 않는다고 판시하였다. 미국은 패널과 상소기구가 W-W[1] 비교시 zeroing해서는 안 된다고 판정하였으므로 각 거래를 비교하여 덤핑 마진을 산정하겠다고 밝히고 각 수출 거래 가격을 가장 근접한 국내 판매 가격(정상 가격)과 일일이 비교하였다(T-T 비교, transaction to transaction). 이 과정에서 미국은 수출 가격이 정상 가격보다 높은 경우, 즉 (−) 덤핑 마진을 0으로 처리하였다. W-W 비교시 zeroing이 위법이라고 하니 zeroing을 적용하여 T-T[2] 비교를 한 것이다.

캐나다는 미국의 이러한 조치는 원 사건 판결을 이행한 것이라고 볼 수 없다고 주장하고 2005년 12월 패널 설치를 요청하였다.

---

1) 반덤핑 조사기간 중의 거래된 해당 상품의 수출가격과 정상 가격의 가중 평균(가격×물량/물량)을 각각 계산하여 덤핑 마진을 산정하는 방식

2) 반덤핑 조사기간 동안에 이루어진 각 거래의 수출가격을 동 거래와 시기적으로 가장 근접한 국내 거래 가격(정상 가격)과 일일이 비교하고 이를 합산하여 덤핑 마진을 계산하는 방식

나. 주요 쟁점별 당사자 주장 및 판결 요지

1) 반덤핑협정 2조4항2호 합치 여부

캐나다는 T-T 비교시의 zeroing도 반덤핑협정 2조4항2호[3]에 위배된다고 주장하였으나 패널은 이 주장을 기각하였다. 패널은 2조4항2호 첫 문장 전체의 통상적인 의미나 덤핑 마진(margins of dumping)의 通常的 의미 어느 것도 각 거래별 수출 가격과 정상 가격 차이를 덤핑 마진 산정을 위한 중간값(intermediate values)으로 사용하고 이들을 zeroing 하지 않고 합산하여 최종 덤핑 마진을 구하라고 요구하지는 않는다고 보았다. 패널은 원 사건 상소기구의 판결은 W-W 비교방식에서의 zeroing 문제를 다룬 것이므로 T-T 비교를 한 이번 사건에는 적용할 수 없다고 판단하였다. W-W 방식에서는 '모든 비교 가능한 거래(all comparable transaction)'라는 요건이 있으나 T-T 방식에는 이러한 표현이 없으므로 all comparable transaction이라는 요건에 기초하여 내려진 원 사건 판결은 T-T에는 적용하기 곤란하다는 것이다.

상소기구는 패널의 판정을 번복, T-T에서도 zeroing이 금지된다고 판정하였다. 상소기구는 '덤핑 마진의 존재는 …… 각각의 거래에 기초한 정상 가격과 수출 가격의 비교에 의하여 입증된다(the existence of margin of dumping shall be established …… by a comparison of normal value and export prices on a transaction-to-transaction basis)'는 2조4항2호 첫 문장상 export prices가 복수로 표현된 것은 비교는 일반적으로 복수의 거래를 수반하는 것임을 시사하는 것이라고 언급하였으며 비교는 a comparison이라고 단수로 표시되어 있으므로 이러한 복수 거래를 합산하는 계산 과정을 시사하는 것이라고 설명하였다. 상소기구는 2조2항4호의 문장상 T-T 방식으로 덤핑 마진을 산정하는 것은 각 거래를 비교한 결과를 다시 합산하는 다단계 과정을 의미한다고 이해했다. 상소기구는 나아가 export prices라는 복수 표현이 아무런 수식 어귀 없이 사용된 것은 각 거래를 비교한 결과 모두

---

3) 2.4.2 제4항의 공정 비교를 규율하는 규정에 따라 일반적으로 조사기간 동안의 덤핑 마진의 존재를 가중 평균 정상 가격과 모든 비교 가능한 수출 거래 가격의 가중 평균과의 비교에 기초하거나 또는 각각의 거래에 기초한 정상 가격과 수출가격의 비교에 의하여 입증된다. 당국이 상이한 구매자, 지역, 또는 기간별로 현저히 다른 수출가격의 양태를 발견하고, 가중 평균의 비교 또는 거래별 비교 사용으로 이러한 차이점이 적절히 고려될 수 없는 이유에 대한 설명이 제시되는 경우에는 가중 평균에 기초하여 결정된 정상 가격이 개별 수출 거래 가격에 비교될 수 있다.

가 합산 과정에 포함되어야 할 것임을 시사하는 것이고 2조4항2호의 '정상 가격(normal value)', '수출 가격(export prices)'은 가공되지 않은 실제 값(real value)을 의미한다고 보았다. 따라서 상소기구는 T-T 방식에서 zeroing을 하는 것은 특정 거래의 수출 가격과 정상 가격간의 실제 값을 변경하거나 왜곡하는 것이므로 2조4항2호의 요건에 부합하지 않는다고 언급하였다. all comparable export transaction 문구가 T-T 방식에는 언급이 없다는 점에 대해서 상소기구는 W-W 방식의 경우 수출 거래를 특정 그룹별로 나누어 덤핑 마진을 계산하게 되므로 어떤 거래도 자의적으로 배제해서는 안 된다는 점을 재삼 확인하기 위해 '모든 비교 가능한 거래'라는 문구를 명기할 필요가 있는 반면 T-T 방식은 어차피 모든 거래를 비교하고 특정 그룹별로 나눌 필요가 없으므로 이러한 수식 어귀가 불필요한 것이지 T-T 방식에서 모든 거래를 비교할 필요가 없다는 허락하는 것은 아니라고 지적하였다. 상소기구는 또한 zeroing이 어떤 방식에서는 금지되고 다른 방식에서는 허락된다면 동일한 상황이 서로 다른 계산 결과를 초래하는 매우 비논리적인 사태를 유발하게 된다고 지적하였다.

반덤핑협정 2조4항2호 두 번째 문장은 특정한 상황에서는 가중 평균 정상 가격을 각거래별 수출 가격과 비교할 수 있다고 명시하고 있다(W-T 방식). 패널은 T-T 방식에서 zeroing이 금지된다면 W-T 방식에서도 금지된다는 것인데 zeroing을 사용하지 않고 W-T 방식으로 덤핑 마진을 계산하면 W-W 방식을 사용하여 산정한 것과 동일한 마진을 얻게 되며 이는 2조4항2호 두 번째 문장을 무의미하게 만드는 것이라고 지적하였다. 상소기구는 이 문제에 대해 첫째 미국은 W-T 방식을 사용한 적이 한 번도 없고 다른 국가가 사용한 예도 제시하지 못했으므로 W-T 방식과 W-W 방식 사용 결과가 같게 된다는 주장은 근거가 없는 가정에 불과하며, 둘째 W-T 방식은 예외적으로 허용되는 것인데 예외를 토대로 원칙적인 방식인 W-W, T-T를 해석할 수는 없다고 보았다. 상소기구는 또한 W-T 방식은 미국도 정확히 설명할 수 없을 정도로 어떻게 적용해야 하는 것인지가 아직 확실하지 않은 방식이며 zeroing이 없는 W-T 방식이 W-W와 동일한 결과를 나타내는 것은 매우 한정된 상황에서 발생하는 것이지 일반적인 현상은 아니라고 지적하였다. 상소기구는 이를 근거로 W-T에서 zeroing을 인정하지 않으면 비논리적인 결과가 초래된다는 패널의 우려는 과장된 것이라고 일축하였다.

반덤핑협정 2조2항[4]은 일정한 상황에서는 덤핑 마진을 인위적으로 산출한 정

4) 2.2 수출국의 국내 시장 내에 통상적인 거래에 의한 동종 상품의 판매가 존재하지 아니하는 경

상 가격, 즉 구성 가격(constructed normal value)을 토대로 산정할 수 있다고 규정하고 있다. 패널은 2조2항의 덤핑 마진이 상품 전체의 단일 덤핑 마진을 의미한다면 이는 구성 가격을 사용해야 할 조건이 충족되면 상품 전체의 덤핑 마진을 산정하는 모든 단계에서 그 구성 가격을 반드시 사용해야 하는 것을 의미한다고 보았다. 패널과 미국은 이는 일반적인 관행과 합치되지 않는다고 지적하였다. 즉 해당 상품의 특정 모델에 한해 통상적인 거래에 의한 판매가 존재하지 않을 경우 동 모델에 한해 구성 가격을 산출하되 나머지 모델에 대해서는 정상적인 정상 가격과 수출 가격을 비교하여 덤핑 마진을 구하고 있고 이것이 합리적인 방법일 것인데 캐나다의 주장대로 반덤핑협정 전체를 통하여 덤핑 마진이란 상품 전체의 덤핑 마진을 의미한다면 위와 같은 관행대로 계산하지 않고 정상 가격이 있는 모델의 경우에도 타 모델의 인위적인 구성 가격을 사용해야 하는 불합리한 결과에 이르게 된다고 언급하였다.

상소기구는 이에 대해 2조2항 어느 문구도 조사 당국이 상품을 상품 type이나 모델별로 나누는 것을 금지하고 있지 않으며 zeroing 금지는 상품을 하부 모델별로 나눌 때 발동되는 것이 아니라 모델별 덤핑 마진을 합산할 때 발동되는 것이므로 2조2항을 T-T 방식에서 zeroing을 용인하는 문맥으로 이해하는 것은 동의할 수 없다고 밝혔다.

패널은 9조3항2호의 관세 정산규정을 T-T 방식에서는 zeroing이 용인된다는 문맥으로 사용하였다. 이 사건 제소국인 캐나다나 뉴질랜드는 독특한 반덤핑 관세 징수 방식을 사용하고 있었다. 통상 prospective normal value system이라고 불리는 이 방법은 반덤핑 조사를 통해 정상 가격을 산정한 후 매 해당 상품이 수입될 때마다 수출 가격(수입자 입장에서는 수입 가격)을 그 정상 가격과 매번 비교하여 수출 가격이 정상 가격보다 낮을 경우 그 차액을 반덤핑 관세로 징수하되 그 반대의 경우에는 관세를 징수하지 않는다. 패널은 이는 곧 덤핑 마진(margin of dumping)이 상품 전체가 아니라 각 거래별로 이루어 질 수도 있는 것이라고

우, 또는 수출국 국내 시장(Re.2)의 특별한 시장 상황 또는 소규모의 판매 때문에 적절한 비교를 할 수 없는 경우, 덤핑 마진은 동종 상품의 적절한 제 3국 수출시 비교 가능한 가격으로서 대표적인 경우 동 가격 또는 원산지국에서의 생산 비용에 합리적인 금액의 관리비, 판매비, 일반 비용과 이윤을 합산한 가격과의 비교에 의하여 결정된다.

(Remark 2) 수출국 국내 시장에서 소비되는 동종 상품의 판매가 고려 대상 상품의 수입회원국에 대한 판매의 5% 또는 그 이상을 점하는 경우, 이러한 판매는 일반적으로 정상 가격을 결정하는 충분한 규모가 되는 것으로 간주된다. 단, 낮은 비율 이하의 국내 판매가 적절한 비교 제공을 위해 충분한 규모라는 증거가 제시될 경우에도 동 낮은 비율은 수락가능하여야 한다.

지적하고 만일 캐나다가 주장하는 대로 덤핑 마진이 상품 전체로 구해지는 것이며 이를 산정하기 위한 각 중간값은 가감 없이 합산하여야 한다면 덤핑으로 이루어진 A 거래가 비덤핑거래인 B에 의해 상쇄되어야 하지 않느냐고 지적하였다. 더욱이 9조3항2호는 덤핑 마진을 초과하여 납부된 반덤핑 관세는 환불하도록 규정하고 있는데 덤핑 수출자가 나중에 비덤핑 수출자 덕에 환불 받게 되는 어처구니없는 결과를 초래한다고 언급하였다. 따라서 패널은 margin of dumping은 덤핑의 크기(magnitude of dumping)로서 덤핑과 같은 의미이며 덤핑 마진은 조사 대상 상품 전체(product as a whole)에 대해 산정(establish)해야 한다는 이전 상소기구의 판단을 기계적으로 적용할 수는 없다고 보았다.

상소기구는 패널은 이러한 판단은 관세 징수와 정산을 혼동한 것이라고 비난하였다. prospective normal value system에서는 반덤핑 관세가 수입 시점에 일단 징수되고 실제 덤핑 마진보다 초과하여 징수되었을 경우 9조3항2호에 의거, 환불을 요청할 수 있다는 것이지 T-T 방식에서의 zeroing 허용과는 아무런 관계가 없다고 설명하였다. 특정 거래에서 특정 덤핑 마진이 산정되어 그에 해당하는 반덤핑 관세를 납부한 후에 그 특정 덤핑 마진이 잘못 산정되었다고 생각되면 정산을 요청하여 기 납부한 반덤핑 관세를 환급 받을 수 있다는 의미일 뿐 그것이 zeroing 허용 여부와는 무관하다는 주장이다.

캐나다는 덤핑 마진은 상품 전체(product as a whole)에 대해 산정되어야 한다는 주장의 근거 중의 하나로 GATT VI조를 들었으나 패널은 VI조 중 levying a duty on a product는 (전체 상품이 아니라) 특정 거래의 상품에 국한된 것이라고 지적한 바 있었고 미국은 반덤핑협정과 GATT의 product란 용어는 문맥에 따라 집합적인 의미와 개별적인 의미로 선택적으로 사용된 것이라고 주장하였다.5) 상소기구는 product가 개별 상품을 의미하는지 상품 전체를 의미하는지에 대해 자신의 견해를 밝히지 않았으나 다만 패널과 미국이 인용한 이전의 사건(*US-Soft Wood Lumber V, EC-Bed Linen*)에서의 상소기구판정이 패널과 미국이 이해하는 것과 달리 product 의 의미에 대해서는 견해를 밝히지 않은 것이라고 지적함으로써 GATT VI조를 T-T에서는 zeroing이 허용된다는 문맥으로 사용하는 것에 대해 동의하지 않았다. 미국은 어떤 상품의 특정 수입에 대해 그 상품의 다른 수입 시 거래보다 높은 관세를 징수하더라도 그 상품 전체의 징수 관세가 GATT II조의

5) 반덤핑협정 2조6항 product under consideration은 상품 전체 의미하나 GATT VII조3항의 product는 개별적인 의미로 사용된 것이라고 주장하였다.

해당 상품 양허 관세를 초과하지 않으면 문제가 될 것이 없다고 강조하고 따라서 product가 반드시 product as a whole을 의미하는 것은 아니라고 주장하기도 하였으나 상소기구는 GATT II조의 단순히 특정 상품별 양허 관세율을 나타내는 것이지 zeroing 문제와는 무관하다고 기각하였다.

미국은 덤핑 마진을 거래별로 산정할 수도 있다고 본 1960년 전문가 보고서, GATT 시절의 패널 보고서 2건 등 역사적 문건을 인용하여 T-T에서는 zeroing을 할 수 있다고도 주장하였으나 상소기구는 전문가 보고서는 (매우 오래 전인[6]) 1960년에 발간된 것이며 패널 보고서는 반덤핑협정의 2조4항2에 해당하는 조항이 없는 Tokyo Round Anti-Dumping Code에 기초한 점 등을 지적하고 zeroing 문제에 대한 관련성이 매우 제한적이어서 타당한 자료가 될 수 없다고 일축하였다.

2) 반덤핑협정 2조4항(공정 비교) 합치 여부

캐나다는 T-T에서 zeroing은 협정 2조4항[7]의 공정 비교 원칙에 위반된다고 주장하였으나 패널은 zeroing이 2조4항2호에 의해 용인된다고 이미 판정하였으므로 캐나다의 주장을 수용하지 않았다. 패널은 협정 유효 해석 원칙상(effective treaty interpretation) 2조4항을 2조4항2호와 합치되지 않는 방향으로 해석할 수는 없다고 밝혔다.

---

6) 상소기구는 1960년 전문가 보고서가 이 사건과 관련성이 적다는 근거로 동 보고서가 오래 전에 발간된 것이기 때문이라고 명시적으로 밝히지는 않았으나 전후 문맥으로 보아 그것이 이유인 것으로 추정된다(AB report(WT/DS264/AB/RW) para. 121). 그런데 상소기구가 동 보고서를 참작할 수 없는 것이 단순히 시기상의 문제라면 상소기구가 판정의 근거로 흔히 삼는 GATT는 그보다 더 오래 전에 채택된 것이므로 타당한 설명이 되지 못한다. 이러한 상소기구의 논리는 상소기구 보고서가 채택된 2006년 9월 1일 DSB 회의에서 미국 대표가 신랄히 비난하였다.

7) 2.4 수출가격과 정상 가격간에 공정한 비교를 한다. 이러한 비교는 동일한 거래단계, 일반적으로는 공장도단계에서 그리고 가능한 한 같은 시기에 이루어진 판매에 대하여 행하여진다. 제반 판매조건, 과세, 거래단계, 수량, 물리적 특성의 차이와 가격 비교에 영향을 미친다고 증명된 그 밖의 차이점들을 포함하여 가격 비교에 영향을 미치는 차이점들에 대해서 각각의 경우에 그 내용에 따라 적절히 고려한다(Re.7). 제3항에 언급된 경우에 있어서, 수입과 재판매 사이에 발생하는 관세 및 조세를 포함한 비용 및 발생한 이윤이 또한 고려되어야 한다. 이러한 경우에 가격비교가 영향을 받을 때에는 당국은 구성수출가격의 거래단계와 동일한 거래단계에서 정상 가격을 설정하거나 또는 이 항에 따라 정당화된 적절한 고려를 한다. 당국은 공정한 가격 비교를 위해 어떠한 정보가 필요한지를 당해 당사자에게 알리며, 이러한 당사자에게 불합리한 입증 책임을 지워서는 아니된다.

(Remark 7) 위의 요소들 중 일부는 중첩될 수 있는 것으로 양해하고 당국은 이 규정에 따라 이미 이루어진 조정이 중복되지 않도록 보장한다.

상소기구는 협정 2조4항은 '수출 가격과 정상 가격간에 공정한 비교를 한다'고 천명하고 있고 협정 2조4항2호는 冒頭에 제4항의 공정 비교를 규율하는 규정에 따른다는 것을 명시하고 있으므로 2조4항2호에 기재된 비교 방식은 W-W이건 T-T 이건 4항의 공정 비교에 규율된다고 확인하였다. 상소기구는 공정 비교에 관한 패널의 판정은 2조4항2호에 관한 자신의 판정에 근거하고 있을 뿐 다른 어떤 근거도 제시하고 있지 않으므로 2조4항2호에 대한 패널의 판정을 상소기구가 번복하였으므로 2조4항에 관한 패널의 판정도 더 이상 존속할 수 없다고 밝혔다.

상소기구는 공정 비교의 공정하다(fair)의 의미는 일반적으로 impartiality, even-handedness, lack of bias를 내포하는 것인데 T-T 방식에서 zeroing을 하는 것은 이러한 원칙과 양립하기 어렵다고 지적하였다. Zeroing은 수출 가격을 왜곡하게 되고 실제 보다 더 높은 덤핑 마진으로 귀결되며 zeroing의 효과는 T-T 비교시시 W-W 비교 보다 더 뚜렷하게 나타난다고 언급하였다. 상소기구는 결론적으로 T-T 비교시의 zeroing은 덤핑의 크기를 인위적으로 과장하여 덤핑 마진을 높이며 덤핑 판정의 가능성을 높이므로 결코 impartial하거나 even handed하고 unbiased하다고 말할 수 없다고 단정하였다.

다. 해설 및 평가

이 사건의 핵심 쟁점은 덤핑 마진의 정의와 관계된다. 덤핑 마진을 조사 기간 중 거래가 이루어진 상품 전체의 덤핑 크기로 보아야 하는지 각 거래별 상품의 덤핑 정도도 덤핑 마진이 될 수 있는지의 문제이다. GATT VI조나 반덤핑협정은 이 문제에 대해 명확한 지침을 제공하고 있지 않다. 원 사건에서 W-W 비교시 zeroing이 부당하다고 판결되자 미국은 zeroing을 적용하여 T-T 비교를 해서 덤핑 마진을 각 거래별로 산정하였다. 미국은 덤핑 마진이란 덤핑 조사 대상이 된 상품이 특정 조사 기간 동안 덤핑된 정도를 모두 합산하여 단일 마진을 산정하는 것만이 덤핑 마진이 아니라 각 거래별로 해당 상품의 덤핑 마진을 구할 수 있다고 본 것이고 패널도 이를 인정한 것이다. 각 거래별로 덤핑 마진을 계산하자면 수출 가격이 정상 가격보다 높은 거래에 대해서는 덤핑 마진이 0이 되는 것이고 정상 가격보다 낮게 수출된 거래에 대해서만 그 차액을 덤핑 마진으로 계산하는 것이므로 자연히 zeroing을 하게 된다. 거래 A의 덤핑 마진은 그 거래 자체로서 독립적으로 산정되므로 거래 B의 덤핑 여부에 영향을 받지 않게 된다.

상소기구는 미국과 패널의 입장을 기각하였으나 덤핑 마진은 반드시 상품 전체로 산정되어야 하는 논리를 명쾌하게 밝히지는 않았다. 미국과 패널이 덤핑 마진을 각 거래별로 구할 수 있다고 보고 zeroing을 하였으므로 그것이 부당하다면 덤핑 마진은 각 거래별로 구할 수 없다는 점, 즉 덤핑 마진은 상품 전체에 대해 단일 수치로 산정해야 한다는 점을 밝혔어야 하나 상소기구는 이에 대해 자세한 입장을 서술하지 않았다. 상소기구는 2조4항2호의 export prices가 복수로 기재된 점을 들어 각 거래별 정상 가격과 수출 가격간의 비교 결과를 합산하여 덤핑 마진을 산정해야 한다고 설명하고 있으나[8] 이는 덤핑 마진은 상품 전체(product as a whole)에 대해 산정해야 한다는 것을 전제하고 있는 것이지 각 거래별로 덤핑 마진을 개별적으로 산정할 수 있는지 여부에 대해서는 답을 주고 있지 않다.

미국은 반덤핑협정이나 GATT에 기재된 product가 반드시 product as a whole을 의미하지는 않는다는 점을 주장하기 위해 이들 협정에서 product가 사용된 예를 근거로 제시하였으나 상소기구가 이들 근거를 기각한 논리도 쉽게 납득할 수 있을 정도로 精緻한 것은 아니라고 본다. 특히 패널이 지적한대로 prospective normal value system에서 덤핑 마진을 상품 전체로 구해야 한다는 원칙을 적용하기는 무리가 있으나 상소기구가 패널의 판정을 기각한 설명은 패널이 제기한 문제와 상관이 없는 것으로서 향후 논쟁의 소지가 있을 것으로 본다. prospective normal value system에서는 명백하게 각 거래별로 덤핑 마진이 산정된다. 조사 당국은 반덤핑 조사를 통해 과거의 자료를 토대로 일단 해당 상품의 정상 가격을 정한 후 실제 덤핑 마진은 향후 거래가 발생할 경우에 그때 그때 산정된다. 즉 특정 거래의 수출 가격이 정상 가격보다 낮을 경우 그 차액이 덤핑 마진이 되며 수출 가격이 정상 가격보다 높을 경우에는 덤핑 마진이 0이 되는 것이지 기 발생한 덤핑 마진을 그만큼 상쇄하는 것은 아니다. 덤핑 마진을 반드시 상품 전체에 대해 산정해야 한다면 반덤핑협정도 인정하고 있는 prospective normal value system 자체가 존재할 수 없을 것이다. 상소기구는 패널이 덤핑 마진의 산정과 징수를 착각하고 있다고 간략하게 언급하고 패널의 견해를 수용하지 않았으나 이는 덤핑 마진의 산정과 덤핑관세의 징수와는 별개의 문제이다. prospective normal value system에서도 일단 해당 거래에서 산정된 개별 덤핑 마진만큼의 반덤핑 관세를 납부한 후 나중에 그 덤핑 마진 산정이 납득할 수 없을 경우 정산을 요구할 수

8) AB report(WT/DS264/AB/RW) para. 88

있고 경우에 따라서는 환급받을 수도 있을 것이다. 그러나 정산의 대상이 되는 덤핑 관세는 이의를 제기한 해당 거래에 국한되는 것이지 타 거래의 마진에 영향을 받지 않는다. 패널은 이렇듯 덤핑 마진이 상품 전체가 아니라 개별적으로 산정되고 있는 예를 근거로 덤핑 마진이 반드시 상품 전체에 대해 산정되어야 하는 것은 아니라는 점을 제시하였으며 따라서 T-T 방식에서는 상품의 덤핑 마진이 거래별로 이루어지므로 zeroing을 할 수 있다는 논지를 펼친 것이다. 상소기구는 prospective normal value system의 존재에도 불구하고 덤핑 마진은 항상 상품 전체에 대해 산정되어야 한다는 점을 밝혔어야 하나 그러하지 못하였다고 본다.

덤핑 마진은 상품 전체에 대해 산정해야 한다는 것이 반덤핑협정이나 GATT에 명시되어 있지는 않으므로 이 문제는 향후 논란이 있을 것으로 본다. 덤핑 마진은 상품 전체에 대해 산정해야 한다는 이전 사건(*EC-Bed Linen*)에서의 상소기구 판정은 모델 zeroing과 W-W 방식에 관한 것이었지 일반적인 원칙이라고 확인한 것은 아니었다. 상소기구는 WTO 협정에 관한 최고 사법 기관이므로 이번 사건을 계기로 이 문제에 대해 보다 정확하고 논란의 여지가 없는 판정을 내렸어야 할 것으로 생각한다.

패널은 prospective normal value system을 들어 덤핑 마진이 각 거래별로 산정될 수 있음을 증명하기는 하였으나 그렇다고 T-T 방식에서 zeroing을 할 수 있다고 판정한 것은 논리적인 비약이다. prospective normal value system에서는 분명히 덤핑 마진이 각 거래별로 산정되고 따라서 각 거래별 덤핑 마진이 달라질 수 있지만 T-T 방식은 모든 거래에 동일하게 적용되는 단일의 덤핑 마진을 산정하기 위한 계산법에 불과하다. 향후에 징수할 덤핑 마진을 산정하기 위하여 조사 기간 중 발생한 각 거래의 수출 가격과 정상 가격간의 차이를 분석하는 방법으로 수출 가격과 정상 가격의 가중 평균을 비교할 수도 있고 각 거래의 수출 가격과 정상 가격을 비교할 수도 있을 것이다. 어느 경우든 이러한 수출 가격과 정상 가격의 비교는 그 상품에 일률적으로 적용되는 단일의 덤핑 마진을 산정하기 위한 중간 과정이고 그 비교된 결과를 합산하여 최종 덤핑 마진을 산정하게 되므로 이전의 상소기구 (*EC-Bed Linen* 사건, *US-Zeroing(EC)* 사건 등)가 확인한 바와 같이 덤핑 마진 산정을 위해 계산한 중간 값(모델별 덤핑 마진 등)을 가감 없이 합산하여야 하며 zeroing을 하는 것은 그 중간 값을 왜곡하는 것이므로 부당하다. 따라서 이번 사건에서 상소기구가 T-T 방식에서 zeroing을 사용하는 것은 특정 거래의 수출 가격과 정상 가격간 차이의 실제 값이 변경(changed)되거나 무시(disregarded)되므로 2조4항2호에 합치되지 않는다고 갈파한 것은 매우 타당한 지적이다.

22. Argentina vs. US – OCTG Sunset Reviews 사건

(DS268, 2004. 12. 17. – 상소기구)

가. 사건 개요

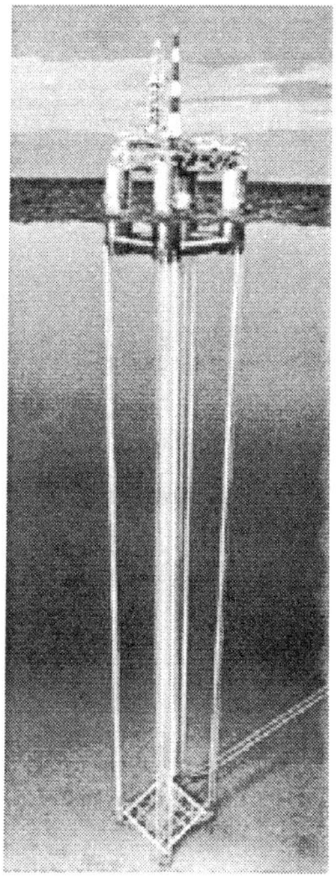

<그림-1> 유정용 강관

이 사건은 미국이 아르헨티나산 油井용 강관[1]에 반덤핑 관세를 계속 부과하기로 결정한 일몰 재심에 대해 아르헨티나가 제소하고 우리나라를 비롯하여 대만, EC, 일본, 멕시코가 제3자로 참여한 사건이다. 아르헨티나는 *US-Corrosion Resistant Steel Sunset Review* 사건과 마찬가지로 미국의 일몰 재심 관련 법규 자체(as such)와 이번 사건에 적용된 예(as applied)에 대해 시비하였다.

1995년 미국은 아르헨티나 Sidreca社의 유정용 강관에 대해 1.36%의 반덤핑 관세를 부과하였으며 연례 재심에서 Sidreca사는 유정용 강관을 더 이상 미국에 수출하고 있지 않음을 설명하였고 미국 상무부도 이를 인정하였다. 2000년 7월 미 상무부는 일몰 재심 절차를 개시, 동년 11월 반덤핑 관세를 철회하면 덤핑이 지속되거나 재발할 가능성이 있다고 판단하였고 미 무역 위원회도 2001년 6월 실질적 피해 지속이나 재발 가능성이 있다고 결정하였다.

---

1) 유정용 강관(Oil Country Tubular Goods (OCTG))이란 석유채굴에 사용되는 이음새 없는 鋼管(seamless pipe)으로서 지면에 대하여 수직방향으로 사용하고 고압을 견뎌내야 하므로 대단한 강도와 최고급의 seamless를 필요로 한다.

나. 주요 쟁점별 당사자 주장 및 판결 요지

1) 명시적/묵시적 포기 간주의 적법성(반덤핑협정 11조3항, 6조1항, 2항)

일몰 재심에 관한 미국의 1930년 관세법 751(c)(4)A조는 이해 당사자에게 미 상무부의 덤핑 관련 일몰 재심 절차 참가를 포기하고 미 무역 위원회의 피해 판정 절차에만 참가할 수 있는 기회를 부여하고 있으며 UR 이행법 351.218(d)(2)(i)조는 포기 신청서를 제출함으로써 일몰 재심 全과정 참가를 포기할 수 있도록 규정하고 있다(명시적 포기). UR 이행법351.218(d)(2)(iii)조는 일몰 재심 공고 시 제출케 되어 있는 응답서(substantive response)가 351.218(d)(3)조에 기재된 요소를 모두 포함하지 않을 경우 참가를 포기한 것으로 본다(constitute a waiver)고 규정하고 있다(묵시적 포기).

아르헨티나는 이러한 waiver 조항은 미 당국으로 하여금 정당한 검토 없이 덤핑의 지속이나 재발 가능성이 있다고 결정하게 하므로 반덤핑협정 11조3항[2] 위반이라고 주장하였다. 아르헨티나는 묵시적 포기 조항(UR 이행법351.218(d)(2)(iii))은 수출자에게 부여된 증거 제출과 이익 방어를 위한 충분한 기회를 향유할 권리를 제한하는 것이므로 반덤핑협정 6조1항[3], 2항[4] 위반이라는 주장을 추가하였다.

---

2) 11.3 제1항 및 제2항의 규정에도 불구하고 모든 확정 반덤핑 관세는 부과일(또는 제2항에 따른 검토가 덤핑과 피해를 동시에 고려하였다면 제2항에 의한 가장 최근의 검토일 또는 이 항에 따른 가장 최근의 검토일)로부터 5년 이내에 종결된다(Re.22). 다만, 당국이 동 일자이전에 자체적으로 개시한 검토 또는 동 일자이전 합리적인 기간 내에 국내 산업에 의하거나 이를 대신하여 이루어진 정당한 근거에 입각한 요청에 의하여 개시된 검토에서 관세의 종료가 덤핑 및 피해의 지속 또는 재발을 초래할 것으로 당국이 판정하는 경우는 그러하지 아니한다. 이러한 검토 결과가 나오기 전까지 관세는 유효할 수 있다.
(Remark 22) 반덤핑 관세액이 소급적으로 사정되었을 경우 제9조제3항제1호에 따라 가장 최근의 산정과정에서 관세가 부과되어서는 아니된다는 조사 결과 그 자체가 당국에 대해 확정 반덤핑 관세의 종료를 요구하지 아니한다.

3) 6.1 반덤핑 조사와 관련한 모든 이해 당사자는 당국이 요구하는 정보에 대하여 통보받으며 당해 조사와 관련이 있다고 그들이 간주하는 모든 증거를 서면으로 제출할 수 있는 충분한 기회가 주어진다.

4) 6.2 반덤핑 조사의 전 과정을 통하여 모든 이해 당사자는 자신의 이익을 방어하기 위한 충분한 기회를 가진다. 이를 위하여 당국은 요청에 따라 모든 이해 당사자가 상반된 이해를 갖는 당사자와 회합하는 기회를 제공하여 반대의견이 제시되고 반박 주장이 개진될 수 있도록 한다. 이러한 기회의 제공시 비밀보호의 필요 및 당사자의 편의를 고려하여야 한다. 어떤 당사자도 이러한 회합에 참석할 의무는 없으며, 회합 불참이 그 당사자를 불리하게 하지 아니한다. 이해 당

패널은 11조3항에서 당국이 덤핑과 피해의 지속 또는 재발을 초래할 것으로 '판정(determine)'한다는 의미는 이에 관한 긍정적인 증거를 토대로 논리적인 판단(reasoned finding)을 하라는 것으로서 조사 당국은 성실하게 행동하여 신중한 고려와 검토를 통해 논리적이고 타당한 결정(reasoned and adequate conclusion)에 도달해야 한다고 해석하였다. 이러한 해석을 근거로 패널은 이해 당사자가 완전하지 못한 답변서를 제출하였거나 아예 답변서를 제출하지 않았다 하더라도 조사 당국은 제출된 자료 또는 입수 가능한 사실, 부차적인 정보를 토대로 합리적이고 타당한 결정을 해야 할 의무가 있으며 자료 부실 또는 不제출만을 근거로 덤핑/피해가 지속된다는 기계적인 판단을 내려서는 안된다고 보았다.

명시적 포기에 대해서도 패널은 합리적이고 타당한 결론을 토대로 판정해야 하는 의무는 소멸되지 않으며 추가적인 조사 없이 덤핑과 피해가 지속 또는 재발된다고 간단히 추정해서는 안 된다고 판단하였으며 미국의 관련 조항은 반덤핑협정 11조3항에 위배된다고 판시하였다. 패널은 수출자가 불완전한 답변서를 제출하였거나 아예 제출치 않았다는 것이 6조1항과 2항에 보장된 절차적 권리를 수출자로부터 박탈하는 것을 정당화할 수는 없다고 지적하고 미국의 묵시적 포기 조항은 반덤핑협정 6조1항과 2항에 위배된다고 판시하였다.

상소기구 심리에서 미국은 일몰 재심은 문제가 된 반덤핑 조치 別로 order-wide 하는 것이지 해당 회사별로 하는 것이 아니라는 점을 강조하고 패널은 문제가 된 포기 조항(waiver provisions)이 미 상무부로 하여금 반덤핑협정 11조3항과 합치되는 가능성 판정을 조치 전체(order-wide)에 대해 할 수 없게 하는지 여부를 살폈어야 한다고 지적하였다. 미국은 패널은 이와 달리 회사별 판정(company-specific determination)의 11조3항과의 합치성 여부를 평가한 것이지 포기 조항이 미 상무부로 하여금 조치별 판정을 11조3항과 합치되게 하지 못한다는 것을 입증한 것은 아니며 회사별 판정을 토대로 조치별 판정도 11조3항에 합치되지 못한다고 부당하게 잘못을 전가하였다고 주장하였다.

상소기구는 패널이 특정 회사(Sidreca사)에 대한 미 상무부의 판정(회사별 판정)에 초점을 두어 분석을 시작하여 회사별 판정이 조치별 판정에 미치는 영향을 계속하여 분석한 점을 주목하였다. 상소기구는 조치별 판정이 회사별 판정에 고려된 범위만큼(to the extent)은 조치별 판정이 사실에 입각한 합리적이고 적절한 결론에 의해 뒷받침되지 못한다고 패널이 판단한 점도 주목하였다. 상소기구는

사자는 또한 정당한 경우 구두로 다른 정보를 제시하는 권리를 갖는다.

문제가 된 포기 조항이 적용된 결과로 볼 때, 일정한 조치별 가능성 판정은 부분적으로는 어느 회사의 덤핑 가능성에 관해 규정상 의무화된 가정(statutorily-mandated assumption)에 기초하여 이루어 질 수 있다고 판단하였다. 이에 따라 상소기구는 문제가 된 포기 조항이 그 자체로 반덤핑협정 11조3항에 합치되지 않는다는 패널의 판정을 지지하였다.

패널의 6조1항, 2항 위반 판정에 대해서도 미국은 상소하였다. 미국은 자국의 규정은 이해 당사자에게 증거를 제출할 수 있는 기회를 부여하고 있으며 자신의 권리를 행사하지 못한 책임은 이러한 기회를 사용하지 못한 당사자에 있다고 주장하였다.

상소기구는 묵시적 포기의 두 가지 경우, 즉 완전하지 못한 답변서를 제출한 경우와 아예 답변서를 제출하지 않은 경우를 나누어 심리하였다. 전자의 경우 상소기구는 자료가 불충분하다 하여 포기한 것으로 간주하는 것은 이해 당사자에게 6조1항과 2항이 규정한대로 증거 제출과 자신의 이익 방어를 위한 충분한 기회를 부여한 것이라고 볼 수 없다고 지적하고 패널의 판정을 지지하였다. 후자의 경우 상소기구는 만일 이해 당사자에게 자료 제출 기회가 부여되었다면 그 마감시한 내에 제출해야 한다고 요구했다 해서 증거 제출이나 청문회 요청권이 부정되었다고 할 수 없을 것이며 일몰 재심에 참가하기 위해서는 적시에 자료를 제출하라고 요청하는 것이 이해 당사자에게 부당한 부담이 될 것으로도 보이지 않는다고 언급하였다. 상소기구는 이해 당사자가 자신의 이익을 방어하기 위해 부여된 충분한 기회를 이용하기 위해 필요한 최초의 절차를 수행하지 않았다면 그 잘못은 이해 당사자에게 있는 것이지 문제가 된 포기 조항에 있다고 할 수 없다고 논고하였다. 이에 따라 상소기구는 자료 불제출의 경우를 묵시적 포기로 간주한 규정은 6조1항, 2항에 합치되지 않는다는 패널의 판정을 번복하였다.

2) 판정의 의미(반덤핑협정 11조3항)

아르헨티나는 일몰 재심에 관한 1930년 관세법 751(c)와 752(c), 그리고 일몰 재심 정책 요강 II.A.3[5]은 일정한 상황을 설정하고 일몰 재심의 상황이 여기에 해

---

5) II. A. 3. Likelihood of continuation or Recurrence of Dumping
/ ··· quotation relevant provisions of SAA ··· / Therefore, the Department normally will determine that revocation of an antidumping order or termination of a suspended dumping investigation is likely to lead to continuation or recurrence of dumping where

당하면 덤핑과 피해가 지속 또는 재발될 가능성이 있다고 간주하게 하고 있으며 이는 반덤핑협정 11조3항 위반이라고 주장하였다.

패널은 11조3항의 가능성 판정은 충분한 사실에 기초해야 하며 합리적인 결정을 요하는 것이며 따라서 특정 요소나 상황에 무엇을 결정하는 가치(determinative/conclusive value)를 부여하는 규정은 판정을 무의미하게 하므로 이 조항에 합치되지 않는다고 해석하였다.

패널은 관세법 751(c), 752(c)는 덤핑 마진과 반덤핑 관세 부과 전후의 수입량을 고려 요소로 지정하고 있으나 이들에게 무엇을 결정하는 가치(conclusive value)를 부여하지는 않았으며 다른 요소도 고려될 수 있다고 명시하고 있음을 확인하였다. 패널은 이 규정은 따라서 특정 상황이 충족되면 가능성을 간주하라고 지시하는 것은 아니므로 반덤핑협정 11조3항에 위배될 것이 없다고 판시하였다.

덤핑 지속, 수입 중단, 덤핑 제거의 3개 상황에서는 통상 덤핑이 지속될 가능성이 있다고 판정하도록 규정한 일몰 재심 정책 요강 II.A.3조에 대해 패널은 normally 결정하라는 것은 이러한 상황이 충족되어도 가능성이 없는 경우를 상정하고 있는 것으로 보인다고 해석하였다. 그러나 한편 동 조문의 전체적인 문맥은 3개 상황에 해당하면 더 이상 검토할 것도 없이 덤핑 지속 가능성이 있다고 판단하라고 해석된다고 보았다. 이에 패널은 동 조항의 11조3항 위반 여부를 가리기 위해 이 조항이 적용된 사례를 검토하였다. *US-German Steel CVD* 사건 상소기구는 어떤 법의 WTO 합치성을 결정하기 위해 패널은 그 법의 일관된 적용 양태를 고려할 수 있다고 판시한 바 있다. 패널은 동 조항이 적용된 사례 통계를 볼 때 미국이 상기 3개 상황에 해당하는 사안에 대해서는 기계적으로 덤핑 가능성이 있다고 간주하여 왔음을 보여주고 있다고 단정하고 따라서 동 조항은 11조3항에 위배된다고 판시하였다. 즉 패널의 분석 요지는 일몰 재심 정책 요강(Sunset policy bulletin)의 3개 상황이 재론의 여지도 없이 덤핑이 지속, 재발될 것이라고 결정해

(a) dumping continued at any level above *de minimis* after the issuance of the order or the suspension agreement, as applicable;

(b) imports of the subject merchandise ceased after issuance of the order or the suspension agreement, as applicable; or

(c) dumping was eliminated after the issuance of the order or the suspension agreement , as applicable, and import volumes for the subject merchandise declined significantly.

The Department recognizes that, in the context of a sunset review of a suspended investigation, the data relevant to the criteria under paragraphs (a) through (c), above may not be conclusive with respect to likelihood. Therefore, the Department may be more likely to entertain good cause arguments under paragraph II.C in a sunset review of a suspended investigation

야 하는 결정적인(determinative) 것이라면 동 정책 요강은 11조3항에 합치되지 않으나 위 상황이 단순히 예시적인 것이라면 11조3항에 합치된다는 것이며 정책 요강 기재 내용만으로는 동 상황이 결정적인 것이라고 단정할 수 없으나 동 정책 요강이 집행된 사례, 통계를 검토하여 볼 때 상기 상황은 결정적인 것으로 작용해 왔음이 인정되고 따라서 동 정책 요강은 11조3항 위반이라는 것이다.

미국은 패널의 이러한 분석은 사실을 객관적으로 평가해야 한다는 DSU 11조[6] 위반이라고 상소하였다. 패널의 판단은 단지 과거 통계에 근거하였을 뿐이고 이러한 통계는 비구속적 규범을 구속적 규범이라고 탈바꿈시키기에는 부족한 근거라고 주장하였다.

상소기구는 패널이 11조3항 합치 여부를 판단하기 위해 적용한 기준, 즉 3개 상황이 결정적인 것이면 위반이고 예시적인 것이면 합치된다는 기준 자체는 타당하다고 보았다. 그러나 상소기구는 3개 상황이 결정적인지 예시적인지를 객관적으로 평가하기 위해서는 덤핑 지속/재발 가능성에 관한 이전의 판정이 여타 타당한 요소가 있었음에도 이를 배척하고 순전히 3개 상황 중의 하나에 기초하여 기계적으로 이루어진 것인지를 단순한 통계 검토가 아니라 개개 사건을 質的으로 분석하여 보아야만 할 것이라고 지적하였다. 상소기구는 패널이 이러한 사건별 질적 분석(qualitative assessment)을 실시하지는 않았다고 확인하고 지속/재발 가능성에 판정에 이르게 된 이유를 질적으로 검토하여 보지 않고서는 이러한 판정이 전적으로 3개 상황에 기초한 것이라고 단정할 수는 없다고 판단하였다.

이상을 기초로 상소기구는 패널은 DSU 11조가 요구하는 대로 사실에 대한 객관적인 평가를 다했다고 볼 수 없다고 결론짓고 따라서 일몰 재심 정책 요강 II.A.3조는 그 자체가 11조3항에 합치되지 않는다는 패널의 판정을 번복하였다. 그러나 상소기구는 DSU 11조 요건 불충족으로 인해 패널의 판정을 번복하는 것이지 자신들의 판정이 정책 요강 II.A.3조가 11조3항에 합치된다는 것을 확인하는 것은 아니라고 부연하였다.

6) 11. 패널의 기능은 분쟁 해결 기구가 이 양해 및 대상 협정에 따른 책임을 수행하는 것을 지원하는 것이다. 따라서 패널은 분쟁의 사실 부분에 대한 객관적인 평가, 관련 대상 협정의 적용가능성 및 그 협정과의 합치성을 포함하여 자신에게 회부된 사안에 대하여 객관적인 평가를 내려야 하며, 분쟁 해결 기구가 대상 협정에 규정되어 있는 권고를 행하거나 판정을 내리는 데 도움이 되는 그 밖의 조사 결과를 작성한다. 패널은 분쟁 당사자와 정기적으로 협의하고 분쟁 당사자에게 상호 만족할 만한 해결책을 찾기 위한 적절한 기회를 제공하여야 한다.

3) 일몰 재심의 시간요소 존재 여부(반덤핑협정 3조7항, 8항, 11조3항)

미국 관세법 752(a)(1)과 (5)는 반덤핑 관세의 철회할 경우 피해의 지속과 재발이 일어날 수 있는 시간 범위에 대해 '합리적으로 예측 가능한 기간(within a reasonably foreseeable time)'이라고 규정하고 있었다. 아르헨티나는 이는 지나치게 막연한 기간을 부여한 것이므로 피해 상황의 급박성을 규정한 반덤핑협정 3조7항[7], 8항[8], 11조3항의 기준에 부합되지 않는다고 주장하였다.

패널은 3조7항, 8항은 일몰 재심에는 적용되지 않으므로 동 조항 위반 여부는 살필 필요가 없으며 11조3항은 조사 당국에게 일몰 재심상의 기간 요소에 대해서는 아무런 언급도 하고 있지 않으므로 미국의 관련 조항이 11조3항에 위배된다고 볼 수 없다고 결론짓고 아르헨티나의 주장을 기각하였다.

상소기구 역시 within a reasonably foreseeable time이라는 기준 자체 및 미 ITC가 이를 적용한 방식 모두 11조3항과 합치되지 않을 것이 없다고 판단, 아르헨티나의 상소를 기각하였다. 아르헨티나는 11조3항은 피해 재발에 관한 시간요소를 내포하고 있다고 보아야 하며 그 기간은 반덤핑 조치 종료 직후부터 반덤핑협정 3조7항에 규정된 급박한 기간 내이어야 한다고 재주장하였으나 상소기구는 패널의 분석은 타당하였으며 미 관세법에 규정된 합리적으로 예측 가능한 기간이라

---

7) 3.7 실질적인 피해의 우려에 대한 판정은 사실에 기초하며 단순히 주장이나 추측 또는 막연한 가능성에 기초하여서는 아니된다. 덤핑이 피해를 초래하는 상황을 발생시키는 상황의 변화는 명백히 예측되어야 하며 급박한 것이어야 한다(Re.10). 실질적 피해 우려의 존재에 대한 판정을 내리는 데 있어서 당국은 특히 다음과 같은 요소를 고려해야 한다.

(Remark 10) 유일한 예는 아니나 한 예를 들면 가까운 장래에 덤핑가격으로 실질적인 상품의 수입 증가가 있을 것이라고 믿을 만한 설득력 있는 이유가 있는 경우이다.

(1) 실질적인 수입 증가의 가능성을 나타내는, 국내 시장에로의 덤핑 수입품의 현저한 증가율,

(2) 추가적인 수출을 흡수하는 다른 수출시장의 이용 가능성을 감안하여, 수입회원국의 시장으로 덤핑수출을 실질적으로 증가시킬 수 있는 가능성을 나타내는, 충분하고 자유롭게 처분가능한 수출자의 생산능력 또는 수출자의 생산능력의 임박하고 실질적인 증가,

(3) 수입이 국내 가격을 현저히 하락 또는 억제시킬 수 있는 가격으로 이루어지고 있는지 여부 및 추가수입에 대한 수요를 증가시킬 것인지 여부, 그리고

(4) 조사 대상 상품의 재고현황,

이러한 요소들 중 어느 하나도 그 자체로서 반드시 결정적인 지침이 될 수는 없으나, 고려된 요소 전체는 덤핑수출품이 추가로 임박하고, 보호조치가 취해지지 아니하면 실질적인 피해가 발생할 수 있을 것이라는 결론에 도달하게 하여야 한다.

8) 3.8 덤핑 수입품으로 인한 피해가 우려되는 경우에 있어서, 반덤핑 조치의 적용은 특별히 주의하여 검토되고 결정된다.

는 기준은 11조3항과 불합치되지 않는다는 패널의 판정을 지지하였다.

ITC가 이 기준을 타당하게 적용하였는지에 대해 아르헨티나는 ITC가 합리적으로 예측 가능한 기간이 언제인지 적시하지 않았다고 비난하였으나 상소기구는 11조3항은 조사 당국으로 하여금 문제가 되는 기간을 특정하도록 요구하지는 않는다고 지적하고 아르헨티나의 주장을 기각, 패널의 판정을 지지하였다.

4) 덤핑 지속 가능성 판정의 적정성 여부(반덤핑협정 11조3항)

미국이 일몰 재심 공고 후 동 절차 참가포기의사를 명시적으로 제출한 아르헨티나 업체는 없었으며 Siderca사만 완전한 답변서를 제출하였고 여타 업체는 답변서를 제출치 않아서 참가를 포기한 것으로 간주되어다. Siderca사는 최초 반덤핑 조사의 유일한 대상 업체였으며 일몰 재심의 대상인 반덤핑 관세도 동 사에만 부과되고 있었다. 반덤핑 관세가 부과된 후 Siderca사는 대미 수출을 중단하였다. 미국의 일몰 재심 규정은 반덤핑 관세를 부과받는 상품의 대미 수입량이 당해 수출국의 당해 상품 전체 대미 수출량의 50% 이하일 경우에는 일몰 재심 신속절차(expedited sunset review)를 적용토록 규정하고 있다. 이를 근거로 미국은 반덤핑 관세가 부과된 지난 5년간 덤핑이 계속되었는지를 판단함에 있어 별도의 다른 조사를 시행하지 않고 Siderca사에 부과된 최초의 반덤핑 관세만을 기초로 덤핑이 계속되어 왔다고 판단하였다. 아울러 동 기간 중 아르헨티나산 유정용 강관 수입이 축소되었으므로 덤핑 계속, 수입 축소의 상황이면 반덤핑 관세 철회 시 덤핑이 지속될 것으로 판정하라는 정책 요강에 근거하여 덤핑 지속 가능성에 대해 긍정 판정을 내렸다. 미국은 자료를 제출하지 않은 수출업체는 참가를 묵시적으로 포기한 것으로 간주하고 묵시적 포기 업체에 대해서는 자동적으로 덤핑이 지속될 가능성이 있다고 판정하라는 일몰 재심 규정에 따랐다.

아르헨티나는 미국이 일몰 재심 기간 동안 새로운 사실을 수집하지 않고 신속 절차를 이유로 5년 전의 반덤핑 관세를 기초로 한 것은 11조3항에 규정된 검토(review)를 실시하지 않은 것이므로 동 조항을 위반한 것이라고 주장하였다.

패널은 미국의 덤핑 지속 가능성 판정이 충분한 사실(sufficient factual basis)에 기반하였는지 여부가 쟁점이라고 정리하고 조사 당국이 문제가 되는 반덤핑 조치 부과 기간 동안 덤핑이 계속되었다고 판정하기 위해서는 그렇게 결정할 수 있는 적당한 사실적 기초를 갖추어야 한다고 보았다. 패널은 예를 들어 반덤핑협정

9조상의 반덤핑 관세 산정 절차나 11조2항[9]상의 검토는 이러한 사실적 기초가 될 수 있겠으나 최초의 덤핑 판정 그 자체가 사실적 기초를 구성한다고는 볼 수 없다고 판단하고 미국의 덤핑 지속 가능성 판정은 11조3항에 합치되지 않는다고 판시하였다. 패널은 묵시적 포기 업체에 대해 덤핑 지속 가능성 판정을 내린 것에 대해서도 묵시적 판정 자체가 11조3항에 위반된다고 판시하였음을 환기하고 자료 불제출 업체에 덤핑 지속 가능성 판정을 한 것 역시 충분한 사실에 기초한 것이 아니므로 11조3항에 위배된다고 판시하였다.

5) 신속 절차의 증거 제출 및 이익 방어 기회 제한 여부(반덤핑협정 6조1항, 2항)

아르헨티나는 Siderca사에 대한 신속 절차 적용과 묵시적 포기 업체에 대한 자동적인 덤핑 지속 가능성 판정은 Siderca사의 증거 제출기회를 박탈하고 이익 방어를 위한 기회를 부여하지 않은 것이므로 반덤핑협정 6조1항과 2항에도 위반된다고 주장하였다.

패널은 6조1항의 경우 미국 당국의 최종 통지문에 Siderca사가 제출한 정보를 충분히 고려하였다고 명기하고 있으며 묵시적 포기 조항은 Siderca사에는 적용되는 것이 아니라고 지적하고 아르헨티나의 주장을 받아들이지 않았다. 6조2항의 경우 패널은 미국이 Siderca사에 신속 절차를 적용하여 청문회 개최 요청 기회 등을 부여하지 않은 것은 이해 당사자에게 이익 방어를 위한 충분한 기회를 부여하지 않은 것이 된다고 인정하고 미국 당국이 6조2항에 합치되지 않게 행동하였다고 판시하였다.

---

9) 11.2 당국은 정당한 경우 자체적으로, 또는, 확정 반덤핑 관세의 부과이후 합리적인 기간이 경과하고 검토가 필요하다는 명확한 정보를 제시하는 이해 당사자의 요청에 따라 반덤핑 관세의 계속적인 부과의 필요성에 대해 검토한다(Re.21). 이해 당사자는 당국에 대해 덤핑을 상쇄하기 위해 지속적인 관세의 부과가 필요한지 여부, 관세가 철회 또는 변경되었을 경우 피해가 계속되거나 재발할 것인지 여부 또는 이러한 두 가지에 대해 조사를 요청하는 권리를 갖는다. 이 항에 따른 검토 결과 반덤핑 관세가 더 이상 정당화되지 아니하다고 당국이 결정하는 경우 반덤핑 관세의 부과는 즉시 종결된다.
(Remark 21) 제9조제 3항에 규정된 반덤핑 관세의 최종 지불책임에 관한 결정은 그 자체로서 이 조에서 의미하는 검토를 구성하지 아니한다.

6) 피해 판정의 적정성 여부

(가) 패널 판정

미국 무역 위원회는 아르헨티나를 비롯한 외국의 수입을 누적적으로 평가하여 유정용 강관에 대한 반덤핑 관세가 철회될 경우 국내 산업 피해가 지속 또는 재발될 가능성이 있다고 판정하였다. 미 무역 위원회는 덤핑 수입량 증가 가능성에 대해 유정용 강관 外의 강관이 다른 수출 시장에서 규제를 받고 있는 수출업자는 유정용 강관에 대한 미국의 반덤핑 관세가 철회될 경우 생산 공정이 유사하므로 유정용 강관 생산량을 쉽게 늘릴 것으로 판단, 긍정적으로 판정하였다. 덤핑 수입이 가격에 미칠 수 있는 영향에 대해 미 무역 위원회는 제한된 숫자의 가격 비교를 통해 역시 긍정 판정을 내렸다. 국내 산업에 대한 영향에 있어서도 미 무역위는 덤핑 수입의 증가 가능성과 가격에 대한 부정적 영향 가능성을 토대로 반덤핑 관세가 철회되면 국내 유정용 강관 산업이 부정적인 영향을 받을 가능성이 있다고 판단하였다.

아르헨티나는 미 국내 법원과 NAFTA 패널에서의 미 당국자의 진술을 근거로 미 무역위는 덤핑 수입 증가, 가격 영향, 국내 산업 영향의 가능성(likeliness)에 대해 판정하여야 했으나 실제로는 정도가 약한 개연성(possibility) 여부를 검토하였다고 주장하였으며 11조3항에서 말하는 가능성(likeliness)이란 사실은 발생할 확률이 매우 높은 예상성(probability)을 의미하는 것이라고 강조하였다. 아울러 아르헨티나는 또한 미 무역위의 피해 가능성 판정은 증거에 기초한 객관적인 검토를 수반하지 않은 것이라고 주장하고 이는 3조1항[10], 2항[11]에 위배된다고 주장하였다.

패널은 3조1, 2항은 실제로 발생한 피해의 판정에 관한 것이고 11조3항은 피

10) 3.1 1994년도 GATT 제6조의 목적상, 피해의 판정은 명확한 증거에 기초하며, (1) 덤핑 수입 물량 및 덤핑 수입품이 동종 상품의 국내 시장가격에 미치는 영향 및 (2) 동 수입품이 이러한 상품의 국내 생산자에 미치는 결과적인 영향에 대한 객관적인 검토를 포함한다.

11) 3.2 덤핑 수입의 물량과 관련하여, 조사 당국은 절대적으로 또는 수입회원국의 생산 또는 소비에 비하여 상대적으로 덤핑 수입품이 상당히 증가하였는지 여부를 고려한다. 덤핑 수입품이 가격에 미치는 영향과 관련, 조사 당국은 수입회원국의 동종 상품의 가격과 비교하여 덤핑 수입품에 의하여 상당한 가격 인하가 있었는지 또는 그러한 수입품의 영향이 달리 상당한 정도로 가격 하락을 초래하는지 또는 그러하지 아니한 경우 발생 하였을 가격상승을 상당한 정도로 억제하는지 여부를 고려한다. 이러한 요소 중 하나 또는 여러 개가 반드시 결정적인 지침이 될 수는 없다.

해가 앞으로 지속 또는 재발할 것인지에 대한 것이므로 그 규율 대상이 다르고 11조3항에도 적용할 수 있다는 문안 text 상의 근거가 없으므로 3조1항, 2항을 11조3항 일몰 재심에도 당연히 적용할 수는 없다고 판단, 아르헨티나의 주장을 기각하였다. 아르헨티나는 3조3항[12]의 누적 평가 조건 불준수, 3조4항[13]의 피해 요소 불고려, 3조5항[14]의 인과 관계 불고려 등을 들어 관련 조항 위반이라고 주장하였으나 패널은 같은 논리로 이를 기각하였다.

11조3항 위반 주장에 대해 패널은 우선 미국 관료의 他 법정에서의 진술이 가능성 검토 여부의 적합성을 따지는 근거가 될 수는 없다고 지적하였고 11조3항의 가능성이 예상성이라는 아르헨티나의 주장도 배척하였다.

덤핑 수입 증가에 대해 패널은 미 무역위의 추론은 객관적이고 공평한 당국이 할 수 있는 적정한 것이라고 보고 아르헨티나의 주장을 기각하였다. 가격 비교의 경우 패널은 일몰 재심 시 비교해야 할 가격의 수에 대한 요건(threshold)이 따로 정해져 있지는 않으며 일몰 재심의 성격상 가격 비교 대상 數가 제한적일 수밖에 없다는 점을 인정하여 아르헨티나의 주장을 받아들이지 않았다. 국내 산업에의 영향에 있어서도 11조3항은 조사 당국이 준수해야 할 절차나 방식을 특별히 명기하고 있지 않으므로 충분한 사실을 토대로 한 객관적인 검토 시행 여부가

---

12) 3.3 2개국 이상으로부터 수입된 상품이 동시에 반덤핑 조사의 대상이 되는 경우, (1) 각국으로부터 수입된 상품과 관련하여 확정된 덤핑 마진이 제5조제8항에 정의된 최소 허용 수준을 초과하며 각국으로부터의 수입 물량이 무시할 만한 수준이 아니고, (2) 수입 상품간의 경쟁 조건 및 수입 상품과 국내 동종 상품간의 경쟁 조건을 감안할 때 수입품의 효과에 대한 누적적 평가가 적절하다고 조사 당국이 결정하는 경우에 한하여 조사 당국은 이러한 수입품의 효과를 누적적으로 평가할 수 있다.

13) 3.4 덤핑 수입품이 관련 국내 산업에 미치는 영향의 검토는 판매, 이윤, 생산량, 시장 점유율, 생산성, 투자수익률, 또는 설비 가동률에서의 실제적이고 잠재적인 감소, 국내 가격에 영향을 미치는 요소, 덤핑 마진의 크기, 자금 순환, 재고, 고용, 임금, 성장, 자본 또는 투자 조달능력에 대한 실제적이며 잠재적인 부정적 영향 등 산업의 상태에 영향을 미치는 제반관련 경제적 요소 및 지표에 대한 평가를 포함한다. 위에 열거된 요소는 총망라적이 아니며, 이러한 요소 중 하나 또는 여러 개가 반드시 결정적인 지침이 될 수는 없다.

14) 3.5 덤핑 수입품이 제2항 및 제4항에 규정된 바와 같이 덤핑의 효과를 통하여 이 협정이 규정하고 있는 의미의 피해를 초래하고 있다는 사실이 입증되어야 한다. 덤핑 수입품과 국내 산업에 대한 피해간의 인간관계의 입증은 당국에 제시된 모든 관련 증거의 검토에 근거한다. 또한 당국은 같은 시점에서 국내 산업에 피해를 초래하는 덤핑 수입품 이외의 모든 알려진 요소를 검토하며 이러한 다른 요소로 인하여 발생하는 피해는 덤핑 수입품에 의한 것으로 귀속시켜서는 아니된다. 이점에서 관련될 수 있는 요소에는 특히, 덤핑가격으로 판매되지 아니하는 수입품의 수량 및 가격, 수요감소 혹은 소비형태의 변화, 외국생산자와 국내 생산자의 무역 제한적 관행 및 이들간의 경쟁, 기술개발, 국내 산업의 수출 실적 및 상품 생산성의 검토를 통하여 포함된다.

핵심이라고 지적하고 미 무역위가 덤핑 수입량 증가와 가격에의 영향에 대한 긍정 판정을 토대로 국내 산업에 영향이 있을 수 있다고 판정한 것이 11조3항에 위배될 것은 없다고 판시하였다.

(나) 상소기구 판정

아르헨티나는 3조의 규정은 11조3항 일몰 재심의 절차에 적용된다는 주장을 상소심에서 다시 제기하였으나 상소기구는 패널의 판정을 지지하였다. 상소기구는 3조는 피해 판정에 관한 조항이고 11조3항은 피해 가능성 판정에 관한 것이므로 조사 당국이 일몰 재심 시 반드시 3조를 따라야 할 의무는 없다고 확인하였다. 그러나 3조에 명시된 물량, 가격 효과, 덤핑 수입의 국내 산업에 대한 영향 등의 요소는 피해 가능성 판정 시 어느 정도 관련이 있을 수 있다는 점은 인정하였다.

3조3항의 피해누적에 대해 아르헨티나는 상소기구에서 패널이 일몰 재심 시 피해를 누적할 수 있다고 판정한 것은 오류라고 주장하였다. 상소기구는 여러 국가로부터의 덤핑 수입에 봉착한 국가는 그 덤핑 수입의 누적 효과로 인해 피해를 볼 수 있으며 이러한 효과는 덤핑 국가별 분석으로는 타당하게 산정되지 않을 수 있으므로 누적하여 평가하여야 한다는 *EC-Pipe Fittings* 사건 판정을 환기하였다. 상소기구는 이러한 논리는 덤핑 판정이나 일몰 재심에 모두 적용될 수 있다고 판단하였다. 국내 산업에 대한 피해는 현존하는 피해이건 예상되는 미래의 피해이건 복수의 source로부터 동시에 발생할 수 있으며 이러한 덤핑 수입의 누적적인 영향은 피해 판정이 분석될 필요가 있다는 이유에서이다. 3조3항에 명시된 피해누적의 요건이 일몰 재심에도 적용되는지 여부에 대해서 아르헨티나는 당연히 적용되어야 한다고 주장하였으나 상소기구는 이를 명시적으로 규정한 조문이 없다는 이유로 받아들이지 않았다. 상소기구의 결론은 일몰 재심 시 피해를 누적할 수도 있으나 누적요건을 충족할 의무는 없다는 것이다.

아르헨티나는 상소기구 심리에서 패널이 likely를 probable로 해석하지 않았으며 미 국내 법원이 NAFTA 패널에서 probable standard를 적용하지 않았다고 시인한 것도 패널이 충분히 고려하지 않은 것은 부당하다고 주장하였다. 상소기구는 likely가 probable을 의미한다는 데에는 동의하였다. 그러나 패널 보고서 어디에도 패널이 likely를 probable 以下로 해석한 근거가 없으며 패널이 국내 법원 등에서의 미국 관리의 진술을 채택하지 않은 것은 패널의 증거력 판단에 관계된 것으로서 상소기구가 개입할 사항이 아니라고 설명하고 패널의 판정을 지지하였다.

아르헨티나는 미국 패해 가능성 판정은 적절하게 수립된 사실이나 적극적인 증거, 객관적인 검토에 근거하지 않았는데 이를 확인하지 못한 패널의 판정은 부당하다고 상소하였다. 상소기구는 미 ITC의 피해 가능성 판정은 덤핑 수입 예상 물량, 예상 가격 효과, 국내 산업에 대한 예상 영향에 관한 분석을 토대로 이루어졌음을 확인하고 상소기구가 판정해야 할 사항은 i) 패널이 피해 판정의 11조3항 합치 여부를 판정함에 있어 패널이 적용해야 할 standard of review가 무엇인지 ii) 피해 누적 평가의 11조3항 합치 여부, iii) 예상 덤핑 물량, 예상 가격 효과, 국내 산업 예상 효과에 관한 ITC 판정의 11조3항 합치 여부라고 정리하였다.

i) standard of review의 경우 상소기구는 만일 패널이 조사 당국의 피해 재발, 지속 가능성 판정이 조사 당국으로 하여금 합리적이고 적절한 결론을 도출하는데 충분한 사실적 근거에 기반을 두고 있다고 만족한다면 조사 당국의 판정은 11조3항에 합치된다고 결론지어야 한다고 보았다. 이 사건의 경우 ITC가 결론을 구성한 방식(덤핑 물량, 가격 효과, 국내 산업 영향을 각각 검토하고 종합적으로 판정)으로 볼 때 패널이 3 요소에 관한 ITC의 결론이 충분한 사실적 근거에 기반을 두고 있는지 여부를 조사한 것은 타당하다고 결론지었다.

ii) 피해 누적 평가의 경우 아르헨티나는 미 ITC가 여러 국가로부터의 덤핑 수입이 동시에 발생할 것이라고 판정한 것은 충분한 사실적 근거에 기반을 둔 것이 아니라 원 조치 조사로부터 추론한 것일 뿐이므로 타당하지 못하다고 주장하였다. 상소기구는 그러나 제출된 자료를 볼 때 ITC가 사용한 정보는 피해 누적 결정과 연관된 것으로 보이며 패널의 판정이 잘못된 것이 없다고 판정하였다.

iii) 물량, 가격 효과, 국내 산업 영향의 경우 상소기구는 ITC가 반덤핑 조치 철회 시 예상되는 객관적인 요소를 토대로 예상 덤핑 물량, 가격 효과, 국내 산업 영향을 검토하였음을 패널이 인정한 것에 특별한 오류가 없으며 아르헨티나가 충분한 근거도 제시하지 못했다고 보고 동 사항에 관한 패널의 판정을 지지하였다.

다. 해설 및 평가

미국의 일몰 재심 정책 요강 II.A.3조는 *US-Corrosion-Resistant Steel Sunset Review* 사건에 이어 이번 사건에서 다시 쟁점으로 등장하였다. 두 사건 모두에서 동 조항은 11조3항에 위배되는 것으로 판시되었으나 전자의 경우 덤핑/피해 지속이나 재발 가능성의 요건을 적극적으로 규정하지 않고 수동적인 not likely 기준을 채택하고 있는 점이 문제가 된 반면 이번 사건의 경우에는 11조3항에서 말하는 '판정'의 의미와의 부합 여부가 문제가 되었다.

이번 사건 패널은 판정이란 충분한 사실에 기초한 객관적 검토를 수반하는 분석이라고 보았으며 따라서 특정한 증거나 상황이 충족되면 판정의 과정을 거칠 것도 없이 어떠한 가치판단을 하도록 하는 것은 11조3항의 판정에 해당하지 않는다고 보았다. 패널은 이에 따라 정책 요강 II.A.3조는 3개의 상황을 상정하고 이러한 상황에 대해서는 통상 덤핑이 지속될 가능성이 있다고 (자동적으로) 판정할 것을 요구하고 있으므로 11조3항의 판정을 배척하는 것이라고 본 것이다.

그러나 패널의 이러한 판단은 지나치게 조사 당국의 재량을 제한한 것이고 판정의 대상을 규정된 3개 상황이라고 협의로 해석한 것이라는 비난도 있다. 물론 판정은 일정한 분석과 가치 판단을 수반하는 思考의 과정이지만 조사 당국은 증거에 대한 사실 조사와 객관적인 검토를 통해 작금의 상황이 II.A.3조의 3개 상황 가운데 어느 것에 해당하는 것인지를 '판정'할 수도 있는 것이라는 주장이다. 이 경우 3개 상황 중 하나에 해당하므로 덤핑이 지속될 가능성이 있다고 通常 판정하는 것이 11조3항의 위반에 해당한다고 볼 수는 없지 않느냐는 것이다.

이 사건은 *US-Corrosion-Resistant Steel Sunset Review* 사건과 마찬가지로 일몰 재심 정책 요강이 분쟁 해결 절차의 심리 대상이 될 수 있는지도 쟁점이 되었다. 동 사건 패널은 미국의 정책 요강은 강행 법규가 아니므로 패널의 심리 대상인 조치(measure)가 될 수 없다고 판정하였으나 상소기구는 이를 번복한 바 있다. 이번 사건 패널은 *US-Corrosion-Resistant Steel Sunset Review* 사건 상소기구의 판정에 따라 정책 요강이 심리 대상이 된다고 판정하였으나 미국은 동 상소기구가 일몰 재심 정책 요강이 분쟁 해결 절차 심리 대상에 해당하는 조치라고 단정한 것은 아닌데 패널이 그렇다고 보았으며 동 상소기구의 판정을 이번 사건에 특별한 설명 없이 따른 것은 DSU 11조 사실에 대한 객관적 평가 의무를 위반한 것이라고 상소하였다. 상소기구는 *US-Corrosion-Resistant Steel Sunset Review* 사건 상소기구는 정책 요강이 심리 대상이 아니라는 패널 판정을 번복함으로써 심리 대상이 된다는 점을 분명히 밝힌 것이며 패널이 이미 상소기구가 명백히 판정한 동일한 쟁점을 처음부터 다시 분석하고 평가할 필요는 없다고 판단, 미국의 주장을 기각하였다.

상소기구는 정책 요강 II.A.3조가 반덤핑협정 11조3항에 합치되지 않는다는 패널의 판정을 DSU 11조의 규정을 들어 기각하였다. 패널이 적용한 standard of review, 즉 사실에 대한 객관적 평가가 적절하지 못했다고 상소기구가 부정 판정을 내린 경우는 매우 드문 사례이다. 패널의 DSU 11조 standard of review 적정성에 대한 상소기구의 기존 판례는 패널의 재량을 폭넓게 인정하여 패널의 악의적 오류(egregious errors)가 없는 한 패널의 사실에 대한 객관적 평가에 대해서는 존중하였으며 객관적 평가를 위한 증거력 인정 여부 및 범위 역시 패널의 재량에 해당한다고 확인한 것이 보통이다[15]. 그러나 이번 사건에서 상소기구는 패널이 악의적 오류를 범하지도 않았음에도 개개 사안에 대한 質的인 분석(qualitative assessment)을 하지 않았다는 이유로 패널의 판정을 번복함으로써 standard of review위반을 매우 제한적으로 해석한 이전의 판례와는 사뭇 다른 태도를 취하였다.

상소기구의 이러한 태도는 *US-Lumber ITC investigation Article* 21.5 사건에서 보다 精緻한 형태로 확인되었다. 동 사건에서 상소기구는 무역 구제 조치 사건의 경우 패널이 취해야 할 standard of review에 대해 다섯 가지[16]의 기준을 제시하였

---

15) Japan-Agriculture 사건: Products II … Only egregious errors constitute a failure to make an objective assessment of the facts as required by Article 11 of the DSU(para. 141).
EC-Hormones 사건: … disregard and distortion and misrepresentation of the evidence imply an egregious error(para. 13) … it is generally within the discretion of the Panel to decide which evidence it choose to utilize in making finding(para.135,136)
US-Carbon Steel 사건: … on appeal we [Appellate Body] will not interfere lightly with a panel's exercise of its discretion(para. 142).
Japan-Apples 사건: … Where parties challenging a panel's fact-finding under Article 1 … the Appellate Body has not interfered with the findings of the Panel.
Australia-Salmon … Panels are not required to accord to factual evidence of the parties the same meaning and weight as do the parties(para. 267).

16) • A panel's examination of those conclusions must be critical and searching, and be based on the information contained in the record and the explanations given by the authority in its published report. A panel must examine whether, in the light of the evidence on the record, the conclusions reached by the investigating authority are reasoned and adequate.
- The panel's scrutiny should test whether the reasoning of the authority is coherent and internally consistent.
- The panel must undertake an in-depth examination of whether the explanations given disclose how the investigating authority treated the facts and evidence in the record and whether there was positive evidence before it to support the inferences made and conclusions reached by it.
- The panel must examine whether the explanations provided demonstrate that the investigating authority took proper account of the complexities of the data before it, and that it explained why it rejected or discounted alternative explanations and interpretations of the record evidence.
- A panel must be open to the possibility that the explanations given by the authority are not

고 동 사건 패널이 이러한 기준에 따라 미국 조사 당국(무역 위원회)의 피해 우려 판정을 검사(examine)하였는지 여부를 살펴보았다. 상소기구는 동 사건 패널이 미 당국의 결론을 비판적이고 탐구적으로 검사하지 않았으며 미국이 사용한 증거가 타당한 것인지 검토하지 않고 미국의 주장을 그대로 수용(excessive deference)하였다는 이유로 패널 판정을 번복하였다.

---

reasoned or adequate in the light of other plausible alternative explanations, and must take care not to assume itself the role of initial trier of facts, nor to be passive by "simply accepting the conclusions of the competent authorities." WT/DS277/AB/RW para. 93

23. Mexico vs. US - OCTG AD measures 사건

(DS282, 2005. 11. 28 - 상소기구)

가. 사건 개요

이 사건은 멕시코산 OCTG(유정용 강관)에 부과되는 미국 반덤핑 관세의 일몰 재심(sunset review) 및 연례 재심(administrative review) 결과와 일몰 재심 관련 미국의 규정에 대해 멕시코가 시비한 것이다.

멕시코산 OCTG 반덤핑 관세의 일몰 재심에서 미국은 반덤핑 관세가 철폐될 경우 덤핑과 피해가 지속될 우려가 있다고 판단하고 반덤핑 관세를 계속 부과하기로 결정하였다. 3년간 덤핑 사실이 없고 반덤핑 관세 부과가 덤핑을 상쇄하는데 필요하지 않을 경우 미 상무부는 반덤핑 관세를 철회할 수 있다는 미 국내 규정을 들어 멕시코의 두 회사(TAMSA, Hylsa)는 4차 연례 재심 시 반덤핑 조치를 철회하여 줄 것을 요청하였으나 미국 당국은 두 회사 모두 자격 요건을 충족하지 못했다는 이유로 이를 받아들이지 않았다. 멕시코는 일몰 재심과 연례 재심 결과에 대해 시비하였다.

멕시코는 또한 일몰 재심에 관한 미국의 1930년 관세법 조항, UR 이행법 시행령(Statement of Administrative Action)과 일몰 재심 정책 요강(Sunset Policy Bulletin: SPB), 그리고 일몰 재심에 관한 미 상무부의 관행(practice) 자체(as such)에 대해서도 반덤핑협정 위반이라고 주장하고 2003년 7월 WTO에 제소하였다.

나. 주요 쟁점별 당사자 주장 및 판결 요지

1) 일몰 재심 관련 법규 자체의 11조3항 합치 여부

멕시코는 미국의 관세법과 SAA, 그리고 일몰 재심 정책 요강(SPB)은 덤핑 마진과 수입량을 덤핑 및 피해 지속 여부를 결정하는 결정적인 요소로 지정하고 있다고 주장하고 반덤핑협정 11조3항 위반이라고 주장하였다. *US-OCTG Sunset Review* 사건에서 조사 당국이 특정 요소에 대해 최종적이고 결정적인 증거력(conclusive and determinative weight)을 부여하여 덤핑 및 피해 지속 여부를 결정하는 것은 위반이라고 이미 판정이 된 바 있었다.

패널은 멕시코가 시비한 법규 관련 조항에서 덤핑 마진과 수입량을 중요하게 언급하고 이를 덤핑 및 피해 지속 여부 판정에 이용하는 방안에 대해 언급하고 있기는 하지만 최종적이고 결정적인 증거력을 부여하였는지 여부는 명백하지 않으며 정책요강이 적용된 사례를 검토해 보아야 한다고 판단하였다. 패널은 멕시코가 증거로 제출한 총 306개 일몰 재심 사례 중 일몰 재심 절차가 완전히 종료된 21개 사안을 심층 검토하였다. 패널은 그 결과 덤핑과 피해 판정이 매우 기계적으로 내려졌음을 확인하고 정책요강 II.A.3.이 예시한 3개 scenario[1]에 해당하는 사례이면 예외 없이 덤핑이 지속/재발할 것으로 판단하였다고 보았다. 즉 미국은 정책요강 II.A.3.이 예시한 사례는 최종적이고 결정적인 것으로 인식하여 다른 증거는 증거력 심사는 고사하고 인정하지도 않은 채 덤핑 및 피해가 지속될 가능성이 있다고 판단한 점이 명백하다고 지적하였다. 패널은 멕시코는 정책요강 II.A.3항이 그 자체로 반덤핑협정 11조3항에 합치되지 않는다는 점을 입증하였다고 결론 내렸다.

상소기구는 패널의 판정을 번복하였다. 상소기구는 패널이 일몰 재심의 각 사례에 대해 질적인 분석(qualitative assessment)을 실시해야 하며 정책요강 II.A.3.의 3개 사례가 최종적이고 결정적인 것으로 인정되어 다른 요소는 무시하고 또는 다른 요소의 증거력이 3개 사례를 압도함에도 불구하고 기계적으로 적용되었는지

---

1) 미국의 일몰 재심 정책요강 II.A.3조는 덤핑 지속, 수입 중단, 덤핑제거의 3개 상황에서는 통상(normally) 반덤핑덤핑 관세의 철회가 덤핑의 지속이나 재발을 초래할 가능성(likely)이 있다고 판정토록 규정하고 있다. 반덤핑 관세 부과 후 수입량이 변동 없거나 증가한 경우만 반덤핑 관세 철회가 덤핑 지속이나 재발 가능성으로 귀결되지 않는 것으로 판정한다(II.A.4.).

판단해야 할 것이라고 보았다. 상소기구는 패널이 21개의 사례를 분석한 내용을 찬찬히 살펴 본 후 미 상무부가 다른 요소를 고려하지 않았다는 점을 증명하지 못했고 수입 동향, 덤핑 발생 기간 등에 대해 패널이 분석한 바 없으며 외국 생산자의 주장을 미 상무부가 취급한 내용에 대해 고려한 바가 없다는 점 등을 지적하였다. 상소기구는 결국 패널의 21개 사례 분석은 미국의 덤핑 지속/재발 가능성 긍정 판정이 오직 정책요강의 scenario에 배타적으로 기초하고 있다는 것과 여타 다른 요소는 무시하였다는 것을 밝히지 못했으며 미국이 그 scenario보다 증거력이 큰 다른 요소가 있음에도 불구하고 오로지 정책요강 scenario에만 기초하여 판정을 내렸다는 점을 밝히지 못했다고 판단하였다. 상소기구는 정책요강은 미 상무부로 하여금 정책요강 II.A. 3의 scenario를 최종적이고 결정적인 것으로 취급하도록 요구하고 있다고 결론 내릴 수 있을 정도의 질적인 분석을 패널이 실시하였다고 볼 수 없다고 결론지었다.

이를 토대로 상소기구는 패널이 정책요강의 11조3항[2)]과의 합치성 여부를 심리함에 있어 DSU 11조 규정과 달리 주어진 사안을 객관적으로 평가하지 못했다고 판단하고 정책요강 II.A.3.은 그 자체로 11조3항 위반이라는 패널의 판정을 번복하였다.

2) 일몰 재심 관련 법규 적용례의 11조3항 위반 여부

멕시코의 TAMSA사와 Hylsa사는 반덤핑 조치가 철회되어도 덤핑이 지속되지 않을 것이라는 각종 증거를 제출하였으나 미국은 수입량의 감소만을 근거로 지속 가능성 판정을 내렸다. 멕시코는 이는 11조3항 위반이라고 주장하였다.

패널은 11조3항에서 언급된 판정(determine)이란 判官이나 중재자로서 해결하고 결정하라는 의미이므로 11조3항은 조사 당국으로 하여금 반덤핑 조치 철회 시

---

2) 11.3 제1항 및 제2항의 규정에도 불구하고 모든 확정 반덤핑 관세는 부과일(또는 제2항에 따른 검토가 덤핑과 피해를 동시에 고려하였다면 제2항에 의한 가장 최근의 검토일 또는 이 항에 따른 가장 최근의 검토일)로부터 5년 이내에 종결된다(Re.22). 다만, 당국이 동 일자이전에 자체적으로 개시한 검토 또는 동 일자이전 합리적인 기간 내에 국내 산업에 의하거나 이를 대신하여 이루어진 정당한 근거에 입각한 요청에 의하여 개시된 검토에서 관세의 종료가 덤핑 및 피해의 지속 또는 재발을 초래할 것으로 당국이 판정하는 경우는 그러하지 아니한다. 이러한 검토 결과가 나오기 전까지 관세는 유효할 수 있다.

(Remark 22) 반덤핑 관세액이 소급적으로 사정되었을 경우 제9조제 3항제1호에 따라 가장 최근의 산정과정에서 관세가 부과되어서는 아니된다는 조사 결과 그 자체가 당국에 대해 확정 반덤핑 관세의 종료를 요구하지 아니한다.

덤핑이 지속될 가능성이 있다는 증거를 토대로 합리적인 판정을 내릴 것을 요구하는 것이라고 언급하였다. 패널은 미 상무부가 다른 증거를 적절히 고려하지 않고 수입량 감소 사실만을 토대로 덤핑 지속 가능 판정을 내린 점이 인정된다고 보았으며 비록 조사 당국은 제출된 증거를 토대로 자신의 결론을 뒷받침하는 추론(inference)을 도출할 수는 있으나 적어도 제출된 정보가 그 추론이 적절하지 않다는 점을 시사할 경우에는 최소한 그 정보를 고려하고 결정을 고려해야 하는 것이 11조3항상의 의무라고 정리하였다.

이에 패널은 미 상무부의 덤핑 지속 가능 판정은 합리적이고 적절한 결론에 의해 뒷받침된 것이 아니므로 문제의 일몰 재심 결정은 반덤핑협정 11조3항에 합치되지 않는다고 판시하였다.

3) 미국 관세법의 자체의 11조3항 등 위반 여부

멕시코는 미국 관세법에 규정된 반덤핑 조치 철회 시 피해 지속/재발 가능성(likelihood)을 판단함에 있어 미국은 probable이 아니라 possible로 해석하여 왔다고 주장하고 이는 11조3항 위반이라고 주장하였다. 패널은 미 무역위의 판정문상 likelihood를 possible로 해석하였다는 근거는 없고 법규에 명시된 대로 적절한 standard를 인용하고 있으며 설사 likelihood의 기준에 대한 미국(무역위)의 해석에 관해 의문이 있을 수 있으나 이 문제는 미 국내 법원에서 해결된 사항이라고 언급하고 멕시코의 주장을 받아들이지 않았다.

미국 관세법은 반덤핑 조치 철회가 합리적으로 예견되는 기간 내에(within a reasonably foreseeable time) 피해가 재발 또는 지속될 가능성이 있는지 결정하라고 규정, 조치 철회 시점과 피해 재발/지속 시점간의 time-frame을 언급하고 있다. 멕시코는 이러한 time-frame이 11조3항에 내재된 기간보다 더 장기간이라고 주장하고 따라서 11조3항 위반이라고 주장하였다. 멕시코는 11조3항의 의미상 조치 철회 시 피해 지속/재발간의 time-frame은 최대한 단기간(as curtailed as possible)인 것이라고 주장하였다. 멕시코는 실질적인 피해 우려 판정 시 덤핑이 피해를 초래하는 상황 변화는 급박한(imminent) 것이라고 3조7항[3]이 규정하고 있으므로

---

3) 3.7 실질적인 피해의 우려에 대한 판정은 사실에 기초하며 단순히 주장이나 추측 또는 막연한 가능성에 기초하여서는 아니된다. 덤핑이 피해를 초래하는 상황을 발생시키는 상황의 변화는 명백히 예측되어야 하며 급박한 것이어야 한다(Re.10 생략). 실질적 피해 우려의 존재에 대한 판정을 내리는 데 있어서 당국은 특히 다음과 같은 요소를 고려해야 한다.
… 생략 …

미국의 관세법은 동 조항에도 위반된다고 주장하였다.

패널은 11조3항은 time-frame에 관하여 아무런 규범(rule)을 제시하지 않고 있다고 언급하고 멕시코의 주장을 수용하지 않았으며 3조7항 실질적 피해 우려와 11조3항 일몰 재심은 성격이 다른 별개의 사안으로서 3조7항의 시간 요건(temporal element)가 일몰 재심에 적용되지 않는다고 언급하고 미국의 관세법은 11조3항, 3조7항 등에 불합치되지 않는다고 판시하였다.

4) 미 무역위의 피해 지속/재발 판정의 적법성 여부

멕시코는 미 무역위가 피해 지속/재발 판정 시 어느 정도의 기간을 'reasonably foreseeable time'으로 보았는지 명기하지 않았으므로 11조3항 및 3조 위반이라고 주장하였다. 패널은 그러나 11조3항이 time-frame을 특정하지 않았으므로 미 무역위가 그 판정에서 time-frame을 밝히지 않았다 해서 관세법이 11조3항 및 3조에 합치되지 않게 적용되었다고 볼 수 없다고 결론지었다.

멕시코는 미 무역위가 피해 지속/재발 가능성이 있다고 판정하는 데 있어 3조1항, 2항이 요구하는 것과는 달리 수입량, 가격 효과 등에 관한 명확한 증거에 기초하지 않았으며 3조4항 피해 요소를 모두 고려하지는 않았고 3조5항 인과 관계도 수립하지 않았으므로 동 조항 위반이라고 주장하였다. 패널은 피해 판정의 요건(requirements)이 반드시 피해 지속/재발 판정의 요건과 관련된 것은 아니며 3조의 적시된 의무가 직접적으로 일몰 재심에 적용되는 것은 아니라고 설명하였다. 다만 일몰 재심 시 피해 판정을 한다면 3조에 의거하여 실시해야 한다는 점과 반덤핑협정 피해는 3조의 규정에 의거하여 해석된다는 각주 9의 규정상 3조는 일몰 재심에서의 분석에 유용한 지침을 제공할 수도 있다는 점은 인정하였다.

패널은 수입량, 가격 효과 등에 관한 미 무역위의 분석을 살펴 본 후 미 무역위가 사실 관계를 올바르게 수립하지도 않았고 증거를 객관적으로 검사하지도 않았다는 멕시코의 주장은 사실과 다르며 객관적이고 공평한 조사 당국이라면 미 무역위와 같은 결론에 도달할 수 없었을 것이라고는 보지 않는다고 단정하였다. 패널은 결론적으로 피해 지속/재발 가능성 판정에 있어 미 무역위가 반덤핑협정 11조3항에 합치되지 않게 행동한 것은 없다고 판시하였다. 3조4항 피해 분석 요소, 3조5항 인과 관계 등에 대해서는 3조가 11조3항에 직접 적용되지 않는다고 판정하였으므로 따로 심리하지 않았다.

미국이 반덤핑 관세를 부과하고 있는 OCTG는 멕시코산 외에도 아르헨티나,

우리나라, 일본산 등이 있었다. 미 무역위는 피해 지속/재발 가능성 판정 시 이들 모든 국가의 OCTG에 대해 반덤핑 관세를 철회할 경우 피해가 지속/재발될 가능성이 있다고 판정하였다. 이러한 피해 효과의 누적 평가는 반덤핑 3조3항이 인정하고 있는 방식이다. 반덤핑협정 11조3항은 수입품의 국내 산업에 대한 효과를 3조3항과 같이 누적적으로 평가할 수 있는지 여부에 대해 아무런 언급이 없으며 다른 조항 어디에도 직접적인 지침으로 해석될 만한 내용이 없다. 멕시코는 명시적으로 可하다는 규정이 없으므로 일몰 재심에서 수입품의 효과를 누적적으로 평가하는 것은 불가하다고 주장하고 이를 누적적으로 평가한 미국은 11조3항을 위반한 것이라고 주장하였다. 멕시코는 만일 누적 평가가 허용된다면 3조3항[4]의 요건이 적용되어야 할 것이나 미국이 동 요건을 적용하지도 않았으므로 3조3항 위반에도 해당한다고 주장하였다.

패널은 반덤핑협정이 일몰 재심에서의 누적 평가 가능 여부에 대해 언급이 없는 것은 누적 평가가 허용되는 것으로 해석해야 한다고 보았다. 패널은 *US-OCTG Sunset Review* 사건 상소기구가 이미 같은 취지로 판정하였음을 환기하였다. 누적 평가 시 3조3항 요건 적용 여부에 대해서 패널은 동 조항은 원 조사 시에 적용되는 것임이 명시되어 있는 만큼 일몰 재심에 적용할 수는 없다고 판단하였다.

패널이 3조5항[5]의 인과 관계에 대해 3조가 11조3항에 적용되지 않는다는 이유로 심리하지 않은데 대해 멕시코는 상소하였다. 상소기구는 11조3항은 그 문안상 예상되는 덤핑과 예상되는 피해간에 인과 관계를 수립할 것을 요구하지는 않

---

4) 3.3 2개국 이상으로부터 수입된 상품이 동시에 반덤핑 조사의 대상이 되는 경우, (1) 각국으로부터 수입된 상품과 관련하여 확정된 덤핑 마진이 제5조제8항에 정의된 최소 허용 수준을 초과하며 각국으로부터의 수입 물량이 무시할 만한 수준이 아니고, (2) 수입 상품간의 경쟁 조건 및 수입 상품과 국내 동종 상품간의 경쟁 조건을 감안할 때 수입품의 효과에 대한 누적적 평가가 적절하다고 조사 당국이 결정하는 경우에 한하여 조사 당국은 이러한 수입품의 효과를 누적적으로 평가할 수 있다.

5) 3.5 덤핑 수입품이 제2항 및 제4항에 규정된 바와 같이 덤핑의 효과를 통하여 이 협정이 규정하고 있는 의미의 피해를 초래하고 있다는 사실이 입증되어야 한다. 덤핑 수입품과 국내 산업에 대한 피해간의 인간관계의 입증은 당국에 제시된 모든 관련 증거의 검토에 근거한다. 또한 당국은 같은 시점에서 국내 산업에 피해를 초래하는 덤핑 수입품 이외의 모든 알려진 요소를 검토하며 이러한 다른 요소로 인하여 발생하는 피해는 덤핑 수입품에 의한 것으로 귀속시켜서는 아니된다. 이점에서 관련될 수 있는 요소에는 특히, 덤핑가격으로 판매되지 아니하는 수입품의 수량 및 가격, 수요감소 혹은 소비형태의 변화, 외국생산자와 국내 생산자의 무역 제한적 관행 및 이들 간의 경쟁, 기술개발, 국내 산업의 수출 실적 및 상품 생산성의 검토를 통하여 포함된다.

CERTIFIED PRIVATE BANKER

은퇴설계

집필_ **민복기**

한국금융연수원
KOREA BANKING INSTITUTE

발간사

글로벌 금융위기 이후 저성장, 저금리를 특징으로 하는 뉴노멀(New Normal)이 등장한 지 5년 후인 2014년에 세계최대 채권운용회사인 핌코는 "이제 뉴노멀도 가고 뉴뉴트럴(New Neutral) 시대가 왔다."라고 진단한 적이 있습니다. 여기서 뉴뉴트럴은 회복되지도 침체되지도 않은 새로운 경제상황을 표현한 말로 뉴노멀보다 더 부정적인 의미를 갖고 있습니다.

그만큼 어려운 경제상황이 지속되면서 금융회사 간의 경쟁이 더욱 치열해지고 금융회사의 수익확보도 녹록치 않게 되었습니다. 이러한 상황 하에서 자산관리 시장은 은행산업에 있어서 커다란 잠재력을 가진 새로운 성장 동력으로 부상하고 있으며 이에 따라 금융회사들은 자산관리와 관련한 전문역량을 강화하는 데 많은 노력을 쏟고 있습니다.

이러한 추세에 부응하여 한국금융연수원에서는 금융회사 자산관리 담당인력의 전문성 향상 및 실무역량 강화를 견인하기 위해 2018년 9월 금융위원회의 승인을 얻어 국가공인 자산관리사(FP: Financial Planner)의 상위 자격인 '프라이빗뱅커(CPB: Certified Private Banker)' 자격을 신설하였으며, 이번에 동 자격시험에 대비한 참고도서들을 발간하게 되었습니다.

본 도서는 전체 총 7권으로 「금융상품 및 투자분석」, 「포트폴리오 설계」, 「보험설계 및 컴플라이언스」, 「은퇴설계」, 「부동산 투자설계」, 「세금설계 및 상속설계」, 「자산관리 실무사례」로 구성되어 있으며, 프라이빗뱅커(CPB)가 갖추어야 할 고급이론 및 실무지식을 보다 깊고 보다 체계적으로 담고자 하였습니다.

또한 자기주도형 학습이 용이하도록 수록내용을 최대한 이해하기 쉽게 기술하는 한편, 「자산관리 실무사례」 도서를 제외한 모든 책자에서 각 장별로 서두에 [학습개요]와 [학습목표]를 명시하여 해당 장에서 도달하여야 할 학습목표를 제시하였고, 각 장 말미에는 [주요내용 종합정리]와 [연습문제와 해설]을 수록하여 학습내용을 복습하고 학습결과를 측정·확인해 볼 수 있도록 구성하였습니다.

아울러 자산관리사(FP) 자격 참고도서와 달리 각 도서별 내용들을 복합적으로 심화학습할 수 있도록 「자산관리 실무사례」라는 사례형 문제집을 추가로 제작했습니다. 현장에서 자주 접하게 되는 상황을 부문별 단일사례 및 복합사례로 구성하였습니다.

끝으로 이 책이 나오기까지 많은 노고를 아끼지 않은 집필자들, 자문위원들, 그리고 우리 원 직원 여러분께 깊이 감사드리며, 앞으로 본 도서가 최고 수준의 금융자산 설계전문가를 지향하는 금융인들에게 나침반 역할을 하고, 더 나아가 우리나라 금융산업의 발전에도 공헌할 수 있기를 바랍니다.

한국금융연수원 원장 문재우

머리말

우리 사회에서 퇴직과 은퇴는 이제 보편적인 관심으로 자리하고 있다. 이를 맞이하는 사람들에게는 설렘과 초조함이 미묘하게 교차되기도 하는데, 퇴직은 오랜 기간 관계를 유지해왔던 직장에서 홀로 이탈하는 이벤트이기에, 이를 처음 경험하는 사람에게 일어나는 심리적 동요는 지극히 당연한 것일 수 있다. 매월 정해진 시점에 입금되던 급여소득이 중지되고, 모든 지출의 수요를 스스로 해결해야 하는 상황이 시작되니 말이다. 그렇다고 은퇴생활의 준비를 재무적인 요소만으로 접근하는 것은 무리가 있다. 본디 '돈'이라는 것은 '삶'을 위해 활용하는 수단의 가치로서 의미가 있기 때문이다. 목표로서의 삶과 수단으로서 돈의 활용가치가 혼동되어서는 안 된다.

CPB의 역할은 고객의 삶에 개입해서 미래의 계획을 함께 구상하고, 그 계획을 실행에 옮기는 데 수반되는 재무목표를 관리하는 것이다. 특히 은퇴설계는 재무관리에서 가장 오랜 기간이 소요되는 주제이기에 고객과의 관계관리는 무엇보다 중요한 과제이다. 수많은 고객과의 만남에서 필자가 느낀 것은 '고객은 상품을 선택하는 듯하지만, 사람을 선택한다'라는 것이다. 즉 본인의 기대를 제대로 관리해줄 수 있는 전문가를 만나고 싶어 한다. 이런 시장의 요구를 기준으로 볼 때, CPB 자격을 준비하는 과정과 자격을 취득하는 자기계발은 매우 의미가 있다.

은퇴설계를 집필할 때 필자는 이론보다는 실무 위주의 내용으로, 고객의 부담을 자극하는 방법보다는 부담을 줄일 수 있는 측면으로 접근하려고 했다. 또한 CPB 자격을 준비하고자 하는 사람들이 누구인가를 생각할 때 기본적으로 이론적 토대는 갖춘 이들(AFPK, FP, CFP 자격 보유)이기에, 기존의 자격과정에서 많이 다루지 않았지만 고객 입장에서는 중요한 부분(은퇴 관련 활용 제도)에 좀 더 많은 지면을 할애했다. 아울러 현장에서 발생하는 다양한 사례를 공유함으로써 실무역량을 강화하는 데 보탬이 되고자 했다.

은퇴생활을 준비하는 사람이라면 누구나 여행, 여가, 가족 및 지인과의 관계, 건강, 주거환경, 자녀와의 교감 등 비재무적 요소의 중요성을 익히 알고 있다. 그럼에도 쉽게 접근하지 못하는 경우가 일반적이다. 처음 경험하는 퇴직과 은퇴이기에 그럴 수도 있지만, 필자가 만나본 사람들은 앞서 언급한 사항에 대해 자유롭게 상상하고 계획에 반영할 수 있는 재무상태가 아닌 경우가 대부분이었다. 즉 개인의 재무환경은 미래의 삶을 자유롭게 상상할 수 있는 심리상태에 상당부분 영향을 미치게 된다. 각 개인이 활용할 수 있는 관련 제도(실업급여, 국민건강보험, 퇴직연금 및 개인연금, 주택연금, 공적연금, 기초연금 등)를 이해하고 활용한다면 비용부담을 상당부분 통제하면서 은퇴생활을 보호할 수 있는 재원확보 및 부담통제가 가능해진다.

이러한 사항을 중심으로 접근한 집필과정은 필자에게는 영광스러운 시간이었고, 내용을 준비하는 과정은 필자 스스로의 자기학습 시간이었다. 아울러 '사람중심의 은퇴설계'를 다시 한번 다짐하는 계기가 되었다.

좋아서 하는 일도 시간에 쫓기고 내용의 질(質)을 일정수준 이상 담보해야 한다는 부담을 느끼는 순간, 즐길 수만 있는 것은 아니게 된다. 그럼에도 오랜 기간 늘 한결같은 마음으로 믿어주시고, 기회를 주신 한국금융연수원 관계자분들께 무한한 감사를 드린다.

아울러 집필 과정 막바지에 극도로 예민해져가는 필자를 묵묵히 지켜봐 준 아내와 삼남매에게 사랑한다는 메시지를 남긴다.

CPB를 만나는 모든 분들이 설레는 마음으로 미래를 준비할 수 있기를 기원한다.

2019년 4월

저자 민복기

목 차

제1장 은퇴설계 실무이해

제2장 은퇴자산 관리

Contents

제3장 제도를 활용한 은퇴자산 인출

목 차

제4장 자산을 활용한 은퇴자산 인출

제1장

은퇴설계 실무이해

제1장 은퇴설계 실무이해

학습개요

은퇴설계는 소득활동기간 종료 후 삶의 계획을 말하는데, 개인에 따라 준비해야 할 항목이 서로 다를 수 있다. 또한 비재무적인 계획에 수반되는 재무목표 및 부담의 규모도 달라질 수 있기에 기간별·항목별 비재무적 요소를 세부적으로 살펴본다.

은퇴설계 컨설팅에서 고객의 상황과 기대가 반영된 유형별 정보 및 분석, 포트폴리오 구성 및 제안, 실행과정에 대한 모니터링 등 실무능력을 향상시키기 위한 단계별 핵심사항 및 사례를 살펴본다.

학습목표

- 재무·비재무적 요소를 종합적으로 고려한 은퇴설계를 제안할 수 있다.
- 은퇴설계 컨설팅 프로세스의 핵심사항을 실행할 수 있다.

제1절 | 은퇴생활의 목표수립

1 비재무적 요소에 대한 준비

삶을 살아가면서 미래에 대한 기대가 없는 사람은 없다. 다만 기대하는 바가 저마다 다를 뿐이다. 이렇듯 우리는 각자 삶에 대한 계획과 선택을 반복하며 살아간다. 그 과정에서 부딪히는 현실의 장벽에 무너지기도 하고, 때로는 어떤 이유로 환희를 경험하면서 말이다. 인생 60세 이상을 살아온 분들에게서 들을 수 있는 공통적인 두 가지 경험이 있다. 첫째는 계획은 있지만 뜻대로 되는 것이 그리 많지 않다는 것이고, 둘째는 계획대로 된 것들 또한 과정이 그리 만만치가 않았다는 것이다.

우리는 흔히 미래에 대한 불확실성을 위험(risk)으로 표현하기도 하는데, 불확실성이 부정적 상황만을 의미하는 것은 아니다. 어떻게 대응하느냐에 따라 긍정의 기회 또한 발생할 수 있다는 것이 불확실성의 진정한 의미이다. 즉 불확실성은 미래에 대한 개인의 기대와 결과로 나타나는 현실의 차이(gap)를 의미한다. 위험관리(risk management)란 이런 기대와 현실의 차이를 좁혀가는 과정관리라고 볼 때, 은퇴생활 준비에서 위험관리의 출발점은 다름 아닌 자신에 대한 이해가 되어야 한다. 내가 미래 삶에 대해 기대하는 바가 무엇인지를 구체적으로 알아야 한다는 것이다.

소득활동기간에 대다수 사람은 '하고 싶은 것'보다는 '해야만 하는 것'에 대한 선택과 실행에 집중하면서 살아간다. 그 과정에서 본인 스스로 무엇을 원하는지에 대한 관심이 사그라질 수 있는데, 은퇴생활기간을 준비해야 하는 시점에 이르면 관심의 중심을 '하고 싶은 것'에 대한 부분으로 서서히 이동할 필요가 있다. 즉 '내가 나를 모르는 상태'를 이끌고 은퇴생활에 이르러서는 안 된다는 것이다.

1-1 삶의 가치에 영향을 줄 수 있는 비재무적 요소

행복이라는 감정에 정해진 답은 없다. 행복은 각 개인이 추구하는 상황과 정도에 따라 느끼는 감정이기에 획일적인 기준으로 그 가치를 규정한다는 것 자체가 무리이다. 다만 인간은 사회적 동물이기에 주변 환경에서 무한정 자유로울 수 있는 것도 아니다. 개인 상황에 대해 스스로가 부여하는 가치 정도는 주변상황에 의해 언제든 변동할 수 있고, 또 우리는 그것에 의해 상대적인 행복감을 느끼기도 하고 반대의 경우에 놓이기도 한다. 따라서 은퇴생활 만족도에 영향을 주는 일반적인 요소와 관련된 시장상황 이해 및 개인별 준비가 구체적으로 이어져야 한다. 이는 단순히 '얼마나 오래 사느냐'를 위한 것이 아니라, 의존도를 최소화하면서 '어떻게 사느냐'가 중요하기 때문이다.

은퇴생활을 준비할 때 고려해야 할 대표적인 비재무적 요소는 다음과 같이 구성된다.

가. 설렘을 공유하는 가족관계

가족은 행복한 삶의 원천이면서, 동시에 상처도 주고받기 쉬운 관계이다. 그만큼 서로에 대한 믿음과 기대가 크다는 의미인데, 은퇴생활 파트너인 배우자와의 관계는 그중에서도 가장 중요하고 민감하다.

〈그림 1-1〉 생애주기별 부부간 관심의 변화

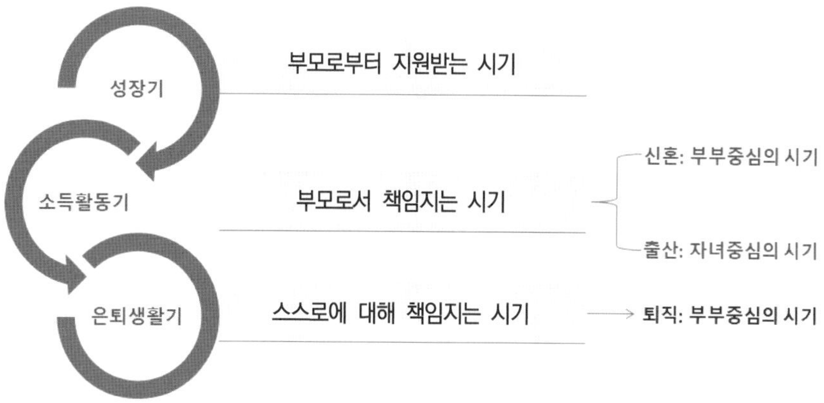

〈그림 1-1〉의 내용처럼 일반적인 부부의 경우, 신혼 초기에는 둘만의 관심을 공유하면서 생활한다. 어떻게 보면 연애기간의 연장으로 볼 수 있는 부부중심(사랑)의 시간이다. 그러다가 자녀를 출산한 후부터는 모든 생활의 무게중심이 자녀(책임)에게로 급격하게 전환하여, 자녀가 경제적으로 독립할 때까지 그 흐름을 이어가게 된다. 자녀가 독립한 후 은퇴생활기간에 접어들어서야 배우자에 대한 관심으로 전환되어 부부중심(존중)의 상황으로 돌아오게 된다.

〈그림 1-2〉 혼인기간별 이혼 비율

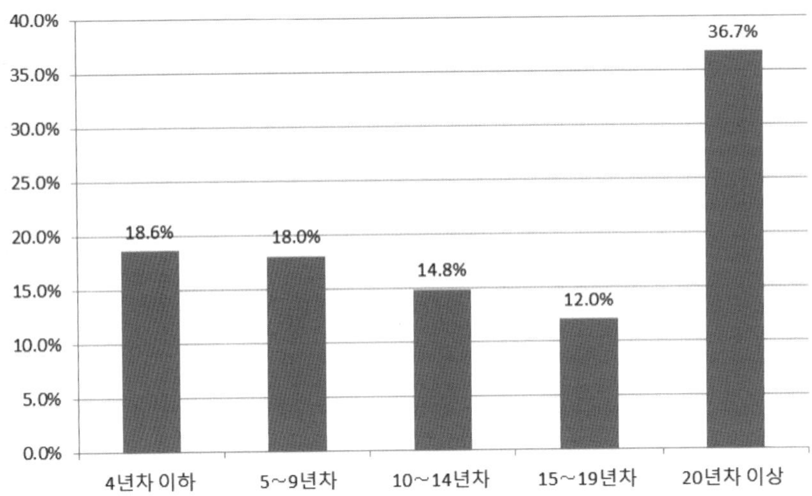

출처: '2023 통계로 보는 남녀의 삶', 여성가족부(2023)

그런데 최근 결혼하는 부부가 매년 줄어드는 관계로 이혼 건수도 과거에 비해 줄어드는 경향을 나타내고 있지만, '황혼이혼' 비중은 지속적으로 증가하는 것으로 나타나고 있다. 〈그림 1-2〉에서 볼 수 있듯이 혼인기간 4년 미만의 신혼부부 이혼 비중보다 20년 이상 혼인관계를 유지한 부부의 이혼 비중이 두 배 높게 나타나고 있는데, 이런 상황에는 여러 이유가 있겠지만 자식들이 성장해 출가하면서 '내 삶을 찾겠다'고 외치며 가정의 틀에서 벗어나는 5060 세대의 과거와 다른 인식의 영향으로 풀이된다.

이혼은 부부 두 사람 모두에게 당장 경제적 부담으로 이어질 수 있다. 일단 이혼시점에 위자료 및 재산분할이 있을 수 있고, 공적연금 수급시기에 이르면 지급받을 수 있는 연금도 서로가 분할해서 수령(분할연금)해야 하기 때문에 은퇴생활에서도 경제적으로 어려워질

수 있다. 법원행정처에서 발표한 사법연감에 따르면 황혼이혼의 가장 큰 이유가 '성격차이'라고 하는데, 이는 서로에 대한 이해부족에서 발생하는 갈등이다. 따라서 부부간의 활발한 소통과 이를 통한 서로에 대한 이해가 재무준비에 앞서 전제되어야 한다.

또한 자녀에 대한 경제적 지원에 대해서도 고려해야 할 부분이 있다. 부모로서 자녀들에게 최대한 지원해주고픈 마음이 없는 사람은 없다. 다만 성장기 자녀에 대한 과도한 경제적 지원이 자녀의 재무독립성에 부정적인 영향을 미칠 수 있다면, 한 번쯤 생각해볼 필요는 있다. 무엇보다 부모의 은퇴시기와 맞물려 있는 자녀의 결혼자금은 자녀와 부모가 함께 준비해야 한다는 세대 간 의사소통도 아주 중요한 부분이다.

나. 신체적·정신적 건강 유지

한국보건사회연구원에서 실시한 중·장년층 인식조사에 의하면 성공적 노후생활을 위해 첫 번째로 중요한 요인이 신체적 건강이라는 응답이 57.6%로 가장 많았다. 또한 행복한 은퇴생활에서 부부의 건강이 자녀와의 관계보다 중요한 것으로 나타났다. 노후준비를 위해 열심히 돈을 모아도 건강이 뒷받침되지 않으면 모든 것이 허사이기 때문일 것이다.

이렇게 신체적인 건강이 중요하다고 인식은 하면서도 현재 건강상태에 대한 중·장년층의 자가 평가는 그리 높지 않은 편이다. 인식은 하고 있으나 실행이 따라주지 않는 상황이다. 이를 극복하기 위해서 다음과 같은 기본적인 실행이 요구된다.

1) 신체적 건강 유지를 위해 가장 기본이 되는 것은 꾸준한 운동이다. 일상에서 이루어지는 운동(계단 이용, 점심식사 후 걷기, 대중교통 이용 등)을 생활습관으로 만들어야 한다.
2) 무병장수를 위한 최선의 식습관은 소식(小食)이라는 연구 결과도 있듯이, 밥그릇 크기 줄이기와 같은 실천도 좋은 습관이 될 수 있다.
3) 정기적인 건강검진을 통해 노인성 만성질환을 조기에 발견할 수 있어야 한다. 국민건강보험공단에서 정기적으로 실시하는 무료 건강검진을 활용하면 비용 부담을 줄일 수 있다.
4) 정신적 건강을 위해서도 정기적인 외출, 사람들과의 유대관계를 유지해야 한다.
5) 또한 다양한 사회활동으로 사회적 고립감을 해소할 수 있어야 한다.

다. 자기계발 및 배움: 배움의 즐거움을 위해 키우고 싶은 역량은?

스스로가 하고 싶은 것을 중심으로 제2의 인생을 설계하려면, 핵심역량을 키우는 준비를 해야 한다. 아무런 준비가 없는 사람은 노후생활의 남아도는 시간이 축복이 아니라 재앙이 될 수도 있다. 그와는 반대로 무엇인가를 위해 배움을 이어나가는 사람에게는 오랫동안 꿈꾸어온 것을 노후생활에 할 수 있다. 최근 우리나라에서도 은퇴자를 대상으로 하는 평생학습 기회가 대학, 지방자치단체 등의 공공기관을 통해 다양하게 지원되고 있다.

소득활동기간에는 '해야만 하는 것'에 집중했던 과정을 이어왔다면, 노후생활은 '하고 싶은 것'에 집중할 수 있는 기회의 시간이다. 이를 위해서는 '무엇에 대한 배움을 원하는가?'를 중심으로 자기 스스로에 대한 이해가 선행되어야 한다.

라. 주거환경: 어디에서 살기를 희망하는가?

은퇴생활기간에는 아무래도 소득활동기간보다 사회활동 시간이 줄어들고, 자녀들이 성장·독립한 경우가 일반적이기 때문에 주거환경에 대한 고민을 하게 된다. 직장 관련 출·퇴근 여건, 자녀교육 관련 학군 등 민감한 상황이 상당부분 완결된 상태이기 때문이다. 전원생활을 꿈꾸는 사람, 귀농·귀촌의 새로운 환경을 계획하는 사람 등 다양한 목적에 따라 개인의 선택이 이루어질 수 있는데, 앞으로 은퇴생활을 어떻게 계획하고 있는가에 맞춰 어디에서 살 것인지에 대한 근본적인 고민이 필요하다.

아울러 지역에 대한 이동은 없어도 규모나 형태를 줄여 유동자산의 여유를 꾀할 수도 있고, 노후생활의 안전을 위해 거주 중인 주택의 개·보수를 계획할 수도 있다. 아무튼 '은퇴생활'이라는 상황은 오랜 기간 유지해오던 주거환경에 대한 새로운 변화와 선택을 요구한다.

다음은 은퇴생활을 위한 주거와 관련하여 고려해야 할 사항이다.

1) 자신이 하고 싶은 일과 살고 싶은 방식을 기준으로 선택해야 한다.
2) 건강상태나 활동성향에 따라 편의시설과의 접근성이나 교통의 편리성 등을 고려한다.
   ⇒ 의료시설, 교통 편리성, 주변 소음 등을 고려한다.
3) 고령자들의 사고 중 가정 내에서 일어나는 비율이 가장 높게 나타나는 만큼, 안전사고를 미연에 방지할 수 있도록 주거환경상의 장애물을 최소화해야 한다.

〈그림 1-3〉 고령자 안전사고 발생장소별 현황

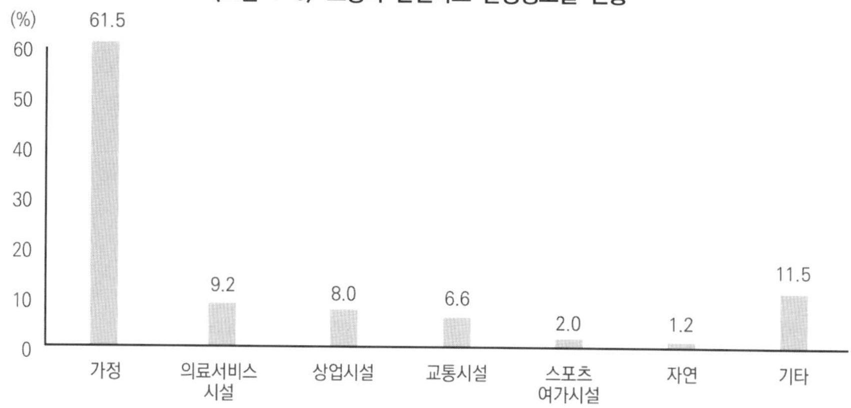

출처: 한국소비자원

4) 출입구, 욕실, 계단, 바닥의 높낮이 차이를 없애고 미끄럼 방지장치를 설치한다.
5) 응급 상황 발생 시 구조 요청을 위한 비상벨도 설치할 수 있다.
6) 귀농·귀촌을 계획하고 있다면 서비스 및 문화생활의 차이를 고려해야 한다.
7) 귀농·귀촌 시 이주에 따른 정책지원에 대한 정보를 확인하는 것도 중요하다.
8) 실버타운을 선택할 경우에는 경제력, 대중교통 접근성, 전문인력 확보, 편의시설 등이 잘 갖춰져 있는지 확인해야 한다.
9) 주거계획에 대해 발생할 수 있는 부부간 이견을 지속적으로 좁혀가야 한다.

마. 여가·취미생활: 잘 노는 것이 잘 사는 것이다

오랜 직장생활을 끝으로 퇴직 후 집에서만 생활하면서 삼시세끼를 부인에게 요구하다가 부부싸움으로 이어지는 경우를 주변에서 종종 볼 수 있다. 부부가 시간을 상대적으로 많이 공유할 수 있는 노후생활임에도 함께할 수 있는 공통분모가 그리 많지 않은 경우가 일반적이다. 여가·취미는 '무언가 특별한 것이어야만 한다'라는 부담에서 벗어나야 한다. 그냥 일상에서 관심을 집중·실행할 수 있는 것이 있다면 그 자체로 의미가 있다.

최근 은퇴생활을 준비하는 50~60대 남성들 사이에서 오랜 기간 어색하기만 했던 부엌으로 다가서는 사람들이 부쩍 많아지고 있다. 요리학원에서 배운 음식으로 가족에게 멋진 이벤트를 준비하는 남편과 아버지의 모습을 보여주면서 가족과 자연스럽게 친해지고

있다. 이러한 부부간의 역할 공유를 통해 일상에서 소소한 행복을 느낄 수 있다면, 그 개인에게는 이것이 여가·취미생활인 것이다.

바. 일(재취업 및 창업): 어떠한 일을 하면서 노후를 보낼 것인가?

누구나 개인의 능력을 발휘해서 인정받고, 성장하기를 원한다. 그러나 개인이 목표로 하는 결과에 이르기 전에 '일자리'를 그만두게 되는 경우가 빈번하게 발생하는데, 통계청 발표(경제활동인구조사, 2024년 5월)에 의하면 가장 오래 근무했던 일자리에서 그만두는 평균연령이 52.8세로 나타났다. 퇴직을 선택한 이유는 '회사의 사업부진 및 조업중단, 휴·폐업'이 29.1%로 가장 높고, '건강이 좋지 않아서'가 19.1%로 두 번째 주된 이유로 나타나고 있다. 이렇듯 퇴직 사유가 불가피한 상황에 따른 것인 관계로 퇴직자 대다수는 73.3세까지 계속 일하기를 희망하는 것으로 나타났다. 즉 대략 21년 기간 동안은 더 일하기를 원하는 것이다. 재취업에서 가장 중요한 것은 '자기 자신에 대한 이해'이다. 재취업 관련 전문가들은 재취업에 가장 큰 걸림돌은 나이도 영향을 미치기는 하지만, 준비부족과 자신에 대한 과대평가라고 지적한다. 더구나 취업을 원하는 이유가 〈표 1-1〉에서처럼 '생활비 보탬'의 경제적 이유라면, 자신이 무엇을 잘할 수 있는가에 대한 냉철한 판단이 요구된다.

〈표 1-1〉 고령층 근로 희망 사유(55~79세)

(단위: %, %p)

		2023.5			2024.5			증감		
		고령층	남자	여자	고령층	남자	여자	고령층	남자	여자
〈전체〉		100.0	100.0	100.0	100.0	100.0	100.0	-	-	-
구성비	장래 근로 비희망자	31.5	22.7	39.7	30.6	22.4	38.2	-0.9	-0.3	-1.5
	장래 근로 희망자	68.5	77.3	60.3	69.4	77.6	61.8	0.9	0.3	1.5
	일하는 즐거움	35.6	38.2	32.7	35.8	37.7	33.6	0.2	-0.5	0.9
	생활비에 보탬	55.8	53.2	58.7	55.0	53.2	57.1	-0.8	0.0	-1.6
	사회가 필요로 함	2.3	3.1	1.3	2.7	3.7	1.6	0.4	0.6	0.3
	건강유지	2.0	2.1	1.9	2.2	2.2	2.3	0.2	0.1	0.4
	무료해서	4.3	3.4	5.4	4.2	3.2	5.4	-0.1	-0.2	0.0
	기타	0.0	0.0	0.0	0.0	0.0	0.1	0.0	0.0	0.1

출처: 통계청(경제활동인구조사, 2024년 5월)

직장에서 퇴직을 경험한 개인이라면, 창업을 통한 자기사업을 한 번쯤 상상한 적이 있을 것이다. 이런 흐름을 반영한 것처럼 최근 우리사회는 〈그림 1-4〉에서 보이듯이 고연령 창업자가 상당히 많아지고 있는데, 이들 대부분은 소득활동이 필수적으로 요구되는 생계형 창업에 가깝다. 게다가 이들의 기간별 생존율이 그리 높지는 않은데, 이렇게 비싼 수업료로 빠져나가는 자본손실 여파는 소득활동기간에 발생하는 것보다 몇 배 이상의 위험이 될 수 있다. 손실을 만회할 수 있는 사회적 여건이나 개인의 환경이 그리 만만치 않기 때문이다.

〈그림 1-4〉 연령대별 자영업자 비중

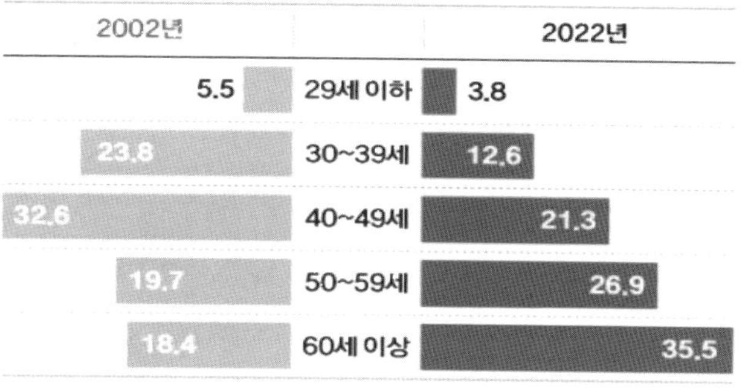

출처: 중소기업벤처연구원

따라서 창업의 성공을 위해서는 고려해야 할 사항이 있다.

1) 자신이 모르는 분야에는 절대 뛰어들지 말아야 한다.
2) 자신이 가지고 있는 강점이 무엇인가를 분석해야 한다.
3) 마케팅을 어떤 방법으로 실행할 것인지, 고객의 기대를 정확히 알고 있는가에 대한 자가 점검이 필요하다.
4) 사업 업종의 전망, 즉 시장의 단기적인 유행인지 아니면 10년 이후에도 지속될 수 있는 업종인가를 분석해야 한다.
5) 개인창업을 할 것인가 아니면 공동창업을 할 것인가, 사업자금 조달은 어떤 방법으로 할 것인가에 대한 판단도 매우 중요하다.
6) 무엇보다 가족구성원의 지원과 참여가 있어야 자본금의 부담도 덜할 수 있다.

사. 봉사 및 재능기부: 가치실현을 위해 어떤 사회활동을 하고 싶은가?

소득활동기간에는 '회사'를 중심으로 관심을 이어왔다면, 은퇴생활기간에는 '사회'에 대한 관심으로 이동할 필요가 있다. 특히 본인이 거주하는 '지역사회'에 낯설지 않게 정착하는 것이 퇴직 후 은퇴생활에서 매우 중요하다. 재능기부라고 하면 대부분 무언가 대단한 것을 할 수 있어야 가능한 것으로 생각하지만, 꼭 그런 것만은 아니다. 사회에 대한 관심과 본인의 경험을 바탕으로 할 수 있는 것을 함께 나누는 것이 재능기부인 것이다. 함께하는 사람들과의 유대관계를 고려하면, 개인에게도 아주 유익한 은퇴생활이 될 수 있다.

아. 웰다잉: 자기결정권에 의한 존엄사 선택

임종과정에 있는 환자가 연명의료의 시행 여부를 스스로 결정할 수 있도록 하는 '연명의료결정법(2016년 제정)'에 따라 연명 의료결정제도가 2018년 2월 4일부터 시행되었다. 제도를 도입했을 당시 연명의료결정제도의 성공여부에 우려와 걱정이 많았지만, 실제로 막상 시행해보니 의외로 사전연명의료의향서를 등록하는 신청자가 점점 많아지고 있는데, 2024년 1월 기준 사전연명의료의향서 등록자는 216만여명에 이르고 있다. 19세 이상 대상자는 정부 공인 양식에 의거 의향서를 작성, 등록기관의 확인을 거치면 접수가 완료된다. 누구나 환자 본인의 희망에 따라 존엄사 선택이 가능한 시대가 되었다는 것이다.

잘 먹고 사는 웰빙도 중요하지만 삶의 마지막을 고통스럽지 않고, 존엄하게 맞이할 수 있는 마음의 준비도 함께 할 때이다.

〈그림 1-5〉 사전연명의료의향서 양식

■ 호스피스·완화의료 및 임종과정에 있는 환자의 연명의료결정에 관한 법률 시행규칙 [별지 제6호서식]

(앞쪽)

사전연명의료의향서

※ 색상이 어두운 부분은 작성하지 않으며, [ ]에는 해당되는 곳에 √표시를 합니다.

등록번호		※ 등록번호는 등록기관에서 부여합니다.	
작성자	성 명	주민등록번호	
	주 소		
	전화번호		
호스피스 이용	[ ] 이용 의향이 있음	[ ] 이용 의향이 없음	
사전연명의료 의향서 등록기관의 설명사항 확인	설명 사항	[ ] 연명의료의 시행방법 및 연명의료중단등결정에 대한 사항 [ ] 호스피스의 선택 및 이용에 관한 사항 [ ] 사전연명의료의향서의 효력 및 효력 상실에 관한 사항 [ ] 사전연명의료의향서의 작성·등록·보관 및 통보에 관한 사항 [ ] 사전연명의료의향서의 변경·철회 및 그에 따른 조치에 관한 사항 [ ] 등록기관의 폐업·휴업 및 지정 취소에 따른 기록의 이관에 관한 사항	
	확인	위의 사항을 설명 받고 이해했음을 확인합니다. 년 월 일 성명 (서명 또는 인)	
환자 사망 전 열람허용 여부	[ ] 열람 가능	[ ] 열람 거부	[ ] 그 밖의 의견
사전연명의료 의향서 등록기관 및 상담자	기관 명칭	소재지	
	상담자 성명	전화번호	

본인은 「호스피스·완화의료 및 임종과정에 있는 환자의 연명의료결정에 관한 법률」 제12조 및 같은 법 시행규칙 제8조에 따라 위와 같은 내용을 직접 작성했으며, 임종과정에 있다는 의학적 판단을 받은 경우 연명의료를 시행하지 않거나 중단하는 것에 동의합니다.

작성일 년 월 일

작성자 (서명 또는 인)

등록일 년 월 일

등록자 (서명 또는 인)

210㎜×297㎜[백상지(80g/㎡) 또는 중질지(80g/㎡)]

(뒤쪽)

유의사항

1. 사전연명의료의향서란 「호스피스·완화의료 및 임종과정에 있는 환자의 연명의료결정에 관한 법률」 제12조에 따라 19세 이상인 사람이 자신의 연명의료중단등결정 및 호스피스에 관한 의사를 직접 문서로 작성한 것을 말하며, 호스피스전문기관에서 호스피스를 이용하려는 경우에는 같은 법 제28조에 따라 신청해야 합니다.
2. 사전연명의료의향서를 작성하고자 하는 사람은 보건복지부장관이 지정한 사전연명의료의향서 등록기관을 통하여 직접 작성해야 합니다.
3. 사전연명의료의향서를 작성한 사람은 언제든지 그 의사를 변경하거나 철회할 수 있으며, 이 경우 등록기관의 장은 지체 없이 사전연명의료의향서를 변경하거나 등록을 말소해야 합니다.
4. 사전연명의료의향서는 ① 본인이 직접 작성하지 않은 경우, ② 본인의 자발적 의사에 따라 작성되지 않은 경우, ③ 사전연명의료의향서 등록기관으로부터 「호스피스·완화의료 및 임종과정에 있는 환자의 연명의료결정에 관한 법률」 제12조제2항에 따른 설명이 제공되지 않거나 작성자의 확인을 받지 않은 경우, ④ 사전연명의료의향서 작성·등록 후에 연명의료계획서가 다시 작성된 경우에는 효력을 잃습니다.
5. 사전연명의료의향서에 기록된 연명의료중단등결정에 대한 작성자의 의사는 향후 작성자를 진료하게 될 담당의사와 해당 분야의 전문의 1명이 모두 작성자를 임종과정에 있는 환자라고 판단한 경우에만 이행될 수 있습니다.

210㎜×297㎜[백상지(80g/㎡) 또는 중질지(80g/㎡)]

1-2 재무준비의 규모에 영향을 비재무적 목표

삶은 목표이고, 돈은 그 삶을 보호하는 수단으로서의 가치가 있다. 또한 사람들은 각자가 지향하는 가치 있는 삶을 위해 돈을 현재에 쓰기도 하고, 미래로 이동(저축, 투자)해서 일정시점에 개인별 계획이 실행 가능한 재무여건을 만들기도 한다. 앞서 '1-1' 부문에서는 일반적인 사람들이 고민할 수 있는 항목별 비재무적 요소에서 고려해야 할 내용을 살펴보았다.

개인의 현재 상황 및 미래에 기대하는 바가 서로 다르기에 만족할 수 있는 기준도 개인별로 다르다. 스스로 기대하는 바에 대해 우선순위를 정하고, 하나씩 실행을 이어가는 은퇴준비가 필요하다.

〈표 1-2〉 은퇴생활 준비를 위한 비재무적 목표

비재무 요소	요소별 목표		
	꼭 하고 싶은 것	해야 할 것	하면 좋은 것
가족관계			
건강			
자기계발 & 배움			
주거환경			
여가 & 취미			
일			
웰다잉			

출처: 인생설계마스터 과정, 한국FP협회

비재무적 요소와 연관된 목표를 〈표 1-2〉의 형태로 작성하다 보면, 꼭 하고 싶은 것에는 일이나 비즈니스와 연관된 내용들이 많이 언급되고, 하면 좋은 것에는 시간적 여유나 재무부담이 상대적으로 크게 요구되는 내용들이 주되게 언급되곤 한다. 해야 할 것에 대한 내용으로는 생존해 있는 부모님에 대한 자식으로서의 도리나 자녀에 대한 경제적 책임 등이 대다수를 차지하는데, 이렇듯 미래의 목표에는 현재 상황이 상당부분 영향을 미치는 것이 일반적이다. 〈표 1-2〉에서 비재무적 목표에 대한 항목을 결정했다면, 다음은 그 목표를 달성하기 위한 실행계획이 있어야 한다.

〈표 1-3〉 항목별 목표의 우선순위 및 가치부여

비재무 요소	목표	달성 예정일	달성 시 느낌은?
가족관계			
건강			
자기계발 & 배움			

비재무 요소	목표	달성 예정일	달성 시 느낌은?
주거환경			
여가 & 취미			
일			
웰다잉			

출처: 인생설계마스터 과정, 한국FP협회

인간은 누구나 스스로 무언가 계획했던 것을 달성했을 경우, 남다른 감정을 느끼게 마련이다. 비재무적 요소의 기대목표는 충족되지 않고 있는 현재상황이 미래에 반영되었다고 보면 되는데, 이런 항목별 목표가 기대했던 결과로 나타난 경우에 느낄 수 있는 감정을 관리하는 것이 중요하다. 숫자로 표현되지는 못하지만 상상하는 것만으로도 의미를 부여할 수 있는 그런 감정은 지속적인 실행에 긍정적 영향을 미치기 때문이다. 무엇보다 중요한 것은 이를 위해 요구되는 재무부담 규모 및 구체적인 실행방법도 함께 고민되어야 한다는 것이다.

2 재무적 요소에 대한 준비

2021년 국민연금연구원이 발표한 조사결과에 의하면 50대 이상이 생각하는 노후 적정 생활비는, 평범한 생활 유지를 위해 부부 기준 월 277만 원, 최소 생활비로는 부부 기준 월 198만 원 정도가 필요하다고 한다. 국민연금에 20년 이상 가입한 사람의 월 평균

수령액이 98만 원(2022년 11월 기준)인 점을 고려하면, 국민연금만으로는 최소 노후생활비에도 미치지 못한다는 얘기다. 상황이 이렇다 보니 2021년 기준 우리나라 노인 빈곤율은 43.4%로 OECD 평균 15.8%의 3배에 가까운 상황으로 이어지고 있다.

따라서 노후자금에 대한 개인의 준비상태를 분석하여 추가로 필요한 금액을 마련하기 위한 실행계획이 필수적으로 요구된다. 다만 필요한 노후자금 규모에 대해서는 은퇴한 가구, 은퇴하지 않은 가구, 지역, 개인에 따른 차이가 크게 나타날 수 있기 때문에 통계자료에 의존하기보다는 직접 계산해보는 것이 현실적이다. 개인의 생활패턴과 매월 지출되는 고정지출 등의 상황에 따라 필요한 노후자금 규모에 상당한 차이가 나타날 수 있기 때문이다.

2-1 은퇴생활에 요구되는 재무준비 항목 및 고려사항

가. 정기적인 생활비 계산하기

인생은 현재부터 은퇴생활 전까지 자녀와 함께 생활하는 가족생활기간, 자녀 독립 이후 부부생활기간, 부부 중 선 사망자 발생에 따른 배우자 단독생활기간으로 이어진다.

〈그림 1-6〉 가족 구성원 상황변화에 따른 생애주기

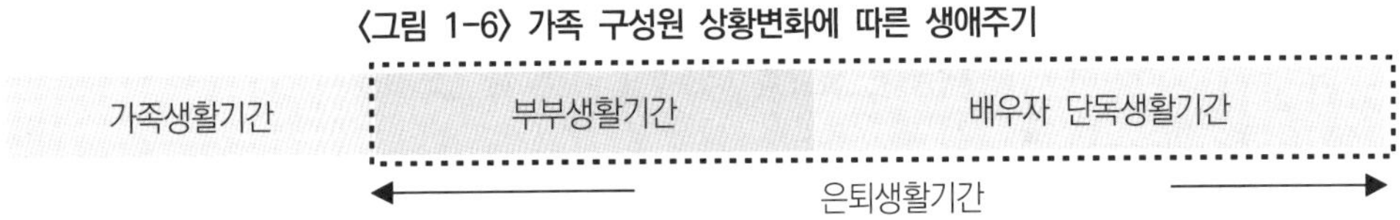

가계부를 작성하여 현재 월 생활비를 계산한 후 자녀로 인해 지출되는 비용을 제외하고 은퇴생활기간의 생활비를 계산한다. 이때 식비, 주거생활비, 교통비뿐만 아니라 보험료, 전기요금, 통신비 등 매월 나가는 고정비용과 부부의 취미활동을 위한 용돈도 빠짐없이 반영해야 한다.

나. 수시로 발생하는 필요자금 추가하기

매월 정기적으로 지출되는 월 생활비를 계산했다면, 매년 1~2회 비정기적으로 발생하는 필요자금을 별도로 계산하여 반영한다. 예를 들면 각종 세금, 자동차 보험료와 같은 예측 가능한 금액뿐 아니라 각종 경조사비, 단체모임 경비, 부부의 여행경비 등 수시로 발생할

수 있는 필요자금 예상규모를 잠정적으로 결정·반영한다.

다. 노후생활기간에 집중적으로 증가하는 지출항목 고려하기

자녀가 독립한 후 부부만의 생활기간으로 접어들면 정기적인 생활비는 대체로 줄어들지만 반대로 부담이 날로 증가하는 지출항목도 있다. 대표적인 것이 의료비이다. 2023년 국민건강보험공단과 건강보험심사평가원이 공동 발간한 '2022년 건강보험통계연보'에 따르면 2022년 65세 이상 노인 진료비는 45조7천647억 원으로, 한 해 전보다 10.6% 늘었다. 이는 노인인구 1인당 534.7만 원에 해당하는 금액으로 전체인구 1인당 206만 원에 비해 2.6배에 해당하는 의료비 부담이다.

〈그림 1-7〉 65세 이상 노인인구의 의료비 현황

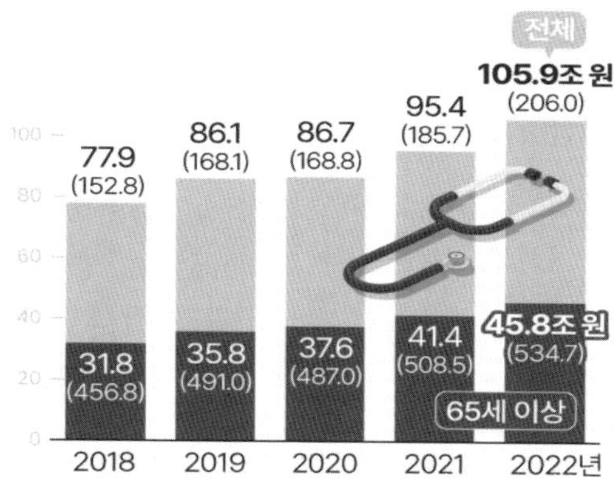

출처: 연합뉴스, 2023.11

소득이 크게 줄어들게 되는 은퇴생활에서 '최고의 재테크는 건강관리'라는 얘기가 있을 정도로 의료비는 노후생활 재무부담에 가장 큰 위험요인이다. 따라서 운동을 통한 건강관리는 기본이지만, 재무부담을 덜어낼 수 있는 보장자산(보험) 준비도 필수요건이다. 퇴직 시점에 이른 개인은 보유 중인 보장성보험에 대한 분석을 통해 보완해야 할 사항은 없는지 구체적으로 검토해야 한다. 예를 들어, 과거 가입한 질병·의료비 보험 등의 보험기간이 너무 짧게 지정되어 있는 경우, 노년층 대상 다발성 질환에 대한 진단자금 및 치료과정에 수반되는 의료비 지원이 실질적인 금액 규모로 반영되어 있는지 등을 세부적으로 검토하여 부족한 부분은 보완할 수 있어야 한다. 무엇보다 의료비 부담을 줄이기 위한 가장 기본은 건강한 신체상태 유지를 위한 자기관리이다. 정기적인 운동 및 예방

차원의 건강 보조식품, 영양제 복용 등에 지출되는 비용과 정기 건강검진 비용도 함께 고려해야 한다.

라. 물가상승률 고려하기

은퇴생활기간의 재무관리에서는 물가상승에 따라 보유자산이 줄어드는 위험을 반드시 고려해야 한다. 과거에는 절대금액 부족만을 위험으로 체감했지만, 늘어난 평균수명에 따라 보유자산의 상대적 가치가 하락함으로써 보유자산의 소진 속도가 빨라지는 위험까지 고려해야 한다. 앞에서 계산된 생활비는 현재 시점에서의 금액이므로 향후 물가상승률을 고려해야 노후생활자금의 실질가치를 보호할 수 있다. 대략 연 2~3%의 물가상승률을 적용하지만, 시장상황 변화에 따라 달라질 수 있음을 염두에 두어야 한다.

2-2 개인별 상황을 고려한 재무목표 및 실행방안

앞서 살펴본 비재무적 요소와 정기적인 생활비, 의료비 등을 종합적으로 고려한 은퇴생활의 재무목표를 세워야 한다.

가. 필요자금 산출 및 재무목표 수립

〈표 1-4〉 퇴직 후 비재무적 요소 항목별 필요자금 산출 예시

※ 전환기 상황 예측: 목돈 지출이 예상되는 가족 이벤트(자녀, 부부, 부모님 관련)

우선 순위	이벤트	예상시기	예상금액	준비된 금액	추가 필요금액	필요자금 해결방안
1	둘째 딸 결혼	2022년(3년 후)	10,000만 원	7,500만 원	2,500만 원	
2	퇴직 기념여행	2023년(4년 후)	3,000만 원	-	3,000만 원	퇴직금으로 활용
3	아내 대학원 입학	2023년(4년 후)	3,500만 원	1,500만 원	2,000만 원	매월 40만 원, 4년 저축 시작
4	어머니 의료 · 간병	대략 2025년 이후				상당부분 보험으로 해결
5	거주지 이전	2023년(4년 후)	-	-	-	유동자산 40,000만 원 증가
			16,500만 원	9,000만 원	7,500만 원	

먼저 〈표 1-4〉에서 확인된 추가 필요자금의 해결방안이 별도로 준비되어야 한다. 이에 대한 별도의 대안 없이 해당 시기에 이를 경우, 은퇴생활자금으로 활용해야 할 자산(퇴직금

등)이 다른 용도로 사용되는 경우가 종종 발생한다. 부모 퇴직 및 은퇴시기는 자녀의 경제적 독립 및 결혼 시기와 맞물려 있다. 예를 들어, 이 시기에 부모로부터 지원받을 수 있는 결혼자금이 부모의 은퇴생활자금으로 활용될 수 있다면, 부모가 자녀에게 의지하지 않을 수도 있는 큰 금액이다. 따라서 자녀 스스로 결혼자금 독립성을 갖추는 것에 대해 공감하는 세대 간 소통이 필요하다.

〈표 1-5〉 은퇴생활기간 필요 생활자금 산출

구분	산출근거	
① 은퇴생활기간	부부생활기간 배우자 단독생활기간	년 년
② 은퇴 후 예상 생활비(월)	부부생활기간 배우자 단독생활기간	원 원
③ 필요 노후자금	① × ② × 12개월	원
④ 준비된 자금(월)	국민연금 퇴직연금 개인연금	원 원 원
⑤ 부족한 금액(월)	④ - ③	원
⑥ 부족자금 해결을 위한 목돈규모		원

〈표 1-5〉에서와 같이 은퇴생활자금을 계산할 때는 기간별(부부생활기간, 배우자 단독생활기간)로 나누어 필요자금을 산출할 수 있다. 현재 생활비규모에서 자녀 용돈, 교육비 등과 같은 자녀 관련 지출규모만 제외하면 부부생활기간의 필요자금, 선 사망자 발생에 따른 1인 용돈을 제외하면 배우자 단독생활기간 생활비가 된다. 그 외 정기적으로 발생하는 고정비용은 그리 변동이 심하지 않기 때문에 현행 수준의 규모에 기간별 상승률을 반영하여 산출할 수 있다.

준비된 은퇴생활자금은 금융감독원 '은퇴종합포털'에서 확인할 수 있다.

〈그림 1-8〉 금융감독원 통합연금포털

출처: 금융감독원

공적연금과 회사지원의 퇴직연금, 개인이 금융기관에 가입하고 있는 연금자산 규모와 인출가치를 기간별로 가늠해볼 수 있다. 이를 필요자금 규모와 비교하면 추가적으로 요구되는 (월)생활자금이 산출된다. 끝으로 매월 정기적으로 발생하는 부족한 금액을 만회하기 위해서 요구되는 일시금의 가치를 산출하고, 이를 해결하기 위한 자산상태 조정 등의 실행방안을 마련해야 한다.

나. 부족자금 해결을 위한 재무상태 분석 및 조정

은퇴생활에서는 일반적으로 모아둔 자산을 사용하기 때문에 보유자산이 고갈되지 않도록 효율적으로 분산·소비하는 것이 중요하다. 은퇴 후에는 수입이 없거나 적어지므로 지출을 줄여야겠다고 생각하지만, 나이가 들고 건강이 나빠짐에 따라 발생하는 의료비 등의 지출 때문에 생활비가 더 많이 들 수도 있다. 따라서 현재 보유 중인 자산과 부채 상황을 점검하고, 일상 생활비와 예상치 못한 지출에 대비한 비상자금을 준비하는 등 구체적인 재무계획을 세워야 한다.

또한 앞서 〈표 1-5〉에서 산출된 은퇴생활자금의 부족분을 만회하기 위해 자산항목에 대한 조정 등의 합리적인 선택도 요구된다.

1) 부채자산 점검

2017년 통계청의 가계금융·복지조사의 결과에 따르면 60대 이상 가구주의 35%가 평균 8,328만 원의 금융부채를 가지고 있다고 한다. 은퇴 후 소득이 중단될 수 있는 상태에서 이 정도 금액의 부채상환 부담은 소득활동기간 때보다 더 클 수밖에 없다. 따라서 은퇴생활기간으로 진입하기 전에 가계자산과 부채의 규모, 대출금리, 잔존 상환기간 등을 점검하고 합리적인 방향으로 부채를 재조정해야 한다.

부채를 상환할 때는 대출금리나 연체금리가 높은 대출, 신용등급에 영향을 주는 대출(대부업체, 카드사, 캐피탈사 및 저축은행 대출 등), 대출 잔액이 적거나 상환기간이 짧은 대출부터 갚는 것이 효율적이다. 일반적으로 은행권 대출인 경우에는 금리가 높은 한도대출(마이너스 통장), 신용대출, 예금담보대출 등의 순서로 상환하는 것이 좋다.

이와는 반대로 은퇴 후 창업 등의 계획 때문에 대출을 통한 목돈확보가 꼭 필요한 상황이라면, 가능한 한 퇴직 전에 대출을 받아놓는 것이 유리하다. 흔히 부동산 담보대출은 주택만 있으면 대출이 가능하다고 생각하겠지만, 실제로는 담보가 되는 주택 외에도 소득을 증명하는 자료와 채무자의 소득으로 대출을 잘 상환할 수 있는지를 판단하는 총부채상환비율(DTI) 및 총부채원리금상환비율(DSR) 등을 고려하여 대출 여부와 대출금리를 결정하기 때문이다. 따라서 소득이 있을 때 대출을 받으면 은퇴 후보다 상대적으로 낮은 금리를 적용받을 수 있다.

2) 부동산자산 점검

은퇴생활기간에 임박해 있는 우리나라 베이비부머 세대 대부분은 은퇴자산이 쉽게 현금화하기 어려운 부동산에 집중되어 있다. 이런 상황에서는 자녀의 결혼, 의료비 지출 등 일시적 목돈이 필요할 때 곤란해질 수 있고, 부채규모가 오히려 확대되는 상황이 벌어지기도 한다. 따라서 은퇴 후 효율적인 자산관리를 위해서는 상대적으로 유동성을 확보할 수 있는 자산에 대한 분산·운용에도 관심을 가져야 한다. 또한 오피스텔, 상가임대 등 수익부동산의 경우도 단순 수익률이 아닌 관리비, 임대차 계약 시 중개수수료, 공실 가능성 및 보유세 등 다양한 지출항목을 점검하여 실제 수익규모를 기준으로 판단해야 한다. 부족한 은퇴생활비 확보를 위해 거주 중인 주택부동산을 담보로 하는 주택연금

활용 여부에 대해서도 개인의 선택이 요구된다.

3) 금융자산 점검

금융자산은 단순수익률보다 이자 소득세와 물가상승률 등을 고려한 실질 수익률 관리가 중요하다. 통상 은퇴자산을 안정적으로 운영하기 위해 원리금보장상품에 예치하는 경우가 많은데 저금리 기조가 장기간 유지될 것으로 예측되는 상황에서는 펀드와 같은 실적배당상품 운용을 통한 수익 다변화도 고려할 필요가 있다.

다만, 투자실적에 따라 수익률이 변동되는 실적배당상품은 예금 이상의 수익을 기대할 수 있는 동시에 원금 손실의 우려도 있다는 점을 유의해야 한다. 충분한 상담을 통해 상품의 특성을 정확히 파악하고, 기대수익과 위험요소를 고려하여 합리적인 투자를 해야 한다.

제2절 | 은퇴설계 컨설팅 실무

은퇴설계를 실행할 때는 고객과의 관계 정립을 시작으로 이후 모니터링 서비스에 이르기까지 단계별 지원내용을 고객과 공유하게 된다. 이 과정에서 무엇보다 중요한 것은 고객의 재무정보와 계획에 반영되어 있는 은퇴생활에 대한 기대심리를 얼마나 잘 읽어내느냐 하는 것이다.

돈의 흐름에는 개인의 기대심리가 반영되어 있고, 그 성향에 따라 자산구성 내용이 개인별로 달리 나타난다. 순자산이 반영되어 있는 '자산부채상태표'의 현황은 과거부터 현재까지 이루어진 개인 재무관리의 결과로서, 유형별 자산에 대한 선호도 및 투자성향이 반영되어 있다. 또한 매월 반복적으로 이루어지는 소득의 유입과 지출내역이 반영된 '현금흐름표'를 보고 개인에게 습관으로 형성되어 있는 소비성향을 읽을 수 있어야 한다. 자산상태 개선 및 의도하는 바를 이루기 위해서는 현금흐름에서 잉여가치를 저축과 투자여력으로 산출할 수 있어야 하는데, 이를 위해서는 개인의 소비패턴 및 지출항목별 조정이 요구될 수도 있다. 오랜 기간 형성된 습관을 바꾸는 것은 그리 쉬운 일이 아니다. 즉 고객과 합의를 도출하는 것이 쉽지 않을 수 있다는 말이다.

따라서 시장상황과 고객 개인의 상황 및 성향을 종합적으로 고려하여 고객이 수용할 수 있는 근거를 제시할 수 있어야 한다. 은퇴생활을 위한 해결안은 연금상품에 추가로 지출해야 할 비용규모를 산출하고, 적당한 상품을 구매하는 단순한 논리를 넘어서야 한다.

1) 고객이 기대하는 은퇴생활 방향성을 공유할 수 있어야 한다.
2) 자산부채상태표 및 현금흐름표에서 조정이 필요한 위험요소를 읽을 수 있어야 한다.
3) 고객의 재무적으로 안정감 있는 은퇴생활을 위한 해결안을 구성·제시해야 한다.
4) 긍정의 선택은 시장상황 및 고객의 기대에 부합하는 내용으로 해결안이 구성되었을 때 가능하다는 것을 인지해야 한다.

1 유형별 정보 및 분석

1-1 은퇴설계를 위한 고객정보의 유형 및 고려사항

가. 신상 및 소득 관련 기초정보

본인정보

성별	이름	주민등록번호	휴대폰	이메일
		-		
주소				

배우자정보

성별	이름	주민등록번호	휴대폰	이메일
		-		

자녀정보

성별	이름	출생연월	학교정보		교육비		결혼예상정보	
			초/중/고/대학	학년	공교육비	사교육비	혼인연령	부모부담비용

기타 부양가족 정보

본가	나이	거주지역	건강상태	부양자	처가	나이	거주지역	건강상태	부양자
父(부)					父(부)				
母(모)					母(모)				

▮ 정규소득은 자산을 형성하는 데 가장 큰 원천입니다. 정규소득은 근로자일 경우에는 근로소득, 자영업자일 경우에는 사업소득, 연금개시 연령이 되신 분은 연금소득이 있을 것입니다.
본인의 정규소득은 얼마이십니까?(연간소득)
세금을 제외한 금액이신가요?(세후 월평균소득)

구분	회사	직무	근무연수	근로소득	사업소득	연금소득	기타소득
본인							
배우자							

▮ 일시소득, 즉 상속이나 증여를 통해서 받을 재산이 있는지요?

종류	예상시기	금액	기타

출처: 돈 걱정 없는 우리집 지원센터, 김의수

1) 자녀 관련 정보에서 자녀에게 지출되고 있는 교육자금 지원의 잔여연수 및 금액, 결혼 관련 비용 규모 중 부모가 지원하려는 예상금액 및 지원시기를 확인한다.

2) 부양가족 중 양가 부모님 생존 여부에 따른 의료·간병 관련 비용부담, 해결방안에 대한 의견을 공유한다.

3) 배우자와 소득 유형별 금액규모 및 소득활동 지속가능 기간, 종료 시 얻을 수 있는 퇴직금 등의 목돈 규모를 예측한다. 이를 통해 공적연금과 퇴직연금의 소득대체율을 예측할 수 있다.

나. 고객 기초상황 및 재무관심사

1. 현재 가장 큰 재무적 관심사는 무엇입니까?

2. 현재 가장 중요한 비재무적 관심사 또는 목표는 무엇입니까?

3. 그동안 삶에 큰 변화가 일어났습니까? 예) 가족관계 변화, 주거환경 변화, 대출, 자녀결혼, 직장변동, 창업 등

4. 향후 일어날 일이나 계획하고 있는 일 가운데 재무적으로 영향을 미칠 만한 변화가 있습니까?

5. 특별한 사정이 생겼다거나, 기타 의논할 내용이 있습니까?

6. 현재 연소득은 얼마입니까? 향후 이 소득 규모가 변경될 예정입니까?

7. 상담받고 싶은 분야가 있다면? 특별히 궁금한 분야는?
□ 안에 'V' 표시를 해주시고, 간단한 내용 기재 바랍니다.

□ 주택관련 플래닝	
□ 대출상환 플래닝	
□ 자산배분(투자전략)	
□ 펀드점검	
□ 보험 리모델링 및 점검	
□ 자녀교육 및 결혼자금 마련	
□ 은퇴 플래닝	
□ 지출관리	
□ 목적자금 마련	
□ 기타	

8. 재무목표와 인생의 가치를 달성하는 데 현재 저축과 지출 관리가 잘 되고 있습니까?

출처: 돈 걱정 없는 우리집 지원센터, 김의수

1) 고객에 대한 적절한 질문을 통해 재무관심 분야를 읽을 수 있어야 한다.
2) 상담을 집중하고 싶어 하는 주제가 있다면 그 이유를 확인해야 한다.
3) 과거 관심 분야 및 상담 분야에 대해 컨설팅 서비스나 실행 경험이 있다면 공유한다. 아쉬웠던 경험 및 만족했던 경험에 주의를 기울이면서 고객의 선호성향을 확인한다.

4) 향후 발생 가능한 일에 대해 스스로 어떤 방법으로 해결할 계획인지를 공유하면서 내재되어 있는 고객의 성향이나 기대를 읽을 수 있어야 한다.

5) "그 점은 이렇게 하면 어떨까요?" 등의 질문을 통해 잠정적 합의를 끌어내야 한다. "이 부분은 ~라고 동의하신 부분을 고려했습니다"라고 제안할 때 사용할 수 있도록 사전에 준비한다.

⇒ 해결안이 고객과 합의에 의해 구성되었다는 메시지를 우회적으로 전달하는 효과가 있다.

다. 유형별 보유자산 현황

▶ 적금 및 적립식펀드
월 소득에서 저축은 얼마만큼 하고 계십니까? 그리고 어디에 넣고 계십니까?
현재 거래하고 있는 금융기관을 선택한 특별한 이유가 있으십니까?
가입하신 목적은 무엇입니까? 혹 중도해지를 하신 경험은 있으십니까?

→ 질문으로 확인

적금 매월 불입하는 저축, 정기적금, 청약저축 등

명의	금융 기관명	상품명	금리	과세 구분	월불입액	가입 목적	가입연월		만기연월		불입액
							년	월	년	월	

펀드 매월 불입하는 적립식펀드

명의	금융 기관명	펀드명	월 불입액	평가금액	가입목적	가입연월		만기연월	
						년	월	년	월

출처: 돈 걱정 없는 우리집 지원센터, 김의수

1) 가입 당시 활용목적과 만기 시 사용계획에 대한 변경사항은 없는지 확인한다.

2) 사용계획에 변화가 있다면 어떤 용도로 활용할 것인가를 공유한다.

3) 만기가 도래하면 매월 지출하는 금액에서 여유가 생길 텐데 이를 어떤 용도로 사용할 것인가에 대한 확인과 합의가 필요하다(현금흐름 관리차원).

4) 투자상품인 펀드운용과 관련하여 '기대수익 규모는?', '관리는 어떤 방법으로?' 등 관리 서비스에 대한 경험을 공유하면서 고객의 성향을 읽을 수 있어야 한다.

5) CPB 자신은 어떤 방법과 주기로 투자상품 기대관리를 하는지에 대한 언급으로 'CPB 역할 실행 패턴'을 고객이 읽을 수 있도록 한다.

▶ **연금**(저축성보험 포함)

요즘 평균수명의 증가와 노후에 대한 불안으로 연금에 대한 관심이 높습니다. 고객님은 공적(국민)연금이나 개인연금에 가입한 내역이 있습니까? 이 역시 상품분석을 위해 사본이나 증권이 필요합니다.
만약, 서류가 없으시다면 알고 계신 사항들을 말씀해주시기 바랍니다.

명의	금융 기관명	상품명	월불입액	가입연월		납입기간	누계불입액	연금개시연령	월수령액
				년	월				

▶ **보장성보험**(소비성지출에 포함됨)

보험은 인생을 풍요롭게 사는 데 꼭 필요한 안전장치입니다. 성별이나 연령에 따른 의료보장이 달라집니다.

명의	금융 기관명	상품명	월 불입액	가입연월		납입기한		누계불입액
				년	월			

▶ **대출상환**(담보대출, 신용대출, 자동차할부, 현금서비스&카드론, 사채, 보험약관대출 등)
혹시 대출받으신 게 있으십니까? 대출시기와 대출종류 및 상환방법에 대해서는 알고 계신지요? 그리고 공공기관 대출 이외에 다른 사람에게 돈을 빌리신 게 있는지요?
대출과 부채 등에 관련된 금액을 알려주시면 상환에 필요한 계획을 수립해드리겠습니다.

금융기관명	대출종류	상환방법	대출금리	월상환금액	현잔액	대출목적	대출연월		상환연월	
							년	월	년	월

기타채무	

출처: 돈 걱정 없는 우리집 지원센터, 김의수

6) 연금자산 중 변액형 연금에 대한 수익관리 경험 및 현황을 확인한다.
7) 보유 중인 연금자산의 경과기간별 인출시기, 인출가능 금액에 대해 알고 있는지를 확인한다. ⇒ 추가적인 증권분석을 통해 구체적 인출전략은 별도로 모색한다.
8) 연금자산 명의자 및 수령권자 등에 대한 기본관계를 확인한다.
9) 보장성보험의 계약관계자, 대상자별 보장내용의 적정성, 보험료 납입부담의 적정성 등에 대해 고객이 이해하고 있는지 확인한다. ⇒ 증권분석을 통한 조정 필요성이 있는지는 추후 판단할 것임을 공유한다.
10) 보유자산으로 대출상환 가능 여부 및 대환 등 조정의사가 있는지 질문으로 확인한다.

▶ **예금 및 금융투자자산**

예금 예치해놓은 종잣돈, 정기예금, 청약예금 등

명의	금융 기관명	상품명	금리	과세 구분	예치금액	가입 목적	가입연월		만기연월	
							년	월	년	월

금융투자자산	주식이나 채권, 수익증권, 펀드 등에 투자하고 있다면 평가금액은 얼마입니까?								
명의	금융 기관명	상품명	투자원금	평가금액	가입연월		만기연월		투자목적
					년	월	년	월	

▶ **부동산 자산:** 지금 주거현황은 어떻습니까? 혹 주거용 외에 투자를 목적으로 가지고 계신 부동산은 있는지요? 현재 소유하고 계신 차량에 대해서도 알려주세요.

주거용 부동산	취득/ 전입일자	자가			전세보증금			월세보증금			평수
		주택	아파트	빌라	주택	아파트	빌라	주택	아파트	빌라	
		○	○	○	○	○	○	○	○	○	
	금액:										

투자용 부동산	명의자	종류	투자원금	현시가	예상처분가액	임대보증금	지역	시기

자동차	소유구분	차종	연식

▶ **현금:** 현재 보유하고 계신 현금은?

유동성 현금자산	

출처: 돈 걱정 없는 우리집 지원센터, 김의수

11) 앞서 제시한 '적금 및 적립식펀드 보유현황'에 대한 확인사항과 동일한 내용을 확인한다.

12) 자녀 독립 후 주거환경 변화에 대한 계획 여부를 확인한다.

13) 주거환경이 바뀌면 추가적인 자본이 요구되는 형태인지, 아니면 유동자산이 확보될 수 있는 형태인지를 확인한다. 아울러 주택 다운사이징(downsizing) 계획 여부도 확인한다.

14) 주택(자가인 경우)을 활용한 주택연금 활용은 어떻게 생각하는지 확인한다.

15) 현재 수익형부동산 보유 여부 및 향후 운용에 대한 계획, 자본금 조달 방안을 확인한다.

라. 재무상태에 영향을 미치는 상황변화

다음 □ 안에 'V' 표시를 해주시고, 특기사항에 간단한 내용을 기재 바랍니다.

	인생의 변화	현재 겪고 있다	곧 겪게 될 것 같다	향후 겪게 될 것 같다
직업 관련	진로 변경, 직장 이동	□	□	□
	승진	□	□	□
	실직	□	□	□
	사업 청산	□	□	□
	창업 또는 부업 개시	□	□	□
	특기사항:			
재무적 변동	주택 구입	□	□	□
	주택 매각	□	□	□
	이사	□	□	□
	투자 이익 또는 손실 경험	□	□	□
	부채 관리 문제	□	□	□
	새로운 투자 기회	□	□	□
	특기사항:			
가족 관련	자녀 및 손주에게 증여·상속	□	□	□
	자녀의 사춘기 정서나 관계 문제	□	□	□
	부모님 건강(장애 및 치료, 입원 등)	□	□	□
	가족의 건강(장애 및 치료, 입원 등)	□	□	□
	부모님 용돈(연금형태)	□	□	□
	부모와의 관계, 역할 문제	□	□	□
	특기사항:			

출처: 돈 걱정 없는 우리집 지원센터, 김의수

1) 개인에게 발생 가능성이 있는 상황에 따른 재무수요 및 변동을 확인한다.
2) 소득의 상승 또는 하락, 일시적 목돈이 요구되는 상황 등에 어떤 방법으로 대응할 계획인지 잠재적인 대안을 공유하고 향후 해결안에 반영하여 제안할 것임을 안내한다.
3) 위에 언급된 상황 외 발생할 수 있는 미래 계획 및 특이사항 여부를 확인한다.
4) 자녀 결혼지원 외 자산승계 등의 별도 계획은 있는지, 그 시기는 언제쯤으로 고려하고 있는지 확인한다.

마. 정기지출 및 신용카드 사용 현황

▶ 정기지출 현황

구분	지출사항	기존 지출	조정 지출	조정 효과	구분	지출사항	기존 지출	조정 지출	조정 효과
주거 생활비	월세				육아비	분유/이유식			
	전기요금					기저귀			
	관리비/수도요금					육아용품			
	가스요금					육아도우미			
	정수기, 비데					소계			
	생활용품구입				(공) 교육비	등록금			
	기타(　　)					급식비			
	기타(　　)					교재/기자재비			
	소계					소계			
식비	주식/부식비				(사) 교육비	유치원			
	기호품/간식					학원비			
	과일					교재/기자재비			
	기타(　　)					학습지/참고서			
	소계					과외			
외식비	가족외식비					기타(　　)			
	기타(　　)					소계			
	소계				용돈	부모용돈			
교통비	차량유류비					남편용돈			
	남편대중교통비					아내용돈			
	아내대중교통비					자녀용돈			
	부모/자녀교통비					기타(　　)			
	택시비					소계			
	대리운전비				교제비	접대/유흥비			
	기타(　　)					각종회비			
	소계					기타(　　)			
통신비	남편핸드폰					소계			
	아내핸드폰				종교헌금 /기부금	헌금/십일조			
	부모핸드폰					기부			
	자녀핸드폰					소계			
	인터넷폰				공공보험 지역가입	국민연금			

구분	지출사항	기존 지출	조정 지출	조정 효과	구분	지출사항	기존 지출	조정 지출	조정 효과
	인터넷사용료				자	건강보험료			
	케이블사용료					소계			
	유선전화				각종할부	자동차할부			
	기타(　　)					신용카드할부			
	소계					기타(　　)			
의료비	건강식품					소계			
	병원비				금융비용	마이너스통장			
	약값					담보/약관대출			
	기타(　　)					사금융/지인			
	소계					기타(　　)			
문화 생활비	운동					소계			
	신문/도서비				보장성 보험료	생명보험			
	공연관람료					손해보험			
	소계					소계			
매월정기지출총액									

▶ **신용카드 사용 현황**

사용지	카드명	사용용도	평균결제액	현금서비스잔액
				0
				0
				0
				0

출처: 돈 걱정 없는 우리집 지원센터, 김의수

1) 기초정보에서 확인한 유형별 소득합산 금액 대비 정기지출의 규모비율을 확인한다.
2) 위 양식은 지출내역 확인, 조정가능 여부 확인을 위해 세부적으로 기재했지만 향후 모니터링을 할 때 생활비, 교육비, 공과금 및 금융비용 등으로 단순화해도 괜찮다.
3) 고객 스스로가 현 지출규모 대비 지출금액을 조정할 수 있도록 한다.

바. 비정기 지출 항목별 현황

구분	지출사항	지출	비고	구분	지출사항	지출	비고
교통비 (자동차)	자동차수리비			세금	재산세(7월)		
	자동차세금 (1월, 6월)				토지세(9월)		
	자동차보험료				종합부동산세(9월)		
	기타 (환경개선부담금)				주민세		
	소계				기타( )		
공교육비	등록금				소계		
	수학여행/소풍			취미/여행	가족여행		
	교재/기자재				휴가		
	기타( )				주말농장		
	소계				레저(등산, 스키)		
생활용품	수선/수리비				기타( )		
	가구/가전				소계		
	생활용품			경조사 (본인, 친구)	설(1월)		교통, 선물, 세뱃돈
	소계				연말연시 행사		
기타					어버이날(5월)		
					추석(9월)		
					김장(11월)		
					부모님 생신		
					가족생일 (부모포함)		선물 및 식사
					기타(기일)		
	소계				소계		
비정기지출 합계							

출처: 돈 걱정 없는 우리집 지원센터, 김의수

1) 비정기으로 지출되는 항목별 금액을 어떤 방법으로 집행해왔는지 확인한다.
2) 정기적인 생활비와 구분하여 관리하는지, 그 밖에 별도의 방법으로 관리하는지 확인한다.
3) 지출 항목 및 금액규모의 적합성을 판단하고 조정이 필요한 사항에 대하여 고객과 공유한다.

1-2 유형별 정보 분석

재무상태에 반영되어 있는 유형별 자산규모, 부채규모, 순자산 현황에 대해 종합적인 검토와 조정이 요구되는 내용은 없는지를 CPB로서 판단해야 한다. 또한 그 근거로 제시할 수 있는 객관적 기준이 있어야 한다.

〈표 1-6〉 재무상태 분석 항목

자산부채현황 분석	현금흐름 분석
- 비상예비자금비율 - 총부채부담비율 - 금융자산비중비율	- 가계수지비율 - 총부채상환비율 - 보장성보험료 준비비율 - 총저축성향비율 - 노후대비저축비율

가계자산 및 현금흐름에 반영되어 있는 내용을 분석할 때 활용하는 데이터는 공신력 있는 기관에서 제시하는 통계를 사용하는 것이 합리적이다. 다만 개인의 상황에 부합하지 않는 것도 있을 수 있으니 일률적으로 적용하기보다는 고객 개별적인 상황을 고려할 수 있어야 한다.

가. 자산 부채현황 분석

자산부채현황에서는 소득의 일시적 중단 및 비상시 가용할 수 있는 현금자산이 일정규모 이상 준비(비상예비자금비율)되어 있는지를 확인해야 한다. 이는 신규부채 발생을 억제하는 기능으로서 의미가 있다. 또한 고정자산에 편중되어 있는지를 알기 위해 금융자산비중비율을 고려하고, 과도한 부채를 통제하는 차원에서 총부채부담비율도 중요하게 관리해야 한다. 금리상승기에는 현금흐름에서 지출되는 금융비용 규모가 지속적으로 상승할 수 있기에 적절한 범위 내에서 통제할 수 있어야 한다.

나. 현금흐름 분석

현금흐름에서는 소득대비 미래를 대비하는 저축성향, 유형별 위험에 따라 순자산

손실발생을 대비하는 보장성보험준비비율, 부채규모에 따라 지출되는 금융비용 등의 내용을 중심되게 분석한다. 또한 개인이 연금인출 용도로 보유하고 있는 자산과 공적연금, 퇴직연금, 개인연금 등을 반영하여 은퇴생활의 현금흐름(cash flow)을 잠정적으로 산출해본다.

〈표 1-7〉 가계재무비율 가이드라인 및 자료

주요지표	재무비율 가이드라인 및 연령별 세부 지표
가계수지지표	총소득 대비 총지출은 대략 70% 이하 [20대(50%), 30대(70%), 40대(80%), 50대(90%), 65세 이상(95%)]
비상예비자금지표	총지출 금액 대비 유동성자산 금액은 2~6배 [20대(2배), 30대(3배), 40대(4배), 50대(5배), 65세 이상(6배)]
총부채상환지표	총소득 대비 총부채상환액은 대략 30% 이하 [30~40대(25% 미만), 65세 이상(0%)]
총부채부담지표	총자산 대비 총부채는 대략 40% 이하
보장성보험준비지표	총소득 대비 보장성보험료는 8~10%
총저축성향지표	총소득 대비 총저축은 대략 30% 이상 [20대(50%), 30대(30%), 40대(20%), 50대(10%), 65세 이상(5%)]
노후대비저축지표	총저축에서 노후대비저축이 차지하는 비중은 대량 50% 이상
금융자산비중지표	총자산에서 금융자산 비중은 대략 40% 이상

출처: 신용회복위원회

다. 재무상태 분석의 효과

〈표 1-7〉과 같은 객관적 기준을 적용해서 자산상태 및 현금흐름에 대한 분석결과를 제시할 때 꾀할 수 있는 기대효과는 다음과 같다.

1) 통계를 기반으로 제공된 데이터는 자신의 재무상황에 대한 현실적 판단을 하는 데 도움을 줄 수 있다.
2) 현재 상태에서 개선을 요하거나 재무목표를 위해 조정해야 하는 것을 CPB가 제안할 때, 고객의 수용성 및 개선의지를 제고하는 데 효과적이다.
3) 현금흐름에 반영되어 있는 지출규모를 축소, 재무목표를 위한 추가 투자 및 저축 여력 산출을 제안할 때 저항감을 완화할 수 있다.

4) 자산부채상태, 현금흐름의 조정을 통해 실행할 수 은퇴준비의 효과를 제시할 때, 실행에 대한 긍정의 동기부여가 될 수 있다.

5) 향후 경과기간별 모니터링 시 목표관리를 위한 기준으로 활용할 수 있으며, 실행에 대한 목표 의식을 구체적으로 제시할 수 있다.

2 포트폴리오 구성 및 제안서 작성

2-1 고객정보에 반영된 문제의 유형 및 해결방안

포트폴리오는 개인의 자산상태에서 나타난 문제 및 재무목표 달성을 위해서 활용하는 분산투자 형태의 상품전략이다. 이를 고려할 때 앞서 살펴본 유형별 고객정보에 담겨 있는 문제의 유형과 조정방향을 설정하는 것이 선행되어야 하는데, 은퇴준비를 기준으로 볼 때 발견되는 일반적인 문제유형은 다음과 같다.

가. 보유자산이 부동산자산에 편중된 경우

우리나라는 1980~90년대를 넘어오면서 부동산자산 가치상승에 따른 차익을 경험한 사람이 상당수에 이른다.

〈그림 1-9〉 기간별 부동산 및 물가 변화

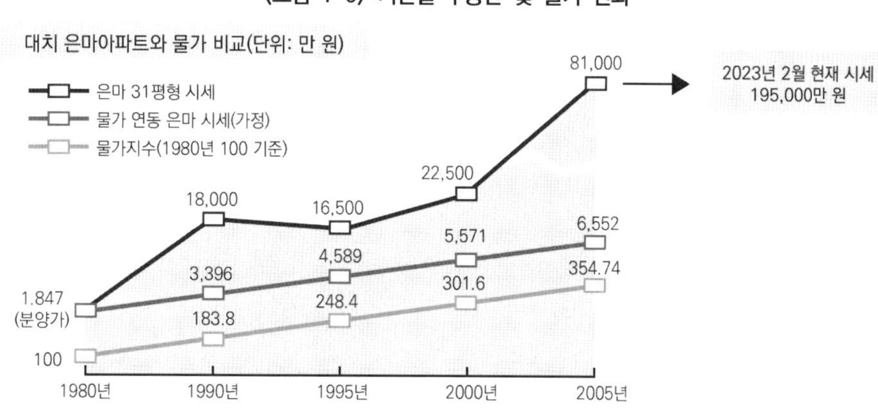

출처: 통계청, 부동산뱅크

〈그림 1-9〉은 많은 사람에게 회자되는 서울 강남 소재 아파트의 사례이다. 부동산자산에 대한 이런 경험이 현재 자산보유 및 관리에서 보이는 개인 성향에 영향을 미쳤을 수도 있다. 다만 과거와 같은 부동산시장 상황의 재연 여부가 확정적 사실이 아니라면, 그에 맞는 자산관리 패턴을 유지해야 한다. 과거 경험에 대한 지나친 확신이 미래를 대비하는 자산관리 및 운용에 오히려 위험이 될 수도 있기 때문이다. 따라서 부동산자산의 일부 비율을 금융자산으로 전환하여, 자산 유형별 분산전략을 실행할 수 있어야 한다.

보유 부동산자산에 대한 부채비율도 중요한 변수이다. 정기소득에서 차감되는 금융비용은 대출규모와 금리상황에 따라 부담이 다를 수 있고, 수익형 임대부동산일 경우 실질 운용수익에도 영향을 미칠 수 있다. 따라서 개인의 가용소득 규모와 시중금리 상황을 고려해서 부동산자산에 연계되는 부채규모를 판단·조정해야 한다.

나. 금융자산이 예·적금 위주의 안전자산에 편중된 경우

대표적 안전자산인 예금자산에 대한 선호도는 현재까지 그 흐름을 이어가고 있다. 다만 예금자산에 부여되는 금리가 과거와 달리 상당부분 하락한 상황이라서 이에 상응하는 대응이 요구된다. 가장 중요한 것은 '안전성'에 대해 과거와 다른 인식이 필요하다는 것이다. 과거에는 '원금을 보존할 수 있는 절대적 기능'을 중심으로 안전성을 고려했지만, 금리가 상당부분 하락한 상황에서는 '보유자산 조기소진의 상대적 위험'까지도 포괄하는 확대된 개념이 요구된다. 이는 예금자산으로 보유하고 있는 은퇴자산에 적용되는 금리가 물가상승률보다 낮은 경우에 발생하는 위험을 의미한다.

다. 은퇴자금 용도의 별도 자산이 없는 경우

개인의 자산부채상태표에 반영되어 있는 용도별 자산에서 은퇴생활을 위한 독립된 재원이 없는 경우에는 퇴직 후 다른 용도로 전용되는 경우가 빈번하게 발생할 수 있다. 소득활동기간에는 목돈지출이 대부분 주택 관련 부분에 집중되는 경향이 있는데, 그 외 자녀교육 및 결혼, 잔여 부채상환, 창업자금, 부모님 의료 관련 비용부담 등은 개인의 퇴직이 집중되는 50세부터 60세 사이에 발생한다. 이런 상황을 고려한 재원마련이 필요하다.

1) 은퇴생활 재원으로 사용할 목적자금은 다른 용도의 목적자금과 구분해서 별도로 마련해야 한다.
2) 은퇴생활 재원을 다른 용도로 전용하지 않고, 안정적인 연금형태로 분할 수령하기 위해서는 퇴직 후 발생하는 목돈수요를 해결하기 위한 대체재원도 함께 준비되어야 한다.

라. 국민연금에만 의존하는 경우

국민연금 소득대체율은 매년 0.5%씩 하락하고 있는 상황이다. 이는 개인이 추가적으로 준비해야 할 연금자산 규모가 더 확대되어야 한다는 것을 의미한다. 또한 퇴직(연)금이 연금형태의 분할수령이 아닌 일시금 형태로 인출되어 단기 소진되는 경우가 일반적인 상황임을 고려하면, 은퇴생활을 보호할 수 있는 정기소득원의 추가편성이 더욱 절실히 요구된다.

마. 부인 명의의 별도 은퇴자산이 없는 경우

연금자산의 활용가치를 높이는 방법은 오래 생존하면서 수급기간을 늘리는 것이다. 따라서 수급대상자를 평균수명이 상대적으로 긴 사람으로 지정하는 것이 유리한데, 이에 따라 부인 명의의 연금자산을 준비하여 인출전략으로 활용하는 방법을 고려할 수 있다. 그럼에도 현재 대부분 연금자산(공적연금, 퇴직연금)은 경제활동을 주로 하는 남편 명의로 되어 있다. 추가적인 연금자산을 개인적으로 준비할 때는 부인 명의로 계약관계를 설정하는 것을 적극적으로 고려해야 한다.

바. 은퇴생활재원을 보호할 수 있는 보장자산이 없는 경우

보장자산은 그 자체를 목적으로 하지는 않는다. 만일의 경우에 발생하는 순자산의 손실을 예방하는 차원에서 활용하는 것이 일반적이고, 이는 '위험이전'이라는 위험관리의 일환으로 실행되고 있다. 만일 발생한 유형별 위험을 해결하기 위해 쓰이는 순자산이 은퇴생활을 목적으로 준비된 자산이라면 은퇴생활 재원이 부족한 상황이 지속적으로 발생할 수 있다. 따라서 은퇴생활에 주로 발생할 수 있는 유형별 위험에 대비하는 보장자산(보험) 준비현황도 분석하여, 보완할 부분을 실행안에 반영해야 한다.

사. 현금흐름에 반영된 지출규모가 많은 경우

매월 발생하는 고정지출 및 소비성 변동지출 규모가 일반적인 기준보다 지나치게 큰 경우에는 미래자산 준비를 위한 투자여력을 확보하는 데 어려움이 있다. 물론 미래를 준비하려는 목적 때문에 현재 생활수준을 너무 낮추는 것도 문제가 있으므로 항목별 지출규모에 대한 조정이 요구된다. 중요한 것은 유사한 상황의 가정에서 이루어지는 항목별 지출과 비교해서 어느 정도 수준의 지출이 이루어지고 있는지 고객이 인식할 수 있도록 도와주는 것이다. 이를 고려한 선택은 고객의 몫이다. CPB는 고객이 합리적인 선택을 할 수 있도록 현재 고객 상황과 객관적 기준을 제시하는 데 있다.

2-2 제안서 구성 내용 및 형태

제안서는 고객 상황이 반영된 정보와 그를 바탕으로 하는 고객의 재무·비재무적 목표 달성을 위한 전체적인 방향 및 구체적 방법을 제시하는 것이다. 이는 실행을 전제로 하는 것이기에 고객이 수용해야만 그 의의가 있다. 따라서 구성되는 내용의 객관적 근거와 핵심적인 내용이 전달될 수 있는 형식의 조화가 요구된다. 다음과 같은 형식의 흐름으로 내용을 구성하여 제안한다. 다만 너무 많은 분량의 제안서는 오히려 집중력을 분산시킬 수 있으니 핵심적인 내용을 중심으로 한 간결한 구성이 요구된다.

가. Executive Summary(종합소견)

CPB가 고객에게 제안하려는 핵심적인 사항을 정리해서 가장 앞부분에 배치하여 공유한다. 비재무적 요소에 대한 부분과 재무적 요소에 대한 부분을 나누어 정리하고, 결론적으로 실행해야 할 것 위주로 내용을 구성한다. 이는 상담 초기에 고객이 상담에 집중할 수 있도록 분위기를 형성하는 데에도 도움이 되고, 핵심을 이해시키는 측면에서도 효과적이다.

나. 고객 상황분석 및 기대목표

이 부분에서는 고객과의 상담에서 비중 있게 공유되었던 내용을 중심으로 리뷰(review)

한다. 또한 재무상황에 대한 분석결과를 반영하면서 재무목표를 환기한다.

고객 연령에 따라 재무·비재무적 요소에 대한 상황분석 비중이 다소 다를 수 있다. 아직 은퇴까지 기간이 많이 남아 있는 30~40대 연령층의 경우 재무목표 관리 측면에 집중하는 것이 바람직하고, 50대 이상의 연령층에서는 비재무적 요소에 대한 기대관리도 매우 중요한 부분일 수 있다.

1) 예상 퇴직연령 및 은퇴생활이 시작되는 시점까지 잔여기간, 기대목표
2) 소득활동 가능기간 및 자산상태를 고려한 은퇴시점의 은퇴일시금 규모
3) 은퇴생활을 위한 주거환경 변경 및 거주지 이전 계획
4) 생활비, 의료비, 취미, 여행, 경조사 등을 포함한 정기 생활비 규모
5) 현 상황을 중심으로 인출 가능한 기간별 은퇴자금 규모
6) 기대목표와 비교, 부족한 은퇴자금의 규모 확인

다. 기대목표 달성을 위한 조정 및 실행안

1) 제도 활용을 통한 기대목표 관리

공적연금 수급기간 연기, 임의가입, 추후납부, 반환일시금 반납 및 연금저축계좌(퇴직연금 및 연금저축)에 대한 추가납입 및 수급개시시기 연기, 주택부동산을 연금자산으로 활용하는 주택연금을 선택했을 경우 인출 가능한 금액의 예시 등 고객의 선택을 통해 기간별로 인출 가능한 연금자산 규모를 제시한다.

또한 연금으로 인출, 은퇴생활자금으로 활용해야 할 자산이 일시적인 목돈으로 쓰이는 것을 예방하기 위해서 퇴직 후부터 은퇴 전까지 예상되는 이벤트별 필요자금의 해결방안을 확인하고 합의하여야 한다.

〈표 1-8〉 제도 활용 및 선택에 따른 연금자산 인출 예시

1. 전환기 상황 예측: 목돈 지출이 예상되는 가족 이벤트(자녀, 부부, 부모님 관련)

우선순위	이벤트	예상시기	예상금액	준비된 금액	추가 필요금액	필요자금 해결방안
1						
2						
3						
4						
5						

2. 미래 가용자산의 인출가치(연금수령)

1) 퇴직연금

예상적립금액	인출개시시점	인출기간	연금수령금액

2) 개인연금

예상적립금액	인출개시시점	인출기간	연금수령금액

3) 국민연금

조기수령 선택	수급개시	연기수령 선택
연령 :	연령 :	연령 :
금액 :	금액 :	금액 :

* 조기수령 선택 시 수급개시 시점의 연금액 기준으로 **연간 6%의 할인률을 적용**하여 수급금액 산출(소득요건 충족해야 신청 가능)
* 연기수령 선택 시 수급개시 시점의 연금액 기준으로 **연간 7.2%의 가산금리를 적용**하여 수급금액 산출(소득요건 무관하게 신청 가능)

3. 부동산자산의 유동화 전략 실행 시 인출가치(주택연금 예상금액)

○ 일반주택

(종신지급방식, 정액형) (단위: 천 원)

연령 \ 주택가격	1억 원	2억 원	3억 원	4억 원	5억 원	6억 원	7억 원	8억 원	9억 원	10억 원	11억 원	12억 원
50세	112	225	338	451	564	677	790	903	1,016	1,129	1,242	1,355
55세	151	302	453	604	756	907	1,058	1,209	1,360	1,512	1,663	1,814
60세	204	409	614	819	1,023	1,228	1,433	1,638	1,843	2,047	2,252	2,457
65세	246	492	739	985	1,232	1,478	1,724	1,971	2,217	2,464	2,710	2,957
70세	300	601	901	1,202	1,503	1,803	2,104	2,405	2,705	3,006	3,307	3,315
75세	373	746	1,120	1,493	1,867	2,240	2,613	2,987	3,360	3,573	3,573	3,573
80세	476	951	1,427	1,903	2,379	2,855	3,331	3,807	3,972	3,972	3,972	3,972

출처 : 주택금융공사(2024년)

4. 은퇴생활 밸런스 유지를 위한 현금흐름

구분		내용
국민연금	배우자	85 →
	본인	140 → 중복급여조정 (110)
주택연금	저연령자 기준	107 →
개인연금	배우자	← 45 →
	본인	← 65 →
퇴직연금	배우자	← 112 →
	본인	
급여소득 & 사업소득	배우자	120 →
	본인	820
현금흐름 유입금액		640 / 404 / 544 / 629 / 674 / 497 / 337
현재연령 (58)세		60 / 65 / 70 / 75 / 80 / 85 / 90 / 95 / 100
배우자 (53)세		55 / 60 / 65 / 70 / 75 / 80 / 85 / 90 / 95
월 생활비용 1)		650 / 430 / 400 / 300

주 1) 월 생활비용은 1) 가족생활기간 2) 부부생활기간 3) 배우자 단독생활기간을 기준으로 반영한다.

2) 자산부채상태 및 현금흐름 조정

보유 중인 부채자산, 항목별 자산비율, 지출항목별 규모 등에 대해 합의된 조정 내용을 반영하여 조정 전후 상황을 비교하여 제시한다. 또한 이를 통한 금융비용부담 절감 규모, 추가 확보된 투자여력 규모 및 기대효과를 제시한다.

3) 실행 포트폴리오 구성 및 기간별 현금흐름

자산유형별(금융, 부동산), 기간별, 기능별(월 지급형 인출전략, 절세, 자산 통제력 확보 등) 자산 포트폴리오 구성 내용과 함께 은퇴생활 시 의료비 지출부담 제어를 위한 보장자산(의료·간병) 구성 내용도 제시한다.

아울러 〈표 1-8〉에서 제시된 현금흐름을 포함, 유형별 상품 포트폴리오에서 인출할 수 있는 은퇴자산의 기간별 현금흐름을 종합적으로 제시한다. 이를 기준으로 고객의 최종적인 조정·선택 여부를 확인하고, 실행할 때 고려해야 할 사항을 공유한다.

포트폴리오에 반영된 기간별 투자상품에 대해서는 고객의 투자성향과 은퇴자금으로 활용할 목적자금인 것을 종합적으로 고려하여 기대수익 규모를 고객과 합의해야 한다.

3 실행 및 모니터링

3-1 실행 전 고객과의 합의사항

모니터링은 고객에게 제공된 실행안이 처음 설계대로 운용되는지, 적절한 대상으로 진행되는지, 목표대로 달성되고 있는지, 더불어 고객 및 시장상황에 따라 변경이 필요한 내용은 없는지를 확인하는 평가 작업이다. 따라서 CPB는 은퇴준비를 위한 계획을 실행하기에 앞서 고객과 공유하고 합의해야 할 사항이 있는데, 이는 실행의 집중력을 위해서도 매우 중요하다. 그 내용은 다음과 같다.

1) 정기 모니터링 실행주기 및 비정기 모니터링이 필요한 상황
2) 모니터링에서 함께 검토하게 될 내용
3) 모니터링 실행방법 및 사전자료 준비
4) 모니터링 실행순서
5) 모니터링에 따른 계획 및 실행안 조정 가능성

3-2 정기·비정기 모니터링 및 주요 내용

가. 정기 모니터링

정기 모니터링을 실행할 때는 노후자금 마련을 목적으로 운용하는 금융상품 포트폴리오의 수익률 및 위험요인에 대한 평가는 월간단위로 안내하는 것이 일반적이다. 그 외 재무·비재무 목표관리를 위한 모니터링은 검토해야 할 사항에 따라 6개월 및 1년 주기로 실행할 수 있다. 물론 이는 일반적인 기준으로 고객과의 합의를 통해 적절하게 조절할 수 있다. 다음은 정기 모니터링에서 고객과 함께 검토하게 될 내용으로, 이는 고객이 알 수 있도록 사전에 공유해야 한다.

1) 유동성을 포함한 현금흐름 상태
2) 자산상태의 변동사항 ⇒ 자산유형별 보유비율 등

3) 부채현황 및 신규부채 발생 환경
4) 신용관리를 포함한 카드사용 패턴
5) 시장변화에 대응하는 투자 포트폴리오 조정
6) 기대목표에 따른 실행 체크포인트(check point) 확인
7) 고객 상황변화에 따른 실행계획 조정 등

나. 비정기 모니터링

고객과 합의된 일정에 따라 이루어지는 정기 모니터링과는 별도로 고객 및 시장상황 변화에 따라 이루어지는 비정기 모니터링이 있는데, 이는 다음과 같이 실행할 수 있다.

1) 고객 상황 변화에 따른 모니터링 ⇒ 고객이 CPB에게 통지

자녀결혼, 가족관계 변화, 신규대출 발생, 주택환경 변화, 승진, 퇴직, 창업, 임금피크제 대상, 비정기 상여금 수령, 대출금 변제, 보험료 납입기간 만기 도래 등

2) 시장상황 변화에 따른 모니터링 ⇒ CPB가 고객에게 통지

세제개편, 금융 관련 제도 개정, 부동산 관련 제도 개편, 금융시장에 영향을 미치는 급작스러운 시장변동 등 개인 자산에 영향을 미치는 환경변화의 상황

다. 정기·비정기 모니터링의 흐름

위에서 언급된 상황 및 내용으로 실행되는 정기·비정기 모니터링은 다음과 같은 흐름의 체계를 갖추어 진행할 수 있다.

1) 시장의 상황 리뷰(review) 및 프리뷰(preview)
2) 개인 재무상태 및 현금흐름의 변동사항 공유
3) 재무·비재무적 목표 변경사항 공유
4) 포트폴리오 조정 및 실행안 합의

주·요·내·용·종·합·정·리

01› 미래의 불확실성은 어떻게 대응하느냐에 따라 위험이 되기도 하고, 설렘의 기회가 되기도 한다. 이러한 미래의 불확실성을 위험(risk)이라고 표현한다.

02› 자녀독립 후 부부중심의 기간으로 접어들게 되는데, 부부간 이해부족에서 발생할 수 있는 갈등의 해결 및 자녀들의 재무독립성 강화를 위한 가족간의 소통은 가장 중요한 비재무적 요소이다.

03› 은퇴생활에서 건강은 모든 것에 선행한다고 할 만큼 중요한 비재무적 요소이다. 따라서 이를 위한 실행이 꾸준히 이루어져야 한다.

04› 인생 2막의 준비차원에서 핵심역량을 키우는 자기계발 및 배움은 '하고 싶은 것'에 집중하는 개념으로 실행되는 것이 합리적이다.

05› 은퇴생활을 위한 주거환경 조정에서 재무적인 측면을 고려하는 접근도 중요하지만, 부부간의 주거환경에 대한 성향차이도 존중하면서 소통이 이루어져야 한다. 주거환경에 대한 성향차이가 갈등의 이유가 될 수도 있기 때문이다.

06› 여가 및 취미는 남들과 달리 무언가 특별한 것이어야 한다는 부담감을 떨쳐내는 것이 기본이다. 그냥 일상에서 관심을 집중할 수 있는 것이면, 그 자체로 의미가 있다.

07› 퇴직 후 재취업 문제에서 나이보다 더 큰 걸림돌은 준비부족과 자신에 대한 과대평가이다. 따라서 본인 스스로에 대한 냉정한 판단이 선행되어야 한다.

08› 많은 자본이 요구되는 창업에는 본인의 강점, 업종분석, 마케팅, 자본금 조달, 정책지원 등 종합적이 판단이 요구된다.

09› 재무부담의 규모에 영향을 미치는 비재무적인 요소에 대한 목표설정은 매우 중요하다. 어쩌면 삶은 목표이고, 돈은 그 삶을 보호하는 수단으로서의 가치가 있기 때문이다.

주·요·내·용·종·합·정·리

10› 은퇴생활에 요구되는 재무준비를 고려할 때 가족생활기간, 부부생활기간, 배우자 단독생활기간으로 나누어서 접근할 수 있다.

11› 소득활동기간에 정기적으로 지출되었던 항목의 제외, 노후생활에 오히려 집중적으로 지출될 수 있는 지출항목에 대한 사전준비, 비정기적으로 발생할 수 있는 이벤트 유형별 지출규모 등에 대한 구체적인 검토가 필요하다. 물가상승이 보유재산의 활용가치에 영향을 미치는 점도 함께 고려해야 한다.

12› 재무목표를 설정하고, 이를 실행에 옮기기 위한 개인의 재무상태를 점검한다. 부채자산, 부동산자산, 금융자산 등의 점검 및 조정이 필요할 수도 있다.

13› 유형별 정보분석 및 포트폴리오 구성에서는 단순한 상품조정 및 가입이 아닌, 은퇴생활의 방향성을 선명하게 하는 것을 중심으로 공유되어야 한다.

14› 자산상태표 및 현금흐름표에 반영되어 있는 잠재적인 위험요소를 읽을 수 있어야 한다. 이는 오랜 기간에 걸쳐 형성된 성향이기도 하고 습관이기도 해서 조정하기가 그리 쉽지는 않다.

15› 포트폴리오 구성은 고객의 현재 상태에 반영되어 있는 문제를 해결하고, 개인이 기대하는 목표에 부합할 수 있는 측면으로 구성되어야 한다. 또한 시장상황을 고려하는 유연성도 중요하다.

16› 제안서는 많은 분량보다 핵심적인 내용을 중심으로 간결하게 구성하는 것이 집중력을 꾀하는 데 효과적이다.

17› 합의된 실행안은 지속적인 과정관리를 통해서 긍정의 결과를 기대할 수 있는데, 그런 차원에서 이루어지는 정기·비정기 모니터링 서비스는 매우 중요하다.

연 · 습 · 문 · 제

01 은퇴생활을 준비할 때 고려해야 할 비재무적 요소에 대한 설명으로 적절하지 않은 것은?

① 퇴직 후 재취업에서 가장 큰 걸림돌은 준비부족 및 자신에 대한 과대평가라고 전문가들은 지적하고 있다.
② 여가·취미생활에서는 일상에서 늘 할 수 있는 것보다 무언가 평소 하지 못했던 특별한 것에 대한 접근이 선행되어야 은퇴생활의 더 큰 의미와 만족을 꾀할 수 있다.
③ 주거환경은 자신이 하고 싶은 일과 살고 싶은 방식을 기준으로 선택할 수 있어야 한다.
④ 다양한 사회활동은 사회적 고립감 해소와 신체건강에도 도움이 될 수 있다.
⑤ 인생 2막을 대비하는 차원에서 이루어지는 개인의 핵심역량 개발은 노후생활의 시간을 유익하게 활용할 수 있는 방법이다.

02 은퇴생활기간에 진입하기 전에 이루어지는 부채자산 조정에 대한 설명으로 적절하지 않은 것은?

① 대출금리나 연체금리가 높은 것을 가장 우선적으로 상환한다.
② ① 다음에는 신용등급에 영향을 줄 수 있는 대출을 상환한다.
③ 대출금액 측면에서는 잔액이 많은 것을 먼저 갚는 것이 효율적이다.
④ 상환기간 측면에서는 기간이 짧은 것을 먼저 상환하는 것이 효율적이다.
⑤ 은행대출 중에서는 마이너스 통장 → 신용대출 → 예금담보대출 순으로 상환하는 것이 좋다.

03 유형별 정보분석 중 현금흐름분석에 대한 내용으로 적절하지 않은 것은?

① 총부채상환비율
② 총저축성향비율
③ 노후대비저축비율
④ 보장성보험준비비율
⑤ 총부채부담비율

연·습·문·제

04 포트폴리오 구성에서 고객정보에 반영되어 있는 유형별 문제에 대한 해결방안으로 적절하지 않은 것은?

① 부동산자산은 과거부터 지속적으로 가치상승, 차익실현의 기회를 개인들에게 경험으로 만들어주었다. 다만, 과거 경험에 대한 지나친 확신은 오히려 위험이 될 수도 있다.

② 국민연금, 퇴직연금에만 의존하는 것이 아니라 추가적인 은퇴재원 편성이 요구된다.

③ 추가적인 연금재원은 평균수명이 상대적으로 긴 부인 명의로 설정하는 것이 합리적이다.

④ 순자산 유출을 예방할 수 있는 유형별 보장자산을 준비해야 한다.

⑤ 은퇴자산 운용은 무엇보다 안정성이 중요하기에, 유형별 자산의 구성은 되도록 예금자산 위주로 구성하는 것이 합리적이다.

05 제안서 구성 및 모니터링 서비스에 대한 설명으로 적절하지 않은 것은?

① 제안서의 종합소견은 결론의 의미이기에 후반부에 구성하는 것이 고객이 집중할 수 있는 상담 분위기를 형성하는 데 효과적이다.

② 고객 상황분석 및 재무목표를 공유할 때 고객의 연령에 따라 재무·비재무적 요소에 대한 비중이 다소 다를 수 있다.

③ 모니터링에 대한 주기 및 공유자료, 실행주기 등은 사전에 고객과 합의해야 집중력이 제고될 수 있다.

④ 재무·비재무 목표관리를 위한 모니터링은 검토해야 할 사항에 따라 6개월 및 1년 주기로 실행할 수 있다.

⑤ 제안서의 내용은 핵심적인 내용을 중심으로 간결하게 구성하는 것이 집중력 분산을 예방하는 차원에서 효율적이다.

정 · 답 · 및 · 해 · 설

01 ▸ ② 여가 및 취미는 남들과 달리 무언가 특별한 것이어야 한다는 부담감을 떨쳐내는 것이 기본이다. 그냥 일상에서 관심을 집중할 수 있는 것이면, 그 자체로 의미가 있다.

02 ▸ ③ 대출금액 측면에서는 잔액이 적은 것을 먼저 갚는 것이 효율적이다.

03 ▸ ⑤ 총부채부담비율은 '총부채 ÷ 총자산'의 개념으로 자산상태표의 자산부채현황에 대한 분석이다.

04 ▸ ⑤ 예금자산에 부여되는 금리가 과거와 달리 상당부분 하락한 상황이라 이에 상응하는 대응이 요구된다. 가장 중요한 것은 '안전성'에 대해 과거와 다른 인식이 필요하다는 것이다. 과거는 '원금을 보존할 수 있는 절대적 기능'을 중심으로 안전성을 고려했지만, 금리가 상당부분 하락한 상황에서는 '보유자산 조기소진의 상대적 위험'까지도 포괄하는 확대된 개념이 요구된다.

05 ▸ ① 고객에게 제안하려는 핵심적인 사항을 정리해서 가장 앞부분에 배치하여 공유한다. 이는 상담 초기에 고객이 상담에 집중할 수 있도록 분위기를 형성하는 데 도움이 되고, 핵심을 이해시키는 측면에서도 효과적이다.

Korea Banking Institute

제2장

은퇴자산 관리

제2장 은퇴자산 관리

학습개요

퇴직 및 은퇴는 개인의 소득과 자산상태에 상당한 변화를 일으키는 중요 이벤트임에 틀림없다. 그 변화로는 정기소득 하락이 일반적이고, 아울러 목돈지출이 예상되는 주요 이벤트도 이 시기에 집중되어 있다. 이런 상황에서도 개인은 가계재무 밸런스를 유지하기 위한 방법을 실행에 옮길 수 있어야 한다.

자산 및 제도를 활용한 부채자산 조정, 지출부담 통제를 위한 소비패턴 조정, 공적연금 수급 전까지 소득공백 해결을 위한 대체소득원 확보 등 개인에게 요구되는 사항에 대한 실행방법을 살펴본다.

학습목표

›› 퇴직·은퇴에 따라 발생하는 자산상태의 주요 변화를 이해할 수 있다.

›› 개인 가계재무 밸런스의 유지를 위한 실행안을 구성·제안할 수 있다.

제1절 | 은퇴에 따른 자산상태 변화 및 조정

1 가처분소득 하락 및 소득공백기간 확대

생애주기에 따라 발생하는 이벤트 중 퇴직 및 은퇴는 개인에게 심리적·경제적으로 상당한 변화를 일으키게 되는데 경제 및 생활환경, 인식의 변화에 따라 과거와 다른 양상을 보이고 있어 해당 시기에 대해 세심한 주의를 기울여야 한다.

〈그림 2-1〉 생애주기별 이벤트 변화

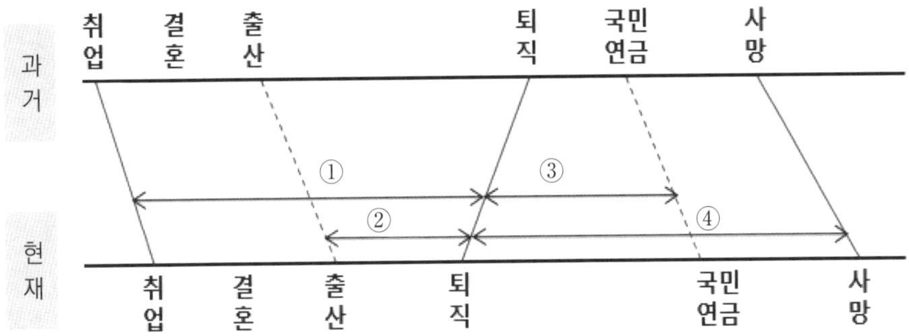

먼저 소득활동기간에 해당하는 ①의 기간이 과거에 비해 짧아지고 있다. 정년이 법적으로 보장된다고는 하나 경제상황에 따른 기업내부 여건은 이를 뒷받침하기가 그리 만만치 않은 현실이다. 늦어지는 취업과 결혼은 출산시기를 늦추게 되고, 이는 심각한 수준의 저출산 현상으로 이어지고 있다. 또한 상황이 이렇다 보니 퇴직 시기에 이른 상황에서도 자녀에 대한 경제적 지원(교육 및 결혼 등)이 종료되지 않은 경우가 일반적이다. 퇴직 후부터 공적연금 수급 전까지 ③의 기간을 흔히 '생애전환기'라고 하는데, 이 시기의 소득 규모 하락 및 자산상태 변화에 대한 대비를 개인에게 요구하고 있다. ④에 해당하는 기간이 사실상 퇴직이후부터 은퇴생활을 포함하는 기간으로 평균수명 연장에 따라 과거에

비해 그 기간이 상당히 길어지고 있다. 이는 재무·비재무적 요소에 대한 준비가 되어 있는 사람에게는 '설렘'의 시간일 수 있지만, 반대 경우의 사람에게는 '괴로움'의 시간일 수도 있다.

1-1 퇴직·은퇴로 인해 발생하는 자산상태 변화 및 목돈수요

〈표 2-1〉과 같이 소득활동기간에 일을 통한 소득규모(근로 및 사업소득)가 생애전환기에 이르러 대폭 축소되는 상황에도 불구하고 가계지출 부담은 그리 쉽게 줄어들지 않는다. 〈그림 2-1〉의 ③에 해당하는 생애전환기에는 오히려 유형별 생애목적자금이 집중적으로 발생하여 개인의 부담을 가중시킨다.

〈표 2-1〉 연령별 소득원천에 따른 가구소득 현황

(단위: 만 원)

구분		평균					
		가구소득	근로소득	사업소득	재산소득	공적이전소득	사적이전소득
2022년 전체		6,762	4,390	1,206	436	625	106
가구주 연령대	39세 이하	6,590	5,220	900	135	273	60
	40~49세	8,397	6,213	1,529	281	309	66
	50~59세	8,404	5,908	1,649	447	346	54
	60세 이상	5,013	2,171	910	644	1,111	177

출처: 가계금융복지조사 결과, 통계청(2023년)

흔히들 얘기하는 시사경제용어 트릴레마(trilemma)는 일반적으로 3중고(三重苦)를 뜻하는 것으로 물가안정, 경기부양, 국제수지개선 세 가지 문제를 가리킨다. 이는 '3마리 토끼'에도 비유되는데 물가안정에 치중하면 경기가 침체되기 쉽고, 경기부양에 힘쓰면 인플레이션 유발과 국제수지 악화가 초래될 염려가 있는 등 정책적 딜레마에 빠지게 된다는 것이다.

이런 상황은 퇴직시점 가계재무에서도 일반적으로 유사하게 발생한다. 즉 자녀의 교육 및 결혼, 자신의 퇴직 후 생활, 생존 중인 부모님 생활지원 및 간병 등 세 가지 경제적 부담이 한꺼번에 닥치는 경우가 발생한다. 이는 늦어지는 결혼 및 출산, 연장되는 평균수명

등의 환경변화에 따라 앞으로 더욱 심화될 가능성이 크다. 따라서 소득활동기간에 이에 대한 근본적인 대책이 절실히 요구된다.

〈그림 2-2〉 트릴레마 세대의 경제부담

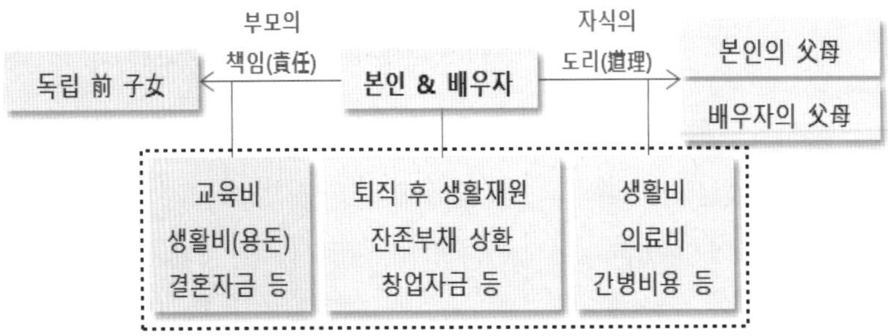

출처: FP저널, 2018년 10월호, 한국FP협회

2023년 한국경제인협회 중장년내일센터 발표에 의하면, 가장 오래 다녔던 직장을 퇴직하게 되는 평균연령이 평균 50.5세로 나타났다. 평균 근속기간은 평균 14년 5개월, 50세 이전에 퇴직하는 비율은 45.9%로 절반에 육박했다. 퇴직 사유로 정년퇴직 비율은 9.7%에 그쳤으며, 권고사직·명예퇴직·정리해고 등 비자발적 퇴직이 56.5%를 차지했다. 이는 법적인 정년이 60세로 제도화하였다고 하나, 현실적으로는 경제 및 회사여건에 따라 퇴직의 시기가 오히려 앞당겨질 수 있음을 의미한다. 평균수명이 86세를 넘기고 있는 상황을 고려할 때, 50세 퇴직 후 36년 이상의 소득 공백을 해결할 수 있는 재원확보 및 해결방안을 염두에 두어야 한다.

1-2 소득공백 위험을 해결하기 위한 고려사항

그러면 전환기의 경제부담을 어떻게 완화할 수 있을까? 우선 재무적인 측면의 방안을 실행에 옮기기에 앞서 다음과 같은 인식전환(paradigm shift)이 요구된다.

첫째, 직계비속(자녀)의 독립성 강화가 선행되어야 한다. 부모세대는 물적자산(物的資産)의 승계에만 관심을 두는 것이 아니라, 자녀 스스로가 인적자산(人的資産)으로서 가치를 인정받을 수 있는 준비를 선행해서 지원해야 한다. 그런 차원에서 본다면 우선 자녀들의 교육지원에 대한 인식전환이 요구된다. 과거 부모세대가 선호했던 커리어(career) 및 직업에 대한 20~30년 전 기준, 주변 사람의 시선에 좋아 보일 수 있는 기준을 맹목적으로 수용하는

것이 아니라, 자녀 스스로의 적성에 대한 발굴과 관심이 선행되어야 한다. 〈그림 2-3〉에서 볼 수 있듯 부모의 은퇴준비에서 자녀 교육비는 상당부분을 차지한다.

〈그림 2-3〉 은퇴생활 의료비 준비가 어려운 이유

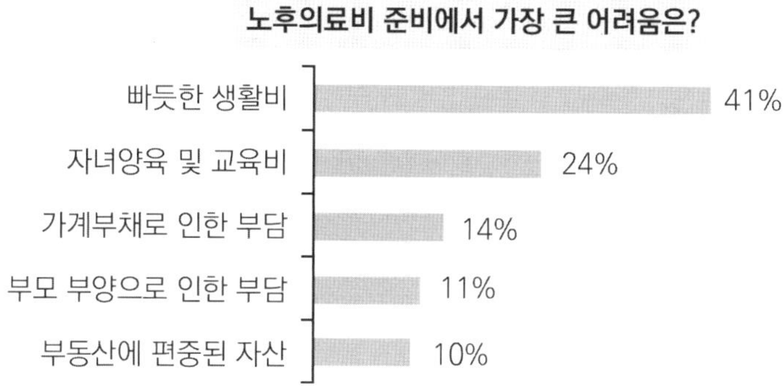

출처: 삼성생명 은퇴연구소

자녀의 미래를 대비하는 차원에서 지원되는 교육비라면 부담은 있어도 이를 환기시킬 수 있는 의미는 찾을 수 있어야 한다. 이런 점을 고려할 때, 개인의 '적성'을 찾아 능동적으로 재능을 발휘할 수 있게 지원하는 것을 고려해야 한다. 준비된 커리어를 바탕으로 경제활동을 시작한 자녀라면 본인에게 계획된 이벤트(예: 결혼)를 스스로의 소득으로 해결하려는 재무독립성이 요구된다. 이는 부채(신용)에 대한 의존도, 부모에 대한 의존도를 제어해야 한다는 것이다. 미래소득에 대한 기대로 늘어나는 신용의존도 상승(신용을 활용한 선 소비, 후 상환 규모가 정기소득에서 차지하는 비율)은 미래 순자산을 만들어가는 데 큰 걸림돌이 되고, 이는 부모에 대한 의존도가 높아지는 결과로 귀결될 수도 있다. 이런 이유로 부모의 은퇴생활이 곤란해질 경우에는 자녀에게도 큰 부담이 되는 만큼 세대 간의 지혜로운 접근이 요구된다.

둘째, 직계존속(부모)의 경제적 지원은 제도 활용이 선행되어야 한다. 〈그림 2-3〉에서처럼 본인의 정기소득에서 매월 지출되는 부모님에 대한 경제적 지원은 자식으로서 기본적인 도리이기는 하나, 그 심리적 부담이 만만찮은 것이 사실이다. 평균수명 연장에 따라 노노(老老)부양이 확산되어가는 추세임을 고려하면, 이에 대한 합리적인 대응 또한 중요한 과제임에 틀림없다. 우선 부모님 연령을 기준으로 지원받을 수 있는 제도를 활용해야 한다. 이는 '기초연금제도'로 만 65세 이상 노인인구를 대상으로 공적부조 형태의 연금을

지원하는 제도로, 신청을 통해 해당 여부를 판단해야 한다. 게다가 지급되는 수급금액은 매년 최저생계비 등의 상황을 반영하여 인상된 금액이 지급되는 만큼 수급권을 보호받을 수 있도록 잘 챙겨야 한다.

다음은 소유자산(주택)을 통해 지원받을 수 있는 제도의 활용이다. 바로 '주택연금제도'인데 부모님 두 분께서 은퇴생활비의 일부분으로 활용할 수 있는 연금을 평생토록 지급받을 수 있다. 이를 통해 부모님에 대한 생활비 지원 부담이 다소 완화될 수 있는 재무 관련 효과도 중요하지만, 자식들에게 경제적인 부담을 주지 않고 당신들 명의의 자산(주택)을 활용하여 당당하게 생활하는 모습에서 부모님의 심리적 건강을 꾀할 수 있다는 것이 더 큰 가치이다.

셋째, 유형별로 분산되어 있는 본인과 배우자 명의 자산의 현재가치를 평가하여 목돈수요를 해결하거나 은퇴재원으로 활용할 방법에 대해 부부간 재무대화를 통해 합의를 도모해야 한다. 분산되어 있는 자산의 가치를 급여형태로 매월 인출하면 어느 정도의 금액이 가능한가를 가늠해보아야 한다. 또한 상황에 따라 지원받을 수 있는 대체소득원 활용 가능 여부도 함께 확인해봐야 한다. 즉 비자발적 퇴직을 전제로 수급 가능한 실업급여, 55세 이후부터 인출 가능한 퇴직연금 및 연금저축의 인출계획, 주택연금 신청 여부에 따라 가능한 수급금액, 공적연금 등을 기간별 월소득 형태로 환산해보아야 한다. 이를 통해 재무상황 변동에 따른 심리적 부담을 일부 떨쳐낼 수 있을 것이다.

2 편중된 자산항목 및 부채자산 조정

2-1 개인의 자산항목별 점유비율 분석

예로부터 우리나라 사람들이 가장 선호하는 자산은 주택을 포함한 부동산자산이다. 이는 은퇴생활을 준비하는 예비은퇴자에게서도 쉽게 볼 수 있는데, 여기서 발생하는 첫 번째 문제는 연동되어 있는 부채규모가 야기하는 상환 부담이다. 소득이 중단되었거나 대폭 감소한 상황에서도 계속되는 부채상환 부담은 소득활동기간과는 비교할 바가 아니기 때문이다.

〈그림 2-4〉 유형별 자산보유 비율 및 대출사유

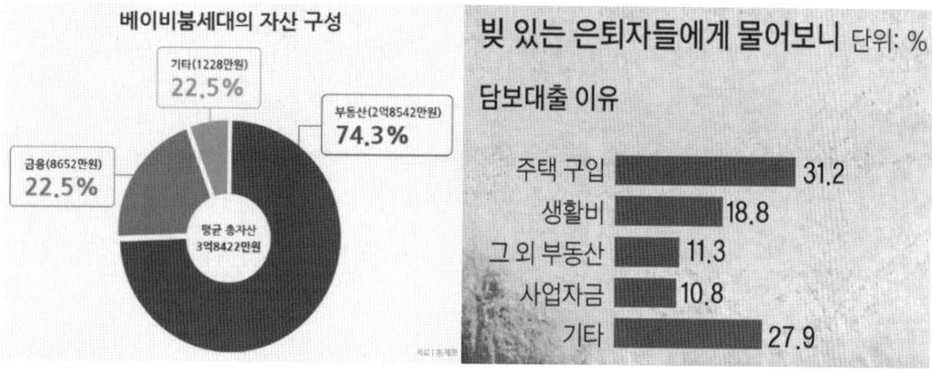

출처: 통계청

두 번째는 은퇴생활재원으로 활용할 수 있는 자산이 대부분 부동산에 편중되어 있을 경우, 시장상황에 따라 환금성의 문제가 발생할 수 있다는 것이다. 따라서 유동자산 항목에 대한 적절한 분산을 고려해야 한다.

세 번째는 부동산 가치 및 금리변동이 일반적인 개인에게 부정적인 양상(부동산 가치 하락, 금리상승)으로 전개될 경우에는 금융비용 증가 및 자산가치 하락에 더해 신규부채가 발생할 수도 있다는 것이다. 따라서 관련된 시장흐름도 예의주시할 필요가 있다.

네 번째는 정책변화에 따라 가중되는 재무부담이다. 정부 당국에서는 부동산시장 균형감 유지를 위해 대출심사 기준, 청약자격, 투기지구 지정, 부동산세제 등 관련 제도 개정을 수시로 단행하고 있다. 따라서 가계부담 확대를 자극하는 측면으로 정책방향이 결정되는 것을 고려한 유연한 대응이 요구된다.

2-2 편중된 자산항목의 조정 및 실행방법

〈그림 2-4〉의 내용을 중심으로 부동산 자산에 편중되어 있는 자산상태에서 발생할 수 있는 부담에 대해 살펴보았는데, 이를 해소하기 실행방안으로 다운사이징(downsizing) 전략을 고려할 수 있다. 이를 위해서는 보유기간에 대한 보상으로 '자본수익'을 기대했던 종전 기준에서 '실거주 및 주거복지' 개념으로의 인식전환이 선행되어야 한다. 부동산을 포함한 자산상태의 다운사이징 전략은 다음과 같은 형태로 실행할 수 있다.

가. 주거부동산 지역이동을 통한 다운사이징

퇴직 후 은퇴생활기간에 접어들면 자녀들의 학업과 관련된 학군을 중심으로 주거지를 결정했던 소득활동기간의 고민에서 벗어날 수 있고, 출·퇴근 환경에서도 상당부분 자유로울 수 있기 때문에 부부의 은퇴생활을 중심으로 주택부동산을 선택할 수 있다. 예를 들어 40~50대에 서울 강남에서 주거환경을 유지했던 사람이 은퇴생활을 위해 주변 위성도시로 거주지를 이전할 경우, 고정자산 비율의 상당부분을 유동자산으로 이전할 수 있다. 이는 은퇴생활재원 인출전략 및 자산운용의 유연성 확보에 상당한 효과가 있다.

나. 주거부동산 규모 및 형태 조정을 통한 다운사이징

자녀독립 후 부부만의 생활공간으로 사용하는 주택부동산은 종전 가족 전체가 함께 거주할 때를 생각하면 그 규모가 때로는 부담될 수도 있다. 부부 둘만이 덩그러니 남아 있는 듯 썰렁함도 느낄 수 있다. 그렇다고 규모를 줄인다거나 형태를 바꾸는 것이 그리 쉬운 결정은 아니다. 출가한 자녀들이 방문했을 때 불편함을 느낄 것 같은 걱정 때문이다. 다만 그 걱정을 떨칠 수 있다면 규모나 형태를 줄여서 그 비율만큼 유동자산 또는 연금인출을 위한 용도로 활용할 수 있다. 이렇게 하면 매월 지출되는 주택 관련 유지비용(관리비, 공과금 등)도 상당부분 절감할 수 있을 것이다. 또한 줄어든 규모만큼 가사노동에 대한 시간과 일거리도 많은 부분 줄어들어 삶의 질 향상에도 도움이 된다.

다. 안전자산 위주의 금융자산 보유비율 다운사이징

원금을 보존할 수 있는 기능만을 '안전성'이라고 여겼던 일반적인 기준에서, 이제는 활용가치를 보호하는 것도 안전성의 개념에 포함해야 한다. 이는 장수인생 시대에 지속적인 물가상승의 영향으로 보유자산 활용가치 하락 및 조기소진에 영향을 미칠 수 있기 때문이다. 따라서 예금자산에 편중되어 있는 금융자산의 일정비율을 투자자산으로 이전하여 물가상승률 이상의 기대수익을 위한 포트폴리오 운용을 이어가야 한다. 다만, 소득활동기간보다는 기대수익 규모를 줄이고 적절한 위험관리도 함께 고려해야 한다.

라. 부채자산 규모의 조정

은퇴생활에서 잔여부채를 보유하고 있는 것은 상당한 부담이 될 수 있다. 상환에 따른 재무부담은 기본이고, '부채도 상속이 된다'라는 상식 때문에 혹 자녀들에게 부담을 승계하게 될까 봐 걱정하는 심리적 불안이 더 클 수도 있다. 물론 상속포기 및 한정승인이라는 법적보호 장치가 있다고 해도 당사자의 마음은 편치 못한 것이 현실이다. 따라서 심리적 안정과 재무부담 완화를 위해서라도 보유부채에 대한 다운사이징이 본격적인 은퇴생활기간 전에 이루어져야 한다. 다음은 부채규모를 줄일 때 고려해야 할 주요 내용이다.

1) 될 수 있으면 추가적인 신규부채는 최대한 제어해야 한다.
2) 상환 시 연체가 발생하지 않아야 한다.
3) 잔액이 적게 남은 부채를 먼저 상환하여 부채 보유건수를 줄인다.
4) 금리상승기 이자율이 높은 부채를 먼저 갚아 금융비용 부담을 줄인다.
5) 기간이 오래된 부채를 먼저 상환하여 부채 부담을 줄인다.
6) 성과·상여금이 생기는 경우 부채상환에 먼저 사용하는 습관을 생활화한다.

물론 수익 창출을 위해 활용하는 부채는 레버리지 효과를 꾀한다는 측면에서 의미가 있지만, 보유자산 대비 과도한 부채규모는 바람직하지 않으므로 적절하게 통제할 수 있어야 한다.

2-3 부채자산의 조정을 위한 실행방법

개인이 보유 중인 부채는 자산을 활용해 상환을 이어가는데, 그 규모가 상환능력의 범위를 넘어설 정도로 과도할 경우에는 법·제도의 활용을 고려할 수 있다. 다음은 은퇴생활에서 부채자산 조정을 위해 고려할 수 있는 실행방안이다.

가. 자산을 활용한 부채자산 조정

1) 퇴직(연)금을 일시금으로 수령하여 부채상환

이 경우에는 연금형태로 수령하는 것에 비해 세금부담이 상대적으로 크고, 정기적으로

수령할 수 있는 연금자산이 축소되는 만큼 신중한 판단이 요구된다.

2) 주택부동산 이전, 규모 및 형태를 조정하여 부채상환

앞서 살펴본 것처럼 주택부동산을 활용(downsizing)하여 부채를 상환하면, 기회비용(금융비용 손실)을 최대한 줄이는 효과가 있다.

3) 주택연금을 활용한 부채상환

매매를 통한 일반적인 방법이 아닌, 주택연금제도 활용을 고려할 만하다. 담보가치의 일부분을 목돈으로 활용할 수 있는 종신혼합방법을 선택할 경우 부채상환 부담도 없애고, 연금수령을 통한 생활의 안정감을 기할 수 있다는 장점을 동시에 꾀할 수 있다.

나. 법·제도를 활용한 부채자산 조정

여러 사정상 부채상환이 여의치 않을 경우 활용하는 법·제도 지원을 채무조정이라고 한다. 신용회복위원회에서 지원하는 채무조정은 『서민의 금융생활 지원에 관한 법률』에 근거하여 신용회복지원협약을 체결한 금융회사 채무를 조정하는 사적 채무조정제도이다. 이를 통해 상환기간 연장, 분할상환, 이자율 조정, 상환유예, 채무감면 등 상환조건을 변경·지원받을 수 있다.

먼저 일시적 채무상환이 어려운 대상자를 지원하는 '신속채무조정'은 연체기간 30일 이하인 경우에 신청할 수 있다. 신청자는 연체이자 감면, 상환기간 연장 및 분할상환을 신청할 수 있고, 6개월 단위로 최장 3년 범위 내에서 상환유예도 지원받을 수 있다.

'프리워크아웃'은 31일 이상 89일 이하의 단기연체가 있는 경우에 신청할 수 있는데, 이를 통해 약정이자율의 30~70% 인하 및 연체이자 감면, 상환기간 연장 등을 지원받을 수 있다. 프리워크아웃 신청자는 금융채무불이행자로 등록되지 않아 신용회복에 유리한 장점이 있다.

'개인워크아웃'은 금융기관 채무가 3개월 이상 연체되었고, 소득증빙이 어려운 개인이라면 신청할 수 있다. 개인워크아웃을 신청하면 이자와 연체이자가 전액 감면되고, 채무자의 상환능력에 따라 원금도 최대 70%(사회취약계층은 최대 90%)까지 감면 및 상환기간 연장이 지원된다. 다만, 본인 신용정보에 이런 제도를 이용하고 있다는 기록이

2년 동안 남기 때문에 신규대출이나 신용카드 가입 등에서 불이익을 받을 수 있다.

하지만 사채나 개인 간 채무 때문에 신용회복위원회의 채무조정제도를 이용할 수 없는 경우가 있는데, 이런 경우에는 법원의 판단을 거쳐 '개인회생'이나 '개인파산'을 신청할 수 있다.

'개인회생제도'는 재정적 어려움으로 인하여 파탄에 직면하였으나 장래에 안정적이고 정기적인 수입을 얻을 수 있는 개인채무자를 구제하기 위한 법적 절차이다.

개인회생제도를 신청한 채무자는 채무를 조정 받아 법원이 허가한 변제계획에 따라 3년 이내(단, 특별한 사정이 있는 때에는 5년 이내) 채권자에게 분할변제를 하고 남은 채무는 면책 받을 수 있다. 개인회생제도를 신청한 채무자는 회생절차가 진행 중이라는 기록도 채무를 완전변제해야만 삭제된다.

개인회생제도 신청자와는 달리 경제적 능력이 거의 없어 개인회생조차 신청할 수 없는 경우엔 법원에 '개인파산'과 '면책'을 신청하는 것이 합리적이다. 이는 자신의 모든 재산으로도 채무를 변제할 수 없을 때 채무정리를 위해 파산을 신청하고, 파산절차를 통해 변제되지 못한 채무는 면책을 구하는 법적 제도이다. 파산·면책 신청이 법원에서 받아들여지면, 채무의 100%까지 변제 책임을 면제받을 수 있다. 다른 제도와 달리, 채무범위나 액수에도 제한이 없다. 하지만 파산으로 인한 면책 결정을 받았다는 내용이 면책 결정 후 5년 동안 남게 되고, 기각될 경우 재신청이 불가능하기 때문에 사전에 전문가와 충분히 상담하는 것이 중요하다. 개인회생이나 개인파산의 경우 보증인의 채무는 그대로 남게 되고, 각각의 제도를 이용할 수 있는 자격 요건이나 불이익의 정도가 다른 만큼 무엇보다 본인의 상태를 정확히 파악하는 게 중요하다.

최근 가계부채가 급증하면서 빚을 탕감해 주겠다고 접근하는 브로커들이 기승을 부리고 있다. 무엇보다 믿을 수 있는 전문가를 찾아가 자신의 채무상태에 대해 정확하고 구체적인 상담을 받아보는 것이 가장 안전한 방법이다.

〈표 2-2〉 개인채무조정제도의 종류

신용회복위원회			법원	
연체전 채무조정 (신속채무조정)	이자율 채무조정 (파리워크 아웃)	채무조정 (개인워크아웃)	개인회생	파산면책
채무를 정상 이행중이거나 1개월 미만 단기 연체중인 채무자에 대한 신속한 채무조정 지원으로 연체 장기화를 방지	1~3개월 미만 단기 연체 채무자에 대한 선제적 채무조정을 통해 연체 장기화를 방지	3개월 이상 자기 연체 채무자에 대한 채무조정 프로그램으로 신용회복과 경제적 회생을 지원	가용소득 범위 내에서 일정기간 동안 채무를 변제한 뒤 잔여채무는 면책하는 법원의 결정	채무 상환능력이 없는 한계채무자에 대해 파산면책 결정을 통해 채무상환 책임을 면제하는 법원의 결정

출처: 신용회복위원회

[Q&A] 과도한 보유부채 해결을 위한 TIP

• 개인회생, 파산이 더 유리?

- 모든 채무자한테 신용회복위원회 워크아웃보다 법원의 개인회생이나 파산이 유리한 것은 아닐 수 있다. 개인회생이나 파산은 법원에 신청하는 것이기 때문에 아무래도 개인이 직접 신청하기에는 절차가 복잡하고, 변호사나 법무사 사무실을 이용하면 비용이 들어간다는 문제가 있다. 그리고 제도를 이용한 다음에 실질적으로 신용을 회복하는 데 상당히 오랜 기간이 필요한 경우가 대부분이다.

• 채무자 구제제도 신청을 위해서는?

- 신용회복위원회에서는 상담을 통해서 채무자에게 가장 적합한 제도가 무엇인지 조언을 해주고, 법률구조공단이나 법원과 연계해서 무료로 개인회생이나 파산을 신청할 수 있도록 안내하고 있다. 따라서 빚 문제 때문에 고민이 되는 경우에는 가장 먼저 신용회복위원회와 같은 채무상담 기구에서 상담을 받아보는 것이 중요하다.

제2절 | 은퇴생활의 현금흐름 관리

1 은퇴자산 관리를 위한 지출조정

일반적으로 퇴직 및 은퇴는 〈그림 2-5〉과 같은 상황으로 표현할 수 있는 이벤트이다. 물론 퇴직 후에 더 많은 경제력과 새로운 사회적 지위를 얻게 되는 경우도 간혹 있기는 하지만, 오랜 기간 익숙했던 환경에서 이탈하게 되는 이벤트임에는 틀림없다.

퇴직 및 은퇴에 따른 이러한 소득환경 변화는 개인에게 그에 맞는 재무관리 및 지출패턴 수정을 요구하게 되는데, 오랜 기간 습관화된 지출패턴을 단기간에 조정하는 것은 그리 쉬운 일이 아니다. 따라서 조금 더 구체적이고, 체계적인 접근이 필요하다.

〈그림 2-5〉 퇴직 및 은퇴 상황에 대한 이해

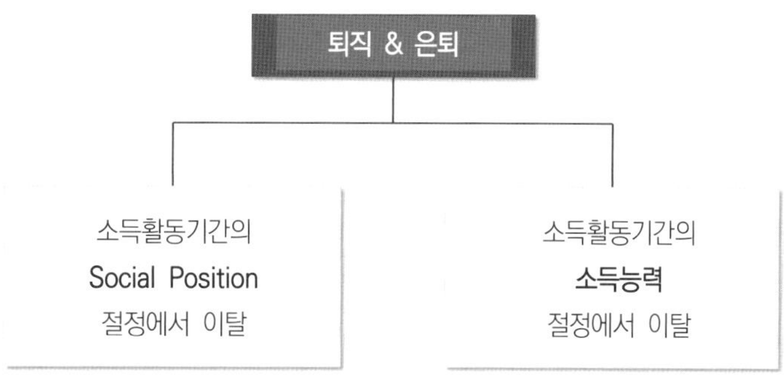

1-1 은퇴 후 재무준비를 위한 기준 조정

그동안 '은퇴'에 대한 일반적인 관심은 은퇴자금을 언제부터, 어떻게, 얼마나 준비해야 하는가에 있었다. 그런데 은퇴에 대한 사회적 관심과 이해가 성숙하고 은퇴생활자들이 늘어가면서, 은퇴준비 단계에 집중되어 있던 관심이 은퇴 후 생활로 옮겨지고 있다. 평균수명

연장과 빨라지는 퇴직으로 인해 은퇴생활기간이 상당히 연장되고 있는 가운데 은퇴 이후에 대한 구체적인 계획이 없으면 예상치 못한 변화에 적절히 대응하기 어렵기 때문이다. 은퇴 이후의 삶을 이해하고, 재무준비를 하는 데 가장 중요한 것은 가계소비지출을 이해하는 것이다.

그동안 은퇴 후 재무준비는 일반적으로 은퇴 전 소득을 기준으로 하는 '소득대체율' 개념을 적용하여왔다. 예를 들어 '공적연금 소득대체율 40%', '퇴직연금 소득대체율 25%' 등 은퇴 전 개인의 소득대비 어느 수준에 이르는지를 고려했으나, 이는 은퇴 전 소득규모와 비교했을 때 너무 큰 차이를 보이고 큰 의미를 찾기도 어렵다. 은퇴 전 상황을 기준으로 설정했기 때문이다. 따라서 은퇴 후 상황을 기준으로 하는 접근방법의 전환이 필요하다.

〈그림 2-6〉 은퇴 후 생활을 위한 재무준비 기준

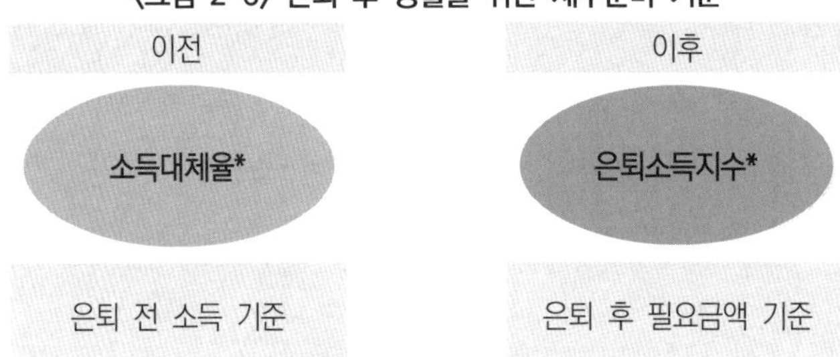

* 소득대체율 = (은퇴 후 월 예상소득 ÷ 은퇴 전 소득) × 100
* 은퇴소득지수 = (은퇴 후 월 예상소득 ÷ 은퇴 후 월 필요금액) × 100

서울대학교 대학원 소비자학과 발표논문(심현정, 2017. 2.)에 의하면, 은퇴 후 지출패턴에 반영되는 지출항목과 규모의 증감은 은퇴 전 기간의 내용과는 상이한 부분이 상당부분 존재한다. 식비, 주거비, 보건의료비 등 필수재적 성격을 띠는 소비항목들은 시간이 경과하더라도 지출수준이 눈에 띄게 변하지는 않았다. 반면 교육비, 통신비, 경조사비, 차량유지비 비중은 시간이 지남에 따라 낮아지고 외식비, 교양오락비, 내구재구입비의 비중은 시간이 지남에 따라 높아졌다. 즉 선택재적 성격을 띠는 소비품목들의 변화가 두드러졌다. 세부적으로 살펴보면 가계 특성, 가계경제 특성, 이벤트 요인의 영향 등으로 증감의 정도가 달리 나타난다. 따라서 은퇴 후 생활재원 준비를 위해서는 필수재적

소비항목과 개인의 성향에 따른 선택재적 소비항목의 지출금액을 현재 기준으로 산출하고, 여기에 기간별 물가상승률을 반영하여 은퇴 후 월 필요금액을 결정해야 한다.

〈그림 2-7〉 은퇴 후 필요금액 산출체계

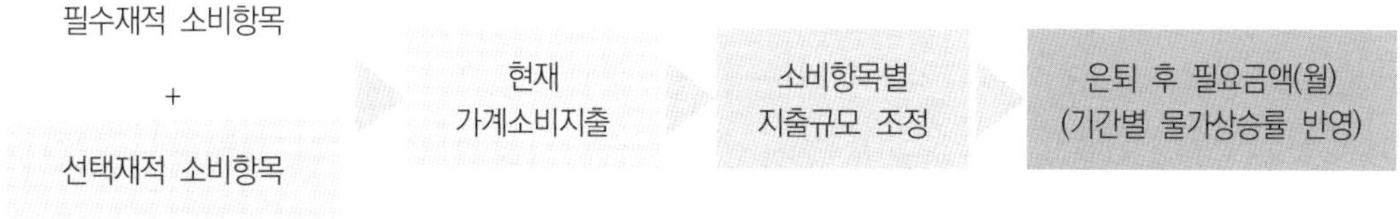

1-2 현금흐름 유연성 확보를 위한 지출패턴 조정

은퇴 후 가계 현금흐름의 밸런스 유지를 위해서 일정규모의 필요금액이 요구되는데, 앞서 필요금액을 산출하는 방법을 지금까지의 은퇴 전 소득기준에서 은퇴 후 지출규모 기준으로 접근하는 것이 더 현실적일 수 있음을 살펴보았다. 이어서 지출패턴 및 항목별 규모를 조정할 때는 다음과 같은 사항을 고려할 수 있다.

가. 부부간 재무대화를 통한 조정

은퇴 후 필요한 생활자금 준비도 중요하지만, 이를 활용해서 함께 생활을 이어나갈 파트너와의 공감대 형성은 그에 선행되어야 할 과제이다. 결혼 후 자녀를 출산하고, 자녀와 함께 생활하는 소득활동기간에는 재무관심의 상당부분이 자녀에게 집중되는 경향이 있다. 즉 지출의 우선순위를 정할 때 부부의 관심사보다는 자녀에 대한 지원부분이 일반적으로 우선하게 되는데, 자녀가 경제적으로 독립한 이후부터는 양상이 달라진다. 부부중심의 생활을 이어나가야 하는데, 보유자산을 활용할 때 나타날 수 있는 성향과 은퇴생활에 대한 상이한 기대감을 조율할 수 있어야 한다. 자산이 부족해서 발생하는 갈등상황도 있지만, 자산을 활용할 때 나타나는 관점의 차이로 인한 갈등도 가벼이 여길 문제는 아니기 때문이다. 따라서 은퇴생활에 대한 서로의 기대를 반영한 계획과 수반되는 지출규모를 부부간 대화를 통해 조율해야 한다.

나. 소득활동 중단에 따른 조정

소득활동기간에는 아무래도 직업·직장 중심으로 이루어지는 반복적인 활동 때문에 수반되는 지출항목 및 규모가 있을 수 있다. 은퇴 후 필요한 생활자금 규모를 조정할 때는 이 부분에 대한 차감을 우선적으로 고려할 수 있다.

1) 교통비 및 업무 관련 비용
2) 회사 동호회 비용
3) 경조사비

다. 자녀의 경제적 독립에 따른 조정

아무래도 자녀 성장기에 지원되는 교육비 부담이 전체 소득에서 차지하는 비중이 상당한데, 부모 은퇴시기와 비슷한 시기에 이루어지는 자녀의 경제적 독립으로 이 부분에 대한 부담이 일부 해소되는 측면이 있다. 따라서 이 부분도 은퇴 후 생활자금 필요금액을 산출할 때 차감해야 한다.

1) 자녀 독립 후 주거환경을 다운사이징한 경우, 주거 관련 유지비용
2) 사교육비를 포함한 교육지원 관련 비용
3) 자녀용돈 및 의류비
4) 기타 가족생활기간 자녀에 대한 부담분 차감(식료품 등)

라. 은퇴 후 연령을 고려한 조정

은퇴상황을 중심으로 지출 패턴 및 규모조정에 대한 고민을 떠올릴 때면 일반적으로 '규모축소'의 개념으로 접근하는 경향이 강한데, 잠정적인 지출규모를 오히려 확대해야 하는 지출항목도 있다. 소득활동기간에는 개인별 발생빈도가 그리 많지 않았기에 체감도가 높지 않지만, 은퇴생활기간에 가계부담을 지속적으로 자극하는 지출항목은 무엇보다 의료비 부담이다. 따라서 준비된 생활재원이 의료비로 전용되는 위험을 예방하는 차원에서 은퇴생활기간의 의료비는 별도로 준비해야 한다.

이는 '위험이전' 개념의 위험관리 방법으로 해결할 수 있는데, 발생빈도와 재무손실 규모를 고려하여 보장자산(보험)을 사전에 준비하여 손실을 대비해야 한다. 아울러 저출산 상황이 지속적으로 이어짐에 따라 그 여파로 은퇴생활기간 간병에 대한 인적지원 체계가 과거와는 다른 양상으로 전개되고 있다. 자녀 수가 많았던 과거에는 은퇴 후 발생하는 부모님의 질병 및 치매 등에 대한 간병을 일반적으로 가족구성원이 담당하였으나, 최근에 들어서는 간병인을 고용한다거나 전문시설을 이용하는 경우가 점차 많아지고 있다. 이런 상황은 과거에 비해 한층 더 큰 재무부담 요인이 되고 있다. 따라서 이에 대한 보장자산(보험) 준비 등 별도의 대안을 모색해야 한다.

1-3 현금흐름 다운사이징을 통한 지출규모 조정

소득활동기간과는 달리 퇴직 후 일반적으로 지출보다는 소득의 변동성이 더 크게 나타나는데, 상승보다는 하락의 가능성이 높다. 또한 퇴직 후 새로운 소득원을 확보하는 것은 모든 이들의 공통적인 기대사항이지만 개인의 뜻대로 이루어지는 경우는 극히 제한적이다. 상황이 이러함에도 지출규모는 그리 쉽게 조정되지 않고, 오히려 굵직굵직한 목돈(자녀 결혼, 부채상환, 창업 등) 지출이 발생하는 경우가 일반적이다. 그럼에도 현금흐름의 균형을 유지하기 위해 개인이 컨트롤할 수 있는 것은 최대한 실행해야 하는데, 그런 차원에서 고려할 수 있는 지출규모 조정 방법이 현금흐름 다운사이징이다.

가. 소비패턴 최적화를 위한 신용카드 의존율 조정

은퇴 전 퇴직은 사회적 지위가 가장 절정에 있을 때 이루어지는 이벤트이다. 대부분 이런 상황에 있는 개인은 직책에 따라 사용할 수 있는 사업비를 주로 법인카드로 집행하는 경우가 일반적인데, 이 과정에서 형성된 소비습관은 퇴직 전에 조정해야 한다. 또한 매월 발생할 것으로 예상되는 은퇴소득 범위를 고려한 신용활용을 생활화해야 한다.

나. 주거 관련 유지비용(재산세, 관리비 등) 조정

앞서 살펴보았듯이 현재 거주하고 있는 주택에서 계속 생활할 것인지, 아니면 자녀독립

및 퇴직 시기에 맞춰 변경 계획이 있는지에 대한 의사결정이 선행되어야 한다. 지역이동 또는 규모 및 형태의 조정에 따라 유동(현금)자산을 추가로 확보할 수도 있고, 정기적으로 발생하는 유지비 등도 절감할 수 있어 은퇴생활 현금흐름에 다소간의 여유가 생길 수 있다. 이는 주택 다운사이징을 통한 은퇴자산 관리로 재무적 측면에서 고려할 수 있는 방법이다.

다만, 심리·정서적인 측면도 함께 고려해야 한다. 은퇴재원 확보를 위해 재무적 측면만을 고려하는 것은 오히려 은퇴생활의 질을 떨어뜨리는 이유가 될 수 있기 때문이다. 즉, 현재 거주하는 주택에서 계속 거주하고 싶어 하는 경우도 상당수 있는데 낯선 환경에서 겪을 수 있는 문화갈등, 인식차이, 생활 편의시설 여건, 사회적 고립감 등에 대한 염려 등이 있기 때문이다. 오랜 기간 머물면서 익숙해진 환경을 바꾸는 것은 쉽지 않은 결정일 수 있다.

〈그림 2-8〉에서 볼 수 있듯이 노인실태조사에 참여한 서울시 노인의 86.3%는 '현재 거주하는 주택에서 계속 거주할 생각'이라고 응답했다. 미국에서도 유사한 조사결과가 발표되었다. 미국은퇴자협회(AARP) 발표에 의하면, 동일한 질문에 90%가 '현 거주지에서 살고 싶다'고 응답했다.

〈그림 2-8〉 2018년 서울시 노인실태조사

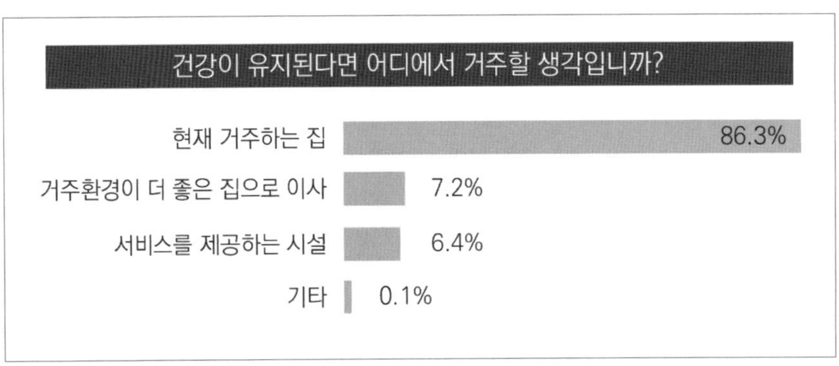

출처: 빅터뉴스

다. 보장성보험 조정

보장성보험은 만일의 사고로 발생할 수 있는, 순자산 유출을 예방하는 차원에서 매우 의미가 있다. 더구나 소득활동기간에 가족의 생활안정에 큰 역할을 담당하는 주 소득원의

사망보험은 아무리 강조해도 지나치지 않을 정도로 중요한 위험관리 방법이다. 다만 소득활동기간의 정점에 이르러 임금피크제 대상이 되거나 퇴직을 하게 될 경우에는 이 부분에 대한 조정이 필요한데, 물론 이는 개인의 상황에 따라 선택해야 할 문제이다.

예를 들어 임금피크제 및 퇴직 상황에 이르면, 사망보험에 납입하고 있는 보험료가 다소 부담이 될 수도 있다. 이럴 경우에는 잔여납입기간에 대한 보험료를 일시에 납입하여 완납하는 방법을 선택할 수 있는데, 보험료는 보장금액 축소에 따라 발생하는 해지환급금으로 납부하면 된다. 이를 '감액완납제도'라고 한다.

이런 방법을 통해 보험료 지출을 통제하여 상대적으로 현금흐름의 여유를 꾀할 수 있다. 또한 감액한 보장금액 외의 보장은 지속적으로 받을 수 있어 위험관리에서도 합리적인 선택일 수 있다. 자녀의 성장에 따라 주 소득원에 대한 사망보장 금액이 가입 당시만큼은 필요하지 않을 수도 있기에 고려할 수 있는 지출조정 방법이다.

라. 부채변제를 통한 원리금상환 규모 조정

앞서 살펴보았던 부채자산 조정을 실행에 옮길 경우, 정기적으로 발생하는 금융비용 규모를 통제할 수 있다. 또한 금리 상승 및 하락기 등 금융시장 변화를 고려한 부채자산 조정을 고려할 수 있다. 은퇴생활기간에 접어들면서 미상환 부채를 보유하고 있다는 것은 심리적으로 상당한 부담이 될 수 있는 만큼 퇴직 전에 상환계획 수립 및 실행이 이루어져야 한다.

2 은퇴자산 확보를 위한 인출전략 실행원칙

2-1 소득의 변동성 및 대체소득원 확보의 필요성

〈그림 2-9〉에서 볼 수 있듯이 퇴직으로 인해 발생하는 소득중단 및 소득의 급격한 하락은 심리적 동요를 유발하기도 한다. 따라서 퇴직 후 대체소득원 마련이 절실한데,

필요한 시기에 임박해서 조급하게 방법을 결정할 경우 낭패를 볼 수 있다. 따라서 퇴직 전에 시간적 여유를 가지고 준비해야 한다.

〈그림 2-9〉 한국과 일본의 소비자 생애주기 프로파일 비교

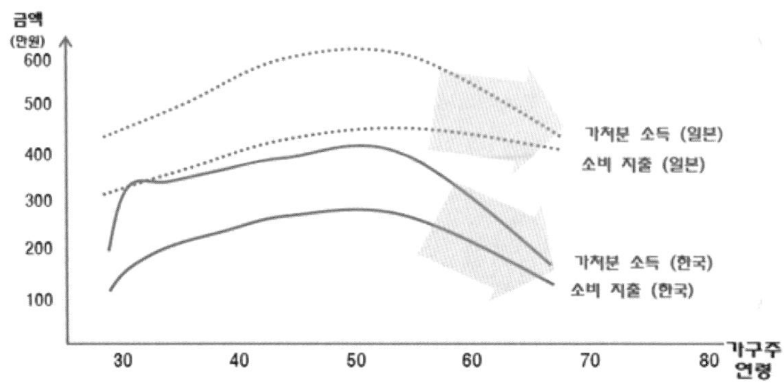

출처: 한화생명 경제연구원

일반적으로 균형감 있는 은퇴생활을 위해서는 자산총액의 규모보다는 정기적으로 발생하는 소득원의 가치가 중요하다. 다음의 요건을 고려하는 인출전략 실행이 요구된다.

가. 제3자의 관심과 개입을 차단하는 통제력 확보가 선행되어야 한다

은퇴생활기간의 자산관리를 언급할 때, 증여·상속에 대한 준비를 흔히들 떠올리곤 한다. 이는 절세 측면에서 의미 있는 접근일 수 있지만, 이에 앞서 고민해야 하는 것이 은퇴생활자의 안정적인 생활보장이다. 우선 생활에 필요한 소득원의 규모가 마련되어 있어야 하고, 그 재원에 대해서는 타 용도로의 전용 및 제3자의 관심에서 자유로울 수 있어야 한다. 즉 은퇴자산에 대한 통제력을 은퇴생활자가 가지고 있어야 함을 의미한다. 본 교재 후반부에서 살펴보겠지만 신탁형 주택연금, 종신형 즉시연금, 유언대용신탁 등이 통제력 확보 용도로 활용할 수 있는 제도 및 금융상품이다.

나. 인출할 수 있는 소득원 규모는 예측이 가능해야 한다

은퇴생활자금 인출규모를 가늠할 수 없다거나 매번 그 규모에 변동이 있을 경우에는 균형감 있는 은퇴생활이 불가능하다. 따라서 예측 가능한 규모의 금액을 인출할 수 있는 소득원 시스템을 마련해야 한다.

〈표 2-3〉 은퇴생활자금 인출 시스템

사례 A	사례 B
1월 500만 원 인출	1월 250만 원 인출
2월 100만 원 인출	2월 250만 원 인출
3월 250만 원 인출	3월 250만 원 인출
4월 150만 원 인출	4월 250만 원 인출

〈표 2-3〉의 사례 A보다는 사례 B와 같이 매월 동일한 규모의 금액을 인출하는 것이 계획적인 생활유지에 효과적이다. 물론 많은 금액의 인출이 가능한 시기에는 적립해두었다가 생활자금이 부족할 때 활용하면 문제는 없다. 그런데 돈이 있으면 쓸 일이 생기기 마련이고, 이를 통제하는 것이 그리 쉬운 일이 아니기 때문이다. 따라서 이 부분을 고려한 은퇴자금 인출 포트폴리오 구성이 요구된다.

다. 정기적으로, 정해진 시점에 인출할 수 있어야 한다

은퇴생활자금은 인출하는 금액도 중요하지만, 인출하는 기간 및 시점의 정례화도 매우 중요하다. 즉 월단위로 인출할 것인지, 분기단위로 인출할 것인지를 선택해야 한다. 또한 인출하는 시점도 매월 25일, 분기 마지막 달의 25일 등으로 지정된 인출시스템을 구성해야 한다.

라. 평균수명을 고려하여 장기간, 가능한 한 종신토록 인출기간이 보장되어야 한다

우리나라 국민의 평균수명이 상당부분 늘어나면서 은퇴생활에 대한 설렘도 있는 반면, 재무부담도 함께 늘어나고 있다. 따라서 생활자금을 인출하는 시스템을 구성할 때는 인출가능기간을 되도록 장기로 설정해야 한다. 다만 연금자산의 경우 동일한 적립금액 및 자산규모로 인출하는 기간을 장기간, 종신토록 설정할 경우에 정기적으로 수령할 수 있는 금액이 축소되어 은퇴생활에 실질적인 도움이 되지 않는 경우가 발생할 수 있다.

따라서 은퇴 전 소득활동기간에 은퇴생활자금 기간별 인출가능금액을 예측·확인한 후 부족한 부분에 대하여 추가적인 대비가 선행되어야 안정적인 은퇴생활을 유지할 수 있다.

2-2 대체소득원 확보를 위한 실행방법 및 고려사항

〈표 2-4〉 퇴직 후 대체소득원 마련을 위한 실행방법

제도 활용	일	자산 활용
실업급여 퇴직 및 개인연금 주택연금 공적연금	재취업: 근로소득 창업: 사업소득	부동산 임대소득 금융소득 연금소득

퇴직 후 발생하는 소득공백 만회 및 은퇴생활자금 확보를 위한 대체소득원 마련에서 가장 중요한 것은 본인 신분에 따라 활용가능한 제도, 보유하고 있는 유형별 자산가치 등에 대한 이해이다. 그런 다음에 시장상황을 고려하여 계획수립 및 실행 관련 선택이 이루어져야 한다. 퇴직 후 소득공백으로 인한 초조한 심리상태에서 큰 규모의 자본을 성급하게 움직이는 것은 위험할 수 있다. 단기에 투자효과를 꾀하려는 선택이 낭패로 이어지는 경우가 많기 때문이다. 따라서 자기자본을 움직여서 대체소득원을 마련하기보다 지원제도를 활용하는 것이 선행되어야 한다.

가. 제도를 활용한 대체소득원 마련

제도를 활용한 대체소득원 마련에서 가장 먼저 고려할 수 있는 것이 퇴직과 함께 신청이 가능한 실업급여 수급이다. 물론 고용보험 가입경력과 비자발적 퇴직유형 요건을 충족해야 신청이 가능하다.

고용기간과 소득규모에 따라 회사에 적립·지급되는 퇴직(연)금과 개인이 가입·적립하고 있는 개인연금을 활용한 소득원 확보도 가능한데, 퇴직(연)금과 연금저축의 인출시기 및 과세체계가 대체로 동일한 기준으로 적용되기 때문에 같은 맥락에서 인출시기, 인출방법 및 그에 따른 적용 세제를 검토한 후 선택해야 한다.

거주 중인 주택을 활용한 연금자산 인출과 공적연금을 활용한 인출계획에 대한 선택도 대체소득원을 마련하는 데 개인이 활용할 수 있는 제도이다. 자산의 가치와 연령별 현금흐름 추이를 고려해서 인출시기를 결정할 수 있어야 한다.

국민건강보험이 퇴직 후 현금흐름에 영향을 미치는 점을 포함해서, 이 부분에 대한

조금 더 세부적인 내용은 '제3장 제도를 활용한 은퇴자산 인출'에서 살펴보도록 한다.

나. 일을 통한 대체소득원 마련

대체소득원을 마련하기 위해 재취업·창업을 선택할 수 있다. 이는 개인의 경험을 살리기 위한 선택이 있을 수 있고, 평소 하고 싶어 했던 분야로의 커리어 전환일 수도 있다. 다만 재취업 시장이 만만치 않다는 현실을 고려하여, 퇴직 전 상황보다는 기대소득 규모에 일정부분 조정(하락)이 불가피함을 인정해야 한다. 은퇴생활자가 퇴직 후 소득활동을 이어가는 데 가장 큰 저항은 퇴직 전과 달라진 본인 상황을 스스로 인정하지 못하는, 즉 유연함의 부족이라는 점을 참고해야 한다.

소득활동은 경제적 효과와 함께 사회와 적극적으로 소통할 수 있는 공간을 공유한다는 측면에서도 의미가 있다. 또한 은퇴생활자가 우울감에 빠지는 이유는, 사회적 관심에서 소외·배제되는 것 같은 환경의 영향을 받는다는 점을 고려할 때, 퇴직 후 일을 통한 소득활동은 심리적·정서적 측면에서도 의미가 크다.

다. 자산을 활용한 대체소득원 마련

최근 금리상황이 다소 상승기에 있다고는 하나, 두 자릿수까지 올랐던 과거 금리상황에 비하면 여전히 낮은 수준이다. 이런 상황에서 원금보존만을 고려한 예금자산 활용으로는 오히려 인플레이션 위험에 직면할 수도 있음을 유의해야 한다. 이는 보유하고 있는 자기자본의 조기소진 위험에 영향을 미칠 수 있기 때문이다. 따라서 은퇴 이후에도 개인이 허용할 수 있는 위험범위 내에서, 전문가의 조언을 받아 이루어지는 금융상품 투자 및 운용은 지속적으로 실행해야 한다.

부동산시장 또한 예전처럼 소유하고 있으면 가치상승, 자본수익으로 화답해주는 상황이 아니라는 점을 고려해야 한다. 따라서 자기자본은 물론, 과도한 규모의 대출까지 연계한 부동산 투자 및 운용은 조금 더 신중을 기해야 한다.

또한 현금자산을 일시금으로 투자하여 바로 연금으로 인출할 수 있는, 월 지급식 형태의 금융상품(예: 즉시연금 등) 선택하여 추가적인 소득원을 확보할 수 있다.

이 부분에 대한 세부적인 내용은 '제4장 자산을 활용한 은퇴자산 인출'에서 살펴보도록 한다.

주·요·내·용·종·합·정·리

01› 퇴직에 따라 발생하는 소득하락 변동성과는 달리 지출부담은 그리 줄어들지 않는다. 오히려 생존 부모님에 대한 경제지원, 독립 전 자녀에 대한 경제적 책임, 스스로에 대한 경제준비 등 재무부담이 종합적으로 증가하기도 한다.

02› 퇴직 후 발생하는 소득공백 위험을 해결하기 위해서는 자녀의 독립성 강화, 부모님의 경제적 지원을 위한 제도 활용, 유형별 보유자산 가치평가 및 활용에 대한 부부간의 의견조율 등이 고려되어야 한다.

03› 예비은퇴자가 보유하고 있는 자산의 대부분이 부동산에 집중되어 있다. 이에 연동되어 있는 부채, 부동산자산의 환금성, 가치변동 및 금리상황에 대한 부담, 규제 강화 방향의 정책변화에 따른 재무부담 등을 고려한 대응이 요구된다.

04› 자산상태 다운사이징 전략의 실행을 위해 대표적으로 주거형 부동산 조정, 현금자산 위주의 금융자산 비율, 부채자산 규모에 대한 조정을 고려할 수 있다.

05› 부채자산 조정을 위해서는 퇴직(연)금, 주택부동산 조정, 주택연금 등 개인이 보유한 자산을 활용할 수 있다.

06› 제도를 활용한 부채자산 조정으로는 신속채무조정, 개인워크아웃과 프리 워크아웃이 있으며, 법적 지원으로는 개인회생과 파산면책이 있다. 부채의 유형 및 규모, 개인의 소득상황 등을 종합적으로 고려해 적합한 방법을 지원받아야 한다.

07› 퇴직 후 은퇴생활을 준비하기 위해서는 현금흐름의 균형감 유지가 관건이다. 필요자금을 산출할 때는 은퇴 전 소득을 기준으로 하는 소득대체율 개념보다는 은퇴 후 상황을 반영한 은퇴소득지수의 개념으로 접근하는 것이 현실적인 방법이다.

08› 현금흐름의 다운사이징 전략을 위해 소비패턴 최적화를 위한 신용의존율 조정, 주거 관련 유지비 조정, 비용개념의 보장성보험료 조정, 부채 관련 금융비용 조정 등을 실행할 수 있다.

주·요·내·용·종·합·정·리

09› 정기소득 확보를 위한 인출전략의 요건으로는 은퇴생활자의 통제력 확보, 예측 가능한 규모, 정기적인 인출시점, 인출기간의 보장 등을 고려할 수 있다.

10› 제도를 활용한 대체소득원 확보 방법으로는 실업급여, 퇴직(연)금 및 개인연금, 주택연금, 공적연금 등이 있다. 이를 자기자본을 활용한 인출전략에 앞서 실행할 경우 심리적 안정과 자본지출의 부담을 상대적으로 줄일 수 있다.

11› 일을 통한 대체소득원 마련 방법으로는 대표적으로 재취업과 창업이 있다. 이를 실행할 때는 개인의 경험을 살리는 선택과 함께 퇴직 후 변화된 개인의 상태를 인정하는 유연성이 요구된다.

12› 자산을 활용하여 대체소득원을 마련할 때는 저금리 상황을 고려한 금융상품 투자 및 운용을 실행할 수 있어야 한다. 또한 과도한 부채와 연계된 부동산 투자는 과거와 달라진 시장 환경을 고려해서 신중을 기해야 한다.

연·습·문·제

01 퇴직 후 자산상태에 영향을 주는 상황변화에 대한 설명으로 적절하지 않은 것은?

① 경제상황을 고려하면 법으로 보장된 정년을 기대할 수 있는 상황은 아니다.
② 퇴직 후 공적연금 수급개시시점까지의 공백이 길어지고 있다.
③ 퇴직 후 전환기 목돈수요는 소득활동기간에 비해 일반적으로 축소되는 경향이 있다.
④ 늦어지는 취업으로 자녀가 독립하기 전에 퇴직을 맞이하는 경우가 발생할 수 있다.
⑤ 일반적으로 소득활동기간은 축소되고 은퇴생활기간은 확대되고 있다.

02 편중된 자산조정을 위한 항목별 점유비율 분석의 설명으로 적절하지 않은 것은?

① 은퇴생활자의 부채규모는 부동산자산과 연동되어 있는 경우가 가장 많다.
② 부동산자산의 환금성을 고려한 적절한 분산이 실행되어야 한다.
③ 금리상승은 부동산자산에 관심 있는 일반적인 개인에게 부담을 가중시킨다.
④ 일반적인 개인이 가장 선호했던 자산은 부동산자산이다.
⑤ 최근 정책변화의 흐름이 부동산시장 규제완화로 이어진다는 점을 고려하여 부동산자산의 보유비율 확대를 고려할 수 있다.

03 부채자산 조정을 위한 실행방법으로 적절하지 않은 것은?

① 잔액이 많이 남은 부채를 먼저 상환하는 것이 합리적이다.
② 퇴직(연)금으로 부채를 상환하기 위해 일시금으로 인출할 경우, 연금으로 인출하는 것에 비해 세금부담이 크다.
③ 주택연금의 혼합형을 활용하면 부채상환의 부담을 없앨 수 있다.
④ 기간이 오래된 부채를 우선 상환하는 것이 합리적이다.
⑤ 은퇴생활을 준비할 때는 주택부동산 다운사이징을 통한 부채상환도 고려할 수 있다.

연·습·문·제

04 현금흐름 다운사이징 전략을 통한 지출규모 조정에 대한 설명으로 적절하지 않은 것은?

① 신용의존율 조정을 통한 소비패턴 조율이 요구된다.
② 재무적인 측면에서 주거 관련 유지비용(재산세, 관리비 등)을 조정할 수 있다.
③ 주거 관련 조정에서는 심리·정서적인 측면도 고려해야 한다.
④ 퇴직 전 임금피크제 대상이 될 경우에는 보장성보험의 사망보장금액을 확대하는 위험관리 차원의 보장성보험 조정이 필요하다.
⑤ 부채변제를 통한 원리금상환 규모 조정을 실행할 수 있다.

05 은퇴자산 확보를 위한 인출전략의 실행으로 적절하지 않은 것은?

① 자산의 통제력 확보 차원에서 활용할 수 있는 금융상품으로 종신형 즉시연금이 있다.
② 인출할 수 있는 소득원 규모는 예측이 가능해야 한다.
③ 정기적으로 인출할 수 있어야 한다.
④ 인출기간이 보장되어야 안정감을 기할 수 있다.
⑤ 자산의 통제력에 앞서 개인의 부담을 통제하는 증여·상속대책이 선행되어야 한다.

정 · 답 · 및 · 해 · 설

01 › ③ 퇴직 후 전환기에는 일반적으로 주택자금 외의 생애목적자금(자녀교육 및 결혼, 부채상환, 창업자금, 부모님 사후정리자금 등)이 집중적으로 발생할 수 있다.

02 › ⑤ 정책변화의 흐름이 부동산시장 규제강화로 이어진다는 점을 고려해서 과거와는 다른 부동산자산의 활용이 필요하다.

03 › ① 잔액이 적게 남은 부채를 먼저 상환하는 것이 합리적이다.

04 › ④ 퇴직 전 임금피크제 대상이 될 경우에는 사망보장금액을 축소하는 위험관리차원의 보장성보험 조정이 필요하다.

05 › ⑤ 은퇴생활자의 기본적인 생활을 보호할 수 있는 자산의 통제력이 무엇보다 우선적으로 고려되어야 한다.

Korea Banking Institute

제3장

제도를 활용한 은퇴자산 인출

제3장 제도를 활용한 은퇴자산 인출

학습개요

소득활동기간에는 자산규모 증식에 대한 관심이 일반적이라면 은퇴생활기간에는 정기적인 소득원을 인출할 수 있는 시스템이 무엇보다 중요하다. 이는 균형감 있는 삶의 질을 유지하는 데 필수적인 요소라고 할 수 있다. 이를 위해 개인이 소유한 자산을 급작스럽게 움직이는 경우에는 그 부담규모도 크고, 수반되는 위험도 작지가 않다. 이에 비용부담을 줄일 수 있는 기간별 제도의 핵심내용을 살펴본다.

제도에 대한 잘못된 이해 및 무지로 인해 활용할 수 있는 기회를 놓친다거나 효과를 떨어뜨리는 경우가 종종 발생하고 있는 만큼 고객에게 실질적인 혜택을 제공할 수 있는 실무역량을 체득하기 위해 유형별 사례를 중심으로 살펴본다.

학습목표

- 은퇴자산으로 활용할 수 있는 유형별 제도의 실행 포인트를 제안할 수 있다.
- 은퇴재원 확보 측면에서 고객 상황을 고려한 실질적인 혜택을 제공할 수 있다.

제1절 | 경과기간별 인출전략 1단계(50~60세)

소득활동기간에는 노동소득으로 마련된 저축 및 투자여력을 활용해서 자산규모를 축적·증식하는데 관심을 집중하고, 퇴직 이후 및 은퇴생활기간에는 아무래도 균형감 있는 생활유지를 위해 보유자산을 활용한 대체소득 마련 및 인출에 더 많은 관심을 보인다. 물론 개인 및 가계 상황에 따라 다소간 차이는 있지만, 이런 일반적인 관심의 흐름에 따라 생애전환기에 이른 개인은 가계현금흐름 균형을 유지하기 위한 재무 관련 의사결정을 하게 된다. 동일한 자본을 투자했을 때, 기대할 수 있는 재무효과를 중심으로 선택할 수도 있고, 재무효과는 상대적으로 미흡하더라도 개인이 선호하는 자산을 중심으로 선택할 수 있다. 즉, 유형별 자산에 대한 선호성향에 따라 의사결정이 이루어질 수도 있다.

〈그림 3-1〉 경과기간별 재무관심의 흐름

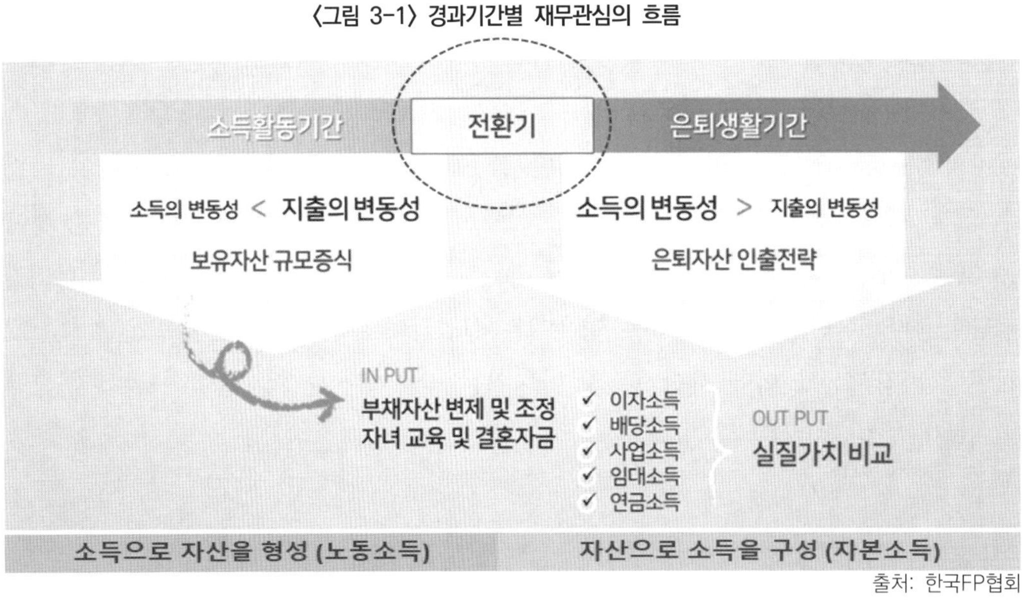

출처: 한국FP협회

이렇듯 대체소득원 마련을 위한 방법은 금융소득을 위한 방법으로 실행되기도 하고, 부동산자산을 통한 임대(사업)소득을 모색하기도 하는데, 최근에는 생애전환기에 이른 50~60대 연령층에서 창업을 통해 소득원을 확보하려는 경향이 강하게 나타나고 있다.

1 모르면 손해 보는 실업급여

2016년부터 경제활동에 대한 법적정년을 60세로 하는 기준이 마련되어 적용되고 있다고는 하지만, 과거 고성장 환경에서의 여건과 다른 국내외 경제상황을 고려하면 법적보호에만 의지하는 것은 현실성이 없다. 이런 상황을 고려한 대체소득원 확보방안 모색이 요구되는데, 그 첫 번째가 바로 실업급여제도 활용이다. 물론 제도가 요구하는 대상요건에 충족되어야 한다는 것을 전제로 하지만, 구체적인 기준을 제대로 알지 못해서 발생하는 불이익을 예방하는 차원에서 핵심내용에 대한 확인이 요구된다.

1-1 실업급여 수급 대상자 및 요건

고용보험 적용사업장에서 실직하기 전 18개월 중 통산 180일 이상 고용보험에 가입한 상태에서 퇴직한 경우에는 실업급여를 청구하여 소정의 급여를 지급받을 수 있다. 다만 근로의사와 능력을 가지고 적극적으로 취업 활동(영리를 목적으로 하는 사업을 영위하는 경우 포함)에 나서야 한다.

자발적으로 회사를 그만뒀거나 중대한 잘못이 있어 해고된 경우는 실업급여를 받을 수 없다. 예를 들어 개인 사업을 하려고 스스로 사표를 제출했거나 회사 기밀누설이나 공금횡령, 장기간 무단결근 등으로 해고된 경우가 이에 해당한다. 자발적 퇴직이라 하더라도 정당한 사유로 인정받을 수 있는 경우에는 실업급여 수급자격을 인정받을 수 있으니, 개인별 퇴직사유가 이에 해당하는지 아닌지는 담당기관(사업장 관할 근로복지공단)에 문의하여 안내를 받을 수 있다.

수급자격이 제한되지 않는 정당한 이직 사유 예시

- 사업장에서 종교, 성별, 신체장애, 노조활동 등으로 불합리한 차별대우를 받은 경우
- 사업장의 도산, 폐업이 확실하거나 대량의 감원이 예정된 경우 등

이렇듯 실업급여 대상은 기본적으로 퇴직사유가 비자발적인 경우에 한해 청구권을 인정받을 수 있다. 예를 들어, 기업의 경영난을 이유로 고용조정계획에 의거 퇴직 희망자

모집으로 이루어지는 퇴직일 경우에는 실업급여 대상으로 인정받을 수 있다.

실업급여와 관련해서 시장에서 발생하는 가장 많은 오해는 정년퇴직의 경우이다. 정년의 도래나 계약기간 만료로 회사를 다닐 수 없게 된 경우에는 실업급여 대상요건에 해당하지 않는 것으로 알고 있지만, 그렇지 않다. 정년 및 계약기간 만료에 따른 경우에도 실업급여 수급자격이 인정된다. 이렇듯 개인의 퇴직사유가 제도의 수혜대상에 포함되는가에 대한 개별적인 확인이 요구된다.

[Q&A] 수급대상 요건(피보험단위기간)

- **A회사에서 50일 근무하고 B회사에서 160일 근무한 경우 수급대상이 되는가?**

  피보험단위기간 180일의 기준은 통산 개념이다. 따라서 A회사에서 50일 근무하고 퇴사 후 B회사에서 160일을 근무하던 중 비자발적인 사유로 퇴사를 한 경우에는 실업급여 수급대상에 해당한다.

- **A회사에서는 자발적 퇴직, B회사에는 비자발적 퇴직인 경우 수급대상이 되는가?**

  3년 이내에 재취업하는 경우에는 과거 가입실적을 합산하여 대상여부를 판단하기에 기간요건, 교육요건 등 기타요건만 충족된다면, 수급대상에 해당한다.

1-2 실업급여 혜택의 주요내용 및 고려사항

가. 실업급여의 종류

〈그림 3-2〉 고용보험의 실업급여

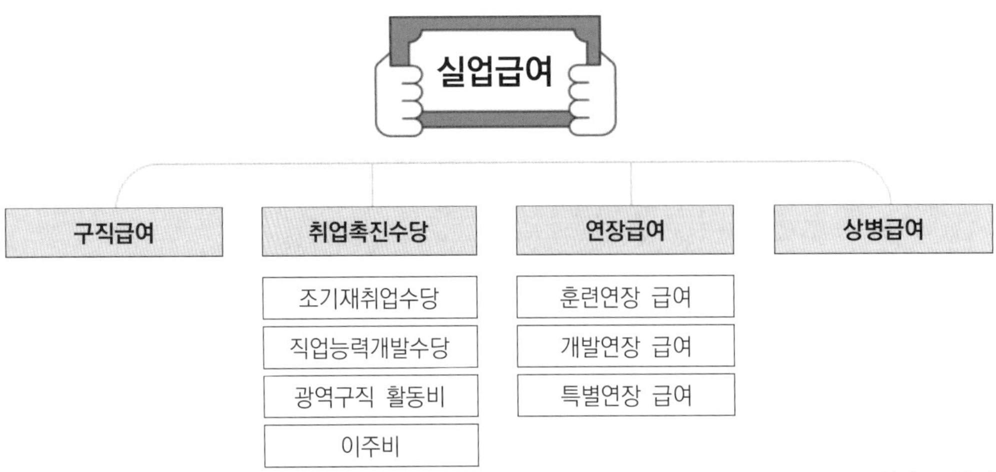

출처: 고용노동부

실업급여에서 일반적으로 활용할 수 있는 급여종류 중 대표적인 것이 구직급여와 취업촉진수당이다. 구직급여는 퇴직 다음 날로부터 12개월이 경과하면 소정급여일수가 남아 있다고 하더라도 더 이상 지급받을 수 없다. 따라서 퇴직 즉시 신청해야 수급권을 보호받을 수 있다.

〈표 3-1〉 구직급여의 소정급여일수

이직일 2019년 10월 1일 이전

연령 및 가입기간	1년 미만	1년 이상~ 3년 미만	3년 이상~ 5년 미만	5년 이상~ 10년 미만	10년 이상
30세 미만	90일	90일	120일	150일	180일
30세 이상~ 50세 미만	90일	120일	150일	180일	210일
50세 이상 및 장애인[1)]	90일	150일	180일	210일	240일

이직일 2019년 10월 1일 이후

연령 및 가입기간	1년 미만	1년 이상~ 3년 미만	3년 이상~ 5년 미만	5년 이상~ 10년 미만	10년 이상
50세 미만	120일	150일	180일	210일	240일
50세 이상 및 장애인[1)]	120일	180일	210일	240일	270일

주 1) 장애인은 수급자격 신청일 당시 '장애인고용촉진 및 직업재활법'에 따른 장애인으로 등록되어야 함

출처: 고용노동부

[Q&A] 구직급여 소정급여일수

- **57세 김연금 씨는 30년 직장생활을 한 뒤 2020년 회사 내부사정으로 명예퇴직하고 10개월이 경과하였다. 구직급여 수급이 가능한 기간은 얼마인가?**

  김연금 씨의 연령(50세 이상)과 고용보험 가입기간(10년 이상)을 기준으로 볼 때, 270일(2019년 10월 1일 이후 기준 적용)의 구직급여 수급이 가능한 경우에 해당한다. 그럼에도 퇴직 후 구직급여를 청구하지 않고 있다가 10개월이 경과한 시점에 구직급여를 뒤늦게 청구한 경우에는 12개월 중 남아 있는 잔여일수(60일)에 대해서만 수급권을 행사할 수 있다.

취업촉진수당 중 조기재취업수당에 대한 퇴직자의 혼선이 일부 발생하기도 한다. 예를 들어 구직급여를 수령하다가 급여일수가 종료되기 전에 재취업·창업을 하게 되면 나머지 구직급여는 소멸되는 것으로 알고 있는 경우가 많은데, 사실은 그렇지 않다.

2014년 1월 1일 이후 수급자격 인정 신청자부터는 지급받을 수 있는 소정급여일수를 1/2 이상 남기고, 고용(사업을 영위한 경우 포함)되어 12개월이 경과한 경우에는 미지급일수의 1/2을 일시에 지급받을 수 있다. 해당 요건이 충족되는 수급대상자는 재취업(사업 영위)한 날로부터 12개월이 경과한 시점에 관할 고용센터에 조기재취업수당을 청구하면 된다.

나. 구직급여 지급금액

구직급여 지급액 = 퇴직 전 평균임금의 60%(2019.10.1. 이후 퇴직 기준) × 소정급여일수

위 기준에 의거 산출되는 구직급여에는 상한액과 하한액이 설정되어 있다.

- 상한액: 2025년 기준 1일 66,000원
- 하한액: 퇴직 당시 최저임금법상 시간급 최저임금의 80% × 1일 소정근로시간(8시간), 2025년 기준 1일 64,192원
- 상한액, 하한액은 매년 조정되는 것이 일반적이므로 지속적인 확인이 요구된다.

다. 실업급여 신청절차 요약

퇴직자가 본의 아닌 비자발적 퇴직을 할 경우에는 실업급여 자격요건에 해당하는지를 확인하고, 수급대상이 될 수 있는 절차를 다음과 같이 실행해야 한다.

1) 근무했던 회사에 이직확인서 및 고용보험 피보험자격 상실신고서 처리를 요청한다.
2) 관할 근로복지공단에 접수가 되었는지를 확인한다(서류는 회사가 송부).
3) 고용보험 홈페이지에 접속하여 온라인 교육을 이수한다.
4) 교육 이수 후 거주지 관할 고용센터를 방문하여 수급자격을 신청한다.
5) 구직활동은 실업급여 수급자격 인정 후 실행한다.
6) 구직급여를 수급한다.

1-3 실업급여의 활용가치 및 지급예시

가. 심리적 측면

퇴직이라는 상황은 일반적으로 개인에게 상당한 심리적 동요를 야기하는 이벤트이다. 다만 설렘인가 초조함인가의 문제이다. 자기자본으로 필요한 재무수요를 해결할 수 있는 충분한 여유가 있고, 은퇴생활에 대한 선명한 계획이 마련되어 있다면 당연히 퇴직은 실렘의 순간일 것이다. 하지만 오랜 기간 가계재무의 큰 버팀목 역할을 했던 정기소득인 급여소득 감소 및 중지라는 상황을 떠올리면, 당연히 초조하고 조급한 마음이 앞서게 되는 것이 지극히 일반적이다. 재무상황 변동으로 인한 초조한 심리 상태에서 자본을 움직인다거나 재무 관련 의사결정을 할 경우 종종 낭패를 보는 일이 발생하곤 한다. 50대 중·후반 퇴직을 경험하는 퇴직자에게 실업급여의 수급금액은 초조함을 완전히 해결할 수 있는 정도의 규모는 아닐 수 있지만, 그래도 새로운 경제활동을 모색하는 차원에서 다소간의 시간적·심리적 여유를 보장해줄 수 있다는 가치를 부인할 수는 없다.

나. 재무적 측면

2025년 기준 실업급여 상한액 1일 66,000원과 최장의 수급기간 270일을 고려하면 총 17,820,000원의 실업급여를 수급할 수 있다. 이는 예금자산에 대한 연간 이자소득으로 환산(예금금리 2% 적용)하면 대략 목돈 891,000,000원을 예금으로 운용해야 기대할 수 있는 금액이다. 따라서 자본을 움직여서 그 효과를 체감하는 절대가치만을 고려할 것이 아니라, 제도를 활용하여 창출할 수 있는 상대가치를 동시에 고려하는 판단이 요구된다.

다. 실업급여 지급예시

고용노동부의 고용보험 홈페이지(www.ei.go.kr)에 개인정보를 입력하고 '실업급여 모의계산' 버튼을 클릭하면 해당 수급금액을 확인할 수 있다.

〈그림 3-3〉 실업급여 모의계산 입력 및 결과

출처: 고용노동부

〈그림 3-3〉에 입력한 정보를 기준으로 해당 퇴직자는 현재 기준(2025년 2월)으로 최장기간인 270일 동안 최고금액인 총 17,820,000원을 수급할 수 있다는 결과를 확인할 수 있다.

2 퇴직에 따라 조정되는 국민건강보험

국민건강보험은 일정한 법적요건이 충족되면 본인의 의사와 관계없이 가입이 강제되며, 보험료 납부의무가 부여되는 일종의 사회보험이다. 금융회사에서 판매되는 민간보험은 보장의 범위, 질병위험의 정도, 계약의 내용 등에 따라 부담하는 보험료가 차등 적용되는 데 비해, 국민건강보험은 개인의 소득수준 등 보험료 부담능력에 따라서 보험료를 부과한다. 또한 민간보험은 보험료 수준과 계약내용에 따라 개인별로 다르게 보장되지만,

국민건강보험은 보험료 부담수준과 관계없이 관계법령에 의하여 균등하게 보험급여가 이루어진다.

이러한 국민건강보험의 납부의무는 평생에 걸쳐 부과되는데, 그 적용대상은 크게 직장가입자와 지역가입자로 구분할 수 있다. 소득활동기간의 대상자는 일반적으로 직장가입자 자격으로 국가나 회사로부터 50%에 해당하는 보험료 지원을 받을 수 있지만, 지역가입자의 경우에는 보험료 부담을 개인이 100% 부담하게 된다. 이러한 제도 기준을 고려했을 때, 퇴직 이후 국민건강보험 자격이 지역가입자로 전환되는 것은 보험료 부담 상승으로 이어질 가능성이 크다. 물론 개인별 재산 및 소득상황이 직장생활을 하고 있는 자녀에게 피부양자로 등록될 수 있는 요건이라면 고민할 필요는 없지만, 그렇지 못한 경우라면 퇴직 이후 보험료 부담을 통제하기 위해 국민건강보험제도를 올바로 이해하고 활용하여야 한다.

2-1 국민건강보험 적용대상

건강보험은 직장가입자와 지역가입자로 적용대상을 구분한다. 직장가입자는 사업장 근로자 및 사용자와 공무원 및 교직원, 그리고 그 피부양자로 구성되고, 지역가입자는 직장가입자를 제외한 자를 대상으로 한다. 건강보험 대상자 중 피부양자는 직장가입자에 의하여 주로 생계를 유지하는 자로서 보수 또는 소득이 없는 자를 의미하며 직장가입자의 배우자, 직계존속(배우자의 직계존속 포함), 직계비속(배우자의 직계비속 포함) 및 그 배우자, 형제·자매를 포함한다.

2-2 직장가입자 보험료

가. 보수월액보험료

보수월액보험료는 가입자의 보수월액에 보험료율을 곱하여 산정한 금액에 경감 등을 적용하여 가입자 단위로 부과하는 보험료이다.

1) 건강보험료 = 보수월액* × 건강보험료율

* 보수월액은 동일사업장에서 당해연도에 지급받은 보수총액을 근무월수로 나눈 금액을 의미한다.

2) 장기요양보험료(2023년 1월 이후) = $건강보험료 \times \frac{장기요양보험료율}{건강보험료율}$

나. 보수 외 소득월액보험료

보수월액의 산정에 포함된 보수를 제외한 직장가입자의 소득(이하 '보수외 소득')이 연간 2,000만 원을 초과하는 직장가입자는 소득월액보험료 부과대상자가 된다. 소득월액보험료는 '보수외 소득'에서 2,000만 원을 공제한 나머지 금액을 12로 나누어 소득종류에 따른 금액비율로 곱해 산정한 소득월액보험료를 부과하는데, 산출된 소득월액보험료는 직장가입자 본인이 전액 부담한다.

1) 보수 외 소득월액
   = {(연간 '보수 외 소득' - 2,000만 원(공제금액)) × 1/12} × 소득평가율

2) 소득종류별 평가율
   - 이자 · 배당 · 사업 · 기타소득: 「소득세법」에 따라 산정한 소득금액 100%
   - 근로 · 연금소득: 「소득세법」에 따른 소득금액 합계액 50%

3) 보수 외 소득월액보험료 산정방법
   - 보수 외 소득월액보험료: 보수 외 소득월액 × 건강보험료율
   - 장기요양보험료(2023년 1월 이후) = $보수외건강보험료 \times \frac{장기요양보험료율}{건강보험료율}$

보수 외 소득월액보험료 부과대상 기준소득 단계별 변경 현황

- **보수 외 소득월액보험료 부과대상 소득기준은 경과기간별로 변경되어 적용되었다.**
  - 2012년 9월 1일 ~ 2018년 6월 30일: 연간 72,000,000원 초과
  - 2018년 7월 1일 ~ 2022년 8월 31일: 연간 34,000,000원 초과
  - 2022년 9월 1일 이후: 20,000,000원 초과

다. 직장가입자의 피부양자 대상 요건

직장가입자에 의하여 주로 생계를 유지하는 자로서 직장가입자의 배우자, 직계존속(배우자의 직계존속 포함), 직계비속(배우자의 직계비속 포함) 및 그 배우자, 형제·자매가

다음과 같은 요건을 충족할 경우 피부양자로 인정된다.

〈표 3-2〉 피부양자 자격의 소득 및 재산 요건

구분	피부양자가 될 수 있는 경우
부양요건	- 직장가입자의 배우자 - 직장가입자의 직계존속(배우자의 직계존속 포함) - 직장가입자의 직계비속(배우자의 직계비속 포함) 및 그 배우자 - 소득·재산요건을 충족하는 형제·자매 중 미혼으로 30세 미만, 65세 이상, 장애인, 국가유공·보훈대상자 상이자 등 ※ 이혼, 사별의 경우 미혼으로 인정 ※ 배우자의 계부모는 부모와 동일하게 인정
소득요건	- 사업자등록자로 사업소득이 없는 경우 - 사업자등록이 없고, 사업소득 연간 합계액이 500만 원 이하인 경우 - 모든 소득(사업·금융·연금·근로기타소득 등) 합계액이 연간 2천만 원 이하인 경우 ※ 피부양자가 기혼자인 경우에는 부부 모두 소득요건을 충족해야 함 ※ 주택임대소득자의 경우 사업자등록유무에 관계없이 소득이 있는 경우 제외 ※ 장애인, 국가유공 · 보훈보상대상 상이자는 사업자등록 유무와 관계없이 연간 소득 500만 원 이하
재산요건	- 재산세 과세표준금액 54,000만 원 이하 - 재산세 과세표준금액 54,000만 원 초과~90,000만 원 이하는 연간소득 1,000만 원 이하 - 형제자매는 재산세 과세표준금액 18,000만 원 이하 ※ 재산의 종류: 토지, 주택, 건물, 선박, 항공기

출처: 국민건강보험공단

2-3 지역가입자 보험료

지역가입자의 보험료는 지역 세대의 가입자가 보유한 소득, 재산(전·월세 등 포함)으로 각 부과요소별로 산정하고, 소득월액 28만 원을 기준으로 달리 산출한다.

가. 보험료 산출

1) 지역가입자 건강보험료

- 소득월액 28만 원 이하 세대

  건강보험료 = 소득월액 최저보험료(19,780원) + {(재산(전·월세 등 포함)보험료 부과점수 × 부과점수당 금액(208.4원))

- 소득월액 28만 원 초과 세대

  건강보험료 = (연간 소득월액 × 건강보험료율) + {재산(전·월세 등 포함)보험료

부과점수 × 부과점수당 금액(208.4원))

2) 장기요양보험료(2023년 1월 이후) = 건강보험료 $\times \frac{\text{장기요양보험료율}}{\text{건강보험료율}}$

3) 소득월액 보험료 부과 기준

- 소득: 이자소득, 배당소득, 사업소득, 근로소득, 연금소득, 기타소득

* 보험료 부과를 위한 연금소득은 공적연금소득만 해당된다.

* 소득 적용방법

이자, 배당, 사업, 기타소득: 「소득세법」에 따라 산정한 소득금액의 100% 적용

근로, 연금소득: 「소득세법」에 따른 소득금액 합계액의 50% 적용

4) 재산보험료 부과 점수 기준

- 재산세 과세 대상이 되는 주택, 건물, 토지, 선박, 항공기 재산가액(과세표준액)의 100% 적용
- 주택 및 건물을 소유하지 않은 경우에는 임차주택에 대한 보증금 및 월세금액 반영

※ 전·월세금액 {보증금 + (월세금액 × 40)}의 30% 적용

- 재산금액 구간별 기본공제: 일괄 1억 원 적용

나. 지역 건강보험료 하한금액과 상한금액(2025년 기준)

1) 하한 보험료: 19,780원(장기요양보험료 포함 22,340원)

2) 상한 보험료: 4,504,710원(장기요양보험료 포함 5,087,480원)

2-4 임의계속가입자 제도의 활용

국민건강보험에서는 퇴직으로 인한 소득공백 상황에서 발생 가능한 건강보험료 인상 부담을 완화하고자 임의계속가입자 제도를 운영하고 있다. 퇴직 후 직장가입자에서 지역가입자로 자격이 변경되어 산출된 건강보험료가 종전 직장가입자 신분으로 납부했던 규모보다 클 경우, 재직 당시 납부했던 보험료(보수월액보험료+소득월액보험료)를 납부할

수 있도록 일정기간 부담을 완화·유예하는 것으로 신청자에 한해 혜택을 부여하는 제도이다.

가. 임의계속가입 적용대상자

재직했던 회사와의 사용관계가 종료되어 지역가입자로 자격이 변경된 사람으로서 퇴직 이전 18개월 동안 직장가입자로서 자격을 유지한 기간이 통산 1년 이상인 사람에 한해 임의계속가입을 신청할 수 있도록 권한을 부여하고 있다.

나. 신청기한 및 방법

퇴직 후 지역가입자가 된 이후 최초로 고지받은 지역보험료 납부기한에서 2개월이 지나기 이전까지는 국민건강보험공단에 신청해야 한다. 임의계속가입을 신청한 자가 최초로 고지한 임의계속 보험료를 그 납부기한부터 2개월이 지난 날까지 납부하지 않을 경우 임의계속가입자 자격이 상실되며, 지역가입자로 자격이 변동됨을 유의해야 한다. 신청은 공단을 직접 방문해서 하는 것을 원칙으로 하지만, FAX·우편·유선 등의 방법으로도 할 수 있다.

다. 임의계속가입자 신청에 따른 혜택

임의계속가입자 신청 이후부터 36개월 동안은 지역보험료 대신 임의계속가입자로서 보험료를 납부하게 되므로 보험료부담을 상당부분 절감할 수 있다. 아울러 직장가입자와 동일하게 피부양자 등재도 가능하다.

2-5 본인부담상한제 활용(국민건강보험법 제44조 및 동법 시행령 제19조)

본인부담상한제는 과도한 의료비로 인한 가계 부담을 덜어주기 위해 환자가 부담한 건강보험 본인 부담금이 개인별 상한액을 초과하는 경우, 그 초과금액을 환자에게 돌려주는 제도로서 급여항목 및 소득분위별로 차등 지원하고 있다.

가. 본인부담상한액 기준

〈표 3-3〉 연도별 본인부담 상한액

(단위: 만 원)

연도	요양병원 입원일수	연평균 보험료 분위 저소득 → 고소득						
		1분위	2~3 분위	4~5 분위	6~7 분위	8분위	9분위	10분위
2025	120일 초과 입원	141	178	240	396	569	684	1,074
	그 밖의 경우	89	110	170	320	437	525	826
2024	120일 초과 입원	138	174	235	388	557	669	1,050
	그 밖의 경우	87	108	167	313	428	514	808
2023	120일 초과 입원	134	168	227	375	538	646	1,014
	그 밖의 경우	87	108	162	303	414	497	780

출처: 국민건강보험공단(2025년)

나. 본인부담상한제 적용방법

1) 사전급여

소득 10분위에 해당하는 개인이 동일 요양기관에서 진료를 받고(요양병원 120일 초과 입원 외의 경우) 발생한 당해 연도 본인부담액 총액이 2025년 기준 826만 원을 넘는 경우 환자는 826만 원까지만 부담하고, 그 넘는 금액은 병·의원에서 공단으로 청구한다.

2) 사후급여

당해 연도에 환자가 여러 병·의원(약국포함)에서 진료를 받고 부담한 연간 본인부담액을 다음해 8월 말경에 최종 합산하여 보험료 수준에 따른 본인부담상한액을 넘는 경우에는 그 넘는 금액을 공단이 환자에게 돌려준다.

본인부담사후환급 적용예시

• 가입자가 2024.1.1. ~ 12.31. 기간에 여러 병원에서 건강보험 본인부담금 770만 원(A병원 500만 원, B병원 200만 원, C약국 70만 원)을 부담하고(요양병원 120일 초과 입원 외), 가입자 보험료 수준이 5분위에 해당되는 경우 본인부담상한액 사후환급금은?

770만 원(본인부담금) - 167만 원(본인부담상한액) = 603만 원(사후환급금)

• 가입자가 2025.1.1. ~ 12.31. 기간에 여러 병원에서 건강보험 본인부담금 550만 원(A병원: 400만 원, B병원: 100만 원, C약국: 50만 원)을 부담하고(요양병원 120일 초과 입원 외), 가입자 보험료 수준이 1분위에 해당되는 경우 본인부담상한액 사후환급금은?

550만 원(본인부담금) - 89만 원(본인부담상한액) = 461만 원(사후환급금)

다. 본인부담금환급금 청구

병원에서 진료 후 납부한 건강보험 본인부담금을 심사평가원에서 심사한 결과 과다하게 납부되었음이 확인되었거나 보건복지부에서 병원을 현지 조사한 결과 본인부담금을 과다하게 수납하였음이 확인된 경우에는 해당 병원에 지급할 진료비에서 그 과다하게 수납한 금액을 공제한 후 진료받은 대상자에게 돌려주기 위해 본인부담금환급금 지급신청서를 대상자에게 발송한다.

지급신청서에 예금계좌와 예금주(신청인)의 인적사항을 기재한 후 가까운 공단지사에 접수(서면, 유선, 우편, FAX 등)하면 접수일로부터 7일 이내에 해당 금액을 지급하며, 이에 대한 청구권 소멸시효는 지급신청서를 받은 날로부터 3년이다.

앞서 살펴본 고용보험 가입기간 및 연령에 따른 실업급여가 퇴직 후 대체소득원 확보차원에서 접근하는 제도 활용이라면, 국민건강보험 임의계속가입자 제도는 보험료 인상으로 인한 개인부담 완화에 아주 유용한 제도이다. 다음과 같은 이유를 고려해서 두 제도의 활용은 퇴직 후 대략 3개월이 경과되기 전에 권리를 행사하는 것이 합리적이다.

1) 실업급여: 퇴직 후 1년 내 구직급여 수급권 행사 → 10년 이상 고용보험을 가입한 50세 이상 연령자는 퇴직 후 3개월 내에 신청해야 270일 수급권 전체를 보장받을 수 있다.
2) 국민건강보험: 퇴직 후 지역가입자 전환 관련 고지서 송부까지(대략 1개월) + 고지서 납부기일로부터 2개월 내에 임의계속가입을 신청한다.

또한 국민건강보험의 본인부담상한제 활용은 은퇴생활에 가장 부담이 크고, 지속적으로 발생하는 의료비 통제 차원에서 활용 가능한 현금흐름 관리이다.

소득활동기간에 일반적인 관심이 자산축적·증식과 관련된 자산상태에 집중되어 있다면, 은퇴생활에서는 소득과 지출의 균형감 유지를 위한 현금흐름 관리가 중요한 만큼 제도에 대한 정확한 이해 및 활용이 요구된다.

3 알면 혜택이 커지는 퇴직연금

대표적 공적연금인 국민연금의 소득대체율 하락에 따라 은퇴생활재원으로서의 중요성이 날로 높아지고 있는 퇴직연금은, 2005년 도입된 이후 2023년 말 기준 적립금 규모는 382조 3천억 원으로 지속적인 성장을 이어가고 있다. 다만, 운용형태 및 수익률 상황 등 세부적인 부분에서는 아직도 보완해야 할 점이 상당 부분 남아 있다.

〈표 3-4〉 퇴직연금제도 유형별 적립금 현황(2023년 말 기준)

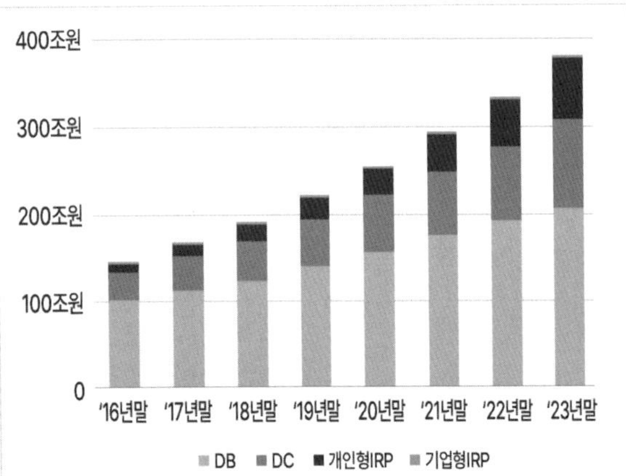

(단위: 조 원, %)

구분	23년 말	비중
확정급여형(DB)	205.3	53.7
확정기여형(DC)	100.1	26.2
개인형 IRP	75.6	19.8
기업형 IRP	1.3	0.4
합계	382.3	100.0

출처: 금융감독원(https://www.fss.or.kr/fss/lifeplan/)

2022년 대비 확정급여형(DB)은 205.3조원(+12.9조원, 6.7%↑), 확정기여형(DC)·기업형 IRP는 101.4조원(+15.5조원, 18.1%↑)으로 확정급여형(DB) 대비 확정기여형(DC) 적립금이 상대적으로 더 높은 증가율을 보이고 있다. 한편, 개인 납입금에 대해

세제공제 혜택이 부여되는 개인형퇴직연금(IRP)는 75.6조원(+18조원, 31.3%↑)으로 가장 높은 성장세 나타내고 있다.

> 개인형퇴직연금(IRP) 증가율(%): ('21년) 35.1 → ('22년) 23.9 → ('23년) 31.3

퇴직연금 적립금 운용현황은 〈그림 3-4〉에서 볼 수 있듯이 원리금보장형상품이 87.2%, 실적배당형 상품이 12.8%의 비중을 차지할 정도로 원리금보장형상품에 대한 지나친 편중현상이 계속 이어지고 있다.

〈그림 3-4〉 퇴직연금 적립금 운용현황(2023년 말 기준)

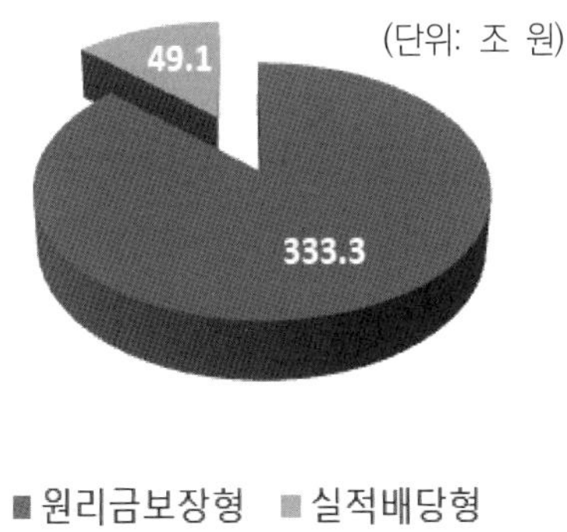

* 실적배당형 운용비중(%)
('19)10.4→('20)10.7→('21)13.6→('22)11.3→('23)12.8

* 제도유형별 실적배당형 운용비중(%)
- 확정급여형(DB): 4.7
- 확정기여형(DC): 18.1
- 개인형퇴직연금(IRP): 27.9

출처: 금융감독원(https://www.fss.or.kr/fss/lifeplan/)

〈표 3-5〉의 2023년 퇴직연금 연간 수익률은 5.26%로 전년(0.02%) 대비 5.24%p 상승하였고, 제도유형별로는 개인형퇴직연금(IRP)이 가장 높은 수익률을 기록하였다. 운용방법별로는 원리금보장형이 4.08%, 실적배당형은 13.27%로, 2023년 주가 상승 등의 영향으로 2022년 대비 실적배당형 상품 수익률이 원리금보장형 수익률을 크게 상회한 것으로 나타났다.

〈표 3-5〉 제도 유형별/운용방법별 수익률 현황

(단위: %)

구 분	DB	DC	개인형 IRP	전 체	운용방법별 수익률	
					원리금보장형	실적배당형
2023년	4.50	5.79	6.59	5.26	4.08	13.27
2022년	1.51	△1.21	△3.14	0.02	1.83	△14.20

〈표 3-5〉와 같이 2023년 퇴직연금 수익률이 평소보다 높게 상승하였다 하더라도 앞서 언급한 대로 원리금보장형 상품 비율이 87% 이상의 비중을 차지하고 있는 상황에서는 더 높은 수익률을 지속적으로 기대하는 것 자체가 무리일 수 있다. 원리금보장형 상품에서 예·적금이 차지하는 비율이 가장 높기 때문이다. 이런 상황이 장기적으로 이어질 경우 노후자금으로 활용하려는 퇴직연금의 실질적인 기능(소득대체율)이 개인의 기대에 미치지 못할 가능성이 매우 크다. 따라서 은퇴생활 재원으로서 퇴직연금의 활용가치를 높이기 위해서는 퇴직연금제도에 대한 올바른 이해와 가입·운용상품에 대한 적극적인 관심이 전제되어야 한다.

3-1 퇴직급여 제도의 유형

현재 우리나라에서 운용하고 있는 퇴직급여제도에는 퇴직금제도, 퇴직연금제도가 있다. 퇴직급여제도는 강제 제도이므로 모든 회사는 퇴직연금제도 도입 여부에 따라 퇴직금제도, 퇴직연금제도를 시행하게 된다.

〈그림 3-5〉 퇴직급여제도의 종류

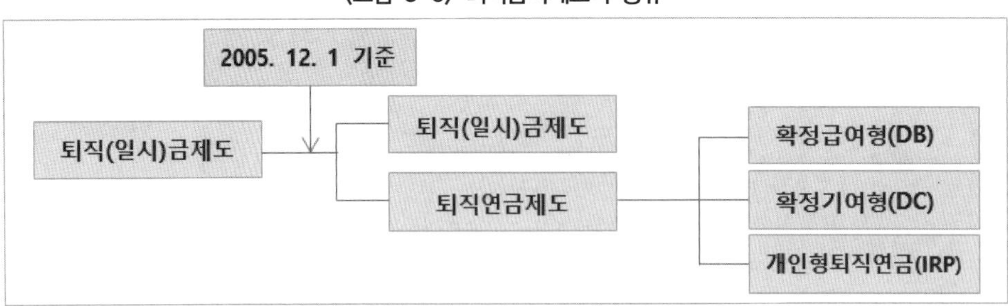

출처: 연금투자, 전국투자자교육협의회 발행, 2015

퇴직금제도에서는 퇴직금을 퇴직급여 충당금 또는 퇴직급여 충당부채의 명목으로 사내에 장부상으로 보유할 수 있고, 필요시 운영자금으로 사용할 수도 있다. 다만 회사가 부도 등의 상황으로 어려워질 경우에는 이런 제도상의 특징으로 인해 종업원이 퇴직금을 받지 못하는 일이 발생할 수도 있다. 또한 퇴직급여 지급이 일시금 형태를 취하고 있어 퇴직 이후 은퇴생활자금으로 활용되기보다는 다른 용도로 사용될 가능성이 커 노후생활을 보호할 수 있는 기능이 취약한 구조이다. 더구나 개개인의 역량과 성과를 중심으로 급여가 결정되고, 매년 조정되는 연봉제와 일정 시점부터 고용연장에 따라 임금이 삭감·지급되는 임금피크제 등의 급여체계를 반영하기에 퇴직금제도는 유연성이 떨어지는 측면이 있다. 이런 퇴직금제도의 한계를 극복하고, 개개인의 은퇴생활 보호기능을 강화하기 위해 도입된 제도가 퇴직연금제도이다.

3-2 퇴직연금제도의 구조

퇴직연금제도와 관련된 당사자는 회사, 근로자이다. 퇴직연금사업자(금융회사)는 퇴직연금 적립금을 위탁·운용하는 역할을 담당하고, 관계기관(고용노동부, 금융감독원, 세무당국)은 전체적인 제도의 운영을 조율하는 역할을 담당한다.

〈그림 3-6〉 퇴직연금제도의 구조

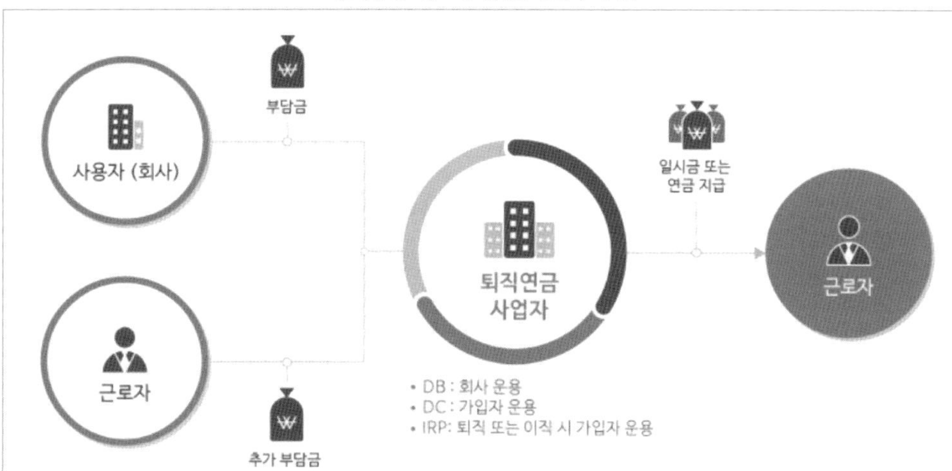

출처: 고용노동부

3-3 퇴직연금제도의 유형

퇴직연금제도에는 확정급여형(DB), 확정기여형(DC), 기업형 IRP(IRP특례), 개인형 퇴직연금(IRP)이 있다. 근로자의 퇴직급여 관리 연속성을 지원하기 위한 개인형 퇴직연금(IRP)을 제외한 나머지는 회사와 관련이 있는 제도이다. 회사와 근로자에게 적합한 제도를 단수 또는 복수로 선택할 수 있다. 확정급여형(DB)만을 도입하는 경우에는 확정기여형(DC)이 유리한 근로자의 선택권이 보호받을 수 없다는 단점이 있다. 다만, 확정기여형(DC)을 추가로 도입할 경우에 확정급여형(DB)을 확정기여형(DC)으로 전환할 수는 있다. 반대의 경우 확정기여형(DC)을 확정급여형(DB)으로 전환할 수는 없다. 다만 종전의 확정기여형(DC)은 그대로 운용하고, 미래분에 해당하는 퇴직급여는 새롭게 도입하는 확정급여형(DB)으로 선택하는 것은 가능하다. 그와 달리 복수의 제도를 동시에 도입하는 경우에는 근로자의 선택권이 확대되고, 급여체계 변화에 따라 확정기여형(DC)으로 전환할 수 있는 유연성이 있다.

가. 확정급여형(DB)

확정급여형(DB) 퇴직연금제도는 근로자가 퇴직할 때 받을 퇴직급여가 사전에 확정된 퇴직연금제도이다. 사용자가 금융회사에 매년 부담금을 적립하여 책임지고 운용하며, 운용 결과와 관계없이 근로자는 사전에 정해진 수준의 퇴직급여를 수령하게 된다. 회사가 퇴직연금 운용회사(금융회사)에 의무적으로 적립해야 하는 기준은 〈표 3-6〉과 같다.

〈표 3-6〉 확정급여형(DB) 연도별 사외 최소적립비율

(단위: %)

연도	2012~2013년	2014~2015년	2016~2017년	2018.1.1 이후
최소 적립비율	60	70	80	고용노동부령에 따로 정함

출처: 고용노동부

1) 〈표 3-6〉의 사외 적립비율에 따른 적립금 전액은 손금으로 인정된다.
2) 사내 적립된 퇴직급여에 대해서는 손금으로 인정되지 않는다.
3) 확정급여형(DB)의 운용 책임은 회사에 있다.

나. 확정기여형(DC)

확정기여형(DC)은 확정급여형(DB)과 달리 퇴직금의 규모가 미리 확정되어 있지 않고, 회사가 사외에 적립해야 할 퇴직급여 부담금의 규모가 확정되어 있는 제도이다. 퇴직금은 매년 적립금과 운용수익의 규모에 따라 달라질 수 있다.

1) 확정기여형(DC)에서 운용의 책임은 확정급여형(DB)과 달리 근로자에게 있다.
2) 확정기여형(DC)은 확정급여형(DB)과는 달리 개인의 추가납입이 가능하다.
3) 개인별 추가납입의 한도는 연간 18,000천 원이다.
4) 개인이 추가납입한 금액에 대해 연간 9,000천 원까지 세액공제 혜택이 주어진다.

다. 기업형 IRP(IRP특례)

상시근로자의 수가 10인 미만인 기업에서 근로자 개별 동의를 얻어 개인형 퇴직연금제도(IRP)를 설정한 경우, 퇴직연금제도를 도입한 것으로 간주하고 확정기여형(DC)과 동일하게 운영되는 제도이다. 따라서 적립금 운용은 근로자 책임으로 귀속된다.

IRP특례(기업형 IRP)를 도입하는 과정에서는 별도의 퇴직연금 규약 작성 및 신고가 필요 없다. 다만 나중에 근로자가 10인 이상이 될 경우, 제도 변경을 위해 규약을 작성, 신고해야 하는 번거로움이 있다.

라. 개인형 퇴직연금(IRP제도)

근로자가 재직 중에 자율로 가입하거나 이직 시 받은 퇴직급여 일시금을 계속해서 적립 · 운용할 수 있는 퇴직연금 제도이다. 개인별 연간 18,000천 원까지 납입할 수 있으며, 최대 9,000천 원까지 세액공제 대상이 된다. 운용기간에는 운용수익에 대해 과세이연(課稅移延) 혜택이 부여되며, 퇴직급여 수급 시 연금 또는 일시금으로 수령할 수 있다.

1) 퇴직연금제도가 도입되어 있는 회사의 퇴직급여는 반드시 개인형 퇴직연금(IRP)으로 입금되어야 한다. 단, 55세 이후에 퇴직, 퇴직급여 담보대출 상환, 퇴직급여가 3,000천 원 이하일 경우에는 예외로 한다.
2) 퇴직연금제도를 운영하지 않은 회사에서 퇴직을 하는 경우에는 근로자가 선택하여 개인형 퇴직연금(IRP)을 개설, 퇴직급여를 지급받을 수 있다.

3) 2017.7.26부터 개정되어 시행되고 있는 개인형 퇴직연금제도(IRP) 가입 대상은 소득이 있는 모든 사람이다.

〈그림 3-7〉 개인형 퇴직연금(IRP) 가입대상

기존	퇴직근로자	• 퇴직연금제도(DB, DC)에서 퇴직급여를 수령한 근로자(의무) • 퇴직급여 일시금 또는 중간정산금 수령자(자율)
	추가부담금 납부희망자	• 퇴직연금제도를 운영 중인 기업의 근로자 • 퇴직금제도에서 일시금을 수령하여 IRP에 납입한 가입자

+

확대	추가부담금 납부희망자	• 자영업자 • 퇴직급여제도 미설정 근로자(1년 미만 근속 및 단시간 근로자) • 퇴직금제도 적용 재직근로자 • 직역연금 가입자 -「공무원연금법」을 적용받는 공무원 -「군인연금법」을 적용받는 군인 -「사립학교교직원 연금법」을 적용받는 교직원 -「별정우체국법」을 적용받는 별정우체국 직원

출처: 고용노동부

3-4 퇴직연금의 활용

퇴직연금제도는 도입단계부터 인출단계까지의 과정에서 회사 및 개인의 선택에 따라 퇴직급여의 규모, 적용 세제 등이 상당부분 달라질 수 있다. 따라서 과거 퇴직금제도에서와 같이 모든 것을 회사의 역할과 책임으로 전가하는 것이 아니라, 선택지에 대한 구체적인 이해와 함께 개개인에게 적합한 것이 무엇인지 결정할 수 있어야 한다. 무엇보다 도입부터 인출까지의 과정에서 개인이 관심을 보이는 것이 중요하다.

가. 제도 도입단계

1) 퇴직연금사업자(금융회사) 선정

퇴직연금제도의 핵심은 과거 퇴직금제도와 달리 적립금을 사외에 적립하고 운용한다는 것이다. 회사는 퇴직연금사업을 하고 있는 금융기관을 지정하여 적립할 수 있는데. 사업자는

복수를 지정하여 운용할 수 있다. 확정급여형(DB) 적립금은 회사가 지정한 금융회사에 나누어 운용하고, 그 책임이 회사에 귀속된다. 확정기여형(DC) 적립금 역시 회사가 지정한 금융회사 중에서 근로자가 1개 회사를 선택하여 운용하지만, 그 책임은 근로자에게 귀속된다. 확정기여형(DC) 상품을 가입한 근로자는 본인이 선택한 금융회사의 수익관리 및 서비스가 불만일 경우에는 다른 금융회사로 변경할 수 있다.

개인형 퇴직연금(IRP) 적립금은 확정기여형(DC)과 마찬가지로 근로자에게 운용책임이 있다. 금융기관은 회사의 퇴직연금사업자 중에서 선택할 수도 있고, 근로자 개인이 별도로 선택할 수도 있다.

[Q&A] 개인형 퇴직연금(IRP) 운용은 몇 개의 금융회사에서 가능한가?

- **1인 1금융회사 1IRP 계좌운용이 기본 원칙이다.**
  → 복수의 금융회사로 분산해서 복수의 IRP를 개설하고 운용할 수 있다.
- **확정기여형(DC)과 마찬가지로 타 금융회사로 이전도 가능하다.**

2) 확정급여형(DB)과 확정기여형(DC)의 선택기준

퇴직연금제도의 도입기에 근로자에게 가장 큰 고민은 확정급여형(DB)과 확정기여형(DC) 중에서 자신에게 적합한 제도를 선택·결정하는 것이다. 물론 하나의 제도를 도입하고 있는 회사라면 별문제가 아닐 수 있겠지만, 두 제도를 동시에 도입한 회사라면 그리 가볍게 여길 문제가 아니다. 확정급여형(DB)과 확정기여형(DC) 중에서 선택할 때 고려해야 할 판단기준은 임금인상률과 운용수익률이다.

〈그림 3-8〉 퇴직연금제도 선택을 위한 고려사항

임금인상률	=	운용수익률	⇒	퇴직금의 규모는 같다.
임금인상률	〉	운용수익률	⇒	확정급여형(DB)이 유리
임금인상률	〈	운용수익률	⇒	확정기여형(DC)이 유리

다만, 적립금에 대한 운용수익을 장기적으로 예측하는 것은 매우 어려운 문제이다. 또한 확정기여형(DC)은 수익과 손실의 책임이 가입자에게 귀속되는 만큼 개개인의 투자성향과 환경을 종합적으로 고려한 판단이 요구된다.

[Q&A] 퇴직연금제도 선택

- **확정급여형(DB) 제도가 상대적으로 유리한 대상자**
  - 저 연령자로 향후 승진(급) 가능성이 높은 사람
- **확정기여형(DC) 제도가 상대적으로 유리한 대상자**
  - 고연령, 고직급자로 향후 승진(급) 가능성이 낮은 사람
  - 연봉제, 성과급 등으로 급여변동이 있는 대상자
  - 임금피크제 대상자

나. 적립·운용단계

1) 개인별 추가납입을 통한 적립

회사가 지원하는 퇴직적립금과는 별도로 확정기여형(DC)과 개인형 퇴직연금(IRP)에 대해서 개인 추가납입이 가능하다. 개인이 추가로 납입한 부분에 대해서는 세제혜택이 별도로 부여되는데 그 내용은 〈표 3-7〉과 같다.

〈표 3-7〉 퇴직연금제도의 추가납입 및 세제혜택

구분	확정기여형(DC)	개인형 퇴직연금(IRP)	동시보유 시
추가납입한도 (연간)	18,000천 원	18,000천 원	18,000천 원
세액공제한도 (연간)	9,000천 원	9,000천 원	9,000천 원
	※ 세제적격 연금저축을 가입, 연간 최대 6,000천 원의 세액공제 혜택을 받고 있는 경우, 퇴직연금에 대한 세액공제는 추가납입분에 한해 3,000천 원 추가로 적용된다. (2023년 1월부터) ※ 개인별 추가납입한도는 세제적격 연금저축과 합산한 금액을 기준으로 하며, 따라서 세액공제가 적용되는 연금계좌의 통합 납입한도는 연간 18,000천 원 이다.		
세액공제 예시 (연간)	- 근로소득 55,000천 원 또는 종합소득 45,000천 원 이하: 9,000천 원 × 16.5% = 1,485천 원 세액공제 - 근로소득 55,000천 원 또는 종합소득 45,000천 원 초과: 9,000천 원 × 13.2% = 1,188천 원 세액공제		

확정급여형(DB)을 가입하고 있는 개인이나 모든 소득활동을 하고 있는 개인도 개인형 퇴직연금(IRP)를 가입하여 추가납입에 따른 별도의 세제혜택을 받을 수 있으므로 적극 활용할 필요가 있다.

[Q&A] 개인별 추가납입은 DC와 IRP 중 어디로 할까?

- **개인의 추가납입은 DC보다는 IRP에 적립하는 것이 상대적으로 유리하다.**
  - 확정기여형(DC)에 대한 운용 및 자산관리수수료의 부담은 회사 몫이다.
  - 다만, 개인이 추가납입한 부분에 대한 수수료 부담은 개인의 몫이다.
  - 수수료(운용 및 자산관리) 부담의 규모를 비교할 때 IRP보다 DC가 상대적으로 높은 편이다. 따라서 추가납입은 IRP를 활용하는 것이 합리적이다.

2) 적립금 운용체계

퇴직연금 적립금 운용에서 확정급여형(DB)인 경우 회사가 책임을 지고, 확정기여형(DC)과 개인형 퇴직연금(IRP)은 그 책임이 근로자에게 귀속된다. 다만 확정급여형(DB)의 경우에도 근로자가 확정기여형(DC)으로 변경을 요청할 수 있고, 이직 및 퇴직 시 퇴직급여가 개인형 퇴직연금(IRP)으로 입금되어 본인의 책임하에 운용되는 경우가 있을 수 있기에 퇴직연금 가입자 모두는 운용에 지속적으로 관심을 기울여 〈표 3-8〉과 같은 기대효과를 꾀해야 한다.

즉 운용방법, 운용상품 종류 및 선택, 운용상품의 변경 등에 대한 전체적인 흐름을 이해하고 실행에 옮길 수 있어야 한다.

〈표 3-8〉 퇴직연금 적립금 운용에 따른 기대효과

운용의 특징	기대효과
장기투자가 가능하다	장기·정기 투자로 시장상황에서 발생할 수 있는 변동성 위험을 만회할 수 있다(비용 평준화 효과)
정기적인 투자가 가능하다	
투자금액을 늘릴 수 있다	급여상승 및 개인의 추가납입으로 적립금 규모 확대
장기적인 세제혜택이 있다	운용수익 및 퇴직소득에 대한 과세이연으로 투자금액 확대

① 확정기여형(DC)과 개인형 퇴직연금(IRP) 적립금 운용: 확정기여형(DC)과 개인형 퇴직연금(IRP)에 적립되어 있는 적립금은 적립주체 및 개인 납입분에 대한 세제혜택

활용 여부, 인출방법에 따라 적용되는 세제 또한 달라진다. 따라서 유형별 적립금에 대한 운용지시는 각각 이루어져야 한다. 〈그림 3-9〉의 적립금 구성에서 개인이 납입한 금액 중 세액공제 혜택을 받지 않은 적립금(ⓒ)은 과세제외 대상 금액이고, 회사가 적립(ⓐ의 DC)하고, 기 지급된 퇴직금(ⓐ의 IRP)은 상대적으로 세금부담이 낮은(일시금 인출 시 퇴직소득세, 연금으로 분할 수령 시 퇴직소득세 대비 30~40% 감면 및 과세이연, 연금소득종합과세 제외) 구간이다. 그러나 개인이 납입한 금액 중 세액공제 혜택을 받은 적립금(ⓑ)은 일시금 형태로 인출할 경우에는 기타소득세 징수의 부담 등이 있을 수 있기에 각각에 대해 운용지시를 해야 한다.

〈그림 3-9〉 확정기여형(DC)과 개인형 퇴직연금(IRP) 적립금 구성

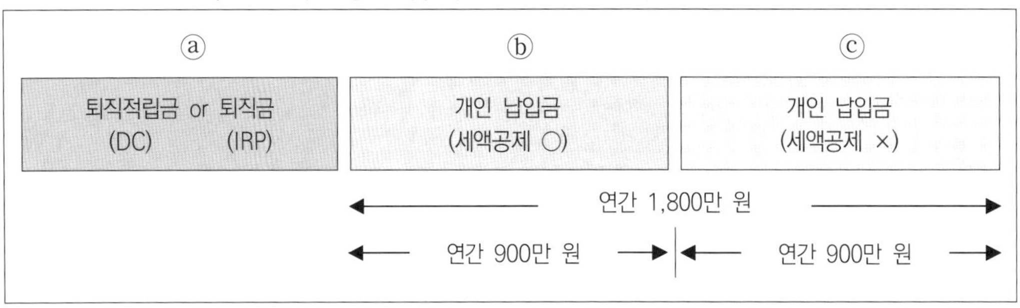

② 확정기여형(DC)과 개인형 퇴직연금(IRP)에서 선택 가능한 금융상품 및 투자한도: 2015년 7월 퇴직연금 감독 규정 개정으로 법령상 열거하지 않은 원리금비보장상품에 대해서는 적립금의 70% 이내에서 자율적인 운용이 가능하다. 확정기여형(DC)과 개인형 퇴직연금(IRP)은 주식과 증권예탁증권 등에 직접 투자할 수 없고, 간접투자(펀드) 형태로 투자할 수 있다. 파생상품은 헤지(hedge) 목적에 국한하여 운용을 허용하고 있다.

운용단계에서 확정급여형(DB)가입자가 확정기여형(DC)으로 전환 TIP

- **한 회사에서 확정급여형(DB) 가입자는 1회에 한해 확정기여형(DC)전환 가능**
  - 임금피크제 대상에 포함되어 임금이 줄어드는 시점에 전환
  - 임금이 절정에 있고, 더 이상 승진가능성이 낮다고 판단할 경우 전환 고려
  - 법정 중도인출 사유는 되지만 확정급여형(DB) 가입으로 중도인출이 불가능한 경우에 확정기여형(DC)으로 전환 후 중도인출 가능

다. 퇴직급여 인출 및 적용 세제

최근 악화된 경제상황과 1차 베이비붐 세대가 정년에 이르는 시기가 맞물려 퇴직을 맞이하는 개인과 임금피크제 대상에 포함되는 개인이 큰 폭으로 늘어나고 있다. 퇴직은 정기소득의 단절 또는 감소를 의미하는 민감한 이벤트이고, 이런 상황을 해결하기 위해 가장 먼저 떠오르는 것이 바로 퇴직급여이다. 그런데 상당수 개인은 퇴직급여가 어떻게 산출되고, 인출방법에 따라 부과되는 세금부담이 얼마나 차이가 나는지에 대한 구체적인 이해가 부족한 편이다. 인출단계에서의 핵심은 퇴직급여 산출, 인출방법 결정, 방법에 따른 적용 세제로 나눌 수 있다.

1) 퇴직급여 산출

① 확정급여형(DB)의 퇴직급여 계산방식은 다음과 같다.

DB의 퇴직급여 = 근속연수 × 퇴직 직전 3개월 평균임금의 30일분

퇴직 시 평균임금	×	근속 연수	≤	확정급여형(DB) 퇴직연금

※ 퇴직 시 평균임금: 계속 근로기간 1년에 대한 30일분의 평균임금

근속기간에 따른 확정급여형(DB) 퇴직연금 산출 예시

• 1년 차 평균임금 2,000천 원, 임금인상률 연 3%, 근속기간 5년

(단위: 천 원)

구분	1년 차	2년 차	3년 차	4년 차	5년 차
평균임금	2,000	2,060	2,122	2,186	2,252

• **확정급여형(DB) 퇴직연금**

퇴직 시 30일분 평균임금 2,252천 원 × 근속연수 5년 = 11,260천 원

※ 운용에 따른 손실이 발생해도 책임은 회사에 귀속되므로 11,260천 원을 지급해야 한다.

② 확정기여형(DC)에 대한 회사의 부담금 규모는 연간 임금총액의 1/12이다.

확정기여형(DC) 퇴직연금	=	매년 임금총액의 1/12	±	운용수익 or 손실

근속기간에 따른 확정기여형(DC) 퇴직연금 산출 예시

- 1년 차 평균임금 2,000천 원, 임금인상률 연 3%, 근속기간 5년

(단위: 천 원)

구분	1년 차	2년 차	3년 차	4년 차	5년 차
평균임금	2,000	2,060	2,122	2,186	2,252

- **확정기여형(DC) 퇴직연금: 매년 부담금 + 운용수익**

(2,000천 원 + 2,060천 원 + 2,122천 원 + 2,186천 원 + 2,252천 원) ± 운용수익
= 10,620천 원 ± 운용수익 또는 손실
※ 운용에 따른 손실이 발생해도 책임은 개인에게 귀속된다.

③ 회사 임원의 퇴직급여 산출: 임기가 2~3년인 임원의 경우에는 일반적으로 지급되는 연봉에 급여, 상여금, 수당 등에 퇴직급여까지 포함되어 있다. 따라서 임원이 퇴직 시에 퇴직급여를 반드시 지급해야 하는 것은 아니지만, 그럼에도 대부분 회사에서는 임원이 퇴직 시 별도의 퇴직급여를 지급하고 있다. 지급금액에 대해 어느 범위까지 퇴직급여로 인정할 것인가에 대한 규정(소득세법)은 2020년부터 그 기준을 다음과 같이 한층 강화했다.

[퇴직 전 3년간 총급여의 연평균 환산액/10 × 해당 근무기간(개월)/12] × 2

임원 퇴직에 따른 퇴직급여 산출 예시

2006년 11월 1일 경쟁사의 임원으로 자리를 옮긴 김연금 씨는 2018년 12월 30일 퇴사를 결정하면서 퇴직급여에 적용되는 세금에 대해 궁금해하고 있다.

- 정관상 임원의 퇴직급여 기준: 퇴직 전 월평균급여 × 근무연수 × 4
- 직전 3년간 총급여의 연평균 환산액 40,000만 원
- 회사 기준에 의해 지급받은 퇴직급여 총액 약 194,600만 원

- 퇴직급여 총액: (40,000만 원/10×146개월/12)×4 ≒ 194,600만 원
- 퇴직소득 한도: 82,600만 원 + 84,000만 원 ≒ 166,600만 원

2011년까지 → (40,000만 원/10×62개월/12)×4 ≒ 82,600만 원

2012년 이후 → (40,000만 원/10×84개월/12)×3 ≒ 84,000만 원

따라서 총 지급된 퇴직급여 약 194,600만 원 중 약 28,000만 원(194,600만 원 - 166,600만 원)에 해당하는 금액은 퇴직급여가 아닌 근로소득으로 간주되어 근로소득세로 과세한다.

* 2020년 이후부터 임원의 퇴직급여는 재직기간에 따른 퇴직급여의 2배수까지 인정.

2) 퇴직 전 중간정산 및 중도인출에 따른 적용 세제

삶을 살아가면서 개인별 재무계획은 유형별·기간별로 상이하게 수립되고, 실행을 반복하게 된다. 문제는 그 일련의 계획이 원래 의도대로 운용되기도 하지만 과정에서 발생하는 상황변동 때문에 준비된 자금이 다른 용도로 전용되는 경우가 빈번하게 발생한다는 것이다. 이렇듯 개인에게 목돈이 필요한 상황이 발생했음에도 보유하고 있는 자산상태가 여의치 못할 경우 일반적으로 퇴직금 활용을 고민할 수 있는데, 이는 노후자금으로 쓸 수 있는 퇴직금의 가치를 상당부분 떨어뜨릴 수 있는 만큼 신중한 판단이 요구된다.

먼저 퇴직금제도에서 중간정산은 2012년 7월 이후부터 요건이 강화되어 법정사유에 해당하는 개별적인 사유 외에 전체 직원을 대상으로 하는 퇴직금 중간정산은 사실상 할 수 없게 되었다.

퇴직연금제도에서 원칙적으로 중간정산은 할 수 없지만, 가입상품이 확정기여형(DC)과 개인형 퇴직연금(IRP)인 경우에는 해당 사유에 따라 중도인출이 가능하다. 확정급여형(DB)의 경우에는 중도인출이 불가능하다. 다만 확정급여형(DB) 가입자가 중도인출에 해당하는 사유가 발생하여 인출을 하려면 확정기여형(DC)으로 전환하여 중도인출을 신청할 수 있다.

〈표 3-9〉 퇴직급여 중간정산 및 중도인출이 가능한 경우

법정사유	퇴직금	DC, IRP 중소기업 퇴직연금기금 가입자	DB
무주택자인 근로자가 본인 명의로 주택을 구입하는 경우	○	○	중간정산/중도인출 불가능 (단, DC로 전환하면 중도인출 가능)
무주택자인 근로자가 주거를 목적으로 전세보증금을 부담하는 경우 (한 사업장에 1회 한정)	○	○	
근로자 본인과 배우자, 부양가족이 6개월 이상 요양을 필요로 하고, 질병이나 부상에 대한 의료비를 근로자가 본인 연간 임금 총액의 12.5%를 초과해 부담하는 경우	○	○	
신청한 날로부터 5년 이내에 근로자가 파산선고를 받은 경우	○	○	
신청한 날로부터 5년 이내에 근로자가 개인회생절차 개시 결정을 받은 경우	○	○	
회사가 정년연장·보장의 조건으로 임금피크제를 실시하는 경우	○	×	
사용자가 소정 근로시간을 1일 1시간 또는 주 5시간 이상 단축하여 3개월 이상 계속 근로하기로 한 경우	○	×	
천재지변 등으로 피해를 입은 경우	○	○	

출처: 세금을 알아야 연금이 보인다, 미래에셋은퇴연구소

① 중간정산 및 중도인출 대상 소득원천: 중간정산 및 중도인출 사유에 해당하고 가입자가 신청을 할 경우, 그 자금을 구성하는 소득원천에 따라 적용되는 세제가 달라지므로 이에 대한 이해가 선행되어야 한다. 먼저 현재 근무 중인 회사에 적립되어 있는 퇴직급여(퇴직금, 확정기여형 DC)에 대한 중간정산 및 중도인출이 있을 수 있고, 다음은 개인형 퇴직연금(IRP)에 적립되어 있는 전 직장의 퇴직금과 개인이 추가로 납입한 금액(세액공제 받은 금액과 세액공제 받지 않은 금액), 운용수익에 대한 중도인출이 있을 수 있다.

〈그림 3-10〉 중간정산 및 중도인출 대상 소득원천

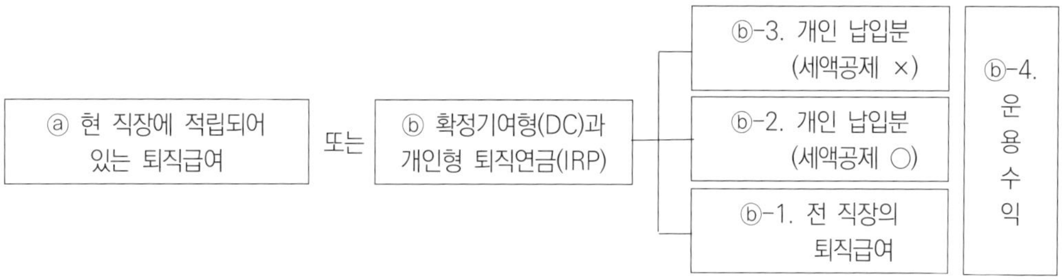

② 소득원천에 따른 적용 세제: 퇴직금제도를 운영하고 있는 회사의 근로자 및 퇴직연금제도의 확적기여형(DC)을 가입하고 있는 근로자가 재직 중 해당사유가 인정되어 중간정산 및 중도인출을 요청할 경우 인출되는 금액(ⓐ 현 직장에 적립되어 있는 퇴직급여)에는 퇴직소득세가 부과된다.

또한 전 직장에서 수령하고, 개인형 퇴직연금(IRP)에 이체하여 퇴직소득세에 대해 과세이연을 적용받았던 자금(ⓑ-1. 전 직장의 퇴직급여)을 55세 이후에 연금으로 인출할 때는 퇴직소득세의 70%(퇴직연금 수령기간이 10년을 넘는 경우에는 60%) 해당되는 금액이 연금소득세로 부과되는데, 연금형태가 아닌 다른 방법으로 인출할 때는 이연되었던 퇴직소득세 전액이 부과된다.

퇴직연금제도에서는 회사 적립금 외 개인 추가납입금과 운용수익이 있을 수 있는데, 이를 연금이 아닌 방법으로 중도인출을 요청할 경우 세액공제 혜택을 받았던 납입분(ⓑ-2)과 운용수익(ⓑ-4)에 대해서는 기타소득세 16.5%(지방세 포함)가 부과된다.

개인이 납입했던 금액 중 세액공제를 받지 않은 부분(ⓑ-3)에 대해서는 납입에 따른 세제혜택이 없었으므로 중도인출 시 과세제외 대상이다.

목돈수요가 발생하여 퇴직급여를 중간정산 또는 중도인출을 하는 경우에는 첫째, 은퇴생활자금으로 활용할 수 있는 퇴직금에 대한 기대가 상당부분 낮아질 수 있다. 둘째, 55세 이후부터 연금의 형태로 인출하는 경우에 비해 상대적으로 세금부담이 클 수 있다.

이런 객관적인 상황에도 불구하고 중간정산·중도인출을 고려할 수밖에 없다면 세금부담을 감면할 수 있는 사유에 해당하는지에 대한 판단을 해볼 필요가 있다. 아래와 같은 부득이한 사유로 중도인출하려는 자는 해당 사유가 확인된 날로부터

6개월 이내에 그 사유를 확인할 수 있는 서류를 금융기관에 제출해야 한다.

〈표 3-10〉 연금계좌의 중도인출사유 및 적용 세율

구 분 (소득세법 시행령 §20조의2①, 근로자퇴직급여보장법 §24)	IRP 중도인출	연금저축 중도인출	중도인출 시 적용 세율	
			자기부담금 및 운용수익	퇴직급여
6개월 이상 요양 의료비 (연간 임금총액의 12.5% 초과시)	○	○	연금소득세 (3.3~5.5%)	연금소득세 (퇴직소득세의 70%)
개인회생 · 파산선고	○	○		
천재지변	○	○		
가입자 사망 · 해외이주	X	○		
3개월 이상 요양 의료비	X	○		
연금사업자 영업정지 · 인가취소 · 파산	X	○		
무주택자 주택구입 · 전세보증금	○	○	기타소득세 (16.5%)	퇴직소득세
사회적 재난 (코로나19로 인한 15일 이상의 입원치료)	○	○		
그 외의 사유	X (전부 해지는 가능)	○		

출처: 금융꿀팁 200선, 금융감독원

3) 퇴직급여를 일시금으로 수령 시 적용 세제

퇴직급여를 일시금 또는 연금형태로 수령하는 방법에 따라 적용되는 과세기준이 달라지는데, 이에 앞서 시기별 적용 세제 및 퇴직급여를 구성하고 있는 소득원천이 무엇인가를 선행적으로 고려해야 한다. 2013년 퇴직소득세 개편에 따라 적용되는 과세기준이 다르기 때문에 2013년 전후로 나누어 살펴야만 한다. 또한 퇴직급여의 소득원천을 판단할 때 퇴직급여계좌에는 회사에서 지급하는 법정퇴직금, 명예퇴직금, 경영성과금과 확정기여형(DC) 퇴직연금 가입자 개인이 추가로 납입한 금액 및 운용수익이 포함되어 있을 수 있다.

퇴직급여를 일시금 형태로 인출할 때 세금항목은 〈그림 3-11〉의 형태로 적용된다.

〈그림 3-11〉 퇴직급여 일시금 인출 시 적용 세제

회사가 지원하는 금액 중 경영성과금은 근로자가 직접 수령하는 경우 근로소득세가 부과된다. 이럴 경우 근로소득이 상대적으로 많은 대상자의 경우 누진세율이 적용되는 세제상 기준을 고려하면 과세표준 구간이 상승하여 세금부담이 대폭 인상될 수 있다.

물론 전체적인 소득이 늘어나는 것은 유쾌한 일이나 비례해서 늘어나는 세금부담은 그리 가벼운 일이 아니다. 이런 세금부담을 줄여줄 수 있는 방법은 경영성과금을 직접 근로자에게 지급하지 않고, 퇴직연금계좌로 적립해주는 것이다.

이럴 경우 경영성과금에는 근로소득세가 부과되는 것이 아니라 퇴직소득세가 부과되는데, 이것도 적립 당시가 아닌 인출할 때 과세하기 때문에 과세이연 효과를 동시에 꾀할 수 있다. 즉 금융자산에 대한 운용수익은 이자(배당)소득으로 14%의 세율로 과세하는 것이 원칙이지만, 퇴직연금계좌에 있는 자산운용수익은 수령하기 전까지 과세하지 않고, 일시금으로 수령하면 15%의 기타소득세율을 적용하여 과세한다.

〈그림 3-12〉 경영성과금 적립방법 및 과세체계

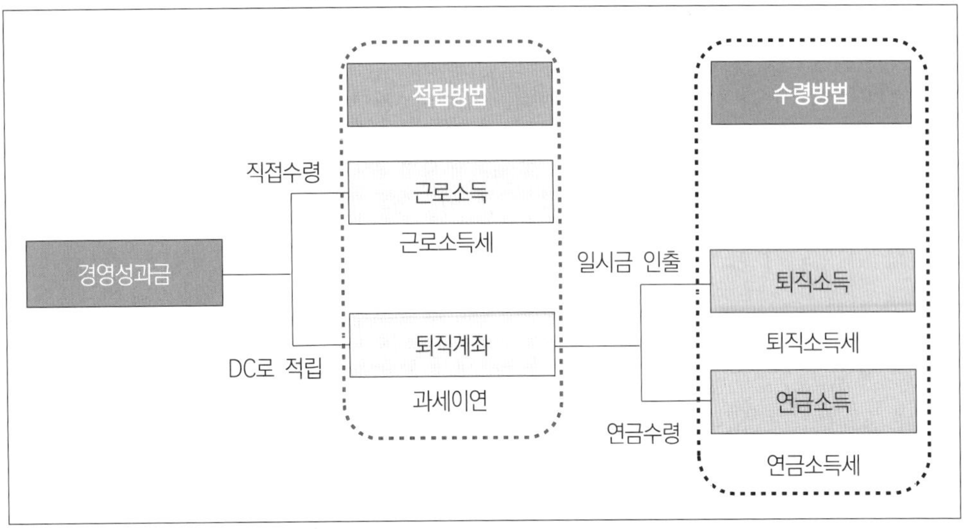

출처: 세금을 알아야 연금이 보인다, 미래에셋은퇴연구소

〈그림 3-12〉과 같이 경영성과금에 대해 퇴직소득세를 적용, 세금부담을 줄이기 위해서는 다음과 같은 조건을 충족해야 한다.

① 경영성과금의 퇴직계좌 적립은 퇴직급여제도 가입대상인 근로자 전체를 대상으로 해야 한다. 그렇다고 모두가 무조건 퇴직계좌에 적립을 해야 하는 것은 아니다. 개인의 선택에 따라 퇴직계좌 적립이 아닌, 즉시 수령을 선택할 수는 있다. 제도를 시행하는 날이나 경영성과금 적립에 대한 규정을 변경하는 날에 즉시 수령할 것을 개인이 신청하면 된다.

② 경영성과금의 적립비율은 개인별로 자유롭게 정할 수 있는 것이 아니라, 회사에서 정할 수 있다.

③ 퇴직연금제도를 운영하고 있는 회사라고 하더라도 확정기여형(DC) 가입자만이 경영성과금의 퇴직계좌 적립을 활용할 수 있다. 기존의 퇴직금제도 및 확정급여형(DB)을 가입하고 있는 경우에는 그 대상에서 제외된다. 물론 확정급여형(DB) 가입자가 확정기여형(DC)으로 전환하면 경영성과금의 퇴직계좌 적립이 가능하다.

4) 퇴직급여를 연금으로 수령 시 적용 세제

은퇴생활에서 무엇보다 중요한 것은 예측 가능한 정기소득원 확보이다. 즉 균형감 있는 현금흐름 관리가 은퇴생활에 대한 두려움을 제거하는 데 상당한 역할을 한다는 것이다. 물론 은퇴생활 준비의 모든 것을 재무적인 측면에만 한정해서 고려하려는 것은 아니다. 은퇴생활자 스스로가 비재무적인 요소인 건강, 인적관계, 사회봉사·기여, 취미·여가활동 등에 심리적 여유를 가지고 임하기 위해서는 무엇보다 생활비부담을 떨쳐낼 수 있는 상황적 요건이 무엇보다 중요하다. 그런 측면에서 볼 때 오랜 직장생활의 대가로 받게 되는 퇴직급여를 일시에 수령하는 방법보다는 오랜 기간 분할해서 연금형태로 수령하는 방법을 긍정적으로 고려할 수 있다. 또한 세금부담 측면에서도 일시금 형태보다는 연금 형태로 수령할 경우에 상대적으로 혜택이 큰 만큼 신중한 판단이 요구된다.

〈그림 3-13〉 퇴직급여 인출방법에 따른 과세기준

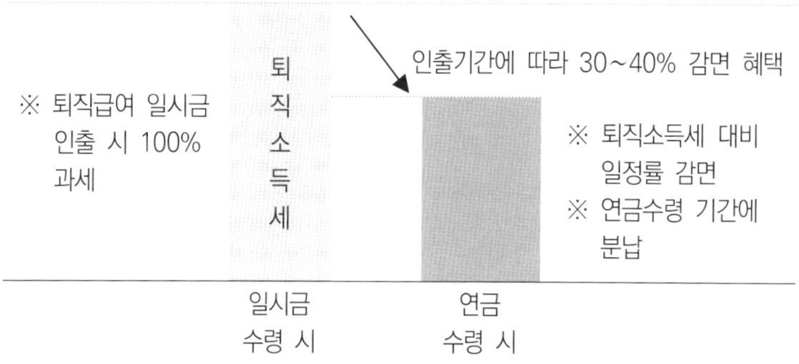

퇴직연금을 연금 형태로 인출하기 전에 적립단계까지의 소득원천에 대한 이해가 필요한데, 앞서 〈그림 3-10〉에서 언급했듯이 아래와 같이 4가지로 구분할 수 있다.

① 이연퇴직소득(퇴직급여): 사용자부담금과 당해 금액에 대해 퇴직 시점까지 발생한 운용수익

② 개인납입액: 가입자 추가부담금 중 세액공제를 받은 금액

③ 운용수익: 사용자부담금에 대한 운용수익 중 퇴직 후 발생한 운용수익과 가입자 추가 부담금에 대한 운용수익

④ 과세제외 대상금액: 가입자 추가부담금 중 세액공제를 받지 않은 금액

〈그림 3-14〉 퇴직급여 연금 인출 시 적용 세제

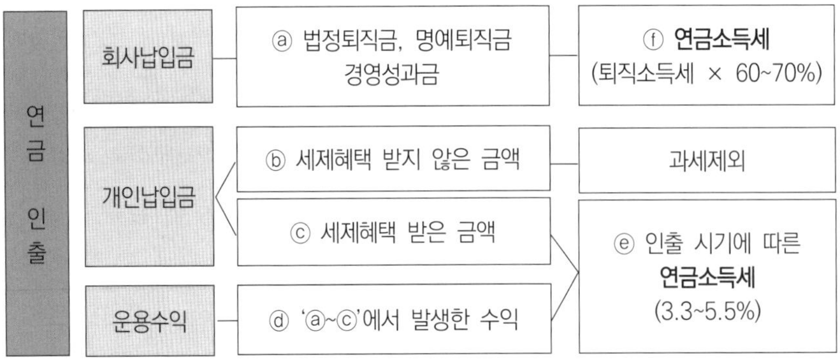

근무한 회사에서 퇴직 시 수령했던 퇴직급여(ⓐ)를 55세 이후 연금으로 수령할 경우에는 다음과 같은 세제상의 장점이 있다.

① 일시금으로 수령할 때 부과되는 퇴직소득세의 60~70%에 해당하는 금액을 연금소득세로 과세한다. 즉 연금으로 인출하는 10년 이내의 기간에 대해서는 30%, 10년 이상의 기간에 대해서는 40% 경감된 세금이 연금소득세로 부과된다.
② 30~40% 경감된 세금도 일시에 납부하는 것이 아니라, 연금을 수령하는 기간에 분할해서 납부하는 과세이연 혜택이 주어진다.
③ 무조건 분리과세 대상이다. 즉 연금저축계좌에서 인출하는 연금금액과 합산하여 연 1,500만 원 이상일 경우 해당되는 종합과세 대상금액에 반영되지 않는다.

개인이 납입한 금액 중 세액공제를 받지 않은 금액(ⓑ)에 대해서는 과세제외 대상으로 일시금 또는 연금형태 등 어떤 방법으로 수령해도 별도의 세금부담은 없다. 개인이 납입한 금액 중 세액공제를 받은 금액(ⓒ)과 운용수익(ⓓ)에 해당하는 금액을 연금 형태로 수령하는 경우에는 연금소득세가 부과되는데 인출하는 시기에 따라 세율은 달리 적용된다. 55세 이후부터 인출하는 시기에 따라 적용되는 세율은 다음과 같다.

〈표 3-11〉 인출 시기에 따른 적용 세율

구분	55세 이상~70세 미만	70세 이상~80세 미만	80세 이상
적용세율(%)	5.5	4.4	3.3

위와 같은 과세기준은 연금소득이 연 1,500만 원 이하일 경우에 적용되는 기준(조건부 분리과세)이고, 연 1,500만 원을 초과하는 금액에 대해서는 전액 종합과세 대상이다. 다만, 종합과세 대상에 해당될 경우, 해당 개인은 종합과세 기준 적용과 16.5%(지방소득세 포함) 분리과세 기준 중 선택할 수 있다. 이렇게 연금으로 인출할 때 상대적으로 낮은 세율의 세금을 적용하는 세제혜택을 받기 위해서는 기본적으로 연금수령 요건에 부합되어야 한다. 다만 2013년 3월 이전에 가입한 연금계좌는 최초로 연금을 수령할 수 있는 해를 6년차로 기산한다. 또한 2013년 3월 이전에 DB형 퇴직연금에 가입한 사람이 퇴직하면서 퇴직급여 전액을 새로 설정된 연금계좌로 이체하는 경우에도 마찬가지로 최초로 연금을 수령할 수 있는 해를 6년차로 기산한다. 이렇게 계산해서 나온 금액의 120%가 그해 연금수령한도가 된다. 다만, 연금수령연차가 11년 이상이면 계산식을 적용하지 않고 연금수령한도가 없는 것으로 한다.

[연금수령 요건 및 연금수령한도]

연령: 55세 이상
납입: 최소 5년 이상 납입요건 충족
연금수령한도 이내에서 출금한 금액
(2013년 3월 1일 전까지 5년, 그 이후 10년)

연금수령한도

$$\frac{\text{당해 연도 연금계좌 평가액}}{11 - \text{연금수령연차}} \times 120\%$$

위의 연금수령 요건 및 연금수령한도를 충족하지 않은 금액 중 퇴직급여(그림 3-14의 ⓐ)에 대해 퇴직소득세, 개인이 납입한 금액에서 세액공제를 받은 금액(그림 3-14의 ⓒ)과 운용수익(그림 3-14)의 ⓓ)에 해당하는 금액에 대해서는 기타소득세 16.5%(지방소득세 포함)가 부과된다.

오랜 직장생활을 통해 적립된 퇴직연금은 인출하는 방법에 따라 은퇴생활의 균형감을 유지할 수 있는 유용한 연금재원일 수 있다. 그러나 현실은 연금 형태가 아닌 일시금의 형태로 인출(2023년 기준 89.6% 일시금 수령)하여 은퇴생활에 임하기 전에 소진되는 것이 일반적이다. 수익률 관리를 위한 적립금에 대한 운용, 소득원천, 인출방법, 인출시기 등에 따라 적용되는 세금부담을 줄이기 위해 선택해야 할 항목 등 가입자 스스로의 관심과 실행이 무엇보다 절실히 요구된다.

4 소득공백을 줄이는 개인연금

출산율은 세계에서 가장 낮고 고령화는 가장 빠른 속도로 진행 중인 우리나라 상황은 은퇴생활을 고민하는 개인에게 여러모로 요구하는 바가 크다. 인적지원체계나 경제적 준비에 대한 개인 부담이 과거에 비해 상당부분 늘어날 것으로 예상되기 때문이다. 게다가 공적연금 소득 대체율은 매년 하락하고 있고, 퇴직금에 대한 중간정산이 상당부분 이루어졌던 종전 상황을 고려하면 은퇴자금 준비가 낙관적인 흐름은 아닌 듯하다. 따라서 개인이 가입·유지하고 있는 개인연금 활용에서 구체적인 판단과 실행이 중요하게 요구된다.

우리나라의 경우 개인연금 활용을 확대하기 위해 다양한 방법으로 세제상 혜택을 부여하고 있다. 납입하는 금액에 대해 부여하는 세액공제, 유지기간 중에는 과세를 이연하고 인출 시에는 비과세 또는 낮은 세율로 분리과세 하는 등의 혜택이 제도화되어 있다. 대표적인 상품으로는 납입에 대해 세제혜택이 부여되는 세제적격 연금과 납입할 때는 별도의 세제혜택은 없으나 인출 시 비과세혜택이 부여되는 세제비적격 연금이 있다. 다음은 이 두 상품에 대한 주요내용이다.

4-1 세제적격 및 세제비적격 연금의 주요내용

'세제적격, 세제비적격 연금'이라는 용어는 세법상 정의가 아닌, 세제혜택이 부여되느냐 아니냐를 중심으로 금융업계에서 통칭하는 개념이다. 두 상품을 활용할 때 '어떤 상품이 더 좋은가?'의 고민에 대한 정답은 없다. 개인별 재무계획이나 선호하는 상품기능을 선택하는 것이 가장 합리적인 판단이다. 이를 위해서는 두 상품이 가지고 있는 특징을 구체적으로 이해하고 선택해야 활용에 따른 피해를 줄일 수 있다.

〈표 3-12〉 세제적격 및 세제비적격 연금의 주요내용

구분	세제적격	세제비적격
핵심 내용	**납입 시 세액공제** (16.5% 또는 13.2%)	납입에 따른 세제혜택 없음 **인출 시 이자소득세 비과세**
	연간 1인 납입한도 중 600만 원 한도	- 적립식: 월 150만 원 이내 - 일시납: 1인당 1억 원 한도 이내, 종신형은 조건부 전액 비과세
중도 해지	'원금 + 이자'에 대해 **기타소득세(16.5%) 부과**	이자에 대해 **이자소득세(15.4%) 부과**
인출	- 일시금 인출: 기타소득세 **- 연금인출: 연금소득세(3.3~5.5%)**	**가입기간 10년 이상 시 비과세**

※ 세제적격 연금의 경우 세액공제를 받은 것으로 가정, 인출 시 세금항목 반영

4-2 세제혜택 기본요건

가. 세제적격연금

세제적격연금을 활용할 때 납입 시 세액공제 혜택을 받은 경우에는 다음의 기본요건을 충족해야 세제상의 불이익을 받지 않는다. 만일 요건을 충족하지 못하는 경우(예: 중도해지 및 일시금 인출)에는 납입원금과 발생이자 총액에 대해 기타소득세(16.5%) 부과의 세금부담이 발생할 수 있으니 유의해야 한다. 또한 이는 모든 가입대상자에게 공통적으로 적용되는 제도 중심의 요건이고, 개인별 상황에 따른 개별적인 판단도 동시에 고려해야 한다.

1) 납입기간 최소 5년 이상
2) 중도해지 없이 55세 이후부터 인출 가능
3) 인출 시 연금의 형태로 최소 10년 이상 분할해서 수령(2013년 3월 1일 이전 가입자는 5년)

세제적격연금 세제혜택 유지를 위한 요건 예시(2013년 3월 1일 이후 가입 기준)

- **제도를 중심으로 하는 일반적인 기준**
  - 5년 납입, 55세 이후 인출, 10년 이상 분할 수령
  - 최소 15년 이상은 유지해야 세제상 불이익(기타소득세 부과)이 없다.
- **개인을 중심으로 하는 개별적인 기준**

  예시: 30세, 미혼의 직장여성이 세제적격연금저축을 가입할 경우

  · 55세 이후 인출을 적용: 55세 - 30세 = 25년 유지

  · 10년 이상 연금으로 인출: 10년 유지

  - 세액공제 받은 혜택을 유지하기 위한 개별적인 합산 유지기간: 35년

나. 세제비적격연금

1) 납입기간이 최소 5년 이상이고, 가입기간 10년을 유지하는 경우
2) 적립식 월 보험료가 150만 원 이하이거나, 일시납 보험료가 1인당 1억 원(2017년 4월 이후 계약부터) 이하일 경우 인출 시 이자소득세는 비과세 대상이다.
3) 세제비적격연금의 일시납을 종신형으로 활용할 경우, 다음과 같은 기본요건이 충족되면 납입금액에 제한 없이 인출 시 비과세 혜택이 부여된다.

① 계약자가 보험료 납입 계약기간 만료 후 55세 이후부터 사망 시까지 보험금, 수익 등을 연금으로 지급받을 것
② 연금 외의 형태로 보험금, 수익 등을 지급하지 아니할 것
③ 사망 시 또는 보증기간 종료 시 보험계약 및 연금재원이 소멸할 것
④ '계약자 = 피보험자 = 수익자' 이면서, 최초 연금지급개시 이후 사망일 전에 중도해지하지 않아야 할 것
⑤ 매년 수령하는 연금액이 당해 연도에 수령할 수 있는 금액을 초과하지 아니할 것

다음은 세제적격연금을 중심으로 적립, 운용, 인출 단계를 거치면서 고려해야 할 내용이다.

4-3 가입단계에서 고려해야 할 사항

세제적격연금저축은 연금저축펀드, 연금저축신탁, 연금저축보험의 형태로 구성되어 있으며, 개인의 선호하는 성향 및 재무상황에 맞는 상품을 선택하여 가입할 수 있다.

증권회사에서 가입할 수 있는 연금저축펀드는 상대적으로 고수익을 추구하는 개인이

고려할 만한 상품이다. 다만, 고수익 추구에 따라 일부 손실위험도 공존한다는 점을 고려해야만 한다.

연금저축신탁은 은행에서 가입할 수 있는 상품으로 연금저축펀드와 함께 실적을 반영하여 배당하는 상품이다.

보험회사에서 판매하는 연금저축보험은 정기적으로 공시하는 금리로 이자가 반영되는 상품이며, 원금이 보장되는 상품이기에 상대적으로 안전하다. 다만 연금저축보험은 보험회사에서 사업비를 차감한 금액을 기준으로 운용되는 것이기 때문에 중도해지 시 납입한 원금보다 더 적은 금액을 돌려받을 수 있음을 인지해야 한다. 따라서 연금저축의 상품별 주요내용을 비교한 후, 본인의 성향에 맞는 상품을 선택하는 것이 무엇보다 중요하다.

가. 가입 가능한 대상 및 세액공제

누구나 가입할 수 있지만 납입에 따른 세액공제 혜택은 근로자, 자영업자 등과 같이 종합소득이 있는 대상자에게 부여하고 있다.

〈표 3-13〉 연금저축 세액공제 및 효과

구분	세 부 내 용	
소득규모	- 근로소득 5,500만 원 이하 - 종합소득 4,500만 원 이하	- 근로소득 5,500만 원 초과 - 종합소득 4,500만 원 초과
납입한도	연 1,800만 원	
세액공제 한도	600만 원	
세액공제율	16.5%	13.2%
환급효과	99만 원	79.2만 원

나. 납입한도와 세액공제한도의 의미

납입시기에 세제혜택이 부여된다는 것은 인출할 때 과세대상에 포함된다는 것을 의미한다. 즉 세액공제 대상금액으로 형성된 적립금을 중도해지 및 연금이 아닌 일시금으로 인출 시 기타소득세, 연금으로 인출 시 연금소득세가 부과된다. 반대로 납입시기에 세액공제 혜택을 받지 않은 금액 부분은 과세제외 대상이다. 즉 앞서 '4-2'에서 살펴본 '세제혜택 기본요건'이 충족되지 않은 상황에서 해당 금액을 인출해도 별도의 과세부담은 없다는 것이다.

〈그림 3-15〉 납입한도 및 세액공제의 의미 (세액공제 600만 원 대상자 예시)

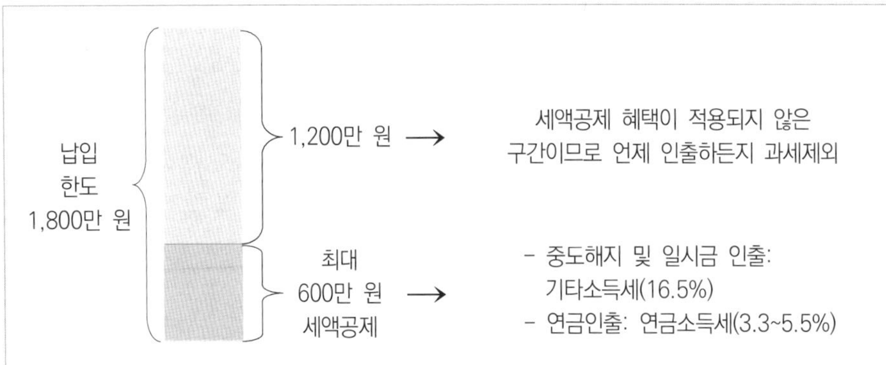

4-4 적립 및 운용단계에서 고려해야 할 사항

"지난 2013년부터 연금저축에 가입해왔던 회사원 김모(48) 씨는 최근 금융회사에서 보내준 운용 안내 보고서를 살펴보곤 충격을 받았다. 6년간 총 2,340만 원을 넣었는데 현재 평가액은 2,370만 원으로, 30만 원 수익에 그쳤기 때문이다."

출처: 조선일보, 2018.12.14.

위 신문기사의 내용처럼 연금저축에 대한 성과관리가 개인의 기대를 훨씬 밑돌고 있는 상황이다. 이는 운용사의 관리문제도 있겠지만 장기상품인 연금저축에 대한 가입자의 기대 및 관심이 가입 이후 연말정산 시 이루어지는 세액공제에 국한되어 있다는 것도 상당한 영향을 미치고 있다. 실제로 2017년 기준 퇴직연금 가입자의 90.1%가 운용지시를 전혀 변경하지 않은 것으로 드러났다. 따라서 가입자는 운용관리사업자에게 수익률이 더 높은 상품의 제시와 변경을 요구할 필요가 있다. 장기상품 및 투자수익형 상품은 가입보다는 시장변화에 대응할 수 있는 개인의 관심과 관리가 중요하다. 경제상황 및 금융상품 관련 제도는 끊임없이 변화를 거듭하고 있다. 개인이 어떻게 대응하느냐에 따라 동일한 금액을 지출하고도 성과에서 상당한 차이를 경험할 수 있음을 유념해야 한다.

가. 계약이전을 통한 수익관리

앞서도 언급했듯이 연금저축에 대한 개인의 기대는 매년 연말정산에서 세액공제를 받기 위한 것인데, 본래 목적은 개인의 노후생활을 위한 연금재원으로 사용하는 데 필요한 금융상품이다. 이렇듯 장기적인 관점에서 수십 년간 유지해야 하는 장기 금융상품이다 보니 유지기간 중에 가입하고 있는 회사에 문제가 생길 수도 있고, 예상보다 수익률이 좋지 않을 수도 있는 등 여러 가지 불만사항이 발생할 수 있다. 이런 상황에서 개인이 대응할 수 있는 방법이 없다면 상대적인 피해와 손실이 클 수 있다. 그런 이유로 2001년부터 '연금저축의 계약이전제도'를 만들어서 세제상의 불이익 없이 타 금융기관으로 자유롭게 이전할 수 있게 하였는데, 2015년 4월 27일부터는 연금저축 계약이전 절차 간소화를 통해서 조금 더 쉽게 이전할 수 있도록 하였다. 2015년 4월 이전까지는 신규로 이전할 금융기관에 가서 연금저축 이전 신청서를 작성하고 다음으로 기존에 가입한 금융회사에 가서 이전 요청을 해야 하는 번거로움이 있었지만, 간소화 조치 이후부터는 신규로 이전할 금융기관 한 곳만 방문하면 이전에 따른 업무진행이 가능하다. 이전되는 금액은 적립금이 기준이며, 보험의 경우는 해약환급금 기준으로 이전된다는 점을 유의해야 한다.

〈표 3-14〉 수익률 차이에 따른 연금수령액 비교

(단위: 원)

월 납입금액 \ 연간수익률	1%	3%	5%	7%
50,000	64,122	104,689	169,318	271,272
100,000	128,243	209,378	338,635	542,743
200,000	256,486	418,756	677,271	1,085,487

※ 현재 30세, 20년 납입, 55세 이후 20년간 연금수령 가정

출처: 연금투자, 전국투자자교육협의회 발행, 2015

〈표 3-14〉에서 볼 수 있듯이 동일한 금액을 납입하면서도 장기상품인 관계로 수익률에 따른 연금수령금액에는 상당한 차이가 발생할 수 있다. 따라서 현재 가입하고 있는 연금저축 수익률이 기대에 미치지 못하거나 관리서비스가 만족스럽지 못하다면 다른 금융기관으로 이전을 검토해보는 것도 적극 고려할 수 있다.

나. 기간별 수익에 대한 과세이연

'돈이 움직이는 곳에는 항상 세금이 함께 움직인다'라고 얘기할 정도로 금융상품을 활용할 때 무시할 수 없는 것이 세금이다. 현행 소득세법은 금융상품 투자 및 운용에서 발생하는 이자와 배당소득에 대해 소득세를 부과하는데, 한 해 동안 발생한 금융소득(이자 및 배당소득)이 2,000만 원을 초과하는 경우에는 다른 종합소득과 합산하여 '금융소득 종합과세'를 적용하여 세금을 부과한다. 이 경우 다른 종합소득 규모가 큰 경우에는 높은 세율을 적용받기 때문에 세금부담이 상당할 수 있다.

그런데 연금저축은 적립·운용 기간에 발생하는 이자 및 배당에 대해 과세하지 않고, 인출하는 시점에 세금을 부과하는 '과세이연' 혜택을 부여하고 있다. 따라서 금융소득종합과세를 염려하는 경우라면 연금저축에 적립금을 늘리는 방법을 긍정적으로 고려할 수 있다.

다. 부부 동시에 가입 시 세제혜택을 늘릴 수 있는 방법

연금저축에 대한 세액공제 혜택은 개인자격을 기준으로 활용할 수 있는 세제혜택이다. 따라서 부부가 동시에 소득활동을 하면서 연금저축을 가입·적립하고 있는 상황이면 누구에게 납입금액을 집중하는 것이 더 많은 세제혜택을 받을 수 있는 방법인지에 대한 고민을 하게 될 것이다. 이런 경우에는 일반적으로 소득이 적은 배우자에게 납입금액을 집중하면 더 많은 세제혜택을 받을 수 있다.

부부 동시 연금저축을 가입한 경우 세액공제 효과 예시

남편 A씨(연소득 7,500만 원)는 중견기업에서 직장생활을 하고 있고, 배우자 B씨(연소득 4,000만 원)는 간호사로 재직 중이다. 각자 연금저축상품에 가입하여 A씨는 400만 원을 B씨는 100만 원을 납입하여 부부합산 총 500만 원을 매년 납입하고 있다.

- **현 가입상태 기준: 세액공제 혜택 총 69.3만 원**
  - 남편: 400만 원 × 13.2% = 52.8만 원
  - 부인: 100만 원 × 16.5% = 16.5만 원
- **남편과 부인의 납입금액이 반대일 경우: 세액공제 혜택 총 79.2만 원**
  - 남편: 100만 원 × 13.2% = 13.2만 원
  - 부인: 400만 원 × 16.5% = 66만 원

위 사례에서 볼 수 있듯이 똑같이 부부합산 500만 원을 연금저축에 납입하더라도 소득이 적은 부인 명의로 400만 원을 납입하면 9.9만 원의 세액공제 혜택을 더 받을 수 있다.

이는 근로소득 5,500만 원 이하 또는 종합소득금액 4,500만 원 이하인 자는 세액공제율을 16.5%, 근로소득 5,500만 원 이상 또는 종합소득금액 4,500만 원 이상인 자는 세액공제율 13.2% 적용을 원칙으로 하는 「소득세법 개정 시행(2023년)」을 근거로 한다.

라. 세액공제 효과를 높이는 '납입연도 전환특례'

경제상황도 변화를 반복하듯이 개인의 경제사정도 늘 변동을 반복하는 것이 일반적이다. 연금저축을 가입하여 적립하다가 사정이 여의치 않아 적립금액을 줄이는 경우가 발생할 수도 있다. 이 경우 연간 세액공제 한도를 채우지 못할 수도 있어 세액공제 혜택이 상대적으로 줄어들 수도 있는데, 경우에 따라서는 꼭 그렇지 않을 수도 있다.

여기서 중요하게 기억해야 하는 것은 '세액공제가 1년 단위로 종결되는 것은 아니다'라는 것이다. 다음 사례를 보면 쉽게 이해할 수 있다.

납입연도 전환특례 적용 시 세액공제 효과 예시

직장인 A씨(연소득 7,500만 원)는 2017년에 연금저축상품에 600만 원을 납입하고, 2017년 연말정산 시 세액공제한도인 400만 원에 대해 세제혜택을 받았다. 그리고 2018년에는 자녀 대학입학에 따른 목돈지 출이 필요해 연금저축에 150만 원밖에 납입하지 못해 연말정산 시 150만 원에 대해서만 세제혜택을 받는 것으로 알고 있었는데, 사실은 그게 아니었다.

'납입연도 전환특례제도'를 활용하면 2017년에 초과해서 납입한 200만 원에 대해서도 세액공제혜택(26.4만 원)을 받을 수 있다는 사실을 알게 되었다.

세액공제효과 예시 (단위: 만 원)

연도	특례적용 전		특례적용 후		차액
	세액공제액	효과	세액공제액	효과	
2017	400	52.8	400	52.8	-
2018	150	19.8	350	46.2	**26.4**

연금저축 세액공제 이월신청은 연금가입자가 금융회사에 본인신분증, 세액공제확인서, 연금납입확인서(2개 이상 금융회사에 연금저축을 가입한 경우만 해당)를 제출하면

금융회사는 초과해서 납입한 금액을 해당 연도 납입액으로 수정·반영한 연금납입확인서를 발급해준다. 동 서류를 연말정산 시 증빙자료로 제출하면 된다.

세액공제 확인서는 국세청 홈택스(공인인증서 로그인 필요) 또는 세무관서에서 발급받을 수 있으며, 연금납입확인서는 연금저축을 가입한 금융회사에서 발급받을 수 있다.

참고 **세법개정내용**

- 세액공제 한도를 넘는 초과납입금의 납입연도를 전환하여 세액공제를 받을 수 있도록 함. 「소득세법 개정 시행(2014. 2. 21.)」
  → 종전에는 세액공제한도 초과납입금의 납입연도 전환을 인정하지 않았음.

마. 중도인출, 납입중지 및 납입유예 활용

장기상품인 연금저축을 적립해가는 과정에서 목돈이 필요하다거나 자금사정이 여의치 않아서 지속적인 납입이 어려운 상황이 발생할 수 있다. 이 경우 먼저 생각할 수 있는 것이 세액공제를 받지 않은 납입금액의 중도인출이다. 납입에 대한 세제혜택을 받지 않았기 때문에 별도 과세 없이 중도인출이 가능하다. 또한 일시적으로 납입이 곤란하다면 해지하기보다는 납입중지 또는 납입유예 제도를 활용하는 것이 바람직하다.

연금저축신탁 및 연금저축펀드는 자유납입이므로 납입을 중단했다가 경제상황이 좋아지면 언제든지 납입을 재개할 수 있다. 연금저축보험은 2014년 4월 이후 가입했다면 1회당 최대 12개월, 최대 3회까지 납입유예가 가능하다. 다만 납입유예를 신청하지 않고 보험료(월납)를 2회 이상 납입하지 않으면 실효될 수 있음을 유의해야 한다.

세제혜택을 받은 연금저축 납입금액에 대해서는 앞서도 살펴보았듯이 적립금을 연금으로 수령하지 않고, 해지 및 중도인출을 할 경우에는 절세혜택을 받지 못하거나 혜택을 받았던 부분에 대해서 세제상 불이익이 있을 수 있다. 다만 그 사유가 앞의 〈표 3-10〉에서와 같이 '부득이한 사유'에 해당할 경우에는 세제상 불이익이 적용되지 않으니 신중한 판단이 요구된다.

이렇듯 연금저축을 가입·유지할 때 단기적인 상황변화 때문에 무조건 해지할 것이 아니라 개인이 활용할 수 있는 제도를 통해 손해를 줄이고, 경우에 따라서는 세제혜택을 유지할 수 있음을 유념해야 한다.

4-5 인출단계에서 고려해야 할 사항

소득활동기간에는 정기적인 납입과 매년 연말정산 시 세액공제를 통한 혜택에 관심을 집중했다면, 퇴직이 임박한 상황에서는 개인의 관심을 인출에 대한 부분으로 이동해야 한다. 실제 임금피크제 대상에 포함된 상황, 정년퇴직을 1년여 남겨둔 상황임에도 오랜 기간 유지해온 연금저축에서 얼마의 금액을 연금으로 인출할 수 있는지를 확인하지 않는 경우가 상당히 많다.

퇴직은 개인으로서는 정기소득의 급격한 변화가 발생하는 민감한 이벤트이니만큼 이를 대체할 새로운 소득원 체계를 마련해야 한다. 다음은 개인이 보유하고 있는 연금저축을 활용(인출)할 때 고려해야 할 핵심내용이다.

가. 인출 관련 개인의 선택사항

연금저축을 가입하고 있는 개인이 50대 중·후반 임금피크제 및 퇴직으로 인한 소득규모 변화가 예상되는 시점에 이르면 대안을 모색하는 차원에서 다음과 같은 고민과 의사결정을 해야 한다.

〈그림 3-16〉 인출 관련 선택

선택을 위한 개인의 고민

- 언제부터 인출할 것인가?
- 그 시점의 적립금액 규모는?
- 인출방법은? 일시금 vs 연금
- 연금으로 인출 시 몇 년간 분할수령?
- 연금수급기간의 부리이율은?

선택에 따른 결과

- 적립금 원천, 인출방법, 인출시기에 따라 **과세기준이 결정됨**
- 인출방법에 따라 **실질 수령금액이 결정됨**

목돈이 필요해서 불가피하게 일시금을 수령하는 경우라면 자금원천에 따른 과세기준(과세제외 또는 기타소득세 분리과세) 적용으로 계약관계는 종결되지만, 문제는 연금으로 수령하려는 계획의 경우이다. 노후생활자금 목적으로 오랜 기간 유지해왔던 연금저축에서 매월 수령할 수 있는 연금금액이 기대에 훨씬 미치지 못할 수도 있기 때문이다.

이는 다음의 두 가지 이유를 근거로 예측이 가능하다.

1) 개인이 정기적으로 납입하는 금액의 규모는 무엇을 기준으로 결정되는가?

연금저축에 매월 납입하는 금액은 납입한도(개인별 연간 1,800만 원) 기준에 의한 것이 아니라, 세제혜택 한도 범위를 기준으로 결정되는 경우가 대부분이다.

〈표 3-15〉 연금저축 연간납입액 현황

(단위: 억 원, %)

구 분	2019년	2020년	계약당 납입액*	2021년	증가율	계약당 납입액*
보 험	71,435	68,711	235만 원	59,676	△13.1	233만 원
신 탁	10,455	9,924	292만 원	9,324	△6.0	317만 원
펀 드	14,997	18,395	298만 원	29,763	61.8	329만 원
총 계	**96,887**	**97,030**	**250만 원**	**98,763**	**1.8**	**262만 원**

* 계약당 평균 납입액은 납입액 '0원'인 경우를 제외하고 산출

출처: 금융감독원

〈표 3-15〉에서 볼 수 있듯이 계약당 연간납입액 규모가 262만 원이라면 연간 세액공제 한도에도 훨씬 미치지 못하는 금액이다. 연금저축을 활용하는 본래 목적은 노후생활 자금을 준비하기 위한 장기적인 재무관리인데 현실은 단기적인 관심사(절세)에만 치우쳐 있는 것은 아닌지 근본적인 고민이 요구된다.

2) 적립금액에 대한 장기적인 운용수익은?

〈표 3-16〉에서 볼 수 있듯이 연금저축을 판매하고 있는 금융기관 중 일부는 은행이나 저축은행에서 판매하고 있는 적금금리보다도 낮은 연평균 수익률을 나타내고 있다. 2021년 연금저축 수익률은 4.36%로, 펀드(13.45%)가 예년처럼 가장 높았으며, 생보(1.83%), 손보(1.63%), 신탁(△0.01%) 순으로, 신탁 수익률이 큰 폭으로 하락(1.73%p↓) 하는 흐름을 보이고 있다.

〈표 3-16〉 연금저축 연평균 수익률

(단위: %)

구 분	생 보	손 보	신 탁	펀 드	전 체
'20년	1.77	1.65	1.72	17.25	4.18
'21년	1.83	1.63	△0.01	13.45	4.36

※ 납입원금 대비 수익률(통합연금포털 공시기준)

출처: 금융감독원

〈표 3-17〉 연금저축상품 수령현황

(단위: %)

구 분	연간 수령액(억 원)			수령 계약수(천 건)			계약당 수령액(만 원)	
	'20년	'21년	증가율	'20년	'21년	증가율	'20년	'21년
보 험	25,192	29,044	15.3	1,039	1,193	14.8	242	243
신 탁	5,676	5,956	4.9	92	101	9.7	617	591
펀 드	4,458	5,371	20.5	74	74	1.0	606	723
합 계	**35,326**	**40,371**	**14.3**	**1,205**	**1,368**	**13.5**	**293**	**295**

출처: 금융감독원

납입금액 규모와 장기 수익률에 따른 연금수령금액의 평균이 〈표 3-17〉과 같이 나타나고 있는데, 월 25만 원 규모의 연금금액은 노후생활 유지를 위한 자금으로는 상당히 부족하다. 따라서 퇴직 전까지 또는 경제활동을 종료하고 완전한 은퇴생활에 진입하기 전까지 추가적으로 요구되는 재무준비 규모를 결정하고, 해결을 위한 방법을 실행에 옮겨야 한다.

예를 들어 다음과 같은 방법이 있다.

- 현재 정기적으로 납입하고 있는 금액규모를 늘릴 수 있다.
- 추가적인 납입여력이 힘든 경우에는 운용수익 관리를 조금 더 공격적으로 할 수 있다.
- 다만 연금인출이 필요한 시기가 임박한 경우 너무 높은 수익관리는 오히려 더 큰 위험이 될 수 있음을 유의해야 한다.
- 연금인출 개시시점을 미루거나 인출기간을 축소하면 연금금액을 늘릴 수 있다.

- 이 경우 퇴직 후부터 인출 전까지, 인출기간 종료 후 생활자금이 부족할 수 있음을 고려해야 한다.
- 가장 현실적인 방법은 소득활동기간을 연장하여 부족한 재원을 마련하는 것이다.

위와 같은 방법도 연금이 필요한 시기에 임박해서 실행할 경우에는 효과가 크지 않을 수 있다. 따라서 은퇴생활에 필요한 재무준비는 장기간에 걸쳐 이루어져야 하며, 단기적인 절세도 중요하지만 필요한 자금규모를 마련하는 것이 중심이 되어야 한다. 결론적으로 말하자면 연금자산 준비에서는 인출할 수 있는 금액이 중심이다. 적립과정에서 제공되는 세제혜택은 부가서비스로 여기는 인식전환이 요구된다.

나. 인출에 따른 과세체계

연금저축 인출에서 우선 고려해야 하는 것은 앞선 〈그림 3-16〉에서 살펴보았듯이 적립금을 구성하고 있는 자금원천에 대한 판단이다. 두 번째는 연금수령 요건 충족 여부 및 인출 방법 선택이다. 마지막은 연금으로 인출 시 종합과세 여부에 대한 판단이 요구된다, 이에 따라 적용되는 과세기준 및 세금부담에 상당한 차이가 있는 만큼 정확한 이해가 필요하다.

1) 적립금 원천에 따른 과세원칙

〈그림 3-17〉에서 적립기간 중에 세제혜택을 받지 않은 금액(ⓒ)은 일시금으로 수령하든지, 연금 형태로 분할수령을 선택하든지 과세제외 대상이다. 그와 반대로 세제혜택 받은 금액(ⓐ) 과 운용수익 부분(ⓐ, ⓒ의 적립금에서 발생한 수익 ⓑ)은 과세대상이다. 다음에서는 세액공제 받은 금액과 운용수익 부분을 중심으로 살펴본다.

〈그림 3-17〉 적립금 원천 및 인출방법에 따른 과세기준

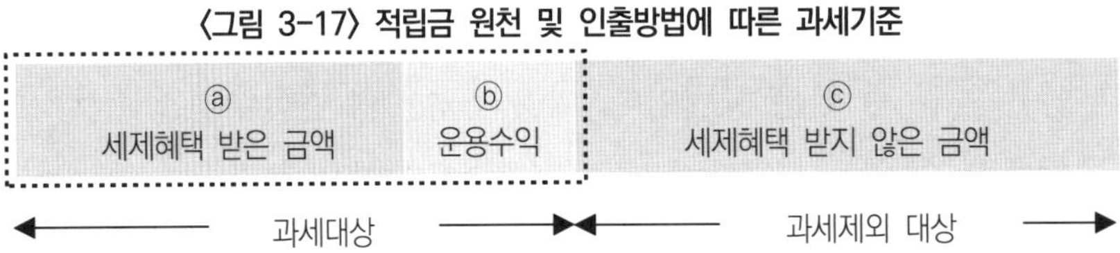

2) 연금수령 요건 충족 여부에 따른 과세기준

연금저축을 인출할 때 일시금보다는 연금 형태로 인출할 경우 상대적으로 세금부담이 적다. 이를 위해서는 연금수령으로 인정받을 수 있는 요건을 충족해야 한다. 다음의 요건을 모두 충족하지 않은 금액에 대해서는 과세기준이 달리 적용되니 이 점에 유의해야 한다. 다만 2013년 3월 이전에 가입한 연금계좌는 최초로 연금을 수령할 수 있는 해를 6년차로 기산한다.

[연금수령 요건 및 연금수령한도]

연령: 55세 이상
납입: 최소 5년 이상 납입요건 충족
연금수령한도 이내에서 출금한 금액
(2013년 3월 1일 전까지 5년, 그 이후 10년)

연금수령한도

$$\frac{\text{당해 연도 연금계좌 평가액}}{11 - \text{연금수령연차}} \times 120\%$$

① 위 연금수령 요건을 모두 충족하는 방법으로 〈그림 3-17〉의 세액공제 받은 금액(ⓐ)과 운용수익(ⓑ)을 인출하는 경우 연금소득세가 부과된다. 연금소득세는 인출하는 연령추이 및 인출기간 선택에 따라 분리과세 된다.

〈표 3-18〉 연금수령 연령별 적용 세율

(단위: %)

구분	55세 이상~70세 미만	70세 이상~80세 미만	80세 이상
확정형 연금	5.5	4.4	3.3
종신형 연금	4.4		3.3

〈표 3-18〉에서 볼 수 있듯이 연금소득세는 연금수령 시 수급자의 나이가 많을수록 세율이 낮게 적용된다. 따라서 경제적 여유가 있는 경우라면 연금수령시기를 늦추는 것도 세금부담을 줄일 수 있는 방법이다. 아울러 종신형 연금수령을 선택하여 추가적인 세제혜택을 기대할 수 있는 연금저축상품은 생명보험회사에 가입한 연금저축보험에 한해 신청할 수 있다.

② 세액공제 받은 금액(ⓐ)과 운용수익(ⓑ)이 연금수령 요건을 충족하지 못하거나 인출 한도를 초과하는 금액에 대해서는 16.5%(지방소득세 포함)의 기타소득세가 부과된다. 단 인출사유가 부득이한 경우(사망, 파산, 해외 이주 등)에 해당할 때는 연령별로 적용되는 3.3~5.5%의 세율이 적용된다.

다. 절세 고려사항 및 인출순서 결정

1) 연금소득 종합과세 부담을 해결하기 위한 방법

연금수령 요건을 충족하면서 연금을 수령하는 경우에 일시금 수령 시보다 상대적으로 세금부담이 적을 수 있지만, 연간 수령하는 연금금액이 1,500만 원(2024년부터 적용)을 초과하면 전액 종합소득에 포함되어 세금부담이 늘어날 수 있다. 다만, 세법 개정에 따라 2023년부터 종합과세 대상자는 종합과세 기준과 16.5%(지방소득세 포함) 분리과세 중 개인이 과세기준을 선택할 수 있다. 따라서 개인별로 인출시점 및 인출기간 선택에 따라 산출되는 인출금액을 구체적으로 판단하여 선택할 필요가 있다.

① 연금수령 금액이 연간 1,500만 원을 초과할 경우: 종합과세 및 분리과세 선택
② 연금수령 금액이 연간 1,500만 원 이내일 경우: 분리과세

또한 연간 수령금액이 1,500만 원 이내에 해당하여 연령별 세율을 적용하여 분리과세 되었지만, 개인별 종합소득규모 및 공제내용에 따라 종합소득과세가 유리할 경우에는 종합소득신고를 통해 원천징수되었던 금액 중 차액을 환급받을 수 있다.

2) 절세를 위한 인출순서 결정

〈그림 3-17〉에서와 같이 연금저축 적립금의 자금원천에 따른 과세기준을 고려했을 때, 무엇을 먼저 인출하는 것이 절세할 수 있는 방법인가에 대한 판단이 요구된다. 우선 과세제외 대상인 적립금(ⓒ)을 먼저 인출하고, 다음으로 과세대상인 금액(ⓐ, ⓑ)을 인출하면 된다. 그러면 상대적으로 높은 세율이 적용되는 인출초기에는 비과세혜택을 받을 수 있고, 세율이 낮아지는 후반기에 과세대상 금액을 인출하게 되어 세금부담을 줄일 수 있다.

중도해지 시, 연금수령 시 세금부담 비교

현재 56세 연령의 나대한씨는 2019년에 연금저축을 가입하여 2024년까지 매년 400만 원을 납입(5년 유지)하면서 매년 400만 원씩 세제혜택을 받아왔는데(총 2,000만 원), 현재 적립금은 2,125만 원(납입원금 2,000만 원, 운용수익 125만 원)인 상황이다. (연금수령은 현재 적립금을 10년간 동일한 금액으로 분할 수령하는 것으로 가정)

구분	내용
중도해지 시 (부득이한 사유 제외)	• 기타소득세: 350.6만 원 - 과세대상금액: 세제혜택 받은 금액 + 운용수익 = 2,125만 원 - 기타소득세액: 2,125 × 16.5% = 350.6만 원
연금수령 시	• 연금소득세: 117만 원 - 과세대상금액: 세제혜택 받은 금액 + 운용수익 = 2,125만 원 - 총연금소득세: 11.7만 원 × 10년 = 117만 원 → 매년 연금소득세(11.7만 원 = 212.5만 원 × 5.5%) 과세대상금액 2,125만 원 10년 균등수령, 연 212.5만 원 55~69세의 기간 중 연금소득세율 5.5% 적용
비교 결과	중도해지 시에는 연금수령 대비 수령금액 233.6만 원 감소 (중도해지 후 또는 연금수령기간에 발생할 운용수익은 고려하지 않음)

출처: 금융감독원, 금융소비자 정보포털 '파인

4-6 (구)개인연금저축 인출 시 고려사항

과거 1994년부터 2000년까지 판매되었던 (구)개인연금저축을 현재까지 장기간 보유하고 있는 50대 이상 연령층이 상당수 있다. (구)개인연금저축은 납입하는 금액에 대해 소득공제혜택이 주어지는 상품으로 가입자는 매 분기별 300만 원 한도로 납입할 수 있고, 납입한 금액에 대해 40%(연간 72만 원 한도) 소득공제를 받을 수 있다. 게다가 인출 시에는 비과세 혜택이 주어지는 장점이 있다. 다만, 이를 위해서는 가입기간이 10년 이상으로 55세 이상 연령의 가입자가 5년 이상 연금형태로 수령해야 한다. 이런 요건을 충족하지 못하는 경우에는 이자소득세(15.4%)가 부과되는데, 만일 당해 연도에 이자·배당소득 합산금액이 2,000만 원을 초과하는 경우에는 금융소득종합과세 대상에 포함될 수 있으니 유의해야 한다.

하지만 중도해지를 한다고 무조건 이자소득세가 부과되는 것은 아니다. 부득이한 사유에

해당될 경우에는 비과세 혜택을 유지할 수 있는데, 다음의 (구)개인연금저축에 대한 주요 내용이다.

〈표 3-19〉 (구)개인연금저축 상품의 주요내용

가입시기	1994년 6월 ~ 2000년 12월
납입한도	분기 300만 원
소득공제	납입 금액의 40% (연간 최대 72만 원 한도)
연금수령 요건	가입기간 10년, 55세 이후 인출, 5년 이상 연금으로 수령
연금수령 시 과세	비과세
중도해지 시 과세	① 일반적인 경우 이자소득세(15.4%) 부과 ② 부득이한 경우 비과세 • 가입자의 사망, 해외 이주 • 다음 사유 발생 후 6개월 이내 해지 - 가입자의 퇴직 또는 사업장의 폐업 - 3개월 이상 입원·요양이 필요한 질병·상해 발생 - 금융회사의 영업정지, 파산선고 - 천재지변

5 부동산자산의 유동화, 주택연금

55세에 접어들면 가장 먼저 고려해볼 수 있는 제도 활용이 바로 주택연금제도이다. 2007년 도입된 주택연금제도는 그동안 우리나라 국민의 주택에 대한 고정관념이 '상속' 개념의 인식이 강해서 활용이 극히 미흡한 수준이었는데, 최근 들어 신청자 수가 상당부분 증가하고 있다. 이는 주택에 대한 전통적인 인식이 상당부분 변해가고 있음을 의미한다.

실제로 주택금융연구원 조사에 따르면 50~60대 이상 연령층의 보유주택에 대한 인식 변화를 읽을 수 있는데, 과거와 달리 부부 명의 주택을 자녀에게 상속할 의향이 없다고 답하는 비율이 지속적으로 상승하고 있다. 이는 경제활동을 마치고 은퇴생활에 접어들게 되는 예비은퇴생활자에서는 더 뚜렷하게 나타나고 있다. 또한 주택연금 가입기간이 길어질수록 자녀의 반응이 긍정적이며, 자녀와의 관계도 대체적으로 만족스러운 것으로 나타

났다.

주택연금제도 활용에서 중요한 것은 주택부동산에 대한 인식전환이 선행되어야 한다는 것이다. 즉 과거에 주택부동산은 '소유 → 거주 → 자녀승계'의 개념으로 그 활용가치가 단순했지만, 이제는 '소유 및 거주용으로 1차 활용 → 연금자산으로 2차 활용 → 잔존가치 자녀승계'의 개념으로 접근할 필요가 있다. 평균수명 연장에 따라 함께 가중되고 있는 은퇴생활비 부담을 고려해야 하기 때문이다. 이런 주변 환경에 대한 인식전환 및 은퇴생활에 대한 경제 부담이 최근 주택연금 사용자가 늘어나고 있는 이유이다.

〈그림 3-18〉 주택연금 연간 누적 가입자 수(최초 가입 시점 기준)

(단위 : 명)

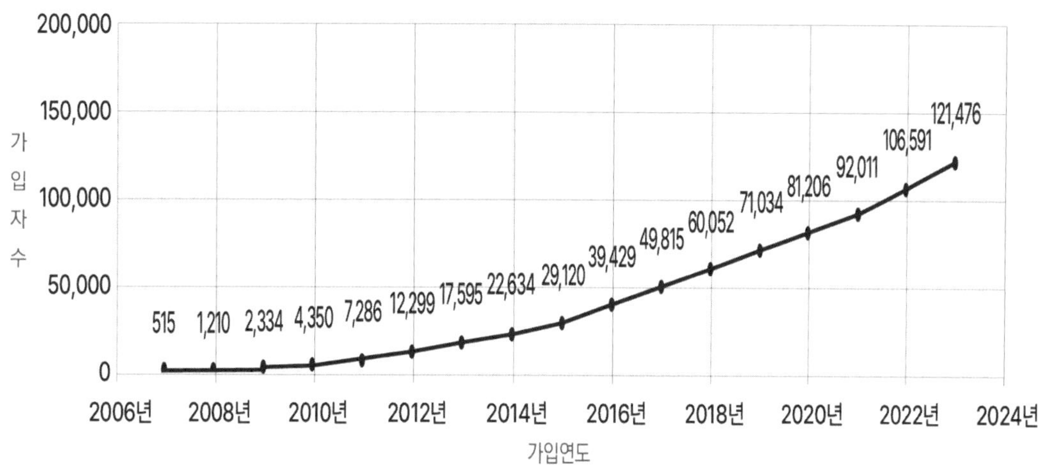

출처: 한국주택금융공사

5-1 주택연금 신청 가능한 대상자 요건

우리나라 60대 이상 가구의 자산 중 81%가 부동산에 묶여 있어 노후생활비 마련을 위해 현금으로 활용할 수 있는 자산이 턱없이 부족한 상황이다. 주택을 소유·거주하고 있는 고령자가 소득이 부족한 경우에 평생 또는 일정기간 안정적인 수입을 얻을 수 있도록 지원하는 제도가 주택연금인데, 실제 살고 있는 주택을 담보로 맡기고 자기 집에 계속 거주하면서 매월 국가가 보증하는 연금을 받을 수 있다. 이를 활용하기 위해서는 다음의 기본적인 요건을 충족해야만 한다.

〈표 3-20〉 주택연금 신청을 위한 자격요건

연령요건	담보요건
부부 중 1명이 만 55세 이상	- 부부기준 공시가 12억 원 이하 주택 소유자 - 다주택자인 경우, 보유주택 합산가격이 공시가 12억 원 이하면 가능 - 12억 원 초과 2주택자는 3년 이내에 1주택을 처분하는 조건으로 신청 가능

〈표 3-21〉 주택연금 신청가능 대상주택

주택유형 및 지급방식	종신방식/대출상환방식/우대방식	확정기간방식
일반주택 및 주거목적 오피스텔	가입가능	
노인복지주택 (지자체에 신고된 주택에 한함)	가입가능	가입불가
복합용도주택 (상가와 주택이 같이 있는 건물)	가입가능 (단, 등기부등본상 주택이 차지하는 면적인 1/2 이상)	

* 주거목적 오피스텔 : 등기사항증명서상 용도가 업무시설 또는 오피스텔이면서 주거목적으로 사용되는 경우

5-2 주택연금제도의 대표적 특징

주택연금을 신청·연금수령·정산에 이르는 과정에서 대표적인 특징 두 가지가 있다.

가. 예측 가능한 연금금액을 인출할 수 있다

신청 당시에 산출된 연금을 수급하는 도중 상황변화가 발생할 수 있는데, 이는 시장중심의 외부변동과 인적관계 중심의 내부변동이다. 주택연금은 이런 두 가지 경우에도 동일한 연금금액을 지급한다.

1) 인적관계 변동: 부부가 함께 생존하다가 소유권자 사망으로 1인이 수급하는 경우에도 동일한 연금금액을 지급한다(단, 저당방식의 경우에는 공동상속인의 동의가 필요).
2) 담보가치 변동: 신청 당시 연금금액을 결정하는 데 기준이 되었던 담보가치가 상승 또는 하락해도 동일한 연금금액을 지급한다.

〈그림 3-19〉 상황이 변화해도 동일 연금금액 지급

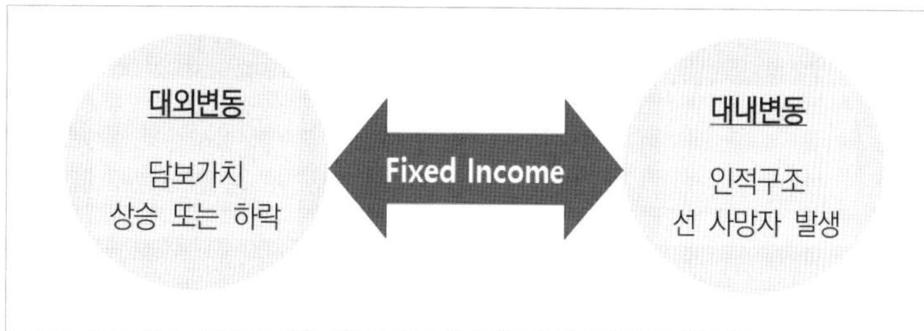

나. 가입자 사망 시 정산할 때 잔존가치는 상속, 초과 수령한 부채는 상환의무 없다

가입자 또는 부부가 모두 사망할 경우에 담보가치와 수령한 연금, 수수료, 이자 등을 정산하게 된다. 이때 기본적으로 수령한 연금과 수수료, 이자 등의 합산규모보다 사망시점의 담보가치가 더 클 경우에는 정산 후 잔존가치를 상속인에게 승계해준다. 반대로 담보가치를 초과하여 수령한 연금 및 수수료 등의 금액에 대해서는 상속인에게 상환의무를 면해준다.

1) 주택연금 잔액 〈 주택매각 대금: 차액 상속인 수령

2) 주택연금 잔액 〉 주택매각 대금: 상속인에게 청구하지 않음

5-3 주택연금 활용 시 단계별 고려사항

〈그림 3-20〉 주택연금제도 단계별 핵심사항

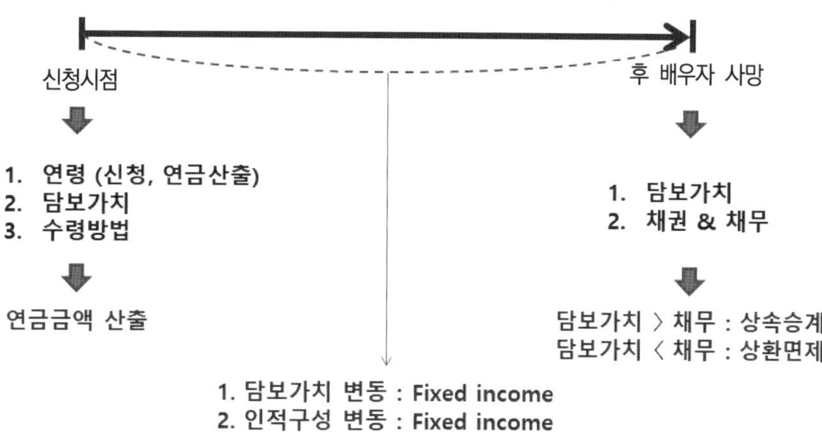

가. 주택연금 신청 시 고려사항

신청단계에서 무엇보다 고려해야 할 사항은 기본적인 자격요건과 연금금액 산출기준이다. 특히 신청 시 결정된 연금금액은 중도에 조정됨이 없이 약속된 기간까지 지급되는 만큼 그 산출기준을 이해하는 것이 중요하다. 연금금액은 연령, 주택의 담보가치, 연금을 수령하는 방법에 따라 상이할 수 있다.

1) 연령요건

주택연금에서 연령요건은 신청자격 기준연령과 연금산출 기준연령으로 구분해서 고려해야 한다. 앞서 언급한 것처럼 신청할 수 있는 연령의 조건은 부부 중 1인만 55세 이상이면 가능하다. 다만 연금산출은 부부 중 저연령자를 기준으로 결정되는데, 이는 모두 주택의 소유권 여부와는 무관하다.

사례 A	사례 B	주택의 담보가치 시가 5억 원 동일
남편: 65세 부인: 55세 소유권: 부인	남편: 65세 부인: 60세 소유권: 남편	- 소유권은 무관 - 신청연령: A, B 모두 충족 - 연금금액: A < B

연령에 따라 연금지급의 예상기간이 다를 수 있기 때문에 주택 담보가치가 동일해도 지급되는 연금금액에 차이를 두고 있다. 〈표 3-22〉에 의하면 사례 A의 경우(55세)에는 매월 수령할 수 있는 연금금액이 728천 원, 사례 B의 경우(60세)에는 989천 원으로 차이를 나타내고 있다.

〈표 3-22〉 주택연금 월지급금 예시

(일반주택, 종신지급방식, 정액형) (단위:천 원)

주택가격 / 연령	1억원	2억원	3억원	4억원	5억원	6억원	7억원	8억원	9억원	10억원	11억원	12억원
55세	145	291	436	582	728	873	1,019	1,164	1,310	1,456	1,601	1,747
60세	198	396	594	791	989	1,187	1,385	1,583	1,781	1,979	2,177	2,375
65세	240	480	720	960	1,201	1,441	1,681	1,921	2,162	2,402	2,642	2,882
70세	295	591	886	1,182	1,478	1,773	2,069	2,365	2,660	2,956	3,251	3,278
75세	370	740	1,111	1,481	1,851	2,222	2,592	2,962	3,333	3,538	3,538	3,538
80세	474	949	1,424	1,898	2,373	2,848	3,322	3,797	3,939	3,939	3,939	3,939

출처: 한국주택금융공사(2025년)

2) 담보가치 평가 및 적용금리

주택연금 신청자격 판단을 위한 담보가치 평가는 공시가격을 기준으로 한다. 단, 월지급금은 산출은 시가를 기준으로 산정한다.

주택연금에 적용하는 금리는 다음과 같다.

- 3개월 양도성 예금증서(CD)금리 + 가산금리(1.1%p)
- 신규취급액 기준 COFIX금리 + 가산금리(0.85%p)

3) 주택연금 수령방법

주택연금은 담보가치가 동일하더라도 수령하는 방법에 따라 연금금액이 달라질 수 있다. 따라서 개인의 상황에 따라 합리적인 선택을 할 수 있어야 한다.

<표 3-23> 주택연금 지급방식

<table>
<tr><th colspan="2">구분</th><th>세부내용</th></tr>
<tr><td rowspan="2">종신방식</td><td>종신지급방식</td><td>인출한도 설정 없이 월지급금을 종신토록 지급받는 방식</td></tr>
<tr><td>종신혼합방식</td><td>인출한도(대출한도의 50% 이내) 설정 후 나머지 부분을 월지급금으로 종신토록 지급받는 방식
※ 단, 신탁방식 주택연금으로 가입 시, 임대차보증금 반환의 목적으로 90%까지 설정가능(최초가입시점에서만 설정가능)</td></tr>
<tr><td rowspan="2">확정방식</td><td>확정기간방식</td><td>고객이 선택한 일정 기간만 월지급금을 지급받는 방식</td></tr>
<tr><td>확정기간
혼합방식</td><td>수시인출한도 설정 후 나머지 부분을 월지급금으로
일정 기간만 지급받는 방식</td></tr>
<tr><td colspan="2">대출상환방식</td><td>주택담보대출 상환용으로 인출한도(대출한도의 50% 초과 90% 이내) 범위 안에서 일시에 찾아 쓰고, 나머지 부분을 월지급금으로 종신토록 지급받는 방식</td></tr>
<tr><td colspan="2">우대방식</td><td>신청인 또는 배우자가 기초연금 수급권자이며 부부기준 2.5억 원 미만 1주택 보유자가 종신방식(정액형)보다 월지급금을 최대 약 20% 우대하여 지급받는 방식</td></tr>
</table>

늘어난 평균수명을 고려해서 노후생활비를 평생에 걸쳐 안정적으로 지급받기를 희망하는 경우에는 종신방식을 선택할 수 있고, 준비된 노후생활비가 부족하여 더 많은 연금금액이 필요한 경우에는 기간을 확정하여 상대적으로 더 많은 금액을 지급받을 수 있는 확정기간방식을 선택할 수 있다.

주택연금 지급방법에 따른 연금금액 예시(2025년 기준)

사례: 주택 담보가치 3억 원, 70세 부부(부부 중 연소자 기준)

- 종신정액방식: 매월 886천 원 수령
- 확정기간방식: 매월 1,123천 원 수령(15년 기간 확정 및 의무 인출한도 7,395천 원 설정 시)

※ 개인(가계) 노후생활비 규모 및 평균수명 연장 등을 고려하여 지급방법을 선택

나. 주택연금 수급기간 중 고려사항

주택연금을 신청해서 수급하는 기간에 상황변화는 늘 발생할 수 있다. 유형별 상황변화에 따라 지급되는 연금금액 및 계약의 지속 여부는 매우 민감한 문제일 수 있다. 연금금액에 대한 의존도가 상대적으로 높은 시기이기 때문이다. 다음은 연금수령 기간에 발생할 수 있는 대표적인 상황변화 유형이다.

1) 대전제: 주택연금은 동일한 금액(Fixed Income)이다

앞서 언급했듯이 주택연금은 신청 당시 결정·지급되는 연금금액이 변동 없이 선택한 기간(종신방식, 확정기간방식) 동안 지급되는 것을 원칙으로 한다. 예를 들어 연금수령 중에 발생하는 담보가치의 상승, 하락과 무관하게 동일한 연금(Fixed Income)이 지급된다. 또한 부부가 동시에 생존할 때 받는 연금은 선 사망자 발생으로 혼자 수령할 때에도 동일한 금액으로 지급된다. 단, 저당방식 주택연금은 주택소유권자 사망 시 공동상속인의 동의를 전제로 사망한 주택소유권자의 배우자가 연금수급을 이어갈 수 있다. 이에 반해 신탁형 주택연금은 공동상속인의 동의가 없어도 배우자가 연금수급을 이어갈 수 있는데, 이는 은퇴 생활의 균형감을 유지하는 차원에서 상당한 의미가 있다. 기본적으로 은퇴생활 유지를 위한 연금자산은 ① 예측 가능한 규모의 금액을 ② 정해진 시점에 ③ 정기적으로 인출할 수 있는 요건을 충족해야 한다. 주택연금제도는 이런 요건을 모두 충족하고 있고, 수령방법의 신청에 따라 종신토록 수령이 가능하다. 이런 기능은 주택연금제도의 가장 인상적인 특징이면서 유용한 기능이다.

2) 실제 거주 및 임대요건

주택연금 가입주택을 가입자 또는 배우자가 실제 거주지로 이용하고 있어야 하고, 해당 주택을 전세 또는 월세로 주고 있는 경우는 가입이 불가한 것이 기본적인 원칙(단, 부부 중 한 명이 거주하며 보증금 없이 주택의 일부만을 월세로 주고 있는 경우는 가입 가능)이다. 다만 가입자의 생활안정과 주거안정을 보장하기 위해 그 요건을 완화·적용하기도 하는데, 이는 2019년부터 서울주택도시공사(SH공사)와 협업을 통해 서울지역에서 시범도입한 후 전국으로 확대 시행할 예정이다. 다음은 그와 관련된 주요내용이다.

① 실거주요건 완화: 입원·요양원 입소 및 자녀봉양을 위한 이사 등 불가피하게 담보대상 주택에 거주하지 않는 경우에는 주민등록 전출이 가능하고, 연금은 동일하게 지급된다.
② 추가노후소득 확보: 불가피한 사유로 주택에 거주하지 못하는 경우, 빈 주택에 전부임대가 가능하도록 하여 추가적으로 임대수익을 확보할 수 있다.
③ 지속적인 주택관리: SH공사 등 임대법인을 통해 지속적으로 주택을 관리하고 공실위험 없이 안정적으로 임대수익을 확보할 수 있다.

3) 재개발·재건축 상황 시 연금수령

주택연금 가입 당시 재개발·재건축이 예정된 경우, 관리처분 계획인가 전 단계까지는 주택연금 가입이 가능하다. 연금을 수령하는 기간에 재개발·재건축이 되더라도 주택연금 계약은 계속 유지할 수 있다. 이 경우 재건축 등 사업 종료 시 주택연금 가입자가 신축주택의 소유권을 취득하고, 공사는 종전의 제1순위 근저당권 확보함을 전제로 한다.

4) 처분조건 약정 미이행 시 지급정지

주택연금 가입 당시 담보주택 합산가치가 12억 원을 초과하는 2주택 보유자는 미거주하는 주택을 3년 이내에 처분하는 조건으로 가입신청이 가능하다. 이렇게 일시적 2주택자로 가입 후 최초 주택연금 지급일로부터 3년 이내에 미거주 주택을 처분하지 않은 경우에는 계약종결과 함께 연금은 지급되지 않는다.

다. 가입자(부부)가 모두 사망했을 때 고려사항

연금수령을 하다가 담보주택의 소유권을 보유한 배우자가 사망할 시 배우자가 연금수급 및 채무인수 의사를 표하면 계속 연금을 수령할 수 있다. 다만, 앞서 언급했듯이 저당방식 주택연금의 경우, 담보물건에 대해 상속권을 인정받을 수 있는 공동상속인이 있는 경우에는 이의 동의가 있어야 한다. 만일 공동상속인이 상속권을 행사하는 경우에는 연금지급은 중지되고, 계약이 종결된다.

선 사망자 발생 이후에도 동일한 연금을 수령하다가 남아 있던 배우자도 사망하는 경우에 정산이 이루어지는데, 앞서 얘기했듯이 사망시점의 담보가치를 초과하는 연금지급액의 상환의무는 없고, 연금지급액을 초과하는 담보가치는 정산하여 상속인에게 승계함을 원칙으로 한다. 정산 시 담보주택의 처리는 가입자 사망 후 상속인 등이 임의매각을 통해 상환하거나 직접 현금으로 상환이 가능하다. 상속인이 상속을 거부하거나 대출금을 상환하지 않는 경우, 저당방식 주택연금은 저당권 실행을 위한 법원경매를 진행하고, 신탁형 주택연금은 공매를 통해 채권회수 절차를 진행한다.

5-4 신탁형 주택연금 주요내용

가. 신탁형 주택연금 개념 및 특징

신탁형 주택연금은 주택소유자가 주택에 신탁계약에 따른 신탁 등기를 하여 담보로 제공하는 방식의 보증이다. 다름과 같은 특징이 있다.

① 신탁계약에 따라 주택소유자 사망 후 별도의 절차(공동상속인 동의 등) 없이 배우자로 연금 자동승계가 이루어져 안정적인 연금승계가 가능하다.

② 저당권방식에서 전세를 준 주택은 주택연금 가입이 어려우나, 신탁방식은 주택 소유권과 임대차보증금이 수탁자인 공사로 이전되어 채권 확보가 용이하므로 유휴공간 임대활용이 가능하여 추가소득 창출 가능하다. 즉, 임대수익 창출의 부가적인 혜택을 기대할 수 있다.

③ 저당권방식에 비해 더 적은 비용으로 가입 및 승계를 할 수 있어 비용절감의 효과를 기대할 수 있다.

〈그림 3-21〉 신탁형 주택연금 구조

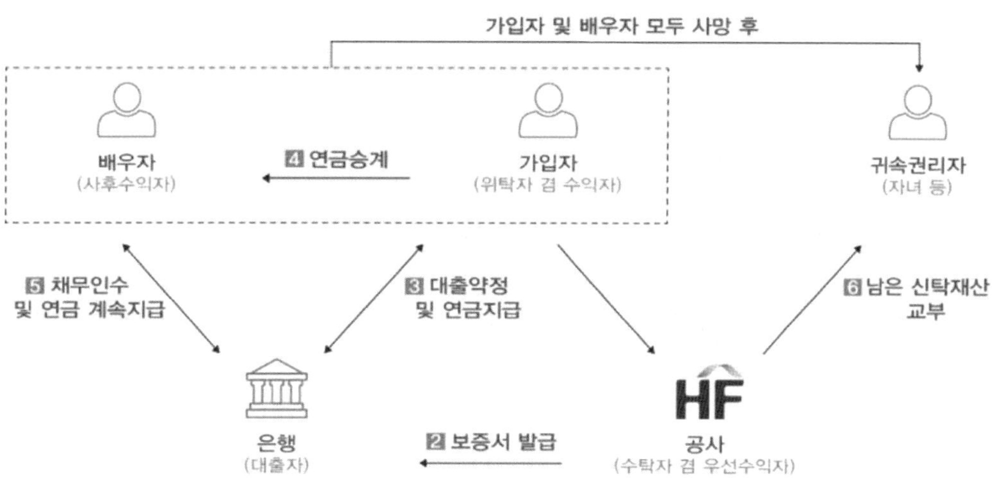

출처 : 주택금융공사

나. 저당방식 및 신탁방식 주택연금 비교

저당권방식은 주택소유자가 주택에 저당권 설정하여 담보로 제공하는 방식이며,

신탁방식은 주택소유자와 공사가 체결하는 신탁계약에 따른 신탁을 등기(소유권 이전)하여 담보로 제공하는 방식의 보증이다.

〈표 3-24〉 저당방식 및 신탁방식 주택연금

구분	저당권방식	신탁방식
담보제공 방법 (소유권)	• 근저당권 설정(가입자)	• 신탁등기(공사)
담보주택 관리	• 연금가입자가 담보주택의 소유자로서 관리의 주체	• 연금가입자가 신탁계약에 따라 담보주택 관리의 주체
담보주택 관리 비용	• 담보주택 관리에 소요되는 비용은 연금가입자가 부담(재산세, 종합부동산세 등 제세공과금 포함)	• 좌동
배우자 승계	• 연금가입자 사망 시 배우자가 자녀 등 공동상속인의 동의를 얻어 주택소유권을 100% 확보 후 주택연금 승계 가능	• 연금가입자 사망 시 신탁계약에 따라 배우자가 수익권을 취득하고, 공동상속인의 동의나 별도 등기절차 없이 주택연금 승계 가능
잔여재산 귀속	• 담보주택 처분 후 잔여재산은 민법에 따라 법정상속인에게 귀속	• 담보주택 처분 후 잔여재산은 사전에 연금가입자가 지정한 귀속권리자에게 귀속
실거주요건	• 연금가입자 또는 배우자가 담보주택에 실거주해야 함 • 공사의 주민등록 이전 동의를 받으면 실거주요건 미적용	• 좌동
임대차	• 보증금 있는 임대차 불가(보증금 없는 월세만 가능) • 담보주택 전부 임대는 공사로부터 주민등록 이전 승인을 득한 경우만 가능	• 보증금 있는 임대차 가능 ※ 보증금은 공사가 지정하는 은행에 예치 • 담보주택 전부 임대는 공사로부터 주민등록 이전 승인을 득한 경우만 가능
담보취득비용	• 등록면허세 등 세금, 법무사수수료 등 비용을 가입자가 부담(지방세특례제한법에 따라 '24.12월까지 등록면허세를 75% 감면)	• 등록면허세 등 세금, 법무사수수료 등 비용을 가입자가 부담(단 '22.12월까지는 공사가 부담)
담보주택유형	• 주택, 노인복지주택, 주거목적 오피스텔 • 주거면적이 50% 이상인 복함용도 주택	• 주택, 노인주택, 주거목적 오피스텔 ※ 이용 제한 주택 1. 복합용도주택 2. 「농지법」상 "농업인 주택" 및 "어업인 주택" 등 주택 소유자의 자격이 다른 법령 등에 따라 제한되어 있는 주택 3. 임대차보증금 있는 임대차계약이 3건 이상인 임대목적 주택

출처 : 주택금융공사

5-5 은퇴생활에서 주택연금의 활용 및 가치

가. 주택연금으로 인출한 연금금액의 활용

일반적으로 은퇴생활에 요구되는 자금지출을 고민할 때 가장 먼저 떠오르는 것은 정기적인 생활비 부담이다. 가장 많은 부분을 차지하는 지출항목이라 당연할 수도 있지만, 기본적인 생활비 외에 추가적으로 고려해야 할 것도 있다. 다음은 대표적인 활용사례이다.

1) 은퇴생활 초기 이벤트 자금으로 활용(예: 매년 2회 이상 세계여행)

소득활동기간에는 대부분 자녀에 대한 교육지원 및 주택 관련 자금지출 등에 대한 부담으로 평소 개인이 하고 싶은 이벤트를 자유롭게 할 수 있는 경우는 그리 많지 않다. 그러다 보니 퇴직 후 은퇴생활에 접어들면서 하고 싶어 했던 이벤트를 계획하게 되는데, 이 경우 별도의 자금이 마련되어 있지 않으면 실행에 옮기는 것이 만만치가 않다. 우리나라 사람들이 퇴직 후 은퇴생활에서 가장 하고 싶어 하는 것이 '여행'이다. 이는 소득활동기간에 기대만큼 여행을 다녀보지 못한 것에 대한 반영이기도 한데, 주택연금은 이를 실행할 수 있는 별도의 이벤트 자금으로 활용할 수 있다.

60세 부부가 담보가치 5억 원의 주택을 연금으로 활용할 경우 매월 989천 원을 수령할 수 있는데, 이는 부부가 매년 정기적으로 여행을 다녀올 수 있는 비용규모가 될 수 있다.

물론 이는 개인의 선택에 따라 이루어지는 이벤트이지만, 은퇴생활의 설렘을 느낄 수 있는 동기부여 차원에서 돈을 활용한다는 측면에서는 의미가 있다. 자산이 '소유' 자체가 아니라 '쓰기' 위해서 필요한 '수단'이라면, '무엇을 위해서 쓸 것인가?'라는 고민에 대한 답으로도 가치는 있다.

2) 은퇴생활기간의 간병자금으로 활용(저출산으로 인적지원 어려움 → 경제부담 가중)

은퇴생활에서 시간이 지날수록 가중되는 재무부담이 의료·간병자금이다. 과거에는 자녀가 많아 형제들끼리 십시일반으로 갹출하여 이를 충당했지만, 저출산 상황이 장기화되면서 과거와 같은 지원을 기대하는 것이 만만치가 않다. 통계청 발표에 따르면 2024년을 기준으로 우리나라 기대수명은 84.3세인데, 특별한 질환이나 장애 없이 건강하게 살 수

있는 '건강수명'은 73.1세라고 한다. 이는 우리나라 노인은 평균 11년 정도의 시간을 질병·장애로 고통을 받으며 지낸다는 의미이다. 아울러 이 기간은 의료·간병비와 관련된 부담이 가중되는 시기이기도 하다. 이를 해결할 수 있는 수단이 여의치 않을 때 활용할 수 있는 것이 주택연금이다. 주거안정을 기하면서 의료 및 간병지원 서비스를 받을 수 있다면 생활비를 타 용도로 전용해서 생활수준이 급격히 하락하는 위험을 예방할 수도 있다.

3) 공적연금 금액의 변동성에 대응(예: 국민연금의 중복수혜 금지에 따른 급여 조정)

공적연금은 개인의 자격을 중심으로 그 수급권을 보호하고 있다. 다만 한 개인에게 서로 다른 유형의 연금이 동시에 두 가지 이상 발생하는 경우, 동시에 수령할 수 없는 것이 기본적인 원칙(단, 서로 다른 공적연금제도에서 발생하는 급여는 중복수혜 가능)이다. 기준에 의해 중복급여를 조정해서 수령하게 되는데, 이 경우 수령할 수 있는 연금금액이 상당부분 축소될 수 있다. 이 경우 주택연금을 활용한다면 연금금액 축소에 따른 생활비 부담을 상당부분 만회할 수 있을 것이다. 이처럼 공적연금제도의 운용원칙에 의해 발생하는 은퇴자금 규모의 변동을 해결할 수 있는 대체수단이 주택연금이다.

나. 주택연금제도의 활용가치

1) 재무심리 측면

부모세대가 은퇴생활에 접어들면 생활비 및 의료·간병비에 대한 경제적 부담이 자녀세대에 승계되는 경우가 일반적이다. 그런데 자녀세대도 자신의 퇴직 후 미래생활 준비, 자녀에 대한 교육 및 결혼자금 지원으로 경제적 여유가 없다. 이런 일반적인 상황에서 활용할 수 있는 주택연금은 자녀세대에 부담을 주지 않을 수 있고, 자녀세대는 부모님 부양에 필요한 부담을 상당부분 분산할 수 있어 부모·자녀세대 모두의 심리적 안정을 기하는 데 상당한 효과가 있다.

2) 금융정책 측면

생활비가 부족한 고령층이 대출을 이용해야 하는 경우에는 감소한 소득에서 매월 납입하는 이자 및 원금상환은 매우 큰 부담의 금융비용이다. 주택연금을 가입하면 매월 원금과

이자를 납부해야 하는 부담 없이 노후생활자금을 수령할 수 있고, 기존에 남아 있던 주택담보대출도 주택 연금으로 전환함으로써 가계부채 증가 없이 노후생활자금으로 활용할 수 있는 큰 장점이 있다.

※ 주택연금은 매달 이자를 납부해야 하는 부담이 발생하지 않고, 연금을 수령할 수 있다. ⇒ 부부 모두 사망 시 이자를 포함한 대출액과 집값을 정산하는 제도이다.

3) 개인복지 측면

국민연금을 포함한 공적연금의 실질 소득대체율이 다소 미흡한 우리나라 상황을 고려할 때, 주택연금제도는 노후생활자금이 부족한 고령층의 은퇴생활 안정을 기하는 데 필요한 제도임에는 틀림없다.

제2절 | 경과기간별 인출전략 2단계(60세~)

법으로 보장되는 정년이 60세이지만 실제 경제상황 및 기업 경영성과에 따라 그 시기가 앞당겨지는 것이 일반적인 상황이다. 이렇듯 명예퇴직과 임금피크제도는 이제 우리 사회에 보편적인 흐름으로 자리 잡아가고 있다. 문제는 이러한 흐름이 개인 재무상황에 긍정보다는 부담을 자극하는 요인으로 전개되고 있다는 것이다. 50세 이후부터 60세에 이르기까지 실행해야 할 1단계 인출전략에 이어서 60세 이후에 개인이 선택할 수 있는 인출전략에 대한 주요 내용을 살펴본다.

1 은퇴자산의 출발, 공적연금

1988년부터 시행된 대표적 공적연금인 국민연금은 기금운용 및 실질 소득대체율 등과 관련한 여러 의견이 있기는 하지만, 그래도 가장 기본적으로 활용해야 할 은퇴자산이다. 사업장 가입자, 지역가입자, 임의가입자, 임의계속가입자 등 가입유형에 따라 보험료를 납부하고, 그에 따른 자격요건에 맞춰 일정시점에 이르면 연금 또는 일시금 형태로 해당 금액을 수령하게 된다. 인출할 수 있는 연금가치는 개인의 선택에 따라 상당부분 달라질 수 있는데, 다음에서는 이를 중심으로 살펴본다.

1-1 국민연금 인출을 위한 가입기간 충족

소득이 있는 경우 국민연금 당연의무가입자 신분으로 보험료 납입은 만 18세 이상부터 만 60세 미만까지 납부해야 한다. 60세 연령에 도달한 자가 가입기간이 부족하여 연금을 받지 못하거나 가입기간을 연장하여 더 많은 연금을 받기를 원할 경우에는 65세에 이를 때까지 신청에 의하여 임의계속가입자가 될 수 있다. 기본적으로 연금수급을 위한

가입기간은 최소 10년 이상이어야 하고, 가입자격 10년을 충족하지 못하는 경우에는 반환일시금을 수령하게 된다.

물론 반환일시금 인출대상자가 추후 자격요건을 충족하면 연금을 수급할 수 있다. 또한 개인 상황에 따라 납입자격 기간을 인정받을 수 있는 경우도 있으니 해당 여부를 확인·활용할 수 있어야 한다.

〈그림 3-22〉 국민연금 가입기간에 따른 수급자격

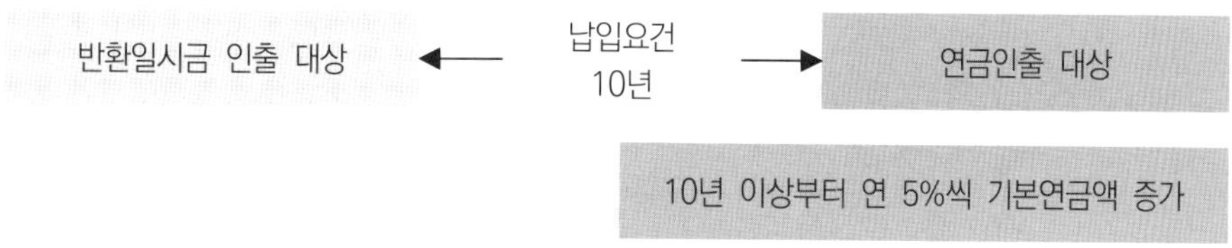

※ 가입기간 10년일 경우 연금금액 = 기본연금액 × 50% + 부양가족연금액
가입기간 15년일 경우 연금금액 = 기본연금액 × 75% + 부양가족연금액

가. 가입기간을 인정하는 크레딧 제도

국민연금은 가입기간과 납입금액의 규모에 따라 연금금액이 차등 지급되는데, 개인의 상황변화로 가입기간 단절이 종종 발생하기도 한다. 이렇게 가입기간 공백이 발생할 때 활용할 수 있는 제도가 '국민연금 크레딧'이다(법 제18조, 제19조 및 제19조의2).

크레딧은 사회적으로 가치 있는 행위 및 불가피한 사유에 따른 기간공백에 대한 보상으로, 국민연금 가입기간을 추가로 인정해주는 제도이다. 현재는 출산, 군복무 및 실업에 대해 연금 가입기간을 추가로 인정해주는 크레딧 제도를 통해 노령연금수급기회를 확대·지원하고 있다.

1) 실업 크레딧

2016년 8월 1일부터 시행된 실업크레딧은 구직급여 수급자가 희망할 경우, 국가에서 보험료를 지원하여 구직급여를 받는 기간을 국민연금 가입기간으로 인정해주는 것이다. 개인별 지원기간은 구직급여 수급기간에 한하며, 최대 12개월까지 인정받을 수 있다.

① 대상: 1개월 이상 국민연금 납부이력이 있는 18세 이상 60세 미만의 실직자 중 고용보험 구직급여 수급대상자

② 대상범위 제외

- 구직급여 수급자 중 재산세 과세표준 금액의 합이 6억 원 초과자
- 구직급여 수급자 중 연간 종합소득(사업소득 및 근로소득 제외) 1,680만 원 초과자

③ 보험료 지원: 구직급여 수급자가 국민연금 납부를 희망할 경우에 보험료의 25%만 본인이 납부하고, 75%는 국가에서 지원해준다.

보험료 산출을 위한 인정소득은 퇴직 전 3개월 평균소득의 50%로 하되, 상한선은 70만 원이다. 이 경우 70만 원에 해당하는 보험료 63,000원(보험료율 9%) 중 15,750원만 본인이 부담하면 된다. 구직급여 종료일이 속하는 달의 다음 달 15일 이전까지 신청해야 한다.

2) 출산 크레딧

2008년 1월 1일부터 시행된 출산크레딧은 출산과 육아의 문제로 발생하는 국민연금 가입기간 단절을 보상해주는 것으로, 2자녀 이상 출산 시 가입기간을 추가로 인정하고, 해당 기간의 소득은 A값(2025년 기준 3,089,062원) 전액을 인정해주고 있다.

① 대상: 2008년 1월 1일 이후 출생한 두 자녀 이상의 가정
출산 전 국민연금 납부이력이 없어도 출산 후 가입하고, 조건충족 시 인정 가능

② 대상자녀의 범위

- 친생자
- 인지(認知)된 출생자
- 양자 및 친양자
- 「입양촉진 및 절차에 관한 특례법」에 따라 입양된 자녀

③ 추가로 인정되는 가입기간은 둘째인 경우에 12개월이고 셋째부터는 1인당 18개월이며, 최대 50개월까지 추가로 인정받을 수 있다.

〈표 3-25〉 자녀 수에 따른 추가 인정 기간

(단위: 개월)

자녀 수	2자녀	3자녀	4자녀	5자녀 이상
추가인정기간	12	30	48	50

〈표 3-26〉 출생시기 및 자녀 수에 따른 가입기간 인정 예시

(단위: 개월)

구분		2008. 1. 1 이후에 얻은 자녀 수					
		1인	2인	3인	4인	5인	---
2007. 12. 31 이전에 얻은 자녀 수	0인	0	12	30	48	50	50
	1인	12	30	48	50	50	50
	2인	18	36	50	50	50	50
	3인	18	36	50	50	50	50
	4인	18	36	50	50	50	50
	5인	18	36	50	50	50	50
	---	18	36	50	50	50	50

출처: 국민연금관리공단

④ 부모가 모두 가입자(였던 자)로서 해당 자녀로 인하여 추가 가입기간이 발생할 수 있는 경우, 부모의 합의에 따라 2명 중 1명의 가입기간으로의 산입 여부에 대하여 합의하여야 한다. 합의는 부모 중 먼저 1명이 급여의 지급을 청구한 날로부터 1개월 이내에 합의서를 제출하여야 하며, 기한 내 합의하지 않는 경우 추가 가입기간은 부와 모에게 균분함을 원칙으로 한다. 일반적으로 부부 중 연금금액이 많은 사람을 수급자로 신청·인정받는 것이 유리하다.

⑤ 출산크레딧의 경우 추후 연금을 신청한 때, 가입기간을 추가하므로 별도 신청은 하지 않아도 된다.

3) 군복무 크레딧(2008.1.1 이후 군에 입대하는 자부터 인정)

병역의무를 이행한 자에게 국민연금 가입기간을 추가로 인정하는 제도가 군복무 크레딧이다. 군복무 크레딧의 경우 추후 연금을 신청한 때, 가입기간을 추가하므로 별도 신청은 불필요하다.

① 대상: 2008년 1월 1일 이후 군에 입대하여, 6개월 이상 병역의무를 이행한 사람.

② 대상의 범위

- 현역병
- 전환복무자
- 상근예비역
- 사회복무요원

③ 해당자가 추가로 인정받을 수 있는 국민연금 가입기간은 6개월이고, 추가로 인정되는 해당 기간의 소득은 A값(2025년 기준 3,089,062원)의 1/2을 인정하고 있다.

나. 연금인출을 가능하게 하는 반환일시금 반납

1988년 국민연금제도가 도입된 후부터 1999년까지는 가입자격을 유지하다가 소득활동 중단 및 퇴사, 사망, 해외이주 등의 이유로 가입자격을 상실하는 경우 납입했던 보험료를 일시금 형태로 돌려주었다. 그러나 1999년 이후부터는 10년 미만의 가입자격을 유지하다가 퇴사 및 소득활동 중단 등의 상황이 발생하여도 납입금에 대한 반환은 출생연도를 기준으로 연금수급개시 시점에 도달해야 환급받을 수 있도록 관련규정이 개정되어 시행 중이다. 물론 가입자의 사망이나 해외이주 등의 경우에는 반환일시금을 종전처럼 수령할 수 있다.

반환일시금 반납제도란 과거 반환일시금을 수령한 가입자 중 자격을 재취득한 자가 종전에 수령한 반환일시금에 소정의 이자(해당 연도별 1년 만기 정기예금 이자)를 가산하여 반납한 경우에 가입기간을 복원해주는 제도이다. 이는 노후생활에 대한 연금혜택을 확대시키고자 하는 취지에서 도입되었다. 다만 이는 강제사항이 아닌 개인의 선택사항이다.

① 신청대상: 반환일시금을 지급받은 자 중 가입자 자격을 다시 취득한 자
⇒ 납부예외자를 포함하고, 60세 이후도 가입 중이면 가능하며 상실일과 신청일이 같은 날이어도 가능

② 신청기한: 자격유지 기간 중 반납 신청 및 납부 가능
⇒ 자격상실 시 반납신청은 불가하고, 신청 후 상실자는 납부기한까지 납부 가능(사망 등은 제외)

③ 납부방법: 반납금은 전액을 일시에 납부하거나 금액이 클 경우 분할하여 납부할 수 있다.

반환일시금 반납에 따른 유리한 점은 과거 가입기간이 복원되어 종전의 높았던 소득대체율을 인정받을 수 있어 더 많은 연금을 수령할 수 있다는 것이다. 예를 들어 국민연금의 소득대체율은 1988년~98년까지 70%를 적용하였다. 따라서 1999년 이전에 퇴직으로 인해 지급된 반환일시금을 반납하면 현재보다 높은 70%의 소득대체율이 적용되기 때문에 연금금액 산출에서 상대적으로 유리하다. 현재 매년 0.5%씩 소득대체율을 인하하여 2028년까지 40%의 소득대체율을 적용하려는 흐름을 고려하면 긍정적으로 검토할 만한 제도이다.

다. 가입기간 공백을 만회하는 추후납부

국민연금의 추후납부는 군입대 및 실직 등으로 납부예외기간이 존재하거나 무소득 배우자 등의 사유로 적용제외기간이 존재하는 가입자가 추후에 다시 국민연금 납입자격을 취득하게 되어 대상기간 동안의 연금보험료를 납부할 수 있도록 기회를 주는 제도이다. 추후납부할 수 있는 대상기간은 최대 10년 미만(119개월)의 기간으로 제한하고 있는데, 이를 통해 과거 대상기간에 대한 가입기간이 인정됨으로써 연금혜택을 확대시킬 수 있다.

① 대상: 납부예외기간 및 적용제외기간, 1988년 1월 이후 군복무기간이 있는 자로서 가입자 자격을 취득한 자에게 대상기간에 대한 보험료를 납부할 수 있는 기회를 부여한다.

② 신청기한: 납입자격 유지기간 중 신청 가능. 소득이 없는 경력단절 전업주부인 경우에 임의가입을 신청하거나 재취업을 통해 가입자가 되면 추후납부 가능하다. 자격상실 시 신청할 수 없으며, 기 신청된 추후납부 보험료는 징수권이 소멸되지 않는 한 납부할 수 있다.

③ 납부방법: 일시납 또는 분할납부(최장 60개월) 형태로 납부할 수 있다. 단, 분할납부 시 소정의 이자(1년 만기 정기예금이자율 적용)를 가산하여 산정한다.

④ 추후납부 보험료 산정

⇒ 추후납부를 신청한 날이 속하는 달의 연금보험료 × 추후납부 기간 월수

⇒ 추납보험료 산정을 위한 연금보험료 상한은 A값(2025년 기준 3,089,062원)의 9%를 초과할 수 없다.

최근 베이비부머의 퇴직이 본격적으로 이루어지고, 추후납부제도를 활용할 수 있는 대상의 범위가 확대되면서 신청자가 급증하고 있다.

〈그림 3-23〉 연간 국민연금 추후납부 신청건수 추이

(단위: 만 건)

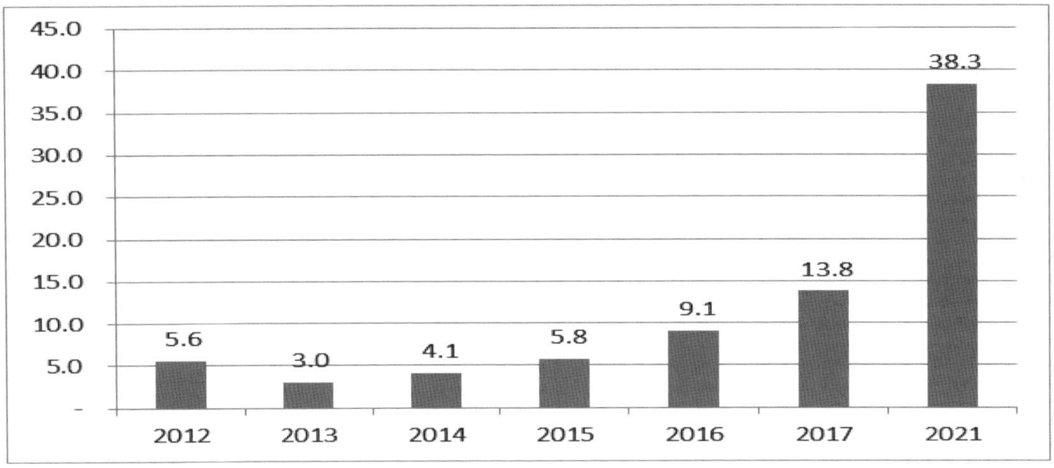

출처: 국민연금관리공단

추후납부를 통해 국민연금 가입기간을 연장하면 어느 정도의 효과가 있을까? 기본적으로 국민연금 가입기간을 연장하여 연금수급을 위한 자격요건을 충족하고 연금금액 규모를 늘리는 효과가 있다. 노후생활의 안정을 기하기 위해서는 예측 가능한 규모의 정기소득원을 준비하고 있어야 한다는 측면을 고려할 때, 연금수급이 가능한 자격의 준비는 매우 의미가 있다.

국민연금 추후납부를 통한 인출효과 예시 (종전 기준)

김모(여·58)씨의 국민연금 추납과 저축 비교

국민연금

현재 추납		추납 예정		추납 합계
9011만 원	+	**1240만 원***	=	**1억 251만 원**

62세 이후 평생 연금 **월 80만 9000원**

*만 60세까지 월 40만 원씩 추납(27개월X40만 원=1240만 원)

은행 저축

저축 **1억 원**(이자율 2.4%일 경우) 소득 **월 20만 원**

위 사례의 김모(58) 씨는 1999년 4월부터 소득이 없다며 국민연금 '납부 예외'를 신청해 그동안 보험료를 내지 않았다. 그러다가 2017년 11월 지난 18년 동안의 보험료 9,011만 원을 한꺼번에 냈다. 김씨는 "가입 기간이 길고 많이 낼수록 연금을 많이 받는다"라는 설명을 듣고, 최고소득액(월 449만 원)으로 신청했다. 앞으로 만 60세까지 2년여 동안 매월 40만 원 정도의 보험료를 더 내야 하지만, 62세가 되면 매월 80만 9,000원을 받게 된다.

만약 김씨가 1억 원을 은행에 예금했으면 이자가 월 20만 원(이자율 2.4%) 정도에 불과하다. 그런데 앞으로 은행 이자의 4배나 되는 돈을 평생 받게 된 것이다.

출처: 조선일보, 2018.06.29

위 사례자 상황에서 볼 수 있듯이 종전에는 추후납부할 수 있는 기간을 제한하지 않다보니 연금수급이 가까워진 일부 고소득자 및 자산가들이 그동안 내지 않았던 보험료를 한꺼번에 내고 많은 금액의 국민연금을 받는 일이 빈번하게 발생하였다. 이는 매월 성실하게 연금보험료를 납부해 온 가입자와의 형평성 논란이 있어 관련법을 개정(2020년 12월), 현재는 개인별 추후납부 가능기간을 10년 미만(119개월)으로 한정하고 있다.

1-2 국민연금 가입기간 충족여부에 따른 인출

가. 반환일시금 수령 시 고려사항

60세에 도달했음에도 연금수급요건을 채우지 못한 경우, 그동안 납부한 보험료에 이자(1년 만기 정기예금 이자)를 더해 일시금으로 지급하는데 이를 '반환일시금'이라고 한다.

1) 반환일시금을 받는 경우

① 가입기간 10년 미만인 자가 60세가 된 경우

⇒ 단, 특례노령연금수급권자는 해당되지 않음

② 가입자 또는 가입자였던 자가 사망하였으나 유족연금에 해당하지 않는 경우

③ 국적을 상실하거나 국외로 이주한 경우

⇒ 단, 취업, 학업 등 기타사유로 외국에 체류하는 경우는 제외

2) 반환일시금 청구

원칙적으로 일정한 연령이 되어 반환일시금을 수급할 수 있는 연령은 출생연도에 따른 국민연금수급연령과 동일하게 상향조정 된다(국민연금법 부칙 제8조).

〈표 3-27〉 출생연도별 반환일시금 청구 연령

(단위: 세)

출생연도	1953~1956년	1957~1960년	1961~1964년	1965~1968년	1969년 이후
수급연령	61	62	63	64	65

그럼에도 불구하고 60세가 된 이후에는 해당 수급연령이 도달하기 전이라도 본인이 희망하면 수급할 수 있다(국민연금법 부칙 제8조의3).

2018년 1월 25일 이후 지급연령 도달사유 반환일시금 청구권 소멸시효는 10년이다.

[Q&A] 반환일시금을 청구, 수령하는 경우 적용되는 세금

과거 7년여 기간 동안 직장생활을 하면서 국민연금 보험료 납부이력이 있는 박모(58) 씨는 연금수급을 위한 가입기간 요건을 충족하지 못해 반환일시금을 청구하려고 한다. 납입한 보험료에 정기예금 이자를 가산해 일시금을 받을 수 있다고 얘기는 들었는데, 이 경우 세금을 내야 하는가에 대한 의문이 생겼다.

국민연금 반환일시금 수령 시 과세기준은 어떻게 될까?

- 납입한 보험료에 대한 소득공제 혜택의 적용 여부에 따라 다르다.
- 2002년 1월 이후부터 납입한 보험료는 소득공제 대상이다.
- 따라서 소득공제 받은 보험료와 이자에 대해서는 인출 시 과세한다.
- 2002년 1월 이후 납입한 보험료도 소득공제를 받지 않았으면 과세제외한다.
  ⇒ 임의가입해서 보험료를 납부한 전업주부가 해당한다.
- 소득공제 받은 보험료와 이자에는 '퇴직소득세'를 부과한다.
- 보험료 납입기간을 퇴직소득세 산출을 위한 근속기간으로 본다.
- 가입자 사망에 의해 지급되는 반환일시금은 과세제외 대상이다.

나. 가입기간 충족에 따른 연금수령 시 고려사항

국민연금은 인출시기를 선택할 때 여러 상황조건을 고려해서 신중하게 판단해야 한다. 연금수급은 개인별 출생연도를 기준으로 61~65세에 수급개시가 결정되는데, 개인별 연금수급 개시시점을 기준으로 조기수급을 요청할 수도 있고 지급연기를 요청할 수도 있다. 또한 연금수급개시 연령에 도달했는데 소득이 있는 업무에 종사하는 경우, 연금금액이 감액되어 지급될 수 있는 등 연금인출을 위해 고려해야 할 사항이 있다.

이 외에도 가입자와 연관된 인적관계 변화에 의해서도 지급되는 연금금액이 변동될 수 있다. 대표적인 경우가 생존 시 이혼에 따른 연금분할과 가입자 사망에 따른 유족연금 및 급여조정 등이다.

〈그림 3-24〉 가입자의 선택 및 상황변화에 따른 연금인출 체계

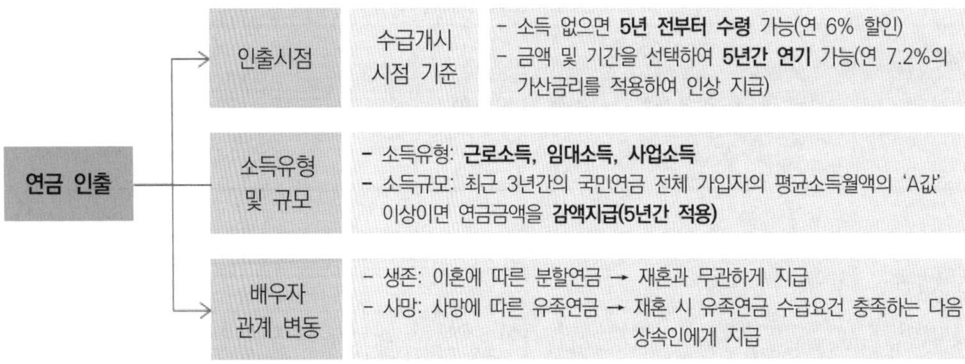

1) 인출시점 선택에 따른 연금금액 조정

① 노령연금: 노령연금은 국민연금 가입자가 나이가 들어 소득활동에 종사하지 못할 경우 노후생활의 안정을 지원하기 위하여 지급되는 급여이다. 가입기간이 10년 이상이면 60세('소득이 있는 업무'에 종사하지 않는 경우 55세, 수급연령 상향규정 적용) 이후부터 평생 동안 매월 지급받을 수 있다.

〈표 3-28〉 노령연금 수급개시 연령

(단위: 세)

수급개시연령 / 출생연도	노령연금	조기노령연금	분할연금
1952년 이전	60	55	60
1953~56년	61	56	61
1957~60년	62	57	62
1961~64년	63	58	63
1965~68년	64	59	64
1969년 이후	65	60	65

- 노령연금 급여수준

〈표 3-29〉 노령연금 급여수준

가입기간	급여수준	비고
10년	기본연금액의 50% + 부양가족연금액	가입기간 1년 증가 시마다 기본연금액의 5% 증액
20년 이상	기본연금액 100% + 부양가족연금액	

- 노령연금 청구기한

노령연금은 수급권(받을 수 있는 권리)이 발생한 때로부터 5년 안에 청구하지 않으면 소멸시효가 완성되어 연금을 받을 수 없게 된다. 다만, 노령연금을 비롯하여 매월 지급되는 연금의 경우는 신청일로부터 역산하여 최근 5년 이내의 급여분은 언제든지 지급받을 수 있고, 그 이후에는 매월 해당 월의 연금액을 지급받을 수 있다.

국민연금의 노령연금 청구권 소멸시효 예시

사례: 2007년 1월 25일 수급권이 발생하였으나 2013년 5월 1일에 청구하게 됐을 경우

역산하여 최근 5년인 2008년 5월~2013년 5월분 급여를 한꺼번에 받을 수 있고, 2013년 6월부터는 매월 지급받을 수 있다.

다만, 소멸시효 5년이 완성된 2007년 1월~2008년 4월분 급여는 지급받을 수 없다.

출처: 국민연금관리공단

② 감액률이 적용되는 조기노령연금: 〈표 3-30〉에서 볼 수 있듯이 가입기간이 10년 이상이고 55세(수급연령 상향규정 적용) 이상인 사람이 소득이 있는 업무에 종사하지 않는 경우, 본인 신청에 따라 60세(노령연금 수급 개시연령, 수급연령 상향규정 적용) 이전에도 연금을 받을 수 있는데, 이를 조기노령연금이라고 한다. 이 경우 가입기간 및 처음 연금을 받는 연령에 따라 감액률을 적용하여 평생 연금을 지급받는다.

국민연금에서 '소득이 있는 업무에 종사하지 않는 경우'의 개념

연금수급자의 '소득이 있는 업무'란 사업장 근로자와 사업자등록자 구분 없이 소득세법 규정에 따른 사업소득금액, 근로소득금액을 합산한 금액을 당해 연도 종사월수로 나눈 금액이 전년도 연말기준으로 산정된 연금수급 전 3년간의 전체 가입자 **평균소득월액**의 평균액(2025년: 월 3,089,062원)보다 많은 경우를 말한다.

따라서 조기노령연금을 신청할 수 있는 연령의 가입자가 2025년 기준 매월 약 410만 원 규모의 근로소득이 있어도 조기노령연금을 신청할 수 있다.

즉, '소득이 있는 업무에 종사하지 않는 경우'의 개념이 아예 소득이 없어야 한다는 개념은 아니다.

- **월평균소득금액** : {근로소득금액+사업소득금액} ÷ 종사월수
  - 근로소득금액 = 총급여 - 근로소득공제액
  - 사업소득금액 = 총수입금액 - 필요경비

※ 적용기간은 해당 연도 사업소득금액과 근로소득금액을 기준으로 해당연도 1월부터 12월까지 기간 중 소득활동에 종사한 기간

※ 근로소득만 있는 경우, **근로소득공제 전 급여가 연 49,282,888원(12개월 종사 기준) 초과 시**에는 '소득이 있는 업무'에 종사하는 것으로 인정된다.

〈표 3-30〉 조기노령연금 기간별 감액률(출생연도에 따른 수급개시 연령 기준)

(단위: %)

신청시점	5년 전	4년 전	3년 전	2년 전	1년 전
감액률	30	24	18	12	6

※ 연 6%의 할인율을 적용하여 감액

퇴직 후 정기소득의 중단으로 생활비 수급에 어려움이 발생한 경우 또는 치명적인 질병의 진단 및 사망에 영향을 미친 가족력 있는 질병의 진단을 받은 경우라면, 노령연금 수급개시시점에 이르기 전이라도 연금을 조기에 신청하여 유용한 재원으로 활용하는 것을 고려할 수 있다.

가입기간에 따른 조기노령연금 산출 예시

〈표 3-30〉에 의거 62세에 노령연금을 수급할 수 있는 가입자(국민연금 가입기간은 17년)가 60세 정년퇴직 후 생활비 부족을 만회하기 위해 60세에 노령연금 조기수령을 신청할 경우 연금금액 산출은?

• 조기노령연금: (기본연금액의 85% × 감액률 88%) + 부양가족연금액

- 기본연금액의 85%: 10년 가입 시 기본연금액의 50% 기준, 연 5% 증액
  ⇒ 가입기간 17년이면, 기본연금액의 85%
- 감액률 88%: 연금 조기수령에 따라 연 6%의 감액률 적용
  ⇒ 노령연금 수급개시연령 기준 2년 전 조기수령, 12% 감액

③ 연금이 가산되는 연기연금: 개인의 선택에 따라 연급수급개시시기를 연기할 수 있는데, 이를 연기연금이라고 한다. 개인별 최장 5년(수급연령 상향규정 적용)까지 연기할 수 있고, 이럴 경우에 월 0.6%(연 7.2%)의 금리를 가산해서 연금을 지급하는 혜택이 주어진다. 또한 기간의 연기와 함께 연금금액은 전액 또는 일부를 연기할 수 있는데, 연기비율은 50%, 60%, 70%, 80%, 90%, 전액 중 수급권자가 선택할 수 있다. 연기신청을 통해 증액된 연금금액을 수령할 수 있지만, 국민건강보험 피부양자 인정요건 중 소득요건(연간 2,000만 원 이하)을 고려하여 판단할 필요가 있다. 증액된 연금금액으로 인해 국민건강보험료를 개인자격으로 납입하는 경우에 추가적인 부담이 될 수도 있기 때문이다.

연기연금 신청 시 연기하는 기간 및 금액의 분할 신청 예시

62세에 연금을 수급할 수 있는 홍길동 씨는 연금 전액을 인출하지 않아도 다른 재원으로 생활비를 충당할 수 있을 듯해서 일부 금액에 대해 수급개시시기를 연기하기로 하였다.

- 개시시점: 65세부터 수급하는 것으로 신청 ⇒ 3년 연기
- 연기비율: 전체 금액에서 40%는 62세부터 수령하고, 60%에 해당하는 금액은 65세부터 수령하는 것으로연기비율을 결정

2) 수급대상자의 소득규모에 따른 연금금액 조정

노령연금을 수급할 수 있는 가입기간 요건을 충족하고, 수급개시연령 시점에 도달한 가입자가 소득이 있는 업무에 종사하는 경우, 수급개시 연령부터 최대 5년간 감액기준을 적용하여 노령연금을 지급하는데, 이를 재직자노령연금이라고 한다. 감액기준은 2015년 7월 29일을 기준으로 이전과 이후에 대해 달리 적용하는데, 현재는 소득규모를 총 5개 구간으로 나누어 초과소득의 규모에 따라 감액을 적용하고 있다. 또한 재직자노령연금 대상자에게는 부양가족연금액을 지급하지 않는다. 따라서 재직자노령연금 대상에 포함될 수 있는 가입자는 연금 인출시기를 유연하게 조절할 필요가 있다. 이때 활용할 수 있는 것이 앞서 언급한 연기연금 선택이다.

〈표 3-31〉 2015년 7월 29일 전 지급사유 발생 건: 연령별 감액률 적용

(단위: %)

수급연령	62세	63세	64세	65세	66세	67세 이후
지급률	50	60	70	80	90	100

※ 62세 노령연금 수급개시 도래 대상자의 경우

출처: 국민연금관리공단

〈표 3-32〉 2015년 7월 29일 후 지급사유 발생 건: 소득구간별 감액금액 적용

초과소득월액	노령연금 지급 감액분	월 감액 금액
100만 원 미만	초과소득월액분의 5%	0~5만 원
100만 원 이상~ 200만 원 미만	5만 원 + (100만 원을 초과한 초과소득월액분의 10%)	5~15만 원
200만 원 이상~ 300만 원 미만	15만 원 + (200만 원을 초과한 초과소득월액분의 15%)	15~30만 원
300만 원 이상~ 400만 원 미만	30만 원 + (300만 원을 초과한 초과소득월액분의 20%)	30~50만 원
400만 원 이상	50만 원 + (400만 원을 초과한 초과소득월액분의 25%)	50만 원 이상

※ 감액은 노령연금 수급금액의 1/2 한도 범위 내

출처: 국민연금관리공단

[Q&A] 재직자노령연금의 수급

• 소득이 있는 업무에 종사하면 무조건 감액적용 대상인가?

꼭, 그렇지는 않다. 다음의 두 요건에 동시 해당되는 경우에 감액대상에 포함된다.

- 소득유형: 근로소득, 부동산 임대소득을 포함한 사업소득
- 소득규모: 최근 3년간의 국민연금 전체 가입자의 평균소득월액의 'A값'을 초과하는 경우에만 감액 대상
  ⇒ 2025년 기준 월 3,089,062원(매년 변동)

• 감액대상이 되면 감액기간 5년은 확정되는 것인가?

그렇지는 않다.

⇒ 처음 연금을 받을 당시 소득이 있는 업무에 종사하여 연금액이 감액되더라도, 소득이 있는 업무에 종사하지 않게 되면 감액되지 않은 연금액을 받을 수 있다.

인출시기 선택 및 소득상황에 따른 노령연금 금액의 조정

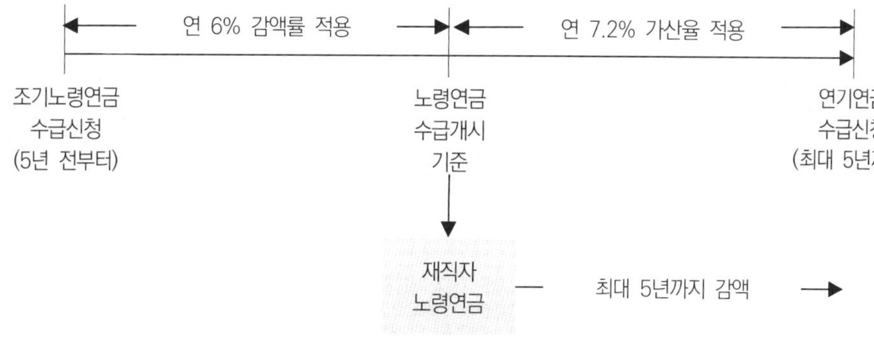

- 조기노령연금 수급조건: 소득이 있는 업무에 종사하지 않아야 한다.
- 연기연금 수급조건: 기간 및 금액을 분할해서 수령 가능.
- 재직자노령연금: 소득이 있는 업무에 종사하는 경우 연금금액 감액 대상이다.
  ⇒ 감액기준: 2015년 7월29일 전까지는 연령별 감액, 2015년 7월 29일 후부터는 소득구간별 감액

[소득이 있는 업무와 규모]

- 소득유형: 근로소득, 임대소득을 포함한 사업소득
- 소득규모: 최근 3년간의 국민연금 전체 가입자의 평균소득월액의 'A값'을 초과하는 경우에만 감액 대상
  ⇒ 2025년 기준 월 3,089,062원(매년 변동)

※ 위 내용에 해당하지 않을 경우 소득이 있는 업무에 종사하는 것으로 인정하지 않는다.

3) 인적관계 변동에 따른 연금금액 조정

앞서 살펴본 국민연금 관련 내용은 개인이 연금을 인출하는 시기의 선택과 소득상황에 따라 적용되는 기준이었다면, 다음 내용은 부부간 상황변화에 따라 발생할 수 있는 연금자산 변동이다. 국민연금을 수급할 때 고려할 수 있는 인적관계의 변동은 크게 생존 시 이혼으로 인한 관계변화, 사망으로 인한 관계변화 등으로 나눌 수 있다.

① 부부간 이혼에 의한 분할연금: 생존 시 부부관계의 변화에 따라서 현재 보유 중인 자산에 변화가 발생할 수 있는데, 미래자산인 국민연금도 분할의 방법으로 조정될 수 있다. 부부가 가정을 꾸려 혼인관계를 유지하다가 여의치 않은 이유로 간혹 이혼을 선택하기도 한다. 흔히들 이혼에 따른 위자료·양육비·재산분할 등의 문제만을 이혼 당시에 조율하고, 이혼이 결정되면 서로에 대한 경제적 책임과 권리가 종료되는 것으로 알고 있는데, 그렇지 않다. 이혼의 경우 국민연금 수급권을 분할하는데, 이를 '분할연금'이라고 한다.

〈그림 3-25〉 분할연금 수급자 현황(해당 연도 말 기준)

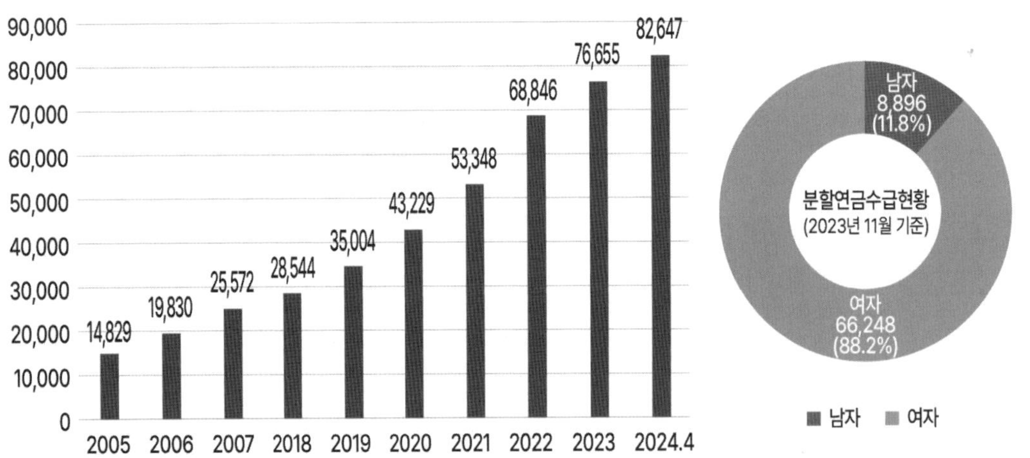

출처: 국민연금공단

분할연금은 이혼한 배우자를 상대로 연금의 일부분을 청구하여 수급하는 생존 시 노령연금이다. 분할대상 금액은 혼인기간과 납입기간이 중복되는 해당 기간의

연금분인데, 분할연금을 청구할 수 있는 경우는 이혼한 배우자와의 혼인 기간이 5년 이상이어야 한다.

〈그림 3-26〉 이혼에 의한 국민연금 분할

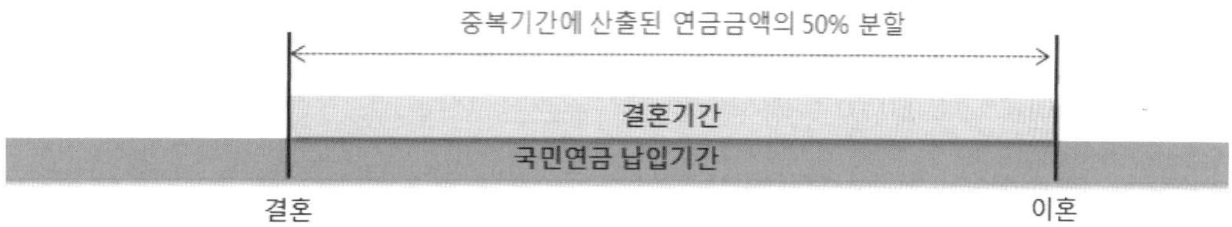

연금수급자인 전 배우자가 노령연금 수급연령에 이르고, 청구권자도 수급연령에 도달해야 청구할 수 있는데, 청구권을 행사할 수 있는 기한은 청구권 발생일로부터 5년이다(청구권 소멸시효). 아울러 분할연금은 재혼 여부와 관계없이 평생 지급을 원칙으로 한다. 이는 이혼한 배우자에게 노령연금수급권자와의 혼인기간에 정신적·물질적으로 기여한 부분을 인정하는 것이기에 이혼 후 발생하는 상황변화(예: 재혼)는 분할연금 수급에 영향을 미치지 아니한다.

2016년 12월 30일부터는 이혼한 배우자와의 혼인기간 중 가입기간이 5년 이상인 경우 이혼일로부터 3년 이내에 공단에 분할연금을 미리 청구(분할연금 선 청구)할 수 있게 되었다. 다만, 미리 청구하여도 분할연금은 수급권이 발생한 이후부터 지급된다. 또한 분할연금액은 혼인기간 중 가입기간에 해당하는 연금금액을 균분하여 지급하는 것이 원칙이나, 2016년 12월 30일 이후 분할연금 수급권을 취득하는 사람부터는 예외적으로 당사자의 협의나 법원의 재판에 의해 연금 분할비율을 별도로 결정할 수 있게 되었다.

② 가입자 사망에 의한 유족연금: 국민연금은 일정한 가입기간이 있는 사람 또는 노령연금이나 장애등급 2급 이상의 장애연금을 받던 수급자가 사망하면, 그에 의해 생계를 유지하던 유족에게 가입기간에 따라 일정률의 기본연금액에 부양가족연금액을 합한 금액을 지급하는데, 이를 유족연금이라고 한다.

〈표 3-33〉 유족연금을 지급받을 수 있는 우선순위

순위	1순위	2순위	3순위	4순위	5순위
대상자	배우자	자녀	부모	손자녀	조부모

- 배우자: 사실혼 관계의 배우자도 포함
- 자녀 및 손자녀: 25세 미만(손자녀 19세 미만) 또는 장애등급 2급 이상
- 부모 및 조부모: 60세 이상 또는 장애등급 2급 이상(배우자의 부모, 조부모 포함)
  ⇒ 지급사유발생일이 2013년 1월 1일 이후인 경우, 출생연도에 따른 수급연령 상향조정 기준 적용

〈표 3-34〉 가입기간에 따른 유족연금 급여수준

가입기간	유족연금 지급금액
10년 미만	기본연금액 40% + 부양가족 연금액
10년 이상~20년 미만	기본연금액 50% + 부양가족 연금액
20년 이상	기본연금액 60% + 부양가족 연금액

국민연금은 부부가 각각 연금수급대상자이면서 동시 생존 시에는 개인별 연금을 각각 수령할 수 있으나, 한 배우자가 사망하는 경우에는 본인 노령연금과 배우자 사망에 따른 유족연금 규모를 고려해 어떤 것을 수령할 것인지 선택해야 한다. 왜냐하면 배우자 사망에 따른 유족연금 총액과 본인 노령연금을 동시에 수급할 수 없기 때문이다. 즉 국민연금은 중복수혜를 허용하지 않고, 발생한 중복급여를 조정하는 것이 기본원칙이다. 사망한 배우자의 유족연금 총액과 본인의 노령연금에 배우자 유족연금의 30%를 가산한 금액 중 많은 것을 선택할 수 있다.

유족연금의 중복급여조정 TIP

부부가 모두 노령연금 수급대상자인 상황에서 배우자 사망 시
- 중복급여조정: Max(A, B)
  A: 배우자 사망에 따른 유족연금 총액
  B: 본인의 노령연금 금액 + (배우자 사망에 따른 유족연금 × 30%)

※ 사망한 배우자의 유족연금을 수령하는 생존 배우자가 재혼할 경우, 생존 배우자에 대한 유족연금 지급은 중지되고, 유족연금을 수급할 수 있는 다음 순위 대상자에게 승계된다.

1-3 국민연금 인출에 따른 적용 세제

국민연금은 2002년 1월 1일 이후부터 가입자가 납부하는 연금보험료(본인기여금)에 대해서 소득공제 혜택을 주는 대신에 소득세법 제20조의3[제22조]에 따라 노령연금 지급 시 연금소득으로 과세하고 있다. 원천징수의무자(공단)는 노령연금 지급 시 연금소득세를 원천징수한다.

〈표 3-35〉 노령연금 인출 시 과세기준

구분	소득공제	
	종전	현행
보험료 납부 시	불인정	인정
노령연금 인출 시	비과세	과세

1-4 공적연금 연계제도

공적연금 연계제도는 국민연금과 직역연금(공무원연금, 사립학교교직원 연금, 군인연금, 별정우체국연금)의 연금을 수령하기 위한 최소 가입기간을 채우지 못하고 연금제도 간 이동하는 경우, 각 연금 간 가입기간을 합하여 최소연계기간(10년 또는 20년)을 충족하면 지급연령부터 연금을 받을 수 있도록 하여 노후생활을 안정적으로 보장하고자 하는 제도이다. 기본원칙은 각 연금제도의 기본 틀을 변경하지 않고 가입기간만 연계하며, 급여는 각 연금의 가입기간에 기초하여 각기 산정하여 지급한다.

[최소 연계기간]

- 직역 기관에서 퇴직일이 '16년 1월 2일 이후인 경우 → 10년
- 직역 기관에서 퇴직일이 '16년 1월 1일 이전인 경우 → 20년
- 연계기간에 군인연금 복무기간이 포함된 경우 → 20년

가. 공적연금 연계신청 대상자

연계신청은 강제가 아닌 개인의 선택사항이며, 연계를 신청하면 원칙적으로 취소가 불가능하다. 즉 연계신청 이후에는 직역연금 퇴직일시금 및 국민연금 반환일시금 청구가 불가능하므로 신중한 선택이 필요하다.

연계제도는 원칙적으로 법률 시행일(2009.8.7.) 이후 국민연금과 직역연금 간에 이동한 자부터 적용된다. 다만, 아래의 경우에는 연계제도의 적용 대상에 포함된다.

1) 국민연금가입자이었던 자가 2007.7.23. 이후 직역연금으로 이동한 경우
2) 법 공포일(2009.2.6.) 당시 각 연금법에 따라 연금에 가입되어 있거나 해당 연금법을 적용받는 기관에 재직·복무 중이었던 자(이 법 공포일 이후 신규로 가입하거나 재가입한 자 포함)가 공포일 이후에 다른 직역연금이나 국민연금으로 이동한 경우

나. 적용범위

연계신청을 한 자가 「국민연금법」에 따른 노령연금 수급권자이고, 직역연금법에 따른 퇴직연금 수급권자가 된 경우에는 각 연금법을 적용하고, 연금연계법은 적용되지 않는다.

〈표 3-36〉 연금연계법 적용대상

수급권자 여부		연계 기간	연금연계법에 의한 급여지급대상
노령연금 수급권자	퇴직연금 수급권자		
해당	해당	-	×
해당	미해당	20년 이상	○
미해당	해당	20년 이상	○

출처: 보건복지부

참고로, 2016년 1월 2일 이후 퇴직자부터 공무원/사립학교교직원/별정우체국 연금

가입자의 공적연금 수급을 위한 가입기간이 종전 20년에서 10년으로 조정되었다. 다만, 군인연금은 현행 20년 가입기간을 그대로 유지하고 있다(실제로는 19년 6개월 복무 시 20년 복무한 것으로 인정).

다. 연계신청 요건 및 청구방법

1) 전제조건: 연계는 국민연금 가입기간과 직역연금 재직기간이 있는 경우를 전제로 한다.
   ⇒ 국민연금 가입기간과 2개 이상의 직역연금 재직기간 모두 연계할 수 있다.
2) 연계를 희망하는 경우 퇴직일시금 또는 반환일시금을 수령하지 않고, 각 연금법에 따른 급여 수급권이 없어지기 전에 연계를 신청해야 한다.

① 직역연금에서 국민연금으로 이동한 경우: 연계를 희망하면 퇴직일시금을 수령하지 않고 퇴직 후 5년 이내에 연계를 신청해야 하고, 만일 퇴직일시금을 지급받았다면 국민연금으로 이동한 이후 연금관리기관에 지급받은 퇴직일시금을 반납한 후 연계를 신청할 수 있다. 단, 퇴직연금, 퇴직연금일시금 또는 퇴직연금공제일시금을 수령한 경우에는 연계신청을 할 수 없다.
② 국민연금에서 직역연금으로 이동하는 경우: 직역연금 가입자가 된 때부터 연계를 신청할 수 있다.

〈표 3-37〉 수급권 소멸시기

구분	내용
국민연금	수급연령 도달 후 5년, 임의계속가입 탈퇴 후 5년 (연령도달사유로 인한 반환일시금의 경우는 10년)
직역연금	퇴직일시금 수급권자는 퇴직 후 5년, 연금수급권자는 수급연령 도달 후 5년

출처: 보건복지부

3) 신청 및 급여 청구방법

연계신청 및 급여청구는 가입이력, 연계이력이 있는 연금관리기관이면 어디서나 방문 및 우편을 통해 가능하고, 인터넷 신청(연계제도 홈페이지 www.ppsl.or.kr)은 연계신청만 할 수 있다.

2 오해 탓에 활용하지 못하는 기초연금

기초연금은 대한민국 국적으로 국내에 거주하는 만 65세 이상의 대상자를 지원하는 공적부조 성격의 제도이다. 다만 소득인정액 선정방식에 의한 조건에 부합되는 대상자에 한해 지원해주고 있다.

2-1 대상자 선정기준

65세 이상의 대상자 중 소득인정액이 선정기준 이하인 자를 지원 대상으로 한다.

〈표 3-38〉 기초연금 대상자 선정을 위한 선정기준액(2025년 기준)

단독가구	부부가구
228만 원	364.8만 원

※ '소득인정액'이란 월 소득평가액과 재산의 월 소득환산액을 합산한 금액이다.
※ 부부가구 선정기준액 산출: (단독가구 선정기준액 × 2) × 80%

대상자에 선정될 경우 매월 수급 가능한 금액은 1인당 최고 342,510원(2025년 기준)이고, 부부가 동시 수급대상자일 경우에는 합산금액의 80%에 해당하는 금액을 지급한다.

기초연금은 국민연금과 달리 소득활동기간에 별도의 보험료 납부 이력이 있어야 수급대상에 포함되는 제도가 아닌, 65세 이상 연령과 부부의 소득인정액 요건만을 판단하는 것이니만큼 가까운 주민센터나 국민연금관리공단에 심사요청을 하고 결과를 받아볼 수 있다. 심사기간은 대체로 1개월 정도가 걸린다.

3-2 소득인정액 산출

소득인정액은 소득평가금액과 재산의 소득환산금액을 합산한 금액이다. 소득인정액 산출 시 65세 이하 연령의 배우자 명의 소득 및 재산도 합산해서 심사에 반영한다. 소득인정액이 수급대상자 선정기준에 해당할 경우, 연령요건이 충족(65세 이상)되는 대상에게만 연금이 지급된다.

소득인정액 = 소득평가액(가) + 재산의 소득환산액(나)

가. 소득평가액

소득평가액 = {0.7 × (근로소득 - 112만 원)}[1)] + 기타소득[2)]

1) 근로소득에서 기본공제액인 112만 원을 공제한 금액에서 30%를 추가로 공제해준다.

⇒ 일용근로소득, 공공일자리소득, 자활근로소득은 근로소득에서 제외

2) 기타소득: 사업소득, 재산소득, 공적이전소득, 무료임차소득

⇒ 무료임차소득은 자녀 소유의 고가 주택에 거주하는 본인 또는 배우자에 대하여 임차료에 상응하여 소득으로 인정하는 금액이다. 본인 또는 배우자의 주민등록상 주소지 주택이 자녀 명의이고, 시가표준액 6억 원 이상인 경우, 연 0.78%의 소득이 적용된다. 다음은 무료임차소득 적용 예시이다.

주택 시가표준액	6억 원	7억 원	8억 원	9억 원	10억 원	15억 원	20억 원
무료임차소득	39만 원	45.5만 원	52만 원	58.5만 원	65만 원	97.5만 원	130만 원

나. 재산의 소득환산액

재산의 월 소득환산액
= [{(일반재산 - 기본재산공제) + (금융재산 - 2,000만 원) - 부채}
×0.04(재산의 소득환산율, 연 4%)
÷ 12개월] + 고급 자동차 및 회원권의 가액

1) 기본재산공제

〈표 3-39〉 기본재산공제

구분	공제액
대도시(특별시·광역시의 '구', 도·농복합군 포함) 예) 서울특별시 관악구, 부산광역시 해운대구, 대구광역시 달성군	1억 3,500만 원
중소도시(도의 '시', 세종특별자치시) 예) 경기도 성남시, 경상북도 안동시, 충청남도 천안시	8,500만 원
농어촌(도의 '군') 예) 전라남도 고흥군, 강원도 영월군, 충청북도 음성군	7,250만 원

2) 고급자동차(차량가격 4,000만 원 이상) 및 회원권은 그 가액을 그대로 적용한다.

기초연금 수급가능 여부 판단을 위한 소득평가액 계산 예시

67세의 남편이 근로소득 200만 원, 62세 부인이 140만 원의 근로소득이 있는 경우에 월 소득평가액은?

월 소득평가액 = 남편 소득분[0.7 × (200만 원 - 112만 원)] + 부인 소득분[0.7 × (140만 원 - 112만 원)]
= 81.2만 원

※ 부인의 연령이 만 65세 이하이지만 심사에서는 합산·반영하고, 산출된 결과가 수급대상일 경우에는 연령이 65세 이상에 해당하는 남편 1인에 대해 기초연금이 지급된다.

제3절 | 제도를 활용한 은퇴자산 설계사례

1 고용보험 실업급여

1-1 고용보험 실업급여 관련 사례 1

가. 고객 상황

직장인 A씨는 2013년 2월부터 경기도 화성에 있는 ○○기업에서 정상적인 근무를 하다가 2018년 11월 퇴사를 결심하게 되었다. 경제적인 문제도 있어 직장을 그만두는 것이 부담은 되었지만, 부산에서 홀로 계시는 어머니 건강(치매)이 여의치 않아 옆에 살면서 간병을 해드리기 위해 부득이 퇴사를 결심하고 사직서를 제출하였다.

부산에 내려가서 새로운 직장을 구할 수 있을 때까지는 소득이 없어 걱정이다. 개인적인 사정으로 스스로 사직서를 제출한 경우라 실업급여를 청구할 수 있는 대상도 아니고…. 이 경우 A씨는 실업급여를 청구할 수 있을까?

나. 답변 및 관련 근거

결론적으로 A씨의 경우에는 실업수당을 청구·수급할 수 있다.

먼저, 퇴사 전 근무기간이 고용보험 가입기간 요건(이직 전 18개월 180일 이상 피보험대상)을 충족하고 있다. 물론 사직서를 스스로 제출하는 형태는 '자발적 퇴직'유형에 해당하지만, '수급자격이 제한되지 아니하는 정당한 이직사유(시행규칙 제101조 제2항 별표2)' 중 '부모나 동거 친족의 질병·부상 등으로 30일 이상 본인이 간호해야 하는 기간에 기업의 사정상 휴가나 휴직이 허용되지 않아 이직할 경우'에 해당되어 실업급여 수급이 가능하다.

사례 1과 같은 상황의 부모님 간병뿐만 아니라 본인의 질병으로 회사 업무에 정상적으로 임하지 못하는 경우에도 동일한 규정을 적용, 실업급여 수급대상에 포함한다. 사직서를 직접 제출하는 자발적 성격의 퇴직이라 하더라도 제출사유에 따라 수급대상에 포함될 수 있는 관련 근거가 있으니 해당 여부를 직접 확인하는 것이 바람직하다.

1-2 고용보험 실업급여 관련 사례 2

가. 고객 상황

사례 1의 직장인 A씨가 '자발적 퇴직'임에도 불구하고 '수급자격이 제한되지 아니하는 정당한 이직사유(시행규칙 제101조 제2항 별표2)'에 해당된다는 관련 근거에 따라 실업급여를 청구하려고 하는데, 근무했던 경기도 화성의 ○○기업 사업주가 그동안 고용보험을 가입하지 않은 사실을 알게 되었다. 고용보험 피보험자격 유지기간이 없어 당연히 실업급여 청구대상이 아닐 것으로 판단하여 체념하고 있는데….

이 경우 A씨가 취할 수 있는 해결방법은?

나. 답변 및 관련 근거

사업주가 고용보험에 가입하고 있지 않았어도 A씨는 실업급여를 청구·수급할 수 있다.

고용보험 당연적용 사업장임에도 사업주가 가입을 하지 않은 경우에는 해당 사업장 근로자의 신청(피보험자격 확인청구)에 따라 사실관계를 확인하여 3년 이내의 근무기간에 대해서는 피보험자격을 소급·취득할 수 있다. 따라서 1인 이상을 고용하는 사업장에서 근무하다가 실업수당 수급사유에 해당되는 상황을 이유로 퇴사한 근로자는 고용센터에 고용보험 미가입 사실을 신고하고, 소급하여 고용보험에 가입하면 구직급여를 받을 수 있다.

만일 사업장이 폐업되어 운영을 하지 않는 경우에도 근로자가 해당 사업장에서 근무하였음을 증명할 수 있는 증빙자료가 있으면, 사실관계를 조사하여 근무이력이 인정되는 경우에는 구직급여를 받을 수 있다.

1-3 고용보험 실업급여 관련 사례 3

가. 고객 상황

사례 1의 A씨는 구직급여 일수가 180일에 해당하는 요건의 대상자인데, 구직급여를 수급하는 중에 다행히 구직활동에 따른 결과가 좋아 빨리 재취업을 할 수 있었다. 구직급여를 수급한 기간은 40여 일밖에 되지 않는다. 취업한 사실을 알리면 구직급여가 지급되지 않으니 그냥 알리지 말고 받는 것이 어떠냐고 주변사람들이 얘기하는데, 그래도 괜찮은 건지….

나. 답변 및 관련 근거

이 경우 부당수급대상자에 해당되어 불이익을 받을 수 있으니 재취업 사실을 신고해야 한다. 또한 A씨는 조기재취업수당 수급이 가능한 경우의 해당자로 관할 고용센터에 신청하면 된다.

A씨 사례처럼 취업한 사실을 숨기고 계속 급여를 수급하는 경우는 부당수급에 해당한다. 이렇게 허위나 부정한 방법으로 실업급여를 받는 경우에는 급여지급이 중지되고, 그간 지급받은 실업급여액 전액 및 부정 수급액의 2배를 추가 징수당하고 형사고발 및 불이익을 받게 된다.

따라서 취업 및 창업 등으로 소득이 발생하게 될 경우, 사실대로 신고하는 것이 바람직하다.

A씨의 경우 40여 일의 구직급여를 수급하고 재취업을 하였다고 해서 나머지 140일의 구직급여 수급권이 완전히 소멸되는 것은 아니다.

구직급여 수급자격자가 재취업한 날의 전날을 기준으로 잔여소정급여일수 2분의 1 이상을 남기고 재취업한 경우에는 미지급일수의 2분의 1을 일시에 지급하는 '조기재취업수당'의 대상자에 해당된다.

따라서 A씨는 재취업한 날로부터 12개월 이상 계속 고용되어 근로를 할 경우에는 조기재취업수당을 수급할 수 있으니, 12개월 후 관할 고용센터에 신청하면 된다.

2 국민건강보험

2-1 국민건강보험 관련 사례 1

가. 고객 상황

서울 소재 ○○기업에서 33년간의 직장생활을 끝내고 2024년 12월 정년퇴직을 한 직장인 A씨는 당분간은 아내하고 여행도 다니면서 쉬고 싶은 생각을 가지고 있었다. 한 달간의 해외여행을 계획하고 있었는데, 주거래 은행인 삼청은행에서 퇴직금 운용에 대한 상담을 받던 중 전혀 생각하지 못한 사실을 안내받고 의아해하고 있다. 국민건강보험 보험료가 지역가입자로 별도 부과될 수 있다는 말을 들은 것이다. A씨는 현재 직장생활을 하고 있는 아들에게 피부양자로 등재하면 별도로 보험료를 납부하지 않아도 되는 것으로 알고 있었다.

다음은 A씨의 재산 및 소득현황이다. A씨는 지역가입자로 국민건강보험료를 개별적으로 납부해야 하는가?

구분	세부내역
재산현황	- 경기도 안양에 상가건물(시가 9억 원) 보유 - 일반임대사업자로 경기도 분당에 11억 원의 주택 보유
소득현황	- 상가건물에서 매월 임대로 230만 원 - 공적연금은 수급개시 전이고, 개인연금 매월 60만 원 수급

나. 답변 및 관련 근거

결론적으로, 재산 및 소득상황에 따르면 A씨는 지역가입자로 국민건강보험료를 납부해야 할 대상자이다. 다만 임의계속가입 신청을 통해 36개월 동안(2025년 기준) 그 납입부담을 유예할 수 있다.

먼저 피부양자로 인정받을 수 있는 기준에서 소득요건은 사업자등록이 되어 있는 경우 사업소득이 없어야 하는데, A씨는 임대소득이 있어 피부양자 인정기준에 부합되지 않는다. 재산요건은 소유하고 있는 상가 및 주택의 재산세과세표준의 합만으로도 대략 12.9

억 원(대략 주택 가치의 60%, 상가 가치의 70% 반영)에 달해서 인정기준에 부합되지 않는다. 참고로 A씨 경우처럼 직계존비속 간의 피부양자 인정기준의 재산요건은 주택, 선박 및 항공기의 「지방세법」 제110조에 따른 재산세과세표준의 합이 5.4억 원 이하, 재산세과세표준의 합이 5.4억 원 초과에서 9억 원 이하는 연간 소득 1,000만 원 이하이다. 따라서 A씨는 피부양자 인정기준에 부합되지 않아 지역가입자로 분류되는 대상자에 해당된다.

다만 A씨는 퇴직 전 18개월 중 1년 이상을 직장가입자 신분을 유지했던 경력이 있으므로 임의계속가입자격 공단에 신청하여 퇴직과 함께 갑자기 상승한 보험료 부담을 조정할 수 있다.

따라서 삼청은행의 CPB가 안내하는 임의계속가입 관련 안내는 다음과 같다.

① 건강보험공단에서 전달된 고지서에 반영된 지역가입자 신분의 보험료를 확인한다.

② 직장가입자로 납부하던 보험료보다 부담이 늘어난 경우라면, 고지서에 기재된 납부기일로부터 2개월이 경과되기 전에 공단에 신청하면 된다. 그러면 직장가입자 신분으로 납부했던 자기부담금 규모의 보험료만 납부할 수 있다.

③ 이렇게 조정된 보험료는 퇴직 후 최대 36개월간(2025년 준) 적용된다.

2-2 국민건강보험 관련 사례 2

가. 고객 상황

직장생활을 하고 있는 A씨의 아들이 3년간의 일정으로 해외 파견근무를 나가게 되었다. 아버지 소개로 삼청은행 CPB에게 현지 통화 환전과 보유 중인 금융상품 운용에 대해 상담을 받으러 방문했다. 삼청은행의 CPB가 아들에게 국민건강보험과 관련하여 안내해줄 수 있는 내용으로는 무엇이 있을까?

나. 답변 및 관련 근거

1개월 이상 국외에 체류하는 자로서 국내에 피부양자가 없는 경우는 국민건강보험료가

전액 면제된다. 아들의 경우 미혼인 상태로 피부양자가 없으므로 감면대상에 포함될 수 있음을 안내할 수 있다.

3 연금계좌(퇴직연금, 연금저축)

3-1 연금계좌(퇴직연금, 연금저축) 관련 사례 1

가. 고객 상황

총급여액이 5,400만 원인 47세 직장인 A씨는 2023년에 연금저축 300만 원과 퇴직연금 500만 원을 포함하여 총 800만 원을 납입하였다. 이 경우 세액공제 대상금액은 얼마인가?

나. 답변 및 관련 근거

세액공제 대상금액은 다음과 같다.

① 연금저축계좌 300만 원

② 퇴직연금계좌 납입액 중 추가로 500만 원

③ 총 800만 원

세액공제액은 다음과 같다.

800만 원 × 16.5%(총급여액 5,500만 원 이하, 지방소득세 포함) = 132만 원

※ 주의사항: 세액공제 받은 금액을 55세 이후 연금으로 수령하지 않고, 일시금으로 수령하는 경우 기타소득으로 16.5%(지방소득세 포함)의 세율로 과세된다.

3-2 연금계좌(퇴직연금, 연금저축) 관련 사례 2

가. 고객 상황

근무기간이 10년인 직장인 A씨는 퇴직연금으로 수령할 금액이 5,000만 원이고, 이에 대해 계산한 퇴직소득세(지방소득세 포함)가 160만 원이다. 일시금으로 수령할 때와 연금으로 수령할 때(10년간 매년 500만 원씩 수령) 부담할 세금은 얼마인지 궁금해서 삼청은행 CPB에게 상담을 요청하였다. 이와 관련해서 CPB가 A씨에게 안내할 수 있는 내용으로는 무엇이 있을까?

나. 답변 및 관련 근거

퇴직연금 가입자가 퇴직 시 이연퇴직소득(퇴직금)을 일시금 및 연금의 형태로 인출할 수 있는데, 일시금보다 연금의 형태로 인출하는 것이 세금부담 측면에서 유리하다. A씨의 경우 일시금으로 인출할 때 부과되는 퇴직소득세가 160만 원이라면, 연금으로 수령하는 경우에는 이 금액의 70%에 해당하는 금액만을 세금으로 납부하면 된다.

① 일시금수령: 160만 원

② 연금수령: (11.2만 원 × 10년) = 112만 원

⇒ 매년 500만 원 × 2.24%(퇴직소득세율 3.2%의 70% 기준) = 11.2만 원

③ 연금수령 시 세금부담의 이익: 48만 원(= 160만 원 - 112만 원)

이 또한 일시에 납부하는 것이 아니라, 연금을 수령하는 10년에 걸쳐 분할납부하는 것으로 과세이연 효과를 꾀할 수 있다. 또한 연금계좌(퇴직연금, 연금저축)에서 인출하는 금액이 연간 1,500만 원을 초과하는 경우에는 종합소득과 합산과세 되는데, 퇴직금에 해당하는 금액을 연금 형태로 분할수령 하는 경우, 종합과세 대상금액에 포함되지 않는다.

위 내용을 종합해보면, 퇴직금을 일시금이 아닌 연금의 형태로 인출할 경우 다음과 같은 이점이 있다.

① 세금부담 금액을 30~40%(인출기간에 따라 경감률 차등) 절감할 수 있다.

② 과세이연을 통한 납부에 대한 부담을 분산할 수 있다.

③ 연금소득종합과세에 포함되지 않아 종합과세 부담을 덜 수 있다.

3-3 연금계좌(퇴직연금, 연금저축) 관련 사례 3

가. 고객 상황

직장인 A씨는 평소 본인과 부인의 은퇴생활로 자녀들에게 부담을 주지 않으려는 마음으로 연금저축에 대한 투자를 꾸준히 해오고 있다. 그러던 중 함께 생활하고 계시는 어머니께서 뇌졸중으로 쓰러지셔서 간병 등의 의료지원을 상당기간 받아야 하는 상황이 발생했다. 일단은 보유하고 있는 현금자산으로 필요한 비용은 해결할 수 있을 것 같은데 요양기간이 길어지면 비용에 대한 부담이 있어 고민이다. 결국, 다음 표에 정리한 내용처럼 2013년부터 매년 1,000만 원씩 납입하고 있는 연금계좌 해지를 고민하게 됐다. 그런데 해지할 경우 엄청난 세금이 부과된다는 얘기를 듣고 삼청은행 CPB에게 자문을 구하였다.

(단위: 만 원)

납입연도	납입금액	세제혜택 받은 금액
2013	1,000	400
2014	1,000	400
2015	1,000	400
2016	1,000	400
2017	1,000	400
2018	1,000	400
합 계	6,000	2,400

삼청은행 CPB가 위와 같은 A씨의 상황을 고려해서 안내할 수 있는 메시지는 무엇인가?

나. 답변 및 관련 근거

연금저축은 연간 최대 1,800만 원까지 납입이 가능하나, 그중 세제혜택은 400만 원까지만 가능하다. A씨의 경우는 세제혜택 400만 원을 모두 받은 상태로, 이에 해당하는 금액은 ① 5년 이상 납입 ② 55세 이후 인출 ③ 10년 이상 연금으로 분할 수령 등의 요건을 충족해야 세제상의 불이익(기타소득세 16.5% 과세)이 없다. 다만 세제상의 불이익은

세제혜택을 받은 금액에 한해 적용되는 것으로, 세제혜택을 받지 않은 금액에 대해서는 세금부담 없이 중도인출이 가능하다. 이는 2001년 1월 이후 가입한 연금저축 계약만 가능하며, 연금저축보험은 약관에 따라 중도인출 가능 여부를 확인해야 한다.

① 총 납입금: 6,000만 원
② 세제혜택 받은 금액: 2,400만 원
③ 세제혜택 받지 않은 금액: 3,600만 원(= 600만 원 × 6년) ⇒ 세금부과 없이 중도인출 가능

또한 2001년 1월 이후 가입한 연금저축은 세법상 부득이한 사유에 해당할 경우, 계약을 해지하지 않고도 납입금액의 일부를 중도인출하거나 전액 인출(해지)할 수 있다. 이 경우의 중도인출은 연금수령으로 간주하여 인출액에 대해 낮은 세율의 연금소득세(3.3~5.5%, 지방소득세 포함)가 부과되는데, 부득이한 사유는 다음과 같다.

① 가입자 또는 그 부양가족의 3개월 이상 요양(진단서 등)
② 가입자의 사망(사망진단서 등)
③ 해외이주(해외이주신고서)
④ 가입자의 파산 또는 개인회생절차 개시(법원 결정문 등)
⑤ 천재지변(신문 등 객관적 증빙자료)

A씨의 경우, 부양가족인 어머니의 병환에 따른 요양이 필요한 상황에 해당하므로 일반적인 사유로 해지하는 경우에 부과되는 기타소득세(16.5%, 지방소득세 포함)가 아닌 연금소득세만 부담하면서 인출할 수 있다.

따라서 1차적으로 부족한 금액을 해결하기 위해서는, 세제혜택을 받지 않은 금액 3,600만 원을 세금부담 없이 중도인출하여 활용하면 된다. 그럼에도 간병 및 요양비용이 추가로 필요할 경우, 나머지 금액을 인출하여도 기타소득세가 아닌 연금소득세만을 부담하면서 인출할 수 있다.

3-4 연금계좌(퇴직연금, 연금저축) 관련 사례 4

가. 고객 상황

은퇴를 앞둔 A씨는 퇴직연금(IRP 본인 추가납입액)과 2002년에 가입한 연금저축에서 매월 130만 원(연간 1,560만 원)을 연금으로 받으면, 저율(3.3~5.5%)의 연금소득세를 내면 된다고 생각했다. 그런데 연간 1,500만 원을 초과해서 연금을 받으면 종합소득세(6.6~49.5%)를 내야 한다는 얘기를 듣고 황당했다. 답답한 마음에 삼청은행의 CPB에게 상담을 요청하여 해결을 위한 자문을 구했다. 이와 같은 상황의 고객에게 CPB로서 어떤 메시지를 줄 수 있을까?

나. 답변 및 관련 근거

연금저축과 퇴직연금(본인 추가납입액)에서 수령하는 연금에 대해서는 연금소득세(3.3~5.5%)가 부과된다. 다만 연금수령액이 연간 1,500만 원을 초과하면, 연금수령금액 전체에 대해 연금소득세가 아닌 종합소득세(6.6~49.5%, 다른 소득과 합산과세)가 부과된다. 따라서 연금수령금액을 확인하여 연간 총 1,500만 원을 초과하지 않도록 연금의 수령시기 또는 수령기간을 조정하는 것이 좋다. 그러면 매월 수령하는 연금금액이 축소되어 종합과세 부담을 덜 수 있다. 다만, 세법 개정에 따라 2023년부터 종합과세 대상자는 종합과세 기준과 16.5%(지방소득세 포함) 분리과세 중 선택할 수 있다.

〈표 3-40〉 연간수령액 1,500만 원 한도가 적용되는 연금종류

<table>
<tr><th colspan="2">연금 종류</th><th>한도적용</th><th>비 고</th></tr>
<tr><td colspan="2">국민연금, 공무원연금, 사학연금, 군인연금</td><td>X</td><td></td></tr>
<tr><td rowspan="2">퇴직연금</td><td>퇴직금</td><td>X</td><td></td></tr>
<tr><td>본인 추가납입액</td><td>○</td><td rowspan="2">소득·세액공제를 받은 금액과 운용수익</td></tr>
<tr><td rowspan="3">개인연금</td><td>연금저축[1]</td><td>○</td></tr>
<tr><td>구 개인연금[2]</td><td>X</td><td></td></tr>
<tr><td>연금보험</td><td>X</td><td></td></tr>
</table>

주 1) 2001년 1월 이후 판매된 소득·세액공제 혜택이 있는 상품
2) 1994년 6월~2000년 12월 기간 중 판매된 소득공제 혜택이 있는 상품

〈표 3-40〉에서 볼 수 있듯이 종합과세 기준금액인 1,500만 원 한도 산정 시 공적연금(국민연금 등), 퇴직금으로 받는 퇴직연금, (구) 개인연금은 제외된다. 그리고 연금저축·퇴직연금 (본인추가납입액)의 경우 소득·세액공제를 받지 않은 금액에서 지급받는 연금 금액은 한도에 포함되지 않는다.

3-5 연금계좌(퇴직연금, 연금저축) 관련 사례 5

가. 고객 상황

경기도 안산에서 소규모의 마트를 운영하고 있는 A씨는 직장인처럼 퇴직금이 있는 것도 아니고, 최근 어려워진 경기흐름으로 예전보다 많이 떨어진 매출 때문에 은퇴생활을 걱정하고 있다. 노후준비라고는 국민연금과 연금저축상품에 납입하고 있는 보험료가 전부여서 '이러다가 나이 들어 자식들한테 경제적으로 부담이 되는 것 아닐까?' 걱정을 하고 있다. 그러던 중 대출금 상환으로 삼청은행을 방문했더니, A씨도 사업자 신분으로 소득이 있기 때문에 개인형 퇴직연금(IRP)계좌 개설이 가능하다는 안내를 받았다. 종전에는 대상이 아니었지만, 관련법이 개정되어 지금은 가입이 가능하고, 매년 세제혜택도 받을 수 있으니 가입하라고 권유하는 것이다.

연금저축도 있는데 굳이 가입할 필요가 있을까를 고민하는 A씨에게 CPB는 개인형 퇴직연금(IRP)을 어떻게 안내할 수 있을까?

나. 답변 및 관련 근거

A씨가 가입하고 있는 연금저축과 함께 개인형 퇴직연금(IRP)은 세액공제 혜택을 받을 수 있는 상품으로 세제혜택의 세부내용은 다음과 같다.

〈표 3-41〉 연금저축과 개인형 퇴직연금(IRP)의 세액공제 한도(2023년 기준)

(단위: 만 원)

구분	연금저축	개인형 퇴직연금(IRP)	통합
연간 납입한도	1,800	1,800	1,800
세액공제 한도	600	900	900

A씨가 개인형 퇴직연금(IRP)을 가입하는 경우, 연금저축과 합산하여 연 1,800만 원까지 납입할 수 있는데, 그중 연금저축 세액공제 혜택에 더해 연간 최대 900만 원까지 세제혜택을 받을 수 있다.

또한 운용기간 중에 발생하는 투자수익에 대해서는 과세하지 않고, 인출할 때 과세하는 장점이 있다. 만일 A씨가 납입한 금액에 대해 세액공제 혜택을 받지 않으면, 인출하는 방법과 무관하게 해당 금액은 과세제외 대상이다. 인출 시 과세대상 금액은 납입한 금액 중 세제혜택을 받은 부분에 대해서만 적용된다. 연금으로 인출 시 연금소득세, 일시금으로 인출 시 상대적으로 높은 세율인 기타소득세 16.5%(지방소득세 포함)가 부과되지만, 이는 무조건 분리과세 대상이다. 따라서 연간 사업소득을 포함한 종합소득 과세표준이 24% 이상에 해당하는 경우라면 기타소득세 분리과세도 상대적인 측면에서 의미가 있다.

3-6 연금계좌(퇴직연금, 연금저축) 관련 사례 6

가. 고객 상황

서울에서 오랜 기간 직장생활을 해오던 A씨(54세)는 2025년 명예퇴직을 고민하고 있다. A씨는 퇴직 후 상황을 대비해서 평소 연금자산을 꾸준히 준비해오고 있다. 국민연금은 당연히 가입되어 있고, 회사에서 지급될 퇴직연금을 포함해서 금융회사에 개인적으로 가입하고 있는 연금 및 운용수익 현황은 다음과 같다. 65세에 국민연금 수급개시 대상자이기에 퇴직 후 소득공백을 만회하기 위해 어떤 방법이 좋을지 고민하고 있다.

① 퇴직(연)금: 27,000만 원
② 명예퇴직 위로금: 21,000만 원
③ 개인형 퇴직연금(IRP) 추가납입금액(세액공제 ○): 2,800만 원
④ 개인형 퇴직연금(IRP) 추가납입금액(세액공제 ×): 4,200만 원
⑤ 연금저축 납입금액(세액공제 ○): 6,200만 원
⑥ 개인형 퇴직연금(IRP)과 연금저축 운용수익: 550만 원

A씨가 연금 형태로 인출할 수 있는 자산의 규모가 대략 61,750만 원에 이른다. 무엇을

먼저 인출해야 하는지 삼청은행의 CPB에게 문의하려고 하는데, CPB는 어떤 답변을 줄 수 있을까?

나. 답변 및 관련 근거

먼저 고려해야 하는 것은 적립금액의 원천에 따라 달리 적용되는 세제를 이해해야 한다는 것이다. 그다음에는 연금 형태로 인출하는 경우에 기간별로 적용되는 세율을 고려하여 인출 순서를 결정하는 것이다.

④ 개인형 퇴직연금(IRP) 추가납입금액(세액공제 ×): 4,200만 원	과세제외 대상
① 퇴직(연)금: 27,000만 원 ② 명예퇴직 위로금: 21,000만 원	퇴직소득세×60~70%의 금액을 분할 과세
③ 개인형 퇴직연금(IRP) 추가납입금액(세액공제 ○): 2,800만 원 ⑤ 연금저축 납입금액(세액공제 ○): 6,200만 원 ⑥ 개인형 퇴직연금(IRP)과 연금저축 운용수익: 550만 원	연금소득세 부과 55~69세: 5.5% 70~79세: 4.4% 80세 이상: 3.3%

위 내용을 근거로 A씨가 인출에 따른 세금부담을 절감하기 위해서는 다음과 같이 할 수 있다.

- ④에 해당하는 금액을 가장 먼저 인출하고,
- ①, ②에 해당하는 금액을 다음으로 인출한다. 인출 시 10년 이내의 기간은 퇴직소득세 대비 30%, 10년 이상의 기간에는 40%의 경감률이 적용된다.
- ③, ⑤, ⑥에 해당하는 금액은 연금소득세가 가장 저율과세 되는 시기에 인출하는 것이 합리적이다.

A씨의 두 번째 고민은 퇴직 후 목돈으로 일부를 인출해야 하는데, 퇴직금은 IRP로 의무이전해야 한다는 얘기를 들었다는 것이다. 이에 대해 CPB의 어떤 합리적 메시지를 줄 수 있을까?

퇴직연금을 IRP로 의무이전해야 한다는 것은 기본적으로 옳은 얘기이나, 퇴직 시 수령하는 모든 금액을 이전해야 하는 것은 아니다. 의무이전 대상은 다음과 같다.

〈표 3-42〉 퇴직 시 수령액의 의무이전

구분	퇴직연금 가입자		퇴직금 가입자
	의무이전 대상	예외 대상[1)]	
법정퇴직금	○	×	×
명예(희망)퇴직금	×	×	×

주 1) 예외 대상: 퇴직 시 만 55세 이상, 퇴직금이 300만 원 이하인 경우, 퇴직금을 담보로 대출을 상환하기 위한 경우

위 내용에 의거 A씨의 공적연금 수급개시시점이 65세라는 점을 고려하면, 2025년 연령은 55세 이하이기에 의무이전 대상에 해당한다. 다만, 퇴직 시 수령하는 금액 48,000만 원 중 IRP로 의무이전해야 하는 것은 법정퇴직금에 해당하는 27,000만 원이고, 명예퇴직금의 이전은 개인이 선택할 수 있다. 따라서 A씨가 명예퇴직금에서 필요한 목돈을 일부 쓰고, 나머지 금액을 퇴직 후 60일 이내에 IRP로 이전할 경우, 해당 금액에 대한 퇴직소득세를 환급받을 수 있다.

3-7 연금계좌(퇴직연금, 연금저축) 관련 사례 7

가. 고객 상황

부산에서 직장생활을 하고 있는 A씨는 1995년에 입사해서 현재까지 대략 29년 이상을 다니고 있는 회사에서 퇴직할 생각을 가지고 있다. 다름 아니라 회사에서 전 직원을 대상으로 명예퇴직 신청을 받고 있는데, A씨도 대상요건에 포함되기 때문이다. 2019년도에 퇴직연금제도를 도입할 때, 중간정산을 해서 그 후로 적립된 퇴직금이 3,000만 원에 해당하지만, 명예퇴직 위로금이 대략 28,000만 원은 될 듯해서 어렵게 결심을 했다. 그런데 인사팀으로부터 명예퇴직금을 포함한 퇴직금 관련 소득세가 대략 6,000만 원이 넘는다는 얘기를 듣고 황당했다. 이 내용이 사실이라면 어떻게 해야 하는지, 삼청은행 CPB에게 자문을 구하였다.

A씨와 같은 경우의 대상자에게 CPB가 줄 수 있는 메시지는 무엇인가?

나. 답변 및 관련 근거

최근 A씨와 같은 사례에 해당하는 경우가 많이 발생하고 있다. 중간정산 이후에 근속연수는 새로 시작되는 것으로 반영되기 때문에, A씨의 경우는 2019년 중간정산을 했으니 근속연수 5년에 해당되는 대상자이다. 이렇게 짧은 기간의 근속연수로 퇴직금 31,000만 원을 수령하는 상황이기 때문에 퇴직소득세율이 상대적으로 높아지는 것이다. 이런 경우에는 '퇴직소득 정산특례'를 요청하면 세금부담을 줄일 수 있다.

이는 중간정산 전 근무기간과 이후 기간을 합산하고, 정산해서 수령한 퇴직금과 이번에 수령하게 될 퇴직금을 합산해서 새로 퇴직소득세를 산출하는 방법이다. 그러면 장기 근속대상에 포함되어 상대적으로 세금부담을 줄일 수 있다. 기간과 금액을 합산해서 산출된 세금에서 중간정산 시 납부했던 기 납부세액을 차감하고 잔액만 납부하면 된다.

4 주택연금

4-1 주택연금 관련 사례 1

가. 고객 상황

직장생활을 하다가 지난해 퇴직한 61세의 A씨는 현재 분당 소재의 주거형 오피스텔에서 거주하고 있다. 59세의 부인과 퇴직 전까지는 서울에서 생활했는데, 퇴직하면서 주택규모를 줄여서 분당으로 거주지를 옮긴 것이다. 주택을 처분하면서 막내아들 결혼비용으로 일부 지원을 하느라 생활비 충당에 부담이 되어 다소 불편함이 있다. 국민연금 수령은 2년 후에나 가능한데, 마침 주택연금 TV 광고를 보고 부인과 상의 후 현재 거주하고 있는 주택을 담보로 연금을 신청하려고 한다. 삼청은행의 CPB로서 어떤 답변을 줄 수 있을까?

나. 답변 및 관련 근거

결론적으로 얘기하자면 부부의 연령을 고려하면, A씨 부부는 주택연금을 신청할 수 있는 연령요건(부부 중 1인이 55세 이상)에 해당된다. 또한 A씨 부부가 현재 생활하고

있는 주거형 오피스텔은 종전에는 담보로 인정되지 않았지만, 2020년 관련법 개정으로 주택연금을 신청할 수 있는 담보로 인정받을 수 있다.

A씨 부부의 사례에서 볼 수 있듯이 은퇴생활 용도로 주거환경을 조정하는 경우에는 고정자산/유동자산의 비율 조정차원에서만 접근할 것이 아니라 제도를 활용할 때 담보물건으로의 가능 여부, 지역선정에 따른 향후 가치상승 및 하락의 전망 등도 종합적으로 고려해야 한다. 또한 A씨 부부가 거주지 이전을 선택한 배경에는 막내아들의 결혼자금 지원도 일부 영향이 있었던 것으로 볼 때 자녀의 재무독립성이 얼마나 중요한가를 새삼 느끼게 된다.

4-2 주택연금 관련 사례 2

가. 고객 상황

서울시 동작구 대방동 소재 아파트(감정가 5억 원)에서 생활하고 있는 65세의 A씨는 63세의 아내와 함께 퇴직하면서 수령한 퇴직연금과 국민연금, 주택연금을 수령하면서 풍족하지는 않지만 자식들에게 아쉬운 소리 하지 않으며 살고 있다. 그런데 최근 재건축 관련 뉴스가 나오면서 아파트 시세가 2억 원 이상 올랐는데, 그런 이유로 A씨는 주택연금을 추가로 더 받을 수 있을 것으로 기대하고 있다. CPB로서 A씨에게 해줄 수 있는 조언은?

나. 답변 및 관련 근거

주택연금을 신청해서 연금을 수령하고 있는 경우, 당초 가입시점에 결정된 월지급금은 가입기간 동안 변동되지 않기 때문에 계속 동일한 금액으로 수령하게 된다. 즉 담보물건으로서 주택가격이 상승 또는 하락해도 동일한 금액을 연금으로 수령한다는 것이다. 이 점은 '예측 가능한 금액을 수령할 수 있다'는 측면에서 볼 때 주택연금의 장점이다. 아울러 국민연금은 매년 물가상승률이 반영된 연금을 재계산하여 지급하는데, 주택연금은 가입 당시 향후 자산가치 변화율이 이미 반영되었기 때문에 물가상승과 무관하게 동일한 금액을 지급한다.

또한 A씨가 당장은 아니지만 향후 고려해야 하는 것이 재건축에 따른 연금지급 부분이다. 2015년 9월 개정된 법에 따라 재건축·재개발·리모델링 시에도 연금을 계속 수령할 수 있다. 다만, 재건축 등에 참여함을 입증하는 서류 제출 등 공사의 요구사항에 따르는 경우에 한한다.

은퇴생활에서 주거환경과 정기소득원 확보는 매우 중요한 부분이다. 이 점을 고려할 때, 주택연금의 활용가치는 상당한 의미가 있다.

4-3 주택연금 관련 사례 3

가. 고객 상황

상기 사례 2의 A씨 부부가 주택연금을 수령하던 중 목돈이 필요한 상황이 발생해서 중도 해지를 했다가 다시 재가입을 신청할 경우, 재가입이 가능할까?

나. 답변 및 관련 근거

원칙적으로 재가입이 불가능한 것은 아니지만, 일정부분 제한이 있다. 즉 주택연금을 이용하다가 중도에 해지하는 경우에는 해지일로부터 3년 동안 동일주택을 담보로 다시 가입할 수 없다. 다만, 재가입 시점의 주택가격(평가액)이 직전 가입시점의 주택가격(평가액)보다 낮거나 같은 경우에는 재가입이 가능하다.

4-4 주택연금 관련 사례 4

가. 고객 상황

사례 2의 A씨 부부가 현재 생활하고 있는 아파트는 세 개의 방으로 구성되어 있는데, 현재 부부는 방 두 개만 사용할 뿐 하나의 방은 그냥 비어 있는 상태다. 평소 친분이 있는 공인중개사가 남는 방 하나를 대학생에게 월세를 주자고 하는데, A씨는 주택연금을 받고 있으면 임대가 불가능한 것으로 알고 있다. 주택연금을 받고 있는 담보물건에 대한 임대가 가능할까?

나. 답변 및 관련 근거

결론적으로 말하자면, 가능하다. 단, 보증금 없이 순수 월세로 주택의 일부에 대해서 임대해야만 한다. 임대보증금이 있는 임대는 불가하다(단, 신탁형 주택연금은 임대보증금이 있는 임대도 가능하다). 따라서 A씨 부부는 남는 방 하나를 월세로 임대할 경우, 주택연금 수령금액에 임대료 수입을 동시에 꾀할 수 있다. 이는 주택가치가 상승해도 연금금액이 인상되지 않는다는 점에 비하면 십분 고려할 수 있는 규정이다. 이는 은퇴자금을 추가로 확보하는 차원에서도 의미가 있지만, 동일한 주거공간을 다른 세대가 공유한다는 점에서 더 큰 의미가 있다. 은퇴생활자의 사회적 고립감을 일부 해소할 수 있는 측면도 있기 때문이다. 참고로 농지연금도 연금을 수령하는 담보물건 농지를 임대를 주고 임대수입을 꾀할 수 있다.

4-5 주택연금 관련 사례 5

가. 고객 상황

사례 2의 A씨 부부가 현재 생활하고 있는 대방동 소재 아파트에서 경기도 성남시로 이사를 계획하고 있다. 이 경우 현재 수령하고 있는 주택연금은 어떻게 되는지 A씨는 궁금하다. 이사를 하게 될 경우에 주택연금은 그냥 해지되는 것일까?

삼청은행 CPB로서 A씨의 질문에 어떤 답변을 줄 수 있을까?

나. 답변 및 관련 근거

주택연금을 이용하는 중에 이사를 할 수는 있다. 다만, 몇 가지 고려해야 할 사항이 있는데, 기존주택과 신규주택의 가치차이에 따라 발생할 수 있는 대출금 상환 및 월 지급금 변동이다. 세부내용은 다음 표와 같다.

〈표 3-43〉 주택연금 수령 중 이사할 경우

주택가격		정산	월지급금 등 변동
기존주택 = 신규주택		없음	변동 없음
기존주택(a) > 신규주택(b)	차액(a-b) > 연금지급총액	연금지급총액 상환	월지급금 감소
	차액(a-b) < 연금지급총액	차액 상환	변동 없음
기존주택(a) < 신규주택(b)		없음	월지급금 증가, 초기보증료 추가납부

출처: 주택금융공사

5 국민연금

5-1 국민연금 관련 사례 1

가. 고객 상황

직장인 A씨가 다니고 있는 ○○정밀은 퇴직연금제도 도입에 앞서 종전 퇴직금에 대한 중간정산을 실시하려고 한다. 현재 A씨는 중간정산에 따라 받게 되는 퇴직금 정산금액이 소득으로 반영되면, 현재 납입하고 있는 국민연금 보험료가 상당부분 인상될 것을 걱정하고 있다.

이 상황의 A씨에게 CPB로서 해줄 수 있는 조언은?

나. 답변 및 관련 근거

퇴직연금제도를 새로이 도입하는 회사가 점차 늘어나면서 A씨와 같은 고민을 하는 경우가 종종 있다. 결론적으로 퇴직금 정산금액은 국민연금보험료를 산정하는 소득금액에 반영되지 않는다. 이는 퇴직소득이지 근로소득이 아니기 때문이다. 국민연금보험료 산정 시 반영되는 소득유형은 근로소득, 임대소득, 사업소득에 국한된다. 다만 A씨처럼 직장인이 급여 외에 수령하는 인센티브(상여금)는 근로소득에 포함되어 다음 해 보험료 산정에 반영된다.

5-2 국민연금 관련 사례 2

가. 고객 상황

현재 57세로 퇴직을 1년여 남짓 남겨둔 A씨는 퇴직 후 경제활동을 목적으로 최근 부동산임대업을 고민하고 있다. 마침 괜찮은 상가가 있어서 매입과 함께 일반임대사업자 등록을 하고 관리직원 2명을 고용하였다. 그런데 본인이 직장에서 가입하고 있는 국민연금과는 별도로 본인이 대표로 있는 부동산임대사업체에서 국민연금을 가입해야 한다는 얘기를 들었다.

이 상황의 A씨는 각각 사업장에 보험료를 납부해야 할까? CPB로서 해줄 수 있는 조언은?

나. 답변 및 관련 근거

일단 A씨의 경우는 근로자를 고용한 경우이기에 각각 사업장에서 보험료를 납입해야 한다. 국민연금 사업장가입자가 따로 사업자등록(개인사업)을 내고 해당 사업장에서 근로자 1인 이상을 고용하는 경우에는 둘 이상 적용 사업장가입자로 각각 사업장에서 보험료를 납부하게 되며, 만약 사업자등록만 내고 근로자를 고용하지 않는 경우에는 원래의 사업장에서만 보험료를 납부하면 된다.

즉, 국민연금은 사업장가입자와 지역가입자가 중복될 때 사업장가입자가 우선이다. 따라서 사업자등록을 낸 사람이 1인 이상의 종업원을 두지 않은 상태에서 다른 사업장의 가입자라면, 지역가입자로 추가 가입이 되지 않는다.

하지만 A씨처럼 1인 이상 근로자를 고용하는 사업장이라면, 2곳의 사업장에서 사업장가입자로 가입되고, 각각 연금보험료를 납부하게 된다.

이는 실업급여에서도 적용되는 부분이다. 구직급여 수급대상자가 '부동산 임대사업을 통해 임대료를 받고 있으면, 소득이 있는 업무에 종사하는 것을 이유로 구직급여 수급이 중지되는 것 아닌가?' 하는 궁금증이 있을 수 있다.

두 가지를 충족하면 구직급여를 수급할 수 있다. 첫째, 별도의 사무실을 운영하지 않아야 한다. 둘째, 직원을 고용하지 않은 상태여야 한다. 이 두 조건을 모두 충족한다면 구직급여 수급에 영향을 주지 않는다. 다만, 구직급여 수급기간 중 사업자등록을 발급받았다거나,

임대료 수입이 발생하였다면 그 사실은 고용센터에 신고해야 한다. 심사 여부에 따라 부당수급자가 될 수도 있기 때문이다.

5-3 국민연금 관련 사례 3

가. 고객 상황

30여 년의 직장생활을 이어온 A씨는 얼마 전 회사에서 실시한 희망퇴직을 신청하여 현재는 실업급여를 수급하면서 제빵사 자격증을 공부하고 있다. 이제 56세인 A씨는 자녀들이 독립한 이후에 아내와의 은퇴생활을 위해 평소 연금 관련 상품들에 관심이 많아 국민연금은 물론 개인연금도 꾸준히 유지해오고 있다. 다만 현재는 실직상태라 63세에 수급이 개시되는 국민연금 보험료를 납입하지 못하고 있다.

A씨 상황에서 연금자산 관리를 위해 CPB로서 조언할 수 있는 것은?

나. 답변 및 관련 근거

먼저 A씨의 재산 및 소득현황이 다음 기준에 해당하는지를 확인해야 한다.

[2025년 고시 기준]
① 재산기준: 재산세 과세표준의 합이 6억 원 이하
② 소득기준: 연간 종합소득(사업소득 및 근로소득 제외)이 1,680만 원 이하

위 조건에 해당하는 경우이면서 A씨처럼 구직급여를 수급하고 있는 자는 본인의 희망에 따라 국민연금 보험료를 국가에서 75% 지원받아서 납부하고, 그 기간을 국민연금 가입기간으로 인정받을 수 있다. 이는 2016년 8월 1일 시행된 제도로 '실업크레딧'이라고 한다(150~151페이지 참조). 이는 1인당 구직급여 수급기간 중 생애 최대 12개월까지 지원된다.

실업크레딧은 국민연금공단 지사 또는 고용노동부 고용센터를 통해 신청할 수 있으며, 구직급여 종료일이 속하는 달의 다음 달 15일 이전까지 신청이 가능하다.

5-4 국민연금 관련 사례 4

가. 고객 상황

현재 48세인 전업주부 A씨는 2013년에 회사를 그만두었다. 납입하고 있던 국민연금은 회사 안내대로 납입유예를 신청하였고, 현재까지 보험료를 납입하지는 않고 있었다. 얼마 전 TV에서 보니 추후납부를 하면 연금수급에 도움이 된다는 얘기를 들어, 공단에 신청해서 임의가입 후 유예기간동안 미납했던 보험료를 분할해서 납입하고 있다. 2025년 1월 직장을 다니는 남편이 연말정산 서류를 챙기는 것을 보고, 본인의 국민연금 추후납부 보험료도 남편 연말정산에 소득공제 신청이 가능한가에 대해 의문이 생겨 삼청은행 CPB에게 문의하였다.

A씨의 질문에 CPB 입장에서 어떤 답변을 줄 수 있을까?

나. 답변 및 관련 근거

결론적으로 A씨가 납부하는 추후납부 보험료는 소득공제를 받을 수 없다. 기본적으로 국민연금은 각 개인의 자격으로 보험료가 부과되고, 국민건강보험은 세대를 기준으로 보험료가 산출·부과된다. 따라서 A씨는 전업주부인 상황이기에 부부라는 이유로 남편의 연말정산 시 소득공제에 반영할 수는 없다. 다만, 소득공제 대상이 아니라는 것이 무조건 나쁜 것만은 아니다. 세제상 납입에 따른 세제혜택은 인출 시 과세됨을 의미한다. 따라서 A씨가 납부하는 추후납부 보험료에 해당하는 금액은 연금으로 인출 시 과세제외 된다.

다음은 국민연금 보험료에 대한 세제혜택 및 인출 시 과세기준이다.

〈표 3-44〉 국민연금 보험료의 세제혜택 및 인출 시 과세기준

구분	2000년 이전	2001년	2002년 이후
납입	소득공제 불인정	납입액 중 50% 소득공제	개인부담금 전액 소득공제
인출	비과세		과세

만일 현재 A씨가 전업주부가 아닌 직장인 신분 혹은 사업가 신분으로 추후납부를 하고 있다면, A씨의 추후납부 보험료는 전액 소득공제를 인정받을 수 있다.

5-5 국민연금 관련 사례 5

가. 고객 상황

28년간의 직장생활을 끝으로 퇴직한 A씨는 현재 58세이다. 퇴직 후 임대사업자 등록을 통해 수익형 임대부동산(상가)을 운영하면서 생활하고 있다. 이런 이유로 퇴직을 했음에도 국민연금 보험료, 국민건강 보험료를 계속 납입하고 있는 상황이다. 최근 막내딸이 생활하고 있는 캐나다에서 1년간의 생활을 계획하고 있다. 국민건강 보험료는 피부양자인 아내와 함께 해외 체류기간 동안 납입을 면제해준다고 하는데, 국민연금 보험료는 어떻게 되는지 궁금하다. 해외에 나가 있는 경우 보험료 납부를 일시 정지할 수 있을까?

이 경우 CPB는 A씨에게 어떤 답변을 줄 수 있을까?

나. 답변 및 관련 근거

원칙적으로 국내에 소득원이 없다면, 납부예외 신청이 가능하다. 다만, A씨의 경우처럼 소득원(근로소득, 사업소득 등)이 있는 경우 해외체류 중이더라도 보험료는 납부해야 한다.

일반적으로 유학 및 어학연수를 이유로 해외에 나가 있으며 국내에서 발생하는 소득이 없는 경우에는 연금보험료 납부예외 신청이 가능하고, 국적상실이나 국외 이주 시에는 국민연금 가입자 자격이 상실되며, 납부한 연금보험료는 반환일시금으로 받을 수 있다.

5-6 국민연금 관련 사례 6

가. 고객 상황

정년퇴직 후 현재 64세의 연령으로 국민연금을 수령하고 있는 A씨는 특별한 경제활동을 하고 있지는 않다. A씨의 아내도 전업주부 신분으로 특별한 경제활동을 하고 있지 않다. 이런 상황이라면 직장생활을 하고 있는 A씨 아들은 연말정산 시, A씨 부부를 부양가족으로 등록할 수 있을까?

나. 답변 및 관련 근거

일반적으로 연간소득금액이 100만 원 이하인 경우, 연말정산 시 기본공제자로 등록할 수 있다. 연간소득금액에는 종합소득금액(근로소득금액, 연금소득금액, 사업소득금액, 기타소득금액, 이자·배당 소득금액), 퇴직소득금액, 양도소득금액이 포함된다. A씨에게 연금소득만 발생한다고 했을 때, 과세대상 연금액(총 연금액)이 약 516만 원 이하이면, 연금소득공제 약 416만 원을 차감하여 연금소득금액이 100만 원 이하이므로 기본공제자가 될 수 있다.

여기서 말하는 과세대상연금액(과세기준금액)은 A씨가 한 해 동안 수령한 연금금액 전액을 말하는 것이 아니다. 장애연금과 유족연금은 비과세소득, 2001년 이전 가입기간에 따른 노령연금액은 과세제외 소득으로 인정되어 과세대상연금액(과세기준금액)에 포함되지 않는다.

따라서 2002년 이후 가입기간에 따른 노령연금액이 약 516만 원을 초과하지 않는다면, 연말정산 시 A씨 부부를 부양가족으로 등록할 수 있다. 즉, 수령하는 연금금액 총액이 980만 원인데, 그중 2002년 이후 가입기간에 해당하는 연금이 500만 원을 차지한다면, 부양가족 등록이 가능하다.

참고로, 과세대상연금액(과세기준금액)은 공단 홈페이지(www.nps.or.kr) 전자민원서비스에 공인인증서로 로그인하여 확인할 수 있다.

5-7 국민연금 관련 사례 7

가. 고객 상황

현재 59세인 A씨는 지난해 퇴직 후 바로 국민연금 조기수령을 신청하여 연금을 받아 생활하고 있다. A씨가 국민연금을 수급하게 되는 연령은 63세였지만, 기간에 따른 할인율(연 6%)을 적용, 감액해서 수급하고 있다. 그러던 중 얼마 전 과거 거래처 사장이 본인의 회사에 들어와서 일을 좀 도와달라는 연락을 받고 재취업을 결심했는데, 현재 수령하고 있는 국민연금을 계속 수령할 수 있는 것인지, 소득이 있다는 이유로 지급이 중지되는 것인지가 궁금해서 삼청은행 CPB에게 문의하였다.

이런 상황에 있는 A씨에게 CPB는 어떤 답변을 해줄 수 있을까?

나. 답변 및 관련 근거

조기노령연금 수급권자가 연금수급개시연령 미만인 기간에 소득이 있는 업무에 종사하는 경우 그 기간 동안 연금지급을 정지한다. 노령연금 수급권자(조기노령연금 포함)가 연금수급개시연령부터 5년 동안 소득이 있는 업무에 종사하는 경우, 그 기간 동안 소득활동에 따라 감액된 노령연금액을 지급한다.

이때 '소득이 있는 업무에 종사한다'라 함은 월평균소득금액이 '연금수급 직전 3년간의 국민연금 전체 가입자(사업장 및 지역가입자) 평균소득월액의 평균액'을 초과하는 경우를 말한다. 국민연금에서는 이 기준금액을 'A값'이라고 하며, 2025년도 'A값'은 3,089,062원이다. 만약 사업소득금액(필요경비 공제 후 금액)과 근로소득금액(근로소득공제 후 금액)을 합산한 금액을 당해 연도의 근무(종사)월수로 나눴을 때 3,089,062원을 초과하면, 연금지급이 정지되거나 감액된 연금을 받게 된다.

따라서 A씨가 재취업을 하여 소득이 있다는 이유만으로 조기수령하고 있는 국민연금 지급이 정지되는 것은 아니다.

5-8 국민연금 관련 사례 8

가. 고객 상황

2017년 ○○화학이라는 회사에 입사해서 2025년 퇴사를 결심할 때까지 직장생활과 공부에 대한 미련 사이에서 갈등하던 A씨는 결국 사직서를 제출하고 아내와 함께 호주 이민을 결심했다. 그동안 부부 명의로 보유하고 있던 금융상품 등을 정리하면서 본인과 아내가 각각 가입되어 있는 국민연금에 대해서도 정리하려고 하는데, 납입자격 유지기간이 부부 모두 10년이 안 된 상황에서 해외 이주를 하는 관계로 일시금을 수령할 계획이다. 그런데 차감하는 세금이 있다는 얘기를 듣고 의아해하고 있다. 왜 세금을 부과하고, 얼마나 차감한다는 것인지 알고 싶어 삼청은행의 CPB에게 문의전화를 했다.

이런 상황에 있는 A씨 부부에게 CPB는 어떤 답변을 해줄 수 있을까?

나. 답변 및 관련 근거

결론적으로 A씨 부부는 각각 개인의 국민연금 납입자격이 10년이 되지 않은 상태에서 해외 이주를 이유로 '반환일시금'을 수령하는 대상자이다. 통상적으로 반환일시금은 다음과 같은 사유에 해당할 때 지급된다.

① 가입기간 10년 미만인 자가 60세가 된 경우(단, 특례노령연금수급권자는 해당하지 않음)
② 가입자 또는 가입자였던 자가 사망하였으나 유족연금에 해당하지 않는 경우
③ 국적을 상실하거나 국외로 이주한 경우

A씨 부부가 수령하는 반환일시금에 세금을 부과하는 이유는, 납입기간 동안 납입한 보험료에 대해 매년 연말정산 시 소득공제 형식으로 세제혜택을 받았기 때문이다. 즉, 국민연금 보험료에 대해 소득공제를 적용하지 않았던 2001년 12월까지의 보험료, 2002년 1월 이후에 납입한 보험료에 대해 소득공제를 적용받지 못한 경우(전업주부)에 해당하는 반환일시금은 인출 시 비과세되는데, A씨 부부는 2002년 이후에 보험료를 납입하고 소득공제를 적용받았으므로 과세대상이다.

A씨 부부가 반환일시금을 인출할 때 적용되는 세목은 퇴직소득세인데, 이때 근속연수는 국민연금 납입자격 유지기간으로 반영하여 계산한다.

단 앞에서 언급한 반환일시금의 지급사유 중 가입자의 사망에 따른 반환일시금은 지급 시 과세하지 않는다.

6 기초연금

6-1 기초연금 관련 사례 1

가. 고객 상황

71세의 은퇴생활자 A씨는 몇 년 전 아내가 암으로 사망한 후 인천에서 홀로 생활하고

있다. 얼마 전 TV를 보다가 기초연금을 홍보하는 광고를 보게 되었는데, 65세 이상이면 신청할 수 있다는 말에 본인 연령이 71세인 관계로 관심을 가지게 되었다. 그런데 A씨의 경우 본인 명의의 주택도 있고 국민연금을 수령하고 있는 데다가 서울에서 직장생활을 하고 있는 아들 내외가 매월 꼬박꼬박 보내오는 생활비도 있으니, 기초연금을 받을 수 있는 대상이 아니라는 판단으로 신청을 하지 않았다.

이런 상황에 있는 A씨에게 CPB로서 해줄 수 있는 메시지는?

나. 답변 및 관련 근거

주택을 보유하고 있거나 국민연금을 수급하고 있다는 이유로 기초연금 심사대상에서 무조건 배제되는 것은 아니다. 단지, 국민연금 수급금액과 보유주택의 가치 등은 소득인정액 심사에 반영될 뿐이다.

기초연금은 만 65세 이상 심사대상자 부부 명의 소득과 재산을 평가한(65세 이하 배우자의 소득 및 재산도 심사에 반영) 소득인정액이 선정기준액 이하인 경우에 연금을 지급하는 제도로, 조건이 충족될 경우에는 국민연금과 기초연금을 모두 받을 수 있다. 2025년 기준 선정기준액은 단독가구는 228만 원, 부부가구는 364.8만 원인데, 월 소득평가액과 재산의 월 소득환산액을 합산한 소득인정액이 선정기준액을 초과하지 않으면 기초연금을 수급할 수 있다.

A씨 경우처럼 직계가족이 지원해주는 정기적인 생활비 및 부양능력 등이 심사기준에 반영되는 것으로 오해하는 경우가 많으나, 사실은 그렇지 않다. 부부 명의의 소득과 재산만을 평가하는 만큼 연령요건에 해당한다면 신청을 통해 혜택을 받아야 한다.

참고로 국민연금과 기초연금의 차이점은, 국민연금은 본인이 기여한 정도에 따라 지급 되는 연금급여로, 개인별 가입기간과 가입기간 중 월평균소득액에 따라 연금액이 산정되며, 수급 요건 충족 시 산정된 연금이 종신토록 매월 지급된다.

반면 기초연금은 기존의 기초노령연금이 폐지되고 2014년 7월부터 시행된 제도로, 본인의 기여도와는 관계없이 일정 연령·소득기준을 충족하면 국가에서 마련한 재원으로 지급하는 연금급여이다.

6-2 기초연금 관련 사례 2

가. 고객 상황

강원도 원주시에서 혼자 생활하고 있는 69세의 은퇴생활자 A씨는 서울에서 생활하고 있는 자식들이 모시겠다고 해도 서울 생활이 낯설고 자식들에게 부담도 될 것 같아서 딱히 가고 싶은 마음이 없다. 원주 시내에 있는 주유소에서 주유원으로 일하며 매월 230만 원의 급여를 받고 있다. 65세 이상 연령의 대상자에게 지급되는 기초연금의 소득기준을 초과해 수급대상에서 제외되는 것으로 주변에서 얘기를 하는데, A씨처럼 일을 해서 돈을 벌고 있으면 기초연금을 지급받을 수 없는 걸까?

이런 고민을 하고 있는 A씨에게 CPB로서 해줄 수 있는 조언은?

나. 답변 및 관련 근거

결론적으로 말하자면, 소득이 있다는 이유만으로 기초연금 지급대상에서 배제되는 것은 아니다. 또한 심사에 반영되는 상시 근로소득이 있고, 일용근로자 소득 및 공공일자리 소득처럼 제외되는 소득이 있다. 공공일자리 소득이란 노인 일자리사업, 장애인 일자리 사업, 자활근로, 공공근로 등에 참여한 대가로 제공되는 근로소득을 말한다.

심사에 반영되는 상시 근로소득이란 3개월 이상 계속적으로 고용되어 월정액 급여를 지급받는 사람의 근로소득을 말한다. 소득인정액 평가 시 공제규모를 확대하여, 일하는 노인인구 중 많은 대상자가 기초연금을 받을 수 있도록 하였다. 상시 근로소득에서 112만 원(2025년 기준)을 공제한 후 추가로 30%를 공제해주고 있어 인정소득에 반영되는 금액이 상당부분 축소된다.

- A씨의 상시 근로소득 평가액: (230만 원 - 112만 원) × 70% = 82.6만 원

위 계산에서 볼 수 있듯이 A씨의 매월 230만 원 근로소득은 82.6만 원의 소득으로 인정되어 심사에 반영된다. A씨는 혼자 생활하고 있기에 기초연금을 수급할 수 있는 소득인정액 기준 228만 원에 훨씬 밑도는 금액이다. 따라서 본인 명의의 재산 및 기타 소득이 없는 경우라면 A씨는 기초연금을 수급할 수 있다.

6-3 기초연금 관련 사례 3

가. 고객 상황

66세 연령의 은퇴생활자 A씨는 경기도 분당에 있는 아들 내외의 집(시가표준액 12억 원)에서 함께 생활하고 있다. 김해시에서 함께 생활하던 남편이 사망한 후 아들 내외의 요청으로 함께 생활하게 되었다. 직계가족이 실제 부양을 하고 있으나, A씨 상황처럼 본인 명의의 별도 재산과 소득은 없는 상황이면, 기초연금을 수급할 수 있는지 삼청은행 CPB에게 문의하였다.

A씨에게 CPB로서 어떤 답변을 해줄 수 있을까?

나. 답변 및 관련 근거

A씨의 소득인정액을 심사할 때 본인 또는 그 배우자의 주민등록상 주소지 주택이 자녀 명의의 시가표준액 6억 원 이상의 주택이면 시가표준액에 연 0.78%를 소득으로 적용한다. 심사 시 자녀의 동거 여부는 관계없다. 이를 무료임차소득이라고 한다.

따라서 A씨가 현재 상태에서 기초연금 수급심사를 요청할 경우에 다음과 같이 소득인정액이 산출된다.

- A씨의 무료 임차소득: (12억 원 × 0.78%) / 12개월 = 78만 원

만일 자녀가 제3자와 해당 주택을 공동으로 소유하고 있는 경우에는, 시가표준액이 6억 원을 초과하면 대상에 포함하되, 무료임차 소득 결정 시에는 자녀의 지분율만큼을 반영한다.

- A씨 자녀가 제3자와 1/2씩 공동으로 현 주택을 소유하는 경우:
  (12억 원 × 0.78% × 자녀의 지분율 50%) ÷ 12개월 = 39만 원

- A씨와 자녀가 현 주택의 공동소유권을 1/2씩 보유하고 있는 경우:
  - 신청자(수급자)의 해당 지분만큼(1/2) 재산으로 산정
  - A씨 명의로 인정되는 재산의 소득인정액: (60,000만 원 - 재산공제 8,500만 원) × 4%} ÷ 12 = 약 172만 원

위 내용에서처럼 현재 거주하고 있는 주택이 아들 개인 명의이거나 제3자와 공동으로 소유권을 가지고 있는 경우, A씨는 기초연금 수급이 가능하다. 다만, A씨와 아들이 공동으로 소유권을 가지고 있는 경우라면, 무료임차소득이 172만 원으로 2024년 단독가구 소득인정액 기준금액 213만 원 이하이기 때문에 기초연금을 수급할 수 있다.

6-4 기초연금 관련 사례 4

가. 고객 상황

66세의 나대한 씨는 62세의 부인과 함께 대구시에 거주하면서 은퇴생활을 즐기고 있다. 거주하고 있는 주택은 10여 년 전 부인 명의로 매입한 아파트로, 동일 평형대 주택이 현재 시가표준액 4억 원의 가치로 거래되고 있다. 자녀로는 서울에서 사업을 하고 있는 아들 한 명과 부산에서 결혼생활을 하고 있는 딸 한 명이 있다. 아들이 매월 자동이체로 보내주는 생활비 100만 원이 있고, 딸과 사위가 50만 원씩 정기적으로 보내고 있어 생활에 많은 보탬이 되고 있다. 여기에다 많지는 않지만, 나대한 씨 본인의 국민연금 수령액 35만 원이 별도로 있다. 주택 외에 보유하고 있는 재산으로는 부인 명의의 은행예금 4,000만 원이 전부이다. 다만, 한 가지 부담이 있다면 현재 살고 있는 주택에 남아 있는 담보대출금 3,000만 원이다. 현재 아들은 합산 12억 원의 보유자산과 월 평균소득 600만 원 정도의 경제력을 보유하고 있다.

위 상황의 나대한 씨가 기초연금 수급가능 여부를 알고 싶어 한다. 위 상황을 전제로 나대한 씨에게 CPB는 어떤 답변을 해줄 수 있을까?

나. 답변 및 관련 근거

먼저 위 내용에 대한 개념정리가 필요하다.

① 부부 중 만 65세 미만인 배우자의 상황도 심사에 반영되는가?
② 자녀의 재산 및 생활비 지원은 소득인정액에 반영되는가?
③ 재산 공제액과 금융재산 공제액의 기준은?

기초연금제도 심사에서 중요한 것은 세대합산을 원칙으로 한다는 것이다. 즉, 신청자와 그 배우자의 소득·재산심사를 통해 수급대상자를 결정한다. 따라서 나대한 씨의 배우자 나이가 만 65세 미만이어서 수급자격이 없더라도, 소득·재산 조사의 대상이 된다. 앞서도 언급했듯이 직계자녀의 재산과 생활비 지원내용은 심사에 반영되지 않는다. 일반재산 공제는 지역별 공제금액을 차등 반영하고, 금융재산 공제는 가구당 2,000만 원을 일괄 반영한다.

나대한 씨 부부의 소득인정액은 다음과 같이 계산된다.

① 소득인정액 = 소득평가액 + 재산의 소득환산액
② 소득평가액 = {0.7 × (근로소득 - 112만 원)} + 기타소득

- 소득평가액: 국민연금 매월 35만 원
- 재산의 소득환산: {(40,000만 원 - 13,500만 원) + (4,000만 원 - 2,000만 원) - 3,000만 원} × 4%/12개월
- 소득인정액: 35만 원 + 85만 원 =120만 원

위 심사결과에 의해 나대한 씨 부부의 소득인정액이 2025년 부부가구 선정기준액 기준 364.8만 원 이하이기에 기초연금을 수령할 수 있다. 다만, 연령기준에 부합하는 본인만 수급대상자로 인정받을 수 있다.

주·요·내·용·종·합·정·리

01› 퇴직 후 자기자본을 활용한 대체소득 인출에 앞서 본인이 활용할 수 있는 제도를 활용한 인출전략을 실행해야 한다.

02› 실업수당은 고용보험 피보험자격을 퇴직 전 18개월 중 180일 이상 유지한 사람으로, 비자발적 퇴직일 경우에 신청하여 수급할 수 있다. 정년퇴직의 경우에도 실업수당 대상자에 포함된다.

03› 개인별 실업수당 수급은 퇴직 후 12개월 내에 한해 인정된다. 12개월이 경과하면 개인별로 수급기간이 남아 있어도 인정되지 않는다.

04› 국민건강보험은 퇴직 후 개인별 지출부담 상승에 가장 큰 영향을 미치는 요인이기도 하다. 이 경우 임의계속가입을 신청하여 그 부담을 경감할 수 있는데, 임의계속가입을 신청할 경우 퇴직 후 36개월간 보험료 부담을 덜 수 있다.

05› 퇴직연금 가입자는 적립기간 동안 개인별 추가납입(DC, IRP)을 통해 세제혜택을 꾀할 수 있는데, 연간 18,000천 원까지 납입하고 최대 9,000천 원까지 세액공제를 받을 수 있다.

06› 퇴직(연)금은 일시금, 연금의 형태로 인출할 수 있다. 연금의 형태로 인출하는 경우에는 일시금으로 인출하는 경우에 비해 인출기간에 따라 퇴직소득세의 30~40%를 감면받을 수 있다.

07› 세제적격연금은 납입에 따라 세제혜택이 부여되고, 세제비적격연금은 인출할 때 세제혜택이 부여된다는 차이가 있다. 연금저축은 5년 이상 납입, 55세 이후 인출, 10년 이상의 기간을 연금으로 분할 수령해야 세제혜택을 유지할 수 있고, 세제비적격연금은 가입기간 10년 이상 시 인출금액에 대해 비과세 혜택을 받을 수 있다.

08› 퇴직을 고민하는 시기에 이르면 퇴직(연)금과 연금저축을 통합해서 인출에 대한 계획을 수립해야 한다. 적립금 규모, 인출시기, 인출하려는 기간 등을 반영해서 매월 인출할 수 있는 연금금액을 잠정적으로 산출해본다.

09› 퇴직금, 개인이 납입한 금액(세액공제 받은 것과 받지 않은 금액), 운용수익 등으로 구성되어 있는 적립금 중 무엇을 먼저 인출할 것인가에 대한 선택에 따라 기간별 세금부담이 달라질 수 있다.

주·요·내·용·종·합·정·리

10› 세액공제를 받지 않은 개인납입금액, 이연퇴직소득, 세액공제 받은 개인납입금액과 운용수익 순서대로 인출하면 세금부담을 절감할 수 있다.

11› 주택연금은 부동산자산을 유동자산으로 전환하여 연금 형태로 인출할 수 있는 제도이다. 신청시점에는 연령, 담보가치, 수령방법에 따라 연금금액이 산출된다. 산출된 연금은 부부가 모두 사망할 때까지 동일한 금액으로 지급된다.

12› 주택연금은 담보가치를 초과해서 지급받은 연금에 대한 상환의무는 없고, 연금으로 수령한 금액을 초과하는 담보가치는 정산하여 상속인에게 지급한다.

13› 국민연금은 본인의 수급개시 연령을 기준으로 5년 전부터 조기수령, 5년간 연기요청 등이 가능하다. 또한 소득의 유형 및 규모에 따라 5년간 감액지급(재직자노령연금) 대상이 될 수도 있다.

14› 인적관계 변동에 따라 국민연금 수급권이 발생할 수 있는데, 생존 시 이혼에 따른 분할연금, 사망에 따른 유족연금이 발생할 수 있다. 유족연금 수급자는 재혼과 함께 수급권이 중지되지만, 분할연금은 재혼 여부와 관계없이 지급된다.

15› 부부가 동시에 국민연금 수급대상자일 경우, 사망에 따른 유족연금이 발생하면 중복수혜가 인정되지 않아 중복급여 조정을 해야 한다. 이 경우 연금수급금액이 축소될 수 있으니 이에 대한 대비도 할 수 있어야 한다.

16› 국민연금 납입자격이 10년 미만일 경우 반환일시금을 수급할 수 있는데, 이에 대한 청구권은 10년 이내에 행사해야 한다.

17› 65세 이상의 연령 대상자에게 지급되는 기초연금은 부부의 재산과 소득을 평가해서 지급대상자를 결정하게 된다. 자녀들이 지원하는 생활비 및 직계비속의 부양능력 여부는 심사에 반영되지 않는다.

연·습·문·제

01 **퇴직 후 대체소득을 인출하기 위해 활용할 수 있는 실업급여제도에 대한 설명으로 적절하지 않은 것은?**

① 비자발적 퇴직의 경우에 활용하는 실업급여 대상에 정년퇴직은 포함되지 않는다.
② 실업급여는 실직 전 18개월 중 통산 180일 이상의 고용보험 가입을 한 경우에 해당된다.
③ 구직급여는 퇴직 후 12개월이 경과하면 소정의 급여일수가 남아 있더라도 지급되지 않는다.
④ 사업장 폐업이 확실한 상황에서 퇴직한 경우 실업수당 대상이다.
⑤ 50대 연령 이상자가 고용보험을 10년 이상 가입한 경우, 실업급여는 현행 270일간 수급할 수 있다.

02 **국민건강보험에 대한 설명으로 적절하지 않은 것은?**

① 직장가입자의 소득월액 보험료는 보수외 소득이 연간 20,000천 원을 초과하는 경우에 부과된다.
② 퇴직 후 임의계속가입을 신청하면 보험료 부담을 경감할 수 있다.
③ 임의계속가입은 신청 후 36개월간 자격을 유지할 수 있다.
④ 국민건강보험료 납입의무는 국민연금과 함께 만 60세까지 부과된다.
⑤ 임의계속가입을 신청할 수 있는 자격은 퇴직 전 18개월 중 통산 1년 이상 직장가입자로서 자격을 유지해야 한다.

03 **퇴직연금 및 연금저축 적립(납입 시 제제혜택 받음), 운용, 인출에 대한 설명으로 적절하지 않은 것은?**

① 개인형퇴직연금(IRP)에 대한 연간 납입한도는 18,000천 원이다.
② 연금저축을 일시금으로 인출하는 경우 16.5%의 기타소득세를 부과한다.
③ 퇴직연금을 일시금으로 인출하는 경우에는 연금의 형태로 인출하는 경우에 비해 세금부담이 크다.
④ 연금저축을 55~69세 기간 중 연금으로 인출할 경우 적용되는 연금소득세율은 5.5%이다.
⑤ 연소득 70,000천 원의 연금저축을 가입한 근로자는 연간 3,000천 원의 세액공제를 받을 수 있다.

연·습·문·제

04 **주택연금제도 활용에 대한 설명으로 적절하지 않은 것은?**

① 부부 중 1인만 55세 이상이면 신청할 수 있다.
② 신청 당시 산출된 연금은 담보가치 변동에 따라 조정되어 지급된다.
③ 부부 모두 사망에 따라 정산 시 담보가치를 초과해서 지급받은 연금의 상환의무는 없다.
④ 주거형 오피스텔도 담보로 인정받을 수 있다.
⑤ 1세대 다주택자도 담보의 합산가치가 12억 원 이하일 경우 신청할 수 있다.

05 **대표적인 공적연금인 국민연금에 대한 설명으로 적절하지 않은 것은?**

① 실업크레딧은 최대 12개월까지 인정받을 수 있다.
② 노령연금 조기수령을 신청할 경우 연 6%의 할인율을 적용하여 지급한다.
③ 노령연금을 연기수령 할 경우 연 7.2%의 금리로 가산하여 지급한다.
④ 연금수급개시 연령에 도달했음에도 소득이 있는 업무에 종사할 경우, 소득규모에 따라 개시시점부터 10년간 감액지급 될 수 있다.
⑤ 분할연금을 수급하고 있는 전 배우자가 재혼을 하는 경우에도 분할연금은 계속 지급된다.

정·답·및·해·설

01 ① 정년퇴직은 제도에 의한 비자발적 퇴직으로 실업급여 대상이다.

02 ④ 국민건강보험료 납입의무는 평생에 걸쳐 부과된다.

03 ⑤ 연간 6,000천 원의 세액공제를 받을 수 있다.

04 ② 신청 당시 산출된 연금은 담보가치 변동에 따라 조정되지 않고 평생 동일하게 지급된다.

05 ④ 연금수급개시 연령에 도달했음에도 소득이 있는 업무에 종사할 경우 소득유형 및 규모에 따라 재직자노령연금은 5년간 감액지급 된다.

Korea Banking Institute

제4장

자산을 활용한 은퇴자산 인출

제4장 자산을 활용한 은퇴자산 인출

학습개요

은퇴생활을 위한 대체소득원 마련은 무엇보다 중요한 재무과제이다. 이를 위해 개인이 사용할 수 있는 여러 가지 방법 중 제3장에서는 제도를 활용한 인출방법을 살펴보았다면, 이번 제4장에서는 개인이 보유하고 있는 자산을 활용한 은퇴재원 인출방법을 객관적으로 살펴본다. 유형별 투자자산에 대한 운용원칙 및 실질적인 투자가치를 고려할 수 있는 객관적인 기준이 제시되어야 한다. 이를 실행할 때는 개인별로 선호하는 자산의 성향에 따라 그 방향성이 달라질 수 있다.

따라서 자산을 움직여 소득원을 확보하는 유형별 인출전략은 자산의 유형에 따라 영향을 미칠 수 있는 시장상황과 개인이 선호하는 성향을 고려한 인출방법 선택이 함께 고려되어야 한다. 본 장에서는 금융, 부동산, 창업 등 개인자산을 활용하여 은퇴소득원 확보를 실행하고자 할 때 고려해야 할 사항을 사례를 중심으로 폭넓게 살펴본다.

학습목표

- 금융자산을 활용한 은퇴자산 운용원칙을 이해하고 기능별 상품을 제안할 수 있다.
- 부동산자산을 통한 은퇴자산 인출에서 고려해야 할 위험요인을 이해할 수 있다.
- 자본금 투자가 수반되는 창업 시 고려해야 할 사항 및 현 시장흐름을 고객에게 제시할 수 있다.

제1절 | 금융자산 운용을 통한 소득원 확보

최근 고령화 현상의 심화로 은퇴생활에 필요한 자산관리 및 생활재원의 정기인출에 대한 관심이 날로 높아지고 있다. 은퇴 후에는 생활비로 사용할 수 있는 일정한 현금흐름이 더 중요해지기 때문이다. 공적연금·퇴직연금·개인연금 등 가입하고 있는 연금으로 정기적인 생활비가 부족하다면, 보유하고 있는 자산을 활용해서 충당할 수밖에 없다.

이렇게 은퇴생활에 사용하기 위해 준비된 개인의 자산은 소득활동기간에 걸쳐 오랫동안 마련한 것이 일반적이며, 이는 소득이 중단된 개인의 오랜 노후생활을 보호해주는 성격의 자산이다. 따라서 자칫 과도한 욕심과 성급한 판단으로 손실이 발생한다면, 낭패를 볼 수도 있는 만큼 신중한 의사결정이 필요하다.

저금리는 저성장 시대에 필연적으로 따라오는 일반적인 현상이다. 과거 고성장 시대의 두 자릿수 금리환경이 재연될 가능성이 희박하다면, 예금자산을 활용한 이자수익에만 의존하는 것은 한계가 있다. 과거와 달리 금리가 떨어지면서 예금이자 수입만으로 부족분을 채우기가 어려워졌기 때문이다. 따라서 금융자산을 이용한 정기소득원 확보에 대해 관점의 전환이 필요하다. 아울러 평균수명이 상당기간 연장되고 있기 때문에 과거와는 달리 은퇴 이후의 자산계획에 대해서도 장기적인 관점으로 접근할 필요가 있다.

1 상황변화를 고려한 금융자산 운용방법

〈그림 4-1〉 생애주기 변화

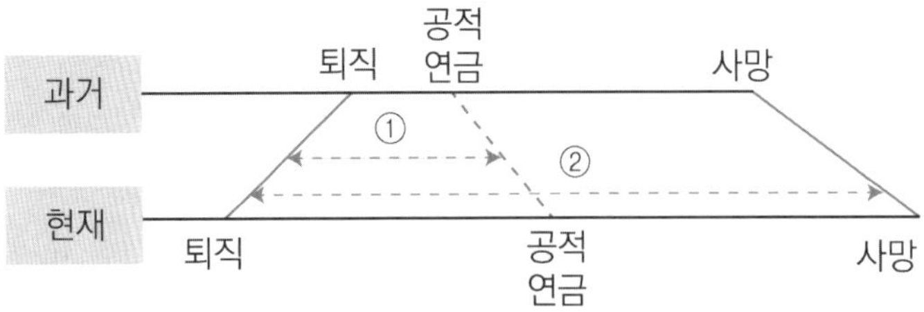

과거와 달리 삶의 환경이 급변하고 있다. 〈그림 4-1〉에서 볼 수 있듯이 퇴직연령은 앞당겨지고, 공적연금 지원개시 시점은 늦춰지고, 평균수명은 상당기간 연장되는 추세를 보이고 있다. 물리적인 시간변화와 함께 보유하고 있는 자산의 가치상승 및 하락에 영향을 미치는 환경도 변화를 거듭하고 있다. 개인이 쉽게 경험할 수 있는, 환경변화의 첫 번째 요소가 금리이다. 두 번째는 부동산 자산의 가치변화이고, 세 번째가 물가상승이다.

- 가장 오래 근무한 직장에서의 평균퇴직연령 52.8세, 평균수명 84.3세(출처: 2024년 통계청)

통계청 발표를 근거로 보면, 대부분의 사람은 퇴직 후 33년 이상을 자신의 재원으로 생활에 안정을 기할 수 있어야 한다. 따라서 과거와는 달리 은퇴자산을 운용하는 데에도 장기적인 관점으로 접근해야 한다.

- 가장 선호했던 금융자산, 예금
- 2000년 예금금리 7.5% → 2024년 예금금리 3.63%

과거 1억 원을 은행에 맡기면 년 750만 원의 이자수입(세전)을 기대할 수 있었지만, 이제는 363만 원(세전)의 이자수입 밖에 얻지 못한다.

〈표 4-1〉 금리변동에 따른 가계 이자소득

(단위: %)

연도	기준금리	정기예금금리	월 100만 원 이자소득을 위한 필요 예금자산
2000	5.00	7.50	1억 6,000만 원
2005	3.75	3.60	3억 3,300만 원
2010	2.50	3.30	3억 6,500만 원
2015	1.50	1.80	8억 6,700만 원
2021	1.00	1.35	8억 9,000만 원
2024	3.50	3.63	3억 3,100만 원

〈표 4-1〉에서 볼 수 있듯이, 매월 100만 원의 이자소득을 기대하기 위해 2000년에는 연 7.5%의 금리 적용으로 예금자산 1억 6,000만 원이 있으면 가능했지만, 연 1.35%

금리가 적용되는 2021년에는 8억 9,000만 원의 예금자산이 있어야 매월 100만 원을 이자소득으로 인출할 수 있다. 즉 금리변화에 따라 보유자산의 활용가치가 상대적으로 하락했다는 의미이다. 이렇듯 금리환경의 급격한 변화는 은퇴생활 수입을 예금자산의 이자수입에 의존했던 기존 관행의 전환을 요구하고 있다.

- 물가상승 부담은 보유하고 있는 자산의 조기소진 이유가 된다.

최근 10년간 물가상승 흐름은 2014~2020년까지 안정적인 흐름을 나타내고 있었지만, 2021년부터는 코로나19로 인한 펜데믹 확산, 러시아 & 우크라이나 지역을 중심으로 하는 지정학적 리스크, 주요 국가들간의 무역마찰 등의 복합적인 원인으로 인해 상당기간 물가상승 부담이 장기적으로 이어지고 있다. 이는 개인이 통제할 수 없는 시장 상황의 문제로 은퇴생활자에게는 보유자산 소진속도가 빨라지는데 영향을 미치는 위험요인이 될 수도 있다.

〈표 4-2〉 연도별 물가상승 추이 및 자산 가치변화

(단위: %)

	2014	2015	2016	2017	2018	2019	2020	2021	2022	2023	2024
소비자물가상승률	1.3	0.7	1.0	1.9	1.5	0.4	0.5	2.5	5.1	3.6	2.3

출처: 통계청(2025년)

(단위: %, 천 원)

물가상승률에 따른 현금자산 1억 원의 가치변화						
물가상승률	5년 후	10년 후	15년 후	20년 후	25년 후	30년 후
2.00	90,570	82,030	74,300	67,290	60,950	55,200
3.00	86,260	74,400	64,180	55,360	47,760	41,190
4.00	82,190	67,550	55,520	45,630	37,510	30,830

출처: 인생설계 마스터, 한국FP협회

〈표 4-2〉에서 볼 수 있듯이 지속적으로 상승하는 물가는 보유자산의 미래가치에 영향을 미친다. 따라서 이에 대응하는 자산관리가 수반되지 않을 경우, 보유자산의 조기소진이 발생할 수도 있다. 만일 현재 1억 원을 보유하고 있는데 매년 3%의 물가상승이 지속된다면, 10년 후에는 74,400천 원의 가치로 하락한다.

따라서 물가상승률 이상을 기대할 수 있는 자산관리를 실행해야 가치를 보존할 수 있고, 은퇴생활의 경제적 안정감을 기할 수 있다. 지금까지 자산관리에서의 '안정성'이 원금보존에 국한된 개념이라면, 보유자산의 활용가치를 보호하는 것도 '안정성'의 개념으로 확대·적용해야 한다. 최근처럼 평균 물가상승률을 밑도는 실질금리 상황에서는 그 중요성이 더욱 커졌다.

1-1 은퇴자산 운용의 기본원칙

은퇴자금 인출을 위한 금융상품 운용에서 가장 중요한 것은 '무조건 좋은 상품'을 찾는 것이 아니라 개인의 계획과 상황에 적합한 상품을 찾는 것이다. 모든 사람에게 똑같이 좋은 상품은 없다. 이는 개인별 재무상황과 유형별 자산 선호성향이 각기 다르기 때문이다. 따라서 자신의 재무상황에 대한 이해가 선행되어야 한다.

가. 시장을 이길 수 있는 개인은 없다

은퇴자산을 운용할 때 범하지 말아야 할 오류 중 가장 위험한 것이 '지나친 자기과신'이다. 시장의 불확실성에 대한 끊임없는 대응이 투자이고, 이는 그 자체로 위험을 동반하고 있다. 본인이 생각하고 의도한 대로 시장이 움직이는 것이 아니라면, '최대한 위험의 편차를 줄인다'라는 생각으로 임해야 한다. 즉, 개인이 예측하는 것이 맞지 않을 수도 있다는 생각과 함께 과욕은 금물이라는 생각을 항상 염두에 두어야 한다.

나. 편중된 투자포트폴리오

은퇴자산으로 운용하는 자산의 유형이 현금, 부동산, 금융상품 등 무엇이든 지나치게 편중되어 있는 것은 바람직하지 않다. 시장상황에 따라 유동성 및 환금성이 떨어질 수 있는 상태에서 자산이 부동산에 과하게 집중되어 있는 경우, 금리와 물가상승의 관계에서 발생하는 상대적인 자산가치 하락, 과도한 위험자산 운용에 따른 손실위험 등을 초래할 수 있기 때문이다. 금융상품 역시 마찬가지다. 개인이 선호하는 자산의 비중이 상대적으로 많은 부분을 차지할 수는 있겠으나, 적절한 분산을 통한 균형감 유지도 함께 고려해야 한다.

다. 시장변화를 고려한 포트폴리오 조정

개인이 저축 및 투자에 대한 의사결정을 한 후, 돈을 담는 공간이 금융상품이다. 금리와 연동되어 있는 상품은 개인이 관리를 한다고 해도 그 혜택의 규모는 변하지 않는다. 즉, 가입 당시 상품의 선택이 중요하다. 그와 반대로 수익률을 기대하는 투자상품은 시장상황과 개인의 관리에 따라 수익률 규모가 변동된다. 즉, 가입보다는 관리가 중요한 상품이다. 따라서 은퇴자산으로 운용하는 자산이 수익을 기대하는 투자상품의 성격을 띠고 있다면, 시장상황에 대응하는 관리는 무엇보다 중요하다. 금리, 유가, 환율 등 시장 환경을 고려한 모니터링 및 포트폴리오 조정이 정기적으로 이어져야 한다.

라. 리스크 관리를 위한 컨설턴트의 자문 서비스

개인 스스로 '나는 항상 객관적이다'라고 자부하는 자체가 어쩌면 지나친 주관의 함정에 빠져 있는 상태일 수 있다. 앞서 언급한 것처럼 지나친 자기과신은 시장에서 발생하는 환경변화의 변동성보다 더 큰 위험을 초래할 수 있다. 또한 보유자산의 가치상승 및 하락에 영향을 미치는 시장 환경을 개인이 분석하는 부분에는 한계가 있을 수 있는 만큼, 복수의 금융기관에서 컨설턴트의 자문 서비스를 구하는 것도 매우 바람직하다.

1-2 은퇴자산의 기간별 운용원칙

은퇴생활기간에도 투자는 계속되어야 하고, 투자에는 기준과 원칙이 있어야 한다.

〈표 4-3〉 은퇴자산의 기간별 운용원칙

구분	단기	중기	장기
운용기간	1~3년	3~7년	10년 이상
기본 운용원칙	안정성 및 유동성	수익성 및 유동성	수익성 및 절세

기간별 투자원칙 중 단기투자일 경우, 수익의 규모에 대한 욕심보다는 손실규모를

최소화할 수 있는 안정성이 가장 우선 고려해야 할 사항이다. 손실이 발생할 경우, 회복할 수 있는 시간적인 여유가 없을 수 있기 때문이다. 또한 목돈이 필요한 경우가 발생하였을 때 언제라도 현금화할 수 있는 환금성을 고려하여 투자방법 및 상품을 선정해야 한다.

중기투자에서는 단기투자에 비해 손실이 일부 발생하더라도 그 규모를 회복할 수 있는 시간적 여유가 있을 수 있기에 수익에 대한 기대를 확대하는 것도 고려해야 한다. 다만, 손실의 범위를 어느 정도까지 허용할 것인지에 대한 명확한 기준을 가지고 투자에 임해야 한다. 투자는 시장을 상대로 하는 것처럼 보이지만, 돈에 담겨 있는 자신의 욕심과 벌이는 끊임없는 싸움이다. 따라서 자신의 기준이 없는 상태에서 돈을 다루는 것은 그 자체가 투기에 가까울 수 있다는 것을 유념해야 한다.

장기투자에서는 수익성과 함께 발생한 수익이 빠져나가는 것에 대한 대응이 중요하다. 즉, 절세혜택을 꾀할 수 있는 금융상품의 활용을 적극 고려해야 한다. 비과세, 분리과세 등 세금혜택이 있는 상품을 연금형식으로 받을 수 있다면 금상첨화이다.

다만, 장기투자에서 세제혜택을 꾀하기 위해서는 상품별로 유지기간에 대한 제약조건이 있을 수 있다. 즉, 중도해지를 하는 경우에는 오히려 세제상의 불이익이 초래될 수도 있다. 납입 및 투자금액 규모를 결정할 때는 의욕도 중요하지만 감당할 수 있는 금액 규모를 결정하는 것도 동시에 고려해야 한다.

또한 소득활동기간과 달리 보유자산의 규모, 유동성 및 환금성 등을 고려할 때 은퇴생활기간에는 10년 이상 장기투자를 할 수 있는 경우보다는 단기 또는 중기로 자산운용을 하는 경우가 일반적이다. 따라서 장기투자에 따른 수익성 및 절세효과를 꾀하기 위해서는 소득활동기간에 실행이 시작되어야 현실적인 효과를 체감할 수 있다.

은퇴자산을 준비하기 위하여 금융상품에 투자할 때는 다음과 같은 기준을 가지고 시장에 임해야 한다.

〈그림 4-2〉 은퇴자산 구성을 위한 금융상품 투자 기준

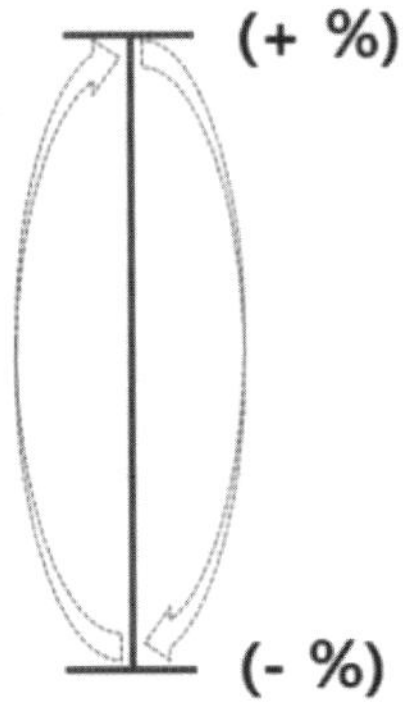

1. 투자목적 및 자금활용의 용도
2. 투자금액의 규모
3. 투자가능 기간
4. 투자에 따른 기대수익 구간
   → 수익에 대한 기대와 허용가능한 위험의 범위
5. 중도해지 및 환매사유

〈그림 4-2〉와 같은 개인의 계획 및 상황을 기준으로 적합한 금융상품을 선정하여 포트폴리오를 구성해야 한다. 또한 시장상황을 고려하여 개인이 꾀하고자 하는 기대수익과 허용할 수 있는 위험의 범위 내에서 포트폴리오를 조정해야 한다.

2 기능별 금융상품 활용 포인트

은퇴 후 소득은 감소하더라도 생애기간 전체에 대한 만족을 유지하기 위해서는 소비가 은퇴 이전 수준과 크게 다르지 않아야 한다. 하지만 국내외의 연구결과에 따르면, 은퇴 직후 소비수준이 은퇴 이전에 비해 다소 감소하는 것이 일반적인 현상이다. 따라서 은퇴 후 소비수준을 은퇴 이전과 같이 일정하게 유지하기 위해서는, 안정적인 현금흐름을 만들 수 있으면서 민감한 절세기능이 동시에 가능한 금융상품을 선택·활용하는 것이 바람직하다.

2-1 은퇴자산 관리 및 인출을 위한 금융상품 구성

은퇴생활을 보호해야 할 은퇴자산을 관리할 때 고려해야 할 금융상품의 기능적 구조는 크게 다음 세 가지로 대표된다.

첫째, 균형감 있는 생활수준을 유지하기 위해 정기적으로 생활비 인출이 가능한 지급구조를 갖추고 있어야 한다. 금융회사에서 판매하는 월지급식 금융상품이 이에 해당한다. 은퇴생활기간에는 자산의 보유규모도 중요하지만, 이를 활용해서 인출할 수

있는 정기소득원 시스템 및 인출규모가 더 중요하기 때문이다.

둘째, 세금부담을 절감할 수 있는 차원에서 되도록 세금혜택이 부가되어 있는 금융상품을 선택·활용해야 한다. 연령 및 유지기간 등의 조건을 기준으로 부여되는 비과세상품, 특화된 금융상품의 유형에 따라 부여되는 분리과세상품을 활용할 수 있다.

셋째, 보유 및 운용자산에 대해 은퇴생활자 스스로 통제력을 확보할 수 있어야 한다. 즉, 제3자가 은퇴생활자의 자산에 개입해서 타 용도로 전용하는 위험을 차단할 수 있는 기능을 의미한다. 이는 최소한의 생활보장을 위한 위험관리 차원에서 매우 중요하다.

2-2 기능별 금융상품의 주요내용 및 활용

다음은 은퇴생활에서 유용하게 활용할 만한 기능별 금융상품에 대한 주요내용이다.

〈표 4-4〉 은퇴자산 관리 및 인출 상품구성

은퇴자산 관리 및 인출을 위한 금융상품

생활비 확보 (월지급식)	세금혜택 (비과세/분리과세)	자산의 통제력 유지
월지급식 예금, 월지급식 펀드, 월지급식 ELS, 즉시연금보험, 월지급식 글로벌 채권형펀드, 월지급식 인컴형펀드	소액주주 상장주식, 브라질국채/물가연동국채, 장기저축성보험/ISA, 비과세저축 및 펀드, 하이일드펀드	유언대용신탁, 종신형 즉시연금보험, 신탁형 주택연금

출처: 은퇴설계 마스터, 한국FP협회

가. 월지급식 상품

제2장에서도 언급했듯이 은퇴생활기간에는 가계재무의 균형감 유지를 위해 정기적인 소득의 확보가 무엇보다 중요하다. 즉, 소득활동기간의 정기소득을 대체할 수 있는 소득원이 마련되어야 한다. 따라서 보유하고 있는 자산을 관리하고 운용할 때는 다음과 같은 기능을

지닌 금융상품의 선택을 고려해야 한다.

1) 예측 가능한 규모의 금액을 인출할 수 있어야 한다.
2) 정해진 시점에 인출할 수 있어야 한다.
3) 정기적으로 인출할 수 있어야 한다.
4) 평생 인출이 보장되는 것이라면 더 좋다.

평생 인출할 수 있는 기능도 중요하지만, 운용자금의 규모에 따라 그 금액이 정상적인 생활을 유지하는 데 별반 도움이 되지 않을 수도 있다. 이 경우에는 일정기간을 지정하여 정기적으로 금액을 인출할 수 있는 상품을 선택하는 것도 유용한 방법이다. 시장의 상황에 유연하게 대응할 수도 있고, 본인의 재무상황 변화도 반영할 수 있다는 장점이 있다.

다만, 낮은 금리의 상황이라는 점을 고려하여 대부분의 금융상품을 투자형 상품으로 구성하게 될 경우에는 그 상품과 관련된 자문 및 운용을 담당할 전문가의 선택도 중요한 부분임을 명심해야 한다. 투자형 상품은 담당하는 금융기관 및 전문가의 선택이 개별상품의 선택보다 더 중요하고 민감한 문제이다.

〈표 4-5〉 월지급식 금융상품 현황

구분	월지급식 예금	월지급식 펀드	즉시연금 보험	월지급식 ELS
월수령	매월 수령	매월 일정액 또는 이익금 수령	가입 1개월 이후부터 연금수령 가능	조건부로 매월 이익금 수령
상품 성격	원리금 균등분할	투자 결과에 따른 수익추구	변동금리형, 종신형, 상속형 연금 수령 가능	일정조건 충족 시 이익금 지급
납입 방법	일시납	거치식, 적립식	일시납	거치식
기대 수익	정기예금 이율	다양한 수익 추구 가능	공시이율	정기예금 + α
장점	안정적	투자대상 선택의 폭이 넓음	10년 이상 유지 시 비과세, 다양한 연금 설계 가능	지속적 정기예금 + α 수식을 추구
단점	낮은 이율	원금손실 가능성	종신연금형 연금 개시 후 중도해지 불가	원금손실 가능

구분	내용
월지급식 글로벌 채권형펀드	·높은 이자를 지급하는 글로벌 하이일드 채권, 이머징마켓 채권 등에 투자해 수익을 추구하는 펀드로 월 1회 분배금 지급
월지급식 글로벌 인컴형펀드	·고배당 주식, 채권, 리츠 등 배당 및 이자수익이 높은 자산을 인컴형자산이라 함 ·인컴형 자산에 주로 투자하여 배당·이자수익 및 자본차익을 추구하여 월 1회 분배금 지급
브라질 국채	·브라질 국채에 투자해 높은 이자수익을 추구하여, 한국-브라질 간 조세협약으로 비과세 혜택 적용 ·기본적으로 반기 단위로 이자를 수취하나 신탁을 활용할 경우 월 단위 이자 수취 가능

출처: 자산관리가이드3, 전국투자자교육협의회, 2015

금융상품에서 세금은 최종 수익률을 결정짓는 매우 중요한 부분이다. 같은 수익률이라도 세금에 따라 실제 투자자의 이득이 달라지기 때문이다. 물론 투자에서 세금만이 우선이 될 수는 없다. 당연히 개인의 투자금액·투자기간·투자성향 등을 고려해 포트폴리오를 구성해야 하고, 그 포트폴리오상에서 최대한 절세할 수 있는 방안을 강구해야 한다.

나. 비과세 상품

세법상 특례를 통해 비과세 혜택을 주는 경우에는 보통 가입요건이나 가입금액, 비과세 기한 등 제한이 있다. 비과세종합저축펀드나 재형저축펀드가 대표적이라 할 수 있다. 하지만 세법에서 열거하지 않아서 과세되지 않거나 종종 가입요건이나 한도가 없어 매우 유용한 절세수단으로 이용할 수 있는 경우가 있는데, 소액주주의 상장주식 매매, 브라질 국채, 장기저축성보험(종신형) 등이 그에 해당한다.

1) 소액주주 상장주식

일반적으로 소액주주들이 증권회사의 매매시스템을 통해 상장된 주식을 사고팔 때는 아무리 많은 수익이 났다고 하더라도 그 이익에 대해 과세되는 것은 없다. 다만, 소액주주가 아닌 대주주가 주식을 양도하거나 장외에서 주식을 양도할 때는 양도소득세를 내야 한다.

2) 브라질 국채

브라질 국채는 한국과 브라질의 조세조약에 따라 비과세되는 채권상품이다. 글로벌 경제상황 및 환율의 영향을 받을 수는 있지만, 상대적으로 높은 이자를 비과세로 받을 수 있기 때문에 금융소득종합과세 대상자들의 관심이 높은 투자상품이다.

3) 물가연동국채

물가연동국채는 물가변동의 위험을 제거하기 위해 원금 및 이자를 소비자물가지수에 연동시켜놓은 국채이다. 이 채권은 표면금리를 낮게 정해놓는 대신 물가가 상승하면 원금이 상승하도록 되어 있다. 즉, 표면금리가 1.5~2.75% 정도로 일반채권에 비해 낮은 대신 물가상승분에 대한 수익을 추가로 얻을 수 있다는 것이 특징이고, 물가하락 시에는 원금이 보장되므로 안전자산으로 구분할 수 있다.

4) 장기저축성 보험

일반적으로 보험은 암보험, 재해보험, 건강보험과 같은 보장성보험과 목돈마련이나 노후자금을 대비하는 저축성보험으로 나뉜다. 보험차익에 세금이 없다는 것을 자녀에게 세금을 한 푼도 안 내고 물려줄 수 있는 것으로 오해하는 경우가 일부 있는데, 보험금을 상속받았거나 증여받았다면 상속세 또는 증여세는 납입해야 한다.

비과세장기저축성보험이 2013년 2월 15일 전후로 일정부분 개정되었다. 이전에 계약한 저축성보험은 계약기간이 10년 이상이면, 금액에 상관없이 비과세 혜택을 주었다. 그래서 종전에는 고액자산가들의 절세수단으로 많이 활용되었다. 그런데 2013년 2월 일부내용의 조정(일시납 비과세 한도 1인당 2억 원)을 거쳐, 2017년 4월 〈표 4-6〉의 내용과 같이 비과세 혜택의 요건이 개정되어 적용되고 있다.

〈표 4-6〉 저축성보험 비과세 요건

종류	비과세 요건
월 적립식 저축성보험	2017년 4월부터 월보험료 150만 원 한도까지 비과세 적용
상속형 저축성보험	2017년 4월부터 1억 원 이하로 비과세 기준 적용
종신형 저축성보험	- 계약기간 10년 이상 - 사망 시 계약 및 연금재원 소멸 (다만, 기대여명 이내로 보증기간이 설정되어 있고 보증기간 내에 사망하면 보증기간이 종료될 때 소멸) - 55세 이후부터 사망 시까지 연금형태로 지급받을 것 - 사망 시까지 중도해지 불가 - 계약자, 수익자, 피보험자 동일인

출처: 금융투자 절세가이드, 전국투자자교육협의회

그럼에도 불구하고 월 적립식 저축성보험의 경우 납입금액의 증액 및 중도인출이 가능하다는 특징에 비과세혜택까지 적용된다는 장점이 있어 은퇴자금을 준비하기 위한 저축의 수단으로 활용가치는 상당부분 있다.

또한 즉시연금을 활용할 때 상속형은 중도에 해지할 수 있는 기능이 있어 목돈이 필요한 경우가 발생할 때 유용하게 활용할 수 있다는 장점이 있다. 그에 반해 종신형은 연금을 받게 된 후부터는 해지가 불가능하다는 측면이 있지만, 이 기능이 오히려 은퇴생활에서는 아주 중요한 장점이 될 수 있다. 최소한 종신형 즉시연금에 불입한 금액에서 연금으로 인출할 수 있는 범위만큼은 제3자의 간섭 없이 연금소득을 정기적으로 확보할 수 있기 때문이다. 즉, 연금재원에 대한 통제력을 은퇴생활자가 안전하게 유지할 수 있다는 것이다.

간혹 퇴직 전 법인 명의로 가입한 장기저축성보험에 대해서도 비과세혜택의 여부를 궁금해하는 경우가 있는데, 결론적으로 비과세대상이 아니다. 법인 명의로 가입한 저축성보험에서 차익이 발생할 경우에는 세금을 내야 한다.

5) 비과세종합저축, 펀드

비과세종합저축이란 만 65세 이상의 개인이나 장애인, 기초생활보호자 등 저소득자의 생계안정을 위하여 도입한 특별우대저축을 말한다. 2014년까지 가입이 가능했던 세금우대저축과 생계형비과세저축을 2015년부터 비과세종합저축으로 통합하였다.

〈표 4-7〉 비과세종합저축, 펀드의 주요내용

가입자격	- 65세 이상의 대상자 (2021년 현재) - 장애인복지법에 따라 등록한 장애인 - 기초생활 보호자 - 독립유공자와 그 유족 또는 가족, 국가유공자 등
가입한도	1인당 5,000만 원
혜택	금융소득 전액 비과세
가입기한	2022년 12월 31일 까지
가입 가능한 상품	모든 금융기관에서 취급하는 저축

출처: 금융투자 절세가이드, 전국투자자교육협의회

비과세종합저축은 특정 금융상품의 명칭이 아니라, 여러 금융상품에 두루 적용되는 정부의 비과세 혜택을 의미한다. 펀드나 정기예금, 저축성보험 등 금융상품에 가입할

때 비과세종합저축으로 가입하면 저축기간에 관계없이 1인당 원금 5,000만 원 한도 내에서 발생하는 이자 및 배당에 대해 전액 비과세 혜택을 받을 수 있다. 2021년 현재 만 65세 이상 대상자부터 가입이 가능하다.

6) ISA(Individual Savings Account, 개인종합자산관리계좌)

근로자와 자영업자, 농어민의 재산 형성을 지원하기 위해 2016년에 도입된 ISA는 하나의 통장으로 예금이나 적금은 물론 주식·펀드·ELS 등 파생상품 투자가 가능한 통합계좌이다. 여러 상품을 하나의 계좌에 담아 운용할 수 있으며, 가입기간 내 중도에 상품을 바꾸는 것도 가능하다. 게다가 비과세 및 분리과세라는 세제혜택까지 더해져 만능통장이라고도 하는데, ISA에서 투자할 수 있는 상품은 다양하다. 예금과 적금, 펀드, ETF, ELS, DLS 등 여러 상품을 하나의 계좌에서 투자하고, 중도에 상품을 바꿀 수도 있는 매우 유연한 계좌이다. 또한 비과세 및 분리과세 혜택이 있다.

〈표 4-8〉 ISA(개인종합자산관리계좌) 주요내용

구분	내용
가입자격	19세 이상 국내 거주자 (소득유무 상관 없음) 소득이 있는 경우 15세 이상 가입 가능. 단, 직전 3개년 금융소득종합과세 대상자 제외
가입한도	연간 2,000만 원(5년간 1억 원) 납입한도 이월 적립 가능.
의무가입기간	3년.
혜택	계좌 내 손익을 통산해 200만 원까지 비과세, 초과분 9.9%(지방소득세 포함) 세율로 분리과세. 단, 총급여 5,000만 원 이하이거나 종합소득 3,800만 원 이하인 경우 400만 원까지 비과세, 초과분 9.9%(지방소득세 포함) 세율로 분리과세. ※ 만기 후 연금계좌(연금저축 및 IRP) 이체 시 전환금액의 10%, 300만 원 한도로 추가 세액공제
가입 가능한 상품	예·적금, 주식, 펀드, ELS 등 모든 상품 가능

출처: 금융투자 절세가이드, 전국투자자교육협의회

투자 가능한 다양한 상품 중 어떤 상품을 담는 것이 유리할지는 시장상황 및 세제개정 방향에 따라 혜택의 범위가 달라질 수 있는 만큼 유연한 대응이 요구된다.

다. 분리과세 상품

1) 해외자원개발펀드

해외자원개발펀드란 유전수익권이나 광업권, 석유회사 등에 투자해 투자자에게 수익을 분배하는 펀드로 흔히 '유전펀드'라고 한다. 유전펀드는 2016년까지 액면금액 5,000만 원 이하는 9.9%(지방소득세 포함), 2억 원 이하분에 대해서는 15.4%(지방소득세 포함)의 분리과세를 적용받았다. 금융소득종합과세 기준 2,000만 원 및 증세 관련 정책 확대로 절세상품들이 축소되는 상황을 고려하면, 유전펀드 같은 분리과세 상품은 아주 유용하게 활용할 수 있었다. 다만, 최근 발표된 뉴스에 의하면 절세를 목적으로 많은 사람이 가입했던 유전펀드가 상당한 손실을 나타내고 있다(출처: 디지털타임스, 2018. 10. 9, "해외자원개발펀드 18개 투자…368억 손실").

따라서 절세를 목적으로 활용하는 투자상품은 수익률 관리를 우선적으로 고려해야 한다. 절세 혜택의 규모보다 더 큰 손실을 경험할 수 있기 때문이다.

2) 장기채권

장기채권이란 만기가 10년 이상인 채권으로, 투자자가 이자가 나오기 전에 분리과세를 신청하면 33%(지방소득세 포함)의 세율로 분리과세 되는 채권을 말한다. 다소 높은 세율이 적용되기 때문에 무엇이 유리하다는 것인지 의아해하는 경우도 있지만, 말 그대로 분리과세 되기 때문에 금융소득 종합과세에 해당되어 높은 세율이 적용되는 대상자들에게는 유리한 채권이다.

〈표 4-9〉 종합소득세율 현황(2023년 귀속 소득 기준)

현 행		개정안	
소득세 과세표준 및 세율		과세표준 조정	
과세표준	세율	과세표준	세율
1,200만 원 이하	6%	1,400만 원 이하	6%
1,200만 원 ~ 4,600만 원 이하	15%	1,400만 원 ~ 5,000만 원 이하	15%
4,600만 원 ~ 8,800만 원 이하	24%	5,000만 원 ~ 8,800만 원 이하	24%
8,800만 원 ~ 1.5억 원 이하	35%	8,800만 원 ~ 1.5억 원 이하	35%
1.5억 원 ~ 3억 원 이하	38%	1.5억 원 ~ 3억 원 이하	38%
3억 원 ~ 5억 원 이하	40%	3억 원 ~ 5억 원 이하	40%
5억 원 ~ 10억 원 이하	42%	5억 원 ~ 10억 원 이하	42%
10억 원 초과	45%	10억 원 초과	45%

출처: 국세청

만기 10년 이상의 장기채권이라고 투자자가 10년 이상을 보유해야 한다는 것은 아니다. 단지 발행할 때 만기가 10년 이상이면 된다. 2012년 말 이전까지는 하루만 보유하더라도 분리과세가 적용되었기 때문에 활용도가 상당히 높았다. 그런데 2013년 1월 1일 이후 발행된 장기채권에 대해서는 최소한 3년 이상은 보유해야 분리과세 혜택을 주는 만큼, 의무 보유기간을 정확히 이해하고 활용해야 한다.

3) 하이일드펀드

하이일드펀드란 총자산 대비 60% 이상을 채권에 투자하고, 총자산의 45% 이상을 신용등급 BBB+ 이하인 채권(A3+ 등급 이하 전자단기사채 포함) 또는 코넥스 상장주식에 투자하는 채권형 펀드이다. 가입한도 3,000만 원을 고려하면 분리과세 혜택은 사실상 미미한 수준이지만, 많은 사람의 관심을 받았던 금융상품이다. 현재 분리과세 혜택은 종료되었지만, 최근까지도 시장의 관심은 이어지고 있다. 공모주 우선배정 혜택이 2020년 12월 31일까지 유효하기 때문이다.

〈표 4-10〉 하이일드펀드 주요내용

가입자격	거주자, 비거주자 모두 가능
가입한도	1인당 3,000만 원 이내
혜택	이자 및 배당소득에 대해 15.4% 분리과세
가입기한	2016. 12. 31까지
가입가능상품	총자산의 60% 이상을 채권에 투자하고, 45% 이상을 신용등급 BBB+ 이하인 채권(A3+등급이하 전자단기사채 포함) 또는 코넥스 상장주식에 투자하는 채권형펀드

출처: 금융투자 절세가이드, 전국투자자교육협의회

라. 자산의 통제력을 유지하기 위한 금융상품

은퇴자산을 관리할 때 앞서 살펴본 바대로 생활자금을 정기적으로 인출할 수 있는 기능과 세제혜택을 동시에 고려하는 것은 아주 의미 있는 접근이다. 은퇴생활자의 통제력하에서 최소한의 생활안정을 기하기 위한 대표적 금융상품은 다음과 같다.

1) 유언대용신탁

유언대용신탁은 위탁자가 신탁계약 시 수익자를 지정하는데, 사망 전에는 위탁자가

수익자가 되고 사망 시에는 지정된 수익자가 상속을 받는 상품이다.

2) 종신형 즉시연금보험

목돈을 예치하고 1개월 후부터 매월 연금수령이 가능한 즉시연금보험에는 상속형과 종신형이 있다. 상속형과 달리 종신형의 경우에는 연금을 수령한 이후부터는 중도해지가 불가능한 경직된 구조적 기능이 반영되어 있다. 물론 목돈이 필요한 상황이 발생했을 경우 활용할 수 없다는 불편함이 다소 있기는 하지만, 평생 지급되는 연금금액의 규모만큼은 보호받을 수 있다는 장점이 있다.

즉시연금을 활용하면 절세효과를 동시에 꾀할 수 있다. 이를 위해서는 먼저 계약관계자 설정이 중요한데, 기본적으로 계약자와 수익자를 동일인으로 지정해야 세제혜택을 받을 수 있다. 생존 시 수급의 경우 증여세 부담을 해결할 수 있고, 사망 시에는 정기금 평가방법에 따라 상속세를 합법적으로 줄일 수 있다.

3) 주택연금

주택연금은 부부 중 1인이 만 55세 이상일 경우, 거주하고 있는 주택을 담보로 연금을 평생 수령할 수 있는 금융상품(대출)이다. 주택금융공사가 담보주택에 대해 1순위 근저당설정권을 가지게 되고(저당방식), 연금수령 이후부터는 해당 주택을 담보로 추가 대출이나 주택금융공사의 확인 없이 매매는 불가능하다. 따라서 주택자산 가치에 대한 제3자의 간섭에서 자유로워질 수 있다.

아울러 연금지급 후부터는 담보가치의 변동 및 부부상황의 변동(선 사망자 발생)에도 불구하고 연금금액의 변동 없이 평생 동일한 연금을 지급받을 수 있는 기능이 있다. 연금을 꾸준히 지급받다가 후 사망자가 발생하면 주택연금 계약은 종료되고, 정산이 이루어진다. 이 경우 담보가치를 넘어 초과 지급된 연금금액에 대해서는 상속인에게 상환의무를 면제해주고, 지급받은 연금금액을 초과하는 담보주택의 잔존가치는 정산에 의해 상속인에게 승계됨을 원칙으로 하고 있다.

2-3 유형별 금융상품 활용에서 고려해야 할 사항

가. 투자에 따른 결과의 책임은 개인에게 있다

금융상품에 대한 투자는 본인의 판단과 책임하에 하는 것이므로 상품의 구조, 특징, 손실가능범위 등을 꼼꼼하게 살펴본 후 실행해야 한다. 설사 금융회사 직원에게 투자를 위임하였거나, 금융회사 직원이 원금보장이나 손실보전을 약속하였다 하더라도 법률적으로는 효력이 없다. 투자결과에 따른 손익은 모두 투자자 본인의 몫이니만큼, 신중한 판단과 선택이 요구된다.

나. 기대수익의 규모는 투자위험과 비례한다

금융상품 투자에서 높은 기대수익률을 제시하는 상품이 있다면, 반드시 그 대가가 공존한다. 기대하는 수익률이 높아질수록 그만큼 손실의 위험도 커진다는 점을 명심하면서 상품 포트폴리오를 구성해야 한다.

다. 과거의 수익률이 미래에 동일하게 재연되는 것은 아니다

주변에서 "어떤 투자상품의 수익률이 매우 높더라"라는 말을 듣게 되면, 기대수익에 대한 욕심이 생기는 것은 당연하다. 하지만 이런 말들은 과거의 수익률을 이야기하는 것일 뿐 미래의 수익을 보장하는 것은 아니다. 다만, 참고사항으로 의미가 있을 뿐이다.

라. 투자는 손실발생 위험이 있으므로 꼭 여유자금으로 해야 한다

투자는 본질적으로 손실가능성이 있다. 따라서 손실이 발생하더라도 생활에 문제가 없는 범위의 여유자금으로 실행해야 낭패를 보지 않는다. 생활비 등으로 투자하였다가 실패하게 되면 은퇴생활 자체가 어려워질 수 있기 때문이다.

제2절 | 부동산자산 운용을 통한 소득원 확보

예로부터 자고 일어나면 오르는 것이 부동산 가격이었다. 이 시기에는 부동산에 몇 년만 묻어두면 원금이 두 배가 되었기 때문에 은행에서 대출을 받아서라도 투자하는 경우가 흔했다. 즉 적극적인 레버리지로 자본수익을 경험한 대상자가 많았지만, 최근처럼 저성장 시대에는 상황이 다르다. 따라서 부동산자산을 활용하여 은퇴생활재원을 확보하는 방법에는 좀 더 구체적이고, 실질적인 판단이 요구된다.

1 다운사이징 전략 실행

1-1 주택 다운사이징(downsizing) 전략 전 고려사항

소득활동을 뒤로하고 은퇴생활기간으로 접어들면서 부부는 서로 기대하는 바를 중심으로 대화를 나누고, 의견조율 과정을 거치게 된다. 기존의 것을 조정해야 하는 것이 있을 수도 있고, 새로운 것을 실행해야 하는 것도 있을 수 있다. 이러한 일련의 과정은 재무부담을 줄일 수 있는 측면으로 이루어지는 것이 일반적이다.

그 과정에서 가장 민감하고 의견조율이 만만치 않은 것이 거주 중인 부동산에 대한 조정이다. 이는 지역의 이동이 될 수도 있고, 형태 및 규모의 조정이 될 수도 있다. 주택은 일반적인 사람이 소득활동기간에 가장 많은 규모의 자본금을 투자하는 자산항목이다. 또한 오랜 기간 거주했던 지역에 대한 정서를 한순간에 바꾸는 것이 그리 쉬운 일은 아니다. 따라서 이런 부분을 종합적으로 고려하는 주택부동산의 조정이 필요하다. 단순히 현금자산 확보 개념의 재무적인 측면만을 고려하는 것은 오히려 갈등의 이유가 될 수 있기 때문이다.

1-2 주택 다운사이징을 통한 은퇴자산 운용

부부간의 원만한 합의로 거주 중인 주택의 조정을 실행에 옮길 경우, 현금자산을 일정부분 확보할 수 있을 것이다. 이를 활용한 은퇴자산 운용은 다음과 같은 형태를 고려할 수 있다.

가. 부채자산을 통제할 수 있다

가장 먼저 실행에 옮겨야 하는 것은 부채자산 통제이다. 금리상승기와 맞물려 개인의 금융비용 부담이 상승하는 경우가 발생할 수 있다. 그렇다고 개인이 금리를 통제할 수 있는 것도 아니다. 따라서 금리가 상대적으로 높은 부채, 기간이 오래된 장기부채를 우선적으로 상환하여 현금흐름의 지출부담을 통제해야 한다.

나. 정기적인 인출전략을 위한 재원으로 활용할 수 있다

부족한 은퇴생활재원을 추가적으로 확보하기 위한 재원으로 활용할 수 있다. 앞서도 살펴보았듯이 예측가능한 금액을 정기적으로 인출할 수 있는 금융상품으로 운용하는 것이 합리적이다. 즉, 월지급식 금융상품 또는 가입과 동시에 연금형태로 인출이 가능한 즉시연금 등이 적합하다.

다. 추가적으로 노후예비자금을 축적하는 것을 고려할 수 있다

퇴직 후 주택에 대한 다운사이징으로 현금재원을 확보하였는데 아직 연금이 필요한 시기가 상당부분 남아 있는 경우라면, 노후예비자금의 용도로 축적·증식을 꾀하는 것도 고려할 수 있다. 연금저축 상품의 신탁, 펀드 및 주가지수 ETF, 인덱스펀드 등 수익을 기대하면서 상대적으로 안전한 금융상품으로 운용하는 것을 고려할 수 있다.

라. 주택 다운사이징을 통한 부동산 임대수익을 꾀한다

부동산(주택) 다운사이징을 통한 수익형 임대부동산 매입으로 운용수익을 기대할 수 있다. 다만 최근 임대사업자 요건 및 세제혜택이 강화되는 측면으로 정책흐름이 형성되고 있다는 점을 고려해서 신중히 판단해야 한다.

2 수익형 임대부동산 운용

'은퇴 후에 오피스텔이나 상가 등의 부동산 하나 구입해서 임대료 받으면서 안정적인 수입을 얻을 수 있으면 걱정 없겠네…. 그런 부동산 하나 있으면 열 자식 부럽지 않겠다.'

과거부터 최근까지 은퇴생활을 하고 있거나 준비하고 있는 사람들에게서 발견할 수 있는 일반적인 생각이다. 이렇듯 많은 이들의 기억 속에서 부동산자산은 다양한 기대(가치증식 및 정기적인 임대수입, 자산승계)를 충족시켜주었던 가장 든든한 자산이었다고 해도 과언이 아니다. 은퇴생활에 임박한 대다수의 사람이 임대수입을 꿈꾸는 이유는 단순히 부의 증식만을 위한 것이 아니라 은퇴생활에 대한 경제적인 염려 때문이다. 이런 이유로 목돈을 투자하여 지속적인 현금흐름(은퇴생활소득)을 마련하려는 것이다. 목돈을 움직여 실행하는 방법인 만큼 신중한 판단이 무엇보다 중요하다.

다음은 수익형 임대부동산 운용을 계획할 경우 고려해야 하는 기본적인 내용이다.

2-1 수익형 임대 부동산: 주택 및 오피스텔, 상가

은행의 예금금리가 저금리를 이어가고 있는 상황에서 부동산임대사업에 대한 관심은 여전히 기본적인 흐름을 이어가고 있다. 해당 부동산 위치만 좋다면, 금리를 활용하는 예금자산보다 상대적으로 높은 고정수익이 가능할 수 있기 때문이다. 다만, 부동산이 위치해 있는 지리적 여건이나 최근 부동산 관련 정책의 변화에 따라 수익률 변동이 발생할 수 있다는 점을 고려해야 한다.

가. 주택임대사업: 아파트, 오피스텔

주택임대사업은 임대료 수입뿐만 아니라 세금혜택 측면에도 매력적인 부분이 있었다. 다만, 정부의 주택 관련 고강도 규제, 부동산 관련 세제 강화, 주택공시가격 인상 등 시장상황의 변화에 따라 주택임대 수익률이 〈그림 4-3〉과 같이 점차 하락하는 흐름을 보일 수 있다는 점에 주목할 필요가 있다.

〈그림 4-3〉 서울 아파트 임대수익률

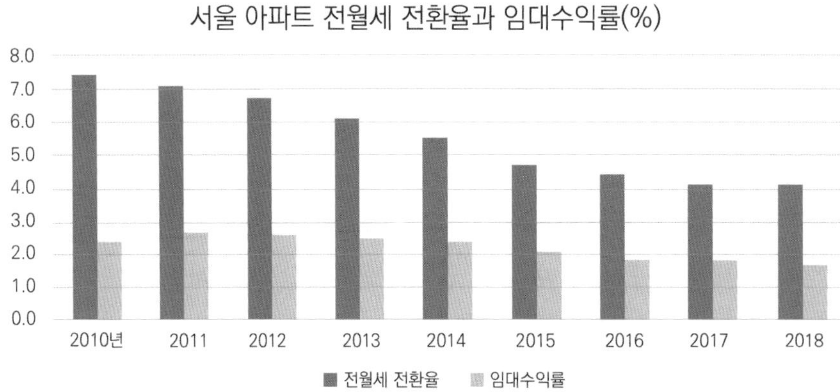

출처: 한국감정원 업계 종합

이와 같은 현상은 아파트에서만이 아닌, 오피스텔 임대시장에서도 동일하게 나타날 수도 있다.

〈그림 4-4〉 서울 오피스텔 매매가 및 임대수익률

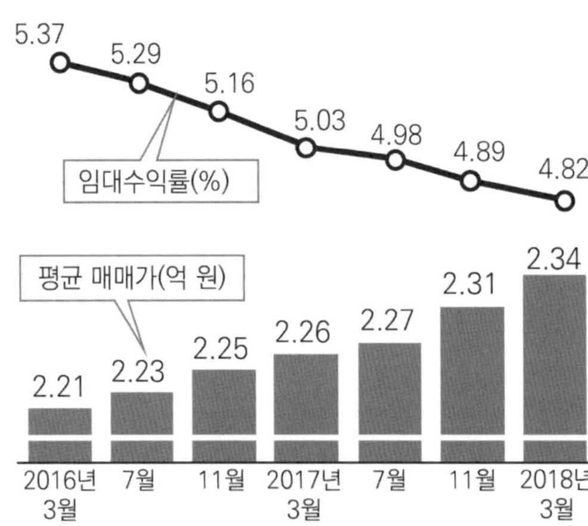

출처: KB 국민은행

〈표 4-11〉 최근 주택 평균매매가와 임대수익률의 변동현황

구분	2016년 3월	2018년 3월	변동현황
평균매매가	2.21억 원	2.34억 원	6.0% 상승
임대수익률	5.37%	4.82%	10.2% 하락

이는 다양한 영향으로 나타난 결과이겠지만, 주요하게 살펴볼 것이 첫째 공급량 증가에 따른 결과이다. 2014년 전국 오피스텔 분양 물량은 4만 5,000실이었으나, 2015년과 2016년에는 각각 7만 4,000여 실로 급증했다. 2017년에는 약 8만 실이 분양되었으며, 2018년에도 입주 물량만 대략 7만 6,000여 실에 달한다. 최근 집중적으로 공급된 물량이 오피스텔 임대수익률 하락 원인으로 꼽히는 이유이다.

금리인상 흐름도 임대수익 하락의 원인으로 꼽을 수 있다. 오피스텔은 대부분 대출을 활용해서 투자하는 경우가 많기 때문에, 금리인상기에는 아무래도 금융비용 부담이 상승하므로 임대수익 규모가 상대적으로 하락할 수 있다. 주택담보대출 금리가 5%대로 진입할 것으로 예상되는 상황에서, 하락세를 보이는 임대수익률 추이는 은퇴생활자에게 신중한 판단을 요구하고 있다.

일반적인 경우 임대수익이 하락해도 주택가격이 상승하면, 주택자산의 투자가치에 대한 기대감으로 자산을 보유한다. 그렇지만 은퇴생활자의 경우처럼 자산의 보유가치 못지않게 중요하지만 매월 정기적인 소득확보가 중요한 경우에는 그렇지가 않다. 임대수익률 하락이 삶의 질(質) 문제로 직결되기 때문이다.

그럼에도 불구하고 주택부동산 임대를 통해 은퇴재원 확보를 모색할 경우에는 다음과 같은 사항을 기본적으로 고려하면서 접근해야 한다.

1) 소형아파트를 선택하는 것이 유리하다

저출산 및 세대별 주거형태의 변화에 따라 앞으로 1인가구는 〈그림 4-5〉에서 예측하는 방향으로 전개될 가능성이 높다. 주택임대사업이 단기간에 끝나는 사업이 아닌 만큼, 현재보다는 향후 전개될 상황에 대한 예측이 반영되는 차원에서 고려해야 한다. 따라서 다가구, 다세대 주택에 비해 관리의 부담도 덜한 단독주거형태의 소형아파트가 비교적 효과적이다.

〈그림 4-5〉 국내 가구구조 변화추이

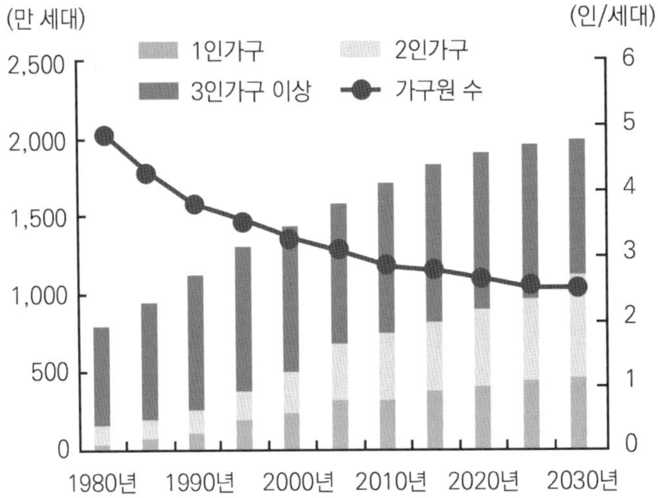

출처: 통계청

2) 임대가 잘 나가는 지역을 선택해야 한다

부동산자산을 선택할 때 고려해야 할 첫 번째 체크포인트는 '위치'이고, 두 번째도 '위치', 마지막 세 번째도 '위치'이다. 따라서 임대가 잘 나갈 수 있는 지역을 고려하는 것이 매우 중요하다. 그런 차원에서 전철 및 지하철을 중심으로 하는 역세권, 대학가를 중심으로 지역, 솔로(solo) 세대가 집중되어 있는 비즈니스 타운 등 임대수요가 많은 곳이 효과적이다.

3) 주택의 규모는 소형일수록 세제상의 혜택이 많다

부동산임대사업의 세제혜택은 전용면적 $60m^2$(18평) 이하 소형주택에 집중되어 있다. $60m^2$ 이하 공동주택을 신축한 경우, 공동주택 및 오피스텔을 최초로 분양받아 취득하는 주택임대사업자에게는 취득세를 100% 감면해주는 혜택이 주어진다. 따라서 목돈을 투자해서 임대수입을 통한 수익률을 얻고자 할 때, 세제상의 부담을 고려한 실질수익률을 판단하는 것이 매우 중요하다. 따라서 세제혜택을 받을 수 있는 임대물건을 선택하는 것이 상대적으로 유리하다.

4) 향후 발전가능성이 높은 곳을 고르는 것이 좋다

현재의 상황도 중요하지만 장기적으로 운용할 임대사업이라면, 향후 개발가능성이 있는 지역의 선정도 고려해볼 만하다. 임대수요가 늘어나면 안정적인 임대수입이 가능하면서 부동산자산의 가치도 상승하는 효과를 동시에 꾀할 수 있기 때문이다.

5) 임대아파트를 사려면 되도록 새 아파트를 사는 것이 좋다

싸다고 매입을 쉽게 결정해서는 안 된다. 매입단계에 부담은 덜할 수 있지만 아무래도 오래된 아파트는 임대수요가 상대적으로 적고, 임대료를 올려 받을 수 없다는 한계가 있다. 또한 유지보수와 관련한 세입자의 요청으로 목돈의 지출이 빈번하게 발생할 수 있기 때문이다.

나. 주택 외 부동산 임대사업: 상가

주택 이외의 부동산임대사업자가 되는 것은 그리 만만치가 않다. 가장 큰 위험은 공실이다. 수익형 부동산에 투자했는데 임차인이 나타나지 않으면 공실이 발생한다. 일단 공실이 발생하면 그 기간만큼 임대소득을 올릴 수 없고, 관리비와 세금도 직접 부담해야 한다. 상업용 부동산의 경우 한 번 공실이 발생하면, 그 상가에만 영향을 주는 것이 아니라 빌딩 전체가 공동화될 가능성도 있다. 더구나 최근에는 경기침체에 따른 내수 부진으로 상가 임대수익 하락현상이 발생하기도 하는 만큼 상가 임대사업을 고려할 경우에는 좀더 신중한 판단이 요구된다.

2-2 부동산자산 운용에 따른 진짜 수익은 얼마일까?

정기적인 은퇴생활자금 확보를 위해 부동산자산을 활용하는 사람들이 범하기 쉬운 실수가 있다. 예를 들면, 자산매입을 위해 활용한 대출상환에 따른 금융비용(대출이자), 임대료 수입을 기준으로 부과되는 세금, 임대사업자 등록 및 임대소득 규모에 따라 발생하는 국민건강보험의 부담, 자산가치에 부과되는 재산세 및 유지에 수반되는 보수비용, 세입자 교체에 따른 부동산 거래비용 등 제반 비용규모를 고려하지 않고, 임대료 수입규모만을 기준으로 판단한다는 것이다.

적용되는 부담을 반영하여 실질적으로 꾀할 수 있는 임대소득이 목표에 부합하는가를 기준으로 임대부동산 운용을 고려해야 한다. 부동산 자산의 특성상 단시간에 조정하기가 불편하기도 하고, 수반되는 재무적인 부담도 있을 수 있는 만큼 다음 사례에 제시되는 사항을 검토해야 한다.

[수익형 임대부동산 운용 시 고려해야 할 사항: 사례]

퇴직을 앞둔 직장인 A씨가 월 80만 원 임대료가 나오는 상가를 2억 원에 구입을 고려하고 있다. 본인 명의로 상가를 구입하면 급여소득에 임대소득을 합하여 종합과세 되므로 부인 명의로 구입할 계획이다. 연간 임대소득은 960만 원이고, 이때 57.6만 원의 소득세를 납부한다. 부인이 부동산임대사업 사업자등록을 해야 하며, 건강보험료 및 국민연금을 남편과 분리하여 납부해야 한다. 상가 구입 전 부인의 건강보험은 남편의 부양가족으로 등재되어 있었으며 국민연금은 납부대상이 아니었다.

- 부인 명의의 건강보험료 및 장기요양보험료 별도 징수
- 국민연금 당연의무가입자로 부인의 자격 조정 및 보험료 납부
- 부가세 및 중개수수료 정기·비정기적으로 발생
- 세입자 교체에 따른 건물 유지·보수 비용 발생 가능성
- 내수침체 및 부동산 경쟁력에 의한 공실 발생 우려

※ 상기 내용을 고려한 실질 임대(투자)수익률 판단 및 투자의사 결정

제3절 | 창업을 통한 소득원 확보

50대 이상의 퇴직자들이 최근 가장 많이 실행으로 옮기는 것이 창업을 통한 사업소득의 확보이다. 평소에 관심이 있었던 업종, 남들이 선호하는 브랜드를 중심으로 하는 프랜차이즈 등 다양한 고민의 흐름이 있기는 하지만, 가장 중요한 창업의 동기 및 목적은 생계유지를 위한 생활비 확보이다.

1 창업을 부르는 은퇴시장

1-1 생계형 창업이 늘고 있다

"은퇴 후 재취업도 만만치가 않은 것이 현실이고, 자녀의 교육이나 결혼 문제도 그렇고, 기본적인 가정생활을 위해서 경제활동은 아직 계속해야 하는데…. 그래서 이참에 창업을 한번 해볼까 봐요. 그런데 하도 문 닫는 집이 많다고 하니 좀 걱정은 됩니다. 그러다가 조금 남아 있는 퇴직금마저 날리게 될까 봐서요. 창업, 괜찮을까요?"

저성장에 따른 고용악화로 인해 생계를 위한 창업을 고민하는 사람이 늘어나고 있다. 자영업자 중 50대의 비율이 30%를 돌파했다. 정년을 맞아서 혹은 최근 대량 명예퇴직을 통해 다수의 베이비붐세대가 직장을 떠나면서 창업시장의 문을 두드리고 있기 때문이다. 본래 퇴직금과 회사에서 마련해준 명예퇴직금까지 더하면 목돈은 있지만, 노후 준비가 부족하고 자녀부양 부담도 남아 있는 상태에서 손 놓고 있을 순 없다. 경제활동은 필요한데 대부분은 재취업 준비가 제대로 되어 있지 않다. 결국 손쉽게 시작할 수 있을 것 같은 착각에 창업을 시도하는데, 이렇게 기대를 가지고 시작하는 창업이 오히려 위험한 투자의 결과로 다가오는 경우가 많아 최근 새로운 이슈로 부상하고 있다.

다음은 창업과 관련한 상황 및 성공적인 창업을 위한 고려사항 등에 관한 내용이다.

1-2 달아오르는 창업 열풍, 그 이유는?

"평소부터 퇴직 후에 꼭 한번 해보고 싶었던 일이었습니다"라는 답변보다 "뭐를 해야 창업에서 실패하지 않을 수 있나요?"라는 질문을 더 쉽게 접할 수 있는 것이 창업시장의 흐름이다. 우리나라는 창업을 통한 자영업자 비중이 전체 고용인구의 24%를 차지하여 OECD 국가 중 7위일 정도로 높다.

선진국의 경우 1인당 국민소득이 높거나 노후소득 보장이 잘 되어 있어서 정년퇴직 후에 자영업을 할 이유가 약하다. 즉, 자영업자의 증가에는 현재의 소득여건과 퇴직 후 제도적 지원이 상당한 관계가 있다. 최근 우리나라의 급증하는 창업 열풍에는 50~60대 이상의 고연령층이 상당한 영향을 미치고 있다.

〈그림 4-6〉 OECD 주요 국가의 자영업자 비중

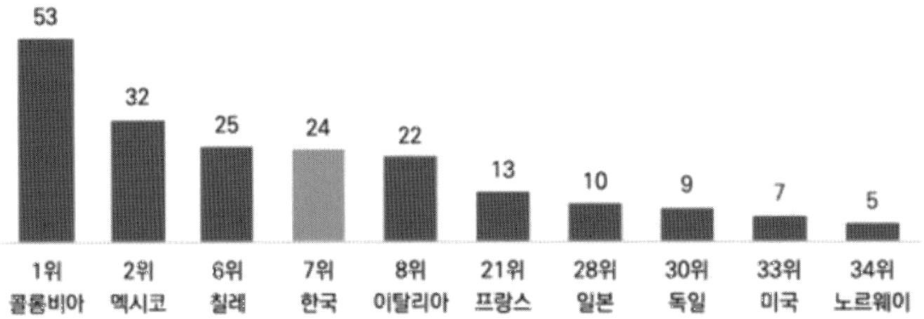

출처: OECD(2021~2022)

이런 상황의 반영으로, 우리나라 자영업자의 연령별 구성을 보면 50대 이상자가 차지하는 비중이 60%(50대 26.9%, 60대 35.5%)를 웃돌고 있다. 즉, 퇴직 후 특별한 일을 찾지 못한 중·장년층이 창업을 통한 자영업에 대거 뛰어들고 있기 때문이다.

다음은 창업자가 늘어나고 있는 상황적 여건과 창업동기에 대한 내용이다.

가. 상황적 여건

1) 최근 저성장에 따른 조기퇴직들이 대거 창업을 했기 때문이다.
2) 내수침체로 새 일자리 창출이 어렵고, 재취업이 만만치 않기 때문이다.
3) 그럼에도 불구하고, 퇴직한 후에도 자녀의 교육지원 및 정기적인 생활재원의 확보가 필요한 경우가 지극히 일반적이기 때문이다.
4) 2010년 이후부터 베이비부머 연령층이 본격적으로 은퇴시기를 맞이하면서 창업을 통한 새로운 소득활동으로 나서고 있기 때문이다.

나. 창업동기

〈표 4-12〉에서 볼 수 있듯이 창업동기의 상당부분(82.6%)은 퇴직 후 생계유지다. 그럼에도 늘어나는 창업자에 내수침체까지 겹치는 바람에 경쟁이 심화되어 실질적인 소득이 기대에 미치지 못하는 안타까운 상황이 이어지고 있다.

〈표 4-12〉 전국 소상공인 실태조사

구분	세부내용
창업동기	생계유지 목적의 창업이라는 답변 82.6%
창업 준비기간	- 1~3개월 미만 23.9% - 3~6개월 미만 26.2%
창업자금 준비	- 총자본금 중 자기자본 75.8% - 창업 관련 평균부채 5,300만 원
매출 및 영업이익	- 월 평균매출 877만 원 - 월 영업이익 187만 원 → 최근 매출 및 영업이익이 감소했다는 답변 69%
사업유지 애로사항	높은 임대료 부담 75.8% 답변
폐업현황	- 3년 후 폐업 50% - 5년 후 폐업 85%

출처: 중소기업청, 2016

2 흥하는 창업을 위한 체크포인트

우리나라 창업기업의 3년 생존율이 41%(2015년도 조세특례심층평가, 기획재정부, 2015년)로 OECD 국가 중 최하위라는 뉴스가 안타까운 우리 창업기업의 현실이다. 물론 창업기업이 외식업에 지나치게 편중되어 있다는 것도 이유겠지만, 준비되지 않은 창업(표 4-13, 창업 준비기간)이 그만큼 많다는 것도 상당부분 반영된 결과이다. 신규로 창업하는 기업은 2012년 74,162개, 2013년 75,574개, 2014년 84,697개로 꾸준히 늘고 있지만 10곳 중 4곳은 1년 안에 폐업하고 3년이 지나면 6곳이 폐업하는 것이다.

창업을 시작하는 초기에 성공을 기대하지 않는 사람은 없다. 그럼에도 망하게 되는 주된 이유 몇 가지가 있는데, 그 첫 번째가 짧은 준비기간 및 준비의 소홀함이다. 창업에 얼마나 철저한 준비가 필요한지 퇴직자들이 모르고 있는 경우가 많다. 성공하는 창업자들은 적어도 1년 이상, 길게는 몇 년 동안 조사하고 준비하는 과정을 거친다. 비슷한 직종에 가서 아르바이트로 일해보기도 하고, 수업료를 내고 비법을 배우기도 한다. 하지만 베이비붐세대 창업자들은 당장 생계가 급하다 보니 무작정 벌이고 보는 경향이 일부 있다. 프랜차이즈 영업사원의 말만 믿고 자기는 돈만 준비하면 다 될 것이라고 착각한다. 이런 이유로 3년도 넘기지 못하고 폐업하게 되는 것이다. 그럴 바에는 차라리 금고에 현금을 쌓아두고 빼 쓰는 게 결과적으로 더 낫다.

두 번째 문제로 꼽히는 것은 특정 업종에 대한 쏠림 현상(고밀도)이다. 생계형 창업이 대부분이라 서비스산업에 집중되는 경향이 강하다. 저부가가치 업종이 대부분으로, 진입장벽이 낮아 유사업종 간의 과열된 경쟁이 영업이익의 감소로 이어지기도 한다.

세 번째는 높은 부채비율(고부채)이다. 경쟁이 격화되다 보니 살아남으려면 더 많은 자금을 투입할 수밖에 없다. 그래서 대출을 받게 되는데, 2016년까지 부동산시장 활성화를 목표로 대출 관련 담보인정비율이 완화되면서 상당수의 담보대출자금이 창업자금으로 활용되었다. 이런 상황에서 폐업할 경우 부채상환 및 담보로 활용한 주거형부동산의 문제로 은퇴생활에 '주거안정'의 문제가 불거질 가능성도 상당부분 있다.

이처럼 베이비붐세대의 퇴직 후 창업은 생각만큼 쉬운 일이 아니다. 어쩌면 재취업보다도 더 치열한 사전 준비가 필요하다.

50대 이상 중·고령자 창업의 가장 큰 문제는 자칫 실패할 경우 재기할 기회가 거의 없다는 점이다. 퇴직 후 돈이 필요해서 앞뒤 재지 않고 덤볐다가 자칫 실패라도 해서 퇴직금과 노후자금을 모두 날리게 되면, 현역 시절 중산층이 은퇴 후 빈곤층으로 곤두박질치는 건 순식간이다. 따라서 좀 더 신중한 판단이 요구된다.

2-1 창업 실행 전 체크포인트〈출처: THE 100, NH투자증권, 2016〉

가. 되도록 소자본으로 창업을 한다

최우선 조건은 창업비용의 적정성이다. 대출을 받아 무리하게 투자했다가 실패하면 회복이 어려우므로 감당할 만한 예산 범위 내에서 업종을 선택한다. 50대 중산층의 평균 순자산이 2.6억 원임을 기준으로 볼 때, 1억 원 내외가 적정 수준이라고 볼 수 있다.

나. 365일 묶여 있는 창업은 피한다

온종일 일에만 매달려 있게 된다면, 여유로워야 할 은퇴생활이 오히려 불행해질 수 있다. 어느 정도 사업이 운영궤도에 올라섰다는 판단이 서면, 인력을 고용하여 여유로운 은퇴생활을 지켜낼 수 있도록 접근한다.

다. 가족의 지지를 반드시 확보해야 한다

창업은 가족의 지지가 없는 경우, 사업이 난관에 부딪혔을 때 고통이 배가 된다. 특히 배우자와의 충분한 사전논의는 반드시 필요하다.

라. 잘 알고, 좋아하는 일을 선택한다

성공확률을 높이기 위해서는 가능한 한 본인의 경험과 지식이 많은 분야를 선택하는 것이 효과적이다. 그렇지 않다면, 평소 관심이 많은 분야를 선택한다. 조금이라도 일을 즐길 수 있는 상황을 만들어보는 것이다.

마. 사업가 마인드로 철저히 무장한다

소자본 창업은 대부분 서비스 업종으로, 불특정 대중이 고객이다. 예상치 못한 고객과의 마찰에 대비하지 않으면 심한 스트레스로 돌아온다. 또 고용주로 위치가 바뀌면 종업원과의 관계 설정에 어려움이 발생할 수 있으므로 사업가로서의 각오가 필요하다.

2-2 창업 관련 지원제도

최근 들어 직장을 그만둔 다음, 새로운 일을 찾지 못해 본인의 자본금과 대출금을 활용해 창업에 뛰어드는 중·장년층이 상당수에 이르고 있다. 보건사회연구원이 2014년 조사한 자료 '베이비부머 고용실태'에 따르면, 우리나라 베이비부머(1955~1964년생)의 39.2%가 자영업에 종사하고 있는데, 이들 중 상당수가 은퇴자금이 부족해 생계유지 수단으로 창업시장에 뛰어든다는 것이다. 그러나 생활비가 부족하다고 해서 무턱대고 창업전선에 뛰어드는 것은 삼가야 한다. 최근처럼 경제상황의 위축으로 내수경기 침체가 장기화되고, 창업자 간의 경쟁이 치열할 정도로 신규창업자가 많은 상황에서는 기대만큼 돈을 벌기가 어렵기 때문이다.

창업과 관련한 경제활동 연장에 대해서는 앞서 자세히 살펴보았다. 다음은 창업을 계획할 때 업종의 선정, 자본금 및 비용의 절감, 사업장 위치의 선정, 인력운용 등에서 구체적 검토를 통해 성공률을 높일 수 있는 정보제공 사이트에 대한 내용이다.

물론 가장 정확하고 구체적인 정보 확보 방법은 관련 업종에서 일정 기간 종업원으로 근무하면서 직접 노하우를 쌓아가는 것이다. 그러나 제한된 범위의 경험이 오히려 실패에 이르는 위험한 요인이 될 수도 있기에 최근의 창업동향을 분석하여 유망업종의 흐름을 파악하고, 자신의 성격에 맞는 업종이 어떤 것인지 잘 알아보는 일을 간과해서는 안 된다.

만일 프랜차이즈 창업을 고민하고 있다면, 공정거래위원회 홈페이지 정보공개서를 통해 해당 브랜드의 운영현황 및 가맹 관련 비용부담, 계약 관련 주요내용 등을 열람할 수 있다. 해당 브랜드의 체인본부는 가맹계약을 체결하기 전에 의무적으로 이 정보를 예비창업자에게 제공해야 하는 만큼, 창업을 고민하고 있다면 이와 같은 사항을 먼저 확인해야 한다.

다음은 창업정보를 얻을 수 있는 주요 인터넷 사이트 현황이다.

경기 중소기업 종합지원센터(www.gsbdc.or.kr)
중소기업청 창업넷(www.changupnet.go.kr)
프랜차이즈 창업포털 GOFC(www.gofc.kr)
서울특별시 창업스쿨(www.school.seoul.kr)
창업진흥원(www.kised.or.kr)

출처: 100세 시대 은퇴대사전, 송양민·우재룡

창업을 할 때는 업종의 선택을 포함한 구체적인 정보 확보도 중요하지만, 실질적인 측면에서 가장 큰 애로사항은 아마도 자금조달이 아닐까 싶다. 보유하고 있는 자기자본에 여유가 있다면 큰 문제는 없겠지만, 그런 경우가 아니라면 이 또한 난제 중의 난제이다. 이러한 경우에 무엇보다 우선해서 알아볼 것이 정부 및 각종 단체의 창업 관련 자금지원제도이다.

중소기업진흥공단을 중심으로 신규창업이나 기존 창업자의 경영안정과 개선을 위해 직접적으로 지원하는 자금이 있다. 또한 각 지역 신용보증재단의 신용보증을 통해 시중은행의 자금대출을 간접적으로 지원하는 제도가 있다. 게다가 점포선정이나 인테리어 등의 시설작업, 메뉴개발, 매출 및 매장관리, 사업전환 등 실제 창업에 필요한 전반적인 자문을 해주는 컨설팅 프로그램 지원도 받을 수 있다.

중소기업청이 지원하는 소상공인시장진흥공단을 통해 지원하는 소상공인 창업 및 경영개선자금은 연 3.69%의 금리로 업체별 7,000만 원을 한도로 지원한다. 상환조건은 2년 거치 5년 분할상환이다. 이와 별도로 전국 16개 광역자치단체는 지역신용보증재단는 통해 소기업을 대상으로 맞춤형 보증지원 서비스를 제공하고 있다. 또 미소금융재단, 아름다운재단, 여성경제인협회 등 시민단체에서도 장기 실직자 및 여성가장들을 대상으로 창업자금을 지원해주고 있으니 자신에게 맞는 지원제도를 선택하여 적극 활용할 필요가 있다.

다음은 위 내용과 관련해서 창업 관련 실질적인 지원을 하고 있는 기관 현황이다.

〈표 4-13〉 창업 지원 기관

기관명	연락처	업무내용
소상공인시장진흥공단	1588-5302	창업상담, 기술지도, 지원자금
중기청 창업진흥과	042-481-3972	창업에 필요한 인허가 사항 일괄처리
서울 중기청 창업성장지원과	국번 없이 1357	
중기청 정책총괄과	042-472-7929	여성 창업보육센터 운영, 저소득 여성가장지원, 생계형 창업자금 지원
여성경제인협회	02-369-0900	
중소기업진흥공단 창업기술처	02-769-6913	청년·장년 창업보육센터 운영, 창업지도
서울시 창업취업지원과	02-2133-5523	
근로복지공단 재활사업부	02-2670-0584	장기실업자 창업자금지원, 실직 여성가장 창업자금 지원
장애인고용촉진공단	031-728-7269	장애인 창업 및 취업 지원

출처: 100세 시대 은퇴대사전, 송양민·우재룡

제4절 | 자산을 활용한 은퇴자산 설계사례

1 연금자산 보유 및 관리 실행 사례

1-1 고객 및 시장 상황

40대 중반의 직장인 나대한 씨(연소득 6,600만 원)는 2002년 연금저축신탁과 보험에 가입, 2018년 말까지 매월 총 50만 원씩 납입하면서 소득세법상의 세액공제(13.2%)를 모두 받았다. 나대한 씨는 최근 본인이 가입하고 있는 연금저축과 관련된 금융감독원의 보도 자료를 보고, 본인이 보유한 상품의 수익률이 상대적으로 낮다는 것을 확인하게 되었는데, 그 주요내용은 다음과 같다.

"연금저축 납입액에 대한 세액공제 효과 및 연금수령 시(10년) 연금소득세를 고려할 경우, 다음과 같은 수익률의 결과를 보이고 있다. 상품별로는 연금펀드가 7.17%로 가장 높았고, 연금신탁(3.74%)이 가장 낮은 수익률을 보여주고 있다. 이는 3.4%p로 거의 두 배나 되는 수익률 차이이다."

출처: 금융감독원, 2018년

〈표 4-14〉 세액공제 효과 및 연금소득세를 고려한 연금저축 수익률 현황

(단위: %)

	펀드	신탁	생보	손보	예금은행 적금	저축은행 적금
최고	8.41	4.51	6.17	5.35	-	-
최저	3.23	3.17	4.21	4.48	-	-
평균	7.17	3.74	5.21	5.02	2.68	3.66
표준편차	2.06	0.30	0.56	0.23	-	-

출처: 금융감독원, 2018년 7월 27일 보도자료

이런 상황의 나대한 씨에게 CPB는 시장상황을 고려하여 무엇을 제안할 수 있을까?

1-2 답변 및 관련 근거

먼저 본인이 가입하고 있는 상품의 수익률이 개인의 기대 및 동일한 시장상황을 기준으로 볼 때 상대적으로 저조한 경우에는 계좌이동을 고려할 수 있다. 따라서 지금 즉시 자신의 연금상품 수익률과 수수료 등을 비교해보고, 수익률 개선이 필요하다면 다른 회사(동일 금융기관 간 또는 타 금융기관으로의 이동) 연금계좌로 이전하는 것이 필요하다. 계약을 이전하는 것은 중도인출로 간주되지 않아 세제상 불이익도 없다. 이전받을 금융회사에 연금계좌를 개설한 후, 현재 가입된 회사에 이전 요청만 하면 된다. 차후 또다시 다른 금융회사로 이전이 가능하므로 적어도 1~2년에 한 번 정도는 자신의 수익률을 점검해보는 것이 좋다.

다만, 연금저축신탁의 경우는 계좌이동 시 적립금을 기준으로 이동되지만, 연금저축보험의 경우는 해지환급금을 기준으로 이동된다는 점을 유의해야 한다. 가입 후 유지하고 있는 기간이 장기라서 보험의 해지환급금이 납입원금에 이자도 일부 가산되어 있을 수 있겠지만, 유지기간이 그리 길지 않은 경우에는 해지환급금이 납입한 원금보다 적을 수 있기 때문이다.

두 번째는 더 많은 돈을 추가로 납입하는 것이다. 현재 납입하는 자금 외에 추가로 납입할 만큼 여유롭지 않다면, 연말정산을 통해 기대할 수 있는 환급세액을 매년 추가납부 재원으로 활용할 수 있다. 연말정산 환급금은 일시적 소비로 소진하는 경우가 일반적인데, 이를 연금자산 규모를 늘리는 재원으로 활용하는 것은 매우 바람직하다.

2 은퇴생활자의 위험자산 투자 및 손해 사례 1

2-1 고객 상황

김장미 씨는 얼마 전, 오랜 기간 근무해오던 회사를 그만두고 전업주부가 되었다. 퇴직연금 계좌인 IRP계좌로 퇴직금을 받던 날, ○○은행에 찾아가서 IRP를 해지하는 것이 좋을지 상담하였는데, 세금 측면에서 IRP계좌에 넣어두는 것이 좋으며 계좌를 유지하면서도 예금이나 펀드 등으로 돈을 굴릴 수 있다는 설명을 들었다. 평소 김장미 씨는 정기예금 등 안전한 금융상품만 활용해왔으나, ○○은행 직원은 IRP계좌의 자금은 추후 노후를 위해 쓰일 자금이므로 장기투자의 기회로 활용하는 것이 좋다면서 마침 수익률이 좋은 펀드가 있으므로 몇 개 추천해주겠다고 했다. 평소 펀드에 대해 잘 몰랐으나, 퇴직도 했고 재테크에 관심도 가져야 할 것 같아 ○○은행 직원의 설명에 따라 펀드에 투자해보기로 하였다.

2년 후 김장미 씨는 신규 주택구입자금에 보태기 위해 IRP계좌를 해지하기로 마음먹고 은행을 다시 방문하였다. 그런데 펀드 투자로 어마어마한 손실이 발생하여 IRP 계좌에 있던 돈이 크게 줄었다는 사실을 알게 되었다.

김장미 씨와 같이 퇴직 후 개인형퇴직연금(IRP)의 활용을 고민하는 퇴직자에게 CPB로서 안내할 수 있는 메시지는?

2-2 CPB가 퇴직예정자 및 퇴직자에게 안내할 수 있는 메시지

개인형퇴직연금(IRP)은 기본적으로 가입자의 책임하에 운용되는 투자수익형 상품이다. 원금보존형상품에 안전하게 운용할 수도 있고, 원금비존형상품에 공격적으로 투자할 수도 있다.

기본적으로 투자는 본인이 판단하고, 선택하고, 스스로 책임을 지는 것이다. 금융회사는 단지 도와주는 역할을 할 뿐이다. 투자에서 막심한 손해가 발생했다 해도 금융회사가 일부러 그랬거나 엄청난 잘못을 저지르지 않은 이상 책임을 묻기는 어렵다.

펀드마다 투자하는 자산과 운용전략이 상이하므로 투자수익을 위해 펀드상품에 투자할

때는 '투자설명서'를 통해 해당 펀드의 특징을 파악하여야 하며, 분기마다 발간되는 자산운용보고서를 통해 펀드의 투자 현황도 파악해야 한다.

김장미 씨처럼 평소 예금상품만 거래해오던 관행에서 펀드상품에 대한 투자를 처음으로 실행할 때는 수익에 대한 지나친 기대보다는 상품의 특성 및 손실가능성에 대한 검토가 선행되어야 한다.

즉, 알고 투자해야 한다. 직원의 추천이나 권유를 참고하되, 스스로 판단해야 한다. 투자를 하면서 직원에게 맹목적으로 의지해서는 곤란하다. 퇴직 및 은퇴시기에 이르면 심리적으로 듣고 싶은 얘기를 찾게 되는데, 그보다는 알아야 하는 것을 먼저 들으려고 하는 자세가 중요하다.

펀드 투자자들을 조사한 결과 최근 가입한 펀드에 대해 잘 모르는 이들이 많았다. 펀드의 투자자산 구성 내역을 모르는 사람이 약 37.3%에 달했고, 자신이 투자한 펀드를 어느 회사가 운용하는지조차 알지 못하는 투자자도 11.5%나 되었다. 이는 시장에서 발생하는 위험이 아니라 개인이 투자에 임하는 자세에서 발생하는 위험요인이다.

〈그림 4-7〉 가입한 펀드에 대한 이해도 조사

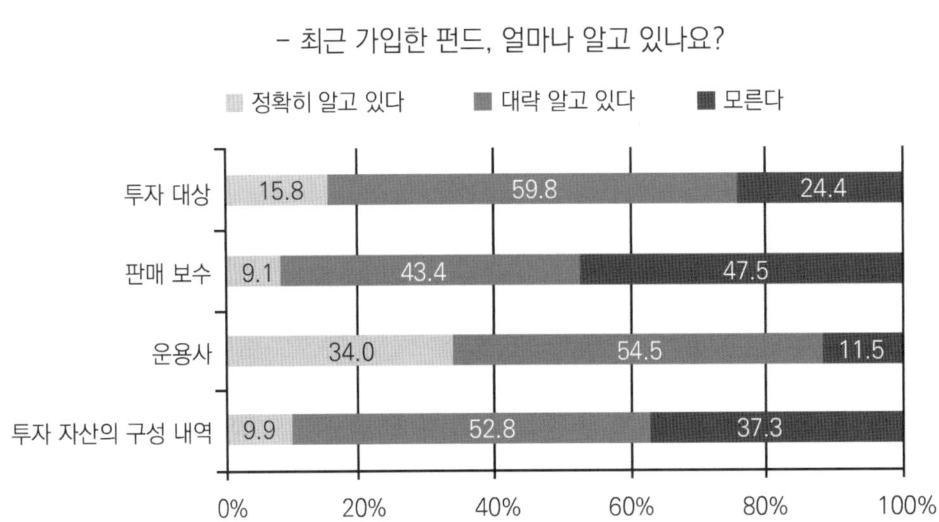

출처: 한국금융투자자보호재단

3 은퇴생활자의 위험자산 투자 및 손해 사례 2

3-1 고객 상황

나대한 씨는 초등학교를 졸업하고 가내 수공업을 운영해오다가 해당 지역의 재개발에 따라 토지보상금 약 48억 원을 받았다. 이 사실을 알고, ○○은행 직원이 그를 찾아가서 보상금을 펀드에 투자하라고 적극적으로 권유하였다. 나대한 씨는 펀드에 투자한 경험이 없었기 때문에 투자를 망설이며 원금이 보장되는 상품이 좋다고 말했다. 그러나 ○○은행 직원은 펀드의 수익구조를 그래프로 그려주면서, 우량기업인 △△전자가 망하지 않는 한 원금이 보장된다고 안심시켰다. 이에 나대한 씨는 약 15억 원을 투자하였다. 그러나 해당 상품은 장외 파생상품에 투자하는 고위험펀드였고, 미국 서브프라임 사태가 발생하면서 가치가 폭락하여 결국 투자금 15억 원이 약 6억 원으로 줄어들었다.

이런 상황에서 나대한 씨의 손해금액은 어떻게 되는 것일까? 은퇴생활자의 금융자산 운용 및 관리를 담당하는 CPB로서 나대한 씨와 같은 고객에게 안내할 수 있는 메시지는?

3-2 손해금액에 대한 법리적 해석

판례: 부산지법 2011. 3. 23. 선고 2010가합791 판결

고령의 저학력자로서 간접투자상품을 매수한 경험이 없고, 매우 보수적인 투자 성향을 가지고 있는 사람인 나대한 씨에게 거액의 돈을 투자하여 펀드를 매입하도록 권유하면서, 펀드의 안전성과 수익성만을 강조하고 그 운용방법이나 만기에 원금손실이 발생할 위험성 등에 관하여 제대로 설명하지 않았다. 위와 같은 행위는 투자행위에 수반되는 위험성에 대한 올바른 인식형성을 방해하거나 투자 상황에 비추어 과대한 위험성을 수반하는 거래를 적극적으로 권유한 행위이자 나대한 씨에 대한 보호 의무를 저버린 부당권유행위에 해당한다. 따라서 ○○은행은 나대한 씨가 입은 손해의 일부를 배상할 책임이 있다.(손해액의 35% 배상)

출처: 금융감독원

3-3 CPB가 은퇴생활자에게 안내할 수 있는 메시지

은퇴생활기간 금융자산 운용의 기본적인 원칙은 손실가능 위험을 최대한 고려해야 한다는 것이다. 부족한 생활재원 확보를 위해 고수익을 꾀하는 것은 그만큼 위험도 허용한다는 것이다. 위 사례의 나대한 씨는 부족한 생활재원 확보를 위한 투자는 아니었지만, 투자에서 가장 기본적인 부분을 간과한 의사결정을 하였다. 상품의 기능이나 운용방법에 대해 이해하지 못한 상황이었고, 안타깝게도 본인의 투자성향에도 어울리지 않는 위험자산에 대한 투자결정이었다.

은퇴생활기간에 이루어지는 금융자산 투자 및 운용은 다음의 기본적인 사항을 고려하면서 실행 여부를 선택해야 한다.

가. '원금손실 가능'이다

금융투자상품은 투자실적에 따라 큰 수익이 발생할 수 있지만, 반면에 투자원금 손실은 물론 투자원금을 초과하여 큰 손실이 날 수도 있다. 아울러 은행권의 예금 또는 적금 등과 달리 원금보장이 되지 않는 것이 대부분이며, 해당 금융기관의 부도발생 시 예금자보호가 되지 않는다. 단, 증권회사에 예치된 위탁자 예수금과 종금회사 업무를 겸하고 있는 증권회사의 어음관리계좌(CMA) 등은 예금자보호 대상(5,000만 원 한도)이다.

나. 금융투자상품의 투자결과는 '본인 책임'이다

금융상품에 대한 투자결과는 본인에게 귀속되는 것이 원칙이므로, 상품을 충분히 이해한 후 '자신의 판단과 책임하에 투자'해야 한다. 아울러 직원이 원금보전을 해주겠다거나 손실이 나면 보전해주겠다는 약정은 강행법규 위반이므로 아무런 법적 효력이 없다는 점도 기억해야 한다.

다. 금융투자상품은 '지속적인 관리가 요구'된다

금융투자상품은 시장의 대내외적 요인, 투자상품의 고유특성에 따라 손익내역이 계속적으로 변동한다. 따라서 금융투자상품의 손익상황과 금융기관의 관리상황 등을 주기적으로 확인할 필요가 있다. 만일 자신이 의도하지 아니한 투자행위가 이루어지는 등의 문제가 확인되는 경우 해당 금융투자회사에 즉각적으로 이의를 제기하여야 한다.

4 불완전판매에 따른 투자권유 행위 및 손해 사례

4-1 고객 상황

금융회사 직원은 가정주부 김장미 씨에게 예금자보호상품이 아니라 원금손실 가능성이 있는 특정금전신탁상품을 판매하면서 정기예금처럼 안정성이 있고, 이자율은 8%라며 투자를 권유하였다. 손실위험 설명확인서의 확인란에는 금융회사 직원이 고객으로부터 건네받아 보관하고 있던 도장을 날인하는 것으로 계약이 이루어졌다.

위 김장미 씨 사례에서 발생하는 손해금액은 어떻게 되는 것일까? 또한 위 사례의 경우에서 볼 수 있듯이 은퇴생활자가 금융상품에 투자할 때 유의해야 할 사항으로, CPB로서 안내할 수 있는 메시지는?

4-2 손해금액에 대한 법리적 해석

> 판례: 서울중앙지법 2015. 1. 9 선고 2013가합70946
>
> 원금 손실 가능성이 있는 투자상품을 권유하면서 정기예금처럼 안정성을 강조하여 상품 설명을 소홀히 함. 통장표지에 저축성 통장이라 적혀 있고, 손실위험확인서도 직원이 대신 날인했으므로 배상책임이 있음. 다만, 고객도 상품 등을 신중히 검토하지 않은 점, 기존에 주식 또는 채권형펀드에 투자한 경험이 있던 점, 대리 서명을 부탁한 점 등을 들어 금융회사의 책임을 40%만 인정함.
>
> 출처: 금융감독원

4-3 CPB가 은퇴생활자에게 안내할 수 있는 메시지

금융회사 직원에게 인감도장과 증권카드 등을 맡기는 행위는 분쟁발생 우려가 있는 위험한 행위이므로 삼가야 한다. 계좌번호, 비밀번호, 거래인감과 증권카드 등을 직원에게 알리거나 보관케 하는 경우 횡령, 배임 등 금융 사고로 이어질 개연성이 높다. 어떠한 경우에도 직원 및 지인에게 알리거나 맡기지 말고 스스로 관리하고, 투자금도 본인이 직접 계좌에 입금하여야 한다.

5 금융상품 투자에 대해 책임진다는 내용의 법적효력 사례

5-1 고객 상황

나대한 씨는 △△증권회사 지점장의 종목 추천에 따라 금융상품에 투자해왔다. 그런데 지점장이 추천한 종목에서 6억 원이라는 큰 손실을 보게 되자 지점장을 찾아가 따졌고, 지점장에게 '손실발생 시 책임을 지겠다', '6억 원의 손실을 어떻게든 회복시키고, 약속을 이행하지 못하면 어떤 불이익도 감수하겠다'라는 확인서를 받았다. 그 후 원금 회복을 위해 추가로 투자자금을 입금했으나, 경기가 나빠지면서 더 큰 손실을 보게 되었다. 그래서 나대한 씨는 △△증권회사 지점장에게 약속한 대로 손실을 보전해달라고 요구하는 소송을 제기하였다.

이런 상황에서 나대한 씨의 손실금액은 어떻게 되는 것일까? CPB로서 나대한 씨와 같은 상황을 예방하는 차원에서 은퇴생활자에게 안내할 수 있는 메시지는?

5-2 손실금액에 대한 법리적 해석

판례: 대법원 2002. 12. 26. 선고 2000다56952 판결

증권거래와 관련하여 발생한 손실을 보전해주기로 하는 약속이나 그 손실보전행위는 위험관리에 의하여 경제활동을 촉진하는 증권시장의 본질을 훼손하고, 안이한 투자 판단을 초래하여 가격 형성의 공정을 왜곡하는 행위로서, 증권 투자에 있어서의 자기책임의 원칙에 반하는 것이므로, 정당한 사유 없는 손실보전의 약속 또는 그 실행행위 역시 사회질서에 위반하여 무효라고 할 것임.(원고 패소)

출처: 금융감독원

5-3 CPB가 은퇴생활자에게 안내할 수 있는 메시지

금융투자상품을 매매·거래할 때, 금융투자회사와 투자자 사이에 손실부담 약정을 맺는 것은 법으로 금지하고 있다. 자본시장법에서는 금융투자업자가 증권의 매매, 그 밖에 거래와 관련하여 손실을 보전하거나 이익을 보장하는 행위를 금지(법 55조)하고 있으며, 대법원은 금융투자회사와 일정부분의 투자수익을 보장해주는 약정을 맺는 것도 강행법규

위반으로 무효라고 판시하였다(대법원 2002. 12. 26. 선고 2000다56952 판결).

금융상품에 대한 투자결정에서 투자결과에 대한 근본적인 책임은 본인 스스로에게 있음을 명확히 인지해야 극단적 위험을 예방할 수 있다. 따라서 은퇴생활자가 금융상품에 투자할 때는 다음과 같은 자기기준이 요구된다.

1) 금융상품 투자를 통한 수익을 기대 이상 유지하는 것이 그리 쉬운 일은 아니다. 기대수익에 대한 눈높이를 낮추는 위험관리가 필요하다.
2) 본인이 기대하는 수익률 목표를 정하고 그에 맞는 상품을 선택해야 한다.
3) 투자손실이 미치는 생활의 변화를 예상하고, 가계재무에 치명적인 상황이 초래될 가능성이 있는 경우에는 투자금액을 줄이거나 상대적으로 안전한 상품선택을 고려해야 한다.
4) 충분한 상담을 통한 의사결정이 필요하다. 〈그림 4-9〉와 같이 대부분 30분 미만으로 진행되는 상담 시간으로는 투자판단을 위한 충분한 정보의 공유 및 신중한 의사결정은 사실상 어려울 수 있다.

〈그림 4-8〉 펀드 가입 시 상담 시간 조사

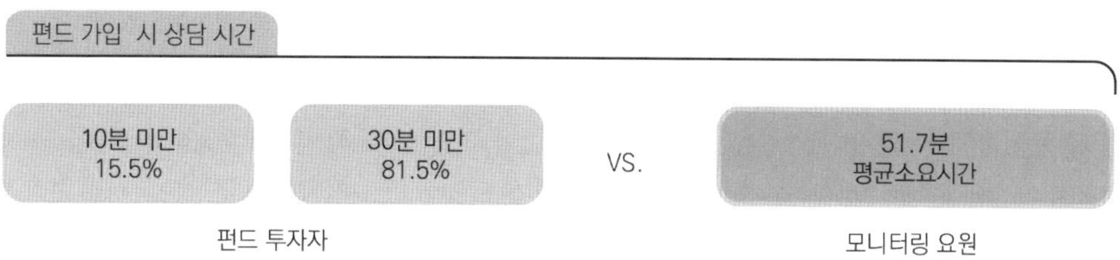

출처: 한국금융투자자보호재단

6 부동산자산을 활용한 고객상환부담 해소 및 연금자산 확보 사례

6-1 고객 상황

35년의 직장생활을 정리하고 2년 전 퇴직한 나대한 씨는 3남매가 모두 결혼을 한 상태여서 큰 걱정은 없을 줄 알았다. 그런데 아직 살고 있는 주택을 담보로 해서 빌려 쓴 대출금이 75,000천 원이 아직 남아 있다. 매월 이자는 나가고 있고 여간 신경 쓰이는 것이 아니다. 괜히 잘못되면 자식들에게 빚만 떠넘기는 건 아닌지 걱정이다. 이번 달 이자 납입하는 날에는 아파트 담보대출을 해준 삼청은행에 가서 담당 CPB에게 자문을 한번 구하려고 한다.

- 나대한 씨 60세, 배우자 김장미 씨 60세
- 주거형 APT: 300,000천 원
- 담보대출 미상환잔액: 75,000천 원(잔존만기 10년, 만기 일시상환, 금리 3.04%)
- 주거용 주택 외 금융자산 및 보유자산이 없는 상태(3남매 결혼비용으로 지출)
- 매월 160만 원으로 예상되는 국민연금은 3년 후 수급권 발생
- 현재 정기소득원은 퇴직금과 개인연금에서 인출하는 140만 원의 연금이 전부

삼청은행의 CPB는 나대한 씨에게 어떤 메시지를 줄 수 있을까?

6-2 CPB가 안내할 수 있는 메시지

삼청은행의 CPB는 나대한 씨의 기본적인 주변상황과 재무정보를 접하고, 우선적으로 해결해야 할 실행항목을 공유하였다. 그 내용은 다음과 같다.

1) 매월 비용의 개념으로 지출되는 금융비용(대출이자)을 통제해야 한다.
2) 또한 매월 140만 원 규모의 연금으로는 매월 고정지출을 해결하는 것 외에 지출 여유가 매우 부족하므로 추가적인 소득원 확보를 모색해야 한다.

3) 가용할 수 있는 자산은 현재 거주하고 있는 주택부동산이 유일한 상황이다.
4) 따라서 주택부동산 자산을 활용해서 해결방안을 모색할 예정이다.
5) 삼청은행 CPB는 주택연금 활용을 제안하고 현재상황과 비교기준을 다음과 같이 제시했다.

구분	주택연금 가입 × 70세까지 매월 19만 원 이자 납입	주택연금 가입 ○ 부채상환으로 이자납입 ×
주택 담보대출 상환	만기가 도래하는 70세에 75,000천 원 상환	주택연금 가입 시, 일시금 인출로 전액 상환 (만기 시 상환부담 없음)
연금재원 추가확보	없음	60세 현재부터 부부 모두 사망 시까지 매월 440천 원 연금수급
세제혜택	없음	재산세·소득세 매년 200천 원 절감
주택자산 상속	주택 상속 가능	연금상환 후 주택 잔존가치 상속 잔존가치 없어도 상환의무 ×
주거이동 소유권 변동	대출상환을 위한 방법으로 발생가능성 있음	없음

6-3 나대한 씨 입장에서 주택연금제도의 활용가치

1) 무엇보다 중요한 것은 현금흐름에서 정기지출 부담(금융비용)을 제거한 것이다.
2) 또한 주거이동 가능성에 영향을 미치는 잔존부채 75,000천 원을 전액상환한 것은 은퇴생활에 정서적 안정을 기하는 데 매우 긍정적이다.
3) 매월 440천 원 규모의 연금을 추가적으로 인출할 수 있게 되었다.
4) 대출이자 및 추가 연금인출을 고려하면, 현금흐름에서 월 500천 원의 긍정 효과가 발생하였다.

7 주택임대사업자에 대한 취득세 감면 혜택 사례

7-1 고객 상황

나대한 씨는 퇴직 후 주택임대사업을 통해 정기소득원 관리를 계획하고 있다. 주택임대사업자 등록에 따른 각종 세제혜택이 있는데, 세무서에서 사업자등록을 한 경우에만 취득세 감면혜택을 받을 수 있는지 궁금해서 삼청은행 CPB에게 문의하였다.

7-2 CPB가 안내할 수 있는 메시지

주택임대사업자로 등록한 경우, 세무서에서 사업자등록을 하지 않았더라도 취득세 감면은 가능하다. 참고로 주택임대사업자와 관련되어 있는 취득세, 재산세와 같은 지방세 감면은 지자체에 주택임대사업자등록만으로 적용이 가능하다. 그러나 종합부동산세, 종합소득세, 양도소득세와 같은 국세에 대한 취득세 감면은 지방자치단체에 임대등록을 하고 세무서에 사업자등록을 한 경우에 한해서 적용된다는 것을 알아야 한다.

다만, 최근 정부의 주택 관련 고강도 규제, 부동산 관련 세제 강화, 주택공시가격 인상 등 시장상황의 변화에 따라 주요도시의 주택임대 수익률이 점차 하락하는 흐름을 보이고 있음을 고려한다.

퇴직 후 소득원 확보와 세제혜택 측면만을 중심에 두고 대규모의 자본을 움직이는 것은 때로 위험요인이 되기도 한다. 임대소득에 대한 기대수익의 설정과 현실적으로 가능한 실질수익률을 예측한 후 임대사업에 대한 최종 선택이 이루어져야 한다.

8 주택임대사업자의 취득세 환급 사례

8-1 고객 상황

사례 7의 나대한 씨는 전용면적 60㎡ 이하인 오피스텔을 분양받은 후 잔금을 치르고 취득세를 납부했다. 그런데 본인이 취득한 오피스텔이 취득세 감면대상이 될 수 있다는 것을 알게 되었다. 그렇다면 이미 납부한 취득세는 어떻게 되는 것인지 궁금해 삼청은행 CPB에게 문의전화를 하였다. 나대한 씨가 납부한 취득세는 어떻게 될까?

8-2 CPB가 안내할 수 있는 메시지

결론적으로 얘기하면 환급받을 수 있다. 이미 취득세를 납부한 경우라도 취득일로부터 60일 이내에 취득세 감면요건이 적용된 해당 오피스텔을 대상으로 임대사업자 등록을 하면 취득세를 환급받을 수 있다.

9 부가세 환급과 취득세 감면 중 선택 사례

9-1 고객 상황

위 사례의 나대한 씨는 오피스텔을 분양받은 후 주위에서 이런저런 얘기를 듣게 되어 고민이다. 오피스텔에 대한 부가가치세 환급을 위해 과세사업자로 등록하는 것이 좋은지, 아니면 주택임대사업자로 등록하고 취득세를 감면받는 것이 좋은지 궁금하다. 나대한 씨는 주거래은행인 삼청은행의 CPB에게 문의전화를 하였다.

9-2 CPB가 안내할 수 있는 메시지

오피스텔의 경우는 실질적인 용도에 따라 과세와 면제로 구분된다. 오피스텔을 분양받은

후 업무시설로 이용하거나 임대를 하는 경우에는 부가세를 환급받는 것이 합리적일 수 있지만, 주거용으로 이용하거나 임대를 하는 경우에는 취득세 감면을 선택하는 것이 오히려 좋을 수 있다. 업무용으로 신고하고 부가세를 환급받은 후 주거용으로 사용할 경우에는 환급받은 부가세를 추징당할 수 있음에 유의해야 한다.

주·요·내·용·종·합·정·리

01› 과거와 달리 축소되는 소득활동기간과 확대되는 은퇴생활기간, 저금리 등을 종합적으로 고려하는 은퇴자산 운용 및 활용이 필요하다.

02› 금융자산을 운용할 때 지나친 자기과신, 편중된 포트폴리오 등은 위험할 수 있다. 반면 시장변화에 유연하게 대응하는 포트폴리오 조정 및 정보를 공유할 수 있는 컨설턴트의 자문 서비스는 매우 중요하다.

03› 기간에 따른 은퇴자산 운용 중 단기간의 경우에는 수익보다는 안정성과 환금성을 우선적으로 고려해야 한다. 3년 이상의 중기운용에는 수익을 꾀할 수 있는 측면을 우선 고려할 수 있다.

04› 10년 이상의 장기운용은 수익성을 기본적으로 고려해야 하지만, 수익의 상당부분이 세금으로 흘러나가는 것을 예방하는 차원에서 절세기능이 있는 상품으로 포트폴리오를 구성하는 것을 고려해야 한다.

05› 은퇴자산으로 활용할 수 있는 금융상품을 기능별로 구성할 때는 정기적인 생활비 확보를 고려한 월 지급식 상품, 절세를 고려한 분리과세·비과세 상품, 무엇보다 통제력 확보를 위한 상품들을 선택하여 구성할 수 있어야 한다.

06› 기능별 금융상품을 활용할 때는 시장 환경 및 제도(세금제도)변화에 따라 선택이 달라질 수 있다. 따라서 활용하고 있는 상품과 시장변화에 대한 관심을 지속적으로 유지해야 한다.

07› 부동산자산을 활용한 은퇴자산 인출을 고려할 수 있다. 수익형부동산 선택요령, 임대사업에 대한 정책방향성 및 규제변화, 실질운용수익을 판단할 수 있는 제반 비용 등에 대해서 종합적인 검토가 요구된다.

08› 퇴직 후 이어지는 창업은 최근 고연령, 고밀도, 고부채 현상으로 나타나고 있다. 또한 짧은 준비기간과 경험의 부재는 창업 초기 낭패(폐업)로 이어지는 이유가 되고 있다. 창업을 준비할 때는 정책을 올바르게 이해하고, 지원받을 수 있는 요건을 확인하고 적극 활용하여야 한다.

연·습·문·제

01 은퇴자산 운용의 기본적인 원칙으로 적절하지 않은 것은?

① 금융상품을 운용할 때는 자신의 재무상황과 성향에 맞는 상품을 선정하는 것이 중요하다.
② 운용을 할 때 지나친 자기과신은 가장 위험한 요인이 될 수 있다.
③ 편중된 자산의 적절한 분산이 필요하다.
④ 투자상품은 관리보다 상품의 선택 및 가입이 중요하다.
⑤ 컨설턴트의 자문 서비스를 통해 객관성을 유지하는 것이 합리적이다.

02 은퇴자산의 기간별 운용원칙에 대한 설명으로 적절하지 않은 것은?

① 단기간 운용하는 자산은 환금성을 고려하는 차원에서 투자종목을 선택해야 한다.
② 중기투자에서는 본인이 허용할 수 있는 범위에서 기대수익 확대를 꾀할 수 있다.
③ 장기투자는 수익과 함께 수익에서 차감될 수 있는 세금부담에 대한 통제도 동시에 고려해야 한다.
④ 은퇴생활기간에는 평균수명 연장을 고려하여 장기투자를 고려하는 경우가 일반적이다.
⑤ 단기투자인 경우에는 수익에 대한 과도한 욕심보다는 안정성을 우선 고려해야 한다.

03 은퇴생활기간에 활용할 수 있는 금융상품에 대한 설명으로 적절하지 않은 것은?

① 자산의 통제력 유지를 위해 유언대용신탁을 활용할 수 있다.
② 월지급식 ELS 및 펀드는 원금의 손실가능성이 있는 만큼 담당하는 금융기관 및 전문가의 선택이 중요하다.
③ 종신형 즉시연금은 연금개시 후 중도해지가 불가능하다.
④ 월 적립식 저축성보험은 월 150만 원까지 이자소득세 비과세 대상이다.
⑤ 장기저축성보험에 대한 이자소득세 비과세 요건을 위한 계약기간은 5년 이상이다.

연·습·문·제

04 부동산자산을 활용한 소득원 확보에 대한 설명으로 적절하지 않은 것은?

① 주택 다운사이징을 통한 재무적 유연성 확보에 앞서, 부부간의 주거환경에 대한 정서적인 소통이 선행되어야 한다.
② 최근 부동산임대사업에 대한 세제 및 정책지원이 대폭 확대되고 있다는 점을 고려하여 거주주택을 축소하고 임대사업으로의 전환을 적극 모색할 수 있다.
③ 주택 다운사이징을 실행하면 부채상환을 위한 여유자금을 확보할 수 있다.
④ 임대부동산을 운용할 때는 주택의 경우 소형일수록 세제상의 혜택이 많다.
⑤ 임대아파트를 운용할 경우, 되도록 소형의 새로 분양하는 아파트가 유리하다.

05 은퇴생활에 고려할 수 있는 창업에 대한 설명으로 적절하지 않은 것은?

① 최근 창업시장의 업종별 밀도는 점차 하락하고 있다.
② 퇴직 후 창업하는 동기는 생계유지를 위한 재원확보가 가장 큰 이유를 차지하고 있다.
③ 퇴직 후 창업자가 대폭 늘어나고 있는 이유는 재취업이 만만치 않은 주변환경의 영향이 있다.
④ 창업을 위한 준비기간이 너무 짧은 것과 준비의 소홀은 폐업에 상당한 이유로 작용하고 있다.
⑤ 자기자본 대비 창업자금을 구성하는 부채비율이 높으면(고부채) 매출에 대한 압박으로 이어질 수 있다.

집필자

민복기

- 숭실대학교 일반대학원 경영학과 재무금융설계 박사과정 수료
- (현) 한국금융연수원 개인금융부문 겸임교수
- (현) 한국가계재무연구소 대표
- (전) 숭실대학교 경영대학원 금융·부동산학과 겸임교수

은퇴설계

초 판 1 쇄 2019년 4월 25일
6 판 1 쇄 2025년 4월 14일
발 행 인 이준수
발 행 처 한국금융연수원 출판미디어사업부
03053 서울시 종로구 삼청로118
전 화 02) 3700-1500
팩 스 02) 3700-1530
홈 페 이 지 www.kbi.or.kr
등 록 1990년 4월 20일(제1-1040호)

ISBN 978-89-287-8251-2 13320 〈정가 : 20,000원〉

한국금융연수원 자격검정시험 안내

•「국가공인자격」은 자격기본법에서 정한 기준과 절차에 따라 국가가 공인한 자격으로 신용분석사, 여신심사역, 국제금융역, 자산관리사(FP), 신용위험분석사(CRA), 외환전문역 I종, 외환전문역 II종 등 7개의 자격이 있습니다.

•「자체인증자격」은 우리 원이 인정, 수여하는 자격으로 공개시험형 자체자격인 프라이빗 뱅커(CPB), 은행텔러, 영업점 컴플라이언스 오피서(은행)(보험)(증권), KBI 금융DT 테스트, 자금세탁방지 업무능력 검정시험 등 7개 자격이 있습니다.

구분	자 격 명 (공인/등록번호)	응시료	자격소개
국가공인자격	신용분석사 (제2024-1호) (2008-0438)	전과목 : 66,000원 1부 : 28,000원 2부 : 39,000원	금융회사의 여신관련 부서에서 기업에 대한 회계 및 비회계자료 분석을 통하여 종합적인 신용상황을 판단하고 신용등급을 결정하는 등 기업신용 평가업무를 담당하는 금융전문가
	여신심사역 (제2024-2호) (2008-0439)	전과목 : 66,000원 1부 : 28,000원 2부 : 39,000원	금융회사의 여신심사 담당자로서 경제상황과 기업의 재무, 비재무상태 등을 분석, 파악하여 적정한 대출심사 의견서 작성, 대출이율 및 대출기간 결정 등 대출실행 여부를 판단하고 자금의 효율적 운용, 대손 방지를 위한 제반조치, 여신의 법률적 검토, 사후관리업무 등 여신업무와 관련한 종합적인 업무를 수행하는 금융전문가
	국제금융역 (제2021-1호) (2008-0440)	전과목 : 66,000원 1부 : 33,000원 2부 : 33,000원	금융회사의 국제금융 관련 부서에서 국제금융시장의 동향파악, 분석 및 예측 등을 통하여 외화자금의 효율적 조달과 운용업무를 담당하고 이에 따른 리스크관리 등 국제금융 관련 업무를 수행하는 금융전문가
	신용위험분석사(CRA) (제2023-2호) (2008-0442)	1차 : 77,000원 2차 : 88,000원	금융회사 및 기업신용평가기관 등에서 개인과 기업에 대한 신용상태를 조사평가하고 신용위험을 측정 · 관리하는 여신전문가
	자산관리사(FP) (제2020-1호) (2008-0441)	전과목 : 55,000원 1부 : 28,000원 2부 : 28,000원	금융회사 영업부서의 PB(Private Banking) 팀에서 고객의 수입과 지출, 자산 및 부채현황, 가족상황 등 고객에 대한 각종 자료를 수집, 분석하여 고객이 원하는 Life Plan 상의 재무목표를 달성할 수 있도록 종합적인 자산설계에 대한 상담과 실행을 지원하는 금융전문가
	외환전문역 I종 (제2020-1호) (2008-0436)	전과목 : 55,000원	금융회사의 외환업무 중 외국환 거래 법규 및 외환거래실무를 이해하고 고객의 외화 자산에 노출되는 각종 외환 리스크를 최소화시키는 등 주로 개인 외환과 관련된 직무를 담당
	외환전문역II종 (제2020-1호) (2008-0436)	전과목 : 55,000원	금융회사의 외환업무 중 수출입업무 및 이와 관련된 국제무역규칙을 이해하고 외환과 관련된 여신 업무를 수행하는 등 주로 기업 외환과 관련된 직무를 담당
자체인증자격	은행텔러 (2008-0437)	전과목 : 55,000원	창구에서 일어나는 제반업무에 대해 신속하고 친절한 업무수행과 정확한 업무처리로 고객에게 도움을 주고 상담을 통해 문제해결을 하도록 도와주는 금융전문가
	영업점 컴플라이언스 오피서(은행) (2010-0118) (보험, 증권) (2013-0702,0703)	전과목 : 각 44,000원	금융회사의 영업점에서 준법관련 법규와 감독기관의 감독규정이 정한 내용과 취지를 충분히 이해하고 업무 수행과정에서 이를 준수하며, 영업점에서 발생 가능한 금융사고 및 민원사항이 발생하지 않도록 사전적 예방 차원에서 그 준수사항의 이행을 점검하는 금융전문가(은행, 보험, 증권 분야별로 자격이 구분됨)
	프라이빗뱅커 (CPB) (2018-004091)	1차 : 110,000원 2차 : 342,000원 (실무교육)	개인고액자산가의 자산 및 수익증대를 실현하기 위해 금융분야 전반에 걸쳐 종합적인 금융상담과 실행을 지원할 수 있는 최고급 수준의 금융자산설계전문가
	KBI 금융DT 테스트 (2021-001872)	전과목 : 44,000원	금융인 및 예비금융인을 대상으로 디지털금융 전반에 대한 기본지식과 업무활용능력 등 금융DT 관련 기본역량 평가
	자금세탁방지 업무능력 검정시험 (2023-004792)	전과목 : 66,000원	금융시스템을 이용한 자금세탁행위와 공중협박자금조달행위를 적발 및 예방할 수 있는 전문적인 업무역량 평가

소비자 알림사항

•상기 "프라이빗뱅커(CPB)", "영업점컴플라이언스 오피서(은행)(보험)(증권)", "KBI 금융DT 테스트", "은행텔러", "자금세탁방지 업무능력 검정시험" 자격은 자격기본법 규정에 따라 등록한 민간자격으로, 국가로부터 인정받은 공인자격이 아닙니다.

•민간자격 등록 및 공인 제도에 대한 상세내용은 민간자격정보서비스 (www.pqi.or.kr)의 '민간자격 소개'란을 참고하여 주십시오.

기타

•응시료 환불 규정 : 접수기간 중 100%, 접수기간 종료 후 시험일 5일전 18시까지 50% 환불/이후 환불 불가

•자격 공인번호는 재공인시점에 따라 변경될 수 있으며, 응시료, 환불규정 등은 응시 시점에 따라 변경될 수 있으니 자격시험 응시 전 반드시 한국금융연수원 홈페이지에서 응시하고자 하는 자격시험에 관한 최신 정보를 확인하시기 바랍니다. 자격시험에 관한 자세한 사항은 한국금융연수원 홈페이지를 참조하시기 바랍니다.

•주소 : 서울특별시 종로구 삼청로 118 / TEL : 02-3700-1500 / 홈페이지 : www.kbi.or.kr

정 · 답 · 및 · 해 · 설

01 ④ 투자상품은 가입보다 시장상황을 고려한 관리가 더 중요하다. 다만, 금리형상품은 가입이 중요하다.

02 ④ 은퇴생활기간에는 10년 이상 장기투자를 하기보다는 단기·중기로 자산을 운용하는 경우가 일반적이다.

03 ⑤ 장기저축성보험에 대한 이자소득세 비과세 요건을 위한 계약기간은 10년 이상이다.

04 ② 최근 부동산임대사업자에 대한 요건 및 세제혜택이 강화되고 있다는 점을 고려해 신중한 판단이 요구된다.

05 ① 최근 창업시장의 업종별 밀도는 대폭 상승하여 업종 내 과당경쟁이 일어나고 있다. 이는 매출하락으로 이어지고 있다.

참고문헌

- 김동희·류재광(공저, 2017), 보험 및 은퇴설계, 한국금융연수원
- 송양민·우재룡(공저, 2014), 100세 시대 은퇴대사전, 21세기북스
- 이재국(2018), 반지하에서 반포아파트 입성하기, 메이트북스
- 하승주(2017), 대한민국 부동산 7가지 질문, 스마트북스
- 백만기·이근혁·권대홍(공저, 2013), 은퇴설계, 한국FPSB편
- 박유연·전정홍(공저, 2013), 보험지식의 힘, 청림출판
- 김동엽·박영선·서혜민·오은미(공저, 2018), 세금을 알아야 연금이 보인다, 미래에셋은퇴연구소
- 최형준 외 4인(공저, 2015), 연금투자, 전국투자자교육협의회
- 최용준·손문옥(공저, 2018), 금융투자 절세 가이드, 전국투자자교육협의회
- 지철원·권기둥·송보배(공저, 2017), 생애수확기 자산관리, 전국투자자교육협의회
- 권대홍·김영수·조영관·최인용(공저, 2014), 은퇴와 자산관리2, 한국표준협회
- 한진수 외 7인(공저, 2017), 금융교육 전문강사, 금융감독원
- 이승희·주소현(공저, 2015), 생애주기별 금융생활 가이드북: 자녀성년기 및 독립기 편, 금융감독원
- 김민정·주소현(공저, 2015), 생애주기별 금융생활 가이드북: 은퇴기 편, 금융감독원
- 민복기·박영재·손우철·최문희(공저, 2016), 인생설계 마스터과정, 한국FP협회
- 행복한 은퇴발전소(2018 Vol 7,8), 미래에셋은퇴연구소
- 금융감독원(fine.fss.or.kr)
- 생명보험협회 공시실(pub.insure.or.kr)
- 국민건강보험공단(www.nhis.or.kr)
- 건강보험심사평가원(www.hira.or.kr)
- 보건복지부(www.mohw.go.kr)
- 통계청(www.kostat.go.kr)
- 고용노동부(www.moel.go.kr)
- 신용회복위원회(www.ccrs.or.kr)
- 한국소비자원(www.kca.go.kr)
- 국민연금관리공단(www.nps.or.kr)
- 서울시 50+(www.50plus.or.kr)
- 국세청(www.nts.go.kr)
- 한국주택금융공사(www.hf.go.kr)
- 한국노동연구원(www.kli.re.kr)
- 중소기업청(www.mss.go.kr)
- 한화생명 경제연구원
- THE100(2016), NH투자증권

으나 묵시적으로 포함되어(included by implication) 있을 수 있다고 보았다. 상소기구는 반덤핑협정과 GATT 협정을 살펴 본 후 이들 협정은 피해를 초래하는 덤핑에 대처하기 위한 것이고 반덤핑 관세는 덤핑이 국내 산업에 피해를 초래할 경우에 한해 유지될 수 있는 것이므로 덤핑과 피해간의 인과 관계는 반덤핑 관세 부과 및 유지의 핵심이라고 설명하였다. 그러나 그렇다고 해서 덤핑과 피해간의 인과 관계가 11조3항상의 재심을 시행하는데 새롭게 다시 수립되어야 한다는 것을 의미하지는 않는다고 보았다. 11조3항의 재심은 원 조사와는 그 성격과 목적이 다른 절차이며, 덤핑과 피해가 지속 또는 재발된다면 원 조사에서 이미 수립된 덤핑과 피해간의 인과 관계가 계속 존재한다고 간주하는 것이 합리적이고 굳이 이를 새로이 수립할 필요가 있는 것은 아니라고 이해했다. 따라서 상소기구는 11조3항 재심 시 예상 덤핑과 예상 피해간의 인과 관계를 수립해야 하며 피해 지속/재발 가능성 판단 시 이를 입증해야 한다는 멕시코의 주장을 수용하지 않았다.

피해의 누적 평가에 대해 멕시코는 아래와 같이 상소하였으나 받아들여 지지 않았다. i) 멕시코는 패널이 3조3항이 11조에 적용되지 않으므로 미 무역위의 피해 지속/재발 판정이 11조3항에 위반되지 않는다고 간단히 간주하여 버렸다고 주장하였으나 상소기구는 패널이 11조3항의 문안, 문맥, 반덤핑협정의 대상과 목적을 고려하여 광범위하게 논구하였다고 밝혔다. ii) 멕시코는 피해를 누적 평가하려면 해당 상품이 동시에 미국시장에 존재한다는 판정을 먼저 해야 한다고 주장하였으나 상소기구는 11조3항에 문안상의 근거가 없고 경우에 따라서는 그리하는 것이 타당할 수도 있으나 이는 각 상황에 따라 판단할 일이지 11조3항상의 법적인 요건이 있는 것은 아니라고 설명하였다. iii) 멕시코는 해당 상품의 동시 존재에 관한 증거가 없다는 이유로 미국의 피해 지속/재발 판정은 적극적인 증거에 기반한 것이 아니라고 주장하였으나 상소기구는 동시 존재가 법적인 요건도 아니라는 위의 판정을 환기하고 미국이 현재의 시장 상황에 관한 증거를 고려한 점이 인정되며 이들 증거는 미래의 시장의 가능한 상황에 대해 합리적인 결론을 도출하는 충분한 근거가 될 수 있다고 설명하였다. iv) 멕시코는 미국이 해당 상품이 동시에 시장에 존재하지 않을 것이라는 입증이 없다는 이유로 (동시에 시장에 존재할 것으로 간주하고) 피해를 누적 평가한 것은 부당하다고 주장하였으나 상소기구는 해당 상품의 동시 존재성에 가능성 기준을 적용해야 하는 것은 아니며 미국이 다른 요소도 아울러 고려하여 판정한 점이 인정된다고 보았다. v) 멕시코는 해당 상품이 시장 내에 동시에 존재하는 시점과 예상 피해(likely injury) 發顯

시점간의 time-frame을 밝히지(identify) 않았다고 주장하였으나 상소기구는 time-frame을 밝혀야 할 문안상의 요건이 없고 피해 지속/재발 가능성 판정이 충분한 사실을 기초로 이루어 진 한 time-frame을 언급하지 않은 것이 문제될 것은 없다고 판단하였다.vi) 멕시코는 3조3항의 요건을 11조3항 누적 평가 시에도 적용해야 한다고 주장하였으나 상소기구는 3조3항은 원 조사 단계에만 적용된다는 *US-OCTG sunset review* 사건 상소기구 판결을 환기하고 3조3항 요건을 적용하지 않은 것 자체만으로 11조3항 판정이 침해되는 것은 아니라고 설명하였다. 상소기구는 따라서 누적 평가에 대한 패널의 판정을 지지하였다. 그러나 11조3항에서 누적 평가를 반드시 해야 한다는 것은 아니라고 강조하였다. 상소기구는 누적 평가 실시 여부는 문제가 된 각 상황의 조건에 따라 각각 가부 여부를 결정할 것이므로 경우에 따라서는 누적 평가를 실시한 것이 온당치 않을 수도 있다고 첨언하였다.

5) 상황변경 재심 요청의 적정성 여부

미국 관세법 19.USC.1675(d)(1)은 연례 재심이나 상황 변경 재심이 종료된 후 반덤핑 관세의 일부 또는 전부를 철회할 수 있다고 규정하고 있으며 미 상무부의 동 법 시행령인 C.F.R.351.222(b)(1)조는 조치 적용 대상인 모든 수출자, 생산자가 해당 상품을 조치 철회 당시 시점 기준으로 최소한 3개년 연속 비덤핑가격으로 판매했을 경우 반덤핑 조치를 철회할 수 있다고 보다 자세하게 규정하고 있다. 19C.F.R.351.222(b)(2)는1개 또는 그 이상의 수출자나 생산자가 최소 3개년 연속 해당 상품을 비덤핑 가격으로 상업적인 물량을 판매한 증명이 있을 경우 반덤핑 조치 일부 또는 전부를 철회할 수 있다고 규정하고 있다. 19 C.F.R.351.2229(g)는 미 상무부가 반덤핑 조치 철회를 정당화하는 상황의 변경이 있다고 판단할 경우 반덤핑 조치 일부 또는 전부를 철회할 수 있다고 규정하고 있다.

멕시코는 수출사인 TAMSA와 Hylsa가 4차 연례 재심 시 반덤핑 관세의 부과가 덤핑을 상쇄하는 데 필요하지 않다고 관련 증거를 제출하였는데 미 상무부가 반덤핑 관세를 즉시 철회하지 않은 것은 11조2항 위반이라고 주장하였다. 두 회사는 과거 3년 동안 덤핑을 하지 않았다는 자료를 제출하였다. 미국은 TAMSA는 상업적 물량 판매 조건을 충족하지 못했고 Hylsa는 3개년 요건을 충족하지 못했다고 판정, 두 회사의 반덤핑 관세 철회 요청을 기각하였었다. 미국은 두 회사가 반덤핑 관세 철회 청구 자격을 충족하지 못했을 뿐 아니라 11조2항[6)]은 수출자가

개별로 신청할 수 있는 재심이 아니라고 반박하였다.

패널은 설사 멕시코의 주장대로 각 회사가 11조2항 재심을 요청할 수 있다 하여도 미국법에 의해 상황 변경 재심을 통해 이루어 질 수 있을 것이나, 본 건의 대상이 된 재심은 미국의 연례 재심이지 상황 변경 재심이 아니며, 미 상무부가 TAMSA와 Hylsa의 요청에 의해 실시한 재심은 11조2항 요건에 종속되는 것도 아니라고 판단하고 미 상무부가 4차 연례 재심에서 반덤핑 관세 철회 불가 판정을 함에 있어 11조2항에 합치되지 않게 행동한 것은 없다고 결론 내렸다.

6) 기 타

멕시코는 상업적 물량 판매 요건은 적절히 공표되지 않았으므로 이를 연례 재심에 적용한 것은 GATT X조2항[7] 위반이라고 주장하였으나 패널은 동 요건이 적절한 절차를 거쳐 공표된 것임을 확인하고 멕시코의 주장을 기각하였다.

멕시코는 미국이 일몰 재심 관련 법률, 규정 등을 운영함에 있어 편향적이고 비합리적인 의사 결정 양태를 보였으므로 이는 관련 법률 등을 일관되고 공평하며 합리적으로 운영해야 한다는 GATT X조3항(a)[8]를 위반한 것이라고 주장하였으나 상소기구는 이를 판정하기 위해서는 정책요강가 미 상무부로 하여금 특정 scenario를 최종적이고 결정적인 것으로 취급하도록 하였다는 주장 외에 광범위한 조사를 필요로 하나 패널이 그에 관한 조사를 시행한 바 없으므로 상소기구는 멕시코 주장의 가부를 심리할 위치에 있지 않다고 밝혔다.

---

6) 11.2 당국은 정당한 경우 자체적으로, 또는, 확정 반덤핑 관세의 부과이후 합리적인 기간이 경과하고 검토가 필요하다는 명확한 정보를 제시하는 이해 당사자의 요청에 따라 반덤핑 관세의 계속적인 부과의 필요성에 대해 검토한다(Re.21). 이해 당사자는 당국에 대해 덤핑을 상쇄하기 위해 지속적인 관세의 부과가 필요한지 여부, 관세가 철회 또는 변경되었을 경우 피해가 계속되거나 재발할 것인지 여부 또는 이러한 두 가지에 대해 조사를 요청하는 권리를 갖는다. 이 항에 따른 검토 결과 반덤핑 관세가 더 이상 정당화되지 아니하다고 당국이 결정하는 경우 반덤핑 관세의 부과는 즉시 종결된다.

(Remark 21) 제9조제 3항에 규정된 반덤핑 관세의 최종 지불책임에 관한 결정은 그 자체로서 이 조에서 의미하는 검토를 구성하지 아니한다.

7) X:2. 체약국이 취한 일반적으로 적용되는 조치로서, 확립된 통일적 관행에 의하여 수입에 부과되는 관세율 또는 기타 과징금률을 증가하거나 수입 또는 수입을 위한 지불이전에 대하여 새로운 또는 더 엄격한 요건, 제한 또는 금지를 과하는 것은 이러한 조치가 정식적으로 공표되기 전에 실시하여서는 아니된다.

8) X:3.(a) 각 체약국은 본 조 제1항에 열거한 종류의 자국의 모든 법률, 규칙, 판결 및 결정을 일률적이고 공평하고 합리적인 방법으로 실시하여야 한다.

다. 해설 및 평가

일몰 재심에 관한 반덤핑협정 11조3항은 그 내용이 소략하여 일몰 재심 시행에 관한 의미 있는 지침을 추론하기가 어렵고 따라서 조사 당국이 재량권을 자의적으로 행사할 가능성이 많고 판례도 일관성이 부족하다. 일례로 상소기구는 이 사건에서는 반덤핑협정 3조가 11조3항에 적용되지 않는다고 판단하였으나 *US-Corrosion-Resistant Steel Sunset Review* 사건에서는 11조3항의 덤핑 지속/재발 가능성 판단은 2조4항 덤핑 마진 산정 요건에 부합되는 근거에 입각하여야 하며 그렇지 못할 경우 11조3항의 위반으로 연결된다고 판시한 바 있어 다소 상충(相衝)의 소지가 있다. 동 사건에서 패널과 상소기구는 개개 회사별 덤핑 지속성 판정 의무를 부인함으로써 일몰 재심 적용 대상 범위 산정에 있어서는 조사 당국의 재량을 폭넓게 인정한 반면 덤핑 마진 산정 요건이 재적용되어야 함을 확인함으로써 일몰 재심의 수행 방식에 있어서는 조사 당국의 재량을 제한하였다.

이 사건에서 상소기구는 정책요강이 그 자체로 11조3항에 불합치된다는 패널의 판정을 번복하였으나 각 사례에 대한 패널의 질적인 분석이 부족하여 그렇다는 것이므로 정책요강이 11조3항에 합치된다고 판정한 것은 아니다. 패널은 *US-OCTG Sunset Review* 사건에서 질적인 분석이 부족하다는 이유로 패널의 판정이 번복된 것을 의식하여 일몰 재심 사례 21개에 대해 나름대로 세세하게 분석하였다. 그러나 상소기구가 패널의 이러한 분석도 질적인 분석이 되기에 불충분하다고 판정함으로써 as such claim에 대해 거증 수준을 매우 높게 책정하였다.

멕시코는 미국의 일몰 재심 관행에 대해서도 시비하였으나 정작 패널 설치 요청서에는 이를 적시하지 않은 관계로 패널은 관행은 자신의 심리 범위(terms of reference)에 해당하지 않는다고 판단, 심리하지 않았다.

24. Indonesia vs. Korea - Paper AD duties 사건

(DS312, 2005.2 11. 28. - 패널)

가. 사건 개요

이 사건은 인도네시아산 정보용지 및 백상지에 대해 한국이 반덤핑 관세를 부과하자 인도네시아가 제소한 것이다. 정보용지는 복사용지를 말하며 白上紙란 일반 서적에 보편적으로 사용되는 인쇄용지를 말한다.

2003년 4월 한국 무역 위원회는 잠정 판정을 통해 인도네시아 제지회사 Pindo Deli, Tjiwi Kimia, Indah Kiat에 대해 각각 11.56%, 51.61%, -0.52%의 덤핑 마진을 산정하였고 피해 부분에 대해서는 실질적 피해 우려가 있다는 판정을 내렸다. 이어 같은 해 9월 무역위는 최종 판정을 통해 상기 3사는 사실상 Sinar Mas Group이라는 동일 모회사의 부분이며 동일한 수출자를 구성한다고 판단하고 8.22%의 반덤핑 관세를 공히 부과하였다. 무역위는 조사 과정 중 정상 가격 산정 등 일부 부분에 대해서는 인도네시아 회사의 조사 不협조를 근거로 입수 가능한 사실(facts available)을 적용하였다.

인도네시아는 한국의 이러한 조치가 반덤핑협정 2조(덤핑 마진 산정), 3조(피해 판정), 6조(증거 기준) 등에 광범위하게 저촉된다며 2004년 8월 패널 설치를 요청하였다.

나. 주요 쟁점별 당사자 주장 및 판결 요지

1) 입수 가능한 사실 이용의 적법성

(가) 6조8항

Pindo Deli, Indah Kiat, Tjiwi Kimia가 생산한 종이의 인도네시아 국내 판매는 Cakrawala Mega Indah(CMI)라는 대행사를 통해 이루어졌다. CMI는 상기 3개 생산사와 함께 SMG의 자회사이다. 무역위는 대행사를 통해 일반 소비자에 판매된 가격 자료, 대행사 재무제표 등을 제출할 것을 요청하였으나 Pindo Deli, Indah Kiat은 판매 자료만 제출하고 CMI의 재무제표(financial statements and other account records)는 同社가 통제할 수 없는 별개 법인이라는 이유로 제출하지 않았다. 현장 조사前 무역위가 CMI의 재무제표 不제출을 이유로 Pindo Deli, Indah Kiat의 정상 가격은 입수 가능한 사실을 이용하여 산정하겠다고 통보하자 SMG는 CMI사의 2001년, 2002년도 income statements를 제출하였다. 그러나 무역위는 CMI사의 재무제표 불제출로 인해 Pindo Deli, Indah Kiat의 국내 판매 자료로 신뢰할 수 없다고 보고 이들 회사의 정상 가격을 입수 가능한 사실에 근거하여 산정하였다.

인도네시아는 무역위가 i) 반덤핑협정 6조8항[1]에 규정된 대로 수출자의 조사 방해나 합리적 기간 내의 자료 불제공 여부에 대해 판단하지 않았고, ii) Pindo Deli, Indah Kiat이 제출한 국내 판매 자료를 고려하지 않았으며, iii) 이들 회사에게 동사의 판매 자료 대신 입수 가능한 사실을 이용하겠다는 것을 정당하게 통지하지 않았다고 주장하였다.

패널은 CMI사의 재무제표가 6조8항에 규정된 필요한 정보에 해당하는지, 그렇다면 합리적 기간 내에 제출되었는지부터 살펴보았다. 패널은 무역 위원회가 Pindo Deli, Indah Kiat사 상품의 정상 가격을 동사의 대 CMI사 판매 가격이 아니라 CMI사의 일반 구매자 판매 가격에 근거하여 산정하였으므로 CMI사의 판매행위와 관련된 정보는 무역위의 정상 가격 산정에 매우 중요한 것이며 따라서 CMI의 재무제표는 6조8항상의 필요한 정보에 해당한다고 판단하였다. 이 자료가 합

---

1) 6.8 이해 당사자가 합리적인 기간 내에 필요한 정보에의 접근을 거부하거나 달리 동 정보를 제공하지 아니하는 경우 또는 조사를 중대하게 방해하는 경우, 입수 가능한 사실에 기초하여 긍정적 또는 부정적인 예비 및 최종 판정이 내려질 수 있다. 이 항의 적용에 있어서 부속서 2의 규정이 준수된다.

리적 기간 내에 제출되었는지와 관련하여 인도네시아는 무역위가 동 자료를 2004년 4월 10일 이전까지만 제출하면 고려하겠다고 하였으며 동 자료는 4월 9일에 제출되었다고 주장하였다. 패널은 제출된 증거상 무역위가 4월 10일 이전에 재무제표를 제출하면 고려하겠다고 했다는 주장을 입증할 수 없다고 보았다. 인도네시아는 자신들의 주장이 사실임을 입증하지 못했다고 패널은 판단하였으며 CMI사의 재무제표는 무역위가 설정한 시한을 넘겨 제출된 점이 인정되므로 합리적 기간 내에 제출되지 않은 것이라고 판단하였다.

패널은 재무제표를 기간 내에 제출하지 못했다 해서 무역위가 이를 기각하는 것이 정당화될 수 있는지 살펴보았다. 패널은 *US-Hot Rolled Steel* 사건 상소기구가 조사 당국이 설정한 자료 마감 시한은 절대적인 것은 아니며 마감 시한 이후 합리적인 기간 내에 제출되었다면 조사 당국은 이를 기각하고 입수 가능한 사실을 이용할 수 없다고 판시한 점을 환기하고 동 사건 상소기구가 마감 시한 이후 접수된 자료 고려 여부 판단을 위해 조사 당국이 검토해야 할 요소라고 제시한 사항[2]이 이번 사건에 부합되는지 살펴보았다. 패널은 CMI의 재무자료는 마감 시한 이후 상당한 기일이 지난 4월 9일 접수되어 합리적 기간 내에 제출된 것이라고 볼 수 없고 한국 무역위는 CMI의 제출 자료를 기각하고 입수 가능한 사실을 이용할 자격이 있었다고 판단하였다. 패널은 CMI의 제출 자료도 financial statements 뿐이며 무역위가 요구했던 기타 제표는 제출이 시도된 바도 없음을 지적하고 무역위는 Pindo Deli와 Indah Kiat사에 입수 가능한 사실을 적용함에 있어 6조8항에 위반되게 행동한 것은 없다고 판시하였다.

(나) 부속서 II 3조, 6조

인도네시아는 설사 입수 가능한 사실을 사용하겠다는 무역위의 결정이 6조8항에 불합치되지 않는다 하더라도 Pindo Deli와 Indah Kiat사가 제출한 국내 판매

---

2) 동 사건 상소기구는 피조사 대상자가 제출한 자료가 비록 마감 시한을 넘겼더라도 조사 당국은 아래 사항을 검토하여 고려 여부를 결정해야 한다고 보았다.

(i) the nature and quantity of the information submitted;

(ii) the difficulties encountered by an investigated exporter in obtaining the information;

(iii) the verifiability of the information and the ease with which it can be used by the investigating authorities in making their determination;

(iv) whether other interested parties are likely to be prejudiced if the information is used;

(v) whether acceptance of the information would compromise the ability of the investigating authorities to conduct the investigation expeditiously; and

(vi) the numbers of days by which the investigated exporter missed the applicable time-limit.

자료 domestic sales data는 부속서 II의 3조[3])에 규정된 대로 검증 가능한 자료이었으므로 무역위가 이를 기각하고 입수 가능한 사실을 이용한 것은 부당하다고 주장하였다.

패널은 부속서 II의 3조는 피조사 대상이 제출한 자료는 일정 조건을 충족할 경우, 조사 당국은 이를 판정 시 고려해야 한다는 의무조항이라고 해석하고 요는 Pindo Deli와 Indah Kiat사가 제출한 국내 판매 자료가 검증 가능했는지 여부라고 보았다. 패널은 무역위의 현장 조사기간 중 SMG는 2개사의 국내 판매 자료를 보충할 수 있는 자료, 즉 CMI의 재무제표 제공을 명백히 거부한 점이 인정되며 이러한 보충 자료(corroborating information) 없이 무역위가 국내 판매 자료를 신뢰하고 판정에 고려할 수는 없었을 것이라고 판단하였다.

인도네시아는 무역위가 CMI 판매관련 자료를 받아들이지 않은 이유에 대해 통보하지 않음으로써 부속서 II의 6조[4])를 위반하였다고 주장하였다. 인도네시아는 무역위가 자료 不접수에 대한 설명을 일부 제공하기는 하였으나 무슨 자료가 제출되지 않았으며 따라서 입수 가능한 사실을 이용할 수밖에 없는지에 대한 설명이 충분할 정도로 자세하지 않았다고 주장하였다.

패널은 무역위의 잠정 보고서에는 CMI 재무제표 대신 입수 가능한 자료를 사용한 이유에 대해서 밝히고 인도네시아측에게 추가 설명 기회를 부여한 사실이 적시되어 있으며 인도네시아측도 동 사실을 부정하지 않고 있음을 확인하였다. 패널은 인도네시아의 주장과 달리 입수 가능한 사실을 이용할 수밖에 없는 이유에 대해 충분히 자세하게 설명이 되어 있다고 보았다. 인도네시아는 무역위는 조사 대상사에게 이미 제출한 판매 자료의 흠결을 치유할 수 있는 추가 자료를 제출할 기회를 부여했어야 한다고 주장하기도 하였으나 패널은 부속서 II의 6조는 추가 설명 기회를 부여하는 것이지 자료를 제출할 수 있는 두 번째 기회를 부여

---

3) 3. 검증 가능하며 부당한 어려움이 없이 조사에 이용될 수 있도록 적절하게 제출되고 적시에 제공되었으며, 적용이 가능한 경우, 당국이 요청하는 특정 매체 또는 컴퓨터 언어로 제출된 정보는 판정이 내려질 때 고려되어야 한다. 이해 당사자가 선호되는 매체 또는 컴퓨터 언어로 응답하지 아니한 경우에도 당국이 제2항에 규정되어 있는 상황이 충족된다고 판단하면 선호되는 매체나 컴퓨터 언어로 응답하지 아니한 것이 조사를 중대하게 방해하는 것으로 간주되어서는 아니된다.

4) 6. 증거 또는 정보가 받아들여지지 않는 경우, 정보를 제공한 당사자는 즉시 그 이유를 통보받아야 하며 합리적인 기간 내에 추가 설명을 할 수 있는 기회가 주어져야 한다. 이 경우 조사 시한이 적절히 고려된다. 당국이 이러한 설명을 만족스럽지 못한 것으로 간주하는 경우 이러한 증거 또는 정보를 받아들이지 못하는 이유는 모든 공표된 판정에서 밝혀져야 한다.

하라는 것은 아니라고 밝히고 이를 기각하였다.

이상을 토대로 패널은 무역위가 Pindo Deli와 Indah Kiat사에게 동사가 제출한 판매 자료를 받아들일 수 없음을 정히 통보하였고 추가 설명 기회도 부여하였다고 결론짓고 무역위가 부속서 II의 6조에 합치되지 않게 행동한 것은 없다고 판시하였다.

2) 구성 정상 가격 산정의 적절성 여부

(가) 반덤핑협정 2조2항 적용 여부

인도네시아는 정상 가격은 반덤핑협정 2조2항[5]에 규정된 대로 동종 상품 부존재, 적절 비교 불능 등에 대한 판단을 내린 후에야 구성할 수 있는 것인데 한국은 이러한 사전 판단을 생략하고 정상 가격을 구성하였으므로 동 조항을 위반하였다고 주장하였다. 한국은 Pindo Deli와 Indah Kiat사가 제출한 국내 판매 자료가 신뢰할 수 없었고 정상 가격 산정에 사용되지 않았으므로 무역위는 정상 가격 구성에 앞서 2조2항의 순서를 준수할 수 없었다고 반박하였다.

패널은 Pindo Deli와 Indah Kiat사의 판매 자료를 기각키로 한 무역위의 결정은 WTO에 불합치되는 것이 아니라고 판시한 점을 환기하고 따라서 무역위는 당연히 2조2항상의 사전 판단을 수행할 수 없었다고 판단, 무역위가 2조2항을 위반하지 않았다고 판시하였다.

(나) 반덤핑협정 6조8항, 부속서 II의 7조 준수 여부

Pindo Deli와 Indah Kiat사의 구성 정상 가격을 산정함에 있어 무역위는 동사가 제출한 관리비, 판매비, 일반 비용(SG&A) 자료를 그대로 사용하지 않고 CMI사의 SG&A와 재무비용(financial expense)을 추가하여 산정하였다. SMG가 CMI의 재무제표를 제출하지 않았으므로 무역위는 인도네시아 국내 시장에서 CMI와 유사한 역할을 수행하는 특정 회사의 SG&A와 재무비용을 CMI사의 그것으로 대신 이용하였는데 SG&A는 역시 판매회사인 company A[6]의 것을, 재무비용은 생산회

---

5) 2.2 수출국의 국내 시장내에 통상적인 거래에 의한 동종 상품의 판매가 존재하지 아니하는 경우, 또는 수출국 국내 시장의 특별한 시장 상황 또는 소규모의 판매때문에 적절한 비교를 할 수 없는 경우, 덤핑 마진은 동종 상품의 적절한 제 3국 수출시 비교 가능한 가격으로서 대표적인 경우 동 가격 또는 원산지국에서의 생산 비용에 합리적인 금액의 관리비, 판매비, 일반 비용과 이윤을 합산한 가격과의 비교에 의하여 결정된다.

사인 company B의 것을 사용하였다.

인도네시아는 무역위가 Pindo Deli와 Indah Kiat사의 자료를 그대로 이용하지 않은 것, CMI사의 비용을 추가한 것은 반덤핑협정 6조8항 및 부속서 II의 7조[7] 위반이라고 주장하였으며 입수 가능한 사실을 이용할 경우 부속서 II의 7조가 요구하는 특별한 신중을 기하지도 않았다고 주장하였다. 인도네시아는 CMI의 재무비용은 0이었다고 주장하였으며 생산회사인 company B의 재무비용을 판매회사인 CMI의 재무비용으로 대신 사용한 것도 부당하다고 지적하였다.

한국은 CMI의 SG&A와 재무비용을 추가한 것은 동일한 거래단계(level of trade) 간의 비교를 위해 불가피했다고 항변하였다. 즉 Pindo Deli와 Indah Kiat사의 인도네시아 국내 판매는 전량 CMI를 통해 이루어지고 있어 CMI가 국내 도매상의 역할을 수행하고 있는 반면 한국 시장에서는 Pindo Deli와 Indah Kiat사 자체가 수요처에 물량을 공급하는 도매상의 역할을 수행하고 있으므로 국내외 가격의 정확한 비교를 위해 Pindo Deli와 Indah Kiat사 자료에 CMI의 SG&A와 재무비용을 추가하는 것이 합리적이라는 것이다. CMI의 재무비용이 0라는 주장은 입증된 바 없으며 회사의 재무비용은 그 규모와 영업 양태와는 큰 관계가 없다고 반박하였다.

패널은 CMI의 재무비용이 0라는 인도네시아의 주장은 증거로 뒷받침되지 않은 것이므로 수용할 수 없다고 밝히고 동사가 판매회사인 만큼 생산활동과 관련된 재무비용은 없을 수도 있으나 판매활동과 관련된 재무비용은 있을 것이라고 한국이 추정하는 것은 온당하다고 보았다.

패널은 한국이 Pindo Deli와 Indah Kiat가 제출한 자료로부터 CMI의 SG&A와 재무비용을 추출할 수도 있었을 것이라는 인도네시아의 주장에 동의하기는 하였으나 이 방법이 CMI의 SG&A와 재무비용을 산정할 수 있는 유일한 방법은 아니며 한국 무역위가 타 회사의 검증된 자료를 사용하여 CMI의 SG&A와 재무비용을 산정한 것이 부속서 II의 7조 특별한 신중을 기해야 하는 의무와 상충될 것은

---

6) 동사의 명칭은 비밀 정보로 취급되어 공개가 금지되어 있다.

7) 7. 당국이 조사 개시 신청서에 제공된 정보를 포함하여 2차적인 출처로부터의 정보를 기초로 정상 가격에 관한 조사 결과를 포함한 판정을 내려야하는 경우, 당국은 특별한 신중을 기하여야 한다. 이러한 경우, 당국은 가능하다면 공표된 가격표, 공식 수입 통계 및 세관보고서등과 같이 다른 독립된 출처로부터 취득한 정보 및 조사 과정에서 다른 이해 당사자로부터 얻은 정보를 점검하여야 한다. 그러나 이해 당사자가 협조를 하지 않고 이로 인해 관련정보가 당국에 입수되지 아니하는 경우 이 상황이 그 당사자가 협조하였을 때보다 그 당사자에게 더 불리한 결과를 초래할 수 있는 것은 명백하다.

없다고 판단하였다.

Company A의 SG&A를 이용하여 CMI의 그것을 산정한 데 대해 한국은 company A의 판매 관련 SG&A 만을 이용하였다고 밝혔으며 인도네시아도 이를 반박하지도 않았으므로 패널은 Company A의 SG&A 사용에 대해서는 입수 가능한 사실 이용 및 특별한 신중과 관련한 인도네시아의 주장을 받아들이지 않았다.

그러나 한국이 생산회사인 company B의 재무비용을 판매 회사인 CMI의 그것으로 대신 이용한 것은 부당하다고 판단하였다. 패널은 생산회사는 대규모 설비투자 등이 필요하므로 자본투자가 판매 회사보다 클 것이며 재무비용도 높을 수 있다고 보았고 조사 당국은 특정 회사의 자료를 대신 이용할 경우 각 회사 영업 양태, 규모 등의 차이를 고려해야 한다고 설명하였다. 패널은 그러나 한국 무역위는 CMI와 영업 양태가 유사한 company A의 재무비용 자료가 있었음에도 이를 사용치 않고 대신 영업 양태가 다른 company B의 자료를 사용하여야 하는 이유를 밝히지 않았다고 지적하였다. 패널은 이는 2차 자료 이용 시에는 특별한 신중을 기해야 한다는 의무와 상충되는 것이며 따라서 한국은 6조8항과 부속서 II의 7조에 위반되게 행동하였다고 판시하였다.

3) Tjiwi Kimia에 대한 입수 가능한 사실 이용의 적절성

Tjiwi Kimia사는 조사 대상사로 선정되었음에도 불구하고 무역위의 질의서에 응신하지 않았으며 조사 과정에 참여하지 않았다. 무역위는 조사 신청서에 제시된 가격 자료(정상 가격, 수출 가격 등)를 입수 가능한 사실로 사용하여 Tjiwi Kimia사의 덤핑 마진을 산정하였다. 인도네시아는 무역위가 조사 신청서에 기재된 자료의 신뢰성을 검증하기 위해 타 자료와 비교해야 하는 부속서 II의 7조 규정을 준수하지 않았으며 Tjiwi Kimia의 덤핑률이 他社에 비해 압도적으로 높게 산정된 것도 무역위가 공정하고 객관적으로 행동하지 않았음을 보여 주는 것이라고 주장하였다. 아울러 인도네시아는 무역위가 Pindo Deli, Indah Kiat, Tjiwi Kimia 3사를 단일 수출자로 취급하였으므로 Tjiwi Kimia사에 대해 입수 가능한 사실을 적용하겠다는 것을 Pindo Deli, Indah Kiat에 통보하여 주었어야 하나 이를 시행하지 않았으므로 부속서 II의 6조도 위반한 것이라고 주장하였다.

한국은 조사 신청서에 포함된 Tjiwi Kimia의 수출 가격 자료 등은 독립기관인 KOTRA나 한국 정부의 공식 통관 통계인 KOTIS 자료인 만큼 달리 검증(corroborate)할 필요가 없거나 이미 검증된 것이라고 보아야 한다고 주장하였다. 또한 이미

반덤핑협정 5조3항[8])에 의거, 조사 신청서의 적절성과 정확성에 대해 확인하였으므로 부속서 II의 7조 자료 검증 요건은 충족된 것이라고 항변하였다.

패널은 한국의 주장을 수용하지 않았다. 반덤핑협정 5조3항 신청서 검토와 부속서 II의 7조 자료 검증은 별개의 의무이며 동일한 증거 기준이 적용되는 것은 아니라고 지적하였다. 패널은 KOTRA, KOTIS 자료가 아무리 신뢰할 만하더라도 무역위는 이들 정보의 신뢰성 확인 절차를 수행해야 하는 의무를 준수해야 한다고 밝혔다. 한국은 수출 가격 정보는 KOTIS 실제 자료와 비교했다고 주장하고 패널도 동 사실을 제출된 증거에서 확인하였으나 정상 가격 정보는 검증했다는 한국측의 주장과 달리 검증 사실이 제출된 증거 어디에도 기재되어 있지 않다고 지적하고 한국의 주장을 수용하지 않았다. 패널은 무역위는 2차 출처 정보 검증 의무를 수행하지 않았으므로 반덤핑협정 6조8항과 부속서 II의 7조에 합치되지 않게 행동하였다고 판시하였다.

그러나 Tjiwi Kimia의 고율 관세율을 불공정의 근거로 주장한 인도네시아의 주장에 대해서는 덤핑 마진 산정이 반덤핑협정 규정에 부합되는 이상 그 크기 여부는 WTO 합치성과는 무관하다고 논박하였다. 아울러 Tjiwi Kimia에 대해 입수 가능한 사실을 이용하겠다는 통보 의무는 동 사가 어떠한 자료도 제출한 바 없음을 환기하고 자료 제출은 부속서 II의 6조의 통보 의무를 원용하기 위한 전제 조건으로 이해한다고 밝혔다. 패널은 자료 자체를 제출하지 않은 회사는 논리적으로 부속서 II의 6조 의무 위반을 제기할 수 없다고 지적하고 인도네시아의 주장을 기각하였다.

4) 정상 가격과 수출 가격간의 공정한 비교 여부

인도네시아는 Pindo Deli, Indah Kiat의 국내 판매는 CMI를 통해 이루어지나 한국 내 수출은 同社들이 직접 수행하므로 인도네시아 내 판매가에는 CMI사가 제공하는 부가적인 판매 서비스가 포함된 것이므로 한국 수출 가격과의 비교 시에는 이를 차감하는 등의 조치가 있었어야 하나 한국은 이를 시행하지 않았으므로 반덤핑협정 2조4항 위반이라고 주장하였다. 인도네시아는 Pindo Deli, Indah Kiat의 국내 판매는 CMI의 판매수수료 [X[9])]%가 포함되어있다고 주장하였다.

---

8) 5.3 당국은 조사 개시를 정당화할 수 있을 만큼 충분한 증거가 있는지 여부를 결정하기 위하여 신청서에 제시된 증거의 정확성과 적정성에 대하여 검토한다.

9) 비밀 정보로 분류, 공개가 금지되어 있다.

한국은 가격에 영향을 미치는 차이를 고려하기 위해서는 인도네시아의 국내 판매가 한국 수출 판매보다 적어도 하나 이상의 거래 단계가 더 있어야 할 것이나 CMI는 사실상 Pindo Deli, Indah Kiat와 동일 회사이므로 하나 이상의 거래 단계가 있다고 볼 수 없으며 인도네시아는 가격 비교에 영향을 미치는 차이가 실제로 가격에 영향을 미쳤음을 입증해야 했으나 이를 입증하지 못했다고 반박하였다.

패널은 한국의 주장을 인정하였다. 패널은 2조4항[10]에 관한 *prima facie* case를 성립시키기 위해서는 가격 비교에 영향을 미치는 차이가 있었고 그 차이가 실제로 가격 비교에 영향을 미친다는 점을 주장하는 측이 입증해야 할 것이나 인도네시아는 조사 과정 및 패널 심리 중 CMI가 Pindo Deli, Indah Kiat 상품의 국내 판매를 위해 소요된 비용이 있었다는 점만 반복할 뿐 이로 인해 수출 가격과 정상 가격간의 차이가 초래되었음을 구체적으로 입증하지 못했다고 보았다. 패널은 국내 판매에 판매회사가 개입되었다 하여 수출 가격과 차이가 당연히 있다고 간주할 수는 없으며 차이의 존재와 그로 인해 가격 비교가 영향을 받는다는 점이 입증되어야 할 것이나 인도네시아는 이를 입증하지 못했으므로 *prima facie* case 자체가 성립하지 않는다고 판시하였다.

5) 별도 법인의 동일 수출자 취급의 정당성

무역위는 Pindo Deli, Tjiwi Kimia, Indah Kiat사가 사실상 동일 회사라고 판단[11]하여 8.22%의 덤핑 마진을 산정하였다. 인도네시아는 반덤핑협정 6조10항상

10) 2.4 수출가격과 정상 가격 간에 공정한 비교를 한다. 이러한 비교는 동일한 거래단계, 일반적으로는 공장도단계에서 그리고 가능한 한 같은 시기에 이루어진 판매에 대하여 행하여진다. 제반판매조건, 과세, 거래단계, 수량, 물리적 특성의 차이와 가격 비교에 영향을 미친다고 증명된 그 밖의 차이점들을 포함하여 가격 비교에 영향을 미치는 차이점들에 대해서 각각의 경우에 그 내용에 따라 적절히 고려한다(Re.7). 제3항에 언급된 경우에 있어서, 수입과 재판매 사이에 발생하는 관세 및 조세를 포함한 비용 및 발생한 이윤이 또한 고려되어야 한다. 이러한 경우에 가격 비교가 영향을 받을 때에는 당국은 구성수출가격의 거래단계와 동일한 거래단계에서 정상 가격을 설정하거나 또는 이 항에 따라 정당화된 적절한 고려를 한다. 당국은 공정한 가격 비교를 위해 어떠한 정보가 필요한지를 당해 당사자에게 알리며, 이러한 당사자에게 불합리한 입증 책임을 지워서는 아니된다.

(Remark 7) 위의 요소들 중 일부는 중첩될 수 있는 것으로 양해하고 당국은 이 규정에 따라 이미 이루어진 조정이 중복되지 않도록 보장한다

11) 무역위는 잠정 판정시에는 문제가 된 인도네시아 수출사 3사를 별도의 수출자로 취급, 개별 덤핑 마진을 산정하였으나 재검토 결과 아래 사실에 근거하여 3사를 단일실체라고 판단하고 단일 덤핑 마진을 산정하였음.

SMG이 Pindo Deli, Indah Kiat, Twiji Kimia의 지분을 각각 97.57%, 52.46%, 62.34%를 소유, 동일

조사 당국은 알려진 수출자 각각에 대해 개별적인 덤핑 마진을 산정하여야 하므로 한국의 조치는 부당하다고 주장하였다. 인도네시아는 잠정 판정 시 Indah Kiat사의 덤핑 마진은 -0.52%였는데 3개사를 동일 회사로 취급하여 산정된 덤핑 마진 8.22%는 이를 초과하므로 적어도 Indah Kiat사에 대해서는 반덤핑 관세 금액은 덤핑 마진을 초과해서는 안 된다는 9조3항[12]을 위반한 것이라고 주장하였다.

법적으로 별개인 법인을 한 회사, 즉 동일한 수출자, 생산자로 취급할 수 있는지 있다면 그 요건은 무엇인지에 관한 문제라고 정리하고 심리하였다. 패널은 6조10항[13]은 별개의 법인을 반드시 독립된 수출자나 생산자로 취급해야 하는지에 대해 특별한 지침을 제공하지 않고 있으나 신규 수출자 재심에 관한 9조5항의 문맥이 참고할 만한 지침을 제공한다고 보았다. 즉 9조5항[14]은 신규 수출자가 기존 반덤핑 관세 부과 대상인 수출자, 생산자와 관련이 없다는 점을 증명할 경우 이들에 대해 개별적인 덤핑 마진을 산정하라는 것이므로 만일 신규 수출자가 비록 기존 반덤핑 관세 부과 대상인 수출자와는 별개의 회사라 할지라도 양자가 관

인의 지배하에 있음.

Indah Kiat과 Twiji Kimia는 이사 각 13명, 12명중 8명이 동일인, Pindo Deli 이사 5명은전원 Twiji Kimia 이사 겸직

Indah Kiat 부서장 8명중 4명이 Twiji Kimia 부서장 겸직, Pindo Deli와 Twiji Kimia 부서장 7명중 3명이 동일인

무역위 질의서 응신을 거부한 Twiji Kimia의 서한은 Indah Kiat과 Pindo Deli의 대리인의 명의로 발송. 동인 명함에는 3개사 대리인으로 모두 기재

3개사의 국내 판매가 같은 계열사인 CMI를 통해 이루어지는 사실

12) 9.3 반덤핑 관세의 금액은 제2조에 따라 정해진 덤핑 마진을 초과해서는 아니된다.

13) 6.10 당국은 일반적으로 조사 대상 상품의 알려진 관련 수출자 또는 생산자 각각 대해 개별적인 덤핑 마진을 결정한다. 관련된 수출자, 생산자, 수입자, 또는 관련 상품의 유형의 수가 너무 많아 이러한 결정이 불가능할 경우 당국은 그 선정시 당국에 이용 가능한 정보를 기초로 통계적으로 유효한 표본을 사용하여 검사를 이해 당사자 또는 상품의 합리적인 수로 제한하거나 또는 합리적으로 조사 될 수 있는 당해 국가로부터의 수출량의 가장 큰 비율로 제한할 수 있다.

14) 9.5 특정 상품이 수입회원국에서 반덤핑 관세의 대상이 되는 경우, 조사기간 동안 동 상품을 수입국에 수출하지 아니한 당해 수출국내의 수출자 또는 생산자가 자신들이 수출국내의 동 상품에 대한 반덤핑 관세의 부과 대상인 수출자 또는 생산자와 관련이 없다는 것을 증명할 수 있는 경우, 당국은 신속하게 이러한 수출자 또는 생산자에 대한 개별적인 덤핑 마진을 결정하기 위한 검토를 한다. 이러한 검토는 수입회원국내에서의 정상적인 관세의 산정 및 검토절차에 비하여 빠른 속도로 개시되고 행하여진다. 이러한 검토가 이루어지고 있는 동안에는 이러한 생산자 또는 수출자로부터 수입되는 상품에 대하여 반덤핑 관세가 부과되지 아니한다. 그러나 당국은 동 검토 결과 당해 생산자 또는 수출자에 대한 덤핑 판정이 내려지는 경우 검토개시 일까지 반덤핑 관세를 소급 적용할 수 있도록 하기 위하여 평가의 보류 및/또는 보증의 요청을 할 수 있다.

련이 있다면 개별 덤핑 마진을 부과하지 않아도 된다는 의미라고 보았다. 따라서 6조10항을 9조5항과 병행하여 해석한다면 6조10항의 수출자, 생산자는 별개의 법인에 대해서는 어떠한 경우에도 개별 마진을 산정해야 하는 것으로 해석되지는 않는다고 보았다.

그러나 조사 당국이 자의적으로 별개 회사를 동일한 수출자로 취급할 수 있는 것은 아니며 문제가 되는 회사간의 조직과 상업적 관계가 동일 수출자/생산자라고 생각되기에 충분할 정도로 밀접한 경우에만 허용되는 것이라고 판단하였다.

패널은 무역위는 Pindo Deli, Tjiwi Kimia, Indah Kiat가 동일 모회사의 자회사이며 모회사는 이들 3개사의 운영에 대해 확실한 통제권을 행사하고 있고 3개사 제품이 역시 같은 계열사인 CMI를 통해 판매되고 있는 점, 3개사의 경영진이 상당 부분 중첩되는 점 등을 확인하였고 이러한 사실은 무역위가 이들 3개사를 단일 회사로 취급하기에 적절한 근거가 된다고 판단, 무역위가 6조10항을 위반하였다는 인도네시아의 주장을 기각하였다.

9조3항과 관련한 인도네시아의 주장에 대해 패널은 동 조항은 동일 수출자의 일부분의 덤핑 마진과 전체 덤핑 마진을 구분하고 있지 않다고 지적하고 정당하게 동일 수출자로 취급된 수출자의 반덤핑 관세가 덤핑 마진을 초과하지 않았다면 문제될 것이 없다고 설명하고 인도네시아의 주장을 수용하지 않았다.

6) 현장 조사 내용의 공개

무역위는 인도네시아 현장 조사 후 CMI가 재무제표를 제출하지 않았으며 이에 따라 Indah Kiat와 Pindo Deli에 대해서는 입수 가능한 사실을 적용하겠다고 구두 설명하였다. 인도네시아는 무역위의 통보 내용과 형식이 부실하며 이는 현장 조사 결과를 당사자에게 통보하라는 6조7항[15] 규정에 합치되지 않는 것이라고 주장하였다. 인도네시아는 2 회사의 구성 정상 가격 산출 방식도 적절하게 공표되지 않았으며 이는 6조4항, 12조 2항 위반이라고 주장하였다.

패널 심리 기간 중 한국은 CMI 자료 불제출 및 입수 가능한 사실 사용 방침

15) 6.7 당국은 관련 기업의 동의를 얻고 당해 회원국의 정부대표에게 통보하여 이러한 회원국이 반대하지 아니하는 경우 제공된 정보를 검증하기 위해서, 또는 상세사항을 추가로 입수하기 위하여 필요시 다른 회원국의 영토 내에서 조사를 실시할 수 있다. 부속서 1에 기술된 절차는 다른 회원국의 영토 내에서 행해지는 조사에 적용된다. 당국은 비밀 정보 보호요건을 조건으로, 이러한 조사의 결과를 관련 기업이 입수할 수 있도록 하거나 제9항에 따라 공개하여야 하며 신청자가 동 결과를 입수할 수 있도록 할 수 있다.

외에 기타 현장 조사 결과도 설명하였다고 주장하였으나 패널은 제출된 자료에 이를 뒷받침하는 증거를 적시하지 못했다고 지적하고 한국이 상기 2 사실 외의 현장 조사 결과를 인도네시아측에 적절히 통보하였다고는 보지 않았다. 구두통보 이후 한국은 6조10항대로 핵심 사실 공표문에 현장 조사 결과를 기재하기는 하였으나 패널은 공표문도 상기 2개 사실 외에 상세한 내용을 포함하고 있지 않다고 지적하였다. 구두 통보의 적절성에 대해 패널은 6조7항은 통보 형식을 지정하고 있지 않으므로 동 조항의 통보 요건을 충족하는 한 통보 형식은 문제가 되지 않는다고 보았다. 실질적인 내용이 포함되어 있는 한 반드시 현장 조사 결과가 문서로 통보되어야 하는 것은 아니라고 보았다.

한국이 공개한 현장 조사의 결과 내용이 6조7항의 요건을 충족하는지 여부에 대해 패널은 우선 동 조항의 목적은 현장 조사 결과에 대해 어느 정도 to a certain extent 이해 당사자에게 고지함으로써 잔여 조사 과정에 이해 당사자가 적절히 대응할 수 있게 하려는 것이며 따라서 현장 조사 결과의 통보 내용은 검증되었거나 되지 못한 자료를 포함, 현장 조사의 모든 측면에 관한 적절한 수준의 정보를 포함하여야 한다고 설명하였다. 패널은 한국측의 통보 내용은 이러한 기준을 충족하였다고 볼 수 없으며 따라서 6조7항에 합치되지 않게 행동한 것이라고 판시하였다.

구성 정상 가격의 산출 방식을 통보하지 않음으로써 6조4항[16] 및 12조2항을 위반했다는 인도네시아 주장에 대해 패널은 한국은 인도네시아로부터 구성 가격 산출 방식에 대한 문의를 받고 잠정 보고서 및 최종 판정보고서 비밀본을 발송한 점은 확인하였다. 그러나 이 보고서는 기재된 덤핑 마진에 이르게 된 상세한 계산 방법을 포함하고 있지 않으므로 한국이 6조4항 의무를 다했다고는 볼 수 없다고 판시하였다. 인도네시아는 반덤핑협정 12조2항[17]에 의거, 무역위는 중요 조사 결과 및 결론을 공표하여야 하나 구성 가격 산출 방식을 공표하지 않았으므로 동

---

16) 6.4 당국은 가능한 경우에는 언제나 모든 이해 당사자에게 이들이 자신의 주장을 개진하는데 관련되고 제5항에 정의되어 있는 비밀이 아니며 당국에 의해서 반덤핑 조사에 사용되는 모든 정보를 열람하고 또한 이러한 정보에 기초하여 자신의 입장을 준비할 기회를 적시에 제공한다.

17) 12.2 모든 긍정적 또는 부정적인 예비 혹은 최종 판정, 제8조에 따른 가격약속을 수락하는 모든 결정, 이러한 가격약속의 종결 및 확정적 반덤핑 관세의 종료를 공고한다. 이러한 개별 공고는 조사 당국이 중요하다고 간주하는 모든 사실 및 법과 관련된 문제에 관하여 도달한 조사 결과 및 결론을 충분히 상세하게 명시하거나, 달리 별도의 보고서를 통해 이를 입수 가능하도록 한다. 이러한 모든 공고 및 보고서는 이러한 판정 또는 가격약속의 대상이 되는 상품을 생산하는 회원국 및 이에 대해 이해관계를 갖고 있는 것으로 알려진 다른 이해 당사자에게 전달된다.

조항도 위반한 것이라고 주장하였다. 패널은 조사 당국은 6조5항에 의해 비밀 정보 준수 의무가 있으므로 동 정보를 12조2항 공표 시 배제해야 한다고 설명하고 한국은 구성 가격 산출 방식이 비밀 정보를 포함하고 있으므로 공표하지 않은 것이라고 확인하였다. 패널은 인도네시아가 *prima facie* case를 구성하지 못했다고 지적하고 인도네시아의 주장을 기각하였다.

7) 동종 상품 판정의 적절성

인도네시아는 무역위가 덤핑 결정 시에는 고려 중인 상품(product under consideration)을 정보용지 PPC와 백상지(wood-free printing paper(WF))로 구분하여 조사하였으나 피해 판정 시에는 이들 상품을 동종 상품으로 보고 총괄적인 피해 판정을 내렸다고 주장하였다. 인도네시아는 정보용지와 백상지는 서로 다른 상품이라고 주장하고 인도네시아 정보용지와 백상지 수입이 한국 정보용지와 백상지 업계에 미친 영향을 각각 분리하여 피해 판정을 했어야 한다는 입장이었다.

한국은 동종 상품은 고려 중인 상품을 기초로 결정되는 것이므로 고려 중인 상품으로 획정된 인도네시아산 정보용지와 백상지와 한국의 해당 상품이 동종 상품이라고 본 결정에 하자가 없고 고려 중인 상품 범위 결정은 조사 당국의 재량이라고 반박하였다. 정보용지와 백상지가 동종 상품이 아니라는 인도네시아 주장에 대해 양자의 차이는 절단 크기, 포장의 차이일 뿐 피해 분석을 따로 해야 할 정도의 실질적인 차이는 아니라고 반박하였다.

패널은 2조6항[18]의 동종 상품 정의가 무역위로 하여금 정보용지와 백상지를 동종 상품이라고 판정하도록 요구하는지 여부를 살펴보았다. 패널은 '이 협정 전체를 통해'라는 규정상 조사 과정 중 정의된 동종 상품은 덤핑 판정뿐 아니라 피해 판정에도 공히 적용되는 것이며 동종 상품은 고려 중인 상품과 동일하거나 매우 유사한 특성을 가지고 있는 상품으로서 고려 중인 상품이 동종 상품 정의의 기초가 되는 것이라고 설명하였다. 패널은 이 사건에서 한국 무역위는 고려 중인 상품을 정보용지와 백상지라고 정했고 국내 정보용지와 백상지가 인도네시아산 그것과 동일하다고 판정하였으므로 무역위의 동종 상품 정의는 2조6항에 부합된다고 보았다. 인도네시아는 한국이 정보용지와 백상지가 동종 상품이라는 판정을

18) 2.6 이 협정 전체를 통해 "동종 상품"이라는 용어는 동일한 상품 즉, 고려 중에 있는 상품과 모든 면에서 같은 상품을 의미하며, 그러한 상품이 없는 경우 비록 모든 면에서 같지는 않으나 고려 중에 있는 상품과 매우 유사한 특성을 갖고 있는 다른 상품을 의미하는 것으로 해석된다.

내렸어야 했다고도 주장하였으나 패널은 한국이 이 두 상품을 고려 중인 상품으로 정의하였고 반덤핑협정 어느 조항도 고려 중인 상품 정의 방식을 규정하고 있지 않다고 지적하고 인도네시아의 주장을 수용하지 않았다. 패널은 한국이 정보용지와 백상지를 고려 중인 상품으로 획정한 데 대해 인도네시아가 아무런 이의를 제기한 바 없음도 지적하였다. 인도네시아의 주장은 한국이 고려 중인 상품을 획정함에 있어 정보용지와 백상지가 동종 상품이라는 판정을 했어야 한다는 것이나 패널의 판정은 고려 중인 상품 획정은 그 방식이 반덤핑협정에 규정되어 있지 않으므로 조사 당국이 재량을 행사하여 정의할 수 있다는 것이며 인도네시아도 그 정의에 대해 이의를 제기하지 않았지 않느냐는 것이다.

패널은 조사 과정 중 무역위가 정보용지와 백상지 각각에 대해 덤핑 마진을 산정한 것은 사실이나 최종 덤핑 마진 공표 시에는 두 상품에 공히 적용되는 동일 마진을 산출하였으며 이는 고려 중인 상품을 덤핑 마진 산정 편의상 정보용지와 백상지의 두 모델로 구분한 것에 불과하므로 문제될 것이 없다고 보았다.

이상을 토대로 패널은 한국의 동종 상품 정의는 2조6항에 부합된다고 판시하였다. 인도네시아는 잘못된 동종 상품 정의에 따른 피해 산정은 3조 각 항에 위배된다고 주장하였으나 패널은 2조6항 위반이 아니라고 판시한 만큼 피해 산정 오류 주장은 살펴볼 필요가 없다고 보았다.

8) 덤핑 수입의 가격 효과 분석의 적절성

인도네시아는 조사 기간 중 일정 기간 동안은 인도네시아 수출 가격이 한국 내 가격과 동일하거나 상회하였음에도 불구하고 한국 상품 가격이 수입품 가격에 의해 영향 받았다고 판정한 것은 부당하며 한국은 3조2항[19]에 규정된 것과 달리 덤핑 수입품의 가격 효과가 '상당한' 것인지를 판정하지 않았다고 주장하고 따라서 반덤핑협정 3조1항, 2항에 위반된다고 주장하였다. 한국의 최종 판정문에는 덤핑 수입품의 가격 효과에 대해 긍정 판정하였으나 상당하다는 수식어를 사

19) 3.2 덤핑 수입의 물량과 관련하여, 조사 당국은 절대적으로 또는 수입회원국의 생산 또는 소비에 비하여 상대적으로 덤핑 수입품이 상당히 증가하였는지 여부를 고려한다. 덤핑 수입품이 가격에 미치는 영향과 관련, 조사 당국은 수입회원국의 동종 상품의 가격과 비교하여 덤핑 수입품에 의하여 상당한 가격 인하가 있었는지 또는 그러한 수입품의 영향이 달리 상당한 정도로 가격 하락을 초래하는지 또는 그러하지 아니한 경우 발생 하였을 가격상승을 상당한 정도로 억제하는지 여부를 고려한다. 이러한 요소 중 하나 또는 여러 개가 반드시 결정적인 지침이 될 수는 없다.

용하지는 않았다.

패널은 3조1항[20)]은 피해 판정은 i) 덤핑 수입 물량, ii) 덤핑 수입이 동종 상품의 국내 시장 가격에 미치는 영향, iii) 국내 생산자에 미치는 결과적인 영향에 대해 명확한 증거를 토대로 객관적으로 검토할 것을 요구한다고 정리하고 이러한 요건을 충족하는 한 조사 기간 중 일정 기간 동안 수출 상품의 가격이 국내 가격을 상회했다고 해서 부정적인 가격 효과가 있었다고 판단하지 못할 것은 아니라고 설명하였다. 패널은 한국의 최종 판정문을 볼 때 무역위는 덤핑 수입에 의한 가격 인하, 가격 하락, 가격 인상 억제가 존재하였는지 객관적으로 검토하였음이 인정된다고 판단하였다.

가격 효과의 상당함에 대한 판정이 없었다는 주장에 대해 패널은 3조2항은 상당하다는 단어가 최종 판정문에 기재될 것을 요구하는 것은 아니며 이 조항의 요건은 덤핑 수입품의 가격으로 인해 3개 가격 효과 중 어느 것이라도 초래되었는지가 정당하게 고려되었음이 입증되면 충족되는 것이라고 설명하였다. 패널은 3조2항은 조사 당국에게 3개 가격 효과 가운데 어느 것이라도 조사 기간 동안 존재하였는지 검토(consider) 할 것을 요구하는 것이지 이에 관한 판정(determination)을 요구하는 것은 아니라고 부언하였다.

이상을 토대로 패널은 덤핑 수입품의 가격 효과에 관한 무역위의 분석은 3조1항, 2항에 합치되지 않는다는 인도네시아의 주장을 기각하였다.

9) 피해 요소의 적정 분석 여부

인도네시아는 한국이 3조4항[21)]에 규정된 피해 요소를 빠짐없이 수집하기는 하였으나 피해 요소가 피해를 초래하였는지에 대해 타당하게 평가하지는 않았다고 주장하였다. 일부 요소는 한국 산업에 긍정적인 추세를 보이고 있었음에도 불

---

20) 3.1 1994년도 GATT 제6조의 목적상, 피해의 판정은 명확한 증거에 기초하며, (1) 덤핑 수입 물량 및 덤핑 수입품이 동종 상품의 국내 시장가격에 미치는 영향 및 (2) 동 수입품이 이러한 상품의 국내 생산자에 미치는 결과적인 영향에 대한 객관적인 검토를 포함한다.

21) 3.4 덤핑 수입품이 관련 국내 산업에 미치는 영향의 검토는 판매, 이윤, 생산량, 시장 점유율, 생산성, 투자수익률, 또는 설비 가동률에서의 실제적이고 잠재적인 감소, 국내 가격에 영향을 미치는 요소, 덤핑 마진의 크기, 자금 순환, 재고, 고용, 임금, 성장, 자본 또는 투자 조달능력에 대한 실제적이며 잠재적인 부정적 영향 등 산업의 상태에 영향을 미치는 제반관련 경제적 요소 및 지표에 대한 평가를 포함한다. 위에 열거된 요소는 총망라적이 아니며, 이러한 요소 중 하나 또는 여러 개가 반드시 결정적인 지침이 될 수는 없다.

구하고 한국 산업이 심각한 피해를 보고 있다는 결론에 도달하게 되었는지 무역위가 설명하지 않았다는 것이다.

패널은 3조4항의 피해 요소는 취합하는 것으로 충분한 것이 아니라 조사 당국은 서로 연관하여 평가해야 한다고 확인하였다. 패널은 생산 능력, 수익, 임금, 자금 순환 등의 요소는 조사 기간 동안 일관되게 부정적인 추세를 보이지 않고 변동 중에 있었으나 무역위는 이러한 요소와 자신의 피해 판정과의 관련성에 대해 적절히 평가하지 않았다고 보았다. 패널은 3조4항은 적극적인 증거를 토대로 객관적으로 검토해야 한다는 3조1항과 연계하여 해석해야 하며 따라서 3조4항의 분석은 각 피해 요소의 연관성 여부 확인(identification)에 그치는 것이 아니라 이러한 요소의 평가가 피해 판정에 이르게 되었는지, 피해와 관련이 없어 보이는 요소가 있더라도 전체 피해 판정이 훼손되지 않는지에 대해 충분한 설명이 있어야 한다고 설명하였다. 패널은 그러나 한국의 잠정, 최종 판정문에는 이러한 분석이 결여되어 있다고 판단하고 따라서 한국은 3조4항에 합치되지 않게 행동하였다고 판시하였다.

10) 국내 생산자의 수입

국내 제지업체 중 2개사는 문제가 된 인도네시아 정보용지 및 백상지 상당량을 수입하였다. 인도네시아는 국내 생산자의 수입분을 3조4항 피해 요소 검토시 분석하지 않았으며 3조5항 덤핑 수입 이외의 알려진 요소로서 분석하지 않았다고 주장하였다. 아울러 동 수입분을 피해 분석시의 덤핑 수입에서 제외해야 한다고 주장하였다. 한국은 국내 생산자의 수입분을 피해 요소로 분석하라는 근거 규정이 없으며 문제가 된 상품을 수입하는 국내 생산자는 4조1항[22] 국내 산업 범위

22) 4.1 이 협정의 목적상 "국내 산업"이라는 용어는 동종 상품을 생산하는 국내 생산자 전체 또는 이들 중 생산량의 합계가 당해상품의 국내 총 생산량의 상당부분을 점하는 국내 생산자들을 지칭하는 것으로 해석된다. 단, 다음의 예외가 있다.

(1) 생산자가 덤핑으로 주장되고 있는 상품의 수출자 또는 수입자와 관계가 있는(Re.11-생략) 경우, 또는 생산자 자신이 그 물품의 수입자인 경우에는, 국내 산업은 나머지 생산자를 지칭하는 것으로 해석될 수 있다.

(2) 예외적인 상황에서, 당해생산에 관하여 회원국의 영토는 둘 또는 그 이상의 경쟁적인 시장으로 분리되어 각 시장의 생산자들이 별개의 산업으로 간주될 수 있는 바 이는 (가) 각 시장 내의 생산자가 생산한 당해상품의 전부 또는 거의 전부를 그 시장에 판매하며, 또한 (나) 당해시장의 수요가 동 영토내의 당해시장 이외의 장소에 소재하는 당해상품의 생산자에 의하여 상당한 정도로 공급되지 아니하는 경우에 한한다. 이러한 상황에서, 전체 국내 산업의 상

를 획정할 때 이미 제외하였다고 밝히고 따라서 3조5항[23] 알려진 요소에도 해당하지 않는다고 반박하였다.

패널은 3조4항은 물론 반덤핑협정 어디에도 국내 생산자의 수입분을 피해 요소로 고려하라는 규정은 없으며 이는 국내 산업의 상태를 나타내는 것이지 3조4항의 피해 요소에 해당하는 것은 아니라고 판단하고 3조4항 위반이라는 인도네시아 주장은 기각하였다. 패널은 이 문제는 3조5항의 문맥에서 검토될 수 있다고는 보았으나 해당 상품을 수입한 국내 생산자는 이미 국내 산업에서 제외된 것이 분명하고 이 수입은 조사 기간(99년~2003년 6월)중인 2001년에 완전 중단되었으므로 설사 국내 생산자의 수입을 알려진 다른 요소로 볼 수 있다 하더라도 이미 중단된 수입까지 다른 요소로 취급하도록 요구할 수는 없다고 판단하였다. 피해 판정 시 덤핑 수입의 범위에서 국내 생산자 수입을 제외했어야 한다는 주장에 대해 패널은 반덤핑협정 어디에도 인도네시아의 주장을 뒷받침하는 규정은 없으며 반덤핑 조사 대상으로부터의 수입은 그 수입자의 신분에 관계없이 덤핑 수입으로 취급될 수 있다고 논박하였다. 이러한 판단을 기초로 패널은 국내 생산자가 수입한 덤핑 수입분의 취급에 있어 한국이 반덤핑협정 3조4항, 5항을 위반하였다는 인도네시아의 주장을 기각하였다.

11) 정보 공개 의무 준수 여부

무역위는 동종 상품 판정에 참고하기 위해 한국 기술표준원에 시험을 의뢰하였고 소비자 survey를 실시하였다. 이 결과는 비밀로 분류되었다. 인도네시아는 상기 결과를 인도네시아 수출자에게 공개하지 않았다고 주장하고 이는 6조2항, 4

당부분에 피해가 발생하지 아니하여도 이러한 고립된 시장에 덤핑 수입품이 집중되고 또한 덤핑 수입품이 당해 고립된 시장내의 당해상품의 전부 또는 거의 전부를 생산하는 생산자에 대하여 피해를 초래하는 경우 피해의 존재가 인정될 수 있다.

23) 3.5 덤핑 수입품이 제2항 및 제4항에 규정된 바와 같이 덤핑의 효과를 통하여 이 협정이 규정하고 있는 의미의 피해를 초래하고 있다는 사실이 입증되어야 한다. 덤핑 수입품과 국내 산업에 대한 피해간의 인간관계의 입증은 당국에 제시된 모든 관련 증거의 검토에 근거한다. 또한 당국은 같은 시점에서 국내 산업에 피해를 초래하는 덤핑 수입품 이외의 모든 알려진 요소를 검토하며 이러한 다른 요소로 인하여 발생하는 피해는 덤핑 수입품에 의한 것으로 귀속시켜서는 아니된다. 이점에서 관련될 수 있는 요소에는 특히, 덤핑가격으로 판매되지 아니하는 수입품의 수량 및 가격, 수요감소 혹은 소비형태의 변화, 외국생산자와 국내 생산자의 무역 제한적 관행 및 이들 간의 경쟁, 기술개발, 국내 산업의 수출 실적 및 상품 생산성의 검토를 통하여 포함된다.

항, 9항 및 12조2항 위반이라고 주장하였다.

패널은 6조4항은 이해 당사자에게 비밀이 아닌 자료를 열람할 수 있는 권리를 부여한 것이라고 설명하고 이 조항의 위반을 주장하기 위해서는 주장자가 동 자료 열람을 요청하였으나 기각되었음을 입증해야 한다고 보았다. 그러나 인도네시아가 열람 요청한 것은 비밀 자료임이 분명하고 비밀 자료에 대한 열람권은 6조4항 대상이 아니므로 인도네시아의 주장은 법적 근거가 없다고 각하하였다.

문제가 된 자료 불공개로 인해 인도네시아는 6조2항[24]의 방어권이 침해되었다고 주장하였으나 패널은 문제가 된 자료는 6조4항이 적용되는 반덤핑 조사 기록상의 자료이며 6조2항은 기록상의 자료 열람과는 무관한 것이라고 지적하고 인도네시아의 6조2항 관련 주장은 법적 근거가 없는 것이라고 설명하였다. 패널은 설사 6조2항을 기록상의 자료 열람도 포함하는 것으로 해석한다 하더라도 6조2항은 비밀 정보는 제외하고 있으므로 역시 인도네시아의 주장은 근거가 없다고 판시하였다.

인도네시아는 상기 자료 불공개가 12조2항 위반에도 해당한다고 주장하였으나 패널은 동 조항은 비밀 정보까지 공표할 것을 요구하지는 않는다고 설명하고 인도네시아가 상기 자료의 비밀성에 대해 6조5항[25]상 이의를 제기한 바 없음을 환기하였다.

무역위의 최종 판정문에는 덤핑 수입이 가격에 미치는 효과에 대한 분석 결과가 비밀보호를 위해 간략하게 기재되어 있었다. 인도네시아는 동 판정문 공표 3주 후에 분석 결과 상세가 포함된 판정문 비공개본(confidential version)을 열람케 해달라는 요청을 하였으나 무역위는 회신하지 않았다. 인도네시아는 이를 들어 6

---

24) 6.2 반덤핑 조사의 전 과정을 통하여 모든 이해 당사자는 자신의 이익을 방어하기 위한 충분한 기회를 가진다. 이를 위하여 당국은 요청에 따라 모든 이해 당사자가 상반된 이해를 갖는 당사자와 회합하는 기회를 제공하여 반대의견이 제시되고 반박 주장이 개진될 수 있도록 한다. 이러한 기회의 제공시 비밀보호의 필요 및 당사자의 편의를 고려하여야 한다. 어떤 당사자도 이러한 회합에 참석할 의무는 없으며, 회합 불참이 그 당사자를 불리하게 하지 아니한다. 이해 당사자는 또한 정당한 경우 구두로 다른 정보를 제시하는 권리를 갖는다.

25) 6.5 성격상 비밀인 정보(예를 들어 누설될 경우 경쟁자에게 중대한 경쟁상 이익이 되거나 정보제공자 또는 그 정보의 취득원이 된 자에게 중대하게 불리한 영향을 미칠 것으로 예상되는 정보) 또는 조사의 당사자가 비밀로서 제공하는 정보는 정당한 사유가 제시되는 경우 당국에 의해 비밀로 취급된다. 이러한 정보는 정보를 제출하는 당사자의 명시적인 허가없이는 아니된다(Re.17).

(Remark 17) 회원국은 특정회원국의 영토내에서 한정적인 보호명령에 따라 공개가 요구될 수 있다는 것을 인지한다.

조4항 위반이라고 주장하였으나 패널은 인도네시아가 가격 정보를 비밀로 취급하겠다는 무역위의 결정에 대해 이의를 제기한 바 없고 6조4항은 비밀이 아닌 정보의 열람권을 규정하고 있는 것이므로 인도네시아의 주장은 법적 근거가 없다고 기각하였다.

인도네시아는 최종 판정문에 기재된 덤핑 수입의 가격 효과가 국내 생산자의 개개의 가격을 언급하고 있지 않다는 것을 근거로 6조9항의 권리가 침해되었다고도 주장하였으나 패널은 동 자료가 비밀임은 인도네시아가 이의를 제기하지 않았으므로 의심할 여지가 없으며 6조9항[26]은 확정 조치 결정의 근거가 되는 핵심적 고려 사항을 통보할 것을 규정하고 있을 뿐이며 비밀 자료까지 통보하라는 것은 아니며 한국이 미리 제공한 최종 판정문 비공개본에는 핵심적 고려 사항이 충분히 기재되었음이 인정된다고 판단하고 인도네시아의 주장은 법적 근거가 없다고 기각하였다.

무역위는 반덤핑 조사 신청서에 기재된 일부 정보(국내 산업 피해지표, 정상가격, 수출 가격 등)를 비밀 정보로 취급하였다. 인도네시아는 무역위가 신청자에게 비밀로 취급해야 할 정당한 사유를 제시할 것을 요구하지 않은 채 비밀 정보로 취급한 것은 6조5항 위반이라고 주장하였다. 한국은 동 자료는 성격상 비밀인 정보이며 따라서 정당한 사유가 제시될 필요가 없다고 반박하였다.

상기 자료의 비밀 여부에 대해서는 다툼이 없었으므로 문제는 비밀 취급에 대한 정당한 사유를 제시할 6조5항의 의무가 당사자가 비밀로서 제공한 정보에 국한하는 것인지 성격상 비밀인 정보에도 적용되는지 여부였다. 패널은 '정당한 사유가 제시되는 경우(upon good cause shown)'라는 구문은 두 종류의 비밀 정보에 의해 수식되고 있으므로 두 종류 정보 모두에 적용되는 것이 분명하다고 판단하였다. 패널은 제출된 기록상 무역위가 비밀 정보 취급 요청에 대해 정당한 사유를 제시할 것을 요청한 근거가 없다고 보고 한국은 따라서 6조5항에 합치되지 않게 행동하였다고 판시하였다.

26) 6.9 당국은 최종 판정 이전에 확정 조치를 적용할 것인지 여부에 대한 결정의 근거가 되는 핵심적 고려 사항을 모든 이해 당사자에게 통보한다. 이러한 공개는 당사자가 자신의 이익을 방어할 수 있을 만큼의 충분한 시간을 두고 이루어져야 한다.

다. 해설 및 평가

DSU 15조2항에 의해 패널은 최종 보고서를 회람하기에 앞서 패널의 조사 결과 및 결론을 모두 포함하는 잠정 보고서를 분쟁 당사자에게 제시한다. 분쟁 당사자는 잠정 보고서의 특정 부분을 재검토하여 줄 것을 서면으로 요청할 수 있으나 WTO 분쟁 해결 절차가 수립된 이래 패널이 분쟁 당사자의 요청을 받아들여 판정의 본질적인 부분을 수정한 예는 없다. 대개 사실 관계의 정정(訂正) 등 절차적 주장을 수용하는 것이 보통이다.

이 사건에서 패널은 잠정 보고서에 대한 인도네시아의 주장을 받아들여 당초 한국의 법규 위반이 아니라고 판정했던 부분을 번복하였다. 패널이 잠정 보고서상의 판정을 수정하기는 이 사건이 처음이다.

무역위는 Indah Kiat 및 Pindo Deli의 구성 정상 가격을 산출함에 있어 CMI의 재무비용을 추가하였다. CMI가 관련 자료를 제출하지 않았으므로 무역위는 대신 생산 회사인 company B의 것을 proxy로 사용하였다. 패널은 잠정 보고서에서는 이를 특별히 문제 삼지는 않았으며 따라서 한국이 2차 자료를 사용할 때 특별한 신중을 기해야 한다는 부속서 II의 7조를 위반한 것이 없다고 밝혔다. 인도네시아는 CMI가 판매 회사이므로 역시 같은 판매 회사인 company A의 것을 사용해야 한다고 주장하였다. 패널은 생산 회사와 판매 회사의 재무비용이 동일하지 않다고 단정할 수는 없으나 적어도 한국은 같은 판매회사인 company A의 재무비용 자료를 사용할 수 없는 이유에 대해 납득할 만한 설명을 제시했어야 하나 그러하지 않은 채 생산회사의 재무비용 자료를 사용한 것은 2차 자료 사용 시의 특별한 신중 의무를 다하지 못한 것이라고 자신의 잠정 판정을 수정하였다.

인도네시아는 백상지와 정보용지가 동종 상품이 아니며 한국이 최종 덤핑 마진을 산정하기 위한 과정 중에 두 상품에 대해 덤핑 마진을 분리하여 산정하였으므로 피해 판정도 나누어 해야 했었다고 주장했다. 패널은 한국이 2조6항에 기재된 대로 고려 중에 있는 상품을 획정하고 이에 기초하여 동종 상품을 정의하였으므로 한국의 동종 상품 정의에는 문제될 것이 없고 정보용지와 백상지의 덤핑률을 잠정적으로 나누어 산정한 것도 모델별로 덤핑률은 산정한 것과 같은 것이라고 이해하였다. 인도네시아가 제기한 문제는 비록 인도네시아가 이를 효과적으로 제기하지는 못하였으나 2조6항의 고려 중에 있는 상품의 획정 방식으로 귀결된

다. 2조6항상 동종 상품은 고려 중에 있는 상품을 기준으로 획정된다. 만일 인도네시아가 백상지와 정보용지가 동종 상품이 아니므로 피해 판정도 따로 따로 했어야 한다는 주장을 보다 설득력 있게 전개하려 했으면 두 상품이 별개의 상품임에도 불구하고 한국이 이들을 고려 중에 있는 상품으로 포괄적으로 획정한 것이 잘못이었다고 주장했어야 했다. 고려 중에 있는 상품 범위에 대해 시비하지 않고 두 상품이 상이하다는 주장을 해보았자 현행 반덤핑협정상 동종 상품은 고려 중에 있는 상품에 기초해서 정의되는 한 문제가 되지 않기 때문이다.

현행 반덤핑협정은 동종 상품의 정의 방식에 대해서는 2조6항에 규정해 두고 있으나 정작 동종 상품 정의의 기초가 되는 고려 중에 있는 상품을 획정하는 데에는 아무런 지침을 주지 않고 있다. 따라서 조사 당국은 고려 중에 있는 상품 범위를 획정함에 있어 상당한 재량을 행사할 수 있다. 따라서 서로 상이한 상품을 동일한 범주의 고려 중에 있는 상품으로 획정할 가능성도 있으므로 한국측의 고려 중에 있는 상품 획정에 오류가 있으며 두 상품은 별도 범주의 고려 중에 있는 상품으로 획정돼야 타당하다고 주장했어야 했을 것이다. 만일 두 상품이 별도 범주로 분류된다면 각각에 기초하여 동종 상품을 정의해야 할 것이므로 자연히 백상지와 정보용지의 별도 상품이 되어 피해 판정도 각각 이루어 져야 할 것이기 때문이다.

이 사건 패널은 고려 중인 상품군 내의 상품간에 2조6항상의 동종 기준이 적용될 것은 아니라고 생각한 것으로 보인다. 고려 중인 상품 범위가 동종 상품의 범위와 유사하면 2조6항의 동종 기준은 충족한 것이라고 보는 것이다. 이러한 판단은 이전 *US-Lumber Final AD* 사건 패널의 판정과 궤를 같이 하는 것이다. 이 사건에서 제소국인 캐나다는 미국의 고려 중인 상품 정의에 속하는 일부 상품은 동종 상품군에 속하는 일부 상품과 2조6항에서 말하는 매우 유사한 특징을 공유하지 않는다고 지적하고 미국의 동종 상품 획정에 대해 시비하였다. 캐나다는 2조6항은 조사 당국으로 하여금 i) 고려 중에 있는 상품의 특성(characteristics)을 밝힌 후, ii) 동종 상품에 해당된다고 주장되는 상품 개개의 특성도 밝혀서 iii) 양자의 특성이 동일(identical) 한지, 매우 유사한지를 살필 의무를 부과하고 있다고 주장하였다. 그러나 패널은 캐나다의 해석에 동의하지 않고 고려 중에 있는 상품의 획정 기준은 없음을 환기한 후 미국은 고려 중인 상품을 획정하고 이를 기초로 동종 상품을 정의한 것이며 이는 2조6항상의 규정에 부합된다고 판단하였다.

이번 사건의 의미 중의 하나는 법적으로는 서로 독립된 별개의 회사라 할지

라도 상호 긴밀한 연관 관계가 있을 경우 동일한 수출자로 취급할 수 있다는 점을 확인한 것이다. 패널은 구조적 상업적 관계가 충분히 긴밀해야 한다는 점을 동일 수출자 취급판정의 기준으로 제시하였다.

패널의 판정은 반덤핑 관세와 같은 무역 구제 조치를 회피하기 위해 유관 회사(affiliated company)를 이용하려는 시도가 빈발해지고 있는 현실상 적절한 것으로 보인다. 패널은 별개 법인을 동일한 수출자로 취급할 수 있는 근거의 일환으로 신규 수출자가 기존 수출자와 무관한 경우에만 개별 덤핑 마진을 산정할 수 있다는 9조5항을 들었으나 특수 관계가 인정되면 수출 가격 산정 시 또는 국내 산업 범위 정의 시에 예외를 인정할 수 있다고 규정하고 있는 반덤핑협정 3조2항 또는 4조1항도 패널의 판정을 뒷받침한다고 볼 수 있다. 특히 패널은 문제가 된 인도네시아 수출자의 지분 관계, 임원진의 중복 등을 동일 수출자 판정의 긍정적인 근거로 인정하였으며 이는 반덤핑협정 각주 11호[27](협정 4조1항)에 기재된 생산자와 수출자/수입자간의 관련 여부 판정 기준과 유사하다.

한국은 패널의 판정을 이행하는 조치를 시행하였으나 당초의 덤핑 마진율을 수정하지는 않았으며 설명이 부족하다고 지적된 부분에 대해 추가로 설명하였다. 인도네시아는 한국의 이행 조치가 부실하다고 비난하고 2006년 12월 21일 DSU 21조5항상의 이행 패널 설치를 요청하여 현재 심리가 진행 중이다.

27) 이 항의 목적상 생산자는 다음의 경우에만 수출자 또는 수입자와 관련이 있는 것으로 간주된다.

가) 동인들 중 하나가 직접 또는 간접적으로 다른 하나를 통제하는 경우, 또는

나) 동인들이 함께 제3자에 의해 직접 또는 간접적으로 통제당하는 경우, 또는

다) 동인들이 함께 직접 또는 간접적으로 제3자를 통제하는 경우

단, 이 관계의 효과가 관련 생산자로 하여금 관련되지 아니한 생산자와는 다르게 행동하도록 할 정도라고 믿거나 의심할 만한 근거가 있어야 한다. 이 항의 목적상 이들 중 일방이 타방을 법적 또는 운영상으로 제약 또는 감독을 행할 위치에 있을 경우 전자가 후자를 통제하는 것으로 간주된다.

25. US vs. Mexico - Rice 사건

(DS295, 2005. 12. 20. - 상소기구)

가. 사건 개요

멕시코는 2000년 12월 미국산 쌀(long-grain white rice)에 대한 덤핑 조사를 개시하여 2002년 6월 확정 조치를 발표, 미국 수출자중 Farmers Rice 및 Riceland에 대해서는 덤핑을 인정할 증거가 없다고 판정하였으며 Rice Company에 대하여 3.93%의 반덤핑 관세를 부과하였고 나머지 미국 수출자에 대해서는 입수 가능한 사실(facts available)에 근거하여 10.18%의 반덤핑 관세를 부과하였다. 멕시코는 덤핑 판정을 위한 조사 기간으로 1999. 3. 1~8. 31.까지를 설정하였으며 피해 판정을 위하여 1997, 1998, 1999년 3년간의 3. 31~8.31. 간의 자료를 분석하였다.

미국은 멕시코의 이러한 덤핑 관세 부과 조치가 반덤핑협정 3조, 6조, 9조 및 부속서 2를 광범위하게 위반하고 있으며 멕시코의 해외 무역법(Foreign Trade Act)와 Federal Code of Civil Procedure 자체(as such)도 반덤핑협정과 보조금협정을 위반하고 있다고 주장하고 2003년 9월 패널 설치를 요청하였다.

나. 주요 쟁점별 당사자 주장 및 판결 요지

1) 조사 기간의 적정성 여부

미국은 멕시코가 설정한 조사 기간은 조사 개시 시점(2000년 12월)부터는 15개월 전, 확정 판정(2002년 6월)부터는 무려 3년 전에 해당하는 것으로 이러한 오

래 전의 기간으로는 명확한 증거에 기초하여 객관적인 판정을 할 수 없으므로 반덤핑협정 3조 1항, 2항, 4항, 5항에 위반된다고 주장하였다. 멕시코는 반덤핑협정이 조사 기간 설정에 관하여 아무런 제한을 두고 있지 아니하므로 협정의 규정에 위반하지 아니하였다고 반박하였다.

패널은 3조1항[1]에 규정된 명확한 증거(positive evidence)란 당해 사건에 필수적인(material), 즉 관련 있고 타당하며(relevant and pertinent) 의존할 수 있고 신뢰할 만한(inherently reliable and credit worthy) 증거를 의미하며 객관적인 검토(objective examination)란 사실을 객관적이고 공정하게 수립하는 조사 과정을 요구한다고 전제하였다.

패널은 조사 기간 설정에 관한 조사 당국의 재량에 제약이 없는 것이 아니며, 반덤핑 조사와 조사의 기초가 되는 자료 사이에는 시간적 연관성이 내재(inherent real-time link)하므로 조사 기간은 조사 개시의 시점과 가능한 한 근접하여야 한다고 판단하였다. WTO의 반덤핑 위원회가 자료 수집 기간의 종료시점은 가능한 한 조사 개시 시점과 근접해야 한다는 권고도 채택한 바 있음을 환기하였다. 패널은 이번 사건의 경우 15개월이라는 기간 동안에는 많은 일들이 발생할 수 있는 것이기 때문에 조사 개시의 시점으로부터 이와 같이 동떨어진 조사 기간으로부터 획득된 자료는 신뢰성을 결여한다고 판단하였다. 패널은 15개월 전의 자료는 신뢰성(credibility and reliability)이 부족하므로 명확한 증거 기준을 충족하지 못한다고 보았다. 패널은 15개월 기간 중 발생한 사건을 적절히 반영하기 위해 이해당사자로부터 제출된 정보를 update하려는 시도도 없었고 더 근접한 기간의 정보를 수집할 수 없는 타당한 이유가 제시되지도 않은 점도 지적하였다.

이상을 토대로 패널은 멕시코는 3조1항에 합치되게 행동하지 못하였으며 그 결과 덤핑 수입의 물량과 가격 효과를 고려할 때 관련되는 요소와 인과 관계 등도 객관적으로 검토하지 않았으므로 반덤핑협정 3조2항[2], 4항[3], 5항[4]도 위반한

---

1) 3.1 1994년도 GATT 제6조의 목적상, 피해의 판정은 명확한 증거에 기초하며, (1) 덤핑 수입 물량 및 덤핑 수입품이 동종 상품의 국내 시장가격에 미치는 영향 및 (2) 동 수입품이 이러한 상품의 국내 생산자에 미치는 결과적인 영향에 대한 객관적인 검토를 포함한다.

2) 3.2 덤핑 수입의 물량과 관련하여, 조사 당국은 절대적으로 또는 수입회원국의 생산 또는 소비에 비하여 상대적으로 덤핑 수입품이 상당히 증가하였는지 여부를 고려한다. 덤핑 수입품이 가격에 미치는 영향과 관련, 조사 당국은 수입회원국의 동종 상품의 가격과 비교하여 덤핑 수입품에 의하여 상당한 가격 인하가 있었는지 또는 그러한 수입품의 영향이 달리 상당한 정도로 가격 하락을 초래하는지 또는 그러하지 아니한 경우 발생 하였을 가격상승을 상당한 정도로 억제하는지 여부를 고려한다. 이러한 요소 중 하나 또는 여러 개가 반드시 결정적인 지침이 될 수는 없다.

것이라고 판시하였다.

멕시코는 패널이 오래된 조사 기간의 사용 자체(*per se*)가 반덤핑협정 3조1항을 위반하는 것으로 해석한 것은 부당하며 조사 기간에 대한 멕시코의 해석은 반덤핑협정 17조6항(2)[5]에 의거, 용인되는 것으로 보아야 한다고 상소하였다.

상소기구는 보다 최근의 자료가 현재의 피해에 대해 더 나은 지표가 될 수 있다는 패널의 견해에 동의를 표명하면서 패널이 조사 기간이 오래 전이라는 사실 자체가 3조1항 위반이라고 판정한 것은 아니라고 설명하였다. 상소기구는 이 사실 외에도 조사 기간이 조사 개시 시점, 확정 판정 등과 15개월, 30개월 이상 차이가 나는 점 등 다른 요소도 충분히 고려하였으며 여러 요소에 비추어 조사 기간에 수집된 자료와 현재 피해간에 충분히 타당한 관계가 존재할 것인지 의문을 제기하는 것은 당연하다고 보았다. 17조6항(2)와 관련된 주장에 대해서도 상소기구는 패널이 멕시코가 주장하는 대로 오래된 조사 기간의 자료 자체가 3조1항 위반을 구성하지는 않는다고 해석하였으므로 17조6항(2)에 관한 멕시코의 주장은 타당하지 않다고 기각, 패널의 판정을 확인하였다.

---

3) 3.4 덤핑 수입품이 관련 국내 산업에 미치는 영향의 검토는 판매, 이윤, 생산량, 시장 점유율, 생산성, 투자수익률, 또는 설비 가동률에서의 실제적이고 잠재적인 감소, 국내 가격에 영향을 미치는 요소, 덤핑 마진의 크기, 자금 순환, 재고, 고용, 임금, 성장, 자본 또는 투자 조달능력에 대한 실제적이며 잠재적인 부정적 영향 등 산업의 상태에 영향을 미치는 제반 관련 경제적 요소 및 지표에 대한 평가를 포함한다. 위에 열거된 요소는 총망라적이 아니며, 이러한 요소 중 하나 또는 여러 개가 반드시 결정적인 지침이 될 수는 없다.

4) 3.5 덤핑 수입품이 제2항 및 제4항에 규정된 바와 같이 덤핑의 효과를 통하여 이 협정이 규정하고 있는 의미의 피해를 초래하고 있다는 사실이 입증되어야 한다. 덤핑 수입품과 국내 산업에 대한 피해간의 인간관계의 입증은 당국에 제시된 모든 관련 증거의 검토에 근거한다. 또한 당국은 같은 시점에서 국내 산업에 피해를 초래하는 덤핑 수입품 이외의 모든 알려진 요소를 검토하며 이러한 다른 요소로 인하여 발생하는 피해는 덤핑 수입품에 의한 것으로 귀속시켜서는 아니된다. 이점에서 관련될 수 있는 요소에는 특히, 덤핑가격으로 판매되지 아니하는 수입품의 수량 및 가격, 수요감소 혹은 소비형태의 변화, 외국생산자와 국내 생산자의 부역 제한적 관행 및 이들간의 경쟁, 기술개발, 국내 산업의 수출 실적 및 상품 생산성의 검토를 통하여 포함된다.

5) 17.6 제5항에 언급된 사항을 검토하는 데 있어서,

(1) …

(2) 패널은 국제공법의 해석에 관한 관습적인 규칙에 따라 이 협정의 관련 규정을 해석한다. 패널이 이 협정의 관련 규정에 대해 하나 이상의 해석이 가능하다고 판정하고 당국의 조치가 그러한 허용되는 해석중 하나에 근거하는 경우 패널은 당국의 조치가 이 협정에 일치하는 것으로 판정한다.

2) 피해 조사 기간의 적정성 여부

멕시코는 피해 조사 기간으로 1997년, 98년, 99년 각 년도의 특정 6개월간(3. 31~8.31.)을 설정하였다. 미국은 수입량이 많았던 특정 기간만을 선정한 것은 3조1항의 객관적인 검토의무 및 3조5항의 관련된 제반 요소 검토의무를 다하지 못한 것이라고 주장하였다. 멕시코는 반덤핑협정상 피해 조사 기간 선정에 관해 특별한 요건이 있는 것은 아니라고 반박하였다.

패널은 이와 같이 멕시코가 3년간의 피해 분석 기간 중 매년 일부 기간(6개월)의 자료만을 사용하여 피해를 분석한 것은, 부분적인 상황만을 고려한 것이기 때문에 정당한 설명이 없는 한 명확한 증거에 근거하여 객관적으로 검토할 것을 규정한 반덤핑협정 3조1항에 위반하는 것이며, all relevant evidence에 기초하여 덤핑 수입품과 국내 산업 사이의 인과 관계의 존재를 판정한 것이 아니기 때문에 반덤핑협정 3조5항에도 위반하는 것이라고 판시하였다.

상소기구 역시 조사 기간 중의 자료는 국내 산업 상황에 대한 정확하고 공정한 상태(accurate and unbiased picture)를 보여 주어야 할 것이나 자의적으로 특정 6개월만을 선정한 점, 그 것도 동 기간 중 수입이 제일 많았음을 인지하고 있었던 점 등을 고려할 때 멕시코 당국이 사용한 자료는 정확하고 공정한 상태를 제공하지 못한다는 *prima facie* case가 성립되는 데 충분하며 멕시코가 제시한 설명[6)]도 이러한 *prima facie* case를 번복하는 데 충분하지 못하다고 판단하고 3조1항, 5항 위반이라는 패널의 판정을 확인하였다.

3) 조사 당국의 증거 수집 노력의 적정성 여부

미국은 멕시코가 피해 분석을 객관적인 방법으로 수행하기 위해 필요한 증거 수집 노력을 다하지 않았다고 주장하였다. 미국은 멕시코가 객관적인 통관 자료나 수입자가 제출하는 정확한 수입 물량 자료를 사용하지 않았으며 덤핑 회사가 제출한 자료는 기각하였고 비덤핑 회사가 제출한 자료를 토대로 덤핑 수입 물량

---

6) 멕시코는 덤핑발생 기간도 동일한 시기의 6개월로 맞추었으므로 특정 6개월간의 자료만을 피해판단의 근거로 삼는 것이 무방하다는 주장을 제기하였으나 상소기구는 덤핑과 피해가 인과관계가 있어야 하는 것은 당연하나 덤핑과 피해 판정은 별도의 자료에 근거하는 별개의 과정이라고 반박하였다.

및 가격에 관해 추론하였고 또한 일차적으로 이해 당사자로부터 자료를 입수하려는 노력을 전혀 하지 않은 채 입수 가능한 사실만을 이용하여 이차적 자료에 의존하여 피해를 판정하였다고 비난하였다. 미국은 이는 반덤핑협정 3조1항 및 3조2항에 위반하는 것이라고 주장하였다. 멕시코는 자신들이 이용한 정보 및 가정 외에 달리 이용할 정보를 구득할 수 없었다고 항변하였다.

패널은 멕시코 조사 당국의 분석은 사실에 근거한 것이 아니라 가정의 가정(assumption after assumption)에 근거한 것이라고 비난하였다. 일례로 제소자의 조사 방식은 일정 가격 이하로 판매되는 쌀은 장립종 백미라는 근거 없는 가정에 근거한 것인데 멕시코 당국은 이를 답습하였으며 따라서 사실을 정당하게 수립하지 못하였다고 보았다. 패널은 멕시코 당국은 유독 수출자의 이익에 부정적인 영향을 미칠 수 있는 가정을 일관되게 이용하였으며 이는 덤핑 수입 물량에 관한 객관적인 검토를 다한 것이라고 볼 수 없다고 천명하였고 이에 근거한 가격 효과 분석도 객관적이고 공평한 조사 당국이 도달할 수 있는 결론이 아니라고 판단하였다. 패널은 조사(investigation)란 타당한 정보를 적극적으로 수집하는 것이라고 정의하고 더 나은 정보가 없었다는 멕시코의 항변을 수용하지 않았다. 멕시코 당국이 제소장에 기재된 수출자에게만 질문서를 보낸 데 그치고 다른 미곡 수출자에 대해서는 질문서를 보내지 않은 점도 지적하였다.

이상을 토대로 패널은 멕시코 당국의 덤핑 물량 및 가격 효과에 관한 피해 분석은 명확한 증거를 토대로 객관적인 검토를 하라는 3조1항 및 2항에 합치되지 않는다고 판시하였다.

멕시코는 입수 가능한 관련 정보는 모두 검토하였으며 그 이상의 정보를 수집하는 것은 불가능하였다고 상소하였다. 상소기구는 조사 당국이 피해 분석을 하는 데 있어 일정 정도의 재량을 행사할 수 있고 이 재량권 범위 내에서 조사 당국은 합리적인 가정에 의존하거나 추론을 도출할 수도 있다는 점은 인정하였다. 그러나 이러한 가정이나 추론은 신뢰할 만한 사실적 근거에서 도출되어야 하고 사실적 근거의 객관성과 신뢰성도 충분히 설명되어야 한다고 설명하였다. 상소기구는 패널이 멕시코 당국이 제출한 설명을 타당하거나 합리적이지 못하다고 본 것은 정당하며 따라서 멕시코 당국의 피해 분석이 3조1항, 2항에 합치되지 않는다는 패널의 판정을 지지하였다.

4) zero 덤핑 회사에 대한 반덤핑 조치 부과 가능 여부

조사 과정 중 Farmers Rice사 및 Riceland사 2개사의 덤핑 마진은 *de minimis* 수준인 것으로 산정되었으나 멕시코는 2개사에 대한 조사를 계속 진행하였고 반덤핑 관세 부과 대상에 포함시켰다. 미국은 이는 덤핑 마진이 *de minimis* 일 경우 조사를 즉각 중단해야 한다는 5조8항을 위반한 것이라고 주장하였다. 멕시코는 동 조항이 '각각의 수출자에 대한 개별적 조사'에 대해서 언급하지 아니하고 '특정 국가로부터의 수입에 대한 조사'라고만 규정하고 있으므로, 한 수출자가 *de minimis* 수준 이상으로 덤핑을 한 것으로 판정되면 모든 수출자가 반덤핑 조치의 적용 대상에 포함될 수 있다고 반박하였다.

패널은 반덤핑협정 5조8항[7]에서 규정하는 덤핑 마진이란 국가적 차원의 덤핑 마진(a country-wide margin of dumping)이 아니라 각 수출자 또는 생산자의 개별적인 덤핑 마진(individual margin of dumping)을 의미하는 것이라고 정리하였다. 그 근거로 덤핑 마진은 알려진 모든 수출자 개별적으로 산정해야 한다는 6조10항[8]의 규정과 반덤핑협정 여타 조항도 이에 상충되지 않는다는 점을 들었다. 패널은 5조8항 두 번째 문장상 조사 당국은 덤핑 마진이 *de minimis*이거나 0인 수출자에 대해서는 즉시 반덤핑 조사를 중단해야 한다고 확인하고 따라서 멕시코는 동 조항에 합치되지 않게 행동한 것이라고 판시하였다.

멕시코는 5조8항은 국가적 차원의 덤핑 마진이 *de minimis*일 경우에만 조사를 중단하는 것으로 해석하는 것이 타당하다고 상소하였다. 상소기구는 반덤핑 조사

---

7) 5.8 관계 당국이 사안의 진행을 정당화시킬 만큼 덤핑 또는 피해에 대한 충분한 증거가 존재하지 않는다고 납득하는 즉시 제1항에 따른 신청은 기각되고 조사는 신속히 종결된다. 덤핑 마진이 최소허용 수준이거나, 또는 실제적 또는 잠재적인 덤핑 수입량이나 피해가 무시할 만한 수준이라고 당국이 결정하는 경우 조사는 즉각적으로 종결된다. 수출가격 대비 백분율로 표시된 덤핑 마진이 2%미만인 경우 이러한 덤핑 마진은 최소 허용 수준인 것으로 간주된다. 특정국으로부터의 덤핑 수입 물량이 수입 회원국내 동종 상품 수입량의 3%미만을 점유한 것으로 판명되는 경우 개별적으로 수입회원국내 동종 상품 수입의 3%미만을 점유하는 국가들이 총체적으로 수입회원국내 동종 상품 수입 물량의 7%를 초과 점유하지 아니하면 이러한 덤핑 수입량은 일반적으로 무시할 만한 수준으로 간주된다.

8) 6.10 당국은 일반적으로 조사 대상 상품의 알려진 관련 수출자 또는 생산자 각각 대해 개별적인 덤핑 마진을 결정한다. 관련된 수출자, 생산자, 수입자, 또는 관련 상품의 유형의 수가 너무 많아 이러한 결정이 불가능할 경우 당국은 그 선정시 당국에 이용 가능한 정보를 기초로 통계적으로 유효한 표본을 사용하여 검사를 이해 당사자 또는 상품의 합리적인 수로 제한하거나 또는 합리적으로 조사 될 수 있는 당해 국가로부터의 수출량의 가장 큰 비율로 제한할 수 있다.

는 어차피 덤핑관세 부과 또는 불부과 결정으로 종결되는 것이므로 5조8항에서 규정된 대로 덤핑 마진이 *de minimis*로 산정된 수출자에 대한 조사를 즉각적으로 종결시키기 위한 유일한 방법은 반덤핑 부과 적용 대상에서 제외하는 것이라고 판단하였다. 상소기구는 멕시코 당국은 그러하지 않았으므로 5조8항에 합치되지 않는다고 확인하고 패널의 판정을 지지하였다.

5) 입수 가능한 사실 적용의 적법성

(가) 자료 일부 제공자에 대한 입수 가능한 사실 사용

미국의 Producers Rice사는 조사 기간 동안 멕시코에 쌀을 수출하지 않았으나 질문서에 답신하는 등 멕시코 당국의 조사에 협조하였다. 그러나 멕시코 당국은 동 사가 덤핑 마진의 산정에 필요한 수출 가격에 대한 정보를 제공하지 아니하였다는 이유로 제소자가 제공한 정보에 근거하여 덤핑 마진을 산정하였다. 미국은 멕시코 당국의 이러한 조치는 반덤핑협정 6조 8항에 위반에 해당한다고 주장하였다.

패널은 반덤핑협정 6조8항[9]은 조사 당국이 입수 가능한 사실에 근거하여 결정을 내리기 위해서는 이해 당사자가 필요한 정보에 대한 접근을 거부하거나, 정보를 제공하지 아니하거나, 조사를 심각하게 방해하여야 하나 Producers Rice는 그와 같은 경우에 해당하지 아니하고, 반덤핑협정 부속서 2에 비추어 볼 때 6조8항에서 규정하는 입수 가능한 사실은 단순히 그 자체로 정확하거나 유용한 정보가 아니라(not simply correct or useful *per se*), 가장 정확하고 가장 적절한 정보(most fitting or most appropriate)를 의미하는 것이라고 해석하였다.

이러한 관점에서 볼 때 패널은 멕시코 당국이 다른 이해 당사자로부터 입수한 정보의 신뢰성을 확인하거나 제소자가 제출한 정보를 보다 신중하게 사용하지 아니하고 Producers Rice에 대하여 불리한 증거에만 근거하여 결정을 내린 것은 6조8항 및 부속서 2의 7조[10] 위반이라고 판시하였다.

---

9) 6.8 이해 당사자가 합리적인 기간 내에 필요한 정보에의 접근을 거부하거나 달리 동 정보를 제공하지 아니하는 경우 또는 조사를 중대하게 방해하는 경우, 입수 가능한 사실에 기초하여 긍정적 또는 부정적인 예비 및 최종 판정이 내려질 수 있다. 이 항의 적용에 있어서 부속서 2의 규정이 준수된다.

10) 7. 당국이 조사 개시 신청서에 제공된 정보를 포함하여 2차적인 출처로부터의 정보를 기초로 정상 가격에 관한 조사 결과를 포함한 판정을 내려야하는 경우, 당국은 특별한 신중을 기하여야 한다. 이러한 경우, 당국은 가능하다면 공표된 가격표, 공식 수입 통계 및 세관보고서등과

(나) 통지받지 못한 이해 당사자에 대한 입수 가능한 사실 사용

멕시코는 제소장에 명기된 수출자 2개사와 후에 자발적으로 조사에 응한 2개사에 대해 개별 마진을 산정하였고 기타 모든 미국 미곡 수출자에게는 입수 가능한 사실을 이용하여 9조4항[11]에 규정된 기타 마진을 일괄 적용하였다. 미국은 멕시코 당국이 미국 수출자를 파악하려는 노력도 기울이지 않았고 따라서 통보받지 못한 수출자에게 입수 가능한 사실을 적용하는 것은 6조1항[12], 8항 10항 및 12조1항[13], 부속서 2의 7조 위반이라고 주장하였다.

패널은 6조10항의 알려진 수출자란 객관적이고 공평한 조사 당국이 알고 있으리라고 합리적으로 기대할 수 있는 대상을 의미하며 그 합리적인 정도는 사안에 따라 다를 것이라고 보았다. 패널은 6조1항과 8항의 문맥에 비추어 모든 이해 당사자에게 당국이 요구하는 정보를 통보하기 위해서 조사 당국은 이들을 파악하는 데 수동적으로 있을 수만은 없으며 이해 당사자가 정당하게 통지받지 못한 경우 이들이 정보에의 접근을 거부하거나 동 정보를 제공하지 않았거나 조사를 방해하였다고 주장할 수 없다고 못 박았다. 이러한 해석을 이번 사건에 적용할 경우 패널은 제소장에 언급되지 않은 2개사가 추후 자발적으로 조사에 응한 점에 비추어 제소장에 기재된 수출자 명단이 완전한 것이 아님을 조사 당국은 쉽게 알

같이 다른 독립된 출처로부터 취득한 정보 및 조사 과정에서 다른 이해 당사자로부터 얻은 정보를 점검하여야 한다. 그러나 이해 당사자가 협조를 하지 않고 이로 인해 관련정보가 당국에 입수되지 아니하는 경우 이 상황이 그 당사자가 협조하였을 때보다 그 당사자에게 더 불리한 결과를 초래할 수 있는 것은 명백하다.

11) 9.4 당국이 제6조제10항의 둘째 문장에 따라 검사를 제한하는 경우 검사에 포함되지 아니한 수출자 또는 생산자로부터의 수입품에 적용되는 반덤핑 관세는 다음을 초과하지 아니한다.
(1) 선정된 수출자 또는 생산자에 대하여 설정된 덤핑 마진의 가중 평균 또는,
(2) 반덤핑 관세의 지불책임이 예상되는 정상 가격을 기초로 계산된 경우, 선정된 생산자 또는 수출자의 가중 평균정상 가격과 개별적으로 검사되지 아니한 수출자 또는 생산자의 수출가격간의 차이,
단, 이 항의 목적상 당국은 영의 마진 및 최소허용마진과 제6조제8항에 언급되어 있는 상황에서 정해진 덤핑 마진은 무시한다. 당국은 제6조제10항제2호에 규정된 대로 검사대상에서는 제외되었으나 조사 과정에서 필요한 정보를 제공한 수출자 또는 생산자로부터의 수입품에 대하여 개별적인 관세 또는 정상 가격을 적용한다.

12) 6.1 반덤핑 조사와 관련한 모든 이해 당사자는 당국이 요구하는 정보에 대하여 통보받으며 당해 조사와 관련이 있다고 그들이 간주하는 모든 증거를 서면으로 제출할 수 있는 충분한 기회가 주어진다.

13) 12.1 제5조에 따라 당국이 반덤핑 조사의 개시를 정당화하는 충분한 증거가 있다고 납득하는 경우, 자기 나라의 상품이 조사 대상인 회원국 및 조사에 이해관계가 있는 것으로 조사 당국에 알려진 다른 이해 당사자에게 통지되며 공고된다.

수 있었을 것이며 객관적이고 공평한 조사 당국이라면 다른 수출자를 파악하기 위한 노력을 기울였어야 했을 것이라고 지적하였다.

패널은 멕시코 당국이 조사에 대하여 이해관계를 가진 것으로 알려진 모든 이해 당사자들에게 조사의 개시와 제출이 요구되는 자료에 대하여 통지하지 아니한 것은 반덤핑협정 6조1항 및 12조1항에 위반하는 것이라고 판시하였으며 이는 사소한 절차적 위반 행위가 아니라 중대한 의미를 가지는 것이라고 의미를 부여하고 조사 당국이 통지 의무를 다하지 못했을 경우 통지받지 못한 당사자에게 입수 가능한 사실을 적용할 수는 없다고 단정하고 따라서 멕시코는 6조8항 및 부속서 2의 1조를 위반하였다고 판시하였다. 패널은 또한 반덤핑협정 6조10항은 조사 당국이 조사 대상 상품의 수출자 또는 생산자라고 알려진 모든 당사자들에 대하여 개별적인 덤핑 마진을 산정할 것을 요구하고 있으므로 조사 당국이 이해 당사자의 수배(identifications)에 있어서 소극적인 태도를 취하여서는 안되며, 조사 신청자가 특정한 수출자들에게 통지하는 것만으로는 통지의무를 충족하는 것이 아니라고 판단, 동 조항도 위반하였다고 판시하였다.

패널 판정에 대한 멕시코의 상소에 대해 6조1항과 12조1항 위반 여부의 경우 상소기구는 동 조항 문안 및 맥락상 조사 당국에 알려진 이해 당사자란 조사 당국이 실제로 인지하고 있는 개체이지 알 수 있었을 대상까지 포함하는 것은 아니라고 판단하고 이에 대한 패널의 판정을 번복하였다. 멕시코가 알 수 있었을 수출자에 대해 개별 마진을 산정하지 않은 것은 6조10항에 위반된다는 패널 판정 역시 번복하여 이들 수출자에 대해서까지 개별 마진을 산정해야 할 것은 아니라고 확인하였다. 6조8항 및 부속서 2의 1조를 위반 문제에 대해 상소기구는 6조8항은 입수 가능한 사실을 적용할 수 있는 경우를 정보 거부, 불제공, 조사 방해의 경우로 명시하고 있고 6조8항을 적용하는 데 있어 부속서 2 규정이 준수된다고 규정되어 있으며 부속서 2의 1조는 요청 정보를 제공하지 않을 경우 입수 가능한 사실을 적용하게 된다는 점을 조사 당사자가 알도록 보장해야 한다고 적시되어 있음에 비추어 알려지지 않은 수출자에게는 요청 정보 불제공시 입수 가능사실 적용이 통보된 것이 아니므로 이들 수출자에게 입수 가능사실을 적용하는 것은 부당하다고 보고, 패널의 판정을 지지하였다. 멕시코는 반덤핑협정 각주 15[14)]에

14) (Remark 15) 일반적으로 수출자에게 부여하는 시한은 질의서 접수일로부터 기산되며, 이를 위해 질의서는 응답자에게 발송되거나 또는 수출회원국의 적절한 외교대표 또는 세계무역기구에 가입한 독자적 관세영역의 경우는 수출영역의 공식대표에게 전달된 날로 부터 1주일 후에 접수된 것으로 간주된다.

의거, 수출국 정부는 자국 수출자나 생산자에게 반덤핑 조사가 진행될 것임을 통지할 의무가 있다고 항변하였으나 상소기구는 각주 15는 반덤핑 조사 질문서 회신 시한에 관한 일반적인 규정일 뿐이며 수출국 정부가 자국 수출자나 생산자에게 반덤핑 조사에 대해 인지시킬 의무를 부여한 것이라고 볼 수 없다고 판단, 멕시코의 주장을 기각하였다.

6) 멕시코의 해외 무역법 관련

(가) 해외 무역법 53조 : 조사 기간의 적법성

멕시코 해외 무역법 53조는 반덤핑 조사 개시 공고 이후 28일 이내에 응답할 것을 규정하고 있다. 미국은 이는 응답 기한으로 최소 30일을 부여해야 한다는 반덤핑협정 6조1항1 및 보조금협정 12조1항1 위반이라고 주장하였다. 멕시코는 자국 헌법 제133조에 의하여 WTO 협정이 직접적 효력을 가지며 self-executing별도의 국내 이행입법을 요하지 아니하고 자동적으로 적용되므로 멕시코의 해외 무역법은 비록 28일로 규정하고 있으나 WTO 협정에 합치하는 방법으로 집행된다고 반박하였다.

패널은 상기 2개 조항은 질문서를 받은 수출자나 외국의 생산자에게 30일의 답변기간을 부여하도록 명시하고 있으므로 28일만을 부여한 해외 무역법 53조는 그 자체가 동 조항 위반에 해당한다고 판시하였다. 해외 무역법은 WTO 협정에 합치하는 방법으로 집행된다는 멕시코의 반박에 대해 패널은 이러한 이유로 멕시코의 법률이 심사로부터 보호될 수 있는 것이 아니라고 판단하였다. 패널은 WTO 협정이 직접적 효력을 가진다는 것이 WTO 협정의 정확한 해석을 자동적이고 필연적으로 보증하는 것이 아니며, 특히 WTO 협정에 명시적으로 위반하는 별도의 국내법 규정이 존재하는 경우에는 더욱 그러하다고 설파하였다.

멕시코는 답변 시한 30일은 모든 수출자/생산자에 무차별적으로 적용되는 것이 아니라 조사 당국이 질문서를 송부한, 즉 조사 개시단계에서 조사 당국에게 알려진 수출자나 생산자에게 국한되는 것이며 추후의 수출자나 생산자에게도 30일을 적용할 경우 규정된 시한 내에 조사를 종료하기가 어렵다고 항변하였다.

상소기구는 반덤핑협정 6조1항1과 보조금협정 12조1항1은 누구에게나 적용되는 보편적인 규정으로서 질문서 접수일로부터 최소 30일을 모든 수출자 및 생산자에게 부여한다는 의미이며 반덤핑협정 6조1항과 보조금협정 12조1항도 모든 이해 당사자가 질문서를 접수해야 한다는 점을 명시하고 있다고 환기하였다. 상

소기구는 반덤핑협정과 보조금협정은 조사 신청서에 포함되지 않은 수출자나 생산자에게는 조속히 자신의 존재를 알리도록 규정하고 있으므로 조사 신청서에 포함된 자에 대해서만 30일 시한을 부여해야 한다는 멕시코의 주장은 수용할 수 없으며 기한 내 조사 종료 의무도 30일 답변시한을 부여해야 하는 의무와 상충되지 않는다고 판단, 해외 무역법 53조가 그 자체로 반덤핑협정 6조1항1 및 보조금협정 12조1항1 위반이라는 패널 판정을 지지하였다.

(나) 해외 무역법 64조 : 입수 가능한 사실

멕시코 해외 무역법 64조는 조사에 응하지 못한 자, 요청받은 자료를 적시에 제출하지 못하였거나 부실하게 제출한 자, 조사 기간 중 수출한 바 없는 자에 대해서는 입수 가능한 사실로부터 산정한 최고율의 덤핑 및 보조금 마진을 판정토록 규정하고 있다. 미국은 동 조항은 정보 제공을 통보받지 못한 회사에게도 최고 마진을 맹목적으로 적용하고 있으며 조사 당국이 2차적인 출처로부터의 정보를 특별한 신중을 기해 사용하지도 못하게 하므로 반덤핑협정 6조8항 및 부속서 2의 1[15], 3, 5, 7항, 그리고 보조금협정 12조7항 위반이라고 주장하였다.

패널은 입수 가능한 사실의 사용에 관한 규정은 요청받은 자료를 제출하지 않은 자를 처벌하려는 것이 아니며 조사 당국으로 하여금 이해 당사가 제공한 자료가 비록 완전하지는 않더라도 가능한 범위 내 이를 사용케 하고 2차적인 출처로부터의 자료도 특별한 신중을 기해 가급적 사용하라는 취지라고 해석하였다. 이러한 해석에 비추어 볼 때 멕시코 해외 무역법 64조는 일정 회사에 대해 최고율의 마진의 적용을 강제하고 있으므로 조사 당국으로 하여금 결여된 자료를 대체할 최선의 정보를 사용하지 못하게 하는 것이며 이는 반덤핑협정 6조8항 및 부속서 2의 1, 3[16], 5[17], 7조, 그리고 보조금협정 12조7항[18] 위반에 해당한다고 판

---

15) 1. 조사 개시 후 가능한 한 조속히 조사 당국은 모든 이해 당사자로부터 요청되는 정보와 이해 당사자가 회신시 이러한 정보를 구성하는 방법을 상세히 명시하여야 한다. 또한 당국은 합리적인 기간 내에 정보가 제공되지 못할 경우 국내 산업에 의한 조사 개시 신청서에 들어 있는 내용들을 포함, 입수 가능한 사실을 근거로 당국이 자유로이 판정을 내릴 수 있다는 사실을 당사자가 알도록 보장하여야 한다.

16) 3. 검증 가능하며 부당한 어려움이 없이 조사에 이용될 수 있도록 적절하게 제출되고 적시에 제공되었으며, 적용이 가능한 경우, 당국이 요청하는 특정 매체 또는 컴퓨터 언어로 제출된 정보는 판정이 내려질 때 고려되어야 한다. 이해 당사자가 선호되는 매체 또는 컴퓨터 언어로 응답하지 아니한 경우에도 당국이 제2항에 규정되어 있는 상황이 충족된다고 판단하면 선호되는 매체나 컴퓨터 언어로 응답하지 아니한 것이 조사를 중대하게 방해하는 것으로 간주되어서는 아니된다.

시하였다.

멕시코는 동 64조는 반덤핑협정 6조8항과 보조금협정 12조7항에 규정된 대로 필요한 정보를 제출하지 않은 자의 덤핑 마진을 산정할 때 입수 가능한 사실을 사용하는 것이므로 정당하다고 상소하였다.

상소기구는 입수 가능한 사실을 적용하기 위해 조사 당국은 반덤핑협정 부속서 2의 규정상 우선 필요 정보를 제공하지 않을 경우 입수 가능한 사실로 산정된 덤핑 마진이 적용될 수 있음을 당사자에게 인지시켜야 하고(1조) 당사자가 제출한 정보는 능력에 따라 최선을 다한 것이라고 간주(assume)해야 하며(5조) 2차적인 출처로부터의 정보를 사용하는 경우에도 동 정보의 정확성을 다른 출처로부터 취득한 정보 등을 통해 점검해야 한다고(7조) 환기하였다. 상소기구는 이와 같은 부속서가 보조금협정에 포함되어 있지 않은 것은 오히려 이상한 것으로서 상계 관세의 경우에도 위의 요건을 준수해야 한다고 설파하였다. 상소기구는 멕시코 해외 무역법 64조는 특정 수출자나 생산자에 대해서는 이용 가능 사실 마진을 기계적으로, 무차별적으로 적용토록 규정하고 있으며 조사 당국으로 하여금 동 수출자나 생산자가 제출한 다른 어떤 정보도 사용치 못하도록 하고 있으며 어떤 정보가 부족한 정보를 대체하는 데 적합할 것인지 검토, 평가하는 것도 허락치 않고 있다고 지적하고 반덤핑협정 6조8항 및 부속서 2의 1, 3, 5, 7항, 그리고 보조금협정 12조7항 위반에 해당한다는 패널 판정을 확인하였다.

(다) 해외 무역법 68조 : *de minimis*

미국은 원조치 조사 시 덤핑 시행 또는 보조금 수혜 사실이 없는 것으로 판명된 수출자에 대해서도 재심을 하도록 규정되어 있는 해외 무역법 68조는 덤핑 또는 덤핑 마진이나 보조금액이 *de minimis* 이하일 경우 즉각 조사를 중단토록 규정하고 있는 반덤핑협정 5조8항 및 보조금협정 11조9항[19] 위반이라고 주장하였

---

17) 5. 이해 당사자가 능력에 따라 최선을 다하였다면 비록 제공되는 정보가 모든 면에서 이상적이지 아니하더라도 이것은 당국이 이를 무시하는 것을 정당화하여서는 아니된다.

18) 12.7 이해 당사회원국 또는 이해 당사자가 합리적인 기간 내에 필요한 정보에의 접근을 거부하거나 달리 동 정보를 제공하지 아니하는 경우 또는 조사를 중대하게 방해하는 경우, 입수 가능한 사실에 기초하여 긍정적 또는 부정적인 예비 및 최종 판정이 내려질 수 있다.

19) 11.9 관계 당국이 사안의 진행을 정당화시킬 만큼 보조금지급 또는 피해에 대한 증거가 충분하지 않다고 납득하는 즉시, 제1항에 따른 신청은 기각되고 조사는 신속하게 종료된다. 보조금액이 최소 허용 수준 이하이거나 보조금을 받는 수입품의 실제적 또는 잠재적 수량 또는 피해가 무시할 수 있는 경우 사안은 즉시 종료된다. 이 항의 목적상 보조금액이 종가기준 1%미만인

다. 패널은 미국의 주장을 인정하여 해외 무역법 68조는 그 자체(as such)가 관련 조항 위반이라고 판시하였다.

멕시코는 5조8항과 11조9항은 원 조사에만 적용되는 것이며 재심에는 적용되지 않는다고 상소하였다. 상소기구는 그러나 *de minimis* 수출자는 덤핑부과 대상에서 제외되는 것인데 재심은 납부된 관세의 적정성, 관세의 지속적 부과 필요성 등에 대해 심사하는 것이므로 *de minimis* 수출자는 재심에서 제외되는 것이 논리적으로 타당하다고 설명하고 패널 판정을 지지하였다.

(라) 기 타

미국은 멕시코 해외 무역법 68조는 재심을 신청하는 수출자로 하여금 재심 대상 기간 동안의 수출량이 대표적(representative)일 것을 입증하도록 요구하고 있으나 이는 반덤핑협정 9조3항2[20] 및 11조2항[21], 보조금협정 21조2항[22]에 없는 추가적인 요건을 부과한 것이므로 동 조항 위반이라고 주장하였으며 패널은 역시 이를 인정, 동 조항 위반이라고 판시하였다.

미국은 멕시코 해외 무역법 89조D항은 신규 수출자 재심을 신청하는 자에게

경우에는 최소 허용 수준으로 간주된다.

20) 9.3.2 반덤핑 관세액이 예상을 기초로 산정되는 경우, 덤핑 마진을 초과하여 납부된 반덤핑 관세는 요청에 따라 신속히 환불되도록 하는 규정을 둔다. 실제 덤핑 마진을 초과하여 납부된 관세는 일반적으로 반덤핑 관세의 대상이 된 상품의 수입자에 의해 증거가 뒷받침되는 환불요청이 있은 날로부터 12월 이내에 환불되며, 어떠한 경우에도 18월을 초과하여서는 아니된다. 승인된 환불은 일반적으로 위에 언급된 결정으로부터 90일 이내에 이루어져야 한다.

21) 11.2 당국은 정당한 경우 자체적으로, 또는, 확정 반덤핑 관세의 부과이후 합리적인 기간이 경과하고 검토가 필요하다는 명확한 정보를 제시하는 이해 당사자의 요청에 따라 반덤핑 관세의 계속적인 부과의 필요성에 대해 검토한다(Re.21). 이해 당사자는 당국에 대해 덤핑을 상쇄하기 위해 지속적인 관세의 부과가 필요한지 여부, 관세가 철회 또는 변경되었을 경우 피해가 계속되거나 재발할 것인지 여부 또는 이러한 두 가지에 대해 조사를 요청하는 권리를 갖는다. 이 항에 따른 검토 결과 반덤핑 관세가 더 이상 정당화되지 아니하다고 당국이 결정하는 경우 반덤핑 관세의 부과는 즉시 종결된다.

(Remark 21) 제9조제 3항에 규정된 반덤핑 관세의 최종 지불책임에 관한 결정은 그 자체로서 이 조에서 의미하는 검토를 구성하지 아니한다.

22) 21.2 당국은 정당한 경우 자체적으로, 또는 확정적인 상계 관세의 부과로부터 합리적인 기간이 경과하는 경우 검토의 필요성을 입증하는 명확한 정보를 제출하는 이해 당사자의 요청에 의하여 상계 관세의 계속 부과 필요성을 검토한다. 이해 당사자는 당국에 대하여 관세의 계속부과가 보조금 지급을 상쇄하기 위하여 필요한지의 여부, 관세가 철회되거나 변경되는 경우 피해가 계속되거나 재발할 것인지 여부 또는 이 두 가지 문제에 대하여 조사를 요청하는 권리를 갖는다. 이 항에 따른 검토 결과 당국이 상계 관세 부과가 더 이상 타당하지 아니하다고 판정하는 경우에는 상계 관세는 즉시 종료된다.

조사 기간 동안의 수출 물량이 대표적임을 입증하도록 규정하고 있으며 이는 동 요건을 부과하고 있지 않은 반덤핑협정 9조5항[23], 보조금협정 19조3항[24] 위반에 해당한다고 주장하였으며 패널은 역시 미국의 주장을 수용, 동 조항 위반임을 확인하였다. 상소기구 역시 관련 조항에 representative volume에 관해 언급하고 있지 않으므로 이를 요구하는 것은 부당하다고 판시, 패널 판정을 지지하였다.

패널은 이외에도 조사가 진행 중인 동안에 반덤핑 조사의 대상이 되는 상품을 반입한 수입자에 대하여 벌금을 부과하도록 하는 해외 무역법 93조V항은 반덤핑협정 18조1항에 위반된다고 판시하였다. 멕시코는 해외 무역법 스페인어본에 규정되기로 93조는 벌금 부과를 의무화(mandate)하는 것이 아니라 그러할 권한을 부여(authorize)한 것뿐인데 이를 의무 사항으로 잘못 번역한 영문본을 토대로 잘못 판단하였다고 상소하였다. 상소기구는 패널이 사용한 것은 해외 무역법 93조V항이 1993년과 2003년 반덤핑 위원회에 통보될 당시의 정식 영어본이었으며 동 영어 번역본에 대해 멕시코가 이의를 제기한 바 없음을 근거로 패널은 DSU 11조상 객관적인 평가 의무를 다한 것이라고 판시, 멕시코의 주장을 기각하였다.

패널은 사법심사절차가 진행 중인 동안에는 조사 당국이 재심을 하지 못하도록 하는 멕시코의 해외 무역법 68조 및 97조, 그리고 Federal Code of Civil Procedure는 반덤핑협정 9조3항 및 11조2항에, 각각 위반한다고 판시하였다. 멕시코는 사법심리가 진행 중인 덤핑관세는 확정된 것이 아니므로 확정된 관세에 대해서만 재심을 진행토록 하는 관련 규정과 합치된다고 상소하기도 하였다. 상소

---

23) 9.5 특정 상품이 수입회원국에서 반덤핑 관세의 대상이 되는 경우, 조사기간 동안 동 상품을 수입국에 수출하지 아니한 당해 수출국내의 수출자 또는 생산자가 자신들이 수출국내의 동 상품에 대한 반덤핑 관세의 부과 대상인 수출자 또는 생산자와 관련이 없다는 것을 증명할 수 있는 경우, 당국은 신속하게 이러한 수출자 또는 생산자에 대한 개별적인 덤핑 마진을 결정하기 위한 검토를 한다. 이러한 검토는 수입회원국내에서의 정상적인 관세의 산정 및 검토절차에 비하여 빠른 속도로 개시되고 행하여진다. 이러한 검토가 이루어지고 있는 동안에는 이러한 생산자 또는 수출자로부터 수입되는 상품에 대하여 반덤핑 관세가 부과되지 아니한다. 그러나 당국은 동 검토 결과 당해 생산자 또는 수출자에 대한 덤핑 판정이 내려지는 경우 검토개시 일까지 반덤핑 관세를 소급 적용할 수 있도록 하기 위하여 평가의 보류 및/또는 보증의 요청을 할 수 있다.

24) 19.3 특정 상품에 대하여 상계 관세가 부과되는 때에는, 이러한 상계 관세는 보조금을 받고 피해를 야기하는 것으로 판정이 내려진 모든 원천으로부터의 수입품에 대하여 사안별로 적절한 금액으로 무차별적으로 부과된다. 단, 당해 보조금 지급을 포기하거나 이 협정의 조건에 따른 약속을 수락한 출처로부터의 수입품에 대하여는 예외로 한다. 협조거부 이외의 사유로 실제로 조사를 받지 아니하였으나 자신의 수출품이 확정 상계 관세의 부과 대상이 된 수출자는 조사당국이 자신에 대한 개별적인 상계 관세율을 신속하게 확정하기 위하여 신속한 검토를 받을 권리를 갖는다.

기구는 관세는 확정 관세 공고와 함께 확정되는 것이지 사법심사가 진행 중이라고 해서 잠정상태인 것은 아니므로 패널의 판정은 합당하다고 보았다.

다. 해설 및 평가

현행 반덤핑협정과 보조금협정은 조사 기간(period of investigation)을 획정하는 데 대해서 특별한 지침을 제공하고 있지 않다. 명문의 규정이 없으므로 조사 당국은 조사 기간의 길이와 시점 등을 결정함에 있어 재량권이 인정되어야 할 것이나 그렇다고 피해를 과장하기 위하여 악의적으로 조사 기간을 선정하는 것 역시 방치해 둘 일은 아니다. 이번 사건에서 패널과 상소기구는 회원국이 선정한 조사 기간의 적정성 여부를 3조1항의 명확한 증거와 객관적 검토라는 표현을 이용하여 판단하였다. 15개월 전에 종료된 지나친 과거 시기를 조사 대상으로 선정한 것이나 1년 중 특정 6개월간만을 선정한 것은 명확한 증거와 객관적 검토에 기반한 피해 판정이라고 볼 수 없다는 것이다. 그러나 현행 협정에 조사 기간에 대한 명백한 규정이 없는 만큼 조사 당국이 조사 기간에 대해 합리적인 설명을 제시한다면 비록 그 조사 기간이 상당한 과거이거나 특정 기간을 선별한 것이더라도 이를 인정해야 할 것이다. 패널과 상소기구도 단지 15개월이 지나친 과거라거나 6개월을 취사선택한 사실 자체가 부당하다는 것은 아니었으며 15개월 전의 자료를 현행 상황에 맞게 update하려는 시도가 없었던 점 등 멕시코 당국이 선정한 대로 조사 기간을 선정하는 것이 불가피했음을 설명한 점이 없음을 주목하여 판단한 것이다. 패널은 반덤핑 조사와 조사의 기초가 되는 자료 간에는 real time link가 있어야 한다는 표현도 하기는 하였으나 이것이 반드시 조사 기간이 시기적으로 현재와 순차적으로 연결되어야 한다는 의미로 해석되지는 않는다. 상소기구는 조사 기간의 자료가 현재 당해 산업의 상황에 대한 정확하고 공정한 상태를 제공하여야 한다는 설명으로 명확한 증거와 객관적 검토의 중요성을 강조하였지 조사 기간 선정에 특별한 지침을 준 것은 아니다.

협정 내에 특별한 명문의 규정이 없음에도 불구하고 조사 기간은 조사 당국의 재량에 제약이 없는 것이 아니라고 해석한 것과는 달리 패널과 상소기구는 명문의 규정이 없다는 이유로 멕시코가 재심 신청 시 일정량 이상 representative volume을 수출하였다는 요건을 부과한 것은 잘못이라고 판정하였다. 일정량 이상

수출 요건은 그러나 적어도 신규 수출자 재심에서는 재심 신청의 남발과 반덤핑 관세 회피 시도를 봉쇄하기 위하여 필요한 것이다. 조사 기간 중 해당 상품을 수출하지는 않았으나 후에 동 상품을 수출하게 된 수출자의 경우 별도의 조사도 없이 해당 상품에 부과된 반덤핑/상계 관세를 납부해야 한다는 것은 일면 억울한 일이다. 이를 방지하기 위한 것이 신규 수출자 재심 제도이나 기존 수출자가 반덤핑 관세를 회피하기 위하여 신규 수출자로 위장하여 얼마간의 상품을 형식적으로 수출한 후 신규 수출자 재심을 요청하는 사례가 많다. 따라서 이를 방지하기 위해서는 신규 수출자로 하여금 신규 수출자 재심 청구 자격이 있음을 소명케 해야 한다는 주장이 오래 전부터 제기되어 왔다. 즉 조사 기간 중 수출한 사실이 없음과 기존 수출자와 무관하다는 점, 그리고 상업적으로 의미 있는 분량을 수출한다는 점을 입증해야 한다는 것이다. 멕시코가 주장하는 representative volume이란 바로 상업적으로 의미 있는 분량에 해당하는 요건으로서 이는 매우 미미한 분량을 형식적으로 수출하면서 신규 수출자 재심을 요청하는 것을 통제하기 위한 것이다. 신규 수출자에게 이러한 요건들을 입증하라고 요구하는 것은 반덤핑 원조사 시의 요건과 비교하여 타당한 것으로 보인다. 현행 협정 5조2항은 반덤핑 조사 신청 시 신청자로 하여금 덤핑, 피해, 양자간의 인과 관계에 대한 증거를 포함하라고 주문하고 있다. 신규 수출자 역시 재심이 필요한 근거에 대한 증거를 제출하라고 하는 것은 5조2항과 형평을 이루는 것이다.

26. EC vs. US - Zeroing (EC) 사건

(DS 294, 2006. 5. 9. - 상소기구)

가. 사건 개요

이 사건은 마이너스 덤핑 마진, 즉 수출 가격이 정상 가격보다 높을 경우 그 차액을 덤핑 마진 산정 시 0으로 처리하는 미국의 덤핑 마진 산정 방식에 대해 EC가 시비한 것이다. 미국은 반덤핑 조사를 통해 최초 덤핑 마진을 산정할 때 덤핑 상품을 일정 모델별로 분류하고 각 모델 내 개별 상품의 정상 가격과 수출 가격의 가중 평균을 계산한 후 전자가 후자보다 높을 경우 그 차액을 0으로 처리하였다. 전자가 후자보다 낮을 경우에는 그 차액을 덤핑 마진으로 보았다. 덤핑상품의 최종 덤핑 마진은 이러한 모델별 덤핑 마진을 합산하여 산출하였고 이를 model zeroing이라고 한다.

미국은 덤핑관세를 정산하는 연례 재심 시에는 덤핑상품의 정상 가격 가중 평균을 실제 거래 가격과 비교하여 전자가 후자보다 높을 경우에는 그 차액을 0으로 처리하고 낮을 경우에는 그 차액을 덤핑 마진으로 계산하였으며 최종 덤핑 마진은 이러한 거래별 덤핑 마진 계산 결과를 합산하여 산출하였다. 이를 simple zeroing이라고 한다.

EC는 미국의 이러한 zeroing 관행에 대해 그 적용 사례(as applied) 및 관계법령 자체(as such)가 반덤핑협정 1조, 2조4항, 3조, 5조 9조, 11조 및 GATT VI조, WTO 설립협정 XVI조4항 위반이라고 2004년 2월 WTO에 제소(패널 설치 요청)하였다. 이 사건에는 우리나라가 아르헨티나, 브라질, 중국, 일본 등 10개국과 함께 제3자로 참여하였다.

나. 주요 쟁점별 당사자 주장 및 판결 요지

1) model zeroing 적용례(as applied) 적법 여부(반덤핑협정 2조4항2)

EC는 미국이 model zeroing 방식을 사용하여 덤핑 마진을 산정한 15개 반덤핑 조사는 그 덤핑 마진 산정 방식이 반덤핑협정 2조4항2에 합치되지 않으며 이미 *EC-Bed Linen* 사건과 *US-Lumber AD Final* 사건 패널과 상소기구가 위반이라고 판시한 바 있다고 주장하였다. 미국은 2조4항[1)]의 첫 문장의 공정 비교(fair comparison) 의무는 거래 단계, 시점, 수량, 조세 차이 등을 적의 감안하라는 2, 3번째 문장과 함께 이해해야 하며 UR 협상 반덤핑협정 제정 협상 時 이런 점을 고려하여 2번째 문안을 작성한 것[2)]이라고 반박하였고 2조4항2의 첫 문장이 4항의 규정에 따를 것을 주문하고 있으므로 첫 문장뿐 아니라 그 후 문장도 같이 고려해서 2조4항2[3)]를 해석하여야 하며 그 경우 model zeroing은 조사 당국의 재량 범위 내

---

1) 2.4 수출가격과 정상 가격간에 공정한 비교를 한다. 이러한 비교는 동일한 거래단계, 일반적으로는 공장도 단계에서 그리고 가능한 한 같은 시기에 이루어진 판매에 대하여 행하여진다. 제반 판매조건, 과세, 거래단계, 수량, 물리적 특성의 차이와 가격 비교에 영향을 미친다고 증명된 그 밖의 차이점들을 포함하여 가격 비교에 영향을 미치는 차이점들에 대해서 각각의 경우에 그 내용에 따라 적절히 고려한다.(Re.7) 제 3항에 언급된 경우에 있어서, 수입과 재판매 사이에 발생하는 관세 및 조세를 포함한 비용 및 발생한 이윤이 또한 고려되어야 한다. 이러한 경우에 가격 비교가 영향을 받을 때에는 당국은 구성수출가격의 거래단계와 동일한 거래단계에서 정상가격을 설정하거나 또는 이 항에 따라 정당화된 적절한 고려를 한다. 당국은 공정한 가격 비교를 위해 어떠한 정보가 필요한지를 당해 당사자에게 알리며, 이러한 당사자에게 불합리한 입증책임을 지워서는 아니된다.
(Remark 7) 위의 요소들 중 일부는 중첩될 수 있는 것으로 양해하고 당국은 이 규정에 따라 이미 이루어진 조정이 중복되지 않도록 보장한다.

2) 원래 Dunkel Draft에는 2조4항이 “A fair comparison shall be made between the export price and the normal value. The prices shall be compared at the same level of trade…”로 되어 있었는데 price만 비교하는 것이 부적절하다 하여 현행 협정문안과 같이 “A fair comparison shall be made … normal value. This comparison shall be made …”로 바뀌었다는 것이나. 따라서 this comparison에는 가격 뿐 아니라 여러 요소를 고려할 수 있는 것이고 zeroing도 이 범위 내에 속한다는 주장이다.

3) 2.4.2 제4항의 공정 비교를 규율하는 규정에 따라 일반적으로 조사기간 동안의 덤핑 마진의 존재를 가중 평균 정상 가격과 모든 비교 가능한 수출 거래 가격의 가중 평균과의 비교에 기초하거나 또는 각각의 거래에 기초한 정상 가격과 수출가격의 비교에 의하여 입증된다. 당국이 상이한 구매자, 지역, 또는 기간별로 현저히 다른 수출가격의 양태를 발견하고, 가중 평균의 비교 또는 거래별 비교 사용으로 이러한 차이점이 적절히 고려될 수 없는 이유에 대한 설명이 제시되는 경우에는 가중 평균에 기초하여 결정된 정상 가격이 개별 수출 거래 가격에 비교될 수 있다.

에 있는 것이라고 주장하였다.

패널은 이 사건에서 문제가 된 미국의 zeroing 방식은 이미 *EC-Bed Linen* 사건과 *US-Lumber AD Final* 사건에서 문제가 된 방식과 동일한 것임을 확인하였고 동 방식에 대해서는 이미 동 사건 패널과 상소기구가 2조4항2에 위반된다고 판시한 바 있음을 환기하였다. 패널은 비록 상소기구의 판결이 구속력 있는 선례가 된다고 명기되어 있지는 않으나 상소기구가 이미 판결한 사안에 대해 패널이 상소기구의 판정을 따를 것이라는 분명한 기대가 있는 것은 당연하며 이 사건의 경우 상소기구의 판정으로부터 일탈하는 것이 적절하다고는 보지 않는다고 정리하였다. 패널의 미국의 반론에 대해서는 이미 *US-Lumber AD Final* 사건에서도 제기되었으나 상소기구가 이유 없다고 가납하지 않은 주장임을 환기하였다. 이상을 토대로 패널은 미국이 문제가 된 15개 반덤핑 조사에서 model zeroing방식을 이용한 것은 반덤핑협정 2조4항2에 합치되지 않게 행동한 것이라고 판시하였다.

2) 1930년 관세법 반덤핑협정 합치 여부

EC는 미국 관세법 sections 771(35)(A), (B) 및 Section 731, 그리고 Section 777A(d)는 zeroing을 용인하고 있으므로 그 자체가 반덤핑협정 1조, 2조4항, 2조4항2, 5조8항, 9조3항, 18조4항, GATT VI조1항, 2항 WTO 설립협정 18조4항 등에 위반된다고 주장하였다. 이들 조항이 정상 가격이 수출 가격을 초과하는 경우만 기재하고 있고 양수를 의미하는 것으로 볼 수 있는 amount라는 용어를 쓰고 있으며 margins of dumping이라는 복수를 사용하고 있으므로 2조4항2호 등에 부합되지 않는다는 것 등을 근거로 내세웠다.

패널은 회원국의 법규 자체(as such)의 위반은 이미 수차례의 이전 판례에서 확인된 대로 강행 법규/재량 법규의 기준에 따라 심리하는 것이 타당하다고 보았다. 패널은 회원국의 법규는 강행 법규, 즉 WTO 위반 행위를 강제하는 것만 그 자체가 위반이라고 판시할 수 있으며 단지 행정부에게 WTO 위반 행위를 시행할 수 있는 재량권을 부여했다고 해서 해당 법규가 WTO 규정에 위반된다고 볼 수는 없다고 판단하였다. 패널은 문제가 된 관세법 조항은 그 문안(text)상 특별히 zeroing에 대해 다룬 것이 아님이 분명하며 더구나 미국 관세법에 대한 최종 해석권을 가지고 있는 미 연방순회법원 역시 동 조항들은 zeroing에 관한 것이 아니고 미 관세법은 zeroing실시를 요구하거나 배제하지 않는다고 판시한 바도 있음을

환기하였다. 패널은 EC가 시비하는 미국 관세법 조항은 강제적(mandatory)이라고 볼 수 없으므로 반덤핑협정과 GATT 등에 불합치되지 않는다고 판시하였다.

3) zeroing 관행 및 standard zeroing procedure 적법성 여부

EC는 미 상무부의 zeroing 관행 자체(as such) 및 standard zeroing procedure 자체에 대해서도 반덤핑협정 2조4항2 위반이라고 주장하였다. standard zeroing procedure란 미 상무부가 덤핑 마진 계산에 사용하는 컴퓨터 프로그램에 포함된 특별한 code를 말하는데 이 code로 인해 (-)덤핑 마진은 자동적으로 zeroing되어 덤핑 마진이 산정된다.

패널은 법규가 아닌 컴퓨터 code 자체(as such)가 분쟁의 대상으로 시비할 수 있는 조치(measure)가 될 수 있는지부터 살펴보았다. 패널은 *US-Corrosion Resistance Steel Sunset Review* 사건 상소기구의 판정을 인용하여 어떤 조치가 legal instrument가 아니거나 행정 당국을 구속하지 않는다 해도 일반적으로 적용되는 규칙(rule)이나 규범(norm)을 발동(set forth)하는 것이면 시비할 수 있다고 설명하였다. 그러나 standard zeroing procedure란 컴퓨터 프로그램에 포함되어야만 적용되는 것이고 그 자체 *per se*가 규칙이나 규범을 발동하는 것은 아니며 무엇을 창조하는 것이 아니라 다른 무엇을 반영하는 것일 뿐이므로 반덤핑협정 18조4항의 행정 절차에도 해당되지 않는다고 판단하였다. 따라서 standard zeroing procedure는 as such로 시비될 수 있는 조치가 될 수 없다고 판단하였다. 이는 후에 상소기구도 확인하였다.

패널은 zeroing 관행 자체의 WTO 합치성 여부를 심리할 수 있는지에 대해서도 논구하였다. 패널은 법적인 구속력이 없는 미국의 일몰 재심 정책 요강도 특정 상황에서는 특정한 방식으로 행동하라는 규범(norm)을 내포하고 있으므로 심리 대상이 될 수 있다고 판시한 이전의 판례(*US-Corrosion Resistance Steel Sunset Review* 사건, *US-OCTG Sunset Review* 사건)를 환기하고 마찬가지로 특정한 형태의 공식 문서로 적시된 것은 아니나 여러 증거로 볼 존재하는 것이 확실한 특정 규범(norm)을 분쟁 대상이 될 수 있는 조치로서 시비할 수 있는 것은 논리적으로 타당하다고 보았다. 패널은 제출된 증거로 볼 때 미 상무부의 zeroing 관행이 존재하는 것은 분명하며 model zeroing은 반덤핑협정 2조4항2에 합치되지 않는다고 이미 판시하였음을 환기하고 따라서 반덤핑 원 조사 시 미국의 zeroing 관행은 그

자체가 2조4항2에 합치되지 않는 규범이라고 판시하였다.

미국은 zeroing 방식 자체가 시비할 수 있는 규범이라는 패널 판정에 대해 상소하였다. 미국과 EC는 모두 분쟁 해결 절차의 대상이 될 수 있는 조치가 반드시 기록된(written) 형태여야 한다고는 주장하지 않았으며 상소기구도 DSU 17조3항, 반덤핑협정 18조4항 등을 들어 WTO 관련 규정 어디에도 조치가 특정한 양식을 취해야 한다는 요건은 없다고 확인하였다. 미국은 그러나 무형의 조치의 존재 여부를 판정함에 있어 패널의 적용한 기준은 반복되어 시행되고 있는지에 치중하였다고 비난하고 패널의 기준대로라면 회원국이 어떤 행동을 반복하기만 하면 as such로 시비할 수 있다는 셈이 된다고 항변하고 보다 엄격한 기준을 적용해야 한다고 주장하였다.

상소기구는 成文이 아닌 rule이나 norm의 존재가 시비되었을 경우 존재 자체가 불확실한 것이므로 패널은 매우 엄격한 기준을 적용하여 결론을 내려야 한다고 지적하고 제소국 역시 문제가 된 rule과 norm이 피제소국에 귀속(attributable)되는 것인지 여부, 정확한 내용, 보편적이고 계속적인 적용(general and prospective application) 여부에 대해 논증과 증거를 제시하여야 할 것이라고 언급하였다. 이러한 높은 수준의 요건이 충족된 연후라야 패널은 비로써 해당 rule과 norm이 as such로 시비될 수 있는지 검토할 위치에 있게 된다고 부연하였다. 상소기구는 이번 사건에서 패널의 행한 검토는 그러나 상소기구가 제시한 이러한 높은 수준의 요건을 충족하지는 못했다고 비난하였다. 패널은 as such claim을 제기할 수 있는 요건(criteria)을 구체화(articulate)하지 않았고 不文 조치의 존재를 확인하는 문제와 동 조치가 특정 협정과 합치되는지 여부를 검토하는 문제도 분명하게 구분하지 못했다고 지적하였다.

그러나 상소기구는 패널에 제출된 증거와 자료로 볼 때 zeroing methodology의 정확한 내용과, 미국에게 귀속되는 조치이며, 보편적이고 계속적으로 적용된다는 점이 충분히 입증된다고 판단하였다. 따라서 상소기구는 원 조사에서 weighted-average to weighted-average 방식으로 사용된 zeroing methodology는 WTO 분쟁 해결 절차에서 그 자체(as such)로 시비할 수 있는 조치에 해당한다고 판시하였다. 2조4항2호에 언급된 다른 방법, 즉 weighted average to transaction, transaction to transaction에서 zeroing을 적용하는 것이 합법적인지 여부에 대해서는 그에 대한 소가 제기되지 않았으므로 판단하지 않았다.

미국은 원 조사에서의 zeroing이 as such로 시비할 수 있다는 패널 판정은

DSU 11조에도 어긋난다고 상소하기도 하였다. as such 시비는 WTO 의무 위반을 강제하는 강행 법규에 대해서만 할 수 있는데 zeroing 방식은 그렇지 않으며 특정 조치가 as such로 시비할 수 있는지를 결정하기 위해서는 단순한 통계나 지금까지 나왔던 결과의 합산으로는 불충분하며 동 조치가 특정한 결과를 초래한다는 인과 관계가 증명되어야 한다고 주장하였다. EC는 강행 법규/재량 법규 구별은 상소기구에 의해 확고부동하게 확립된 法理(jurisprudence)가 아니라고 반박하였다.

상소기구는 강행 법규/재량 법규는 *US-Corrosion Resistant Steel* 사건에서 확인된 대로 그 구분은 사건에 따라 달라지는 것이며 기계적으로 적용할 것은 아니라는 것을 환기하였다. 상소기구는 패널이 제출된 증거와 자료를 객관적으로 검토한 점이 인정되며 단순히 zeroing이 반복되었다는 통계가 아니라 미국의 반덤핑 매뉴얼, standard zeroing procedure 프로그램, 전문가 견해 등 광범위한 증거를 토대로 판정하였음이 인정된다고 보고 미국의 상소를 기각하였다.

패널은 법규가 아닌 컴퓨터 code 자체(as such)가 분쟁의 대상으로 시비할 수 있는 조치(measure)가 될 수 있는 지부터 살펴보았다. 패널은 *US-Corrosion Resistance Steel Sunset Review* 사건 상소기구의 판정을 인용하여 어떤 조치가 legal instrument가 아니거나 행정 당국을 구속하지 않는다 해도 일반적으로 적용되는 규칙(rule)이나 규범(norm)을 발동하는(set forth) 것이면 시비할 수 있다고 설명하였다. 그러나 standard zeroing procedure란 컴퓨터 프로그램에 포함되어야만 적용되는 것이고 그 자체(*per se*)가 규칙이나 규범을 발동하는 것은 아니며 무엇을 창조하는 것이 아니라 다른 무엇을 반영하는 것일 뿐이므로(do not create anything, simply a reflect of something else) 반덤핑협정 18조4항의 행정 절차에도 해당되지 않는다고 판단하였다.

4) simple zeroing 적용 사례(as applied)의 반덤핑협정 합치 여부

(가) 반덤핑 2조4항2호 위반 여부

EC는 미국이 연례 재심 시 적용하는 simple zeroing 역시 반덤핑협정 2조4항2 위반이며 동 방식이 적용된 16개의 연례 재심 사례가 부당하다고 주장하였다. EC는 가중 평균과 거래 가격을 대비할 수 있는 경우는 2조4항2에 명시되어 있으나 연례 재심은 이에 해당하지 않는다는 것이다. 아울러 EC는 2조4항2는 조사 당국이 덤핑 마진을 산정해야 하는 모든 절차에 공히 적용되는 것이라고 주장하였다.

미국은 동 조항은 최초 반덤핑 조사 단계에만 배타적으로 적용되는 것이라고 반박하였다.

패널은 문제의 핵심은 2조4항2가 관세 정산 절차인 9조3항에 적용될 수 있는지 여부라고 보았다. 패널은 반덤핑협정 9조3항 어디에도 2조4항2가 적용될 수 없다고 명기된 것은 없으므로 요는 2조4항2 해석 여부에 달린 것이라고 보았다. 패널은 2조4항2는 미국이 주장하는 대로 반덤핑협정 5조의 원 조사에만 적용되는 것으로 해석하는 것이 타당하다는 결론에 도달하였다.

패널은 우선 2조4항2에 규정된 '조사 기간 동안의 덤핑 마진의 존재(the existence of margins of dumping during the investigation phase)'란 구문은 그 通常의 의미와 반덤핑협정 전체의 문맥에 따라 해석할 때 원 조사 기간에만 적용되는 것이라고 보았다. 그 근거로 패널은 i) investigation *phase*라는 표현, ii) the existence of margins of dumping during the investigation phase라는 표현과 반덤핑협정 5조1항 an investigation to determine the existence of … dumping 표현간의 유사성, iii) 반덤핑협정 중 investigation(s)이란 용어는 반덤핑 조치가 부과된 이후의 절차(proceedings)와 연계하여 사용한 예는 없다는 점, iv) 반덤핑협정은 원 조사 관련 조항을 다른 절차에 적용할 때에는 반드시 근거(cross-reference)를 명시한 점, v) 반덤핑협정 18조3항[4]은 조사(investigation)와 검토(review)를 구분하고 있는 점 등을 들었다.

패널은 2조4항2는 5조 원 조사에만 적용된다고 보는 것이 타당하다는 또 다른 근거로 이전의 패널, 상소기구도 원 조사(investigation)와 후속절차(subsequent proceedings)간의 성격이 다르다는 점을 지적하였다는 점을 들었다. 패널은 또한 원 조사와 후속절차는 그 판정의 성격과 목적이 다르다는 상소기구가 수차례 판정한 바도 있음을 환기하였다.

EC는 during the investigation phase란 during the investigation period 또는 the period during which investigating authorities have to make their determination으로 대체 해석되거나 2조4항2는 pre-initiation phase에는 적용되지 않는다는 의미로 해석될 수 있다고 주장하였다. 패널은 이에 대해 investigation period라면 반덤핑협정은 일관되게 period of investigation이라는 표현을 사용하고 있으며 2조4항2는 덤

---

4) 18.3 제3항제1호 및 제3항제2호를 조건으로 이 협정의 규정은 세계무역기구협정의 회원국에 대해 발효한 날 또는 그 이후에 이루어진 신청에 따라 개시된 조사 및 기존조치의 검토에 적용된다.

핑 산정에 관한 원칙을 규정한 조항이며 기간과 같은 절차 사항을 다루지는 않고 있다고 설명하였으며 initiation에는 별도의 조항이 있으므로 pre-initiation 부적용을 의미할 경우 initiation 조항에 언급이 되었을 터인데 그러한 바 없으므로 pre-initiation 관련 주장 역시 설득력이 없다고 기각하였다.

EC는 반덤핑협정 9조3항과 반덤핑협정의 목적과 대상에 비추어 2조4항2가 9조3항[5] 절차에 적용된다고 해석하는 것이 바람직하다고 항변하였으나 패널은 원조사와 관세 정산 절차간의 뚜렷한 기능상의 차이상 자신들의 해석이 옳다고 고수하였다.

패널은 회원국의 후속 관행 subsequent practice 상 2조4항2가 9조3항에도 적용된다는 EC의 주장도 기각하였다. EC는 반덤핑 위원회에 통보된 회원국의 법령 가운데 EC가 보기에 2조4항2에 해당하는 것은 during the investigation phase나 during the investigation period라는 표현을 포함하지 않고 있다고 주장하였다. 패널은 EC의 주장은 2조4항2를 9조3항에 적용하는 것이 회원국의 관행인지 여부를 결정하기에는 부족한 것이라고 기각하였다. EC는 반덤핑협정 체결시의 사정도 고려해야 한다고 주장하였으나 패널은 조약법에 관한 비엔나 협약 31조에 의거하여 2조4항2를 해석해도 의미가 모호해지거나 애매하게 되지 않고 명백히 불투명하거나 불합리한 결과를 초래하지도 않는데 동 협약 32조[6]에서 규정하는 해석

---

5) 9.3 반덤핑 관세의 금액은 제2조에 따라 정해진 덤핑 마진을 초과해서는 아니된다.

9.3.1 반덤핑 관세액이 소급적으로 산정되는 경우 반덤핑 관세 지불의 최종적인 책임판정은 가능한 한 빠른 시일 내에 일반적으로 반덤핑 관세액의 최종산정을 요청한 날로부터 12월 이내에 이루어지며 어떠한 경우에도 18월을 초과하여서는 아니된다(Re.20). 환불은 가능한 한 빠른 시일 내에 일반적으로 이 호에 따라 정해진 최종책임의 판정으로부터 90일 이내에 이루어진다. 어떠한 경우든 환불이 90일 이내에 이루어지지 못하는 때에는 당국은 요청이 있을 경우 이에 대한 설명을 제공한다.

(Remark 20) 이 호 및 제3항제2호에 언급된 시한의 준수는 당해상품이 사법적 재심 절차의 대상이 되었을 때에는 가능하지 않을 수 있다고 양해된다.

9.3.2 반덤핑 관세액이 예상을 기초로 산정되는 경우, 덤핑 마진을 초과하여 납부된 반덤핑 관세는 요청에 따라 신속히 환불되도록 하는 규정을 둔다. 실제 덤핑 마진을 초과하여 납부된 관세는 일반적으로 반덤핑 관세의 대상이 된 상품의 수입자에 의해 증거가 뒷받침되는 환불요청이 있은 날로부터 12월 이내에 환불되며, 어떠한 경우에도 18월을 초과하여서는 아니된다. 승인된 환불은 일반적으로 위에 언급된 결정으로부터 90일 이내에 이루어져야 한다.

9.3.3 수출가격이 제2조제 3항에 따라 구성되는 경우의 환불여부 및 적정 환불액을 결정함에 있어서 당국은 정상 가격의 변화, 수입과 재판매사이에 발생한 비용의 변화와 그 이후의 판매가격에 적절히 반영되는 재판매가격의 변화를 고려하여야 하며, 또한 당국은 위에 대한 결정적인 증거가 제시되는 경우 지불되는 반덤핑 관세액에 대한 공제 없이 수출가격을 계산하여야 한다.

의 보충적 수단을 사용할 이유가 없다고 기각하였다.

패널은 이상의 분석을 토대로 2조4항2는 원 조사에만 적용되는 것이라고 해석하였고 따라서 연례 재심에 simple zeroing 방식을 적용한 미국이 2조4항2에 합치되지 않게 행동하지는 않았다고 판시하였다. 또한 미국이 9조3항에 위반되게 행동한 것도 없다고 판정하였다.

as applied에 관한 패널의 판정은 그러나 상소기구에서 번복되었다. 상소기구는 반덤핑협정 2조1항의 '이 협정의 목적상'이란 구절상 덤핑의 정의는 반덤핑협정 전체에 적용되는 것이고 margin of dumping은 덤핑의 크기(magnitude of dumping)로서 덤핑과 같은 의미라고 보았다. 상소기구는 또한 이전의 사건(*EC- Bed Linen, US-Final Lumber AD determination*)에서 확인한 바와 같이 덤핑 마진은 조사 대상 상품 전체(product as a whole)에 대해 산정(establish)해야 하는 것이며 이는 반덤핑협정 2조1항과 GATT VI조1항의 문안상으로도 분명하다고 정리하였다. 또한 *US-Softwood Lumber V* 사건 상소기구가 확인한 바와 같이 조사 당국은 덤핑 마진을 산정하기 위한 중간 단계에서 복수 비교나 복수 평균을 산정할 수는 있으나 이러한 중간단계의 계산치는 반드시 합산(aggregate)해서 최종 덤핑 마진을 산정하여야 한다고 다시 확인하였다. 복수 비교 및 복수 평균이란 조사 대상 상품을 다시 세분하여 세분된 부분의 덤핑 마진을 일단 계산하고 다른 부분의 마진과 비교하거나 부분별로 덤핑 마진 평균을 계산하는 것을 의미한다. 상소기구는 반덤핑 관세액은 덤핑 마진을 초과할 수 없다는 9조3항은 해당 상품전체의 덤핑 마진을 초과할 수 없다는 것이므로 중간 단계의 계산치 중 일부만 취하고(즉 +덤핑부분) 일부는 버려서는(-덤핑부분) 안되며 모두 합산해야 한다는 원칙을 재확인하였다. 이러한 원칙은 이미 *US-Softwood Lumber* 사건에서 판정된 것이나 동 사건에서는 W-W 방식, 즉 정상 가격의 가중 평균을 수출 가격의 가중 평균과 비교할 때에 적용되는 것이라고 확인하였지 2조4항2호에 언급된 다른 비교방식 즉, 각각의 거래에 기초한 정상 가격과 수출 가격과의 비교 T-T, 정상 가격의 가중 평균과 개별 수출 가격과의 비교에도 적용되는지에 대해서는 판정을 내리지 않

---

6) 제32조(해석의 보충적 수단)
제31조의 적용으로부터 나오는 의미를 확인하기 위하여 또는 제 31조에 따라 해석하면 다음과 같이 되는 경우에 그 의미를 결정하기 위하여 조약의 교섭 기록 및 그 체결시의 사정을 포함한 해석의 보충적 수단에 의존할 수 있다.
(a) 의미가 모호해지거나 또는 애매하게 되는 경우 또는
(b) 명백히 불투명하거나 또는 불합리한 결과를 초래하는 경우

았었다. 또한 원 조사 단계가 아닌 반덤핑 관세액 정산 단계에서도 적용되는지에 대해서도 언급이 없었다. 따라서 미국은 이번 사건에서 정산 단계에서 T-T 방식으로 반덤핑 관세액을 정산하면서 zeroing을 하는 것은 무방하다고 주장한 것이다.

상소기구는 미국의 이러한 주장을 반박하였다. 상소기구는 협정 9조3항과 GATT VI조2항을 해석하는 맥락(context)으로 반덤핑협정 6조10항 첫 문장, 조사 당국은 조사 대상 상품의 알려진 관련 수출자 또는 생산자 각각에 대해 개별적인 덤핑 마진을 결정해야 한다는 것을 인용하였다. 또한 *Mexico-Rice* 사건에서 상소기구가 덤핑 마진은 수출자나 해외 생산자의 덤핑 마진을 지칭한다고 판정한 점, *US-Hot Rolled Steel* 사건에서 상소기구가 덤핑 마진은 수출자나 해외 생산자의 마진을 지칭한다고 명백히 밝힌 점을 들어 9조3항과 GATT VI조2항의 덤핑 마진은 수출자나 해외 생산자에 대해서 결정해야 한다고 판단하였다. 따라서 9조3항과 GATT VI조2항이 요구하는 것은 특정 수출자에 부과된 반덤핑 관세액은 동 수출자에 대해 결정된 덤핑 마진을 초과해서는 안된다는 의미, 다시 말하면 특정 수출자나 해외 생산자의 덤핑 마진은 그들이 수출한 상품에 대해 정산절차를 통해 징수할 수 있는 반덤핑 관세액의 상한(ceiling)이라고 못 박았다.

상소기구는 미국의 관세 정산 방식이 이러한 판단에 부합하는지 살펴보았다. 미국은 각 수출 거래가를 그 거래가 이루어진 달의 정상 가격 평균과 비교하여 만일 전자가 후자를 초과하면(즉 덤핑이면) 0로 처리하고 전자가 후자보다 작은 경우만 합산하여 반덤핑 관세액을 최종 확정하였다. 상소기구는 중간 단계의 계산치를 모두 합산하여 덤핑 마진을 계산하여야 할 것인데 일부를 취하지 않았고 (0 처리하였으므로) 미국 방식으로 확정된 반덤핑 관세액은 해당 수출자의 실제 덤핑 마진(0로 처리하지 않았을 경우)을 초과하는 것이 명백하다고 논단하였다.

상소기구는 이에 따라 미국이 관세 정산 재심에서 적용한 zeroing 방식은 반덤핑협정 9조3항 및 GATT VI조2항과 합치되지 않는다고 판단하고, 합치된다고 판정한 패널의 판정을 번복하였다. 패널은 미국이 GATT VI조2항에 합치되게 행동하였다고 판단하였고 그에 따라 VI조1항도 위반한 것이 없다고 판단하였었다. 상소기구는 GATT VI조2항에 대한 패널 판정을 번복하였으므로 VI조1항에 대한 패널 판정은 무효 moot 이며 법적인 효력이 없다고 판시하였다.

EC는 상소기구가 9조3항 2조4항에 관한 패널 판정을 번복하지 않을 경우 2조4항2호에 대한 패널 판정에 대해 심리하여 줄 것을 요청하였으나 상소기구는 9조3항, 2조4항 판정이 번복하였으므로 2조4항2호에 대해서는 심리하지 않았다. 따

라서 2조4항2호가 9조3항의 관세 정산 재심에 적용될 수 있는지 여부에 대해서 상소기구는 아무런 견해도 표명하지 않았다.

(나) 2.4 위반 여부

(1) 공정 비교(fair comparison) 원칙

반덤핑협정 2조4항[7]은 수출 가격과 정상 가격 간에 공정한 비교를 한다는 문장으로 시작한다. EC는 이 문장은 양 가격간의 공정한 비교를 하라는 근본원칙을 규정한 것이며 가격 비교 및 덤핑 마진 산정 전반에 걸친 의무(overarching obligation)를 부여한 것이라고 주장했다. 따라서 미국이 연례 재심 시 정상 가격은 가중 평균하고 거래 가격은 개별 실제 가격을 구하여 양자를 비교한 것은 비대칭적으로 비교한 것이므로 공정하게 비교하였다고 볼 수 없고 정상 가격 가중평균이 거래 가격(수출 가격)을 초과한 부분을 0으로 처리한 것 역시 공정 비교 의무 위반이라고 주장하였다.

미국은 2조4항의 초점은 조사 당국이 비교를 위한 거래 선정 방식, 가격 비교에 영향을 미치는 차이의 적정 보정 방식에 관한 것이라고 주장하였으며 동 조항 첫 문장은 비록 일반적인 원칙을 천명하고 있다 해도 차이 보정을 위한 재량에 관한 동 조항의 나머지 부분과 유리(遊離)하여 해석할 수는 없다고 반박하였다. zeroing은 차이 보정을 위한 불가피한 조치라는 주장이다.

패널은 우선 2조4항 첫 문장은 EC의 주장대로 공정 비교라는 독립적이고 포괄적인 의무를 규정하고 있다고 보았으며 2조4항의 다른 요건을 준수하지 않을 경우에만 그 위반이 인정되는 것은 아니라고 판단하였다. 2조4항 문안 어디에도 공정 비교 요건이 동 조항에 기술된 요건에 의해서만 배타적으로 정의된다고 규

---

7) 2.4 A fair comparison shall be made between the export price and the normal value. This comparison shall be made at the same level of trade, normally at the exfactory level, and in respect of sales made at as nearly as possible the same time. Due allowance shall be made in each case, on its merits, for differences which affect price comparability, including differences in conditions and terms of sale, taxation, levels of trade, quantities, physical characteristics, and any other differences which are also demonstrated to affect price comparability. In the cases referred to in paragraph3, allowances for costs, including duties and taxes, incurred between importation and resale, and for profits accruing, should also be made. If in these cases price comparability has been affected, the authorities shall establish the normal value at a level of trade equivalent to the level of trade of the constructed export price, or shall make due allowance as warranted under this paragraph. The authorities shall indicate to the parties in question what information is necessary to ensure a fair comparison and shall not impose an unreasonable burden of proof on those parties.

정된 바 없고 공정 비교라는 것이 동 조항에 기재된 요건을 반복하는 것에 불과하다면 이 문장이 무의미하게 된다는 것을 근거로 들었다.

2조4항 첫 문장 공정 비교의 적용 범위에 관해 패널은 2조4항의 가격 비교에만 적용된다는 미국의 주장을 배척하고 보다 덤핑 마진 산정에도 광범위하게 적용되는 원칙이라고 밝혔다. 그 근거로 패널은 통화 환산(currency conversion)도 2조4항의 次下 항목으로 규정되어 있고(2조4항1[8]) 2조4항1, 2 공히 冒頭에 4항을 언급하고 있는 점을 들었다.

패널은 이어 fair comparison의 본질적인 의미에 대해 考究하였다. 법적인 규칙에 쓰인 fair의 의미는 그 규칙이 작용하는 맥락(context)을 고려하여 결정해야 한다고 전제하였다. 패널은 공정 비교 원칙이 패널로 하여금 실질적인 상황과 고립된 채, 실질을 고려하지 않은 추상적인 상황에서 공정성(fairness)의 의미에 관해 주관적인 견지에서 一見 자의적일 수도 있는 판단을 하라거나 그리 함으로써 반덤핑협정 2조에 명시된 요건과 합치되지 않을 수도 있는 추가적인 의무를 새로 만들어도 된다는 것은 아닐 터라고 밝히고 fair의 의미는 문제가 되는 맥락과 유리된 채 추상적으로 따져 볼 수는 없다고 설명하였다.

패널은 이 사건에서 문제가 된 것은 덤핑 마진 산정이고 덤핑 마진 산정에 있어 무엇이 공정한 것인지 판단하기 위해서는 덤핑 마진에 관련된 반덤핑협정의 실질적인 규칙과 개념을 고려하지 않을 수 없는데 따라서 덤핑 마진 산정 방식을 특정하고 있는 2조4항2와 이 사건이 관세 정산에 관한 연례 재심을 다루고 있으므로 관세 정산에 관한 9조를 중점적으로 고려해야 한다고 보았다.

패널은 2조4항2는 비대칭적 비교, 즉 정상 가격 가중 평균과 거래 가격간의 비교를 예외적으로 인정하고 있음을 주목하였다. 이는 비대칭 비교를 모든 상황에서 금지하려는 것이 협정 기초자의 의도가 아니었음을 말해주는 것이고 또 2조4항2는 원 조사 단계 외에는 적용되지 않는다고 판시하였으므로 이는 zeroing이 모든 상황에서 금지되는 것은 아니라는 것이라고 보았다. 패널은 같은 협정 내 한 조항이 어떤 관행을 원천적으로 금지하였다면 다른 조항이 그 관행을 선택적

8) 2.4.1 제4항에 의한 비교시 화폐단위의 변경이 요구되는 경우 이러한 변경은 판매일자(Re.8)의 환율을 사용하여 이루어져야 한다. 단, 선물시장에서의 외환의 판매가 관련 수출판매와 직접 연계되어 있는 경우에는 선물판매환율이 사용된다. 환율변동은 무시되고, 조사 시 당국은 조사기간 동안 환율의 지속적인 움직임을 반영하기 위하여 수출자에게 최소 60일의 수출가격 조정기간을 부여한다.

(Remark 8) 일반적으로, 판매일자는 계약일, 구매주문일, 주문확인일 혹은 송장작성일 중 실제적인 판매조건이 설정된 일자이다.

으로 용인하고 금지할 수 있겠는지 의문을 제기하였다. 즉 EC 주장대로 비대칭 비교와 zeroing이 만일 2조4항에 의해 모든 상황에서 불공정하다는 이유로 금지되었다면 이를 용인하는 2조4항2가 무의미하게 되는 것이라고 지적하였다. 동일 조약 내 조항은 서로 상충되지 않는다고 추정해야 하는 원칙에 비추어 볼 때 2조4항은 (2조4항2가 용인하는) 비대칭 비교와 zeroing을 모든 상황에서 금지한다고 해석할 수 없다고 결론지었다.

패널은 prospective normal value system을 들어 9조4항[9)](2)가 인정하는 이 방식은 정상 가격 가중 평균과 개별 거래 가격간의 비대칭 비교를 허락하고 있고 비대칭 비교는 본질상 zeroing 포함할 수밖에 없다는 점을 들어 2조4항이 비대칭비교 및 zeroing을 모든 경우에서 금지하고 있다고 해석하면 9조4항과도 상충된다는 점을 강조하였다. 패널은 2조4항 첫 문장 fair comparison 원칙은 반덤핑협정 여타 조항의 유용성을 훼손하지 않는 범위 내에서, 비대칭 비교와 zeroing을 금지하는 것이라고 해석하는 것이 타당하다고 보았다.

2조4항2는 target dumping의 경우 비대칭 비교를 용인하고 있다. 패널은 만일 2조4항 첫 문장을 비대칭 비교와 zeroing이 모든 상황에서 금지된다고 하면 같은 조항 내 적시된 규정조차 무시하는 것이라고 지적하였다. 패널은 2조4항은 결국 zeroing을 항상 불공정(unfair)하다고 보지 않으며 모든 상황에서 금지하는 것이 아니라 일정 상황에서는 zeroing이 덤핑의 존재를 정확히 반영하기 위해 적절할 수도 있음을 인정하고 있다고 설명하였다.

EC는 2조4항2는 通常 상황에서 덤핑 마진 산정 시와 target dumping과 같은 예외 상황에서의 덤핑 산정시의 공정성을 명확히 한 것일 뿐이라고 주장하였다. 패널은 이에 대해 EC의 주장은 덤핑 마진 산정과 관련하여 무엇이 공정하고 불공정한지는 2조4항2의 특정 내용 provision에 달린 것이라는 셈이며 덤핑 마진 산정과 관련해서 2조4항2의 특정 provision은 공정 비교 요건에 앞선다는 것을 인정

9) 9.4 당국이 제6조제10항의 둘째 문장에 따라 검사를 제한하는 경우 검사에 포함되지 아니한 수출자 또는 생산자로부터의 수입품에 적용되는 반덤핑 관세는 다음을 초과하지 아니한다.
(1) 선정된 수출자 또는 생산자에 대하여 설정된 덤핑 마진의 가중 평균 또는,
(2) 반덤핑 관세의 지불책임이 예상되는 정상 가격을 기초로 계산된 경우, 선정된 생산자 또는 수출자의 가중 평균정상 가격과 개별적으로 검사되지 아니한 수출자 또는 생산자의 수출가격간의 차이,
단, 이 항의 목적상 당국은 영의 마진 및 최소허용마진과 제6조제8항에 언급되어 있는 상황에서 정해진 덤핑 마진은 무시한다. 당국은 제6조제10항제2호에 규정된 대로 검사대상에서는 제외되었으나 조사 과정에서 필요한 정보를 제공한 수출자 또는 생산자로부터의 수입품에 대하여 개별적인 관세 또는 정상 가격을 적용한다.

하는 것이라고 지적하였다. 패널은 EC 주장이 옳다면 2조4항2가 원 조사에만 적용된다는 것의 논리적 귀결은 곧 비대칭 비교와 zeroing은 관세 정산에 쓰였을 때에는 불공정하지 않다는 말과 같다고도 언급하였다.

EC는 *EC-Bed Linen* 사건과 *US-Corrosion Steel Sunset Review* 사건 상소기구는 2조4항에 의해 zeroing이 금지된다는 점을 확인했다고도 주장하였다. 이에 대해 패널은 EC 주장과 달리 두 사건에서 상소기구가 그러한 내용의 법적인 판단을 실제 내리지는 않았다고 정정하였다. 당시 상소기구는 zeroing 관행이 2조4항 의미상(within the meaning of) 불공정(unfair)하다는 견해를 표명한 것일 뿐이라고 주장하였고 그 사건과 지금 사건은 심리 대상이 동일하지 않다고 언급하였다. 패널은 *EC-Bed Linen* 사건은 2조4항2 첫 문장의 all comparable export transactions에 관한 것이었고 2조4항에 대해서는 심층 분석하지 않았으며 zeroing이 모든 경우에 불공정하다는 결론도 제공하지 않았다고 주장하였다. 패널은 동 사건 상소기구 판정의 관련 부분은 2조4항2에 관한 내용을 집중 설명하고 있으며 말미에 2조4항을 잠시 언급하고 있기는 하나 그 내용과 의미는 2조4항2 관련 부분과 분리하기가 어려우며 zeroing 을 모든 상황에서 금지된다는 것이라고 해석할 수 있을지 의문이라고 밝혔다.

US-Corrosion Steel Sunset Review 사건의 경우 패널은 상소기구의 판정 요지는 일몰 재심 시 덤핑 마진을 산정할 의무는 없으나 만일 한다면 2조4항에 의해 하라는 것이지 2조4항 공정 비교에 대해서 별도로 분석하지는 않았다고 지적하였다. 아울러 동 상소기구는 zeroing이 불공정하다는 근거로 덤핑 마진을 과장하거나 zeroing을 하지 않았으면 無덤핑이었을 것이 덤핑될 수 있다는 것을 제시했는데 패널은 어떤 방식(methodology)의 공정성 여부는 타 방식과의 결과를 단순 비교해서는 안 되며 타 방식이 공정성에 관한 분명한 기준을 가지고 있는지 살펴야 한다고 주장하고 *US-Corrosion Steel Sunset Review* 사건의 상소기구는 그러지 않았다고 비난하였다. 패널은 따라서 두 사건은 가중 평균간의 비교 상황에서 zeroing이 불공정하다고 하였을 뿐 그 이외 상황에서도 불공정하다는 결론짓지 않았고 동 판례는 그러한 주장의 근거를 제공하지 않는다고 판단하였다.

패널은 두 사건 보다 최근에 일어난 *US-Softwood AD Final* 사건에서 상소기구가 거래 가격간 비교 및 가중 평균과 거래 가격간 비교가 미국의 주장을 뒷받침하는지는 우선 이러한 비교방식에서 zeroing이 허락되는지를 먼저 검토하지 않고서는 판단할 수 없다[10]고 밝힌 점을 인용하여 이러한 비교방식에서 zeroing이 허

락되는지 여부는 상소기구가 가부간 판정을 내린 바 없으며 여전히 open question으로 남아 있다고 강조하였다.

패널 판정을 요약하자면 공정 비교는 독립적이고 전체에 적용되는 의무이지2조4항 후반에 언급된 가격 비교에 국한되는 것은 아니다. 하지만 미국이 관세 정산에서 zeroing을 적용한 것이 공정 비교 위반은 아니라는 것이다. EC는 패널의 판단 전반부에는 동의하면서 zeroing은 공정 비교 의무에 위반되지 않는다는 부분에 대해서는 상소하였다.

상소기구는 그러나 이미 정산 시에 적용된 as applied의 zeroing이 이미 9조3항과 VI조2항에 위반된다고 판시하였으므로 2조4항의 공정 비교 원칙에도 위반되는지 여부에 대해 판정하는 것이 이 분쟁 해결에 반드시 필요한 것 같지는 않다고 설명하고 가부간의 판정을 내리기를 사양하였다. 그러나 상소기구는 2조4항 공정 비교에 관한 패널 판정은 2조4항2와 9조3항에 대한 패널 판정에 근거하고 있는 것인데 이미 9조3항에 대한 패널 판정을 상소기구가 번복하였으므로 공정 비교에 관한 패널 판정은 무효 moot이며 법적인 효력이 없다고 천명, 사실상 패널 판정을 번복하였다.

이상은 zeroing이 적용된 사례, 즉 as applied에 관한 판정이다. 상소기구는 연례 재심에서의 zeroing이 그 자체로(as such) 반덤핑협정 관련 규정에 합치되는지 여부에 대해서는 분석을 할 수 없다고 판단하였다. 상소기구는 不文의 rule과 norm에 대한 as such claim을 제기하기 위해서는 앞에서 제시한 대로 제소국이 문제가 된 rule과 norm이 피제소국에 귀속되는 것인지 여부, 정확한 내용, 보편적인 적용 여부에 대해 논증과 증거를 제시하여야 할 것이나 이번 사건의 경우 as such claim에 대해서는 EC가 이에 상응한 정도의 주장과 증거를 제기하지 못했다고 언급하였다. 또한 원 조사에서 zeroing이 as such로 금지된다는 패널의 판정 역시 weighted average to weighted average 방식에서 그러하다는 것이므로 이를 토대로 연례 재심의 경우를 판단하기에는 부족하다고 보았다. 따라서 상소기구는 사실 관계에 관한 패널의 판정 부족, 이견이 없는 사실 관계의 부족 등으로 인해 연례

10) We fail to see how we could find that the transaction-to-transaction and average-to individual methodologies could provide contextual support for the United States' interpretation of Article 2.4.2 without *examining first whether zeroing is permitted under those methodologies*. Indeed the United States faulted the Panel for making observations in this regard. [footnote omitted] As we have observed, the United States acknowledged at the oral hearing that the issue before us is confined to determining whether zeroing is prohibited under the average-to-average methodology.
(*US-Softwood Lumber AD Final* 상소기구 보고서 WT/DS264/RW, para. 105)

재심에서의 zeroing의 as such로서의 금지 여부는 분석을 계속할 수 없다고 결론지었다.

(2) 가격에 영향을 미치는 차이의 補正 해당 여부

EC는 반덤핑2조4항상 가격에 영향을 미치는 차이의 보정만이 허락되었을 뿐이며 zeroing은 사실상 수출 가격을 인하시키는 것이므로 가격에 영향을 미치는 차이가 아닌 다른 차이를 보정하는 것이므로 2조4항과 부합되지 않는다고 주장하였다.

패널은 EC의 주장대로라면 zeroing은 2조4항2 target dumping 상황에서도 허락되지 않아야 할 것이나 target dumping의 경우 zeroing이 용인됨은 EC도 인정하고 있다고 지적, EC의 주장을 수용하지 않았다. 패널은 2조4항의 가격 비교 개념은 수출 시장과 국내 시장간의 가격 차이를 거래 단계, 과세, 수량 등의 요소 측면에서 적절히 보정하는 것이라고 설명하고 target dumping에서 말하는 상이한 구매자, 지역, 또는 기간별 가격 차이는 이에 해당되지 않는다고 보았다. 그런데 zeroing이 2조4항상 용인될 수 없는 보정이라면 2조4항 가격 비교 요소에 해당되지 않는 구매자, 지역, 또는 기간별 차이의 보정도 당연히 허락되지 않아야 할 것이나 2조4항2는 이를 정당화하고 있음을 환기하였다.

EC는 패널 판정에 대해 상소하였다. 상소기구는 2조4항은 가격 비교에 영향을 미치는 차이에 대해서만 보정을 허락하는 것이며 이를 반대 *a contrario* 해석하면 보정은 가격 비교에 영향을 미치지 않는 차이에 대해서는 이루어져서는 안 된다는 점을 분명히 하고 zeroing은 가격간의 차이 자체를 조정하는 것이므로 2조4항 3, 4문장에 언급된 보정에는 해당되지 않는다고 보았다. 이에 따라 상소기구는 패널 판정을 확인하였다.

5) 패널 소수 의견

패널 위원 중 1명은 zeroing 금지는 원 조사 단계에만 적용되며 2조4항의 공정 비교 원칙과 2조4항2의 규정에 불합치되지 않는다는 패널의 판정과 상치되는 소수 의견을 제시하였다. 이 위원은 첫째 2조4항2의 during the investigation phase는 그 뒤에 언급된 establishment of dumping margins보다는 그 앞에 기재된 existence of dumping과 연계해서 해석하는 것이 타당하며 이를 덤핑이 존재한 기간, 즉 조사 기간과 同意的인 것으로 이해하는 것이 논리적이라고 주장하였다. 그

는 반덤핑협정 중에는 investigation을 좁게 해석해야 할 조문이 있기는 하지만 대부분의 경우 이 용어는 원 조사와 관세 정산, 재심을 포괄하는 것으로 해석하는 것이 타당하다고 지적하였다.

6) zeroing 관행 및 관련 법규 자체(as such)의 적법성 여부

EC는 연례 재심, 신규 수출자 재심, 상황 변경 재심 등에 사용되는 미국의 standard zeroing procedure 및 zeroing 관행 자체와 관세법 section 771(35)(A), (B), 731 등을 비롯하여 미 상무부 규정 section 351.414(c)(2)는 반덤핑협정 1조, 2조4항, 3조, 5조 9조, 11조, 18조4항 및 GATT VI조, WTO 설립협정 XVI조4항 위반이라고 주장하였으나 패널은 동 주장은 zeroing이 2조4항과 2조4항2 위반을 전제로 한 것이므로 동 위반을 확인하지 못한 만큼 EC의 주장을 기각한다고 밝혔다.

미 상무부 규정 section 351.414(c)(2)은 재심 시 개별 수출 거래 가격을 동일 시기(보통 같은 달)의 정상 가격 평균과 비교하라는 규정이다. 패널은 이러한 비교 방법론을 규정한 2조4항2호는 재심(연례 재심, 신규 수출자 재심, 상황 변경 재심, 일몰 재심)에는 적용되지 않는다고 판단하였으므로 이에 근거하여 section 351.414(c)(2)는 WTO 규정과 합치된다고 판단하였었다. 상소기구는 2조4항2호가 재심에도 적용되는지 여부는 당초 EC가 9조3항에 대한 패널 판정이 상소기구에서 확인될 경우에 실시하여 달라고 조건부로 상소하였는데 9조3항에 관한 패널 판정이 번복되었으므로 2조4항2호에 관한 EC의 조건부 상소는 전제가 충족되지 않아 심리 자체를 하지 않은 점을 환기하였다. 따라서 section 351.414(c)(2)에 관한 패널의 판정은 무효 moot 이며 법적인 효력이 없다고 판정하였다. section 351.414(c)(2)가 반덤핑협정 등 WTO 규정에 합치하는지 여부에 대해 상소기구는 판단의 근거가 되는 사실 관계가 부족하여 분석을 계속할 수 없다고 천명하였다.

7) 기 타

패널 심리 시 EC는 zeroing은 2조4항, 2조4항2호 위반이라는 전제하에 반덤핑협정 11조1항 및 2항 위반이라는 주장을 제기하였으나 패널은 2조4항, 2조4항2호 위반이 아니라고 판정하였으므로 11조1항, 2항 위반 주장은 추가적인 심리 없이 기각하였다. EC는 이에 대해 상소하였으나 상소기구는 11조1항, 2항에 의무가 9조3항과 어떻게 관련이 된다는 것인지 EC의 주장이 명확하지 않다는 미국의 항

변을 수용하였다. 상소기구는 현금 예치율 재산정[11]이 관세율 조정 및 지속 부과 여부에 어떻게 관련이 되는지 이해하기 곤란하다고 언급하고 EC의 주장을 기각하였다.

EC는 zeroing은 반덤핑협정 1항, 18조4항 및 WTO 설립협정 14조4항 위반이라고 주장하였으나 패널은 EC의 주장은 zeroing이 2조4항 등에 위반되는 것을 전제로 하는 것이나 위반이 아니라고 판정하였으므로 추가적인 심리 없이 EC 주장을 기각하였다. 상소기구는 이미 연례 재심(관세 정산 재심)에서 적용된 zeroing이 9조3항에 위반된다고 판정하였으므로 반덤핑협정 1항, 18조4항 및 WTO 설립협정 14조4항 위반 여부는 이 분쟁을 해결하는데 굳이 필요한 것은 아니라고 설명하고 심리를 사양하였다.

다. 해설 및 평가

이 사건은 zeroing이 원 조사 단계뿐 아니라 관세 정산 절차(연례 재심)에서도 위반된다고 확인함으로써 zeroing의 불법성을 명확히 하였다는 점에서 큰 의의가 있다. 상소기구의 판결은 zeroing이 그 자체로 시비할 수 있는 조치라고 확인함으로써 zeroing 이 원천적으로 금지될 수 있는 길을 열어 놓았으며 비록 as applied의 경우 이기는 하지만 zeroing을 연례 재심에서 적용하는 것은 관련 협정에 불합치하는 것이라고 확인함으로써 여타 재심에서 zeroing을 적용하는 것이 금지될 가능성이 매우 높아 졌다.

이 사건의 쟁점은 크게 3가지, i) 원 조사 단계에서 model zeroing(W-W 비교)을 적용한 15개 사례 as applied가 합법인지 여부, ii) 원 조사 단계에서의 model zeroing 관행 자체가 WTO 규정과 합치되는지 여부, iii) 연례 재심에서 적용된 16개 simple zeroing사례 as applied가 합법인지 여부였다. i)의 경우 패널은 이전 사건 판례를 인용하여 zeroing이 허용되지 않는다고 판정하였고 이는 상소되지 않았다. ii)의 경우 패널은 不文의 zeroing 관행도 그 자체로 WTO 분쟁 해결 절차

11) 미국의 반덤핑 관세 제도상 최초 원 조사를 통해 결정한 반덤핑 관세율은 확정 세율이 아니라 잠정 세율이며 동 세율에 해당하는 금액을 현금 예치토록 한 후 1년 후 정산을 통해 과·미납액을 환불 또는 추가 징수한다. 이러한 정산을 통해 결정된 세율은 다시 다음 정산이 이루어 질 때까지의 현금 예치율이 된다. 즉 미국의 관세 정산 재심은 이전 납부한 관세를 정산하는 절차임과 동시에 향후 적용될 새로운 현금 예치율을 정하는 절차가 되는 셈이다.

대상이 될 수 있는 규범 norm 에 해당되며 원 조사 단계에서 적용하는 것은 반덤핑협정 2조4항2호 위반이라고 판시하였다. 상소기구는 不文 조치의 존재 판정을 위한 기준 threshold 을 패널보다는 훨씬 높게 책정하기는 하였으나 판정의 결론 자체는 지지하였다. 만일 상소기구가 이를 지지하지 않았다면, 다시 말해 zeroing 관행은 as such claim을 제기할 수 있는 규범이 아니라고 판정하였다면 zeroing 에 대해서는 해당 건건 마다 분쟁을 제기하여 건별로 불합치 판정을 받아야 할 것이다. 그러나 상소기구가 비록 불문의 조치라 하더라도 WTO 분쟁 해결의 대상이 될 수 있음을 명백히 함으로써 원 조사 단계에서 zeroing을 적용하는 것은 이제 매우 어렵게 되었다.

iii)의 경우가 이번 사건의 최대 쟁점이었다. 패널은 문리 해석에 치중하여 2조4항2호는 원 조사 단계에 적용되는 것이라고 해석, 연례 재심에서 simple zeroing(average to transaction 비교)을 적용하는 것은 2조4항2호에 위반되지 않으며 결과적으로 9조3항에도 합치된다고 판단하였으나 상소기구는 2조4항2호의 표현에 구애(拘碍)되지 않고 9조3항과 GATT VI조2항에 표명된 원칙에 입각하여 zeroing이 동 조항에 합치되지 않는다고 판시하였다. 상소기구의 판정 논리는 zeroing 이 여러 차례 WTO 심리 대상이 된 매우 중요한 이슈인 점에 비추어 볼 때 다소 투박하고 精緻하지 못해 보인다. 다분히 zeroing 자체를 부정적으로 보고 이를 원천적으로 금지시킴으로써 패널 단계에서 여러 차례 야기된 혼선을 정리해야겠다는 의도가 내포된 것으로 추측된다.

사실 상소기구가 덤핑은 상품 전체(product as a whole)에 대해 산정해야 한다는 판단의 근거 조항으로 인용한 GATT VI조 1항과 반덤핑협정 2조1항은 상품을 products, a product로 단수 및 복수를 사용하고 있으므로 거래 단위별 상품 a product 에 대해서도 덤핑을 판정할 수 있다는 주장도 가능할 수 있다. 더욱이 반덤핑협정 9조4항[12](2)가 인정하고 있는 소위 prospective normal value system아래

---

12) 9.4 당국이 제6조제10항의 둘째 문장에 따라 검사를 제한하는 경우 검사에 포함되지 아니한 수출자 또는 생산자로부터의 수입품에 적용되는 반덤핑 관세는 다음을 초과하지 아니한다.

(1) 선정된 수출자 또는 생산자에 대하여 설정된 덤핑 마진의 가중 평균 또는,

(2) 반덤핑 관세의 지불책임이 예상되는 정상 가격을 기초로 계산된 경우, 선정된 생산자 또는 수출자의 가중 평균정상 가격과 개별적으로 검사되지 아니한 수출자 또는 생산자의 수출가격간의 차이,

단, 이 항의 목적상 당국은 영의 마진 및 최소허용마진과 제6조제8항에 언급되어 있는 상황에서 정해진 덤핑 마진은 무시한다. 당국은 제6조제10항제2호에 규정된 대로 검사대상에서는 제외되었으나 조사 과정에서 필요한 정보를 제공한 수출자 또는 생산자로부터의 수입품에 대하여 개별적인 관세 또는 정상 가격을 적용한다.

에서는 덤핑 여부가 각 거래별로 판정되므로 덤핑은 상품 전체에 대해 산정해야 한다는 상소기구의 주장을 적용하기가 불가능하다. prospective normal value system 에서는 반덤핑 조사를 통해 문제가 된 상품의 정상 가격을 산정해 놓은 후 해당 상품이 실제로 수입이 될 때 거래별 수입 가격이 정상 가격에 미치지 못할 때만 그 차액을 반덤핑 관세로 징수한다. 이는 덤핑 마진을 상품 전체가 아니라 개별 거래에 대해 산정한 것이며 수입 가격이 정상 가격보다 높은 경우와 낮은 경우를 서로 상쇄하지 않으므로 zeroing 하는 것과 마찬가지이다. 미국은 이 사건의 상소기구 보고서와 패널 보고서를 채택하는 2006. 5. 9. DSB 회의에서 이 점을 특별히 강조하며 상소기구의 판정이 부당하다고 강도 높게 비난하였다. 이 외에도 미국은 반덤핑협정 2조4항2호의 소위 targeted dumping 규정은 특수한 경우에 일부 거래에 한정하여 덤핑 마진을 산정할 수 있도록 함으로써 사실상 zeroing을 허용하고 있음에도 불구하고 상소기구 판정은 어떠한 경우에도 일부 거래만 채택하여 덤핑 마진을 산정하는 것을 금지함으로써 이 규정을 의미 없게 만들었다고 비난하였다. 또한 미국은 반덤핑협정 2조2항상의 구성 가격 constructed value을 사용할 경우, 현재는 각 모델별로 분석하여 constructed value 방법을 사용할 필요가 있는 모델에만 이를 적용하고 다른 모델은 거래 가격을 사용하는 것이 일반적이나 product as a whole로 덤핑 마진을 산정하라는 상소기구 판정으로 인해 앞으로는 일부 모델에만 문제가 있어도 전체 거래에 대해 constructed value 방법을 사용해야 할 처지가 되었다고 비난하였다.

상소기구가 문제가 되었던 해당 조항 2조4항2호의 文理解釋 대신 원칙에 입각하여 zeroing을 부당하다고 하기는 하였으나 선례구속의 원칙이 WTO에 법적으로 강제되는 것이 아닌 만큼 향후 유사 사건에서 zeroing이 인정될 가능성이 완전히 없어졌다고 단정할 수는 없다. 실제로 미국 zeroing에 대하여 이번 사건과 거의 동일한 사안에 대해 일본이 제소한 사건 패널(US-Zeroing(Japan)DS322)은 이번 사건의 상소기구 판정에도 불구하고 T-T 비교시 zeroing은 반덤핑협정에 합치된다고 판정, 상소기구 판정에 대해 정면으로 도전하였다. 현재 이 사건은 상소기구에서 심리가 진행 중이다.

미국과 EC는 이번 사건 판결 이행 시한을 2007년 4월 9일로 합의하였다. 사건 판결을 이행하여야 할 의무를 안게 된 미국이 zeroing을 포기하는 방식으로 이행할 것인지 귀추가 주목된다.

이 사건은 또한 정부 부처의 관행도 그 자체로 WTO 분쟁 해결 절차의 시비

대상이 될 수 있다는 것을 확인한 의미가 있다. 성문 법규가 아닌 행정 당국의 반복되는 행위, 관행 자체를 시비할 수 있는가에 대해 이전의 판례는 부정적이거나 명백한 지침을 제공하지 못하였다.

US-Exports Restraints 사건 패널은 행정 당국의 반복되는 관행 자체의 위법성을 논할 수 있는지에 대해 패널은 관행이란 행정 당국이 다르게 결정하면 일탈(逸脫)할 수 있는 것이므로 조치 자체의 위법성 심리 가능 여부의 전제 조건이 되는 자체의 독립적인 기능성(operational life on its own)을 갖지 못한다는 이유로 부정적으로 판정하였고 *US-India Steel Plate* 사건 패널 역시 행정 당국은 관행에서 일탈할 수 있는 재량이 있으므로 관행 그 자체는 강행적이라고 볼 수 없다는 논리를 전개하였다. 반면 *US-CVD EC products* 사건 상소기구는 관행이 자체로 WTO의 시비 대상이 될 수 있는지 여부에 대해서는 명쾌한 판정을 내리지는 않았으나 미국으로 하여금 문제가 된 조치와 행정적 관행을 WTO 의무와 합치시키도록 권고하였다. 이는 관행에 대해서도 그 자체로 WTO에서 시비할 수 있다는 것으로 해석된다. 그러나 *US-Corrosion-Resistant Steel Sunset Review* 사건 패널은 위와 같은 묵시적인 상소기구 견해 대신 이전 두 사건 패널의 판정을 인용하여 관행은 그 자체로 시비할 수 없다고 결론 내렸다.

이번 사건은 위와 같은 혼선을 정리하고 不文의 조치도 규범이 될 수 있으며 따라서 WTO 분쟁 해결 절차에 그 자체로 시비할 수 있다는 점을 분명히 하였으며 불문의 조치 존재를 판정하기 위해 제소국이 입증해야 할 요건－피제소국 귀속 여부, 정확한 내용, 보편적이고 계속적인 적용(general and prospective application)－도 제시하였다. 이전 판례가 관행을 그 자체로 시비할 수 없다고 판단한 가장 큰 이유는 관행이란 행정 당국의 판단에 따라 이전과는 다르게 적용될 수 있다는 점 때문이었다. 이 사건에서 상소기구는 관행이 어느 경우이든지 보편적으로 적용되고 앞으로도 계속 적용될 수 있어야 한다는 점을 불문 조치 존재에 관한 세 가지 요건 중의 하나로 적시함으로써 성문 규범과 마찬가지로 일관성 있게 적용될 수 있는 不文 조치는 그 자체(as such)를 시비할 수 있도록 하였다.

27. Japan vs. US - Zeroing (Japan) 사건

(DS322, 2007. 1. 23. - 상소기구)

가. 사건 개요

이 사건은 *US-Zeroing(EC)* 사건과 같이 미국의 zeroing 관행에 대해 일본이 시비한 것이다. 일본은 미국 조사 당국이 원 조사 단계와 관세 정산 절차, 일몰재심, 신규 수출자 재심 등 각종 재심 절차에서 model zeroing, simple zeroing을 적용하는 것은 zeroing 방식 자체(as such)와 그 적용 사례(as applied) 모두 반덤핑협정 2조4항2호, 2조4항, 9조3항, GATT VI조1항, 2항 등에 위반된다고 2005년 2월 제소하였다.

나. 주요 쟁점별 당사자 주장 및 판결 요지

1) zeroing 방식 자체의 분쟁 대상 조치 해당 여부

패널은 zeroing 방식 자체(as such)가 분쟁의 대상으로 시비할 수 있는 조치(measure)가 될 수 있는지에 대해서부터 심리를 시작하였다. 일본은 미국 상무부가 이용하는 덤핑 마진 계산 프로그램 중 마이너스 덤핑 마진을 자동적으로 zeroing하는 computer code(standard zeroing procedure)와 zeroing 방식 자체 두 가지 모두를 분쟁의 대상이 되는 조치라고 시비하였다. 이에 대해 미국은 computer code는 덤핑 마진을 산정하기 위한 수단(instrument)이 아니라 단순한 도구(tool)에 불과하며 zeroing 방식이라는 조치(measure)가 (법령, 내부 지침 등의 구체적인 형

태로) 존재하는 것도 아니라고 반박하였다. *US-Zeroing(EC)* 사건에서 EC는 미 상무부의 zeroing 관행 자체(as such) 및 standard zeroing procedure 자체에 대해서도 반덤핑협정 2조4항2호 위반이라고 주장한 바 있다. standard zeroing procedure란 미 상무부가 덤핑마진 계산에 사용하는 컴퓨터 프로그램에 포함된 특별한 code를 말하는데 이 code로 인해 (-)덤핑마진은 자동적으로 zeroing되어 덤핑마진이 산정된다.

패널은 *US-Zeroing(EC)* 사건 상소기구의 판정을 그대로 답습하여 zeroing방식 자체는 분쟁의 대상이 될 수 있는 조치가 될 수 있겠으나 standard zeroing procedure는 그 자체로 시비할 수 없다고 판정하였다. zeroing은 미 상무부가 상당한 기간 동안 실시해온 관행인 점이 분명하고 이는 의도적인 정책임을 반영하는 것이며 보편적이고 계속적으로 적용(general and prospective application)되는 규칙(rule)과 규범(norm)에 해당한다는 것이다. 패널은 특정 상황에서는 특정하게 행동하도록 요구하는 규칙이나 규범이 법령이나 규정에 기록되어 있지 않다는 것은 문제가 되지 않으며 보다 중요한 것은 규칙과 규범의 내용이 명료하고 확실히 이해되고 있으며 보편적이고 계속적으로 적용되는지 여부라고 보았다. 규칙이나 규범을 명시적으로 기록한 문건의 부재는 결정적인 중요성이 없다는 것이다. 그러나 패널은 standard zeroing procedure는 몇 줄의 computer code로서 특정한 상황에 적용되기 위해서는 그리하려는 결정이 반드시 있어야 한다는 점에서 computer code 그 자체로는 조치 measure가 될 수 없다고 판정하였다.

패널의 판정에 대해 미국은 미국이 패널에 제출된 자료상에는 W-T 비교나 T-T 비교시 미국이 zeroing을 하나의 규칙이나 규범으로서 시행했다고 판단하기에 충분할 만한 증거가 없었다고 주장하며 패널의 zeroing이 그 자체가 분쟁 대상이 될 수 있는 조치에 해당한다는 패널의 판정은 사실에 대해 객관적인 평가를 내려야 한다는 DSU 11조 위반이라고 상소하였다.[1)]

상소기구는 우선 패널은 증거의 신빙성과 비중을 판단하는데 상당한 재량이 있다는 점을 환기하고 패널이 제출된 증거를 의도적으로 무시하거나 왜곡하지 않았고 증거에 기반하지 않은 판정을 내리지 않은 한 상소기구는 패널의 판정에 간섭하지 않겠다고 판정한 바[2)]도 있다고 밝혔다[3)]. 상소기구는 제출된 증거를 토

1) 미국은 W-W 비교시에 대해서는 상소하지 않았다. 즉 W-W 비교시 미국이 zeroing을 하나의 규범으로서 시행한다는 점에 대해서는 인정하였다. 그러나 이 사건 이전에 이미 미국 상무부는 앞으로 W-W 비교시 zeroing을 하지 않겠다는 방침을 공표(2006. 12. 27. Federal Registar) 하였으므로 미국으로서는 굳이 W-W 비교시 zeroing에 대해서는 더 이상 시비할 필요가 없었을 것이다.

대로 패널이 규범으로서의 zeroing이 존재한다고 판정한 것에 특별한 오류가 있다고 보이지 않으며 패널은 zeroing 관행이 모든 비교 방식에 공히 존재한다고 결론 내리기에 충분한 증거를 가지고 있었다고 판단하였다. 상소기구는 제출된 증거로 볼 때 미국이 의도적인 정책으로 zeroing 관행을 수 십년 간 시행하여 온 점이 인정된다고 보았다.

미국은 또한 일본의 협의 요청서에 W-T 비교와 T-T 비교시의 zeroing에 대해 시비를 제기한다는 점이 불분명하였다고 뒤늦게 문제를 제기하고 따라서 분쟁대상이 되는 조치를 특정하지 않은 것이므로 W-T, T-T시의 zeroing은 패널의 심리 범위 밖이라고 상소하기도 하였다. 그러나 상소기구는 일본의 협의 요청서 문안은 비교 방식에 상관없이 덤핑 마진 산정시 행해지는 zeroing 관행 전체에 대해 문제를 제기하는 것으로 이해된다고 밝히고 미국이 주장하는 대로 굳이 각 비교 방식을 특정하여 zeroing을 언급할 것은 아니라고 판단하였다.

상소기구는 이상을 토대로 미국의 상소를 기각하였으며 zeroing은 그 자체로 시비할 수 있는 조치(measure)라는 패널의 판정을 지지하였다.

2) model zeroing의 2조4항2호 위반 여부

일본은 model zeroing이 반덤핑 협정 및 GATT 위반이라는 주장의 근거로서 덤핑 마진은 문제가 된 상품 전체(product as a whole)에 대해 구하는 것이지 상품의 하위 분류(model, type, category)별로 구하는 것이 아니라는 점을 내세웠다. 미국은 덤핑 마진을 상품 전체에 대해 구해야 한다는 명문의 규정이 없다고 반박하였다.

패널은 평균 비교 방식으로 덤핑 마진을 산정할 경우 비교 가능한 모든 거래에 기초해야 한다는 반덤핑협정 2조4항2호[4] 전단의 규정상 model zeroing이 동 조항에 합치되지 않는 점은 명백하다고 판정하였다. 패널의 이러한 판정에 대해

---

2) Appellate body Report US-Gambling para. 330

3) Appellate body Report WT/DS322/AB/R para. 86.

4) 2.4.2 제4항의 공정비교를 규율하는 규정에 따라 일반적으로 조사기간 동안의 덤핑마진의 존재를 가중평균 정상 가격과 모든 비교가능한 수출거래가격의 가중평균과의 비교에 기초하거나 또는 각각의 거래에 기초한 정상 가격과 수출가격의 비교에 의하여 입증된다. 당국이 상이한 구매자, 지역, 또는 기간별로 현저히 다른 수출가격의 양태를 발견하고, 가중평균의 비교 또는 거래별 비교 사용으로 이러한 차이점이 적절히 고려될 수 없는 이유에 대한 설명이 제시되는 경우에는 가중평균에 기초하여 결정된 정상 가격이 개별 수출거래가격에 비교될 수 있다.

미국은 상소하지 않았다.

3) simple zeroing 적용의 2조4항2호 위반 여부

(가) 패널 판정

일본은 simple zeroing 역시 상품 전체에 대해 덤핑 마진을 산정한 것이 아니므로 반덤핑협정 위반이라고 주장하였다. *US-Final Lumber AD Determination 21.5.* 사건 상소기구도 simple zeroing은 반덤핑협정 2조4항2호에 합치되지 않는다고 판정한 바 있다. 그러나 이 사건 패널은 아래와 같은 이유로 상소기구의 판정을 따르지 않고 simple zeroing은 금지된다고 볼 수 없다고 판정하였다.

우선 일본은 반덤핑협정 2조1항과 GATT VI조의 기재된 product, products라는 표현을 근거로 덤핑 마진은 문제가 된 상품 전체에 대해 산정하는 것이라고 주장하고 simple zeroing처럼 transaction to transaction(T-T) 비교는 상품 전체가 아니라 특정 거래의 덤핑 마진을 구하는 것이므로 관련 협정에 합치되지 않는다고 주장하였다.

그러나 패널은 product[s]의 통상적 의미로 볼 때 이 단어가 덤핑 마진은 반드시 모든 거래 비교 결과를 합산하여 산정해야 하며 거래별로 산정할 수는 없다는 것으로 해석할 수 없다고 판단하였다. 아울러 문맥상으로 해석할 때에도 반덤핑협정 2조1항[5])이 정의하듯이 덤핑이란 어떤 상품이 정상 가격보다 낮은 가격으로 다른 나라의 상거래에 도입된 것인데 다른 나라의 상거래에 도입된 상품(a product introduced into the commerce of another country)이라는 개념이 왜 특정한 개별 수출 거래에는 적용될 수는 없고 반드시 모든 수출 거래를 비교하여 합산하여야 하는 것인지 이해할 수 없다고 지적하였다. 패널은 반덤핑협정 2조1항의 export price of a product exported from one country to another나 GATT VI조1항의 the price of the product exported from one country to another라는 개념도 특정한 수출 거래의 대상이 된 상품(product)의 가격을 의미하는 것으로 해석하는데 아무런 불합리한 점이 없다는 것도 지적, product라는 표현이 문제가 된 상품의 거래 전체를 비교해야 한다는 근거가 될 수 없다고 보았다. 패널은 그 외에도 product라는 표현이 사용된 GATT의 다른 조항의 의미를 살펴보아도 product가 개별 거래

---

5) 2.1 이 협정의 목적상, 한 국가로부터 다른 국가로 수출된 상품의 수출가격이 수출국내에서 소비되는 동종 상품에 대한 정상적 거래에서 비교 가능한 가격보다 낮을 경우 동 상품은 덤핑된 것, 즉 정상 가격보다 낮은 가격으로 다른 나라의 상거래에 도입된 것으로 간주된다.

의 상품을 의미하는 것이 많다고 지적하고[6] 유독 GATT VI조 에서만 product를 거래 전체의 비교를 요구하는 것으로 해석할 수 없다고 첨언하였다.

일본은 반덤핑협정 6조10항[7]을 문맥적인 근거로 이용하여 덤핑 마진은 상품 전체에 대해 산정하여야 한다고 주장하기도 하였으나 패널은 역시 받아들이지 않았다. 패널은 동 조항의 조사 대상 상품(product under investigation)의 상품(product)이 덤핑 개념을 개별 거래에 적용할 수 있는 가능성을 배제한다고 볼 근거가 없고 개별적인 덤핑 마진(individual dumping margin)이란 특정한 수출자나 생산자에 관한 자료를 검사한 결과를 토대로 산출된 하나의 덤핑 마진이란 의미이지 (zeroing과 같이) 덤핑 마진을 결정하는 방법에 관해 특별한 의미를 부여하는 것은 아니라고 논박하였다.

일본은 zeroing이 zeroing이 W-W 비교에서는 금지되나(model zeroing) T-T 비교에서는 허용된다고(simple zeroing) 해석하면 반덤핑협정 2조4항2호를 일관되게 해석할 수 없다고 주장하고 따라서 W-W 비교에서 zeroing이 금지된다면 T-T에서도 역시 금지된다고 주장하였다. 그러나 패널은 바로 협정의 일관된 해석상 T-T에서는 zeroing이 허용된다고 해석할 수밖에 없다고 보았다. 우선 패널은 2조4항2호의 문언상 zeroing이 모든 경우에 금지된다고 해석할 수는 없다고 이해하였다. 동 조항은 분명히 덤핑 마진은 개별 거래를 비교하여(T-T 비교) 수립할 수 있다고 명기하고 있으며 개별 거래의 수출 가격과 정상 가격의 비교 결과를 어떻게 처리하여 덤핑 마진을 산정해야 하는지에 대해서는 아무런 언급이 없다는 점을 지적하였다. 오히려 거래별 덤핑 산정을 인정하였고 덤핑이란 수출 가격이 정상 가격보다 낮은 것을 의미하므로 각 거래 중 수출 가격이 정상 가격보다 낮은 것을 수출가격이 정상 가격보다 높은 것보다 더 비중 있게 처리하는 것이 문제될 것은 없다고 추가하였다. zeroing 금지론자 입장에서는 수출 가격이 정상 가격보다 낮은 거래나 높은 거래는 모두 동등한 가치를 가지고 있는 것으로 본다(+ 덤핑 마진을 덤핑 마진과 상쇄). 패널은 zeroing 금지론자의 주장대로 해야 할 문언상의 근거가 2조4항2호에 명기되어 있지 않다고 본 것이다.

---

6) GATT VI:6 … importation of any product …
GATTVII:3 … the value for customs purposes of any imported product …

7) 6.10 당국은 일반적으로 조사대상 상품의 알려진 관련 수출자 또는 생산자 각각 대해 개별적인 덤핑마진을 결정한다. 관련된 수출자, 생산자, 수입자, 또는 관련 상품의 유형의 수가 너무 많아 이러한 결정이 불가능할 경우 당국은 그 선정시 당국에 이용 가능한 정보를 기초로 통계적으로 유효한 표본을 사용하여 검사를 이해당사자 또는 상품의 합리적인 수로 제한하거나 또는 합리적으로 조사 될 수 있는 당해 국가로부터의 수출량의 가장 큰 비율로 제한할 수 있다.

패널은 2조4항2호는 덤핑 마진을 산정하는 방법으로 2가지 방법, 즉 W-W 비교와 T-T 비교를 대등하게 제시하고 있는데 만일 zeroing이 W-W 비교에서만 금지되고 T-T 비교에서는 허용된다면 2조4항2호를 일관되게 해석할 수 없다는 점은 인정하였다. 그러나 동 조항이 분명히 W-W 비교와 T-T 비교를 사용하기에 적합하지 않은 예외적인 상황에서는 (zeroing이 허용되는) W-T 비교를 이용할 수 있다고 명기하고 있는데 만일 일본의 주장대로 zeroing은 어느 경우이든지 포괄적으로 금지되는 것이라면 W-T 비교를 zeroing 없이 행할 경우 수학적으로 그 결과가 W-W 비교 결과와 동일한 것[8]이 되므로 예외적인 상황에서는 W-T 비교를 사용할 수 있다는 2조4항2호가 무의미해져 버리는 더욱 어처구니 없는 결과가 초래된다고 지적하였다.

일본은 zeroing 하지 않은 W-T 비교가 일반적으로 W-W 비교 결과와 동일하다는 점은 인정하였다. 일본은 그러나 W-T 비교시의 정상 가격 평균을 T-T 비교시의 정상 가격 평균과 다른 자료를 이용하여 산출하면 두 개의 비교 결과가 달라진다고 주장하였다. 하나 패널은 비교 방식에 따라 다른 자료를 이용할 수 있다는 점이 2조4항2호 어디에도 명기되어 있지 않다고 일축하였다. 일본은 또한 전체 수출 거래 중 상이한 수출가격 양태(pattern of export price) 가 나타나는 일부 거래에 대해서만 W-T 비교 방식을 적용하면 non zeroing T-T 비교와 W-T 비교 결과가 동일하지 않을 수 있다고도 주장하였으나 패널은 2조4호2항 두번째 문장은 분명히 가중 평균에 기초하여 결정된 정상 가격이 개별 수출 거래 가격에 비교될 수 있다고 규정하고 있으며 개별 수출 거래 가격이 일부의 수출 거래에 국한된다는 것은 문언상의 근거가 없다고 지적하였다. 패널은 수출 거래의 일부에 기초하여 산정된 덤핑 마진을 토대로 일정 기간 동안 해당 상품에 대해 반덤

---

8) 정상 가격 가중평균을 N(=($n_1+n_2+n_3+....+n_n$)/n) 이라 하고 거래별 수출 가격을 $p_1, p_2, p_3, ... p_n$, 그 가중평균을 P(=($p_1+p_2+p_3+....+p_n$)/n) 라고 할 때 W-T 비교 방식으로 덤핑마진 D_1를 계산하면

$$D_1=\{(N-p_1)+(N-p_2)+(N-p_3)+......+(N-p_n)\}/n$$
$$=\{nN-(p_1+p_2+p_3+.....+p_n)\}/n$$
$$=N-(p_1+p_2+p_3+.....+p_n)/n$$
$$=N-P$$

각 거래별 정상 가격을 $n_1, n_2, n_3, ... n_n$이라 하고 zeroing을 하지 않은 채 W-W로 계산한 덤핑 마진 D_2를 계산하면

$$D2=\{(n_1-p_1)+(n_2-p_2)+(n_3-p_3)+.....+(n_n-p_n)\}/n$$
$$=(n_1+n_2+n_3+....+n_n)/n-(p_1+p_2+p_3+....+p_n)/n$$
$$=N-P$$

고로 $D_1 = D_2$

핑 관세를 부과하는 것은 반덤핑협정 어디에도 그 근거가 없다고 추가하였으며 일본의 주장은 덤핑 마진은 상품 전체에 대해 산정해야 한다는 자신의 주장과도 배치되는 것이라고 언급하였다.

패널은 이상의 분석을 토대로 GATT VI조나 반덤핑협정 조문은 덤핑 마진이 반드시 상품 전체에 대해 산정해야 한다는 보편적인 요건은 없는 것으로 해석될 수 있으며 반덤핑협정 17조6항2호[9]상 반덤핑협정의 규정에 대해 하나 이상의 해석이 가능하고 당국의 조치가 그러한 해석에 근거하는 경우 당국의 조치는 반덤핑협정에 일치하는 것으로 판정해야 할 것이므로 미국의 simple zeroing 방식은 합당하다고 판정하였다.

(나) 상소기구 판정

패널의 판정에 대해 일본은 상소하였다. 일본은 덤핑은 상품 전체(product as a whole)에 대해 산정해야 하며 덤핑과 공정 비교의 원칙은 반덤핑 과정 전체에 적용되는 포괄적인 의무라고 주장하였다.

상소기구는 덤핑과 덤핑 마진의 의미부터 고찰하기 시작하였다. 상소기구는 GATT VI조1항상 덤핑은 어느 '상품'이 국내 판매 가격보다 저렴하게 수입되는 것이며 반덤핑협정 2조1항 이 협정의 목적상(for the purpose of this Agreement)이라는 구절에 의거, '덤핑', '덤핑 수입(dumped imports)'은 반덤핑 협정의 모든 조항과 반덤핑 절차의 모든 형태(원 조사, 재심, 신규 수출자 재심 등)에 공히 적용되는 것이라고 확인하였다. 상소기구는 '덤핑 마진(margin of dumping)'이란 '덤핑의 크기(magnitude of dumping)'이며 GATT VI조2항상 덤핑 마진은 역시 '상품'에 대해 결정되는 것이라고 보았다.

상소기구는 반덤핑협정의 도안과 구조로 볼 때 i) '덤핑'과 '덤핑 마진(margin of dumping)' 개념은 '상품' 전체와 생산자 또는 수출자 별로 산정되는 것이며, ii) 덤핑 수입이 국내 산업에 피해를 초래했을 경우에만 반덤핑 관세를 징수하는 것이고, iii) 반덤핑 관세는 덤핑 마진을 초과할 수 없다는 점을 기본 원칙으로서 환

---

9) 17.6 제5항에 언급된 사항을 검토하는데 있어서,

(1) ……

(2) 패널은 국제공법의 해석에 관한 관습적인 규칙에 따라 이 협정의 관련규정을 해석한다. 패널이 이 협정의 관련규정에 대해 하나 이상의 해석이 가능하다고 판정하고 당국의 조치가 그러한 허용되는 해석중 하나에 근거하는 경우 패널은 당국의 조치가 이 협정에 일치하는 것으로 판정한다.

기하여 두고 상소 쟁점에 관한 검토를 시작하였다. T-T 비교시 zeroing이 허용된다는 패널의 판정에 대해 상소기구는 *US-Final Lumber AD Determination 21.5.* 사건에서의 자신이 판정한대로 각 거래별 비교 결과는 전체 덤핑 마진을 구하기 위한 복수 계산 단계의 중간 과정이며 중간 값을 합산하여 전체 덤핑 마진을 계산함에 있어 중간 값을 모두 합산하여야지 그 중 일부를 배척하는 것은 용인될 수 없다고 다시 확인하였다. 또한 덤핑 마진을 상품에 대해 구하는 것이므로 각 거래별 비교 결과는 그 자체가 덤핑 마진이 될 수 없다고 부연하였으며 따라서 T-T 비교시 zeroing은 용인될 수 없다고 판정하였다.

상소기구는 2조4항2호 T-T 비교 방식이 언급된 부분에서는 '모든 비교 가능한 거래(all comparable export transaction)'를 비교하라는 구문이 생략되어 있는 점도 T-T 비교시 zeroing이 허용된다는 근거로 볼 수 없다고 확인하였다. W-W 비교시에는 수출 가격의 가중 평균을 계산하게 되므로 모든 수출거래가 고려될 수 밖에 없지만 T-T 비교는 특정 수출 거래를 시기적으로 가장 적합한 국내 거래와 개별 비교하게 되므로 all comparable export transaction이라는 개념이 T-T 비교시에는 적당(pertinent)하지 않다고 보았다.

상소기구는 W-W 비교와 T-T 비교 방식이 서로 다른 것이며 반드시 동일한 결과를 나타내지 않는다는 점은 인정하였으나 두 방식은 모두 덤핑 마진 계산이라는 동일한 기능을 수행하는 것이며 상호 간에 위계상의 차이(hierarchy)가 있는 것도 아니라고 언급하였다. 따라서 T-T 비교 방식을 W-W 비교 방식의 결과와 항상 다른 결과를 나타내는 방향으로 해석하는 것은 비논리적이라고 보았다. 만일 W-W 비교시에는 zeroing이 금지되나 T-T 비교시에는 허용되는 것으로 해석하면 T-T 비교 결과는 체계적으로(systematically) W-W 비교 결과와 다르게 된다는 점을 지적한 것이다.

상소기구는 또한 만일 각 거래별로 덤핑 마진을 따로 구한다면(즉 T-T 방식의 거래별 덤핑 마진 산정) 덤핑 마진은 알려진 수출자/생산자별로 산정해야 한다는 원칙에도 부합되지 않는다고 지적하였다.

상소기구는 미국은 덤핑 판정을 받은 수출자/생산자의 수입 전체를 토대로 국내 산업 피해 여부를 판정하는데 zeroing이 허용된다면 이는 특정 거래(즉 수출가격이 정상 가격보다 높은 정상 거래)를 덤핑 마진 산정시에는 덤핑 거래가 아닌 것이라 하여 제외하였다가 피해 판정시에는 다시 덤핑 마진인 것으로 취급하는 결과가 된다고 지적하기도 하였다.

패널은 zeroing이 모든 경우에 금지되는 것이라면 W-T 비교 결과와 W-W 비교 결과가 동일하게 되어(mathematical equivalence) 예외적으로 W-T 비교를 인정한 2조4항2호가 무의미(inuntile)해지므로 따라서 zeroing은 일정 경우에 허용되는 것으로 보아야 한다고 판정하였다. 반덤핑 협정이 W-T 비교시 zeroing을 용인하고 있으므로 T-T 비교시에도 zeroing을 인정해야 한다는 것이다. 이에 대해 상소기구는 패널은 W-T 비교와 T-T 비교가 적용되는 수출 거래의 범위는 동일한 하고 다만 정상 가격을 산정하는 방법만이 다른 것(W-T는 가중 평균, T-T는 거래별)으로 이해하고 있으나 그러한 이해가 잘못된 것이라고 지적하였다. 상소기구는 2조4항2호 두 번째 문장의 W-T 비교의 핵심은 수출 가격이 통상의 경우보다 현저히 다른 '양태(pattern)'라고 언급하고 따라서 동 문장의 '개별 수출 거래 가격(individual export transactions)'이란 이러한 양태에 속하는 거래에 국한되는 것이지 2조4항2호 첫 문장의 비교 방식(W-T, T-T)과 같이 모든 수출 거래가 아니라고 보았다.

이상의 분석을 토대로 상소기구는 패널 판정을 번복, T-T 비교시 zeroing 방식을 적용한 미국은 반덤핑 협정 2조4항2호를 위반한 것이라고 판정하였다.

4) zeroing의 2조4항 공정 비교 원칙 위반 여부

일본은 model zeroing과 simple zeroing은 반덤핑협정 2조4항[10]의 공정 비교(fair comparison) 원칙에도 부합되지 않는다고 주장하였다. 패널은 model zeroing은 이미 금지된다고 판정하였으므로 simple zeroing의 공정 비교 원칙 위반성에 대해서만 심리하였다. 패널은 공정하다는 것의 한 측면은 유사한 것은 유사한 것

---

10) 2.4 수출가격과 정상 가격간에 공정한 비교를 한다. 이러한 비교는 동일한 거래단계, 일반적으로는 공장도단계에서 그리고 가능한 한 같은 시기에 이루어진 판매에 대하여 행하여진다. 제반 판매조건, 과세, 거래단계, 수량, 물리적 특성의 차이와 가격비교에 영향을 미친다고 증명된 그 밖의 차이점들을 포함하여 가격비교에 영향을 미치는 차이점들에 대해서 각각의 경우에 그 내용에 따라 적절히 고려한다(Re.7). 제3항에 언급된 경우에 있어서, 수입과 재판매 사이에 발생하는 관세 및 조세를 포함한 비용 및 발생한 이윤이 또한 고려되어야 한다. 이러한 경우에 가격비교가 영향을 받을 때에는 당국은 구성수출가격의 거래단계와 동일한 거래단계에서 정상 가격을 설정하거나 또는 이 항에 따라 정당화된 적절한 고려를 한다. 당국은 공정한 가격비교를 위해 어떠한 정보가 필요한지를 당해 당사자에게 알리며, 이러한 당사자에게 불합리한 입증책임을 지워서는 아니된다.

(Remark 7) 위의 요소들 중 일부는 중첩될 수 있는 것으로 양해하고 당국은 이 규정에 따라 이미 이루어진 조정이 중복되지 않도록 보장한다.

과 비교해야 한다는 것을 의미한다고 보고 조사 당국이 비교 대상이 되는 거래의 범위를 정했으면 그 거래의 비교 결과 전부를 고려해야지 덤핑 긍정 판정을 지지하는 결과만을 분석 대상으로 하는 것은 공정하다고 할 수 없다는 점은 인정하였다. 또한 W-W 비교에서 zeroing이 금지된다면 W-W 비교와 동등한 지위에 있는 다른 비교 방법에서도 zeroing이 금지된다고 보는 것이 일견 사리에 맞아 보인다는 점도 인정하였다.

그러나 패널은 zeroing이 2조4항2호에 합치되지 않는다는 상소기구 판정은 W-W 비교에 대한 것이고 현재까지 모든 형태의 zeroing이 공정 비교 원칙과 불합치되는지 여부에 대해 법적인 판정이 내려진 적은 없다는 점을 환기하였다. 패널은 만일 zeroing이 모든 경우 금지된다고 보면 2조4항2호의 W-T 비교를 T-T 비교와 동일한 것으로 만들어 버림으로써 W-T 비교의 효과를 박탈해 버리게 되며 관세 정산시 개별 거래별로 덤핑 마진을 산정할 수 있도록 규정한 반덤핑협정 9조의 효과도 훼손하게 된다고 지적하였다. 패널은 공정 비교 조항을 보다 특정적인 조항을 완전히 작동 하지 못하도록 해석할 수는 없으며 이는 협정 유효 해석 원칙과도 부합되지 않는다고 언급하였다. 이에 따라 패널은 simple zeroing은 반덤핑협정 2조4항에 불합치되지 않는다고 판시하였다.

일본은 패널 판정에 대해 상소하였다. 상소기구는 패널의 판정을 번복하였다. 상소기구는 패널이 2조4항2호를 토대로 2조4항의 공정 비교 원칙을 해석한 것이나 2조4항2호는 lex specialis가 아니며 제 4항의 공정 비교를 규율하는 규정에 따른다는 2조4항2호의 전단의 표현상 오히려 2조4항이 2조4항2호에 적용되어야 한다고 지적하였다. 상소기구는 *US-Final Lumber AD Determination 21.5.* 사건에서 밝힌대로 T-T 비교는 덤핑 마진을 확대시키며 이러한 방식은 impartial, even-handed, unbiased 되었다고 할 수 없고 조사 당국은 모든 비교 결과를 모두 고려해야 한다는 점을 다시 환기한 후 패널의 판정을 번복, 미국의 2조4항 위반을 인정하였다.

5) zeroing의 반덤핑협정 기타 조항 위반 여부

일본은 zeroing은 덤핑 마진을 왜곡함으로써 결과적으로 덤핑 물량, 덤핑 수입 증가율 등 객관적 증거에 의해 피해 판정을 해야 한다는 반덤핑협정 3조1항부터 5항에 합치되지 않는 것이라고 주장하였다.

패널은 일본의 주장은 zeroing이 반덤핑협정 2조4항2호 등에 합치되지 않는

것을 전제로 하는 것인데 model zeroing에 대해서는 이미 2조4항2호 등에 금지된다고 판정하였으므로 달리 심리할 필요가 없으며 simple zeroing은 이미 2조4항2호, 2조4항에 합치된다고 판시하였으므로 미국이 협정 3조1항부터 5항에 합치되지 않게 행동한 것은 없다고 판시, 일본의 주장을 기각하였다.

일본은 zeroing은 조사 진행을 정당화 시킬 만큼의 덤핑에 대한 충분한 증거를 과장하는 것이므로 반덤핑협정 5조8항[11]에도 위반된다고 주장하였으나 패널은 model zeroing에 대해서는 따로 심리할 필요가 없다고 보았고 simple zeroing은 이미 2조에 합치된다고 판시하였으므로 5조8항에도 합치된다고 판시하였다.

일본은 zeroing이 반덤핑협정 1조, 18조4항, WTO 설립협정 XVI조4항에도 위반된다고 주장하였으나 패널은 model zeroing에 대해서는 심리할 필요가 없다고 보았고 simple zeroing 이미 2조에 합치된다고 판시하였으므로 미국이 위의 규정에 합치되지 않게 행동한 것은 없다고 판시하였다.

6) model zeroing 적용 사례(as applied)의 2조4항2호 위반 여부

일본은 미국이 특정 사례에 model zeroing을 적용한 것은 반덤핑협정 2조 등에 위반된다고 주장하였으며 패널은 이미 model zeroing은 반덤핑협정 위반이라고 판시하였으므로 동 사례에서 미국이 model zeroing을 적용한 것은 협정 위반이라고 확인하였다.

7) 재심 과정에서의 simple zeroing 합법 여부

일본은 미국이 정기 재심이나 신규 수출자 재심(new shipper review)에서 simple zeroing을 적용하는 것은 상품 전체(product as a whole)에 대한 덤핑 판정과 덤핑 마진 자료를 구비하지 못한 것이므로 반덤핑협정 2조1항[12], 2조4항2호, 9조1항~3항, 5항, GATT VI조1항, 2항 등에 위반된다고 주장하였다.

패널은 일본의 주장을 기각하였다. 패널은 반덤핑협정 9조3항1호, 2호 규정상

11) 5.8 관계당국이 사안의 진행을 정당화시킬 만큼 덤핑 또는 피해에 대한 충분한 증거가 존재하지 않는다고 납득하는 즉시 제1항에 따른 신청은 기각되고 조사는 신속히 종결된다. … 이하 생략 …

12) 2.1 이 협정의 목적상, 한 국가로부터 다른 국가로 수출된 상품의 수출가격이 수출국내에서 소비되는 동종 상품에 대한 정상적 거래에서 비교 가능한 가격보다 낮을 경우 동 상품은 덤핑된 것, 즉 정상 가격보다 낮은 가격으로 다른 나라의 상거래에 도입된 것으로 간주된다.

반덤핑관세 납부는 분명히 수입 거래별로 이루어지는 것인데 일본의 주장대로라면 반덤핑협정 9조3항1의 retrospective system을 사용하는 당국은 특정 거래의 수출가격이 정상 가격보다 낮아도 해당 반덤핑관세를 징수하지 못하는 불합리한 결과가 초래된다고 지적하였다. 동 거래의 반덤핑관세는 수출가격이 정상 가격보다 높은 타 특정 거래의 마이너스 반덤핑관세와 상쇄될 수 있기 때문이다.

상소기구는 덤핑은 수입자가 아니라 수출자의 특정 가격 관행(pricing behavior)을 규제하려는 것이므로 패널의 이와 같은 우려는 근거가 없는 것이라고 일축하였다. 수입시 관계 당국은 덤핑으로 판정된 상품의 모든 수출 거래(수출 가격이 정상 가격보다 높은 경우 포함)에 대해 일단 현금 예치 방식으로 관세를 징수한 후 9조3항1호[13] 정산시 그 상품의 모든 수입자로부터 징수한 반덤핑 관세 총액이 해당 수출자나 생산자에 의해 행해진 모든 판매로부터 zeroing 없이 계산된 덤핑 마진을 초과하지 않도록 하는 것일 뿐이라고 설명하였다. 9조3항2호에도 역시 같은 상한(ceiling)이 적용된다고 부연하였다.

패널은 또한 반덤핑협정 9조4항2호[14]의 prospective normal value 시스템은 명백히 덤핑 마진이 특정 수입 거래별로 산정된다는 점을 지적하였고 이에 관한 *US-Zeroing(EC)* 사건 상소기구의 판정은 불분명하다고 비난하였다. Prospect normal value system에서는 수출 가격이 정상 가격보다 낮은 경우에만 반덤핑 관세를 납부하므로 덤핑 마진이 상품이 아니라 거래별로 산정된다는 것이며 수출

---

13) 9.3.1 반덤핑 관세액이 소급적으로 산정되는 경우 반덤핑 관세 지불의 최종적인 책임판정은 가능한 한 빠른 시일내에 일반적으로 반덤핑 관세액의 최종산정을 요청한 날로부터 12월 이내에 이루어지며 어떠한 경우에도 18월을 초과하여서는 아니된다(Re.20). 환불은 가능한 한 빠른 시일 내에 일반적으로 이 호에 따라 정해진 최종책임의 판정으로부터 90일 이내에 이루어진다. 어떠한 경우든 환불이 90일 이내에 이루어지지 못하는 때에는 당국은 요청이 있을 경우 이에 대한 설명을 제공한다.
(Remark 20) 이 호 및 제3항제2호에 언급된 시한의 준수는 당해상품이 사법적 재심 절차의 대상이 되었을 때에는 가능하지 않을 수 있다고 양해된다.

14) 9.4 당국이 제6조제10항의 둘째 문장에 따라 검사를 제한하는 경우 검사에 포함되지 아니한 수출자 또는 생산자로부터의 수입품에 적용되는 반덤핑 관세는 다음을 초과하지 아니한다.
(1) 선정된 수출자 또는 생산자에 대하여 설정된 덤핑 마진의 가중 평균 또는,
(2) 반덤핑 관세의 지불책임이 예상되는 정상 가격을 기초로 계산된 경우, 선정된 생산자 또는 수출자의 가중 평균정상 가격과 개별적으로 검사되지 아니한 수출자 또는 생산자의 수출가격간의 차이,
단, 이 항의 목적상 당국은 영의 마진 및 최소허용마진과 제6조제8항에 언급되어 있는 상황에서 정해진 덤핑 마진은 무시한다. 당국은 제6조제10항제2호에 규정된 대로 검사대상에서는 제외되었으나 조사 과정에서 필요한 정보를 제공한 수출자 또는 생산자로부터의 수입품에 대하여 개별적인 관세 또는 정상 가격을 적용한다.

가격이 정상 가격보다 높은 경우에는 관세를 납부할 의무가 없으므로 이는 T-T에서 zeroing 하는 것과 마찬가지라는 것이다. 패널은 이상에 비추어 볼 때 반덤핑협정은 zeroing을 포괄적으로 금지하지는 않는다고 해석될 수 있다고 판단하였다. 9조3항 규정상 관세 정산 과정에서는 zeroing이 허용된다고 해석할 수 있다는 것이다.

상소기구는 그러나 어떠한 관세 징수 제도를 운영하든지 덤핑 마진이 반덤핑 관세 징수 총액의 상한이 되어야 한다는 원칙에는 변함이 없다는 점을 강조하는 것으로 패널의 주장을 받아들이지 않았다. 상소기구는 retrospective system하에서도 미국이 (prospective normal value system처럼) 거래별로 관세를 징수하고 싶으면 그리 할 수 있으나 반덤핑 관세 총액이 수출자의 덤핑 마진을 초과해서는 안 된다고 첨언하였다.

재심 과정에서 simple zeroing을 하는 것은 반덤핑협정 2조4항2호 규정상 금지된다는 일본의 주장에 대해 패널은 2조4항2호는 W-W 비교 방식에서 zeroing의 사용, 그것도 원 조사과정에서 덤핑 마진을 산정하는데 금지되는 것을 규정하고 있을 뿐이지 원 조사단계 이외의 과정에서도 적용된다고 해석할 수 없다고 판단하였다. 패널은 *US-Zeroing(EC)* 사건의 패널과 의견을 같이 하여 2조4항2호의 during the investigation phase란 원 조사단계를 의미한다고 본 것이다. 일본은 9조3항, 5항, 그리고 2조4항의 공정 비교 원칙에도 위반된다고 주장하였으나 패널은 패널은 정기 재심과 신규 수출자 재심에서 simple zeroing을 적용하는 것은 반덤핑협정, GATT 관련 규정에 합치된다고 판시하였다. 일본은 재심에서 simple zeroing이 적용된 사례에 대해서도 관련 규정 위반이라고 시비하였으나 패널은 as such 시비를 기각한 것과 같은 이유로 일본의 주장을 기각하였다.

상소기구는 신규 수출자 재심(9조5항[15])의 경우 덤핑, 덤핑 마진은 수출자에 관련된 개념이고 한 수출자의 덤핑 마진을 계산함에 있어 모든 중간 값을 합산하

15) 9.5 특정 상품이 수입회원국에서 반덤핑 관세의 대상이 되는 경우, 조사기간 동안 동 상품을 수입국에 수출하지 아니한 당해 수출국내의 수출자 또는 생산자가 자신들이 수출국내의 동 상품에 대한 반덤핑 관세의 부과 대상인 수출자 또는 생산자와 관련이 없다는 것을 증명할 수 있는 경우, 당국은 신속하게 이러한 수출자 또는 생산자에 대한 개별적인 덤핑 마진을 결정하기 위한 검토를 한다. 이러한 검토는 수입회원국내에서의 정상적인 관세의 산정 및 검토절차에 비하여 빠른 속도로 개시되고 행하여진다. 이러한 검토가 이루어지고 있는 동안에는 이러한 생산자 또는 수출자로부터 수입되는 상품에 대하여 반덤핑 관세가 부과되지 아니한다. 그러나 당국은 동 검토 결과 당해 생산자 또는 수출자에 대한 덤핑 판정이 내려지는 경우 검토개시 일까지 반덤핑 관세를 소급 적용할 수 있도록 하기 위하여 평가의 보류 및/또는 보증의 요청을 할 수 있다.

여야지 (-) 덤핑 마진을 배척해서는(즉 zeroing 해서는) 안된다는 점을 재확인하고 패널 판정을 번복하였다. 상소기구는 2조4항의 공정 비교 원칙에 대해서도 반덤핑 관세는 덤핑 마진을 초과해서는 안되므로 실제 덤핑 마진을 초과하는 반덤핑 관세 산정 방식은 공정하다고 볼 수 없다고 판시, 관세 정산 재심이나 신규 수출자 재심에서 zeroing을 하는 것은 반덤핑협정 위반이라고 볼 수 없다고 한 패널 판정을 기각하였다.

8) 상황 변경 재심, 일몰 재심시 원 덤핑 마진 이용 문제

일본은 미국이 상황변경 재심이나 일몰 재심시 원래의 덤핑 마진을 기초로 재심 판정을 하는 것은 원래의 마진이 zeroing 방식으로 부당하게 산정된 것이므로 덤핑을 상쇄하기 위해 필요한 범위 및 기간 동안만 반덤핑관세를 부과하라는 협정 11조2항[16], 3항[17] 등에 위배된다고 주장하였다. 미국은 상기 재심시 원 덤핑 마진에 기초하여 재심 판정을 내렸다는 점을 일본이 입증하지 못했다고 주장하였다.

패널은 일본의 시비는 원 덤핑 마진에 기초하여 재심 판정을 하였다는 자체에 대한(as such) 시비이므로 문제의 핵심은 재심 판정시 원 덤핑 마진에 기초하

16) 11.2 당국은 정당한 경우 자체적으로, 또는, 확정 반덤핑관세의 부과 이후 합리적인 기간이 경과하고 검토가 필요하다는 명확한 정보를 제시하는 이해당사자의 요청에 따라 반덤핑관세의 계속적인 부과의 필요성에 대해 검토한다(Re.21). 이해당사자는 당국에 대해 덤핑을 상쇄하기 위해 지속적인 관세의 부과가 필요한지 여부, 관세가 철회 또는 변경되었을 경우 피해가 계속되거나 재발할 것인지 여부 또는 이러한 두 가지에 대해 조사를 요청하는 권리를 갖는다. 이 항에 따른 검토결과 반덤핑관세가 더 이상 정당화되지 아니하다고 당국이 결정하는 경우 반덤핑관세의 부과는 즉시 종결된다.
(Remark 21) 제9조제3항에 규정된 반덤핑관세의 최종 지불책임에 관한 결정은 그 자체로서 이 조에서 의미하는 검토를 구성하지 아니한다.

17) 11.3 제1항 및 제2항의 규정에도 불구하고 모든 확정 반덤핑관세는 부과일(또는 제2항에 따른 검토가 덤핑과 피해를 동시에 고려하였다면 제2항에 의한 가장 최근의 검토일 또는 이 항에 따른 가장 최근의 검토일)로부터 5년 이내에 종결된다(Re.22). 다만, 당국이 동 일자이전에 자체적으로 개시한 검토 또는 동 일자이전 합리적인 기간 내에 국내산업에 의하거나 이를 대신하여 이루어진 정당한 근거에 입각한 요청에 의하여 개시된 검토에서 관세의 종료가 덤핑 및 피해의 지속 또는 재발을 초래할 것으로 당국이 판정하는 경우는 그러하지 아니한다. 이러한 검토결과가 나오기 전까지 관세는 유효할 수 있다.
(Remark 22) 반덤핑관세액이 소급적으로 사정되었을 경우 제9조제3항제1호에 따라 가장 최근의 산정과정에서 관세가 부과되어서는 아니된다는 조사결과 그 자체가 당국에 대해 확정 반덤핑관세의 종료를 요구하지 아니한다.

라는, 보편적이고 계속적으로 적용되는 규칙이나 규범의 존재 여부라고 정리하였다. 패널은 일본의 주장과 제출된 자료로 볼 때 그러한 규칙이나 규범의 존재를 일본이 입증하지 못했다고 판단하였으며 일본은 자신의 시비에 대해 *prima facie* case를 구성하지 못했다고 판시하였다. 패널은 아울러 반덤핑협정 11조2항과 3항 규정은 조사 당국이 상황변경 재심과 일몰 재심시 덤핑 마진을 새로이 산출해야 하는지에 대해서는 언급이 없다고 확인하고 다만 새로이 덤핑 마진을 산정한다면 반덤핑협정 2조4항에 합치되게 산정해야 할 것이라고 언급하였다.

일본은 simple zeroing이 적용된 2건의 일몰재심 사례에 대해서도 as applied 시비를 제기하였다. 문제가 된 2건의 일몰 재심에서 미국 무역위는 원 덤핑 마진을 기초로 피해 지속 판정을 내렸으며 미 상무부는 원 덤핑 마진을 기초로 덤핑 지속 판정을 내렸다는 것이다. 패널은 미 무역위가 원 덤핑 마진을 기초로 피해 지속 판정을 내렸다는 일본의 주장은 그를 뒷받침할 만한 근거가 부족하다고 판단하였고 미 상무부가 기초로 한 덤핑 마진은 원 조사에서 산정된 덤핑 마진이 아니라 정기 재심시 산정된 것이며 정기 재심시 simple zeroing을 사용하는 것은 반덤핑협정에 합치된다고 이미 판시하였으므로 일본의 주장은 수용할 수 없다고 판시하였다.

상소기구는 재심시 zeroing을 하는 것은 반덤핑 협정 2조4항, 9조3항 위반이라는 자신의 판정을 환기하고 일몰 재심건에서 미국이 이전의 정기 재심시 산정된 덤핑 마진을 사용한 것이 확실하고 또한 이 덤핑 마진은 zeroing을 적용한 것이므로 2조4항 위반이라고 판단하였다. 상소기구는 일몰 재심시 덤핑 마진에 근거하여 덤핑 지속 판정을 내릴 경우 그 덤핑 마진은 반덤핑협정 2조4항의 원칙에 부합되어야 한다고 판정한 바 있음을 환기하였다.[18] 따라서 상소기구는 패널의 판정을 기각하고 미국은 2조4항에 부합되지 않는 덤핑 마진을 일몰 재심에 사용하였으므로 이는 반덤핑협정 11조3항에 위반된다고 판정하였다.

다. 해설 및 평가

이 사건 상소기구는 zeroing은 분쟁 대상이 되는 특정 조치라는 것 외는 패널

18) Appellate body report *US-Corrosion Resistant Steel Sunset Review* para. 127, *US-OCTG Sunset Reviews* para. 180.

의 판정을 모두 기각하였다. 상소기구의 판정을 정리하면 i) 원 조사시 T-T 방식으로 덤핑 마진을 산정할 때 zeroing을 하는 것은 반덤핑협정 2조4항, 2조4항2호 위반이며 ii) 정기 재심(관세 정산 재심)시 zeroing을 하는 것 역시 2조4항, 9조3항이고, iii) 신규 수출자 재심시 zeroing을 하는 것도 2조4항, 9조5항 위반인데다, iv) 일몰 재심시 zeroing을 이용한 덤핑 마진을 사용하는 것도 옳지 않다는 것이다. 이미 이전 사건에서 W-W 비교시 zeroing을 하는 것은 반덤핑협정 위반이라고 누차 판정되었으므로 이번 사건 판정 결과를 종합하여 보면 이제 zeroing은 어떠한 비교 방식을 사용하든, 원 조사 단계이든 재심 단계이든 일체 금지되게 되었다. 1999년 *EC-Bed Linen* 사건에서 처음으로 시비된 이래 9년 만에 zeroing은 반덤핑협정에 합치되지 않는 것으로 최종 확인 되었다. 2007년 1월 현재 zeroing에 관한 수 건[19)]의 사건들이 진행 중에 있기는 하나 상소기구가 이번 사건에서 zeroing 금지 방침을 거듭 확인한 만큼 부정적인 판정이 계속될 것으로 보인다.

이 사건 패널 판정의 핵심은 원 조사단계와 재심 과정시 simple zeroing을 적용하는 것은 반덤핑협정과 GATT에 합치된다는 것이나 이는 상소기구의 판정과 정면으로 배치되는 것이다. 특히 재심 과정에 simple zeroing을 적용할 수 있다는 패널 판정은 패널의 보고서가 회람되기 이전에 확정, 채택된 *US-Zeroing(EC)* 사건 상소기구의 판정에 정면으로 도전한 것이다. *US-Zeroing(EC)* 사건에서 EC는 미국이 연례재심시 적용하는 simple zeroing 역시 반덤핑협정 2조4항2 위반이며 동 방식이 적용된 16개의 연례재심 사례가 부당하다고 주장하였다. 동 사건 패널은 2조4항2호는 원 조사에만 적용되는 것이지 관세정산절차인 9조3항에는 적용될 수 없다고 판정하였으나 상소기구는 그 사건 패널의 판정을 번복하여 관세 정산시 simple zeroing을 적용하는 것은 반덤핑협정 9조3항과 GATT VI조2항에 위반이라고 판시하였다. 이번 사건 패널은 이러한 상소기구의 판정에 동의하지 않고 2조4항2호는 원 조사단계에만 적용되는 것이며 따라서 재심 과정에서 zeroing을 적용하는 것은 반덤핑협정과 합치된다고 판시하였다.

Simple zeroing이 재심 과정뿐 아니라 원 조사단계에서도 허용된다는 패널의 판정은 또한 *US-Lumber AD final Determination Article 21.5.* 사건 상소기구의 판정

---

19) United States – Continued Existence and Application of Zeroing Methodology (DS350)
United States – Customs Bond Directive for Merchandise Subject to Anti-Dumping/Countervailing Duties)DS345)
United States – Measures Relating to Shrimp from Thailand(DS343)
United States – Anti-Dumping Measure on Shrimp from Ecuador(DS335)

과 대립되는 것이다. 동 사건 상소기구는 T-T 비교시 zeroing을 적용하는 것, 즉 simple zeroing은 2조4항2호 위반이라고 판시하였었다. 다만 동 사건 상소기구의 보고서가 발표된 시점은 이 사건 패널 보고서가 완성되어 분쟁당사자에게 제공된 시점보다 이후인 관계로 이 사건 패널이 Lumber 사건 상소기구의 판정을 인지하지는 못했을 것이다.

패널이 유사한 사건에서의 상소기구 판정을 존중하지 않은 것은 극히 예외적인 일이다. 더욱이 상소기구는 그 동안 zeroing에 대해서는 반덤핑협정에 합치되지 않는다는 입장을 일관되게 유지하여 패널 판정을 번복한 사례가 많은 상황임에도 불구하고 이 사건 패널이 상소기구의 판정을 준수하지 않은 것은 그리할 실익이 있는지 의문된다. 패널의 판정은 상소기구에서 번복될 것이 확실시되기 때문이다. 또한 같은 사건에 대해 패널과 상소기구의 판정에 일관성이 유지되지 않는 것은 WTO 분쟁해결절차의 안정성 측면에서도 바람직하지 않다. 결국 예상대로 이번 사건 상소기구는 패널의 판정을 전면 기각하였다.

이 사건 패널도 이전 상소기구 판정을 존중할 것인지 여부에 대해 갈등하였음을 밝혔다. 패널은 비록 패널과 상소기구의 보고서가 해당 사건에 대해서만 구속력이 있을 뿐 다른 사건에 대해 선례 구속의 원칙을 강제하지는 않으나 DSU 3조2항[20]에 명시된 대로 WTO 분쟁해결제도는 다자무역체제의 안전과 예견 가능성을 부여하는데 중심적인 요소이므로 이전의 선례를 존중하는 것이 바람직하다는 점은 인정하였다. 그러나 패널의 기능은 DSU 11조[21]에 명기된 바와 같이 자신에게 회부된 사안에 대해 객관적인 평가를 내리는 것이라는 점을 심각하게 고민하여 상소기구의 판정과 다른 결정을 내린다고 밝혔다.

---

20) 3.2 세계무역기구의 분쟁해결제도는 다자간무역체제에 안전과 예견가능성을 부여하는 데 있어서 중심적인 요소이다. 세계무역기구의 회원국은 이 제도가 대상협정에 따른 회원국의 권리와 의무를 보호하고 국제공법의 해석에 관한 관례적인 규칙에 따라 대상협정의 현존 조항을 명확히 하는 데 기여함을 인정한다. 분쟁해결기구의 권고와 판정은 대상협정에 규정된 권리와 의무를 증가시키거나 축소시킬 수 없다.

21) 11. 패널의 기능은 분쟁해결기구가 이 양해 및 대상협정에 따른 책임을 수행하는 것을 지원하는 것이다. 따라서 패널은 분쟁의 사실부분에 대한 객관적인 평가, 관련 대상협정의 적용가능성 및 그 협정과의 합치성을 포함하여 자신에게 회부된 사안에 대하여 객관적인 평가를 내려야 하며, 분쟁해결기구가 대상협정에 규정되어 있는 권고를 행하거나 판정을 내리는 데 도움이 되는 그 밖의 조사결과를 작성한다. 패널은 분쟁당사자와 정기적으로 협의하고 분쟁당사자에게 상호 만족할 만한 해결책을 찾기 위한 적절한 기회를 제공하여야 한다.

[著者略歷]

저자 **김승호**(金勝鎬) 주 제네바 대표부 참사관은 1984년에 제18회 외무고시에 합격하였으며, 1986년 서울대학교 외교학과를 졸업하였다. 그 해 3월 외교부에서 입부, 1987년 3월부터 90년 4월까지의 군 복무(공군 장교) 기간과 91년 8월부터 93년 5월까지의 해외 유학(미국 Delaware 주립 대학 국제정치학 석사) 기간을 제외하고는 줄 곧 외교부 본부와 재외 공관에서 근무하였다.

외교부 본부에서는 기획관리실, 구주국, 통상국에서 근무하였으며, 본부 구주통상과장을 역임하였다. 재외공관에서는 주 OECD 대표부 1등 서기관, 주 이란 대사관, EU 대표부, 제네바 대표부 참사관으로 봉직하였다. 지역적으로는 유럽, 기능 분야로는 경제통상 업무를 주로 담당하였다.

2006년 3월 WTO 세이프가드 위원회 의장으로 선임되었으며, DDA 협상 중 규범 분야에서 우리나라 수석 대표를 맡았다. 2007년 2월 대통령 비서실 경제수석 비서관실 통상 담당 행정관, 2008년 7월 지역통상국 심의관 및 수입규제대책반장을 거쳐 2010년 4월 **현재 주 벨기에 유럽연합대사관 공사**로 봉직하고 있다.

저서로는 구주연합의 조직과 운영(1995년, 외무부)과 EU를 알면 우리가 보인다(共著, 2005년, 애드컴 서울)가 있으며, 정기 간행물인 통상 법률(법무부), 무역구제(산업 자원부)에 WTO 주요 사건 판례에 관한 해설을 기고하고 있다.

※ 2007년 문화체육관광부 우수학술도서로 선정됨

WTO 통상분쟁 판례해설(1)

2007년 2월 1일 초판1쇄발행
2010년 5월 15일 초판2쇄발행

著 者 金 勝 鎬
發行人 高 晙 英
發行處 法 英 社

저자와의 협의하에 인지첩부를 생략함

135-280
서울특별시 강남구 대치동 611
전화 (501)8898(대) FAX (501)8895
등록 1987. 11. 5 제3-125호(윤)
Site : www.bubyoungsa.co.kr
E-mail : bypuco@chol.com

破本은 바꿔드립니다. 정가 38,000원

ISBN 978-89-7032-229-2 93360